Große/Krause/Raabe

Steuerkompendium · Band 2

Online-Version inklusive!

Stellen Sie dieses Buch jetzt in Ihre „digitale Bibliothek" in der NWB Datenbank und nutzen Sie Ihre Vorteile:

▶ Ob am Arbeitsplatz, zu Hause oder unterwegs: Die Online-Version dieses Buches können Sie jederzeit und überall da nutzen, wo Sie Zugang zu einem mit dem Internet verbundenen PC haben.

▶ Die praktischen Recherchefunktionen der NWB Datenbank erleichtern Ihnen die gezielte Suche nach bestimmten Inhalten und Fragestellungen.

▶ Die Anlage Ihrer persönlichen „digitalen Bibliothek" und deren Nutzung in der NWB Datenbank online ist kostenlos. Sie müssen dazu nicht Abonnent der Datenbank sein.

Ihr Freischaltcode:

BUOFIXXDTBFDBXPCUDZDTB

Große/R./K., Steuerkompendium Band 2

So einfach geht's:

① Rufen Sie im Internet die Seite **www.nwb.de/go/online-buch** auf.

② Geben Sie Ihren Freischaltcode in Großbuchstaben ein und folgen Sie dem Anmeldedialog.

③ Fertig!

Alternativ können Sie auch den Barcode direkt mit der **NWB Mobile** App einscannen und so Ihr Produkt freischalten! Die NWB Mobile App gibt es für iOS, Android und Windows Phone!

Die NWB Datenbank – alle digitalen Inhalte aus unserem Verlagsprogramm in einem System.

Steuerkompendium

Band 2:

Abgabenordnung/Finanzgerichtsordnung
Umsatzsteuer
Erbschaftsteuer

Von

Rechtsanwalt und Steuerberater Thomas Große
Dipl.-Finanzwirt Ingo Krause
Dipl.-Finanzwirt Dipl.-Betriebswirt Christoph Raabe

13., vollständig überarbeitete und aktualisierte Auflage

Bearbeitervermerk:

Fünfter Teil: Abgabenordnung/FGO	**Große**
Sechster Teil: Umsatzsteuer	**Raabe**
Siebenter Teil: Erbschaftsteuer	**Krause**

ISBN 978-3-482-**59363**-5

13., vollständig überarbeitete und aktualisierte Auflage 2017

© Verlag Neue Wirtschafts-Briefe GmbH & Co. KG, Herne 1980
  www.nwb.de

Alle Rechte vorbehalten.

Dieses Buch und alle in ihm enthaltenen Beiträge und Abbildungen sind urheberrechtlich geschützt. Mit Ausnahme der gesetzlich zugelassenen Fälle ist eine Verwertung ohne Einwilligung des Verlages unzulässig.

Satz: Griebsch & Rochol Druck GmbH, Hamm
Druck: medienHaus Plump GmbH, Rheinbreitbach

VORWORT ZUR 13. AUFLAGE

Wer sich in die verschiedenen Gebiete des Steuerrechts einarbeiten will, steht oft ratlos vor der Fülle des umfangreichen und schwierigen Stoffes. Die in der Praxis vorkommenden oder die denkbaren steuerlichen Probleme sind zahlenmäßig geradezu unbegrenzt, sodass es nicht möglich ist, sie auch nur annähernd komplett zu behandeln oder gar eingehend erörtern zu wollen. Dies zu versuchen, kann nur die Aufgabe eines Kommentars sein.

Bei der Abfassung unseres Kompendiums, das der Einführung in die einzelnen Steuerrechtsgebiete und gleichzeitig als Lehrbuch für die Prüfungsvorbereitung dienen soll, haben wir deshalb besonderen Wert darauf gelegt, das System der einzelnen Steuerrechtsgebiete und deren Zusammenhänge aufzuzeigen. Wer das System und die Zusammenhänge in den einzelnen Gebieten des Steuerrechts erfasst hat, wird in der Lage sein, auch neue, bisher nicht bekannte Probleme zu erkennen und zu lösen. Wir empfehlen deshalb für das Studium, sich besonders um das Erkennen und das Verstehen der systematischen Zusammenhänge zu bemühen.

Aus der Zielsetzung dieses Kompendiums ergibt sich, dass sein Umfang möglichst knapp gehalten wurde und somit auf die eingehende Erörterung nebensächlicher Einzelheiten bewusst verzichtet werden musste. Die notwendige Erörterung wichtiger Probleme nimmt wegen ihrer Vielzahl und ihrer Kompliziertheit dennoch einigen Raum ein.

Unser Kompendium ist – in zwei Bänden – vor allem als Arbeitsunterlage für Prüfungskandidaten auf den Gebieten des Steuerrechts gedacht. Gleichzeitig wird es für jeden Praktiker nützlich sein, der sich einen systematischen, aber dennoch einigermaßen intensiven Überblick über die verschiedenen Gebiete des Steuerrechts verschaffen will oder seine Kenntnisse auffrischen möchte. Band 1 beinhaltet die Ertragsteuern (Einkommensteuer, Bilanzsteuerrecht, Körperschaftsteuer, Gewerbesteuer), Band 2 des Steuerkompendiums behandelt die Gebiete Abgabenordnung/Finanzgerichtsordnung, Umsatzsteuer sowie Erbschaft- und Schenkungsteuer einschließlich Bedarfsbewertung.

Die neue Auflage wurde auf den Rechtsstand 1.1.2017 gebracht. Im AO-Teil sind die zahlreichen Änderungen, die das Gesetz zur Modernisierung des Besteuerungsverfahrens v. 18.7.2016 (BGBl I S. 1679) herbeiführte, eingearbeitet worden. Der Teil Erbschaftsteuer beinhaltet die Änderungen aufgrund des Beitreibungsrichtlinie-Umsetzungsgesetzes 2011, des Steuervereinfachungsgesetzes 2011, des Amtshilferichtlinie-Umsetzungsgesetzes 2013 sowie des Gesetzes zur Anpassung des Erbschaft- und Schenkungsteuergesetzes an die Rechtsprechung des Bundesverfassungsgerichts, das am 14.10.2016 beschlossen wurde. Ebenso sind die Erbschaftsteuerrichtlinien 2011 (ErbStR), die Erbschaftsteuerhinweise 2011 (ErbStH) sowie später ergangene ergänzende gleich lautende Ländererlasse eingearbeitet. Es wird bei den betreffenden Regelungen die bis zum 30.6.2016 und die ab dem 1.7.2016 geltende Rechtslage dargestellt. In der Online-Version steht Ihnen eine Synopse zur Erbschaftssteuerreform 2016 zur Verfügung.

Für Anregungen und Verbesserungsvorschläge sind wir jederzeit dankbar.

Köln, im November 2016

Thomas Große
Ingo Krause
Christoph Raabe

Kein Produkt ist so gut, dass es nicht noch verbessert werden könnte. Ihre Meinung ist uns wichtig! Was gefällt Ihnen gut? Was können wir in Ihren Augen noch verbessern? Bitte verwenden Sie für Ihr Feedback einfach unser Online-Formular auf:

www.nwb.de/go/campus

Als kleines Dankeschön verlosen wir unter allen Teilnehmern einmal pro Quartal ein Buchgeschenk.

INHALTSVERZEICHNIS

	Tz	Seite
Vorwort zur 13. Auflage		V
Abkürzungsverzeichnis		XXXIX

	Tz	Seite
Fünfter Teil: Abgabenordnung und Grundriss der Finanzgerichtsordnung		**1**
A. Einführung	1	1
I. Wesentlicher Inhalt und Systematik der Abgabenordnung	1	1
II. Geschichtliches zur AO – Reformgründe	2	3
III. Sonstige allgemeine Steuergesetze	3	3
IV. Rechtsquellen	4	4
V. Verwaltungsanweisungen	5	5
B. Einleitende Vorschriften der Abgabenordnung	20	6
I. Vorbemerkung	20	6
II. Anwendungsbereich der AO	21	7
III. Grundbegriffe der AO	22	7
1. Steuern	22	7
2. Steuererstattungen und Steuervergütungen	23	8
3. Einteilung der Steuern	24	9
4. Steuerliche Nebenleistungen	25	10
5. Ermessen	26	10
6. Wohnsitz und gewöhnlicher Aufenthalt	27	13
7. Geschäftsleitung – Sitz – Betriebsstätte	28	13
8. Wirtschaftlicher Geschäftsbetrieb	29	14
9. Angehörige	30	15
IV. Zuständigkeit der Finanzbehörden	31	16
1. Sachliche Zuständigkeit	31	16
2. Örtliche Zuständigkeit	32	16
V. Steuergeheimnis	33	18
C. Steuerschuldrecht	37	20
I. Grundbegriffe	38	21
1. Steuerpflichtiger	38	21
2. Steuerrechtsfähigkeit	39	21
3. Handlungsfähigkeit	40	21
4. Steuerschuldner	41	22
5. Gesamtschuldner	42	22

	Tz	Seite
II. Entstehung des Steueranspruchs	43	23
1. Grundsatz und Ausnahmen	43	23
2. Bedeutung des Entstehungszeitpunkts	44	24
III. Vorschriften der AO zur wirtschaftlichen Betrachtungsweise	45	25
1. Steueranspruch und Zurechnung – wirtschaftliches Eigentum	45	25
2. Steueranspruch und gesetzwidriges Handeln	46	26
3. Unwirksame Rechtsgeschäfte	47	27
4. Scheingeschäfte	49	28
5. Steuerumgehung – Treu und Glauben	52	28
IV. Fälligkeit	53	30
1. Begriff und Bedeutung der Fälligkeit	53	30
2. Bestimmung des Fälligkeitszeitpunkts	54	31
3. Abweichende Fälligkeitsbestimmung	55	31
4. Hinausschieben der Fälligkeit	56	32
5. Stundung	57	32
6. Aussetzung der Vollziehung	60	34
V. Erlöschen der Ansprüche aus dem Steuerschuldverhältnis	61	34
1. Zahlung	62	34
2. Aufrechnung	63	35
a) Gegenseitigkeit	64	35
b) Gleichartigkeit	65	36
c) Fälligkeit der Gegenforderung	66	36
d) Aufrechnung im Rechtsbehelfsverfahren	67	37
e) Wirkung der Aufrechnung	68	37
f) Rechtsbehelfe	69	38
g) Verrechnungsvertrag	70	38
3. Erlass	71	38
a) Voraussetzungen für den Billigkeitserlass	72	39
b) Bedeutung der Steuerart	73	40
c) Ermessensentscheidung	74	40
4. Verjährung	75	41
a) Festsetzungsverjährung	76	41
b) Zahlungsverjährung	77	44
VI. Steueranspruch und steuerbegünstigte Zwecke	78	46
1. Gemeinnützige Zwecke	79	46
2. Mildtätige Zwecke	80	47
3. Kirchliche Zwecke	81	47
4. Selbstlos	82	47
5. Umfang der Steuervergünstigung	83	47

	Tz	Seite
VII. Haftung	84	48
1. Haftung kraft Gesetzes	85	48
a) Akzessorietät	85	48
b) Haftungstatbestände	86	49
c) Haftung der Vertreter	87	50
d) Haftung nach §§ 71, 72, 72a, 73, 74 AO	88	52
aa) Haftung der Steuerhinterzieher	88	52
bb) Haftung bei Verstoß gegen den Grundsatz der Kontenwahrheit	88	52
cc) Haftung Dritter bei Datenübermittlungen an Finanzbehörden	88	53
dd) Haftung bei Organschaft	88	53
ee) Haftung bei Überlassung von Gegenständen	88	54
e) Haftung des Betriebsübernehmers	89	54
f) Haftung kraft zivilrechtlicher Gesetze	90	54
2. Verfahrensrechtliche Geltendmachung der gesetzlichen Haftung	91	55
a) Haftungsbescheid	91	55
b) Zahlungsaufforderung	92	55
c) Korrektur und Rechtsbehelfsverfahren	93	56
3. Vertragliche Haftung	94	56
4. Duldungsbescheide	95	56
D. Allgemeine Verfahrensvorschriften	100	56
I. Verfahrensgrundsätze	101	57
1. Beteiligte	101	57
2. Handlungsfähigkeit	102	57
3. Bevollmächtigte und Beistände	103	57
4. Ausschließung und Ablehnung von Amtsträgern und anderen Personen	104	58
5. Besteuerungsgrundsätze – Beweismittel	105	58
a) Gesetzmäßigkeit und Gleichmäßigkeit der Besteuerung	105	58
b) Beginn des Verfahrens – Amtssprache, elektronische Kommunikation	106	60
c) Untersuchungsgrundsatz	107	60
d) Beratungs- und Auskunftspflicht	108	61
e) Mittel der Sachaufklärung	109	62
aa) Allgemeine Mitwirkungspflichten	110	62
bb) Besondere Mitwirkungspflichten	111	62
cc) Kontrollmitteilungen	112	63
dd) Beweismittel	113	63

	Tz	Seite
f) Beweislast	114	64
g) Auskunfts- und Vorlageverweigerungsrechte	115	65
h) Grundsatz des rechtlichen Gehörs	116	66
II. Fristen und Wiedereinsetzung	117	67
1. Fristen – Termine	117	67
a) Fristbeginn	118	68
b) Dauer der Frist	119	69
c) Ablauf der Frist	120	69
2. Verlängerung von Fristen (§ 109 AO)	120	70
3. Wiedereinsetzung in den vorigen Stand	121	70
a) Gesetzliche Frist und Verweisungsfälle	122	70
b) Kein Verschulden	123	71
c) Wiedereinsetzungsverfahren	124	72
d) Wiedereinsetzung im finanzgerichtlichen Verfahren	125	72
e) Einzelfälle zur Wiedereinsetzung	126	73
III. Der Steuerverwaltungsakt	127	75
1. Definition des Verwaltungsakts – Bekanntgabe	128	76
2. Einzelfälle	129	77
3. Form des Verwaltungsakts	130	78
4. Nebenbestimmungen	131	79
5. Begründungszwang	132	79
6. Der fehlerhafte Verwaltungsakt/Nichtigkeit	133	80
IV. Widerruf, Rücknahme, Berichtigung, Aufhebung und Änderung von Steuerverwaltungsakten	134	81
1. Schematische Übersicht	135	83
2. Berichtigung offenbarer Unrichtigkeiten	136	84
3. Rücknahme und Widerruf von Verwaltungsakten (außer Steuerbescheiden und gleichgestellten Bescheiden)	137	85
a) Überblick	137	85
b) Rücknahme rechtswidriger Verwaltungsakte	138	85
c) Widerruf rechtmäßiger Verwaltungsakte	139	87
aa) Widerrufsvorbehalt	140	88
bb) Widerruf bei Auflagen	141	88
cc) Widerruf bei Änderung der Verhältnisse	142	89
d) Berichtigung, Rücknahme, Widerruf, Aufhebung und Änderung während eines Einspruchs oder finanzgerichtlichen Verfahrens	143	89

	Tz	Seite
4. Aufhebung und Änderung von Steuerbescheiden	144	89
a) Aufhebung und Änderung von Steuerbescheiden gem. § 172 AO	145	90
aa) Verbrauchsteuern	145	90
bb) Besitz- und Verkehrsteuern	146	91
cc) Kleinbetragsverordnung – KBV	147	93
b) Aufhebung und Änderung von Bescheiden gem. § 173 AO	148	93
aa) Aufhebung und Änderung zum Nachteil des Steuerpflichtigen	149	93
bb) Aufhebung und Änderung zugunsten des Steuerpflichtigen	150	96
cc) Die Rückausnahmeklausel in § 173 Abs. 1 Satz 2 AO	151	98
dd) Änderungssperre bei vorangegangener Außenprüfung	152	99
c) Korrektur von Schreib- und Rechenfehlern bei Erstellung einer Steuererklärung	152	100
d) Korrektur von widerstreitenden Steuerfestsetzungen	153	100
e) Korrektur von Steuerbescheiden auf Grund von Grundlagenbescheiden	154	103
f) Korrektur bei rückwirkenden Ereignissen	155	103
g) Korrektur bei Datenübermittlung durch Dritte	155	104
h) Vertrauensschutz bei der Korrektur von Steuerbescheiden	156	105
i) Berichtigung von materiellen Fehlern	157	106
E. Durchführung der Besteuerung	159	107
I. Erfassungs-, Erklärungs-, Festsetzungsverfahren	159	108
1. Mitwirkungs- und Anzeigepflichten	159	108
2. Buchführung und Aufzeichnungen	160	108
3. Ordnungsgemäße Buchführung	161	109
4. Aufbewahrung von Unterlagen	162	109
5. Erleichterungen	164	110
6. Beweiskraft der Buchführung – Aufzeichnungen	165	110
7. Steuererklärungen	165	111
8. Schätzung von Besteuerungsgrundlagen	166	111
9. Benennung von Gläubigern und Zahlungsempfängern, Nachweis der Treuhänderschaft	167	113
10. Steuerbescheide – Grundlagenbescheide – Messbescheide	168	114
a) Steuerbescheide	168	114
b) Grundlagenbescheide/Feststellungsbescheide	169	115
c) Messbescheide	170	116
11. Nachprüfungsvorbehalt und vorläufige Steuerfestsetzung	171	116

	Tz	Seite
12. Wichtige steuerliche Nebenleistungen	172	119
a) Verspätungszuschläge	172	119
aa) Rechtslage für Steuererklärungen, die vor dem 1.1.2019 abzugeben sind	172	119
bb) Rechtslage für Steuererklärungen, die nach dem 31.12.2018 abzugeben sind	172	120
b) Verzögerungsgelder nach § 146 Abs 2b AO und Zuschläge nach § 162 Abs. 4 AO	173	121
c) Säumniszuschläge	174	122
d) Zinsen	175	123
II. Außenprüfung	176	126
1. Zulässigkeit der Außenprüfung	177	126
2. Sachlicher Umfang der Außenprüfung	178	127
3. Kontrollmitteilungen	179	127
4. Prüfungsanordnungen und Prüfungszeitraum	180	128
5. Bekanntgabe der Prüfungsanordnung	181	130
6. Terminverschiebung	182	130
7. Ausweispflicht – Beginn der Außenprüfung	183	130
8. Prüfungsgrundsätze	184	131
9. Mitwirkungspflichten des Steuerpflichtigen	185	131
10. Ort und Zeit der Prüfung	186	132
11. Schlussbesprechung	187	132
12. Inhalt und Bekanntgabe des Prüfungsberichts	188	133
13. Abgekürzte Außenprüfung	189	134
14. Rechtswirkungen der Außenprüfung	190	134
15. Rechtsbehelfe bei Außenprüfungen	191	135
16. Verwertungsverbote	192	136
III. Verbindliche Zusagen – Auskünfte – Treu und Glauben	193	136
IV. Steuerfahndung (Zollfahndung)	194	137
F. Vollstreckung	200	138
I. Allgemeine Vorschriften	200	138
1. Ermessen im Vollstreckungsverfahren	201	139
2. Allgemeine Vorschriften für die Vollstreckung	202	139
a) Grundlagen und Arten der Vollstreckung	202	139
b) Ermittlungsbefugnisse der Vollstreckungsbehörde	203	140
c) Vollstreckungsgläubiger	204	141
d) Die Voraussetzungen der Vollstreckung	205	141
e) Aufhebung von Vollstreckungsmaßnahmen	206	143
f) Einstweilige Einstellung und Beschränkung der Vollstreckung	207	143

	Tz	Seite
II. Vollstreckung wegen Geldforderungen	208	144
1. Aufteilung einer Gesamtschuld	208	144
2. Vollstreckung in das bewegliche Vermögen	209	144
a) Vollstreckung in bewegliche Sachen	210	145
b) Vollstreckung in Forderungen und andere Vermögensrechte	211	146
3. Vollstreckung in das unbewegliche Vermögen	212	148
a) Sicherungshypothek	213	149
b) Zwangsversteigerung	214	149
c) Zwangsverwaltung	215	149
III. Vollstreckung wegen Handlungen, Duldungen und Unterlassungen	216	150
1. Zwangsgeld	217	151
2. Ersatzvornahme	218	151
3. Unmittelbarer Zwang	219	151
IV. Kosten der Vollstreckung	220	151
V. Rechtsbehelfe des Schuldners gegen Vollstreckungsmaßnahmen	221	152
VI. Einwendungen Dritter gegen Vollstreckungsmaßnahmen	222	153
VII. Arrest	223	154
1. Dinglicher Arrest	223	154
2. Persönlicher Arrest	224	155
VIII. Insolvenz	225	155
1. Überblick	225	155
2. Insolvenz	226	156
a) Eröffnung	226	156
(1) Forderung nicht tituliert (kein Bescheid ergangen)		156
(2) Forderung tituliert (Bescheid ergangen)		156
b) Insolvenzforderungen	227	157
c) Absonderung und Aussonderung	228	157
d) Masseansprüche	229	158
e) Folgen der Abschaffung des Insolvenzprivilegs für Steuern	230	158
f) Anmeldung und Feststellung der Insolvenzforderung	231	159
g) Verteilung	232	159
h) Restschuldbefreiung	233	159
i) Eigenverwaltung	234	160
j) Verbraucherinsolvenz	235	160
3. Insolvenzplan	236	161
G. Das außergerichtliche Rechtsbehelfsverfahren	240	162
I. Förmliche und nichtförmliche Rechtsbehelfe	240	162
II. Einspruch	241	162

	Tz	Seite
III. Zulässigkeit der außergerichtlichen Rechtsbehelfe	242	163
1. Finanzrechtsweg und Zuständigkeit	244	164
2. Rechtsbehelfsbefugnis	245	164
a) Beschwer	245	164
b) Rechtsbehelfsbefugnis bei Grundlagenbescheiden	246	166
c) Rechtsbehelfsbefugnis bei einheitlichen Feststellungen	247	166
d) Rechtsbehelfsbefugnis bei Änderung nach Unanfechtbarkeit	248	167
3. Formzwang für förmliche Rechtsbehelfe	249	168
4. Rechtsbehelfsfrist und Wiedereinsetzung in den vorigen Stand	250	169
a) Frist	250	169
b) Wiedereinsetzung in den vorigen Stand	251	169
5. Negative Zulässigkeitsvoraussetzungen	252	170
a) Kein Rechtsbehelfsverzicht	252	170
b) Keine Rücknahme	253	170
IV. Die Durchführung des Rechtsbehelfsverfahrens	254	170
1. Allgemeine Verfahrensgrundsätze	254	170
2. Hinzuziehung Dritter	255	170
3. Aussetzung und Ruhen des Verfahrens	256	172
4. Rechtliches Gehör – Akteneinsicht	257	172
5. Mündliche Erörterung	258	173
6. Ausschlussfrist	259	173
7. Entscheidung über den Einspruch	260	174
8. Aussetzung der Vollziehung	261	175
a) Rechtsbehelf	262	175
b) Aussetzungsfähiger Verwaltungsakt	263	175
c) Ernstliche Zweifel an der Rechtmäßigkeit	264	179
d) Unbillige Härte	265	179
e) Aussetzung von Grundlagen- und Folgebescheiden	266	180
f) Sicherheitsleistung	267	180
g) Dauer der Aussetzung/Aufhebung der Vollziehung	268	181
h) Aussetzung durch Finanzbehörde und Finanzgericht	269	181
9. Änderung und Festsetzung während des Rechtsbehelfsverfahrens	270	182
H. Das gerichtliche Rechtsbehelfsverfahren	280	183
I. Das Klagesystem der FGO	281	183
1. Schematische Darstellung des Klagesystems	282	183
2. Anfechtungsklage	283	183
3. Leistungsklage	284	185
4. Feststellungsklage	286	185

	Tz	Seite
II. Das Klageverfahren	287	186
1. Checkliste zur Zulässigkeit der Klage	288	186
2. Die Ordnungsmäßigkeit der Klageerhebung	289	187
a) Inhalt	289	187
b) Form und Vollmacht	292	189
c) Frist	294	190
d) Klagebefugnis	296	191
3. Gang des Verfahrens	297	191
a) Beiladung	297	191
b) Rechtliches Gehör	298	192
c) Untersuchungsgrundsatz	299	192
d) Korrektur des angefochtenen Verwaltungsaktes	300	193
e) Mündliche Verhandlung und Gerichtsbescheid	301	193
4. Beendigung des Verfahrens	305	194
5. Muster einer Klageschrift	308	196
III. Revision	309	197
1. Allgemeines	309	197
2. Zulässigkeit der Revision	310	197
a) Gerichtliche Zulassung	310	197
b) Zulassungsgründe (§ 115 Abs. 2 FGO)	311	197
c) Nichtzulassungsbeschwerde	314	200
d) Form und Frist der Revision	316	201
e) Revisionsbegründung	317	201
f) Anschlussrevision	323	203
3. Begründetheit der Revision	324	203
4. Entscheidung über die Revision	325	204
5. Muster für eine Revisionsschrift	326	205
IV. Beschwerde	327	205
V. Kosten	328	206
VI. Vorläufiger Rechtsschutz	329	207
I. Steuerstraf- und Steuerordnungswidrigkeitenrecht	340	208
I. Einführung	340	208
II. Strafrecht – Allgemeiner Teil	341	209
1. Straftat	341	209
2. Täterschaft und Teilnahme	342	211
3. Vorbereitung – Versuch – Vollendung	343	211
III. Steuerstrafrecht – Besonderer Teil	344	212
1. Steuerhinterziehung gem. § 370 Abs. 1 AO	344	212
2. Strafbefreiende Selbstanzeige gem. § 371 AO	345	214

	Tz	Seite
3. Steueramnestien	346	215
4. Bannbruch	347	215
5. Gewerbsmäßiger, gewaltsamer und bandenmäßiger Schmuggel	348	215
6. Steuerhehlerei	349	215
IV. Strafverfahrensrecht	350	216
1. Zuständigkeit	351	216
2. Einleitung des Strafverfahrens – Verteidigung	352	216
3. Befugnisse der Finanzbehörde als Strafverfolgungsbehörde	353	217
V. Steuerordnungswidrigkeiten	354	217
1. Leichtfertige Steuerverkürzung	354	217
2. Tatbestände der Steuergefährdung	355	218
VI. Bußgeldverfahren	356	219

Sechster Teil: Umsatzsteuer — 221

	Tz	Seite
A. Einführung	1	221
I. Geschichtliche Entwicklung	1	221
II. Rechtsgrundlagen	5	222
III. Einordnung in das Steuersystem	6	222
IV. Zuständigkeit	8	223
V. Prüfungsschema	10	224
B. Steuerbarkeit	11	225
I. Allgemeines	11	225
II. Steuerbarkeit gem. § 1 Abs. 1 Nr. 1 UStG	12	225
1. Voraussetzungen	12	225
2. Lieferung und sonstige Leistung	13	225
a) Lieferung	13	225
aa) Begriff	13	225
bb) Liefergegenstand	14	226
cc) Verschaffung der Verfügungsmacht	16	226
dd) Sonderfälle	20	228
(1) Kommissionsgeschäft	20	228
(2) Leasinggeschäft	21	228
ee) Verbringen eines Gegenstandes	23	228
ff) Gleichgestellte Lieferungen	24	229
(1) Entnahme eines Gegenstandes	24	229
(2) Zuwendungen an das Personal	32	231
(3) Andere unentgeltliche Zuwendungen	34	232

			Tz	Seite
	b) Sonstige Leistung		38	233
	aa) Begriff		38	233
	bb) Besonderheiten		40	233
		(1) Restaurationsumsätze	41	233
		(2) Werkleistung bei Umtausch	42	234
		(3) Besorgungsleistung/Agenturleistung	43	234
		(4) Abgrenzung zur Lieferung	45	235
		(5) Gleichgestellte sonstige Leistungen	47	236
	(a)	Verwendung eines unternehmerischen Gegenstandes	47	236
	(b)	Andere unentgeltliche Leistungen	56	238
	c) Werklieferung und Werkleistung		57	238
	aa) Werklieferung		57	238
	bb) Werkleistung		60	239
	cc) Abgrenzung		61	239
	d) Tausch und tauschähnlicher Umsatz		62	240
	aa) Tausch		62	240
	bb) Tauschähnlicher Umsatz		64	240
3.	Unternehmer		65	241
	a) Unternehmerbegriff		65	241
	aa) Unternehmerfähigkeit		65	241
	bb) Gewerbliche oder berufliche Tätigkeit		70	242
		(1) Überblick	70	242
		(2) Nachhaltigkeit	71	243
		(3) Erzielung von Einnahmen	72	243
	cc) Selbständigkeit		74	244
	b) Beginn und Ende der Unternehmereigenschaft		76	244
	c) Organschaft		82	246
	aa) Begriffsbestimmung		82	246
	bb) Eingliederungsmerkmale		88	247
		(1) Finanzielle Eingliederung	88	247
		(2) Wirtschaftliche Eingliederung	89	247
		(3) Organisatorische Eingliederung	90	247
	cc) Grenzüberschreitende Organschaft		91	248
	d) Juristische Personen des öffentlichen Rechts		95	248
	aa) Begriffsbestimmung		95	248
	e) Fahrzeuglieferer		103	249
	aa) Personenkreis		103	249
	bb) Bestimmte Lieferung		104	249
	cc) Folgen für die Besteuerung		107	250

	Tz	Seite
4. Rahmen des Unternehmens	110	251
a) Begriffsbestimmung	110	251
b) Umfang des Unternehmens	111	251
5. Inland	113	252
a) Begriff	113	252
b) Lieferort	114	252
aa) Überblick	114	252
bb) Bewegte Lieferung	116	253
cc) Unbewegte Lieferung	120	254
dd) Einfuhrlieferung	122	255
ee) Ort der unentgeltlichen Lieferungen und sonstigen Leistungen	127	256
ff) Ort der Lieferung während einer Beförderung an Bord eines Schiffes, in einem Luftfahrzeug oder in einer Eisenbahn	128	256
gg) Ort der Lieferung in besonderen Fällen	133	257
(1) Allgemeines	133	257
(2) Warenbewegung	134	257
(3) Abnehmerkreis	135	258
(4) Lieferschwelle	136	259
(5) Sonderregelungen: Lieferung neuer Fahrzeuge und verbrauchsteuerpflichtiger Waren	138	260
c) Ort der sonstigen Leistung	141	260
aa) Überblick	141	260
bb) Ort der sonstigen Leistung bei B2B-Umsätzen	142	260
cc) Ort der sonstigen Leistung bei B2C-Umsätzen	156	266
6. Entgelt	198	273
a) Allgemeines	198	273
b) Voraussetzungen des Leistungsaustauschs	199	273
c) Fehlender Leistungsaustausch	202	274
d) Leistungsaustausch zwischen Gesellschaft und Gesellschafter	204	275
III. Steuerbarkeit gem. § 1 Abs. 1 Nr. 4 UStG	206	276
IV. Steuerbarkeit gem. § 1 Abs. 1 Nr. 5 UStG	209	276
1. Allgemeines	209	276
2. Innergemeinschaftlicher Erwerb	212	277
a) Innergemeinschaftlicher Erwerb bei Lieferungen	212	277
aa) Warenbewegung	212	277
bb) Erwerber	215	279
cc) Lieferer	216	280

	Tz	Seite
b) Innergemeinschaftliches Verbringen	219	281
aa) Erwerbsfiktion	219	281
bb) Warenbewegung	220	281
cc) Unternehmensgegenstand	221	281
dd) Verfügung des Unternehmers	222	281
ee) Nicht nur zur vorübergehenden Verwendung	224	282
(1) Allgemeines	224	282
ff) Bemessungsgrundlage	229	283
c) Sonderregelungen	230	283
aa) Erwerb unterhalb der Erwerbsschwelle	230	283
(1) Allgemeines	230	283
(2) Bestimmte Erwerber	231	284
(3) Erwerbsschwelle	232	284
(4) Option	235	285
bb) Erwerb neuer Fahrzeuge	236	285
cc) Erwerb verbrauchsteuerpflichtiger Waren	237	285
d) Innergemeinschaftlicher Erwerb neuer Fahrzeuge	238	286
aa) Allgemeines	238	286
bb) Erwerberkreis	239	286
cc) Erwerbsvorgang	240	286
dd) Neue Fahrzeuge	241	286
(1) Fahrzeugbegriff	241	286
(2) Neuheitskriterien	243	287
ee) Besteuerungsverfahren	245	287
3. Ort des innergemeinschaftlichen Erwerbs	251	288
a) Allgemeines	251	288
b) Ortsbestimmung gem. § 3d Satz 1 UStG	252	288
c) Sonderregelung des § 3d Satz 2 UStG	253	288
aa) Verwendung einer Umsatzsteuer-Identifikationsnummer	253	288
bb) Innergemeinschaftliches Dreiecksgeschäft	254	289
4. Entgelt	255	289
V. Umsätze in Freihäfen	256	290
VI. Geschäftsveräußerung	258	290
C. Steuerbefreiungen	261	290
I. Allgemeines	261	290
II. Steuerbefreiungen gem. § 4 UStG	265	292
1. Ausfuhrlieferung	265	292
a) Ausfuhrlieferung gem. § 6 Abs. 1 UStG	265	292
aa) Ausfuhr durch Lieferer	265	292

	Tz	Seite
bb) Ausfuhr durch den Abnehmer	269	292
(1) Transport in das Drittlandsgebiet	269	292
(2) Ausländischer Abnehmer	270	293
cc) Ausfuhr in Freihäfen	271	293
b) Sonderregelungen	272	294
aa) Be- oder Verarbeitung des Ausfuhrgegenstandes	272	294
bb) Ausrüstung oder Versorgung eines Beförderungsmittels	273	294
cc) Ausfuhr im persönlichen Reisegepäck	276	295
c) Nachweis der Ausfuhrlieferung	277	295
aa) Beförderungsfälle	277	295
bb) Versendungsfälle	281	296
cc) Bearbeitungs- und Verarbeitungsfälle	284	296
dd) Nichtkommerzieller Reiseverkehr	285	297
2. Innergemeinschaftliche Lieferung	287	297
a) Innergemeinschaftliche Lieferung	287	297
aa) Lieferung eines Unternehmers	287	297
bb) Warenbewegung	291	298
cc) Abnehmer	292	298
dd) Erwerbsbesteuerung	295	300
ee) Be- oder Verarbeitung	297	301
b) Innergemeinschaftliches Verbringen	298	301
c) Nachweis der innergemeinschaftlichen Lieferung	299	302
d) Vertrauensschutzregelung	305	303
3. Grenzüberschreitende Güterbeförderungen	309	303
4. Umsatzsteuerlagerregelung	320	304
5. Vermittlungsleistungen	326	305
a) Vermittlung	326	305
b) Umfang der Steuerbefreiung	327	305
aa) Vermittlung bestimmter steuerfreier Umsätze	327	305
6. Geld- und Kapitalverkehr	335	306
7. Grundstücksumsätze	355	308
8. Versicherungen	356	308
9. Postdienstleistungen	357	308
10. Vermietungsumsätze	361	309
11. Heilberufliche Tätigkeit	387	311
12. Kunst und Bildung	390	311
13. § 4 Nr. 28 UStG – die „technische Befreiung"	392	312

		Tz	Seite
III.	Verzicht auf die Steuerbefreiung	393	313
1.	Option gem. § 9 Abs. 1 UStG	393	313
2.	Einschränkung der Option gem. § 9 Abs. 2 UStG	395	313
IV.	Steuerbefreiung gem. § 4b UStG	400	314
V.	Steuerbefreiung gem. § 5 UStG	405	315
1.	Allgemeines	405	315
2.	Steuerbefreiung gem. § 5 Abs. 1 UStG	406	315
	a) Einfuhr bestimmter Gegenstände	406	315
	b) Einfuhr innergemeinschaftlicher Transitware	407	315
	c) Einfuhr im Zusammenhang mit einem Umsatzsteuerlager	408	316
	d) Einfuhr von Gas und Elektrizität	410	316
3.	Steuerbefreiung gem. § 5 Abs. 2 und 3 UStG	411	316
	a) Einfuhrumsatzsteuer-Befreiungsverordnung	411	316
	b) Verordnung über die Eingangsabgabenfreiheit von Waren im persönlichen Gepäck der Reisenden	412	317
	c) Kleinsendungen	413	317
D. Bemessungsgrundlage		414	317
I. Bemessungsgrundlage gem. §§ 10, 11 UStG		414	317
1.	Allgemeines	414	317
2.	Bemessungsgrundlage für Umsätze gem. § 1 Abs. 1 Nr. 1 UStG	415	318
	a) Entgelt	415	318
	b) Durchlaufende Posten	418	319
	c) Tausch und tauschähnlicher Umsatz	419	320
	d) Steuerfreie Leistungen	421	321
	e) Zuschüsse	423	321
	f) Entgeltsminderungen	427	322
	g) Bemessungsgrundlage für unentgeltliche Leistungen	431	323
3.	Bemessungsgrundlage für Umsätze gem. § 1 Abs. 1 Nr. 4 UStG	443	327
4.	Bemessungsgrundlage für Umsätze gem. § 1 Abs. 1 Nr. 5 UStG	444	328
5.	Sondertatbestände	446	329
	a) Mindestbemessungsgrundlage	446	329
	b) Pkw-Überlassung an Arbeitnehmer	448	329
II. Änderung der Bemessungsgrundlage		450	331
E. Steuersatz		456	334
I. Allgemeines		456	334
II. Regelsteuersatz		457	334
III. Ermäßigter Steuersatz		465	336

	Tz	Seite
F. Entstehung	479	338
I. Steuerentstehung für Lieferungen und sonstige Leistungen	479	338
1. Vereinbarte Entgelte	479	338
2. Vereinnahmte Entgelte	484	340
II. Steuerentstehung für unentgeltliche Leistungen	486	341
III. Steuerentstehung für die Einfuhr	487	341
IV. Steuerentstehung für den innergemeinschaftlichen Erwerb	488	341
V. Steuerentstehung in sonstigen Fällen	490	343
1. Beförderungseinzelbesteuerung	490	343
2. Elektronische Dienstleistungen	491	343
3. Unrichtiger und unberechtigter Steuerausweis	492	344
4. Änderung der Bemessungsgrundlage	493	344
5. Vertrauensschutzregelung	494	344
6. Umsatzsteuerlagerregelung	495	344
G. Rechnung	496	344
I. Ausstellung von Rechnungen gem. § 14 UStG	496	344
1. Allgemeines	496	344
2. Rechnungen	497	345
a) Begriff der Rechnung	497	345
b) Angaben in der Rechnung	503	349
c) Gutschrift als Rechnung	514	353
3. Besonderheiten	517	354
a) Rechnungen mit verschiedenen Steuersätzen	517	354
b) Kleinbetragsrechnungen	518	354
c) Fahrausweise	519	355
d) Verbilligte Leistungen	520	356
e) Anzahlungen	521	356
aa) Anzahlungsrechnungen	521	356
bb) Endrechnung	523	357
cc) Restrechnung	526	358
f) Rechnungserteilung in Einzelfällen	527	358
II. Unrichtiger Steuerausweis gem. § 14c Abs. 1 UStG	528	359
III. Unberechtigter Steuerausweis gem. § 14c Abs. 2 UStG	535	361
IV. Ausstellung von Rechnungen gem. § 14a UStG	540	362
1. Allgemeines	540	362
2. Anwendungsbereich	541	363
a) Innergemeinschaftliche Lieferung	541	363
b) Versandhandelslieferung	544	363
c) Bestimmte sonstige Leistungen	545	363

	Tz	Seite
d) Innergemeinschaftliches Dreiecksgeschäft	546	364
e) Lieferungen von neuen Fahrzeugen	547	364
f) Leistungen i. S. des § 13b UStG	548	364
g) Reiseleistung und Differenzbesteuerung	549	365
V. Aufbewahrung von Rechnungen	550	365
1. Aufbewahrungspflicht gem. § 14b UStG	550	365
2. Folgen der Pflichtverletzung	552	366
H. Vorsteuer	553	366
I. Vorsteuerabzug	553	366
1. Allgemeines	553	366
2. Vorsteuerabzug aus Rechnungen	554	367
a) Unternehmer	554	367
b) Rechnung	556	368
c) Gesetzlich geschuldete Steuer	558	369
d) Leistungen	561	369
e) Leistungen von anderen Unternehmern	562	370
f) Leistungen für das Unternehmen	565	370
g) Vorsteuerabzug vor Ausführung der Leistung	571	371
3. Einfuhrumsatzsteuer als Vorsteuer	572	372
4. Erwerbsteuer als Vorsteuer	576	373
5. Vorsteuerabzug in Fällen des § 13b UStG	577	373
6. Vorsteuerabzug des Auslagerers	578	374
7. Zuordnung zum Unternehmen	579	374
8. Nachweis	580	374
9. Ausschluss vom Vorsteuerabzug	581	375
a) Ausschlussumsätze	581	375
b) Ausnahmen vom Abzugsverbot	587	376
c) Ausschluss nach § 15 Abs. 1a UStG	591	376
aa) Nicht abzugsfähige Betriebsausgaben	591	376
bb) Reisekosten	598	377
d) Vorsteuerbeschränkung bei Grundstücken	600	379
10. Vorsteueraufteilung	602	379
a) Aufteilungsmethode	602	379
b) Erleichterungen	605	381
II. Berichtigung des Vorsteuerabzugs	610	381
1. Allgemeines	610	381
2. Einzelregelungen	612	381

		Tz	Seite
I.	Besteuerungsverfahren	632	387
	I. Steuerberechnung	632	387
	II. Besteuerungszeitraum	633	388
	III. Vorauszahlungen	634	388
	IV. Fristverlängerung	637	389
	V. Beförderungseinzelbesteuerung	638	390
	VI. Fahrzeugeinzelbesteuerung	639	390
	VII. Steuerschuldnerschaft des Leistungsempfängers	640	390
	1. Allgemeines	640	390
	2. Umsätze gem. § 13b Abs. 1 UStG	642	391
	3. Einzelregelungen bei § 13b UStG	643	391
	4. Leistungsempfänger als Steuerschuldner	648	394
	5. Ausnahmen vom Steuerschuldnerwechsel	651	394
	6. § 13b UStG bei Anzahlungen	652	395
	7. Entstehung der § 13b-Steuer und Rechnungserstellung	653	395
	8. weitere Vereinfachungsregeln und Ausnahmen	654	396
	VIII. Vergütungsverfahren	655	396
	IX. Zusammenfassende Meldung	660	397
	X. Bestätigungsverfahren	668	399
J.	Sonderregelungen	673	400
	I. Reihengeschäft	673	400
	1. Begriff	673	400
	2. Reihengeschäft innerhalb Deutschlands	675	402
	3. Reihengeschäft mit dem Drittland	676	402
	4. Reihengeschäft innerhalb der EU	678	403
	5. Innergemeinschaftliches Dreiecksgeschäft	681	404
	a) Allgemeines	681	404
	b) Voraussetzungen	682	404
	c) Auswirkungen	687	406
	(1) Beim ersten Lieferer	687	406
	(2) Beim ersten Abnehmer	688	406
	(3) Beim letzten Abnehmer	689	407
	(4) Aufzeichnungspflicht	690	409
	II. Fiskalvertreter	691	409
	III. Steuervergütung	702	409
	1. Allgemeines	702	409
	IV. Kleinunternehmer	707	410

	Tz	Seite
V. Durchschnittssätze	713	412
1. Allgemeine Durchschnittssätze	713	412
2. Durchschnittssatz gem. § 23a UStG	714	412
3. Durchschnittssätze für land- und forstwirtschaftliche Betriebe	715	413
VI. Reiseleistungen	720	413
VII. Differenzbesteuerung	724	414
VIII. Umsätze mit Anlagegold	733	418

Siebenter Teil: Erbschaftsteuer — 419

	Tz	Seite
A. Allgemeiner Überblick	1	419
I. Gegenstand der Erbschaftsteuer	1	419
II. Verhältnis des Erbschaftsteuerrechts zum Zivilrecht und Auslegung des ErbStG	2	420
III. Verhältnis zu anderen Steuern	3	421
1. Verhältnis zur Einkommensteuer	3	421
2. Verhältnis zur Grunderwerbsteuer	7	423
IV. Gesamtrechtsnachfolge	8	423
V. Exkurs: Verfassungsmäßigkeit des ErbStG	9	424
1. Entscheidung des BVerfG vom 17.12.2014	9	424
2. Entscheidung des BVerfG vom 7.11.2006	9a	426
B. Grundtatbestände des ErbStG – Steuerpflichtige Vorgänge (§ 1 ErbStG)	10	427
I. Allgemeines	10	427
1. Zweckzuwendungen	11	427
2. Familienstiftungen/Familienvereine	12	427
II. Erbschaft- und Schenkungsteuer – Verknüpfungsregelungen	13	429
C. Steuerpflicht (§ 2 ErbStG)	14c	429
I. Persönliche Steuerpflicht	14	430
II. Unbeschränkte Steuerpflicht	15	430
III. Beschränkte Steuerpflicht	16	432
1. Personenkreis	16	432
2. Inlandsvermögen	17	432
3. Schulden und Lasten	18	433
4. Sachliche Steuerbefreiungen bei beschränkter Steuerpflicht	19	433
IV. Erweiterte beschränkte Steuerpflicht	20	433
V. Doppelbesteuerungsabkommen	21	434
1. Vorbemerkung	21	434
2. Stand der ErbSt-Doppelbesteuerungsabkommen	24	435
VI. Die Erbschaftsteuer im Kontext des EU-Rechts	25c	435

	Tz	Seite
D. Erwerbe von Todes wegen (§ 3 ErbStG)	28	438
I. Erbfolge	28	439
1. Wirkungen der Erbfolge	29	440
2. Teilungsanordnungen und Vorausvermächtnisse	30	440
3. Vorausvermächtnis oder Auflage im Fall einer unechten Teilungsanordnung	32	441
4. Erbanteile nach Teilungsanteilen	33	441
5. Erfüllung von formnichtigen Testamenten	34	442
6. Gerichtlicher Vergleich und sonstige Vereinbarungen zur Beseitigung von Ungewissheiten	35	442
7. Erbauseinandersetzung	36	443
II. Vermächtnis	37	444
III. Pflichtteilsanspruch	39	445
IV. Schenkung auf den Todesfall	40	445
V. Sonstige Erwerbe, die als Erwerbe von Todes wegen gelten	44	447
1. Vermächtnisähnliche Erwerbe	44	447
2. Verträge zugunsten Dritter	45	447
3. Anordnung einer Stiftung / Bildung und Ausstattung einer Vermögensmasse ausländischen Rechts	46	448
4. Erwerb aufgrund einer Auflage	47	449
5. Abfindungen für Erbverzichte	49	449
6. Abfindungen bei bedingten Vermächtnissen	50	450
7. Entgelte für die Übertragung von Anwartschaften	51	450
8. Herausgabeanspruch des Vertragserben, Schlusserben oder Vermächtnisnehmers	52	450
VI. Exkurs: Eingetragene Lebenspartner	53	451
E. Eheliche Güterstände	57	452
I. Fortgesetzte Gütergemeinschaft (§ 4 ErbStG)	57	452
1. Erwerb durch Fortsetzung der ehelichen Gütergemeinschaft mit den Abkömmlingen	59	452
2. Tod eines anteilsberechtigten Abkömmlings	60	453
II. Zugewinngemeinschaft (§ 5 ErbStG)	61	453
1. Vorbemerkung	61	453
2. Erbrechtlicher Zugewinnausgleich	63	453
a) Allgemeines	63	453
b) Ermittlung von Anfangs- und Endvermögen	64	454
aa) Anfangsvermögen	64	455
bb) Endvermögen	65	456
3. Güterrechtlicher Zugewinnausgleich	66	457

		Tz	Seite
F. Vorerbschaft, Nacherbschaft, Nachvermächtnis (§ 6 ErbStG)		67	459
	I. Vorerbschaft	67	459
	II. Nacherbschaft	68b	460
	III. Zusammentreffen von Erbfall und Nacherbschaft	69	461
	IV. Nachvermächtnis	70	462
G. Schenkungen unter Lebenden (§ 7 ErbStG)		71f	463
	I. Begriff der Schenkung	71b	463
	1. Schenkung als Zuwendung	72	463
	2. Zuwendungsbeteiligte	75	465
	3. Bereicherung des Erwerbers	77	466
	4. Gegenstand der Zuwendung	80	467
	a) Grundsätze	80	467
	b) Geldschenkung unter einer Auflage	82	468
	c) Mittelbare Grundstücksschenkung	83	469
	d) Zinsschenkungen	85	471
	e) Schenkung von Anteilen an Gesellschaften	86	471
	5. Die steuerliche Anerkennung von Schenkungen	87	472
	6. Kettenschenkungen	88	472
	7. Schenkung mit einer aufschiebend bedingten Verpflichtung	90	473
	8. Schenkungen unter Widerrufsvorbehalt	91	473
	9. Unbenannte Zuwendungen unter Ehegatten oder Lebenspartnern	92	474
	10. Verdeckte Einlagen bei Kapitalgesellschaften	94	474
	11. Verdeckte Gewinnausschüttungen bei Kapitalgesellschaften / Schenkungen durch Kapitalgesellschaften	95b	474
	II. Gemischte Schenkung und Schenkung unter Auflage	96	475
	1. Abgrenzung	96	475
	2. Bereicherung	99	476
	III. Übrige Schenkungstatbestände	104f	477
	1. Vollziehung einer vom Schenker angeordneten Auflage	104	477
	2. Vereinbarung einer Gütergemeinschaft	106	478
	3. Abfindungen für einen Erbverzicht	107	478
	4. Herausgabe des Vorerben an den Nacherben	108	478
	5. Erwerbe bei Stiftungen sowie Vermögensmassen ausländischen Rechts	109	479
	a) Stiftungen	109	479
	aa) Allgemeines	109	479
	bb) Stiftung unter Lebenden	110	480
	cc) Aufhebung einer Stiftung / Auflösung eines Vereins	112	480
	b) Vermögensmassen ausländischen Rechts / Trust	113	481

			Tz	Seite
	6.	Zuwendungen im Rahmen eines Gesellschaftsverhältnisses	118	482
		a) Verhältnis des § 7 Abs. 5 bis 7 ErbStG zu den übrigen Schenkungstatbeständen	118	482
		b) Schenkungen mit Buchwertklauseln	119	482
		c) Überhöhte Gewinnbeteiligung	120	483
		d) Abfindung unter dem Wert des Anteils bei Ausscheiden eines Gesellschafters	121	483
	7.	Verdeckte Einlagen bei Kapitalgesellschaften (§ 7 Abs. 8 ErbStG)	121a	484
	8.	Schenkungen durch Kapitalgesellschaften	121f	486
H.	Zweckzuwendung (§ 8 ErbStG)		122	486
I.	Entstehung der Steuerschuld (§ 9 ErbStG)		125b	487
	I. Vorbemerkung		125	487
	II. Entstehung der Steuerschuld bei Erwerben von Todes wegen		126b	487
	1.	Allgemeine Grundsätze	126	487
	2.	Erwerb von Todes wegen	128	488
		a) Erwerb durch Erbanfall	129	488
		b) Anordnung eines Vermächtnisses	130	489
		c) Schenkung auf den Todesfall	131	489
		d) Erwerb unter einer aufschiebenden Bedingung	132	490
		e) Erwerb des Pflichtteils	133	490
		f) Erwerb durch Stiftung	135	491
		g) Erwerb infolge Auflage	137	492
		h) Abfindung für Erbverzicht	138	492
		i) Abfindung für ein aufschiebend bedingtes Vermächtnis	139	492
		j) Erwerb im Nacherbfall	140	492
		k) Veräußerung von Anwartschaftsrechten	141	492
		l) Erwerb eines Vertragserben aufgrund beeinträchtigender Schenkungen des Erblassers	142	492
	3.	Schenkungen unter Lebenden	143	492
	4.	Zweckzuwendungen	145a	494
	5.	Familienstiftungen / Familienvereine	145b	494
J.	Steuerpflichtiger Erwerb, Wertermittlung (§ 10 ErbStG)		146	494
	I. Steuerpflichtiger Erwerb		146	494
	1.	Vermögensanfall	151	496
	2.	Steuererstattungsansprüche	153	497
	3.	Anteile an einer vermögensverwaltenden Personengesellschaft	154	497
	4.	Zweckzuwendung	156	498
	5.	Abrundung	157	498
	6.	Ersatzerbschaftsteuer	158	498

		Tz	Seite
7.	Übernahme der Steuer	159	498
8.	Vereinigung von Rechten und Verbindlichkeiten	160	499
9.	Anwartschaft eines Nacherben	162	500
10.	Nachlassverbindlichkeiten	163	500
	a) Allgemeines	163	500
	b) Erblasserschulden	164e	501
	c) Erbfallschulden	165	502
	aa) Vermächtnisse	166	503
	bb) Auflagen	167	503
	cc) Pflichtteilsansprüche	168	503
	d) Erbschaftsverwaltungskosten	170	504
	aa) Nachlassregelungskosten	171	504
	bb) Kosten zur Erlangung des Erwerbs	172	504
	cc) Steuerberatungskosten und Rechtsberatungskosten im Rahmen des Besteuerungs- und Feststellungsverfahren	172a	505
	dd) Erwerbskosten bei Schenkungen unter Lebenden	173	506
	ee) Pauschbetrag	174	507
	ff) Nachlassverwaltungskosten	175	507
11.	Beschränkung des Schuldenabzugs	176	507
12.	Eigene Erbschaftsteuer	181	510
13.	Auflagen	182	511
14.	Gesellschaftsrechtliche Verfügungsbeschränkungen in Abfindungsfällen	183	511
II.	Wertermittlung (§§ 11 und 12 ErbStG i.V. mit dem BewG)	184	512
1.	Bewertungsstichtag	184	512
2.	Bewertung	185	512
3.	Anzuwendende Bewertungsvorschriften	186	513
4.	Bewertung im Einzelnen	193	514
	a) Begriff und Bewertung des Grundbesitzes	193	514
	aa) Feststellungsverfahren	196	515
	aaa) Zuständigkeit des Lagefinanzamts	196	515
	bbb) Feststellungserklärung	197	515
	ccc) Feststellungsbescheid	198	515
	bb) Grundlagencharakter des Feststellungsbescheids	199	516
	b) Land- und forstwirtschaftliches Vermögen	200	516
	aa) Begriffsbestimmung und wirtschaftliche Einheit	200	516
	bb) Umfang des Betriebs der Land- und Forstwirtschaft	205	519
	aaa) Wirtschaftsteil	206	519
	bbb) Landwirtschaftliche Nutzung	207	520
	ccc) Forstwirtschaftliche Nutzung	209	520

VERZEICHNIS Inhalt

			Tz	Seite
	ddd)	Weinbauliche Nutzung	211	521
	eee)	Gärtnerische Nutzung	213	521
	fff)	Übrige land- und forstwirtschaftliche Nutzung	214a	521
	hhh)	Nebenbetriebe	226	523
	iii)	Abbauland	227	524
	jjj)	Geringstland	228	524
	kkk)	Unland	229	524
	lll)	Stückländereien	230	524
	mmm)	Betriebswohnungen	231	525
	nnn)	Wohnteil	232	525
cc)	Bewertungsstichtag		239	527
dd)	Bewertung des Wirtschaftsteils		240	527
	aaa)	Ermittlung der Wirtschaftswerte	244	528
	bbb)	Reingewinn der landwirtschaftlichen Nutzung	246	529
	ccc)	Reingewinn der forstwirtschaftlichen Nutzung	247	530
	ddd)	Reingewinn der weinbaulichen Nutzung	248	530
	eee)	Reingewinn der gärtnerischen Nutzung	249	530
	fff)	Reingewinn der Sondernutzungen Hopfen, Spargel, Tabak	250	531
	ggg)	Reingewinn der sonstigen land- und forstwirtschaftlichen Nutzungen und Nebenbetrieben	251	531
	hhh)	Reingewinn des Abbaulands und Geringstlands	252	531
	iii)	Reingewinn des Unlands	253	532
	jjj)	Zinssatz zur Ermittlung des Wirtschaftswerts	254	532
	kkk)	Verfahren zur Ermittlung des Mindestwerts	258	533
	lll)	Tierbestände	267	535
	mmm)	Bewertung des Wirtschaftsteils mit dem Fortführungswert / Öffnungsklausel	268	535
	nnn)	Nachbewertungsvorbehalt/Liquidationswert	270	536
ee)	Bewertung der Betriebswohnungen und des Wohnteils		273	537
ff)	Grundbesitzwert des Betriebs der Land- und Forstwirtschaft/Aufteilung		276	539
c) Bewertung des Grundvermögens			279b	540
aa)	Bewertungsziel Gemeiner Wert		279	540
bb)	Bewertung unbebauter Grundstücke		280	540
cc)	Bewertung bebauter Grundstücke		282b	541
	aaa)	Grundstücksarten	282c	541
	bbb)	Bewertungsverfahren	284	542

			Tz	Seite
	(1)	Vergleichswertverfahren		543
	(1.1)	Vergleichspreisverfahren	285	543
	(1.2)	Vergleichsfaktorverfahren	287	544
	(2)	Ertragswertverfahren	289	544
	(3)	Sachwertverfahren	295g	548
dd)	Erbbaurechtsfälle		300	556
	aaa)	Bewertung des Erbbaurechts	301	556
	bbb)	Bewertung des Erbbaugrundstücks	307	558
ee)	Gebäude auf fremdem Grund und Boden		310	560
ff)	Grundstücke im Zustand der Bebauung		311	561
gg)	Zivilschutzbauten		312	561
hh)	Verkehrswertnachweis		313	562
d) Bewertung des Betriebsvermögens			314	562
aa)	Verkehrswert als Bewertungszielgröße		314	562
bb)	Methodenvielfalt		315	563
cc)	Bewertungskonzept		316	563
dd)	Ableitung aus Verkäufen		318	564
ee)	Wertermittlung unter Berücksichtigung der Ertragsaussichten		320	564
	aaa)	Marktgängige Verfahren	321	565
	bbb)	Mindestwert/Substanzwert	324	567
ff)	Vereinfachtes Ertragswertverfahren		325	568
	aaa)	Anwendungsbereich	325	568
	bbb)	Wert nach dem vereinfachten Ertragswertverfahren/Ertragswert des betriebsnotwendigen Vermögens	328	569
	ccc)	Nicht betriebsnotwendiges Vermögen	329	570
	ddd)	Betriebsnotwendige Beteiligungen	330	571
	eee)	Junges Betriebsvermögen	331	572
	fff)	Ermittlung des Jahresertrags	332	573
	ggg)	Ermittlung der Betriebsergebnisse	335	574
	hhh)	Korrekturbedarf	336	574
	iii)	Gewinnermittlung durch Einnahmenüberschussrechnung	337	576
	jjj)	Betrieblicher Ertragsteueraufwand	338	576
	kkk)	Kapitalisierungsfaktor	339	577
gg)	Aufteilung bei Beteiligungen an Personengesellschaften		342	580
hh)	Ermittlung des Werts des Anteils an einer Kapitalgesellschaft		342a	581

	Tz	Seite
e) Bewertung des übrigen Vermögens	343	581
aa) Bedingung	344	581
bb) Befristung	347	582
cc) Betagung	348	583
dd) Kapitalforderungen und Schulden sowie Ansprüche und Lasten bei wiederkehrenden Nutzungen und Leistungen	319	583
(1) Kapitalforderungen und Kapitalschulden	349	583
(2) Wiederkehrende Nutzungen und Leistungen	355	585
(3) Begrenzung des Jahreswerts	363	588
(4) Einlage des typisch stillen Gesellschafters	364	589
(5) Sachleistungsansprüche	365	590
(6) Kaufrechtsvermächtnisse	367	590
(7) Überbestand an umlaufenden Betriebsmitteln	368	590
(8) Luxusgegenstände	369	591
K. Steuerbefreiungen (§ 13 ErbStG)	370	591
I. Vorbemerkung	370	591
II. Wichtige Befreiungstatbestände	372	592
1. Hausrat und andere bewegliche körperliche Gegenstände	372	592
2. Gegenstände, deren Erhaltung im öffentlichen Interesse liegt	373	593
3. Erwerb des Dreißigsten	375	594
4. Steuerfreiheit für Familienheime	377	594
a) Lebzeitige Zuwendung zwischen Ehegatten/Lebenspartnern	377	594
b) Familienheimerwerb durch überlebenden Ehegatten/Lebenspartner	378	595
c) Familienheimerwerb durch überlebende Kinder	382	596
5. Befreiung von einer Schuld gegenüber dem Erblasser	386	598
6. Erwerb durch gebrechliche Eltern	387	598
7. Erwerb als Entgelt für Pflege- und Unterhaltsleistungen	388	598
8. Rückfall geschenkter Vermögensgegenstände an die Eltern	389	599
9. Verzicht auf den Pflichtteilsanspruch	390	600
10. Zuwendungen unter Lebenden zum Zwecke des angemessenen Unterhalts oder zur Ausbildung	391	600
11. Übliche Gelegenheitsgeschenke	392	601
12. Anfälle bei Gebietskörperschaften	393	601
13. Zuwendungen an Religionsgesellschaften und kirchliche, gemeinnützige und mildtätige Einrichtungen	394	601
14. Zuwendungen zu kirchlichen, gemeinnützigen oder mildtätigen Zwecken	396	602
15. Zuwendungen an politische Parteien und kommunale Wählervereinigungen	397	602

	Tz	Seite
L. Wertermittlung bei mehreren Erben	398	603
M. Steuervergünstigungen für Betriebsvermögen	400	604
I. Steuerbegünstigung für Betriebsvermögen und anderes Schonvermögen (§ 13a, § 13b ErbStG a. F. bis zum 30. 6. 2016)	400a	604
II. Verschonungsabschlag	401	604
III. Gleitender Abzugsbetrag	404	605
IV. Lohnsummenregelung bis 3. 06. 2016	407	606
1. Begriff „Lohnsumme"	408	607
2. Ausgangslohnsumme	410	608
3. Lohnsumme im Referenzzeitraum	411	608
4. Lohnsummenregelung bei der Optionsverschonung	411a	609
5. Feststellungsverfahren zur Lohnsumme	411b	609
V. Weitergabeverpflichtung	412	609
VI. Behaltensregelungen und Nachsteuertatbestände	415	610
1. Veräußerungstatbestände beim Betriebsvermögen	417	610
2. Veräußerungstatbestände beim land- und forstwirtschaftlichen Vermögen	418a	612
3. Überentnahmeregelung	419	613
4. Veräußerungstatbestände bei Anteilen an Kapitalgesellschaften	421	614
5. Missbrauchsregelung in Bezug auf Pooling	422	615
6. Reinvestitionsklausel	424	615
VII. Anzeigepflichten	425	615
VIII. Optionsverschonung (Steuerbefreiung zu 100 %)	426	616
IX. Begünstigtes Vermögen	427	616
1. Land- und forstwirtschaftliches Vermögen	428	616
2. Betriebsvermögen von Einzelunternehmen und Personengesellschaften	429	617
3. Anteile an Kapitalgesellschaften	430	617
X. Steuerschädliches Verwaltungsvermögen	434	619
1. Grundstücke, Grundstücksteile, grundstücksgleiche Rechte und Bauten	435	619
a) Betriebsaufspaltung und Sonderbetriebsvermögen	436	620
b) Betriebsverpachtung im Ganzen	438	620
c) Konzernklausel	441	621
d) Wohnungsunternehmen	443	622
e) Land- und forstwirtschaftliche Grundstücke bei Verpachtung	444	622
2. Anteile an Kapitalgesellschaften bei Beteiligung von nicht mehr als 25 %	445	622

	Tz	Seite
3. Beteiligungen an Personengesellschaften und Anteile an Kapitalgesellschaften von mehr als 25 %	446	623
4. Wertpapiere und vergleichbare Forderungen	447	623
5. Finanzmittel	449a	624
6. Sammlungen und sonstige nicht begünstigte Vermögensgegenstände	450	625
7. Junges Verwaltungsvermögen	451	626
8. Bestimmung der Verwaltungsvermögensquote	453	627
XI. Verschonungsregelung bei Weitergabe des begünstigten Vermögens	455	629
XII. Steuerbefreiungen für Betriebsvermögen und anderes Schonvermögen ab 1.7.2016	456	629
1. Steuerbefreiungen für Erwerbe von begünstigtem Vermögen bis 26 Mio. €	456	629
a) Regelverschonung	457	629
b) Optionsverschonung	458	630
c) Weitergabe des begünstigten Vermögens	459	630
d) Verstoß gegen die Behaltensregelungen/Reinvestitionsklausel	460	630
e) Anzeigepflichten	461	631
2. Steuerbefreiungen/Steuererlass für Erwerbe von begünstigtem Vermögen über 26 Mio. €	463	631
a) Abschmelzender Verschonungsabschlag (§ 13c ErbStG)	464	631
b) Verschonungsbedarfsprüfung (§ 28a ErbStG)	467	633
3. Steuerbefreiung für Familienunternehmen	473	635
XIII. Lohnsummenregelung ab 1.7.2016	477	637
1. Grundsätzliches	477	637
2. Anwendung	478	637
3. Anzahl der Beschäftigten	479	638
4. Ermittlung der Lohnsumme	480	638
5. Verletzung der Lohnsummenregelung	481	638
5. Feststellungsverfahren zur Lohnsumme	482	639
XIV. Begünstigungsfähiges Vermögen ab 1.7.2016	484	639
XV. Begünstigtes Vermögen ab 1.7.2016	486	639
1. Grundsatz	486	639
2. Ausnahme	487	640
XVI. Vermögensgegenstände zur Erfüllung von Altersversorgungsverpflichtungen ab 1.7.2016	488	641

	Tz	Seite
XVII. Verwaltungsvermögenskatalog und Rückausnahmen ab 1.7.2016	490	641
1. Dritten zur Nutzung überlassene Grundstücke, Grundstücksteile, grundstücksgleiche Rechte und Bauten	491	642
a) Betriebsaufspaltung und Sonderbetriebsvermögen (§ 13b Abs. 4 Nr. 1 Buchst. a ErbStG)	492	642
b) Betriebsverpachtung im Ganzen (§ 13b Abs. 4 Nr. 1 Buchst. b ErbStG)	493	642
c) Konzernklausel (§ 13b Abs. 4 Nr. 1 Buchst. c ErbStG)	494	642
d) Wohnungsunternehmen (§ 13b Abs. 4 Nr. 1 Buchst. d ErbStG)	495	642
e) Überlassung zum Absatz von eigenen Erzeugnissen (§ 13b Abs. 4 Nr. 1 Buchst. e ErbStG)	496	642
f) Land- und forstwirtschaftliche Grundstücke bei Verpachtung (§ 13b Abs. 4 Nr. 1 Buchst. f ErbStG)	497	642
2. Anteile an Kapitalgesellschaften bei Beteiligung zu nicht mehr als 25 % (§ 13b Abs. 4 Nr. 2 ErbStG)	498	643
3. Sammlungen und sonstige nicht begünstigte Vermögensgegenstände (§ 13b Abs. 4 Nr. 3 ErbStG)	499	643
4. Wertpapiere und vergleichbare Forderungen (§ 13b Abs. 4 Nr. 4 ErbStG)	500	643
5. Finanzmittel (§ 13b Abs. 4 Nr. 5 ErbStG)	501	643
6. Junges Verwaltungsvermögen	502	644
7. Investitionsklausel	504	644
8. Nettowert des Verwaltungsvermögens	505	645
a) Grundsätzliches	505	645
b) Beschränkungen beim Schuldenabzug	506	646
9. 10 %-iger Unschädlichkeitsbetrag für Verwaltungsvermögen	507	647
10. Feststellungsverfahren zum Verwaltungsvermögen	509	649
XVIII. Verbundvermögensaufstellung bei mehrstufigen Gesellschaftsstrukturen ab 1.7.2016	511	650
1. Grundsatz	511	650
2. Ausnahme	512	651
N. Verschonungsregelung für vermietete Wohngrundstücke (§ 13d ErbStG)	514	651
I. Förderzweck	514	651
II. Begünstigungsfähige Objekte	515	652
III. Begünstigungsumfang	517	652
IV. Weitergabeverpflichtung	520	653
O. Mehrere Erwerbe innerhalb von 10 Jahren (§ 14 ErbStG)	523	654
I. Zusammenrechnung rechtlich selbständiger Erwerbe innerhalb von zehn Jahren	523	654
II. Festsetzungsfrist	526	656

		Tz	Seite
P.	Berechnung der Steuer (§§ 15 ff. ErbStG)	527	656
	I. Grundsätze	527	656
	II. Steuerklassen (§ 15 ErbStG)	528	656
	1. Einteilung der Erwerber	528	656
	2. Sonderregelung für Stiftung, Verein und Vermögensmasse ausländischen Rechts	531	658
	3. Berliner Testament	533	658
	4. Steuersatz bei Schenkung durch eine Kapitalgesellschaft	539	659
	III. Persönliche Freibeträge (§ 16 ErbStG)	536	660
	IV. Besonderer Versorgungsfreibetrag (§ 17 ErbStG)	537	660
	1. Freibetrag für den überlebenden Ehegatten / Lebenspartner	537	660
	2. Freibetrag für Kinder	538	661
	V. Steuersätze (§ 19 ErbStG)	540	662
	1. Erbschaftsteuertarif	540	662
	2. Progressionsvorbehalt	541	662
	3. Härteausgleich	542	663
	VI. Tarifbegrenzung durch Entlastungsbetrag (§ 19a ErbStG)	544	664
	VII. Steuerminderung bei mehrfachem Erwerb desselben Vermögens (§ 27 ErbStG)	552	667
	1. Allgemeines	552	667
	2. Voraussetzungen	553	667
	a) Begünstigter Personenkreis	553	667
	b) Letzterwerb von Todes wegen	555	668
	c) Übergang desselben Vermögens	556	668
	d) Zehnjahreszeitraum	557	669
	e) Steuerfestsetzung/Steuerentrichtung für den Vorerwerb	559	669
	3. Ermittlung des Ermäßigungsbetrags	560	669
	4. Ermäßigungshöchstbetrag	561	670
	5. Vereinbarkeit des § 27 ErbStG mit dem EU-Recht	562	670
Q.	Mitgliederbeiträge (§ 18 ErbStG)	563	670
R.	Steuerfestsetzung und Erhebung (§§ 20 – 21 und §§ 30 ff. ErbStG)	564	671
	I. Steuerschuldner (§ 20 ErbStG)	564	671
	1. Erwerbe von Todes wegen	564	671
	2. Schenkungen	565	671
	3. Zweckzuwendungen	566	671
	4. Ersatzerbschaftsteuer	567	672
	5. Fortgesetzte Gütergemeinschaft	568	672
	6. Vorerbschaft	569	672

	Tz	Seite
II. Haftung für Erbschaftsteuer	570	672
1. Haftung des Nachlasses	570	672
2. Haftung bei unentgeltlicher Weiterübertragung des Erwerbs	571	672
3. Haftung der Versicherungsunternehmen	572	673
4. Haftung des Vermögensverwahrers	573	673
5. Haftungsmindestgrenze	574	673
III. Anrechnung ausländischer Erbschaftsteuer (§ 21 ErbStG)	575	673
1. Grundsätze	575	673
2. Durchführung der Anrechnung	577	674
a) Der gesamte Nachlass setzt sich aus Auslandsvermögen zusammen	578	674
b) Der Nachlass besteht nur zum Teil aus Auslandsvermögen	580	675
c) In mehreren Staaten belegenes Auslandsvermögen	581	675
IV. Anzeige des Erwerbs (§ 30 ErbStG)	582	675
1. Anzeigepflicht des Erwerbers/Beschwerten	582	675
2. Anzeigepflicht des Schenkers	584	676
3. Wegfall/Einschränkung der Anzeigepflicht	585	676
4. Inhalt der Anzeige	587	677
V. Anzeigepflicht der Vermögensverwahrer, Vermögensverwalter und Versicherungsunternehmen (§ 33 ErbStG)	588	677
VI. Anzeigepflicht der Gerichte, Standesämter und Notare (§ 34 ErbStG)	590	678
VII. Steuererklärung (§ 31 ErbStG)	591	678
1. Aufforderung zur Erklärungsabgabe/Erklärungspflichtige	591	678
2. Erklärungspflicht bei fortgesetzter Gütergemeinschaft	592	678
3. Erklärungspflicht mehrerer Erben	593	679
4. Erklärungspflicht des Testamentsvollstreckers/Nachlassverwalters	594	679
5. Erklärungspflicht des Nachlasspflegers	595	679
VIII. Bekanntgabe des Steuerbescheids an Vertreter	596	679
IX. Kleinbetragsgrenze (§ 22 ErbStG)	598	680
X. Steuerstundung (§ 28 ErbStG)	599	680
1. Stundung nach § 28 Abs. 1 ErbStG a. F. (bis 30. 6. 2016)	600	681
2. Stundung nach § 28 Abs. 1 ErbStG (ab 1. 7. 2016)	602	681
3. Weitere Stundungsregelungen	605	682
XI. Erlöschen der Steuer in besonderen Fällen (§ 29 ErbStG)	610	683
1. Herausgabe eines Geschenks wegen eines Rückforderungsrechts	610	683
2. Abwendung der Herausgabe eines Geschenks/Abwendung des Herausgabeanspruchs eines Pflichtteilsberechtigten	612	684
3. Anrechnung unentgeltlicher Zuwendungen zwischen Ehegatten auf den Zugewinnausgleichsanspruch	614	684

			Tz	Seite
		4. Zuwendungen an Gebietskörperschaften und Stiftungen	615	685
		5. Nutzung des zugewendeten Vermögens	616	685
S.	Renten- und Nießbrauchsvermächtnisse (§ 23 ErbStG)		617	685
	I. Rentenvermächtnis		617	685
	II. Nießbrauchsvermächtnis		620	686
	III. Besteuerungsverfahren bei der Aufzehrungsmethode		622	686
	IV. Steuerliche Folgen beim belasteten Steuerpflichtigen		624	687
T.	Örtliche Zuständigkeit (§ 35 ErbStG)		627	688

Stichwortverzeichnis   691

ABKÜRZUNGSVERZEICHNIS

A

a. A.	anderer Ansicht
a. a. O.	am angeführten Ort
ABl	Amtsblatt
Abs.	Absatz
Abschn.	Abschnitt
abzgl.	abzüglich
AdV	Aussetzung der Vollziehung
a. E.	am Ende
AEAO	Anwendungserlass zur AO
a. F.	alte Fassung
AfA	Absetzung für Abnutzung
AfaA	Absetzung für außergewöhnliche (technische oder wirtschaftliche) Abnutzung
AG	Aktiengesellschaft
AK	Anschaffungskosten
Aktenz.	Aktenzeichen
AktG	Aktiengesetz
Alt.	Alternative
AnfG	Gesetz betr. Anfechtung von Rechtshandlungen eines Schuldners außerhalb des Konkursverfahrens
Anm.	Anmerkung
AO	Abgabenordnung
Art.	Artikel
AStBV	Anweisungen für das Straf- und Bußgeldverfahren
AStG	Außensteuergesetz
Aufl.	Auflage

B

BAföG	Bundesausbildungsförderungsgesetz
BAG	Bundesarbeitsgericht
BauGB	Baugesetzbuch
Ba-Wü	Baden-Württemberg
BB	Betriebs-Berater (Zeitschrift)
Bd.	Band
BdF	Bundesminister der Finanzen
BerlinFG	Berlinförderungsgesetz
Beschl.	Beschluss
betr.	betrifft
BewG	Bewertungsgesetz
BewRGr	Richtlinien zur Bewertung des Grundvermögens

VERZEICHNIS Abkürzungen

BfF	Bundesamt für Finanzen, jetzt: BZSt
BFH	Bundesfinanzhof
BFHE	Sammlung der Entscheidungen des BFH
BFH-EntlG	Gesetz zur Entlastung des BFH
BFH/NV	Sammlung amtlich nicht veröffentlichter Entscheidungen des BFH
BGB	Bürgerliches Gesetzbuch
BGBl	Bundesgesetzblatt
BGH	Bundesgerichtshof
BGHZ	Amtliche Sammlung der Entscheidungen des BGH in Zivilsachen
BMF	Bundesministerium der Finanzen
BMG	Bemessungsgrundlage
BMWF	Bundesministerium der Wirtschaft und Finanzen
Bp	Betriebsprüfung
BpO	Betriebsprüfungsordnung
BRD	Bundesrepublik Deutschland
BSG	Bundessozialgericht
BStBl	Bundessteuerblatt
BT-Drucks.	Bundestags-Drucksache
Buchst.	Buchstabe
BV	Betriebsvermögen
BVerfG	Bundesverfassungsgericht
BVerfGE	Amtliche Sammlung der Entscheidungen des BVerfG
BVerwG	Bundesverwaltungsgericht
BVerwGE	Amtliche Sammlung der Entscheidungen des Bundesverwaltungsgerichts
bzgl.	bezüglich
BZSt	Bundeszentralamt für Steuern
bzw.	beziehungsweise

D

DB	Der Betrieb (Zeitschrift)
DBA	Doppelbesteuerungsabkommen
DDR	Deutsche Demokratische Republik
dgl.	dergleichen
d. h.	das heißt
DM	Deutsche Mark
DStR	Deutsches Steuerrecht (Zeitschrift)
DStRE	Deutsches Steuerrecht Entscheidungsdienst (Zeitschrift)
DStZ	Deutsche Steuerzeitung (Zeitschrift)
DVR	Deutsche Verkehrsteuer-Rundschau (Zeitschrift)

E

EDV	Elektronische Datenverarbeitung
EFG	Entscheidungen der Finanzgerichte (Zeitschrift)
EG	Europäische Gemeinschaft

EGBGB	Einführungsgesetz zum BGB
EGAO	Einführungsgesetz zur AO
EGE	Europäische Größeneinheit
einschl.	einschließlich
EK	Eigenkapital
Elster	Elektronische Steuererklärung
EMRK	Europäische Menschenrechtskonvention
Entw.	Entwicklung
Erg.	Ergänzung
ErbStB	Erbschaftsteuerberater
ErbStDV	Erbschaftsteuer-Durchführungsverordnung
ErbStG	Erbschaftsteuergesetz
ErbStH	Amtliches Erbschaftsteuer-Handbuch
ErbStR	Erbschaftsteuer-Richtlinien
ErbStRG	Erbschaftsteuerreformgesetz
ESt	Einkommensteuer
EStDV	Einkommensteuer-Durchführungsverordnung
EStG	Einkommensteuergesetz
EStR	Einkommensteuerrichtlinien
EU	Europäische Union
EuGH	Europäischer Gerichtshof
€	Euro
EUR	Euro
EUSt	Einfuhrumsatzsteuer

F

FA	Finanzamt
FAG	Finanzausgleichsgesetz
Fa.	Firma
f./ff.	folgende/fortfolgende
FG	Finanzgericht
FGEntlG	Gesetz zur Entlastung der Gerichte in der (Verwaltungs- und) Finanzgerichtsbarkeit
FGO	Finanzgerichtsordnung
FinMin	Finanzministerium
FKPG	Gesetz zur Umsetzung des föderalen Konsolidierungsprogrammes
FVG	Finanzverwaltungsgesetz

G

G	Gesetz
GBl	Gesetzblatt
GBO	Grundbuchordnung
GbR	Gesellschaft bürgerlichen Rechts
gem.	gemäß
GemSOBG	Gemeinsamer Senat der Obersten Bundesgerichte

GenG	Genossenschaftsgesetz
GesO	Gesamtvollstreckungsordnung
GewSt	Gewerbesteuer
GewStDV	Gewerbesteuer-Durchführungsverordnung
GewStG	Gewerbesteuergesetz
GewStR	Gewerbesteuer-Richtlinien
GG	Grundgesetz
ggf.	gegebenenfalls
gl. A.	gleicher Ansicht
GmbH	Gesellschaft mit beschränkter Haftung
GmbHG	GmbH-Gesetz
grds.	grundsätzlich
GrEStG	Grunderwerbsteuergesetz
GrS	Großer Senat
GrSt	Grundsteuer
GrStG	Grundsteuergesetz
GuV	Gewinn- und Verlustrechnung
GVG	Gerichtsverfassungsgesetz

H

H	Hinweis (zu den Einkommensteuer-Richtlinien)
HB	Hinweis zu den Erbschaftsteuerrichtlinien (Bewertungsgesetz)
HE	Hinweis zu den Erbschaftsteuerrichtlinien (Erbschaftsteuergesetz)
HFR	Höchstrichterliche Finanzrechtsprechung
HGB	Handelsgesetzbuch
H/H/Sp	Hübschmann/Hepp/Spitaler, Kommentar zur Abgabenordnung und Finanzgerichtsordnung
HK	Herstellungskosten
h. M.	herrschende Meinung

I

i. A.	im Auftrag
i. d. F.	in der Fassung
i. d. R.	in der Regel
i. d. S.	in diesem Sinne
i. e. S.	im engeren Sinne
i. H.	in Höhe
inkl.	inklusive
insbes.	insbesondere
InsO	Insolvenzordnung
i. S.	im Sinne
i. Ü.	im Übrigen
i. V.	in Verbindung
i. w. S.	im weiteren Sinne

J

JGG	Jugendgerichtsgesetz
JStG	Jahressteuergesetz

K

KAG	Kommunalabgabengesetz
KapESt	Kapitalertragsteuer
KBV	Kleinbetragsverordnung
Kfz	Kraftfahrzeug
KfzSt	Kraftfahrzeugsteuer
KG	Kommanditgesellschaft
KGaA	Kommanditgesellschaft auf Aktien
Klein	Kommentar zur Abgabenordnung, 11. Aufl., 2012
KO	Konkursordnung
KSt	Körperschaftsteuer
KStDV	Körperschaftsteuer-Durchführungsverordnung
KStG	Körperschaftsteuergesetz
KStR	Körperschaftsteuer-Richtlinien
KVStG	Kapitalverkehrsteuergesetz

L

LAG	Lastenausgleichsgesetz
Lfg.	Lieferung
LPartG	Lebenspartnerschaftsgesetz
LSt	Lohnsteuer
LStDV	Lohnsteuer-Durchführungsverordnung
LStR	Lohnsteuer-Richtlinien
lt.	laut

M

m. a. W.	mit anderen Worten
m. E.	meines Erachtens
m. w. N.	mit weiteren Nachweisen
MwStSystRL	Mehrwertsteuersystemrichtlinie

N

NJW	Neue Juristische Wochenschrift (Zeitschrift)
NW	Nordrhein-Westfalen
NWB	Neue Wirtschafts-Briefe (Zeitschrift)
n. F.	neue Fassung
Nr./Nrn.	Nummer/Nummern

O

o. a.	oben angegeben
o. Ä.	oder Ähnliches
OFD	Oberfinanzdirektion
o. g.	oben genannt
OHG	Offene Handelsgesellschaft
OLG	Oberlandesgericht
OR	ohne Rechnung
OWiG	Gesetz über Ordnungswidrigkeiten

P

PartGes	Partnerschaftsgesellschaft
PatGes	Patentgesetz
PB	Pauschbetrag
Pkw	Personenkraftwagen
PE	Privatentnahme

R

R	Richtlinie (der ESt-Richtlinien)
RAO	Reichsabgabenordnung
RB	ErbSt-Richtlinie (Bewertungsgesetz)
Rb-Verfahren	Rechtsbehelfsverfahren
RE	ErbSt-Richtlinie (Erbschaftsteuergesetz)
RegE	Regierungsentwurf
RFH	Reichsfinanzhof
RL	Richtlinie
RLEG	EG-Richtlinie
Rspr.	Rechtsprechung
Rz	Randziffer

S

s.	siehe
S.	Seite
SGB	Sozialgesetzbuch (mit Zusatz des entsprechenden Buches, z. B. X)
sog.	so genannt
SolZ	Solidaritätszuschlag
StÄndG	Steueränderungsgesetz
StAuskV	Steuerauskunftsverordnung
StBerG	Steuerberatungsgesetz
StBp	Steuerliche Betriebsprüfung (Zeitschrift)
StDAV	Steuerdatenabrufverordnung
StEK	Steuererlasse in Karteiform, herausgegeben von Felix
StEntlG	Steuerentlastungsgesetz

Steufa.	Steuerfahndung
StGB	Strafgesetzbuch
StIdV	Steueridentifikationsnummerverordnung
StMBG	Missbrauchsbekämpfungs- und Steuerbereinigungsgesetz
St.-Nr.	Steuernummer
Stpfl.	Steuerpflichtiger
StPO	Strafprozessordnung
str.	strittig
StraBEG	Strafbefreiungserklärungsgesetz
StromStG	Stromsteuergesetz
StSenkG	Steuersenkungsgesetz
StVB	Steuervorbilanz (§ 29 Abs. 1 KStG)
StVBG	Steuerverkürzungsbekämpfungsgesetz
s. u.	siehe unten
SZ	Säumniszuschlag/Säumniszuschläge

T

T/K	*Tipke/Kruse*, Kommentar zur Abgabenordnung und Finanzgerichtsordnung
Tz	Textziffer

U

u.	und
u. a.	unter anderem
u. Ä.	und Ähnliche
u. E.	unseres Erachtens
UR	USt-Rundschau (Zeitschrift)
UrhG	Urheberrechtsgesetz
Urt.	Urteil
USt	Umsatzsteuer
UStBMG	Umsatzsteuer-Binnenmarktgesetz
UStDV	Umsatzsteuer-Durchführungsverordnung
UStG	Umsatzsteuergesetz
USt-IdNr.	Umsatzsteuer-Identifikationsnummer
UStR	Umsatzsteuer-Richtlinien
USt-VA	Umsatzsteuer-Voranmeldung
USt-ZustV	Umsatzsteuer-Zuständigkeitsverordnung
u.U.	unter Umständen
u.v. a. m.	und viele andere mehr

V

v.	von/vom
v. A. w.	von Amts wegen
VdN	Vorbehalt der Nachprüfung
Vfg.	Verfügung

vGA	verdeckte Gewinnausschüttung
vgl.	vergleiche
VerglO	Vergleichsordnung
v. H.	vom Hundert
VO	Verordnung
VOB	Verdingungsordnung für Bauleistungen
VollstrA	Vollstreckungsanweisung
VollzA	Vollziehungsanweisung
VorSt	Vorsteuer
VwV	Verwaltungsvorschrift
VZ	Veranlagungszeitraum

Z

z. B.	zum Beispiel
ZfZ	Zeitschrift für Zölle und Verbrauchsteuern
ZG	Zollgesetz
ZPO	Zivilprozessordnung
ZustV	Zuständigkeitsverordnung
ZVG	Gesetz über die Zwangsversteigerung und Zwangsverwaltung
zz.	zurzeit
zzgl.	zuzüglich

Fünfter Teil: Abgabenordnung und Grundriss der Finanzgerichtsordnung

A. Einführung

I. Wesentlicher Inhalt und Systematik der Abgabenordnung

Die Abgabenordnung (AO) ist ein *allgemeines* Steuergesetz (Steuergrundgesetz oder Mantelgesetz). Sie enthält Vorschriften, die für zahlreiche einzelne Steuern von Bedeutung sind und die deshalb aus Zweckmäßigkeitsgründen in einem Gesetz zusammengefasst wurden.

Die Bestimmungen der AO lassen sich einteilen in

- *materiell-rechtlichen* Vorschriften und
- *verfahrensrechtliche* Vorschriften (formelles Recht).

Das materielle Recht regelt z. B., unter welchen Voraussetzungen ein Steueranspruch entsteht und erlischt.

Das Verfahrensrecht (formelles Recht) regelt dagegen die Art und Weise, *wie* der Anspruch von der Finanzbehörde geltend zu machen ist und welche Möglichkeiten der Steuerpflichtige hat, dagegen vorzugehen.

> **BEISPIEL:** Durch eine Außenprüfung bei einer Kraftfahrzeugwerkstatt wird festgestellt, dass der Inhaber gestohlene Autos nach Veränderung veräußert hat. Die Umsätze und Gewinne aus diesen Geschäften wurden nicht versteuert. – Nach den *materiell-rechtlichen* Vorschriften der Einzelsteuergesetze (UStG, EStG) liegen steuerpflichtige Umsätze und Einkünfte vor. Aus der *materiell-rechtlichen* Vorschrift des § 40 AO ergibt sich, dass durch die Strafbarkeit des Verhaltens (Diebstahl, Hehlerei) die Besteuerung der Umsätze und Gewinne nicht ausgeschlossen wird. *Verfahrensrechtlichen* Charakter haben dagegen die Vorschriften der AO, wonach die Finanzbehörde berechtigt ist, bei der Kfz-Werkstatt eine Außenprüfung durchzuführen und die nicht versteuerten Umsätze und Gewinne durch Änderungsbescheide zu erfassen (§§ 193 ff., §§ 164, 173 AO). Verfahrensrechtlicher Art sind auch die Vorschriften, wonach der Steuerpflichtige gegen die Prüfungsanordnung oder die Änderungsbescheide binnen eines Monats schriftlich Einspruch einlegen kann (§§ 347, 355, 357 AO).

Die Unterscheidung zwischen *materiell-rechtlichen* und verfahrensrechtlichen Normen hat insbesondere Bedeutung für das Revisionsverfahren (vgl. Tz 310 ff.).

Der Gesetzgeber hat sich bei der grundlegenden Neufassung der AO im Jahr 1977 (Zusatz „1977" seit 2007 aufgehoben) von einigen Grundgedanken leiten lassen, die das Gesetz noch heute prägen. Die Kenntnis dieser Strukturprinzipien der AO erleichtert das Arbeiten mit der AO und das Auffinden der jeweils einschlägigen Vorschriften.

Der Gesetzgeber wollte grundsätzlich:

- materielles und Verfahrensrecht trennen,
- Allgemeines nach vorn, Spezielles in die späteren Teile verlegen,
- Übereinstimmung mit dem Verwaltungsverfahrensgesetz herstellen (allgemeiner Teil des Verfahrensrechts),

- die Paragraphenfolge an den chronologischen Ablauf des Besteuerungsverfahrens anlehnen,
- die Arten des Verfahrens (an Amtsstelle, Außenprüfung, Rechtsbehelfsverfahren usw.) voneinander trennen,
- die Stufen des Verfahrens, Erfassung, Mitwirkung, Festsetzung, Erhebung, Vollstreckung exakt abgrenzen.

Vorschriften, die von keinem dieser Prinzipien erfasst werden, sind selten. Sie haben einen eher zufälligen Standort gefunden, z. B. § 154 AO – Kontenwahrheit, § 32 AO – Haftung der Amtsträger. Die Einhaltung dieser Prinzipien führte notwendig zur Zersplitterung von Regelungen, die unter anderen Gesichtspunkten eine Einheit bilden. So ist z. B. das Haftungsrecht in drei verschiedenen Teilen des Gesetzes (Schuldrecht §§ 69 bis 77, Besteuerungsverfahren § 191, § 192, Erhebungsverfahren § 219) zu finden.

Die Strukturprinzipien überlagern teilweise die formale Gliederung der AO in neun Teile. Wesentlicher Inhalt der Teile:

1. Teil – Einleitende Vorschriften (§§ 1 bis 32)   Anwendungsbereich – Steuer – Amtsträger – Wohnsitz – Zuständigkeit – Steuergeheimnis
2. Teil – Steuerschuldrecht (§§ 33 bis 77)   Steuerpflichtiger – Steuerschuldverhältnis (Entstehen der Ansprüche, Gesamtschuldner, Erlöschen) – steuerbegünstigte Zwecke – Haftung
3. Teil – Allgemeine Verfahrensvorschriften (§§ 78 bis 133)   Beteiligte – Bevollmächtigte – Ausschluss und Ablehnung von Amtsträgern – Besteuerungsgrundsätze – Beweismittel – Fristen – Wiedereinsetzung in den vorigen Stand – Amtshilfe – Verwaltungsakte (Begriff, Wirksamkeit, Berichtigung, Rücknahme, Widerruf)
4. Teil – Durchführung der Besteuerung (§§ 137 bis 217)   Erfassung der Steuerpflichtigen – Anzeigepflichten – Identifikationsmerkmal – Buchführung – Steuererklärung – Kontenwahrheit – Steuerfestsetzung – Festsetzungsverjährung – Änderung von Steuerbescheiden – gesonderte Feststellungen – Messbescheide – Zerlegung und Zuteilung – Haftungsbescheide – Außenprüfung – verbindliche Zusagen
5. Teil – Erhebungsverfahren (§§ 218 bis 248)   Verwirklichung von Steueransprüchen – Zahlung – Aufrechnung – Erlass – Zahlungsverjährung – Verzinsung – Säumniszuschläge – Sicherheitsleistung
6. Teil – Vollstreckung (§§ 249 bis 346)
7. Teil – Außergerichtliches Rechtsbehelfsverfahren (§§ 347 bis 367)   Zulässigkeit des Einspruchs – Verfahrensvorschriften für den Einspruch
8. Teil – Straf- und Bußgeldvorschriften, Straf- und Bußgeldverfahren (§§ 369 bis 412)   Steuerstraftaten – Steuerordnungswidrigkeiten – Strafverfahren – Bußgeldverfahren
9. Teil – Schlussvorschriften (§§ 413 bis 415)

II. Geschichtliches zur AO – Reformgründe

Die Reichsabgabenordnung (RAO) – das Vorgängergesetz der Abgabenordnung – ist 1919 in Kraft getreten. Sie fasste erstmals reichseinheitlich die Regeln des allgemeinen materiellen Steuerrechts und des Besteuerungsverfahrens in einem Gesetz zusammen. Der Entwurf der RAO ist das Werk des ehemaligen Oberlandesgerichtsrats und späteren Senatspräsidenten beim Reichsfinanzhof Enno Becker. Im Laufe der Jahrzehnte ergingen zahlreiche Nebengesetze und Rechtsverordnungen zur RAO (z. B. Steueranpassungsgesetz, Gemeinnützigkeitsverordnung, Steuersäumnisgesetz, Zuständigkeitsverordnung). Diese Rechtszersplitterung wurde durch die AO-Reform zum 1.1.1977 beseitigt. Weitere Reformziele waren die Schaffung der Voraussetzungen für ein rationelles und automationsgerechtes Besteuerungsverfahren sowie eine weitgehende Anpassung an das (allgemeine) Verwaltungsverfahrensgesetz, das ebenfalls am 1.1.1977 in Kraft getreten ist.

Die Rechtsentwicklung in der DDR begann ebenfalls mit der RAO. Diese wurde jedoch bald grundlegend umgestaltet. Insbesondere wurden die Vorschriften über den außergerichtlichen Rechtsschutz aufgehoben und in einer Verordnung geregelt. Gerichtlicher Rechtsschutz war nicht vorgesehen. Die AO der DDR wurde in der Fassung vom 18.9.1970 erneut bekannt gemacht. Parallel zum Vertrag über die Wirtschafts- und Währungsunion erhielt die DDR eine neue AO (AO 90), die im Wesentlichen der AO 77 entsprach. Das dazu ergangene Einführungsgesetz regelt, wann die Regeln der AO 1970 anzuwenden sind. Bedeutsam für die neuen Länder ist auch Artikel 97a § 2 des Einführungsgesetzes zur AO, der die Überleitungsregeln – u. a. von der AO 90 – zur bundeseinheitlichen AO enthält.

III. Sonstige allgemeine Steuergesetze

1. Durch das *Einführungsgesetz zur* AO (EGAO) sind zahlreiche Gesetze der AO angepasst worden. Art. 97 EGAO enthält in den §§ 1–26 wichtige Übergangsvorschriften, die den zeitlichen Anwendungsbereich der Vorschriften der AO regeln.

   BEISPIEL: Durch das Gesetz zur Modernisierung des Besteuerungsverfahrens ist § 152 AO (Verspätungszuschläge) grundlegend umgebildet worden (siehe dazu Tz. 172). Art 97 § 8 Abs. 4 EGAO regelt detailliert, ab wann die Neufassung der Vorschrift anzuwenden ist. § 152 AO n. F. gilt danach grundsätzlich für Steuererklärungen, die nach dem 31. 12. 2018 einzureichen sind.

2. Die Kommunalabgabengesetze (KAG) der Länder bestimmen, ob und inwieweit die Vorschriften der AO auf Kommunalabgaben anzuwenden sind (z. B. § 12 KAG NW).

3. Das Gesetz über die *Finanzverwaltung* (FVG) enthält die grundlegenden Organisationsvorschriften für die Bundes- und Landesfinanzbehörden und die Aufgabenzuweisung für die einzelnen Behörden (sachliche Zuständigkeit; vgl. § 16 AO). Besonders betroffen von der Umgestaltung der Finanzverwaltung ist § 5 FVG mit den Aufgabenzuweisungen an das Bundeszentralamt für Steuern (BZSt). § 5 Tz 11 FVG enthält Regelungen zum Familienleistungsausgleich mit Hilfe der Familienkassen, § 5 Tz 13 regelt die Zentralsammlung von Daten über Umsatzsteuerbetrug, § 5 Tz. 22 die

Vergabe des Identifikationsmerkmals nach §§ 139a ff. AO. § 5 Tz 34 weist die Zertifizierung von Altersvorsorgeverträgen auch dem BZSt zu.

Bedeutsam ist die Umgestaltung der Bundesfinanzverwaltung, mit der die früheren (Bundes-)Oberfinanzdirektionen abgeschafft und 5 Bundesfinanzdirektionen (Hamburg, Potsdam, Köln, Neustadt a. d. W. und Nürnberg) geschaffen wurden (vgl. §§ 1, 8a–10a FVG). Die mit § 2a FVG geschaffene Möglichkeit auf Mittelbehörden zu verzichten, hat zur Auflösung vieler OFD'en geführt, z. B. in den Stadtstaaten, oder zur Bildung von Landesämtern für Steuern, z. B. in Bayern.

4. Die Finanzgerichtsordnung (FGO) regelt den *gerichtlichen* Rechtsschutz, insbesondere das Klageverfahren vor den Finanzgerichten und das Revisionsverfahren vor dem BFH. Im Hinblick auf die immer wieder angedachte Verschmelzung der öffentlich-rechtlichen Gerichtsbarkeiten und das Ziel allgemeiner Verfahrensharmonisierung werden die Prozessordnungen aneinander angenähert. Wichtiger dürfte die allgemeine Harmonisierung auf dem Weg zum elektronischen Rechtsverkehr mit den Gerichten ab 1.1.2020 sein.

5. Landesgesetze zur *Ausführung der Finanzgerichtsordnung* bestimmen den Sitz der Finanzgerichte. Ferner enthalten diese Gesetze Regelungen darüber, ob und inwieweit die FGO auf bestimmte Steuern und sonstige Abgaben anzuwenden ist (z. B. auf die Kirchensteuer; vgl. für Nordrhein-Westfalen Gesetz v. 1.2.1966, zuletzt geändert 1998).

IV. Rechtsquellen

4   Gem. Art. 20 Abs. 3 GG ist die vollziehende Gewalt an Gesetz und Recht gebunden. Im Rechtsstaat darf in die Rechtssphäre eines Staatsbürgers nur durch oder aufgrund eines *Gesetzes* eingegriffen werden. Dies gilt selbstverständlich auch im Steuerrecht. Die Finanzbehörden haben die Steuern (ausschließlich) nach Maßgabe der Gesetze festzusetzen und zu erheben (vgl. § 85 AO). Gemäß § 4 AO ist Gesetz jede Rechtsnorm. Rechtsnormen sind abstrakte, generelle Regelungen, deren Verbindlichkeit innerhalb ihres zeitlichen und örtlichen Geltungsbereichs vom Staat garantiert wird. Man unterscheidet folgende Arten von Gesetzen (Rechtsnormen):

▶ *Förmliche Gesetze:* Förmliche Gesetze (Gesetze im formellen Sinn) sind Rechtsnormen, die in einem formalisierten Gesetzgebungsverfahren nach dem Grundgesetz oder den Verfassungen der Bundesländer ergehen und auf einem Beschluss des Parlaments (Bundestag, ggf. mit Zustimmung des Bundesrats, Landtag) beruhen. Sie werden in den dafür vorgeschriebenen, amtlichen Blättern verkündet.

▶ *Rechtsverordnungen:* Auch Rechtsverordnungen enthalten Rechtsnormen, sind also Gesetze. Da diese Gesetze jedoch nicht durch ein Parlament (Legislative) erlassen werden, sondern eine Rechtsetzung der Exekutive (Regierung, Ministerium) sind, handelt es sich „nur" um Gesetze im materiellen Sinn. Sie haben jedoch die gleiche Wirkung wie förmliche Gesetze. Sie binden die Finanzbehörden, den Steuerpflichtigen und die Finanzgerichte. Damit sich die Exekutive (z. B. ein Finanzministerium) keine Kompetenzen anmaßt, die nur dem Parlament zustehen, darf gem. Artikel 80 Abs. 1 GG eine Rechtsverordnung nur aufgrund einer Ermächtigung durch ein formelles Gesetz erlassen werden. Zu zahlreichen Steuergesetzen sind Rechtsverordnungen ergangen (z. B. EStDV, UStDV). Als Gesetze im materiellen Sinne sind sie zu unterscheiden von Verwaltungsanordnungen, die unmittelbar nur für die Behörden bindend sind (vgl. Tz 5).

Mit der fortschreitenden Integration Europas werden Vorschriften bedeutsam, die sich nur teilweise in das bisherige System von förmlichen Gesetzen und Rechtsverordnungen einfügen. Der Gesetzgeber hat in § 1 Abs. 1 Satz 3, Abs. 3 Satz 1 AO den Vorrang des Europarechts ausdrücklich festgestellt.

- Doppelbesteuerungsabkommen (DBA): Die DBA sind förmliche Gesetze, da sie durch so genannte Transformationsgesetze in das innerstaatliche Rechtssystem integriert werden (siehe § 2 AO).
- Der Vertrag über die Europäische Union (EUV), der Vertrag über die Arbeitsweise der Europäischen Union (AEUV) und die Charta der Grundrechte der EU (GRCh): Auch den Verträgen und der Charta wurde durch Gesetz zugestimmt. Seit dem 1. 12. 2009 gilt der Vertrag in der Fassung des Vertrags von Lissabon.
- Verordnungen nach Artikel 288 Absatz 2 AEUV: Auch die EU-Verordnungen sind Gesetze i. S. des § 4 AO. Sie werden wirksam durch Veröffentlichung im Amtsblatt der EU; einer Veröffentlichung im Bundesgesetzblatt bedarf es dafür nicht.
- Richtlinien nach Artikel 288 Absatz 3 AEUV: Die Richtlinien sind nach heute herrschender Meinung keine Gesetze, haben aber unter bestimmten Bedingungen Anwendungsvorrang vor innerstaatlichen Rechtsnormen.

V. Verwaltungsanweisungen

Verwaltungsanweisungen sind nur *behördeninterne* Vorschriften. Sie werden häufig auch als Verwaltungsvorschriften, Erlasse, Verfügungen oder Richtlinien bezeichnet (z. B. EStR). Die Verwaltungsanweisungen binden – auch wenn sie veröffentlicht werden – grundsätzlich nur die Behörden, nicht dagegen die Steuerpflichtigen und die Gerichte. Diese sind nur an Gesetz und Recht (Artikel 20 GG) gebunden.

Wenn die Finanzverwaltung Verwaltungsvorschriften schafft, kann sie allerdings aus Gründen der Rechtsanwendungsgleichheit an die Vorschriften gebunden sein (Selbstbindung der Verwaltung). Dies folgt aus dem allgemeinen Gleichheitsgrundsatz des Artikels 3 GG. Den Verwaltungsbehörden ist es dann verwehrt, in Einzelfällen, die von der Anweisung gedeckt werden, die Anwendung ohne triftige Gründe abzulehnen (vgl. BStBl II 2011, 210).

Die Selbstbindung der Verwaltung spielt insbesondere bei Ermessensregeln, Typisierungs- und Schätzungsvorschriften eine Rolle. Willkürliche Abweichungen kann der Steuerpflichtige ebenso vor den Finanzgerichten rügen (vgl. BFH, BStBl II 2011, 210) wie Verstöße der Verwaltungsanweisung gegen das Gesetz (vgl. BFH, BStBl II 2006, 642). Abweichungen sind allerdings, anders als bei Gesetzen, unter bestimmten Umständen möglich (z. B. bei offensichtlich unzutreffender Besteuerung, BFH, BStBl II 1992, 105).

Auf dem Gebiet des allgemeinen Abgabenrechts sind insbesondere folgende Verwaltungsanweisungen von Bedeutung:

Der Anwendungserlass zur AO (AEAO, in der Fassung vom 31. 1. 2014) ist ein – für die Steuerpflichtigen und die Finanzgerichte nicht verbindlicher – „Kurzkommentar" zur AO, aus dem sich die offizielle Verwaltungsauffassung ergibt. Er wird mehrmals im Jahr der laufenden Rechtsentwicklung angepasst. Inzwischen enthält er Ausführungen zu fast allen praktisch wichtigen §§, z. B. zu den Bekanntgabe-, Korrektur- und Verjährungsvorschriften und § 367 AO; außerdem enthält er umfangreiche Erläuterungen zum Gemeinnützigkeitsrecht, zur Vollverzinsung (§ 233a AO), zum Thema Insolvenz (§ 251 AO) oder zur Aussetzung der Vollziehung. Den AEAO ergänzen weitere bundeseinheitliche Erlasse, von denen die *Betriebsprüfungsordnung* (Steuer) – BpO – (i. d. F. der Änderung in BStBl I 2011, 710) am wichtigsten ist. Es ist eine allgemeine Verwaltungsvorschrift für die Durchführung steuerlicher Betriebsprüfungen. Von besonderer praktischer Bedeutung ist die Einteilung der Betriebe in Größenklassen und die Beschränkung des Prüfungszeitraumes für Mittel-, Klein- und Kleinstbetriebe auf (grundsätzlich) drei Jahre (vgl. Tz 176, 180). Daneben ist auch der insoweit wesentlich erweiterte AEAO zu den Vorschriften über die Außenprüfung von erheblicher Bedeutung.

Die Allgemeine Verwaltungsvorschrift über die Durchführung der Vollstreckung nach der Abgabenordnung (Vollstreckungsanweisung – VollstrA, i. d. F. der Änderung in BStBl I 2011, 238), und die Allgemeine Verwaltungsvorschrift für die Vollziehungsbeamten der Finanzverwaltung (Vollziehungsanweisung – VollzA, i. d. F. der Änderung in BStBl I 2011, 238) regeln das Vollstreckungsverfahren.

Von großer Bedeutung ist weiterhin, dass die amtliche Veröffentlichung einer BFH-Entscheidung im BStBl Teil II zugleich eine Verwaltungsanweisung darstellt, die tragenden Rechtssätze auch in gleich gelagerten Fällen anzuwenden (Ausnahme: ausdrücklicher Nichtanwendungserlass im BStBl Teil I). Dies gilt auch hinsichtlich der vom BMF im Vorgriff auf die Veröffentlichung im BStBl II im Internet veröffentlichten Urteile (BMF - Service - Publikationen - BFH-Entscheidungen).

6–19 *(Einstweilen frei)*

B. Einleitende Vorschriften der Abgabenordnung

I. Vorbemerkung

20 Die Gliederung der folgenden Darstellung weicht teilweise von der Gliederung der AO ab. Die Abweichungen beruhen auf lernpsychologischen Erwägungen, die der Gesetzgeber bei der systematischen Gliederung von Gesetzen nicht zu berücksichtigen pflegt.

II. Anwendungsbereich der AO

Die AO gilt für 21
- Steuern (einschließlich Steuervergütungen),
- die durch Bundes- oder EG-Recht geregelt sind,
- soweit sie durch Bundes- oder Landesfinanzbehörden verwaltet werden (§ 1 Abs. 1 AO).

Die wichtigsten Steuern beruhen auf Bundesgesetzen, z. B. USt, ESt, KSt, GewSt und Verbrauchsteuergesetze.

Die *Kirchensteuern* sind durch Landesgesetze und Kirchensteuerordnungen geregelt. Auf die Kirchensteuer findet deshalb die AO nur dann Anwendung, wenn dies landesrechtlich bestimmt ist.

Das *Gewerbesteuergesetz* ist ein Bundesgesetz. In den meisten Bundesländern wird jedoch die Gewerbesteuer von den Landesfinanzbehörden (Finanzämtern) nur bis zum Erlass des Gewerbesteuermessbescheides verwaltet. Die Festsetzung und Erhebung der Gewerbesteuer ist den Gemeinden übertragen. Entsprechendes gilt für die *Grundsteuer*. Für diese von den Gemeinden verwalteten Steuern (Realsteuern) gelten die meisten Vorschriften der AO entsprechend (§ 1 Abs. 2 AO). *Nicht* anwendbar sind im Wesentlichen nur die Vorschriften der AO über das Rechtsbehelfsverfahren und die Vollstreckung. Die Gemeinden betreiben die Zwangsvollstreckung wegen ihrer Steuerforderungen nach landesrechtlichen Bestimmungen. Das Rechtsbehelfsverfahren richtet sich nach der Verwaltungsgerichtsordnung (Widerspruchsverfahren – soweit nicht abgeschafft – und Klage zum Verwaltungsgericht). Ausnahmen: § 351 AO (Beschränkung der Rechtsbehelfsbefugnis) und § 361 Abs. 1 Satz 2 und Abs. 3 AO (betr. Aussetzung der Vollziehung) gelten auch für die Realsteuern, soweit diese von den Gemeinden verwaltet werden. Wegen der Einzelheiten wird auf die Erläuterungen zu den vorbezeichneten Vorschriften verwiesen (Tz 246, 248, 266).

Die AO gilt nicht nur für Steuern, sondern auch für Steuererstattungen und Steuervergütungen (zu den Begriffen vgl. Tz 23).

Auf steuerliche *Nebenleistungen* (vgl. dazu Tz 25) ist die AO grundsätzlich sinngemäß anzuwenden. Nur beschränkt anwendbar sind die Vorschriften über das Festsetzungs- und Feststellungsverfahren, die Außenprüfung und die Steuerfahndung (§ 1 Abs. 3 AO).

Im Übrigen ist die AO anzuwenden, soweit dies in Einzelgesetzen besonders vorgeschrieben ist (z. B. weitgehend für Wohnungsbauprämien und Investitionszulagen).

III. Grundbegriffe der AO

1. Steuern

Der Begriff „Steuer" wird in § 3 Abs. 1 AO durch folgende Merkmale definiert: 22
- Nur *Geld*leistungen können Steuern sein. Andere Leistungen, die der Staat vom Bürger verlangt (z. B. Pflicht zur Erhaltung von Deichen oder Duldungspflichten), sind begrifflich keine Steuern.

- Steuern sind *nicht Entgelt* (Gegenleistung) für eine bestimmte Leistung. Die Besteuerung richtet sich nicht danach, in welchem Umfang der Steuerpflichtige im Einzelfall Leistungen öffentlich-rechtlicher Gemeinwesen (z. B. Straßen, Schulen, subventionierte Theater, Schwimmbäder usw.) in Anspruch nimmt.

- Die Geldleistung muss von einem *öffentlich-rechtlichen* Gemeinwesen (einseitig) auferlegt sein. Die Befugnis dazu steht dem Bund, den Ländern, den Gemeinden und einigen Kirchen zu. *Freiwillige* Leistungen (z. B. Spenden) oder Subventionen sind keine Steuern.

- Die Geldleistung muss der Erzielung von *Einnahmen* dienen. Dies kann jedoch Nebenzweck sein. Wirtschaftslenkende Maßnahmen mit Hilfe des Steuerrechts (z. B. Mineralölsteuer; Tabaksteuer) sind zulässig. Zwangsgelder und Säumniszuschläge sind Druckmittel und deshalb begrifflich keine Steuern.

- Steuern müssen *allen* auferlegt werden, bei denen der *Tatbestand zutrifft,* an den das Gesetz die Leistungspflicht knüpft. Daraus ergibt sich der Grundsatz der *Tatbestandsmäßigkeit* der Besteuerung. Er besagt, dass in die Rechte des Bürgers durch Besteuerung nur dann und insoweit eingegriffen werden darf, wenn und wie dies durch *Gesetz* zugelassen ist. Ferner folgt daraus der Grundsatz der *Gleichmäßigkeit* der Besteuerung, wonach gleich gelagerte Sachverhalte nicht ungleich besteuert werden dürfen.

2. Steuererstattungen und Steuervergütungen

23 Erstattungs- und Vergütungsansprüche sind i. d. R. gleichsam „umgekehrte" Steueransprüche. Sie stehen dem „Steuerpflichtigen" gegen die steuerberechtigte Körperschaft (Bund, Land, Gemeinde, Kirche) zu. Bei den Erstattungsansprüchen handelt sich um öffentlich-rechtliche Ansprüche auf Rückzahlung gezahlter Steuern. *Erstattungsansprüche* stehen dem zu, für den die Steuer, Steuervergütung (oder eine Nebenleistung) gezahlt worden ist (z. B. BFH, BStBl II 2009, 38).

BEISPIEL: Bei überzahlter ESt (LSt) hat der Steuerpflichtige einen Erstattungsanspruch.

Erstattungsansprüche sind weiterhin dadurch charakterisiert, dass die Steuer objektiv zu Unrecht gezahlt worden ist (Zahlung ohne Rechtsgrund oder Rechtsgrund später weggefallen).

BEISPIEL: Bei der Einkommensteuer-Veranlagung wird festgestellt, dass aufgrund entsprechender Vorauszahlungsbescheide zu viel ESt bezahlt worden ist. Die Vorauszahlungsbescheide waren zunächst eine Grundlage für die rechtmäßige Erhebung der überzahlten Beträge. Aus späterer Sicht zeigt sich jedoch, dass die Vorauszahlungen – soweit überhöht – objektiv zu Unrecht verlangt worden sind (§ 37 Abs. 2 AO).

Vergütungsansprüche dienen überwiegend der steuerlichen Entlastung bei Verbrauchsteuern (auch der Umsatzsteuer; vgl. Tz 24).

BEISPIEL: Mit Verbrauchsteuern belastete Waren werden (grundsätzlich) beim Export dadurch von inländischen Verbrauchsteuern entlastet, dass eine Vergütung der Verbrauchsteuern erfolgt. Bei der USt erfolgt die Entlastung dadurch, dass der Export steuerfrei ist, der Vorsteuerabzug aber zulässig bleibt. Für ausländische Unternehmer enthält die UStDV in den §§ 59 ff. UStDV ein spezielles Vergütungsverfahren, das auf der Richtlinie RL 2008/9/EG vom 12. 2. 2008 und § 18 Abs. 9 UStG beruht. Eine besondere Form der Steuervergütung ist das seit 1996 neu gestaltete Kindergeld, das in § 31 Satz 3 EStG ausdrücklich als Steuervergütung definiert wurde.

Der Vergütungsanspruch unterscheidet sich in zwei Punkten wesentlich vom Erstattungsanspruch. Beim Vergütungsanspruch ist anspruchsberechtigt nicht derjenige, für den die Steuern an das Finanzamt entrichtet wurden, sondern wer sie *wirtschaftlich* trägt.

Der Anspruch auf Rückzahlung der Vorsteuern ist ein Vergütungsanspruch (vgl. BFH, BStBl II 2009, 90; BFH/NV 2013, 603).

Der zweite Unterschied zum Erstattungsanspruch besteht darin, dass beim Vergütungsanspruch die Steuer vom „Vormann" – auch aus nachträglicher Sicht – objektiv *zu Recht* gezahlt worden ist.

3. Einteilung der Steuern

Steuern lassen sich nach zahlreichen Gesichtspunkten einteilen. Die praktisch wichtigsten Einteilungen sind Folgende: 24

- Einteilung nach der *Ertragshoheit* (Steuern des Bundes, der Länder, Gemeinschaftssteuern von Bund und Ländern, Gemeindesteuern, Kirchensteuern; vgl. Art. 106 GG, teilweise Ertragshoheit der EU).
- Einteilung nach der *wirtschaftlichen Auswirkung*. Bei den *direkten* Steuern ist derjenige, der die Steuer zahlt, mit dem identisch, der sie wirtschaftlich trägt (z. B. ESt). *Indirekte* Steuern zahlt ein anderer als der, der sie wirtschaftlich trägt. Der Zahlende entlastet sich durch Überwälzung (Beispiele: USt, spezielle Verbrauchsteuern).
- Einteilung nach dem *Gegenstand* der Besteuerung. *Besitzsteuern*: ESt, KSt. *Verkehrsteuern*: Grunderwerbsteuer, Kraftfahrzeugsteuer. Die USt ist im Sinne der AO eine Verkehrsteuer, obwohl sie sich wirtschaftlich infolge der Überwälzung wie eine Verbrauchsteuer auswirkt. Ausnahme: Die *Einfuhrumsatzsteuer* ist Verbrauchsteuer i. S. der AO (§ 21 Abs. 1 UStG). *Verbrauchsteuern* i. S. der AO knüpfen an die Entfernung verbrauchsteuerpflichtiger Sachen aus der zollamtlichen Kontrolle in den nicht gebundenen Verkehr an (z. B. Mineralölsteuer, Tabaksteuer, Biersteuer). *Realsteuern* sind die GewSt und die Grundsteuer.

Die Unterscheidung von Besitz- und Verkehrsteuern einerseits und Einfuhr- und Ausfuhrabgaben (§ 3 Abs. 3 AO) und Verbrauchsteuern andererseits ist insbesondere für die Verjährung und die Änderungsmöglichkeiten von Bedeutung. Die regelmäßige Frist für die Festsetzungsverjährung beträgt nach der AO bei Verbrauchsteuern (weitgehend theoretisch) ein Jahr, bei Besitz- und Verkehrsteuern vier Jahre (§ 169 Abs. 2 AO).

Die Verordnungen der EG/EU zu Eingangs- oder Ausfuhrabgaben überlagern die Regelungen der AO insbesondere im Bereich der Verjährungsvorschriften und der Billigkeitsregeln. Von besonderer Bedeutung ist der Zollkodex, mit dem der gesamte Bereich des Zollrechtes europarechtlich einheitlich geregelt wurde.

Verbrauchsteuerbescheide können auch nach Unanfechtbarkeit bis zum Ablauf der Festsetzungsfrist nach dem Ermessen der Finanzbehörde aufgehoben oder geändert werden (§ 172 Abs. 1 Nr. 1 AO; für Einfuhr- und Ausfuhrabgabenbescheide und gelten die Vorschriften des Zollkodexes), Besitz- und Verkehrsteuerbescheide dagegen nur unter einschränkenden Voraussetzungen (§§ 172 ff. AO).

4. Steuerliche Nebenleistungen

25 Steuerliche Nebenleistungen sind (gem. § 3 Abs. 4 AO; numerus clausus):

1. Verzögerungsgelder nach § 146 Abs. 2b,
2. Verspätungszuschläge nach § 152,
3. Zuschläge nach § 162 Abs. 4,
4. Zinsen nach den §§ 233 bis 237 sowie Zinsen nach den Steuergesetzen, auf die die §§ 238 und 239 anzuwenden sind,
5. Säumniszuschläge nach § 240,
6. Zwangsgelder nach § 329,
7. Kosten nach den §§ 89, 178, 178a und 337 bis 345,
8. Zinsen auf Einfuhr- und Ausfuhrabgaben nach Artikel 5 Nummer 20 und 21 des Zollkodex der Union und
9. Verspätungsgelder nach § 22a Abs. 5 des Einkommensteuergesetzes.

Für steuerliche Nebenleistungen gelten grundsätzlich die Vorschriften der AO entsprechend. Es gibt jedoch wichtige Ausnahmen (§ 1 Abs. 3 AO). Insbesondere sind die Vorschriften über die Steuerfestsetzung (§§ 155 ff. AO) auf steuerliche Nebenleistungen grundsätzlich nicht anwendbar. Dasselbe gilt für die Bestimmungen über die Aufhebung und Änderung von Steuerbescheiden (§§ 172 ff. AO). Auch die Haftung Dritter gem. §§ 69 ff. AO erstreckt sich nicht immer auf steuerliche Nebenleistungen (im Einzelnen streitig). Zu den wichtigsten Nebenleistungen vgl. Tz 172 ff.

5. Ermessen

26 Ermessen bedeutet Entscheidungsspielraum. Wenn der Gesetzgeber den Finanzbehörden Ermessen einräumt, können innerhalb des Entscheidungsspielraums *mehrere unterschiedliche* Entscheidungen *rechtmäßig* sein. Im Gegensatz dazu gibt es bei den *„gebundenen" Verwaltungsakten* – jedenfalls theoretisch – nur eine richtige (rechtmäßige) Entscheidung.

> **BEISPIEL:** Die Höhe der festzusetzenden Steuer ergibt sich – von Ausnahmen abgesehen – „bis auf den € genau" aus dem Gesetz. Ob und in welcher Höhe eine Steuer festgesetzt wird, ist deshalb keine Ermessensentscheidung. Dies gilt auch bei einer Schätzung gem. § 162 AO.

> **BEISPIEL:** Ein Steuerpflichtiger gibt eine Erklärung verspätet ab. Die Finanzbehörde „kann" einen Verspätungszuschlag festsetzen (§ 152 AO). Sie kann auch davon absehen (Ermessensentscheidung), weil z. B. der Steuerpflichtige bislang seine Erklärungen stets pünktlich abgegeben

hat und die Nachzahlung gering ist. Im Rahmen eines legitim ausgeübten Ermessens sind beide Entscheidungen rechtmäßig. – Setzt die Behörde einen Verspätungszuschlag fest, so kann im Einzelfall ein Zuschlag von 30 €, 50 € oder 100 € *rechtmäßig* sein (keine starre Grenze, aber Bindung an allgemeine Verwaltungsanweisungen; vgl. dazu BFH, BStBl II 2006, 642).

Der Gesetzgeber räumt im Regelfall einen Ermessensspielraum ein, wenn er formuliert: Die Finanzbehörde „kann", „darf", „ist berechtigt", „soll" „regelmäßig". Fehlen aber Kriterien für eine Ermessensausübung liegt auch bei einer typischen Ermessensformulierung wie „kann" gebundene Verwaltung vor (vgl. BFH, BStBl II 2012, 653 zu § 174 Abs. 4 AO).

Beispiele für Ermessensentscheidungen:

Fristverlängerung, Buchführungserleichterung, Stundung, Erlass, einstweilige Einstellung oder Beschränkung der Zwangsvollstreckung, Anordnung einer Außenprüfung, Einzelmaßnahmen im Rahmen einer Außenprüfung.

Keine Ermessensentscheidungen sind z. B. die Schätzung der Besteuerungsgrundlagen gem. § 162 AO und die Inanspruchnahme eines Arbeitnehmers für nicht einbehaltene und abgeführte Lohnsteuer durch einen Einkommensteueränderungsbescheid.

Ermessen bedeutet nicht Willkür. Die Finanzbehörde muss die gesetzlichen Grenzen des Ermessens einhalten (§ 5 AO).

> **BEISPIEL:** Wird eine Steuererklärung nicht abgegeben, so *kann* die Finanzbehörde nach ihrem Ermessen ein Zwangsgeld androhen und festsetzen (§§ 328 ff. AO). Das einzelne Zwangsgeld darf jedoch 25 000 € nicht übersteigen (§ 329 AO). Droht die Finanzbehörde ein höheres Zwangsgeld an, so liegt eine Ermessensüberschreitung vor. Die Androhung ist rechtswidrig und muss auf einen Einspruch hin aufgehoben werden.

Die Finanzbehörde muss ihr Ermessen entsprechend dem *Zweck* der Ermächtigung ausüben (Verbot sachfremder Kopplung; § 5 AO).

> **BEISPIEL:** Ein Steuerpflichtiger legt Einspruch ein und beantragt die Aussetzung der Vollziehung des angefochtenen Steuerbescheides gem. § 361 AO. – Zweck der Vorschrift: Ein Steuerpflichtiger soll grundsätzlich nicht gezwungen werden, Steuern zu zahlen, wenn die Rechtmäßigkeit des Steuerbescheides ernstlich zweifelhaft ist. Dem Zweck dieser Vorschrift würde es zuwiderlaufen, wenn die Finanzbehörde den Aussetzungsantrag mit der Begründung ablehnte, der Steuerpflichtige befinde sich nicht in Zahlungsschwierigkeiten. Eine Ablehnung mit dieser Begründung ist rechtswidrig.

§ 5 AO stellt *keine abschließende Regelung* der Ermessensausübung dar. Insbesondere sind bei Ermessensentscheidungen außerdem folgende Prinzipien zu beachten:

Grundsatz der *Gleichmäßigkeit* der Besteuerung (insbesondere bei Selbstbindung der Verwaltung durch Verwaltungsanweisungen), *Verhältnismäßigkeit* der Mittel (Erforderlichkeit, Übermaßverbot), *Zumutbarkeit, Billigkeit, Treu* und *Glauben, Willkürverbot* (AEAO zu § 5 Nr. 1).

Bei einem Verstoß gegen nur eines der vorgenannten Prinzipien ist die Ermessensentscheidung rechtswidrig und muss auf Anfechtung aufgehoben werden.

> **BEISPIELE:** Ein gemäß § 363 Abs. 2 Satz 2 AO kraft Gesetzes ruhendes Einspruchsverfahren kann nach § 363 Abs. 2 Satz 4 AO fortgesetzt werden. Eine solche Entscheidung steht im pflicht-

gemäßen Ermessen der Finanzbehörde. Diese muss daher ihre Ermessenserwägungen offen legen, insbesondere zum Ausdruck bringen, weshalb sie im Rahmen ihres Ermessens im konkreten Einzelfall die gesetzliche Zwangsruhe beendet, in anderen Fällen aber den Ausgang des Musterverfahrens abwartet. Denn auch in verfahrensrechtlicher Hinsicht müssen staatliche Einrichtungen das Gleichbehandlungsgebot des Art. 3 Abs. 1 GG beachten (vgl. BStBl II 2007, 222; BFH/NV 2013, 997).

Soweit Ermessensentscheidungen fehlerhaft (rechtswidrig) sind, unterliegen sie in vollem Umfang der gerichtlichen Nachprüfung (vgl. § 102 FGO). Das Finanzgericht kann jedoch nicht selbst eine Ermessensentscheidung treffen. „Ausnahme": Nach den Umständen des Einzelfalles kann nur *eine* Entscheidung rechtmäßig sein. In einem derartigen Fall ist der Ermessensspielraum „bis auf Null" geschrumpft (Ermessenseinengung/ Ermessensreduktion auf 0); das Gericht kann die Behörde zu konkreter Entscheidung verpflichten.

> **BEISPIEL:** Ein Steuerpflichtiger hat wegen überhöhter Vorauszahlungen einen Anspruch auf Erstattung von 5 000 € ESt. Infolge Arbeitsüberlastung (Krankheit, Urlaub) des Sachbearbeiters oder aus ähnlichen Gründen, die in der Sphäre der *Verwaltung* liegen, wird die Einkommensteuererklärung, die zur Erstattung führen würde, zunächst nicht bearbeitet. Kurze Zeit nach Abgabe der Einkommensteuererklärung erhält der Steuerpflichtige einen Umsatzsteuerbescheid mit der Aufforderung, binnen eines Monats 3 000 € USt zu entrichten. – Falls nicht außergewöhnliche Umstände vorliegen (z. B. erheblich verspätete Abgabe der Umsatzsteuererklärung), handelt die Finanzbehörde ermessensfehlerhaft (rechtswidrig), wenn sie einen Antrag auf Stundung der USt bis zur Fälligkeit des Anspruchs auf Erstattung der ESt ablehnt (BFH, BStBl II 1983, 397; 1985, 449).

Im *außergerichtlichen* Rechtsbehelfsverfahren braucht der Steuerpflichtige dagegen nicht geltend zu machen, die Ermessensentscheidung sei fehlerhaft (rechtswidrig). Es genügt die Darlegung einer Beschwer (§ 350 AO).

> **BEISPIEL:** Das Finanzamt lehnt einen Stundungsantrag ab. Im Einspruchsverfahren kann das Finanzamt dem Einspruch auch dann stattgeben, wenn es zu der Überzeugung gelangt, dass die Ablehnung ermessensfehlerfrei (rechtmäßig) war, aber eine Stundung sachgerechter gewesen wäre (uneingeschränkte Überprüfung des Ermessens).

Schriftliche Ermessensentscheidungen müssen (grundsätzlich) schriftlich begründet werden (§ 121 Abs. 1 AO), damit der Steuerpflichtige und ggf. das Finanzgericht überprüfen kann, *ob* die Behörde ihr Ermessen *ausgeübt* hat und von *welchen* Gesichtspunkten sie sich hat leiten lassen. § 121 AO enthält jedoch wichtige Ausnahmen vom Begründungszwang, insbesondere für Verwaltungsakte, bei denen die Sach- und Rechtslage dem Betroffenen bereits bekannt ist, oder die in größerer Zahl mit Hilfe von Datenverarbeitungsanlagen erlassen werden.

> **BEISPIEL:** Verhältnisse des Hauptschuldners waren einem Haftungsschuldner aufgrund enger Verbundenheit gut bekannt. BFH/NV 1993, 215, hielt erneute Sachdarstellung für entbehrlich.
>
> Wesentlich für Ermessensentscheidungen sind § 126 AO und § 102 FGO, wonach die Finanzbehörde Ermessenserwägungen nicht mehr nur bis zur Einspruchsentscheidung, sondern Begründungen bis zum Abschluss der Tatsacheninstanz nachholen (AO), Ermessenserwägungen ergänzen (FGO) kann. Der engere § 102 FGO geht vor (grundlegend BStBl II 2004, 579).

6. Wohnsitz und gewöhnlicher Aufenthalt

Zahlreiche steuergesetzliche Regelungen knüpfen an die Begriffe „Wohnsitz" und „gewöhnlicher Aufenthalt" an (z. B. die Zuständigkeitsregelung für die ESt gem. § 19 AO und grundsätzlich die unbeschränkte Steuerpflicht gem. § 1 EStG). Die AO definiert diese Begriffe wie folgt (§§ 8, 9):

27

Ein *Wohnsitz* ist dort, wo jemand eine Wohnung unter Umständen inne hat, die darauf schließen lassen, dass er die Wohnung beibehalten und benutzen wird.

Es kommt nur auf die tatsächlichen Verhältnisse an. Die wesentlichen Fragen sind im AEAO zu § 8 von der Verwaltung kommentiert. Dabei nimmt der AEAO (§ 8 Tz 5) z. B. eine inländische Wohnung selbst dann an, wenn der Steuerpflichtige die inländische Wohnung während eines Auslandsaufenthaltes kurzfristig (bis zu sechs Monaten) vermietet.

Den *gewöhnlichen Aufenthalt* hat jemand da, wo er sich unter Umständen aufhält, die erkennen lassen, dass er dort nicht nur vorübergehend verweilt. Dabei ist als gewöhnlicher Aufenthalt im Geltungsbereich der AO stets ein zeitlich zusammenhängender Aufenthalt von mehr als sechs Monaten Dauer anzusehen. Kurzfristige Unterbrechungen bleiben dabei unberücksichtigt (§ 9 AO). Auch zu § 9 enthält der AEAO weitgehende Erläuterungen.

7. Geschäftsleitung – Sitz – Betriebsstätte

Auch diese Begriffe sind für zahlreiche steuergesetzliche Einzelregelungen von Bedeutung (vgl. z. B. § 1 KStG, § 2 GewStG, § 20 AO).

28

Geschäftsleitung ist der Mittelpunkt der geschäftlichen Oberleitung (§ 10 AO). Maßgebend sind die *tatsächlichen* Verhältnisse. Die Oberleitung befindet sich da, wo der für die *Geschäftsführung maßgebende Wille* gebildet wird. Dies geschieht im Regelfall im Büro der Geschäftsführung (vgl. BFH, BStBl II 1999, 437). Ob ein Unternehmen mehrere Orte der Geschäftsleitung, also mehrere Mittelpunkte der Oberleitung haben kann, ist streitig (vgl. BFH/NV 2000, 300 m.w.N.).

Die für die internationale Abwicklung der USt bedeutsame RL 2008/9/EG und die 13. RL 86/560/EWG verwenden die Formulierung „Sitz der wirtschaftlichen Tätigkeit". Bei Anwendung von UStG und UStDV ist dadurch (vgl. BFH/NV 2011, 661) eine richtlinienkonforme Auslegung der Begriffe vorgegeben.

Körperschaften, Personenvereinigungen oder Vermögensmassen haben ihren *Sitz* an dem Ort, der durch Gesetz (Gesellschaftsvertrag, Satzung usw.) dazu bestimmt wird (§ 11 AO; sog. Statutarischer Sitz). Es kommt folglich nicht auf die Gestaltung der tatsächlichen Verhältnisse, sondern auf die *rechtliche* Bestimmung an. Diese Regelung ermöglicht es den Körperschaften usw., durch eine entsprechende Gestaltung des Gesellschaftsvertrages oder der Satzung, ihren Sitz in das Ausland zu verlegen. Deshalb kommt es nach den Einzelsteuergesetzen im Regelfall für die Besteuerung *nicht* nur auf den *Sitz*, sondern auch auf *den Ort der Geschäftsleitung* oder der *Betriebsstätte* an (§ 1 KStG, § 2 GewStG). Der Sitz ist nur maßgebend, wenn es keine Geschäftsleitung bzw. Betriebsstätte im Inland gibt. In diesem Zusammenhang sind die Entscheidungen des EuGH zu beachten (EuGH-Urt. vom 9. 3. 1999, Rs C-212/97, NJW 1999, 2027 – Centros – und vom 30. 9. 2003, Rs C-167/01, NJW 2003, 3331 – Inspire Art; aber: EuGH-Urt. vom 16. 12. 2008 Rs-210/06, NJW 2009, 569 – Cartesio –), die die Niederlassungsfreiheit gem. Art. 43 EGV betonen und dazu führen, dass eine Vielzahl von Gesellschaften mit ausländischen Gesellschaftsformen in Deutschland unbeschränkt steuerpflichtig werden, weil ihre Geschäftsleitung im Inland liegt. Nach der Sitztheorie geht der BGH (Urt. vom 27. 10. 2008 II ZR 158/06, NJW 2009, 289; ebenso BGH, HFR 2010, 660) weiter davon aus, dass Gesellschaften aus Drittstaaten, die im Inland keine Niederlassungsfreiheit genießen, (zwangs-)aufgelöst werden und nach deutschem Gesellschaftsrecht neu gegründet werden müssen.

Betriebsstätte ist jede feste Geschäftseinrichtung oder Anlage, die der Tätigkeit eines Unternehmens dient. Die Begriffsbestimmung gilt auch für Freiberufler und Land- und Forstwirte (AEAO zu § 12 Tz 1). § 12 AO enthält eine beispielhafte (nicht abschließende) Aufzählung typischer Betriebsstätten. Diese Betriebsstätten, insbesondere die Geschäftsleitungsbetriebsstätte müssen keine festen Einrichtungen sein (BFH, BStBl II 1994, 148). Insbesondere wird klargestellt, dass auch Bauausführungen und Montagen, die sich länger als sechs Monate hinziehen, eine Betriebsstätte begründen (vgl. dazu BFH, BStBl II 1999, 694; DStRE 2004, 384). Zu den Betriebsstätten zählen auch bewegliche Geschäftseinrichtungen mit vorübergehend festem Standort (z. B. fahrbare Verkaufsstätten; vgl. AEAO zu § 12 AO und BFH, BStBl II 2004, 396). Besonderheiten gelten für europarechtlich determinierte Betriebstättenvorschriften wie z. B. § 43b EStG, der in Absatz 2 eine eigene Definition enthält.

An die Betriebsstätte sind insbesondere bei internationalen Steuerfällen weitgehende Rechtsfolgen geknüpft (vgl. § 49 Abs. 1 Nr. 2a EStG). Dabei ist zu beachten, dass in den Fällen, in denen sich der Sachverhalt teilweise in Staaten abspielt, mit denen Deutschland ein DBA (Tz 4) abgeschlossen hat, die Betriebsstättendefinition der AO nicht für die Anwendung des DBA gilt (vgl. AEAO zu § 12 Nr. 4). Das DBA enthält regelmäßig eine eigenständige Betriebstättendefinition, die teilweise stark von § 12 AO abweicht (vgl. Art. 5 des OECD-Musterabkommens, BStBl I 2004, 286).

8. Wirtschaftlicher Geschäftsbetrieb

29   Der in § 14 AO definierte Begriff „wirtschaftlicher Geschäftsbetrieb" ist für zahlreiche Einzelvorschriften von Bedeutung. Er gilt einheitlich für alle Steuerarten. Insbesondere schränkt der Gesetzgeber häufig *Steuerbefreiungen insoweit ein,* wie ein wirtschaftlicher Geschäftsbetrieb vorliegt (vgl. z. B. § 64 AO i.V. mit § 5 Abs. 1 Nr. 9 KStG; § 3 Nr. 6 GewStG; § 12 Abs. 2 Nr. 8 Satz 2 UStG).

Wirtschaftlicher Geschäftsbetrieb ist eine selbständige und nachhaltige Tätigkeit, durch die wirtschaftliche Vorteile erzielt werden und die über den Rahmen einer Vermögensverwaltung hinausgeht. Gewinnerzielungsabsicht ist nicht erforderlich. Der wesentliche Unterschied von der bloßen Vermögensverwaltung, der insbesondere für die Gewerbesteuer von Bedeutung ist, liegt darin, dass die Einnahmen durch eine *Tätigkeit* und nicht nur durch die bloße *Nutzung* von Vermögen erzielt werden.

BEISPIEL: Die Errichtung und Vermietung eines Gebäudes stellt keinen wirtschaftlichen Geschäftsbetrieb, sondern lediglich die Nutzung von Vermögen dar (Vermögensverwaltung). Die Grenze von der privaten Vermögensverwaltung zum Gewerbebetrieb wird überschritten, wenn (bei Vorliegen der in § 15 Abs. 2 EStG genannten Voraussetzungen) nach dem Gesamtbild der Betätigung und unter Berücksichtigung der Verkehrsauffassung die Ausnutzung substantieller Vermögenswerte durch Umschichtung gegenüber der Nutzung von Grundbesitz im Sinne einer Fruchtziehung aus zu erhaltenden Substanzwerten (z. B. durch Selbstnutzung oder Vermietung) entscheidend in den Vordergrund tritt (z. B. Großer Senat des BFH, BStBl II 2002, 291; BFH/NV 2013, 1027).

Kein ermäßigter USt-Satz bei Umsätzen im wirtschaftl. Geschäftsbetrieb im Carsharing-Verein, BFH, BStBl II 2009, 221

9. Angehörige

Der Begriff „Angehörige" spielt in zahlreichen Steuergesetzen eine Rolle. Ein Amtsträger darf nicht in einem steuerlichen Verfahren tätig werden, in dem ein Angehöriger beteiligt ist (z. B. keine Steuerfestsetzung gegenüber seinem Vater vornehmen; § 82 Abs. 1 AO). Angehörige haben Auskunfts- und Eidesverweigerungsrechte (§§ 101, 103 AO). Gegenüber Angehörigen ist (unentgeltliche) Hilfeleistung in Steuersachen auch Personen erlaubt, denen die berufliche Qualifikation gem. §§ 3 bis 4 Steuerberatungsgesetz (StBerG) fehlt (§ 6 StBerG). Auch für die unbeschränkte Einkommensteuerpflicht spielt der Begriff „Angehörige" eine Rolle (§ 1 Abs. 2 EStG).

30

Gemäß § 15 AO sind *Angehörige:* Verlobte (auch i. S. des Lebenspartnerschaftsgesetzes), Ehegatten oder Lebenspartner (i. S. des Lebenspartnerschaftsgesetzes), Verwandte und Verschwägerte in gerader Linie, Geschwister und deren Kinder, Ehegatten oder Lebenspartner der Geschwister, Geschwister der Ehegatten oder Lebenspartner und Eltern, Pflegeeltern und Pflegekinder (gilt auch für „Patchwork"-Familien, vgl. AEAO zu § 15 Nr. 6).

Verwandt sind Personen, die gemeinsame Vorfahren haben (§ 1589 BGB). Verwandtschaft in *gerader* Linie bedeutet, dass eine Person von der anderen abstammt. Ein Kind ist z. B. mit seinem Vater, Großvater und Urgroßvater in gerader Linie verwandt.

Zwischen Personen mit gemeinsamen Vorfahren besteht *Verwandtschaft in der Seitenlinie*, wenn sie nicht in gerader Linie miteinander verwandt sind (z. B. Geschwister). Verwandte in *gerader* Linie sind *stets* Angehörige (§ 15 Abs. 1 Nr. 3 AO), Verwandte in der Seitenlinie nur in den Fällen des § 15 Abs. 1 Nrn. 4, 5 und 7 AO.

Verschwägert ist man mit den Ehegatten seiner Verwandten und den Verwandten seines Ehegatten (§ 1590 BGB). Schwägerschaft wird also stets durch eine *Verwandtschaft vermittelt*. Die Linie der Schwägerschaft (gerade Linie oder Seitenlinie) richtet sich nach der Linie der sie vermittelnden Verwandtschaft.

BEISPIELE: Ein Ehemann ist mit dem Vater seiner Frau in gerader Linie verschwägert. Denn seine Frau ist mit ihrem Vater in gerader Linie verwandt. – Mit dem Bruder seiner Frau ist der

Ehemann in der Seitenlinie verschwägert, weil seine Ehefrau mit ihrem Bruder in der Seitenlinie verwandt ist.

Angehörige sind gem. § 15 Abs. 1 Nr. 3 *alle geradlinig* Verschwägerten. Von den Verschwägerten in der Seitenlinie sind Angehörige dagegen nur die Ehegatten der Geschwister und die Geschwister der Ehegatten (§ 15 Abs. 1 Nr. 6 AO).

Bei Vertragsverhältnissen spielt in der Rspr. des BFH der Begriff des „nahen Angehörigen" eine Rolle. Er ist nicht in der AO definiert, sondern Richterrecht (vgl. auch Definition in § 138 der Insolvenzordnung – InsO).

IV. Zuständigkeit der Finanzbehörden

1. Sachliche Zuständigkeit

31 Sachliche Zuständigkeit bedeutet, dass einer Behörde (einem Gericht) Aufgaben einer bestimmten Art durch genaue Beschreibung von Tätigkeiten Kompetenzen zugewiesen werden. Für das Steuerrecht ist die sachliche Zuständigkeit – insbesondere die Aufgabenverteilung auf Finanzämter, Bundes- oder Oberfinanzdirektionen oder die an deren Stelle tretenden Behörden (§ 6 Abs. 2 Nr. 4a AO) und Ministerien – vom FVG geregelt (vgl. § 16 AO). Auch die AO und andere Gesetze enthalten Vorschriften über die sachliche Zuständigkeit.

> **BEISPIELE:** Gem. § 17 Abs. 2 FVG sind die Finanzämter u. a. für die Verwaltung der ESt, USt, KSt, GrESt und ErbSt sachlich zuständig.
>
> Die Steuerberaterkammer ist für die Zulassung zur Steuerberaterprüfung und der Prüfungsausschuss für die Abnahme der Prüfung sachlich zuständig (§§ 35 Abs. 5, 37b StBerG); vgl. ferner §§ 208, 249, 361, 367, 386, 387 AO.

Verwaltungsakte, die unter einem schwerwiegenden und offenkundigen Verstoß gegen Vorschriften über die sachliche Zuständigkeit erlassen werden, sind gem. § 125 Abs. 1 AO nichtig. Nichtigkeit ist z. B. anzunehmen, wenn ein Finanzamt statt der Gemeinde GewSt erlässt. Nichtigkeit liegt ferner vor, wenn nicht die nach Landesrecht sachlich zuständige Kirchenbehörde, sondern ein Finanzamt Kirchensteuer erlässt (BFH, BStBl II 1976, 99).

2. Örtliche Zuständigkeit

32 Die Vorschriften über die *örtliche* Zuständigkeit regeln die Frage, welche von mehreren sachlich zuständigen Behörden (Gerichten) nach örtlichen Merkmalen (z. B. Wohnsitz, Ort der Geschäftsleitung usw.) *regional* zuständig ist (z. B. das Finanzamt in der Stadt A oder in der Nachbargemeinde B).

Die örtliche Zuständigkeit ist in den §§ 17 ff. und §§ 388 ff. AO geregelt. Ergänzend greifen die Einzelsteuergesetze ein. So enthält z. B. § 42f EStG eine Zuständigkeitsregelung für Lohnsteueraußenprüfungen.

§ 125 Abs. 3 Nr. 1 AO stellt klar, dass der von einer örtlich unzuständigen Behörde erlassene Verwaltungsakt nicht aus diesem Grunde nichtig ist. Auch auf eine Anfechtung muss ein derartiger Verwaltungsakt nicht aufgehoben werden, wenn keine andere Entscheidung in der Sache hätte getroffen werden können (§ 127 AO). Dies gilt nach h. M. auch für Schätzungen (vgl. BFH, BStBl II 1999, 382).

Örtlich zuständig sind

▶ für die *gesonderten Feststellungen* gem. § 180 AO bei Betrieben der Land- und Forstwirtschaft, Grundstücken, Betriebsgrundstücken und Mineralgewinnungsrechten die Lagefinanzämter, bei gewerblichen Betrieben die Finanzämter, in deren Bezirk sich die Geschäftsleitung befindet (Betriebsfinanzämter), bei selbständiger Arbeit die Finanzämter, von deren Bezirk aus die Berufstätigkeit vorwiegend ausgeübt wird, und in den übrigen Fällen i. d. R. das Finanzamt, von dessen Bezirk aus die Einkünfte verwaltet werden (§ 18 AO).

Auf der Grundlage des § 180 Abs. 2 AO ist die Rechtsverordnung über die gesonderte Feststellung von Besteuerungsgrundlagen vom 19. 12. 1986 ergangen (BStBl I 1987, 2; letzte Änderung BStBl I 2009, 124, 128). Durch diese VO ist die Möglichkeit, einheitliche und gesonderte Feststellungen vorzunehmen, erweitert worden (z. B. auf Bauherrengemeinschaften). § 2 der VO enthält für diese Feststellungen spezielle Regelungen der örtlichen Zuständigkeit. Die VO gilt nicht für Feststellungen nach § 180 Abs. 1 AO.

▶ für Steuern vom *Einkommen* und *Vermögen* bei natürlichen Personen das Wohnsitzfinanzamt, hilfsweise das Finanzamt des gewöhnlichen Aufenthalts (§ 19 AO), Besonderheiten bei bestimmten beschränkt Steuerpflichtigen (§ 19 Abs. 6 AO; bei *Körperschaften*, Personenvereinigungen und Vermögensmassen das Finanzamt, in dessen Bezirk sich die Geschäftsleitung (hilfsweise: der Sitz) befindet (§ 20 AO; Besonderheiten für ausländische Bauunternehmer in § 20a AO);

▶ für die *Umsatzsteuer* das Finanzamt, von dessen Bezirk aus das Unternehmen vorwiegend betrieben wird (§ 21 AO). Ausnahmeregelungen bestehen für die Einfuhrumsatzsteuer (§ 23 AO, § 21 Abs. 2 UStG), die Besteuerung gem. § 16 Abs. 5 UStG (Bus-Verkehr vom Drittlandsgebiet) und nach § 2 Abs. 3 der VO zu § 180 Abs. 2 AO für besondere Fälle der Beteiligung mehrerer Unternehmer an bestimmten Gesamtobjekten. Für ausländische Unternehmer ergeben sich aus § 21 Abs. 1 Satz 2 AO i. V. mit der Umsatzsteuerzuständigkeitsverordnung des BMF und aus der UStDV Sonderregelungen (z. B. Finanzamt Trier für alle belgischen Unternehmen, § 61 UStDV mit Zuständigkeit des BZSt;

▶ für die Grundsteuer das Lagefinanzamt (§ 22 Abs. 1 AO);

▶ für die Gewerbesteuer das Betriebsfinanzamt (§ 22 Abs. 1 AO);

▶ für Einfuhr- und Ausfuhrabgaben und Verbrauchsteuern das Hauptzollamt, in dessen Bezirk der steuerlich erhebliche Sachverhalt verwirklicht wird; außerdem das Hauptzollamt, von dessen Bezirk aus das Unternehmen betrieben wird (§ 23 AO).

§§ 24, 25, 29 AO enthalten Regeln über Ersatzzuständigkeit oder mehrfache Zuständigkeiten (bei Streit: § 28 AO). Ändern sich die für die Zuständigkeit maßgebenden Umstände, so tritt ein Zuständigkeitswechsel erst ein, wenn eine der beiden Finanzbehörden davon erfährt (§ 26 AO; Ausnahmen in Liquidations- und Insolvenzfällen in § 26 Satz 3 Nrn. 1–3 AO). Nach § 27 AO können mehrere Behörden mit Zustimmung des Steuerpflichtigen eine abweichende örtliche Zuständigkeit bestimmen.

BEISPIEL: Ein Steuerpflichtiger verlegt seinen Wohnsitz von Köln nach Bonn. Erfährt weder das Finanzamt in Köln noch das als zuständig in Betracht kommende Finanzamt in Bonn von der Verlegung des Wohnsitzes, so bleibt das Finanzamt in Köln für die ESt zuständig.

Bei einem Zuständigkeitswechsel kann die bisher zuständige Finanzbehörde ein Verwaltungsverfahren *fortführen*, wenn dies unter Wahrung der Interessen der Beteiligten einer einfachen und zweckmäßigen Durchführung des Verfahrens dient und die nunmehr zuständige Finanzbehörde zustimmt (§ 26 AO).

§ 29a AO erlaubt die Unterstützung eines (überlasteten) örtlich zuständigen Finanzamts durch ein anderes Finanzamt. Das unterstützende Finanzamt handelt dann im Namen des örtlich zuständigen Finanzamts. Das Verwaltungshandeln des unterstützenden Finanzamts wird dem örtlich zuständigen Finanzamt zugerechnet.

V. Steuergeheimnis

33   Gemäß § 40 AO wird die Besteuerung nicht dadurch ausgeschlossen, dass ein Verhalten gegen die guten Sitten, ein Strafgesetz oder ein anderes gesetzliches Verbot verstößt. Z. B. müssen Umsätze und Gewinne aus verbotenem gewerbsmäßigem Glücksspiel oder Hehlergeschäften versteuert werden. Der Steuerpflichtige muss deshalb grundsätzlich darauf vertrauen können, dass nichtsteuerliche Straftaten, die er der Finanzbehörde in Erfüllung steuerlicher Verpflichtungen offenbart, den Strafverfolgungsbehörden nicht mitgeteilt werden. Schon aus diesem rechtsstaatlichen Grunde ist der Schutz des Steuergeheimnisses unentbehrlich (vgl. AEAO zu § 30 Nr. 7.1; BFH, BStBl II 2008, 850 zu Mitteilung in Fällen des § 4 Abs. 5 Nr. 10 EStG). Darüber hinaus haben Steuerpflichtige aus nahe liegenden Gründen ein Interesse daran, dass insbesondere ihre Betriebs- und Geschäftsgeheimnisse, aber auch ihre Einkommens- und Vermögensverhältnisse nicht jedem bekannt werden. Schließlich besteht auch ein fiskalisches Interesse am Schutz des Steuergeheimnisses. Dem Steuerpflichtigen wird die Abgabe wahrheitsgemäßer Steuererklärungen erleichtert, wenn er davon ausgehen darf, dass die Finanzbehörde grundsätzlich nicht befugt ist, seine Verhältnisse Dritten zu offenbaren. Indirekt dient somit das Steuergeheimnis auch der Allgemeinheit.

Zur Geheimhaltung sind gem. § 30 AO *Amtsträger verpflichtet*. Amtsträger sind gem. § 7 AO Beamte und Richter (auch ehrenamtliche), andere Personen in einem öffentlich-rechtlichen Amtsverhältnis (z. B. Mitglieder der Bundesregierung, parlamentarische Staatssekretäre) und jeder, der dazu bestellt ist, Aufgaben der öffentlichen Verwaltung wahrzunehmen (z. B. ein Betriebsprüfer im Angestelltenverhältnis). Den Amtsträgern stehen Personen gleich, die nach dem Verpflichtungsgesetz besonders verpflichtet worden sind (z. B. Schreibkräfte, Boten), amtlich zugezogene Sachverständige und Amtsträger öffentlich-rechtlicher Religionsgemeinschaften (§ 30 Abs. 3 AO).

Die Schweigepflicht ist nicht auf Angehörige der Finanzbehörden, Finanzgerichte und Kirchen beschränkt. Sie erstreckt sich z. B. auch auf Staatsanwälte und Angehörige einer kommunalen Behörde. Dagegen sind nicht gem. § 30 AO zur Geheimhaltung verpflichtet: Der Steuerpflichtige, Angehörige der steuerberatenden Berufe (aber berufliche Schweigepflicht, vgl. § 57 StBerG, § 203 StGB), vom Finanzamt gem. §§ 92 ff. AO zugezogene Auskunftspersonen, der im Lohnsteuerabzugsverfahren tätig werdende Arbeitgeber.

Dem Schutz des Steuergeheimnisses unterliegen „Verhältnisse eines anderen" sowie „fremde Betriebs- und Geschäftsgeheimnisse", „Verhältnisse" sind alle persönlichen, wirtschaftlichen und rechtlichen Umstände (z. B. Umsatz, Gewinn, Einkommen, Vermögen, Alter, Kinderzahl, Religionszugehörigkeit, Krankheit, das Verwaltungsverfahren selbst). Der Begriff ist weit zu fassen. Der Schutzbereich des § 30 AO erstreckt sich nicht nur auf Steuerpflichtige, sondern auf jeden „anderen", z. B. auch auf Auskunftspersonen (vgl. AEAO zu § 30 Nr. 1).

Eine Geheimhaltungspflicht besteht nur bezüglich solcher Umstände, die dem Amtsträger bekannt geworden sind

- in einem Steuerverfahren, Steuerstrafverfahren oder steuerlichen Bußgeldverfahren;
- durch die Mitteilung einer Finanzbehörde, die gesetzlich vorgeschriebene Vorlage eines Steuerbescheides oder einer Bescheinigung über die bei der Besteuerung getroffenen Feststellungen.

Außerdienstlich erlangte Kenntnisse begründen somit *keine Geheimhaltungspflicht*.

Das Steuergeheimnis kann verletzt werden durch

- Offenbaren von Verhältnissen eines anderen;
- die Verwertung fremder Betriebs- oder Geschäftsgeheimnisse.

Offenbaren ist jedes Verhalten (Tun, Dulden oder Unterlassen), durch das eine Bekanntgabe erfolgt oder ermöglicht wird. Soweit sich jedermann zuverlässig Kenntnis aus unschwer zugänglichen Quellen verschaffen kann (z. B. einem Lexikon, Internet), ist ein Offenbaren begrifflich nicht möglich. Die Bestätigung eines Gerüchts kann jedoch eine Offenbarung sein. Verwerten bedeutet ein Ausnutzen zum eigenen oder fremden Vorteil.

Nur eine *unbefugte* Durchbrechung des Steuergeheimnisses ist rechtswidrig. § 30 AO enthält in den Abs. 4 bis 6 einen *abschließenden* Katalog von *Rechtfertigungsgründen* für die Durchbrechung des Steuergeheimnisses (ausführlich AEAO zu § 30 AO). *Danach ist die Offenbarung befugt*,

- soweit sie der Durchführung eines *Steuer-, Steuerstraf- oder Steuerbußgeldverfahrens* dient (z. B. Weiterleitung von Kontrollmaterial, Abgabe einer Steuerstrafsache an die Staatsanwaltschaft);
- soweit sie durch *Gesetz* ausdrücklich zugelassen ist (vgl. z. B. §§ 31, 31a, 31b, 309 AO, § 4 Abs. 5 Nr. 10 EStG, § 10 StBerG, § 21 Abs. 4 SGB X; umfangreicher Katalog gesetzlicher Bestimmungen, nach denen die Durchbrechung des Steuergeheimnisses zulässig ist in AEAO zu § 30 Nr. 5 ;
- soweit *alle* Betroffenen *zustimmen*;
- soweit sie der Durchführung eines Strafverfahrens wegen einer *nichtsteuerlichen* Straftat dient *und* die Kenntnisse in einem steuerstraf- oder steuerlichem Bußgeldverfahren erlangt worden sind. *Ausnahmen:* Der Steuerpflichtige hat die Tatsachen

in *Unkenntnis* des Verfahrens offenbart oder sie sind *vor* Einleitung des steuerlichen Straf- oder Bußgeldverfahrens bekannt geworden (vgl. § 393 Abs. 2 AO);

▶ falls die Tatsachen ohne Bestehen einer steuerlichen Verpflichtung oder unter Verzicht auf ein Auskunftsverweigerungsrecht erlangt worden sind;

▶ soweit für die Offenbarung gem. § 30 Abs. 4 Nr. 5 AO ein *zwingendes öffentliches Interesse* besteht (z. B. Verbrechen oder vorsätzliche schwere Vergehen gegen Leib und Leben, gegen Staat, gravierende Wirtschaftsstraftaten);

▶ gegenüber Strafverfolgungsbehörden, soweit es sich gem. § 30 Abs. 5 AO um vorsätzliche falsche Angaben handelt (z. B. bei wissentlich falscher Anzeige wegen einer angeblichen Steuerhinterziehung);

▶ zur Bekämpfung der Schwarzarbeit und bei bestimmten Verstößen gegen das Arbeitsförderungs- und Arbeitnehmerüberlassungsgesetz nach Maßgabe des § 31a AO bzw. Bekämpfung der Geldwäsche nach § 31b AO.

Wegen der weiteren Einzelheiten und der Auflistung der Gesetze, welche eine Offenbarung erlauben, wird auf den AEAO zu §§ 30 – 31b AO Bezug genommen.

Zur Zulässigkeit des Abrufs von Daten, die in einem Steuerverfahren i. S. des § 30 Abs. 2 Nr. 1 AO gespeichert worden sind vgl. § 30 Abs. 6 AO und die Steuerdaten-Abrufverordnung (StDAV) vom 13. 10. 2005 und BVerfG, BStBl II 2009, 23.

Die unbefugte Durchbrechung des Steuergeheimnisses ist gem. § 355 StGB strafbar. Die Tat wird nur auf Antrag des Dienstvorgesetzten oder des Verletzten verfolgt.

Zum Schutz von Bankkunden (§ 30a AO) vgl. Tz 115.

34–36   *(Einstweilen frei)*

C. Steuerschuldrecht

37   Zwischen den Finanzbehörden und dem Steuerbürger besteht ein kompliziertes Geflecht *wechselseitiger Rechte und Pflichten*. Der Staatsbürger ist z. B. verpflichtet, Steuererklärungen abzugeben, Steuern zu zahlen, eine Betriebsprüfung zu dulden. Andererseits ist er nach Lage des Einzelfalles auch berechtigt, von der Behörde Zahlung zu verlangen (z. B. die Erstattung überzahlter Steuern), Rechtsbehelfe einzulegen, eine Berücksichtigung der zu seinen Gunsten sprechenden Tatsachen zu verlangen usw. Die Gesamtheit dieser wechselseitigen Rechte und Pflichten bezeichnet man als Steuerrechtsverhältnis. Soweit durch das Steuerrechtsverhältnis Ansprüche geregelt werden, die auf eine *Geld*leistung zielen, handelt es sich um ein *Steuerschuldverhältnis,* das im zweiten Teil der AO unter der Überschrift „Steuerschuldrecht" ganz allgemein geregelt ist. Wichtige steuerschuldrechtliche Vorschriften sind auch im 5. Teil der AO (Erhebungsverfahren, §§ 218 ff.) enthalten, z. B. die Bestimmungen über Fälligkeit, Stundung, Zahlung, Aufrechnung, Erlass.

I. Grundbegriffe

1. Steuerpflichtiger

Steuerpflichtiger ist, wer eine Steuer schuldet, für sie haftet, sie für Rechnung eines Dritten einzubehalten oder abzuführen hat, und wer eine Steuererklärung abzugeben, Sicherheit zu leisten, Bücher und Aufzeichnungen zu führen oder andere ihm durch die Steuergesetze auferlegte Verpflichtungen zu erfüllen hat. Dagegen ist *nicht* Steuerpflichtiger, wer in einer *fremden* Steuersache Auskünfte erteilen, Urkunden vorlegen, ein Sachverständigengutachten erstatten oder das Betreten von Grundstücken gestatten muss (§ 33 AO). 38

2. Steuerrechtsfähigkeit

Steuerpflichtiger kann nur sein, wer die Fähigkeit besitzt, Träger steuerlicher Rechte und Pflichten zu sein (Steuerrechtsfähigkeit). Die *Steuerrechtsfähigkeit* ist nicht in der AO geregelt, weil sie sich zwangsläufig nach den Einzelsteuergesetzen richten muss. 39

> **BEISPIELE:** ▶ Natürliche Personen sind i. S. des EStG steuerrechtsfähig, dagegen nicht i. S. des KStG. Umsatzsteuerlich ist eine OHG (KG, GbR) Unternehmerin. Einkommensteuerlich sind dagegen Personengesellschaften nicht steuerrechtsfähig, sondern nur die einzelnen Gesellschafter als natürliche Personen (Mitunternehmer). – Im Sinne des Grunderwerbsteuerrechts können zivilrechtlich nicht oder teilrechtsfähige Personenzusammenschlüsse rechtsfähig sein (BFH, BStBl II 1987, 183; zur Rechtsentwicklung bei der GbR vgl. BGH, NJW 2001, 1056; BFH/NV 2005, 1257).

3. Handlungsfähigkeit

Von der Steuerrechtsfähigkeit ist zu unterscheiden die *steuerliche Handlungsfähigkeit*. Handlungsfähigkeit bedeutet die Fähigkeit, im Steuerrechtsverhältnis durch eigenes Handeln Rechtswirkungen herbeiführen zu können. 40

> **BEISPIEL:** ▶ Ein Säugling erbt einen Gewerbebetrieb. Der Säugling ist z. B. steuerrechtsfähig i. S. des Umsatz-, Einkommen-, Gewerbe- und Erbschaftsteuergesetzes. Er ist verpflichtet, Steuererklärungen abzugeben und die Steuern zu zahlen (Steuerschuldner). Da er wegen Geschäftsunfähigkeit seine steuerlichen Pflichten nicht erfüllen kann (§ 79 AO i.V. mit §§ 104 ff. BGB), obliegt die Erfüllung seiner steuerlichen Pflichten seinen gesetzlichen Vertretern (§ 34 Abs. 1 AO).

Steuerlich handlungsfähig sind (§ 79 i.V. mit § 104 ff. BGB):

▶ natürliche Personen, die nach bürgerlichem Recht geschäftsfähig sind,
▶ zivilrechtlich beschränkt Geschäftsfähige, soweit sie für den Gegenstand des Verfahrens bürgerlich-rechtlich als geschäftsfähig anerkannt sind,
▶ juristische Personen, Vereinigungen und Vermögensmassen durch ihre gesetzlichen Vertreter oder besonders Beauftragte.

Volle Geschäftsfähigkeit besteht nach Vollendung des 18. Lebensjahres, beschränkte Geschäftsfähigkeit ab Vollendung des 7. Lebensjahres. Willenserklärungen (Verfahrenshandlungen) eines Geschäftsunfähigen sind unwirksam. Ermächtigt der gesetzliche

Vertreter einen *beschränkt* Geschäftsfähigen mit Genehmigung des Vormundschaftsgerichts zum selbständigen Betrieb eines Erwerbsgeschäfts, so ist er für solche Rechtsgeschäfte *unbeschränkt* geschäftsfähig und steuerrechtlich handlungsfähig, die der Geschäftsbetrieb mit sich bringt (§ 112 BGB, § 79 Abs. 1 Nr. 2 AO).

> **BEISPIEL:** Ein 17-Jähriger betreibt mit Genehmigung seiner Eltern und des Vormundschaftsgerichts eine erfolgreiche Jugendband. Der Minderjährige kann wirksam die Umsatzsteuererklärungen abgeben und gegen die Bescheide Rechtsbehelfe einlegen.

Begründet ein beschränkt Geschäftsfähiger *mit Genehmigung* des gesetzlichen Vertreters ein Arbeitsverhältnis, so ist er in Bezug auf *dieses* Arbeitsverhältnis unbeschränkt geschäftsfähig (§ 113 BGB). Steuerrechtlich folgt daraus, dass er für das Gebiet der Lohnsteuer handlungsfähig wird.

Die Abgabe der Einkommensteuererklärung durch den beschränkt Geschäftsfähigen ist i. d. R. von der Genehmigung nicht gedeckt, da nicht nur das Arbeitsverhältnis Besteuerungsmerkmale begründet.

Den Veränderungen durch das Betreuungsgesetz (vgl. §§ 1896 ff. BGB) trägt u. a. § 79 Abs. 2 und 3 AO Rechnung.

4. Steuerschuldner

41 Steuerschuldner ist, wer selbst zur Zahlung der Steuer verpflichtet ist oder für dessen Rechnung ein anderer Beteiligter die Steuer zu entrichten hat (z. B. der Arbeitnehmer bezüglich der Lohnsteuer § 38 Abs. 2 EStG). *Steuerentrichtungspflichtiger* ist, wer Steuern für Rechnung eines anderen zu entrichten hat (z. B. der Arbeitgeber, soweit es sich um die Lohnsteuer seiner Arbeitnehmer handelt; § 38 Abs. 3 EStG). Wer Steuerschuldner und wer Steuerentrichtungspflichtiger ist, bestimmen die Einzelsteuergesetze (§ 43 AO).

5. Gesamtschuldner

42 Gesamtschuldner sind Personen, die nebeneinander *dieselbe* Leistung schulden oder für sie haften. Soweit im Einzelfall nichts anderes bestimmt ist, schuldet jeder Gesamtschuldner die gesamte Leistung. Die Erfüllung durch einen Gesamtschuldner wirkt auch für die übrigen Schuldner (§ 44 AO). Gesamtschuldner sind z. B.: zusammenveranlagte Personen (§ 44 Abs. 1 AO), Miterben für Schulden des Erblassers (§ 45 Abs. 2 AO), Steuerschuldner und Haftungsschuldner (§ 44 Abs. 1 AO), Arbeitnehmer und Arbeitgeber bezüglich der Lohnsteuer (§ 42d EStG). Die Finanzbehörde hat nach pflichtgemäßem Ermessen zu entscheiden, welchen Gesamtschuldner sie in welcher Höhe in Anspruch nimmt (vgl. Tz 26).

II. Entstehung des Steueranspruchs

1. Grundsatz und Ausnahmen

Gemäß § 38 AO entsteht der Anspruch aus dem Steuerschuldverhältnis, sobald der Tatbestand verwirklicht ist, an den das Gesetz die Leistungspflicht knüpft. Die Steuerfestsetzung begründet folglich i. d. R. nicht den Steueranspruch, sondern stellt lediglich die Existenz des kraft Gesetzes entstandenen Anspruchs fest (zur Festsetzung nicht entstandener Ansprüche vgl. BFH, BStBl II 1989, 563, 566).

43

In zahlreichen *Einzelsteuergesetzen* ist der Entstehungszeitpunkt *abweichend* bzw. *ergänzend* geregelt.

> **BEISPIELE:** Gemäß § 13 UStG entsteht die *Umsatzsteuer* i. d. R. mit Ablauf des Voranmeldungszeitraums (i. d. R. der Kalendermonat), in dem die Leistung ausgeführt (bei Sollbesteuerung) oder das Entgelt vereinnahmt worden ist (bei Istbesteuerung).
>
> Die *Einkommensteuer* entsteht mit Ablauf des Veranlagungszeitraums, soweit es sich nicht um Vorauszahlungen oder Abzugsteuern handelt (z. B. §§ 36 Abs. 1, 37 Abs. 1, 38 Abs. 2, § 44 Abs. 1, 50a Abs. 5 EStG).

Zinsen und *Säumniszuschläge* entstehen kraft Gesetzes bei Tatbestandsverwirklichung (§§ 233 ff., 240 AO; bei Vollverzinsung ist aber zu beachten, dass zum Tatbestand die Wirksamkeit der zugrunde liegenden Steuerfestsetzung, also i. d. R. die Bekanntgabe des Steuerbescheides gehört). *Verspätungszuschläge* (§ 152 AO) und *Zwangsgelder* (§ 333 AO) entstehen dagegen erst durch die Bekanntgabe des (rechtsbegründenden) Verwaltungsakts. Die Entstehung der Zuschläge nach § 162 Abs. 4 AO ist unklar. Bei Anwendung der allgemeinen Regeln müsste der Zuschlag mit seinem Grundbetrag mit Tatbestandsverwirklichung, mit dem überschießenden Betrag bei Festsetzung (Ermessensausübung) entstehen. Die h. M. behandelt den Zuschlag insgesamt als ermessensgeregelt, nimmt also Entstehung erst mit Festsetzung an (vgl. BMF, BStBl I 2005, 570 – Verwaltungsgrundsätze-Verfahren unter 4.6.3).

Die allgemeine Regel des § 38 AO gilt grundsätzlich auch für Erstattungsansprüche. Bei einer irrtümlichen Doppelzahlung entsteht z. B. der Erstattungsanspruch kraft Gesetzes mit Eingang der zweiten Zahlung (vgl. auch § 37 Abs. 2 AO). Bei Fehlleitung einer Zahlung an einen unbeteiligten Dritten durch die Finanzkasse entsteht der Rückforderungsanspruch des Finanzamts mit Zugang der Zahlung. Auch bei Erstattungsansprüchen sind die Regelungen der Einzelsteuergesetze zu beachten. Ergeben sich für den Stpfl. Erstattungsansprüche aus der Änderung von Bescheiden zu seinen Gunsten, wird die Anwendung des § 37 Abs. 2 AO von der h. M. wie folgt begründet: Die (vom Stpfl. im Hinblick auf die ursprünglich höhere Steuerfestsetzung geleistete) Zahlung ist ohne Rechtsgrund geleistet, weil sie den materiell-rechtlichen Anspruch übersteigt, (vgl. BFH, BStBl II 1997, 112). Der nach materiellem Recht bestehende Erstattungsanspruch kann allerdings nur durchgesetzt werden, wenn ein entgegenstehender VA i. S. des § 218 Abs. 1 AO (hier der ursprüngliche Steuerbescheid) aufgehoben oder geändert wird (sog. materielle Theorie). Diese Theorie liegt auch der Regelung in § 233a AO (Vollverzinsung) zugrunde.

BEISPIEL: ▶ Der Einkommensteuerbescheid 2005 über 30 000 € wird aufgrund einer Betriebsprüfung 2008 auf 20 000 € geändert.

Der Erstattungsanspruch ist mit Ablauf des Jahres 2005 – oder bei späterer Zahlung mit Zahlungseingang bei der Behörde – entstanden. Der Steuerpflichtige konnte das Geld aber nicht verlangen (§§ 37, 218 AO), weil es an einem den Anspruch bestätigenden Verwaltungsakt mangelte. Die Verzinsung nach § 233a AO knüpft aber an das Entstehungsjahr 2005 und ggf. an die spätere Zahlung an (vgl. § 233a Absätze 2 und 3 Satz 3 AO).

Zu Problemfällen im Zusammenhang mit Erstattungsansprüchen siehe ausführlich AEAO zu § 37 Nr. 2 m. Nw. auf die Rechtsprechung.

Von der *Entstehung* des Anspruchs ist die *Fälligkeit* zu unterscheiden. Ein Anspruch ist fällig, sobald sofortige Zahlung verlangt werden kann.

BEISPIEL: ▶ Die ESt-Forderung auf die Abschlusszahlung entsteht mit Ablauf des Veranlagungszeitraums. Fällig wird sie erst einen Monat nach Bekanntgabe des Bescheids (§ 36 Abs. 1 und 4 EStG). Der Fälligkeitszeitpunkt ergibt sich immer aus der Zahlungsaufforderung (= Leistungsgebot) im konkreten Bescheid: „Bitte zahlen Sie spätestens am 4. 10. 2016 8 937 €."

2. Bedeutung des Entstehungszeitpunkts

44 *Der Entstehungszeitpunkt ist insbesondere von Bedeutung*

- ▶ für die Abtretung. Die Abtretung eines Erstattungs- und Vergütungsanspruchs wird erst wirksam, wenn sie der Gläubiger (auf amtlich vorgeschriebenem Vordruck) der zuständigen Finanzbehörde *nach Entstehung* des Anspruchs anzeigt (§ 46 Abs. 2 AO; Anlage zum AEAO zu § 46). – Zur Wirksamkeit der Abtretung (Zession) vgl. AEAO zu § 46.

- ▶ für die Pfändung. Sie ist erst zulässig, wenn der Anspruch entstanden ist (§ 46 Abs. 6 AO). Vor Ablauf des Jahres kann deshalb z. B. ein Anspruch auf Einkommensteuererstattung nicht gepfändet werden. Eine vorher erwirkte Pfändung wird auch nicht mit Entstehung des Anspruchs wirksam (§ 46 Abs. 6 AO). Entscheidend ist der Zeitpunkt des *Erwirkens* (Abgabe aus dem internen Geschäftsgang der erlassenden Stelle), nicht der Zustellung. Die Vorpfändung ist mit der Zustellung erlassen (BGH, HFR 2012, 335).

- ▶ für die Aufrechnung. Die Aufrechnung setzt die Existenz wechselseitiger Ansprüche voraus (§ 226 AO).

- ▶ für die Haftung. Die Haftung des Betriebsübernehmers für betriebliche Steuerschulden und Steuerabzugsbeträge beschränkt sich auf Steuern, die seit Beginn des letzten Kalenderjahres vor der Betriebsübertragung entstanden sind (§ 75 AO).

- ▶ für die Festsetzungsverjährung. Sie beginnt frühestens mit Ablauf des Kalenderjahres, in dem die Steuer entstanden ist (§ 170 Abs. 1 AO).

III. Vorschriften der AO zur wirtschaftlichen Betrachtungsweise
1. Steueranspruch und Zurechnung – wirtschaftliches Eigentum

§ 39 AO regelt die Zurechnung von Wirtschaftsgütern. Die Vorschrift wirkt sich folglich auf zahlreiche Steuern aus: z. B. auf die ertragsabhängigen Steuern (ESt, KSt, GewSt wegen der Berechtigung, die AfA vorzunehmen), ebenso auf die Erbschaft- und Schenkungsteuer.

Gem. § 39 Abs. 1 AO sind Wirtschaftsgüter dem Eigentümer zuzurechnen. Der Wortlaut dieser Vorschrift ist zu eng gefasst. Gemeint ist: Wirtschaftsgüter sind (grundsätzlich) dem *Rechtsinhaber* zuzurechnen. Denn Eigentum kann nur an (körperlichen) Sachen i. S. des § 90 BGB bestehen, nicht dagegen z. B. an Forderungen, Urheberrechten, dem Goodwill. Auch für nicht eigentumsfähige Wirtschaftsgüter soll aber die Regel des § 39 Abs. 1 AO gelten.

Abweichend von diesem Grundsatz, wonach für die steuerrechtliche Zurechnung die zivilrechtliche Rechtslage maßgebend ist, stellt § 39 Abs. 2 AO auf die wirtschaftlichen Verhältnisse, das sog. *„wirtschaftliche Eigentum"*, ab. Wirtschaftliches Eigentum liegt vor, wenn ein anderer als der Eigentümer (= Rechtsinhaber) die tatsächliche Herrschaft über ein Wirtschaftsgut in einer Weise ausübt, dass er den Eigentümer (Rechtsinhaber) im Regelfall für die gewöhnliche Nutzungsdauer von der Einwirkung auf das Wirtschaftsgut wirtschaftlich ausschließen kann. In einem derartigen Fall wird das Wirtschaftsgut nicht dem zivilrechtlichen, sondern dem wirtschaftlichen Eigentümer zugerechnet.

> **BEISPIEL:** ▸ Beim Kauf unter Eigentumsvorbehalt kann der Käufer – solange er die Kaufpreisraten vertragsgemäß entrichtet – den Eigentümer (Verkäufer) von der Einwirkung auf die gekaufte Sache ausschließen. Der Käufer ist wirtschaftlicher Eigentümer. Das Wirtschaftsgut ist ihm zuzurechnen. Entsprechendes gilt bei der Sicherungsübereignung. Wirtschaftlicher Eigentümer ist der Sicherungsgeber.

Der landwirtschaftliche Pächter ist grundsätzlich nicht als wirtschaftlicher Eigentümer zu behandeln (AEAO zu § 39 Nr. 1 AO). Bei *Leasing*-Verträgen sind unterschiedliche Gestaltungen möglich. Deckt sich die betriebsgewöhnliche Nutzungsdauer des Wirtschaftsguts mit der fest vereinbarten Mietzeit, so wird im Regelfall das Leasing-Gut dem *Leasingnehmer* zuzurechnen sein (vgl. die Darstellung des Leasing in Band 1 des Kompendiums, Teil „Einkommensteuer").

Bei *Treuhandverhältnissen* sind die Wirtschaftsgüter dem Treugeber zuzurechnen (§ 39 Abs. 2 Nr. 1 AO).

Zinsen, die auf einem Anderkonto eines Notars (Treuhandkonto) anfallen, sind dem Treugeber (Mandanten) zuzurechnen. Bei Einrichtung eines Anderkontos durch einen Notar lässt sich der Treugeber durch den Inhalt des jeweiligen Verwahrungsvertrags bestimmen.

Sachen im *Eigenbesitz* sind dem Eigenbesitzer zuzurechnen (§ 39 Abs. 1 Nr. 1 AO). Besitz ist die *tatsächliche* Sachherrschaft (§ 854 BGB), Eigentum die (umfassendste) *rechtliche* Sachherrschaft (§ 903 BGB). Ein besitzender Nichteigentümer ist Eigenbesitzer, wenn er eine Sache als *ihm gehörend* besitzt (§ 872 BGB). Zum Eigenbesitz gehört der Wille, die Sache (das Wirtschaftsgut) wie ein Eigentümer zu beherrschen.

> **BEISPIEL:** Wer gestohlene Sachen z. B. in Unkenntnis dessen ankauft und in Besitz nimmt, kann daran grds. kein Eigentum erwerben (§ 935 BGB). Er will jedoch die Sachen wie ein Eigentümer als ihm gehörend besitzen. Die Sachen sind ihm folglich steuerlich zuzurechnen.

Mieter (und Pächter) sind nicht Eigenbesitzer und nicht wirtschaftliche Eigentümer. Sie besitzen die mietweise überlassene Sache nicht als ihnen gehörend. Auch sind sie im Regelfall nicht in der Lage, den Eigentümer für die gewöhnliche Nutzungsdauer von der Einwirkung auf das Wirtschaftsgut auszuschließen, weil dieser das Besitzrecht des Mieters durch Kündigung beenden und das Mietobjekt veräußern kann. Ausnahmen sind jedoch denkbar: Wird z. B. in einem unkündbaren Mietvertrag vereinbart, dass das Mietobjekt nach dem Tod des Vermieters Eigentum des Mieters werden soll, so kann in dieser Vereinbarung die Übertragung des wirtschaftlichen Eigentums liegen. Weitere Ausnahmen können sich bei Mietereinbauten (vgl. dazu BFH, BStBl II 1997, 774; s. auch BFH, BStBl II 2010, 670) oder Bauten auf fremdem Grund und Boden ergeben (vgl. BFH, BStBl II 1998, 97, 2002, 741) sowie bei Nießbrauch ergeben, wenn der Nießbraucher die Kosten für das zu nutzende Wirtschaftsgut getragen hat (BFH, BStBl II 2005, 80). Zu wirtschaftlichem Eigentum bei Gesellschaftsanteilen vgl. BFH, BStBl II 2007, 296 – Doppeloption –, BFH/NV 2008, 659 und 1908 sowie BStBl II 2012, 308.

Die Zurechnungsregeln des § 39 AO gelten grundsätzlich für alle Steuern. Im Einzelfall kann jedoch die Auslegung von Vorschriften der Einzelsteuergesetze ergeben, dass nicht das wirtschaftliche Eigentum, sondern, das zivilrechtliche Eigentum maßgebend ist. Dies gilt insbesondere für den Bereich der Verkehrsteuern. So wird beispielsweise die sicherungsweise Übereignung eines Grundstücks von der Grunderwerbsteuer erfasst. Auch die Übereignung eines Grundstücks auf einen Treuhänder löst Grunderwerbsteuer aus, obwohl gem. § 39 Abs. 2 Nr. 1 AO ein Grundstück z. B. für die Einkommen- und Vermögensteuer dem Treugeber zuzurechnen ist (ausführlich zur Grunderwerbsteuer bei Treuhandgeschäften über Grundstücke: Erlasse der Obersten Finanzbehörden der Länder, BStBl I 2007, 757 und 761; vgl. auch BFH/NV 2013, 653).

Für die *Zwangsvollstreckung* kommt es *nicht* auf das wirtschaftliche, sondern auf das zivilrechtliche Eigentum an.

> **BEISPIEL:** Ein Vollstreckungsschuldner hat einen Flachbildschirm unter Eigentumsvorbehalt gekauft. Er ist wirtschaftlicher Eigentümer. Dennoch darf der Vollziehungsbeamte des Finanzamts dieses Gerät nicht verwerten, weil ein Dritter (der Verkäufer) an diesem Gerät „ein die Veräußerung hinderndes Recht" hat, nämlich das zivilrechtliche Eigentum (§ 262 Abs. 1 AO).

2. Steueranspruch und gesetzwidriges Handeln

46 Die Steuerpflicht entfällt nicht dadurch, dass ein Verhalten gegen ein gesetzliches Gebot oder Verbot oder gegen die guten Sitten verstößt (§ 40 AO). Diese Regelung ist erforderlich, weil andernfalls ein Anreiz bestünde, durch sittenwidriges oder strafbares Verhalten Steuerfreiheit zu erlangen.

> **BEISPIEL:** Gewerbsmäßige Hehlerei begründet Umsatz-, Einkommen- und Gewerbesteuerpflicht. – Ein Hauseigentümer verlangt von einem Gastarbeiter, der keine Aufenthaltsgenehmi-

gung besitzt, eine Wuchermiete. Der Vertrag ist wegen Verstoßes gegen die guten Sitten nichtig (§ 138 BGB). Dennoch unterliegen die Einkünfte der Einkommensteuer. Dies ist verfassungsmäßig (BVerfG, HFR 1996, 597). Teilweise wird § 40 AO aber durch europarechtliche Vorgaben überlagert. So hat der EuGH entschieden, dass Waren, die in keinem Mitgliedstaat der EU legal gehandelt werden können, nicht umsatzsteuerbar seien (Ableitung aus Artikel 2 der 6. USt RL, jetzt Art. 2 MwStSystRL; vgl. z. B. EuGH-Urteil zum Drogenhandel in UR 1989, 309).

3. Unwirksame Rechtsgeschäfte

Die Unwirksamkeit eines Rechtsgeschäfts schließt die Besteuerung nicht aus, wenn und soweit die Beteiligten das wirtschaftliche Ergebnis des Geschäfts eintreten und bestehen lassen (§ 41 Abs. 1 AO). Rechtsgeschäfte können z. B. wegen Geschäftsunfähigkeit, Formmangels, Gesetzesverstoßes oder Sittenwidrigkeit unwirksam sein (§§ 105, 125, 134, 138 BGB). 47

> **BEISPIEL:** Ein Erblasser hat sein „Testament" auf den Computer gesprochen. Das Testament ist unwirksam, weil die gesetzlich vorgeschriebene Schriftform fehlt (§§ 2247, 125 BGB). – Steuerrechtlich ist die Unwirksamkeit unbeachtlich, *soweit* sich die Erben nach dem unwirksamen Testament richten (vgl. BFH/NV 2006, 554).

Der BFH wandte § 41 Abs. 1 Satz 1 AO im Ertragsteuerrecht nicht an, wenn es sich um Verträge zwischen nahen Angehörigen handelte (so ausdrücklich BFH, BStBl II 1992, 506; jetzt anders im Sinne einer Indizienabwägung BFH, BStBl II 2007, 294). 48

Der Begriff des nahen Angehörigen ist im Gesetz nicht definiert. Jedenfalls gehören zu dem betroffenen Personenkreis die Ehegatten, Kinder und Eltern und von entsprechenden Personen beherrschte Gesellschaften (vgl. BFH, BStBl II 1991, 581) sowie die Partner nichtehelicher Lebensgemeinschaften (BFH/NV 2007, 2235). Zur steuerlichen Anerkennung von Verträgen zwischen nahen Angehörigen verlangt der BFH in ständiger Rechtsprechung, dass die Verträge *ernstlich gewollt und durchgeführt* werden und dem *Fremdvergleich* entsprechen. Die indizielle Wirkung der zivilrechtlichen Unwirksamkeit der Verträge ist besonders stark bei klarer Zivilrechtslage (vgl. BFH, BStBl II 2010, 823). Die Rechtsprechung hat praktische Bedeutung insbesondere bei Darlehen, Miet- und Gesellschafts- und Arbeitsverhältnissen. Das BVerfG hat die Rechtsprechung des BFH 1995 erneut im Prinzip bestätigt, aber die sehr formelle Rechtsprechung zur Nichtanerkennung von Ehegattenarbeitsverhältnissen, wenn der Lohn auf ein Oder-Konto der Ehepartner fließt, als „objektiv willkürlich" kassiert (BVerfG, BStBl II 1996, 34; bestätigt in BVerfG, NJW 2003, 1442).

Im Anschluss an die Oderkonto-Entscheidung des BVerfG hat der BFH seine Rechtsprechung zu Verträgen zwischen nahen Angehörigen fortentwickelt. Tendenziell sind die Anforderungen an die Steuerpflichtigen gesunken. Nicht jede marginale Abweichung vom Üblichen und nicht jeder Verstoß gegen zivilrechtliche Formvorschriften führt (zwingend) zur Nichtanerkennung der entsprechenden Verträge. BStBl II 2000, 386 berücksichtigt einen Vertrag steuerlich, der zunächst aus Unkenntnis formunwirksam abgeschlossen worden war, bei dem aber sofort nach Erkennen der Formproblematik der Formmangel behoben wurde. Zu weiteren Änderungen siehe auch Nachweise in BFH, BStBl II 2007, 294 oder das BMF-Schreiben zu Angehörigendarlehen (BStBl I 2011, 37).

Die Rechtsprechung ist nicht auf die Verkehrsteuern zu übertragen (vgl. BFH, BStBl II 1989, 913; 1993, 562), da die o. b. Rechtsprechung im Ertragsteuerrecht formal auf § 12 EStG aufbaut.

4. Scheingeschäfte

49 *Scheingeschäfte* und *Scheinhandlungen* sind für die Besteuerung unerheblich (§ 41 Abs. 2 AO). Beim Scheingeschäft sind sich die Beteiligten darüber einig, dass die abgegebenen Willenserklärungen nicht die nur zum Schein angestrebten Rechtsfolgen haben sollen. Scheingeschäfte sind zivilrechtlich nichtig (§ 117 Abs. 1 BGB).

> **BEISPIEL:** Ein Unternehmer schließt mit seinem Sohn einen Arbeitsvertrag, um den einkommensteuerlichen Progressionseffekt und die Gewerbesteuer zu mindern. Beide sind sich darüber einig, dass der Arbeitsvertrag nicht tatsächlich durchgeführt werden soll. Der Vertrag ist zivilrechtlich nichtig und steuerlich unbeachtlich.

50 Wird durch ein Scheingeschäft ein anderes – ernsthaft gewolltes – Rechtsgeschäft verdeckt, so ist für die Besteuerung das verdeckte Geschäft maßgebend (BFH, BStBl II 2011, 769).

> **BEISPIEL:** Um Grunderwerbsteuer zu sparen, lassen Verkäufer und Käufer eines Grundstücks als Kaufpreis 400 000 € notariell beurkunden. Mündlich vereinbaren sie einen Preis von 500 000 €. Die beurkundete Abrede ist als Scheingeschäft nichtig. Durch das nichtige Geschäft wird die tatsächliche Vereinbarung (Preis: 500 000 €) verdeckt. Gemäß § 41 Abs. 2 Satz 2 AO gilt das verdeckte Rechtsgeschäft – also die Preisvereinbarung über 500 000 €. Zwar ist diese mündliche Preisabsprache gem. §§ 311b, 125 BGB nichtig. Halten sich die Beteiligten jedoch an die nichtige Absprache – zahlt also der Käufer 500 000 € –, so ist für die Grunderwerbsteuer der Betrag von 500 000 € maßgebend.

51 Auch bloße *Scheinhandlungen* (ohne rechtsgeschäftlichen Charakter) sind für die Besteuerung ohne Belang (§ 41 Abs. 2 Satz 1 Alt. 2 AO).

> **BEISPIEL:** Ein Steuerpflichtiger begründet unter (scheinbarer) Aufgabe seines inländischen Wohnsitzes einen Schein-Wohnsitz im Ausland, um der unbeschränkten Steuerpflicht zu entgehen. Vgl. auch Tz 27.

5. Steuerumgehung – Treu und Glauben

52 Durch Missbrauch von Gestaltungsmöglichkeiten des Rechts kann ein Steuergesetz nicht umgangen werden. Bei einem Missbrauch entsteht der Steueranspruch so, wie er bei einer wirtschaftlich angemessenen Rechtsgestaltung entsteht (§ 42 AO).

§ 42 AO ist eine Vorschrift, mit der der Gesetzgeber die missbräuchliche Ausnutzung der textlichen Unvollkommenheit des Gesetzes verhindern will. „Steuerumgehung ist ein Unterfall der Gesetzesumgehung. Sie besteht in einem Verhalten, auf das die durch Auslegung ermittelte Regelung des Gesetzes nicht anwendbar ist, obwohl dieses Verhalten dem Zweck der Gesetzesvorschrift entspricht". „Den Steuerpflichtigen ist es zwar grundsätzlich nicht verwehrt, ihre rechtlichen Verhältnisse so zu gestalten, dass sich eine geringere steuerliche Belastung ergibt. ... Die vom Steuerpflichtigen gewählte Rechtsgestaltung ist der Besteuerung jedoch dann nicht zugrunde zu legen, wenn sie ausschließlich der Steuerminderung dient und bei sinnvoller, Zweck und Ziel der Rechtsordnung berücksichtigender Auslegung vom Gesetz missbilligt wird" (BFH, BStBl 1992, 486).

Damit stellt sich die Anwendung von § 42 als ein Unterfall der Gesetzesanalogie dar, also als ein methodischer Vorgang, bei dem das Gesetz auf einen Sachverhalt angewendet wird, der nicht dem Tatbestand unterfällt, obwohl der Sachverhalt nach dem Zweck der Regelung besteuert werden sollte. Soweit es um Subventionsnormen geht, dreht sich die Situation dergestalt, dass der Steuerpflichtige in den Bereich der Subventionsvorschrift gelangen möchte. Insoweit stellt sich § 42 AO als ein Fall der teleologischen Reduktion der jeweiligen Steuervorschrift dar, als ein methodischer Vorgang, bei dem das Gesetz auf einen Sachverhalt nicht angewendet wird, weil der Fall nach dem Zweck der Subventionsvorschrift nicht subventioniert werden soll, obwohl der Wortlaut der Norm erfüllt ist.

Voraussetzung für die Anwendung von § 42 AO ist also:
- Das Steuergesetz muss unmittelbar oder mittelbar an Gestaltungsformen des Rechts anknüpfen.
- Der Gesetzeszweck muss die Besteuerung der zugrunde liegenden wirtschaftlichen Vorgänge oder Ergebnisse sein.
- Die beschriebene Gestaltungsform darf nicht alle Vorgänge, deren Besteuerung bezweckt ist, erfassen (planwidrige Lücke im Gesetz).
- Der Steuerpflichtige muss sich dem wirtschaftlichen Zweck unangemessener rechtlicher Gestaltungen bedienen.
- Die gewählte Gestaltung muss zur Tatbestandsvermeidung (belastende Norm) oder Tatbestandserschleichung (begünstigende Norm) führen, also einem gesetzlich nicht vorgesehenen Steuervorteil (AEAO zu § 42 Nr. 2.4).
- Der Steuerpflichtige muss missbräuchlich handeln (Umgehungsabsicht).

Bei der Prüfung, ob eine unangemessene rechtliche Gestaltung vorliegt, ist nach der Neufassung des § 42 AO ab 2008 zunächst ein Vergleich zwischen den steuerlichen Auswirkungen einer angemessenen rechtlichen Gestaltung und den steuerlichen Auswirkungen der gewählten rechtlichen Gestaltung vorzunehmen. Ergibt dieser Vergleich einen Steuervorteil beim Steuerpflichtigen oder einem Dritten, ist weiter zu prüfen, ob dieser Steuervorteil gesetzlich vorgesehen ist. Dies kann z. B. der Fall sein bei Ausübung gesetzlicher Wahlrechte oder bei Nutzung steuergesetzlicher Lenkungs- und Fördernormen. Ist der Steuervorteil gesetzlich nicht vorgesehen, ist zu prüfen, ob die gewählte Gestaltung unangemessen ist. Eine rechtliche Gestaltung ist nach der Rechtsprechung des BFH insbesondere dann unangemessen, wenn sie von verständigen Dritten in Anbetracht des wirtschaftlichen Sachverhalts und der wirtschaftlichen Zielsetzung ohne den Steuervorteil nicht gewählt worden wäre. Die Finanzverwaltung muss also zunächst darlegen, dass der Steuervorteil gesetzlich nicht vorgesehen ist. Dabei ist mit Hilfe der normalen Auslegungskriterien, insbesondere anhand der Gesetzesbegründung zu prüfen, welchen Zweck der Gesetzgeber mit der betreffenden Norm verfolgen wollte. Nur so kann dargelegt werden, dass der erzielte Vorteil gesetzlich nicht vorgesehen ist. Ein Gestaltungsmissbrauch liegt nach § 42 Abs. 2 Satz 2 AO nicht vor, wenn der

Steuerpflichtige für die von ihm gewählte, unangemessene Gestaltung außersteuerliche Gründe nachweist, die nach dem Gesamtbild der Verhältnisse beachtlich sind. Diese Regelung eröffnet dem Steuerpflichtigen die Möglichkeit, die Annahme eines Gestaltungsmissbrauchs durch Nachweis außersteuerlicher Gründe zu entkräften. Die vom Steuerpflichtigen vorgetragenen außersteuerlichen Gründe müssen aber nach dem Gesamtbild der Verhältnisse beachtlich sein. Was als beachtlich anzusehen ist, ist bei der Beurteilung des Einzelfalls zu entscheiden. Der AEAO zu § 42 zeigt die Norm aus Sicht der Verwaltung, insbesondere zum Verhältnis von spezialgesetzlichen Missbrauchsvorschriften und § 42 AO. Danach ist in Fällen, in denen der Tatbestand einer spezialgesetzlichen Regelung nicht erfüllt ist, in einem weiteren Schritt zu prüfen ist, ob ein Missbrauch im Sinne des § 42 Abs. 2 AO vorliegt (anders bisher BFH, BStBl II 2003, 50; 2008, 978).

Seit Mitte der 90er Jahre sind eher großzügige Entscheidungen speziell zu Mietverträgen ergangen (vgl. z. B. BFH, BStBl II 1996, 214; 2003, 627). Eine grundlegende Rechtsprechungsänderung betrifft Mietverträge zwischen Eltern und unterhaltsberechtigten Kindern. Die Zahlung der Miete aus dem Barunterhalt wird nicht mehr als rechtsmissbräuchlich angesehen (vgl. BFH, BStBl II 2000, 223, 224). Auch zur Übertragung von Grundstücken und anschließender „Rück"-Vermietung liegen zahlreiche Urteile vor (BStBl II 2004, 641, 643, 646, 648; 2006, 359 zu Gesamtplan).

Neben den klassischen Fällen der Steuerumgehung hatte der BFH diverse Fälle mit – vorgeschalteten – Angehörigen oder Gesellschaften zu entscheiden. Dabei hat er bei Fällen, bei denen wirtschaftlich abhängige Personen als „fremdbestimmte Objekte im Gestaltungsplan des Steuerpflichtigen" handelten, den Gestaltungen die steuerliche Anerkennung versagt (vgl. BFH, BStBl II 1991, 607; BFH/NV 2000, 1147; BStBl II 2007, 344). In den meisten bisher entschiedenen Fällen ging es um die Erschleichung des Vorsteuerabzugs durch nicht vorsteuerabzugsberechtigte „Hintermänner" (z. B. Ärzte oder Arbeitnehmer; Banken). In diesem Zusammenhang ist auf die Oderkonto-Entscheidung des BVerfG hinzuweisen, die es der Rechtsprechung grundsätzlich verwehrt, quasi Tatbestandsmerkmale zu entwickeln, die vom Gesetzgeber nicht vorgegeben worden sind. Die vom BFH im Zusammenhang mit den Vorschaltfällen entwickelte Theorie läuft aber auf eine derartige „Tatbestandsmäßigkeit" einzelner Indizien hinaus. Im Lichte der Verfassungsrechtsprechung ist auch insoweit ein Übergang zu einer Abwägung auf der Basis aller Indizien geboten.

IV. Fälligkeit

1. Begriff und Bedeutung der Fälligkeit

53 Von der Entstehung eines Anspruchs ist die Fälligkeit zu unterscheiden. *Entstehung* bedeutet: Der Anspruch wird existent (vgl. Tz 46). *Fälligkeit* bedeutet: Der Gläubiger kann die Leistung (sofort) verlangen.

> **BEISPIEL:** Der Anspruch auf die Einkommensteuer-Vorauszahlung entsteht mit Beginn des Kalendervierteljahres, in dem die Vorauszahlungen zu entrichten sind (§ 37 Abs. 1 Satz 2 EStG). Zu Beginn des Quartals ist die Vorauszahlung jedoch noch nicht zu entrichten (sie ist noch

nicht fällig). Die Fälligkeit tritt erst ein am 10. des letzten Monats des betreffenden Quartals (§ 37 Abs. 1 Satz 1 EStG). Ein am 1. Januar, 0 Uhr, entstandener Anspruch auf Einkommensteuer-Vorauszahlung wird erst am 10. März des betreffenden Jahres fällig.

Praktische Bedeutung des Fälligkeitszeitpunkts:

▶ Vor Fälligkeit kann weder die Finanzbehörde Zahlung verlangen, noch kann der Steuerpflichtige die Tilgung von Erstattungs- und Vergütungsansprüchen beanspruchen.

▶ Zahlt der Steuerpflichtige bei Fälligkeit nicht, so entstehen kraft Gesetzes Säumniszuschläge (§ 240 AO, beachte § 240 Abs. 1 Satz 3 AO; dazu ausführlich Tz 174).

▶ Die Zahlungsverjährung *beginnt* (grundsätzlich) mit Ablauf des Kalenderjahres, in dem der Anspruch erstmals *fällig* geworden ist (§ 229 AO).

▶ Die Aufrechnung mit einer Forderung setzt Fälligkeit voraus (vgl. Tz 66).

▶ Die Zwangsvollstreckung darf erst beginnen, wenn die Leistung fällig ist (§ 254 Abs. 1 AO).

2. Bestimmung des Fälligkeitszeitpunkts

Die Fälligkeit des *Steuer*anspruchs richtet sich zunächst nach den Einzel-Steuergesetzen. Vgl. z. B. § 18 UStG; §§ 36 Abs. 4, 37 Abs. 1, § 41a Abs. 1 Nr. 2, § 44 Abs. 1 EStG; § 31 KStG, §§ 19, 20 GewStG, § 31 Abs. 7 ErbStG. Enthält das Einzel-Steuergesetz keine Regelung, so wird der Anspruch mit der Entstehung fällig, falls die Finanzbehörde keine Zahlungsfrist einräumt (§ 220 Abs. 2 Satz 1 AO). Veranlagungssteuern sind – soweit nicht bezüglich der Vorauszahlungen und Abzugsteuern eine frühere Fälligkeit eintritt – nicht vor Bekanntgabe der Festsetzung fällig (§ 220 Abs. 2 Satz 2 AO).

54

Erstattungs- und *Vergütungs*ansprüche des Steuerpflichtigen sind nicht vor Bekanntgabe des Verwaltungsakts fällig, durch den der Anspruch festgesetzt wird (§ 220 Abs. 2 Satz 2 AO).

BEISPIELE: ▶ Die ESt-Vorauszahlungen sind höher als die ESt-Schuld des betreffenden Jahres. Der Steuerpflichtige kann Zahlung mangels Fälligkeit seines Anspruchs nicht verlangen, bevor ihm der ESt-Bescheid bekannt gegeben worden ist. – Hat ein Unternehmer einen Vorsteuerüberhang, so wird sein Anspruch auf Vergütung der Vorsteuern mit Zustimmung der Finanzbehörde zu der abgegebenen Voranmeldung fällig. Die Zustimmung kann stillschweigend (z. B. durch Auszahlung des Vorsteuerbetrages auf das Konto des Steuerpflichtigen) erfolgen; vgl. § 168 Satz 2 i.V. mit § 220 Abs. 2 Satz 2 AO.

3. Abweichende Fälligkeitsbestimmung

Bei Verbrauchsteuern i. S. der AO (z. B. Mineralöl-, Tabaksteuer) und der Umsatzsteuer (Verkehrsteuer i. S. der AO, Verbrauchsteuer nach ihrer Auswirkung) kann die Finanzbehörde nach Maßgabe des § 221 AO die Fälligkeit vorverlegen.

55

4. Hinausschieben der Fälligkeit

56 Die Finanzbehörde kann die Fälligkeit einer Steuer oder einer steuerlichen Nebenleistung hinausschieben. Dann besteht zwar die Geldforderung, der Schuldner braucht jedoch noch nicht zu zahlen. Die Fälligkeit wird hinausgeschoben durch eine Stundung (§ 222 AO). Das Hinausschieben der Fälligkeit hat folgende Rechtswirkungen:

▶ Es entstehen keine Säumniszuschläge (§ 240 AO).

▶ Die Finanzbehörde darf die Zwangsvollstreckung nicht beginnen oder fortsetzen (§§ 254 Abs. 1, 257 Abs. 1 Nr. 4 AO).

Die Aussetzung der Vollziehung lässt nach der Rechtsprechung des BFH (BStBl II 2006, 578) die Fälligkeit nicht entfallen und schiebt sie auch nicht hinaus. Vgl. aber Tz 60, 174, 261 bzgl. der Säumniszuschläge!

Die *einstweilige Einstellung oder Beschränkung der Zwangsvollstreckung* aus Billigkeitsgründen gem. § 258 AO bewirkt *kein Hinausschieben der Fälligkeit*. Es entstehen deshalb trotz Einstellung der Zwangsvollstreckung Säumniszuschläge gem. § 240 AO. Oft wird jedoch – wenn Gründe für einen Vollstreckungsschutz nach § 258 AO gegeben sind – ein *Rechtsanspruch* auf Teilerlass von Säumniszuschlägen bestehen. Säumniszuschläge sind nämlich nach h. M. teilweise ein Druckmittel, das den Steuerpflichtigen zur alsbaldigen Zahlung veranlassen soll. Dieses Druckmittel kann nicht zum Erfolg führen, wenn der Steuerpflichtige nicht in der Lage ist, die Zahlung zu bewirken. Das Druckmittel ist aber auch unberechtigt, wenn die Verwaltung dem Steuerpflichtigen durch Verwaltungsakt (Vollstreckungsaufschub nach § 258 AO) erlaubt, in Raten zu zahlen. Der Säumniszuschlag verliert dann seine Berechtigung. In derartigen Fällen besteht ein *Rechtsanspruch auf teilweisen – regelmäßig hälftigen – Erlass* der Säumniszuschläge (vgl. AEAO zu § 240 Nr. 5). Laut BFH ist ein hälftiger Erlass aus *sachlichen* Billigkeitsgründen auszusprechen (BFH/NV 1999, 1440 m. w. N.). Davon unberührt bleibt die Frage, ob ggf. ein vollständiger Erlass aus persönlichen Billigkeitsgründen auszusprechen ist (AEAO zu § 240 Nr. 5 am Ende).

5. Stundung

57 Bedeutet die Einziehung eines Anspruchs aus dem Steuerschuldverhältnis bei Fälligkeit eine erhebliche Härte für den Schuldner, so kann die Finanzbehörde den Anspruch ganz oder teilweise stunden. Sie darf nicht stunden, wenn der Anspruch durch die Stundung gefährdet erscheint. Im Regelfall soll die Stundung nur auf Antrag und gegen Sicherheitsleistung gewährt werden (§ 222 AO). Die Stundung ist eine Ermessensentscheidung. Lange war streitig, ob Einbehaltungsansprüche für Steuern beim Arbeitslohn und bei Kapitalerträgen stundbar waren. § 222 AO enthält jetzt in den Sätzen 3 und 4 ausdrückliche Stundungsverbote. Wie sich aus Satz 4 besonders deutlich ergibt, liegt dem die Überlegung zugrunde, dass der Arbeitgeber durch die Abführung der einbehaltenen Lohnsteuern nicht belastet ist, da er sie aus dem Vermögen der Arbeitnehmer (Bruttolohn) zurückbehalten hat. Diese Überlegung gilt sinngemäß auch für die sonstigen Einbehaltungs- und Abführungspflichten, die von § 222 Satz 4 AO erfasst werden (z. B. § 44 Abs. 1 Satz 3 EStG). Nach BFH, BStBl II 1999, 3 ist der Anspruch auf Einbehal-

tung und Abführung der Steuer durch den Entrichtungspflichtigen kein stundbarer Anspruch aus dem Steuerschuldverhältnis. Danach würde § 222 Satz 4 AO leer laufen (in BStBl II 2001, 742 lässt der BFH offen, ob er an BStBl II 1999, 3 festhält).

Rechtsfolge der Stundung: Es entstehen keine Säumniszuschläge, weil die Fälligkeit hinausgeschoben wird, Zinsen werden jedoch erhoben, wenn nicht aus Billigkeitsgründen darauf verzichtet wird (§ 234 AO).

Eine erhebliche Härte kann gegeben sein:

a) *aus sachlichen Gründen*. Eine *sachliche* Härte liegt vor, wenn – unabhängig von den Liquiditäts-, Vermögens- und Einkommensverhältnissen des Steuerpflichtigen – die Einziehung eine Härte bedeuten würde. 58

   BEISPIEL: Ein Steuerpflichtiger hat Anspruch auf Erstattung von USt-Vorauszahlungen, weil er nach dem Soll versteuert und durch die Insolvenz eines Großkunden erhebliche Forderungsausfälle erlitten hat (§ 17 UStG). Durch Umstände, die er nicht zu vertreten hat, wird die Umsatzsteuererklärung nicht bearbeitet. Das Finanzamt verlangt jedoch von ihm eine Körperschaftsteuerzahlung. – In einem derartigen Fall wäre es sachlich unbillig, wenn das Finanzamt auf Zahlung der Körperschaftsteuer zum Fälligkeitszeitpunkt bestehen (also nicht auf Antrag stunden) würde.

b) *aus persönlichen Gründen*. Diese Formulierung kann dahin missverstanden werden, der Grund müsse in der *persönlichen* (privaten) Sphäre des Steuerpflichtigen liegen. Gemeint sind indes Gründe, die in *Zahlungsschwierigkeiten* ihre Ursache haben. Diese Zahlungsschwierigkeiten können betrieblich aber auch privat bedingt sein. 59

   BEISPIELE: Liquiditätsschwierigkeiten, die durch nicht vorhersehbare Umstände bedingt sind (z. B. plötzliche Krankheit, deren Kosten nicht durch eine Versicherung gedeckt sind; nicht vorhersehbare Forderungsausfälle; saisonal nicht vorhersehbare Minderung der Einnahmen, z. B. bei einem Bauunternehmen extrem späte und lange Frostperiode im Frühjahr, Naturkatastrophen).

Auf *vorhersehbare* Steuerforderungen und Minderungen seiner Gewinne (z. B. bei Saisonbetrieben) muss sich der Steuerpflichtige einstellen. Soweit er seinen Finanzbedarf durch Kreditaufnahme decken kann, kommt eine Stundung nicht in Betracht.

Neben dem Vorliegen persönlicher Stundungsgründe ist die *Stundungswürdigkeit* eine weitere Voraussetzung für eine Stundung. Stundungswürdig ist nur, wer sich nicht auf vorwerfbare Weise stundungsbedürftig gemacht hat. Außerdem darf der Steuerpflichtige nicht in erheblichem Maße gegen seine steuerlichen Verpflichtungen verstoßen haben, z. B. oft verspätet zahlen. Wichtig ist auch die Beachtung der Zuständigkeitserlasse, mit denen geregelt wird, wann eine Stundung o. Ä. einer Zustimmung der OFD, des Landes- oder des Bundesfinanzministeriums bedarf (vgl. z. B. BStBl I 2008, 534).

Für die Einfuhr- und Ausfuhrabgaben und Verbrauchsteuern wird die AO teilweise durch den Zollkodex überlagert, auch für einige Einzelsteuern, z. B. Erbschaftsteuern, bestehen einzelgesetzliche Spezialregeln.

6. Aussetzung der Vollziehung

60 Die Aussetzung der Vollziehung, die nach Einlegung eines Rechtsbehelfs möglich ist, führt *nicht* zum Hinausschieben der Fälligkeit (§ 361 AO, § 69 FGO). Obwohl die Fälligkeit nicht hinausgeschoben wird, entstehen keine Säumniszuschläge (§ 240 AO), weil dies mit dem Charakter der Säumniszuschläge als Druck- oder Zwangsmittel zur Vollziehung unvereinbar ist (BFH/NV 1988, 752; str. Nachweise zur Gegenmeinung: Hinausschieben der Fälligkeit, bei T/K, Stand 05/10, § 69 FGO Tz 10). Die Vollstreckung ausgesetzter Verwaltungsakte ist unzulässig (§ 251 Abs. 1 AO). Eine Aufrechnung mit ausgesetzten Forderungen ist unzulässig (BFH, BStBl II 1996, 55; BFH, BStBl II 2006, 578).

Es entstehen jedoch Zinsen, soweit der Rechtsbehelf keinen Erfolg hat (§ 237 AO). Einzelheiten zur Aussetzung der Vollziehung siehe unten, Tz 261 ff.

V. Erlöschen der Ansprüche aus dem Steuerschuldverhältnis

61 Ansprüche aus dem Steuerschuldverhältnis (Steuern und steuerliche Nebenansprüche) *erlöschen* durch *Zahlung, Aufrechnung, Erlass, Verjährung* sowie durch den Eintritt einer *Bedingung* bei auflösend bedingten Steueransprüchen (§ 47 AO). Es gibt daneben weitere Erlöschensgründe, z. B. Befriedigung in der Zwangsvollstreckung (§ 362 BGB analog) oder Konfusion (Vereinigung von Forderung und Schuld; vgl. BFH, BStBl II 2006, 584).

1. Zahlung

62 Einzelheiten zum Erlöschen durch Zahlung sind in § 224 AO geregelt. Besonderheiten der Tilgung durch Hingabe von Kunstwerken regelt § 224a AO.

Für Scheckzahlungen gilt § 224 Abs. 2 Nr. 1 AO, wonach eine *Zahlung durch Scheck erst 3 Tage nach Eingang des Schecks als entrichtet* gilt und § 240 Abs. 3 Satz 2 AO, wonach ein entstandener Säumniszuschlag auch erhoben wird (keine Zahlungsschonfrist nach § 240 Abs. 3 Satz 1 AO). Die Regelungen können zu Säumniszuschlägen wegen fiktiver Säumnis führen (vgl. BFH, BStBl II 2013, 103).

Schuldet ein Steuerpflichtiger mehrere Beträge und reicht bei freiwilliger Zahlung der gezahlte Betrag nicht zur Tilgung sämtlicher Steuerschulden aus, so kann der Steuerpflichtige bestimmen, welche Schuld getilgt wird. Trifft er keine Bestimmung, so richtet sich die Reihenfolge der Tilgung nach § 225 Abs. 2 AO. Die Tilgungsreihenfolge ist in der Vorschrift doppelt gegliedert. Zunächst werden Ansprüche getilgt, die mit Strafrecht (Bußgelder) oder Haftrisiko (Zwangsgeld) oder Ordnungswidrigkeiten (Steuerabzugsbeträge; § 380 AO) verbunden sind. Danach folgen die Steueransprüche, die verzinst werden, und erst zuletzt die Nebenleistungen, die keine Zinsen auslösen. Erst wenn mehrere Ansprüche einer „Qualitätsstufe" nicht voll getilgt werden können, kommt es insoweit zu einer Gliederung nach Fälligkeit, das heißt, dass der älteste Anspruch zuerst getilgt wird. Wird die Zahlung im Verwaltungswege erzwungen, bestimmt die Behörde die Reihenfolge der Tilgung (§ 225 Abs. 3 AO).

2. Aufrechnung

Aufrechnung bedeutet: Tilgung *wechselseitiger* Forderungen durch *einseitige* Willenserklärung. Eine Aufrechnung wirkt wie eine Zwangsvollstreckung. Der Erklärungsgegner kann sich nicht dagegen wehren, dass seine Forderung erlischt. Seine Zustimmung ist nicht erforderlich. Gemäß § 226 AO gelten für die Aufrechnung mit Ansprüchen aus dem Steuerschuldverhältnis die Vorschriften des BGB entsprechend, soweit nichts anderes bestimmt ist.

63

Eine *Beschränkung* der Aufrechnungsmöglichkeiten auf dem Gebiet des Steuerrechts ergibt sich aus § 226 AO insofern, als

▶ nur mit oder gegen Ansprüche aus dem *Steuerschuldverhältnis* (§ 37 AO) aufgerechnet werden kann. Die Entscheidung über eine Aufrechnung mit rechtswegfremden Forderungen wird vom BFH abgelehnt, weil damit in die Kompetenz einer anderen Gerichtsbarkeit eingegriffen würde (BStBl II 2002, 509; BFH/NV 2005, 1759). § 17 Absatz 2 des Gerichtsverfassungsgesetzes (GVG) ist insoweit nicht anzuwenden. Das Steuerverfahren ist bis zur Entscheidung des zuständigen Gerichts über die Gegenforderung auszusetzen (§ 74 FGO).

▶ eine Aufrechnung mit Ansprüchen aus dem Steuerschuldverhältnis nicht möglich ist, wenn sie durch Verjährung oder Ablauf einer Ausschlussfrist erloschen sind. Im Zivilrecht führt die Verjährung nicht zum Untergang der Forderung, sondern begründet nur ein Leistungsverweigerungsrecht (§ 214 Abs. 1 BGB). Zivilrechtlich kann deshalb mit einer verjährten Forderung noch aufgerechnet werden, wenn zum Zeitpunkt der Aufrechnungslage noch keine Verjährung eingetreten war (§ 215 BGB).

▶ der Steuerpflichtige nur mit *unbestrittenen* oder *rechtskräftig festgestellten* Gegenansprüchen aufrechnen kann (z. B. wenn durch ein finanzgerichtliches Urteil rechtskräftig festgestellt ist, dass dem Steuerpflichtigen ein Erstattungsanspruch zusteht).

Die entsprechende Anwendung der Vorschriften des BGB ergibt, dass die Aufrechnung folgende Voraussetzungen hat (§§ 387 ff. BGB):

a) Gegenseitigkeit

Gemäß § 387 BGB ist die Aufrechnung nur möglich, wenn jeweils der Gläubiger der einen Forderung Schuldner der anderen Forderung ist und umgekehrt.

64

> **BEISPIEL:** ▶ Eine KG schuldet USt. Ein Gesellschafter der KG hat einen Anspruch auf Erstattung von ESt. Der Gesellschafter kann mit dem Erstattungsanspruch nicht gegen die Umsatzsteuerforderung aufrechnen, weil sich diese gegen die KG richtet. – Er kann jedoch die Aufrechnung dadurch ermöglichen, dass er seinen Erstattungsanspruch an die KG unter Beachtung der Vorschriften des § 46 AO abtritt. Dann muss die Aufrechnung jedoch von der KG erklärt werden.

Durch die *Abtretung* einer Forderung wird die Aufrechnung i. d. R. *nicht* ausgeschlossen (§ 406 BGB).

> **BEISPIEL:** Ein Steuerpflichtiger schuldet USt und hat einen Anspruch auf Erstattung von ESt. Er tritt den Erstattungsanspruch an den Zessionar (Z) ab. Die Finanzbehörde kann mit der Umsatzsteuerforderung gegenüber dem Z wirksam aufrechnen (vgl. BFH, BStBl II 1990, 523).

Nach § 226 Abs. 4 AO gilt als Gläubiger oder Schuldner *auch* die Körperschaft, die die Steuer verwaltet. Das bedeutet, dass die Gegenseitigkeit sowohl auf der Ebene der *Ertragshoheit* als auch auf der Ebene der *Verwaltungshoheit* vorliegen kann. In beiden Fällen kann aufgerechnet werden.

> **BEISPIEL:** Der Steuerpflichtige schuldet dem FA Wetzlar 10 000 € USt, gleichzeitig hat er vom FA Wiesbaden 15 000 € ESt zu bekommen. Da beide Finanzämter zu der gleichen Körperschaft (Land Hessen) gehören, kann der Steuerpflichtige aufrechnen.
>
> Der Steuerpflichtige schuldet dem Zollamt 40 000 € Mineralölsteuer, gleichzeitig hat er Umsatzsteueransprüche von 120 000 € gegen ein FA. Da die Verwaltung der Steuer hier einmal durch den Bund (Zollamt), einmal durch das Land (FA) erfolgt, kann nur auf der Ebene der Ertragshoheit aufgerechnet werden.
>
> Die Mineralölsteuer steht dem Bund zu, die Umsatzsteuer gem. § 1 FAG – nach Vorabzügen – zu 50,5 % dem Bund und zu 49,5 % den Ländern. Da allein der Bundesanteil an der Umsatzsteuer über 40 000 DM beträgt, kann hier in voller Höhe aufgerechnet werden.

Auch nach § 226 Abs. 4 AO ist jedoch eine Aufrechnung unzulässig, wenn z. B. ein Finanzamt eine Grunderwerbsteuerforderung (Landessteuer) geltend macht, der Steuerpflichtige dagegen die Erstattung einer Bundessteuer von einer Bundesfinanzbehörde verlangen kann (z. B. einer überzahlten Verbrauchsteuer). Hier besteht weder Gegenseitigkeit kraft Identität der Gläubiger/Schuldnerstellung (Land: nur Gläubiger; Bund: nur Schuldner) noch der Verwaltungskompetenz. Nach Meinung der Verwaltung kann in derartigen Fällen die Aufrechnungslage durch Abtretung der dem Land zustehenden Forderung an den Bund herbeigeführt werden (vgl. AEAO zu § 226 Nr. 3 AO).

Das Erfordernis der Kassenidentität nach § 395 BGB findet im Bereich der Aufrechnung nach § 226 AO keine Anwendung (vgl. BFH, BStBl II 1989, 949).

b) Gleichartigkeit

65 Die Aufrechnung setzt voraus, dass die sich gegenüberstehenden Forderungen *gleichartig* sind, d. h. auf gleichartige Gegenstände zielen. Ansprüche aus dem Steuerschuldverhältnis sind nahezu *stets Geldforderungen* (§ 37 AO). Der Steuerpflichtige kann deshalb auch mit *zivilrechtlichen* Geldforderungen gegen Ansprüche aus dem Steuerschuldverhältnis aufrechnen.

> **BEISPIEL:** Ein Unternehmer hat gegen ein Bundesland Ansprüche aus der Lieferung von Büromöbeln, Heizöl, oder aus Bauleistungen. Er kann – falls die anderen Voraussetzungen vorliegen – mit seinen zivilrechtlichen Forderungen gegen Steuerforderungen aufrechnen (siehe aber oben Tz 63).

c) Fälligkeit der Gegenforderung

66 Die Forderung, *mit* der aufgerechnet wird, muss nicht nur entstanden, sondern auch fällig sein. Das heißt, der Aufrechnende muss im Zeitpunkt der Aufrechnung die Leistung verlangen können (vgl. Tz 53).

> **BEISPIEL:** Die Finanzbehörde hat eine ESt-Abschlusszahlung, die am 31. August fällig war, bis zum 30. November gestundet. Am 10. Oktober gibt der Steuerpflichtige eine Umsatzsteuervoranmeldung ab, die infolge eines Vorsteuerüberhangs zu einer Vergütung führt. Die Finanzbehörde darf die Aufrechnung vorerst nicht erklären, weil der ESt-Anspruch infolge der Stundung noch nicht fällig ist. Die Finanzbehörden stunden jedoch im Regelfall unter dem Vorbehalt des Widerrufs. Es ist nicht ermessensfehlerhaft, wenn die Finanzbehörde die Stundung gem. § 131 Abs. 2 AO widerruft, um die Aufrechnung zu ermöglichen.

Aufrechnung mit von der Vollziehung ausgesetzten Forderungen ist nicht möglich, weil die Aussetzung der Vollziehung jegliches Gebrauchmachen vom Regelungsinhalt des Verwaltungsaktes verbietet (vgl. BFH, BStBl II 1996, 55; 2001, 246).

Die Forderung, *mit* der „aufgerechnet" wird – *Aktivforderung oder Gegenforderung* –, braucht nicht fällig zu sein, wenn der Aufrechnungsgegner mit der Aufrechnung *einverstanden* ist. Begrifflich liegt in einem derartigen Fall jedoch keine (einseitige) Aufrechnung, sondern ein Verrechnungsvertrag vor.

> **BEISPIEL:** Eine ESt-Vorauszahlung ist am 10. März fällig. Der Steuerpflichtige hat einen Erstattungsanspruch, der am 25. Februar fällig ist. Die Finanzbehörde rechnet am 23. Februar mit der erst am 10. März fälligen ESt-Vorauszahlung auf. Es liegt keine wirksame Aufrechnung vor. Wenn der Steuerpflichtige widerspricht, muss die Finanzbehörde den am 25. Februar fälligen Betrag erstatten.

Die Forderung *gegen* die aufgerechnet wird – *Passivforderung oder Hauptforderung* – muss nicht fällig, sondern nur entstanden sein.

d) Aufrechnung im Rechtsbehelfsverfahren

Eine (hilfsweise) Aufrechnung im Rechtsbehelfsverfahren ist unzulässig. Denn die Aufrechnung gehört in das *Erhebungsverfahren*. Im Rechtsbehelfsverfahren gegen einen Steuerbescheid kann es naturgemäß für die Frage, ob dieser *rechtmäßig* ist (vgl. § 40 FGO), keine Rolle spielen, ob die streitige Steuerschuld – falls sie besteht – bereits durch Aufrechnung (oder Zahlung) getilgt ist. Soweit der Bescheid aufgehoben wird, ist die Aufrechnung unwirksam. Bereits geleistete Zahlungen sind zu erstatten (§ 37 Abs. 2 AO).

e) Wirkung der Aufrechnung

Die wirksame Aufrechnung führt zum Erlöschen der wechselseitigen Ansprüche, soweit diese sich der Höhe nach decken (§ 47 AO). Die Aufrechnung wirkt auf den *Zeitpunkt zurück*, in dem sich die wechselseitigen Ansprüche erstmals *aufrechenbar* gegenüberstehen (§ 389 BGB). Die Rückwirkung geht jedoch nicht über den Zeitpunkt hinaus, zu dem der Aufrechnende hätte zahlen müssen (in dem seine Schuld fällig war; vgl. AEAO zu § 226 Nr. 2). Die Auswirkungen auf Säumniszuschläge sind in § 240 Abs. 1 Satz 5 AO geregelt.

> **BEISPIEL:** Eine USt-Zahlung ist am 10. 3. i. H. von 5 000 € fällig. Der Steuerpflichtige hat einen ESt-Erstattungsanspruch von 3 000 €, der am 2. 4. fällig ist. – Am 20. 5. rechnet das Finanzamt auf. Nach der Fiktion des § 389 BGB ist am 2. 4. die Forderung des Finanzamts i. H. von 3 000 €

und die Forderung des Steuerpflichtigen in voller Höhe (3 000 €) erloschen. – Die bis zum 2. 4. entstandenen Säumniszuschläge (50 €) bleiben bestehen (§ 240 AO).

f) Rechtsbehelfe

69   Die Aufrechnung ist *kein* Verwaltungsakt (vgl. BFH, BStBl II 1987, 536). Begründung: Es fehlt an einer *hoheitlichen* Maßnahme (einem Subordinationsverhältnis; vgl. § 118 AO). Ein förmlicher Rechtsbehelf (Einspruch, Klage) ist deshalb nur dann zulässig, wenn der Anschein eines Verwaltungsakts erzeugt wird (z. B. durch eine Rechtsbehelfsbelehrung). Ist die Forderung, mit der die Behörde aufrechnet, noch nicht bestandskräftig, so kann der Steuerpflichtige *diese* mit dem Einspruch angreifen. Hält er dagegen nur die Aufrechnung für unwirksam, kann er die Streitfrage im *Erhebungsverfahren* klären und einen Abrechnungsbescheid verlangen, gegen den der Einspruch zulässig ist (§§ 218 Abs. 2, 347 Abs. 1 Nr. 1 AO). Nach der Rechtsprechung des BFH (BFH/NV 1988, 349; 1999, 440) lassen der Erlass eines Abrechnungsbescheides und die damit eröffneten Rechtsschutzmöglichkeiten das Rechtsschutzbedürfnis für Rechtsbehelfe gegen die Abrechnungsverfügung eines Bescheides entfallen. Die Erwartung, dass damit faktisch die Bestandskraft der Abrechnungsverfügungen unterlaufen werde, hat der BFH nicht erfüllt. Er knüpft bei der Frage des Erlasses von Abrechnungsbescheiden an die Korrekturmöglichkeiten (§§ 130, 131 AO) bzgl. der Anrechnungsverfügung an (vgl. BFH, BStBl II 1997, 787; 2005, 457; 2007, 742, str.).

g) Verrechnungsvertrag

70   Aufrechnung bedeutet Tilgung wechselseitiger Forderungen durch einseitige Erklärung. Sie bedarf, falls die gesetzlichen Voraussetzungen vorliegen, zur Wirksamkeit nicht der Zustimmung des Erklärungsgegners. Liegen die Voraussetzungen für eine Aufrechnung nicht vor, so kann jedoch im *wechselseitigen Einvernehmen eine vertragliche Verrechnung* vorgenommen werden (AEAO zu § 226 Nr. 5).

> **BEISPIEL:** Der Steuerpflichtige rechnet gegen eine fällige Steuerforderung am 1. Februar mit einer Forderung gegenüber dem Finanzamt auf, die erst am 20. Februar fällig wird. – Als (einseitige) Aufrechnung ist die Erklärung des Steuerpflichtigen mangels Fälligkeit seiner Forderung unwirksam. Bei Einverständnis des Finanzamts – das auch stillschweigend erklärt werden kann – erlöschen die Forderungen jedoch wechselseitig, soweit sie sich decken.

3. Erlass

71   Durch Erlass erlischt der Anspruch aus dem Steuerschuldverhältnis (§§ 47, 163, 227 AO). Der Erlass ist eine Billigkeitsmaßnahme. Aus systematischen Gründen ist er in zwei Vorschriften der AO geregelt: Gemäß § 163 AO können bereits *bei der Festsetzung* von Steuern Besteuerungsgrundlagen unberücksichtigt bleiben (Inzident-Erlass). Nach § 227 AO kann die Finanzbehörde aus Billigkeitsgründen bereits *festgesetzte* Ansprüche aus dem Steuerschuldverhältnis erlassen.

> **BEISPIEL:** Ein 70-jähriger Unternehmer veräußert seinen Betrieb aus Altersgründen. Durch die Auflösung der stillen Reserven ergibt sich ein erheblicher Veräußerungsgewinn. Trotz der Tarifbegünstigung (§§ 16, 34 EStG) kann die Besteuerung des Veräußerungsgewinns eine unbillige Härte darstellen, wenn z. B. die Altersversorgung des Unternehmers nur durch den Veräuße-

rungsgewinn gesichert ist. – Der Unternehmer kann bereits bei Abgabe der Einkommensteuererklärung beantragen, dass der Veräußerungsgewinn nicht besteuert wird (§ 163 AO). Stellt er diesen Antrag nicht, so besteht noch die Möglichkeit, den Erlass der bereits festgesetzten Steuer gem. § 227 AO zu beantragen. – Ggf. besteht in derartigen Fällen ein *Rechtsanspruch* auf Erlass (Ermessenseinengung, vgl. BFH, BStBl II 1987, 612, BFH/NV 1991, 430; zu Schonvermögen BFH/NV 2004, 466).

a) Voraussetzungen für den Billigkeitserlass

Eine Forderung aus dem Steuerschuldverhältnis kann erlassen werden, wenn die Erhebung (Einziehung) nach Lage des Einzelfalles *unbillig* wäre (§§ 163, 227 AO). Rechtsprechung und Verwaltungspraxis unterscheiden zwischen sachlichen und persönlichen Billigkeitsgründen.

72

Sachliche Billigkeitsgründe liegen vor, wenn die Besteuerung als solche unbillig ist, d. h. zwar nach dem Wortlaut des Gesetzes erfolgen soll, aber nach dem mutmaßlichen Willen des Gesetzgebers, der nicht jeden Einzelfall vorhersehen kann, dennoch nicht durchgeführt werden sollte (vgl. BFH, BStBl II 2010, 955). Liegt eine Unbilligkeit „in der Sache" vor, so kann ein Anspruch aus dem Steuerschuldverhältnis auch dann erlassen werden, wenn der Steuerpflichtige nach seinen wirtschaftlichen Verhältnissen in der Lage ist, die Forderung zu begleichen (BFH/NV 2009, 438 zu USt-Erlass bei irrtümlich angenommener Ausfuhrlieferung). Nach ständiger Rechtsprechung des BFH liegt dagegen keine sachliche Unbilligkeit vor, wenn die Finanzbehörde die Tilgung einer rechtswidrig aber bestandskräftig festgesetzten Forderung verlangt.

BEISPIEL: Die Finanzbehörde setzt nach Ablauf der Festsetzungsfrist (§§ 169 ff. AO) eine verjährte (erloschene) Steuerforderung fest. Der Steuerpflichtige lässt den Bescheid unanfechtbar werden. Der Steuerbescheid ist zwar rechtswidrig. Der Steuerpflichtige kann sich jedoch bei einem Erlassantrag nicht mit Erfolg auf die Rechtswidrigkeit berufen, weil er es unterlassen hat, den Bescheid anzufechten.

Ausnahmen sind denkbar. Nach der Rechtsprechung des BFH ist bei einem Erlassantrag die Rechtswidrigkeit eines bestandskräftigen Steuerbescheides grundsätzlich dann zu berücksichtigen, wenn in dem Bescheid die rechtliche Würdigung *offensichtlich* falsch ist *und* es dem Steuerpflichtigen nicht zumutbar war, sich gegen die fehlerhafte Festsetzung zu wehren oder die Geltendmachung der Steuerforderung gegen den Grundsatz von *Treu und Glauben* (§ 242 BGB) verstößt (BFH/NV 2011, 999; 2008, 1889 und 2011, 746 zu europarechtswidriger Besteuerung).

Persönliche Billigkeitsgründe brauchen nicht – wie die Formulierung vermuten lassen könnte – in der Privatsphäre des Steuerpflichtigen zu liegen. Sie können auch im Unternehmensbereich ihre Ursache haben. Sie liegen vor, wenn die Einziehung der Ansprüche aus dem Steuerschuldverhältnis mit Rücksicht auf die *wirtschaftliche Lage* des Steuerpflichtigen unbillig erscheint. Eine Unbilligkeit, die einen Steuererlass begründen kann, ist nicht gegeben, wenn dem Steuerpflichtigen durch ein *zeitweiliges* Absehen von der Einziehung der Forderungen geholfen werden kann (z. B. durch Stundung, einstweilige Einstellung der Zwangsvollstreckung). Ein Erlass wegen persönlicher Unbilligkeit setzt voraus, dass der Steuerschuldner voraussichtlich *auf Dauer* nicht in der Lage sein wird, die Schuld zu tilgen. Insbesondere kommt ein Erlass in Betracht, wenn bei einer Versagung des Erlasses die wirtschaftliche Existenz des Steuerschuldners gefährdet würde.

Ein Erlassgrund besteht nicht, wenn der Steuerpflichtige Vermögen besitzt, dessen Verwertung ihm zugemutet werden kann. Auch bei drohender Insolvenz ist im Regelfall ein Erlass nicht möglich, weil der Erlass nicht die wirtschaftliche Existenz des Steuerpflichtigen sichern würde, sondern den Insolvenzgläubigern zugute käme. Die Finanzbehörde kann von einem Steuerpflichtigen, der einen Erlassantrag stellt, die Vorlage eines Vermögens- und Liquiditätsstatus verlangen (auch Einsatz von Liquiditätsprüfern möglich).

Nach der Rechtsprechung setzt ein Erlass aus persönlichen Billigkeitsgründen Erlasswürdigkeit voraus. Ein Steuerpflichtiger, der seine Zahlungsschwierigkeiten schuldhaft herbeigeführt hat (z. B. durch einen verschwenderischen Lebensstil), kann im Regelfall einen Erlass nicht mit Erfolg beantragen (BFH, BStBl III 1958, 153; 1961, 288; BStBl II 1981, 726; zu Strohmann-Geschäftsführer BFH/NV 2012, 552). Beim Erlass aus sachlichen Billigkeitsgründen hat die Erlasswürdigkeit keine Bedeutung (so BFH/NV 2002, 1072; 2004, 1505).

b) Bedeutung der Steuerart

73   Grundsätzlich können alle Steuern und sonstige Ansprüche aus dem Steuerschuldverhältnis dem Steuerschuldner erlassen werden. Nicht erlassen werden kann dem Arbeitgeber die Verpflichtung zur *Einbehaltung* der Lohnsteuer (Schuldner die Kapitalertragsteuer, BFH/NV 2000, 1066). Denn diese zielt nicht auf eine Geldleistung. Dagegen stellt die Verpflichtung des Arbeitgebers, die einbehaltene Lohnsteuer abzuführen, eine Zahlungspflicht dar. Insoweit wäre zwar theoretisch ein Erlass möglich. In aller Regel wird jedoch keine Unbilligkeit vorliegen, weil die Lohnsteuer Bestandteil des Arbeitslohnes ist und somit vom Arbeitnehmer getragen wird; der BFH nimmt an, dass es sich nicht um einen Anspruch aus dem Steuerschuldverhältnis i. S. des § 37 AO handelt und deshalb § 222 AO nicht einschlägig ist (streitig, vgl. Tz 57). Dem *Arbeitnehmer* kann nach § 222 Satz 3 AO die Lohnsteuer nicht gestundet werden (str.). Der Erlass der Lohnsteuer gegenüber dem Steuerschuldner (Arbeitnehmer) ist aber möglich. Ein Erlass der Entrichtungspflicht gegenüber dem Arbeitgeber wird allgemein abgelehnt. Grundsätzlich erlassfähig ist aber der Haftungsanspruch nach § 42d EStG.

Bei überwälzbaren Steuern (Eingangs- und Ausfuhrabgaben, Verbrauchsteuern, Umsatzsteuer) wird im Regelfall nur dann ein Erlass in Betracht kommen, wenn die vorrangigen Regeln des Zollkodex einen Erlass vorsehen. Für die Anwendung des § 227 AO bleibt nur ein sehr eingeschränkter Anwendungsbereich, soweit man nicht der Auffassung folgt, dass der Zollkodex die AO in seinem Anwendungsbereich völlig verdrängt. Für die inländische Umsatzsteuer, die dem Zollkodex nicht unterfällt, wird ein Erlass i. d. R. nur dann in Betracht kommen, wenn die USt nicht überwälzt werden konnte.

c) Ermessensentscheidung

74   Nach einer Entscheidung des Gemeinsamen Senats der obersten Gerichtshöfe des Bundes stellt die Entscheidung über einen Erlassantrag eine *Ermessensentscheidung* dar. Inhalt und Grenzen des pflichtgemäßen Ermessens werden durch den Maßstab der Billigkeit bestimmt (BStBl II 1972, 603). Daraus ergibt sich eine eingeschränkte gerichtliche Nachprüfbarkeit. Im Einzelfall kann jedoch der Ermessensspielraum der Finanzbehörde „auf Null schrumpfen" (Ermessenseinengung oder -reduktion; vgl. Tz 26).

BEISPIEL: Wegen Nichtzahlung einer Steuerschuld bei Fälligkeit schuldet ein Steuerpflichtiger Säumniszuschläge (§ 240 AO). Der Steuerpflichtige ist überschuldet und zahlungsunfähig. Säumniszuschläge sind – teilweise – ein Druckmittel, das den Steuerpflichtigen zur rechtzeitigen Zahlung anhalten soll. Ein überschuldeter und zahlungsunfähiger Steuerpflichtiger kann durch diesen Druck jedoch nicht zur Zahlung veranlasst werden. In einem derartigen Fall hat der Steuerpflichtige einen *Rechtsanspruch* auf Teil-Erlass der Säumniszuschläge, die seit der Zahlungsunfähigkeit und Überschuldung entstanden sind. Jede andere Entscheidung als ein Erlass von zumindest 50 % dieser Zuschläge wäre ermessensfehlerhaft und rechtswidrig (AEAO zu § 240 Nr. 5c; vgl. Tz 56).

Insbesondere bei Erlassanträgen über höhere Beträge sind oft zeitraubende Rückfragen, Verhandlungen, Einholung der Zustimmung der OFD oder des Ministeriums erforderlich, obwohl die Zuständigkeit der obersten Finanzbehörden mit Aufhebung des § 227 Abs. 2 AO entfallen ist (vgl. zur Zuständigkeit BStBl I 2008, 534). Es empfiehlt sich deshalb, gleichzeitig mit dem Erlass eine Stundung bis zur Entscheidung über den Erlassantrag zu beantragen.

4. Verjährung

Ansprüche aus dem Steuerschuldverhältnis (auch Ansprüche des Steuerpflichtigen) erlöschen durch Verjährung (§ 47 AO; im Zivilrecht besteht nur ein Leistungsverweigerungsrecht, § 214 BGB). Die Finanzbehörden müssen die Verjährung von Amts wegen beachten. Wird eine bereits verjährte Steuerforderung festgesetzt, so ist der Steuerbescheid nicht gem. § 125 AO nichtig, sondern i. d. R. lediglich rechtswidrig. Der Bescheid kann rechtmäßig vollstreckt werden, solange er nicht aufgehoben ist. Die AO unterscheidet zwischen dem Festsetzungs- und Erhebungsverfahren. Diese Unterscheidung findet sich auch bei der Verjährung wieder: 75

▶ *Festsetzungsverjährung* bedeutet, dass eine *Steuerfestsetzung* sowie ihre Aufhebung, Änderung oder Berichtigung nach Fristablauf nicht mehr zulässig ist (§ 169 ff. AO).

▶ *Zahlungsverjährung* bedeutet, dass *festgesetzte Ansprüche* erlöschen (§§ 228 ff. AO).

BEISPIEL: Aufgrund einer unzutreffenden Einkommensteuererklärung wird die Einkommensteuer statt richtig auf 20 000 € auf 17 000 € festgesetzt. – Der Anspruch auf den Differenzbetrag von 3 000 € unterliegt der *Festsetzungs*verjährung gem. §§ 169 ff. AO. Der Zahlungsanspruch in Höhe des festgesetzten Betrages von 17 000 € unterliegt der *Zahlungs*verjährung gem. §§ 228 ff. AO, soweit er noch nicht durch Vorauszahlungen getilgt ist.

Die Unterscheidung zwischen Festsetzungs- und Zahlungsverjährung ist insbesondere von Bedeutung für den Beginn, den Ablauf und die Dauer der Verjährungsfrist vgl. dazu BFH, BStBl II 2013, 3; BFH/NV 2013, 506).

a) Festsetzungsverjährung

Bei Fristberechnungen sind folgende Fragen zu prüfen: 76
▶ Dauer der Frist?
▶ Beginn der Frist?
▶ Ablauf der Frist?

Die Festsetzungsfrist beträgt (§ 169 AO)

▶ für Einfuhr- und Ausfuhrabgaben (Steuern nach § 3 Abs. 3 AO) fast vollständige Verdrängung durch EU-Recht (Zollkodex).

Der Zollkodex ist eine Verordnung i. S. des Artikels 288 AEUV. Er sieht eine dreijährige Nacherhebungsfrist vor. Bedeutsam bleibt die verlängerte Festsetzungsfrist bei Hinterziehung.

▶ für Verbrauchsteuern und Verbrauchsteuervergütungen *ein Jahr* (soweit nicht EU-Recht vorgeht, dann 3 Jahre; vgl. Tz 24).

▶ für übrige Steuern *vier Jahre*.

▶ bei *leichtfertiger* Steuerverkürzung (§ 378 AO) *fünf Jahre*.

▶ bei *vorsätzlicher* Steuerverkürzung (Steuerhinterziehung § 370 AO) *zehn Jahre*.

Die verlängerte Frist bei Steuerhinterziehung soll dem Staat Gelegenheit geben, Steuern auch nach Ablauf der Regelfestsetzungsfrist festzusetzen. § 169 Abs. 2 Satz 2 AO wird daher in der Weise einschränkend verstanden, dass keine Vorteile für den Hinterzieher eintreten (vgl. BFH, BStBl II 2008, 659; zur Teilverjährung: BFH/NV 2013, 808).

Der gesetzliche Regeltatbestand für den Fristbeginn ist § 170 Abs. 1 AO. Danach beginnt die Festsetzungsverjährungsfrist grundsätzlich mit Ablauf des Kalenderjahres zu laufen, in dem die Steuer entstanden ist. Das bedeutete z. B. für die ESt, dass die Verjährungsfrist mit Ablauf des Veranlagungskalenderjahres zu laufen begänne. Die ESt 2008 ist mit Ablauf des 31. 12. 2008 entstanden (vgl. Tz 46), die Festsetzungsverjährungsfrist begänne ebenfalls mit Ablauf des 31. 12. 2008 zu laufen. Dieser gesetzliche Regeltatbestand gilt z. B. für die Antragsveranlagung (vgl. § 46 Abs. 2 Nr. 8 EStG, BFH, BStBl II 2011, 746) wird aber in fast allen praktisch relevanten Fällen durch die Tatbestände der *Anlaufhemmung* in den Absätzen 2 bis 6 des § 170 AO überlagert und verdrängt. Nachfolgend sollen die wichtigsten Anlaufhemmungstatbestände aufgezeigt werden:

▶ Besteht die Pflicht, eine *Steuererklärung* abzugeben oder eine Anzeige zu erstatten, so beginnt die Festsetzungsfrist mit *Ablauf des Kalenderjahres,* in dem die Erklärung eingereicht (Anzeige erstattet) wird, *spätestens* jedoch mit Ablauf des dritten Kalenderjahres, das auf das Jahr folgt, in dem die Steuer entstanden ist. Dabei ist zu beachten, dass die Steuererklärung den Anforderungen der Steuergesetze in formaler Hinsicht genügen muss. Eine nicht unterschriebene Einkommensteuererklärung löst daher die Verjährung nicht aus (vgl. BFH, BStBl II 1999, 203; 2005, 244; Sonderfall BFH/NV 2003, 292).

BEISPIEL: ▶ Ein Steuerpflichtiger gibt seine Einkommensteuererklärung für das Jahr 2008 erst im Jahre 2013 ab. Die Festsetzungsfrist beginnt spätestens mit Ablauf des dritten Kalenderjahres, das auf das Kalenderjahr folgt, in dem die Steuer entstanden ist. Die Steuer für das Jahr 2008 ist mit Ablauf des 31. 12. 2008 entstanden. Die Festsetzungsfrist beginnt deshalb spätestens mit Ablauf des 31. 12. 2011 und endet mit Ablauf des 31. 12. 2015.

▶ Die Feststellungsfrist für die gesonderte Feststellung von *Einheitswerten* beginnt mit Ablauf des Kalenderjahres, auf dessen Beginn die Feststellung, Fortschreibung oder Aufhebung des Einheitswertes vorzunehmen ist (§ 181 Abs. 3 AO).

- Die Festsetzungsfrist für Erbschaft- und Schenkungssteuer kann insbesondere bei der Schenkungssteuer viele Jahre anlaufgehemmt sein (§ 170 Abs. 5 AO).
- Für Feststellungsbescheide gelten nach § 181 Abs. 1 AO die Regeln über die Steuerbescheide sinngemäß.
- Bei *Haftungsbescheiden* beginnt die Festsetzungsfrist mit Ablauf des Kalenderjahres, in dem der Haftungstatbestand verwirklicht worden ist (§ 191 Abs. 3 AO; vgl. BFH, BStBl II 2004, 967).

Mit *Ablauf der Festsetzungsfrist* verjähren die Ansprüche. In § 171 AO sind die wichtigsten Gründe (weitere z. B. in § 174 AO) aufgeführt, die den Fristablauf *hemmen, die so genannten Fälle der Ablaufhemmung*. Solange die Hemmungstatbestände wirken, kann keine Verjährung eintreten. Bei den meisten Hemmungstatbeständen kann mit ihrem Wegfall sofort Verjährung eintreten, die Verjährungsfrist verlängert sich also nicht um die Zeiten der Hemmung (anders aber z. B. § 171 Abs. 1 AO).

BEISPIEL: Die Einkommensteuererklärung für 2005 ist 2006 abgeben worden. Nach Ergehen des Steuerbescheides in 2006 kam es zu einem Einspruchsverfahren, welches Anfang 2010 abgeschlossen wird. Die Festsetzungsverjährung beginnt dann mit dem Ablauf des 31.12.2006 und endet mit Ablauf des 31.12.2010. Die zwischenzeitliche Verwirklichung des Hemmungstatbestandes gem. § 171 Abs. 3a AO wirkt sich damit auf den Ablauf der Verjährungsfrist nicht aus.

Die Hemmungsgründe wirken sich – je nach Sachlage – zum Vorteil oder zum Nachteil des Steuerpflichtigen aus, denn nach Fristablauf kann auch zu *seinen Gunsten keine Änderung oder Aufhebung* mehr erfolgen (§ 169 Abs. 1 AO).

Die praktisch wichtigsten Gründe, die gem. § 171 AO den Ablauf der Frist für die Festsetzungsverjährung hemmen, sind folgende:

- Offenbare Unrichtigkeit (§ 129 AO). Sie kann bis zum Ablauf eines Jahres nach Bekanntgabe des Bescheides berichtigt werden, auch wenn im Übrigen die Verjährungsfrist abgelaufen ist (§ 171 Abs. 2 AO). Dies gilt auch in den Fällen des § 173a AO.
- Antrag auf Steuerfestsetzung, Aufhebung oder Änderung einer Steuerfestsetzung vor Ablauf der Festsetzungsfrist (§ 171 Abs. 3 AO).
- Anfechtung (Einspruch, Klage etc.; § 171 Abs. 3a AO).
- Anordnung und Beginn einer Außenprüfung oder Beginn einer Fahndungsprüfung (§ 171 Abs. 4 und 5 AO).
- Aussetzung der Festsetzung oder vorläufige Festsetzung gem. § 165 AO (§ 171 Abs. 8 AO).
- Berichtigung von Erklärungen und Selbstanzeige (§§ 153, 371, 378 AO; § 171 Abs. 9 AO).
- Bekanntgabe von Grundlagenbescheiden (§ 171 Abs. 10 AO).
- Zugang von elektronisch übermittelten Daten gem. § 93c AO (§ 171 Abs. 10a AO).

Mit der Schaffung des Absatzes 3a hat der Gesetzgeber für die Formalrechtsbehelfe klargestellt, dass im laufenden Rechtsbehelfsverfahren keine Teilfestsetzungsverjährung eintreten kann. Absatz 10 Satz 2 regelt das Zusammentreffen geänderter Grundlagenbescheide mit einer Außenprüfung. Die Festsetzungsfrist für die Auswertung der Grundlagenbescheide wird entsprechend der Frist für die Auswertung der sonstigen Außenprüfungsergebnisse verlängert. Die Ablaufhemmung nach Abs. 4 setzt auch ein, wenn die Prüfung auf Antrag des Steuerpflichtigen hinausgeschoben wird. Dabei ist entscheidend, ob eine befristete (BFH, BStBl II 2011, 7) oder unbefristete Verschiebung (BFH, BStBl II 2012, 400) beantragt wird.

Auch wenn die maßgebliche Steuerfestsetzung erst nach Ablauf der Verjährungsfrist erfolgt, ist die Festsetzungsfrist gewahrt, wenn der Steuerbescheid vor Ablauf der Festsetzungsfrist den Bereich der für die Festsetzung zuständigen Finanzbehörde *verlassen hat* (§ 169 Abs. 1 Satz 3 AO).

BEISPIEL: Die Frist für die Festsetzung der ESt des Jahres 2006 soll am 31. 12. des Jahres 2012 ablaufen. Am 31. 12. 2012 wird der Einkommensteuerbescheid zur Post gegeben und geht dem Steuerpflichtigen am 3. 1. 2013 zu. Die Festsetzungsfrist ist gewahrt.

Es ist heute unstreitig, dass nur wirksame Verwaltungsakte, also nur tatsächlich zugegangene Bescheide, die verjährungshemmende Wirkung entfalten können (BStBl II 2003, 548; AEAO zu § 169 Nr. 1). Ein Verwaltungsakt, der nie zugeht, ist mangels Bekanntgabe nicht existent (§ 124 AO). Neben den Ablaufhemmungstatbeständen in § 171 Absätze 1 bis 15 AO finden sich an diversen anderen Stellen im Gesetz Regelungen über Ablaufhemmungstatbestände. Die wichtigsten Regelungen finden sich in § 174 AO, der nur zur Hälfte Korrekturnorm, zur anderen Hälfte aber Verjährungsvorschrift ist. Praktisch besonders wichtig ist § 174 Abs. 4 Satz 3 AO.

Gemäß § 47 AO erlöschen auch Ansprüche auf Nebenleistungen (§ 3 AO) durch Verjährung.

Auf *Zinsen* sind zwar – grundsätzlich – die für Steuern geltenden Vorschriften entsprechend anzuwenden. Gemäß § 239 AO beträgt jedoch die Festsetzungsfrist *ein Jahr*. Zum Beginn der Festsetzungsfrist vgl. § 239 Abs. 1 AO. Es bestehen unterschiedliche Regelungen für Stundungszinsen, Prozesszinsen, Zinsen auf Steuernachforderungen usw.

Säumniszuschläge entstehen kraft Gesetzes, nicht durch eine Festsetzung. Sie verjähren nach den Regeln über die *Zahlungs*verjährung (§ 228 ff. AO).

Verspätungszuschläge (§ 152 AO) entstehen durch Festsetzung. Der Gesetzgeber hat keine Frist für die Festsetzung bestimmt. Von der Festsetzung eines Verspätungszuschlages ist jedoch abzusehen, wenn die Festsetzungsfrist für die Steuer abgelaufen ist (AEAO zu § 169 Nr. 5).

Zwangsgelder können so lange angedroht und festgesetzt werden, wie der Steuerpflichtige verpflichtet ist, die betreffende Handlung vorzunehmen (§§ 328 ff. AO).

Bei *Vollstreckungskosten* beträgt die Frist für den Ansatz ein Jahr (§ 346 Abs. 2 AO).

b) Zahlungsverjährung

77 Ansprüche aus dem Steuerschuldverhältnis unterliegen der *Zahlungsverjährung*. § 228 AO normiert eine absolute Verjährungsfrist, deren Lauf von der Kenntnis des Anspruchsinhabers unabhängig ist (BFH, BStBl II 2010, 382; 2012, 220). Dies gilt sowohl für Ansprüche, die der Fiskus geltend macht, als auch für Ansprüche des Steuerbürgers

auf Erstattung und Vergütung. Wie bei der Festsetzungsverjährung ist zu prüfen: Wie lange dauert die Frist, wann beginnt sie, wann läuft sie ab? Die Verjährungsfrist beträgt für alle Zahlungsansprüche *fünf* Jahre (§ 228 AO).

Die Zahlungsverjährung *beginnt* (grundsätzlich) mit Ablauf des Kalenderjahres, in dem der Anspruch erstmals *fällig* geworden ist (§ 229 Abs. 1 AO; zur Fälligkeit vgl. Tz 53 ff.).

BEISPIEL: Nach dem ESt-Bescheid für das Jahr 2006 ist die Einkommensteuerabschlusszahlung am 15. 10. 2007 fällig. Die Zahlungsverjährung beginnt mit Ablauf des 31. 12. des Jahres 2007.

Ein Anlaufhemmungstatbestand ist in § 229 Abs. 1 Satz 2 AO geregelt. Damit soll verhindert werden, dass die Fälligkeitssteuern vor Festsetzung oder Anmeldung zu verjähren beginnen.

Der Fristablauf ist *gehemmt* bei *höherer Gewalt* (§ 230 AO). Es handelt sich um einen echten Hemmungstatbestand, das heißt, dass sich die Verjährungsfrist um die Zeit der Hemmung verlängert. Nach Wegfall des Hemmungstatbestandes läuft also eine Restfrist, die dem Zeitraum der Hemmung innerhalb der letzten 6 Monate der Frist entspricht. Durch Handlungen der Finanzbehörde kann der Fristablauf *unterbrochen* werden. Die Unterbrechung bewirkt, dass

▶ mit Ablauf des Kalenderjahres, in dem die Unterbrechungshandlung erfolgt, eine neue (5-jährige) Verjährungsfrist beginnt (§ 231 Abs. 3 AO).

§ 231 Abs. 1 AO enthält einen *abschließenden* Katalog der Unterbrechungshandlungen. In der Praxis wichtigste Unterbrechungshandlungen sind:

▶ schriftliche Geltendmachung des Anspruchs (z. B. Mahnung)
▶ Stundung
▶ Aussetzung der Vollziehung
▶ Vollstreckungsaufschub
▶ Vollstreckungsmaßnahmen
▶ Anmeldung in der Insolvenz

Da die Finanzbehörde durch eine Unterbrechungshandlung (z. B. Mahnung) die Zahlungsverjährung um mindestens 5 Jahre hinausschieben kann, tritt die Zahlungsverjährung im Regelfall nur ein, wenn die Finanzbehörde eine Forderung endgültig *niederschlägt* und deshalb nicht weiter mahnt. Niederschlagung bedeutet, dass die Finanzbehörde (intern) von der (weiteren) Beitreibung einer Forderung absieht, weil sie voraussichtlich erfolglos sein wird oder die Kosten nicht in einem angemessenen Verhältnis zu dem geschuldeten Betrag stehen (§ 261 AO). Die Niederschlagung ist *kein Verwaltungsakt*. Sie hat keinen Einfluss auf den Steueranspruch. Es entstehen weiterhin *Säumniszuschläge*. Die Finanzbehörde kann trotz Niederschlagung bis zum Ablauf der Verjährungsfrist jederzeit Zahlung verlangen und die Zwangsvollstreckung betreiben.

Im Zusammenhang mit der Zahlungsverjährung ist allerdings auch die Rechtsprechung zu § 169 Abs. 1 Satz 3 AO von besonderer Bedeutung, da § 231 Abs. 1 Satz 2 AO die sinngemäße Anwendung vorschreibt. Insbesondere bei der Mahnung als Maßnahme der Verjährungsunterbrechung ist erforderlich, dass die Mahnung zugegangen ist (BFH, BStBl II 2003, 933).

VI. Steueranspruch und steuerbegünstigte Zwecke

78 Zahlreiche Einzelsteuergesetze enthalten Steuervergünstigungen für *Körperschaften* (nicht für natürliche Personen und Personengesellschaften) unter der Voraussetzung, dass ein *steuerbegünstigter* Zweck i. S. der §§ 51 ff. AO vorliegt.

> **BEISPIELE:** Gemäß § 5 Abs. 1 Nr. 9 KStG sind Körperschaften von der Körperschaftsteuer befreit, die satzungsgemäß ausschließlich und unmittelbar steuerbegünstigten Zwecken dienen. Gemäß § 12 Abs. 2 Nr. 8 UStG unterliegen Leistungen von Körperschaften, die steuerbegünstigten Zwecken dienen, dem ermäßigten Steuersatz von 7 %. Weitere Steuervergünstigungen enthält z. B. § 3 Nr. 6 GewStG.

Das Gesetz verwendet den Begriff „*steuerbegünstigte Zwecke*" als *Oberbegriff*. Darunter sind zu verstehen

- gemeinnützige Zwecke (§ 52 AO),
- mildtätige Zwecke (§ 53 AO) und
- kirchliche Zwecke (§ 54 AO).

Seit 2009 setzt die Steuervergünstigung, wenn die steuerbegünstigten Zwecke im Ausland verwirklicht werden, nach § 51 Abs. 2 AO voraus, dass natürliche Personen, die ihren Wohnsitz oder ihren gewöhnlichen Aufenthalt im Geltungsbereich der AO haben, gefördert werden oder die Tätigkeit der Körperschaft neben der Verwirklichung der steuerbegünstigten Zwecke auch zum Ansehen der Bundesrepublik Deutschland im Ausland beitragen kann. Außerdem darf die Körperschaft nach ihrer Satzung und bei ihrer tatsächlichen Geschäftsführung keine Bestrebungen im Sinne des § 4 des Bundesverfassungsschutzgesetzes fördern und dem Gedanken der Völkerverständigung nicht zuwiderhandeln. Wird eine Körperschaft im Verfassungsschutzbericht des Bundes oder eines Landes als extremistische Organisation aufgeführt, wird widerlegbar vermutet, dass sie den Anforderungen nicht entspricht.

1. Gemeinnützige Zwecke

79 *liegen vor, wenn die Tätigkeit einer Körperschaft darauf gerichtet ist, die Allgemeinheit auf materiellem, geistigem oder sittlichem Gebiet selbstlos zu fördern*. Im Sinne der Vorschrift ist keine Förderung der Allgemeinheit gegeben, wenn der geförderte Personenkreis

- fest abgeschlossen ist (z. B. durch Familienzugehörigkeit oder Zugehörigkeit zu einem Unternehmen, siehe aber: BFH, BStBl II 1993, 20).
- dauernd nur klein sein kann (z. B. nach räumlichen oder beruflichen Merkmalen; religiöse Minisekte mit extremen Zielen).

Ein Personenzusammenschluss, der sich von der Allgemeinheit erkennbar absetzen will (z. B. eine Freimaurerloge) ist nach Rechtsprechung des BFH zu der Vorgängervorschrift des § 52 AO nicht förderungswürdig. Seit 2007 hat § 52 Abs. 2 Satz 1 AO einen Katalog mit 25 privilegierten Zwecken erhalten. § 52 Abs. 2 Satz 2 AO enthält eine Erweiterungsklausel mit Zentralzuständigkeit.

2. Mildtätige Zwecke

verfolgt eine Körperschaft, die Personen selbstlos unterstützt, wenn es sich um den in § 53 AO näher bezeichneten Personenkreis handelt.

80

3. Kirchliche Zwecke

werden verfolgt, wenn die Tätigkeit darauf abzielt, eine *öffentlich-rechtliche Religionsgemeinschaft* selbstlos zu fördern (§ 54 Abs. 1 AO). Privatrechtliche Religionsgemeinschaften verfolgen i. S. der Vorschrift keine kirchlichen Zwecke. Doch können sie wegen Förderung der *Religion* als gemeinnützig gem. § 52 Abs. 2 Nr. 2 AO anerkannt werden.

81

§ 54 Abs. 2 AO enthält Beispiele für die „Verfolgung kirchlicher Zwecke". Danach sind kirchliche Zwecke insbesondere die Errichtung, Ausschmückung und Unterhaltung von Gotteshäusern, die Abhaltung von Gottesdiensten, die Ausbildung von Geistlichen, die Erteilung von Religionsunterricht und die Beerdigung von Toten.

4. Selbstlos

ist die Förderung oder Unterstützung, wenn dadurch nicht primär eigenwirtschaftliche Zwecke verfolgt werden (z. B. gewerbliche Zwecke) und wenn die folgenden Voraussetzungen gegeben sind (§ 55 AO):

82

▶ Die Mittel dürfen nur für die satzungsmäßigen Zwecke verwendet werden.
▶ Die Mitglieder dürfen bei ihrem Austritt oder bei Auflösung der Körperschaft nicht mehr als ihre eingezahlten Kapitalanteile und den gemeinen Wert der Sacheinlagen zurückerhalten.
▶ Die Körperschaft darf niemand durch zweckfremde Ausgaben oder durch unverhältnismäßig hohe Vergütungen begünstigen.
▶ Bei Auflösung der Körperschaft darf das Vermögen nur für steuerbegünstigte Zwecke verwendet werden, soweit es die Anteile der Mitglieder übersteigt.
▶ Die Körperschaft muss ihre Mittel vorbehaltlich der Rücklagen- und Vermögensbildung nach § 62 AO zeitnah für satzungsmäßige Zwecke verwenden.

5. Umfang der Steuervergünstigung

Wird gesetzlich die Steuervergünstigung für Körperschaften eingeschränkt, die einen *wirtschaftlichen Geschäftsbetrieb* (§ 14 AO; vgl. Tz 29) unterhalten, so entfällt für die Werte, Einkünfte und Umsätze, die zu diesem Betrieb gehören, die Steuervergünstigung (§ 64 AO).

83

In § 64 Abs. 3 AO ist eine betragsmäßige Grenze von 35.000 € aufgenommen worden. Wenn die jährlichen Einnahmen aus wirtschaftlichen Geschäftsbetrieben unter dieser Grenze liegen, unterliegen sie nicht der Körperschaft- und Gewerbesteuer. § 64 Abs. 4 AO enthält eine Klausel gegen die missbräuchliche Aufteilung von Körperschaften. § 64 Abs. 5 und 6 AO enthalten Vorgaben für Gewinnschätzungen.

Zweckbetriebe sind steuerrechtlich nicht schädlich. Sie sind gegeben, wenn der wirtschaftliche Geschäftsbetrieb dazu dient die steuerbegünstigten Zwecke zu verwirklichen, die Zwecke nur durch einen solchen Geschäftsbetrieb erreicht werden können und kein über das Unvermeidbare hinaus gehender Wettbewerb zu nicht begünstigten Betrieben vorliegt (§ 65 AO). Zweckbetriebe liegen insbesondere vor bei Einrichtungen der Wohlfahrtspflege, Krankenhäusern, Altenheimen, Kindergärten (vgl. §§ 65 bis 68 AO).

Die AO enthält in der Anlagen 1 zu § 60 AO eine ab 2009 (vgl. § 1f Abs. 2 EGAO) für Neugründungen und Satzungsänderungen verbindliche Mustersatzung für Körperschaften, die steuerbegünstigten Zwecken dienen. Die Satzungsmäßigkeit wird festgestellt (§ 60a AO).

Mit § 67a AO soll gewährleistet werden, dass Sportvereine die Gemeinnützigkeit nicht verlieren, wenn sie für einzelne Veranstaltungen Einnahmen erzielen. Der AEAO enthält weitgehende Erläuterungen zu den Gemeinnützigkeitsvorschriften, insbesondere auch zu § 67a AO.

In den §§ 10b EStG und 9 KStG wurde ein besonderer Vertrauensschutz für Spender geregelt. Ihnen verbleibt der steuerliche Vorteil, auch wenn sich später herausstellt, dass die Spenden – ohne Wissen der Spender – nicht für steuerbegünstigte Zwecke verwendet wurden. Derjenige, der eine falsche Bescheinigung ausstellt oder veranlasst, dass Zuwendungen nicht für begünstigte Zwecke verwendet werden, haftet bei Vorsatz und grober Fahrlässigkeit i. H. von 30 % des zugewendeten Betrages. Im Übrigen haften Vereinsvorstände nach § 69 AO für grob fahrlässige Verstöße gegen steuerliche Verpflichtungen (BFH, BStBl II 2003, 556).

VII. Haftung

84 Haften bedeutet Einstehen für fremde Schuld.

> **BEISPIEL:** Wer einen Betrieb übernimmt, schuldet nicht die Betriebssteuern des Veräußerers als Erstschuldner. Nach Maßgabe des § 75 AO muss er jedoch für dessen betriebliche Steuerschulden einstehen (haften).

Nur in ganz seltenen Fällen kann der Steuerschuldner selbst Haftungsschuldner sein.

> **BEISPIEL:** Der Geschäftsführer einer GmbH schuldet die Lohnsteuer auf sein Gehalt als Erstschuldner. Wenn er die Lohnsteuer als Geschäftsführer nicht abführt, kann er dafür nach §§ 69, 34 AO haften (vgl. BFH, BStBl II 2007, 594).

Steuerschuldner und Personen, die für die Steuerschuld haften, sind *Gesamtschuldner* (§§ 44 Abs. 1 AO; vgl. Tz 45).

1. Haftung kraft Gesetzes

a) Akzessorietät

85 Nach § 191 Abs. 1 AO ist Haftungsschuldner, wer kraft Gesetzes für eine Steuer haftet.

Voraussetzung für Haftung ist also grundsätzlich, dass ein Steueranspruch besteht (Akzessorietät). Nicht erforderlich ist, dass die Steuer festgesetzt wurde. Insbesondere bei der Inhaftungnahme gesetzlicher Vertreter liquidierter Kapitalgesellschaften sieht die Finanzverwaltung nicht selten gem. § 156 Abs. 2 AO von der Steuerfestsetzung gegenüber der vermögenslosen Gesellschaft ab und nimmt sofort die gesetzlichen Vertreter in Haftung. Die Steuer darf aber noch nicht verjährt sein (§ 191 Abs. 5 AO). Zur Vermeidung der Verjährung in bestimmten Fällen ist § 171 Abs. 15 AO geschaffen worden.

Haftung setzt aber nicht in allen Fällen voraus, dass ein Steueranspruch materiell (noch) besteht. Nach § 191 Abs. 5 AO ist es z. B. möglich, den Steuerhinterzieher in Haftung zu nehmen, obwohl die Steuer gegenüber dem Steuerschuldner bereits festsetzungsverjährt ist. Nach § 166 AO muss z. B. der gesetzliche Vertreter einer GmbH die fehlerhafte, unanfechtbare (zu hohe) *Steuer*festsetzung (nicht Haftungsschuldfestsetzung, vgl. BFH/NV 1996, 285, aber Steueranmeldung, vgl. BFH/NV 2003, 1540, str.) gegen sich gelten lassen, wenn er sie hätte anfechten können.

b) Haftungstatbestände

Der Haftungsschuldner muss außerdem einen gesetzlichen Haftungstatbestand verwirklicht haben.

86

Die Haftungstatbestände ergeben sich sowohl aus der AO als auch aus den Einzelsteuergesetzen und dem Zivilrecht.

Die wichtigsten Haftungstatbestände der AO sind:

- ▶ § 69 Haftung gesetzlicher Vertreter (Tz 87)
- ▶ § 71 Haftung der Steuerhinterzieher (Tz 88)
- ▶ § 72 Haftung bei Verstoß gegen die Kontenwahrheit (Tz 88)
- ▶ § 72a Haftung Dritter bei Datenübermittlungen an Finanzbehörden
- ▶ § 73 Haftung bei der Organschaft (Tz 88)
- ▶ § 75 Haftung des Betriebsübernehmers (Tz 89)

Die wichtigsten Haftungstatbestände der Einzelsteuergesetze sind:

- ▶ § 42d EStG Lohnsteuerhaftung des Arbeitgebers
- ▶ § 44 EStG Kapitalertragsteuerhaftung des Schuldners der Kapitalerträge bzw. des Auszahlenden
- ▶ § 48a EStG Einkommen-, Körperschaft- und Lohnsteuerhaftung des Leistungsempfängers bei Bauleistungen ausländischer Unternehmer
- ▶ § 50a EStG Haftung für einzubehaltende Einkommensteuer bei beschränkt Steuerpflichtigen
- ▶ § 20 ErbStG Haftung des Nachlasses für die Erbschaftsteuer

Die wichtigsten Haftungstatbestände des Zivilrechts sind:

- ▶ § 25 HGB Haftung des Firmenfortführers
- ▶ § 128 HGB Haftung der OHG-Gesellschafter und des Komplementärs einer KG

- § 128 HGB analog Haftung der Gesellschafter der BGB-Gesellschaft (vgl. BFH, BStBl II 2007, 600)
- § 60 InsO Haftung des (vorläufigen) Insolvenzverwalters (Tz 90)

c) Haftung der Vertreter

87 Die wichtigste Haftungsvorschrift (nicht nur) der AO ist § 69 AO. Die Haftung setzt voraus, dass in §§ 34, 35 AO bezeichnete Personen in Haftung genommen werden sollen.

Unter §§ 34, 35 AO fallen z. B.:
- Eltern
- Vorstände der AG oder von Vereinen
- Geschäftsführer der GmbH
- Pfleger und Betreuer
- Insolvenzverwalter
- Testamentsvollstrecker

Am häufigsten trifft die Haftung GmbH-Geschäftsführer sowohl als Haftungsschuldner für Steuerschulden der GmbH als auch in der GmbH & Co. KG als Haftungsschuldner für die Komplementär-GmbH (§§ 161, 128 HGB i. V. mit § 69 AO).

Die Haftungsschuldner müssen bei der Erfüllung der ihnen auferlegten Pflichten (§§ 33 bis 35 AO) pflichtwidrig handeln. In der Regel liegt die Pflichtwidrigkeit in der Nichtabgabe oder verspäteten Abgabe von Erklärungen und/oder der Nichtzahlung von fälligen Steuern (§ 69 AO). Allerdings kann schon im Vorfeld der Besteuerung eine Pflichtwidrigkeit begangen werden, z. B. wenn der Vertreter sich der Mittel zur Zahlung von vorhersehbaren Steuern in vorwerfbarer Weise begibt (vgl. BStBl II 2004, 967; BFH/NV 2013, 1063).

Bei der Haftung für (regelversteuerte) Lohnsteuer ist die Pflichtwidrigkeit meist kein großes Problem, weil der Arbeitgeber zur Einbehaltung von Lohnsteuern aus den Bruttolöhnen der Arbeitnehmer verpflichtet ist (vgl. § 38 EStG; BFH, BStBl II 1988, 859; BFH/NV 1999, 1445; 2005, 1753).

Mit BGH, NJW 2007, 2118 hat der BGH unter Aufgabe seiner bisherigen Rechtsprechung entschieden, dass ein organschaftlicher Vertreter, der bei Insolvenzreife der Gesellschaft den sozial- oder steuerrechtlichen Normbefehlen folgend Arbeitnehmeranteile zur Sozialversicherung oder Lohnsteuer abführt, mit der Sorgfalt eines ordentlichen und gewissenhaften Geschäftsleiters handelt und daher nicht gegenüber der Gesellschaft erstattungspflichtig wird (ebenso BGH, NJW 2008, 2504). Nach BFH (BStBl II 2009, 129) befreit allein der Antrag auf Eröffnung des Insolvenzverfahrens den GmbH-Geschäftsführer nicht von der Haftung wegen Nichtabführung der einbehaltenen Lohnsteuer. Sind im Zeitpunkt der Lohnsteuer-Fälligkeit noch liquide Mittel zur Zahlung der Lohnsteuer vorhanden, besteht die Verpflichtung des Geschäftsführers zu deren Abführung so lange, bis ihm durch Bestellung eines (starken vorläufigen) Insolvenzverwalters oder Eröffnung des Insolvenzverfahrens die Verfügungsbefugnis entzogen wird. Die Haftung ist auch dann nicht ausgeschlossen, wenn die Nichtzahlung der fälligen Steuern in die dreiwöchige Schonfrist fällt, die dem Geschäftsführer zur Massesicherung ab Feststellung der Zahlungsunfähigkeit gemäß § 64 GmbHG eingeräumt ist (vgl. auch BGH, DStR 2011, 530). Bei Anfechtung durch einen Insolvenzverwalter entfällt der Schaden, wenn die Anfechtung auch bei pflichtgemäßem Verhalten möglich gewesen wäre (BGH, NJW 2011, 1133; BFH, BStBl II 2009, 342; BFH/NV 2009, 1605).

> **BEISPIEL:** Der Geschäftsführer G hätte am 10. Juli 10 000 € LSt/USt zahlen müssen. Er zahlt erst am 17. Oktober. Nach Insolvenzeröffnung im November ficht der Insolvenzverwalter die Zahlungen im Dreimonatszeitraum vor Insolvenzeröffnung an. G haftet, weil bei pünktlicher Zahlung keine Anfechtung erfolgt wäre. Anders wäre es bei Fälligkeit der LSt/USt im September, weil dann auch bei Zahlung am 10. September (pflichtgemäß) angefochten worden wäre.

Anders als bei der (Regel-)Lohnsteuer ist die Lage bei Umsatz-, Gewerbe- und pauschalierter Lohnsteuer (insoweit str.). Hier muss der Vertreter die Steuer genauso bedienen wie die sonstigen Verbindlichkeiten des betreffenden Haftungszeitraums (er muss die Steuerschuld nur aus den Mitteln, die er verwaltet, tilgen; § 34 Abs. 1 Satz 2 AO). Man spricht von der „quotierlichen Haftung" oder dem Prinzip der „anteilsmäßigen Tilgung" (grundsätzlich: BFH, BStBl II 1991, 678; 2001, 271 zu steuerlichen Nebenleistungen).

> **BEISPIEL:** Der Geschäftsführer G hat im Haftungszeitraum nur noch 10 000 € an verfügbaren Mitteln in der GmbH. Die GmbH hat aber noch 10 000 € Umsatzsteuerschulden und 10 000 € Lieferantenverbindlichkeiten.
>
> Wenn G die 10 000 € an die Lieferanten zahlt, löst er den Haftungsanspruch aus. Bei pflichtgemäßem Handeln hätte G die USt und die Lieferantenverbindlichkeiten mit der gleichen Quote befriedigt, also 5 000 € auf die USt bezahlt. Insoweit ist durch seine pflichtwidrige (ungleiche) Behandlung der USt ein Schaden entstanden. Für diesen Schaden haftet G bei Vorliegen der übrigen Haftungsvoraussetzungen. Hätte G auf USt und Lieferantenschulden je 5 000 € gezahlt, hätte er nicht gehaftet.

Zur Durchführung einer Haftungsprüfung gehört bei den Steuern, für die nach dem Grundsatz der anteilmäßigen Tilgung gehaftet wird, dass die Voraussetzungen der Haftung ermittelt werden:

▶ Haftungszeitraum;

▶ haftungsrelevante Steuer, i. d. R. USt oder GewSt/KSt des Zeitraums;

▶ sonstige Verbindlichkeiten des Haftungszeitraums (ohne LSt, vgl. BFH, BStBl II 2008, 508);

▶ verfügbare Mittel des Haftungszeitraums (ohne LSt: BFH, BStBl II 2008, 508).

Zu diesen Fragen enthalten die BFH-Entscheidungen in BStBl II 1988, 172 und 980 Hinweise. Der Haftungszeitraum beginnt grundsätzlich mit dem Tag der ältesten Fälligkeit der für die Haftung in Betracht kommenden Ansprüche und endet mit dem Ende der Pflichtwidrigkeit, also z. B. dem Zeitpunkt, zu dem der Steuerschuldner zahlungsunfähig geworden ist.

Wichtig ist, dass der potenzielle Haftungsschuldner mitwirkungspflichtig ist (BFH, BStBl II 1990, 357; BFH/NV 2013, 504). Bei Verstoß gegen die Mitwirkungspflichten kann das Finanzamt schätzen (BFH/NV 2004, 1498). Allerdings hat der BFH in seiner Rechtsprechung deutlich gemacht, dass die Mitwirkungspflichten – insbesondere bei eingeschränktem Zugriff des potenziellen Haftungsschuldners auf die maßgeblichen Unterlagen – Grenzen haben und das Finanzamt auch von Amts wegen ermitteln muss (vgl. dazu BFH/NV 1999, 447).

Die Pflichtwidrigkeit muss schuldhaft begangen werden. Schuldformen sind Vorsatz und grobe Fahrlässigkeit. Sie muss kausal sein für den Eintritt eines Haftungsschadens. Der BFH hält § 69 AO für eine Schadensersatzvorschrift und verlangt deshalb in ständiger Rechtsprechung, dass die Pflichtwidrigkeit nicht nur kausal für den Eintritt eines abstrakten Haftungsschadens (z. B. Nichtfestsetzung), sondern auch für den Eintritt des Steuerausfalls ist (vgl. dazu die Grundsatzurteile in BStBl II 1991, 282 und 678).

d) Haftung nach §§ 71, 72, 72a, 73, 74 AO

88 Die weiteren Haftungstatbestände der AO haben in den letzten Jahren teilweise eine Einschränkung, teilweise eine Erweiterung durch die Rechtsprechung des BFH erfahren.

aa) Haftung der Steuerhinterzieher

Die Haftung nach § 71 AO richtet sich auf die verkürzten Steuern oder die zu Unrecht gewährten Steuervorteile (einschließlich der Zinsen nach § 235 AO und der Zinsen nach § 233a AO, soweit diese nach § 235 Abs. 4 AO auf die Hinterziehungszinsen angerechnet werden). Wie bei § 69 AO handelt es sich auch bei dieser Vorschrift um eine Schadensersatznorm. Damit findet auch bei der Haftung nach § 71 AO der Grundsatz der anteilsmäßigen Tilgung Anwendung. Sehr instruktiv zur Ermessensausübung (-vorprägung) bei Haftung wegen Steuerhinterziehung ist BFH/NV 2007, 1822.

Erhebliche Bedeutung hat bei der Hinterziehung naturgemäß auch die Frage, wie der Beweis für den Vorsatz zu führen ist. Der BFH nimmt an, dass der Grundsatz „in dubio pro reo" (im Zweifel für den Angeklagten) auch im Steuerrecht gilt (vgl. BFH/NV 1999, 1185; BStBl II 2007, 364). Die Grenzziehung zu der Schätzungsbefugnis des Finanzamtes ist aber nicht eindeutig. Keine Haftung nach § 71 AO wegen Beihilfe zur Steuerhinterziehung tritt bei Anonymität des möglichen Haupttäters ein (BFH, BStBl II 2013, 526).

bb) Haftung bei Verstoß gegen den Grundsatz der Kontenwahrheit

Der BFH hat in BStBl II 1990, 263, die Haftung der Bank für das Fehlverhalten ihrer Erfüllungshilfen und Organe bejaht und damit § 72 AO zu einem Anwendungsbereich verholfen. In dem Zusammenhang ist von Bedeutung, dass der Begriff des Verfügungsberechtigten neu definiert wurde (AEAO zu § 154 Nr. 7). Der Haftungstatbestand spielt aber trotzdem eine eher untergeordnete Rolle. Die wesentlichen Streitigkeiten im Zusammenhang mit der Kontenwahrheit – und dem Geldwäschegesetz – spielen im strafrechtlichen Bereich. Wenn es der Finanzverwaltung im Einzelfall gelingt, der Bank die Beihilfe zur Steuerhinterziehung nachzuweisen, wird als Haftungstatbestand der wesentlich einfachere § 71 AO herangezogen (Grundlegend zur Strafbarkeit der Bankmitarbeiter: BGH, BStBl II 2001, 79). BFH, BStBl II 2012, 398 betrifft einen Fall, in dem der Steuerpflichtige über das Konto einer gelöschten GmbH Bankgeschäfte abgewickelt hat. Der Verstoß gegen § 154 Abs. 1 AO führt in die Haftung.

cc) Haftung Dritter bei Datenübermittlungen an Finanzbehörden

Gem. § 72a Abs. 1 AO haftet der **Hersteller von Programmen i. S. d. § 87c AO**, soweit die Daten infolge einer Verletzung seiner Pflichten nach § 87c AO unrichtig oder unvollständig verarbeitet und dadurch Steuern verkürzt oder zu Unrecht steuerliche Vorteile erlangt werden. Die Haftung entfällt, soweit der Hersteller nachweist, dass die Pflichtverletzung nicht auf grober Fahrlässigkeit oder Vorsatz beruht. Die Vorschrift übernimmt ohne inhaltliche Änderung die Haftungsregelung des § 5 Abs. 1 der (am 1.1.2017 außer Kraft getretenen) Steuerdaten-Übermittlungsverordnung.

Gem. § 72a Abs. 2 AO haftet, wer als **Auftragnehmer (§ 87d AO)** Programme zur Erhebung, Verarbeitung oder Nutzung von Daten im Auftrag i. S. d. § 87c AO einsetzt, soweit

1. auf Grund unrichtiger oder unvollständiger Übermittlung Steuern verkürzt oder zu Unrecht steuerliche Vorteile erlangt werden oder
2. er seine Pflichten nach § 87d Abs. 2 AO verletzt hat und auf Grund der von ihm übermittelten Daten Steuern verkürzt oder zu Unrecht steuerliche Vorteile erlangt werden.

Auch hier entfällt die Haftung, soweit der Auftragnehmer nachweist, dass die unrichtige oder unvollständige Übermittlung der Daten oder die Verletzung der Pflichten nach § 87d Absatz 2 AO nicht auf grober Fahrlässigkeit oder Vorsatz beruht.

§ 72a Abs. 1 und 2 AO gelten nicht für Zusammenfassende Meldungen i. S. d. § 18a Abs. 1 UStG (§ 72a Abs. 3 AO).

Gem. § 72a Abs. 4 AO haftet für die entgangene Steuer, **wer nach** Maßgabe des **§ 93c AO Daten** an die Finanzbehörden **zu übermitteln hat** und vorsätzlich oder grob fahrlässig

1. unrichtige oder unvollständige Daten übermittelt oder
2. Daten pflichtwidrig nicht übermittelt.

§ 72a Abs. 4 AO gilt nicht, soweit einzelgesetzliche Regelungen dies anordnen (vgl. § 93a Abs. 1 AO, § 10 Abs. 2a Satz 7 und Abs. 4b Satz 6, § 10a Abs. 5 Satz 4, § 22a Abs. 1 Satz 2, § 43 Abs. 1 Satz 7 und Abs. 2 Satz 8, § 45d Abs. 1 Satz 3 und Abs. 3 Satz 5 EStG sowie § 50 Abs. 1a und § 65 Abs. 3a EStDV).

dd) Haftung bei Organschaft

Nach § 73 AO haften die Organgesellschaften für die Steuern des Organträgers. Dies kann z. B. eine Rolle spielen, wenn bei der Betriebsaufspaltung die Besitzgesellschaft als Organträger der Betriebsgesellschaft angesehen wird und die Besitzgesellschaft illiquide wird (vgl. BFH, BStBl II 2006, 3: keine Anwendung auf Zinsen). Wesentlich wichtiger ist aber die Annahme der umsatzsteuerlichen Organschaft für den umgekehrten Fall, nämlich im Fall der Insolvenz der Betriebsgesellschaft. Die Besitzgesellschaft als Organträger ist dann der Unternehmer i. S. des UStG gewesen und ist Steuerschuldner für die vor der Insolvenz ausgelösten Umsatzsteuern (vgl. zur Organschaft bei Betriebsaufspaltung BFH/NV 1995, 749). Die Haftungsbeschränkung, die i. d. R. mit der Betriebsaufspaltung erreicht werden sollte, tritt hinsichtlich der Umsatzsteuern nicht ein.

ee) Haftung bei Überlassung von Gegenständen

Bei der Haftung nach § 74 AO handelt es sich um eine echte Ausfallhaftung, die an eine wesentliche Unternehmensbeteiligung und an die Gebrauchsüberlassung eines bestimmten Gegenstandes anknüpft. Der BFH hat die Haftung des Grundstückseigentümers bei Vermietung des Grundstücks an eine in Insolvenz geratene GmbH auf § 74 AO gestützt (vgl. BFH/NV 2006, 1615). Die Haftung ist auf die überlassenen Gegenstände beschränkt. Der BFH hat aber § 74 AO auch auf Erbbaurechte (vgl. BStBl II 2012, 763) und auf die Surrogate der Gegenstände (BStBl II 2012, 223; so auch AEAO zu § 74 Nr. 1) angewendet.

e) Haftung des Betriebsübernehmers

89 Nach § 75 AO haftet der Betriebsübernehmer, wenn

- ein Unternehmen (vgl. § 2 UStG) oder
- ein gesondert geführter Betrieb (vgl. § 16 EStG)
- im Ganzen übereignet wird

für die

- Betriebsteuern (z. B. USt oder GewSt; nicht: ESt oder KSt) und
- Steuerabzugsbeträge (z. B. Lohnsteuern),
- die seit dem Beginn des letzten vor der Übereignung liegenden Kalenderjahres entstanden sind und
- bis zum Ablauf eines Jahres nach Anmeldung des Betriebes durch den Erwerber angemeldet oder festgesetzt werden.

Die Haftung ist auf den Bestand des übernommenen Vermögens beschränkt. Ausnahmen enthält § 75 Abs. 2 AO. Bedeutsam ist insoweit die Rechtsprechung des BFH zum Erwerb vom vorläufigen Insolvenzverwalter (vgl. BStBl II 1998, 765).

Es handelt sich bei der Haftung nach § 75 AO um eine verschuldensunabhängige Haftung, die insbesondere wegen der Haftung für Lohn- und Umsatzsteuer hohe Summen erreichen kann.

> **BEISPIEL:** Nach dem Erwerb eines Unternehmens durch X am 2. 1. 2012 werden für die Jahre 2009 bis 2011 Umsatzsteuern von je 10 000 € festgesetzt. X haftet nach § 75 AO nur für die USt des Jahres 2011, da alle anderen vor dem 1. 1. 2011 entstanden sind und damit von § 75 AO nicht mehr erfasst werden.

f) Haftung kraft zivilrechtlicher Gesetze

90 Praktisch bedeutsam ist hier § 25 HGB, der bei Betriebsübernahmen neben § 75 AO einschlägig sein kann, aber auch Fälle erfasst, bei denen eine Haftung nach § 75 AO ausscheidet (vgl. BGH, NJW 2006, 1002).

Die Haftung der Gesellschafter der BGB-Gesellschaft ist durch BFH und BGH konsequent entwickelt worden (vgl. BFH, BStBl II 1986, 156; 1995, 300; BGH, NJW 2001, 1056). Auch der BFH stützt sich auf die analoge Anwendung von § 128 HGB (BStBl II 2007, 600).

2. Verfahrensrechtliche Geltendmachung der gesetzlichen Haftung

a) Haftungsbescheid

Aus § 191 AO ergibt sich, dass die Haftung kraft Gesetzes durch Haftungsbescheid geltend gemacht werden kann. Dabei ist zu beachten, dass die Beweislast für die haftungsbegründenden Tatsachen bei der Finanzbehörde liegen. Allerdings ist der potenzielle Haftungsschuldner grundsätzlich mitwirkungspflichtig; wenn er seine Mitwirkung verweigert, kann geschätzt werden (vgl. BFH, BStBl II 1990, 357; BFH/NV 2004, 1498; BFH/NV 2013, 504).

91

Die Haftungsinanspruchnahme ist grundsätzlich eine Ermessensentscheidung („kann") und daher ist das Ermessen durch die Finanzbehörde auszuüben und i. d. R. (§ 121 Abs. 1 AO) schriftlich zu begründen.

Bei der Inhaftungnahme gibt es:

▶ Entschließungsermessen und
▶ Auswahlermessen.

Bei der Ausübung des Entschließungsermessens entscheidet die Behörde, ob sie jemand in Haftung nimmt oder nicht. Einer Begründung bedarf dies bei grob fahrlässiger Pflichtverletzung (BFH, BStBl II 1989, 219). Bei vorsätzlicher Pflichtverletzung ist das Ermessen als stillschweigend zutreffend ausgeübt anzusehen (BFH/NV 1998, 1325). Auswahlermessen ist bzgl. der Höhe der Inanspruchnahme und in den Fällen auszuüben, in denen mehr als ein potenzieller Schuldner existiert. Das Auswahlermessen ist zu begründen (BFH/NV 1993, 143 m. w. N.; BFH, BStBl II 1998, 761).

b) Zahlungsaufforderung

Von dem eigentlichen Haftungsbescheid ist die Zahlungsaufforderung zu unterscheiden. Sie ist in § 219 AO, also systematisch richtig im Erhebungsverfahren, geregelt. Nach § 219 AO darf der Haftungsschuldner nur in Anspruch genommen werden, soweit die Vollstreckung in das bewegliche Vermögen des Steuerschuldners erfolglos geblieben ist oder aussichtslos sein würde. Man spricht von der Subsidiarität der Haftungsschuld.

92

Diese gängige Bezeichnung ist in mehrfacher Weise missverständlich, weil sich die Subsidiarität nur auf die Zahlungsaufforderung, nicht auf den Haftungsbescheid bezieht (vgl. zur indirekten Ausstrahlung BFH, BStBl II 2010, 215) und weil § 219 AO in Satz 2 wesentliche Ausnahmen enthält, die den Grundsatz in der Praxis häufig entwerten.

So kann der Haftungsschuldner z. B. unmittelbar auf Zahlung in Anspruch genommen werden, wenn

▶ er Steuerhinterziehung begangen hat,

▶ er gesetzlich verpflichtet war, Steuern einzubehalten und abzuführen oder zu Lasten eines anderen abzuführen.

Damit ist die Subsidiarität für die wichtigen Fälle der §§ 69, 71 AO aufgehoben.

c) Korrektur und Rechtsbehelfsverfahren

93 Der Haftungsbescheid ist kein Steuerbescheid und kann deshalb nicht nach den Vorschriften über die Korrektur von Steuerbescheiden (§§ 172 ff. AO) korrigiert werden. Die Korrektur kann nur auf die §§ 129, 130, 131 AO gestützt werden. Auch die Korrektur der Zahlungsaufforderung kann auf diese Vorschriften gestützt werden.

Der Einspruch ist bei beiden Verwaltungsakten, dem Haftungsbescheid und der Zahlungsaufforderung, der außergerichtliche Rechtsbehelf, die Anfechtungsklage der gerichtliche.

3. Vertragliche Haftung

94 Die vertragliche Haftung ist in § 192 AO geregelt. Denkbar sind insbesondere Verpflichtungsgründe, wie Bürgschaft (§§ 765 ff. BGB) oder Sicherheitenbestellungen durch Grundschulden. Die Finanzbehörde kann diese Ansprüche nicht durch Verwaltungsakt (Haftungsbescheid) geltend machen, sondern muss nach den Vorschriften des Zivilrechts vorgehen. Das bedeutet, dass entweder vor dem Zivilgericht geklagt werden muss oder dass die Finanzbehörde bei der Sicherheitenbestellung auf vollstreckbare Urkunden besteht. Praktisch bedeutsam sind selbstschuldnerische Bürgschaften von Banken im Rahmen von Sicherheitsleistungen (§ 241 Abs. 1 Nr. 7 i.V. mit § 244 AO).

4. Duldungsbescheide

95 Duldungsansprüche sind teilweise in der AO geregelt (§ 77 AO). Wichtiger ist, dass die Finanzverwaltung die Ansprüche aus dem Anfechtungsgesetz (AnfG) z. B. bei unentgeltlicher Übertragung (§ 4 AnfG) oder vorsätzlicher Benachteiligung (§ 3 AnfG) durch Duldungsbescheid nach § 191 AO geltend machen kann (§ 191 Abs. 1 Satz 2 AO; vgl. z. B. BFH/NV 2008, 1855).

96–99 *(Einstweilen frei)*

D. Allgemeine Verfahrensvorschriften

100 Der dritte Teil der AO (§§ 78 ff.) enthält wesentliche Teile des Verfahrensrechts, d. h. Vorschriften darüber, in *welcher Art und Weise* Ansprüche aus dem Steuerschuldverhältnis geltend zu machen sind (zum Begriff Verfahrensrecht vgl. Tz 1). Aus der Überschrift „Allgemeine Verfahrensvorschriften" ergibt sich, dass die Regeln des dritten Teils nur inso-

weit gelten, wie nicht *spezielle* Vorschriften vorrangig eingreifen. Die *allgemeinen* Verfahrensvorschriften gelten z. B. *nicht* für das Steuerstraf- und Bußgeldverfahren (§ 385 AO, §§ 409 ff. AO). Sie werden teilweise durch spezielle Verfahrensvorschriften ergänzt oder ausgeschlossen (z. B. bei Außenprüfungen, im Vollstreckungs- und Rechtsbehelfsverfahren).

> **BEISPIEL:** Die allgemeinen Verfahrensvorschriften (§§ 78 ff. AO) gelten *grundsätzlich* auch bei Außenprüfungen. § 93 Abs. 2 Satz 2 AO gilt nicht (§ 200 Abs. 1 Satz 4 AO). Das bedeutet: Auskunftsersuchen im Rahmen einer Außenprüfung muss die Behörde auch dann nicht schriftlich stellen, wenn der Steuerpflichtige es verlangt. Ohne solche Sonderregelungen wären Außenprüfungen praktisch nicht durchführbar.

I. Verfahrensgrundsätze

1. Beteiligte

§ 78 AO definiert den Begriff des Verfahrensbeteiligten. Im Regelfall sind Beteiligte, der Steuerpflichtige oder ein Dritter, gegen den die Finanzbehörde einen Verwaltungsakt richten will oder erlässt (z. B. Aufforderung, eine Auskunft zu erteilen). 101

Die Finanzbehörde ist *Verfahrensträgerin*, nicht Beteiligte i. S. des § 78 AO. Der Begriff des Beteiligten ist in vielfacher Hinsicht von Bedeutung.

> **BEISPIELE:** Andere Personen als die Beteiligten (z. B. Geschäftsfreunde eines Steuerpflichtigen) sollen erst dann zur Auskunft angehalten werden, wenn die Sachverhaltsaufklärung durch den Beteiligten (Steuerpflichtigen) nicht zum Ziel führt oder keinen Erfolg verspricht (§ 93 Abs. 1 AO). – Nichtbeteiligte können durch das Finanzgericht auf Antrag der Finanzbehörde *eidlich* vernommen werden. Ein Beteiligter darf dagegen nur aufgefordert werden, eine eidesstattliche Versicherung abzugeben (§§ 94, 95 AO). – Bei Gefahr strafrechtlicher Verfolgung darf im *Besteuerungsverfahren* nur ein *Nicht*beteiligter die Auskunft auf Fragen verweigern, deren Beantwortung die Gefahr strafrechtlicher Verfolgung begründen würde (§ 103 AO). Soweit gegen einen Beteiligten ein Strafverfahren eingeleitet ist, darf die Auskunft jedoch *nicht erzwungen* werden (§ 393 Abs. 1 AO; vgl. Tz 340).

Ein abweichender Begriff des Beteiligten ist für das Einspruchsverfahren in § 359 AO enthalten.

2. Handlungsfähigkeit

Hinweis auf § 79 AO und Tz 40. 102

3. Bevollmächtigte und Beistände

Beteiligte und deren gesetzliche Vertreter können sich durch Bevollmächtigte vertreten lassen (§ 80 Abs. 1 AO). Eine Vollmacht, die nicht auf bestimmte Handlungen beschränkt ist, ermächtigt grundsätzlich zu allen Verfahrenshandlungen. Ausnahme: Zum Empfang von *Erstattungen* und *Vergütungen* ermächtigt eine Vollmacht nur dann, wenn dies vom Vollmachtgeber (Steuerpflichtigen) bestimmt ist. 103

Die Vollmacht kann *mündlich* erteilt werden. Bei Personen und Vereinigungen i. S. d. §§ 3 und 4 Nummer 11 des Steuerberatungsgesetzes, die für den Steuerpflichtigen handeln, wird eine ordnungsgemäße Bevollmächtigung vermutet (§ 80 Abs. 2 AO). Die Vollmacht ist jedoch auf Verlangen der Finanzbehörde nachzuweisen (§ 80 Abs. 3 AO). Sie endet mit Widerruf, durch Zeitablauf, Erledigung des Auftrags (Geschäftsbesorgungsvertrags), nicht dagegen durch den Tod des Vollmachtgebers (§§ 168, 672 BGB, § 80 Abs. 4 AO). Der Finanzbehörde gegenüber wird ein Widerruf der Vollmacht erst wirksam, wenn er der Behörde zugeht. Dies gilt auch für eine inhaltliche Veränderung der Vollmacht (§ 80 Abs. 1 Satz 3 AO). Aufgrund der Voraussetzungen des § 80a AO ist die elektronische Übermittlung von Vollmachtsdaten an das Finanzamt möglich.

Der Bevollmächtigte muss nicht Angehöriger der steuerberatenden Berufe sein. Bevollmächtigte und Beistände (§ 80 Abs. 6 AO), die unbefugt *geschäftsmäßige* Hilfe in Steuersachen leisten oder ungeeignet sind, müssen jedoch nach Maßgabe des § 80 Abs. 7 – 10 AO zurückgewiesen werden. Auch eine unentgeltliche Hilfeleistung in Steuersachen kann „geschäftsmäßig" sein (§ 2 Steuerberatungsgesetz). Geschäftsmäßig ist eine Hilfeleistung, wenn sie selbständig erfolgt und davon auszugehen ist, dass der Helfer in ähnlicher Situation wiederum tätig werden wird. Nicht geschäftsmäßig ist die Hilfeleistung, wenn sie aus Anlass eines besonderen Einzelfalles ausgeübt wird.

4. Ausschließung und Ablehnung von Amtsträgern und anderen Personen

104 Die §§ 82 bis 84 enthalten Vorschriften, durch die ein korrektes Verfahren sichergestellt werden soll. Danach dürfen z. B. für eine Finanzbehörde Personen, die an dem Verwaltungsverfahren selbst beteiligt oder *Angehörige* eines Beteiligten sind, nicht tätig werden.

> **BEISPIEL:** Ein Finanzbeamter darf weder sich selbst noch einen Angehörigen veranlagen (§ 82 AO; zu Angehörigen vgl. Tz 30).

Behauptet ein Beteiligter Befangenheit, so hat der Amtsträger den Leiter der Behörde zu unterrichten und sich auf dessen Anordnung der Mitwirkung an dem Verfahren zu enthalten (§ 83 AO). Im Regelfall wird der Behördenleiter eine entsprechende Anordnung treffen.

> **BEISPIEL:** Der Leiter einer Betriebsprüfungsstelle beauftragt den Prüfer (P) mit der Prüfung des Bauunternehmers (B). Für P hat B ein Einfamilienhaus errichtet und ihn auf Zahlung verklagt, weil P sich unter Berufung auf Baumängel weigerte, den noch nicht gezahlten Restbetrag von 10 000 € zu entrichten. Gemäß § 83 AO ist der Betriebsprüfer verpflichtet, den Vorsteher oder den Leiter der Betriebsprüfungsstelle über den Sachverhalt zu informieren, auch wenn B kein Misstrauen gegen die Unparteilichkeit des P äußert (AEAO zu § 83).

5. Besteuerungsgrundsätze – Beweismittel

a) Gesetzmäßigkeit und Gleichmäßigkeit der Besteuerung

105 § 85 AO enthält die Grundsätze der Gesetzmäßigkeit und der Gleichmäßigkeit. Die Gesetzmäßigkeit ergibt sich auch aus § 38 AO (Tatbestandsmäßigkeit der Besteuerung;

Tz 46) und aus der Steuerdefinition (§ 3 AO). Allerdings wird dieser Gesetzmäßigkeitsgrundsatz an einigen Stellen von Zweckmäßigkeitserwägungen durchsetzt (vgl. AEAO zu § 88 Nr. 1, vgl. auch § 88 Abs. 3 – 5 AO n. F. die ausdrücklich auf die Gesichtspunkte der Wirtschaftlichkeit und Zweckmäßigkeit abstellen). Insbesondere in Fällen schwierig zu ermittelnder Lebenssachverhalte können die Parteien sich über den der Besteuerung zugrunde zu legenden Sachverhalt einigen (BFH, BStBl II 1985, 354). Man spricht von einer „tatsächlichen Verständigung" (vgl. BMF-Schreiben, BStBl I 2008, 831). Die tatsächliche Verständigung darf nicht mit einem Vergleich über Steuergesetze verwechselt werden. Ein solcher Vergleich wäre wegen Verstoßes gegen den Legalitätsgrundsatz nichtig.

Tatsächliche Verständigungen entfalten aufgrund von Treu und Glauben (ähnlich Verträgen) Bindungswirkung, wenn insbesondere folgende Voraussetzungen vorliegen:

- Es muss sich um eine Vereinbarung im Bereich der Sachverhaltsermittlung handelt (vgl. Tz. 2 des o. g. BMF-Schreibens),
- Der Sachverhalt kann nur unter erschwerten Bedingungen ermittelt werden (vgl. Tz. 3),
- Dem FA steht grds. ein Schätzungsspielraum, Bewertungsspielraum, Beurteilungsspielraum oder Beweiswürdigungsspielraum zu (vgl. Tz. 4),
- Auf Seiten des FA ist ein für die Entscheidung über die Steuerfestsetzung zuständiger (abschließend zeichnungsberechtigter) Amtsträger beteiligt (vgl. Tz. 5.3),
- Die Verständigung wird (im Regelfall) schriftlich fixiert (vgl. Tz. 5.5).
- Die Verständigung führt nicht zu einem offensichtlich unzutreffenden Ergebnis (vgl. Tz. 6).

Der Gleichheitsgrundsatz verpflichtet die Finanzbehörden, auch bei *Ermessensentscheidungen* (z. B. Stundung, Fristverlängerung, Verspätungszuschlag) im Rahmen des Möglichen einheitlich zu verfahren, insbesondere die für Ermessensentscheidungen erlassenen generellen Verwaltungsanweisungen zu befolgen (vgl. Tz 26). Die Finanzbehörden haben ferner sicherzustellen, dass Steuern nicht verkürzt, zu Unrecht erhoben oder Steuererstattungen sowie Vergütungen nicht zu Unrecht gewährt oder versagt werden (§ 85 AO).

Das BVerfG hat in der Zinssteuerentscheidung (BStBl II 1991, 654; Folgeentscheidung z. B. BStBl II 2008, 651) aus dem Gleichheitssatz einige grundlegende Ableitungen für das Steuerrecht vorgenommen. Der Gleichheitssatz führt dazu, dass im Steuerrecht die Belastungsgleichheit im Ergebnis eintreten muss und nicht nur in der materiellen Norm stehen darf.

„Der Gesetzgeber muss die Steuerehrlichkeit durch hinreichende, die steuerliche Belastungsgleichheit gewährleistende Kontrollmöglichkeiten abstützen. Im Veranlagungsverfahren bedarf das Deklarationsprinzip (Veranlagung nach Erklärung) der Ergänzung durch das Verifikationsprinzip". Die Entscheidung zur Verfassungswidrigkeit der Besteuerung der Spekulationsgeschäfte 1997/98 knüpft an die Zinssteuerentscheidung an (BVerfG, BStBl II 2005, 56). Der BFH hat aus diesen Grundsätzen weitgehende Folgerungen für die Außenprüfung abgeleitet (BFH, BStBl II 1992, 220), aber z. B. in BFH, BStBl II 2008, 928 – Abgeordnetenpauschale – eine Abgrenzung vorgenommen.

b) Beginn des Verfahrens – Amtssprache, elektronische Kommunikation

106 Grundsätzlich entscheidet die Finanzbehörde nach pflichtgemäßem Ermessen, ob und wann sie ein Verwaltungsverfahren durchführt (§ 86 AO).

> **BEISPIEL:** Zur Abgabe einer Steuererklärung ist jeder verpflichtet, der hierzu nach pflichtgemäßem Ermessen von der Finanzbehörde aufgefordert wird (§ 149 AO).

Ein Ermessensspielraum der Finanzbehörde besteht insoweit nicht, als sie von Amts wegen oder auf Antrag tätig werden *muss* oder kein Antrag vorliegt und sie nur auf Antrag tätig werden darf (§ 86 AO).

> **BEISPIELE:** Die Finanzbehörde *muss* tätig werden (entscheiden), wenn ein Stundungsantrag gestellt ist. – Sie *muss* entscheiden, wenn eine Einkommensteuererklärung oder ein Antrag auf Lohnsteuerjahresausgleich mit dem Ziele der Erstattung abgegeben wird. – Sie *darf* nicht tätig werden, wenn ein Anspruch auf eine Wohnungsbauprämie besteht, jedoch ein Antrag nicht gestellt wird. Sie kann aber den Antrag anregen (§ 89 AO).

§ 86 AO hat keine große Bedeutung, da die Finanzbehörden im Besteuerungsverfahren i. d. R. tätig werden müssen (vgl. § 85 AO).

Die Amtssprache ist deutsch. § 87 AO enthält Vorschriften für Übersetzungen und die Fristwahrung bei Anträgen usw., die in einer Fremdsprache verfasst sind.

Große Bedeutung kommt inzwischen der elektronischen Kommunikation zu. Die LSt- und USt-Anmeldungen müssen regelmäßig elektronisch eingereicht/übermittelt werden (§ 41a EStG, § 18 Abs. 1 UStG; ab 2011 müssen ESt-Erklärungen von Gewinnermittlern und alle Feststellungserklärungen nach § 180 Abs. 1 Nr. 2 AO elektronisch eingereicht werden, vgl. §§ 25 Abs. 4, 52 Abs. 39 EStG, §§ 150 Abs. 7, 181 Abs. 2a AO, Art. 97 § 10a EGAO). Generell enthält § 87a AO Regeln über elektronische Dokumente, in Abs. 4 die Möglichkeit die gesetzlich angeordnete Schriftform – soweit nichts anderes bestimmt ist – durch die elektronische Form zu ersetzen. Der AEAO zu § 87a AO enthält eine gute Erläuterung. §§ 87b ff. AO regeln die Bedingungen für die elektronische Übermittlung von Daten an Finanzbehörden, den Einsatz von nicht amtlichen Datenverarbeitungsprogrammen für das Besteuerungsverfahren, sowie die Datenübermittlung an Finanzbehörden im Auftrag. Die Vorschriften treten an die Stelle der StDÜV (Steuerdaten-Übermittlungsverordnung), die am 1. 1. 2017 außer Kraft tritt.

c) Untersuchungsgrundsatz

107 Die Finanzbehörden müssen den steuerlich erheblichen Sachverhalt von Amts wegen auch zugunsten des Steuerpflichtigen ermitteln (§ 88 Abs. 1 AO). Der Umfang der Ermittlungspflicht richtet sich nach den Umständen des Einzelfalles sowie nach den Grundsätzen der Gleichmäßigkeit, Gesetzmäßigkeit und Verhältnismäßigkeit. Bei der Entscheidung über Art und Umfang der Ermittlungen können allgemeine Erfahrungen der Finanzbehörden sowie Wirtschaftlichkeit und Zweckmäßigkeit berücksichtigt werden (§ 88 Abs. 2 - 5 AO). Die Pflicht geht bis zur Grenze des Zumutbaren. Es kann der Finanzbehörde nicht zugemutet werden, Sachverhalte auf alle theoretisch möglichen Ausnahmen zugunsten des Steuerpflichtigen zu überprüfen. Nicht zumutbar sind der Behörde Ermittlungen, die einen unverhältnismäßigen Aufwand an Zeit und Arbeit erfordern. Es ist legitim, wenn die Finanzbehörde die Intensität ihrer Ermittlungen von

dem Verhältnis des voraussichtlichen Arbeitsaufwandes zum steuerlichen Erfolg abhängig macht (BVerfGE 35, 283; siehe dazu ausführlich AEAO zu § 88). Gem. § 88 Abs. 5 AO ist bei der Ermittlung der steuerrelevanten Sachverhalte der Einsatz von Risikomanagementsystemen möglich. Im Zusammenwirken mit der voll automationsgestützten Bearbeitung von Steuererklärungen (vgl. § 155 Abs. 4 AO n. F.) wird dadurch (unter Berücksichtigung der knappen Personalressourcen der Finanzämter) eine sach- und risikogerechte Prüfung sichergestellt.

Nach § 88b AO dürfen Daten, die für Zwecke eines Verwaltungsverfahrens in Steuersachen, eines Strafverfahrens wegen einer Steuerstraftat oder eines Bußgeldverfahrens wegen einer Steuerordnungswidrigkeit von Finanzbehörden gespeichert wurden, zum gegenseitigen – länderübergreifenden – Datenabruf bereitgestellt und von den – durch Rechtsverordnung bestimmten (Abs. 3) – zuständigen Finanzbehörden zur Verhütung, Ermittlung und Verfolgung von Steuerverkürzungen, die länderübergreifend (Abs. 1 Nr. 1), von internationaler (Abs. 1 Nr. 2) oder erheblicher (Abs. 1 Nr. 3) Bedeutung sind, untereinander abgerufen, im Wege des automatisierten Datenabgleichs überprüft und gespeichert werden, ohne dass dem das Steuergeheimnis entgegensteht. Dies dient der automationsgestützten Verhinderung und Bekämpfung von länderübergreifenden Steuerverkürzungen.

Besonderheiten bei der Ermittlungsbefugnis gegenüber Banken sind durch § 30a Abs. 1 AO normiert worden. Die Norm ist im Zusammenhang mit dem Zinssteuerbeschluss des BVerfG indirekt (das BVerfG hat sich mit dem Bankenerlass beschäftigt) als eine Ursache für die verfassungswidrige Ungleichheit bei der Kapitaleinkünftebesteuerung ausgemacht worden. Der BFH hat sich mehrfach mit § 30a AO beschäftigt. In BStBl II 1997, 499 ist § 30a AO verfassungskonform so ausgelegt worden, dass er praktisch völlig ausgehöhlt wäre. In BFH/NV 1998, 424, hat der BFH § 30a AO mehr entsprechend dem Wortlaut und der Entstehungsgeschichte ausgelegt, so dass ein erheblicher Anwendungsbereich verbliebe. Nach BFH, BStBl II 2000, 648 beschränkt § 30a AO Kontrollmitteilungen bei Außenprüfungen, nicht bei Steuerfahndungsprüfungen. Interessant auch BFH/NV 2005, 1226 wo zutreffend festgestellt wird, dass bankinterne Konten nicht unter § 30a Abs. 3 AO fallen (zu Kontrollmitteilungen vgl. BFH, BStBl II 2009, 509).

An Selbstbeschränkungen bezüglich des Ermittlungsumfangs sind die Finanzbehörden grundsätzlich gebunden.

BEISPIEL: Nach Maßgabe des § 4 Abs. 3 BpO sollen Mittel-, Klein- und Kleinstbetriebe i. d. R. nur für drei zusammenhängende Jahre einer Betriebsprüfung unterzogen werden. Über die in dieser Verwaltungsanweisung vorgesehenen Ausnahmen hinaus ist eine Ausdehnung des Prüfungszeitraumes nicht zulässig, weil sie gegen den Gleichheitsgrundsatz verstoßen würde (vgl. auch Tz 26). Die BpO eröffnet dem FA aber weitgehende Möglichkeiten.

d) Beratungs- und Auskunftspflicht

Unterlässt es ein Steuerpflichtiger *offensichtlich* nur versehentlich oder aus Unkenntnis, für ihn günstige Erklärungen abzugeben bzw. Anträge zu stellen, so soll ihn die Finanzbehörde darauf hinweisen. Die Behörde erteilt auch im Rahmen des Erforderlichen Auskunft über die dem Steuerpflichtigen im Verwaltungsverfahren zustehenden Rechte und Pflichten (§ 89 AO; AEAO zu § 89 Nr. 1 und 2).

108

§ 89 AO enthält auch eine Regelung zur verbindlichen Auskunft. Danach können die Finanzbehörden auf Antrag verbindliche Auskünfte über die steuerliche Behandlung von bestimmten, noch nicht verwirklichten Lebenssachverhalten erteilen. Die Auskunft ist nach § 89 Abs. 3 bis 5 AO kostenpflichtig. Eine ausführliche Kommentierung enthält der AEAO zu § 89.

e) Mittel der Sachaufklärung

109 Die AO stellt den Finanzbehörden ein umfangreiches Instrumentarium zur Sachaufklärung zur Verfügung. Den Rechten der Finanzbehörden entsprechen jeweils Pflichten der Beteiligten und Dritter.

aa) Allgemeine Mitwirkungspflichten

110 Gemäß § 90 Abs. 1 AO sind die Beteiligten, insbesondere der Steuerpflichtige, zur Mitwirkung bei der Ermittlung des Sachverhalts verpflichtet. Insbesondere müssen sie die für die Besteuerung erheblichen Tatsachen vollständig und wahrheitsgemäß offen legen und die Beweismittel angeben. Daraus folgt das Verbot, Ermittlungen der Finanzbehörden zu behindern.

bb) Besondere Mitwirkungspflichten

111 Besondere Mitwirkungspflichten enthalten die speziellen Steuergesetze, z. B. die Pflicht zur Abgabe von Steuererklärungen und die Pflicht, Buch- und Belegnachweise zu erbringen. Auch die AO begründet spezielle Pflichten des Steuerbürgers, z. B.

- ▶ erhöhte Mitwirkungspflichten bei Auslandsbeziehungen (§ 90 Abs. 2 AO)
- ▶ erhöhte Mitwirkungspflichten bei Geschäften mit nahe stehenden Personen im Ausland (§ 90 Abs. 3 AO i.V. mit GewinnabgrenzungsaufzeichnungsVO; eine umfassende Darstellung aus Sicht der Finanzverwaltung enthält BMF, BStBl I 2005, 570)
- ▶ Auskunftspflichten der Beteiligten und anderer Personen und Kontenabruf (§ 93 AO; siehe ausführlich AEAO zu § 93)
- ▶ Pflicht zur Abgabe eidesstattlicher Versicherungen (§ 95 AO)
- ▶ Vorlagepflicht bei Büchern, Geschäftspapieren, Wertsachen usw. (§§ 97, 100 AO)
- ▶ Pflicht, das Betreten von Grundstücken und Räumen zu dulden (§ 99 AO)
- ▶ Mitwirkungs- und Anzeigepflichten bei der Erfassung der Steuerpflichtigen, insbesondere bei Betriebsgründungen (§§ 137 ff.)
- ▶ Buchführungs-, Aufzeichnungs- und Aufbewahrungspflichten (§§ 140 ff. AO)
- ▶ Erklärungspflichten (§§ 149 ff.)
- ▶ Pflicht zur Berichtigung nachträglich als unrichtig erkannter Steuererklärungen (§ 153 AO)
- ▶ Pflicht zur Kontenwahrheit (§ 154 AO)
- ▶ spezielle Pflichten bei Außenprüfungen (§ 200 AO) oder USt- oder LSt-Nachschau (§ 27b UStG, § 42g EStG)

cc) Kontrollmitteilungen

Die Finanzbehörden erhalten von anderen Behörden Kontrollmitteilungen, insbesondere über Zahlungen aus öffentlichen Mitteln. Dies bedarf im Hinblick auf die informationelle Selbstbestimmung einer gesetzlicher Grundlage (BVerfGE 65, 1; 67, 100). § 93a AO enthält eine Ermächtigung für die MitteilungsVO. Dadurch werden die mitteilenden Stellen und die mitzuteilenden Angaben im Einzelnen bestimmt. Es gibt Ausnahmen für Fälle von geringer steuerlicher Bedeutung (vgl. § 93a Abs. 3 Satz 2 AO und § 7 Abs. 2 der VO).

112

Nach § 93a AO i.V. m. der Mitteilungsverordnung sollen u. a. mitgeteilt werden:
- Honorare der Rundfunkanstalten,
- Verwaltungsakte, die für den Betroffenen die Versagung oder Einschränkung einer steuerlichen Vergünstigung zur Folge haben oder die dem Betroffenen steuerpflichtige Einnahmen ermöglichen,
- vergebene Subventionen und ähnliche Förderungsmaßnahmen,
- Erlaubnisse zum Betrieb einer Gastwirtschaft,
- Erlaubnisse zum Aufstellen von Spielautomaten,
- Bestimmte Zahlungen aus öffentlichen Kassen, Erlaubnisse zur gewerbsmäßigen Arbeitnehmerüberlassung.

Neben den Kontrollmitteilungen nach der Verordnung gibt es weiterhin die Mitteilungen anlässlich von Feststellungen bei einer Außenprüfung (vgl. Tz 179).

Einzelheiten zur elektronischen Übermittlung der o. g. Daten regeln §§ 93c und 93d AO. Im Zusammenhang mit der Datenübermittlung durch Dritte regelt § 72a AO die Haftung Dritter, § 171 Abs. 10a AO die Ablaufhemmung bei der Datenübermittlung, § 175b AO die Änderung von Steuerbescheiden bei Datenübermittlung durch Dritte und § 203a AO die Zulässigkeit einer Außenprüfung bei den Dritten.

dd) Beweismittel

§ 92 AO enthält eine – nicht abschließende – Aufzählung von Beweismitteln. Danach kann die Finanzbehörde insbesondere

113

- Auskünfte von Beteiligten und anderen Personen einholen
- Sachverständige hinzuziehen
- Urkunden und Akten beiziehen
- den Augenschein einnehmen.

Darüber hinaus stehen der Finanzbehörde u. a. folgende Beweismittel zur Verfügung:
- Antrag auf eidliche Vernehmung von Auskunftspersonen (nicht des Steuerpflichtigen) durch das Finanzgericht gem. § 94 AO
- Verlangen einer eidesstattlichen Versicherung von Beteiligten (nicht erzwingbar § 95 AO).
- Betreten von Grundstücken und Räumen im Rahmen einer Augenscheinnahme. *Wohnräume* dürfen *gegen* den Willen des Inhabers nur zur Verhütung dringender Gefahren für die öffentliche Sicherheit und Ordnung betreten werden. Dies gilt

auch für das Betreten von Wohnräumen im Rahmen einer Außenprüfung (vgl. Tz 186). Zur zwangsweisen Betretung von Wohnräumen bei Vollstreckungsmaßnahmen vgl. Tz 210.

Die Auswahl der Beweismittel steht im pflichtgemäßen Ermessen der Finanzbehörde (§ 92 AO). Ermessen bedeutet jedoch nicht Willkür. Bei der Auswahl der Beweismittel muss die Finanzbehörde insbesondere den Grundsatz der „Verhältnismäßigkeit der Mittel" beachten (vgl. Tz 26). Deshalb darf z. B. im Regelfall die Behörde wegen eines Sachverhalts, der nur eine geringfügige steuerliche Auswirkung haben kann, das Finanzgericht nicht um die eidliche Vernehmung einer Auskunftsperson ersuchen (vgl. § 94 Abs. 1 AO).

Darüber hinaus enthält die AO u. a. folgende *Regeln für das Beweisverfahren:*

▶ Wer nicht Beteiligter ist, soll erst dann zur Auskunft angehalten werden, wenn die Sachverhaltsaufklärung durch die Beteiligten nicht zum Ziel führt oder keinen Erfolg verspricht (§ 93 Abs. 1 Satz 3 AO).

▶ Die Finanzbehörde kann anordnen, dass der Auskunftspflichtige eine mündliche Auskunft an Amtsstelle erteilt. Der Steuerpflichtige hat jedoch einen *Anspruch* auf *schriftliche* Erteilung des Auskunftsersuchens (§ 93 Abs. 2 AO). Das gilt nicht bei Außenprüfungen (§ 200 Abs. 1 AO).

▶ Nur wenn andere Mittel zur Erforschung der Wahrheit nicht vorhanden sind, zu keinem Ergebnis geführt haben oder einen unverhältnismäßigen Aufwand erfordern, soll die Abgabe einer Versicherung an Eides statt gefordert werden (§ 95 Abs. 1 AO). Aus der Weigerung des Steuerpflichtigen, eine eidesstattliche Versicherung abzugeben, können für ihn nachteilige Schlüsse gezogen werden (AEAO zu § 95).

▶ Die Vorlage von Büchern und anderen Urkunden kann seit dem Amtshilferichtlinienumsetzungsgesetz (BStBl I 2013, 802) ohne besondere Voraussetzungen verlangt werden.

▶ Bei der Anwendung des § 97 AO ist insbesondere die Frage der Vorlagepflicht von privaten Bankkontenauszügen umstritten (bejahend: AEAO zu § 194 Nr. 1). Auswirkungen hat die Frage hauptsächlich bei der Würdigung der Nichtvorlage der entsprechenden Unterlagen.

f) Beweislast

114 Lässt sich ein Sachverhalt trotz Aufklärung durch die Finanzbehörde und Mitwirkung des Steuerpflichtigen bis an die Grenze des Zumutbaren nicht mit Sicherheit feststellen, so stellt sich die Frage, zu wessen Nachteil sich dies auswirkt. Es gilt folgende Regel: Handelt es sich um Tatsachen, die für die Existenz oder Höhe (Erhöhung) eines Steueranspruchs von Bedeutung sind, so geht die Unmöglichkeit der Aufklärung zu Lasten der Finanzbehörde. Diese darf den (nur möglicherweise bestehenden) Steueranspruch nicht geltend machen. Dagegen geht es zu Lasten des Steuerpflichtigen, wenn Tatsachen nicht festgestellt werden können, die den Steueranspruch *mindern* oder zum *Erlöschen* bringen (z. B. die tatsächlichen Voraussetzungen für Betriebsausgaben, eine Steuerbefreiung oder eine Steuervergünstigung). Ebenso wirkt es sich zum

Nachteil des Steuerpflichtigen aus, wenn er im Zweifelsfall die Voraussetzungen für die Entstehung eines Erstattungs- oder Vergütungsanspruches nicht beweisen kann.

> **BEISPIEL:** Ein Steuerpflichtiger macht Sonderausgaben geltend. Das Finanzamt verlangt einen belegmäßigen Nachweis (z. B. über gezahlte Versicherungs- oder Bausparkassenbeiträge). Erbringt der Steuerpflichtige den Nachweis nicht, so kann das Finanzamt den Abzug versagen.

Wenn der Steuerpflichtige aber seine Mitwirkungspflicht verletzt, kann dies zu einer Minderung des Beweismaßes für die Finanzbehörde führen (Schätzung, Tz 166). Aus der Verletzung der Mitwirkungspflichten können für den Steuerpflichtigen nachteilige Schlüsse gezogen werden (BFH, BStBl II 1989, 462; BFH/NV 2005, 1765). Der BFH hat aber in einem grundlegenden Urteil zur Beweislast und zur Schätzungsbefugnis (BStBl II 1992, 128) entschieden, dass in den Fällen, bei denen die *Verwirklichung eines Straftatbestandes Voraussetzung für die Besteuerung* ist, der Grundsatz „in dubio pro reo" Anwendung findet und deshalb die Finanzbehörde den Straftatbestand nicht schätzen darf (anders: BStBl II 1998, 466; 1999, 28). In BFH, BStBl II 2007, 364 bestätigt der BFH, dass bei nicht behebbaren Zweifeln die Feststellung einer Steuerhinterziehung mittels reduziertem Beweismaß nicht zulässig ist. Hängt die Rechtmäßigkeit eines Bescheides davon ab, dass eine Steuerhinterziehung vorliegt, kann die Finanzbehörde und evtl. ein Finanzgericht eine Straftat nur feststellen, wenn sie/es von ihrem Vorliegen überzeugt ist. Diese Rechtsprechung hat weit reichende Auswirkungen bei der Verjährung (Tz 76), bei Hinterziehungszinsen und der Anwendung von § 4 Abs. 5 Nr. 10 EStG.

g) Auskunfts- und Vorlageverweigerungsrechte

Grundsätzlich sind die Beteiligten und Dritte (z. B. Auskunftspersonen) unbeschränkt auskunfts- und vorlagepflichtig. Die AO gewährt jedoch in bestimmten Fällen Auskunfts- und Vorlageverweigerungsrechte, von denen die praktisch wichtigsten nachstehend stichwortartig wiedergegeben sind. 115

Auskunfts- und Vorlageverweigerungsrechte haben

- Angehörige eines Beteiligten (§§ 101, 15 AO).
- Geistliche, Parlamentarier, Verteidiger, Rechtsanwälte, Notare, Angehörige der steuerberatenden Berufe, Ärzte, Zahnärzte, Apotheker, Hebammen, Journalisten nach Maßgabe des § 102 AO.
- Bei Verfolgungsgefahr wegen einer Straftat oder Ordnungswidrigkeit alle, die nicht Beteiligte sind (§ 103 AO). Beteiligte, insbesondere Steuerpflichtige, bleiben auch während eines Strafverfahrens für Zwecke der Besteuerung auskunftspflichtig. Die Auskunft darf jedoch nicht mehr erzwungen werden, soweit sich der Beteiligte dadurch straf- oder bußgeldrechtlich belasten würde (§ 393 Abs. 1 AO). Ein Verstoß gegen die Belehrungspflicht gem. § 393 Abs. 1 Satz 4 AO führt nicht zu einem steuerlichen Verwertungsverbot (BFH, BStBl II 2002, 328).

Wenn die Finanzbehörde Auskunftspersonen nicht über ihr Verweigerungsrecht informiert, kann dies ein Verwertungsverbot bezüglich der so erlangten Informationen nach sich ziehen (vgl. BFH, BStBl II 1991, 204).

Soweit das Auskunftsverweigerungsrecht reicht, besteht auch das Recht, die *Vorlage* von Urkunden oder Wertsachen oder die Erstattung von Gutachten zu verweigern

(§ 104 Abs. 1 AO). Wer jedoch *für einen Beteiligten* Urkunden oder Wertsachen aufbewahrt, ist zur Vorlage verpflichtet, soweit der Beteiligte bei *eigenem* Gewahrsam *vorlagepflichtig* wäre (§ 104 Abs. 2 AO).

> **BEISPIEL:** Ein Angehöriger der steuerberatenden Berufe bewahrt für seinen Mandanten Geschäftsbücher oder andere steuerlich relevante Urkunden auf. Er ist zwar berechtigt, Auskünfte über alles zu verweigern, was ihm in seiner Eigenschaft als steuerlicher Berater anvertraut worden ist (§ 102 Abs. 1 AO). Die für den Steuerpflichtigen aufbewahrten Geschäftsbücher usw. muss er jedoch vorlegen, weil der Steuerpflichtige – wäre er selbst im Besitz dieser Urkunden – ebenfalls vorlagepflichtig wäre.

Auskunfts- und vorlagepflichtig sind auch *Banken.* Die AO gewährt ihnen mit dem § 30a Abs. 2 bis 5 AO allerdings ein Verfahrens-Sonderrecht (vgl. Tz 107). Wesentlicher Inhalt des § 30a AO:

▶ Die Finanzämter dürfen von den Kreditinstituten zum Zwecke der *allgemeinen* Überwachung die einmalige oder periodische Mitteilung von Konten *bestimmter Art* oder *bestimmter Höhe nicht* verlangen (Abs. 2).

▶ Die Guthabenkonten oder Depots, bei deren Errichtung eine Legitimationsprüfung nach § 154 Abs. 2 AO vorgenommen worden ist, dürfen anlässlich der Außenprüfung bei einem Kreditinstitut nicht zwecks Nachprüfung der ordnungsmäßigen Versteuerung festgestellt oder abgeschrieben werden. Die Ausschreibung von Kontrollmitteilungen soll insoweit unterbleiben (Abs. 3); vgl. dazu BStBl II 2009, 509.

▶ In Vordrucken für Steuererklärungen soll die Angabe der Nummern von *Konten* und *Depots,* die der Steuerpflichtige unterhält, nicht verlangt werden, *soweit* nicht *steuermindernde* Ausgaben oder Vergünstigungen geltend gemacht werden oder die *Abwicklung des Zahlungsverkehrs* mit dem Finanzamt dies bedingt (Abs. 4).

▶ *Einzelauskunftsersuchen an Kreditinstitute sind zulässig.* Für das Verfahren gelten die Vorschriften der §§ 93 ff. AO. Ist die Person des Steuerpflichtigen bekannt, so soll das Kreditinstitut erst um Auskunft gebeten werden, wenn die Sachverhaltsaufklärung durch den Steuerpflichtigen nicht zum Ziele geführt hat oder keinen Erfolg verspricht (Abs. 5).

▶ *§ 93 Abs. 7 und 8 i. V. mit § 93b AO* enthält Regelungen zum automatisierten Abruf von Konteninformationen (im Wesentlichen verfassungsgemäß BVerfG, BStBl II 2007, 896). Der AEAO zu § 93 Abs. 7 AO enthält eine Kommentierung.

▶ Für die *Steuerfahndung* gilt § 208 AO. Ist die Person des Steuerpflichtigen bekannt *und* gegen ihn *kein* Verfahren wegen einer Steuerstraftat oder einer Steuerordnungswidrigkeit eingeleitet, so soll auch im Verfahren nach § 208 Abs. 1 Satz 1 AO das Kreditinstitut erst um Auskunft und Vorlage von Urkunden gebeten werden, wenn die Sachverhaltsaufklärung durch den Steuerpflichtigen nicht zum Ziele geführt hat oder keinen Erfolg verspricht (Abs. 5).

h) Grundsatz des rechtlichen Gehörs

116 Bevor ein Verwaltungsakt erlassen wird, der in die Rechte eines Beteiligten eingreift, soll diesem Gelegenheit gegeben werden, sich zu den für die Entscheidung erheblichen Tatsachen zu äußern. Dies gilt insbesondere, wenn zum Nachteil des Steuerpflichtigen von einer Steuererklärung *wesentlich* abgewichen werden soll (§ 91 Abs. 1 AO).

> **BEISPIEL:** Ein Steuerpflichtiger macht in seiner Steuererklärung Steuervergünstigungen geltend (z. B. Steuerbefreiungen, Sonderausgaben). Ist die Finanzbehörde der Auffassung, dass die Voraussetzungen für die Steuervergünstigung nicht vorliegen, so muss sie *vor* der Steuerfestsetzung dem Steuerpflichtigen Gelegenheit zur Stellungnahme geben.

Von einer vorherigen Anhörung des Steuerpflichtigen kann ausnahmsweise abgesehen werden (z. B. bei Gefahr im Verzug, bei Vollstreckungsmaßnahmen, bei zwingendem öffentlichen Interesse; § 91 Abs. 2 AO). Wird der Grundsatz des rechtlichen Gehörs verletzt, so kann dieser Verfahrensverstoß bis zum Abschluss eines außergerichtlichen Rechtsbehelfsverfahrens oder bis zu einer unmittelbaren Klageerhebung durch nachträgliche Anhörung geheilt werden (§ 126 AO). In der Praxis werden Abweichungen oft in Anlagen zum Bescheid erläutert (AEAO § 91 Nr. 1) oder auch erst im Klageverfahren rechtliches Gehör gewährt (vgl. BFH/NV 2013, 997). Im finanzgerichtlichen Verfahren gilt § 133a FGO.

Ein *Rechtsanspruch* auf *Akteneinsicht* besteht nach der AO nicht. Die Finanzbehörden können jedoch nach pflichtgemäßem Ermessen dem Steuerpflichtigen auf Antrag Akteneinsicht gewähren (BFH/NV 2013, 1190; AEAO zu § 91 Nr. 4 und zu § 364). Im *finanzgerichtlichen* Verfahren hat der Steuerpflichtige einen *Rechtsanspruch* auf Akteneinsicht (§ 78 Abs. 1 FGO). Zu weitergehenden Ansprüchen auf Erteilung von Auskünften über gespeicherte Daten vgl. BMF-Schreiben, BStBl I 2009, 6 und BVerfG, BStBl II 2009, 23 sowie die neuere Rechtsprechung zur Akteneinsicht der Insolvenzverwalter nach den Informationsfreiheitsgesetzen BVerwG, BFH/NV 2012, 1567 oder der AO BFH, BStBl II 2013, 639.

II. Fristen und Wiedereinsetzung

1. Fristen – Termine

Für die Berechnung von Fristen und die Bestimmung von Terminen verweist § 108 Abs. 1 AO auf die §§ 187 bis 193 BGB, soweit § 108 AO nicht etwas anderes bestimmt. 117

Ein *Termin* ist ein *Zeitpunkt*. *Fristen* sind *Zeiträume*, an deren Ablauf Rechtsfolgen geknüpft sind. Die Festsetzung eines Termins kann der Bestimmung eines Fristablaufs dienen.

> **BEISPIEL:** Eine am 10. April fällige Einkommensteuerabschlusszahlung wird bis zum 10. Juni gestundet. Die Zahlungsfrist läuft am 10. Juni ab.
> Rechtsfolge: Wird nicht fristgerecht gezahlt, so entstehen Säumniszuschläge (§ 240 AO).

Das Gesetz unterscheidet zwischen Fristen, die *verlängert* werden können, und nicht verlängerungsfähigen Fristen. Fristen zur Abgabe von Steuererklärungen und Fristen, die von der Behörde gesetzt sind (z. B. Stundungsfristen, Fristen zur Stellungnahme), können – auch rückwirkend – verlängert werden. Bei gesetzlichen *Ausschlussfristen* kommt dagegen grundsätzlich keine Verlängerung, sondern lediglich eine Wiedereinsetzung in den vorigen Stand in Betracht (vgl. Tz 121 ff.). Auch eine gesetzliche Ausschlussfrist kann verlängert werden, wenn dies im Gesetz vorgesehen ist (z. B. die Revisionsbegründungsfrist gem. § 120 Abs. 2 FGO). Eine Besonderheit stellen die richterlichen Präklusionsvorschriften (z. B. § 65 Abs. 2 Satz 2 FGO) und die Präklusionsvorschrift im Einspruchsverfahren (§ 364b AO) dar. Es handelt sich um Ausschlussfristen. Die Anwendung des § 110 AO oder des § 56 FGO (Wiedereinsetzung) ist ausdrücklich angewiesen. Man geht aber davon aus, dass eine Verlängerung in Betracht kommt, wenn vor Ablauf der Frist die Verlängerung beantragt wird (vgl. z. B. AEAO zu § 364b AO Nr. 4).

Bei der Berechnung von Fristen sind der *Beginn*, die *Dauer* und der *Ablauf* der Frist festzustellen.

a) Fristbeginn

118 Für den *Beginn* einer Frist ist gem. § 108 Abs. 1 AO, § 187 BGB zu unterscheiden:

- Ist für den Beginn einer Frist ein Ereignis oder ein in den Lauf eines Tages fallender Zeitpunkt maßgebend, wird der betreffende Tag *nicht mitgerechnet*.
- Bei Fristen, die mit Beginn eines Tages anlaufen, wird dieser Tag *mitgerechnet*. Dies gilt insbesondere für den Geburtstag bei Berechnung des Lebensalters, das für zahlreiche steuerrechtliche Vorschriften von Bedeutung ist.

BEISPIEL: Dem Steuerpflichtigen wird ein Verwaltungsakt am 20. 2. um 10 Uhr mit Postzustellungsurkunde zugestellt. Die Monatsfrist für den außergerichtlichen Rechtsbehelf (§ 355 Abs. 1 AO) beginnt mit Ablauf des 20. 02. und endet mit Ablauf des 20. 3.

BEISPIEL: Wer am 1. Januar eines Jahres zwischen 0 und 24 Uhr geboren ist, wird mit Ablauf des 31. Dezember dieses Jahres ein Jahr, mit Ablauf des 31. Dezember des Folgejahres zwei Jahre alt usw. Der Geburtstag wird mitgerechnet (vgl. § 108 Abs. 1 AO i. V. mit § 187 Abs. 2 BGB).

Für den *Fristbeginn* ist in der Praxis insbesondere § 122 Abs. 2 AO von Bedeutung. Nach dieser Vorschrift *gilt* ein schriftlicher Verwaltungsakt, der durch die Post (ohne förmliche Zustellung, vgl. Tz 128) im Inland übermittelt wird, als am 3. Tage nach der Aufgabe zur Post bekannt gegeben, außer wenn er nicht – oder zu einem späteren Zeitpunkt – zugegangen ist (das Gleiche gilt nach § 122 Abs. 2a AO für elektronisch übermittelte Verwaltungsakte). Die Bekanntgabe eines VA wird im Fall des § 122 Abs. 2 Nr. 1 AO nicht nur vermutet, sondern mit Ablauf der Frist fingiert. Die Existenz und die Wirksamkeit des VA treten nach § 124 Abs. 1 Satz 1 AO erst mit Ablauf der Drei-Tages-Frist ein (BFH/NV 2010, 1081). Nach BFH, BStBl II 1989, 695 hat das Finanzamt auch den Postabgang zu beweisen. Im *Zweifel* hat die *Behörde* den Zugang des Verwaltungsakts und den Zeitpunkt des Zugangs nachzuweisen (zur Beweisführung: BFH, BStBl II 1989, 534).

BEISPIEL: Ein Steuerbescheid wird am 20. 2. zur Post gegeben. Die Bekanntgabe gilt als am 23. 2. erfolgt. Die Rechtsbehelfsfrist für den Einspruch beginnt mit Ablauf des 23. 2. und endet mit Ablauf des 23. 3.

Legt der Steuerpflichtige Gründe dar, aus denen sich Zweifel am normalen Ablauf der postalischen Übermittlung ergeben, so liegt die Beweislast bei der Finanzbehörde.

BEISPIEL: Die Finanzbehörde gibt einen Steuerbescheid in Köln am Freitag vor Rosenmontag um 15 Uhr zur Post. Grundsätzlich greift hier die Fiktion ein, denn der Brief kann während des Dreitageszeitraums zugehen, da am Samstag und am Montag die Post arbeitet. Allerdings ist es durchaus wahrscheinlich, dass die Bekanntgabe später erfolgt. Letztlich geht es um die Frage, welche Substantiierungspflichten dem Steuerpflichtigen bezüglich des Bestreitens des Zuganges innerhalb des Dreitagezeitraums auferlegt werden (vgl. z. B. BFH/NV 2006, 1683).

Auf die Dreitagesfiktion des § 122 Abs. 2 AO ist § 108 Abs. 3 AO (bei Ende der Frist an Samstag, Sonntag, Feiertag Verlängerung bis zum Ablauf des nächsten Werktages) anzuwenden (BStBl II 2003, 898; AEAO zu § 108 Nr. 2). Das Ende des Dreitagezeitraums kann daher nicht auf einen Samstag, Sonntag oder Feiertag fallen, sondern in derartigen Fällen stets auf den nachfolgenden Werktag. Bei Übermittlung an einen Beteiligten im *Ausland* gilt ein schriftlicher Verwaltungsakt *einen Monat* nach Aufgabe zur Post als bekannt gegeben (§ 122 Abs. 2 Nr. 2 AO). Dieselbe Frist gilt für Beteiligte ohne Wohnsitz (gewöhnlichen Aufenthalt, Sitz, Geschäftsleitung, Empfangsbevollmächtigten) im Inland oder den in § 123 Satz 1 AO genannten Staaten (§ 123 Satz 2 AO). Bei elektronischer Bekanntgabe, wozu auch die Bekanntgabe per Telefax gehört (vgl. AEAO zu § 122 AO Nr. 1.8.2.2; BGH, NJW 2006, 2263), gilt der VA am 3. Tag nach der Absendung als zugegangen. Die Ausnahmen entsprechen denen bei § 122 Abs. 2 AO. Da es sich um eine Fiktion handelt, kann das Finanzamt den Bescheid bis zum 3. Tag widerrufen (AEAO zu § 124 Nr. 6) oder der Steuerpflichtige einen Einspruch zurücknehmen (BFH/NV 2002, 1409), auch wenn der Bescheid/die Einspruchsentscheidung tatsächlich schon zugegangen ist.

b) Dauer der Frist

Die *Dauer* der Fristen ist in der AO, der FGO und den Einzelsteuergesetzen geregelt. Für den Praktiker sind insbesondere folgende Fristen wichtig: 119

- Die *Frist* für den Einspruch, die Klage, die Nichtzulassungsbeschwerde und die Revision beträgt einen Monat (§ 355 AO; §§ 47, 116, 120 FGO).
- Die *Frist* für die Wiedereinsetzung beträgt einen Monat (§ 110 Abs. 2 AO) oder 2 Wochen oder einen Monat (§ 56 Abs. 2 FGO)
- Die Frist für die *Festsetzungsverjährung* beträgt bei Verbrauchsteuern, z. B. Stromsteuer, ein Jahr (ggf. bei Verweisung auf den Zollkodex auch 3 Jahre), für andere Steuern (ohne Einfuhr- und Ausfuhrabgaben) vier Jahre. Bei Steuerhinterziehung verlängert sie sich auf 10 Jahre, bei leichtfertiger Verkürzung auf fünf Jahre (§ 169 Abs. 2 AO).
- Ein Säumniszuschlag wird bei einer Säumnis bis zu 3 Tagen nicht erhoben (§ 240 Abs. 3 AO; gilt nicht für Scheckzahler!).

c) Ablauf der Frist

Fristen, die nach Tagen bestimmt sind, enden mit Ablauf des letzten Tages der Frist um 24 Uhr. Dies gilt auch, wenn die Finanzbehörde z. B. um 16.30 Uhr die Diensträume schließt. Fristen, die nach Wochen oder Monaten berechnet werden, enden mit Ablauf des Tages der letzten Woche oder des letzten Monats, der durch seine Benennung oder Zahl dem Tag entspricht, in den das Ereignis oder der Zeitpunkt fällt, soweit für den Anlauf der Frist nicht der Beginn eines Tages maßgebend ist (vgl. §§ 188 Abs. 1, 187 Abs. 2 BGB). Fehlt bei Monatsfristen dieser Tag, endet die Frist mit dem letzten Tag des Folgemonats (§ 108 Abs. 1 AO i. V. mit § 188 Abs. 3 BGB). 120

> **BEISPIEL:** Ein Steuerbescheid wird am 15. oder 31. Mai bekannt gegeben. Die Monatsfrist für den Einspruch läuft am 15. oder 30. Juni um 24 Uhr ab.

Gemäß § 108 Abs. 3 AO endet die Frist erst mit dem Ablauf des nächstfolgenden Werktages, wenn das Fristende auf einen Sonntag, gesetzlichen *Feiertag* oder einen *Sonnabend* fällt. Diese Regelung greift auch für Zugangsfiktionen (z. B. die Drei-Tage-„Regel" des § 122 Abs. 2 AO) ein.

> **BEISPIEL:** Ein Arbeitgeber gibt die Lohnsteuer-Anmeldung am 10. Oktober – einem Samstag – für den Monat September ab. Gemäß § 41a EStG hat er gleichzeitig die Lohnsteuer abzuführen, d. h. sie ist (grundsätzlich) fällig. Die Frist läuft jedoch gem. § 108 Abs. 3 AO nicht ab. Die dreitägige Schonfrist für Säumniszuschläge (§ 240 Abs. 3 AO) beginnt erst mit Ablauf des nachfolgenden Montags um 24 Uhr. Das bedeutet: Die Zahlungsschonfrist läuft erst am nächstfolgenden Donnerstag um 24 Uhr ab. Geht an diesem Tag die Zahlung beim Finanzamt ein, so darf die Finanzbehörde keine Säumniszuschläge erheben.

> **BEISPIEL:** Ein Steuerbescheid wird am Donnerstag zur Post gegeben. Gemäß § 122 Abs. 2 Nr. 1 AO gilt die Bekanntgabe als am nächsten Sonntag erfolgt. Nach § 108 Abs. 3 AO tritt Bekanntgabe erst Montag ein. Die Rechtsbehelfsfrist beginnt mit Ablauf des folgenden Montags und läuft einen Monat später mit mit Ablauf des Tags, dessen Zahl dem Montag entspricht, ab. Wenn der Ablauf der Rechtsbehelfsfrist auch auf einen Samstag, Sonntag oder gesetzlichen Feiertag fällt, endet die Frist erst mit Ablauf des nächstfolgenden Werktages, falls dieser kein Samstag ist.

2. Verlängerung von Fristen (§ 109 AO)

Grundsätzlich können Fristen nicht verlängert werden. Davon macht § 109 AO folgende wichtige Ausnahmen: Fristen zur Einreichung von Steuererklärungen und Fristen, die von einer Finanzbehörde gesetzt sind, können verlängert werden. Sind solche Fristen bereits abgelaufen, können sie rückwirkend verlängert werden, insbesondere wenn es unbillig wäre, die durch den Fristablauf eingetretenen Rechtsfolgen bestehen zu lassen. In den in § 109 Abs. 2 AO genannten Fällen (§ 149 Abs. 3 und 4 AO) kommt eine Verlängerung nur in Betracht, falls der Stpfl. ohne Verschulden verhindert ist oder war, die Steuererklärungsfrist einzuhalten.

3. Wiedereinsetzung in den vorigen Stand

121 Wiedereinsetzung in den vorigen Stand bedeutet: Wer eine *gesetzliche* Frist *schuldlos* versäumt hat, wird so gestellt, als sei die Frist nicht verstrichen (§ 110 AO, § 56 FGO).

a) Gesetzliche Frist und Verweisungsfälle

122 Es muss sich grundsätzlich um *gesetzliche* und nicht verlängerungsfähige oder nicht verlängerte Ausschlussfristen handeln, innerhalb derer eine *Handlung* vorzunehmen ist.

BEISPIELE: Die Monatsfrist für den Einspruch (§ 355 AO). Monatsfrist für den Antrag auf Wiedereinsetzung in den vorigen Stand (§ 110 Abs. 2 AO), 2-Wochenfrist bei Wiedereinsetzung (§ 56 FGO).

Eine Wiedereinsetzung ist *nicht* möglich bei gesetzlichen *Zahlungs*fristen (z. B. § 18 Abs. 4 UStG), der Festsetzungsfrist gem. § 169 AO (Zweck der Verjährung, Rechtssicherheit zu schaffen, schließt Wiedereinsetzung aus; vgl. BFH, BStBl II 2008, 462), behördlich gesetzten Fristen (z. B. zur Beantwortung von Anfragen, Vorlage von Belegen, Erteilung von Auskünften usw., hier gilt ggf. § 109 AO). Bei den gesetzlichen Ausschlussfristen gem. § 110 Abs. 3 AO und § 356 Abs. 2 AO kommt eine Wiedereinsetzung in den vorigen Stand nur bei höherer Gewalt in Betracht.

Neben den gesetzlichen Fristen unterfallen auch bestimmte behördliche oder richterliche Ausschlussfristen den Regeln über die Wiedereinsetzung. Dies setzt aber eine gesetzliche Verweisung auf die für gesetzliche Ausschlussfristen vorgesehenen Vorschriften (§ 110 AO und § 56 FGO) voraus. Entsprechende Verweisungen finden sich z. B. in § 364b Abs. 2 Satz 3 AO oder § 65 Abs. 2 Satz 3 FGO.

b) Kein Verschulden

Eine *schuldhafte* Fristversäumung schließt die Wiedereinsetzung in den vorigen Stand aus. Verschulden ist Vorsatz und Fahrlässigkeit.

123

- Vorsatz ist ein bewusstes Verhalten, das auf einen Erfolg zielt oder diesen billigend mit in Kauf nimmt.
- Fahrlässig handelt, wer die im Verkehr erforderliche und zumutbare Sorgfalt außer Acht lässt (vgl. § 276 Abs. 2 BGB). Dabei ist auch leicht fahrlässiges Verhalten schädlich.

Die Fristversäumnis ist danach nur dann entschuldigt, wenn sie durch äußerste, den Umständen des Falls angemessene, zumutbare Sorgfalt nicht verhindert werden konnte.

Kraft Gesetzes gilt insbesondere die Versäumung einer Rechtsbehelfsfrist als *nicht verschuldet, wenn*

- einem Verwaltungsakt die *erforderliche* Begründung fehlt oder die *erforderliche* Anhörung eines Beteiligten vor Erlass des Verwaltungsakts unterblieben ist
- *und dadurch* die rechtzeitige Anfechtung des Verwaltungsakts versäumt wurde (§ 126 Abs. 3 AO).

Eine fehlende Rechtsbehelfsbelehrung ist bei Versäumung der Rechtsbehelfsfrist kein Wiedereinsetzungsgrund. Fehlt einem schriftlichen Verwaltungsakt eine Rechtsbehelfsbelehrung, so läuft jedoch die Rechtsbehelfsfrist nicht an (§ 356 Abs. 1 AO). Zu beachten ist aber die Ausschlussfrist gem. § 356 Abs. 2 AO.

Das Verschulden eines *Vertreters* steht dem Verschulden der *Vertretenen* gleich (§ 110 Abs. 1 AO). Diese Vorschrift hat insbesondere *Bedeutung für die Angehörigen der steuerberatenden Berufe.*

Die Wiedereinsetzung in den vorigen Stand ist *keine Ermessensentscheidung*. Liegen die Voraussetzungen vor (schuldlose Versäumung einer gesetzlichen Frist), so besteht ein

Rechtsanspruch auf die Wiedereinsetzung. Ob ein Verschulden vorliegt, muss in vollem Umfang vom Finanzgericht nachgeprüft werden.

c) Wiedereinsetzungsverfahren

124 Der Wiedereinsetzungsantrag ist *binnen eines Monats* nach Wegfall des Hindernisses zu stellen (2 Wochen oder 1 Monat bei § 56 FGO). Das Hindernis fällt weg, wenn die Ursache der Verhinderung entweder behoben ist oder das Fortbestehen des Hindernisses nicht mehr als unverschuldet angesehen werden kann (vgl. BGH, NJW 2000, 592).

> **BEISPIEL:** Ein Steuerpflichtiger beabsichtigt, Einspruch einzulegen. Zwei Wochen vor Ablauf der Einspruchsfrist erleidet er einen Autounfall und wird bewusstlos in ein Krankenhaus eingeliefert. – Die Monatsfrist für den Wiedereinsetzungsantrag beginnt, sobald der Steuerpflichtige wieder in der Lage ist, sich um seine steuerlichen Belange zu kümmern.

Die Tatsachen, die zur Begründung des Wiedereinsetzungsantrags dienen, müssen innerhalb der Wiedereinsetzungsfrist im Kern vorgetragen werden (BFH/NV 2004, 156; 459). Dazu gehört auch die Darstellung, dass die Wiedereinsetzungsfrist eingehalten wurde. Die Tatsachen, die zur Begründung des Wiedereinsetzungsantrags dienen, sind glaubhaft zu machen. Glaubhaftmachung bedeutet: Weniger als voller Beweis, aber mehr als bloße Behauptung. Es muss eine *überwiegende* Wahrscheinlichkeit dargetan werden. Der Steuerpflichtige sollte der Finanzbehörde alle vorhandenen Beweismittel anbieten (Bescheinigung eines Arztes, Benennung von Auskunftspersonen, Angebot der Inaugenscheinnahme, eidesstattliche Versicherung).

Abgesehen von Fällen *höherer Gewalt* ist eine Wiedereinsetzung in den vorigen Stand nach Ablauf eines Jahres seit Ende der versäumten Frist nicht zulässig (§ 110 Abs. 3 AO).

d) Wiedereinsetzung im finanzgerichtlichen Verfahren

125 Mit nachfolgenden *Abweichungen* gelten die Ausführungen zur Wiedereinsetzung gem. § 110 AO im *finanzgerichtlichen* Verfahren entsprechend:

aa) Der Antrag auf Wiedereinsetzung ist binnen i. d. R. *zwei* Wochen nach Wegfall des Hindernisses zu stellen (§ 56 Abs. 2 FGO). Nach § 110 Abs. 2 AO beträgt die Frist dagegen einen Monat. Nach § 56 Abs. 2 FGO beträgt die Frist bei Versäumung der Begründungsfrist für Revision und Nichtzulassungsbeschwerde einen Monat.

bb) Die *Wiedereinsetzung* durch das Finanzgericht ist *unanfechtbar* (§ 56 Abs. 5 FGO). Daraus ergibt sich, dass der BFH die Wiedereinsetzung durch ein Finanzgericht auch nicht von Amts wegen überprüfen und aufheben darf. Lehnt dagegen das Finanzgericht die Wiedereinsetzung ab, so kann der BFH im Revisionsverfahren selbst die Wiedereinsetzung aussprechen, wenn er der Meinung ist, das Finanzgericht habe sie zu Unrecht abgelehnt.

Auch für Wiedereinsetzungen im finanzgerichtlichen Verfahren gilt der Grundsatz, dass ein Verschulden des Vertreters dem Verschulden des Vertretenen gleichsteht, obwohl das in § 56 FGO nicht ausdrücklich erwähnt wird.

e) Einzelfälle zur Wiedereinsetzung

Abwesenheit (Urlaub, Geschäftsreise)

Wer öfter oder längere Zeit abwesend ist, so dass für ihn die Abwesenheit zur Regel wird, muss (z. B. durch Bestellung eines Vertreters, Nachsendeantrag bei der Post) dafür sorgen, dass ihn Fristsachen rechtzeitig erreichen. Unterlässt er dies, so handelt er schuldhaft (BFH, BStBl II 1971, 144; 1982, 165). Dagegen nimmt der BFH bei normaler Abwesenheit infolge Urlaubs- und Geschäftsreisen nur dann eine schuldhafte Fristversäumnis an, wenn der Steuerpflichtige die Frist nicht wahrt, obwohl er dazu nach Rückkehr noch in der Lage gewesen wäre (BFH, BStBl II 1975, 18 und 213). Bei Angehörigen steuerberatender Berufe ist im Hinblick auf die Rechtsprechung (BGH, HFR 1985, 386; BFH, BStBl II 1987, 305) durch Bestellung eines Vertreters für die Dauer der Abwesenheit dafür sorgen, dass Fristen gewahrt werden. – Ein Prozessbevollmächtigter darf sich nicht darauf verlassen, dass ein mit der Führung des Fristenkalenders beauftragter Angestellter seine eigene Urlaubsvertretung in einwandfreier Weise regelt. Unterlässt er die Vertretungsregelung, so liegt ein Verschulden vor (Organisationsmangel; BGH, HFR 1986, 207; NJW 2007, 1453).

126

Arbeitsüberlastung

Arbeitsüberlastung ist (grundsätzlich) kein Wiedereinsetzungsgrund (BFH, BStBl II 1975, 213; BFH/NV 2010, 439; aber BAG, NJW 2005, 173). Eine Ausnahme ist denkbar, wenn die Arbeitsüberlastung *plötzlich* und *unvorhersehbar* eintritt.

Ausgangskontrolle

Ein Prozessbevollmächtigter muss im Rahmen seines Auftrags nicht nur auf die rechtzeitige Herstellung der erforderlichen Schriftsätze (z. B. Klageschrift, Einspruchsschrift) achten, sondern auch den *Ausgang* fristgebundener Schriftsätze daraufhin kontrollieren, ob ein rechtzeitiger Eingang bei dem zuständigen Gericht (der zuständigen Behörde) gewährleistet ist (BGH, HFR 1986, 86; BFH, BStBl II 1989, 267). Nach der Rechtsprechung des BFH (BStBl II 1989, 267) ist im Regelfall die Führung eines Fristenkontrollbuches unerlässlich. Im Einzelfall kann eine ausdrückliche und eindeutige Anweisung an eine Hilfskraft hinreichend sein. Ein Prozessbevollmächtigter muss dafür sorgen, dass ein Fristablauf auch dann noch überwacht wird, wenn die Handakten bereits auf eine notierte Vorfrist vorgelegt worden sind (BGH, HFR 1985, 193).

Ausländer/Sprachschwierigkeiten

Für Ausländer genügt es zur Fristwahrung, dass sie innerhalb der Frist einen Schriftsatz in ihrer Landessprache einreichen (§ 87 Abs. 4 Satz 1 AO). In angemessener Frist muss jedoch eine Übersetzung in die Amtssprache (deutsch) vorgelegt werden (§ 87 Abs. 1 AO). Ein Ausländer, der einen ihm bekannt gegebenen Bescheid sechs Wochen lang liegen lässt, ohne sich um eine Übersetzung zu bemühen, handelt schuldhaft. Eine Wiedereinsetzung in den vorigen Stand ist nicht möglich (BFH, BStBl II 1976, 440; vgl. auch BFH, HFR 1965, 37).

Beförderung durch Boten

Wer einen Frist wahrenden Schriftsatz zu befördern hat, darf sich eines Boten bedienen. Er muss diesen jedoch eindringlich und genau darauf hinweisen, dass es auf die

Übermittlung bis zu einem ganz bestimmten Zeitpunkt ankommt. Der Hinweis „die Beförderung sei dringend" genügt nicht (BGH, HFR 1986, 206; BFH, BStBl II 1989, 266).

Eingangsstempel

Ein Steuerpflichtiger, der nach Mitternacht ein Schriftstück in den Briefkasten der Behörde einwirft, darf sich nicht darauf verlassen, dass dieses noch den Eingangsstempel des Vortags erhält (BFH, BStBl II 1970, 230). – Der Eingangsstempel, mit dem ein Schriftstück im Büro des Prozessbevollmächtigten versehen wird, ist für die Fristberechnung unbeachtlich. Der Bevollmächtigte handelt schuldhaft, wenn er sich bei Berechnung einer Frist an diesem Stempel und nicht am Zustellungsvermerk orientiert (BGH, HFR 1985, 193; BFH/NV 2011, 613).

Fristausnutzung auf die Minute

Wer einen Frist wahrenden Schriftsatz erst wenige Minuten vor Fristablauf in den Nachtbriefkasten eines Gerichts einwirft und sich dabei auf seine eigene Uhr verlässt, muss sich vergewissern, ob die angezeigte Zeit richtig ist. Unterlässt er dies, handelt er schuldhaft. Eine Wiedereinsetzung kommt nicht in Betracht (BFH, HFR 1986, 262). Wer in letzter Minute faxt, muss die Funktionstauglichkeit des Geräts sicherstellen (BFH/NV 2013, 401) und den gesamten Schriftsatz vor Fristablauf übersenden (BFH/NV 2012, 957).

Krankheit

Kein Verschulden liegt vor, wenn und solange dem Kranken nicht zugemutet werden kann, die Frist zu wahren.

Mitverschulden der Finanzbehörden

Bei Versand an falsche Behörde lässt deren Säumnis bei der Weitersendung das Verschulden des Steuerpflichtigen zwar nicht entfallen, unter Umständen ist aber trotzdem Wiedereinsetzung zu gewähren. Hat die unzuständige Behörde die Übermittlung schuldhaft verzögert oder überhaupt unterlassen, kommt im Falle willkürlichen, offenkundig nachlässigen und nachgewiesenen Fehlverhaltens der Behörde die Gewährung von Wiedereinsetzung in den vorigen Stand in Betracht (vgl. AEAO zu § 357 Nr. 1; BFH/NV 2007, 944; BGH, NJW 2006, 3499; 2008, 854). Auch bei von der Behörde erzeugtem Irrtum über Zuständigkeit ggf. Wiedereinsetzung (BFH/NV 2000, 987).

Postalische Verzögerung

Die Rechtsprechung ist nicht einheitlich. Nach dem BFH (BStBl II 71, 240) soll es beim Schriftverkehr innerhalb einer Großstadt genügen, dass ein Brief am Nachmittag des Vortages in den Briefkasten eingeworfen wird, wenn die Frist am nächsten Tage abläuft. Andererseits handelt nach Meinung des BFH schuldhaft, wer am Gründonnerstag gegen 18 Uhr einen Einschreibebrief aufgibt, wenn die Frist am Dienstag nach Ostern abläuft (BStBl 1973, 663). Drei Werktage vor Fristablauf am 28. 12. zur Post gegeben, reicht (BFH/NV 2004, 559). Auf „normale Postlaufzeiten" darf man in der Regel vertrauen (BVerfG, BStBl II 1980, 544; BGH, NJW 2003, 3712; vgl. auch BFH/NV 2002, 778).

Steuerberatende Berufe

Angehörige steuerberatender Berufe müssen ein *Fristenkontrollbuch* führen (BFH, BStBl II 1977, 643; 1979, 743; BFH/NV 2003, 199). Zu den Anforderungen bei Führung eines EDV-gestützten Fristenkalenders vgl. BGH, NJW 1999, 582. Das Kontrollsystem muss Postausgangsbuch und Fristenkalender verbinden (BFH, BStBl II 1989, 267). Sie dürfen die Führung des Fristenkontrollbuchs und die Berechnung von einfachen und in der Praxis geläufigen Fristen gut *ausgebildeten und sorgfältig überwachten* Angestellten übertragen (BFH, BStBl II 1969, 190; BFH/NV 2004, 526). Stellt der Berater Unzuverlässigkeit fest, so muss er persönlich die Fristen kontrollieren (BFH, BStBl III 1960, 427). Ein Prozessbevollmächtigter, der nicht die Eintragung einer Fristsache in das Fristenbuch veranlasst, sondern lediglich ohne Zeitangabe die Wiedervorlage verfügt, handelt schuldhaft (BVerwG, HFR 1986, 30). Er ist verpflichtet, für Fälle seiner *Erkrankung oder sonstigen Verhinderung für eine Vertretung* zu sorgen (BFH, BStBl II 1972, 19). Versäumen Angestellte eines Angehörigen der steuerberatenden Berufe eine Frist, so hat dieser deren Verschulden nur dann zu vertreten, wenn er bei der *Auswahl* oder *Beaufsichtigung* schuldhaft gehandelt hat (BFH, BStBl II 1968, 238; BFH/NV 2003, 801 zu Organisationsverschulden und notwendigem Sachvortrag im Wiedereinsetzungsverfahren). Bei Untervollmachten muss die Mandatsübernahme durch den beauftragten Rechtsanwalt oder Steuerberater innerhalb der Frist überprüft werden (BFH, BStBl II 1988, 546). Weitere Einzelfälle zur Büroorganisation finden sich bei T/K, Stand 06/12, § 110 AO Rdnr. 21 ff.

III. Der Steuerverwaltungsakt

§ 118 AO definiert den Begriff des Steuerverwaltungsakts. Der Verwaltungsakt hat *vornehmlich folgende praktische Bedeutung:*   127

▶ Die materiell-rechtliche Wirkung eines Verwaltungsaktes liegt darin, dass er ein Rechtsverhältnis begründet, ändert, aufhebt oder feststellt.

> **BEISPIELE:** ▶ Durch die Festsetzung eines Verspätungszuschlages wird eine Zahlungspflicht *begründet*. – Ein (zutreffender) Steuerbescheid *stellt fest*, dass die Jahressteuerschuld 20 000 DM beträgt. – Aufgrund einer Außenprüfung wird ein Bescheid *geändert* oder *aufgehoben*.

▶ Der Verwaltungsakt ist die *Grundlage für die Verwirklichung der Ansprüche aus dem Steuerschuldverhältnis und die Zwangsvollstreckung* (§§ 218 Abs. 1, 249 Abs. 1 AO). Nur Verwaltungsakte (und Säumniszuschläge) kann die Finanzbehörde zwangsweise durchsetzen! Vgl. Tz 205 ff.

▶ *Verfahrensrechtlich* ist der Verwaltungsakt *Voraussetzung* für den *außergerichtlichen* Rechtsbehelf des Einspruchs. Liegt *kein Verwaltungsakt* vor, so ist ein (förmlicher) außergerichtlicher Rechtsbehelf grundsätzlich *nicht zulässig,* sondern nur die frist- und formlose Gegenvorstellung oder die Dienstaufsichtsbeschwerde (vgl. Tz 240). Ausnahme: Der *Untätigkeitseinspruch* kann eingelegt werden, wenn über den Antrag auf Erlass eines Verwaltungsakts ohne Mitteilung eines zureichenden Grundes binnen angemessener Frist nicht entschieden worden ist (§ 347 Abs. 1 Satz 2 AO).

> **BEISPIEL:** Ein Steuerpflichtiger beantragt eine Stundung (Fristverlängerung, Steuererlass). Er erhält über Monate hinweg von der Finanzbehörde keine Nachricht. Er kann – obwohl ein Verwaltungsakt nicht erlassen worden ist – einen Untätigkeitseinspruch erheben. Auch der Untätigkeitseinspruch setzt jedoch voraus, dass der Antrag auf den Erlass eines *Verwaltungsakts* zielt.

- Im *finanzgerichtlichen* Verfahren ist der Verwaltungsakt *Gegenstand der Anfechtungsklage* (§ 40 Abs. 1 FGO), Ziel der *Verpflichtungsklage* bei abgelehntem oder unterlassenem Verwaltungsakt (§ 40 Abs. 1 FGO) und Gegenstand der *Feststellungsklage* bei Nichtigkeit (§ 41 Abs. 1 FGO), vgl. Tz 281 ff.

1. Definition des Verwaltungsakts – Bekanntgabe

128 Gemäß § 118 AO ist Verwaltungsakt *jede*

- *hoheitliche Maßnahme,*
- *die eine Behörde*
- *zur Regelung eines Einzelfalles*
- *auf dem Gebiet des öffentlichen Rechts trifft und*
- *die auf eine unmittelbare Rechtswirkung nach außen gerichtet ist.*

Zu den einzelnen Begriffsmerkmalen:

- *Maßnahme* ist ein willensgetragenes Handeln mit *Entscheidungscharakter*. Die Entscheidung muss auf eine *Regelung* zielen, d. h. verbindlich eine Rechtswirkung herbeiführen (konstitutiver Verwaltungsakt) oder einen bestehenden Rechtszustand bindend feststellen (deklaratorischer Verwaltungsakt).

> **BEISPIEL:** Durch einen (zutreffenden) Steuerbescheid wird die Existenz des *kraft Gesetzes entstandenen* Steueranspruchs verbindlich betragsmäßig *festgestellt* (deklaratorischer Verwaltungsakt). Dagegen wird durch die Festsetzung eines Zwangsgeldes der Anspruch auf Zahlung erst *begründet* (konstitutiver Verwaltungsakt).

- Die Behörde muss hoheitlich handeln. Dies bedeutet, dass sie von der Befugnis der öffentlichen Gewalt gegenüber einem Gewaltunterworfenen Gebrauch macht. Auf der Ebene rechtlicher Gleichordnung können keine Verwaltungsakte erlassen werden.

> **BEISPIEL:** Das Finanzamt rechnet mit einer Steuerforderung gegen einen Vergütungsanspruch auf. Es handelt sich nicht um einen Verwaltungsakt, da das Finanzamt sich auf der Ebene rechtlicher Gleichordnung bewegt. Auch der Steuerpflichtige könnte aufrechnen (vgl. § 226 AO i. V. m. §§ 387 ff. BGB).

- Die Regelung (Maßnahme) muss sich auf einen *Einzelfall* beziehen. Dieses Begriffsmerkmal dient der Abgrenzung des Verwaltungsakts von generell abstrakten Regelungen, also Rechtsnormen. Zugleich findet eine Abgrenzung von *Allgemeinverfügungen* (z. B. die allgemeine Aufforderung zur Abgabe von Steuererklärungen oder zwecks Anordnung des Ruhens von Verfahren nach § 363 Abs. 2 Satz 3 AO) statt, die aber nach § 118 Satz 2 AO auch als Verwaltungsakte definiert sind (konkret-generelle Regelungen).

- Die Regelung muss auf eine *unmittelbare Rechtswirkung* nach *außen* zielen. Behörden*interne* Maßnahmen sind deshalb keine Verwaltungsakte (z. B. die Anweisung der OFD oder eines Vorstehers an die Rechtsbehelfsstelle, einen Einspruch zurückzuweisen, Bestimmung des Betriebsprüfers (vgl. auch Tz 5; BFH/NV 2009, 1080).

▶ Die Regelung muss von einer *Behörde* auf dem Gebiet des *öffentlichen Rechts* (Steuerrechts) getroffen werden. Die privatrechtliche Betätigung einer Behörde (z. B. Kauf von Büromöbeln, Verkauf eines gebrauchten Dienstwagens) stellt keinen Verwaltungsakt dar.

§ 124 AO zieht aus der (intendierten) Außenwirkung des Verwaltungsakts eine wichtige Konsequenz: Verwaltungsakte werden erst mit *Bekanntgabe* wirksam (BFH/NV 2010, 1081). Es gibt Ausnahmen (z. B. Arrestanordnung, § 324 Abs. 2 AO). Eine wirksame Bekanntgabe setzt den Bekanntgabewillen des für den Erlass des Verwaltungsaktes zuständigen Bediensteten voraus (AEAO zu § 124 Nr. 4). Aufgrund des neugefassten § 155 Abs. 4 AO können die dort genannten Verwaltungsakte (insbesondere Steuerfestsetzungen) auch ausschließlich automationsgestützt, d. h. ohne Mitwirkung eines Amtsträgers, erlassen werden. Schriftliche Verwaltungsakte werden regelmäßig durch einfachen Brief bekannt gegeben. Nach dem neu eingeführten § 122a AO kann die Bekanntgabe mit Einwilligung des Stpfl. auch dadurch erfolgen, dass der Verwaltungsakt vom Finanzamt zum Datenabruf durch Datenfernübertragung zur Verfügung gestellt wird. In diesem Fall gilt ein zum Abruf bereitgestellter Verwaltungsakt am dritten Tag nach Absendung der elektronischen Benachrichtigung über die Bereitstellung der Daten an die abrufberechtigte Person als bekannt gegeben (§ 122a Abs. 4 AO).

Ist eine förmliche *Zustellung* vorgeschrieben, so gelten die Vorschriften des Verwaltungszustellungsgesetzes (z. B. für die Zustellung einer Forderungspfändung oder Arrestanordnung, §§ 309 Abs. 2, 324 Abs. 2 AO, vgl. § 122 Abs. 5 AO). Der AEAO zu § 122 AO und zu § 197 AO enthält ausführliche Darlegungen über die bei Bekanntgaben und förmlichen Zustellungen zu beachtenden Formalitäten und die Rechtsfolgen (z. B. Unwirksamkeit des Verwaltungsakts!) bei Verstößen gegen die Regeln einer ordnungsgemäßen Bekanntgabe.

BEISPIEL: ▶ Die Bekanntgabe eines Verwaltungsakts an eine durch Umwandlung in eine KG untergegangene GmbH führt auch dann zur Unwirksamkeit, wenn der Verwaltungsakt in den Machtbereich der KG gelangt, von deren gesetzlichen Vertretern zur Kenntnis genommen und als für die KG bestimmt behandelt wird (BFH, GrS, BStBl II 1986, 230; BFH/NV 2006, 1243).

Zur Bekanntgabe und ihrer Bedeutung für den Beginn von Fristen vgl. Tz 118.

2. Einzelfälle

Verwaltungsakte sind: 129

Steuerbescheid und Grundlagenbescheid; Verspätungszuschlag (§ 152 AO); Zinsbescheid (§ 239 AO); Zwangsgeld (§ 328 AO); Anordnung, Abbruch einer Außenprüfung; Ablehnung einer Schlussbesprechung (BFH, BStBl II 1973, 542); verbindliche Zusage nach einer Außenprüfung (§§ 204 ff. AO); verbindliche Auskunft (§ 89 AO); Lohnsteuer-Anrufungsauskunft gem. § 42e EStG (BFH, BStBl II 2010, 996; 2011, 233, BMF, BStBl I 2011, 213) Erleichterung bei Buchführungs- und Aufzeichnungspflichten (§ 148 AO); Anordnung der Vorlage von Urkunden (§ 97 AO); Aufforderung zur Abgabe von Steuererklärungen; Bescheinigung als Voraussetzung für die Inanspruchnahme von Rechten oder Vergünstigungen (z. B. grunderwerbsteuerliche Unbedenklichkeitsbescheinigung als Voraussetzung für die Eintragung in das Grundbuch gem. § 22 GrEStG; vgl. BFH/NV 1995, 1089); Antrag auf Eintragung einer Zwangshypothek gem. § 322 Abs. 3 AO. Mitteilung über die Buchführungspflicht gem. § 141 Abs. 2 AO (BFH, BStBl II 1983, 254); Ablehnung beantragter Verwaltungsakte (z. B. eines Stundungsantrags, eines Antrags auf Aussetzung der Vollziehung).

Bei der Anordnung, Auskunft zu erteilen (§§ 93 ff. AO) differenziert der BFH. Auskunftsersuchen an Dritte sind grundsätzlich Verwaltungsakte. Auskunftsersuchen an den Steuerpflichtigen selbst sollen nur dann Verwaltungsakte sein, wenn die Aufforderung erzwingbar ist (vgl. BFH, BStBl II 1999, 199; 2007, 365), also wenn ihre zwangsweise Durchsetzung (zur Vollstreckung vgl. Tz 216) nicht im Hinblick auf mögliche geringere Eingriffe des Staates (z. B. Schätzung) ermessensfehlerhaft wäre.

Keine Verwaltungsakte sind:

Belehrungen; Erläuterungen; Hinweise; in Aussicht stellen eines Verwaltungsakts; Fahrtenbuchauflage im Steuerbescheid (vgl. BFH/NV 2005, 1755); Meinungsäußerungen; Betriebsprüfungsberichte; Rechtsgespräche; Mahnung (§ 259 AO).

3. Form des Verwaltungsakts

130 Gem. § 119 Abs. 2 AO können Verwaltungsakte grundsätzlich schriftlich, elektronisch, mündlich oder in anderer Weise erlassen werden. In der Praxis ist aber Schriftform auch dann die Regel, wenn sie nicht ausdrücklich (wie z. B. in § 157 Abs. 1 Satz 1 AO) vorgeschrieben ist. Dies dient der Klarheit und Beweissicherung. Eine Buchführungserleichterung, Stundung oder ein Erlass kann z. B. rechtswirksam mündlich bewilligt werden. In der Praxis erlassen die Finanzbehörden jedoch derartige Verwaltungsakte schriftlich. Bei berechtigtem Interesse des Steuerpflichtigen *muss* die Behörde einen mündlichen Verwaltungsakt schriftlich *bestätigen,* wenn der Steuerpflichtige dies unverzüglich verlangt (§ 119 Abs. 2 AO).

Schriftform oder die elektronische Form ist insbesondere vorgeschrieben für

▶ Steuerbescheide (§ 157 Abs. 1), soweit nichts anderes bestimmt ist (z. B. bei Steueranmeldungen gem. § 168 AO letzter Satz);

▶ die Anordnung einer Außenprüfung (§ 196 AO);

▶ Rechtsbehelfsentscheidungen (§ 366 AO).

Bei *schriftlichen* Verwaltungsakten beginnt die Frist für einen Rechtsbehelf nur, wenn eine ordnungsgemäße Rechtsbehelfsbelehrung erteilt wird (§ 356 Abs. 1 AO).

Gem. § 119 Abs. 2 AO und § 157 Abs. 1 AO können Verwaltungsakte und insbesondere Steuerbescheide auch elektronisch erteilt werden. Die Bekanntgabe erfolgt entweder gem. § 87a Abs. 1 und 7 AO (mittels Zugangseröffnung durch den Empfänger und eines sicheren Verfahrens) oder gem. § 122a AO: Danach können Verwaltungsakte mit Einwilligung des Beteiligten bekannt gegeben werden, indem sie zum Datenabruf durch Datenfernübertragung bereitgestellt werden. Ein zum Abruf bereitgestellter Verwaltungsakt gilt am dritten Tag nach Absendung der elektronischen Benachrichtigung über die Bereitstellung der Daten an die abrufberechtigte Person als bekannt gegeben (§ 122a Abs. 4 AO). Der Weg vom Angebot moderner Kommunikationswege bis zum Zwang der Benutzung ist nicht weit. Seit 2005 ist z. B. die elektronische USt-Voranmeldung als gesetzlicher Regelfall vorgeschrieben (§ 18 Abs. 1 UStG). Zu weiteren Fällen vgl. Tz 106.

4. Nebenbestimmungen

Nebenbestimmungen sind Ergänzungen zu einem Verwaltungsakt. 131

> **BEISPIELE:** Befristung, Bedingung, Widerrufsvorbehalt, Auflage.

Besteht ein *Rechtsanspruch* auf den Erlass eines Verwaltungsakts mit einem *bestimmten* Inhalt (gebundener Verwaltungsakt), so ist eine Nebenbestimmung nur zulässig, wenn sie gesetzlich vorgesehen ist oder sicherstellen soll, dass die gesetzlichen Voraussetzungen des Verwaltungsakts erfüllt werden (§ 120 Abs. 1 AO).

> **BEISPIEL:** Steuerbescheide sind gebundene Verwaltungsakte, weil sich der Steueranspruch nach Grund und Höhe aus dem Gesetz ergibt (kein Ermessensspielraum, vgl. Tz 26). Ein Steuerbescheid unter einem Widerrufsvorbehalt ist unzulässig, weil diese Nebenbestimmung nicht durch Gesetz zugelassen ist. Dagegen sind der *Nachprüfungsvorbehalt* und die *Vorläufigkeitserklärung* bei Steuerbescheiden zulässige Nebenbestimmungen (§§ 164, 165 AO).

Bei *nicht gebundenen* Entscheidungen (Ermessens-Verwaltungsakten) sind dagegen Nebenbestimmungen nach Maßgabe des § 120 Abs. 2 AO zulässig.

> **BEISPIELE:** Stundung unter Widerrufsvorbehalt, Befristung einer Buchführungs-Erleichterung, Aussetzung der Vollziehung gegen Sicherheitsleistung.

Während Bedingung, Befristung und Widerrufsvorbehalt unselbständige Nebenbestimmungen sind, also nicht isoliert angefochten werden können, ist die Auflage selbständig und kann dementsprechend auch isoliert angegriffen werden.

5. Begründungszwang

Schriftliche oder schriftlich bestätigte Verwaltungsakte sind schriftlich zu *begründen*, 132 soweit dies zu ihrem Verständnis erforderlich ist (§ 121 Abs. 1 AO).

> **BEISPIEL:** Die Finanzbehörde setzt antragsgemäß die Vollziehung aus (stundet, erlässt, stellt die Zwangsvollstreckung ein). Eine Begründung ist nicht erforderlich. Lehnt die Behörde dagegen Anträge auf Aussetzung der Vollziehung (Stundung usw.) ab, so muss sie die Ablehnung begründen, damit der Steuerpflichtige aufgrund der Darlegung der Behörde prüfen kann, ob ein Rechtsbehelf Aussicht auf Erfolg hat. Zu begründen sind auch Schätzungsbescheide. Der BFH hält aber nur die Angabe der Besteuerungsgrundlagen der Höhe nach für erforderlich. Nur in Sonderfällen sind weitergehende Angaben geboten (vgl. BFH, BStBl II 1999, 382).

§ 121 Abs. 2 AO lässt Ausnahmen vom Begründungszwang zu. Praktisch bedeutsam ist insbesondere § 121 Abs. 2 Nr. 1 AO, also die Stattgabe bei Anträgen und erklärungsgemäßes Handeln. Dagegen ist § 121 Abs. 2 Nr. 3 AO nicht von Bedeutung. Danach ist eine Begründung nicht erforderlich, wenn die Finanzbehörde *gleichartige* Verwaltungsakte in *größerer* Zahl oder Verwaltungsakte mit Hilfe *automatischer* Einrichtungen erlässt und eine Begründung nach den Umständen des Einzelfalles nicht geboten ist. Die Anwendung der Vorschrift wird von der Literatur bei Steuerbescheiden und Ermessensentscheidungen weitgehend abgelehnt. Praktisch relevant sind allerdings formularmäßige Begründungen insbesondere bei unbegründeten Anträgen.

> **BEISPIEL:** Steuerberater beantragt für 20 Mandanten Fristverlängerung für die Abgabe der Erklärung 2011 bis zum 30.6.2013 ohne einen besonderen Grund anzugeben. Das Finanzamt lehnt formularmäßig die Fristverlängerung ab, weil keine Begründung für die Verlängerung ersichtlich sei.

6. Der fehlerhafte Verwaltungsakt/Nichtigkeit

133 Ein Verwaltungsakt ist fehlerfrei (rechtmäßig), wenn er auf einer rechtswirksamen gesetzlichen Grundlage beruht und nicht gegen ein Gesetz verstößt. Fehlerhaft (rechtswidrig) sind Verwaltungsakte, die ohne gesetzliche Grundlage ergehen, oder die gegen ein Gesetz verstoßen (weil z. B. ein Gesetz unzutreffend ausgelegt oder das Ermessen gesetzwidrig ausgeübt wurde). Rechtswidrige Verwaltungsakte müssen auf Anfechtung aufgehoben werden, soweit die Rechtswidrigkeit reicht.

> **BEISPIEL:** Die Finanzbehörde besteuert in rechtsfehlerhafter Beurteilung eine Rente in voller Höhe, obwohl sie zutreffend gem. § 22 EStG nur mit dem Besteuerungsanteil zu besteuern ist. Der Verwaltungsakt ist rechtswidrig.

> **BEISPIEL:** Ein Unternehmer beantragt eine Erleichterung bezüglich seiner Buchführungs- oder Aufzeichnungspflichten. Das Finanzamt bewilligt die Erleichterung unter der Bedingung, dass der Unternehmer künftig seine Umsatzsteuervoranmeldungen pünktlich abgibt. Diese Bedingung widerspricht dem Zweck der Ermächtigung des § 148 AO. Die Ermessensentscheidung ist gesetzwidrig (§ 5 AO; sachfremde Kopplung; vgl. Tz 26). Sachgerecht wäre die Festsetzung eines Verspätungszuschlags und ggf. eines Zwangsgeldes gewesen (§§ 152, 328 ff. AO).

Auch fehlerhafte (rechtswidrige) Verwaltungsakte sind *wirksam, soweit sie nicht mit Erfolg angefochten werden*. Rechtswidrige Verwaltungsakte bilden deshalb die Grundlage für eine *rechtmäßige* Vollstreckung. Der Gesetzgeber überlässt es dem Steuerpflichtigen, sich durch fristgerechte Einlegung des Rechtsbehelfs gegen rechtswidrige Verwaltungsakte zu wehren. Wer das unterlässt, muss die zwangsweise Durchsetzung des Verwaltungsakts dulden.

> **BEISPIEL:** Steuerfreie Einkünfte werden zu Unrecht besteuert. Ficht der Steuerpflichtige den Steuerbescheid nicht fristgerecht an, so wird dieser bestandskräftig (unanfechtbar). Der Steuerpflichtige muss die festgesetzte Steuerschuld tilgen und ggf. die (rechtmäßige) Zwangsvollstreckung dulden. Dies gilt auch dann, wenn die Behörde ein *Verschulden* trifft. Auch Vollstreckungsmaßnahmen auf der Basis nichtiger Steuerbescheide oder ohne Leistungsgebot sind nicht nichtig, sondern nur anfechtbar (BFH, BStBl 2003, 109).

Eine Ausnahme gilt für *nichtige* Verwaltungsakte. Verwaltungsakte sind *nichtig*, soweit sie an *besonders schwerwiegenden Fehlern* leiden und dies bei verständiger Würdigung aller in Betracht kommenden Umstände *offenkundig ist* (§ 125 AO). Nichtige Verwaltungsakte erzeugen keine Rechtswirkung. Sie sind unwirksam (§ 124 Abs. 3 AO). Der Steuerpflichtige kann sie unbeachtet lassen und die Nichtigkeit noch im *Vollstreckungsverfahren* (z. B. gegen eine Pfändung) geltend machen (§ 256 AO; BFH/NV 2002, 660). Aus Gründen der Rechtsklarheit sollte jedoch jeder Steuerpflichtige nichtige Verwaltungsakte „anfechten", damit auch der bloße Anschein eines wirksamen Verwaltungsaktes beseitigt wird.

Ein Rechtsbehelf gegen einen nichtigen Verwaltungsakt braucht nicht innerhalb eines Monats nach Bekanntgabe des Verwaltungsakts eingelegt zu werden (BFH, BStBl II 1986, 834). Wird ein nichtiger Bescheid formell aufgehoben, so kann bis zur Verjährung jederzeit ein neuer Bescheid erlassen werden. Einem neuen Bescheid stehen die Änderungsvorschriften der AO und der einzelnen Steuergesetze nicht entgegen (BFH, BStBl II 1986, 775). Nichtige Verwaltungsakte sind in der Praxis selten. § 125 Abs. 2 AO enthält einige absolute Nichtigkeitsgründe. § 125 Abs. 3 AO stellt u. a. klar, dass Verwaltungsakte nicht allein deshalb nichtig sind, weil die Vorschriften über die *örtliche* Zuständigkeit nicht eingehalten worden sind oder kraft Gesetzes von der Mitwirkung ausgeschlossene Personen beim Erlass des Verwaltungsakts mitgewirkt haben (z. B. der Angehörige eines Beteiligten).

BEISPIELE FÜR NICHTIGE VERWALTUNGSAKTE: In der Insolvenz ergeht ein Steuerbescheid mit Leistungsgebot über Insolvenzforderungen (BStBl II 2003, 630; § 240 ZPO; AEAO zu § 251 Nr. 4.3.1). Auch Grundlagenbescheide (z. B. Gewinnfeststellungsbescheide) können nicht mehr erlassen werden, wenn und soweit diese sich auf die Ermittlung und Feststellung von zur Tabelle anzumeldenden Insolvenzforderungen auswirken (BFH, BStBl II 1998, 428; zu einheitlich und gesonderten Feststellungen vgl. BFH, BStBl II 2005, 246). Insolvenzfeststellungsbescheide gem. § 251 Abs. 3 AO können jedoch wirksam erlassen werden. – Es ergeht ein Einheitswertbescheid über ein nicht existentes Grundstück. – Ein Finanzamt erlässt Gewerbesteuer, obwohl dafür die Gemeinde zuständig ist. – Ein Finanzbeamter entscheidet über einen von ihm selbst als Steuerpflichtigem gestellten Erlassantrag. Ein Verwaltungsakt, der abschließend von einem Sachbearbeiter gezeichnet wird, obwohl nach Verwaltungsvorschriften das Zeichnungsrecht dem Sachgebietsleiter zusteht, ist im Regelfall *nicht nichtig* (BFH, BStBl II 1981, 404; 1987, 592). – Relativ häufig führen *Bekanntgabemängel* zur Unwirksamkeit von Verwaltungsakten (vgl. AEAO zu § 122).

Nicht zur Nichtigkeit führen selbst grobe Schätzungsfehler (BFH, BStBl II 1993, 259; BFH/NV 2000, 164; anders bei Willkürschätzung: BFH, BStBl II 2001, 381). Wird ein Verwaltungsakt, der *nicht nichtig ist*, unter Verstoß gegen *Verfahrens- und Formvorschriften* erlassen, so kann er zwar mit einem förmlichen Rechtsbehelf angegriffen werden. Die Erfolgsaussicht eines derartigen Rechtsbehelfs ist jedoch in den Fällen der §§ 126, 127 AO eingeschränkt. Danach ist z. B. der Gesetzesverstoß unbeachtlich, wenn ein erforderlicher Antrag nachträglich gestellt, eine erforderliche Begründung nachträglich gegeben wird, oder die erforderliche Anhörung eines Beteiligten nachträglich erfolgt. Entsprechendes gilt, wenn Vorschriften über die örtliche Zuständigkeit nicht eingehalten worden sind, falls keine andere Sachentscheidung hätte getroffen werden können. Entgegen teilweise anderer Auffassungen hält der BFH daran fest, dass § 127 AO auch auf Schätzungsbescheide Anwendung findet (vgl. z. B. BFH, BStBl II 1999, 382).

IV. Widerruf, Rücknahme, Berichtigung, Aufhebung und Änderung von Steuerverwaltungsakten

Verwaltungsakte enthalten rechtliche Regelungen. Im Einzelfall kann die Regelung falsch (rechtswidrig) oder unzweckmäßig sein. Daraus ergibt sich folgendes Problem: Soll eine rechtswidrige oder unzweckmäßige (aber nicht nichtige) Regelung *endgültig* bestehen bleiben oder geändert werden können? *Für* die freie Änderbarkeit spricht das Prinzip der (materiellen) *Gerechtigkeit* oder *Zweckmäßigkeit*. Gegen eine freie Änderbar-

134

keit spricht das Prinzip der *Rechtssicherheit.* Im Steuerrecht ist das Verhältnis von Rechtssicherheit zur materiellen Gerechtigkeit wie folgt geregelt: Legt der Betroffene keinen *förmlichen* (vgl. Tz 240) Rechtsbehelf ein, so ist eine Aufhebung oder Änderung des Verwaltungsakts *nur zulässig,* soweit die Einzelsteuergesetze oder die AO dies *ausdrücklich vorsehen.*

Wegen der weitgehend unterschiedlichen *Voraussetzungen* und *Rechtsfolgen* bei erstrebten Korrekturen ist es außerordentlich wichtig zu unterscheiden, ob die Finanzbehörde

- als zuständige Instanz im außergerichtlichen Rechtsbehelfsverfahren (Einspruch) über den Rechtsbehelf zu entscheiden hat (vgl. §§ 347 ff., insbes. 367 AO; Tz 240 ff.)

    oder

- *außerhalb* eines Rechtsbehelfsverfahrens als *Festsetzungsinstanz* über den Erlass, die Aufhebung oder Korrektur eines Verwaltungsakts zur Entscheidung berufen ist (z. B. auf der Grundlage der §§ 129 bis 131, 164, 165, 172 ff. AO).

BEISPIEL: Verlangt der Steuerpflichtige die Korrektur eines Rechenfehlers zu seinen Gunsten gem. § 129 AO, so kann er den Antrag noch Jahre nach Ablauf der Einspruchsfrist telefonisch stellen (Zeitgrenze: Verjährung vgl. §§ 169 ff. AO). – Im Einspruchsverfahren kann er dagegen eine Korrektur nur erreichen, wenn er binnen *Monatsfrist schriftlich* Einspruch eingelegt hat (§§ 355, 357 AO).

BEISPIEL: Die Aussetzung der Vollziehung (§ 361 AO, § 69 FGO) ist nur möglich, wenn ein förmlicher *Rechtsbehelf* eingelegt wird. Wird außerhalb eines Rechtsbehelfsverfahrens die Korrektur eines Verwaltungsakts (z. B. eines Steuerbescheids unter dem Vorbehalt der Nachprüfung gem. § 164 AO) beantragt, kommt eine Aussetzung nicht in Betracht.

In den Tz 135 ff. werden die Vorschriften abgehandelt, die eine Korrektur (Änderung, Aufhebung, Berichtigung, Rücknahme, Widerruf) von Verwaltungsakten *außerhalb eines Rechtsbehelfsverfahrens* ermöglichen. Zum Rechtsbehelfsverfahren vgl. Tz 240 ff., 280 ff.

Allgemeine Verfahrensvorschriften **FÜNFTER TEIL**

1. Schematische Übersicht 135

| ABB. 1: | Verfahrensrechtliche Möglichkeiten für die Korrektur von Steuerverwaltungsakten außerhalb eines Rechtsbehelfsverfahrens |

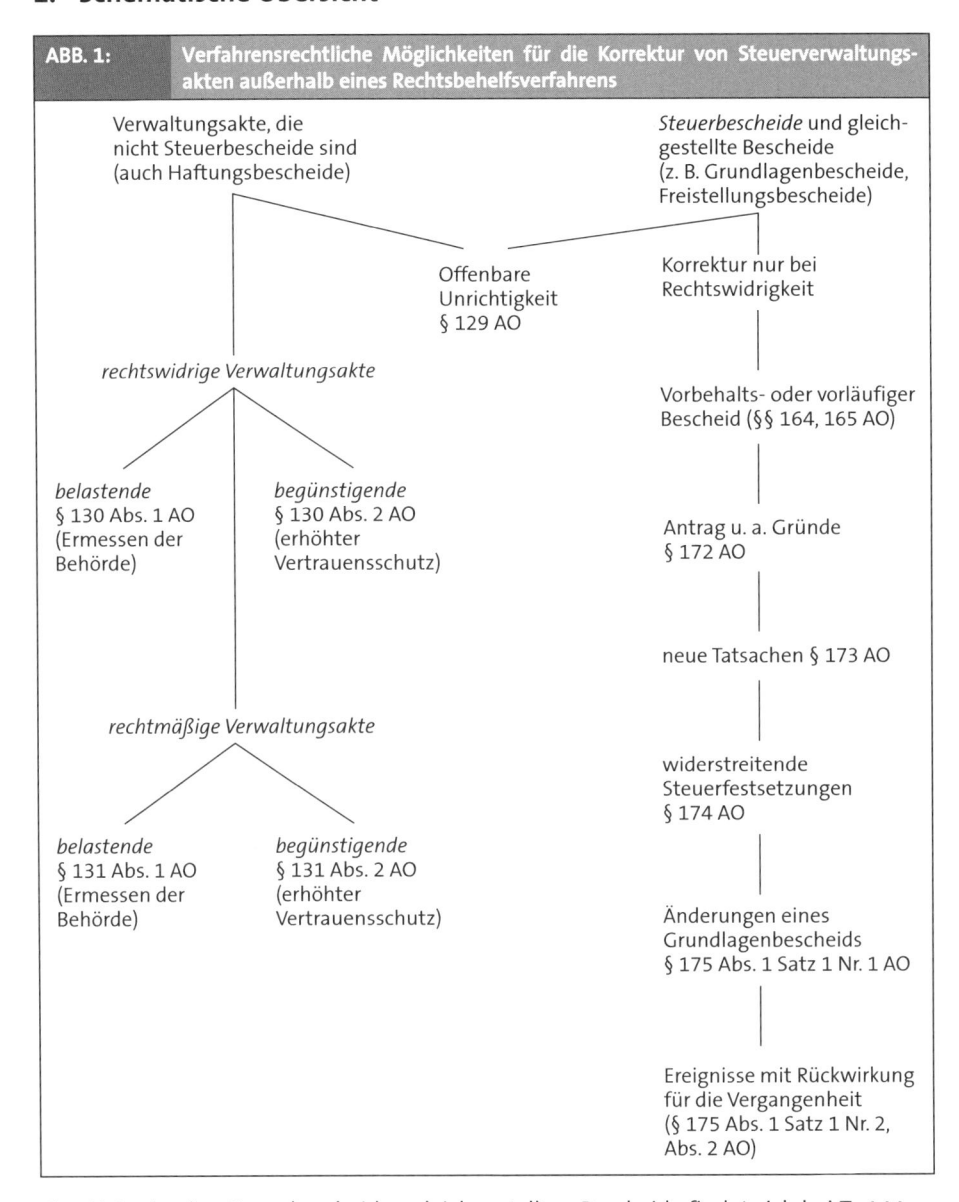

```
Verwaltungsakte, die                           Steuerbescheide und gleich-
nicht Steuerbescheide sind                     gestellte Bescheide
(auch Haftungsbescheide)                       (z. B. Grundlagenbescheide,
                                               Freistellungsbescheide)

                        Offenbare              Korrektur nur bei
                        Unrichtigkeit          Rechtswidrigkeit
                        § 129 AO

rechtswidrige Verwaltungsakte
                                               Vorbehalts- oder vorläufiger
                                               Bescheid (§§ 164, 165 AO)

belastende         begünstigende
§ 130 Abs. 1 AO    § 130 Abs. 2 AO             Antrag u. a. Gründe
(Ermessen der      (erhöhter                   § 172 AO
Behörde)           Vertrauensschutz)

                                               neue Tatsachen § 173 AO


rechtmäßige Verwaltungsakte
                                               widerstreitende
                                               Steuerfestsetzungen
                                               § 174 AO

belastende         begünstigende
§ 131 Abs. 1 AO    § 131 Abs. 2 AO
(Ermessen der      (erhöhter
Behörde)           Vertrauensschutz)           Änderungen eines
                                               Grundlagenbescheids
                                               § 175 Abs. 1 Satz 1 Nr. 1 AO


                                               Ereignisse mit Rückwirkung
                                               für die Vergangenheit
                                               (§ 175 Abs. 1 Satz 1 Nr. 2,
                                               Abs. 2 AO)
```

Eine Liste der den Steuerbescheiden gleichgestellten Bescheide findet sich bei Tz 144.

Neben den obigen Vorschriften bestehen spezielle Regelungen

- *in der AO:* z. B. § 148 (Buchführungserleichterung), § 207 (Zusage), § 280 (Aufteilung), §§ 185, 189 (Zerlegung und Zuteilung), § 233a Abs. 5 (Zinsen)
- *in Einzelsteuergesetzen:* z. B. § 10d EStG betr. Verlustabzug; § 35b GewStG betr. Änderung des Gewerbesteuermessbescheides bei Änderung z. B. eines Einkommen-

und Körperschaftsteuerbescheides; § 32a KStG zur korrespondierenden Besteuerung der vGA bei Körperschaft und Anteilseigner; § 16 GrEStG; §§ 20, 21 GrStG; Kirchensteuergesetze der Länder bei Änderung der Maßstabsteuer.

Die vorstehend bezeichneten Bestimmungen ermöglichen die Korrektur von unanfechtbaren Steuerverwaltungsakten *außerhalb* eines Rechtsbehelfsverfahrens. Sie sind jedoch *auch* anwendbar während eines *Rechtsbehelfsverfahrens*. Das Finanzamt kann z. B. einen Steuerbescheid, der Gegenstand eines Revisionsverfahrens vor dem BFH ist, wegen offenbarer Unrichtigkeit (§ 129 AO) berichtigen oder bei Bekanntwerden neuer Tatsachen (§ 173 AO) ändern (vgl. § 132 AO und § 68 FGO).

2. Berichtigung offenbarer Unrichtigkeiten

136   Die Finanzbehörde kann *Schreibfehler, Rechenfehler* und ähnliche *offenbare Unrichtigkeiten* berichtigen. Bei berechtigtem Interesse des Beteiligten *muss* sie korrigieren. Die Behörde kann die Vorlage des Schriftstücks verlangen, das berichtigt werden soll (§ 129 AO). Diese Regelung gilt für *Steuerverwaltungsakte aller Art*, insbesondere auch für Steuerbescheide und gleichgestellte Bescheide (z. B. Grundlagenbescheide). Unterlaufen dem Stpfl. bei der Erstellung einer Steuererklärung Schreib- oder Rechenfehler, sind Steuerbescheide insoweit gem. § 173a AO zu korrigieren.

Offenbare Unrichtigkeiten sind *Flüchtigkeitsfehler* (mechanische Versehen), die den vom Gesetz beispielhaft erwähnten Schreib- und Rechenfehlern ähneln. Um *kein* bloß mechanisches Versehen handelt es sich nach der Rechtsprechung regelmäßig, wenn der Fehler auf mangelhafter Sachverhaltsaufklärung beruht (BFH/NV 2013, 1). Besteht auch nur die *konkrete Möglichkeit,* dass es sich um einen Fehler im Bereich der *Rechtsanwendung,* des *Schlussfolgerns* oder des *Beurteilens* handelt, so kommt eine Berichtigung gem. § 129 AO nicht in Betracht (BFH, BStBl II 1985, 218; 1986, 293; zu fehlerhafter Eingabe in Computerprogramm vgl. BFH/NV 2006, 1793; 2007, 1810). Auch das Übersehen eines Grundlagenbescheides kann zu einer offenbaren Unrichtigkeit führen (BFH, BStBl II 2003, 867). „Offenbar" bedeutet nicht, dass sich die Unrichtigkeit aus dem schriftlichen Verwaltungsakt selbst ergeben muss (BFH, BStBl II 2006, 400; 2013, 307 zu vergessenem Vorbehalt). Dieser kann in sich stimmig sein (wenn z. B. erklärte Einkünfte nicht in den Bescheid übernommen werden). Schreib- und Rechenfehler sind nach dem Gesetz immer offenbare Unrichtigkeiten (BFH, BStBl II 1988, 164). Andere Fehler sind offenbar, wenn sie bei Offenlegung des Sachverhalts für jeden unvoreingenommenen Dritten klar und eindeutig als offenbare Unrichtigkeit erkennbar sind (BFH, BStBl II 2013, 307). Dies ist der Fall, wenn sie sich unschwer aus den Finanzamtsakten ersehen lassen. In die Prüfung einzubeziehen sind insbesondere auch Speicherungen in der EDV.

Eine Berichtigung gem. § 129 AO setzt einen Fehler *„beim Erlass* eines Verwaltungsaktes" voraus. Es muss sich um einen Fehler *der Behörde* handeln. Ein für die Finanzbehörde nicht erkennbarer Rechenfehler kann nicht gem. § 129 AO korrigiert werden, wohl aber gem. § 173a AO, ggf. auch gem. § 173 AO.

BEISPIEL: Infolge eines Rechenfehlers erklärt ein Unternehmer seine steuerpflichtigen Einkünfte in seiner ESt-Erklärung um 10 000 € zu hoch. Der Fehler ist aus der Steuererklärung nicht zu erkennen. Die ESt wir daraufhin bestandskräftig um 4 000 € zu hoch festgesetzt. Die Steuerfestsetzung kann nicht nach § 129 AO berichtigt werden. Allerdings greift als Korrekturvorschrift der (ab 1. 1. 2017 geltende) § 173a AO. Wenn der Rechenfehler aus der *Erklärung* ersichtlich ist, ist § 129 AO dagegen zu bejahen. Nach st. Rechtsprechung hat das Finanzamt den Fehler übernommen (BFH, BStBl II 1980, 18; BFH/NV 2007, 2056). Zugleich greift der neue § 173a AO.

Die Berichtigung ist nur bis zum Ablauf der Festsetzungsfrist zulässig (§ 169 Abs. 1 AO). Lehnt die Finanzbehörde die Berichtigung eines Verwaltungsakts ab, so ist gegen die Ablehnung der förmliche Rechtsbehelf Einspruch zulässig. Vgl. dazu BFH, BStBl II 1984, 511; so ausdrücklich: AEAO zu § 347 Nr. 2.

§ 129 AO wird im AEAO zu § 129 ausführlich erläutert.

3. Rücknahme und Widerruf von Verwaltungsakten (außer Steuerbescheiden und gleichgestellten Bescheiden)

a) Überblick

Grundsatz: Die Finanzbehörde kann nach ihrem *Ermessen*   137

- *rechtswidrige* Verwaltungsakte mit Wirkung für die *Vergangenheit* und die *Zukunft* zurücknehmen (§ 130 Abs. 1 AO);
- *rechtmäßige* Verwaltungsakte mit Wirkung für die *Zukunft* widerrufen (§ 131 Abs. 1 AO).

Von dem Grundsatz gibt es wichtige Ausnahmen:

- Der Widerruf eines *rechtmäßigen* Verwaltungsaktes ist nicht zulässig, wenn ein Verwaltungsakt *gleichen* Inhalts erneut erlassen werden *müsste* (§ 131 Abs. 1 AO). Das bedeutet: § 131 Abs. 1 AO gilt nicht für gebundene Verwaltungsakte und Fälle der Ermessenseinengung (vgl. Tz 26).
- Für *begünstigende* Verwaltungsakte besteht eine *erhöhte Bestandskraft* (erhöhter Vertrauensschutz zugunsten des Steuerpflichtigen). Soweit Verwaltungsakte begünstigend sind, dürfen sie nur aus Gründen zurückgenommen bzw. widerrufen werden, die in den §§ 130 Abs. 2 und 131 Abs. 2 AO festgelegt sind.
- Für *Steuerbescheide* und gleichgestellte Bescheide gelten die §§ 130 und 131 *nicht* (§ 172 Abs. 1 Nr. 2d AO), aber für Haftungs- und Duldungsbescheide. Zur Aufhebung und Änderung von Steuerbescheiden vgl. Tz 144 ff., 171.
- *Sonderregelungen* enthält die AO z. B. für die Aufhebung bzw. die Änderung der Bewilligung von *Buchführungserleichterungen* (§ 148 AO), *verbindliche Zusagen* (§ 207 AO), *Aufteilungsbescheide* (§ 280 AO) und die Aufhebung bzw. Beschränkung von *Vollstreckungsmaßnahmen* (§§ 257, 258 AO). Zu verbindlichen Auskünften vgl. § 2 Abs. 3 StAuskV.

b) Rücknahme rechtswidriger Verwaltungsakte

Ein *rechtswidriger* (nicht begünstigender) Verwaltungsakt kann auch nach Unanfechtbarkeit ganz oder teilweise mit Wirkung für die Zukunft oder die Vergangenheit zurückgenommen werden (§ 130 Abs. 1 AO). *Rechtswidrig* ist ein Verwaltungsakt, wenn   138 ihm eine rechtliche Grundlage fehlt oder er gegen ein Gesetz verstößt. Handelt es sich dabei nicht um einen gravierenden, offenkundigen Fehler, der zur Nichtigkeit führt (§ 125 AO), so wird der fehlerhafte Verwaltungsakt (zunächst) wirksam (vgl. Tz 133).

> **BEISPIEL:** Weil der Eingangsstempel auf einer Steuererklärung unleserlich ist, nimmt die Finanzbehörde irrtümlich an, die Steuererklärung sei verspätet abgegeben worden. Sie setzt deshalb gem. § 152 AO einen Verspätungszuschlag fest. Tatsächlich lag eine Verspätung nicht vor. Der Verwaltungsakt ist rechtswidrig, aber rechtswirksam. Er kann gem. § 130 Abs. 1 AO zurückgenommen werden.

Die Finanzbehörde muss bei einem Antrag des Steuerpflichtigen eine Ermessensentscheidung treffen (vgl. AEAO zu § 130 Nr. 2). Dabei ist die Ablehnung der Rücknahme in der Regel ermessensgerecht, wenn der Steuerpflichtige gegen den Verwaltungsakt Einspruch hätte einlegen können (vgl. BFH, BStBl II 1991, 552; BFH/NV 2008, 1647).

Für *begünstigende* Verwaltungsakte besteht *erhöhter Vertrauensschutz*. Ein *rechtswidriger begünstigender* Verwaltungsakt darf gem. § 130 Abs. 2 AO *nur* zurückgenommen werden, wenn

- er von einer sachlich unzuständigen Behörde erlassen worden ist,
- er durch unlautere Mittel wie arglistige Täuschung, Drohung oder Bestechung erwirkt worden ist,
- ihn der Begünstigte durch Angaben erwirkt hat, die in wesentlicher Beziehung unrichtig oder unvollständig waren,
- seine Rechtswidrigkeit dem Begünstigten bekannt oder infolge grober Fahrlässigkeit nicht bekannt war.

> **BEISPIELE:** Ein Steuerpflichtiger erwirkt durch Bestechung oder durch bewusst falsche Angaben über seine Einkommens- und Vermögensverhältnisse einen Steuererlass. Der Erlass kann mit Wirkung für die *Vergangenheit* zurückgenommen werden (§ 130 Abs. 2 Nr. 2 AO).
>
> Ein Steuerpflichtiger beantragt eine Stundung. Die Finanzbehörde fordert ihn auf, seine Vermögens- und Liquiditätsverhältnisse darzulegen. Er beauftragt eine Angestellte mit der Vermögensaufstellung. Diese nimmt in die Aufstellung versehentlich ein privates Sparguthaben des Steuerpflichtigen nicht auf, obwohl der Steuerpflichtige es ihr angegeben hatte. Bei Kenntnis von dem Sparguthaben hätte die Finanzbehörde den Stundungsantrag abgelehnt. Die erwirkte Stundung kann mit Wirkung für die Zukunft oder die Vergangenheit zurückgenommen werden. Es genügt, dass die Angaben des Steuerpflichtigen *objektiv* unrichtig waren. Eine Täuschung ist nicht erforderlich (§ 130 Abs. 2 Nr. 3 AO).

Nach dem *Wortlaut* des Gesetzes dürfen *begünstigende rechtswidrige* Verwaltungsakte „nur" aus den vorstehenden Gründen zurückgenommen werden. Die Aufzählung in § 130 Abs. 2 AO ist dennoch *nicht abschließend*. Die Rücknahme muss z. B. auch zulässig sein, wenn der Betroffene *zustimmt* (praktisch seltener Fall), wenn die Rücknahme im Verwaltungsakt *vorbehalten* ist oder der Begünstigte eine *Auflage nicht erfüllt*. Denn unter diesen Voraussetzungen kann sogar ein *rechtmäßiger* Verwaltungsakt widerrufen werden (§ 131 Abs. 2 AO). Dann ist erst recht die Rücknahme eines *rechtswidrigen* Verwaltungsaktes zulässig (BFH, BStBl II 1983, 187).

Erhält die Finanzbehörde von den Tatsachen *Kenntnis*, die die Rücknahme eines rechtswidrigen begünstigenden Verwaltungsaktes rechtfertigen, so ist die Rücknahme nur *innerhalb eines Jahres* seit der Kenntniserlangung zulässig. Diese zeitliche Beschränkung gilt nicht, wenn der Steuerpflichtige den Verwaltungsakt durch unlautere Mittel (arglistige Täuschung, Drohung, Bestechung) erwirkt hat (§ 130 Abs. 3 AO).

Belastende Verwaltungsakte können zugleich *begünstigend* sein. *Soweit* ein belastender Verwaltungsakt eine *Begünstigung* enthält, ist die Rücknahme eines rechtswidrigen Verwaltungsaktes nur unter den einschränkenden Voraussetzungen des *§ 130 Abs. 2 AO* (§ 131 Abs. 2 AO, vgl. BFH, BStBl II 1983, 187) zulässig.

> **BEISPIEL:** Ein Steuerpflichtiger gibt eine Einkommensteuererklärung verspätet ab. Die festgesetzte Jahresschuld beträgt 50 000 €, die Abschlusszahlung 10 000 €. Gemäß § 152 AO a. F. wird ein Verspätungszuschlag von 100 € festgesetzt. Aufgrund einer Außenprüfung ergibt sich für das betreffende Jahr eine Steuernachforderung von 5 000 €. Da die Behörde bei der Festsetzung des Verspätungszuschlags einen für die Ermessensausübung wichtigen Sachverhalt (Höhe der richtigen Abschlusszahlung = 15 000 €; vgl. § 152 Abs. 2 AO a. F.) nicht kannte, konnte sie ihr Ermessen nicht zutreffend ausüben. Die Entscheidung über die Höhe des Verspätungszuschlags (100 €) ist deshalb *zugunsten* des Steuerpflichtigen *rechtswidrig*. Auch belastende Verwaltungsakte (Verspätungszuschlag: 100 €) können insoweit begünstigend sein, als sie *keine höhere* Belastung festsetzen. Nach der Verwaltungsauffassung ist eine Rücknahme der Festsetzung über 100 € und eine Erhöhung zulässig, weil die erste Festsetzung auf (objektiv) unrichtigen Angaben des Steuerpflichtigen beruht (§ 130 Abs. 2 Nr. 3 AO; AEAO zu § 130 AO). Liegen die Voraussetzungen des § 130 Abs. 2 AO nicht vor, so ist eine Erhöhung des Verspätungszuschlags nicht zulässig (AEAO zu § 152 AO). Bei einer *Herabsetzung* der Steuer muss die Finanzbehörde zugunsten des Steuerpflichtigen eine Überprüfung des bisher ausgeübten Ermessens vornehmen (BFH, BStBl II 1979, 641).

c) Widerruf rechtmäßiger Verwaltungsakte

Rechtmäßige Verwaltungsakte können nach Maßgabe des § 131 AO widerrufen werden. Die Vorschrift gilt *nicht für Steuerbescheide* (§ 172 Abs. 1 Nr. 2d AO), aber für Haftungs- und Duldungsbescheide (Umkehrschluss aus § 191 Abs. 3 AO; vgl. auch BFH, BStBl II 1998, 4).

139

Es erscheint zunächst nicht einleuchtend, weshalb die Behörde einen rechtmäßigen – also dem Gesetz entsprechenden – Verwaltungsakt widerrufen sollte. Es gibt jedoch im Ermessensbereich rechtmäßige aber *unzweckmäßige* Verwaltungsakte, deren Widerruf tunlich ist.

> **BEISPIEL:** Die Finanzbehörde ordnet das persönliche Erscheinen eines Auskunftspflichtigen an Amtsstelle an, damit dieser dort eine mündliche Auskunft erteilt. Der Auskunftspflichtige gibt die Auskunft schriftlich und bittet, die Anordnung des persönlichen Erscheinens aufzuheben, weil sie ihn zeitlich zu sehr belaste. – Die Finanzbehörde kann nach ihrem Ermessen die (rechtmäßige) Anordnung des persönlichen Erscheinens gem. § 131 Abs. 1 AO aufheben. Sie wird dies im Regelfall tun, wenn sie keine Zweifel an der Richtigkeit und Vollständigkeit der schriftlichen Auskunft hat.

Eines Widerrufs bedarf es nur insoweit, als über einen bestimmten Sachverhalt bereits *entschieden* ist. Bei einer nachträglichen *Erweiterung* oder *Ergänzung* handelt es sich um zusätzliche Verwaltungsakte, die *ohne Widerruf* des früheren Verwaltungsakts ergehen dürfen.

> **BEISPIELE:** Gegen einen Mittelbetrieb ergeht eine Prüfungsanordnung für die Jahre 2010 bis 2012. Der Prüfer gelangt zu der Auffassung, der Steuerpflichtige habe eine Steuerhinterziehung begangen. Soll nunmehr gem. § 4 Abs. 3 Betriebsprüfungsordnung der Prüfungszeitraum

auf die Jahre 2007 bis 2009 erweitert werden, bedarf es keines Widerrufs der früheren Betriebsprüfungsanordnung. Die Erweiterungsanordnung tritt selbständig neben die ursprüngliche Anordnung. Entsprechendes gilt für die Verlängerung oder Erhöhung einer Stundung, Gewährung zusätzlicher Buchführungserleichterungen, weiterer Fristverlängerungen.

Der Widerruf eines *rechtmäßigen* Verwaltungsaktes steht im *Ermessen* der Finanzbehörde. Der Widerruf ist aber *unzulässig*, wenn ein Verwaltungsakt *gleichen* Inhalts erneut erlassen werden müsste. Daraus folgt, dass die Vorschrift nicht für gebundene Verwaltungsakte gilt (z. B. Bescheid nach § 218 Abs. 2 AO), bei denen die Behörde keine Wahl hat, ob und mit welchem Inhalt sie einen Verwaltungsakt erlässt. Der Anwendungsbereich des § 131 Abs. 1 AO beschränkt sich somit auf *Ermessensentscheidungen* (vgl. Tz 26).

> **BEISPIEL:** Wegen Nichtzahlung bei Fälligkeit ist ein Säumniszuschlag von 50 € entstanden (§ 240 AO). Der Steuerpflichtige wird zur Zahlung des Säumniszuschlages aufgefordert. Die Anforderung des Säumniszuschlages ist ein *gebundener* Verwaltungsakt. Er darf nicht gem. § 131 AO aufgehoben werden, weil es nicht im Ermessen der Behörde steht, ob sie kraft Gesetzes entstandene Ansprüche aus dem Steuerschuldverhältnis geltend macht. Es kommt allenfalls unter den Voraussetzungen des § 227 AO ein Billigkeitserlass in Betracht.

Ein *rechtmäßiger begünstigender* Verwaltungsakt darf gem. § 131 Abs. 2 AO ganz oder teilweise nur widerrufen werden, wenn

▶ der Widerruf durch Rechtsvorschrift zugelassen oder im Verwaltungsakt vorbehalten ist,

▶ der Begünstigte eine mit dem Verwaltungsakt verbundene Auflage nicht oder nicht fristgemäß erfüllt,

▶ die Behörde aufgrund nachträglich eingetretener Tatsachen berechtigt wäre, den Verwaltungsakt nicht zu erlassen und wenn ohne den Widerruf das öffentliche Interesse gefährdet würde.

aa) Widerrufsvorbehalt

140 In der Praxis werden begünstigende Verwaltungsakte oft mit einem Widerrufsvorbehalt verbunden (z. B. Stundungen). Die Finanzbehörde darf von diesem Widerrufsvorbehalt nicht willkürlich, sondern nur nach pflichtgemäßem Ermessen Gebrauch machen (§ 131 Abs. 2 Nr. 1 AO).

> **BEISPIEL:** Nachdem sich der Steuerpflichtige bereit erklärt hat, monatliche Teilzahlungen zu leisten, ist die Zwangsvollstreckung durch einen dem Steuerpflichtigen bekannt gegebenen Verwaltungsakt gem. § 258 AO einstweilen unter Widerrufsvorbehalt eingestellt worden. Solange der Vollstreckungsschuldner die Teilzahlungen pünktlich leistet und sich die Verhältnisse nicht geändert haben (§ 131 Abs. 2 Nr. 3 AO), wird im Regelfall ein Widerruf nicht pflichtgemäßem Ermessen entsprechen (vgl. Tz 26).

bb) Widerruf bei Auflagen

141 *Auflagen* sind *Nebenbestimmungen* zum Verwaltungsakt, die den Betroffenen zu einem bestimmten Tun, Dulden oder Unterlassen verpflichten (z. B. bei einer Stundung Teilzahlungen zu leisten). Die Nichterfüllung einer Auflage ist ein Widerrufsgrund (§ 131 Abs. 2 Nr. 2 AO). – Dagegen stellt eine Stundung gegen Sicherheitsleistung eine Stun-

dung unter einer Bedingung dar, die erst bei Leistung der Sicherheit wirksam wird (BFH, BStBl II 1979, 666). Daraus folgt, dass in der Zeit ab Fälligkeit bis zur Leistung der Sicherheit Säumniszuschläge entstehen.

cc) Widerruf bei Änderung der Verhältnisse

Die Änderung der Verhältnisse ist ein Widerrufsgrund, wenn es sich um *nachträglich eingetretene Tatsachen* handelt und die Finanzbehörde berechtigt gewesen wäre, den Verwaltungsakt nicht zu erlassen, wenn diese Tatsachen bereits bei Erlass des Verwaltungsakts vorgelegen hätten. Auch dann ist jedoch die Behörde zum Widerruf nur berechtigt, wenn *ohne den Widerruf das öffentliche Interesse gefährdet würde* (§ 131 Abs. 2 Nr. 3 AO). Nach dem AEAO zu § 131 Nr. 2 liegt eine Gefährdung des öffentlichen Interesses stets vor, wenn bei einem Verwaltungsakt mit Dauerwirkung das Festhalten an der früheren Entscheidung den Betroffenen gegenüber anderen Steuerpflichtigen bevorzugen würde.

142

> **BEISPIEL:** Nach einer Stundung entwickeln sich die Einkommens- und Vermögensverhältnisse sowie die Liquidität günstig. Die Stundung kann ganz oder teilweise widerrufen werden.

Da ein Widerruf nur mit Wirkung für die *Zukunft* zulässig ist, kann ein *Billigkeitserlass* (§ 227 AO) nicht wirksam mit einem Widerrufsvorbehalt verbunden oder wegen später eintretender Tatsachen (Erbschaft, Spielgewinn) widerrufen werden. Denn ein Widerruf für die Zukunft kann nicht bewirken, dass die erloschene Steuerschuld wiederauflebt. Liegen dagegen die Voraussetzungen des § 130 Abs. 2 AO vor (z. B. Täuschung, Bestechung), so ist eine Rücknahme des Erlasses mit *Wirkung für die Vergangenheit* möglich. Die erloschene Steuerschuld wird wieder existent.

d) Berichtigung, Rücknahme, Widerruf, Aufhebung und Änderung während eines Einspruchs oder finanzgerichtlichen Verfahrens

Gemäß § 132 AO gelten die § 130 bis 131 AO ebenso wie die Vorschriften über die Aufhebung und Änderung von Steuerbescheiden (§§ 172 ff. AO) auch während eines außergerichtlichen *Rechtsbehelfsverfahrens (Einspruch)* und eines *finanzgerichtlichen Verfahrens*. Es besteht weitgehend Einvernehmen, dass § 129 AO auch ohne Erwähnung in § 132 AO während eines Rechtsschutzverfahrens anwendbar ist. Dies ergibt sich schon aus der Formulierung „jederzeit" in § 129 AO.

143

> **BEISPIEL:** Ein Steuerpflichtiger hat gegen einen Steuerbescheid nach erfolglosem Einspruch Klage vor dem Finanzgericht erhoben. Während des Verfahrens findet eine Außenprüfung statt. Der Prüfer stellt neue Tatsachen fest, die sich für den Steuerpflichtigen nachteilig auswirken. Die Finanzbehörde ist berechtigt, trotz des gerichtlichen Verfahrens gem. § 173 Abs. 1 Nr. 1 AO den angefochtenen Steuerbescheid zu ändern. Der geänderte Bescheid wird automatisch nach § 68 FGO zum Gegenstand des finanzgerichtlichen Verfahrens.

4. Aufhebung und Änderung von Steuerbescheiden

Für die Aufhebung und Änderung von *Steuerbescheiden* und gleichgestellten Bescheiden gelten die §§ 130, 131 AO *nicht* (§ 172 Abs. 1 Nr. 2d AO). Insbesondere dürfen *rechtmäßige* Steuerbescheide nicht aufgehoben oder geändert werden. Für die Aufhebung

144

und Änderung von Steuerbescheiden gilt gem. §§ 172 ff. AO eine Regelung, die wesentlich von den §§ 130, 131 AO abweicht. Dagegen können auch Steuerbescheide bei offenbarer Unrichtigkeit gem. § 129 AO berichtigt werden.

Den Steuerbescheiden stehen gleich (Korrektur nach §§ 172 ff. AO):

Freistellungsbescheide, Ablehnung eines Antrags auf Steuerfestsetzung, Vergütungsbescheide (§ 155 Abs. 1 und 3 AO), Feststellungsbescheide (§ 181 Abs. 1 AO), Steuermessbescheide (§ 184 Abs. 1 AO), Zerlegungsbescheide (§ 185 AO – für Änderung der Zerlegung gilt jedoch § 189 AO), Zuteilungsbescheide (§§ 190, 185 – Änderung der Zuteilung gem. § 189 AO), Zinsbescheide (§ 239 AO), – Abrechnungs- oder Haftungsbescheide stehen Steuerbescheiden nicht gleich. Sie können ggf. nach den §§ 130, 131 AO zurückgenommen bzw. widerrufen, Aufteilungsbescheide nach § 280 AO geändert werden.

Zahlreiche Steuerbescheide und gleichgestellte Bescheide ergehen unter dem Vorbehalt der Nachprüfung gem. § 164 AO. Liegt ein derartiger Vorbehalt vor, so kann der Bescheid auf der Grundlage des § 164 Abs. 2 AO. Es bedarf keiner Prüfung, ob eine Änderung gem. §§ 172 ff. AO möglich ist. – Entsprechendes gilt, insoweit ein Steuerbescheid gem. § 165 AO vorläufig ergangen ist (vgl. ausführlich Tz 171). §§ 164 Abs. 2 und 165 Abs. 2 AO gehen den §§ 172 ff. AO vor (vgl. § 172 Abs. 1 Satz 1 AO).

Die Aufhebung oder Änderung einer Steuerfestsetzung ist *unzulässig*, wenn die *Festsetzungsfrist abgelaufen* ist (§ 169 Abs. 1 AO). Diese Aufhebungs- und Änderungssperre gilt für sämtliche Aufhebungs- und Änderungsmöglichkeiten (auch für die Berichtigung wegen offenbarer Unrichtigkeit gem. § 129 AO). Bei jeder beabsichtigten Aufhebung oder Änderung eines Steuerbescheides ist deshalb ggf. zu prüfen, ob die Aufhebungsbzw. Änderungssperre des § 169 Abs. 1 AO eingreift.

Ggf. ist zu prüfen, ob *Einzelsteuergesetze Spezialregelungen* für die Änderung und Aufhebung von Steuerbescheiden oder gleichgestellten Bescheiden enthalten. Vgl. z. B. die in Tz 135 zitierten Vorschriften der speziellen Steuergesetze.

Greift keine spezielle Regelung durch ein Einzelsteuergesetz ein, so gelten für die Aufhebung und Änderung von Steuerbescheiden und gleichgestellten Bescheiden die §§ 172 ff. AO. Dabei ist zu beachten, dass sie nur für *rechtswidrige* Bescheide gelten. Ein rechtmäßiger Steuerbescheid darf weder aufgehoben noch geändert werden (Grundsatz der Gesetzmäßigkeit der Verwaltung). Es kommt dann allenfalls ein Steuererlass aus Billigkeitsgründen gem. §§ 163, 227 AO in Betracht.

a) Aufhebung und Änderung von Steuerbescheiden gem. § 172 AO

aa) Verbrauchsteuern

145 Die Rechtslage bei Einfuhr- und Ausfuhrabgaben wird heute durch europarechtliche Regelungen geprägt, die die Vorschriften der AO weitgehend verdrängen. Der Zollkodex regelt die Fragen der Korrektur von zollrechtlichen Entscheidungen abweichend von der AO. Hinsichtlich der Verbrauchsteuern ist grundsätzlich zwischen rein nationalen und EU-internen Vorgängen und Einfuhrvorgängen zu differenzieren. Bei der Einfuhr gelten i. d. R. europarechtliche Regelungen. Bei internen Vorgängen greift die AO ein. Dies be-

ruht darauf, dass die meisten nationalen Verbrauchsteuergesetze eine dynamische Verweisung auf das Zollrecht enthalten. Anders ist dies beim Stromsteuergesetz, für das die AO gilt. Rein rechtstechnisch wird die Einfuhr von Strom allerdings auch nicht besteuert, sondern die Entnahme von Strom, den ein ausländischer Anbieter in das Steuergebiet eingeleitet hat (vgl. § 7 StromStG).

Bescheide über Verbrauchsteuern ergehen regelmäßig aufgrund einer nur summarischen Prüfung. Sie können deshalb ohne einschränkende Voraussetzungen aufgehoben oder geändert werden (§ 172 Abs. 1 Nr. 1 AO). Dadurch entsteht Rechtsunsicherheit. Der Gesetzgeber hat die Unsicherheit jedoch auf einen kurzen Zeitraum beschränkt. Bei Verbrauchsteuern beträgt die Festsetzungsfrist gem. § 169 Abs. 2 AO (regelmäßig) nur ein Jahr. Nach Fristablauf ist eine Änderung oder Aufhebung nicht mehr zulässig (§ 169 AO). Wichtig ist, dass die zollrechtlichen Regelungen kraft ausdrücklicher (dynamischer) Verweisung in § 21 Abs. 2 UStG auch für die Einfuhrumsatzsteuer gelten.

Neben § 172 AO sind die §§ 173 – 175a AO nicht anwendbar. Dies ergibt sich aus der Formulierung „nur" in § 172 Abs. 1 Satz 1 Nr. 1 AO.

bb) Besitz- und Verkehrsteuern

Eine abweichende Regelung trifft § 172 Abs. 1 Nr. 2 AO für „andere Steuern". Das sind insbesondere die von den Landesfinanzbehörden (ggf. Kommunen) verwalteten *Besitz- und Verkehrsteuern* (z. B. ESt, KSt, USt, GewSt, KfzSt, GrESt, GrSt). Die Aufhebung oder Änderung eines solchen Steuerbescheids ist auf der Grundlage des § 172 Abs. 1 Nr. 2a AO ausnahmslos nur insoweit zulässig, wie der Steuerpflichtige zustimmt (die Zustimmung kann auch in einem Antrag liegen). Dabei ist zu unterscheiden: 146

▶ Zum *Nachteil* des Steuerpflichtigen darf die Änderung auch noch *nach Ablauf der Einspruchsfrist* (Bestandskraft) erfolgen (praktisch seltener Fall, weil der Steuerpflichtige der ihn benachteiligenden Änderung selten zustimmen wird).

▶ Eine Änderung zum *Vorteil* des Steuerpflichtigen setzt nach § 172 Abs. 1 Nr. 2a AO voraus, dass er entweder
  – den Bescheid wirksam angefochten

     oder

  – vor Ablauf der Einspruchs- oder Klagefrist der Änderung zugestimmt (den sog. „schlichten Änderungsantrag" gestellt) hat (vgl. § 172 Abs. 1 Nr. 2a, Satz 2 und 3 AO).

Die Frage, ob im Einzelfall ein Einspruch oder ein schlichter Änderungsantrag für den Steuerpflichtigen günstiger ist, bedarf sorgfältiger Prüfung. Dabei sind u. a. folgende unterschiedliche Voraussetzungen und Wirkungen zu bedenken:

▶ Zum *schlichten Änderungsantrag*:

▶ Der Antrag ist formlos (z. B. telefonisch) zulässig, kann jedoch wirksam nur bis zum *Ablauf* der *Einspruchsfrist* gestellt werden (Besonderheiten bei § 172 Abs. 1 Satz 2 AO). Durch den Antrag kann der Steuerpflichtige den *Umfang* der möglichen Änderung *bestimmen*. Eine Verböserung ist gegen seinen Willen nicht möglich. Beantragt werden muss eine *konkrete* Änderung (z. B. die ESt festzusetzen, die sich nach zusätzlicher Berücksichtigung eines Kinderfreibetrages, einer bestimmten Betriebsausgabe, Sonderausgabe usw. ergibt). Nach *Ablauf* der Einspruchsfrist kann der Antrag *nicht erweitert* werden, da Bestandskraft eingetreten ist (AEAO zu § 172 AO Nr. 2). Eine *Aussetzung* der Vollziehung gem. § 361 AO, § 69 FGO ist *nicht* möglich (da kein Rechtsbehelf eingelegt). Allenfalls kann bei Liquiditätsschwierigkeiten *gestundet* werden (vgl. Tz 57 ff.). Entscheidet das Finanzamt über einen schlichten Änderungsantrag ohne Mitteilung eines zureichenden Grundes nicht binnen angemessener Frist, so kommt ein Untätigkeitseinspruch in Betracht (§ 347 Abs. 1 Satz 2 AO).

▶ Wird der schlichte Änderungsantrag (ganz oder teilweise) *abgelehnt,* kann der Steuerpflichtige Einspruch einlegen (§ 347 AO; AEAO zu § 347 Nr. 2). Mit dem Einspruch (und einer sich etwa anschließenden Klage) kann der Steuerpflichtige jedoch nur die Überprüfung der Frage erreichen, ob der schlichte Änderungsantrag (ganz oder teilweise) abgelehnt werden durfte. Eine weitere Überprüfung ist nicht möglich. Die in § 172 Abs. 3 AO eingeführte Möglichkeit Massenanträge per Allgemeinverfügung zurückzuweisen, führt direkt in die Klage (Einspruchsausschluss in § 348 Nr. 6 AO).

▶ *Zum Einspruch:*

Statt den schlichten Änderungsantrag zu stellen, kann der Steuerpflichtige Einspruch einlegen (vgl. hierzu Tz 241 ff.). Dies ist nur schriftlich/elektronisch – also auch per Telefax – binnen Monatsfrist möglich (vgl. Tz 249, 250). Auf den Einspruch erfolgt eine volle Überprüfung. Eine Beschränkung auf den Antrag des Steuerpflichtigen ist nicht möglich (§ 367 Abs. 2 AO). Der Antrag ist nur eine Anregung. Eine Teilfestsetzungsverjährung kann im Einspruchsverfahren grds. nicht eintreten (vgl. § 171 Abs. 3a AO). Vorteil: der Steuerpflichtige kann jederzeit – auch noch mit einem Einspruch gegen den, dem Einspruchsbegehren voll entsprechenden, Änderungsbescheid – sein ursprüngliches Begehren erweitern. Nachteil: Eine Verböserung ist im Einspruchsverfahren zulässig, jedoch erst nach rechtlichem Gehör (§ 367 Abs. 2 AO). Der Steuerpflichtige kann allerdings nach einem entsprechenden Hinweis des Finanzamts durch Rücknahme des Einspruchs die Verböserung vermeiden (§ 362 AO). Im Einspruchsverfahren kann eine Aussetzung der Vollziehung erreicht werden (§ 361 AO, § 69 FGO; vgl. Tz 261 f.). Wird über den Einspruch nicht binnen sechs Monaten entschieden, ist nach Maßgabe des § 46 FGO die Untätigkeitsklage gegeben. Auch das Einspruchsverfahren ist – unabhängig vom Erfolg – kostenfrei.

Auch wenn Einspruch eingelegt wird, hat § 172 Abs. 1 Nr. 2a AO praktische Bedeutung. Denn die Behörde braucht keine Einspruchentscheidung zu erlassen, wenn sie während des Einspruchsverfahrens auf der Grundlage dieser Vorschrift den angegriffenen Bescheid entsprechend dem Einspruchsantrag ändert. Sie kann gem. § 367 Abs. 2 Satz 3 AO i.V. mit § 172 Abs. 1 Nr. 2a letzte Alt. AO einen sog. Abhilfebescheid erlassen.

BEISPIEL: ▶ Der Steuerpflichtige legt gegen eine Steuerfestsetzung Einspruch ein und beantragt die Ermäßigung der Steuer um 1 000 €. Die Behörde hält den Einspruch für begründet. Da die Voraussetzungen des § 172 Abs. 1 Nr. 2a AO vorliegen, kann die Behörde auf der Grundlage dieser Vorschrift den Bescheid ändern. *Die Änderung ist keine Einspruchsentscheidung* (§ 367 Abs. 2 Satz 3 AO). Folglich bedarf sie keiner Begründung. Der Änderungsbescheid ist mit einem erneuten *Einspruch* angreifbar (§ 347 AO; BFH, BStBl II 2007, 736). Der ändernde Verwaltungsakt in Form einer Einspruchsentscheidung wäre dagegen mit der *Klage* vor dem FG anfechtbar.

Eine Aufhebung und Änderung von Bescheiden auf der Grundlage des § 172 Abs. 1 Nr. 2a AO ist auch dann noch möglich, wenn ein Rechtsstreit vor dem FG oder dem BFH schwebt (so ausdrücklich § 172 Abs. 1 Satz 2 AO). Dies gilt auch nach einer rechtmäßig gesetzten Frist nach § 364b AO (AEAO zu § 364b Nr. 5).

Die Aufhebung und Änderung eines Steuerbescheids gem. § 172 Abs. 1 Nr. 2b bis d AO ist außerdem zulässig, soweit

▶ er von einer sachlich unzuständigen Behörde erlassen (vgl. Tz 31)
▶ er durch unlautere Mittel (z. B. Täuschung, Drohung, Bestechung) erwirkt wurde
▶ es sonst gesetzlich zugelassen ist (z. B. §§ 173 ff. AO, durch Einzelsteuergesetze wie § 10d EStG; vgl. Tz 135; AEAO vor §§ 172 bis 177 Nr. 3).

cc) Kleinbetragsverordnung – KBV

Der Gesetzgeber hat in § 156 AO die Rechtsgrundlage geschaffen, die Festsetzung oder Änderung wegen Bagatellbeträgen zu unterbinden. Durch die auf der Grundlage des § 156 Abs. 1 AO erlassene KBV ist für die praktisch wichtigsten Steuern eine Mindestgrenze von 10 € bzw. 25 € für die Änderung oder Berichtigung festgesetzt worden. Außerdem kann die Festsetzung von Steuern und steuerlichen Nebenleistungen unterbleiben, wenn feststeht, dass die Einziehung keinen Erfolg haben wird oder wenn die Kosten der Einziehung oder Festsetzung außer Verhältnis zu dem Betrag stehen (§ 156 Abs. 2 AO).

147

> **BEISPIEL:** Bei einer Außenprüfung wird eine neue Tatsache festgestellt, deren Auswertung zu einer Steuernachforderung von 5 € führen würde. Da die Kosten für den Erlass eines Änderungsbescheides (Betriebsprüfungsbericht, Bekanntgabe des Berichts, Stellungnahme des Steuerpflichtigen, Antwort auf die Stellungnahme, Fertigung des Eingabewertbogens, Auswertung im Rechenzentrum, Bekanntgabe des Steuerbescheids) zuzüglich der Kosten der Einziehung nicht in einem angemessenen Verhältnis zur Steuernachforderung stehen, unterbleibt gem. § 1 KBV die Nachforderung.

b) Aufhebung und Änderung von Bescheiden gem. § 173 AO

§ 173 AO schreibt die Aufhebung (Änderung) von Steuerbescheiden und gleichgestellten Bescheiden vor, wenn *Tatsachen* oder *Beweismittel* bekannt werden, die zu einer *höheren* oder *niedrigeren* Steuer führen. Diese Vorschrift trägt insbesondere dem Umstand Rechnung, dass der Finanzbehörde sehr komplexe Sachverhalte im Gewande verdichteter Zahlen erklärt oder ohne gründliche Prüfung der Besteuerung zugrunde gelegt werden.

148

> **BEISPIEL:** Der Steuerpflichtige erklärt „Einkünfte aus Gewerbebetrieb" von 100 000 €. Diese Zahl beruht auf zahlreichen Tatsachen, die dem Finanzamt nicht bekannt sind.

aa) Aufhebung und Änderung zum Nachteil des Steuerpflichtigen

Steuerbescheide *sind* aufzuheben oder zu ändern, soweit Tatsachen oder Beweismittel nachträglich bekannt werden, die zu einer höheren Steuer führen (§ 173 Abs. 1 Nr. 1

149

AO). *Tatsachen* sind Fakten (Sachverhalte, Lebensvorgänge), die nach Maßgabe der Einzelsteuergesetze für die Besteuerung von Bedeutung sein können, also Zustände, Vorgänge, Beziehungen und Eigenschaften materieller und immaterieller Art (siehe ausführlich AEAO zu § 173 Nr. 1).

> **BEISPIELE:** Existenz eines Wirtschaftsguts, einer betrieblichen Forderung; Höhe des Gesamtumsatzes (§ 19 Abs. 3 UStG); betriebliche oder nichtbetriebliche Veranlassung einer Ausgabe (§ 4 Abs. 4 EStG); Uneinbringlichkeit einer Forderung; Konfessionszugehörigkeit; Alter; Familienstand.

Schätzungen als solche sind keine Tatsachen. Dagegen sind Tatsachen i. S. der Vorschrift Schätzungs*grundlagen*, die im Rahmen einer Außenprüfung nachträglich bekannt werden (z. B. ein bislang unbekannter Vermögenszuwachs). Insbesondere liegen neue Tatsachen, die zu einer niedrigeren Steuer führen, nach einer Schätzung nur dann vor, wenn sich aus der Gesamtwürdigung der Tatsachen eine niedrigere Steuer ergibt (vgl.: BFH, BStBl II 1991, 606). Weitere Einzelfragen bei Schätzungen: BFH, BStBl II 1986, 120; 1987, 161; BFH/NV 2007, 395 zu reduziertem Beweismaß; BFH/NV 2008, 190.

Keine Tatsachen sind logische *Schlussfolgerungen, Werturteile* und *rechtliche Würdigungen* (BFH, a. a. O.). Deshalb ist z. B. die abweichende Bewertung einer dubiosen Forderung durch die Finanzbehörde als solche keine Tatsache.

> **BEISPIELE:** Ein Unternehmer überführt ein Grundstück zu dem von ihm geschätzten Teilwert von 100 000 € in das Privatvermögen. Dabei war ihm nicht bekannt, dass dieses Grundstück in den kommunalen Bebauungsplan als Bauerwartungsland aufgenommen worden war. Als Bauerwartungsland hätte das Grundstück mit einem Teilwert von 300 000 € angesetzt werden müssen. Dieser Sachverhalt wird im Rahmen einer Außenprüfung aufgedeckt. Es handelt sich um eine neue Tatsache, weil der unzutreffende Wertansatz nicht auf einer Wertung (Schätzung) beruhte, sondern auf der Unkenntnis einer *Wert begründenden* Tatsache (Ausweis als Bauerwartungsland).
>
> Für die Jahre 2013 bis 2015 findet eine Außenprüfung statt. Der Prüfer stellt fest, dass der Steuerpflichtige im Jahre 2013 Anschaffungskosten für ein Wirtschaftsgut i. H. von 1 800 € in Einzelbeträge unter 410 € zerlegt und diese gem. § 6 Abs. 2 EStG sofort als Betriebsausgaben abgesetzt hat. Es liegt eine Tatsache nur bezüglich des *Erstjahres* vor, in dem zu aktivieren ist. Die sich daraus ergebende Absetzungsmöglichkeit für die Folgejahre ist dagegen keine Tatsache, sondern lediglich eine *Rechtsfolge*, die keine Änderung des Steuerbescheids zugunsten des Steuerpflichtigen gem. § 173 Abs. 1 Nr. 2 AO rechtfertigt. Die Steuerfestsetzungen für die Jahre 2014 und 2015 können aber nach § 175 Abs. 1 Nr. 2 AO durch Berücksichtigung der AfA geändert werden (vgl. Tz 155; BFH, BStBl II 2000, 18; AEAO zu § 175 AO Nr. 2.4).

Beweismittel sind alle Erkenntnismittel, die geeignet sind, das Vorliegen oder Nichtvorliegen von Tatsachen zu beweisen.

Eine Korrektur gem. § 173 AO setzt voraus, dass die Tatsachen oder Beweismittel *nachträglich*, d. h. nach *Abschluss der Willensbildung* des zuständigen Amtsträgers über die vorangegangene Steuerfestsetzung, bekannt werden (siehe ausführlich AEAO zu § 173 Nr. 2). Regelmäßig ist die Willensbildung mit der endgültigen *Zeichnung der Verfügung* abgeschlossen. Das gilt auch, wenn es sich nur um einen Eingabewertbogen für das Rechenzentrum handelt (BFH, BStBl II 1987, 416). Bei der „papierlosen" Veranlagung kann der Abschluss der Willensbildung auch mit der Freigabe zur Bearbeitung durch den Computer umschrieben werden. Wie die Fälle der elektronischen Steuererklärungen, die unter Einsatz von Kontroll- und Plausibilitätsprogrammen nur durch den Computer besteuert werden, zu erfassen sind, ist noch nicht geklärt. Nicht maßgebend ist jedenfalls der Zeitpunkt der Bekanntgabe an den Steuerpflichtigen. Wird im automatisierten Verfahren nach der Zeichnung des Eingabewertbogens noch eine Kontrolle der gesamten Steuerfestsetzung vorgenommen oder bestand eine Verpflichtung zu einer entsprechenden Überprüfung, so sind alle bis dahin bekannt gewordenen Tatsachen zu berücksichtigen, insbesondere zwischenzeitlich eingegangene Kontrollmitteilungen (BFH, BStBl II 1989, 259 u. 263; AEAO zu § 173 AO Nr. 2.2). Wenn der zuständige Amtsträger nur zu einer punktuellen materiellen Überprüfung oder einer rein formellen Prüfung verpflichtet war, liegt kein die Anwendung von § 173 AO hindernder Eingriff in die Willensbildung vor, so dass Änderungen zu anderen als den überprüften materiellen Fragen zulässig bleiben (BFH, a. a. O.). Dem Steuerpflichtigen ist das Datum der Unterzeichnung auf Verlangen mitzuteilen (AEAO zu § 173 Nr. 2.1). Eine Änderung nach § 173 AO bleibt möglich, wenn der Steuerbescheid nach Bekanntwerden der neuen Tatsache nach § 175 Abs. 1 AO geändert wurde (AEAO zu § 173 Nr. 2.4).

Personell kommt es auf die Kenntnis des zur *Entscheidung berufenen* Amtsträgers an (BFH, BStBl II 1985, 191 und 492; 1987, 416; AEAO zu § 173 Nr. 2.3). Insbesondere bei Bearbeitung durch Rechtsbehelfsstellen oder veranlagende Betriebsprüfung können dies mehrere sein. Welche Tatsachen als bekannt i. S. des § 173 AO anzusehen sind, ist nicht abschließend geklärt (vgl. Zusammenstellung in BFH, BStBl II 2013, 5), dazu gehört aber zumindest der Inhalt der für den Steuerpflichtigen geführten nicht archivierten Akten; instruktiv AEAO zu § 173 Nr. 2.3 bis 2.3.6). Der BFH hat für § 173 Abs. 1 Nr. 1 und 2 AO differenziert bei den Tatsachen, die der zuständige Beamte hätte kennen können oder müssen, aber nicht kannte (vgl. BFH, BStBl II 1997, 422).

BEISPIELE: ▶ Bei der *veranlagenden* Betriebsprüfung entscheidet der Prüfer auch über die Steuerfestsetzung. Hat es deshalb z. B. ein Betriebsprüfer versehentlich unterlassen, festgestellte Tatsachen zum Nachteil des Steuerpflichtigen auszuwerten, so ist eine nachträgliche Änderung auf der Grundlage des § 173 Abs. 1 Nr. 1 AO nicht zulässig. Denn dem „entscheidenden" Beamten (Betriebsprüfer) war die Tatsache bei Erlass des Änderungsbescheides bekannt. Dasselbe gilt, wenn nicht der Betriebsprüfer, sondern der Sachgebietsleiter der Betriebsprüfung für die abschließende Zeichnung des Änderungsbescheides zuständig ist.

In einem Fall mit Trennung zwischen Betriebsprüfung und Veranlagung nimmt ein Prüfer versehentlich in einen Bericht Tatsachen nicht auf, die zu einer Steuererhöhung führen würden. Auf der Grundlage seines Berichts ergehen Änderungsbescheide. Erkennt der Prüfer später, dass sein Bericht unvollständig war und erstellt er einen Nachtragsbericht, so werden der Veranlagungsstelle neue Tatsachen bekannt. Die Voraussetzungen für eine Änderung gem. § 173 Abs. 1 Nr. 1 AO sind deshalb gegeben. Da jedoch aufgrund einer Außenprüfung bereits Änderungsbescheide ergangen sind, dürfen diese gem. § 173 Abs. 2 AO nur geändert werden, wenn eine Steuerhinterziehung oder eine leichtfertige Steuerverkürzung vorliegt.

Die Änderung zum Nachteil des Steuerpflichtigen gem. § 173 Abs. 1 Nr. 1 AO ist unter bestimmten Voraussetzungen unzulässig, wenn das nachträgliche Bekanntwerden der Tatsache auf einer Verletzung der Ermittlungspflicht des Finanzamts beruht (BFH, BStBl II 1986, 241; BFH/NV 2008, 924; AEAO zu § 173 Nr. 4). Diese Einschränkung der Änderungsbefugnis greift nur ein, wenn der Steuerpflichtige die ihm obliegenden Mitwirkungspflichten in zumutbarer Weise erfüllt hat (BFH, BStBl II 1988, 115). Haben sowohl das Finanzamt als auch der Steuerpflichtige den Sachverhalt nicht hinreichend aufgeklärt, kann i. d. R. nach § 173 AO geändert werden (BFH, BStBl II 1989, 585; BFH/

NV 2013, 1145). Bleibt z. B. eine Kontrollmitteilung, die sich bei den Steuerakten befindet, infolge eines Versehens des zuständigen Beamten unbeachtet, so ist eine nachträgliche Korrektur des Steuerbescheides auf der Grundlage des § 173 Abs. 1 Nr. 1 AO nicht möglich (siehe aber BFH, BStBl II 1986, 541 zu § 129 AO).

Eine Aufhebung oder Änderung des Steuerbescheides ist nur *insoweit* möglich, als sich die neue Tatsache oder das neu bekannt gewordene Beweismittel *auswirkt*.

> **BEISPIEL:** Bei einer Außenprüfung wird bekannt, dass der Steuerpflichtige zu Unrecht privat veranlasste Kosten als Betriebsausgaben abgesetzt hat (neue Tatsache). Eine Korrektur führt – isoliert betrachtet – zu einer Erhöhung der ESt von 3 000 €. Gleichzeitig stellt der Prüfer fest, dass wegen fehlerhafter Würdigung einer *bekannten* Tatsache (z. B. unzutreffende Besteuerung einer Rente) die Steuer um 2 000 € zu niedrig festgesetzt worden ist. Die Festsetzung ist um 3 000 € zu erhöhen. Die fehlerhafte Behandlung der Rente kann weder auf der Grundlage des § 173 Abs. 1 Nr. 1 AO („soweit") noch nach § 177 AO korrigiert werden (vgl. dazu Tz 157).

bb) Aufhebung und Änderung zugunsten des Steuerpflichtigen

150 Bei Bekanntwerden neuer Tatsachen oder Beweismittel ist die Aufhebung oder Änderung eines Steuerbescheides auch *zugunsten* des Steuerpflichtigen möglich, soweit sich die Tatsachen bzw. Beweismittel auswirken (§ 173 Abs. 1 Nr. 2 AO). Der Steuerpflichtige kann deshalb noch *nach Ablauf der Einspruchsfrist* (Unanfechtbarkeit) dem Finanzamt neue Tatsachen mitteilen, die sich zu seinen Gunsten auswirken. Der Steuerpflichtige hat einen *Rechtsanspruch* auf die Änderung zu seinen Gunsten (keine Ermessensentscheidung der Finanzbehörde), wenn alle Voraussetzungen des § 173 Abs. 1 Nr. 2 AO vorliegen.

Eine Änderung der Rechtsauffassung der Gerichte oder der Verwaltung kann dann nicht zu einer Korrektur nach § 173 Abs. 1 Nr. 2 AO führen, wenn der Steuerpflichtige später (für das Finanzamt neue) Tatsachen vorbringt, die er aufgrund der bisherigen Rechtsauffassung für unerheblich halten durfte.

> **BEISPIEL:** Der Steuerpflichtige macht bestimmte Aufwendungen in seiner Steuererklärung nicht geltend, weil er weiß, dass die Finanzverwaltung derartige Aufwendungen nicht als Werbungskosten anerkennt. Nach Eintritt der Bestandskraft des entsprechenden Einkommensteuerbescheides entscheidet der BFH in einem von einem anderen Steuerpflichtigen angestrengtem Prozess, dass derartige Aufwendungen doch als Werbungskosten abzugsfähig sind.

Der Große Senat (BFH, BStBl II 1988, 180) hat dazu entschieden: Ein Steuerbescheid ist wegen nachträglich bekannt gewordener Tatsachen oder Beweismittel nicht aufzuheben oder zu ändern, wenn das Finanzamt bei ursprünglicher Kenntnis der Tatsachen nicht anders entschieden hätte. BFH/NV 2008, 191 führt dazu aus, dass rechtfertigender Grund für die Durchbrechung der Bestandskraft nach § 173 AO nicht die Unrichtigkeit der Steuerfestsetzung sei, sondern der Umstand, dass das FA bei seiner Entscheidung von einem unvollständigen Sachverhalt ausgegangen sei. Die Unkenntnis der Tatsachen oder Beweismittel muss für die ursprüngliche Veranlagung *ursächlich* gewesen sein (*Rechtserheblichkeit;* siehe dazu ausführlich AEAO zu § 173 Nr. 3).

Die Rechtserheblichkeit der neuen Tatsache ist zu verneinen, wenn das Finanzamt auch bei rechtzeitiger Kenntnis von der Tatsache mit an Sicherheit grenzender Wahrscheinlichkeit nicht anders veranlagt hätte. Dabei ist auf das zum Entscheidungszeitpunkt geltende Gesetz, die damalige BFH-Rechtsprechung und die bindenden Verwaltungsanweisungen abzustellen (BFH/NV 2010, 1607). Eine Besonderheit – kein Abstellen auf die damalige Rechtsprechung – besteht dann, wenn anderweitig feststeht, dass auch bei rechtzeitiger Kenntnis von der Tatsache nicht anders entschieden worden wäre (hier: konkrete Handlungsanweisung des Vorgesetzten; vgl. BFH, BStBl II 1999, 433).

Die zweite wichtige Voraussetzung für eine Änderung nach § 173 Abs. 1 Nr. 2 AO: Die Änderung zugunsten des Steuerpflichtigen darf nur erfolgen, wenn ihn *kein grobes Verschulden* daran trifft, dass die Tatsachen oder Beweismittel erst nachträglich bekannt werden. Ein grobes Verschulden liegt bei vorsätzlichem oder grob fahrlässigem Verhalten des Steuerpflichtigen vor. Grobe Fahrlässigkeit liegt vor, wenn der Steuerpflichtige bei Abgabe der Steuererklärung „die ihm zuzumutende Sorgfalt in ungewöhnlichem Maße und in nicht entschuldbarer Weise verletzt" (BFH, BStBl II 1983, 324; 1993, 80; 2005, 75).

BEISPIEL: Ein Steuerpflichtiger gibt trotz Mahnung keine Steuererklärungen ab. Daraufhin werden die Besteuerungsgrundlagen gem. § 162 AO geschätzt. Der Steuerpflichtige legt keinen Einspruch ein. Nach Ablauf der Einspruchsfrist reicht der Steuerpflichtige die Umsatz-, Einkommen- und Gewerbesteuererklärungen ein, die niedrigere Besteuerungsgrundlagen ausweisen. – Im Regelfall wird ein *grobes Verschulden* vorliegen, so dass eine Änderungsmöglichkeit zugunsten des Steuerpflichtigen gem. § 173 Abs. 2 Nr. 2 AO nicht besteht (BFH, BStBl II 1986, 120).

Nach AEAO zu § 173 Nr. 5 (hier Nr. 5.1.2) ist im Regelfall ein grobes Verschulden anzunehmen, wenn ein Steuerpflichtiger gegen allgemein anerkannte Grundsätze der ordnungsgemäßen Buchführung verstößt oder ausdrückliche Hinweise der Finanzbehörde in Vordrucken, Merkblättern, Mitteilungen usw. nicht beachtet (gilt auch für online-Formulare bei Elster-Erklärungen, BFH/NV 2013, 1142) oder trotz Aufforderung keine Steuererklärung abgibt. Die bloße Unkenntnis steuerrechtlicher Vorschriften begründet i. d. R. keine grobe Fahrlässigkeit beim Steuerpflichtigen. In einer außergewöhnlich weitgehenden Entscheidung hat der BFH die Anforderungen an die Steuerpflichtigen weit gesenkt:

BEISPIEL: Ein Kfz-Mechaniker und -Sachverständiger machte in seiner Steuererklärung kein Arbeitszimmer geltend. Nach bestandskräftiger Veranlagung begehrte er erstmals die Anerkennung der Kosten für das Arbeitszimmer. Das FA lehnte die Änderung nach § 173 AO „wegen groben Verschuldens" ab. Der BFH entschied, dass der Steuerpflichtige nicht habe wissen müssen, dass man Arbeitszimmerkosten steuerlich absetzen könne. In den Erklärungsvordrucken habe kein ausdrücklicher Hinweis auf Arbeitszimmer gestanden.

Im o. g. Fall führte der BFH Folgendes zur *Beweislast* aus: ... Anhaltspunkte für ein grobes Verschulden sind nicht erkennbar. Solche wären vom FA darzulegen und ggf. zu beweisen. Denn grundsätzlich ist davon auszugehen, dass Fehler des Steuerpflichtigen im Regelfall auf einem Versehen, also auf leichter Fahrlässigkeit, beruhen (BFH, BStBl II 1993, 80 unter II, 1b, ee). Die Finanzverwaltung geht in AEAO zu § 173 Nr. 5.1 m. E. zu Recht davon aus, dass der Steuerpflichtige die Feststellungslast dafür trägt, dass kein grobes Verschulden vorliegt.

In BFH/NV 2005, 156 hat der BFH ausgeführt:

... Drängen sich dem Steuerpflichtigen aufgrund der zu erklärenden Sachverhalte und/oder angesichts seiner eigenen Kenntnisse Zweifel auf, dass er seinen steuerlichen Pflichten und Obliegenheiten ohne fachkundigen Rat nachzukommen im Stande ist, oder hätten sich ihm nach Lage des Falles solche Zweifel aufdrängen müssen, so handelt er *grob fahrlässig*, wenn er die Inanspruchnahme solcher fachlicher Hilfestellung – die im Übrigen nicht notwendigerweise die (entgeltliche) Beauftragung eines steuerlichen Beraters erfordert, sondern auch darin liegen kann, dass der Steuerpflichtige den aus seiner Sicht Zweifel begründenden Sachverhalt vollständig dem FA zur Prüfung unterbreitet bzw. von dort eine Auskunft einholt – unterlässt und infolgedessen für ihn günstige Tatsachen nicht rechtzeitig geltend macht. ...

Die Unkenntnis steuerlicher Bestimmungen wird danach dann ein grobes Verschulden sein, wenn der Steuerpflichtige durch einen Angehörigen der steuerberatenden Berufe vertreten ist oder sich die Einholung von Hilfe aufdrängt. Ein Verschulden des steuerlichen Beraters liegt nicht vor, wenn dieser bei zweifelhafter Rechtslage die für den Steuerpflichtigen günstigere Rechtsauffassung vertritt (z. B. bei sich widersprechenden Entscheidungen von Finanzgerichten; der Sachverhalt muss aber erkennbar sein).

Im Rahmen des § 173 Abs. 1 Nr. 2 Satz 1 AO muss der Steuerpflichtige ein grobes Verschulden seines steuerlichen Beraters in gleicher Weise vertreten wie das Verschulden eines Bevollmächtigten (Analogie zu § 85 ZPO, str., vgl. umfangreiche Darstellung in BFH, BStBl II 2006, 412; AEAO zu § 173 Nr. 5.3 und 5.4). Die vom BFH gewählte Konstruktion für die Zurechnung von Beraterverschulden führt dazu, dass der Steuerpflichtige sich das Verschulden der Mitarbeiter des Bevollmächtigten nicht zurechnen lassen muss (aber BFH/NV 2009, 178: Volle Zurechnung, wenn angestellter Steuerberater nicht nur unselbständige Hilfs- und Bürotätigkeiten ausübt, sondern die Streitsache weitgehend selbständig und abschließend bearbeitet). Ansonsten werden nur Auswahl-, Organisations- und Überwachungsverschulden des Bevollmächtigten selbst zugerechnet. Grobes Verschulden liegt auch dann vor, wenn der Steuerpflichtige eine ihm nach Veranlagung bekannt gewordene Tatsache nicht in der Einspruchsfrist geltend macht (BFH, BStBl II 1984, 256; BFH/NV 1998, 682; vgl. auch AEAO zu § 173 Nr. 5.5).

cc) Die Rückausnahmeklausel in § 173 Abs. 1 Satz 2 AO

151 Auch bei grobem Verschulden besteht ein Rechtsanspruch auf Änderung, wenn die *zugunsten* des Steuerpflichtigen sprechenden Tatsachen in einem unmittelbaren oder mittelbaren *Zusammenhang* mit Tatsachen stehen, die sich für den Steuerpflichtigen *nachteilig* auswirken (vgl. z. B. BFH, BStBl II 2005, 451). Dies gilt auch bei einer Steuerhinterziehung.

> **BEISPIEL:** Ein Steuerpflichtiger hinterzieht Umsatz-, Einkommen- und Gewerbesteuer, indem er Betriebseinnahmen aus Warenverkäufen nicht verbucht und erklärt. Damit kein auffälliges Missverhältnis zwischen den erklärten Umsätzen und Gewinnen (Gewerbeerträgen) besteht, kürzt er in einem entsprechenden Verhältnis den Wareneinsatz und den darauf beruhenden Vorsteuerabzug (sog. Parallel- oder Doppelverkürzung). Bei einer Betriebsprüfung wird der Sachverhalt aufgeklärt. Trotz vorsätzlichen Handelns sind wegen des Sachzusammenhanges mit der Verkürzung der Wareneinsatz und die Vorsteuern in voller Höhe zugunsten des Steuer-

pflichtigen zu berücksichtigen (beachte dazu auch § 177 AO und BFH, BStBl II 1996, 149, zur Schätzung der zu den Umsätzen gehörenden Vorsteuern).

Die Korrektur zugunsten des Steuerpflichtigen wird – theoretisch – nicht durch eine erhöhende Änderung limitiert. Daraus folgt im Ergebnis, dass sich – theoretisch – aus einem groben Verschulden für den Steuerpflichtigen Vorteile ergeben können.

> **BEISPIEL:** Ein Steuerpflichtiger vergaß, in seiner ESt-Erklärung ein steuerbegünstigtes Berlin-Darlehen von 20 000 DM geltend zu machen, obwohl im Erklärungsvordruck ausdrücklich danach gefragt war. *Nachteil:* Der Steuerabzugsbetrag von 12 % (2 400 DM) wurde nicht berücksichtigt. Aufgrund desselben Versehens erklärte er nicht die aus dem Darlehen angefallenen Zinsen, deren Berücksichtigung zu einer Steuererhöhung von 400 DM geführt hätte. – BFH, a. a. O.: Trotz groben Verschuldens ist wegen des Sachzusammenhangs mit der steuererhöhenden Tatsache (Zins wird erfasst) eine Berücksichtigung des Steuerabzugsbetrages von 2 400 DM geboten. Der Abzugsbetrag wirkte sich *voll aus*, so dass sich per Saldo eine Erstattung von 2 000 DM ergab. Es trat keine Limitierung der Korrektur zum Vorteil des Steuerpflichtigen durch den Betrag der ihn benachteiligenden Änderung ein, was im Beispielsfall zur Folge hätte, dass der Steuerbescheid unverändert bestehen bliebe.

Das Gesetz führte zu dem merkwürdigen Ergebnis, dass belohnt wird, wer bei grob schuldhaftem Handeln i. S. des § 173 Abs. 1 Nr. 2 AO noch eine damit zusammenhängende neue Tatsache darlegen kann, die eine ihn *benachteiligende* Korrektur nach § 173 Abs. 1 Nr. 1 AO erzwingt. Hätte im Beispielfall der Steuerpflichtige die Zinsen nicht vergessen, sondern erklärt, wäre als Folge der korrekten Erfüllung steuerlicher Pflichten keine Korrektur zu seinen Gunsten möglich gewesen.

Der BFH unterläuft dieses Ergebnis in den Fällen der Vollschätzung schon seit längerem, indem er das Gesamtergebnis der nachträglich vorgelegten Erklärung als *eine* Tatsache i. S. des § 173 AO definiert (BFH, BStBl II 1991, 606). In der Entscheidung BFH, BStBl II 1994, 346, erweitert er diese Überlegung auf Fälle der Nachdeklaration einer Einkunftsart und auf den Fall, dass eine einzelne Erwerbsgrundlage nachträglich bekannt wird (vgl. BFH/NV 1999, 743). Eine einzelne Kapitalquelle (ein Konto) kann eine derartige Erwerbsgrundlage darstellen. Der BFH würde den Fall mit dem Berlindarlehen heute mit gegenteiligem Ergebnis entscheiden. Die Rechtsprechung führt zu einer weitgehenden Aufhebung des § 173 Abs. 1 Nr. 2 Satz 2 AO und damit zu einer Lösung nach § 177 AO (vgl. auch AEAO zu § 173 Nr. 6.2). Anwendungsbereiche für die Rückausnahmeklausel in § 173 AO bleiben insbesondere bei der USt (vgl. AEAO zu § 173 Nr. 6.3 m. w. N. zur Rechtsprechung des BFH; zu gegenläufigen Auswirkungen bei der Gewinnverteilung vgl. BFH, BStBl II 2009, 950).

dd) Änderungssperre bei vorangegangener Außenprüfung

Hat eine Außenprüfung stattgefunden, so wird die Änderungsmöglichkeit durch § 173 Abs. 2 AO eingeschränkt. Soweit Bescheide aufgrund einer Außenprüfung ergangen sind, ist eine Änderung auf der Grundlage des § 173 Abs. 1 AO nur möglich, wenn eine Steuerhinterziehung (§ 370 AO) oder eine leichtfertige Steuerverkürzung (§ 378 AO) vorliegt. Dies gilt auch, wenn der Steuerpflichtige gem. § 202 Abs. 1 AO eine Mitteilung erhält, wonach die Außenprüfung nicht zu einer Änderung der Bescheide führt. Inwieweit ein Bescheid aufgrund einer Außenprüfung ergangen ist, richtet sich nach dem

Inhalt der Prüfungsanordnung (§§ 196, 197 AO). Es kommt nicht darauf an, worauf sich die Prüfung tatsächlich erstreckt hat.

> **BEISPIEL:** Es findet eine Umsatzsteuer-Sonderprüfung statt. Nach der Prüfungsanordnung erstreckt sich die Prüfung auf die steuerfreien Exportlieferungen gem. § 4 Nr. 1 UStG und die damit zusammenhängenden Vorsteuern. Tatsächlich werden jedoch stichprobenhaft auch steuerpflichtige Umsätze überprüft. Die *Änderungssperre* erstreckt sich nur auf die *Exportlieferungen* und den damit zusammenhängenden *Vorsteuerabzug*. Die Finanzbehörde kann deshalb Umsatzsteuernachforderungen wegen nicht verbuchter Einnahmen bei einer späteren umfassenden Betriebsprüfung auch dann geltend machen, wenn der Steuerpflichtige keine Hinterziehung oder leichtfertige Verkürzung begangen hat.

Die Änderungssperre des § 173 Abs. 2 AO gilt auch, wenn eine Korrektur *zugunsten* des Steuerpflichtigen in Betracht kommt (BFH, BStBl II 1987, 410; 1998, 367). Die Entscheidung entspricht dem Gesetzeswortlaut (keine Differenzierung nach Korrekturen zum Vorteil und zum Nachteil des Steuerpflichtigen). Sie wird auch dem Zweck des Gesetzes gerecht, endgültig Klarheit und Rechtssicherheit zu schaffen. Bedeutsam ist, dass die Änderungssperre nicht für Steuerfahndungsprüfungen gilt (vgl. BFH, BStBl II 1998, 367; BFH/NV 2010, 2233). Zum Ganzen siehe ausführlich AEAO zu § 173 Nr. 8.

c) Korrektur von Schreib- und Rechenfehlern bei Erstellung einer Steuererklärung

Nach § 129 AO können Rechen- und Schreibfehler in Verwaltungsakten nur dann korrigiert werden, wenn diese dem Finanzamt unterlaufen sind oder ein Übernahmefehler vorliegt (s. o. Rz. 136 und ausführlich AEAO zu § 129 Nr. 4). § 173a AO erweitert diese Regelung (ab 1. 1. 17) wie folgt: Steuerbescheide sind (auch) aufzuheben oder zu ändern, soweit dem Steuerpflichtigen bei Erstellung seiner Steuererklärung Schreib- oder Rechenfehler unterlaufen sind und er deshalb der Finanzbehörde bestimmte, nach den Verhältnissen zum Zeitpunkt des Erlasses des Steuerbescheids rechtserhebliche Tatsachen unzutreffend mitgeteilt hat. § 173a AO ist insbesondere für Fälle gedacht, in denen eine Steuererklärung elektronisch übermittelt wird und dem Finanzamt daneben keine ergänzenden Unterlagen oder Berechnungen übersandt werden. Soweit eine Korrektur gem. § 173a AO geboten ist, greift die Ablaufhemmung des § 171 Abs. 2 AO.

d) Korrektur von widerstreitenden Steuerfestsetzungen

153 Widerstreitende Steuerfestsetzungen sind Bescheide, die einander steuerrechtlich ausschließen. Gemäß § 174 AO ist von den sich widersprechenden Steuerfestsetzungen die fehlerhafte (rechtswidrige) Festsetzung aufzuheben. Dabei gibt es Fälle des positiven Widerstreits (§ 174 Abs. 1 und 2 AO), d. h. ein Sachverhalt ist mehrfach berücksichtigt, obwohl er nur einmal hätte Berücksichtigung finden dürfen. Daneben stehen die Fälle des negativen Widerstreits (§ 174 Abs. 3–5 AO), bei denen ein Sachverhalt fehlerhaft mehrfach unberücksichtigt bleibt, obwohl er zumindest einmal hätte besteuert werden müssen.

Positiv widerstreitende Steuerfestsetzungen liegen z. B. vor, wenn derselbe Sachverhalt in *mehreren Steuerbescheiden* bei einem oder *mehreren Steuerpflichtigen* zugrunde gelegt wird, obgleich er steuerrechtlich nur Grundlage für *eine* Steuerfestsetzung ist. Fälle dieses Widerstreits sind in § 174 Abs. 1 und Abs. 2 AO geregelt. Die unzulässige Mehrfachberücksichtigung kann sich zum Vorteil wie zum Nachteil des Steuerpflichtigen auswirken, sie kann irrtümlich oder bewusst herbeigeführt sein (vgl. BFH, BStBl II 1996, 148). § 174 Abs. 1 AO kann auch bei Kollisionen mit Steuerbescheiden aus dem EU-Ausland angewendet werden (BFH, BStBl II 2013, 566; AEAO zu § 174 Nr. 5).

> **BEISPIELE:** Ein Unternehmer stirbt. Von ihm erzielte Gewinne werden sowohl im Nachlass und bei dem Erben als Einkünfte erfasst. Da die beiden Einkommen- und Erbschaftsteuerbescheide sich rechtlich ausschließen, ist der unrichtige (rechtswidrige) Steuerbescheid gem. § 174 Abs. 1 AO zu ändern, soweit er rechtswidrig ist.
>
> Ein Unternehmer, der seinen Gewinn durch Bestandsvergleich ermittelt, zahlt am 1. Dezember des Jahres 2011 Kfz-Steuer für 1 Jahr im Voraus. Irrtümlich wird in der Bilanz zum 31. 12. 2011 kein Rechnungsabgrenzungsposten gebildet, sodass sich die Kfz-Steuer in voller Höhe mindernd auf den Gewinn des Jahres 2011 auswirkt. Dennoch macht der Unternehmer im Jahre 2012 die darauf anteilig entfallende Kfz-Steuer (11 Monate) als Betriebsausgabe geltend. Die Steuerfestsetzungen widersprechen sich zugunsten des Steuerpflichtigen (Doppelberücksichtigung einer Betriebsausgabe). Fehlerhaft ist der Steuerbescheid für das Jahr 2011. Er muss – weil er auf eine Erklärung des Steuerpflichtigen zurückzuführen ist – zum Nachteil des Steuerpflichtigen geändert werden (§ 174 Abs. 2 AO).

Wird in einem Bescheid ein Sachverhalt *erkennbar* deshalb nicht berücksichtigt, weil er nach (irrtümlicher) Meinung der Finanzbehörde bei einer anderen Steuerfestsetzung zugrunde zu legen ist, so kann die Steuerfestsetzung gem. § 174 Abs. 3 AO insoweit nachgeholt (aufgehoben, geändert) werden. Die (erkennbare) Annahme, dass ein bestimmter Sachverhalt in einem anderen Steuerbescheid zu berücksichtigen sei, muss für dessen Nichtberücksichtigung kausal geworden sein (BFH, BStBl II 2010, 586). An dieser Kausalität fehlt es z. B. dann, wenn die Nichtberücksichtigung des Sachverhalts darauf beruht, dass das FA von dem Sachverhalt keine Kenntnis hatte (BFH/NV 2011, 2017).

> **BEISPIEL:** Im Rahmen einer Veräußerung werden wesentliche Bestandteile eines Grundstücks von der Finanzbehörde mit der dem Steuerpflichtigen bekannt gegebenen Begründung nicht der Umsatzsteuer unterworfen, dass deren Veräußerung der Grunderwerbsteuer unterliege. Die Veräußerung der Bestandteile, die Betriebsvorrichtungen sind, wird bei der Grunderwerbsteuerfestsetzung aber nicht erfasst. Es handelt sich um widerstreitende Steuerfestsetzungen. Die zutreffende Besteuerung kann nachgeholt werden (vgl. § 4 Nr. 9a UStG, § 2 Abs. 1 Nr. 1 GrEStG).

Die wichtigste Teilvorschrift ist § 174 Abs. 4 AO. Wird aufgrund eines *Rechtsbehelfs oder Antrags* eine Steuerfestsetzung *zugunsten* des Steuerpflichtigen geändert – Entsprechendes gilt bei Aufhebung eines Bescheids –, so können (Trotz „kann" kein Ermessen, BFH, BStBl II 2012, 653) aus dem Sachverhalt nachträglich die richtigen steuerlichen Konsequenzen durch Erlass oder Änderung eines oder mehrerer Steuerbescheide gezogen werden. Irrige Beurteilung eines Sachverhaltes bedeutet, dass sich die Beurteilung eines bestimmten Sachverhaltes nachträglich als unrichtig erweist. Unter einem „bestimmten" Sachverhalt i. S. des § 174 Abs. 4 Satz 1 AO ist der einzelne Lebensvorgang zu verstehen, an den das Gesetz steuerliche Folgen knüpft. Der Begriff des bestimmten Sachverhalts ist dabei nicht auf eine einzelne steuererhebliche Tatsache oder ein einzelnes Merkmal beschränkt, sondern erfasst den einheitlichen, für diese Besteuerung maßgeblichen Sachverhaltskomplex. Unerheblich ist, ob der für die rechtsirrige Beurteilung maßgebliche Fehler im Tatsächlichen oder im Rechtlichen gelegen hat (BFH, BStBl II 2007, 602 m. w. N.; 2012, 653).

> **BEISPIEL:** ▶ Es findet eine Betriebsprüfung für die Jahre 2010 bis 2012 statt. Nach Auffassung des Prüfers hat der Steuerpflichtige zu Unrecht eine in das Jahr 2011 fallende Betriebsausgabe bereits im Jahre 2010 geltend gemacht. Das Finanzamt ändert gem. § 173 Abs. 1 Nr. 1 und 2 AO die Steuerbescheide, indem es die Steuer für das Jahr 2010 erhöht und für das Jahr 2011 herabsetzt. Per Saldo ergibt sich wegen der Progression im Jahre 2010 eine Einkommensteuernachforderung. Der Steuerpflichtige lässt den Änderungsbescheid für das Jahr 2011 (Ermäßigung) bestandskräftig werden und ficht den Einkommensteuerbescheid für das Jahr 2010 nach erfolglosem Einspruch vor dem Finanzgericht an. Entscheidung des Gerichts: Der Steuerpflichtige konnte die Betriebsausgabe im Jahre 2010 geltend machen. Das Gericht setzt die Steuer für das Jahr 2010 entsprechend herab. Vorläufige Wirkung: Dieselbe Betriebsausgabe wirkt sich doppelt aus. Gemäß § 174 Abs. 4 AO kann die Finanzbehörde deshalb auch nach Bestandskraft den Bescheid für das Jahr 2011 ändern.

Die besondere Bedeutung des § 174 Abs. 4 AO ergibt sich aus seiner doppelten Wirkung. Einerseits ist er eine Änderungsvorschrift, andererseits eine wichtige Verjährungsvorschrift. Wenn in dem Beispielsfall die FG-Entscheidung erst im Jahr 2019 ergeht, dann wäre die Veranlagung 2011 festsetzungsverjährt. Wegen der Regelung in § 174 Abs. 4 Satz 3 AO kann aber binnen eines Jahres nach Änderung des Bescheides für 2010 der Bescheid für 2011 noch angepasst werden. Im Extremfall kann die Rechtskraft widerstreitender Urteile nach § 174 Abs. 4 AO aufgehoben werden (BFH, BStBl II 2004, 763).

Diese gleiche weitgehende Regelung gilt in den Fällen des § 174 Abs. 5 AO auch gegenüber Dritten. Diese müssen aber an dem Änderungsverfahren *beteiligt* werden; dies geschieht in der Regel durch Hinzuziehung oder Beiladung (s. Tz 255, 297). Wegen der gegenläufigen Interessen muss auch bei Einspruchsstattgabe eine Einspruchsentscheidung ergehen (BFH, BStBl II 2009, 732, 2010, 109).

> **BEISPIEL:** ▶ Der Sohn leistet an den Vater Rentenzahlungen, die bei ihm wegen Behandlung als dauernde Last in voller Höhe als Betriebsausgaben erfasst werden. Der Vater wehrt sich gegen die Versteuerung des vollen Zuflusses. Er trägt vor, es läge eine mit dem Ertragsanteil zu besteuernde Rente vor (was beim Sohn entsprechende Betriebsausgabenkürzungen zur Folge hätte). Im Jahr 2012 wird der Sohn zu den Einspruchsverfahren der Jahre 2007–2011 des Vaters hinzugezogen. Wenn der Vater obsiegt, können beim Sohn die Festsetzungen 2007–2011 geändert werden.

Wichtig ist insoweit, dass der Dritte grundsätzlich nur zu den Rechtsbehelfen des Anfechtenden hinzugezogen werden kann, wenn für ihn die korrespondierende Veranlagung noch nicht wegen Festsetzungsverjährung unabänderlich geworden ist (AEAO zu § 174 Nr. 6 Abs. 3).

> **BEISPIEL:** ▶ Der Sohn leistet an den Vater seit 1999 Rentenzahlungen, die bei ihm wegen Behandlung als dauernde Last in voller Höhe als Betriebsausgaben erfasst worden sind (Die Erklärungen wurden immer im Folgejahr abgegeben.). Der Vater wehrt sich seit der ersten Veranlagung im Jahr 2001 gegen die Versteuerung des vollen Zuflusses. Er trägt vor, es läge eine mit dem Ertragsanteil zu besteuernde Rente vor (was beim Sohn entsprechende Betriebsausgabenkürzungen zur Folge hätte). Im Jahr 2013 soll der Sohn zu den Einspruchsverfahren der Jahre 1999–2011 des Vaters hinzugezogen werden.
>
> Eine Hinzuziehung kann nur noch für die Jahre erfolgen, die nicht festsetzungsverjährt sind. Da die Erklärungen für die Jahre bis 2007 spätestens 2008 abgegeben worden sind, ist inso-

weit mit Ablauf 2012 Verjährung eingetreten. Eine Hinzuziehung kann nur noch für 2008 bis 2011 erfolgen.

Insoweit besteht Einvernehmen zwischen Finanzverwaltung und BFH (vgl. Nachweise zur BFH-Rechtsprechung in AEAO zu § 174 Nr. 6).

e) Korrektur von Steuerbescheiden auf Grund von Grundlagenbescheiden

Grundlagenbescheide (z. B. Feststellungs- und Messbescheide) sind für Folgebescheide (Steuerbescheide) bindend – vgl. §§ 171 Abs. 10, 182 Abs. 1 AO. Dies gilt auch, wenn der Grundlagenbescheid aufgehoben oder geändert wird (§ 175 Abs. 1 Nr. 1 AO). Wenn der Folgebescheid bereits bestandskräftig ist, kann eine Korrektur bis zum Eintritt der Festsetzungsverjährung erfolgen. § 171 Abs. 10 AO enthält dafür eine besondere Ablaufhemmung.

154

> **BEISPIELE:** Aufgrund einer Betriebsprüfung wird der einheitliche und gesonderte Gewinnfeststellungsbescheid für eine KG geändert. Soweit die Änderungen reichen, müssen die Einkommensteuerbescheide der Gesellschafter gem. § 175 Abs. 1 Nr. 1 AO von Amts wegen geändert werden.

Ein Sonderfall der Folgekorrektur ist durch § 35b GewStG geregelt. Nach dieser Vorschrift ist ein Gewerbesteuermessbescheid (folglich auch der Gewerbesteuerbescheid) zu ändern, wenn ein Feststellungs-, Einkommen- oder Körperschaftsteuerbescheid bezüglich der Gewinne aus Gewerbebetrieb geändert wird, soweit dadurch die Höhe des Gewerbeertrages beeinflusst wird (kein Grundlagenbescheid, aber in der Wirkung *ähnlich*; Vorsicht: z. B. bei mangelnder Beschwer bei ESt oder KSt unbedingt GewSt-Bescheid anfechten.).

Grundlagenbescheide können auch Verwaltungsakte von Behörden sein, die *nicht Finanzbehörden sind* (z. B. Feststellung des Versorgungsamtes über eine Behinderung und die Minderung der Erwerbsfähigkeit, siehe AEAO zu § 175 Nr. 1.4).

f) Korrektur bei rückwirkenden Ereignissen

Gemäß § 175 Abs. 1 Nr. 2 AO sind Steuerbescheide zu erlassen, aufzuheben oder zu ändern, *soweit* Ereignisse eintreten, die steuerliche Wirkung für die *Vergangenheit* haben. Ob ein „Ereignis" eine steuerrechtliche Wirkung für die Vergangenheit hat, ist nach den *steuerrechtlichen* Vorschriften zu entscheiden.

155

> **BEISPIELE:** Im Jahre 2010 wird ein Pkw zum Preis von 50 000 € zuzüglich USt geliefert. Der Käufer erhebt eine Mängelrüge und verlangt Minderung. Im Jahre 2012 wird durch ein rechtskräftiges Urteil festgestellt, dass er wegen erheblicher Mängel nur 35 000 € zuzüglich USt zu zahlen hat. Der Veräußerer hat die USt abgeführt, der Erwerber hat in entsprechender Höhe den Vorsteuerabzug vorgenommen. Nach § 17 Abs. 1 UStG ist der Veräußerer berechtigt, seine USt zu reduzieren. Der Erwerber muss den ursprünglich vorgenommenen Vorsteuerabzug mindern. Es handelt sich *nicht* um ein Ereignis mit steuerlicher Rückwirkung i. S. des § 175 Abs. 1 Nr. 2 AO, weil gem. § 17 Abs. 1 i. V. mit § 18 Abs. 1 Satz 2 UStG die Korrekturen im *Voranmeldungszeitraum* der Änderung der Bemessungsgrundlage vorzunehmen sind (keine Korrektur der USt-Veranlagung des Jahres 2010).
>
> Bei Auflösung einer gem. §§ 51 ff. AO begünstigten Körperschaft darf deren Vermögen nach Maßgabe des § 55 Abs. 1 Nr. 4 AO nur für steuerbegünstigte Zwecke verwendet werden (Grundsatz der Vermögensbindung). Dazu bestimmt § 61 Abs. 3 AO: Wird eine Vorschrift der

Satzung über die Vermögensbindung nachträglich so geändert, dass kein begünstigter Zweck mehr vorliegt, so gilt sie „von Anfang an als steuerlich nicht ausreichend". M. a. W.: Es tritt eine Rückwirkung ein. Steuerbescheide können nachträglich erlassen oder geändert werden (aber die zeitliche Beschränkung in § 61 Abs. 3 Satz 2 AO).

Ein Ereignis, das steuerliche Rückwirkungen für die Vergangenheit hat, ist nach der Rechtsprechung die *Korrektur der Bilanz des Vorjahres (vgl. z. B. BFH, BStBl II 2005, 809;* AEAO zu § 175 Nr. 2.4 erstes Beispiel).

> **BEISPIELE:** ▶ Im Rahmen einer Außenprüfung wird festgestellt, dass der Steuerpflichtige Anschaffungskosten für ein Wirtschaftsgut im Gesamtbetrag von 3 000 € in Teilbeträge unter 410 € zerlegt und sofort als Betriebsausgabe abgesetzt hat. Betriebsgewöhnliche Nutzungsdauer: 5 Jahre. Auswirkung: Aktivierung von 3 000 € im Jahre 2008 abzüglich 600 € AfA für das Jahr 2008. Einkommensteuerliche Auswirkung für die Jahre 2009, 2010, 2011 und 2012: Zusätzliche AfA von jeweils 600 €. Nach BFH- und Verwaltungsauffassung können die Einkommensteuerbescheide der Jahr 2009 bis 2012 nach § 175 Abs. 1 Nr. 2 AO korrigiert werden.

Die Folgeänderung gem. § 175 Abs. 1 Nr. 2 AO hat auch bei einem Widerruf des Antrags auf getrennte Veranlagung (§ 26 Abs. 2 EStG) Bedeutung.

> **BEISPIEL:** ▶ Auf Antrag der Ehefrau werden Ehegatten getrennt veranlagt. Die Ehefrau legt gegen den Steuerbescheid Einspruch ein, der Ehemann lässt den Bescheid bestandskräftig werden. Im Rahmen des Einspruchsverfahrens ist (grundsätzlich) der Widerruf des Antrags auf getrennte Veranlagung zulässig. Auf Antrag der Ehefrau muss nachträglich eine Zusammenveranlagung erfolgen. Als Folgeänderung ist gem. § 175 Nr. 2 AO die getrennte Veranlagung des Ehemannes aufzuheben (BFH/NV 2006, 548; ab VZ 2013 geänderter § 26 EStG).

Zivilrechtlich können Verträge grundsätzlich mit *rückwirkender* Kraft geschlossen werden. Ob ein Ereignis steuerrechtlich rückwirkende Kraft hat, ist nach dem jeweils anzuwendenden Steuergesetz zu entscheiden.

> **BEISPIELE:** ▶ Vater und Sohn schließen im Dezember rückwirkend einen Gesellschaftsvertrag zum 1. Januar des Jahres. – Eine Ehefrau, die bis Jahresmitte unentgeltlich im Betrieb ihres Mannes mitgearbeitet hat, wird mit Rückwirkung zum Jahresbeginn entlohnte Arbeitnehmerin ihres Ehemannes. Steuerrechtlich sind derartige Verträge ohne Auswirkung.
>
> Ein Veräußerungsgewinn aus der Übertragung eines Mitunternehmeranteils wird im Zeitpunkt der Übertragung realisiert. Wird ein der Höhe nach streitiger Abfindungsanspruch für die Veräußerung später im Wege des Vergleichs festgelegt, so handelt es sich um ein Ereignis mit steuerlicher Wirkung für die Vergangenheit. Ein rückwirkendes Ereignis liegt auch vor, wenn eine gestundete Kaufpreisforderung aus Betriebsveräußerung später uneinbringlich wird (Großer Senat des BFH, BStBl II 1993, 894 und 897; AEAO zu § 175 Nr. 2.4). In Abgrenzung hat der BFH betont, dass nur bei Störungen in der Vertragsabwicklung ein rückwirkendes Ereignis vorliegt, bei Realisation bewusst eingegangener Wagnisse trägt § 175 AO eine Änderung nicht (BFH, BStBl II 2000, 179).

§ 175 Abs. 1 Nr. 2 AO greift auch bei der Erstattung von Sonderausgaben ein (vgl. zu KiSt BFH, BStBl II 2004, 1058; BFH/NV 2009, 5; vgl. ab VZ 2012 auch § 10 Abs. 4b EStG).

g) Korrektur bei Datenübermittlung durch Dritte

Nach dem für Besteuerungszeiträume ab 2017 geltenden § 175b Abs. 1 AO ist ein Steuerbescheid aufzuheben oder zu ändern, soweit von der mitteilungspflichtigen Stelle an die Finanzbehörden übermittelte Daten i. S. d. § 93c AO bei der Steuerfestsetzung nicht oder nicht zutreffend berücksichtigt wurden. Dies gilt auch für die in § 175b Abs. 2 und

3 AO beschriebenen Fälle. Die Regelung ist erforderlich, weil die durch Dritte übermittelten Daten keine Bindungswirkung i. S. von Grundlagenbescheiden haben. Anders als in § 173 AO kommt es dabei auf eine Verletzung der Mitwirkungspflichten seitens des Steuerpflichtigen oder der Ermittlungspflichten durch die Finanzbehörde nicht an. Unerheblich ist auch, ob dem Steuerpflichtigen bei Erstellung der Steuererklärung ein Schreib- oder Rechenfehler i. S. d. § 173a AO oder der Finanzbehörde bei Erlass des Steuerbescheides ein mechanisches Versehen i. S. d. § 129 AO, ein Fehler bei der Tatsachenwürdigung oder ein Rechtsanwendungsfehler unterlaufen ist. § 175b AO wird durch die Ablaufhemmung des § 171 Abs. 10a AO ergänzt.

h) Vertrauensschutz bei der Korrektur von Steuerbescheiden

Nach Maßgabe des § 176 AO wird das Vertrauen des Steuerpflichtigen auf Gesetze, Rechtsprechung und Verwaltungsvorschriften, die zu seinen *Gunsten* ergangen sind, geschützt. Bei Aufhebung oder Änderung eines Steuerbescheides darf nicht zum Nachteil des Steuerpflichtigen berücksichtigt werden, dass

156

- ▶ das Bundesverfassungsgericht die Nichtigkeit eines Gesetzes feststellt, auf dem eine Steuerfestsetzung beruht,
- ▶ ein oberster Gerichtshof des Bundes – z. B. der BFH – ein verfassungswidriges Gesetz nicht anwendet, auf dem eine Steuerfestsetzung beruht,
- ▶ sich die Rechtsprechung eines obersten Gerichtshofes des Bundes (z. B. des Bundesfinanzhofs) geändert hat, die bisher angewandt worden ist,
- ▶ eine allgemeine Verwaltungsvorschrift der Bundesregierung, einer obersten Bundes- oder Landesbehörde von einem obersten Gerichtshof des Bundes als nicht mit dem geltenden Recht in Einklang stehend bezeichnet worden ist.

BEISPIELE: ▶ Ein Steuergesetz sieht die Möglichkeit einer Pauschal-Besteuerung vor. Auf der Grundlage dieser Regelung ergeht ein Steuerbescheid unter dem Vorbehalt der Nachprüfung. Die gesetzlich vorgesehene Pauschalierung wird wegen eines Verstoßes gegen den Gleichheitsgrundsatz (Art. 3 GG) vom Bundesverfassungsgericht für nichtig erklärt. Bei der endgültigen Steuerfestsetzung darf dieses Urteil nicht zum Nachteil des Steuerpflichtigen berücksichtigt werden, d. h. das nichtige Gesetz muss zugunsten des Steuerpflichtigen weiter angewendet werden.

Nach der Rechtsprechung des BFH besteht für bestimmte Umsätze eine Tarifbegünstigung gem. § 12 Abs. 2 UStG. Unter Berücksichtigung dieser für den Unternehmer günstigen Rechtsprechung sind Umsatzsteuerfestsetzungen unter dem Vorbehalt der Nachprüfung ergangen (§ 164 AO). Ändert sich die Rechtsprechung dahin, dass der Regelsteuersatz gem. § 12 Abs. 1 UStG für die betreffenden Umsätze maßgebend ist, so darf anlässlich der Überprüfung der Vorbehaltsfestsetzungen aufgrund der geänderten Rechtsprechung des BFH keine höhere Steuerfestsetzung erfolgen. – Ändert sich dagegen die Rechtsprechung des BFH im umgekehrten Sinn (statt Regelsteuersatz ermäßigter Steuersatz), so *muss* diese Änderung von der Finanzbehörde *zugunsten* des Steuerpflichtigen berücksichtigt werden.

Bei einer Verschärfung der Rechtsprechung muss die Finanzverwaltung – soweit nicht § 176 AO einschlägig ist – unter bestimmten Voraussetzungen den betroffenen Steuerpflichtigen mit allgemeinen oder individuellen Billigkeitsmaßnahmen (§§ 163, 227 AO) Vertrauensschutz gewähren (BFH, BStBl II 1991, 610; 2004, 927).

i) Berichtigung von materiellen Fehlern

157 Materielle Fehler sind als solche kein Korrekturgrund. Liegt aber ein Grund für die Aufhebung oder Änderung eines Steuerbescheides vor, so können *aus diesem Anlass nach Maßgabe* des § 177 AO auch *materielle Fehler* (mit)korrigiert werden.

Materielle Fehler sind nach der Legaldefinition in § 177 Abs. 3 AO alle Fehler, die zu einer von der richtigen Steuer abweichenden Steuerfestsetzung führen. Nach dem Sinn und Zweck des § 177 AO gilt dies nur für Fehler, die nicht aufgrund einer anderen (selbstständigen) Korrekturvorschrift auszumerzen sind. Ein materieller Fehler liegt also nicht nur dann vor, wenn die Behörde das Recht falsch angewendet hat, sondern auch dann, wenn der Steuerfestsetzung ein falscher Sachverhalt zugrunde gelegt wurde. Eine Tatsache i. S. des § 173 Abs. 1 Nr. 2 AO, die wegen groben Verschuldens des Steuerpflichtigen an dem nachträglichen Bekanntwerden nicht zu einer Änderung führen kann, ist daher als materieller Fehler im Rahmen des § 177 AO zu berücksichtigen.

Die Berichtigung von materiellen Fehlern ist nur zulässig, *soweit die* (zunächst möglich erscheinende) *Änderung reicht*. Ausnahmen: Bei einer Steuerfestsetzung unter dem Vorbehalt der Nachprüfung und *soweit* eine Steuerfestsetzung vorläufig erfolgt, sind materielle Fehler *ohne Einschränkung* gem. § 164 Abs. 2 AO bzw. § 165 Abs. 2 AO zu korrigieren (vgl. § 177 Abs. 4 AO).

> **BEISPIEL:** Ein Unternehmer erklärt eine Betriebsveräußerung bei zutreffender Schilderung des Sachverhalts und beantragt eine Tarifbegünstigung gem. §§ 16, 34 EStG. Die Finanzbehörde setzt die Steuer gem. der Erklärung fest, wobei sie rechtsirrtümlich annimmt, es handele sich um eine begünstigte Betriebsveräußerung im Ganzen, obwohl die Voraussetzungen nicht vorliegen. Die Steuerfestsetzung erfolgt unter *dem Vorbehalt der Nachprüfung*. Im Rahmen der umfassenden Überprüfung kann die Finanzbehörde den materiellen Fehler gem. § 164 Abs. 2 AO ohne jegliche Einschränkung zum Nachteil des Steuerpflichtigen korrigieren und die Tarifvergünstigung versagen.

Soweit Vertrauensschutz gem. § 176 AO besteht (vgl. Tz 156), dürfen im Rahmen einer Aufhebung oder Änderung materielle Fehler nicht zum *Nachteil* des Steuerpflichtigen korrigiert werden (§ 177 Abs. 4 AO). Im Übrigen gilt der Grundsatz: *Bei Aufhebung oder Änderung eines Steuerbescheides sind zugunsten wie zuungunsten des Steuerpflichtigen sämtliche materiellen Fehler zu korrigieren, soweit die Änderung reicht* (§ 177 Abs. 1 und 2 AO; kein Ermessensspielraum).

Liegen sowohl Gründe für eine Änderung eines Steuerbescheids zugunsten als auch zuungunsten des Steuerpflichtigen vor (§ 177 Abs. 1 und Abs. 2 AO), so ergibt sich aus der *Zweiteilung der Vorschrift*, dass frühere materielle Fehler *getrennt* im Rahmen des jeweiligen Änderungsbereichs zu berichtigen sind. Liegen frühere materielle Fehler sowohl zugunsten als auch zuungunsten des Steuerpflichtigen vor, so sind ihre Auswirkungen *vor* einer Berichtigung im Bereich der jeweiligen Änderungen zu saldieren.

> **BEISPIELE:** Es werden neue Tatsachen bekannt, deren Berücksichtigung gem. § 173 Abs. 1 Nr. 1 AO die Erhöhung eines Steuerbescheides von 20 000 € auf 23 000 € rechtfertigen würde. Gleichzeitig wird ein materieller Fehler aufgedeckt: Die Finanzbehörde hat zu Unrecht eine Befreiungsvorschrift nicht angewendet. Eine Berichtigung des materiellen Fehlers würde zu einer Steuerminderung von 4 000 € führen. – Gemäß § 177 Abs. 1 AO kann der materielle Fehler berichtigt werden, jedoch nur, *soweit* die Änderung aufgrund der neuen Tatsache reicht. Es darf also nicht – entsprechend der wirklichen Rechtslage – ein Änderungsbescheid über 19 000 €

ergehen, sondern es verbleibt bei der ursprünglich festgesetzten Steuer von 20 000 € (kein neuer Bescheid).

Sachverhalt wie vorstehend. Eine Berichtigung des materiellen Fehlers würde aber – isoliert betrachtet – zu einer *Steuererhöhung* von 2 000 € führen. Die Änderung gem. § 173 Abs. 1 Nr. 1 AO reicht nur bis 23 000 €. Folglich muss der materielle Fehler in voller Höhe unberücksichtigt bleiben. Es ergeht ein Änderungsbescheid über 23 000 €.

Infolge Änderung eines Grundlagenbescheides soll gem. § 175 Nr. 1 AO ein Folgebescheid von 25 000 € auf 30 000 € geändert werden. Es liegen zwei materielle Fehler vor, deren Berichtigung zu einer Steuererhöhung von 2 000 € und zu einer Ermäßigung von 3 000 € führen würde. Die *Auswirkung der materiellen Fehler ist zunächst zu saldieren.* Es ergibt sich dann noch eine Ermäßigung von 1 000 €. Dieser Betrag ist der Erhöhung von 5 000 € voll gegenzurechnen, so dass ein Änderungsbescheid über 29 000 € ergehen muss.

Sachverhalt zunächst wie vorstehend, jedoch würde sich die volle Berücksichtigung von materiellen Fehlern wie folgt auswirken: Erhöhung um 3 000 €, Ermäßigung um 2 000 €. Die Saldierung der materiellen Fehler ergibt eine Erhöhung von 1 000 €. Der „richtige" Änderungsbescheid müsste über 31 000 € lauten. Die Berücksichtigung des materiellen Fehlersaldos ist jedoch nur insoweit zulässig, als die Änderung reicht, also bis zum Betrag von 30 000 €. Der Fehlersaldo darf sich folglich nicht auswirken. Die Steuer muss auf 30 000 € festgesetzt werden.

Es werden nachträglich Tatsachen bekannt, die zu einer um 5 000 € höheren Steuer führen (§ 173 Abs. 1 Nr. 1 AO). Außerdem ist ein geänderter Grundlagenbescheid zu berücksichtigen, der zu einer um 5 500 € niedrigeren Steuer führt (§ 175 Nr. 1 AO). Zugleich werden materielle Fehler festgestellt, die sich seinerzeit i. H. von 8 500 € zugunsten und i. H. von 6 000 € zum Nachteil des Steuerpflichtigen ausgewirkt haben. – Es sind zunächst die Auswirkungen der *materiellen Fehler zu saldieren,* so dass ein erhöhender Saldo von 2 500 € übrig bleibt. Dieser Betrag ist der Ermäßigung durch den Grundlagenbescheid von 5 500 € gegenzurechnen. Es verbleibt eine Steuerminderung von 3 000 €. Diese Minderung ist wiederum mit der Nachforderung von 5 000 € zu verrechnen, so dass die Steuerfestsetzung im Ergebnis um 2 000 € erhöht wird (Beispiel nach AEAO zu § 177 Nr. 4).

Bei progressiv gestalteten Steuern wird i. d. R. mit Besteuerungsgrundlagen gerechnet.

Aus rechtsdogmatischen Gründen findet § 177 AO nicht im Zusammenhang mit § 129 AO Anwendung. Im Rahmen einer Korrektur nach § 129 AO ist der Rechtsgedanke des § 177 AO aber bei der Ermessensausübung sinngemäß zu berücksichtigen (AEAO zu § 129 Nr. 5).

BEISPIEL: Eine Steuerfestsetzung soll wegen eines Rechenfehlers um 1 000 € erhöht werden. Dabei wird ein materieller Fehler festgestellt, dessen Berücksichtigung zu einer Steuerermäßigung von 500 € führen würde. Der materielle Fehler muss nach AEAO zu § 129 Nr. 5 im Rahmen der Ermessensausübung bei § 129 AO entsprechend der Regelung in § 177 AO steuermindernd berücksichtigt werden.

(Einstweilen frei) 158

E. Durchführung der Besteuerung

Der 4. Teil der AO (§§ 137 ff.) enthält Vorschriften über die Durchführung der Besteuerung. Nachstehend werden die für den Praktiker bedeutsamen Bestimmungen ihrem wesentlichen Inhalt nach wiedergegeben.

I. Erfassungs-, Erklärungs-, Festsetzungsverfahren
1. Mitwirkungs- und Anzeigepflichten

159 Die §§ 137 ff. AO normieren *Anzeigepflichten* insbesondere bei *Gründung* von Betrieben, Körperschaften, Vereinigungen, Vermögensmassen. In § 138 Abs. 1a AO ist die Möglichkeit zur elektronischen Erfüllung der Anzeigepflichten und in § 138 Abs. 1b AO die Verordnungsermächtigung zur Erzwingung der elektronischen Anzeige geregelt. Die §§ 139a bis 139d AO regeln das Identifikationsmerkmal, dass jeden Steuerpflichtigen eindeutig kennzeichnen und die Steuernummern und USt-Identifikationsnummern ersetzen soll. § 139b AO regelt die Wirtschafts-Identifikationsnummer, die juristische Personen, Personenvereinigungen und wirtschaftlich tätige natürliche Personen erhalten sollen. Die Steueridentifikationsnummerverordnung – StIdV – regelt weitere Einzelheiten, insbesondere die Zuteilung. Das für das BZSt zuständige FG Köln und der BFH haben in der Zuteilung der Steueridentifikationsnummern keinen Verstoß gegen das Grundrecht auf informationelle Selbstbestimmung gesehen (vgl. BFH, BStBl II 2012, 168).

2. Buchführung und Aufzeichnungen

160 Gemäß § 140 AO sind Bücher und Aufzeichnungen, die nach *außer*steuerlichen Vorschriften geführt werden müssen, auch für *steuerliche* Zwecke zu führen. Wer deshalb z. B. nach dem Handelsgesetzbuch oder dem Aktiengesetz Buchführungs- oder Aufzeichnungspflichten hat, ist dazu auch steuerrechtlich verpflichtet. Für zahlreiche Betriebe und Berufe bestehen aufgrund außersteuerlicher Bestimmungen spezielle Buchführungs- bzw. Aufzeichnungspflichten (z. B. für Apotheker, Bauunternehmer, Reisebüros, Versicherungsunternehmer, Metallhändler). Diese Pflichten bestehen auch für steuerliche Zwecke.

Greift § 140 AO nicht, kann sich die Buchführungspflicht für gewerbliche Unternehmer und Land- und Forstwirte gem. § 141 AO ergeben. Das ist der Fall bei

- Umsätzen von mehr als 600 000 € gem. § 141 Abs. 1 Nr. 1 AO,
- selbstbewirtschafteten land- und forstwirtschaftlichen Flächen mit einem Wirtschaftswert von mehr als 25 000 € gem. § 141 Abs. 1 Nr. 3 AO oder
- einem Gewinn von mehr als 60 000 € gem. § 141 Abs. 1 Nr. 4 und 5 AO.

Buchführungspflichtige Land- und Forstwirte haben neben den jährlichen Bestandsaufnahmen und Abschlüssen ein *Anbauverzeichnis* zu führen, in dem nachzuweisen ist, mit welchen Fruchtarten die selbst bewirtschafteten Flächen im abgelaufenen Wirtschaftsjahr bestellt waren (§ 142 AO). Ausführlich zur Buchführung der Land- und Forstwirte: BMF, BStBl 1981, 878; fortgeltend laut BMF, BStBl I 2013, 522, Nr. 59.

Die Verpflichtung zur Buchführung ist erst ab *Beginn* des Wirtschaftsjahres zu erfüllen, das auf die *Bekanntgabe* der Mitteilung folgt, durch die die Finanzbehörde auf den Beginn der Verpflichtung hingewiesen hat (§ 141 Abs. 2 AO). Teilt die Finanzbehörde dem Steuerpflichtigen mit, er sei zur Buchführung verpflichtet, so handelt es sich um einen

Verwaltungsakt, der mit dem Einspruch anfechtbar ist (§ 347 Abs. 1 Nr. 1 AO; BFH, BStBl II 1983, 254; BFH/NV 1990, 617).

Den *Wareneingang* (auch Rohstoffe, Hilfsstoffe und Zutaten) müssen gewerbliche Unternehmer *gesondert* aufzeichnen. Die Aufzeichnungen müssen enthalten: Datum des Eingangs oder der Rechnung, Namen und Anschrift des Lieferanten, handelsübliche Bezeichnung und Preis der Ware sowie einen Beleghinweis (§ 143 AO).

Gewerbliche Unternehmer, die regelmäßig an andere *gewerbliche Unternehmer zur Weiterveräußerung* liefern (Großhändler), müssen den *Warenausgang* nach Maßgabe des § 144 AO aufzeichnen. Dies gilt auch für buchführungspflichtige Land- und Forstwirte.

3. Ordnungsgemäße Buchführung

Die §§ 145, 146 AO enthalten folgende Grundsätze zur Ordnungsmäßigkeit der Buchführung und der Aufzeichnungen:

161

- ▶ Die Buchführung muss einem sachverständigen Dritten innerhalb *angemessener* Zeit einen Überblick über die *Vermögenslage* des Unternehmens vermitteln.
- ▶ Geschäftsvorfälle müssen sich in ihrer *Entstehung* und *Abwicklung verfolgen* lassen.
- ▶ Aufzeichnungen sind so vorzunehmen, dass der *Zweck,* den sie für die *Besteuerung* erfüllen sollen, erreicht wird.
- ▶ Buchungen und Aufzeichnungen sind *vollständig, richtig, zeitgerecht* und *geordnet* vorzunehmen.
- ▶ Kasseneinnahmen und Kassenausgaben sollen täglich festgehalten werden.
- ▶ Buchungen und Aufzeichnungen dürfen nicht in einer Weise verändert werden, dass der ursprüngliche Inhalt nicht mehr festgestellt werden kann. Eine *Radierung* oder *Löschung* (z. B. mit chemischen Mitteln) ist deshalb unzulässig.
- ▶ Buchungen und Aufzeichnungen sind in einer lebenden Sprache vorzunehmen. Bei fremdsprachigen Buchungen (Aufzeichnungen) kann die Finanzbehörde Übersetzungen verlangen. Werden Abkürzungen, Ziffern oder Symbole verwendet, so muss deren Bedeutung eindeutig festliegen.
- ▶ Bücher und Aufzeichnungen können auch in der geordneten Ablage von Belegen bestehen oder auf Datenträgern geführt werden. Bei einer EDV-Buchführung oder Aufzeichnung muss sichergestellt sein, dass die Daten während der Aufbewahrungsfrist jederzeit unverzüglich lesbar gemacht werden können.
- ▶ Bei einer EDV-Buchführung oder Aufzeichnung muss nach § 147 Abs. 6 AO sichergestellt sein, dass die Daten während der Aufbewahrungsfrist unverzüglich *maschinell ausgewertet* werden können. Vgl. dazu die Grundsätze zum Datenzugriff und zur Prüfung digitaler Unterlagen, BStBl I 2001, 415.

4. Aufbewahrung von Unterlagen

Bücher, Aufzeichnungen, Inventare, Jahresabschlüsse, Lageberichte, die Eröffnungsbilanz, die dazu erforderlichen Arbeitsanweisungen und sonstigen Organisationsunter-

162

lagen sowie die Buchungsbelege sind *10 Jahre* geordnet aufzubewahren (§ 147 AO; Versuch der Verkürzung auf 7 Jahre mehrfach gescheitert). Eingegangene Geschäfts*briefe und* Kopien abgesandter Geschäftsbriefe sind *6 Jahre* aufzubewahren (§ 147 AO). Wenn bei Ablauf der sechs oder zehn Jahre die Festsetzungsfrist noch nicht abgelaufen ist, verlängert sich ggf. die Aufbewahrungsfrist (§ 147 Abs. 3 Satz 3 AO). Einzelheiten zur Möglichkeit, Unterlagen elektronisch zu speichern, sind in § 147 Abs. 2 AO geregelt. Vgl. dazu auch AEAO zu § 147 AO und die Grundsätze der ordnungsmäßigen Speicherbuchführung in BStBl I 1995, 738, und zum Datenzugriff in BStBl I 2001, 415.

Grundsätzlich sind die Bücher und Aufzeichnungen im Geltungsbereich der AO zu führen und aufzubewahren (Besonderheiten gelten für ausländische Betriebstätten und Organgesellschaften). § 146 Abs. 2a AO eröffnet die – zustimmungspflichtige – Möglichkeit, die elektronische Buchführung im Ausland zu führen. Voraussetzung ist insbesondere keine Beeinträchtigung der Besteuerung, die Möglichkeit des elektronischen Zugriffs durch die deutsche Finanzverwaltung und die Erfüllung der Mitwirkungspflichten gemäß §§ 90, 93, 97, 140 – 147 und 200 AO.

163 Mit § 147a AO hat der Gesetzgeber mit Wirkung für Veranlagungszeiträume, die nach dem 31. Dezember 2009 beginnen, Aufbewahrungspflichten für Personen geschaffen, deren Summe der positiven Einkünfte bei den Überschusseinkünften mehr als 500.000 € beträgt. Die Verpflichtung beginnt mit dem Kalenderjahr, welches auf die Überschreitung des Grenzbetrages folgt. Korrespondierend ist in § 193 Abs. 1 AO die Möglichkeit der Außenprüfung ohne besondere Voraussetzungen geschaffen worden.

5. Erleichterungen

164 Gemäß § 148 AO kann die Finanzbehörde Erleichterungen bewilligen, wenn die Einhaltung der Buchführungs-, Aufzeichnungs- oder Aufbewahrungspflicht Härten mit sich bringt und die Besteuerung durch die Erleichterung nicht beeinträchtigt wird. Die Bewilligung ist ein begünstigender Verwaltungsakt, der kraft Gesetzes unter dem Vorbehalt des Widerrufs steht (§ 148 Satz 3 AO).

6. Beweiskraft der Buchführung – Aufzeichnungen

165 Die Buchführung und die Aufzeichnungen des Steuerpflichtigen, die nach Maßgabe der §§ 140 ff. AO ordnungsgemäß sind, müssen der Besteuerung zugrunde gelegt werden, *soweit* nach den Umständen des Einzelfalles kein Anlass besteht, an ihrer Richtigkeit zu zweifeln (§ 158 AO). Diese Vermutung, dass die formell ordnungsgemäße Buchführung auch inhaltlich richtig ist, kann erschüttert werden. Nach der Rechtsprechung des BFH steht fest, dass bloße Zweifel nicht geeignet sind, die Vermutung des § 158 AO zu erschüttern. Vielmehr muss die Buchführung der Besteuerung zugrunde gelegt werden, wenn nicht der Sachverhalt ergibt, dass die Buchführung mit an Sicherheit grenzender Wahrscheinlichkeit ganz oder teilweise sachlich unrichtig ist (vgl. BFH, BStBl II 1992, 55).

Diese Feststellung kann z. B. mit Hilfe einer Geldverkehrsrechnung oder einer Vermögenszuwachsrechnung getroffen werden (vgl. BFH, BStBl II 1990, 268). In derartigen Fällen ist die Finanzbehörde befugt, die Besteuerungsgrundlagen zu schätzen (§ 162 AO).

7. Steuererklärungen

Steuererklärungen sind im Besteuerungsverfahren häufig die einzige Ermittlungsgrundlage und damit die eigentliche Basis der Steuerfestsetzung. Gem. § 149 Abs. 1 Satz 1 AO bestimmen die Einzelsteuergesetze, wer zur Abgabe einer Steuererklärung verpflichtet ist (z. B. § 25 Abs. 3 EStG i. V. m. § 56 EStDV, § 18 Abs. 1 und Abs. 3 UStG). Außerdem ist derjenige erklärungspflichtig, der hierzu vom FA aufgefordert wird (§ 149 Abs. 1 Satz 2 AO).

Nach Maßgabe des § 150 Abs. 1 AO ist eine Steuererklärung i. d. R. nach amtlich vorgeschriebenem Vordruck oder elektronisch (nach amtlich vorgeschriebenem Datensatz durch Datenfernübertragung) abzugeben. Soweit dies vorgeschrieben ist, hat der Stpfl. die Erklärung eigenhändig zu unterschreiben (vgl. z. B. § 25 Abs. 3 Satz 4 und 5 EStG, § 18 Abs. 3 Satz 3 UStG). Bei elektronischer Abgabe geschieht dies durch eine elektronische Signatur oder eine andere sichere Authentifizierung (§ 87a Abs. 3 Satz 2 und Abs. 6 AO).

Gem. § 150 Abs. 4 AO sind die gesetzlich vorgeschriebenen Unterlagen beizufügen (gem. § 60 EStDV z. B. die Bilanz und die Gewinn- und Verlustrechnung).

Die Frist zur Abgabe der Steuererklärung ist einzelsteuergesetzlich geregelt (z. B. § 41a Abs. 1 Nr. 1 EStG, § 18 Abs. 1 Satz 1 UStG) oder – subsidiär – durch § 149 Abs. 2 AO: Soweit die Steuergesetze nichts anderes bestimmen, sind Steuererklärungen, die sich auf ein Kalenderjahr oder auf einen gesetzlich bestimmten Zeitpunkt beziehen, spätestens sieben Monate nach Ablauf des Kalenderjahres oder sieben Monate nach dem gesetzlich bestimmten Zeitpunkt abzugeben. Bei Steuerpflichtigen, die den Gewinn aus Land- und Forstwirtschaft nach einem vom Kalenderjahr abweichenden Wirtschaftsjahr ermitteln, endet die Frist nicht vor Ablauf des siebten Monats, der auf den Schluss des in dem Kalenderjahr begonnenen Wirtschaftsjahres folgt. Soweit der Stpfl. einen Steuerberater beauftragt hat (genauer: Personen, Gesellschaften, Verbände, Vereinigungen, Behörden oder Körperschaften i. S. der §§ 3 und 4 des Steuerberatungsgesetzes), verlängert sich die Frist grundsätzlich bis zum Ablauf des Februars des zweiten auf den Besteuerungszeitraum folgenden Kalenderjahres (§ 149 Abs. 3 AO). Allerdings kann das Finanzamt nach Maßgabe des § 149 Abs. 4 AO auch anordnen, dass die Steuererklärung vorab abzugeben ist. Eine Verlängerung dieser Fristen kann nur unter den engen Voraussetzungen des § 109 Abs. 2 AO erfolgen. Die o. g. Vorschriften wurden durch das Gesetz zur Modernisierung des Besteuerungsverfahrens eingeführt und ersetzen die bislang jährlich ergehenden gleichlautenden Erlasse der obersten Finanzbehörden zur Fristverlängerung (für 2015 durch Erlasse v. 4. 1. 2016, BStBl I 2016, 38). Sie gelten für Besteuerungszeiträume, die nach dem 31. 12. 2017 beginnen (Art 97 § 10a EGAO).

8. Schätzung von Besteuerungsgrundlagen

Eine Schätzung der *Besteuerungsgrundlagen* (nicht Steuer!) ist vorzunehmen, soweit die Finanzbehörde sie nicht ermitteln oder berechnen kann (§ 162 AO). Eine Schätzung kommt insbesondere in Betracht, *soweit* der Steuerpflichtige

▶ keine ausreichenden Auskünfte zu geben vermag,
▶ Auskünfte oder eine Versicherung an Eides statt verweigert,

166

- Mitwirkungspflichten nach § 90 Abs. 2 oder 3 AO verletzt,
- Bücher oder Aufzeichnungen, die er nach den Steuergesetzen zu führen hat, nicht vorlegen kann,
- Bücher oder Aufzeichnungen wegen sachlicher oder formeller Mängel der Besteuerung nicht gem. § 158 AO zugrunde gelegt werden,
- bei Anhaltspunkten für fehlerhafte Angaben und Nichtzustimmung zum Kontenabruf oder
- keine Steuererklärung abgibt.

Schätzung bedeutet nicht Willkür. Es sind die Besteuerungsgrundlagen zu schätzen, für die die *größte Wahrscheinlichkeit* spricht. Die Unschärfe, die jeder Schätzung anhaftet, muss der Steuerpflichtige, soweit sie sich zu seinen Ungunsten auswirkt, hinnehmen; dies gilt zumindest dann, wenn er den Anlass für die Schätzung gegeben hat. Es ist h. M., dass die Finanzbehörde berechtigt ist, im Rahmen ihres Schätzungsspielraums bei den steuererhöhenden Besteuerungsgrundlagen an der oberen, bei den steuermindernden Besteuerungsgrundlagen an der unteren Grenze der Wahrscheinlichkeit zu bleiben. Der Beweisverderber oder Beweisvereitler darf aus seinem Verhalten keinen Vorteil ziehen. Zur Vermeidung eines solchen Ergebnisses sind auch belastende Unterstellungen oder nachteilige Schlüsse im Rahmen der Beweiswürdigung gerechtfertigt (vgl. BFH, BStBl II 1989, 462; BFH/NV 1993, 547), wird z. B. dem Steuerpflichtigen bei einer Außenprüfung durch Stichproben *nachgewiesen,* dass er zahlreiche Einnahmen im Gesamtbetrag von 50 000 € nicht verbucht hat, so spricht eine Vermutung dafür, dass durch die Stichproben nicht sämtliche nicht verbuchten Einnahmen erfasst worden sind. Die Finanzbehörde ist berechtigt, die verbleibende Unsicherheit bei der Schätzung zum Nachteil des Steuerpflichtigen durch einen Sicherheitszuschlag (auch Unsicherheitszuschlag genannt) zu berücksichtigen. Der BFH (BStBl II 2007, 364) hat aber klargestellt, dass bei nicht behebbaren Zweifeln hinsichtlich des Vorliegens eines besteuerungsrelevanten Straftatbestandes eine Schätzung insoweit unzulässig ist.

Die *Schätzungsmethode* richtet sich nach den Umständen des Einzelfalls. Es kommen insbesondere in Betracht

- innerer und äußerer Betriebsvergleich,
- Schätzung des wirtschaftlichen Umsatzes aufgrund des Material- und Lohneinsatzes,
- Schätzung nach dem Rohgewinn,
- Richtsatzschätzungen (vgl. z. B. BStBl I 2012, 626; 2013, 863),
- Vermögenszuwachsrechnung (vgl. BFH, BStBl II 1986, 732),
- Gesamtgeldverkehrsrechnung (BFH/NV 2005, 1346),
- bei Verstößen gegen § 90 Abs. 3 AO nach den besonderen Regeln in § 162 Abs. 3 AO.

Die Finanzverwaltung darf im Rahmen pflichtgemäßen Ermessens die Schätzungsmethode auswählen, die sie im Einzelfall zur Anwendung bringen will (BFH/NV 1999, 290). Eine Schätzung ist keine Ermessensentscheidung. Sie ist im vollen Umfang vom Finanzgericht nachprüfbar (BFH, a.a.O.). Das Finanzgericht kann die Besteuerungsgrundlagen auch selbst schätzen (§ 96 FGO). Nach BFH (z. B. BStBl II 1993, 259; BFH/

NV 2000, 164) führen selbst grobe Schätzungsfehler regelmäßig nur zur Rechtswidrigkeit, nicht zur Nichtigkeit des Steuerbescheides (anders bei Willkürschätzung: BFH, BStBl II 2001, 381).

Sanktionen nach § 162 Abs. 4 AO werden bei den Verspätungszuschlägen etc. (Tz 173) behandelt.

9. Benennung von Gläubigern und Zahlungsempfängern, Nachweis der Treuhänderschaft

Im Regelfall sind Betriebsausgaben, Werbungskosten und Verbindlichkeiten nicht steuermindernd zu berücksichtigen, wenn der Steuerpflichtige auf Verlangen der Finanzbehörden den Gläubiger oder den Empfänger nicht namentlich benennt (§ 160 AO). *Zweck der Vorschrift ist die Erfassung der Einnahmen beim Empfänger* (vgl. BFH, BStBl II 1999, 434). Empfänger im Sinne der Norm ist nach ständiger Rechtsprechung des BFH derjenige, dem der in der Betriebsausgabe enthaltene wirtschaftliche Wert übertragen wurde. Ist eine natürliche oder juristische Person, die die Zahlungen unmittelbar entgegennahm, lediglich zwischengeschaltet, weil sie entweder mangels eigener wirtschaftlicher Betätigung die ausbedungenen Leistungen nicht erbringen konnte oder weil sie aus anderen Gründen die ihr erteilten Aufträge und die empfangenen Gelder an Dritte weiterleitete, ist sie nicht Empfänger i. S. des § 160 Abs. 1 Satz 1 AO, so dass die hinter ihr stehenden Personen, an die die Gelder letztlich gelangt sind, zu benennen sind (BFH/NV 2005, 1739). Wenn der Steuerpflichtige den Empfänger nicht benennt, trifft ihn § 160 AO wie eine Art Haftung, unabhängig davon, ob ihm Aufwendungen unzweifelhaft tatsächlich entstanden sind (BFH, BStBl II 1989, 995).

167

Die Vorschrift ist als *doppelte Ermessensvorschrift* ausgestaltet. Das Finanzamt muss zunächst entscheiden, ob es die Frage nach § 160 AO stellt oder nicht. Wenn die Frage rechtmäßig gestellt worden ist und der Steuerpflichtige darauf keine zureichende Antwort gibt, ist zu entscheiden, ob (ggf. teilweise) der Betriebsausgabenabzug etc. versagt wird oder nicht. Eine zureichende Antwort ist gegeben, wenn der Empfänger mit Name und Adresse zum Zeitpunkt der Geschäftsabwicklung benannt wird. Spätere Adressenänderungen gehen nicht zu Lasten des Steuerpflichtigen. Erhebliche Bedeutung hat § 160 AO im Zusammenhang mit den so genannten „illegalen Subunternehmern", die insbesondere im Bau- und Baunebengewerbe eine erhebliche Rolle spielen. Diese arbeiten häufig unter so genannten „Scheinfirmen" oder rechnen mit Rechnungsvordrucken anderer Unternehmen ab. Es ist dann für den Auftraggeber häufig schwer oder unmöglich, die Personen, die die tatsächlichen Empfänger der Zahlungen geworden sind, in der § 160 AO genügenden Form zu bezeichnen. Der Empfänger von inländischen Bauleistungen von einem Bauunternehmer, der sich dem Abzugsverfahren nach §§ 48 ff. EStG unterwirft, erlangt dadurch Schutz vor der Anwendung des § 160 AO (§§ 48 Abs. 4, 48b Abs. 5 EStG).

Aus dem Zweck der Vorschrift – die Besteuerung beim Empfänger sicherzustellen – ergeben sich Besonderheiten bei Leistungen an Gläubiger, die nicht der deutschen Besteuerung unterliegen. Bei plausibel gemachtem Abfluss von Betriebsausgaben ins Ausland (beachte § 90 Abs. 2 AO), soll § 160 AO nicht angewandt werden. Die Rechtsprechung ist sehr rigoros, wenn Zahlungen an Domizilgesellschaften in Niedrigsteuerländern (oder Hochsteuerländern mit Niedrigbesteuerung für Domizilgesellschaften) geltend gemacht werden. Dann müssen i. d. R. die hinter der Gesellschaft stehenden natürlichen Personen benannt werden, um die Versagung des Betriebsausgabenabzugs nach § 160 AO (i.V. mit § 16 AStG) zu verhindern (vgl. BFH, BStBl II 1987, 481; 2007, 855).

Bei Schmiergeldern im In- und Ausland greift auch § 4 Abs. 5 Nr. 10 EStG ein. Während im Inland § 160 AO schon immer den Abzug verhinderte, weil wegen der Strafbarkeit auch in der Vergangenheit die Empfänger regelmäßig nicht benannt wurden, werden Auslandsschmiergelder überwiegend (nur) von der neueren Regelung erfasst. Verschiedene gesetzgeberische Maßnahmen haben dazu geführt, dass die Auslandsbestechung weitgehend in Deutschland strafbar ist. Dies führt nach § 4 Abs. 5 EStG zur Nichtabziehbarkeit der Schmiergelder als Betriebsausgaben (vgl. BMF, BStBl I 2002, 1031 mit Auszügen aus den Rechtsquellen; vgl. auch AEAO zu § 160).

Wenn die Zahlungsempfänger zwar nicht exakt bekannt sind, soll der Betriebsausgabenabzug nur teilweise versagt werden, wenn offenkundig ist, dass die Empfänger wesentlich niedriger besteuert würden als der Steuerpflichtige (vgl. BFH, BStBl II 1989, 995; 1999, 434; anders BFH, BStBl II 1996, 51).

> **BEISPIEL:** Die X-GmbH beschäftigt Studenten für Werbemaßnahmen und zahlt ihnen Zeithonorare. Bei einer Betriebsprüfung können die Empfänger nicht benannt werden. Im Hinblick auf den geringen Steuersatz der Empfänger wäre nur eine teilweise Versagung des Betriebsausgabenabzugs ermessensgerecht. Alle Unklarheiten gehen aber zu Lasten der GmbH.

Nach BFH und AEAO ist das Benennungsverlangen nach § 160 AO kein Verwaltungsakt (vgl. BStBl II 1988, 927; AEAO zu § 160 Nr. 1). Praktisch wichtig ist die Entscheidungsbefugnis des Finanzgerichts nach § 160 AO i.V. m. § 96 FGO.

§ 159 AO ist im Prinzip genauso wie § 160 AO aufgebaut (vgl. das instruktive Urteil des BFH in BStBl II 1997, 404). Es geht dabei um die Zurechnung von Treugut (vgl. BFH/NV 2008, 745 und 1159), allerdings ggf. mittelbar auch um Einnahmen. Besonderheiten gegenüber § 160 AO ergeben sich dadurch, dass § 159 AO nicht in § 96 FGO erwähnt ist, das FG also insoweit nur die Ermessensausübung des FA prüfen kann (BFH, BStBl II 2007, 39) und aus der Privilegierung spezieller Auskunftsverweigerungsrechte (§ 102 AO; vgl. aber auch BFH/NV 1995, 954; 2011, 1283).

10. Steuerbescheide – Grundlagenbescheide – Messbescheide

a) Steuerbescheide

168 Steuern werden durch schriftlichen Bescheid festgesetzt, der die Steuer nach Art und Betrag bezeichnen und den Steuerschuldner benennen muss. Außerdem ist eine Rechtsbehelfsbelehrung beizufügen (§§ 155, 157 AO). Ausnahmsweise kann eine Steuerfestsetzung unterbleiben (z. B. bei Steueranmeldungen und bei Entrichtung durch Entwertung von Steuerzeichen, vgl. § 167 AO) oder aufgrund von Sonderregelungen in Einzelsteuergesetzen.

Bei den Veranlagungssteuern werden in der Praxis als „Begründung" i. S. des § 121 AO die Besteuerungsgrundlagen (z. B. Umsätze, Einkünfte, Gewerbeerträge) in den Bescheid aufgenommen. In derartigen Fällen können die Besteuerungsgrundlagen i. d. R. nicht selbständig mit einem förmlichen Rechtsbehelf angegriffen werden (§ 157 Abs. 2 AO). Wenn aber von den Besteuerungsgrundlagen eine eigenständige Beschwer (§ 350 AO) ausgeht, ist eine Anfechtung möglich. Das kann z. B. der Fall sein, wenn der Ansatz von Gewerbeeinkünften statt solchen aus freiem Beruf zur Pflicht Kammerbeiträge zur IHK zu leisten führt oder die Höhe der Einkünfte für Sozialleistungen bedeutsam ist, obwohl die ESt 0 € beträgt.

b) Grundlagenbescheide/Feststellungsbescheide

Grundlagenbescheide sind nach der Legaldefinition in § 171 Abs. 10 AO Feststellungs- und Messbetragsbescheide sowie andere Verwaltungsakte, die für die Festsetzung einer Steuer bindend sind. In den im Gesetz bestimmten Fällen erscheint es zweckmäßig, die Besteuerungsgrundlagen durch einen besonderen (selbständig anfechtbaren) Grundlagenbescheid festzustellen.

169

Die praktisch wichtigsten Fälle sind die in § 180 AO geregelten Feststellungen. Der wichtigste Unterfall der in § 180 AO geregelten gesonderten Feststellungen betrifft einkommen- und körperschaftsteuerpflichtige Einkünfte, an denen mehrere Personen beteiligt sind. Dieses Verfahren dient der Vereinfachung. Die einmalige Feststellung eines Gewinns einer KG z. B. macht eine jeweils erneute Ermittlung bei Festsetzung der Einkommensteuern der Gesellschafter entbehrlich und stellt sicher, dass bei allen Gesellschaftern der gleiche Gesamtgewinn der KG zugrunde gelegt wird. Neben den Regelungen der AO gibt es eine Anzahl von Feststellungen, die in Einzelsteuergesetzen geregelt sind. Wichtig sind § 10d EStG, § 39 Abs. 1 Satz 4 EStG, § 12 ErbStG und § 151 BewG oder § 10a GewStG.

Die Einheitswertfeststellungen haben ihre Bedeutung weitgehend verloren. Sie bleiben aber für § 9 Nr. 1 GewStG oder die Grundsteuer bedeutsam. Die Bedarfsbewertung (vgl. z. B. § 151 BewG) führt nicht zu Einheitswertfeststellungen.

Die Feststellungsbescheide sind als *Grundlagenbescheide* für andere Feststellungsbescheide, Messbescheide, Steuerbescheide und Steueranmeldungen (Folgebescheide) bindend, soweit die getroffenen Feststellungen für die Folgebescheide von Bedeutung sind (§ 182 Abs. 1 AO). Die Folgebescheide können deshalb nicht erfolgreich mit der Begründung angefochten werden, der Grundlagenbescheid sei rechtswidrig (§ 351 Abs. 2 AO). Nach der Rechtsprechung des BFH ist ein Rechtsbehelf gegen den Folgebescheid zwar *zulässig*, auch wenn die Begründung sich nur gegen den Grundlagenbescheid richtet (BFH, BStBl II 1988, 142; anders BFH, BStBl II 2011, 62: kein aktuelles Rechtsschutzbedürfnis). Um eine *materielle* Prüfung des Grundlagenbescheides zu erreichen, muss der Rechtsbehelf sich gegen den Grundlagenbescheid richten (vgl. Tz 246).

> **BEISPIEL:** Der Gesellschafter einer Personengesellschaft kann mit dem Einspruch gegen den Einkommensteuerbescheid nicht erfolgreich geltend machen, der Gewinnfeststellungsbescheid sei unrichtig. Er muss (vgl. aber § 352 AO) gegen den Gewinnfeststellungsbescheid Einspruch einlegen, denn nur über eine Änderung des Grundlagenbescheides kann eine Änderung des Folgebescheides erreicht werden (vgl. §§ 182 Abs. 1, 175 Abs. 1 AO).

Die besonderen Regeln über Grundlagenbescheide finden auch auf andere als die im Gesetz ausdrücklich benannten Feststellungs- und Messbetragsbescheide Anwendung.

Dabei kann es sich um außersteuerliche Verwaltungsakte, z. B. Verwaltungsakte der unteren Denkmalbehörde bei der Anwendung des § 7i EStG aber auch um Steuerbescheide handeln. Ursache ist, dass Steuerbescheide nicht nur Folgebescheide, sondern auch Grundlagenbescheide sein können. So ist der Einkommensteuerbescheid zum Beispiel Folgebescheid zum Gewinnfeststellungsbescheid und Grundlagenbescheid für den Bescheid über den Solidaritätszuschlag oder den Kirchensteuerbescheid.

Auf Feststellungsbescheide finden die Vorschriften über Steuerbescheide nach Maßgabe des § 181 AO entsprechende Anwendung. Besonderheiten der Verjährung ergeben sich insbesondere aus § 181 Abs. 5 AO. Ressortfremde Grundlagenbescheide können eine Ablaufhemmung nur bewirken, wenn sie vor Ablauf der Festsetzungsfrist für die Steuer ergangen sind (vgl. § 171 Abs. 10 Satz 2 AO).

c) Messbescheide

170 Bei den Realsteuern (Gewerbesteuer, Grundsteuer) erfolgt die Steuerfestsetzung durch die Gemeinde (Ausnahme: teilweise bei Stadtstaaten) aufgrund eines *Messbescheides*. Der Messbescheid wird vom Finanzamt erlassen und der Gemeinde mitgeteilt (§ 184 AO). Gegen den Folgebescheid (Steuerbescheid) kann nicht mit Erfolg geltend gemacht werden, der zugrunde liegende Messbescheid sei unzutreffend. Die vorstehenden Ausführungen zum Grundlagenbescheid gelten für Messbescheide als in § 171 Abs. 10 AO genannte Grundlagenbescheide. Dabei ist auf die besondere Anwendungsregel in § 1 Abs. 2 AO zu achten.

11. Nachprüfungsvorbehalt und vorläufige Steuerfestsetzung

171 Nachprüfungsvorbehalt und Vorläufigkeitserklärung sind gesetzlich zugelassene *Nebenbestimmungen* zum Steuerbescheid (§§ 120, 164, 165 AO). Beide bewirken, dass der Steuerbescheid bis zum Ablauf der Festsetzungsfrist (§ 169 AO) ohne weitere Voraussetzungen auch nach Eintritt der formellen Bestandskraft zugunsten und zuungunsten des Steuerpflichtigen geändert werden kann, also ganz (§ 164 AO) oder teilweise (§ 165 AO) nicht materiell bestandskräftig wird. *Kraft Gesetzes* stehen *immer* unter dem Vorbehalt der Nachprüfung die Festsetzung einer *Vorauszahlung* und *Steueranmeldungen* (§§ 164, 168 AO). Wegen des unterschiedlichen Ablaufs der Festsetzungsfrist (§ 164 Abs. 4, § 171 Abs. 8 AO) kann es zweckmäßig sein, den Nachprüfungsvorbehalt mit einem Vorläufigkeitsvermerk zu verbinden.

Der Vorbehalt darf gesetzt werden, solange der Fall nicht abschließend geprüft ist. Die Finanzämter setzen die Steuern stets unter dem Vorbehalt der Nachprüfung fest, wenn ein Betrieb der regelmäßigen Betriebsprüfung unterliegt (Großbetrieb) oder innerhalb der nächsten drei Jahre für eine Betriebsprüfung vorgesehen ist. Mittel- und Kleinbetriebe werden meist nicht unter dem Vorbehalt der Nachprüfung veranlagt. In einem Turnus von zwei bis drei Jahren werden die regelmäßig der Steuererklärung entsprechenden Vorbehaltsfestsetzungen überprüft und falls erforderlich geändert. Die Überprüfung erfolgt heute i.d. R. im Wege einer Außenprüfung. Führt die Außenprüfung nicht zu einer Änderung, so muss der Vorbehalt aufgehoben werden (§ 164 Abs. 3 AO). Ist die Außenprüfung eine abschließende Prüfung i. S. des § 164 Abs. 1 AO, muss auch bei Änderungen nach Betriebsprüfung der Vorbehalt aufgehoben werden. Anders kann es bei sachlich begrenzten Prüfungen sein (zu USt-Sonderprüfung vgl. BFH, BStBl II 1987, 486).

Das Finanzamt kann in einer *Einspruchsentscheidung*

- den Vorbehalt der Nachprüfung trotz § 367 Abs. 2 Satz 1 AO (erneute Vollprüfung) und § 164 Abs. 1 Satz 1 AO (keine abschließende Prüfung) aufrechterhalten, weil über § 365 Abs. 1 AO auch § 164 AO im Einspruchsverfahren anwendbar ist,
- einen Steuerbescheid nach Maßgabe des § 367 Abs. 2 Satz 2 AO *erstmals* mit dem Nachprüfungsvorbehalt versehen (vgl. AEAO zu § 367 Nr. 5).

Dagegen kann im *Klageverfahren* ein ohne Nachprüfungsvorbehalt ergangener Bescheid *nicht* erstmals unter den Vorbehalt der Nachprüfung gestellt werden, es sei denn, dass der Steuerpflichtige zustimmt (§ 172 Abs. 1 Nr. 2a AO).

Da der Nachprüfungsvorbehalt untrennbar mit dem sonstigen Inhalt des Steuerbescheides verbunden ist, handelt es sich um eine *unselbständige* Nebenbestimmung, die nicht isoliert, sondern nur mit der Anfechtungsklage gegen den *Bescheid samt* Prüfungsvorbehalt angegriffen werden kann.

Der Nachprüfungsvorbehalt entfällt regelmäßig nur, wenn er ausdrücklich aufgehoben wird (BFH, BStBl II 1995, 2) oder durch Eintritt der Festsetzungsverjährung (§ 164 Abs. 4 AO). Das Finanzamt darf eine Vorbehaltsfestsetzung auch dann vornehmen, wenn es von der Steuererklärung abweicht (BFH, BStBl II 1984, 6).

Der Vorläufigkeitsvermerk nach § 165 AO führt dazu, dass ein Bescheid hinsichtlich der für vorläufig erklärten Tatsachen- oder Rechtsfragen nicht materiell bestandskräftig wird. Ursprünglich regelte § 165 AO von seinem Wortlaut her nur die Fälle der Sachverhaltsungewissheit. Neben den Fällen der Sachverhaltsungewissheit (§ 165 Abs. 1 Satz 1 AO) sind auch die Fälle der Rechtsungewissheit wegen der Wirkung von DBA, hinsichtlich der Neuregelung von Steuertatbeständen nach Verfassungswidrigkeitsfeststellung durch das Bundesverfassungsgericht und wegen anhängiger Musterverfahren beim EuGH, BVerfG oder einem obersten Bundesgericht (Nr. 4 beim BFH) in den Tatbestand des § 165 AO aufgenommen.

Wichtig ist die Regelung in Satz 3 des ersten Absatzes, wonach Umfang und Grund der Vorläufigkeit anzugeben sind. Unterlässt die Finanzbehörde die Angabe des Umfangs (und ist dieser auch nicht durch Auslegung zu ermitteln) führt dies nach h. M. zur Nichtigkeit des Vermerks oder des gesamten Bescheides oder zur Vorläufigkeit zur Gänze. Die Nichtangabe des Grundes führt lediglich zur Rechtswidrigkeit.

Besondere Bedeutung kommt der Ablaufhemmung bei der Festsetzungsverjährung nach § 171 Abs. 8 AO zu. Ab Beseitigung der Ungewissheit und Kenntnis davon bei der Behörde läuft das letzte Jahr der Ablaufhemmung (vgl. zur Liebhaberei z. B. BFH, BStBl II 2009, 335). In den Fällen des § 165 Abs. 1 Satz 2 (Nrn. 1–4) AO beträgt die Frist zwei Jahre.

Die Wirkung des Vorläufigkeitsvermerks im Hinblick auf eine Besteuerungsgrundlage besteht darin, dass wegen der Änderungen, die mit dieser Besteuerungsgrundlage zusammenhängen, auch formell bestandskräftige Bescheide noch geändert werden können (grundlegend: BFH, BStBl II 1992, 588).

> **BEISPIEL:** Der Einkommensteuerbescheid 2007 des Steuerpflichtigen X war wegen der Frage der Verfassungsmäßigkeit der Pendlerpauschale gem. § 165 Abs. 1 Nr. 3 AO vorläufig ergangen. Nach der Entscheidung des BVerfG wird der Bescheid nach § 165 Abs. 2 Satz 2 AO geändert und X erhält für den Aufwand für die ersten 20 km des Weges zur Arbeit die Pendlerpauschale.

Der Vorläufigkeitsvermerk hat auch Auswirkungen auf die Einspruchsverfahren und Finanzgerichtsprozesse. Ohne den Vermerk müssten viele Verfahren ruhend gestellt oder ausgesetzt werden (§ 363 AO, § 74 FGO; BFH, BStBl II 1992, 408). Mit dem Vermerk kann über die anderen Streitpunkte bereits entschieden werden (vgl. BFH, BStBl II 1992, 592; 2008, 26; ggf. auch gegen den Willen des Steuerpflichtigen, BFH, BStBl II 2013, 423).

Unterschiede und Gemeinsamkeiten der §§ 164, 165 AO ergeben sich aus folgender schematischer Übersicht:

	Prüfungsvorbehalt § 164 AO	Vorläufigkeit § 165 AO
Voraussetzung	keine abschließende Prüfung	Ungewissheit
Begründung	nicht erforderlich	Begründungszwang
Zeitgrenze für Aufhebung oder Änderung	bis Ablauf Festsetzungsfrist § 164 Abs. 4 AO; Ablaufhemmung bei Änderungsantrag des Stpfl. gem. § 171 Abs. 3 AO	bis Ablauf Festsetzungsfrist § 169 AO; Ablaufhemmung gem. § 171 Abs. 8 AO
Umfang der Änderungsmöglichkeit	Prüfungsvorbehalt ist *total*. Keine Beschränkung auf einzelne Sachverhalte oder Besteuerungsgrundlagen zulässig. Sperre gem. § 176 AO gilt; im Übrigen auch materielle Fehler in vollem Umfang korrigierbar, § 177 Abs. 4 AO	Vorläufigkeit nur zulässig, *soweit* die Ungewissheit reicht (punktuell). Sperre gem. § 176 AO gilt; im Übrigen materielle Fehler voll korrigierbar, soweit Vorläufigkeit reicht, § 177 Abs. 4 AO
Pflicht der Behörde zur Tätigkeit	a) *ohne Antrag:* kein Anspruch auf Aufhebung des Vorbehalts, Überprüfung oder Änderung b) *auf Antrag:* Anspruch auf Entscheidung in *angemessener* Frist c) Aufhebung des Vorbehalts v. A. w. jederzeit möglich d) Nach Außenprüfung *ohne* Änderung: Pflicht zur Aufhebung v. A. w.	Bei Beseitigung der Ungewissheit: *Pflicht*, v. A. w. die Festsetzung aufzuheben, zu ändern oder für endgültig zu erklären

12. Wichtige steuerliche Nebenleistungen

a) Verspätungszuschläge

aa) Rechtslage für Steuererklärungen, die vor dem 1.1.2019 abzugeben sind

Bei verspäteter Abgabe oder Nichtabgabe einer Steuererklärung kann die Finanzbehörde einen *Verspätungszuschlag* festsetzen (§ 152 AO). Die Festsetzung setzt ein Verschulden des Erklärungspflichtigen oder seines Vertreters (z. B. Steuerberaters) voraus. Festsetzung gegen den Erklärungspflichtigen i. S. des § 34 AO ist möglich, aber die Ausnahme (vgl. AEAO zu § 152 Nr. 1). Zu Indizien für Verschulden vgl. AEAO zu § 152 Nr. 2. Macht der Steuerpflichtige im Einspruchsverfahren glaubhaft, dass ein Verschulden nicht vorliegt, so muss der Verspätungszuschlag aufgehoben werden. Arbeitsüberlastung schließt im Regelfall ein Verschulden nicht aus (vgl. auch Tz 123, 126).

172

Der Verspätungszuschlag darf höchstens 25 000 € betragen und 10 % der festgesetzten Steuer oder des festgesetzten Messbetrages nicht übersteigen. Wird eine Steuerfestsetzung zugunsten des Steuerpflichtigen geändert und dadurch die 10-%-Grenze überschritten, so ist der Verspätungszuschlag zu ermäßigen.

> **BEISPIEL:** Wegen verspäteter Abgabe von Steuererklärungen, die zu hohen Abschlusszahlungen führten, setzt die Finanzbehörde einen Verspätungszuschlag von 2 500 € fest. Die festgesetzte Steuer beträgt 30 000 €. Wird später der Steuerbescheid aufgrund einer Außenprüfung zugunsten des Steuerpflichtigen auf 20 000 € geändert, so ist der Verspätungszuschlag auf höchstens 2 000 € zu ermäßigen. Wird die Steuer aufgrund eines *Rechtsbehelfs* herabgesetzt, so muss das Finanzamt prüfen, ob die für die Ermessensausübung bei Festsetzung des Verspätungszuschlags maßgebenden Gesichtspunkte noch gegeben sind und ggf. den Zuschlag auch dann herabsetzen, wenn die 10-%-Grenze nicht überschritten ist (BFH, BStBl II 1979, 641; BFH/NV 1997, 578; siehe aber auch BFH/NV 2008, 335 mit Verböserung im Einspruchsverfahren).

Auch bei Grundlagenbescheiden ist die Festsetzung eines Verspätungszuschlags zulässig. Für die Berechnung des Höchstbetrags ist dabei die steuerliche Auswirkung nach den Grundsätzen zu schätzen, die die Rechtsprechung zur Bemessung des Streitwerts entwickelt hat (§ 152 Abs. 4 AO). Führt eine Veranlagung nicht zu einer Nachforderung des Finanzamts, so ist zu unterscheiden:

- Wird der Steuer- oder Messbetrag auf 0 € oder einen negativen Betrag (z. B. bei einem Vorsteuerüberhang) festgesetzt, so ist ein Verspätungszuschlag unzulässig. Das folgt aus § 152 Abs. 2 Satz 1 AO, wonach der Zuschlag 10 % der festgesetzten Steuer (bzw. des Messbetrags) nicht übersteigen darf.

- Ist dagegen ein *positiver* Steuer- oder Messbetrag festgesetzt worden, ergibt sich aber z. B. wegen überhöhter Vorauszahlungen ein *Erstattungsanspruch*, so kann dennoch im Einzelfall (z. B. wegen der Dauer der Fristüberschreitung) ein Zuschlag festgesetzt werden. Denn der Zweck des Verspätungszuschlags besteht u. a. auch darin, den ordnungsgemäßen Gang des Veranlagungsverfahrens zu sichern (BFH, BStBl II 2002, 679). Es sind alle in § 152 Abs. 2 AO aufgeführten Ermessensrichtpunkte im Einzelfall zu berücksichtigen (BFH, BStBl II 1989, 693; BFH/NV 2007, 1076, 1450 und 1617).

Gegen Eheleute, die zusammenveranlagt werden und eine gemeinsame ESt-Erklärung abzugeben haben, kann ein einheitlicher Verspätungszuschlag festgesetzt und in einen zusammengefassten Steuerbescheid aufgenommen werden (§ 155 Abs. 3 AO). Die Festsetzung eines Verspätungszuschlags ist eine *Ermessensentscheidung* (vgl. Tz 26). Bei Ausübung des Ermessens *muss* die Finanzbehörde neben dem Zweck, den Steuerpflichtigen zur rechtzeitigen Abgabe der Erklärung anzuhalten, folgende *Ermessensrichtpunkte* berücksichtigen (vgl. AEAO § 152 Nr. 7):

- die Dauer der Fristüberschreitung,
- die Höhe des Zahlungsanspruchs,
- die aus der verspäteten Abgabe gezogenen Vorteile (vgl. BFH, BStBl II 1995, 680),
- den Grad des Verschuldens,
- die wirtschaftliche Leistungsfähigkeit.

Eine schriftliche Begründung der Ermessensentscheidung ist nicht erforderlich, wenn die Auffassung der Finanzbehörde dem Betroffenen erkennbar ist (§ 121 Abs. 2 Nr. 2 AO). Spätestens im Einspruchsverfahren gegen einen Verspätungszuschlag muss die Finanzbehörde im Einzelnen darlegen, dass sie ihr Ermessen nach Maßgabe des § 152 Abs. 2 AO korrekt ausgeübt hat. Grundlegende Ausführungen zur Ermessensausübung bei Verspätungszuschlägen finden sich in BFH, BStBl II 1989, 693 und 2001, 60.

bb) Rechtslage für Steuererklärungen, die nach dem 31. 12. 2018 abzugeben sind

§ 152 AO ist durch das Gesetz zur Modernisierung des Besteuerungsverfahrens mit Wirkung ab 1.1.2019 ganz erheblich und in 13 Absätzen (!) sehr detailreich geändert worden. Nach dem neuen Abs. 2 hat das Finanzamt zwingend einen Verspätungszuschlag festzusetzen, wenn eine Steuererklärung, die sich auf ein Kalenderjahr oder auf einen gesetzlich bestimmten Zeitpunkt bezieht,

1. nicht binnen 14 Monaten nach Ablauf des Kalenderjahrs oder nicht binnen 14 Monaten nach dem Besteuerungszeitpunkt,
2. in den Fällen des § 149 Abs. 2 Satz 2 nicht binnen 19 Monaten nach Ablauf des Kalenderjahrs oder nicht binnen 19 Monaten nach dem Besteuerungszeitpunkt oder
3. in den Fällen des § 149 Abs. 4 nicht bis zu dem in der Anordnung bestimmten Zeitpunkt

abgegeben wurde.

Dies gilt gem. § 152 Abs. 3 AO n. F. nicht,

1. wenn die Finanzbehörde die Frist für die Abgabe der Steuererklärung nach § 109 verlängert hat oder diese Frist rückwirkend verlängert,
2. wenn die Steuer auf null Euro oder auf einen negativen Betrag festgesetzt wird,
3. wenn die festgesetzte Steuer die Summe der festgesetzten Vorauszahlungen und der anzurechnenden Steuerabzugsbeträge nicht übersteigt oder
4. bei jährlich abzugebenden Lohnsteueranmeldungen.

Auch die Höhe des Verspätungszuschlags steht i. d. R. nicht mehr im Ermessen des Finanzamts: Nach § 152 Abs. 5 AO beträgt der Verspätungszuschlag für jeden angefangenen Monat der eingetretenen Verspätung 0,25 % der festgesetzten Steuer, mindestens jedoch 10 € für jeden angefangenen Monat der eingetretenen Verspätung. Für Steuererklärungen, die sich auf ein Kalenderjahr oder auf einen gesetzlich bestimmten Zeitpunkt beziehen, beträgt der Verspätungszuschlag für jeden angefangenen Monat der eingetretenen Verspätung 0,25 % der um die festgesetzten Vorauszahlungen und die anzurechnenden Steuerabzugsbeträge verminderten festgesetzten Steuer, mindestens jedoch 25 € für jeden angefangenen Monat der eingetretenen Verspätung. Nur bei vierteljährlich oder monatlich abzugebende Steueranmeldungen sowie für nach § 41a Abs. 2 Satz 2 zweiter Halbsatz EStG jährlich abzugebende Lohnsteueranmeldungen steht die Höhe des Verspätungszuschlags im Ermessen des Finanzamts (§ 152 Abs. 8 AO n. F.).

b) Verzögerungsgelder nach § 146 Abs 2b AO und Zuschläge nach § 162 Abs. 4 AO

Insbesondere für Verstöße gegen die Verpflichtung zur Rückverlagerung der elektronischen Buchführung aus dem Ausland oder bzgl. der Einräumung des Datenzugriffs nach § 147 Abs. 6 AO, aber auch bei der in der Praxis viel bedeutenderen Nichterteilung von Auskünften oder Nichtvorlage von Urkunden bei Außenprüfungen sieht § 146 Abs. 2b AO erhebliche Sanktionen in Form von *Verzögerungsgeldern* vor. Es kann jeweils ein Verzögerungsgeld von 2.500 € bis 250.000 € festgesetzt werden (BStBl II 2011, 855). Der BFH hat in BStBl II 2013, 266 klargestellt, dass § 146 Abs. 2b AO bewusst als doppelte Ermessensvorschrift ausgestaltet worden ist. Daher habe das FA sowohl sein Entschließungs- als auch sein Auswahlermessen auszuüben. Bei der Ermessensausübung sei stets der Verhältnismäßigkeitsgrundsatz zu beachten.

173

Kriterien für die Bestimmung der Höhe eines Verzögerungsgeldes ergeben sich aus der Zweckbestimmung, den Steuerpflichtigen zur zeitnahen Erfüllung seine Mitwirkungspflichten anzuhalten. Es muss daher die Dauer der Fristüberschreitung, die Gründe und das Ausmaß der Pflichtverletzungen sowie die Beeinträchtigung der Außenprüfung berücksichtigt werden. Da der Mindestbetrag des § 146 Abs. 2b AO keine Bagatellgrenze ist, muss das FA in der Begründung seines Entschließungsermessens darlegen, dass die Festsetzung eines Verzögerungsgeldes in Höhe der Sanktionsmindestgrenze von 2.500 € mit Rücksicht auf die Umstände der zu beurteilenden Pflichtverletzung(en) sowie das Ausmaß der Beeinträchtigung der Prüfung angemessen sei. Es ist ausgeschlossen insoweit von einer Vorprägung des Ermessens auszugehen (BFH a. a. O.). Die Rechtsprechung zu § 146 Abs. 2b AO ist noch im Fluss.

Mit § 162 Abs. 4 AO (zugehörig: § 90 Abs. 3 und § 162 Abs. 3 AO) hat das FA die Möglichkeit, bei Verstößen gegen die Aufzeichnungs- und Vorlagepflichten nach § 90 Abs. 3 AO einen Zuschlag zu verhängen. Die Regelung sieht hinsichtlich der Nichtvorlage/Vorlage unverwertbarer Unterlagen oder der verspäteten Vorlage zunächst Zuschläge von 5 000 € bzw. 100 €/Tag vor. Unter bestimmten Voraussetzungen, die weitgehend aus § 152 AO übernommen sind, *können* bei Nichtvorlage oder verspäteter Vorlage der Unterlagen über die Mindestbeträge hinaus Zuschläge i. H. von 5–10 % der Mehrbeträge nach § 162 Abs. 3 AO bzw. wegen der Verspätung maximal 1 000 000 € festgesetzt werden. Wenn man mit der h. M. § 162 Abs. 4 AO als Ermessensvorschrift ansieht, liegt wegen der Pflicht zur Verhängung bei Erfüllung des Tatbestandes nur eingeschränktes Entschließungsermessen, aber Auswahlermessen (zur Höhe) vor.

c) Säumniszuschläge

174 Säumniszuschläge entstehen *kraft Gesetzes* (ohne Festsetzung durch die Finanzbehörde) wenn eine *Steuer* nicht bis zum Ablauf des Fälligkeitstages entrichtet wird (gilt auch bei fiktiver Säumnis, BFH, BStBl II 2013, 103). Dies gilt auch, wenn die Nichtzahlung bei Fälligkeit *unverschuldet* ist (BFH, BStBl II 1986, 122; ggf. aber Erlass möglich, AEAO zu § 240 Nr. 5). Der Zahlungsverzug bei steuerlichen *Nebenleistungen* (z. B. Zinsen, Verspätungszuschlägen, Säumniszuschlägen) löst keinen Säumniszuschlag aus.

Stundung und Aussetzung der Vollziehung bewirken, dass keine Säumniszuschläge entstehen (§§ 222, 361 AO, § 69 FGO). Dagegen hat eine Billigkeitsmaßnahme im Vollstreckungsverfahren gem. § 258 AO (z. B. einstweilige Einstellung der Zwangsvollstreckung) keinen Einfluss auf die Entstehung von Säumniszuschlägen (vgl. AEAO zu § 240 Nr. 7). Die entstehenden Säumniszuschläge können ggf. erlassen werden. Bevor eine Steuer festgesetzt oder angemeldet wird, tritt eine Säumnis nicht ein (§ 240 AO).

> **BEISPIEL:** Die Zahllast aus der Summe der Umsatzsteuervoranmeldungen für das Jahr 2007 beträgt 30 000 €. Die im Dezember des Jahres 2008 abgegebene Jahreserklärung führt zu einer Nachzahlung von 2 000 €. Bezüglich der Nachzahlung von 2 000 € entstehen zunächst keine Säumniszuschläge. Sie ist erst binnen eines Monats nach der Abgabe der Jahreserklärung zu entrichten (§ 18 Abs. 4 UStG).

Wird eine Steuerfestsetzung zugunsten des Steuerpflichtigen geändert, so bleiben die bis dahin verwirkten Säumniszuschläge bestehen (§ 240 Abs. 1 Satz 4 AO).

> **BEISPIEL:** Nach Festsetzung einer Steuer von 20 000 € und Verrechnung der Vorauszahlungen sind noch 5 000 € zu zahlen. Der Steuerpflichtige zahlt nicht termingerecht, so dass Säumniszuschläge entstehen. Später wird die Steuerfestsetzung wegen offenbarer Unrichtigkeit gem. § 129 AO auf 14 000 € herabgesetzt. Obwohl feststeht, dass der Steuerpflichtige den Betrag von 5 000 € nicht geschuldet hat, bleiben die verwirkten Säumniszuschläge bestehen.

Der Säumniszuschlag beträgt für jeden *angefangenen* Monat der Säumnis 1 % des auf volle 50 € abgerundeten Steuerbetrages. Für die Frage, ob der zweite Monat der Säumnis bereits begonnen hat, bleibt die 3-tägige Schonfrist (§ 240 Abs. 3 AO) außer Betracht.

> **BEISPIEL:** Das Finanzamt gibt am 13. 1. 2009 einen ESt-Bescheid zur Post. Der Bescheid führt zu einer Abschlusszahlung von 1 030 €. Ferner wird ein Verspätungszuschlag von 50 € festgesetzt. Der Steuerpflichtige zahlt am 17. 3. – *Bemessungsgrundlage*: Die Abschlusszahlung von 1 030 € ist auf 1 000 € abzurunden. Der Verspätungszuschlag bleibt außer Betracht. *Berechnung des Zahlungsverzugs*: Die Zahlungsfrist beginnt am 17. 1., 0 Uhr und endet am 16. 2., 24 Uhr (§ 122 Abs. 2 AO). Da die Zahlung erst am 17. 3. erfolgt, hat der *zweite Monat* der Säumnis bereits begonnen. Folglich beträgt der Säumniszuschlag 20 €.

Der Säumniszuschlag – SZ – stellt ein *Druckmittel* dar, das den Steuerschuldner zur pünktlichen Zahlung veranlassen soll. Nach h. M. (vgl. AEAO zu § 240 Nr. 5) ist der SZ zur Hälfte Zins und zur anderen Hälfte Druckmittel. In den Fällen, in denen ein Schuldner überschuldet und zahlungsunfähig ist, kann er auch durch SZ nicht zur Zahlung veranlasst werden. Wenn man den SZ *nur* als Druckmittel ansähe, dann bestünde in derartigen Fällen ein *Rechtsanspruch auf Erlass* der gesamten SZ (BFH, BStBl II 1990, 673). Der SZ ist aber zur Hälfte Zins. Deshalb ist nur ein hälftiger Erlass auszusprechen (AEAO zu § 240 Nr. 5; vgl. auch BFH, BStBl II 2003, 901). Entsprechendes gilt, wenn bei Fälligkeit die Voraussetzungen für eine Stundung oder einen Erlass der Hauptschuld gegeben waren (BFH, BStBl II 1985, 489; BFH/NV 1989, 71). Der BFH bejaht einen Erlassanspruch bezüglich der SZ auch bei Ratenzahlung im Rahmen einer Beschränkung der Zwangsvollstreckung nach § 258 AO, wenn die Raten am äußersten Rand der Leistungsfähigkeit des Steuerpflichtigen orientiert sind (vgl. BFH, BStBl II 1991, 864; AEAO zu § 240 Nr. 5 d). Darüber hinaus können nach dem AEAO zu § 240 AO SZ insbesondere bei fehlendem Verschulden (z. B. infolge plötzlicher Erkrankung) und bei einem offenbaren Versehen eines sonst pünktlichen Steuerzahlers erlassen werden. Ein vollständiger Erlass der SZ ist geboten, wenn ein Rechtsbehelf des Steuerpflichtigen Erfolg hatte, er sich im Rahmen des Möglichen um eine Aussetzung der Vollziehung bemüht hatte und diese trotzdem vom FA abgelehnt worden ist (vgl. dazu BStBl II 2010, 955, zu § 361 Abs. 2 Satz 4 AO). Wenn der Steuerpflichtige die Entstehung der SZ (dem Grunde oder der Höhe nach) bestreitet, ist darüber durch Abrechnungsbescheid gem. § 218 Abs. 2 AO zu entscheiden (vgl. AEAO zu § 240 Nr. 8).

d) Zinsen

Für alle Zinsen gelten die gleichen Regeln über die Zinshöhe (0,5 % für jeden vollendeten Monat der Tatbestandserfüllung; § 238 AO) und die Festsetzungsfrist von einem Jahr (§ 239 Abs. 1 Satz 1 AO). Die Regeln über den Beginn von Festsetzungsfristen sind je nach Tatbestand unterschiedlich. Die einzelnen Zinstatbestände werfen teilweise enorme Probleme auf. Der Gesetzgeber hat mit § 233a AO eine Vorschrift zur wechselseitigen Vollverzinsung geschaffen. Danach sind Steuernachforderungen und -erstattungen (ESt, KSt, USt und GewSt) nach folgenden Regeln zu verzinsen:

175

- ▶ der Zinslauf beginnt 15 Monate nach Ablauf des Jahres, in dem die Steuer entstanden ist (bei überwiegenden Einkünften aus Land- und Forstwirtschaft: 23 Monate bei ESt und KSt), Besonderheiten gelten bei rückwirkenden Ereignissen (§ 233a Abs. 2a AO),
- ▶ der Zinslauf endet mit Wirksamwerden der Steuerfestsetzung.
- ▶ der Zinsberechnung sind die Nachzahlungs- oder Erstattungsbeträge nach § 233a Abs. 3 AO (Unterschiedsbeträge) zugrunde zu legen.

Nach § 233a Abs. 5 AO ist bei jeder Änderung der Steuerfestsetzung auch die Zinsfestsetzung zu ändern.

Nach BStBl II 2008, 332 ist eine nach § 50 Abs. 5 EStG festgesetzte Erstattung von Abzugsteuern gem. § 50a EStG nicht nach § 233a AO zu verzinsen, da die Verzinsung für Steuerabzugsbeträge nach § 233a Abs. 1 Satz 2 AO ausdrücklich ausgeschlossen ist. Nach BFH, BStBl II 2009, 2 ist der Vergütungsanspruch nach § 18 Abs. 9 UStG als auf einer Festsetzung der Umsatzsteuer i. S. des § 233a Abs. 1 Satz 1 AO beruhend nach § 233a AO zu verzinsen.

Zu den erheblichen Problemen der Regelung vergleiche man insbesondere den AEAO zu § 233a mit umfangreichen Beispielen zur Zinsberechnung.

Exemplarisch ist nachfolgend das Beispiel 12 aus AEAO zu § 233a AO Nr. 55 wiedergegeben:

Einkommensteuer 2004

a) Steuerfestsetzung vom 12.12.2006, bekannt gegeben am

15.12.2006	22 500 €
abzüglich anzurechnende Steuerabzugsbeträge	./. 2 500 €
Soll	20 000 €
abzüglich festgesetzte Vorauszahlungen	./. 13 000 €
Unterschiedsbetrag (Mehrsoll)	7 000 €

Der Steuerpflichtige hat innerhalb der Karenzzeit die Vorauszahlungen i. H. v. 13 000 € sowie am 15.6.2007 die Abschlusszahlung i. H. v. 7 000 € gezahlt.

Zu verzinsen sind 7 000 € zuungunsten des Steuerpflichtigen für die Zeit vom 1.4.2006 bis 15.12.2006
(8 volle Monate × 0,5 % = 4 %).

festzusetzende Zinsen (Nachzahlungszinsen): 280 €

b) Änderung der Steuerfestsetzung nach § 173 (Bescheid vom 12.10.2007, bekannt gegeben am 15.10.2007) 17 500 €
abzüglich anzurechnende Steuerabzugsbeträge ./. 2 500 €
Soll 15 000 €
abzüglich bisher festgesetzte Steuer (Soll): ./. 20 000 €
Unterschiedsbetrag (Mindersoll) ./. 5 000 €

Zu erstatten sind 5 000 €.

Zu verzinsen sind 5 000 € zugunsten des Steuerpflichtigen für die Zeit vom 15.6.2007 bis 15.10.2007
(4 volle Monate × 0,5 % = 2 %).

festzusetzende Zinsen (Erstattungszinsen): ./. 100 €

c) Bisher festgesetzte Zinsen + 280 €

Minderung zuvor festgesetzter Nachzahlungszinsen:
7 000 € abgerundet: 7 000 €
./. 5 000 €
./. 2 000 € maximal: ./. 2 000 €
5 000 €
5 000 € vom 1.4.2006 bis zum 15.12.2006
(8 volle Monate × 0,5 % = 4 %) ./. 200 €
+ 80 €   + 80 €

Insgesamt festzusetzende Zinsen ./. 20 €

Problematischer ist die Berechnung der Zinsen in Fällen, bei denen § 233a Absätze 2a und 7 AO einschlägig sind. In diesen Fällen, bei denen rückwirkende Ereignisse oder Verlustrückträge Ursache für Nachzahlungen oder Erstattungen sind, müssen ggf. Teilunterschiedsbeträge ermittelt und getrennt verzinst werden. Die Norm ist fast nur noch mit Beispielsrechnungen verständlich zu machen. Einen guten Einstieg bietet BFH, BStBl II 2007, 82, dem das folgende Beispiel nachgebildet ist.

BEISPIEL:

1. Körperschaftsteuerbescheid 2001 aus Mai/04
   Zu versteuerndes Einkommen negativ   KSt 0 €
2. Körperschaftsteueränderungsbescheid 2001 aus Mai/06
   a) Zu versteuerndes Einkommen + 400 (darauf entfallende Steuer: 100 €)
   b) Verlustrücktrag aus 2002 ./. 400   KSt 0 €
   Zinsbescheid nach § 233a AO
   Zinsfestsetzung für den Zeitraum 1. 4. 2003 bis 1. 4. 2004 =   6 €
   Frage: Ist die Zinsfestsetzung rechtmäßig?

LÖSUNG:

a) § 233a Absätze 1, 2, 3, 5, 7 AO fiktive Nachforderung 100 €

zu verzinsen vom 1. 4. 2003 bis zur Bekanntgabe des Änderungsbescheides im Mai 2006

b) § 233a Absätze 1, 2, 2a, 3, 5, 7 AO fiktive Rückzahlung 100 €

zu verzinsen vom 1. 4. 2004 bis zur Bekanntgabe des Änderungsbescheides im Mai 2006

Durch den unterschiedlichen Zinslauf von 2003 oder 2004 bleibt eine 6 %ige Differenz der Zinsen, der Zinsbescheid ist rechtmäßig

Diese auf der Anwendung von § 233a Absätze 2a und 7 AO beruhende Berechnung zeigt, dass in derartigen Fällen der Griff zum AEAO geboten ist, da man sich mit Hilfe der Beispiele im AEAO, z. B. Nr. 33 ff. zu Teilunterschiedsbeträgen, noch am besten in die spröde Materie einarbeiten kann.

Zinsen sind außer bei der Vollverzinsung festzusetzen:

▶ bei einer Stundung (§ 234 AO). Dies gilt auch bei einer Stundung der Rückforderung von z. B. Arbeitnehmer-Sparzulagen (§§ 234, 37 Abs. 1 AO). Für Investitionszulagen enthält z. B. § 12 Investitionszulagegesetz 2010 eine Spezialregelung. Aus Billigkeitsgründen kann auf die Erhebung verzichtet werden.

▶ bei Steuerhinterziehung (vorsätzlicher Steuerverkürzung gem. § 370 AO, § 235 AO); wegen der Anrechnung der Vollverzinsungszinsen (§ 235 Abs. 4 AO) im Wesentlichen nur noch für Steuern bedeutsam, die § 233a AO nicht unterfallen.

▶ bei Herabsetzung einer *Steuer* durch eine rechtskräftige gerichtliche Entscheidung und in gleichgestellten Fällen (§ 236 AO; vgl. BFH, BStBl II 2007, 598 zur Festsetzungsfrist). § 236 AO erfasst wegen des Zuschnitts auf Steuer- und Steuervergütungsbescheide keine Ansprüche aus Haftungs- oder Abrechnungsbescheiden;

▶ soweit ein Einspruch oder eine Anfechtungsklage gegen einen Steuerbescheid oder einen gleichgestellten Bescheid endgültig keinen Erfolg gehabt hat und die Vollziehung des angefochtenen Verwaltungsakts bezüglich des geschuldeten Betrags ausgesetzt worden war (§ 237 AO). Auch insoweit besteht die Möglichkeit eines Verzichts (§ 237 Abs. 4 AO).

▶ Im AEAO zu § 234 werden aus der Sicht der Verwaltung zahlreiche Einzelheiten und konkrete Beispiele für die Berechnung der Zinsen und mögliche Fälle des Zinsverzichts dargestellt. Gegen Zinsbescheide ist der Einspruch gegeben (§ 347 AO). Wenn in einem Bescheid mit der Zinsfestsetzung auch eine Billigkeitsentscheidung gem. § 234 Abs. 2 AO getroffen wurde, ist sowohl gegen die Festsetzung als auch gegen die Billigkeitsentscheidung ein Einspruch möglich (vgl. zur zweifachen Rechtsbehelfsmöglichkeit: BFH, BStBl II 1988, 402; BFH/NV 1991, 717). Durch die Begründung des Einspruchs sollte deutlich gemacht werden, gegen welchen der beiden Verwaltungsakte der Steuerpflichtige vorgehen will.

▶ Werden nach erfolglosem Einspruch gegen eine Steuerfestsetzung Aussetzungszinsen festgesetzt, ist die Zinsfestsetzung bei einer späteren Herabsetzung der Steuer nicht herabzusetzen (§ 237 Abs. 5 AO).

II. Außenprüfung

176 Insbesondere bei Steuerpflichtigen mit Gewinneinkünften lässt sich eine gründliche Überprüfung der erklärten Besteuerungsgrundlagen nicht „vom grünen Tisch aus" vornehmen. Das Gesetz lässt deshalb eine Prüfung in den Geschäftsräumen (ggf. auch der Wohnung) des Steuerpflichtigen zu. Ergänzend greifen Spezialvorschriften für Sonderprüfungen ein (z. B. § 42f EStG für die Lohnsteuer-Außenprüfung). Weitere Einzelheiten sind im AEAO und in der Betriebsprüfungsordnung – BpO – geregelt. Die §§ 5 bis 12, 20 bis 24, 29 und 30 der BpO sind bei LSt- und USt-Sonderprüfungen größtenteils entsprechend anzuwenden (§ 1 Abs. 2 BpO).

1. Zulässigkeit der Außenprüfung

177 Außenprüfungen sind *generell zulässig* bei Gewerbebetrieben, Land- und Forstwirten, Freiberuflern, Steuerpflichtigen im Sinne des § 147a AO (vgl. Tz 163) und anderen Steuerpflichtigen, soweit sie verpflichtet sind, für Rechnung eines anderen Steuern zu entrichten oder einzubehalten und abzuführen (z. B. bei Arbeitgebern bezüglich der Lohnsteuer; § 193 Abs. 1 und Abs. 2 Nr. 1 AO). Darüber hinaus ist eine Außenprüfung stets zulässig, wenn ein aufklärungsbedürftiger Sachverhalt vorliegt und eine Prüfung an Amtsstelle „nach Art und Umfang des zu prüfenden Sachverhalts nicht zweckmäßig ist" (§ 193 Abs. 2 Nr. 2 AO). Nach Maßgabe des § 203a AO ist eine Außenprüfung auch bei einer mitteilungspflichtigen Stelle i. S. des § 93c Abs. 1 AO zulässig.

BEISPIEL: ▶ Ein Steuerpflichtiger hat umfangreiche Einkünfte aus der Vermietung mehrerer Gebäude, die er in wechselndem Umfang teils umsatzsteuerfrei und teils umsatzsteuerpflichtig vermietet. Insbesondere zur Überprüfung der Zulässigkeit des Vorsteuerabzugs kann im Einzelfall eine Außenprüfung zweckmäßig sein (§§ 4 Nr. 12a, 9, 15 Abs. 2 UStG).

Bei der Zusammenveranlagung von Ehegatten ist eine Außenprüfung nur bei dem Ehegatten zulässig, der die gesetzlichen Voraussetzungen für die Außenprüfung in *seiner* Person erfüllt (BFH, BStBl II 1982, 208). Liegen die Voraussetzungen für eine Außenprüfung in der Person *jedes* Ehegatten vor, so können die Prüfungsanordnungen in einer Verfügung zusammengefasst werden (AEAO zu § 197 Nr. 3; BFH, BStBl 1989, 257).

Es besteht *kein Rechtsanspruch* auf die Durchführung einer Außenprüfung zugunsten des Steuerpflichtigen. Die Anordnung steht im pflichtgemäßen Ermessen der Finanzbehörde.

2. Sachlicher Umfang der Außenprüfung

Eine Außenprüfung kann eine oder mehrere Steuerarten, einen oder mehrere Besteuerungszeiträume umfassen und sich auf bestimmte Sachverhalte beschränken. Eine „Vollprüfung" ist zulässig, aber nicht gesetzlich vorgeschrieben (§ 194 Abs. 1 AO). Die bei einem Unternehmer aufgrund des § 193 Abs. 1 AO angeordnete Außenprüfung kann sich auch auf nichtbetriebliche Sachverhalte erstrecken (BFH, BStBl II 1986, 437; streitig, vgl. auch BFH/NV 2003, 1394). Sie ist auch nach einer endgültigen (vorbehaltlosen) Steuerfestsetzung zulässig (BFH, BStBl II 1986, 36). Sie kann auch noch für Zeiträume angeordnet werden, für die die regelmäßige Verjährungsfrist bereits abgelaufen ist, und eine Steuerfestsetzung (Änderung) nur vorgenommen werden kann, wenn infolge einer Steuerstraftat die Verjährungsfrist 10 Jahre beträgt (BFH, BStBl II 1988, 113; BFH/NV 2003, 1034).

178

Bei der Prüfung einer Personengesellschaft ist *kraft Gesetzes* die Prüfung der steuerlichen Verhältnisse der *Gesellschafter* insoweit zulässig, als diese für die einheitlichen Feststellungen von Bedeutung sind (§ 194 Abs. 1 AO). Daraus ergibt sich z. B., dass aufgrund einer Prüfungsanordnung gegen eine Personengesellschaft die Finanzbehörde nicht steuerliche Verhältnisse eines Gesellschafters überprüfen darf, die nicht mit den einheitlichen Feststellungen zusammenhängen. Insbesondere dürfen Einkünfte, die nicht mit der Beteiligung zusammenhängen, Sonderausgaben, außergewöhnliche Belastungen und sonstige für die Besteuerung des Gesellschafters relevanten Umstände nicht überprüft werden. Im Einzelfall kann jedoch aufgrund einer *besonderen Prüfungsanordnung* gegen die *Gesellschafter* (§ 197 Abs. 1 Satz 3 AO) aus Zweckmäßigkeitsgründen auch insoweit eine Außenprüfung vorgenommen werden (§ 193 Abs. 2 Nr. 2 AO). Die steuerlichen Verhältnisse von Gesellschaftern und Mitgliedern sowie von Mitgliedern der Überwachungsorgane können stets dann in die Prüfung einer Gesellschaft einbezogen werden, wenn dies im Einzelfall zweckmäßig ist (§ 194 Abs. 2 AO).

3. Kontrollmitteilungen

Die Auswertung steuerrechtlich relevanter Feststellungen, die „anlässlich" einer Außenprüfung getroffen werden, ist gegenüber Dritten zulässig (§ 194 Abs. 3 AO). Durch diese Vorschrift wird das Recht der Finanzbehörde, Kontrollmitteilungen zu fertigen und auszuwerten, gesetzlich verankert. Es ist jedoch *unzulässig*, im Rahmen einer Außenprüfung ohne besondere Prüfungsanordnung die steuerlichen Verhältnisse *Dritter systematisch* zu überprüfen (Ausnahme: bei Steuerentrichtungspflichtigen, insbesondere Arbeitgebern bezüglich der Lohnsteuer; vgl. § 194 Abs. 1 Satz 4 AO; AEAO zu § 194 Nr. 5;

179

zu Bankenprüfung vgl. BFH, BStBl II 2009, 509; wichtig BStBl II 2007, 227 – Tanzkapellenentscheidung).

BEISPIELE: Geprüft wird ein Handelsvertreter. Will der Prüfer die Provisionsgutschriften systematisch über einen längeren Zeitraum hinweg prüfen *und gegenüber einem Dritten* (Geschäftsherrn) auswerten, so ist dies ohne Erteilung einer Prüfungsanordnung gegenüber dem Geschäftsherrn nicht zulässig.

Die Grenzen zwischen einer nur *gelegentlichen* Fertigung von Kontrollmitteilungen und der *systematischen* Ausforschung der steuerlichen Verhältnisse eines Dritten bei der Prüfung seines Geschäftspartners können nicht exakt festgelegt werden. Maßgebend sind insbesondere folgende Umstände: Die Größe des Betriebs, die Anzahl der Bargeschäfte, die steuerliche Zuverlässigkeit (z. B. Bestrafung wegen Steuerhinterziehung), unübliche Abwicklung von Geschäften, unübliche Kontierung, Verdacht auf OR-Geschäfte, Zahlungen auf Privatkonten. Durch § 30a AO hat der Gesetzgeber die Fertigung von Kontrollmitteilungen bei Prüfung von Banken eingeschränkt (vgl. Tz 107, 115). Die Verwaltung sieht sich durch die BFH-Rechtsprechung berechtigt, in höherem Maße Kontrollmitteilungen zu fertigen (AEAO § 194 Nr. 6).

4. Prüfungsanordnungen und Prüfungszeitraum

180 Die Finanzbehörde bestimmt den zeitlichen und sachlichen (Steuerart) Umfang der Außenprüfung nach ihrem Ermessen in einer schriftlich oder elektronisch zu erteilenden Prüfungsanordnung (§ 196 AO). Mit der Prüfungsanordnung sind die in BStBl I 2013, 1264 abgedruckten Hinweise auf die wesentlichen Rechte und Mitwirkungspflichten des Steuerpflichtigen bei einer Außenprüfung bekannt zu geben (vgl. § 5 Abs. 2 Satz 2 BpO). Für die Bestimmung des *Prüfungszeitraums* trifft § 4 BpO folgende Regelung:

▶ Bei *Großbetrieben* (vgl. hierzu Größenklassen-Verzeichnis, BMF, BStBl I 2015, 504) soll der Prüfungszeitraum an den vorhergehenden Prüfungszeitraum anschließen, d. h. kein Zeitraum ungeprüft bleiben. Ergeht eine Prüfungsanordnung zu einem Zeitpunkt, in dem ein Unternehmen Großbetrieb ist, kann die Außenprüfung auf die mehr als drei Jahre zurückliegenden Besteuerungszeiträume auch dann erstreckt werden, wenn das Unternehmen in der zurückliegenden Zeit noch kein Großbetrieb war. Der Normalprüfungszeitraum kann auch bei Anhangbetrieben zu Großbetrieben überschritten werden.

▶ Bei *Mittel-, Klein- und Kleinstbetrieben* soll der Prüfungszeitraum in der Regel nicht mehr als drei zusammenhängende Besteuerungszeiträume umfassen. Dies gilt nicht, wenn mit *nicht unerheblichen Steuernachforderungen* oder nicht unerheblichen *Steuererstattungen* (Vergütungen) zu rechnen ist oder der Verdacht einer *Steuerstraftat* oder *Steuerordnungswidrigkeit* besteht. Zu § 4 Abs. 3 BpO vgl. AEAO § 194 Nr. 4 mit Regelung zur Prüfung der Verlustentstehungsjahre bei der Verlustfeststellung.

BEISPIEL: Für die Jahre 2012 bis 2014 wird eine Betriebsprüfung angeordnet. Der Prüfer stellt einen Vermögenszuwachs fest, der nicht aus versteuerten Einkünften dieser Jahre stammen kann. Eine überschlägige Berechnung ergibt, dass der Vermögenszuwachs auch nicht aus den versteuerten Einkünften der Jahre 2009 bis 2011 zu erklären ist. Der Steuerpflichtige gibt keine plausiblen Erklärungen für den Vermögenszuwachs ab. Die Prüfungsanordnung kann erweitert werden. Ergibt sich der Verdacht einer Steuerhinterziehung, so ist eine Erweiterung des Prüfungszeitraumes bis zur Grenze der 10-jährigen Verjährungsfrist zulässig (§ 169 Abs. 2 AO).

Nach den Feststellungen eines Betriebsprüfers ist damit zu rechnen, dass sich bei zeitlicher Ausdehnung der Betriebsprüfung über den vorgesehenen 3-Jahres-Zeitraum hinaus, je Steuerart und Besteuerungszeitraum Nachforderungen über mehr als 500 € ergeben. Nach bisheriger Praxis liegt eine „nicht unerhebliche Steuernachforderung" vor, die zu einer Erweiterung des Prüfungszeitraumes berechtigt, bei einem Betrag von 1 500 € für alle Steuerarten zusammen je Veranlagungszeitraum vor (FG Münster vom 14.6.2013 unter Bezugnahme auf BFH, BStBl II 1988, 858, FG Hamburg VII 67/09, NWB 2006, 2433). Die Beträge wirken anachronistisch. Erweitert das Finanzamt den Prüfungszeitraum gem. § 4 Abs. 3 BpO über den Regel-Zeitraum von drei Jahren hinaus, so muss die Erweiterung begründet werden. Fehlt die Begründung, so kann dieser Mangel dadurch geheilt werden, dass die Begründung nachgeholt wird (z. B. in der Entscheidung über den Einspruch gegen die Erweiterung der Prüfungsanordnung; vgl. §§ 121 Abs. 1, 126 Abs. 1 Nr. 2 AO; BFH, BStBl II 1983, 286; 1987, 248).

Liegen nach Meinung des Steuerpflichtigen die Voraussetzungen für eine Erweiterung des Prüfungszeitraumes gem. § 4 Abs. 3 BpO nicht vor, so empfiehlt es sich, sofort gegen die Erweiterungsanordnung *Einspruch* einzulegen und die *Aussetzung der Vollziehung* gem. § 361 AO zu beantragen. Denn nach der Rechtsprechung des BFH ist es im Regelfall unerheblich, ob neue Tatsachen, die zu einer Änderungsveranlagung führen, unter Verletzung von Vorschriften der BpO bekannt werden (BFH/NV 2013, 735). Wird deshalb die Prüfungsanordnung nicht wirksam angefochten, so ist die Auswertung der Prüfungsergebnisse durch Erlass von Änderungsbescheiden rechtmäßig. Mit dem Einspruch gegen den Korrekturbescheid kann also nicht mehr die *Rechtswidrigkeit* (allenfalls die Nichtigkeit, vgl. Tz 133) der Prüfungsanordnung geltend gemacht werden (BFH, BStBl II 2002, 328). Jedoch besteht bei endgültigen Veranlagungen ein *Verwertungsverbot* für die aufgrund der Außenprüfung festgestellten neuen Tatsachen, soweit die *Prüfungsanordnung aufgehoben* wird. Allerdings kann die Verwaltung in derartigen Fällen eine Wiederholungsprüfung anordnen (vgl. BFH, BStBl II 1989, 180 und 440; AEAO zu § 196 Nr. 2 bis 4). Kein Verwertungsverbot tritt ein, wenn die Prüfungsfeststellungen im Rahmen einer *erstmaligen Steuerfestsetzung* verwertet werden oder wenn ein zuvor erlassener Steuerbescheid *unter dem Vorbehalt der Nachprüfung* stand und nunmehr nach § 164 Abs. 2 AO geändert wird (BFH, BStBl II 2006, 400). In beiden Fällen besteht ein Verwertungsverbot nur dann, wenn entweder die rechtlichen Voraussetzungen für die Anordnung einer Außenprüfung nicht gegeben waren oder wenn im Rahmen der Prüfung schwerwiegende Verfahrensfehler unterlaufen sind und die Prüfungsfeststellungen hierauf beruhen. Anderenfalls sind bei einer Außenprüfung festgestellte Tatsachen auch dann verwertbar, wenn sie durch Prüfungshandlungen aufgedeckt wurden, die nicht auf einer (wirksamen) Prüfungsanordnung beruhen.

Für Prüfungen, die ab 1.1.2012 angeordnet werden, gilt § 4a BpO, wonach zeitnahe Prüfungen auch für 1 oder 2 Steuerjahre angeordnet werden können. Voraussetzung ist aber zumindest, dass die Steuererklärungen der Prüfungsjahre abgegeben sind.

5. Bekanntgabe der Prüfungsanordnung

181   Die Prüfungsanordnung, der voraussichtliche *Prüfungsbeginn* und die Namen der Prüfer sind dem Steuerpflichtigen *angemessene Zeit* vor der Prüfung bekannt zu geben, wenn der Prüfungszweck dadurch nicht gefährdet wird (§ 197 Abs. 1 AO). Darüber hinaus muss die Prüfungsanordnung gem. § 5 Abs. 2 BpO insbesondere enthalten: Die zu prüfenden *Steuerarten* und *-vergütungen*, den *Prüfungszeitraum* und ggf. bestimmte Sachverhalte, die überprüft werden sollen (vgl. § 194 Abs. 1 AO). Besonderheiten können sich bei der Anordnung einer Außenprüfung nach § 180 Abs. 2 AO i.V. mit der VO zu § 180 Abs. 2 AO ergeben. Eine umfangreiche Darstellung der speziellen Probleme der Bekanntgabe von Prüfungsanordnungen enthält der AEAO zu § 197. Die Bekanntgabe der Prüfungsanordnung sperrt die strafbefreiende Selbstanzeige (§ 371 Abs. 2 Nr. 1a AO).

6. Terminverschiebung

182   Auf Antrag des Steuerpflichtigen soll der Beginn der Außenprüfung auf einen anderen Zeitpunkt verlegt werden, wenn dafür wichtige Gründe glaubhaft gemacht werden (§ 197 Abs. 2 AO). Wichtige Gründe für eine Terminverlegung können z. B. sein: langfristig geplanter Urlaub, plötzliche Krankheit oder Tod des Steuerpflichtigen, seines Beraters oder Buchhalters. Liegen diese oder vergleichbar wichtige Gründe vor, so dürfte im Regelfall die Ablehnung eines Antrags auf zeitliche Verschiebung der Außenprüfung ermessensfehlerhaft sein. Die *Ablehnung* eines Antrags auf Terminverschiebung ist ein mit dem *Einspruch* anfechtbarer Verwaltungsakt (§ 347 Abs. 1 Nr. 1 AO). Zum Einfluss auf den Ablauf der Festsetzungsverjährung: Hinweis auf § 171 Abs. 4 AO. Nach BFH, BStBl II 2011, 7 und 2012, 400 ist danach zu differenzieren, ob der Verschiebungsantrag befristet ist (dann Analogie zu § 171 Abs. 8 Satz 2, 10 AO) oder nicht (dann Hemmung bis zum Wegfall des Hindernisses plus 2 Jahre). Nach BFH, BStBl II 1989, 483 (488), liegt in einem Antrag auf Aussetzung der Vollziehung nach Anfechtung der Prüfungsanordnung immer ein Verschiebungsantrag nach § 171 Abs. 4 AO. In BStBl II 2003, 827 grenzt der BFH ab. Bei einer rechtswidrigen Prüfungsanordnung soll der Antrag auf AdV keinen Verschiebungsantrag i. S. des § 171 Abs. 4 AO beinhalten.

7. Ausweispflicht – Beginn der Außenprüfung

183   Die Prüfer müssen sich bei Erscheinen unverzüglich ausweisen. Der Beginn der Prüfung ist unter Angabe von Datum und Uhrzeit aktenkundig zu machen (§ 198 AO). Der Zeitpunkt des Prüfungsbeginns ist von Bedeutung für die Festsetzungsverjährung (vgl. § 171 Abs. 4 AO). Nach Erscheinen des Prüfers ist eine strafbefreiende Selbstanzeige nicht mehr möglich (§ 371 Abs. 2 Nr. 1c AO). Eine Selbstanzeige wegen *leichtfertiger* Verkürzung kann jedoch noch wirksam erstattet werden (§ 378 Abs. 3 AO).

8. Prüfungsgrundsätze

Der Außenprüfer muss die tatsächlichen und rechtlichen Verhältnisse (Besteuerungsgrundlagen) *zugunsten* wie *zuungunsten* des Steuerpflichtigen prüfen. Er hat den Steuerpflichtigen schon *während der Prüfung* über die festgestellten Sachverhalte und möglichen steuerlichen Auswirkungen zu unterrichten, wenn dadurch Zweck und Ablauf der Prüfung nicht beeinträchtigt werden (§ 199 AO). Die Prüfungs*methode* und die Auswahl der Prüfungs*schwerpunkte* stehen im Ermessen des Prüfers. Die Auswahl der Methode (z. B. innerer und äußerer Betriebsvergleich, Umsatzverprobung, Belegprüfung, statistische Erhebungen für Wahrscheinlichkeitsrechnungen) stellt keinen Verwaltungsakt dar. Der Steuerpflichtige kann folglich dagegen keinen förmlichen Rechtsbehelf einlegen, sondern allenfalls Gegenvorstellungen erheben oder Dienstaufsichtsbeschwerde einlegen (vgl. Tz 240). Mit dem Einspruch anfechtbar sind lediglich *einzelne, konkrete Aufforderungen,* bestimmte Handlungen vorzunehmen oder zu dulden, soweit es sich um *Verwaltungsakte* handelt.

184

> **BEISPIEL:** ▶ Der Prüfer ordnet die Vorlage bestimmter Unterlagen an. Der Steuerpflichtige ist der Auffassung, er brauche diese Unterlagen nicht vorzulegen, weil sie steuerlich nicht relevant seien. – Der Steuerpflichtige kann die Anordnung des Prüfers (Verwaltungsakt) mit dem Einspruch anfechten und die Aussetzung der Vollziehung beantragen (§ 361 AO, § 69 FGO), wenn es sich im Einzelfall bei der Anordnung um einen Verwaltungsakt handelt. Dies ist nach der Rechtsprechung des BFH danach zu entscheiden, ob die einzelne Anordnung des Prüfers erzwingbar wäre oder ob bei sachgerechter Ermessensausübung eine Erzwingung – z. B. wegen der Möglichkeit der Schätzung – unmöglich wäre (vgl. grundlegend BFH, BStBl II 1999, 199; 2007, 227, 233).

Von besonderer praktischer Bedeutung ist der in § 147 Abs. 6 AO geregelte Datenzugriff, bei dem der Steuerpflichtige nach § 200 Abs. 1 Satz 2 AO mitwirken muss. Die Aufforderung eine bestimmte Form des Datenzugriffs zu dulden oder daran mitzuwirken ist nach h. M. ein Verwaltungsakt (vgl. FG BaWü, EFG 2013, 268)..

Der Prüfer soll zunächst den *Steuerpflichtigen* oder von ihm *benannte* Personen um Auskunft ersuchen (§ 200 Abs. 1 Satz 3 AO). Nur wenn diese nicht zur Auskunftserteilung in der Lage sind (oder ihre Auskünfte nicht zureichend oder nicht Erfolg versprechend sind), soll der Prüfer *andere* Personen um Auskunft ersuchen. § 8 Abs. 2 BpO bestätigt, dass sich der Prüfer an nicht als Auskunftspersonen benannte Betriebsangehörige wenden darf.

9. Mitwirkungspflichten des Steuerpflichtigen

Im Rahmen einer Außenprüfung hat der Steuerpflichtige zunächst die allgemeinen Mitwirkungspflichten, insbesondere die Pflicht, die für die Besteuerung erheblichen Tatsachen vollständig und wahrheitsgemäß darzulegen und die ihm bekannten Beweismittel anzugeben (§ 90 AO). Bei Außenprüfungen besteht darüber hinaus eine erhöhte Mitwirkungspflicht nach Maßgabe des § 200 AO. Das Gesetz verlangt – im Rahmen des Zumutbaren – eine aktive Mitwirkung. Das ist mehr als ein lediglich passives Dulden der Prüfung. Das Recht die schriftliche Bestätigung von mündlichen Verwaltungsakten zu verlangen ist suspendiert (§ 200 Abs. 1 Satz 4 AO). Der Steuerpflichtige muss im Rahmen einer Außenprüfung alle Urkunden (Aufzeichnungen, Bücher, Geschäftspapiere

185

usw.) zur Einsicht vorlegen. Auch Protokolle über Sitzungen eines Vorstands oder Aufsichtsrats einer AG sind (grundsätzlich) vorlagepflichtig. Eine Vorlage dieser Protokolle „en bloc" wird jedoch im Allgemeinen nicht verlangt werden können.

Eine erhöhte Mitwirkungspflicht besteht bei *Buchführungssystemen* auf *EDV-Basis*. Das gilt insbesondere dann, wenn während des Prüfungszeitraumes das Datenaufzeichnungssystem geändert wird und keine ordnungsgemäße Dokumentation vorgelegt werden kann. Verdichtete Zahlen müssen aufgegliedert werden, soweit das für steuerliche Zwecke erforderlich ist (vgl. § 146 Abs. 5, § 147 Abs. 2 und 5 AO; AEAO zu § 146 Nr. 2; Grundsätze ordnungsgemäßer Speicherbuchführung, BStBl I 1995, 738). Nach § 200 Abs. 1 Satz 2 AO müssen die Finanzbehörden bei der maschinellen Auswertung der elektronischen Daten nach § 147 Abs. 6 AO unterstützt werden (vgl. BFH, BStBl II 2008, 415).

10. Ort und Zeit der Prüfung

186 Außenprüfungen finden regelmäßig in den *Geschäftsräumen* des Steuerpflichtigen statt. Er muss dem Prüfer einen geeigneten Raum oder Arbeitsplatz und die erforderlichen Hilfsmittel (z. B. Stuhl, Schreibtisch) unentgeltlich zur Verfügung stellen (§ 200 Abs. 2 AO). Ist kein geeigneter Geschäftsraum vorhanden, so muss er die zu prüfenden Unterlagen in seiner Privatwohnung oder an Amtsstelle vorlegen. Das Betreten *privater Wohnräume* zur Durchführung einer Außenprüfung darf jedoch *nicht erzwungen werden* (Ausschussbericht zu § 200 AO, BT-Drucks. 7/4292). Erzwingbar ist aber eine Außenprüfung in den Geschäftsräumen und an Amtsstelle, falls keine geeigneten Geschäftsräume vorhanden sind (zur Verfassungsmäßigkeit: BFH, BStBl II 1989, 180). Eine Prüfung in der Kanzlei des Steuerberaters kommt nur in Ausnahmefällen in Betracht (vgl. BFH, BStBl II 1987, 360; 1989, 265; AEAO zu § 200 Nr. 2 und § 6 Satz 3 BpO).

Die Prüfung findet während der *üblichen Geschäfts- oder Arbeitszeit* statt (§ 200 Abs. 3 AO). Mit Einverständnis des Steuerpflichtigen kann die Prüfung auch zu einem anderen Zeitpunkt durchgeführt werden.

Die Prüfer sind berechtigt, Grundstücke zu betreten und zu besichtigen (§ 200 Abs. 3 AO). Das Betreten von *Wohn*räumen ist *gegen den Willen* des Inhabers nur zulässig zur Verhütung dringender Gefahren für die öffentliche Sicherheit und Ordnung (§ 99 Abs. 1 AO). Diese Voraussetzung dürfte nur außerordentlich selten vorliegen. Weigert sich ein Steuerpflichtiger, private Wohnräume durch den Prüfer betreten zu lassen, obwohl dies erforderlich ist (Abgrenzung des betrieblich und privat genutzten Anteils), so kann die Finanzbehörde gem. § 162 AO eine Schätzung vornehmen und dabei Unsicherheitsfaktoren zu Lasten des Steuerpflichtigen berücksichtigen.

11. Schlussbesprechung

187 Über das Ergebnis der Außenprüfung ist eine Besprechung (Schlussbesprechung) abzuhalten, es sei denn, dass

► sich nach dem Ergebnis der Außenprüfung *keine* Änderung der Besteuerungsgrundlagen ergibt,

- der Steuerpflichtige auf die Besprechung *verzichtet,*
- es sich um eine *abgekürzte* Außenprüfung handelt (§§ 201 Abs. 1, 203 Abs. 2 AO).

Die Besprechungspunkte und der Termin sind angemessene Zeit vorher bekannt zu geben. Es sind insbesondere strittige Sachverhalte und Rechtsfragen zu erörtern. *Erörterung bedeutet nicht Entscheidung.* Grundsätzlich sind deshalb weder einvernehmliche Sachverhaltsfeststellungen noch deren rechtliche Beurteilung für die Finanzbehörde und den Steuerpflichtigen verbindlich. Die Schlussbesprechung als solche ist kein Verwaltungsakt. Im Einzelfall kann jedoch aufgrund einer Schlussbesprechung eine Bindung der Finanzbehörde nach dem Grundsatz von Treu und Glauben entstehen. Dies gilt insbesondere dann, wenn sich eine Einigung bei der Schlussbesprechung auf Streitpunkte *tatsächlicher* Art bezieht, die das Finanzamt innerhalb des durch die Ermittlungen begrenzten Spielraumes würdigen kann (vgl. die Ausführungen zur sog. tatsächlichen Verständigung in Tz 105 und BMF-Schreiben, BStBl I 2008, 831). Dagegen bewirken Zusagen in einer Schlussbesprechung, die im Betriebsprüfungsbericht nicht aufrechterhalten werden, grundsätzlich keine Bindung der Finanzbehörde (BFH, BStBl II 1977, 623). Handelt es sich dagegen um eine verbindliche Zusage nach einer Außenprüfung gem. §§ 204 ff. AO (Schriftform!), so ist die Finanzbehörde auch dann gebunden, wenn die Zusage zugunsten des Steuerpflichtigen dem Gesetz widerspricht (§ 206 AO).

Besteht die *Möglichkeit,* dass ein Straf- oder Bußgeldverfahren durchgeführt werden muss, so „soll" (= muss, vgl. Tz 131 AStBV 2013) in der Schlussbesprechung darauf hingewiesen werden (§ 201 Abs. 2 AO). Dieser „strafrechtliche Hinweis" hat m. E. keine rechtliche Bedeutung. Insbesondere wird durch diesen Hinweis kein Strafverfahren eingeleitet (§ 397 AO). Ergibt sich im Rahmen einer Außenprüfung ein *konkreter Verdacht,* so hat der Prüfer bereits *vor* der Schlussbesprechung die für die Bearbeitung der Straftat oder Ordnungswidrigkeit zuständige Stelle unverzüglich zu unterrichten (§ 10 BpO). Gibt die Betriebsprüfungsstelle den Bericht zur strafrechtlichen Überprüfung an die Strafsachenstelle weiter, so liegt *kein* mit dem Einspruch anfechtbarer *Verwaltungsakt* vor. Es handelt sich lediglich um eine verwaltungsinterne Information (vgl. zu Mitteilung nach § 4 Abs. 5 Nr. 10 EStG BFH, BStBl II 2007, 850). – Zum Verhältnis Besteuerungs- und Strafverfahren: vgl. BStBl II 2002, 328 und BFH/NV 2003, 1034; 2008, 1371.

12. Inhalt und Bekanntgabe des Prüfungsberichts

Über das Ergebnis der Außenprüfung ergeht ein schriftlicher Bericht. Ergibt sich keine Änderung der Besteuerungsgrundlagen, so ergeht eine dementsprechende Mitteilung an den Steuerpflichtigen. Auf Antrag hat die Finanzbehörde dem Steuerpflichtigen den Bericht vor der Auswertung zu übersenden und ihm Gelegenheit zu geben, in angemessener Zeit dazu Stellung zu nehmen (§ 202 AO).

188

Der Bericht enthält im Regelfall keine Entscheidungen (Verwaltungsakte) und ist deshalb nicht mit dem Einspruch, sondern nur mit der Gegenvorstellung und der Dienstaufsichtsbeschwerde angreifbar. Will die Finanzbehörde bei Auswertung des Berichts wesentlich zum Nachteil des Steuerpflichtigen von den Feststellungen des Prüfers abweichen, so soll sie dem Steuerpflichtigen Gelegenheit geben, sich dazu zu äußern

(§ 12 BpO). – Feststellungen eines Prüfers werden oft für amtsinterne Zwecke in sog. „Rot-" oder „Grünbögen" vermerkt. Dabei handelt es sich meist um Tatsachenfeststellungen und Meinungsäußerungen des Prüfers, die strafrechtlich oder für ein Vollstreckungsverfahren von Bedeutung sein können. Es besteht kein Rechtsanspruch auf Einsichtnahme in derartige amtsinterne Vermerke (streitig). Auch kann der Steuerpflichtige nicht verlangen, dass der Prüfer Mitteilungen, die für den Innendienst oder spätere Besteuerungszeiträume von Bedeutung sind, in den Bericht aufnimmt.

13. Abgekürzte Außenprüfung

189 Eine abgekürzte Außenprüfung kommt bei Steuerpflichtigen in Betracht, bei denen die Finanzbehörde eine Außenprüfung in regelmäßigen Zeitabständen nach den Umständen des Falles nicht für erforderlich hält. Die Prüfung hat sich auf die wesentlichen Besteuerungsgrundlagen zu beschränken. Die Besonderheiten der abgekürzten Außenprüfungen bestehen darin, dass die Schlussbesprechung und die Übersendung des Prüfungsberichts (auf Antrag des Steuerpflichtigen) vor Auswertung nicht zwingend vorgeschrieben sind (§ 203 AO).

Von der *abgekürzten* Außenprüfung ist die *betriebsnahe Veranlagung* zu unterscheiden. Bei der betriebsnahen Veranlagung sucht im Regelfall ein Beamter des Innendienstes (z. B. der Amtsprüfstelle) den Steuerpflichtigen auf, um konkrete Einzelfragen, die sich aufgrund einer Steuererklärung ergeben, an Ort und Stelle zu klären. Dadurch sollen umständliche schriftliche Erörterungen vermieden werden. Die betriebsnahe Veranlagung ist *keine (abgekürzte) Außenprüfung*, sondern eine Ermittlungsmaßnahme im Rahmen des Festsetzungsverfahrens gem. §§ 88, 93 ff. AO. Die speziellen Vorschriften für Gewährung des „rechtlichen Gehörs" bei Außenprüfungen gelten nicht (keine laufende Informationspflicht gem. § 199 Abs. 2 AO, keine Schlussbesprechung gem. § 201 Abs. 1 AO, keine Übersendung eines Prüfungsberichts gem. § 202 Abs. 2 AO). Anders als eine (abgekürzte) Außenprüfung führt die betriebsnahe Veranlagung nicht zu einer Hemmung der Verjährung (vgl. § 171 Abs. 4 AO) und nicht zu einer Änderungssperre gem. § 173 Abs. 2 AO. Dies gilt ebenfalls für die Lohnsteuer-Nachschau (§ 42g EStG) und die Umsatzsteuer-Nachschau (vgl. dazu Abschnitt 27b.1 UStAE).

14. Rechtswirkungen der Außenprüfung

190 Durch Außenprüfungen sollen die zutreffenden Besteuerungsgrundlagen ermittelt werden. Eine Außenprüfung (auch die abgekürzte Prüfung gem. § 203 AO) löst darüber hinaus zahlreiche Rechtsfolgen aus. Insbesondere bewirkt eine Außenprüfung, dass

- ▶ i. d. R. eine nachfolgende Steuerfestsetzung unter dem Vorbehalt der Nachprüfung unzulässig ist (§ 164 Abs. 1 Satz 1 AO),
- ▶ der Vorbehalt einer Nachprüfung aufgehoben werden *muss*, wenn die Außenprüfung nicht zu einer Änderung gegenüber der Steuerfestsetzung unter dem Vorbehalt der Nachprüfung führt (§ 164 Abs. 3 AO),
- ▶ der Ablauf der Frist für die Festsetzungsverjährung gehemmt wird (§ 171 Abs. 4 AO),
- ▶ die Änderungssperre gem. § 173 Abs. 2 AO eingreift,

- im Regelfall ein Anspruch auf eine verbindliche Zusage gem. §§ 204 ff. AO besteht,
- eine strafbefreiende Selbstanzeige nach Bekanntgabe der Prüfungsanordnung oder Erscheinen des Prüfers bei einer (vorsätzlichen) Steuerhinterziehung nicht mehr möglich ist (§ 371 Abs. 2 Nr. 1a, c AO). Bei nur leichtfertiger Steuerverkürzung ist dagegen die Selbstanzeige noch nach Erscheinen des Prüfers wirksam, solange dem Steuerpflichtigen die Einleitung eines Straf- oder Bußgeldverfahrens nicht bekannt gegeben worden ist (§ 378 Abs. 3 AO).

15. Rechtsbehelfe bei Außenprüfungen

Verwaltungsakte im Rahmen von Außenprüfungen, die mit dem *Einspruch binnen Monatsfrist* angefochten werden können (§§ 347, 355 AO), sind insbesondere: 191

- die Prüfungsanordnung gem. § 196 AO (z. B. bezüglich der Zulässigkeit der Prüfung, des Prüfungszeitraums, der zu prüfenden Steuerarten, BFH, BStBl II 1986, 21; der Auftragserteilung nach § 195 Satz 2 AO, BFH, BStBl II 2013, 570),
- die Bestimmung des Prüfungsbeginns (BFH, BStBl II 1987, 408; 1989, 483),
- die Festlegung des Prüfungsortes (BFH, BStBl II 1989, 483),
- die Erweiterung des Prüfungszeitraums bei Mittel-, Klein- und Kleinstbetrieben über die drei Jahre hinaus (§ 4 Abs. 3 BpO; es handelt sich um eine neue Prüfungsanordnung),
- die Ausdehnung der Prüfung auf die steuerlichen Verhältnisse der Gesellschafter usw. gem. § 194 Abs. 2 AO,
- die Aufforderung, bestimmte Aufzeichnungen, Bücher oder Urkunden vorzulegen oder bestimmte Auskünfte zu erteilen (BFH, BStBl II 1968, 365; Abgrenzung bei BFH, BStBl II 1999, 199; 2007, 227, 233),
- die Anordnung und Festsetzung von Zwangsgeldern zur Durchsetzung von Anordnungen, die im Rahmen einer Außenprüfung ergehen (§§ 328 ff. AO),
- die Ablehnung eines Antrags, die Außenprüfung zeitlich zu verschieben (§ 197 Abs. 2 AO),
- die Ablehnung einer Schlussbesprechung,
- die Ablehnung einer im Anschluss an eine Außenprüfung beantragten *verbindlichen Zusage* (§§ 204 ff. AO) oder die Zusage, die nicht dem Antrag des Steuerpflichtigen entspricht.
- Bei *schriftlichen* Verwaltungsakten beginnt die Frist für die Einlegung des Rechtsbehelfs nur, wenn eine Rechtsbehelfsbelehrung erfolgt (§ 356 Abs. 1 AO). Bei Außenprüfungen ergehen *zahlreiche Verwaltungsakte formlos* (mündlich). Derartige formlose Verwaltungsakte muss der Steuerpflichtige binnen *Monatsfrist seit Bekanntgabe* mit dem Einspruch anfechten. Zweckmäßigerweise wird gleichzeitig die Aussetzung der Vollziehung gem. § 361 AO beantragt.
- Kein Verwaltungsakt ist nach h. M. die Benennung des Prüfers (BFH/NV 2009, 1401). Verwaltungsakte und tatsächlichen Handlungen eines Außenprüfers können weiterhin mit der Gegenvorstellung und der Dienstaufsichtsbeschwerde angegriffen werden (vgl. Tz 240).

16. Verwertungsverbote

192 Erkenntnisse der Finanzverwaltung im Rahmen einer Außenprüfung dürfen unter bestimmten Voraussetzungen nicht für Steuerfestsetzungen oder -änderungen oder die Durchführung von Strafverfahren verwertet werden.

Einem umfassenden steuerlichen und strafrechtlichen Verwertungsverbot unterliegen alle Erkenntnisse, die durch verbotene Methoden i. S. des § 136a StPO – z. B. körperliche Gewalt – erlangt werden. Dies gilt nicht für die in § 136a StPO ebenfalls genannte Täuschung. In dem praktisch relevanten Fall, dass der Betriebsprüfer während der Prüfung auf strafrechtlich relevante Lebenssachverhalte stößt und trotzdem – entgegen § 10 BpO – die Prüfung fortführt, ohne den Steuerpflichtigen zu informieren, greift daher nur das in § 393 Abs. 2 AO geregelte Verwertungsverbot hinsichtlich der strafrechtlichen Auswertung von „Nicht"-Steuerstraftaten (einschränkend BGH, wistra 2003, 429 zur Urkundenfälschung; bestätigt durch BVerfG, NJW 2005, 352). Zu den Folgen einer Feststellung der Rechtswidrigkeit der Prüfungsanordnung vgl. Tz 180. Ohne Anfechtung der Prüfungsanordnung kann die Verwertung der Prüfungsergebnisse nur bei Nichtigkeit der Prüfungsanordnung verhindert werden (BFH, BStBl II 1984, 285). Ist keine Prüfungsanordnung ergangen, müssen die einzelnen Anforderungen des Betriebsprüfers angefochten werden, soweit sie Verwaltungsakte sind (BFH, BStBl II 1984, 285; 1986, 2; beachte auch BStBl II 2006, 400 zur Auswertung in erstmaligen Festsetzungen oder im Rahmen des § 164 AO). Hat die Finanzverwaltung trotz Anfechtung der Prüfungsanordnung geprüft und die Erkenntnisse bereits in Steuerfestsetzungen einfließen lassen, muss auch die Steuerfestsetzung angefochten werden (BFH, BStBl II 1985, 579). Diese Rechtsprechung des BFH ist deshalb bedeutsam, weil eine später aufgehobene, rechtswidrige Prüfungsanordnung die Verjährung nicht hemmt (BFH, BStBl II 1988, 165).

III. Verbindliche Zusagen – Auskünfte – Treu und Glauben

193 Im Anschluss an eine Außenprüfung soll die Finanzbehörde auf Antrag verbindlich zusagen, wie ein für die Vergangenheit geprüfter und im Bericht dargestellter Sachverhalt in Zukunft steuerrechtlich behandelt wird, wenn die Kenntnis der künftigen steuerrechtlichen Behandlung für die geschäftlichen Maßnahmen des Steuerpflichtigen von Bedeutung ist. Die Zusage ist *schriftlich* zu erteilen, muss den ihr zugrunde gelegten *Sachverhalt* und die für die Entscheidung maßgeblichen *Gründe* sowie eine Angabe darüber enthalten, für welche *Steuern* und für welchen *Zeitraum* sie gilt (§§ 204, 205 AO). Die verbindliche Zusage ist für die künftige Besteuerung maßgebend. Ausnahme: Widerspricht die Zusage zum *Nachteil* des Antragstellers dem geltenden Recht, so kann der Antragsteller stets geltend machen, dass die Zusage nicht dem Gesetz entspricht. Eine gesetzwidrige Zusage darf sich also nicht zum Nachteil des Steuerpflichtigen auswirken (§ 206 AO).

Verbindliche Zusagen treten außer Kraft, wenn die Rechtsvorschriften, auf denen sie beruhen, geändert werden. Mit Wirkung für die *Zukunft* kann die Finanzbehörde Zusagen aufheben oder ändern (Ermessensentscheidung; § 207 Abs. 2 AO). *Rückwirkend* darf eine verbindliche Zusage nur aufgehoben oder geändert werden, wenn der Steuerpflichtige *zustimmt,* die Zusage von einer *sachlich unzuständigen* Behörde erteilt oder durch *unlautere* Mittel (z. B. Täuschung, Drohung, Bestechung) erwirkt worden ist (§ 207 Abs. 3 AO).

Die Finanzbehörde kann unabhängig von den Voraussetzungen des § 204 AO verbindliche Auskünfte nach § 89 Abs. 2 AO in Verbindung mit der Steuerauskunftsverordnung erteilen. *Auskünfte* nach § 89 Abs. 2 AO sind Verwaltungsakte (vgl. AEAO zu § 89 Nr. 3.5.5; BFH, BStBl II 2012, 651). Der BFH vertritt die Auffassung, es bestehe im Rahmen des § 89 AO kein Anspruch auf eine zutreffende, sondern nur auf eine vertretbare Auskunft. Zur Lohnsteueranrufungsauskunft (§ 42e EStG) besteht demgegenüber Einvernehmen, dass Anspruch auf eine richtige Auskunft besteht (BStBl II 2010, 996) und § 207 AO für die Korrektur analog heranzuziehen ist (BFH, BStBl II 2011, 233). Hinsichtlich der Zolltarifauskünfte nach Artikel 11 und 12 des Zollkodex bestehen umfangreiche Sonderregeln in Artikel 5 bis 14x der Zollkodex-Durchführungsverordnung (vgl. z. B. EuGH, HFR 2011, 719). Ansonsten stellen Auskünfte lediglich einen Hinweis auf die nach Meinung der Finanzbehörde bestehende Rechtslage dar. Obwohl sie keine Verwaltungsakte sind, können sie unter dem Gesichtspunkt des Vertrauensschutzes (Treu und Glauben) Rechtswirkungen erzeugen, so dass der Steuerpflichtige sich im Regelfall darauf verlassen kann (BFH, BStBl II 1990, 274). Neben den gesetzlich geregelten Zusagen und Auskünften wird in der Praxis oft geltend gemacht, dass das Finanzamt an einer bestimmten steuerlichen Behandlung nach Treu und Glauben (§ 242 BGB) gehindert sei. Zugrunde liegen in der Regel Fälle, bei denen die Finanzverwaltung von einer langjährigen Praxis abrückt, die sie inzwischen als fehlerhaft erkannt hat. Das Vertrauen der Steuerpflichtigen auf die bisherige Handhabung und die Verpflichtung zur Legalität kollidieren. Nach dem „Grundsatz der *Abschnittsbesteuerung*" muss das Finanzamt in jedem Abschnitt die Rechtsgrundlagen prüfen und eine falsche Rechtsansicht zum frühesten Zeitpunkt aufgeben (vgl. BFH, BStBl II 2013, 317). Nur wenn das Finanzamt in besonderer Weise einen schützenswerten Vertrauenstatbestand geschaffen hat, ist es ggf. an die falsche Rechtsansicht gebunden (vgl. BFH/NV 1991, 217; 1993, 294).

IV. Steuerfahndung (Zollfahndung)

Die Steuer- und Zollfahndungsstellen sind die „Steuerpolizei". Sie können gem. § 208 AO

- Steuerstraftaten und Steuerordnungswidrigkeiten erforschen,
- Besteuerungsgrundlagen im Zusammenhang mit Steuerstraftaten und Steuerordnungswidrigkeiten ermitteln,
- unbekannte Steuerfälle aufdecken und ermitteln,
- auch mit einer Außenprüfung beauftragt werden. Im Regelfall wird die Steuerfahndung jedoch im Rahmen eines *strafrechtlichen* Ermittlungsverfahrens tätig.

194

Wird die Steuerfahndung im Auftrag der Staatsanwaltschaft tätig, so sind ihre Beamten Hilfsbeamte der Staatsanwaltschaft und an deren Weisungen gebunden. Die Steuerfahndung kann aber auch ohne Weisung der Staatsanwaltschaft im strafrechtlichen Ermittlungsverfahren tätig werden. Im Strafverfahren hat jeder Beamte der Steuerfahndung die Rechtsstellung eines Polizeibeamten nach den Vorschriften der Strafprozessordnung (teilweise weitergehend: § 404 AO). Bei Beginn einer Steuerfahndungs-Prüfung ist dem Steuerpflichtigen ein Merkblatt über seine Rechte und Pflichten auszuhändigen, soweit dazu Anlass besteht (abgedruckt in: BStBl I 1979, 115; lfd. Nr. 418 in BStBl I 2013, 522). Strafprozessuale Maßnahmen der Steuerfahndung können nicht mit förmlichen Rechtsbehelfen nach der AO angefochten werden (vgl. § 347 Abs. 3 AO). Insoweit gelten nicht die allgemeinen AO-Vorschriften, sondern die Vorschriften der StPO (vgl. 385 AO). Steuerstrafrecht ist nicht Steuerrecht, sondern Strafrecht. Nimmt z. B. die Steuerfahndung bei Gefahr im Verzug Beschlagnahmungen und Hausdurchsuchungen vor, so ist zunächst eine Entscheidung des Amtsgerichts herbeizuführen (§ 98 Abs. 2 StPO). Gegen die gerichtliche Entscheidung ist die Beschwerde nach Maßgabe der §§ 304 ff. StPO gegeben. Gegen eine vollzogene Hausdurchsuchung war nach h. M. eine Beschwerde unzulässig, da sich die Durchsuchung erledigt hatte. Das BVerfG hat dazu eine abweichende Auffassung entwickelt (vgl. BVerfG, NJW 1997, 2163; NJW 2006, 40) und sieht eine Überprüfung trotz der Erledigung als möglich an. Zur Beschlagnahme von Handakten der Bevollmächtigten oder die Spiegelung der Computerdatenbestände der Bevollmächtigten vgl. BVerfG, NJW 2005, 1917 und 2009, 281; BFH/NV 2010, 5.

Auch bei Durchsuchungen und Beschlagnahmen tritt bei Rechtswidrigkeit oder Aufhebung kein allgemeines Verwertungsverbot für die Steuerfestsetzung ein (vgl. BFH/NV 2010, 1084; 2013, 735).

195–199 *(Einstweilen frei)*

F. Vollstreckung

I. Allgemeine Vorschriften

200 Die Vollstreckung von Verwaltungsakten, durch die eine Geldleistung oder eine sonstige Handlung (Duldung, Unterlassung) gefordert wird, ist im 6. Teil der AO geregelt (§§ 249 ff.). Vollstreckungsbehörden sind die Finanzämter (Hauptzollämter). Grundsätzlich setzen die Finanzämter Verwaltungsakte selbst zwangsweise durch (z. B. durch Pfändung von Forderungen oder beweglichen Sachen). Bei der Zwangsvollstreckung in *unbewegliches* Vermögen (Grundstücke) muss jedoch das Amtsgericht eingeschaltet werden (§ 322 AO).

Die Vollstreckungsbehörden sind mit *Innen- und Außendienstbeamten* besetzt. Der *Innendienst* entscheidet über die *Einleitung* der Vollstreckung und die *Art* der Vollstreckungsmaßnahmen. Er ist ferner zuständig für die Pfändung von *Forderungen* und sonstigen *Vermögensrechten*. Der *Außendienst* ist mit Vollziehungsbeamten besetzt. Ihnen obliegt vornehmlich die Pfändung beweglicher Sachen. Sie sind die „Gerichtsvollzieher" des Finanzamts.

Verwaltungsanweisungen auf dem Gebiet des Vollstreckungsrechts sind die VollstrA und die VollzA (vgl. Tz 5).

1. Ermessen im Vollstreckungsverfahren

Grundsätzlich *müssen* die Finanzämter Ansprüche aus dem Steuerschuldverhältnis zwangsweise durchsetzen, wenn der Schuldner sie nicht freiwillig tilgt (Legalitätsprinzip). Die Vollstreckung steht deshalb grundsätzlich nicht im Ermessen der Finanzbehörde. Nur in Ausnahmefällen kann sie aus Billigkeitsgründen eine Forderung erlassen, stunden, oder die Zwangsvollstreckung einstweilen einstellen (§ 258 AO). Dagegen hat die Vollstreckungsstelle einen *erheblichen Ermessensspielraum* (vgl. Tz 26), soweit es sich um die Auswahl der *Vollstreckungsmaßnahmen im Einzelfall* handelt. Die Behörde kann z. B. nach ihrem Ermessen *Forderungen* oder *bewegliche Sachen* pfänden oder die Zwangsvollstreckung in das *unbewegliche Vermögen* betreiben. Bei der *Auswahl* der Vollstreckungsmaßnahmen muss die Vollstreckungsstelle jedoch auch die *Interessen des Vollstreckungsschuldners* berücksichtigen. Es gilt insbesondere der Grundsatz *der Verhältnismäßigkeit der Mittel*. Er besagt, dass belastende behördliche Maßnahmen in einem angemessenen Verhältnis zum erstrebten Erfolg stehen müssen. Das bedeutet im Vollstreckungsverfahren: Kann die Behörde zwischen mehreren *Erfolg versprechenden* Vollstreckungsmaßnahmen wählen, so *muss* sie in der Regel die den Schuldner am wenigsten belastende Maßnahme treffen. Allerdings darf die Verwaltung Effektivitätserwägungen anstellen. Ggf. sind Billigkeitsmaßnahmen angezeigt. Das Übermaßverbot ist eine zwingende Konsequenz des Rechtsstaatsprinzips (Art. 20 GG) sowie des Grundrechts auf freie Entfaltung der Persönlichkeit (Art. 2 Abs. 1 GG) und hat deshalb Verfassungsrang. Im Vollstreckungsverfahren kann auch Art. 14 GG (Eigentumsgarantie) tangiert sein.

201

> **BEISPIEL:** Die Vollstreckungsstelle beantragt die Eintragung einer Zwangshypothek wegen einer Forderung von 800 € und betreibt daraus die Zwangsversteigerung des Grundstücks. Das Grundstück ist unbelastet und hat einen Verkehrswert von 130 000 €. Nach einer Entscheidung des Bundesgerichtshofes muss das Finanzamt bei einem derartigen Missverhältnis von Forderung und Wert des Vollstreckungsobjekts von Amts wegen prüfen, ob ein Vollstreckungsaufschub, eine Stundung oder ein Billigkeitserlass in Betracht kommt. Eine Verletzung dieser Pflicht kann ggf. eine Schadensersatzforderung des Vollstreckungsschuldners begründen (BGH, NJW 1973, 894). Vgl. dazu auch BVerfG NJW 1978, 368 (betr. gerichtliche Zwangsversteigerung eines Grundstücks). Nach § 322 AO i.V. m. § 866 Abs. 3 ZPO darf eine Sicherungshypothek erst ab 750 € Hauptforderung eingetragen werden (vgl. auch Abschnitt 45 VollstrA).

2. Allgemeine Vorschriften für die Vollstreckung

a) Grundlagen und Arten der Vollstreckung

Die Vollstreckung erfolgt auf der Grundlage eines *Verwaltungsakts* (auch *Steueranmeldung*, §§ 218, 249, 168 AO). Durch einen Verwaltungsakt kann eine *Geldleistung* festgesetzt oder angefordert werden. Danach richtet sich die zwangsweise Durchsetzung nach den Vorschriften über die Vollstreckung wegen *Geldforderungen* (§§ 259 bis 327 AO). Zielt der Verwaltungsakt auf eine andere Leistung (Tun, Dulden oder Unterlassen), so erfolgt die Vollstreckung durch Festsetzung eines Zwangsgelds, Zwangshaft, durch Ersatzvornahme oder unmittelbaren Zwang nach Maßgabe der §§ 328 ff. AO.

202

> **BEISPIELE:** Festsetzung eines Zwangsgelds zur Erzwingung der Abgabe von Steuererklärungen, Erteilung von Auskünften, Duldung einer Betriebsprüfung.

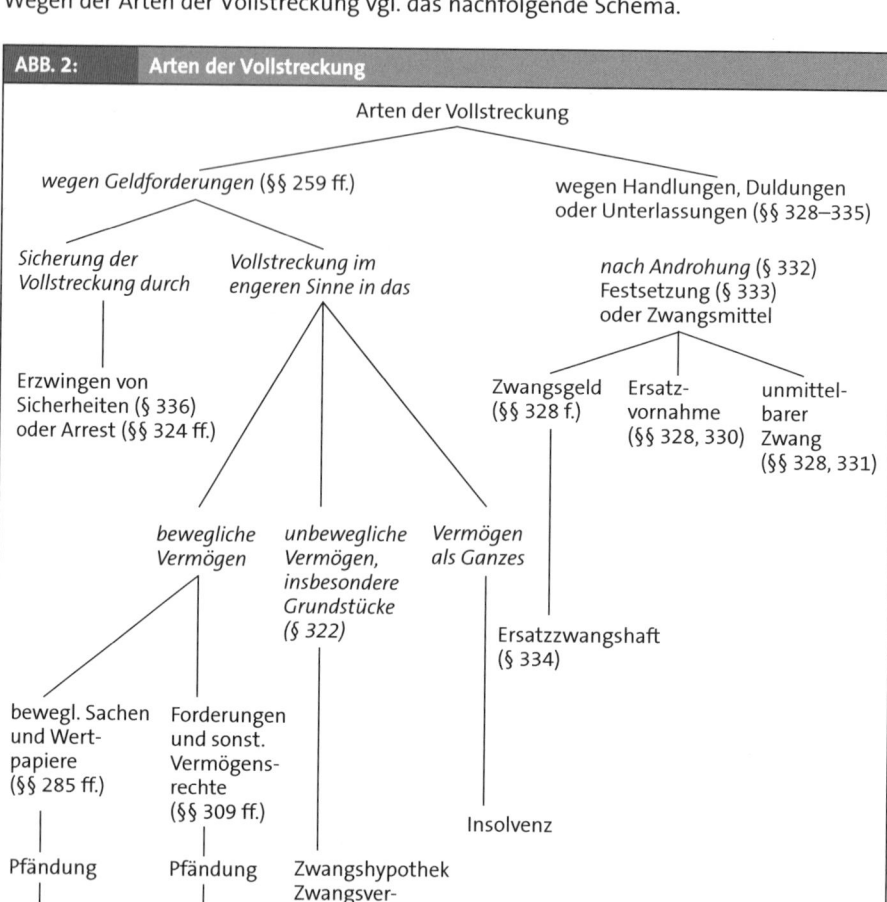

Wegen der Arten der Vollstreckung vgl. das nachfolgende Schema.

ABB. 2: Arten der Vollstreckung

```
                              Arten der Vollstreckung
                      ┌──────────────────┴──────────────────┐
              wegen Geldforderungen (§§ 259 ff.)      wegen Handlungen, Duldungen
                      │                                oder Unterlassungen (§§ 328–335)
           ┌──────────┴──────────┐                              │
    Sicherung der         Vollstreckung im              nach Androhung (§ 332)
    Vollstreckung durch   engeren Sinne in das          Festsetzung (§ 333)
           │                                             oder Zwangsmittel
    Erzwingen von                                 ┌──────────┼──────────┐
    Sicherheiten (§ 336)              Zwangsgeld      Ersatz-        unmittel-
    oder Arrest (§§ 324 ff.)          (§§ 328 f.)    vornahme          barer
                                                    (§§ 328, 330)     Zwang
                                                                   (§§ 328, 331)
              ┌──────────┬──────────┐
         bewegliche  unbewegliche  Vermögen
         Vermögen    Vermögen,     als Ganzes
                     insbesondere
                     Grundstücke
                     (§ 322)             Ersatzzwangshaft
                                         (§ 334)

    ┌─────────┬─────────┐
 bewegl. Sachen  Forderungen
 und Wert-       und sonst.
 papiere         Vermögens-
 (§§ 285 ff.)    rechte
                 (§§ 309 ff.)              Insolvenz
    │                │
 Pfändung        Pfändung      Zwangshypothek
                                Zwangsver-
                                steigerung
                                Zwangsverwal-
 Versteigerung   Einziehung     tung
```

b) Ermittlungsbefugnisse der Vollstreckungsbehörde

203 Die Finanzämter können zur Vorbereitung der Vollstreckung die Vermögens- und Einkommensverhältnisse des Vollstreckungsschuldners ermitteln (§ 249 Abs. 2 AO). Die Vollstreckungsstelle hat dieselben Ermittlungsbefugnisse wie die Finanzbehörde im steuerlichen Ermittlungs- und Festsetzungsverfahren. Insbesondere kann sie vom Vollstreckungsschuldner und von Dritten Auskünfte verlangen und den Vollziehungsbeamten mit der Feststellung der Einkommens- und Vermögensverhältnisse beauftragen. Die §§ 85 bis 107 und 111 bis 117 AO sind entsprechend anwendbar (zur Anwendung von § 93 AO ausführlich: BFH, BStBl II 1989, 537; 2000, 366 und 2007, 365). Zur Ermittlung der Einkommens- und Vermögensverhältnisse ist auch eine Liquiditätsprüfung zulässig.

Nach § 284 AO kann die Vollstreckungsbehörde vom Vollstreckungsschuldner die Vorlage eines Vermögensverzeichnisses verlangen, wenn er *nicht binnen zwei Wochen* die Forderung des FA begleicht, nachdem ihn das FA unter Hinweis auf diese Verpflichtung zur Zahlung aufgefordert hat. Der Schuldner hat zu Protokoll an *Eides statt zu versichern* (= eidesstattliche Versicherung, e.V.), dass er die Angaben im Vermögensverzeichnis nach bestem Wissen und Gewissen richtig und vollständig gemacht hat. Die Anforderung des Vermögensverzeichnisses nach § 284 Abs. 1 AO (zum Inhalt vgl. § 284 Abs. 2 AO) und die Aufforderung zur Abgabe der e.V. fallen nach § 284 Abs. 3 AO immer zusammen. Das Vermögensverzeichnis ist immer eidesstattlich zu versichern. Es ist stets bei dem zentralen Vollstreckungsgericht zu hinterlegen (Abs. 7 Satz 4). Es besteht grundsätzlich eine Sperrfrist von 2 Jahren für die erneute Abnahme der e.V. (Abs. 4). Das FA am Wohnort des Schuldners ist regelmäßig zuständig (Abs. 5). Die Ladung zum Termin zur Abgabe der e.V. ist gemäß § 284 Abs. 6 Satz 1 AO dem Vollstreckungsschuldner selbst zuzustellen, auch wenn er einen Bevollmächtigten hat (Rechtsbehelfsfrist). Die e.V. wird elektronisch erstellt (Abs. 7). Wenn der Vollstreckungsschuldner ohne ausreichende Entschuldigung dem Termin zur Abgabe der e.V. ferngeblieben ist oder ohne Grund die Vorlage des Vermögensverzeichnisses und die Abgabe der eidesstattlichen Versicherung verweigert hat, kann das FA ihn nach § 284 Abs. 8 AO zum Zwecke der Erzwingung der Abgabe der e.V. verhaften lassen. Das Ersuchen des FA auf Haftanordnung an das zuständige Amtsgericht ist (vgl. zur Bekanntgabe A. 52 VollstrA) sowohl ein Akt zwischenbehördlicher Amtshilfe als auch ein VA (streitig). Nach § 284 Abs. 9 AO trifft das FA eine Ermessensentscheidung, ob der Vollstreckungsschuldner in das Schuldnerverzeichnis eingetragen werden soll. Dagegen gerichtete Rechtsbehelfe haben nach § 284 Abs. 10 AO keine aufschiebende Wirkung, wohl aber aussichtsreiche Anträge auf AdV.

c) Vollstreckungsgläubiger

Im Vollstreckungsverfahren *gilt die Körperschaft als Gläubigerin* der zu vollstreckenden Ansprüche, der die *Vollstreckungsbehörde angehört* (§ 252 AO). Die Finanzämter müssen als Landesfinanzbehörden auch wegen Forderungen vollstrecken, die nicht oder nur teilweise dem betreffenden Bundesland als Steuergläubiger zustehen (z. B. Kirchensteuer, Einkommensteuer, Umsatzsteuer). § 252 AO ermöglicht in derartigen Fällen, dass die Forderung von dem betreffenden Bundesland als *Gläubiger* geltend gemacht wird oder im Fall des Fiskalerbrechtes Erlöschen durch Konfusion (Zusammenfall von Forderung und Schuld) eintritt (BFH, BStBl II 2006, 584). 204

> **BEISPIEL:** Die Vollstreckungsstelle eines Finanzamts beantragt beim Amtsgericht die Eintragung einer Zwangshypothek wegen rückständiger Umsatz-, Einkommen- und Kirchensteuer. Das Land kann als Gläubiger sämtlicher Steuern einer Zwangshypothek eingetragen werden.

d) Die Voraussetzungen der Vollstreckung

Von Ausnahmen abgesehen (z. B. beim Arrest, vgl. § 324 AO, Tz 223, 224) darf die Vollstreckung nur beginnen, wenn aufgrund des Verwaltungsakts 205
- die verlangte Leistung *fällig* ist, d. h. wenn die Finanzbehörde die sofortige Erfüllung des Anspruchs verlangen kann,

- der Vollstreckungsschuldner durch ein *Leistungsgebot* zur Leistung (Zahlung, Duldung, Unterlassung) *aufgefordert* worden ist,
- das Leistungsgebot dem Vollstreckungsschuldner *bekannt gegeben* worden ist,
- seit Bekanntgabe des Leistungsgebots mindestens eine Woche verstrichen ist (§ 254 Abs. 1 AO),
- der Verwaltungsakt nicht von der Vollziehung ausgesetzt ist (§ 251 Abs. 1 AO).

Ein Leistungsgebot ist nicht erforderlich, wenn der Schuldner eine von ihm *aufgrund einer Steueranmeldung* geschuldete Leistung nicht erbracht hat (§ 254 Abs. 1 AO). Dann ersetzt der kraft Gesetzes bestehende *Leistungsbefehl* das Leistungsgebot (z. B. § 18 Abs. 3 UStG).

> **BEISPIEL:** Der Steuerpflichtige gibt eine Umsatzsteuervoranmeldung (Lohnsteuer-Anmeldung) ab, zahlt jedoch nicht. Die Vollstreckung darf *ohne Leistungsgebot* erfolgen. – Gibt aber der Steuerpflichtige *keine Steueranmeldung ab,* muss ihm die Finanzbehörde vor der Vollstreckung eine mit einem Leistungsgebot verbundene Steuerfestsetzung (ggf. Schätzung) bekannt geben und die Schonfrist abwarten.

Ein Leistungsgebot ist auch entbehrlich, wenn *Säumniszuschläge, Zinsen* oder *Vollstreckungskosten zusammen* mit dem Hauptanspruch beigetrieben werden (§ 254 Abs. 2 AO). Die Vorschrift ist dahin zu interpretieren, dass eine *formalisierte* Aufforderung (z. B. durch schriftlich zu erteilenden Verwaltungsakt) nicht erfolgen muss. Selbstverständlich muss ein Vollziehungsbeamter vor einer Vollstreckungsmaßnahme den Schuldner zur Leistung (Zahlung der Zinsen, Säumniszuschläge, Kosten) auffordern (so ausdrücklich Abschn. 24 Abs. 1 VollzA). Diese (mündliche) Zahlungsaufforderung kann ein anfechtbares Leistungsgebot sein.

Vollstreckungsmaßnahmen ohne erforderliches Leistungsgebot sind nach BFH, BStBl II 2003, 109 rechtswidrig und nicht *nichtig*. Vollstreckungsmaßnahmen, die nach einem Leistungsgebot aber *vor* Ablauf der einwöchigen Schonfrist vorgenommen werden, sind nicht nichtig, sondern nur auf Anfechtung aufzuheben. Es tritt – falls ein Rechtsbehelf eingelegt wird – keine Heilung mit Ablauf der Schonfrist ein (BFH, BStBl II 1979, 589; 2003, 109).

Das Leistungsgebot wird im Regelfall mit dem Verwaltungsakt verbunden (z. B. dem Steuerbescheid). Aus dem *Leistungsgebot* muss sich eindeutig ergeben, *wer, was, an wen, bis wann und auf welche Weise leisten soll* (Zahlungspflichtiger, Betrag, Zahlungsaufforderung, Fälligkeit, zuständige Kasse). Da Zahlungen im Regelfall unbar zu leisten sind, soll auch die Kontonummer der zuständigen Kasse angegeben werden (§ 224 Abs. 1 AO). Die Erteilung eines Kontoauszuges durch die Finanzkasse ist kein Leistungsgebot.

Auf Grund eines *Haftungsbescheids* darf nach dem gesetzlichen Regeltatbestand in § 219 Satz 1 AO ein *Leistungsgebot* gegen den Haftungsschuldner nur ergehen, soweit die Vollstreckung in das bewegliche Vermögen des Steuerschuldners erfolglos geblieben ist oder mutmaßlich aussichtslos sein wird. Von diesem Grundsatz gibt es zahlreiche Ausnahmen (§ 219 Satz 2 AO; vgl. Tz 92; der gesetzliche Regelfall ist der statistische Ausnahmefall).

Negativ setzt die *Vollstreckung* eines Verwaltungsakts voraus, dass

- der Anspruch *nicht erloschen* ist (z. B. durch Verjährung, Erlass; § 257 AO),
- die Vollstreckung nicht gehindert ist z. B. durch Stundung, Aussetzung der Vollziehung, einstweilige Anordnung eines Finanzgerichts (§§ 257, 361 AO; §§ 69, 114 FGO),
- die Vollstreckung nicht durch bekannt gegebenen Verwaltungsakt aus *Billigkeitsgründen einstweilen eingestellt* worden ist (§§ 258, 297 AO).

e) Aufhebung von Vollstreckungsmaßnahmen

Vollstreckungsmaßnahmen (z. B. Pfändungen) *sind* aufzuheben, soweit der Verwaltungsakt, aus dem vollstreckt wurde, aufgehoben wird oder soweit der Anspruch auf die Leistung (z. B. durch Aufrechnung) erloschen ist. Bei einer *Stundung oder Aussetzung* der Vollziehung bleiben jedoch bereits *getroffene Vollstreckungsmaßnahmen* bestehen, soweit nicht ihre Aufhebung *ausdrücklich angeordnet wird* (§ 257 AO). 206

> **BEISPIEL:** Der Vollziehungsbeamte des Finanzamts hat bewegliche Sachen gepfändet. Dem Schuldner wird antragsgemäß für zwei Monate gestundet. – Die Pfändung bleibt trotz der Stundung bestehen, falls nicht ihre Aufhebung ausdrücklich angeordnet wird. Einen Antrag auf Aufhebung der Pfändung wird die Finanzbehörde im Regelfall ohne Ermessensfehler ablehnen können, weil gem. § 222 AO regelmäßig nur gegen *Sicherheitsleistung* gestundet werden soll und bei einer Stundung die zwangsweise erreichte Sicherung einer freiwilligen Sicherheitsleistung gleichgestellt werden kann. Verwertungsmaßnahmen (z. B. die Versteigerung einer gepfändeten Sache) sind jedoch unzulässig.

f) Einstweilige Einstellung und Beschränkung der Vollstreckung

Soweit im Einzelfall die Vollstreckung *unbillig* ist, kann die Vollstreckungsbehörde 207

- sie einstweilen einstellen,
- sie beschränken,
- Vollstreckungsmaßnahmen aufheben (§ 258 AO).

Die Billigkeitsmaßnahme gem. § 258 AO (auch § 297 AO) kann in einem „schlichten Nichtstun" der Vollstreckungsstelle bestehen. Dann liegt *kein Verwaltungsakt* vor. Gibt die Vollstreckungsstelle dem Schuldner die Einstellung der Zwangsvollstreckung *bekannt*, so handelt es sich um einen *Verwaltungsakt*. Dasselbe gilt für die *Ablehnung* eines Antrags auf Vollstreckungsschutz. Die Ablehnung ist mit dem Einspruch anfechtbar (§ 347 AO).

Die *Fälligkeit* des Anspruchs wird durch eine dem Steuerpflichtigen bekannt gegebene Billigkeitsmaßnahme gem. § 258 AO *nicht hinausgeschoben*, so dass weiterhin Säumniszuschläge entstehen. Ist der Steuerpflichtige jedoch *zahlungsunfähig und überschuldet*, so verlieren Säumniszuschläge ihre Berechtigung als Druckmittel und es besteht ein *Rechtsanspruch auf hälftigen Erlass* aus Billigkeitsgründen (vgl. Tz 174 mit Darstellung der verschiedenen Problemstellungen).

II. Vollstreckung wegen Geldforderungen

Die §§ 259 bis 284 enthalten *allgemeine* Vorschriften für die Vollstreckung wegen Geldforderungen. Folgende Vorschriften sind von besonderer Bedeutung:

1. Aufteilung einer Gesamtschuld

208 Personen, die zusammen zur Einkommensteuer veranlagt werden, sind Gesamtschuldner (§ 44 Abs. 1 Satz 1 AO). Jeder Gesamtschuldner kann gem. § 268 AO beantragen, dass die Vollstreckung wegen dieser Steuern nach Maßgabe der §§ 269 ff. AO beschränkt wird. Die Aufteilung, auf die ein *Rechtsanspruch* besteht, erfolgt i. d. R. nach dem Verhältnis der Beträge, die sich bei einer (fiktiven) Einzelveranlagung ergeben würden (allgemeiner Aufteilungsmaßstab nach § 270 AO für die Einkommensteuer).

> **BEISPIEL:** Die Zusammenveranlagung eines Ehepaares ergibt eine Einkommensteuerschuld von 18 000 €, rückständig sind 1 200 €. Bei einer Einzelveranlagung würde sich für den Ehemann eine Steuerschuld von 14 000 € und für die Ehefrau eine Steuerschuld von 7 000 € ergeben. Im Verhältnis 14 000 : 7 000 = ($2/_3$: $1/_3$) ist die rückständige Steuer aufzuteilen. – Hat ein (ehemaliger) Ehepartner keine oder nur geringfügige Einkünfte, die nach dem Tarif keine Steuer auslösen, so kann er durch den Aufteilungsantrag eine völlige Entlastung erreichen.

Besonders wichtig bei den Aufteilungsvorschriften ist § 276 AO. In dieser Vorschrift ist geregelt, welche Beträge aufzuteilen sind und zu wessen Gunsten welche Teiltilgungsbeträge anzurechnen sind. In die Aufteilung werden immer die an einem bestimmten Stichtag (§ 276 Abs. 1 und 2 i. V. mit Abs. 5 AO) rückständigen Steuern, derentwegen vollstreckt wird, bzw. die geschuldet werden, einbezogen. Darüber hinaus werden nach § 276 Abs. 3 AO auch getilgte Beträge, insbesondere Lohnsteuern, in die Aufteilung einbezogen. Hinzu kommen nach § 276 Abs. 4 AO die Nebenleistungen. Der so ermittelte – gerundete – (Einkommensteuer-)Betrag wird nach Maßgabe der Verhältniszahl aus den beiden Einzelveranlagungen auf beide Ehepartner verteilt. Nach § 276 Abs. 6 AO werden dann die Tilgungsbeiträge dem jeweilig begünstigten Ehepartner angerechnet (vgl. BFH, BStBl II 1995, 492). Die Aufteilung kann im Extremfall zu Erstattungen führen (§ 276 Abs. 6 Satz 2 AO). Ansonsten führt sie zu einer Vollstreckungsbeschränkung, die allerdings in Fällen mit Vermögensverschiebungen u. U. nicht greift (vgl. § 278 Abs. 2 AO; zeitliche Beschränkung auf 10 Jahre).

2. Vollstreckung in das bewegliche Vermögen

209 Bewegliches Vermögen sind bewegliche Sachen, Forderungen und andere Vermögensrechte.

Die Vollstreckung in das *bewegliche* Vermögen erfolgt durch *Pfändung* (§ 281 AO). Die Pfändung begründet

- ein *Pfandrecht* (§ 282 AO). Aufgrund des Pfandrechts darf der Gläubiger den gepfändeten Gegenstand, die gepfändete Forderung verwerten, z. B. eine gepfändete Sache versteigern, eine gepfändete Geldforderung einziehen.
- eine *Pfandverstrickung* (Beschlagnahmewirkung der Pfändung). Die Pfandverstrickung bewirkt, dass der Vollstreckungsschuldner oder der Drittschuldner bei einer

Forderungspfändung keine Verfügungen mehr über den gepfändeten Gegenstand vornehmen darf. Das Verfügungsverbot besteht bei der Forderungspfändung ausdrücklich (§ 309 Abs. 1 AO), bei gepfändeten Sachen wird es ggf. durch Wegnahme bewirkt. Wer gepfändete Gegenstände der Vollstreckung entzieht (z. B. beiseite schafft) oder Pfandsiegel entfernt, macht sich nach Maßgabe des § 136 StGB strafbar.

Pfändungen dürfen nicht *weiter ausgedehnt* werden, als es zur Deckung der beizutreibenden Geldbeträge und Kosten der Vollstreckung erforderlich ist (Verbot der Überpfändung; § 281 Abs. 2 AO). Bei *mehreren* Pfändungen hat die *frühere* Pfändung den Vorrang.

> **BEISPIEL:** Ein privater Gläubiger hat wegen einer Forderung von 1 000 € ein Ölgemälde gepfändet. Danach wird das Gemälde von dem Vollziehungsbeamten des Finanzamts für eine Forderung von 2 000 € abermals gepfändet. Die Versteigerung des Gemäldes ergibt einen Erlös nach Kosten von 1 500 €. Der private Gläubiger wird aus diesem Erlös voll befriedigt. Die Vollstreckungsstelle erhält dagegen nur den verbleibenden Betrag von 500 €.

a) Vollstreckung in bewegliche Sachen

Die Pfändung *beweglicher Sachen* erfolgt durch den Vollziehungsbeamten, der dabei einen schriftlichen oder elektronischen Vollstreckungsauftrag vorzuzeigen hat (§ 285 AO). Der Vollziehungsbeamte nimmt Geld, Kostbarkeiten und Wertpapiere in Besitz. Andere Sachen sind im Gewahrsam des Vollstreckungsschuldners zu belassen, wenn die Befriedigung dadurch nicht gefährdet wird. Bleiben die Sachen im Gewahrsam des Schuldners, so ist die Pfändung nur wirksam, wenn sie durch Anlegung von Siegeln oder in sonstiger Weise *ersichtlich* gemacht wird (§ 286 AO).

210

Sachen, die sich im Gewahrsam eines *Dritten* befinden, darf der Vollziehungsbeamte nur pfänden, wenn dieser zur *Herausgabe bereit* ist (§ 286 Abs. 4).

> **BEISPIEL:** Der Vollstreckungsschuldner hat ein möbliertes Zimmer einschließlich eines darin stehenden Klaviers vermietet. Ist der Mieter nicht zur Herausgabe bereit, so muss die Pfändung des Klaviers unterbleiben.

Der Vollziehungsbeamte darf Wohn- und Geschäftsräume sowie Behältnisse *durchsuchen,* soweit dies der Zweck der Vollstreckung erfordert. Er kann verschlossene Türen und Behältnisse öffnen lassen, bei Widerstand Gewalt anwenden und dabei die Amtshilfe durch Polizeibeamte in Anspruch nehmen (§ 287 AO). Diese Regelung ist (nach einem Beschluss des Bundesverfassungsgerichts zu der entsprechenden Bestimmung der Zivilprozessordnung [§ 758 ZPO]) mit Art. 13 Abs. 2 GG nur dann vereinbar, wenn Gefahr im Verzug besteht. Andernfalls ist für die Durchsuchung eine richterliche Anordnung erforderlich (BVerfG, BStBl II 1979, 601; Abschnitt 28 VollzA). Für die richterliche Anordnung der Durchsuchung ist das *Amtsgericht* zuständig, in dessen Bezirk die Durchsuchung vorgenommen werden soll (§ 287 Abs. 4 AO). Für das Verfahren vor dem AG gilt nicht die FGO, sondern die ZPO. Nach der Rechtsprechung des BFH liegt keine Durchsuchung i. S. des Art. 13 GG vor, wenn der Vollziehungsbeamte die Geschäftsräume des Vollstreckungsschuldners nur betritt oder besichtigt und offen ausgelegte Waren pfändet (BStBl II 1989, 55).

§ 295 AO enthält das *Verbot der Kahlpfändung*. Die Vorschrift verweist auf einen umfangreichen Katalog von *Pfändungsverboten*, die in der Zivilprozessordnung und in anderen Gesetzen enthalten sind. Danach dürfen insbesondere nicht gepfändet werden (keine abschließende Aufzählung):

▶ Sachen, die für eine bescheidene Lebensführung erforderlich sind (§ 811 Nr. 1 ZPO),

▶ Sachen, die für eine Erwerbstätigkeit benötigt werden (§ 811 Nr. 5 ZPO),

▶ bei Personen mit wiederkehrenden Einkünften (z. B. Arbeitnehmern, Rentnern) ein Bargeldbetrag in Höhe des anteiligen als Forderung unpfändbaren Betrags (§ 811 Nr. 8 ZPO).

> **BEISPIEL:** ▶ Nach Maßgabe des § 850c ZPO soll in einem konkreten Fall das Gehalt i. H. von 900 € unpfändbar sein. Der Vollziehungsbeamte findet am 20. eines Monats beim Steuerpflichtigen 500 € Bargeld vor. Davon darf er nur 200 € pfänden. $1/3$ des (als Arbeitseinkommen) unpfändbaren Betrages (300 €) muss er dem Schuldner belassen, weil der Monat erst zu $2/3$ abgelaufen ist.

Die Entscheidung über die Pfändungsschutzvorschriften trifft das Finanzamt, das kraft ausdrücklicher Regelung in § 295 AO an die Stelle des Vollstreckungsgerichts tritt. Bei Unpfändbarkeit kann eine Austauschpfändung in Betracht kommen (§ 811a ZPO).

> **BEISPIEL:** ▶ Der Vollziehungsbeamte will wegen eines Rückstandes von 3 000 € pfänden. Bei der Steuerschuldnerin findet er als einziges Objekt, dessen Pfändung sich lohnen würde, eine Designeruhr vor, deren Verkehrswert er auf 2 500 € schätzt. Die Steuerschuldnerin macht geltend, dies sei ihre einzige Uhr. – Der Vollziehungsbeamte kann die Uhr pfänden und versteigern, muss der Schuldnerin aber den zum Kauf einer einfachen Uhr erforderlichen Geldbetrag oder eine andere Uhr zur Verfügung stellen.

Wird eine derzeit unpfändbare Sache *demnächst voraussichtlich pfändbar*, so kann sie gepfändet werden, ist jedoch im Gewahrsam des Schuldners zu belassen (§ 811d ZPO).

Grundstücksbestandteile (z. B. i. d. R. sanitäre Installationen im Bad) und *Grundstückszubehör* (z. B. Hotelinventar) unterliegen auch dann *nicht* der Zwangsvollstreckung in das *bewegliche* Vermögen, wenn es sich um bewegliche Sachen handelt. Sie können nur im Wege der Zwangsvollstreckung in das *unbewegliche* Vermögen erfasst werden (§ 322 Abs. 1 AO, 865 ZPO; zu den Rechtsfolgen einer trotzdem erfolgten Mobiliarpfändung vgl. BGH, NJW 1988, 2789).

Die *Verwertung* gepfändeter Sachen erfolgt regelmäßig dadurch, dass sie der Vollziehungsbeamte öffentlich versteigert (§ 296 AO). Dies geschieht heute regelmäßig über die Versteigerungsplattform www.zollauktion.de. Die Verwertung kann aus Billigkeitsgründen unter Anordnung von Zahlungsfristen zeitweilig ausgesetzt werden (§ 297 AO). Auf Antrag des Vollstreckungsschuldners oder aus Zweckmäßigkeitsgründen kann auch eine anderweitige Verwertung erfolgen, z. B. durch freihändigen Verkauf an einen vom Vollstreckungsschuldner benannten Interessenten (§ 305 AO).

b) Vollstreckung in Forderungen und andere Vermögensrechte

211 Gepfändet werden können nicht nur Sachen, sondern auch

▶ Geldforderungen (§§ 309 ff. AO),

▶ Ansprüche auf Herausgabe oder Leistung von Sachen (z. B. auf Herausgabe einer Sache, die der Schuldner vermietet hat, § 318 AO),

▶ andere Vermögensrechte, z. B. Gesellschaftsanteile, Urheberrechte (§ 321 AO).

Beschränkungen und *Verbote*, die gem. §§ 850 bis 852 ZPO und nach anderen gesetzlichen Bestimmungen für die Pfändung von Forderungen und Ansprüchen bestehen, gelten entsprechend (§ 319 AO). Danach sind *unpfändbar* insbesondere (keine abschließende Aufzählung):

- Forderungen, soweit sie *nicht abtretbar* sind; das sind z. B. höchstpersönliche Forderungen (z. B. Ansprüche auf Dienstleistungen; vgl. § 851 ZPO).
- Ansprüche auf *Arbeitseinkommen,* das in Geld zahlbar ist, soweit sie nicht den unpfändbaren Betrag übersteigen (§ 850 bis 850i ZPO).
- Guthaben auf einem Pfändungsschutzkonto nach Maßgabe der §§ 850k, 850l ZPO.
- Nach näherer Maßgabe des § 850b ZPO Unterhaltsrenten, Renten wegen Körperverletzung, Bezüge aus Unterstützungskassen, Lebensversicherungen auf den Todesfall unter 3 579 €.

Die vorbezeichneten Bezüge können jedoch nach den für Arbeitseinkommen geltenden Vorschriften gepfändet werden, wenn dies der Billigkeit entspricht. Auch hinsichtlich dieser Vollstreckungsschutzvorschriften entscheidet die Finanzbehörde (vgl. BFH, BStBl II 1997, 308).

Geldforderungen werden durch die Vollstreckungsstelle des Finanzamts (Innendienst) gepfändet. Die Pfändung erfolgt dadurch, dass die Vollstreckungsstelle dem Drittschuldner schriftlich verbietet, an den Vollstreckungsschuldner zu zahlen und dem Vollstreckungsschuldner schriftlich gebietet, sich jeder Verfügung über die Forderung, insbesondere ihrer Einziehung zu enthalten (Pfändungsverfügung). Die Pfändung ist bewirkt, wenn die Pfändungsverfügung dem *Drittschuldner* zugestellt ist (§ 309 AO). Mit der Pfändungsverfügung wird in der Praxis regelmäßig die *Einziehungsverfügung* verbunden (§ 314 AO). Sie bewirkt, dass die Vollstreckungsbehörde die Forderung im eigenen Namen geltend machen (einziehen) kann.

BEISPIEL: Wegen rückständiger Kfz-Steuer stellt die Finanzbehörde dem Arbeitgeber (Drittschuldner) des Steuerschuldners schriftlich eine Pfändungsverfügung zu und ordnet gleichzeitig die Einziehung an. Der Arbeitgeber darf – soweit der Lohnanspruch pfändbar ist – den Arbeitslohn nicht dem Vollstreckungsschuldner auszahlen, sondern muss ihn an das Finanzamt überweisen.

Der Drittschuldner hat der Vollstreckungsbehörde auf Verlangen binnen zwei Wochen seit Zustellung der Pfändung zu erklären, inwieweit er die Forderung anerkennt und zahlungsbereit ist, ob andere Personen Ansprüche an die Forderung erheben und ob die Forderung bereits für andere Gläubiger gepfändet worden ist (§ 316 AO). Bestreitet der Drittschuldner, dass die gepfändete Forderung besteht, so kann die Finanzbehörde entweder die Pfändung klarstellend aufheben oder den Drittschuldner vor dem zuständigen Gericht verklagen (wenn die Behörde davon ausgeht, dass die Forderung doch besteht).

Um einem Schuldner, dessen Guthaben bei einem *Geldinstitut* gepfändet wird, Gelegenheit zu geben, die Unpfändbarkeit geltend zu machen, darf das Geldinstitut erst vier Wochen nach der Zustellung des Überweisungsbeschlusses an den Gläubiger (z. B. die Bank an das Finanzamt) zahlen (§ 314 Abs. 3 AO i.V. mit § 835 Abs. 3 Satz 2 ZPO).

Für die Vollstreckung in *Ansprüche auf Herausgabe oder Leistung von Sachen* gelten zunächst die für die Pfändung von Geldansprüchen maßgeblichen Vorschriften entsprechend (§ 318 Abs. 1, §§ 309 bis 317 AO). Ergänzende Bestimmungen sind in § 318 Abs. 2 bis 5 AO enthalten. Danach ist bei der Pfändung eines Anspruchs, der eine *bewegliche* Sache betrifft, anzuordnen, dass die Sache an den Vollziehungsbeamten herauszugeben ist. Bei Pfändung eines Anspruchs, der eine *unbewegliche* Sache betrifft, ist die Herausgabe an einen Treuhänder anzuordnen, den das Amtsgericht bestellt.

> **BEISPIEL:** Der Vollstreckungsschuldner gibt im Vermögensverzeichnis (§ 284 AO) an, er habe ihm gehörige Wertgegenstände einem Verwandten geliehen. Die Vollstreckungsbehörde kann den Herausgabeanspruch des Vollstreckungsschuldners pfänden und gleichzeitig anordnen, dass der Verwandte den Wertgegenstand an den Vollziehungsbeamten herauszugeben hat. Die Sache wird wie eine gepfändete Sache verwertet.

> **BEISPIEL:** Die Vollstreckungsbehörde kann einen Anspruch des Vollstreckungsschuldners auf Übereignung eines Grundstücks pfänden und die Herausgabe an einen Treuhänder anordnen. Die Übereignung erfolgt an den Vollstreckungsschuldner, vertreten durch den Treuhänder. Geht das Eigentum auf den Schuldner über, so entsteht kraft Gesetzes eine Sicherungshypothek für die von der Vollstreckungsstelle geltend gemachte Forderung (§ 318 Abs. 3 AO).

Die Vorschriften über die Vollstreckung in Geld- und Sachansprüche gelten für die Vollstreckung in *andere Vermögensrechte* entsprechend (§ 321 Abs. 1 AO). Andere Vermögensrechte i. S. der Vorschrift sind z. B. Anteile an Gesellschaften oder Erbengemeinschaften und Urheberrechte. Urheberrechte können regelmäßig als solche nicht übertragen, sondern nur einem anderen *zur Ausübung* überlassen werden (Ausnahme: Patentrechte § 15 PatG). Unveräußerliche Rechte sind insoweit pfändbar, als die Ausübung einem anderen überlassen werden kann (§ 321 AO).

> **BEISPIEL:** Das literarische Urheberrecht steht dem Autor zu. Es kann nicht übertragen, jedoch z. B. einem Verlag zur Auswertung überlassen werden. Dieses Verwertungsrecht ist pfändbar (§§ 28, 31 ff., 112 – 119 UrhG).

Bei einem *veräußerlichen* Recht kann die Vollstreckungsbehörde die Veräußerung anordnen.

> **BEISPIEL:** Patentrechte können gem. § 15 Patentgesetz als solche übertragen werden. Die Vollstreckungsbehörde kann deshalb die Veräußerung des Patents anordnen.

3. Vollstreckung in das unbewegliche Vermögen

212 Die Vollstreckung in das *unbewegliche* Vermögen erfolgt nach den Vorschriften der Zivilprozessordnung (ZPO) und nach dem Gesetz über die Zwangsversteigerung und Zwangsverwaltung (ZVG). Sonderregelungen bestehen teilweise für die Vollstreckung in Schiffe und Luftfahrzeuge (§ 322 AO).

Bei unbeweglichem Vermögen bestehen – von Sonderregelungen abgesehen – drei Möglichkeiten (§ 322 AO i. V. mit § 866 ZPO):

▶ Eintragung einer Sicherungshypothek (Zwangshypothek),
▶ Zwangsversteigerung,
▶ Zwangsverwaltung.

a) Sicherungshypothek

Die Sicherungshypothek wird auf Antrag des Gläubigers (Vollstreckungsbehörde) in das beim Amtsgericht (Ausnahmen: vgl. § 1 Grundbuchordnung) geführte Grundbuch eingetragen. Die Behörde hat zu bestätigen, dass die gesetzlichen Voraussetzungen für die Vollstreckung vorliegen. Die Sicherungshypothek entfällt nicht dadurch (wird nicht Eigentümergrundschuld), dass die gesicherte Forderung gestundet oder deren Vollziehung ausgesetzt wird (§ 322 Abs. 1 AO). Eine Sicherungshypothek kann nur eingetragen werden, wenn der Vollstreckungsschuldner als Eigentümer des Grundstücks in das Grundbuch eingetragen ist. Wirtschaftliches Eigentum (§ 39 Abs. 2 AO) genügt nicht. Die Schuld muss größer sein als 750 € (§ 866 ZPO). Die Hypothek führt nur zur Sicherung, nicht dagegen zur Tilgung der Forderung. Nach der Rechtsprechung des BFH ist schon der Antrag auf Eintragung einer Sicherungshypothek ein mit dem Einspruch anfechtbarer und aussetzungsfähiger Verwaltungsakt, weil er in einem Teilbereich eine Außenwirkung (Bindung des Gerichts) zur Folge hat (BStBl II 1986, 236; 1988, 566; vgl. Tz 129). Wenn die Bekanntgabe des Eintragungsantrags zunächst unterblieb, kann die Bekanntgabe an den Steuerpflichtigen nachgeholt werden (vgl. dazu ausführlich: BFH, BStBl II 1990, 44).

213

b) Zwangsversteigerung

Auf Grund der Sicherungshypothek (oder eines freiwillig bestellten Grundpfandrechts) kann die Vollstreckungsstelle die *Zwangsversteigerung* beantragen. Sie führt – falls der Versteigerungserlös unter Berücksichtigung der vorrangigen Rechte ausreicht – zur Befriedigung. Die Vollstreckungsbehörde soll die Zwangsversteigerung – ebenso wie die Zwangsverwaltung – nur beantragen, wenn feststeht, dass der Geldbetrag durch Vollstreckung in das bewegliche Vermögen nicht beigetrieben werden kann (§ 322 Abs. 4 AO). Der Grundsatz der Verhältnismäßigkeit der Mittel ist zu beachten (vgl. das Beispiel in Tz 201).

214

Das *Zwangsversteigerungsverfahren* verläuft nach dem ZVG wie folgt: Das Amtsgericht ordnet auf Antrag des Gläubigers die Zwangsversteigerung durch Beschluss an. Die Anordnung der Zwangsversteigerung bewirkt eine *Beschlagnahme* des Grundstücks. Die Beschlagnahmewirkung erstreckt sich auch auf Zubehör und Bestandteile des Grundstücks (§ 20 ZVG). Durch die Beschlagnahme werden jedoch *nicht Mietforderungen* erfasst. Das Amtsgericht setzt einen Versteigerungstermin fest, der öffentlich bekanntzumachen ist. Das Verfahren im Versteigerungstermin ist stark formalisiert (Feststellung der Rangfolge, geringstes Gebot, Bargebot, Abgabe von Geboten, Bieterstunde, Zuschlag, Zahlung, Verteilung des Erlöses). In Härtefällen kann das Vollstreckungsgericht das Verfahren einstweilen einstellen (§§ 30a ff. ZVG). Das Verfahren ist nach einer einstweiligen Einstellung *aufzuheben,* wenn der Gläubiger nicht *binnen 6 Monaten* die Fortsetzung des Verfahrens beantragt (§ 31 ZVG).

c) Zwangsverwaltung

Durch die *Zwangsverwaltung* (§§ 146 ff. ZVG) sollen die *Erträge* des Grundstückes, insbesondere die Miet- und Pachtzinsen erfasst werden. Die Zwangsverwaltung kann neben der Zwangsversteigerung angeordnet werden. Auch Zwangsverwaltung soll die

215

Vollstreckungsbehörde nur beantragen, wenn der Geldbetrag durch Vollstreckung in das *bewegliche* Vermögen *nicht beigetrieben* werden kann (§ 322 Abs. 4 AO). Die Anordnung der Zwangsverwaltung hat *Beschlagnahmewirkung*. Dem Schuldner wird i. d. R. die *Verwaltung* und die *Nutzung* des Grundstücks entzogen. Das Amtsgericht bestellt einen Zwangsverwalter (ggf. den Schuldner), der für Rechnung der Gläubiger die Nutzungen aus dem Grundstück zieht. Die Überschüsse werden nach einem Teilungsplan auf die Gläubiger verteilt.

III. Vollstreckung wegen Handlungen, Duldungen und Unterlassungen

216 Zahlreiche Verwaltungsakte im Steuerrecht zielen nicht auf eine Geldleistung, sondern auf die *Vornahme, Duldung* oder *Unterlassung* einer anderen *Handlung*.

> **BEISPIELE:** Aufforderung zur Abgabe einer Steuererklärung, Erteilung einer Auskunft, Vorlage von Belegen, Abgabe der Drittschuldnererklärung; Anordnung, eine Betriebsprüfung oder das Betreten von Räumen zu dulden.

Derartige Verwaltungsakte können nach Maßgabe der §§ 328 ff. AO vollstreckt werden durch

- Zwangsgeld/Zwangshaft,
- Ersatzvornahme,
- unmittelbaren Zwang.

Es ist die Zwangsmaßnahme zu wählen, die den Pflichtigen und die Allgemeinheit am wenigsten belastet, aber dennoch (voraussichtlich) zum Erfolg führt. Das Zwangsgeld muss in einem angemessenen Verhältnis zu seinem Zweck stehen (§ 328 Abs. 2 AO; vgl. Tz 201).

Zwangsmittel müssen *schriftlich* angedroht werden. Eine mündliche Androhung genügt, wenn zu besorgen ist, dass durch eine schriftliche Androhung der Vollzug vereitelt wird. Die Androhung muss das Zwangsmittel konkret bezeichnen und für jede *einzelne* Verpflichtung getrennt ergehen. Nach BFH/NV 2004, 309 sind keine getrennten Schriftstücke erforderlich. Ein angedrohtes Zwangsgeld muss betragsmäßig angegeben werden (§ 332 Abs. 2 AO).

> **BEISPIEL:** Wegen nicht rechtzeitiger Abgabe der USt-, GewSt- und ESt-Erklärung fordert die Finanzbehörde einen Steuerpflichtigen unter Androhung eines Zwangsgeldes von 100 € auf, diese Steuererklärungen bis zum 15. November abzugeben. Die Androhung dieses Zwangsgeldes ist wegen eines Verstoßes gegen § 332 Abs. 2 AO rechtswidrig (m. E. nichtig). Es ist ungewiss, in welcher Höhe das Zwangsgeld festgesetzt werden soll, wenn der Steuerpflichtige z. B. die Umsatzsteuererklärung, jedoch nicht die Einkommen- und Gewerbesteuererklärung fristgerecht abgibt (vgl. auch § 119 Abs. 1 AO).

Auch *juristische* Personen können als solche auskunftspflichtig sein und durch ein Zwangsgeld zur Auskunft angehalten werden (BFH, BStBl 1982, 141 betr. GmbH). Wird die Verpflichtung nach Festsetzung eines Zwangsmittels erfüllt, so ist der Vollzug einzustellen (§ 335 AO).

Gegen die Androhung und Festsetzung eines Zwangsmittels ist der Einspruch gegeben. Nach § 256 AO kann im Rechtsbehelfsverfahren gegen die Zwangsmaßnahme nicht geltend gemacht werden, der zu erzwingende Verwaltungsakt sei rechtswidrig. Dieses Vorbringen kann nur im Rechtsbehelfsverfahren gegen den zugrunde liegenden Verwaltungsakt (z. B. das Auskunftsersuchen) Erfolg haben.

1. Zwangsgeld

Das einzelne Zwangsgeld darf 25 000 € nicht übersteigen (§ 329 AO). Die Höhe des Zwangsgeldes wird von der Finanzbehörde nach pflichtgemäßem Ermessen bestimmt. Ermessensrichtpunkte sind insbesondere: Die zeitliche Dauer, die Häufigkeit der Pflichtverletzung sowie die Einkommens- und Vermögensverhältnisse des Steuerpflichtigen. Es handelt sich um ein in die Zukunft gerichtetes Beugemittel. Ist ein gegen eine natürliche Person festgesetztes Zwangsgeld uneinbringlich, so kann nach Anhörung des Steuerpflichtigen das Amtsgericht Ersatzzwangshaft anordnen, wenn bei der Androhung des Zwangsgeldes darauf hingewiesen worden ist (§ 334 AO; §§ 802g, 802h ZPO).

217

2. Ersatzvornahme

Bei *vertretbaren* Handlungen kann die Vollstreckungsbehörde einen anderen mit der Vornahme der Handlung auf Kosten der Steuerpflichtigen beauftragen. Vertretbar sind Handlungen, deren Vornahme durch einen *anderen* möglich ist (§ 330 AO). Die Beauftragung mit der Ersatzvornahme kommt in der Praxis kaum vor. Theoretisch mögliches Beispiel: Auftrag an einen Steuerberater, die Bilanz zu erstellen.

218

3. Unmittelbarer Zwang

Die Finanzbehörde kann den Steuerpflichtigen zu einer Handlung (Duldung, Unterlassung) zwingen oder die Handlung selbst vornehmen, wenn ein Zwangsgeld oder die Ersatzvornahme nicht zum Ziele führen oder „untunlich" sind (§ 331 AO). Auch diese Regelung spielt in der Praxis kaum eine Rolle.

219

IV. Kosten der Vollstreckung

Die Kosten der Vollstreckung (Gebühren und Auslagen) fallen dem Steuerpflichtigen zur Last. Für eine Mahnung werden keine Kosten erhoben. Der Vollstreckungsschuldner hat jedoch die Kosten zu tragen, die durch einen Postnachnahmeauftrag entstehen (§§ 337, 259 AO). Einzelheiten zu den Pfändungs-, Wegnahme- und Verwertungsgebühren sowie den Auslagen im Vollstreckungsverfahren sind in den §§ 338 ff. AO geregelt. Kosten, die bei richtiger Sachbehandlung nicht entstanden wären, sind nicht zu erheben (§ 346 Abs. 1 AO).

220

V. Rechtsbehelfe des Schuldners gegen Vollstreckungsmaßnahmen

221 Gegen Vollstreckungsmaßnahmen, die Verwaltungsakte sind, ist der Einspruch gegeben (§ 347 AO).

> **BEISPIELE:** Der Einspruch ist zulässig gegen eine Pfändung, die Ablehnung eines Antrags auf einstweilige Einstellung der Zwangsvollstreckung, die Anordnung, ein Vermögensverzeichnis zu erstellen und dessen Richtigkeit an Eides statt zu versichern.

Rechtsbehelfe gegen Vollstreckungsmaßnahmen können nicht erfolgreich mit der Begründung eingelegt werden, *der zugrunde liegende Verwaltungsakt* sei rechtswidrig. Gemäß § 256 AO sind Einwendungen gegen den zu vollstreckenden Verwaltungsakt *außerhalb* des Vollstreckungsverfahrens mit den dafür zulässigen Rechtsbehelfen zu verfolgen.

> **BEISPIEL:** Das Finanzamt setzt bestandskräftig eine verjährte Steuer fest. Trotzdem ist die Beitreibung *rechtmäßig*. Im Vollstreckungsverfahren könnte der Schuldner sich auf eine etwaige Nichtigkeit eines Verwaltungsakts (vgl. § 125 AO) mit Erfolg berufen. Die Festsetzung einer durch Verjährung erloschenen Steuerschuld ist jedoch i. d. R. *nicht* nichtig, sondern nur rechtswidrig (aufgrund einer Anfechtung aufzuheben).

Der Vollstreckungsschuldner kann alle Einwendungen vorbringen, die sich auf die *Existenz* und *Fälligkeit* des Anspruchs sowie die *Art und Weise der Zwangsvollstreckung* beziehen. Insbesondere kann er geltend machen, dass

- ▶ die Forderung erloschen ist (Zahlung, Aufrechnung, Erlass, Zahlungsverjährung; nicht: Festsetzungsverjährung, vgl. § 257 AO),
- ▶ die Forderung nicht vollstreckbar ist (z. B. wegen Stundung oder Aussetzung der Vollziehung, § 257 AO),
- ▶ eine Überpfändung vorliegt (§ 281 Abs. 2 AO),
- ▶ die gepfändete Sache oder Forderung unpfändbar ist,
- ▶ die Vollstreckungsmaßnahme ermessensfehlerhaft ist, weil sie z. B. gegen den Grundsatz der Verhältnismäßigkeit der Mittel verstößt (vgl. Tz 201),
- ▶ kein Leistungsgebot ergangen oder die Schonfrist noch nicht abgelaufen ist (§ 254 Abs. 1 AO).

Will der *Vollziehungsbeamte* eine Sache pfänden, so kann der Vollstreckungsschuldner die Pfändung nur abwenden, wenn er (§ 292 AO; Abschn. 7 Abs. 5 und Abschn. 11 VollzA)

- ▶ zahlt,
- ▶ nachweist, dass eine Zahlungsfrist bewilligt worden oder die Schuld erloschen ist,
- ▶ eine Bankquittung vorlegt, aus der sich ergibt, dass er den geschuldeten Betrag eingezahlt hat,
- ▶ oder eine Entscheidung vorlegt, aus der sich die Unzulässigkeit der Pfändung ergibt (z. B. Aussetzung der Vollziehung, einstweilige Einstellung der Zwangsvollstreckung, Stundung, Vollstreckungsverbot durch einstweilige Anordnung des Finanzgerichts; vgl. § 114 FGO).

Kann der Schuldner einen Nachweis der bezeichneten Art nicht erbringen, so muss er zunächst die Pfändung dulden. Er kann jedoch die Pfändung mit dem Einspruch anfechten.

> **BEISPIEL:** Ein Vollziehungsbeamter erscheint und will pfänden. Der Schuldner behauptet, er habe den geschuldeten Betrag vor drei Tagen überwiesen, könne jedoch den Bankbeleg nicht auffinden. – Der Vollziehungsbeamte muss pfänden. Der Schuldner kann gegen die Pfändung Einspruch einlegen und Zahlung behaupten. Die Finanzbehörde muss dann von *Amts wegen* nachprüfen, ob die Zahlung eingegangen ist und ggf. die Pfändung aufheben.

VI. Einwendungen Dritter gegen Vollstreckungsmaßnahmen

Im Vollstreckungsverfahren ist *Dritter* jeder, der nicht Vollstreckungsgläubiger oder Vollstreckungsschuldner ist. Insbesondere folgende Einwendungen Dritter haben im Vollstreckungsverfahren praktische Bedeutung:

222

Ein Dritter kann mit dem Formalrechtsbehelf Einspruch geltend machen, es sei eine in seinem Gewahrsam befindliche Sache des Vollstreckungsschuldners gepfändet worden, zu deren Herausgabe er nicht bereit gewesen sei (§ 286 Abs. 4 AO).

> **BEISPIEL:** Der Vollstreckungsschuldner hat eine möblierte Ferienwohnung vermietet. Der Vollziehungsbeamte darf vermietete Gegenstände nur pfänden, wenn der Mieter zur Herausgabe bereit ist. Verweigert der Mieter die Herausgabe, so kann er eine dennoch vorgenommene Pfändung erfolgreich mit dem Einspruch angreifen.

Ein Dritter kann gegen die Pfändung ferner geltend machen, ihm stehe am Gegenstand der Vollstreckung ein die „Veräußerung hinderndes Recht" zu (§ 262 AO). Der praktisch wichtigste Fall des „die Veräußerung hindernden Rechts" ist das Eigentum eines Dritten.

Bei der Zwangsvollstreckung kommt es *nicht* auf das für die steuerliche Zurechnung maßgebende *wirtschaftliche* Eigentum, sondern auf das *zivilrechtliche* Eigentum an. § 39 Abs. 2 AO gilt nicht. Ein Vorbehaltsverkäufer (Eigentümer) kann deshalb gegen die Pfändung seiner Sache klagen, obwohl der Käufer wirtschaftlicher Eigentümer ist.

> **BEISPIEL:** Der Vollziehungsbeamte pfändet ein Fernsehgerät, das der Vollstreckungsschuldner unter Eigentumsvorbehalt des Verkäufers erworben und noch nicht voll bezahlt hat. Der Verkäufer (Eigentümer) kann die Aufhebung der Pfändung verlangen.

Der Dritte kann im vorbezeichneten Beispiel sein Eigentum jedoch nicht mit dem Formalrechtsbehelf Einspruch geltend machen, sondern förmlich nur durch *Klage vor dem ordentlichen Gericht* (Zivilprozess; § 262 AO). Dieser Rechtsweg schließt den Einspruch aus, da dieser das notwendige Vorverfahren zum Finanzprozess (§ 44 FGO) darstellt. Die sofortige Klage vor dem Zivilgericht hat der Gesetzgeber durch das Wort „erforderlichenfalls" praktisch unterbunden. Der Dritte wird die Klage zweckmäßigerweise nicht erheben, bevor er die Finanzbehörde erfolglos unter Anbietung von Beweismitteln aufgefordert hat, die Pfändung aufzuheben. Klagt er ohne diese Aufforderung, so fallen ihm die Prozesskosten zur Last, wenn die Finanzbehörde den Anspruch sofort anerkennt (§ 93 ZPO). Die Klage war dann nicht erforderlich, sondern hätte durch Anforderung der Pfandfreigabe beim Finanzamt vermieden werden können.

VII. Arrest

1. Dinglicher Arrest

223 Der Arrest ist eine *Sicherungsmaßnahme*. Aufgrund einer Arrestanordnung ist die Finanzbehörde *nicht befugt, Zahlung* zu verlangen. Deshalb dürfen z. B. Sachen, die aufgrund der Arrestanordnung gepfändet sind, nicht versteigert oder freihändig verwertet werden. Jede Maßnahme, die über eine Sicherung hinausgeht, hat zu unterbleiben. Die Anordnung des Arrestes in das bewegliche oder unbewegliche Vermögen ist *keine Beschlagnahme*. Die Beschlagnahmewirkung tritt erst dann und insoweit ein, als die Arrestanordnung vollzogen wird (z. B. durch Pfändung oder Eintragung einer Zwangshypothek). *Die Bedeutung der Arrestanordnung besteht lediglich darin, dass sie die Rechtsgrundlage für Zwangsmaßnahmen zu Sicherungszwecken bildet,* ohne dass vorweg durch Verwaltungsakt eine Geldforderung festgesetzt, ein Leistungsgebot ergangen und die Schonfrist abgelaufen ist (§ 254 AO).

Die Anordnung eines Arrests setzt zunächst eine *Geldforderung* voraus, die im Verwaltungswege gem. §§ 249 ff. AO beigetrieben werden kann (§ 324 AO). Der dem Anspruch zugrunde liegende Sachverhalt braucht jedoch nicht mit der Gewissheit festzustehen, die für den Erlass eines Steuerbescheides erforderlich ist. Es genügt eine wesentlich geringere Wahrscheinlichkeit. Die Finanzbehörde kann die Besteuerungsgrundlagen gem. § 162 AO schätzen und die Höhe des Anspruchs vorläufig beziffern. Ein dinglicher Arrest darf nur angeordnet werden, wenn zu befürchten ist, dass die *Beitreibung vereitelt* oder *wesentlich erschwert* wird (Arrestgrund: § 324 AO).

> **BEISPIEL:** Nach Beginn einer Steuerfahndungsprüfung transferiert der Steuerpflichtige Bankguthaben in das Ausland und versucht, bewegliches und unbewegliches Vermögen zu veräußern (BFH/NV 2001, 458).

Die Anordnung eines Arrests ist unzulässig, wenn feststeht, dass der Steuerpflichtige ohne Einkünfte und Vermögen ist, weil dann keine Sicherungsmaßnahmen getroffen werden können. Die Arrestanordnung ist ferner nicht zulässig, wenn durch eine Steuerfestsetzung (ggf. unter Vorbehalt gem. § 164 AO) die Vollstreckung ermöglicht werden kann. Dabei ist jedoch zu beachten, dass die Vollstreckung aufgrund eines Steuerbescheids erst nach Bekanntgabe des Leistungsgebots, Fälligkeit und Ablauf der Schonfrist erfolgen darf (§ 254 AO). Dagegen ist der Vollzug eines Arrests schon *vor* Zustellung der Arrestanordnung und Fälligkeit des Anspruchs zulässig (§ 324 Abs. 1, 3 AO). Ist zu besorgen, dass bei Bekanntgabe eines Steuerbescheides der Schuldner innerhalb der einwöchigen Schonfrist die Betreibung vereiteln oder wesentlich erschweren wird, so liegt ein Arrestgrund vor.

Die Arrestanordnung ist *keine Steuerfestsetzung*. Sie darf *kein Leistungsgebot enthalten*. In der Arrestanordnung ist jedoch die zu sichernde Forderung zu bezeichnen, zu beziffern und zu begründen. Ferner ist ein Geldbetrag zu bestimmen, durch dessen Hinterlegung die Vollziehung des Arrestes gehemmt und ein vollzogener Arrest aufzuheben ist. Die Vollziehung (Pfändung, Eintragung einer Arresthypothek) ist zwar schon vor Zustellung zulässig. Die Zustellung muss jedoch innerhalb einer Woche nach der Vollziehung und innerhalb eines Monats nach der Unterzeichnung erfolgen. Andernfalls ist die Vollziehung unwirksam (§ 324 Abs. 3 AO). Die Finanzbehörde kann bei oder unmittelbar nach Anordnung des Arrests eine Steuerfestsetzung vornehmen und diese – verbunden mit einem Leistungsgebot – bekannt geben. Nach Ablauf der Schonfrist und Eintritt der Fälligkeit ist sie befugt, Sicherheiten, die sie aufgrund der Arrestanordnung erlangt hat, zu verwerten (§ 327 AO).

> **BEISPIEL:** Aufgrund einer Arrestanordnung hat die Finanzbehörde ein Wertpapierdepot gepfändet. Die Pfändung begründet zunächst nur ein Sicherungsrecht. Erst wenn der Anspruch aus dem Steuerbescheid vollstreckbar wird (§ 254 AO), darf sie das Depot verwerten.

Gegen die Anordnung des dinglichen Arrests ist der Einspruch gegeben (§ 347 AO). Der Steuerpflichtige kann aber gem. § 45 Abs. 2 FGO auch sofort Klage erheben. Ein Vorverfahren ist nicht erforderlich. Ob *neben* dem Einspruch *gleichzeitig* die sofortige Klage (Sprungklage) zulässig ist, ist streitig.

2. Persönlicher Arrest

Der Vollzug eines *persönlichen* Sicherheitsarrests (gem. § 326 AO) besteht in einer Beschränkung der persönlichen Freiheit der Steuerpflichtigen (Inhaftierung, Hausarrest, Überwachung, Wegnahme von Ausweispapieren). Der persönliche Sicherheitsarrest wird durch das Amtsgericht angeordnet. Er setzt – ebenso wie der dingliche Arrest – einen *Arrestanspruch* und einen *Arrestgrund* voraus. Die Freiheitsbeschränkung ist nur zulässig, wenn sie erforderlich ist, um die gefährdete Vollstreckung in das Vermögen des Steuerpflichtigen zu sichern. Kann diese Sicherung durch einen dinglichen Arrest erfolgen, so ist der persönliche Arrest unzulässig.

224

> **BEISPIEL:** Es besteht der Verdacht, dass der Steuerpflichtige sich in das Ausland absetzen will. Er ist Eigentümer eines inländischen Grundstücks. Kann der Arrestanspruch durch eine Zwangshypothek gesichert werden, ist ein persönlicher Sicherheitsarrest unzulässig.

VIII. Insolvenz

1. Überblick

Im Vollstreckungsverfahren nach der AO bleiben die Vorschriften der Insolvenzordnung (InsO) *unberührt* (§ 251 Abs. 2 AO). Das bedeutet insbesondere, dass eine *Einzelzwangsvollstreckung* nach Eröffnung eines Insolvenzverfahrens durch beteiligte Gläubiger nicht zulässig ist.

225

Das *Insolvenzverfahren* bezweckt eine (grundsätzlich) gleichmäßige Verteilung des Schuldnervermögens auf die Gläubiger, wobei allerdings bestimmte Gläubiger vorweg oder vorrangig befriedigt werden. Soweit die Gläubiger im Insolvenzverfahren leer ausgehen, können sie nach Beendigung des Verfahrens ihre Forderungen wieder geltend machen (vgl. § 201 InsO), wenn nicht eine so genannte Restschuldbefreiung (§§ 286 ff. InsO) eingreift. Für sanierungsfähige Unternehmen sieht die Insolvenzordnung die Möglichkeit eines Insolvenzplanverfahrens vor. Wird ein Plan angenommen und bestätigt, so *erlöschen* die danach nicht zu befriedigenden Forderungen der Gläubiger auch insoweit, als sie nicht befriedigt werden (vgl. § 254 InsO). Seit einiger Zeit wird die InsO permanent novelliert.

Im AEAO zu § 251 hat die Verwaltung das Thema Insolvenz und Steuern umfangreich kommentiert.

2. Insolvenz

a) Eröffnung

226 Ein Insolvenzverfahren kann auf Antrag des Insolvenzschuldners oder eines Gläubigers eröffnet werden, wenn der Insolvenzschuldner *zahlungsunfähig* ist (vgl. §§ 13, 17 InsO), d.h. nicht binnen drei Wochen 90% seiner fälligen Schulden begleichen kann (vgl. AEAO zu § 251 Nr. 2.1.1). Bei einem Antrag des Schuldners ist auch die drohende Zahlungsunfähigkeit Insolvenzgrund (§ 18 InsO). Bei Gesellschaften, die juristische Personen sind (z.B. AG, GmbH, KGaA), und der GmbH & Co. KG (auch OHG, an der nur GmbHs beteiligt sind) ist außer der Zahlungsunfähigkeit die *Überschuldung Insolvenzgrund* (§ 19 InsO). Durch die Insolvenzeröffnung wird dem Insolvenzschuldner die *Verwaltungs- und Verfügungsbefugnis* über die Insolvenzmasse *entzogen*. Diese Befugnisse gehen auf den Insolvenzverwalter über (§ 80 InsO). Die Insolvenzgläubiger können ihre Ansprüche nur nach den Vorschriften der InsO und nicht mehr im Wege der Einzelvollstreckung durchsetzen (§ 87 InsO). Dies gilt auch für die Finanzbehörden. Sie müssen grundsätzlich – wie private Gläubiger – ihre vor Insolvenzeröffnung begründeten Ansprüche zur Insolvenztabelle anmelden (Grundsatz: Insolvenzrecht geht vor Steuerrecht, § 251 Abs. 2 und 3 AO; AEAO zu § 251 Nr. 4.3).

Praktisch wichtig ist die Frage, ob im Zeitpunkt der Insolvenzeröffnung bereits ein Verwaltungsakt ergangen ist oder nicht. Bei Insolvenzforderungen (Tz 227) ist zu unterscheiden:

(1) Forderung nicht tituliert (kein Bescheid ergangen)

- *Steuerbescheid und Leistungsgebot unzulässig* (AEAO zu § 251 Nr. 4.3.1). Anmeldung zur Insolvenztabelle (AEAO zu § 251 Nr. 5.2, kein Verwaltungsakt).
- Grundlagenbescheid ist nur eingeschränkt zulässig, z.B. Feststellungsbescheid, Messbescheid (BFH, BStBl II 1998, 428; 2003, 630).
- Bei Widerspruch durch Insolvenzverwalter oder Gläubiger gegen Anmeldung: Insolvenzfeststellungsbescheid (§ 251 Abs. 3 AO, AEAO zu § 251 Nr. 5.3.1.1).
- Bei Widerspruch durch den Insolvenzschuldner: Vgl. § 201 Abs. 2 InsO. Kein Einfluss auf das Insolvenzverfahren. Einzelvollstreckung *nach* Abschluss des Insolvenzverfahrens gegen den Insolvenzschuldner unzulässig.

(2) Forderung tituliert (Bescheid ergangen)

- *Falls bestandskräftig:* Anmeldung zur Tabelle; kein Widerspruch zu erwarten.
- Falls Monatsfrist für Rechtsbehelf läuft: Unterbrechung der Rechtsbehelfsfrist (§ 155 FGO i.V. mit § 240 ZPO analog). Anmeldung zur Tabelle und bei Bestreiten durch Insolvenzverwalter ggf. Aufnahme mit der Folge, dass die Rechtsbehelfsfrist

erneut läuft (AEAO zu § 251 Nr. 5.3.1.2). Wird die Forderung anerkannt, wirkt dies wie ein Urteil gegenüber Insolvenzverwalter und -gläubigern (§ 178 Abs. 3 InsO).

▶ Falls Rechtsbehelfsverfahren anhängig (Einspruch, Klage, Revision): Unterbrechung (§ 240 ZPO; BFH, BStBl II 1978, 472). §§ 180, 185 InsO: ggf. Aufnahme des Verfahrens nach Anmeldung der Forderung zur Tabelle und Bestreiten seitens des Insolvenzverwalters (vgl. BFH, BStBl II 2005, 591). Verfahren wandelt sich kraft Gesetzes in ein Insolvenzfeststellungsverfahren um (BFH, BStBl II 2006, 573; 2008, 790; AEAO zu § 251 Nr. 5.3.1.2.2). Zur Anerkennung vgl. § 178 Abs. 3 InsO.

Für die Steuerfestsetzung oder anschließende Rechtsschutzverfahren bedeutsam ist § 240 ZPO in Verbindung mit den Regeln über die vorläufige Insolvenzverwaltung (vgl. §§ 21, 22 InsO). Danach kann bereits die Anordnung einer so genannten starken vorläufigen Insolvenzverwaltung zur Unterbrechung anhängiger Titulierungs- oder Rechtsschutzverfahren führen.

b) Insolvenzforderungen

Steuerforderungen sind *Insolvenzforderungen*, wenn sie im Zeitpunkt der Insolvenzeröffnung begründet sind (§ 38 InsO). „Begründet" bedeutet nicht, dass die Forderung bei Insolvenzeröffnung bereits nach den Vorschriften der Steuergesetze rechtlich *entstanden* sein muss. Es genügt, dass der Lebenssachverhalt, auf dem die spätere Entstehung des Steueranspruchs beruht, bereits bei Insolvenzeröffnung vollständig verwirklicht und damit abgeschlossen ist (BFH, BStBl II 2009, 682; 2012, 466; 2013, 36; vgl. AEAO zu § 251 Nr. 5.1 mit Beispielen).

227

> **BEISPIELE:** ▶ Am 15. Oktober wird das Insolvenzverfahren eröffnet. Gemäß § 13 UStG entsteht bei Sollbesteuerung rechtlich die USt für Oktober erst mit Ablauf des Voranmeldungszeitraumes (des Monats/Quartals). Bezüglich der Umsätze, die in die Zeit vom 1. Oktober bis zur Insolvenzeröffnung fallen, ist jedoch der Rechtsgrund für die spätere entstehende Umsatzsteuer bereits gelegt. Die Umsatzsteuer für diese Umsätze ist deshalb Insolvenzforderung. – Die Einkommensteuer entsteht (soweit es sich nicht um Vorauszahlungen und Abzugsbeträge handelt) mit Ablauf des Kalenderjahres. Sie ist aber Insolvenzforderung, *soweit* sie auf Einkünfte entfällt, die bis zur Insolvenzeröffnung erzielt worden sind.

c) Absonderung und Aussonderung

Gläubiger, die dingliche Rechte an Sachen haben, können *abgesonderte Befriedigung* nach Maßgabe der §§ 49 ff. InsO verlangen.

228

> **BEISPIELE:** ▶ Für die Finanzbehörde ist vor Insolvenzeröffnung wirksam eine Zwangshypothek eingetragen worden. Die Finanzbehörde ist zur abgesonderten Befriedigung berechtigt, die nach den Vorschriften des Zwangsversteigerungsgesetzes erfolgt. – Die Finanzbehörde hat sich vor Insolvenzeröffnung wirksam ein Kraftfahrzeug zur Sicherung übereignen lassen. Sie ist berechtigt, das Fahrzeug außerhalb des Insolvenzverfahrens zu verwerten.

Von der Absonderung ist die *Aussonderung* zu unterscheiden. Aussonderungsberechtigt ist ein Gläubiger, der gegen den Gemeinschuldner einen Anspruch auf *Herausgabe* von Gegenständen hat, weil diese nicht dem Gemeinschuldner gehören (vgl. § 47 InsO).

BEISPIEL: Wer dem Gemeinschuldner eine Sache vermietet oder unter Eigentumsvorbehalt verkauft hat, ist aussonderungsberechtigt. Der Sicherungseigentümer kann dagegen nur eine abgesonderte Befriedigung verlangen.

Aussonderungsberechtigte sind nicht Insolvenzgläubiger. Mit dem Inkrafttreten der InsO haben sich für Absonderungsrechte wesentliche Änderungen ergeben, die von erheblicher Bedeutung für die Möglichkeit das Insolvenzverfahren fortzuführen und die Steueransprüche sind. Insbesondere die Verpflichtung bei der Verwertung oder Freigabe von Absonderungsgut die Umsatzsteuer vorab zu entrichten, führt zu einer Entlastung der Masse (vgl. § 170 InsO).

d) Masseansprüche

229 Ansprüche, die durch die Tätigkeit des Insolvenzverwalters entstehen, sind Masseansprüche. Hinzu kommen die Gerichtskosten und die Kosten des vorläufigen Insolvenzverwalters sowie der Mitglieder des Gläubigerausschusses (vgl. §§ 54, 55 InsO). Der Insolvenzverwalter hat sie aus der Insolvenzmasse vorweg zu erfüllen. Eine wesentliche Regelung enthält § 55 Abs. 2 InsO, wonach in den Fällen, in denen die Verfügungsbefugnis auf den vorläufigen Insolvenzverwalter übergegangen ist, von diesem begründete Verbindlichkeiten nach Eröffnung des Insolvenzverfahrens zu Masseverbindlichkeiten werden. Die Erfahrungen seit Inkrafttreten der InsO zeigen aber, dass ganz überwiegend die so genannte schwache Insolvenzverwaltung angeordnet wird. Seit 2011 gelten nach § 55 Abs. 4 InsO Verbindlichkeiten des Insolvenzschuldners aus dem Steuerschuldverhältnis, die von einem vorläufigen Insolvenzverwalter oder vom Schuldner mit Zustimmung eines vorläufigen Insolvenzverwalters begründet worden sind, nach Eröffnung des Insolvenzverfahrens als Masseverbindlichkeit.

Bedeutende Masseforderungen sind insbesondere die *Umsatzsteuer* und die *Lohnsteuer* bei Weiterführung eines Betriebes. Durch die geänderte Rechtsprechung des BFH zur Abgrenzung von Insolvenz- und Masseverbindlichkeiten (BFH, BStBl II 2009, 682; 2011, 996) ergeben sich bei der Vereinnahmung von USt nach Insolvenzeröffnung unabhängig von Soll- oder Ist-Versteuerung Masseverbindlichkeiten, auch wenn die Leistung vor Eröffnung erbracht worden ist.

Eine wichtige Entscheidung hat der BFH in BStBl II 2005, 848 (bestätigt in BFH/NV 2008, 819) gefällt. Danach sind die USt für eine neue gewerbliche Tätigkeit des Schuldners im Insolvenzverfahren keine Masseschulden.

e) Folgen der Abschaffung des Insolvenzprivilegs für Steuern

230 Im Konkursverfahren wurden nicht alle Gläubiger gleichmäßig befriedigt. Es galt vielmehr die Rangfolge des § 61 KO. In dieser Rangfolge standen Steuerforderungen an zweiter Stelle. Das Vorrecht ist mit der InsO abgeschafft worden. Korrespondierend ist der Fiskus zwar durch die Regelungen in § 55 Abs. 2 und 4 InsO (Masseverbindlichkeiten aus Handlungen des vorläufigen Insolvenzverwalters oder des Schuldners mit Zustimmung des Insolvenzverwalters), § 170 InsO (Umsatzsteuer bei Absonderung) und § 290 Abs. 1 Nr. 2 InsO (Versagung der Restschuldbefreiung bei Verstoß gegen u. a. Steuerer-

klärungspflichten) privilegiert. Das kann aber den Verlust des Vorrechtes nicht aufwiegen.

Die Abschaffung des Vorrechts hat weitgehende Folgen bei der Insolvenzanfechtung und der Haftung der Geschäftsführer nach § 64 GmbHG für Zahlungen an das FA oder Sozialversicherungsträger während der Insolvenzantragsfrist. Der BGH geht inzwischen in gesicherter Rechtsprechung von einer Pflichtenkollision aus (DStR 2011, 530; NJW 2011, 1133), der BFH von einer Pflicht zur vorrangigen (Lohn)Steuerzahlung auch nach Insolvenzantrag (BStBl II 2009, 129). Geschäftsführer, die verspätet Steuern abführen, haften bei nachfolgender Anfechtung und Erstattung der Steuer an den Insolvenzverwalter (vgl. BFH, BStBl II 2009, 342).

Eine gewisse Privilegierung dürfte mit der Ausnahme von Ansprüchen aus dem Steuerschuldverhältnis, für die der Schuldner z. B. wegen Hinterziehung rechtskräftig verurteilt worden ist, aus der Restschuldbefreiung einhergehen (§ 302 InsO).

f) Anmeldung und Feststellung der Insolvenzforderung

Die Finanzbehörde muss Insolvenzforderungen zur Feststellung in der Insolvenztabelle anmelden. Das Insolvenzgericht (Amtsgericht) bestimmt einen Prüfungstermin, in dem die angemeldeten Forderungen aller Gläubiger erörtert werden (§§ 27–29, 174–176 InsO). Die Tabelle wird vom Insolvenzverwalter geführt (§§ 174, 175 InsO). Wird eine Forderung weder vom Insolvenzverwalter noch von einem Gläubiger bestritten oder wird ein etwaiger Widerspruch ausgeräumt, so gilt die Forderung als festgestellt und wird in die Tabelle eingetragen. Die Eintragung in die Tabelle wirkt wie ein rechtskräftiges Urteil (§ 178 Abs. 3 InsO). Aus der Insolvenztabelle kann nach Abschluss des Insolvenzverfahrens vollstreckt werden. Dies gilt nicht, wenn der Insolvenzschuldner widerspricht. Sein Widerspruch bewirkt, dass nach Beendigung des Insolvenzverfahrens gegen ihn aus der Tabelle nicht die Einzelvollstreckung betrieben werden kann (§ 201 Abs. 2 InsO). Vom Insolvenzverwalter oder einem Gläubiger bestrittene Steuerforderungen sind gem. § 251 Abs. 3 AO durch schriftlichen Verwaltungsakt festzustellen, falls noch kein Bescheid vorliegt. Ansonsten sind die begonnenen Rechtsschutzverfahren fortzusetzen bzw. Einspruch einzulegen (AEAO zu § 251 Nr. 5.3.2 ff.).

231

g) Verteilung

Nach *Verteilung* der Masse und einem *Schlusstermin* hebt das Insolvenzgericht das Verfahren auf (§§ 196–200 InsO). Damit erhält der Insolvenzschuldner wieder seine Verwaltungs- und Verfügungsbefugnis. Soweit Gläubiger im Insolvenzverfahren nicht in voller Höhe befriedigt worden sind, können sie nunmehr gegen den früheren Insolvenzschuldner die Einzelzwangsvollstreckung betreiben (§ 201 Abs. 1 InsO), wenn nicht die Restschuldbefreiung angekündigt worden ist (§ 294 Abs. 1 InsO).

232

h) Restschuldbefreiung

Mit der InsO ist das Institut der Restschuldbefreiung bundesweit eingeführt worden (§§ 286 ff. InsO). Damit soll dem Insolvenzschuldner, dessen Schulden in der Regel in der Insolvenz nicht voll getilgt werden, die Möglichkeit gegeben werden nach einer

233

Übergangsphase, in der er freiwillig bestimmte Teile seines Einkommens an einen Treuhänder abtritt, eine Befreiung von den Schulden zu erlangen, die zu dem Insolvenzverfahren geführt haben. Die Frist betrug zunächst sieben, dann sechs Jahre ab Insolvenzeröffnung (vgl. § 287 Abs. 2 InsO). Die als Abtretungsfrist nunmehr legal definierte Frist von sechs Jahren endet nach der Neufassung des § 300 InsO (ab 1. 7. 14) auf Antrag des Schuldners bereits nach drei Jahren, wenn die Verfahrenskosten berichtigt *und* die Insolvenzgläubiger zu mindestens 35 % befriedigt worden sind, ansonsten (bei Berichtigung der Verfahrenskosten) nach fünf Jahren. Zum Ganzen siehe AEAO zu § 251 Nr. 15.

i) Eigenverwaltung

234 Der Gesetzgeber hat mit dem Gesetz zur weiteren Erleichterung der Sanierung ESUG die Eigenverwaltung (§§ 270 ff. InsO), bei der der Insolvenzschuldner unter der Aufsicht eines Sachwalters selbst die Insolvenzmasse verwaltet, massiv gestärkt. Das Recht der Eigenverwaltung ist gestärkt und die Einbeziehung der Gläubiger in einem früheren Zeitraum ermöglicht worden. Bei nur drohender Zahlungsunfähigkeit ist die Möglichkeit, in Eigenverwaltung einen Sanierungsplan zu erarbeiten, besonders geschützt. Allerdings muss der Steuerpflichtige, der selbst den Antrag auf Eröffnung des Insolvenzverfahren stellen will, wesentlich höhere Anforderungen erfüllen als bisher. § 13 InsO ist dementsprechend wesentlich erweitert worden. Der Schuldner muss die höchsten und die höchsten gesicherten Forderungen, die Forderungen der Finanzverwaltung und der Sozialversicherungsträger sowie die aus betrieblicher Altersversorgung darstellen. Weiterhin sollen Angaben zur Bilanzsumme, zu den Umsatzerlösen und zur durchschnittlichen Zahl der Arbeitnehmer des vorangegangenen Geschäftsjahres gemacht werden.

Eine wesentliche Neuerung stellt das so genannte *Schutzschirmverfahren* dar. Unter den Voraussetzungen der §§ 270a, 270b Abs. 1 InsO (Eröffnungsantrag des Schuldners auf Grund drohender Zahlungsunfähigkeit oder Überschuldung – Antrag auf Eigenverwaltung – Antrag auf Durchführung der Sanierungsvorbereitung – Vorlage der Bescheinigung einer qualifizierten Person, dass Zahlungsunfähigkeit oder Überschuldung droht, keine Zahlungsunfähigkeit vorliegt und die angestrebte Sanierung nicht offensichtlich aussichtslos ist) kann ein vorgeschaltetes Sanierungsverfahren durchgeführt werden. Die angesprochene Bescheinigung kann nur von einem in Insolvenzsachen erfahrenen Steuerberater, Wirtschaftsprüfer oder Rechtsanwalt oder einer Person mit vergleichbarer Qualifikation (zum Beispiel vereidigter Buchprüfer) erstellt werden. Dem Schuldner wird ein vorläufiger Sachwalter zur Seite gestellt, den dieser auch selbst vorschlagen kann (nicht der Aussteller der Bescheinigung). § 270b Abs. 3 InsO sieht vor, dass der Schuldner nach entsprechender Anordnung des Gerichts Masseverbindlichkeiten begründen kann. § 55 Abs. 2 InsO gilt entsprechend. Weitere Einzelheiten siehe im AEAO zu § 251 Nr. 13.

j) Verbraucherinsolvenz

235 Das zweite vereinfachte Verfahren, das insbesondere im Hinblick auf die Überschuldung vieler Privathaushalte geschaffen worden ist, ist die Verbraucherinsolvenz (§§ 304 ff. InsO). Danach können natürliche Personen, die keine selbständige gewerb-

liche oder freiberufliche Tätigkeit ausüben oder ausgeübt haben, ein solches Verfahren beantragen. Dies gilt auch für Personen, die eine selbständige Tätigkeit ausgeübt haben, wenn ihre Vermögensverhältnisse überschaubar sind. Zur Verbraucherinsolvenz vgl. AEAO zu § 251 Nr. 12. In diesem Verfahren ist zunächst ein außergerichtlicher Einigungsversuch vorgesehen, bei dessen Scheitern ein gerichtliches Einigungsverfahren über einen Schuldenbereinigungsplan folgt. Wenn auch dies scheitert, folgt ein vereinfachtes Insolvenzverfahren. Die Vorschriften über den Insolvenzplan gelten auch hier.

3. Insolvenzplan

Der Insolvenzplan ist in §§ 217 ff. InsO geregelt. Siehe dazu AEAO zu § 251 Nr. 11. Seit 2012 ist durch die Novellierung von § 217 InsO (i.V. m. § 225a InsO) die Möglichkeit geschaffen worden, „Debt-to-Equity-Swaps" (Umwandlung von Fremd- in Eigenkapital) auch gegen den Willen der bisherigen Anteilsinhaber durchzuführen. Die Umsetzung erfolgt zweistufig im Wege eines so genannten Kapitalschnitts, d. h. zunächst durch Kapitalherabsetzung und anschließende Kapitalerhöhung. 236

Ziel der Regeln über den Insolvenzplan ist es, den Beteiligten einen Rechtsrahmen für die einvernehmliche Bewältigung der Insolvenz im Wege von Verhandlungen und privatautonomen Austauschprozessen zu geben. Ziel ist also letztlich die Sanierung oder Liquidation des Gemeinschuldners im Vertragsweg. Der Plan kann mit der Insolvenzantragstellung verbunden werden und ist bis zur Abhaltung des Schlusstermins theoretisch möglich (§ 218 InsO). Der Plan muss einerseits die Darstellung der geplanten Maßnahmen sowie die erwarteten Auswirkungen, andererseits die Festlegung der Umgestaltung der Beteiligtenrechte enthalten (§§ 220, 221 InsO). Dabei sind die unterschiedlichen Rechtsstellungen der betroffenen Beteiligten zu beachten und Gruppen zu bilden, z. B. absonderungsberechtigte und nicht nachrangige Insolvenzgläubiger (§ 222 InsO). Der Plan wird vorrangig durch das Insolvenzgericht geprüft und ggf. zurückgewiesen. Ansonsten ist der Plan bestimmten Betroffenen zur Stellungnahme zuzuleiten.

Falls es im Rahmen der einzelnen Zustimmungserfordernisse (vgl. §§ 235 ff. InsO) zu einer Annahme des Plans kommt, treten die in dem Plan festgelegten gestaltenden Wirkungen ein (§ 254 InsO). In der Regel werden dies erhebliche Reduktionen der zuvor bestehenden Forderungen sein. Der rechtskräftige Plan stellt im Zusammenhang mit der Eintragung in die Tabelle einen Vollstreckungstitel dar, den z. B. das Finanzamt im Wege der Verwaltungsvollstreckung vollstrecken kann (§ 257 InsO, § 251 Abs. 2 AO). Das Insolvenzverfahren wird nach der rechtskräftigen Bestätigung des Planes aufgehoben.

(Einstweilen frei) 237–239

G. Das außergerichtliche Rechtsbehelfsverfahren

Außergerichtlicher Rechtsbehelf im Steuerrecht ist der Einspruch (§§ 347 ff. AO). Der Einspruch hat keinen Devolutiveffekt. Das bedeutet, dass die Behörde, die den angefochtenen Bescheid erlassen hat, selbst über den Einspruch entscheidet.

I. Förmliche und nichtförmliche Rechtsbehelfe

240 Nichtförmliche Rechtsbehelfe sind gesetzlich nicht geregelt. Ihre Zulässigkeit ergibt sich daraus, dass in einem Rechtsstaat kein Bürger gehindert werden kann, sich mit Anträgen, Bitten und Beschwerden an Behörden zu wenden. Man unterscheidet bei nichtförmlichen Rechtsbehelfen zwischen der Gegenvorstellung und der Aufsichtsbeschwerde. Mit der *Gegenvorstellung* wendet sich der Bürger an die Behörde, mit deren Verhalten er nicht einverstanden ist. Die *Aufsichtsbeschwerde* richtet sich an die vorgesetzte Behörde oder den Dienstvorgesetzten. Mit der *Dienst*aufsichtsbeschwerde wird ein *persönliches* Verhalten eines Behördenangehörigen beanstandet (z. B. unhöfliches Verhalten). Die *Sach*aufsichtsbeschwerde zielt auf die Beanstandung der sachlichen Behandlung eines Vorganges. Gegenvorstellung und Aufsichtsbeschwerde können mündlich, fernmündlich, elektronisch oder schriftlich erhoben werden. Eine Frist besteht nicht. Es entstehen keine Verfahrenskosten. Zu den nichtförmlichen Rechtsbehelfen zählt letztlich noch die Petition.

Bei einem nichtförmlichen Rechtsbehelf besteht *kein Rechtsanspruch* auf eine Entscheidung. Die Behörde darf ihn aber nicht ohne jegliche Reaktion lassen. Bei *förmlichen* Rechtsbehelfen hat der Staatsbürger dagegen einen *Anspruch* auf eine Sachentscheidung. *Förmliche* Rechtsbehelfe sind *frist- und formgebunden*. Das Verfahren ist gesetzlich geregelt.

II. Einspruch

241 Im Steuerrecht ist bei den förmlichen Rechtsbehelfen zu unterscheiden zwischen *gerichtlichen* Rechtsbehelfen und Rechtsmitteln (z. B. Klage, Revision) und dem *außergerichtlichen* Rechtsbehelf Einspruch. Das außergerichtliche Rechtsbehelfsverfahren bezeichnet man auch als *Vorverfahren*. Ein *erfolgloses Vorverfahren* ist – falls nicht Ausnahmen gegeben sind (vgl. z. B. § 348 Nr. 3 bis 6 AO, §§ 45, 46 FGO) – Voraussetzung für eine *Klageerhebung* beim Finanzgericht (§ 44 FGO).

Über den *Einspruch* entscheidet i. d. R. *die Behörde*, die den angegriffenen Verwaltungsakt *erlassen* hat. Sie kann im Einspruchsverfahren den Verwaltungsakt auch zum *Nachteil* des Steuerpflichtigen ändern (verbösern). Vor einer Verböserung muss die Behörde den Steuerpflichtigen auf die Verböserungsmöglichkeit unter Angabe von Gründen hinweisen und ihm Gelegenheit geben, sich dazu zu äußern (vgl. z. B. BFH/NV 2008, 730). Der Steuerpflichtige kann dann durch *Rücknahme* des Einspruchs eine ihn benachteiligende Entscheidung vermeiden (§§ 367 Abs. 2, 362 AO).

III. Zulässigkeit der außergerichtlichen Rechtsbehelfe

Der Einspruch ist zulässig gegen alle Verwaltungsakte in Abgabenangelegenheiten, auf die die AO Anwendung findet. Außerdem ist der Einspruch in bestimmten berufsrechtlichen Streitigkeiten nach dem Steuerberatungsgesetz (vgl. § 164a StBerG) und bei Verweisungen auf die AO gegeben (§ 347 AO). Die Vorschriften über den Einspruch sind z. B. durch folgende Gesetze für anwendbar erklärt worden: 242

- Investitionszulagengesetze (§ 14 InvZulG 2010),
- Wohnungsbau-Prämiengesetz (§ 8 Abs. 1),
- Fünftes Vermögensbildungsgesetz (§ 14 Abs. 2).

Die Rechtsbehelfsbehörde muss von Amts wegen prüfen, ob der Rechtsbehelf zulässig ist. Ein nicht zulässiger Rechtsbehelf ist als unzulässig zu verwerfen (§ 358 AO). Über die materiell-rechtliche Streitfrage wird dann nicht entschieden.

> **BEISPIEL:** Ein Steuerpflichtiger legt gegen einen rechtswidrigen (nicht nichtigen) Verwaltungsakt Einspruch ein. Der Einspruch ist verspätet. Ein Wiedereinsetzungsgrund (vgl. Tz 121 ff.) liegt nicht vor. Die Finanzbehörde muss den Einspruch *als unzulässig verwerfen*, auch wenn materiell-rechtlich der Einspruch begründet ist (z. B. weil der Steuerpflichtige eine Betriebsausgabe nachträglich zu Recht geltend gemacht hat). Handelt es sich aber um eine neue Tatsache, die der Steuerpflichtige ohne grobes Verschulden nachträglich vorbringt, so kommt eine Änderung des Steuerbescheides zugunsten des Steuerpflichtigen *außerhalb des Rechtsbehelfsverfahrens* gem. § 173 Abs. 1 Nr. 2 AO in Betracht.

Checkliste: Zulässigkeit des Einspruchs 243

(Sachentscheidungsvoraussetzungen, vgl. § 358 AO)

1. Ist der Finanzrechtsweg gegeben (§ 347 AO)?
2. Ist der Einspruch bei der richtigen Behörde eingelegt worden (§ 357 Abs. 2 AO)?
3. Handlungsfähigkeit (§ 79 AO)?
4. Ordnungsgemäße Vertretung (§ 79, §§ 80 f. AO)?
5. Rechtsbehelfsbefugnis?
   a) Beschwer (§ 350 AO)?
   b) Rechtsbehelfsbefugnis bei einheitlichen Feststellungen (§ 352 AO)?
6. Anfechtungsbeschränkung
   a) bei Anfechtung der Änderung formell bestandskräftiger Verwaltungsakte (§ 351 Abs. 1 AO)?
   b) bei Grundlagenbescheiden (§ 351 Abs. 2 AO)?
7. Ist der Einspruch „an sich statthaft"?
   a) Einspruchsfähiger Verwaltungsakt (§§ 347, 348, 363 Abs. 3 AO)?
   b) Untätigkeitseinspruch (§ 347 Abs. 1 Satz 2 AO)?
8. Ist auf den Rechtsbehelf wirksam verzichtet worden (§ 354 AO)?
9. Ist der Rechtsbehelf zurückgenommen und nicht innerhalb der Rechtsbehelfsfrist wirksam erneut eingelegt worden (§ 362 AO)?
10. Schriftform (§ 357 AO)?

11. Erkennbar, welcher Verwaltungsakt von wem angegriffen wird (§ 357 Abs. 1 und 3 AO)?
12. Bei Untätigkeitseinspruch (§ 347 Abs. 1 AO): Erkennbar, welcher Verwaltungsakt beantragt, aber nicht erlassen worden ist?
13. Frist (§§ 355, 356 AO)? – Bei Fristversäumnis: Wiedereinsetzung in den vorigen Stand (§ 110 AO)?

Zu den wichtigsten Zulässigkeitsvoraussetzungen vgl. die nachfolgenden Textziffern.

1. Finanzrechtsweg und Zuständigkeit

244 In der Regel ist offensichtlich, ob der Finanzrechtsweg eröffnet ist oder nicht. Aufmerksam zu prüfen ist die Frage aber immer, wenn die Steuerfahndung tätig wird, da § 347 Abs. 3 AO eine ausdrückliche Ausschlussklausel für Straf- und Bußgeldverfahren enthält. Der Einspruch kann also nur eröffnet sein, wenn die Steuerfahndung als Finanzbehörde und nicht als Strafverfolgungsbehörde tätig geworden ist. Im Strafverfahren gilt der Achte Teil der AO (§§ 369 – 412 AO) sowie gem. § 385 Abs. 1 AO die allgemeinen Gesetze über das Strafverfahren, also insbesondere die StPO. Eine Prüfung ist auch dann geboten, wenn ein Streit über Kindergeld ansteht, da dieses zwar in der Regel Steuerrecht (Definition als Steuervergütung in § 31 Satz 3 EStG) betrifft und deshalb in den Finanzrechtsweg führt, aber in besonderen Fällen (vgl. Bundeskindergeldgesetz) weiter als Sozialleistung gezahlt wird und deshalb den Sozialrechtsweg eröffnet (§ 15 Bundeskindergeldgesetz).

Der Einspruch ist bei der Finanzbehörde anzubringen, deren Verwaltungsakt angefochten wird (§ 357 Abs. 2 AO). Diese ist grundsätzlich für die Durchführung des Einspruchsverfahrens zuständig (vgl. § 367 Abs. 1 AO). Wenn allerdings nachträglich – z. B. durch Umzug – ein anderes Finanzamt zuständig wird, geht auch die Zuständigkeit für die Durchführung des Einspruchsverfahrens mit an das neu zuständige Finanzamt. Besonderheiten regelt § 26 Satz 2 AO für den Fall, dass es sinnvoller ist das Einspruchsverfahren beim ursprünglichen Finanzamt abzuwickeln und § 26 Satz 3 AO für Fälle der Liquidation und der Insolvenz.

Diese Regeln gelten auch für Grundlagenbescheide, insbesondere Feststellungs- und Messbescheide. Für sie enthält § 357 Abs. 2 Satz 2 AO aber die Besonderheit, dass der Einspruch gegen den Grundlagenbescheid auch bei der für die Erteilung des Folgebescheides (im Gesetzeswortlaut zu eng: Steuerbescheid) zuständigen Behörde fristwahrend angebracht werden kann.

2. Rechtsbehelfsbefugnis

a) Beschwer

245 Nur wer geltend macht, durch einen *Verwaltungsakt oder dessen Unterlassung beschwert* zu sein, ist befugt, Einspruch einzulegen (§ 350 AO). Der Steuerpflichtige kann beschwert sein durch

- einen *rechtswidrigen* Verwaltungsakt (z. B. unrichtigen Steuerbescheid, ermessensfehlerhafte Ablehnung einer Stundung),
- die Unterlassung eines beantragten Verwaltungsakts (z. B.: Die Finanzbehörde reagiert nicht auf den Antrag, die Vollziehung gem. § 361 AO auszusetzen; vgl. § 347 Abs. 1 Satz 2 AO).

Beschwer i. S. des § 350 AO bedeutet *materielle* Beschwer. Wird einer Erklärung oder einem Antrag des Steuerpflichtigen formell entsprochen, kann dennoch materiell (der Sache nach) eine Beschwer vorliegen.

> **BEISPIEL:** Ein Steuerpflichtiger wird entsprechend seiner Einkommensteuererklärung veranlagt. Er hat es versehentlich unterlassen, steuermindernde Beträge (z. B. Betriebsausgaben) geltend zu machen. Der Steuerpflichtige ist beschwert, obwohl die Behörde nicht von der Steuererklärung abgewichen ist. Er ist deshalb befugt, die bislang nicht geltend gemachte Betriebsausgabe im Einspruchsverfahren nachzuschieben.
>
> Dem Einspruch des Steuerpflichtigen, die Steuer auf 10000 € herabzusetzen, wird durch Abhilfebescheid stattgegeben. Er kann erneut Einspruch einlegen, denn auch eine antragsgemäße Festsetzung über 10000 € beschwert den Steuerpflichtigen (BStBl II 2007, 736).

Bei *Steuerbescheiden* muss die Beschwer grundsätzlich im *Tenor* liegen. Das bedeutet, dass i. d. R. eine Beschwer in der *Höhe* der festgesetzten Steuer liegen muss. Eine falsche Begründung für die richtige Steuerfestsetzung führt grundsätzlich nicht zu einer Beschwer i. S. des § 350 AO. Lautet die Steuerfestsetzung auf 0 €, so ist der Steuerpflichtige im Regelfall nicht beschwert, es sei denn, dass eine niedrigere Steuer als 0 € möglich ist (z. B. bei der Umsatzsteuer) oder dass im Einzelfall von den Besteuerungsgrundlagen ausnahmsweise eine eigenständige Beschwer ausgeht (vgl. AEAO zu § 350 Nr. 2 und 3; § 10d Abs. 4 EStG, vgl. BFH, BStBl II 2015, 829). Ausnahmsweise kann der Steuerpflichtige auch durch eine zu *niedrige* Steuerfestsetzung beschwert sein, wenn sich diese z. B. wegen des Bilanzenzusammenhangs in späteren Jahren ungünstig auswirkt (BFH, BStBl II 1982, 211) oder wenn durch die Festsetzung verbindlich über die Ausübung von AfA-Wahlrechten entschieden wird oder wenn die Besteuerungsgrundlagen verbindlich für Sozialleistungen festgestellt werden (Wohngeld oder BAföG; vgl. dazu die einschränkenden Entscheidungen BFH/NV 2003, 1331 und 1332). Wenn die Verpflichtung zur Zahlung der Kammerumlage (IHK) an den Ansatz von Gewerbeeinkünften im Einkommensteuerbescheid geknüpft ist, kann der Ansatz gewerblicher statt freiberuflicher Einkünfte im Einkommensteuerbescheid eine Beschwer bedeuten, auch wenn dies keine einkommensteuerliche Auswirkung hat.

> **BEISPIEL:** Der Eigentümer eines Grundstücks errichtete ein Gebäude, das er an Nichtunternehmer zu Wohnzwecken vermietet. Er optiert für die Umsatzsteuerpflicht der Mietumsätze. Die Vorsteuer auf die Baukosten wird ihm vergütet. Per Saldo ergibt sich eine negative Zahllast (Vergütung) von 40000 €. Bei einer betriebsnahen Veranlagung wird der Sachverhalt (gem. § 9 UStG unwirksame Option) aufgedeckt. Es ergeht ein USt-Bescheid über 0 €. Kraft Gesetzes entsteht ein Rückforderungsanspruch (§ 37 Abs. 2 AO). Der Steuerpflichtige ist beschwert, obgleich die Steuer auf 0 € festgesetzt wurde (vgl. BFH, BStBl II 1986, 776).

Keine Beschwer liegt vor, wenn ein Steuerpflichtiger eine andere Rechtsauffassung als das Finanzamt vertritt, sich die Meinungsverschiedenheit aber nicht auf das steuerliche Ergebnis auswirkt und keine Bindungswirkung hinsichtlich außersteuerlicher Ansprüche eintritt.

BEISPIEL: Ein Architekt deklariert Einkünfte aus der Vermittlung von Grundstücksverkäufen als Einkünfte aus selbständiger Arbeit. Nach Auffassung des Finanzamts hat sich der Architekt gewerblich als Grundstücksmakler betätigt. Es behandelt deshalb die Vermittlungsprovisionen als Einkünfte aus Gewerbebetrieb und erlässt einen Gewerbesteuermessbescheid. – Durch den *Gewerbesteuermessbescheid* ist der Architekt beschwert. Er kann ihn mit dem Einspruch anfechten. Aus der gewerbesteuerlichen Beschwer folgt jedoch nicht, dass auch *einkommensteuerlich* eine Beschwer vorliegt. Denn der Einkommensteuerbescheid ist für den Gewerbesteuermessbescheid nicht bindend. Die Finanzbehörde kann den Gewerbesteuermessbescheid aufheben, ohne den Einkommensteuerbescheid zu ändern. *Einkommensteuerlich* ist der Architekt nur beschwert, wenn die Qualifikation als Einkünfte aus Gewerbebetrieb eine *höhere* Einkommensteuer ergibt oder für die Kammerumlage bindend ist. Ist dies nicht der Fall, so wirkt sich eine unzutreffende Qualifizierung der Einkünfte nicht auf die Höhe der Einkommensteuer aus. Dann ist der Einspruch mangels Beschwer unzulässig (§ 350 Abs. 1 AO).

Besonderheiten ergeben sich bei fehlerhafter Einordnung der Einkünfte in einem Grundlagenbescheid. Eine Beschwer ist dann allein wegen der Bindungswirkung gegeben, auch wenn sich keine Auswirkungen auf die Belastung ergeben (BFH, BStBl II 1985, 676).

b) Rechtsbehelfsbefugnis bei Grundlagenbescheiden

246   Grundlagenbescheide sind Bescheide, die für andere Bescheide (Folgebescheide) bindend sind (Legaldefinition in § 171 Abs. 10 AO). Ist ein Steuerpflichtiger mit den Feststellungen in einem Grundlagenbescheid nicht einverstanden, so muss er den *Grundlagenbescheid* anfechten. Im Rechtsbehelfsverfahren gegen Folgebescheide kann er nicht mit Erfolg geltend machen, der Grundlagenbescheid sei rechtswidrig (§ 351 Abs. 2 AO; Tz 169), weil der Grundlagenbescheid zwingend in den Folgebescheid übernommen werden muss, wenn er nicht nichtig ist. Auf die Rechtmäßigkeit des Grundlagenbescheides kommt es nicht an, nur auf seine Wirksamkeit.

BEISPIEL: Ein Steuerpflichtiger lässt einen Gewinnfeststellungsbescheid für sein Einzelunternehmen unanfechtbar werden. Im Rechtsbehelfsverfahren gegen Folgebescheide (z.B. über Einkommensteuer) kann er nicht mit Erfolg vorbringen, der Feststellungsbescheid sei rechtswidrig.

c) Rechtsbehelfsbefugnis bei einheitlichen Feststellungen

247   Gegen Bescheide über einheitliche Feststellungen können grundsätzlich nur die besonders einspruchsbefugten Personen, nicht jeder Betroffene, Einspruch einlegen. Die Vorschrift beruht auf dem Gedanken, dass mehrere, die sich freiwillig zusammenschließen und einen Geschäftsführer oder ähnlichen Vertreter bestimmen, sich an dieser Organisationsentscheidung auch im Steuerrecht festhalten lassen müssen. Grundsätzlich kann daher nach § 352 Abs. 1 Nr. 1 AO nur der geschäftsführende Gesellschafter oder Gemeinschafter gegen den Feststellungsbescheid Einspruch einlegen. Auch die Einsichtsrechte bzw. deren Beschränkung für nicht geschäftsführende Gesellschafter im Handelsrecht spielen eine Rolle bei der sachlichen Begründung der Einspruchsbefugnis.

BEISPIEL: Eine KG erhält einen Gewinnfeststellungsbescheid über 100 000 €. Beteiligt sind der Komplementär A mit 60 % und die Kommanditisten B und C mit je 20 %. Die KG ist der Auffassung, der Gewinn betrage nicht 100 000 €, sondern 90 000 €. Die *prozentuale* Aufteilung des

Gewinns wird anerkannt. Befugt zur Einlegung des Rechtsbehelfs gegen den Gewinnfeststellungsbescheid ist nur der Komplementär als Geschäftsführer.

Nach herrschender Meinung (vgl. BFH, BStBl II 2004, 964) muss die Gesellschaft, vertreten durch den Geschäftsführer als Vertreter für alle Gesellschafter Einspruch einlegen. Das gilt nach BFH, BStBl II 2004, 898, 929 auch für eine GbR mit Vermietungseinkünften und Bruchteilsgemeinschaften. Dabei darf man nicht vergessen, dass der Ausgang des Einspruchsverfahrens zwingend für alle Beteiligten verbindlich sein wird, weil in einem Feststellungsverfahren notwendig einheitlich entschieden wird. Dies bedeutet in anderem Zusammenhang, dass alle vom Ausgang des Einspruchsverfahrens notwendig betroffenen Beteiligten zum Einspruchsverfahren hinzugezogen werden müssten. Der Gesetzgeber hat dies hier durch die Regelung in § 360 Abs. 3 Satz 2 AO eingeschränkt. Der Vorteil dieser Beschränkung des Rechtsschutzes für die nicht zur Einspruchseinlegung Befugten liegt in der Konzentration auf die Auseinandersetzung über die materiell-rechtlichen Streitfragen. Es ist nicht nötig zehn Einspruchsführer und zwanzig weitere Beteiligte mühselig in ein Verfahren zu bringen, um dann endlich zur Sache entscheiden zu können.

Ausgehend von der Ursprungsidee ist klar, dass die Beschränkung der Einspruchsbefugnis nicht mehr gilt, wenn kein Geschäftsführer mehr vorhanden ist, weil z. B. die Gesellschaft beendet ist (§ 352 Abs. 1 Nr. 2 AO). Auch können ausgeschiedene Gesellschafter Einspruch einlegen, da für sie die Grundsatzüberlegung einer freiwilligen Organisationsentscheidung nicht (mehr) gilt (§ 352 Abs. 1 Nr. 3 AO). In zwei Teilbereichen behalten die nicht geschäftsführenden Gesellschafter eine sachlich beschränkte (soweit) Einspruchsbefugnis. Wenn ihre Beteiligung an den Einkünften generell oder hinsichtlich der Quote (§ 352 Abs. 1 Nr. 4 AO) streitig ist oder wenn eine Frage sie persönlich angeht (z. B. Sonderbetriebsausgaben; § 352 Abs. 1 Nr. 5 AO), können sie *insoweit* Einspruch einlegen. Das Grundkonzept der Vorschrift passt für Gewinneinkünfte. Die Anwendung auf alle Einkunftsarten wirft insbesondere hinsichtlich des Geschäftsführers oder geschäftsführenden Gesellschafters Probleme auf. Wann hat z. B. eine Erbengemeinschaft mit Vermietungseinkünften einen Geschäftsführer? Der Gesetzgeber hat in § 352 Abs. 2 AO den Einspruchsbefugten für diese Fälle geschaffen. Er ist i. d. R. mit dem Empfangsbevollmächtigten des § 183 AO identisch, der den Beteiligten unter Umständen vom Finanzamt aufgezwungen werden kann.

d) Rechtsbehelfsbefugnis bei Änderung nach Unanfechtbarkeit

Verwaltungsakte, die *unanfechtbare* Verwaltungsakte ändern, können nur *insoweit* angegriffen werden, als die *Änderung reicht* (§ 351 Abs. 1 AO).

248

> **BEISPIEL:** Eine (endgültige) Einkommensteuerfestsetzung ist unanfechtbar. Durch eine Kontrollmitteilung erfährt das Finanzamt, dass der Steuerpflichtige Vermietungseinkünfte nicht erklärt hat und erhöht daraufhin die Einkommensteuer um 1 000 € (§ 173 Abs. 1 Nr. 1 AO). – Der Steuerpflichtige kann den Änderungsbescheid anfechten und zur Begründung alles vorbringen, was er gegen den ursprünglichen Einkommensteuerbescheid hätte geltend machen können (z. B. Nachschieben von Betriebsausgaben, Werbungskosten, Sonderausgaben; Rechtsfehler). Weil er es jedoch unterlassen hat, diese Einwendungen mit dem Einspruch gegen den *ursprünglichen* Bescheid geltend zu machen, greifen die Einwendungen im Einspruchsverfahren gegen den Änderungsbescheid nur insoweit durch, als durch diesen Bescheid die Steuer

erhöht worden ist. Deshalb kann der Steuerpflichtige im günstigsten Fall erreichen, dass der Änderungsbescheid aufgehoben wird, so dass es bei der ursprünglich festgesetzten Steuer verbleibt.

BEISPIEL:

Steuerfestsetzung (unanfechtbar)	25 000 €
Änderungsbescheid	28 000 €
Einspruchsantrag: Ermäßigung auf	24 000 €
erreichbares Ziel: Ermäßigung auf	25 000 €

Die Einschränkung gem. § 351 Abs. 1 AO gilt nicht, soweit eine Berichtigung, Aufhebung oder Änderung *außerhalb* des Rechtsbehelfsverfahrens aufgrund besonderer Vorschriften zulässig ist (z. B. gem. § 129 oder §§ 172 ff. AO).

BEISPIEL: Der Steuerpflichtige stellt anlässlich eines Einspruchsverfahrens fest, dass der angefochtene Steuerbescheid zu seinem Nachteil infolge einer offenbaren Unrichtigkeit fehlerhaft ist. Er hat auch nach Unanfechtbarkeit (unabhängig von einem Rechtsbehelfsverfahren) einen Rechtsanspruch auf Berichtigung dieser offenbaren Unrichtigkeit (§ 129 AO).

Die Sperre des § 351 Abs. 1 AO gilt nach dem Wortlaut („ändern") nicht für Verwaltungsakte, die nach § 130 AO zurückgenommen oder nach § 131 AO widerrufen werden. Die Anwendung der Vorschrift auf Haftungsbescheide oder andere nicht „änderbare" Geldverwaltungsakte lehnt der BFH (ebenso AEAO zu § 351 Nr. 3) deshalb ab. In der Regel führen die Regeln über die Teilbestandskraft und über die Berichtigung materieller Fehler (§ 177 AO; vgl. Tz 157) bei den änderbaren Verwaltungsakten zu den gleichen Ergebnissen. Nur wenn gleichzeitig mehrere gegenläufige Korrekturen vorzunehmen sind, können sich Abweichungen ergeben.

3. Formzwang für förmliche Rechtsbehelfe

249 Der Einspruch muss *schriftlich* oder *elektronisch* eingelegt oder bei der Behörde zu Protokoll erklärt werden. Ein telefonisch eingelegter Rechtsbehelf genügt auch dann nicht, wenn darüber eine Niederschrift aufgenommen wird. Die Einlegung eines Rechtsbehelfs durch Telefax genügt für die Wahrung der Schriftform; ein Einspruch per (einfacher) E-Mail (ohne qualifizierte elektronische Signatur) ist zulässig (vgl. AEAO zu § 357 Nr. 1 und zu § 87a AO).

Eine unrichtige Bezeichnung des Rechtsbehelfs schadet nicht. Es muss jedoch aus dem Schriftstück erkennbar sein, dass die Überprüfung eines (genau bezeichneten) Verwaltungsakts begehrt wird (§ 357 Abs. 1 AO). Zur Auslegung und Umdeutung, auch bei rechtskundigen Personen, wird z. B. auf BFH/NV 2012, 1628 und BStBl II 2006, 578 hingewiesen.

BEISPIEL: Ein Steuerpflichtiger beantragt die „Niederschlagung seiner Gewerbesteuerschuld", nachdem er einen Gewerbesteuermessbescheid vom Finanzamt erhalten hat. Er begründet den Antrag damit, dass er nicht Gewerbetreibender, sondern Freiberufler sei. – Offensichtlich ist keine Niederschlagung i. S. des § 261 AO, sondern eine Überprüfung im Einspruchsverfahren gewollt.

Im *außergerichtlichen* Rechtsbehelfsverfahren ist eine Unterschrift unter die Rechtsbehelfsschrift nicht erforderlich. Es genügt, wenn aus dem Schriftstück hervorgeht, wer den Rechtsbehelf eingelegt hat (z. B. aus dem Briefkopf). Im *gerichtlichen* Verfahren wird dagegen eine (halbwegs) leserliche Unterschrift verlangt (vgl. BGH, NJW 2013, 1966). Seit dem Grundsatzbeschluss des Gemeinsamen Senats der Obersten Gerichtshöfe des Bundes, NJW 2000, 2340 ist klar, dass auch ein Computerfax (ohne Unterschrift) die Schriftform wahrt (vgl. Tz 290), nicht aber ein normales Fax mit eingescannter Unterschrift (BVerfG, NJW 2007, 3117 m.w.N.).

4. Rechtsbehelfsfrist und Wiedereinsetzung in den vorigen Stand
a) Frist

Der Einspruch ist als förmlicher Rechtsbehelf nur innerhalb *eines Monats* nach Bekanntgabe des Verwaltungsakts zulässig (§ 355 AO). Nur der *Untätigkeits*einspruch gem. § 347 Abs. 1 Satz 2 AO ist *nicht befristet*. 250

Im Regelfall werden Steuerverwaltungsakte durch die Post ohne förmliche Zustellung übermittelt. Daneben tritt die elektronische Form. Dann gilt der Verwaltungsakt am dritten Tag nach der Aufgabe zur Post als bekannt gegeben (§ 122 Abs. 2, 2a AO, vgl. Tz 118).

Bei *schriftlichen* oder elektronischen Verwaltungsakten beginnt die Rechtsbehelfsfrist nur, wenn der Adressat über den Rechtsbehelf, die Frist und die zuständige Behörde *schriftlich/elektronisch belehrt worden ist*. Eine Belehrung über die Möglichkeit elektronisch Einspruch einlegen zu können, ist nicht erforderlich (BFH/NV 2013, 177 und BStBl II 2013, 272). Auch bei unterbliebener oder unzutreffender Belehrung ist der Rechtsbehelf nur *binnen eines Jahres* seit Bekanntgabe des Verwaltungsaktes zulässig. Ausnahme: Die Einlegung des Rechtsbehelfs war infolge höherer Gewalt unmöglich oder der Steuerpflichtige ist schriftlich unzutreffend dahin belehrt worden, dass ein Rechtsbehelf nicht gegeben ist (§ 356 AO).

Bei *Steueranmeldungen* beginnt – grundsätzlich – die Rechtsbehelfsfrist bereits mit dem Eingang der Anmeldung beim Finanzamt oder mit dem Bekanntwerden der Zustimmung gem. § 168 Satz 2 AO (§ 355 AO). Praktisch hat der Fristablauf kaum Bedeutung, weil Steueranmeldungen unter dem Vorbehalt der Nachprüfung stehen und auch nach Unanfechtbarkeit bis zum Ablauf der Verjährungsfrist auf Antrag geändert werden müssen (§§ 168, 164 Abs. 2 AO); bei Änderungsanträgen gibt es aber keinen vorläufigen Rechtsschutz durch AdV (Tz 262 ff.).

Die Beweislast für den fristgerechten Zugang des Einspruchs trägt der Steuerpflichtige (BFH/NV 2008, 22).

b) Wiedereinsetzung in den vorigen Stand

Wer *unverschuldet* die Frist für die Einlegung eines außergerichtlichen Rechtsbehelfs 251 versäumt, hat einen *Rechtsanspruch* auf *Wiedereinsetzung in den vorigen Stand* (§ 110 AO). Entsprechendes gilt für die Versäumung einer Rechtsmittelfrist im finanzgerichtlichen Verfahren (§ 56 FGO). Wegen der Einzelheiten wird auf Tz 121 ff. verwiesen.

5. Negative Zulässigkeitsvoraussetzungen

a) Kein Rechtsbehelfsverzicht

252 Ein Rechtsbehelf, der trotz wirksamen Verzichts auf den Rechtsbehelf eingelegt wird, ist unzulässig (§ 354 AO). Auf den Rechtsbehelf kann grundsätzlich erst *nach Erlass* des Verwaltungsakts verzichtet werden. Ausnahme: Bei der Abgabe einer Steueranmeldung (z. B. für die Umsatzsteuer, Kapitalertragsteuer) ist ein *vorheriger* Rechtsbehelfsverzicht für den Fall zulässig, dass die Steuer nicht abweichend von der Steueranmeldung festgesetzt wird. In der Praxis spielt diese Ausnahme kaum eine Rolle, weil Steueranmeldungen kraft Gesetzes unter dem Vorbehalt der Nachprüfung stehen (§§ 168, 164 Abs. 2 AO).

b) Keine Rücknahme

253 Der *Rechtsbehelfsverzicht* bezieht sich auf noch *nicht* eingelegte Rechtsbehelfe. *Zurückgenommen* können dagegen nur Rechtsbehelfe werden, die *eingelegt* sind (§ 362 AO). Ein „Verzicht" auf eingelegte Rechtsbehelfe wird im Regelfall als Rücknahme auszulegen sein. Durch die Verweisung auf § 357 Abs. 1 AO wird für die Rücknahme *Schriftform* vorgeschrieben. Die Rücknahme hat nur den Verlust des *eingelegten* Rechtsbehelfs zur Folge. Solange die Rechtsbehelfsfrist noch nicht abgelaufen ist, kann der (zurückgenommene) Rechtsbehelf erneut eingelegt werden (§ 362 AO).

> **BEISPIEL:** Ein Steuerpflichtiger legt eine Woche nach Bekanntgabe eines Steuerbescheids Einspruch ein. Zehn Tage später nimmt er den Einspruch zurück. Trotz Rücknahme kann er innerhalb der Monatsfrist erneut Einspruch einlegen.

IV. Die Durchführung des Rechtsbehelfsverfahrens

1. Allgemeine Verfahrensgrundsätze

254 Die AO enthält allgemeine Verfahrensvorschriften für das außergerichtliche Rechtsbehelfsverfahren (§§ 355 bis 366 AO). Soweit die zitierten Vorschriften keine speziellen Regelungen für das Rechtsbehelfsverfahren enthalten, gelten die allgemeinen Verfahrensvorschriften für den Erlass des angefochtenen Verwaltungsakts sinngemäß (§ 365 Abs. 1 AO). Die wichtigsten Verfahrensregeln für das Rechtsbehelfsverfahren werden nachstehend wiedergegeben.

2. Hinzuziehung Dritter

255 Grundsätzlich ist am Einspruchsverfahren nur der Einspruchsführer beteiligt, die Behörde ist als Verfahrensträgerin (vgl. auch § 78 AO) nicht am Einspruchsverfahren beteiligt. Hinzuziehung bedeutet, dass neben dem Einspruchsführer jemand am Rechtsbehelfsverfahren beteiligt wird, der selbst keinen Rechtsbehelf eingelegt hat (§ 360 i.V. mit § 359 Nr. 2 AO). Die Hinzuziehung steht im Ermessen der Behörde, wenn die rechtlichen Interessen eines Dritten durch die Entscheidung über den Rechtsbehelf berührt werden (einfache Hinzuziehung gem. § 360 Abs. 1 AO). Sind jedoch an dem streitigen Rechts-

verhältnis Dritte in einer Weise beteiligt, dass die Entscheidung ihnen gegenüber nur *einheitlich* ergehen *kann,* so *muss* die Finanzbehörde diese hinzuziehen (notwendige Hinzuziehung gem. § 360 Abs. 3 AO).

> **BEISPIEL:** E (Erwerber) hat einen Gewerbebetrieb übernommen. E haftet als Betriebsübernehmer für die Betriebssteuern des Veräußerers (V) nach Maßgabe des § 75 AO. Legt V gegen einen Umsatzsteuer- oder Gewerbesteuermessbescheid Einspruch ein, so *kann* durch die Entscheidung über den Einspruch auch das Interesse des haftenden E berührt werden. Folglich kann (nicht: muss) die Finanzbehörde E zum Rechtsbehelfsverfahren über diese Bescheide hinzuziehen (einfache Hinzuziehung gem. § 360 Abs. 1 AO).

> **BEISPIEL:** Ein Vater nimmt seinen Sohn in sein Einzelhandelsgeschäft unter Begründung einer OHG auf und beantragt, die Gewinne einheitlich und gesondert festzustellen. Das Finanzamt lehnt die einheitliche Gewinnfeststellung mit der Begründung ab, der Gesellschaftsvertrag sei nicht ernsthaft abgeschlossen und durchgeführt; in Wahrheit sei der Vater noch Alleinunternehmer. Der Vater legt Einspruch ein. Die Entscheidung über den Einspruch betrifft *zwangsläufig auch den Sohn*. Denn es muss darüber entschieden werden, ob dieser Mitunternehmer ist oder nicht. Das Finanzamt *muss* folglich den Sohn zum Verfahren hinzuziehen (notwendige Hinzuziehung gem. § 360 Abs. 3 AO).

Legt ein Ehegatte bei *Zusammenveranlagung* Einspruch ein, so kann die Verwaltung nach einer „Empfehlung" des AEAO zu § 360 Nr. 3 den anderen Ehegatten auch dann gem. § 360 Abs. 1 AO hinzuziehen, wenn dieser keine eigenen Einkünfte (kein eigenes Vermögen) hat. Im Entwurf des Grenzpendlergesetzes sollte § 155 AO geändert werden, um bei zusammenveranlagten Ehegatten notwendige Hinzuziehung zu begründen. Dazu ist es nicht gekommen, es kann daher auch weiterhin zu unterschiedlichen Steuerbescheiden gegenüber zusammenveranlagten Ehegatten kommen. Es empfiehlt sich für beide Ehegatten, Einspruch einzulegen, um die Vorteile eines erfolgreichen Einspruchsverfahren auch tatsächlich für beide sicherzustellen (vgl. zu misslungenen Fällen BFH/NV 2012, 1939 und 2013, 709).

Wer hinzugezogen wird, ist Beteiligter (§ 359 AO). Er kann dieselben Rechte geltend machen wie der Hauptbeteiligte (z. B. Stellungnahmen abgeben, Beweisanträge stellen). Er hat Anspruch auf rechtliches Gehör. Die Rechtsbehelfsentscheidung wirkt auch gegenüber dem Hinzugezogenen. Dadurch wird ein sich anderenfalls möglicherweise anschließendes zweites Verfahren mit abweichendem Ergebnis vermieden. Der Hinzugezogene kann gegen eine Rechtsbehelfsentscheidung, die ihn beschwert, Klage erheben.

> **BEISPIEL:** Bei einer Betriebsveräußerung im Ganzen wird der Erwerber in einem Rechtsstreit um Umsatzsteuern des Veräußerers hinzugezogen, weil er für diese möglicherweise gem. § 75 AO haftet. Wird in der Einspruchsentscheidung festgestellt, dass die USt-Schuld besteht, so kann der Erwerber in einem späteren Streit um die Haftung nicht mehr mit Erfolg geltend machen, die Schuld habe nicht bestanden. Er kann jedoch gegen die Einspruchsentscheidung klagen.

Ein besonderer Fall der Hinzuziehung ist die Hinzuziehung bei widerstreitender Steuerfestsetzung i. S. des § 174 AO. Der Hinzugezogene muss dann ggf. die Änderung seiner eigenen Steuerfestsetzung nach § 174 Absätze 4 und 5 AO hinnehmen (vgl. zum richtigen Verfahren Tz 153 m.w. N.). Im finanzgerichtlichen Verfahren entspricht die Hinzuziehung der *Beiladung* (vgl. dazu Tz 297).

3. Aussetzung und Ruhen des Verfahrens

256 Die Vorschrift eröffnet zunächst die Möglichkeit, der Aussetzung wegen vorgreiflicher Rechtsverhältnisse.

> **BEISPIEL:** Zwei Erben streiten vor dem Zivilgericht unter anderem über die Auslegung eines Testamentes hinsichtlich der Verteilung von Wertgegenständen. Es ist sinnvoll, das Einspruchsverfahren wegen Erbschaftsteuer auszusetzen.

Auch das Ruhen mit Zustimmung des Einspruchsführers ist weiterhin möglich. Ein derartiges Ruhen kommt in der Praxis häufig vor, wenn eine Dauerproblematik in einem Rechtsschutzverfahren für ein Vorjahr geklärt werden soll.

> **BEISPIEL:** Zwischen der Steuerpflichtigen und dem Finanzamt ist streitig, ob bestimmte Gewinne in einem Einzelunternehmen oder in einer BGB-Gesellschaft erzielt wurden. Für das Jahr 2005 ist ein Finanzgerichtverfahren gegen den negativen Feststellungsbescheid anhängig. Die Einsprüche gegen die Feststellungsbescheide 2006 bis 2008 können bis zur Entscheidung über den negativen Feststellungsbescheid 2005 ruhen.

Zahlenmäßig überwiegen Ruhensfälle wegen Musterverfahren. Nach § 363 Abs. 2 Satz 2 AO ruhen Einsprüche, in denen die Problematik aus einem Musterverfahren im Streit ist, auf welches sich der Steuerpflichtige beruft, automatisch. In weiteren Fällen kann das Ruhen durch Allgemeinverfügung angeordnet werden. Diese Regelung ist inzwischen i. d. R. unproblematisch, weil auch nach Auffassung der Finanzverwaltung (AEAO zu § 363 Nr. 2 und 3) über Fragen, die nicht Anlass des Ruhens sind, während der Verfahrensruhe durch Teileinspruchsentscheidung entschieden werden kann. Unerwünschte Folgen können außerdem regelmäßig durch Vorläufigkeitsvermerke vermieden werden.

Wichtig ist, dass ein ruhendes Verfahren nicht ohne ermessensgerechte Fortsetzungsentscheidung gegen den Willen des Steuerpflichtigen mit Einspruchsentscheidung abgeschlossen und damit der Steuerpflichtige in das kostenpflichtige Klageverfahren getrieben werden darf (BStBl II 2007, 222; AEAO zu § 363). Die Verwaltung hat es aber in der Hand ggf. durch Vorläufigkeitsvermerke ein Ende der Verfahrensruhe herbeizuführen (vgl. BFH, BStBl II 2013, 423).

4. Rechtliches Gehör – Akteneinsicht

257 Jedermann hat *vor Gericht* Anspruch auf rechtliches Gehör (Art. 103 Abs. 1 GG). Dieser Grundsatz gilt auch in Verwaltungsverfahren, hat jedoch hier keinen Verfassungsrang. Der Grundsatz des rechtlichen Gehörs besagt, dass niemand „plötzlich durch eine Entscheidung überfahren werden darf". Er wird in den Vorschriften über das außergerichtliche Rechtsbehelfsverfahren mehrfach ausdrücklich hervorgehoben (vgl. § 360 Abs. 1 Satz 2, § 367 Abs. 2 Satz 2 AO, Sonderfall: BFH, BStBl II 1990, 414). Zu den Rechtsfolgen bei einem Verstoß gegen den Grundsatz des rechtlichen Gehörs vgl. Tz 116.

Aus dem Grundsatz des rechtlichen Gehörs lässt sich *kein Rechtsanspruch auf Akteneinsicht* im Besteuerungsverfahren und im außergerichtlichen Rechtsbehelfsverfahren ableiten. Dennoch sollte die Finanzbehörde auf Antrag Akteneinsicht gewähren, wenn keine zwingenden Gründe entgegenstehen (vgl. AEAO zu § 91 Nr. 4 und zu § 364; siehe auch BMF-Schreiben zur Auskunft in BStBl I 2009, 6). Streit besteht oft bei Akteneinsichtsanträgen von Insolvenzverwaltern, die ihr Begehren oft auch auf Informationsfreiheitsgesetze der Länder stützen. Das BVerwG sieht den Verwaltungsrechtsweg eröffnet (BFH/NV 2012, 1567), der BFH den Finanzrechtsweg (BFH, BStBl II 2013, 639). Wenn die Finanzbehörde im Einspruchsverfahren keine Akteneinsicht gewährt, muss sie aber (ggf. nur auf Antrag) die Unterlagen der Besteuerung mitteilen, soweit dies noch nicht geschehen ist. Dies ist insbesondere bei Verfahren, die durch Kontrollmitteilungen oder Steuerfahndungsprüfungen ausgelöst sind, bedeutsam. Im *finanzgerichtlichen* Verfahren hat der Steuerpflichtige (Kläger) einen *Rechtsanspruch* auf Akteneinsicht (§§ 78, 71 Abs. 2 FGO).

5. Mündliche Erörterung

Mit § 364a AO ist die Möglichkeit einer Art mündlicher Verhandlung im Einspruchsverfahren gesetzlich geregelt worden. Sinnvoll kann eine Erörterung insbesondere bei Einspruchsverfahren über Ermessensentscheidungen sein, da die Finanzbehörde insoweit mehr als eine reine Rechtmäßigkeitsprüfung unternimmt. Bei unübersichtlichen Sachverhalten, unklaren Beweisproblemen oder wenn ein Beteiligter das Gefühl hat, dass die Beteiligten aneinander vorbei reden (schreiben), kann ein Gespräch oft mehr bewirken als viele Briefe. Nach bisheriger Erkenntnis übergehen die Finanzbehörden nicht selten die Anträge der Steuerpflichtigen. Dies kann insbesondere bei Ermessensentscheidungen zu einer isolierten Aufhebung der Einspruchsentscheidung führen (vgl. dazu BFH/NV 2005, 2166 mit Darstellung der Voraussetzungen). Ein Rechtsbehelf gegen die Ablehnung einer mdl. Verhandlung ist aber nicht zulässig (BFH, BStBl II 2012, 539).

258

6. Ausschlussfrist

Mit § 364b AO wird der Finanzbehörde die Möglichkeit gegeben, Ausschlussfristen zu setzen. Das bedeutet, dass nach Ablauf der Frist vorgebrachte Tatsachen oder Beweismittel nicht mehr bei der Einspruchsentscheidung berücksichtigt werden dürfen.

259

> **BEISPIEL:** Die Finanzbehörde setzt im Einspruchsverfahren gegen einen Schätzungsbescheid eine Ausschlussfrist nach § 364b AO. Der Steuerpflichtige legt zwei Wochen nach Ablauf der Frist die Steuererklärung vor, die zu einer wesentlich niedrigeren Steuer führt. Wenn zwei Monate später die Einspruchsentscheidung ergeht, ist die Erklärung nicht zu berücksichtigen (§ 364b Abs. 2 Satz 1 AO).

Die Vorschrift geht damit deutlich weiter als die entsprechende Präklusionsvorschrift der FGO, bei der die Nichtberücksichtigung nur bei Verzögerung eintritt (vgl. § 79b Abs. 3 FGO). Die Ausschlussfristsetzung verhindert eine gerichtliche Prüfung in der Sache nicht. Die entsprechenden Regelungen finden sich in § 76 Abs. 3 und § 79b Abs. 3 FGO. Während die verspätete Vorlage der betroffenen Unterlagen etc. im Einspruchsverfahren i. d. R. zwingend zur Nichtberücksichtigung führt (bei steuererhöhenden Erkenntnissen allerdings Änderungsmöglichkeiten nach § 173 AO oder § 367 AO), ist für den Richter im nachfolgenden Prozess eine Ermessensentscheidung vorgesehen, die sich an den Regeln des § 79b FGO zu orientieren hat. Während üblicherweise die Präklusionswirkung in der Instanzenfolge gleich bleibt (vgl. z. B. §§ 296, 531 Abs. 1 ZPO), ist die Präklusionswirkung hier in der Gerichtsinstanz geringer als im Einspruchsverfahren. Wenn z. B. im Einspruchsverfahren nach Ablauf der Frist eine Urkunde als Beweismittel vorgelegt wird, ist sie nicht zu berücksichtigen, obwohl sie mangels Verzögerungswirkung im Prozess (auch vom FA, vgl. des AEAO zu § 364b Nr. 5) zu berücksichtigen ist (zu Kosten vgl. § 137 Satz 3 FGO). Der BFH hält die Finanzgerichte im Rahmen der Prozessförderungspflicht dazu an, alle Maßnahmen zu ergreifen damit nachgereichte Unterlagen nicht zu einer Verzögerung des Prozesses führen (BFH, BStBl II 1999, 664; weitere Nachweise in BFH/NV 2005, 1225).

Ein weiteres Problem der Vorschrift liegt in dem vergessenen Einspruchsausschluss. Während in § 363 Abs. 3 AO für die Streitfälle beim Ruhen einen isolierten Einspruch ausschließt, hat er eine entsprechende Regelung bei § 364b AO vergessen. Die Zulässigkeit des dem Wortlaut nach statthaften Einspruchs ist streitig (vgl. BFH/NV 2003, 1436). Wenn man den Einspruch für zulässig hält, sollte dieser i. d. R. mit einem Aussetzungs- und einem Fristverlängerungsantrag verbunden werden.

7. Entscheidung über den Einspruch

260   In § 367 Abs. 2 AO ist geregelt, wie ein Einspruchsverfahren abgeschlossen werden kann, wenn es nicht durch Rücknahme (§ 362 AO) oder in Sonderformen (Artikel 97 § 18a EGAO und § 367 Abs. 2b AO) beendet wird. Eine Beendigung setzt danach stets voraus, dass entweder eine Einspruchsentscheidung ergeht oder dem Begehren des Steuerpflichtigen in vollem Umfang stattgegeben wird. Ergeht ein Teilabhilfebescheid wird das Einspruchsverfahren dadurch nicht abgeschlossen. Es setzt sich automatisch am Änderungsbescheid fort (vgl. auch § 365 Abs. 3 AO; vgl. dazu auch Tz 270). Im Rahmen des Einspruchsverfahrens ist die Sache in vollem Umfang neu zu prüfen. Das bedeutet bei Ermessensentscheidungen, dass das Ermessen im Einspruchsverfahren erneut auszuüben ist (das ergibt sich auch aus § 365 Abs. 1 AO). Bei gebundenen Entscheidungen ist die Rechtmäßigkeit des Bescheides unabhängig von dem Antrag des Steuerpflichtigen zu überprüfen. Das bedeutet, dass der Steuerpflichtige keine auf bestimmte Sachverhalte begrenzte Überprüfung erzwingen kann. § 367 AO enthält auch einen eigenständigen Korrekturtatbestand, der eine verbösernde Änderung im Einspruchsverfahren zulässt. Der Einspruchsführer ist aber zuvor auf die Verböserungsmöglichkeit hinzuweisen. Er kann dann ggf. den Einspruch zurücknehmen und die Verböserung vermeiden. Diese Wirkung hat die Einspruchsrücknahme natürlich nur, wenn keine Änderung nach allgemeinen Vorschriften (z. B. § 164 Abs. 2 AO oder § 173 AO) möglich ist. Wird das Verfahren streitig beendet, muss eine Einspruchsentscheidung ergehen, die den Formvorgaben des § 366 AO entspricht. Die Einspruchsentscheidung kann mit einfachem Brief oder elektronisch bekannt gegeben werden.

Nach § 367 Abs. 2a AO kann nach dem Ermessen des Finanzamtes ggf. eine Teileinspruchsentscheidung ergehen. Das Ermessen ist allerdings durch die Sachdienlichkeit (unbestimmter Rechtsbegriff, voll überprüfbar, vgl. BFH, BStBl II 2012, 536) vorgeprägt. Der AEAO (zu § 367 Nr. 6) enthält ermessensregelnde Vorgaben. Fast unlösbar ist der Widerspruch zwischen der Gesamtüberprüfung (§ 367 Abs. 2 Satz 1 AO) und der Verbindlichkeit der Entscheidung nur über die Steuer und nicht über einzelne Sachverhalte (vgl. § 157 Abs. 2 AO) mit dem Ziel der verbindlichen Entscheidung über Sachverhalte.

8. Aussetzung der Vollziehung

Die Vollziehung *angefochtener* Verwaltungsakte kann ausgesetzt werden (§ 361 AO, § 69 FGO). Die Aussetzung der Vollziehung bewirkt, dass 261

▶ der Steuerpflichtige (noch) keine Leistung erbringen muss. Er muss z. B. (vorläufig) eine angeordnete Betriebsprüfung nicht dulden, eine Auskunft nicht erteilen, Steuern nicht bezahlen;

▶ bei *Zahlungs*ansprüchen keine Säumniszuschläge (§ 240 AO) entstehen, vgl. Tz 174,

▶ die Finanzbehörde den Verwaltungsakt nicht vollziehen, insbesondere nicht vollstrecken darf (z. B. durch Pfändung; § 251 Abs. 1 Satz 1 AO).

a) Rechtsbehelf

Die Aussetzung der Vollziehung setzt die Einlegung eines *Rechtsbehelfs* voraus. Jedoch wird durch den Rechtsbehelf die Vollziehung des angefochtenen Verwaltungsakts grundsätzlich nicht gehemmt (§ 361 Abs. 1 AO, § 69 Abs. 1 FGO). 262

> **BEISPIELE:** ▶ Ein Steuerbescheid wird mit dem Einspruch angegriffen. Trotz des Einspruchs ist die Finanzbehörde befugt, wegen des Zahlungsanspruchs zu vollstrecken (z. B. Forderungen oder Sachen zu pfänden, die Eintragung einer Zwangshypothek zu beantragen). – Der Steuerpflichtige legt gegen die Anordnung einer Betriebsprüfung Einspruch ein. Trotzdem kann die Finanzbehörde die Betriebsprüfung durchführen.

Der Antrag auf schlichte Änderung nach § 172 Abs. 1 Nr. 2a AO ist kein Rechtsbehelf.

b) Aussetzungsfähiger Verwaltungsakt

Die Aussetzung der Vollziehung ist nur zulässig, wenn ein *aussetzungsfähiger* Verwaltungsakt vorliegt. Verwaltungsakte, deren Inhalt sich in der Ablehnung eines Antrags *erschöpfen*, haben keinen aussetzungsfähigen Inhalt. Folglich kann die Vollziehung dieser Verwaltungsakte nicht ausgesetzt werden. 263

> **BEISPIEL:** ▶ Die Finanzbehörde lehnt einen Antrag auf Stundung (Erlass, Vollstreckungsschutz, Buchführungserleichterung, Änderung eines Steuerbescheides usw.) ab.

Eine Aussetzung der Vollziehung derartiger Bescheide bei Einlegung eines Rechtsbehelfs ist nicht zulässig. Denn die Aussetzung der Ablehnung z. B. eines Stundungsantrages könnte nur in einer Stundung bestehen. Unter den Voraussetzungen des § 114 FGO kann jedoch das Finanzgericht durch eine *einstweilige Anordnung* verhindern, dass bei Ablehnung eines Antrags durch die Finanzbehörde dem Betroffenen erhebliche Nachteile entstehen (vgl. BFH/NV 2003, 738).

Ob verfahrensrechtlich ein Antrag auf *Aussetzung der Vollziehung* (§ 361 AO, § 69 FGO) oder ein Antrag auf *einstweilige Anordnung* (§ 114 FGO) in Betracht kommt, richtete sich grds. danach, ob

- in einem etwaigen gerichtlichen Verfahren allein die *Anfechtungsklage* zum Erfolg führte. Dann war die *Aussetzung der Vollziehung* die richtige Maßnahme für den vorläufigen Rechtsschutz;
- der Erfolg nur durch eine Verpflichtungsklage erreicht werden konnte. Dann wird vorläufiger Rechtsschutz nur durch eine einstweilige Anordnung gewährt (zum Klagesystem vgl. Tz 280 ff.).

Vollziehbar sind Verwaltungsakte, deren Wirkung sich nicht auf eine Negation beschränken, sondern die (auch) eine positive Regelung enthalten oder die positive Regelung eines anderen Verwaltungsaktes aufheben (vgl. BFH/NV 2005, 492).

In derartigen Fällen wurde stets die Anfechtungsklage als gegebene Klageart angesehen. In Fällen wie dem folgenden Beispielsfall wurde hingegen die Aussetzung der Vollziehung abgelehnt, weil die Verpflichtungsklage die zutreffende Klageart sei.

BEISPIEL: Ein Gewerbetreibender nimmt unter Gründung einer Gesellschaft bürgerlichen Rechts seinen Sohn in das Unternehmen auf. Er beantragt zusammen mit dem Sohn, den gewerblichen Gewinn einheitlich und gesondert festzustellen (§ 180 Abs. 1 Nr. 2a AO). Das Finanzamt lehnt die Feststellung mit der Begründung ab, der Gesellschaftsvertrag sei nur zum Schein abgeschlossen und nicht tatsächlich vollzogen worden.

Die Aussetzung der Vollziehung ist der richtige vorläufige Rechtsschutz, weil die Ablehnung des Feststellungsbescheides (negativer Feststellungsbescheid) sich nicht in einer bloßen Negation erschöpft, sondern die Feststellung, dass keine Mitunternehmerschaft vorliegt, bei der Einkommensteuerveranlagung Bindungswirkung entfaltet (vgl. AEAO zu § 361 Nr. 5.1). Obwohl die Verpflichtungsklage (mit Elementen der Anfechtungsklage) die richtige Klageart ist, wird vorläufiger Rechtsschutz durch Aussetzung der Vollziehung gewährt. Im Regelfall führt die auch die Abgrenzung nach den Klagearten zum richtigen Ergebnis. Diesbezügliche Einzelfragen werden in Form von Beispielen ausführlich im AEAO zu § 361 AO behandelt.

BEISPIEL: Es ergeht folgender Umsatzsteuerbescheid:

Umsatzsteuer	0 €
./. Vorsteuer	20 000 €
zu vergüten	20 000 €

Aufgrund einer Außenprüfung wird festgestellt, dass die Voraussetzungen für den Vorsteuerabzug nicht vorliegen. Es ergeht ein Änderungsbescheid gem. § 173 Abs. 1 Nr. 1 AO, durch den die Steuer auf 0 € festgesetzt wird. Vorläufiger Rechtsschutz kann durch einen Antrag auf Aussetzung der Vollziehung erreicht werden. Obwohl der neue Bescheid auf 0 € lautet, hat er einen aussetzungsfähigen Inhalt. Denn aufgrund dieses Bescheides kann die Finanzbehörde die Rückzahlung von 20 000 € verlangen (§ 37 Abs. 2 Satz 3 AO). Für den Erfolg genügt eine Anfechtungsklage. Denn bei Aufhebung des Bescheides über 0 € tritt automatisch der frühere Bescheid (Vergütung von 20 000 €) wieder in Kraft. Eine Klage auf Erlass eines abgelehnten oder unterlassenen Verwaltungsakts (Verpflichtungsklage) ist nicht erforderlich (§ 40 Abs. 1 FGO); vgl. AEAO zu § 361 Nr. 2.3.1.

BEISPIEL: Für eine KG wird erstmals ein Verlust von 500 000 € festgestellt. Die KG begehrt im Rechtsbehelfsverfahren die Feststellung eines Verlustes von 1 Mio. €. – Nach h. M. ist eine Aussetzung der Vollziehung möglich. Vgl. AEAO zu § 361 Nr. 5.1 – 5.3.

Gem. § 361 Abs. 2 Satz 4 AO ist die AdV i. d. R. auf die Abschlusszahlungen begrenzt

BEISPIEL: Der Steuerpflichtige erhält einen Einkommensteuerbescheid 2015 über 100 000 €. Die Abschlusszahlung beträgt 20 000 €, da der Steuerpflichtige für die restlichen Beträge Vorauszahlungen geleistet hat. Wenn im Rahmen eines Einspruchs die Minderung der Steuer um 30 000 € begehrt wird, könnten im Aussetzungsverfahren ohne Weiteres die 20 000 € Abschlusszahlung ausgesetzt werden (= keine Zahlungsverpflichtung). Bezüglich der weiteren streitbefangenen 10 000 € kommt eine Aussetzung der Vollziehung begrifflich nicht in Betracht, weil dieser Betrag durch die Entrichtung der Vorauszahlungen bereits vollzogen ist. In diesem Fall tritt an die Stelle der Aussetzung die Aufhebung der Vollziehung (§ 361 Abs. 2 Satz 3 AO mit der Folge der – vorläufigen – Erstattung der 10 000 €). Dies hilft dem Steuerpflichtigen hier nichts: Gem. § 361 Abs. 2 Satz 4 AO ist die AdV beschränkt auf die festgesetzte Steuer, vermindert um die anzurechnenden Steuerabzugsbeträge, um die anzurechnende Körperschaftsteuer und um die festgesetzten Vorauszahlungen. Bezügliche dieser Beträge kommt eine Aufhebung der Vollziehung und damit eine (vorläufige) Erstattung nicht in Betracht. Ausnahme: Die AdV erscheint nötig zur Abwendung wesentlicher Nachteile (§ 361 Abs. 2 Satz 4 letzter Halbs. AO). Damit knüpft der Gesetzgeber sprachlich an § 114 FGO an, wo die einstweilige Anordnung geregelt ist. Die Erstattung von Steuerabzugsbeträgen, Körperschaftsteuer und Vorauszahlungen kann daher nur im absoluten Ausnahmefall erfolgen (Beispiel in BFH, BStBl II 2004, 367 zur angenommenen Verfassungswidrigkeit der Verlängerung der Spekulationsfrist bei Grundstücken). Die Vorschrift ist verfassungsgemäß (vgl. Nachweise bei BFH/NV 2013, 362), führt aber ggf. zum zwingenden Erlass von Säumniszuschlägen (BFH, BStBl II 2010, 955; siehe Tz 174).

Zur Aufhebung der Vollziehung vgl. ausführlich AEAO zu § 361 Nr. 7.

Auch das Problem, wie Aussetzung der Vollziehung bei Änderungsbescheiden zu gewähren ist, ist durch den BFH ansatzweise geklärt. So hat der BFH in BStBl II 1999, 335, zu Änderungsbescheiden, die unter dem Vorbehalt der Nachprüfung stehende Bescheide korrigieren, ausgeführt, dass grundsätzlich die Aussetzung in dem Umfang möglich ist, wie eine Änderung herbeigeführt werden kann. Dies hat der BFH in BFH/NV 1999, 1205, noch fortentwickelt und insoweit darauf hingewiesen, dass es bei Änderungsbescheiden nicht auf früher festgesetzte Vorauszahlungen ankommen könne. Insoweit sei der Gesetzeswortlaut teleologisch (vom Zweck der Norm her) zu reduzieren.

Zur Einarbeitung in den Problemkreis sind nachfolgend die Beispiele aus dem AEAO übernommen, die Fälle betreffen, wo die streitbefangene Steuer größer als die Abschlusszahlung ist:

AEAO zu § 361 Nr. 4.3: Die streitbefangene Steuer ist größer als die Abschlusszahlung

BEISPIEL:

festgesetzte Steuer	15 000 €
festgesetzte und entrichtete Vorauszahlungen	8 000 €
Steuerabzugsbeträge	4 000 €
Abschlusszahlung	3 000 €
streitbefangene Steuer	5 000 €

Die Vollziehung ist nur i. H. von 3 000 € auszusetzen (15 000 € – festgesetzte Steuer – ./. 8 000 € – festgesetzte Vorauszahlungen – ./. 4 000 € – anzurechnende Steuerabzugsbeträge –). Die Abschlusszahlung muss nicht geleistet werden, solange die Aussetzung der Vollziehung wirksam ist.

AEAO zu § 361 Nr. 4.4: Die streitbefangene Steuer ist größer als die Abschlusszahlung einschließlich nicht geleisteter Vorauszahlungen

BEISPIEL 1:

festgesetzte Steuer	15 000 €
festgesetzte Vorauszahlungen	8 000 €
entrichtete Vorauszahlungen	5 000 €
rückständige Vorauszahlungen	3 000 €
Steuerabzugsbeträge	6 000 €
Abschlusszahlung (einschließlich der rückständigen Vorauszahlungen)	4 000 €
streitbefangene Steuer	5 000 €

Die Vollziehung ist nur i. H. von 1 000 € auszusetzen (15 000 € – festgesetzte Steuer – ./. 8 000 € – festgesetzte Vorauszahlungen – ./. 6 000 € – anzurechnende Steuerabzugsbeträge –). Die rückständigen Vorauszahlungen i. H. von 3 000 € sind sofort zu entrichten.

BEISPIEL 2:

festgesetzte Steuer	15 000 €
festgesetzte Vorauszahlungen	8 000 €
Vollziehungsaussetzung des Vorauszahlungsbescheids i. H. von	3 000 €
entrichtete Vorauszahlungen	5 000 €
Steuerabzugsbeträge	6 000 €
Abschlusszahlung	
(einschließlich der in der Vollziehung ausgesetzten Vorauszahlungen)	4 000 €
streitbefangene Steuer	5 000 €

Die Vollziehung ist nur i. H. von 1 000 € auszusetzen (15 000 € – festgesetzte Steuer – ./. 8 000 € – festgesetzte Vorauszahlungen – ./. 6 000 € – anzurechnende Steuerabzugsbeträge –). Die in der Vollziehung ausgesetzten Vorauszahlungen i. H. von 3 000 € sind innerhalb der von der Finanzbehörde zu setzenden Frist (vgl. Nr. 8.2.2) zu entrichten. Der Restbetrag der Abschlusszahlung (1 000 €) muss nicht geleistet werden, solange die Aussetzung der Vollziehung wirksam ist.

AEAO zu § 361 Nr. 4.5: Die Steuerfestsetzung führt zu einer Erstattung

BEISPIEL 1:

festgesetzte Steuer	15 000 €
festgesetzte und entrichtete Vorauszahlungen	12 000 €
Steuerabzugsbeträge	5 000 €
Erstattungsbetrag	2 000 €
streitbefangene Steuer	5 000 €

Eine Aussetzung der Vollziehung ist nicht möglich (15 000 € – festgesetzte Steuer – ./. 12 000 € – festgesetzte Vorauszahlungen – ./. 5 000 € – anzurechnende Steuerabzugsbeträge –).

BEISPIEL 2: Nach einem Erstbescheid gem. Beispiel 1 ergeht ein Änderungsbescheid:

festgesetzte Steuer nunmehr	16 000 €
festgesetzte und entrichtete Vorauszahlungen	12 000 €
Steuerabzugsbeträge	5 000 €
neuer Erstattungsbetrag	1 000 €

Rückforderung der nach dem Erstbescheid geleisteten Erstattung
(Leistungsgebot) i. H. von   1 000 €
streitbefangene Steuer   5 000 €

Der Änderungsbescheid kann i. H. von 1 000 € in der Vollziehung ausgesetzt werden.

c) Ernstliche Zweifel an der Rechtmäßigkeit

Die Finanzbehörde *soll* auf Antrag die Vollziehung aussetzen, wenn *ernstliche* Zweifel an der Rechtmäßigkeit des angefochtenen Verwaltungsaktes bestehen. Daraus ergibt sich eine Beschränkung des Ermessensspielraums der Finanzbehörde. Im Regelfall ist es ermessensfehlerhaft, wenn die Behörde bei ernstlichen Zweifeln an der Rechtmäßigkeit des angefochtenen Verwaltungsakts die Vollziehung nicht aussetzt. Ernstliche Zweifel bestehen, wenn *gewichtige Gründe* gegen die Rechtmäßigkeit des Verwaltungsakts sprechen, die eine Unentschiedenheit oder Unsicherheit in der Beurteilung der Rechtsfragen oder eine Unklarheit in der Beurteilung der Sachverhaltsfragen auslösen. Die Zweifel an der Rechtmäßigkeit müssen nicht stärker sein als die Gründe, die für die Rechtmäßigkeit sprechen. Die – in einem summarischen Verfahren zu prüfende – Erfolgsaussicht des Rechtsbehelfs muss nicht größer sein als die Wahrscheinlichkeit eines Misserfolgs. Auch bei nicht überwiegender Erfolgsaussicht des eingelegten Rechtsbehelfs soll die Finanzbehörde die Vollziehung aussetzen, wenn die Rechtslage unklar ist, im Schrifttum Bedenken gegen die Rechtsmeinung der Finanzbehörden erhoben werden oder die Finanzverwaltung die Rechtsfrage in der Vergangenheit nicht einheitlich beurteilt hat (BFH, BStBl II 1975, 239); auch bei unterschiedlicher Rechtsprechung verschiedener Obergerichte, z. B. BGH und BFH, und Divergenzen zwischen BFH-Senaten soll ausgesetzt werden. Zum Ganzen vgl. ausführlich AEAO zu § 361 Nr. 2.5. 264

Bei ernstlichen Zweifeln an der Verfassungsmäßigkeit von Steuervorschriften gelten grundsätzlich die gleichen Regeln (vgl. AEAO zu § 361 Nr. 2.5.4). Nach bisheriger Rechtsprechung des BFH (vgl. Nachweise in BStBl II 2013, 30 Rdnr. 16; dazu BVerfG, HFR 2013, 639; BFH/NV 2012, 1144) war aber zwischen dem individuellen Aussetzungsinteresse und dem Interesse der Allgemeinheit an der Haushaltssicherheit abzuwägen (im Kern bestätigt durch BVerfG, HFR 2012, 89). I. d. R. dominierte das öffentliche Interesse; von einigen BFH-Senaten wird das Individualinteresse stärker betont (vgl. z. B. BFH/NV 2007, 914; BStBl II 2009, 826).

d) Unbillige Härte

Die Aussetzung der Vollziehung ist auch dann möglich, wenn die Vollziehung für den Betroffenen eine unbillige, nicht durch überwiegende öffentliche Interessen gebotene Härte zur Folge hat (§ 361 Abs. 2 AO). Aus der systematischen Einordnung dieser Vorschrift in die Bestimmungen über das Rechtsbehelfsverfahren folgt, dass die Unbilligkeit spezifisch im Vollzug des Verwaltungsakts vor Bestandskraft (Unanfechtbarkeit) liegen muss. Eine Unbilligkeit i. S. des § 361 Abs. 2 AO liegt z. B. nicht vor, wenn der Steuerpflichtige nach Einlegung eines Rechtsbehelfs einen Aussetzung mit der Begründung beantragt, er sei zur Zeit nicht zahlungsfähig. Dies ist allenfalls ein Stundungsgrund (§ 222 AO). Eine Aussetzung der Vollziehung nach der Billigkeitsalternative der §§ 361 AO, 69 FGO kommt nur dann in Betracht, wenn geringfügige Zweifel an der 265

Rechtmäßigkeit des angefochtenen Verwaltungsakts bestehen, die nicht ausreichen, die Vollziehung wegen ernstlicher Zweifel auszusetzen, der Vollzug des Verwaltungsakts jedoch für den Betroffenen zu irreparablen Schäden führen würde, die er allenfalls im Wege einer Schadensersatzklage gegen die Finanzbehörden geltend machen könnte. Die Billigkeits-AdV kommt selten vor, ist aber nach der Rechtsprechung des BVerfG z. B. bei drohender Insolvenz zu prüfen (DStR 2010, 2296). Der BFH (BFH/NV 2005, 1834) hat im nachfolgenden praktisch bedeutsamen Fall die Aussetzung der Vollziehung aus Billigkeitsgründen bejaht.

> **BEISPIEL:** FA verwertet nach gewonnener erster Instanz nach Einlegung einer Nichtzulassungsbeschwerde eine gepfändete Lebensversicherung. Der BFH führt aus: Eine unbillige Härte ist anzunehmen, wenn durch die Vollziehung der angefochtenen Steuerbescheide wirtschaftliche Nachteile drohen, die durch eine etwaige spätere Rückzahlung der eingezogenen Beiträge nicht ausgeglichen werden oder nur schwer gutzumachen sind, oder wenn die Vollziehung zu einer Gefährdung der wirtschaftlichen Existenz führen würde. Die Verwertung einer Lebensversicherung zum Rückkaufswert führt i. d. R. zu einem wirtschaftlichen Schaden, der bei späterer Rückzahlung der eingezogenen Beträge nicht ausgeglichen werden würde.

e) Aussetzung von Grundlagen- und Folgebescheiden

266 Wird die Vollziehung eines *Grundlagenbescheides* ausgesetzt, so ist *von Amts wegen* insoweit auch die Vollziehung des Folgebescheides auszusetzen (§ 361 Abs. 3 AO).

> **BEISPIEL:** Es ergeht ein Feststellungsbescheid für ein Einzelunternehmen mit einem Überschuss von 100 000 €. Der Steuerpflichtige legt Einspruch ein und verlangt eine Herabsetzung der Einkünfte auf 60 000 €. Wird die Vollziehung des Feststellungsbescheides i. H. von 40 000 € ausgesetzt, so muss die Finanzbehörde insoweit auch die Vollziehung der Folgebescheide (z. B. Einkommensteuerbescheid) von Amts wegen aussetzen.

Bei Feststellungsbescheiden kann die Aussetzung der Vollziehung auf die Anteile einzelner Beteiligter beschränkt werden (AEAO zu § 361 Nr. 5.2). Die Regelungen in § 351 Abs. 2 AO zur Einspruchsbeschränkung bei Folgebescheiden und in § 361 Abs. 3 AO zur Folgeaussetzung bei Aussetzung der Vollziehung des Grundlagenbescheides führen dazu, dass ein Aussetzungsantrag im Einspruchsverfahren gegen den Folgebescheid, der mit Fehlern des Grundlagenbescheides begründet wird, als unzulässig zu verwerfen ist (AEAO Nr. 6 zu § 361). Ausnahmen macht der BFH z. B. bei der – einheitlichen – Aussetzung der Vollziehung des Einkommensteuerbescheides als Grundlagenbescheid und des Kirchensteuer- oder Solidaritätszuschlagsbescheides als Folgebescheid (vgl. BFH/NV 2003, 187).

f) Sicherheitsleistung

267 Nach der Rechtsprechung des BFH dient die Anordnung der Sicherheitsleistung im Verfahren des einstweiligen Rechtsschutzes der Vermeidung von Steuerausfällen. Diese können im Gefolge einer Aussetzung der Vollziehung vor allem dadurch entstehen, dass der Steuerpflichtige im Verfahren zur Hauptsache letztlich unterliegt und zu diesem Zeitpunkt die Durchsetzung der Steuerforderung gefährdet oder erschwert ist. Nur einer solchen Entwicklung soll durch die Sicherheitsleistung vorgebeugt werden. Deshalb ist, wenn eine entsprechende Gefahr im konkreten Fall nicht besteht (z. B. wegen großer Wahrscheinlichkeit des Obsiegens, BFH/NV 2010, 58), für die Anordnung einer

Sicherheitsleistung kein Raum. Das gilt unabhängig vom Grad der Zweifel an der Rechtmäßigkeit des angefochtenen Verwaltungsakts (vgl. BFH, BStBl II 2005, 351).

Im Verfahren mit Grundlagen- und Folgebescheiden ist über die *Anordnung* einer *Sicherheitsleistung* bei der Aussetzung des *Folgebescheides* zu entscheiden, es sei denn, bei der Aussetzung der Vollziehung des Grundlagenbescheides wird die Sicherheitsleistung – wegen ganz überwiegender Rechtszweifel – ausdrücklich ausgeschlossen.

> **BEISPIEL:** ▶ Die Finanzbehörde erlässt einen Gewerbesteuermessbescheid. Der Steuerpflichtige legt gegen diesen Bescheid Einspruch ein und beantragt die Aussetzung der Vollziehung. Die Finanzbehörde darf die Aussetzung der Vollziehung nicht von einer Sicherheitsleistung abhängig machen. Sie ist lediglich befugt, die Sicherheitsleistung *auszuschließen*. Die Anordnung der Sicherheitsleistung obliegt (Ausnahme: Stadtstaat) der kommunalen Behörde, die den Gewerbesteuerbescheid erlässt (§ 361 Abs. 3 AO).

Einzelheiten und Problemfälle: vgl. BFH/NV 1999, 1205; 2001, 1445; 2005, 1490; 2010, 930; AEAO zu § 361 Nr. 9.2.

g) Dauer der Aussetzung/Aufhebung der Vollziehung

Die Finanzbehörden setzen die Vollziehung regelmäßig für die Zukunft bis einen Monat nach Bekanntgabe der Entscheidung über den eingelegten Rechtsbehelf aus (AEAO zu § 361 Nr. 8.2.1). Zu diesem Zeitpunkt wird – wenn kein Rechtsbehelf eingelegt wird – die angefochtene Entscheidung bestandskräftig. Dann verliert die Aussetzung der Vollziehung ihre Berechtigung. Wird jedoch vor Ablauf dieser Frist ein Rechtsbehelf eingelegt, so kann die Finanzbehörde aufgrund eines erneuten Aussetzungsantrags darüber befinden, ob eine weitere Aussetzung der Vollziehung erfolgen soll. 268

Die Aussetzung der Vollziehung wird häufig auf den Fälligkeitstag zurück gewährt, wodurch zwischenzeitlich verwirkte Säumniszuschläge wieder entfallen (vgl. BFH/NV 2012, 2008). Es handelt sich dabei um eine Aufhebung der Vollziehung. Aufhebung der Vollziehung ist immer möglich, wenn der angefochtene Verwaltungsakt durch Säumniszuschläge oder Vollstreckungsmaßnahmen schon vollzogen worden ist. Dabei wird bei nachgereichten Unterlagen i. d. R. auf den Tag der Begründung/Nachreichung, bei Rechtszweifeln auf den Tag der Fälligkeit Aufhebung der Vollziehung gewährt (vgl. BFH/NV 2012, 2008). Zu den Wirkungen bei der Vollstreckung vgl. § 257 AO und Tz 206.

h) Aussetzung durch Finanzbehörde und Finanzgericht

Der Antrag auf Aussetzung der Vollziehung kann grundsätzlich auch an das Gericht der Hauptsache, Finanzgericht oder BFH, gerichtet werden (§ 69 Abs. 3 FGO). Der Antrag kann vor Erhebung der Klage, d. h. im Einspruchsverfahren, gestellt werden (§ 69 Abs. 3 Satz 2 FGO). Der *Zugang* zum Gericht ist aber durch § 69 Abs. 4 FGO begrenzt. Ein Aussetzungsantrag an das Gericht ist danach nur zulässig, wenn 269

▶ die Finanzbehörde einen Antrag auf Aussetzung ganz oder teilweise abgelehnt hat oder

▶ ohne zureichenden Grund über einen Antrag nicht innerhalb angemessener Frist entschieden hat oder

▶ eine Vollstreckung droht.

Der Zweck der Regelung in § 69 Abs. 4 FGO ist die Entlastung der Finanzgerichte. Die Finanzbehörde soll die Möglichkeit haben, den Antrag auf Aussetzung zunächst selbst zu prüfen und dadurch ein Gerichtsverfahren zu vermeiden. Der BFH lehnt eine über den Wortlaut des § 69 Abs. 4 FGO hinausgehende Einschränkung des Zugangs zu den Finanzgerichten ab. Er hält deshalb einen erstmalig begründeten Antrag an das Finanzgericht auch dann für zulässig, wenn die Finanzbehörde zuvor nur einen unbegründeten Antrag abgelehnt hat. Der Steuerpflichtige muss dann allerdings gewärtigen, dass ihm auch bei Obsiegen die Kosten des Verfahrens auferlegt werden (BFH, BStBl II 1998, 744).

Bei § 69 Abs. 4 FGO handelt es sich um eine *Zugangsvoraussetzung*. Das bedeutet, dass diese Voraussetzungen im Zeitpunkt des Zugangs bei Gericht erfüllt sein müssen. Der spätere Eintritt der Voraussetzung ändert nichts an der Unzulässigkeit eines an das Gericht gerichteten Aussetzungsantrages.

Auch nach einem Einspruchsverfahren gegen die Ablehnung der AdV gibt es nur den Antrag nach § 69 Abs. 3 FGO (so § 69 Abs. 7 FGO). Eine Klage ist insoweit ausgeschlossen.

Anträge auf Änderung gerichtlicher Beschlüsse oder wiederholende Anträge zur Aussetzung der Vollziehung sind nur unter den engen Voraussetzungen des § 69 Abs. 6 FGO zulässig (vgl. z. B. BFH/NV 2013, 960).

9. Änderung und Festsetzung während des Rechtsbehelfsverfahrens

270   Nach § 132 AO kann die Behörde auch während eines außergerichtlichen Rechtsbehelfsverfahrens aufgrund bestimmter Vorschriften den angegriffenen Verwaltungsakt korrigieren (vgl. Tz 97, 109). Der geänderte Verwaltungsakt wird automatisch Gegenstand des anhängigen Rechtsbehelfsverfahrens (§ 365 Abs. 3 AO).

> **BEISPIEL:** Der Steuerpflichtige legt gegen einen ESt-Bescheid Einspruch ein und begehrt die Berücksichtigung von Werbungskosten bei den Einkünften aus Vermietung. Während des anhängigen Verfahrens findet eine Außenprüfung statt, die zu einer Steuererhöhung wegen Änderungen bei den gewerblichen Einkünften führt. – Der Änderungsbescheid wird kraft Gesetzes Gegenstand des Einspruchsverfahrens. Er braucht nicht erneut angefochten zu werden. – Entsprechendes gilt, wenn der Verwaltungsakt während des Rechtsbehelfsverfahrens teilweise widerrufen (§ 131 AO), teilweise zurückgenommen (§ 130 AO) oder wegen offenbarer Unrichtigkeit gem. § 129 AO korrigiert wird (AEAO zu § 365 Nr. 2).

Praktisch wichtig ist auch, dass ein Einspruchsverfahren z. B. gegen einen ESt-Vorauszahlungsbescheid sich automatisch am Jahressteuerbescheid fortsetzt. Eine besondere Regelung enthält § 365 Abs. 3 Nr. 2 AO. Danach wird auch ein Verwaltungsakt, der an die Stelle eines angefochtenen unwirksamen Verwaltungsaktes tritt, automatisch zum Gegenstand des Verfahrens. In *finanzgerichtlichen* Verfahren entspricht dem die Regelung des § 68 FGO (vgl. Tz 297).

271–279   *(Einstweilen frei)*

H. Das gerichtliche Rechtsbehelfsverfahren

Grundsätzlich entscheidet nach § 5 Abs. 3 FGO im finanzgerichtlichen Verfahren ein Senat (drei Berufsrichter und zwei ehrenamtliche Richter). In einfacheren Fällen kann der Rechtsstreit auf einen Einzelrichter übertragen werden (§ 6 FGO). Außerdem können unter bestimmten Voraussetzungen Entscheidungen durch den Vorsitzenden oder den Berichterstatter erfolgen (§ 79a FGO).

280

I. Das Klagesystem der FGO

Die FGO unterscheidet zwischen folgenden Klagetypen:

281

▶ Anfechtungsklage (Gestaltungsklage),

▶ Leistungsklage,

▶ Feststellungsklage.

Durch die verschiedenen Klagearten wird es ermöglicht, in unterschiedlichen verfahrensrechtlichen Situationen sachgerechte Entscheidungen herbeizuführen.

> **BEISPIEL:** ▶ Die Anfechtungsklage gegen einen Steuerbescheid (Einspruchsentscheidung) ist nur binnen Monatsfrist zulässig (§ 47 Abs. 1 FGO). Nach Ablauf der Monatsfrist wird auch ein rechtswidriger (aber nicht nichtiger) Steuerbescheid bestandskräftig und kann vollstreckt werden. Die Nichtigkeit eines Verwaltungsakts kann dagegen auch noch nach Ablauf der Monatsfrist mit der (unbefristeten) Feststellungsklage geltend gemacht werden (§ 41 Abs. 1 FGO).

1. Schematische Darstellung des Klagesystems

282

ABB. 3: Schematische Darstellung des Klagesystems

Klagearten

- *Anfechtungsklage* / *Gestaltungsklage* mit dem Ziel der Aufhebung oder Änderung eines Verwaltungsaktes
- *Leistungsklage* zielt auf
  - *Erlass eines Verwaltungsakts* (Verpflichtungsklage; ggf. als Untätigkeitsklage)
  - *Sonstige* Leistung (z. B. Zahlung)
- *Feststellungsklage* zielt auf Feststellung des Bestehens oder Nichtbestehens eines Rechtsverhältnisses oder der Nichtigkeit eines Verwaltungsakts

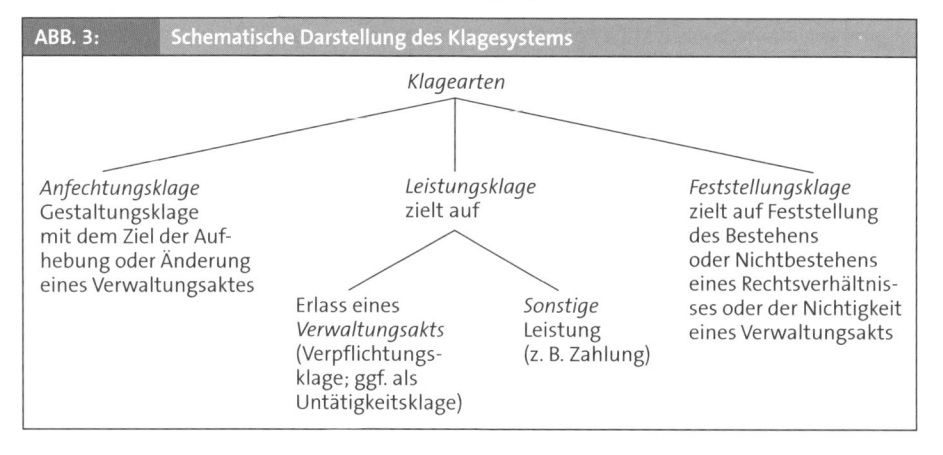

2. Anfechtungsklage

Die Anfechtungsklage zielt auf die *Aufhebung* oder die Änderung eines Verwaltungsakts (§ 40 Abs. 1 Alt. 1 FGO). Sie ist grundsätzlich nur zulässig, wenn gegen den Verwaltungsakt zuvor (teilweise) erfolglos Einspruch – soweit zulässig (vgl. § 348 AO) – eingelegt worden ist (§ 44 Abs. 1 AO).

283

Ausnahmsweise ist ein Vorverfahren nicht erforderlich bei:

- der *Sprungklage* gem. § 45 FGO. Die Sprungklage setzt voraus, dass die Finanzbehörde binnen Monatsfrist nach Klagezustellung zustimmt. – Eine Sprungklage erscheint zweckmäßig, wenn mit hoher Wahrscheinlichkeit angenommen werden kann, dass die Behörde den Rechtsbehelf zurückweisen wird (z. B. weil das Finanzamt an Verwaltungsanweisungen, Richtlinien o. Ä. gebunden ist). Ist der Sachverhalt noch nicht hinlänglich aufgeklärt, empfiehlt sich keine Sprungklage. Dann nämlich liegt die Möglichkeit nahe, dass das Gericht die Sache an die Finanzbehörde zur Durchführung des Vorverfahrens abgibt (§ 45 Abs. 2 FGO). Dann ist die Sprungklage als außergerichtlicher Rechtsbehelf zu behandeln. Dasselbe gilt, wenn die Finanzbehörde ihre Zustimmung verweigert. – Kraft Gesetzes ist die Sprungklage stets zulässig gegen die Anordnung des dinglichen Arrests gem. § 324 AO (§ 45 Abs. 4 FGO);
- der *Untätigkeitsklage*. Sie ist zulässig, wenn über einen Einspruch oder eine Beschwerde ohne Mitteilung eines zureichenden Grundes in angemessener Frist sachlich nicht entschieden worden ist. Sie kann grundsätzlich (Ausnahmen möglich) nicht vor Ablauf von 6 Monaten seit Einlegung des außergerichtlichen Rechtsbehelfs erhoben werden (§ 46 FGO).

Die Anfechtungsklage ist nur zulässig, wenn der Kläger geltend macht, durch einen Verwaltungsakt *in seinen Rechten* verletzt zu sein. Er muss einen *Rechtsanspruch* auf Aufhebung oder Änderung des angefochtenen Verwaltungsakts darlegen (§ 40 Abs. 2 FGO). Eine Rechtsverletzung liegt vor, wenn ein Verwaltungsakt ohne gesetzliche Grundlage oder unter Verstoß gegen gesetzliche Bestimmungen in die Rechte des Klägers eingreift. Auch dann hat eine Klage keine Erfolgsaussicht, wenn

- Vorschriften über das Verfahren, die Form oder die örtliche Zuständigkeit verletzt sind und keine andere Entscheidung hätte getroffen werden können (§ 127 AO),
- Verfahrens- oder Formfehler gem. § 126 AO geheilt wurden (z. B. eine erforderliche Begründung nachträglich gegeben wurde).

Der Darlegung einer Rechtsverletzung kommt insbesondere bei Ermessensentscheidungen eine besondere Bedeutung zu (vgl. hierzu Tz 26). Bei Ermessensentscheidungen wirken sich §§ 126 AO, 102 FGO aus, weil rechtswidrige Ermessensentscheidungen auch im Klageverfahren durch Ergänzung von Begründungen noch rechtmäßig gemacht werden können. Es ist aber nur die Vertiefung, Verbreiterung oder Verdeutlichung bereits angestellter Ermessenserwägungen zulässig, keine Nachholung (vgl. grundlegend BFH, BStBl II 2004, 579). Der BFH hält aber die Ersetzung ermessensfehlerhafter Entscheidungen nach § 68 FGO für möglich (BStBl II 2009, 539).

Gegenstand der Anfechtungsklage ist der ursprüngliche Verwaltungsakt in der Gestalt, die er durch die Entscheidung über den außergerichtlichen Rechtsbehelf gefunden hat. Die Klage ist gegen die Behörde zu richten, die den ursprünglichen Verwaltungsakt oder die Einspruchsentscheidung erlassen hat (§§ 44 Abs. 2, 63 Abs. 1 Nr. 1, Abs. 2 FGO).

Richtiger Beklagter in den Fällen, in denen nach § 195 AO ein anderes Finanzamt als das örtlich und sachlich für die Steuerfestsetzung zuständige mit der Durchführung einer Außenprüfung beauftragt wird, ist das beauftragte Finanzamt, wenn es die Prüfungsanordnung erlassen hat (vgl. BFH/NV 2008, 1874; ebenso für das Einspruchsverfahren BFH, BStBl II 2009, 507).

3. Leistungsklage

Mit einer Leistungsklage kann ein Rechtsanspruch auf den Erlass eines abgelehnten oder unterlassenen *Verwaltungsakts* oder auf eine *andere Leistung* geltend gemacht werden (§ 40 Abs. 1 FGO). Leistungsklage ist ein Oberbegriff: Zielt die Klage auf den Erlass eines Verwaltungsaktes, so handelt es sich um eine Leistungsklage vom Typ der *Verpflichtungsklage* (§ 40 Abs. 1 Alt. 2 FGO). Wird dagegen (sehr selten) eine Leistung begehrt, die nicht in dem Erlass eines Verwaltungsakts besteht, sondern in einer anderen Leistung, so liegt eine Leistungsklage i. S. d. § 40 Abs. 1 letzte Alt. FGO vor.

284

> **BEISPIEL:** Ein Steuerpflichtiger beantragt die Bewilligung einer Buchführungserleichterung gem. § 148 AO. Das Finanzamt lehnt den Antrag ab. Der Einspruch des Steuerpflichtigen wird zurückgewiesen. – Zwar ist gegen die Ablehnung die Anfechtungsklage zulässig. Damit kann der Steuerpflichtige aber nur erreichen, dass der ablehnende Verwaltungsakt aufgehoben wird. Die Bewilligung der Buchführungserleichterung kann er nur durchsetzen, wenn er die Klage mit dem Antrag erhebt, die Finanzbehörde zu verpflichten, die beantragte Erleichterung zu bewilligen (Verpflichtungsklage). In einem derartigen Fall erübrigt sich eine zusätzliche Anfechtungsklage gegen den ablehnenden Verwaltungsakt.

Probleme entstehen bei der auf Steuererstattung gerichteten Leistungsklage. Teilweise wird angenommen, dass eine solche Klage als Klage auf eine sonstige Leistung (kein VA) ohne Vorverfahren zulässig sei. Dies ist nur zutreffend, wenn die Finanzbehörde die Auszahlung eines in einem Verwaltungsakt festgestellten Erstattungs- oder Vergütungsanspruchs ohne weitere Begründung ablehnt. Dieser Fall kommt praktisch nicht vor.

285

Häufig besteht allerdings Streit, ob in Verwaltungsakten festgestellte Erstattungsansprüche durch Umbuchung (Aufrechnung; Tz 63 ff.) erloschen oder Vorleistungen, wie z. B. Lohnsteuern, zu erstatten sind. In diesem Fall besteht ein Streit über die Verwirklichung von Ansprüchen aus dem Steuerschuldverhältnis, der durch Abrechnungsbescheid (§ 218 Abs. 2 AO) zu entscheiden ist. Vor Ergehen eines Abrechnungsbescheides fehlt es an der Feststellung eines fortbestehenden Zahlungsanspruches. Gegen den Abrechnungsbescheid ist der Einspruch und dann die Anfechtungsklage gegeben (vgl. BFH, BStBl II 1986, 702; BFH/NV 2000, 412; 2009, 888).

4. Feststellungsklage

Das Ziel der *Feststellungsklage* ist eine gerichtliche Feststellung der
- Existenz oder Nichtexistenz eines Rechtsverhältnisses oder
- Nichtigkeit eines Verwaltungsaktes (§ 41 FGO).

286

Die Feststellungsklage zielt somit nicht auf eine *Rechtsgestaltung* (z. B. den Erlass, die Aufhebung oder Änderung eines Verwaltungsakts) oder eine Leistung (z. B. Fristverlängerung, verbindliche Zusage, Zahlung), sondern auf die verbindliche Feststellung eines *bestehenden Rechtszustandes* (Deklaration). Sie ist nur zulässig, soweit der Kläger seine

Rechte nicht durch eine Gestaltungsklage (Anfechtungsklage) oder eine Leistungsklage verfolgen kann oder hätte verfolgen können. Dies gilt nicht bei einer Klage auf Feststellung der Nichtigkeit eines Verwaltungsakts (§ 41 Abs. 2 FGO; vgl. auch BFH, BStBl II 2008, 686). Die Feststellungsklage ist nicht fristgebunden. Die in der Praxis sehr seltenen Feststellungsklagen setzen stets ein berechtigtes Interesse (vgl. §§ 41 Abs. 1 FGO) voraus.

Die Fortsetzungsfeststellungsklage gem. § 100 Abs. 1 Satz 4 AO ist ein besonderer Fall der Anfechtungsklage.

BEISPIEL: Der Steuerpflichtige legt gegen eine Betriebsprüfungsanordnung erfolglos Einspruch ein und will sodann Klage erheben. Während des Einspruchsverfahrens wird die Bp abgeschlossen. Eine Anfechtungsklage gegen die Bp-Anordnung ist nicht mehr zulässig, da der Verwaltungsakt durch Vollzug erledigt ist (§ 124 Abs. 2 letzte Alt. AO). Wenn der Steuerpflichtige die Auswertung der Bp-Ergebnisse verhindern will, muss er zur Fortsetzungsfeststellungsklage (§ 100 Abs. 1 Satz 4 FGO) wechseln, weil ein Verwertungsverbot voraussetzt, dass die Rechtswidrigkeit der Anordnung festgestellt wird.

II. Das Klageverfahren

287 Das Klageverfahren ist wesentlich stärker *formalisiert* als das außergerichtliche Rechtsbehelfsverfahren. Die Gerichte achten genau auf die Einhaltung bestimmter Formalitäten und weisen gegebenenfalls Klagen als unzulässig ab, die materiell-rechtlich gute Erfolgsaussichten haben. Der BFH verwirft jedes Jahr ca. 800 Revisionen oder Nichtzulassungsbeschwerden und sonstige Rechtsmittel als unzulässig. Auch der Geschäftsbericht 2012 des BFH weist neben ca. 430 Rücknahmen fast 800 Unzulässigkeitsverwerfungen aus.

1. Checkliste zur Zulässigkeit der Klage

288 1. *Zulässigkeit des Finanzrechtsweges (§ 33 FGO)*

2. *Zuständigkeit des Gerichts (§§ 33–39 FGO)*

3. *Beteiligtenfähigkeit (§ 57 FGO)*

4. *Prozessfähigkeit (§ 58 FGO)*

5. *Durchführung eines (teilweise) erfolglosen Vorverfahrens (§ 44 FGO)*
   Ausnahmen: Sprungklage (§ 45 FGO)
   Untätigkeitsklage (§ 46 FGO)
   kein Einspruch gegeben (§ 348 Nr. 3, 4 AO, § 44 FGO)
   Leistungs- und Feststellungsklagen

6. *Zulässigkeit der Klageart (§ 41 FGO)*

7. *Ordnungsmäßigkeit der Klageerhebung (§§ 64, 65 FGO)*

8. *Klagefrist (§ 47 FGO)*

9. *Klagebefugnis*
    a) Rechtsverletzung (§ 40 Abs. 2 FGO)
    b) Teilbestandskraft (§ 42 FGO i. V. mit § 351 Abs. 1 AO)
    c) Grundlagenbescheidsbindung (§ 42 FGO i. V. mit §§ 351 Abs. 2 AO)
    d) Einheitliche Feststellungen (§ 48 FGO)
10. *Ordnungsgemäße Vertretung (§ 62 FGO)*
11. *Kein Klageverzicht (§ 50 FGO)*
12. *Keine Klagerücknahme (§ 72 FGO)*
13. *Richtiger Klagegegner (§ 63 FGO)*
14. *Fehlen anderweitiger Rechtshängigkeit (§ 17 GVG)*
15. *Kein rechtskräftig abgeschlossenes Verfahren über den gleichen Streitgegenstand*

Ausnahme: Nichtigkeits- und Restitutionsklage (§ 134 FGO)

Zu den wichtigsten Zulässigkeitsvoraussetzungen vgl. die vorangegangene Kurzdarstellung zu den Klagearten und die nachfolgenden Textziffern.

2. Die Ordnungsmäßigkeit der Klageerhebung

a) Inhalt

Zum notwendigen Inhalt einer Klage gehören (§ 65 Abs. 1 FGO): 289

▶ Die Bezeichnung des Klägers. Sie muss so genau sein, dass eine einwandfreie Identifizierung möglich ist. Zweckmäßigerweise werden angegeben: Name, Vorname, genaue Anschrift.

▶ Die Bezeichnung des Beklagten (z. B. des Finanzamts, das den angefochtenen Verwaltungsakt erlassen hat oder von dem ein Verwaltungsakt oder eine andere Leistung begehrt wird). Bei vorangegangenem Vorverfahren kann die zu verklagende Behörde aus der Entscheidung über den außergerichtlichen Rechtsbehelf entnommen werden.

▶ Die Angabe des Gegenstandes des Klagebegehrens (Streitgegenstand). Streitgegenstand ist die Rechtsbehauptung des Klägers, er sei durch den angefochtenen Verwaltungsakt (oder: seine Ablehnung oder Unterlassung) in dem durch den Klageantrag bezeichneten Umfang in seinen *Rechten* verletzt (BFH, GrS, BStBl II 1968, 344; BFH, BStBl II 1984, 840; Streitgegenstand im *materiellen* Sinne).

▶ Die Bezeichnung des angefochtenen Verwaltungsakts. Aus der Bezeichnung muss sich zweifelsfrei ergeben, welcher Verwaltungsakt angefochten wird. (Zweckmäßig ist z. B. die Formulierung: Anfechtung des vom Beklagten gegen den Kläger erlassenen ESt-Bescheides für 2012, vom 10. 8. 2015, in der Fassung der Einspruchsentscheidung vom 23. 3. 2016, Steuernummer …). Der angefochtene Verwaltungsakt ist der Streitgegenstand im „formellen Sinne". Allerdings kommt der BFH in den letzten Jahren zu immer weiter gehenden Auslegungen. Klagen werden gegen den Wortlaut im Interesse der sinnvollen Anfechtung des tatsächlich relevanten Bescheides ausgelegt (vgl. z. B. BFH/NV 2006, 2035; 2012, 1628).

290 Fehlt eines dieser „Muss"-Erfordernisse in der Klageschrift, so ist die Klage – zunächst – schwebend unzulässig (falls überhaupt eine Klage vorliegt). Die Unzulässigkeit kann grundsätzlich bis zur mündlichen Verhandlung durch Ergänzung der Klage beseitigt werden. Davon gibt es aber wesentliche Abweichungen. Bei fristgebundenen Klagen muss innerhalb der Klagefrist der richtige Kläger und Beklagte bezeichnet sein (vgl. BFH/NV 2007, 2322; a. A. BFH/NV 2011, 1705). Nur bei unklaren Kläger- oder Beklagtenbezeichnungen kann ausgelegt werden.

> **BEISPIEL:** Steuerberater A klagt für seinen Mandanten B gegen das Finanzamt C. Erst nach Ablauf der Klagefrist bemerkt A, dass der angefochtene Steuerbescheid vom Finanzamt D war und deshalb D hätte verklagt werden müssen. Die Klage ist unzulässig. C hat keinen Bescheid erlassen, gegen D ist nicht innerhalb der Frist geklagt worden (vgl. BFH/NV 1997, 588).
>
> Anders wäre die Sachlage, wenn A in der Klageschrift die Steuernummer des Finanzamtes D angegeben oder die Einspruchsentscheidung in Kopie beigefügt hätte. Dann hätte eine widersprüchliche Klage (formal gegen C gerichtet, erkennbar auf D abzielend) vorgelegen, die als Klage gegen D auszulegen gewesen wäre.

In § 65 FGO ist weiter geregelt, dass der Klage Ur- oder Abschriften des angefochtenen Verwaltungsaktes und der Einspruchsentscheidung beigefügt werden *sollen*. Im Übrigen kann der Vorsitzende/Berichterstatter/Einzelrichter den Kläger jedoch nach § 65 Abs. 2 FGO zu der erforderlichen Ergänzung innerhalb einer bestimmten Frist auffordern. Dabei handelt es sich *nicht* um eine *Ausschlussfrist* (BFH, BStBl II 1980, 696; 1983, 476, 479). Nach § 65 Abs. 2 Satz 2 FGO kann der Vorsitzende oder der Berichterstatter/Einzelrichter aber auch eine Frist mit *ausschließender* Wirkung zur Bestimmung des Gegenstandes des Klageverfahrens setzen. Dann verkürzt sich die Frist, bis zu deren Ablauf die Konkretisierung des Klagebegehrens erfolgt sein muss, auf den letzten Tag der Ausschlussfrist.

291 Die Konkretisierung des Streitgegenstandes durch einen *bestimmten* Antrag hat verschiedene praktische Auswirkungen:

- ▶ Das Gericht darf über das Klagebegehren nicht hinausgehen (z. B. dem Steuerpflichtigen keine größere Steuerermäßigung zubilligen als er begehrt; § 96 Abs. 1 Satz 2 FGO).
- ▶ Der Antrag ist für den Streitwert und damit für die Höhe der Gebühren maßgebend.

Wegen der Begrenzung der gerichtlichen Entscheidungsbefugnis auf den Antrag des Steuerpflichtigen kann das Gericht ohne Antrag keine Sachentscheidung treffen. Die Klage ist daher als unzulässig abzuweisen. Zu den Anforderungen an die Bestimmung des Klagebegehrens und zur Auslegung der Klageschrift vgl. die Entscheidungen des BFH in BFH/NV 2011, 1713 m. w. N..

Ob die Möglichkeit, bei fristgerechter Klage nach Ablauf der Klagefrist einen konkreten Klageantrag zu erweitern, beschränkt wird, ist streitig.

> **BEISPIEL:** Der Kläger ficht einen ESt-Bescheid an und stellt innerhalb der Klagefrist den Antrag, die Steuer von 30 000 € auf 11 000 € herabzusetzen. Nach Ablauf der Klagefrist ändert er den Klageantrag. Er beantragt nunmehr die Aufhebung des Steuerbescheids in vollem Umfang. Nach BFH GrS, BStBl II 1990, 327 ist diese Veränderung des Klageantrages regelmäßig zulässig.

Für Feststellungsbescheide gibt es unstreitig eine Teilbestandskraft, nach deren Eintritt die Klageerweiterung grundsätzlich unzulässig ist (vgl. BFH, BStBl II 2011, 764). Für den

Bereich der Einkommensteuer ist *regelmäßig* davon auszugehen, dass der Kläger mit der Nennung eines Betrages keine Teilbestandskraft herbeiführen will. Durch § 171 Abs. 3a AO ist geregelt, dass während des förmlichen Rechtsbehelfsverfahrens (Einspruch und Klage) keine Teilfestsetzungsverjährung eintreten kann (vgl. BFH/NV 2006, 1140).

Ein bestimmter Antrag i. S. des § 65 Abs. 1 FGO erfordert nicht, dass der Betrag, um den ein Verwaltungsakt ermäßigt werden soll, beziffert wird. Es reicht völlig aus, wenn der Kläger z. B. beantragt, die Umsatzsteuer, Einkommensteuer und den Gewerbesteuermessbetrag insoweit herabzusetzen, als sich das durch die Berücksichtigung eines vom Finanzamt abweichend bewerteten Sachverhaltes ergibt.

b) Form und Vollmacht

Klagen sind *schriftlich* zu erheben. Sie können auch zur Niederschrift bei der Geschäftsstelle des Finanzgerichts erklärt werden (§ 64 Abs. 1 FGO). Nach bisheriger Rechtsprechung ist eine *eigenhändige* Unterschrift des Klägers oder seines Bevollmächtigten erforderlich; jedoch kann die Klage auch telegraphisch und durch Telefax erhoben werden (BFH, BStBl II 1986, 563; vgl. auch Tz 249). Bei der Unterschrift muss es sich um „einen die Identität des Unterschreibenden ausreichend kennzeichnenden, individuellen Schriftzug handeln, der einmalig ist, entsprechende charakteristische Merkmale aufweist und sich als Unterschrift eines Namens darstellt (BGH, NJW 2013, 1966). Es müssen mindestens mehrere einzelne Buchstaben zu erkennen sein, weil es sonst an dem Merkmal einer Schrift überhaupt fehlt". Eine Paraphe genügt nicht (BFH, BStBl II 1986, 856 und 489 m. w. N.). Der Gemeinsame Senat der obersten Gerichtshöfe des Bundes hat die grundsätzliche Frage zum Gebrauch moderner Kommunikationsmittel im Umgang mit Gerichten geklärt (vgl. GemS OGB, NJW 2000, 2340); danach ist die wirksame Klageerhebung mit Computerfax, d. h. ohne oder mit eingescannter Unterschrift, möglich. Der BFH folgt dem (BFH/NV 2001, 479) für das Computerfax. Beim herkömmlichen Fax ist aber eine Unterschrift auf dem Original erforderlich (vgl. BVerfG, NJW 2007, 3117).

292

Nach BGH, NJW 1988, 210 ist ein mit dem Zusatz „i. A." eingelegtes Rechtsmittel nicht wirksam eingelegt. Der BFH hat entschieden, dass eine Klage auch wirksam erhoben ist, wenn sie mit dem Zusatz i. A. unterschrieben ist (BFH/NV 1991, 100); bei der Revisionseinlegung (oder Nichtzulassungsbeschwerde) muss aber eine nach § 62 Abs. 4 FGO vertretungsberechtigte Person unterschrieben haben (BFH/NV 1992, 405, 622).

Die §§ 52a, 52b FGO regeln die elektronische Kommunikation, elektronische Dokumente und elektronisch geführte Akten. Die Einreichung elektronischer Dokumente bei den Finanzgerichten der Bundesländer setzt nach § 52a FGO voraus, dass die Landesregierungen eine entsprechende Rechtsverordnung mit der Zulassung des elektronischen Rechtsverkehrs erlassen. Dies ist z. B. in Nordrhein-Westfalen mit der Verordnung über den elektronischen Rechtsverkehr bei den Verwaltungsgerichten und den Finanzgerichten im Lande Nordrhein-Westfalen – ERVVO VG/FG – vom 23. November 2005 erfolgt. In § 1 Abs. 2 der Verordnung ist die Möglichkeit elektronische Dokumente einzureichen für alle Verfahren vor den Finanzgerichten eröffnet worden. Weitere Informationen bieten die Internetauftritte der einzelnen Finanzgerichte. Der BFH hat dazu entschieden, dass eine monetäre Beschränkung der Signatur für die Klageerhebung unschädlich ist (BStBl II 2007, 276), aber bei entsprechender Anforderung im Landesrecht eine Klage per E-Mail ohne qualifizierte elektronische Signatur unzulässig ist (BStBl II 2011, 925). Nach dem Gesetz zur Förderung des elektronischen Rechtsverkehrs werden die Vorschriften über den elektronischen Rechtsverkehr umgestaltet und bis spätestens 2022 der gesamte Rechtsverkehr elektronisch erfolgen und alle Akten elektronisch geführt. Ab Juli 2014 können elektronische Formulare geschaffen werden, ab 2016 sollen elektronische Anwaltspostfächer existieren und ab 2018 können die Bundesländer den elektronischen Rechtsverkehr für alle Bürger öffnen. Ab 2020 können die Bundesländer für einzelne Gerichtsbarkeiten die zwingende elektronische Kommunikation für Berater und Behörden einführen.

293 Nach § 62 Abs. 6 FGO ist eine Vollmacht grundsätzlich schriftlich nachzuweisen. Besonderheiten gelten für Berater. Bei diesen braucht das Gericht den Mangel der Vollmacht nicht von Amts wegen zu berücksichtigen (§ 62 Abs. 6 Satz 4 FGO). Das heißt, dass bei Beratern i.d.R. hinreichend ist, dass sie eine Bevollmächtigung vortragen. Wenn das Gericht aber im Einzelfall eine Vollmacht verlangt, gelten die allgemeinen Regeln. Der BFH hat die Möglichkeiten des Finanzgerichts die Vollmacht bei Beratern anzufordern, stark eingeschränkt. Er verlangt, dass das Finanzgericht nach pflichtgemäßem Ermessen die Notwendigkeit der Vollmachtsvorlage begründet (BFH/NV 2012, 1164 m.w.N.). Dabei ist die Wahrung des Steuergeheimnisses zu beachten.

Auch bei den Vollmachten ist eine unübersichtliche Rechtsprechung zur Schriftlichkeit zu bedauern. Nur wer eine *Originalvollmacht* bei Gericht einreicht kann sicher sein, dass die Klage nicht an der fehlenden Vollmachtsvorlage scheitert (vgl. BFH/NV 2004, 489). Ausschlussfristen gibt es seit 1.7.2008 nicht mehr.

c) Frist

294 Anfechtungsklagen sind *binnen Monatsfrist* nach Zugang der vollständigen Einspruchsentscheidung (BFH, BStBl II 2008, 94) zu erheben (§ 47 Abs. 1 FGO). Bei unverschuldeter Fristversäumung besteht ein Anspruch auf Wiedereinsetzung in den vorigen Stand (vgl. § 56 FGO, Tz 125).

Die Klagefrist gilt als gewahrt, wenn die Klage bei der *Behörde*, die den angefochtenen Verwaltungsakt erlassen oder den Beteiligten bekannt gegeben hat oder nachträglich zuständig geworden ist, innerhalb der Frist angebracht oder zu Protokoll erklärt wird (§ 47 Abs. 2 FGO). Gem. § 47 Abs. 2 FGO gilt die Frist als gewahrt, wenn die Klage bei der Behörde, die den angefochtenen Verwaltungsakt oder die angefochtene Entscheidung erlassen oder den Beteiligten bekannt gegeben hat oder die nachträglich für den Steuerfall zuständig geworden ist, innerhalb der Frist angebracht oder zur Niederschrift gegeben wird. Die Behörde hat die Klageschrift dann unverzüglich dem Gericht zu übermitteln. Geht die Klage in einem solchen Fall erst nach Ablauf der Frist beim Gericht ein, ist dies nicht schädlich.

295 Für die *Begründung* der Klage gem. § 65 Abs. 1 Satz 2 FGO besteht *keine gesetzliche* Frist. Bei Zeitnot kann es sich empfehlen, zunächst die Klage zu erheben, um die Monatsfrist zu wahren und beim Gericht eine Frist für die Begründung zu beantragen. Eine derarti-

ge gerichtliche Frist kann verlängert werden. Sollte sich allerdings bei sorgfältiger Prüfung ergeben, dass die Klage doch nicht die zunächst erhoffte Erfolgsaussicht hat, so kann sie nur mit nachteiligen Kostenfolgen zurückgenommen werden. Das Verfahren vor dem Finanzgericht kostet 4 Gebühren, bei Rücknahme oder Erledigungserklärungen reduzieren sich diese auf 2 Gebühren.

d) Klagebefugnis

Für die Fragen der Klagebefugnis kann weitgehend auf die Ausführungen zum außergerichtlichen Rechtsbehelfsverfahren verwiesen werden. Teilweise ergibt sich dies schon daraus, dass die FGO auf die Vorschriften der AO verweist (§ 42 FGO). Auch bei Klagen wegen einheitlicher Feststellungsbescheide entspricht die FGO der AO. § 48 FGO enthält eine § 352 AO entsprechende Regelung. Auf Tz 247 wird verwiesen. Im Hinblick auf die oft langen Prozessverfahren ergeben sich allerdings häufiger Probleme, weil im laufenden Prozess die Voraussetzungen des § 48 FGO entfallen (z. B. durch Vollbeendigung einer Gesellschaft). Dann ist das Verfahren mit den betroffenen Gesellschaftern abzuschließen (vgl. BFH/NV 1994, 159; 1999, 291).

296

3. Gang des Verfahrens

a) Beiladung

Nach Prüfung der Zulässigkeit einer Klage wird das Gericht prüfen, ob ein *Dritter beizuladen* ist (§ 60 FGO). Die Beiladung entspricht im Wesentlichen der Hinzuziehung im außergerichtlichen Vorverfahren (vgl. § 360 AO). Die Ausführungen zu Tz 255 gelten entsprechend. Liegt ein Fall der *notwendigen* Beiladung vor und ist im Vorverfahren eine notwendige Hinzuziehung unterblieben (vgl. Tz 255), darf sich das Gericht i. d. R. nicht auf die Aufhebung der Einspruchsentscheidung und die Rückverweisung der Sache mit der Maßgabe, dass das Finanzamt nach Hinzuziehung des notwendig Beteiligten erneut über den Einspruch entscheiden muss, beschränken. Das Gericht muss vielmehr selbst die notwendige Beiladung vornehmen. Ausnahmsweise darf es sich auf die isolierte Aufhebung der Einspruchsentscheidung beschränken, wenn das es aufwendige Ermittlungen für erforderlich hält (§ 100 Abs. 3 FGO) oder der notwendig Beigeladene, dessen Hinzuziehung im Vorverfahren unterblieben ist, ein erneutes Einspruchsverfahren unter seiner Beteiligung beantragt und ein berechtigtes Interesse an diesem Verfahren darlegt (BFH, BStBl II 1983, 21; 1985, 711).

297

Fehlt eine *notwendige* Beiladung, so handelt es sich um einen Verstoß gegen die Grundordnung des Verfahrens, die der BFH im Revisionsverfahren auch *ohne* Verfahrensrüge beachten muss (BFH, BStBl II 1986, 524). §§ 123, 126 Abs. 2 FGO sehen aber die Möglichkeit eines Verfahrensabschlusses ohne Rückverweisung vor. Vgl. auch Tz 255, 312. Für die Fälle, in denen eine Massenbeiladung erforderlich wäre, sieht § 60a FGO ein vereinfachtes Verfahren vor.

b) Rechtliches Gehör

298 Im gerichtlichen Verfahren hat jeder Beteiligte einen im Grundgesetz festgeschriebenen Anspruch auf *rechtliches Gehör* (Art. 103 GG). Das bedeutet, dass der Bürger nicht zum bloßen Objekt staatlichen Handelns werden darf, sondern vor der Entscheidung zu Wort kommen soll, um Einfluss auf das Verfahren nehmen zu können. Um dieses Recht wahrnehmen zu können, muss der Steuerpflichtige Gelegenheit haben, sich zum Sach- und Streitstoff zu äußern. Er muss in der Lage sein, sich über den wesentlichen Sachverhalt zu informieren. Er kann dazu die Gerichtsakten und die Behördenakten einsehen und sich Abschriften erteilen lassen (§§ 71, 75, 78 FGO). Ob das Gericht auf Anforderung einem Angehörigen der steuerberatenden Berufe die Akten, also Prozessakten und Behördenakten, zur Einsicht übersendet, ist eine Ermessensfrage. Häufig ist es für den Steuerpflichtigen von besonderer Bedeutung, dass auch tatsächlich die gesamten entscheidungserheblichen Behördenakten vorgelegt werden, was z. B. hinsichtlich der Prüferhandakten bei der Großbetriebsprüfung nicht immer geschieht. Wenn der Richter nicht seinerseits diese Akten anfordert, kann es sinnvoll sein, ihre Beiziehung zu beantragen.

Weiterhin schützt der Grundsatz des rechtlichen Gehörs vor so genannten Überraschungsentscheidungen. Wenn das Gericht seine Entscheidung auf einen rechtlichen Gesichtspunkt stützen will, der von keinem Beteiligten gesehen oder angesprochen worden ist, muss es die Beteiligten vorher auf diesen Gesichtspunkt hinweisen (vgl. BFH/NV 2012, 2000). Bei Verstößen gegen den Grundsatz auf rechtliches Gehör kann bei nicht rechtsmittelfähigen Entscheidungen nach § 133a FGO eine Gehörsrüge erhoben werden. Ansonsten stellt der Verstoß gegen das rechtliche Gehör einen Revisionsgrund nach § 119 Nr. 3 FGO dar.

c) Untersuchungsgrundsatz

299 Das Gericht muss den Sachverhalt *von Amts wegen* erforschen (Amtsmaxime). Die Mitwirkungspflichten der Beteiligten (i. d. R. des Klägers und des Finanzamts) bleiben jedoch in vollem Umfang bestehen (§ 76 FGO). Zur Ermittlung des Sachverhalts kann das Gericht insbesondere Zeugen vernehmen, Sachverständige hören, Beteiligte (z. B. den Kläger persönlich) vernehmen, das persönliche Erscheinen der Beteiligten anordnen und Urkunden heranziehen (§§ 80 ff. FGO).

Die Pflicht des Finanzgerichtes, den Sachverhalt aufzuklären, ist durch die Mitwirkungspflichten der Parteien begrenzt. Je geringer die – vom Fall her gebotene – Mitwirkung der Parteien ist, um so geringer die Aufklärungspflicht des Gerichts. Das Gericht muss aber immer Zweifeln oder Beweismitteln nachgehen, die sich nach Lage der Akten aufdrängen. Die Mitwirkung der Beteiligten wird ggf. durch konkrete Aufforderungen des Gerichts eingefordert. Dabei setzen die Gerichte auch oft Ausschlussfristen. Bei der Frage, wie konkret diese Aufforderungen zu sein haben, entscheidet sich ganz wesentlich, ob das Finanzgerichtsverfahren tatsächlich vom Amtsaufklärungsgrundsatz getragen ist oder ob eine Art vermindertes Dispositionsprinzip überhand gewinnt. M. E. überzeugend die Betonung des Amtsaufklärungsgrundsatzes durch enge Auslegung des § 79b FGO (vgl. BFH, BStBl II 1995, 545; 2012, 345; teilweise anders wohl BFH, BStBl II 1995, 417; BFH/NV 2002, 1459).

d) Korrektur des angefochtenen Verwaltungsaktes

Wird ein angefochtener Verwaltungsakt nach Klageerhebung durch einen anderen Verwaltungsakt *geändert oder ersetzt,* so wird der neue Verwaltungsakt *automatisch* Gegenstand des Verfahrens (§ 68 FGO).

> **BEISPIEL:** Der Steuerpflichtige erhält einen ESt-Bescheid über 130 000 €. Er legt erfolglos Einspruch ein und klagt danach vor dem FG. Streitig ist die Berechnung eines Betriebsaufgabegewinns mit einer steuerlichen Auswirkung von 70 000 €. Infolge eines geänderten Grundlagenbescheides wird die Steuer um 300 € erhöht. Der Änderungsbescheid wird automatisch Gegenstand des Klageverfahrens.

Die Frage, wem im laufenden Prozess die Änderungsbescheide bekannt zu geben sind, ist nicht mehr von so entscheidender Bedeutung. Der BFH hatte dazu entschieden, dass grundsätzlich Änderungsbescheide im laufenden Prozess dem Prozessbevollmächtigten bekannt zu geben sind (BFH, BStBl II 1998, 266; BFH/NV 2005, 1062). Das ist dem Grunde nach weiterhin so. Die Bekanntgabe an den Steuerpflichtigen wirft aber keine grundlegenden Probleme mehr auf. Weil ein Einspruch gegen den Änderungsbescheid gem. § 68 Abs. 1 Satz 2 FGO ausgeschlossen ist, können keine Fristen ablaufen.

Erhebliche Probleme wirft § 68 FGO bei Ermessensverwaltungsakten auf, da einerseits Ermessenserwägungen nur ergänzt werden dürfen (§ 102 FGO), andererseits ersetzende Verwaltungsakte mit vollkommen neuer Ermessensausübung zum Gegenstand des Klageverfahrens werden könnten (vgl. BFH, BStBl Ii 2009, 539).

e) Mündliche Verhandlung und Gerichtsbescheid

Über Klagen entscheidet das Gericht grundsätzlich aufgrund einer *mündlichen* Verhandlung. Das Gericht kann ohne mündliche Verhandlung entscheiden, wenn die Beteiligten (i. d. R. der klagende Steuerpflichtige und das Finanzamt) damit einverstanden sind (§ 90 FGO) oder wenn nur Bagatellbeträge im Streit sind und kein Beteiligter ausdrücklich mündliche Verhandlung beantragt (§ 94a FGO). Ein Verzicht auf die mündliche Verhandlung kann angezeigt sein, wenn der Sachverhalt zwischen den Beteiligten unstreitig feststeht und ausschließlich *Rechtsfragen* zur Entscheidung anstehen.

Bei der Ladung zur mündlichen Verhandlung muss das Gericht darauf hinweisen, dass auch beim Ausbleiben eines Beteiligten verhandelt und entschieden werden kann (§ 91 Abs. 2 FGO). Das Gericht kann das persönliche Erscheinen eines Beteiligten anordnen und für den Fall des Ausbleibens als Sanktion Ordnungsgelder wie gegen nicht erschienene Zeugen androhen (§ 80 Abs. 1 i. V. mit § 82 FGO und §§ 380, 381 ZPO).

Ein Gerichtsbescheid (§ 90a FGO) kann vom Senat, dem Einzelrichter (§ 6 FGO), dem Vorsitzenden oder dem Berichterstatter (§ 79a FGO) ohne mündliche Verhandlung erlassen werden. Die Rechtsbehelfe gegen den Gerichtsbescheid sind teilweise unterschiedlich (§§ 79a, 90a FGO). Gerichtsbescheide ergehen häufig in Fällen der Unzulässigkeitsverwerfung wegen Versäumens von Ausschlussfristen. Der Steuerpflichtige kann immer nach einem Gerichtsbescheid mündliche Verhandlung beantragen und hat damit stets die Möglichkeit, zumindest eine mündliche Verhandlung zu erreichen.

Die mündliche Verhandlung findet grundsätzlich *öffentlich* statt. Abgesehen von den Gründen, in denen die Öffentlichkeit nach dem GVG ausgeschlossen werden kann (vgl.

die Verweisung in § 52 Abs. 1 FGO), *muss* die Öffentlichkeit ausgeschlossen werden, wenn ein Beteiligter, der nicht Finanzbehörde ist, dies beantragt – insbesondere also auf Antrag des Klägers (§ 52 Abs. 2 FGO). Dadurch wird in einem erhöhten Maße der Schutz des Steuergeheimnisses gewährleistet.

Nach § 91a Abs. 1 FGO können die am Verfahren Beteiligten sowie ihre Bevollmächtigten und Beistände beantragen, sich während der mündlichen Verhandlung an einem anderen Ort aufzuhalten und dort Verfahrenshandlungen vorzunehmen. Das Gericht kann nach seinem Ermessen – auch von Amts wegen – mit einer prozessleitenden Verfügung (unanfechtbar nach § 91a Abs. 3 FGO) die Durchführung einer solchen *Videokonferenz* gestatten. Bei der Videokonferenz soll zeitgleich die mündliche Verhandlung in Bild und Ton an den Ort, an dem sich die Beteiligten aufhalten, und in das Sitzungszimmer übertragen werden.

Nach § 91a FGO kann das Gericht eine solche Videokonferenz auch zur Vernehmung eines Zeugen oder eines Sachverständigen auf Antrag gestatten. Eine Aufzeichnung der Übertragung erfolgt nicht. Ein Anspruch der Steuerbürger, dass das Gericht mit entsprechenden technischen Möglichkeiten ausgestattet wird, besteht nicht. Die Steuerbürger und Bevollmächtigten haben häufig Vorbehalte auf die Präsenz im Gerichtssaal zu verzichten. Fragen des Steuergeheimnisses oder der Sitzungsöffentlichkeit sind bei der Videokonferenz zu beachten.

304 Wegen der Möglichkeit, nach Klageerhebung (auch im Revisionsverfahren) die Vollziehung des angefochtenen Verwaltungsakts auszusetzen, wird auf Tz 261 ff. und §§ 69, 121 FGO verwiesen.

305 4. Beendigung des Verfahrens

Das gerichtliche Verfahren wird – im Regelfall – durch eine gerichtliche Entscheidung beendet. Bei seiner Entscheidung hat das Gericht folgende *Grundsätze zu beachten*:

▶ Das Gericht darf dem Kläger nicht mehr zusprechen als dieser beantragt hat (§ 96 Abs. 1 Satz 2 FGO). Es hat jedoch darauf hinzuwirken, dass der Kläger zu seinen Gunsten sachdienliche Anträge stellt (§ 76 Abs. 2 FGO).

▶ Für das Gericht gilt das *Verböserungsverbot* (Verbot der reformatio in peius). Die FGO enthält zwar keine ausdrückliche Vorschrift, in der dieses Verbot zum Ausdruck kommt. Die Unzulässigkeit einer Verböserung ergibt sich jedoch indirekt daraus, dass die in der Regierungsvorlage zur FGO vorgesehene Verböserungsmöglichkeit ersatzlos gestrichen wurde (vgl. BT-Drucks. IV/1447 v. 2. 8. 1963 zu § 98 Abs. 2 FGO). Weil das Gericht eine Entscheidung der Behörde nicht zum Nachteil des Klägers ändern darf, riskiert der Kläger nur eine *Klageabweisung* und die Belastung mit den *Kosten* des Rechtsstreits, nicht aber eine Verschlechterung.

BEISPIEL: ▶ Ein Rentner, der sich gewerblich betätigt, erhält einen ESt-Bescheid über 10 000 €. Nach erfolglosem Einspruch klagt er mit dem Antrag, die Steuer um 1 000 € zu ermäßigen. Begründung: Das Finanzamt habe zu seinem Nachteil eine unzutreffende Abgrenzung privater Kosten von Betriebsausgaben vorgenommen. – Das Finanzgericht gelangt zu der Überzeugung, der Rentner habe insoweit Recht. Es stellt jedoch fest, dass nachträgliche Einkünfte aus nichtselbständiger Arbeit – eine Werksrente (§ 19 Abs. 1 Nr. 2 EStG) – vom Finanzamt irrigerweise nur mit dem Ertragsanteil besteuert wurde (§ 22 Nr. 1 Satz 3a EStG). Eine zutreffende Besteuerung der Werksrente würde zu einer Steuererhöhung von 1 200 € führen. Die Festsetzung der *richtigen* Steuer würde per Saldo zu einer Erhöhung von 200 € führen müssen. Dies ist dem Gericht verboten. Ob das Gericht überhaupt zum Nachteil des Klägers die rechtsirrtümliche Behandlung der Rente (bislang von den Beteiligten unbemerkt) berücksichtigen darf, hängt von dem Begriff des Gegenstandes des Klagebegehrens ab. Klagegegenstand ist die Darlegung des Klägers, er sei in dem von ihm behaupteten Umfang durch den angefochtenen Verwaltungsakt in seinen Rechten verletzt. Es kommt also *nicht* darauf an, was der Kläger und das Finanzamt als Streitstoff in den Prozess eingeführt haben. Durch den Steuerbescheid über 10 000 € kann der Kläger im Ergebnis nicht in seinen Rechten verletzt sein. Denn der Bescheid ist *zumindest* in dieser Höhe rechtmäßig – aus welchen Gründen auch immer. Der zutreffende (materiell rechtmäßige) Steuerbescheid würde über 10 200 € lauten. Das Gericht muss deshalb – begrenzt durch das Verböserungsverbot die rechtsirrtümliche Behandlung der Rente durch die Finanzbehörde berücksichtigen, darf jedoch nicht verbösern. Ergebnis: Es muss die Klage abweisen. – Zur Begründung dafür lässt sich auch § 126 Abs. 4 FGO heranziehen (vgl. BStBl II 1984, 840).

Keine unzulässige Verböserung liegt vor, wenn der BFH ein vom Finanzamt angefochtenes Urteil eines Finanzgerichts zum Nachteil des Steuerpflichtigen ändert, aber dabei nicht über die Steuer hinausgeht, die durch den angefochtenen Bescheid festgesetzt worden war.

BEISPIEL: ▶ Ein Steuerpflichtiger klagt nach erfolglosem Einspruch gegen eine ESt-Festsetzung von 50 000 € mit dem Antrag, die Steuer um 10 000 € herabzusetzen. Das FG gibt der Klage statt und ermäßigt die Steuer auf 40 000 €. Auf eine Revision des Finanzamts kann der BFH das FG-Urteil aufheben und die Klage abweisen.

Die *Behörde* kann dagegen *während – aber außerhalb –* des Klage- und Revisionsverfahrens auf der Grundlage spezieller Korrekturnormen (z. B. § 129 AO, §§ 173 bis 175 AO) den angefochtenen Verwaltungsakt verbösern (§ 132 AO).

Erfolgt die formale Beendigung des *Klage*verfahrens durch *Urteil* (§ 95 FGO), kann das Finanzgericht die richtige Steuer selbst berechnen oder bei teilweiser Aufhebung eines Bescheides die Berechnung des festzusetzenden Betrages dem Finanzamt übertragen (§ 100 Abs. 2 FGO). Durch die zunächst formlose Mitteilung des Ergebnisses (§ 100 Abs. 2 Satz 3 FGO), also nicht durch Verwaltungsakt (BFH, BStBl II 2005, 217) werden Schwierigkeiten vermieden. Nach Rechtskraft des Urteils ergeht der Bescheid, der nur soweit angegriffen werden kann, wie die Rechtskraft des Urteils nicht entgegensteht (BFH/NV 2012, 6).

306

Statt durch Urteil kann das Verfahren auch durch Gerichtsbescheid abgeschlossen werden (Tz 301).

Beim schlichten Antragsverfahren entscheidet das Gericht durch *Beschluss* (z. B. über einen Antrag auf Aussetzung der Vollziehung gem. § 69 Abs. 3 FGO; Antrag auf einstweilige Anordnung gem. § 114 FGO). Die Vorschriften für die Aussetzung der Vollziehung entsprechen denen der AO (vgl. Tz 261 ff.).

Ein Rechtsstreit kann sich auch ohne gerichtliche Entscheidung in der Hauptsache *erledigen*, z. B. wenn das Finanzamt während des Klageverfahrens entsprechend dem Klageantrag den angefochtenen Verwaltungsakt ändert (vgl. § 132 AO; Tz 134 ff.). Dann müssen die Beteiligten die Hauptsache für erledigt erklären, ggf. kann auch der Kläger die Klagerücknahme erklären. Gibt der Kläger die Erledigungserklärung trotz Erledigung nicht ab, so ist die Klage wegen fehlenden Rechtsschutzbedürfnisses als unzulässig abzuweisen (BFH, GrS, BStBl II 1979, 375 und 705; 1982, 407; Sonderfall BFH/NV 2007, 934). Nach § 72 Abs. 1 Satz 3 FGO und in § 138 Abs. 3 FGO kommt dem Schweigen des

307

Finanzamtes nach zustimmungsbedürftiger Rücknahme oder Erledigungserklärung des Klägers ggf. der Charakter einer zustimmenden Willenserklärung zu.

Die Erledigung bezieht sich nur auf die *Hauptsache*. Über die *Kosten* hat das Gericht nach billigem Ermessen zu entscheiden. Wichtigster Entscheidungsrichtpunkt: Wer hätte voraussichtlich bei einer Weiterführung des Rechtsstreits obsiegt (§ 138 FGO) und beruht das Obsiegen auf der verspäteten Geltendmachung von Tatsachen? Nach aktuellem Recht unterscheiden sich Rücknahme und Erledigungserklärung bei Anwendung des § 137 FGO in ihren Kostenfolgen nicht mehr. Beide führen auch zu einer Reduktion auf zwei Gebühren.

5. Muster einer Klageschrift

E. Klug	5000 Köln 1, den 2. April 2016
Steuerberater	Musterstraße 1

Finanzgericht Köln (Anschrift)

Klage

des Felix Muster, Immobilienmakler in 5000 Köln 1, Musterstraße 10,

– Kläger –

Prozessbevollmächtigter: Steuerberater E. Klug

gegen

das Finanzamt Köln-Ost

– Beklagter –

wegen der Einkommensteuerfestsetzung 2014 vom 1. 8. 2015, bestätigt durch Einspruchsentscheidung vom 5. 3. 2016, St.-Nr. . . . .

Namens und in Vollmacht des Klägers erhebe ich gegen den vorbezeichneten Steuerbescheid *Klage* und beantrage (ggf. unter Verzicht auf eine mündliche Verhandlung):

1. den angefochtenen Bescheid auf den Einkommensteuerbetrag zu ermäßigen, der sich bei einer Herabsetzung der Einkünfte aus Gewerbebetrieb um 10 000 € ergibt.
2. die Vollziehung auszusetzen, soweit der Bescheid angefochten ist (*Beachte: Tz 269).
3. festzustellen, dass im Vorverfahren die Zuziehung eines Steuerberaters notwendig war (§ 139 FGO).
4. das Urteil wegen der Kosten vorläufig für vollstreckbar zu erklären.

Schriftliche Vollmacht und Abschrift der Klage sind beigefügt.

Begründung

Durch den angefochtenen Einkommensteuerbescheid wird der Kläger aus folgenden Gründen in seinen Rechten verletzt:

(Darstellung des Sachverhalts, Angabe der Beweismittel, Ausführungen zur Rechtslage; Anlagen: Kopien des Bescheides und der Einspruchsentscheidung)

Unterschrift

(Steuerberater)

III. Revision

1. Allgemeines

Gegen Urteile der Finanzgerichte ist unter den nachstehend dargestellten Voraussetzungen das Rechtsmittel der Revision an den Bundesfinanzhof zulässig (§§ 115 ff. FGO). Die Revision dient nicht vorrangig der Gerechtigkeit im Einzelfall. Sie soll vielmehr die *Einheitlichkeit* der Rechtsanwendung durch die Finanzbehörden und die Finanzgerichte gewährleisten und der Fortbildung des Rechts dienen. Außerdem wird im Revisionsverfahren die Beachtung der *verfahrensrechtlichen* Vorschriften kontrolliert. Der BFH darf als Revisionsinstanz nicht neue Tatsachen und Beweismittel berücksichtigen. Die Ermittlung des Sachverhalts und die Beweiswürdigung ist ausschließlich Sache der Finanzgerichte. An deren tatsächliche Feststellungen ist der BFH gebunden, falls sie nicht unter Verletzung von Verfahrensvorschriften oder der Denkgesetze zustande gekommen sind. Mit der Revision können deshalb grundsätzlich nur Rechtsfehler des Finanzgerichts erfolgreich gerügt werden.

309

Für das Revisionsverfahren gelten die Vorschriften über den ersten Rechtszug, Urteile und andere Entscheidungen, soweit sich nicht aus den Revisionsvorschriften anderes ergibt (§ 121 FGO).

Vor dem BFH muss sich der Beteiligte i. d. R. durch einen Rechtsanwalt, Steuerberater oder Wirtschaftsprüfer vertreten lassen (vgl. auch wegen der sonstigen Postulationsfähigen § 62 Abs. 4 und Abs. 2 Satz 1 FGO; dazu gehören auch Rechtsanwalts-, Steuerberatungs- und Wirtschaftsprüfungsgesellschaften). Juristische Personen des öffentlichen Rechts und Behörden können sich durch Beamte oder Angestellte mit Befähigung zum Richteramt vertreten lassen.

2. Zulässigkeit der Revision

a) Gerichtliche Zulassung

Es gibt nur zulassungsbedürftige Revisionen. Die Revision findet daher nur statt, wenn das Finanzgericht oder auf eine Nichtzulassungsbeschwerde der Bundesfinanzhof sie *zugelassen* hat (§ 115 Abs. 1 FGO).

310

b) Zulassungsgründe (§ 115 Abs. 2 FGO)

▶ *Die rechtsgrundsätzliche Bedeutung*

311

Eine Sache ist dann von grundsätzlicher Bedeutung, wenn die für die Beurteilung des Streitfalles maßgebende *Rechtsfrage* das abstrakte Interesse der Allgemeinheit an der einheitlichen Fortentwicklung und Handhabung des Rechts berührt (BFH, BStBl II 1998; BFH/NV 2003, 60). Das ist i. d. R. nicht der Fall, wenn es um die Anwendung fester Rechtsgrundsätze auf einen bestimmten Sachverhalt geht und deswegen von einer erneuten Entscheidung eine weitere Klärung nicht zu erwarten ist (BFH, BStBl II 1986, 282). Maßgebend ist nach der Rechtsprechung also nicht das individuelle Interesse des Revisionsklägers, sondern das generelle Interesse der Allgemeinheit, die Entscheidung muss eine Vielzahl gleichartiger Fälle betreffen (BFH/NV 2002, 1350). Das Allgemeininteresse kann in einer Förderung der Rechtssicherheit, der einheitlichen Rechtsanwendung oder der Rechtsentwicklung liegen (BFH/NV 2010, 1278). Die Rechtsfrage muss rechtssystematisch bedeutsam, klärbar und klärungsbedürftig sein. Auf die Erfolgsaussichten einer Revision kommt es dabei ebenso wenig an wie auf die finanziellen Auswirkungen (BFH/NV 2005, 1826). Wendet die Finanzverwaltung BFH-Urteile nicht an, so dürfte fast immer eine Rechtssache von grundsätzlicher Bedeutung vorliegen.

312 ▶ *Fortbildung des Rechts oder Sicherung einer einheitlichen Rechtsprechung*

Die Zulassung der Revision wegen *Rechtsfortbildung* nach § 115 Abs. 2 Nr. 2 FGO setzt voraus, dass ein Fall vorliegt, in dem der BFH zur Fortbildung des Rechts über bisher ungeklärte Rechtsfragen zu entscheiden hat, so beispielsweise, wenn der Einzelfall Veranlassung gibt, Grundsätze für die Auslegung von Gesetzesbestimmungen des materiellen oder des Verfahrensrechts aufzustellen oder Gesetzeslücken rechtsschöpferisch auszufüllen. *Erforderlich* ist eine Entscheidung des BFH nur dann, wenn die Rechtsfortbildung über den Einzelfall hinaus im allgemeinen Interesse liegt und wenn die Frage nach dem *Ob* und ggf. *Wie* der Rechtsfortbildung klärungsbedürftig ist. Es gelten insoweit die zur Darlegung der grundsätzlichen Bedeutung nach § 115 Abs. 2 Nr. 1 FGO entwickelten strengen Darlegungsanforderungen (BFH/NV 2006, 1256). Eine Rechtsfortbildung ist also erforderlich, wenn das Gesetz eine Lücke in der Weise aufweist, dass es an einer gesetzlichen Regelung für den zu beurteilende Sachverhalt fehlt und dieser Mangel sich als eine planwidrige Unvollständigkeit des positiven Rechts erweist, indem das Gesetz, gemessen an seiner eigenen Absicht und immanenten Teleologie unvollständig, also ergänzungsbedürftig, ist und die Ergänzung nicht etwa einer vom Gesetz gewollten Beschränkung auf bestimmte Tatbestände widerspricht. Auch Fälle, in denen Veranlassung besteht, Leitsätze zur Auslegung von Gesetzesbestimmungen aufzustellen, können unter die neue Regelung fallen.

Die Revision zur *Sicherung einer einheitlichen Rechtsprechung* nach § 115 Abs. 2 Nr. 2 Alt. 2 FGO ist zuzulassen, wenn die Sicherung einer einheitlichen Rechtsprechung eine Entscheidung des BFH erfordert. Dieses Tatbestandsmerkmal erfasst die sog. *Divergenzrevision* (Abweichung des Finanzgerichts von einer Entscheidung des BVerfG, des BFH, GemSOGB), aber auch die Sicherung einer einheitlichen Rechtsprechung durch Vermeidung von Abweichungen von der Rechtsprechung des EuGH (BFH/NV 2012, 76), BVerwG, BSG, BGH, BAG oder eines anderen FG. Die Sicherung einer einheitlichen Rechtsprechung *erfordert* also dann eine Entscheidung des BFH, wenn ein FG bei gleichem oder vergleichbarem Sachverhalt in einer entscheidungserheblichen Rechtsfrage eine andere Rechtsauffassung vertritt als der BFH, oder ein anderes der genannten Obergerichte oder ein anderes FG/anderer Spruchkörper des gleichen FG (BFH/NV 2005, 6; 2011, 411). Es kommt nicht darauf an, welcher Art die Entscheidung des anderen Gerichts ist (Urteil oder Beschluss; aber nicht bei Vorlagebeschluss an BVerfG, BFH/NV 2010, 48).

Eine Divergenzzulassung ist nach dem Gesetzeswortlaut nur möglich, wenn das Urteil des FG auf der Abweichung *beruht*. Das bedeutet, die Abweichung muss ursächlich für die finanzgerichtliche Entscheidung sein. Dabei genügt es, wenn mindestens die *Möglichkeit* besteht, dass das FG bei Zugrundelegung der abweichenden Auffassung zu einem anderen Ergebnis gekommen wäre.

Das Ziel, eine einheitliche Rechtsprechung durch eine Entscheidung des BFH herbeizuführen, muss sein, generell Unterschiede in der Rechtsanwendung durch die Rechtsprechung zu vermeiden oder, soweit sie bereits eingetreten sind, zu beseitigen. Rechtsprechung i. S. des Zulassungsgrundes ist daher nicht nur die Rechtsprechung der Finanzgerichtsbarkeit im Ganzen, sondern auch Abweichungen der Finanzrechtsprechung von der maßgeblichen Rechtsprechung der anderen obersten Bundesgerichte in Betracht, soweit identische Rechtsfragen zu beurteilen sind (BFH/NV 2002, 373). So erscheint es durchaus möglich, dass Abweichungen zur Rechtsprechung des Bundesgerichtshofs bezüglich der Auslegung handelsrechtlicher Vorschriften bestehen oder verfassungsrechtliche Normen unterschiedlich beurteilt werden.

Unter diesen Revisionsgrund fallen auch die Fälle „objektiv willkürlicher" und greifbar gesetzwidriger Entscheidungen. Diese setzen Fehler bei der Auslegung revisiblen Rechts voraus, die von erheblichem Gewicht und geeignet sind, das Vertrauen in die Rechtsprechung zu beschädigen. Denn nur dann können sie über den Einzelfall hinaus allgemeine Interessen nachhaltig berühren (BFH/NV 2011, 1899).

▶ *Verfahrensmangel* 313

Die Revision ist auch zuzulassen, wenn die angefochtene Entscheidung auf einem geltend gemachten und auch vorliegenden Verfahrensmangel beruhen *„kann"* (§ 115 Abs. 2 Nr. 3 FGO). Daraus folgt, dass eine tatsächliche Kausalität zwischen Verfahrensmangel und dem Ergebnis der Entscheidung nicht vorliegen muss. Es genügt die bloße *Möglichkeit* einer anderweitigen Entscheidung bei korrekter Einhaltung der Verfahrensvorschriften.

§ 119 enthält einen Katalog von sechs Verfahrensfehlern, bei denen *zwingend* anzunehmen ist, dass das Urteil auf der Gesetzesverletzung beruht.

Verfahrensmängel sind beispielsweise:

▶ die Verletzung des Grundsatzes des rechtlichen Gehörs (BFH BStBl II 1982, 355),
▶ das Unterlassen einer *notwendigen* Beiladung (vgl. Tz 296),
▶ die Verletzung der Aufklärungspflicht durch das Finanzgericht, insbesondere die Unterlassung beantragter Beweisaufnahmen, wenn diese für das Urteil erheblich werden konnten (§ 76 Abs. 1 FGO).

Der Verfahrensmangel muss vom Revisionskläger *geltend gemacht* werden. Die Zulassung wegen eines Verfahrensmangels hängt prinzipiell nicht davon ab, dass dieser Mangel bereits im finanzgerichtlichen Verfahren gerügt worden ist. Dies wird häufig schon deshalb nicht möglich sein, weil sich der Verfahrensmangel erst aus (oder im Zusammenhang mit) dem Urteil des Finanzgerichts ergibt. Die spätere Geltendmachung im Revisionsverfahren kann jedoch ausgeschlossen sein, wenn der Verfahrensfehler bereits in der mündlichen Verhandlung vor dem FG hätte gerügt werden können.

BEISPIEL: ▶ Der Kläger beruft sich auf eine Verletzung der Ermittlungspflicht durch das Finanzgericht (§ 76 Abs. 1 FGO), weil das FG einen angebotenen Zeugenbeweis nicht erhoben hat. Wenn dem Steuerpflichtigen bzw. seinem Prozessvertreter in der mündlichen Verhandlung klar sein musste, dass über die Klage ohne die Zeugenvernehmung entschieden werden würde, so musste er dies bereits in der mündlichen Verhandlung rügen. Eine Rüge mit der Revision ist ausgeschlossen (BFH BStBl II 1972, 572; BFH/NV 2013, 968; vgl. § 155 FGO i. V. mit § 295 ZPO). Bei nicht rechtskundig vertretenen Steuerpflichtigen gilt dies i. d. R. nicht (BFH/NV 1996, 757; BFH/NV 2004, 371).

Soweit ein Verzicht auf die Einhaltung bestimmter Verfahrensnormen möglich ist (z. B. über Ladungsfristen und die Öffentlichkeit), läuft der Betroffene Gefahr, dass die Nichtrüge wie ein stillschweigender Verzicht behandelt wird, so dass eine spätere Geltendmachung des Verfahrensmangels ausgeschlossen ist. Das ergibt sich aus der über die Generalklausel in § 155 FGO in Bezug genommenen Regelung in § 295 ZPO.

Bezüglich der Rüge des Unterlassens einer notwendigen Beiladung wird auf §§ 123, 126 FGO verwiesen.

c) Nichtzulassungsbeschwerde

314 Das Finanzgericht hat im Rahmen des Urteils von Amts wegen über die Zulassung der Revision zu entscheiden. Wird die Revision nicht zugelassen, so steht dem Kläger die Nichtzulassungsbeschwerde offen (§ 116 FGO). Die nicht verlängerungsfähige *Frist* beträgt *einen Monat* nach Zustellung des Urteils. Die Beschwerde muss *beim BFH* innerhalb dieser Frist eingegangen sein. Entsprechend der Regelung zur Klage muss sie das angefochtene Urteil bezeichnen. Ihr soll eine Ausfertigung oder Abschrift des Urteils beigefügt werden. Die Nichtzulassungsbeschwerde bewirkt, dass das finanzgerichtliche Urteil zunächst *nicht rechtskräftig* wird. Die Vertretung vor dem BFH obliegt auch bei der Nichtzulassungsbeschwerde den in § 62 Abs. 4 FGO bezeichneten Vertretern (Postulationsfähigkeit).

Die Beschwerde ist innerhalb von zwei Monaten nach der Zustellung des vollständigen Urteils zu begründen. Auch die Begründung ist *beim BFH* einzureichen. In der Begründung müssen die Voraussetzungen des § 115 Abs. 2 FGO *dargelegt* werden. Die Begründungsfrist kann auf fristgerecht gestellten Antrag einmal (!) verlängert werden (BFH, BStBl II 2001, 768).

In der Begründungsschrift muss detailliert *dargelegt* werden, welcher Zulassungsgrund i. S. des § 115 Abs. 2 FGO nach Meinung des Beschwerdeführers vorliegt. Er muss also im Einzelnen darlegen,

▶ weshalb die Rechtssache grundsätzliche Bedeutung hat oder (und)

▶ warum die Fortbildung des Rechts oder die Sicherung einer einheitlichen Rechtsprechung eine Entscheidung des BFH erfordert oder (und)

▶ in welchen Tatsachen welcher Verfahrensfehler liegt.

Dabei müssen die Zulassungsgründe klar, verständlich und überschaubar dargelegt werden (BFH, BStBl II 2008, 878; BFH/NV 2013, 950).

315 Der BFH entscheidet durch Beschluss. Wenn er einen gerügten Verfahrensmangel für durchgreifend hält, kann er in dem Beschluss über die Nichtzulassungsbeschwerde das

angefochtene Urteil aufheben und den Rechtsstreit zur anderweitigen Verhandlung und Entscheidung zurückverweisen (§ 116 Abs. 6 FGO).

Nach § 116 Abs. 7 FGO wird, wenn der Beschwerde gegen die Nichtzulassung der Revision stattgegeben wird, das Beschwerdeverfahren als Revisionsverfahren fortgesetzt, wenn nicht der BFH das angefochtene Urteil nach Abs. 6 des § 116 FGO aufhebt.

d) Form und Frist der Revision

Nach § 120 Abs. 1 FGO muss die Revision innerhalb eines Monats schriftlich eingelegt werden. Die Frist beginnt mit der Zustellung des vollständigen Urteils. Die Frist kann nicht verlängert werden. Bei unverschuldeter Versäumung ist eine Wiedereinsetzung in den vorigen Stand möglich (§ 56; vgl. hierzu Tz 121 ff.). 316

Die Revision ist beim *BFH* einzulegen. Wird die Revisionsschrift fälschlicherweise an das Finanzgericht gesandt und geht sie nach pflichtgemäßer Weiterleitung durch das FG beim BFH erst nach Ablauf der Revisionsfrist ein, so ist die Revision unzulässig. Bei Eröffnung der Revision durch Beschluss über eine Nichtzulassungsbeschwerde wird das Verfahren als Revision fortgesetzt (§ 116 Abs. 7 FGO).

Die Revisionsschrift muss von einem Rechtsanwalt, Steuerberater oder Wirtschaftsprüfer etc. *unterschrieben* sein (vgl. § 62 Abs. 4 FGO). Zum Erfordernis der Lesbarkeit der Unterschrift und die Möglichkeiten der Einlegung der Revision auf elektronischem Wege vgl. Tz 291.

Das angefochtene Urteil muss bereits in der Revisionsschrift so genau bezeichnet werden, dass *Zweifel* und *Missverständnisse ausgeschlossen* sind. Anderenfalls ist die Revision unzulässig.

> **BEISPIEL:** Das Finanzgericht weist zwei Anfechtungsklagen betr. das Jahr 2007 (Klage gegen einen Einkommensteuerbescheid und Klage gegen einen Umsatzsteuerbescheid) durch zwei Urteile gleichen Datums ab. Lässt die Revisionsschrift nicht erkennen, welches der beiden Urteile angefochten werden soll, ist die Revision unzulässig.

Eine eindeutige Bezeichnung ist gewährleistet bei Bezeichnung des Finanzgerichts, des Datums des Urteils, des Aktenzeichens des FG und des angefochtenen Verwaltungsakts (z. B. ESt-Bescheid für das Jahr 2001; wegen Verspätungszuschlag vom ...). Darüber hinaus verlangt der BFH die Bezeichnung des Revisions*klägers*. Ist z. B. unklar, ob der Prozessbevollmächtigte die Revision für den Kläger, für einen Beigeladenen oder für beide Personen einlegt, so ist die Revision unzulässig.

Die Revisionsschrift sollte auch den Revisionsbeklagten (bei einer Revision des erstinstanzlichen Klägers i. d. R. das Finanzamt) bezeichnen. Zwar genügt es nach einer BFH-Entscheidung, dass der Revisionsbeklagte noch innerhalb der Revisionsfrist aus sonstigen Umständen, insbesondere aus den Akten der Vorinstanz festgestellt werden kann (BFH, BStBl II 1981, 105), Unklarheiten gehen jedoch zu Lasten des Klägers.

e) Revisionsbegründung

Von der Revisionsschrift ist die Revisions*begründung* zu unterscheiden. Die Begründung muss spätestens bis zum Ablauf des *zweiten* Monats nach Zustellung des vollständigen 317

FG-Urteils oder eines Monats nach Zustellung des Beschlusses über die Zulassung der Revision schriftlich erfolgen. Die Begründungsfrist kann (anders als die Revisionsfrist) verlängert werden, ggf. auch mehrfach. Der Verlängerungsantrag muss *begründet* werden und spätestens bis zum Ablauf des letzten Tages der (ggf. schon einmal verlängerten) Begründungsfrist gestellt werden. Eine Entscheidung über den Antrag kann auch nach Fristablauf erfolgen. Jedoch sollte sich der Prozessvertreter nicht darauf verlassen, dass einem kurz vor Fristablauf gestellten Antrag noch nach Fristablauf entsprochen wird. Zuständig für die Verlängerung ist der Senatsvorsitzende beim BFH (§ 120 Abs. 2 FGO). Bei unverschuldeter Versäumung einer Revisionsbegründungsfrist ist eine Wiedereinsetzung in den vorigen Stand zulässig (§ 56 FGO; vgl. Tz 121 ff.).

318   *Spätestens* die Revisionsbegründung muss zwingend Folgendes enthalten:

▶ Dem Revisionsbegehren muss eindeutig zu entnehmen sein, inwieweit das finanzgerichtliche Urteil angefochten und dessen Aufhebung beantragt wird. Der Antrag braucht nicht beziffert zu sein. (Nicht erforderlich z. B. Antrag: Herabsetzung der Einkommensteuer um 20 000 €). Es genügt, wenn sich aus der Antragsformulierung in Verbindung mit der Begründung des Revisionsantrags das *konkrete* Ziel der Revision *eindeutig* definieren lässt. Diese „Zieldefinition" muss bis zum Ablauf der Revisionsbegründungsfrist erfolgen. Ob eine spätere Erweiterung zulässig ist, hängt davon ab, ob eine betragsmäßige Erweiterung eine Klageänderung darstellt (vgl. dazu Tz 290). Keinesfalls zulässig ist die Erweiterung über das ursprüngliche Klagebegehren hinaus, weil es insoweit an einer Vorentscheidung fehlt.

319   ▶ Die verletzte Rechtsnorm muss nicht zwingend bezeichnet werden. Stattdessen müssen die Umstände, aus denen sich die Rechtsverletzung ergibt, bezeichnet werden. Der Zweck der Begründungspflicht ist die Entlastung des BFH durch Klarstellung des Inhalts, des Umfangs und des Zwecks des Revisionsangriffes. Das Wesen des Revisionsverfahrens besteht auch nach neuem Recht in einer *Rechtskontrolle*. An die tatsächlichen Feststellungen des Finanzgerichts (auch die Beweiswürdigung) ist der BFH gebunden (§ 118 Abs. 2 FGO). Daraus folgt, dass die darzulegende Rechtsverletzung im Zusammenhang mit dem vom Finanzgericht festgestellten Sachverhalt stehen muss. *Indirekt* kann der Steuerpflichtige auch den vom Finanzgericht prinzipiell verbindlich festgestellten Sachverhalt angreifen, wenn er nämlich darlegt, dass die Sachverhaltsfeststellung selbst auf Verletzung von Rechtsnormen beruht. Insoweit kommt insbesondere eine Verletzung der Aufklärungspflicht durch das FG in Betracht (§ 76 FGO). Als Rechtsverletzungen sind auch anerkannt die Verletzung von Denkgesetzen und das Außerachtlassen klarer Akteninhalte oder allgemein anerkannter Erfahrungssätze. Vom Revisionskläger wird grundsätzlich eine Auseinandersetzung mit den Gründen der angefochtenen FG-Entscheidung erwartet.

320   ▶ Werden *Verfahrensmängel* gerügt, so sind die *Tatsachen* zu bezeichnen, aus denen sich der Verfahrensfehler ergibt (§ 120 Abs. 3 Nr. 2b FGO). Der BFH ist nicht gezwungen Verfahrensmängel von Amts wegen aufzuspüren.

321   ▶ Soweit nicht Revisionsgründe i. S. des § 119 FGO vorliegen, muss der Revisionskläger dartun, dass das angefochtene Urteil auf der Verletzung von Bundesrecht *beruht*

(§ 118 Abs. 1 FGO). Es muss also schlüssig dargelegt werden, dass zwischen der Normverletzung und dem Inhalt des angegriffenen Urteils eine kausale Beziehung besteht. Diese Kausalbeziehung fehlt beispielsweise, wenn dem Revisionskläger kein rechtliches Gehör in Bezug auf Tatsachen gewährt worden ist, die für die Entscheidung des FG völlig unerheblich sind.

Liegt eines der vorbezeichneten Erfordernisse nicht vor, so ist die Revision *unzulässig*. Etwaige Mängel können nur bis zum Ablauf der Revisionsbegründungsfrist behoben werden. Eine Wiedereinsetzung in den vorigen Stand gem. § 56 FGO ist insoweit unzulässig. Wesentliche Form- und Inhaltsfehler können durch eine Wiedereinsetzung nicht geheilt werden (BFH/NV 2013, 239). Im Übrigen setzt die Wiedereinsetzung in die Begründungsfrist eine Begründung innerhalb der Wiedereinsetzungsfrist voraus (BFH/NV 2013, 970: § 56 Abs. 2 FGO, Tz 125). 322

f) Anschlussrevision

Die Anschlussrevision ist in entsprechender Anwendung des § 554 ZPO über § 155 FGO zulässig (BFH, BStBl II 1981, 534). Sie existiert nur (noch) in der Form der 323

- *unselbständigen* Anschlussrevision. Sie muss spätestens innerhalb eines Monats nach Zustellung der Hauptrevisions-Begründung eingelegt und begründet werden (BFH, a. a. O.). Durch diese Anschlussrevision wird für den Anschließenden die Möglichkeit eröffnet, *außerhalb* einer selbständig eingelegten Revision eine Änderung des finanzgerichtlichen Urteils zum Nachteil des Revisionsklägers zu erreichen (Grenze: Verböserungsverbot des § 96 FGO, vgl. Tz 305).

- Die Anschlussrevision hat *akzessorischen* Charakter. Sie ist abhängig von der Zulässigkeit der Hauptrevision. Sie wird bei Rücknahme der Hauptrevision unzulässig.

3. Begründetheit der Revision

Ist eine Revision unbegründet, so weist der BFH sie zurück (§ 126 Abs. 2 FGO). Eine Revision ist unbegründet, wenn durch das finanzgerichtliche Urteil kein *Bundesrecht* verletzt wird (ausnahmsweise kommt auch Landesrecht in Betracht, § 118 Abs. 1 Satz 2 FGO). 324

Eine Revision ist auch dann unbegründet, wenn sich aus den Entscheidungs*gründen* des FG-Urteils eine Rechtsnormverletzung ergibt, im *Ergebnis* die Entscheidung aber aus anderen Gründen zutreffend ist.

> **BEISPIEL:** Das FG hat eine Klage abgewiesen, weil das Finanzamt zu Recht eine Betriebsausgabe als nicht abzugsfähig behandelt habe. Die Anerkennung der Betriebsausgabe hätte zu einer Steuerermäßigung von 20 000 € geführt. Die Überprüfung im Revisionsverfahren ergibt, dass die Betriebsausgabe entgegen der Meinung des FG abgezogen werden konnte. Der BFH stellt aber einen Rechtsirrtum des FG in einem anderen Punkte fest. Eine volle Korrektur dieses materiellen Fehlers (§ 177 AO) würde zu einer Erhöhung der Steuer um 25 000 € führen. Im Ergebnis hätte – auch bei Berücksichtigung des materiellen Fehlers – das FG die Klage abweisen müssen (vgl. Tz 305).

Im vorbezeichneten Beispiel ist der Revisionskläger durch den Tenor (das Ergebnis) des angefochtenen Urteils nicht beschwert. Deshalb bestimmt § 126 Abs. 4 FGO, dass die Revision *zurückzuweisen ist.* Die rechtsfehlerhaften Erörterungen zum Betriebsausgabenabzug konnten sich auf das Ergebnis (Klageabweisung) auch bei rechtlich zutreffender Würdigung nicht auswirken.

Begründet ist eine Revision, wenn die Entscheidung des FG auf einer Rechtsnormverletzung i. S. des § 118 Abs. 1 FGO beruht. Die Revision hat dann Erfolg.

4. Entscheidung über die Revision

325 Bei begründeter Revision kommen verfahrensrechtlich zwei Möglichkeiten in Betracht (§ 126 Abs. 3 FGO):

- ▶ Ist die Sache entscheidungsreif – sind insbesondere keine weiteren Tatsachenfeststellungen mehr erforderlich –, so entscheidet der BFH in der Sache *selbst abschließend.*

- ▶ Fehlt die Entscheidungsreife, so hebt er das angefochtene finanzgerichtliche Urteil auf und verweist die Sache zur anderweitigen Verhandlung und Entscheidung *an das FG zurück.* Dieses ist an die rechtliche Beurteilung des BFH gebunden (§ 126 Abs. 5 FGO). Bei der Zurückverweisung handelt es sich meist um Fälle, in denen noch Feststellungen tatsächlicher Art oder Beweiswürdigungen vorzunehmen sind oder wenn ein Beigeladener ein berechtigtes Interesse daran hat.

Eine Zurückverweisung kommt insbesondere in Betracht, wenn ein geänderter Steuerbescheid nach § 68 FGO Gegenstand des Revisionsverfahrens wird (vgl. Tz 300). Denn hinsichtlich des neuen Verfahrensgegenstandes (Änderungsbescheid) fehlen im finanzgerichtlichen Urteil in aller Regel die erforderlichen tatsächlichen Feststellungen i. S. des § 118 Abs. 2 FGO (BFH, BStBl II 1986, 625; § 127 FGO). In einer Vielzahl von Fällen entscheidet der BFH aber auch nach Erlass von Änderungsbescheiden nach Ergehen des FG-Urteils durch, wenn sich der eigentliche Streitgegenstand nicht geändert hat (vgl. BFH, BStBl II 2006, 20).

Die Entscheidung über eine Revision ergeht grundsätzlich durch Urteil aufgrund einer öffentlichen mündlichen Verhandlung (vgl. Tz 301 ff. entsprechend, § 121 FGO). In der Praxis wird oft auf die mündliche Verhandlung verzichtet.

Hält der zuständige Senat des BFH die Revision einstimmig für unbegründet und eine mündliche Verhandlung nicht für erforderlich, so kann er nach Anhörung der Beteiligten über die Revision in der Besetzung von fünf Richtern einstimmig durch Beschluss entscheiden. Die Voraussetzungen des Beschlussverfahrens sind im Beschluss festzustellen. Der Beschluss soll eine kurze Begründung enthalten (§ 126a FGO); einer Begründung bedarf es nicht, wenn der BFH Rügen über Verfahrensmängel in bestimmten Fällen für nicht durchgreifend erachtet (§ 126 Abs. 6, § 126a FGO). Eine Verböserung gegenüber dem Revisionsführer ist nur in den Fällen der Anschlussrevision möglich (§§ 121, 96 FGO).

5. Muster für eine Revisionsschrift

> E. Klug
> Steuerberater   Musterstraße 1
> 5000 Köln 1, den 17. Juli 2016
>
> Bundesfinanzhof (Anschrift)
>
> *Revision*
>
> des Felix Muster, Immobilienmakler in 5000 Köln 1, Musterstraße 10 – Kläger und Revisionskläger – Prozessbevollmächtigter: Steuerberater E. Klug
>
> *gegen* das Finanzamt Köln-Ost, vertreten durch den Vorsteher, – Beklagter und Revisionsbeklagter –
>
> wegen Umsatzsteuer des Jahres 2013.
>
> Gegen das am 25.6.2016 zugestellte Urteil des Finanzgerichts Köln vom 29.5.2016, Aktenzeichen ... wird Revision eingelegt.
>
> Antrag und Begründung folgen in einer gesonderten Revisionsbegründungsschrift. Zweitschrift und Abschrift des Urteils sind beigefügt.
>
> Unterschrift (Steuerberater)

IV. Beschwerde

Gegen Entscheidungen des Finanzgerichts, des Vorsitzenden oder des Berichterstatters, die nicht Urteile oder Gerichtsbescheide sind, ist grundsätzlich die Beschwerde eröffnet (§ 128 Abs. 1 FGO). Prozessleitende Verfügungen, Aufklärungsanordnungen, Vertagungs- oder Beweisbeschlüsse, Verbindungen und Trennungen von Verfahren können aber nicht mit der Beschwerde angefochten werden.

Außerdem können Beschlüsse in Verfahren wegen der Ablehnung von Gerichtspersonen etc., wegen Prozesskostenhilfe und bei Einstellung nach Klagerücknahme sowie nach Zurückweisung nicht vertretungsbefugter Bevollmächtigter (§ 62 Abs. 3 FGO) nicht mit der Beschwerde angefochten werden. Nach § 128 Abs. 3 FGO ist die Beschwerde gegen Entscheidungen über vorläufige Rechtsschutzanträge (§§ 69, 114 FGO) nur zulässig, wenn sie in der Entscheidung zugelassen wurde. Die Beschwerde in Kostensachen ist nach § 128 Abs. 4 FGO ausgeschlossen; ebenso ausgeschlossen ist die Beschwerde gegen Streitwertfestsetzungen (§ 66 Abs. 3 i.V. mit § 68 Abs. 2 Satz 6 Gerichtskostengesetz).

Zur Nichtzulassungsbeschwerde vgl. Tz 314.

Die Frist für eine statthafte Beschwerde beträgt zwei Wochen. Sie ist beim FG einzulegen, es ist *Schriftform* vorgeschrieben (§ 129 FGO) und Vertretungszwang (§ 62 Abs. 4 Satz 2 FGO; BFH, GrS, BStBl II 1984, 439; BFH/NV 2011, 811). Hilft das FG der Beschwerde nicht ab, so entscheidet der BFH durch Beschluss (§§ 130, 132 FGO).

V. Kosten

328 Das gerichtliche Rechtsbehelfsverfahren ist kostenpflichtig. Gemäß § 139 FGO sind Kosten die Gerichtskosten (Gebühren und Auslagen) und die zur zweckentsprechenden Rechtsverfolgung oder Verteidigung notwendigen Aufwendungen der Beteiligten einschließlich der Kosten des Vorverfahrens. Die Aufwendungen der Finanzbehörde sind auch dann nicht zu erstatten, wenn diese den Rechtsstreit gewinnt. Die Kosten eines Bevollmächtigten oder Beistandes für das *Vorverfahren* sind erstattungsfähig, wenn das Gericht die Zuziehung für das Vorverfahren für notwendig erklärt. Ein entsprechender Antrag kann mit dem Kostenfestsetzungsantrag verbunden werden.

Grundsätzlich trägt die Kosten des Verfahrens, wer *unterliegt* (§ 135 Abs. 1 FGO). Unterliegt z. B. die Finanzbehörde, so muss sie die Gerichtskosten tragen und dem obsiegenden Steuerpflichtigen die notwendigen Aufwendungen (Honorar des Prozessbevollmächtigten und dessen Auslagen) ersetzen. Gewinnt die Finanzbehörde den Rechtsstreit, so muss der Steuerpflichtige die Gerichtskosten und seine eigenen Kosten tragen. Die Kosten der Finanzbehörde fallen ihm jedoch nicht zur Last.

Gewinnt ein Steuerpflichtiger einen Rechtsstreit vor dem Finanzgericht nur teilweise, so sind die Kosten in einem entsprechenden Verhältnis zu teilen (§ 136 Abs. 1 FGO).

> **BEISPIEL:** Der Steuerpflichtige beantragt, einen Steuerbescheid um 10 000 € zu ermäßigen. Das Finanzgericht gibt der Klage nur teilweise statt und ermäßigt die Steuer um 3 000 €. Der Steuerpflichtige trägt 70 % der Kosten, weil er nur i. H. von 30 % seines Klageantrages obsiegt hat.

Auch einem Beteiligten, der einen Rechtsstreit vor dem Finanzgericht gewinnt, können die Kosten ganz oder teilweise auferlegt werden, wenn er Tatsachen, auf denen die Entscheidung beruht, früher hätte geltend machen oder beweisen können und sollen (Spezialregelung für Vorlage von Unterlagen nach Frist gemäß § 364b AO in § 137 Satz 3 FGO). Ferner können Kosten, die durch das Verschulden eines Beteiligten entstanden sind, diesem auferlegt werden (§ 137 FGO).

Wer einen Antrag, eine Klage, eine Beschwerde oder Revision *zurücknimmt*, trägt die Kosten (§ 136 Abs. 2 FGO). Erledigt sich die Hauptsache ohne gerichtliche Entscheidung (z. B. weil sich die Beteiligten einigen), so entscheidet das Gericht unter Berücksichtigung der Prozessaussichten nach billigem Ermessen über die Kosten (§ 138 Abs. 1 FGO).

Für die *Prozesskostenhilfe* gelten nach § 142 FGO die Vorschriften der ZPO sinngemäß. Ist Prozesskostenhilfe bewilligt, kann ein Berater beigeordnet werden. Grundsätzlich besteht die Hilfe nur in einer Befreiung von der *sofortigen* und *vollen* Entrichtung der Verfahrenskosten bei Auferlegung von Ratenzahlungen. Wegen der Einzelheiten wird auf die über § 142 FGO anwendbaren §§ 114 ff. ZPO verwiesen.

Die Arten der in den verschiedenen Verfahren anfallenden Gebühren und deren Höhe ergeben sich aus dem Gerichtskostengesetz und den Anlagen zu diesem Gesetz.

Zur Beschwerde in Kostensachen siehe Tz 327.

VI. Vorläufiger Rechtsschutz

Im Finanzprozess wird der vorläufige Rechtsschutz durch die Aussetzung der Vollziehung (AdV, § 69 FGO) und die einstweilige Anordnung (§ 114 FGO) gewährleistet. In beiden Verfahren entscheidet das FG durch Beschluss (vgl. § 69 Abs. 6 und § 114 Abs. 4 FGO). Entscheidungen im vorläufigen Rechtsschutz sind nicht revisibel (zur Beschwerde siehe Tz 327).

329

Die Aussetzung der Vollziehung erfolgt nach § 69 Abs. 3 FGO nach den gleichen Regelungen wie im außergerichtlichen Verfahren (vgl. TZ 261 ff.). Die wichtigsten Besonderheiten des gerichtlichen Verfahrens sind in Tz 269 dargestellt.

Nur soweit vorläufiger Rechtsschutz nicht durch Aussetzung der Vollziehung erlangt werden kann, kommt die einstweilige Anordnung gemäß § 114 FGO in Betracht (§ 114 Abs. 5 FGO, Subsidiaritätsklausel). § 114 FGO bietet die Möglichkeit einer Vorläufigkeitsregelung bei nicht vollziehbaren Verwaltungsakten. Sie ist deshalb nach wohl h. M. in den Fällen der Verpflichtungsklage (§ 40 Abs. 1 FGO), der allgemeinen Leistungsklage (§ 40 Abs. 1 FGO) und der Feststellungsklage (§ 41 FGO) möglich. Am häufigsten kommt sie im Bereich des Vollstreckungsverfahrens vor (Aufhebung einer Pfändungsverfügung, Rücknahme eines Insolvenzantrages).

Nach § 114 Abs. 1 Satz 1 FGO kann das Gericht, auch schon vor Klageerhebung, eine einstweilige Anordnung in Bezug auf den Streitgegenstand treffen, wenn die Gefahr besteht, dass durch eine Veränderung des bestehenden Zustandes die Verwirklichung eines Rechts des Antragstellers vereitelt oder wesentlich erschwert wird (so genannte *Sicherungsanordnung*). Sie hat Bedeutung im Bereich der Unterlassungsbegehren. Nach Satz 2 der Vorschrift sind einstweilige Anordnungen auch zur Regelung eines vorläufigen Zustandes in Bezug auf ein streitiges Rechtsverhältnis zulässig, wenn diese Regelung, vor allem bei dauernden Rechtsverhältnissen, um wesentliche Nachteile abzuwenden oder drohende Gewalt zu verhindern oder aus anderen Gründen nötig erscheint (so genannte *Regelungsanordnung*). Nach § 114 Abs. 3 FGO i.V. m. § 920 ZPO obliegt es dem Antragsteller, den Anspruch und den Grund für den Erlass der einstweiligen Anordnung zu bezeichnen und glaubhaft zu machen (BFH, BStBl II 2009, 839 m. w. N.). Voraussetzung für einen erfolgreichen Antrag ist also, dass der Antragsteller den Anspruch, aus dem er sein Begehren herleitet (sog. *Anordnungsanspruch*) und einen Grund für die zu treffende Regelung (sog. *Anordnungsgrund*) schlüssig darlegt und deren tatsächliche Voraussetzungen glaubhaft macht.

Ein Anordnungsgrund besteht, wenn eine einstweilige Regelung in Bezug auf das streitige Rechtsverhältnis zur Abwendung wesentlicher Nachteile, zur Verhinderung drohender Gewalt oder aus anderen Gründen nötig erscheint. Das ist der Fall, wenn ohne eine vorläufige Regelung die wirtschaftliche oder persönliche Existenz der Antragstellerin bedroht wäre (BFH a. a. O.). Geringere Beeinträchtigungen des Antragstellers bei Fortbestehen des bisherigen Zustandes reichen grundsätzlich nicht aus, um eine einstweilige Anordnung zu begründen (BFH, BStBl II 2009, 839 m. w. N.). Sie ist grundsätzlich unzulässig, soweit sie das Ergebnis der Entscheidung in der Hauptsache praktisch vorwegnehmen und damit dieser endgültig vorgreifen würde (BFH, BStBl II 2009, 839; zu Ausnahmen vgl. BFH, BStBl II 2000, 320 m. w. N.).

(Einstweilen frei)

330–339

I. Steuerstraf- und Steuerordnungswidrigkeitenrecht

1. Einführung

340 Der 8. Teil der AO enthält Straf- und Bußgeldvorschriften und Bestimmungen über das Straf- und Bußgeldverfahren (§§ 369 ff. AO). In der AO ist das Steuerstraf- und Ordnungswidrigkeitenrecht nicht abschließend geregelt. Ergänzend greifen insbesondere Vorschriften des Strafgesetzbuches (StGB, Allgemeiner Teil), der Strafprozessordnung (StPO) und des Gesetzes über Ordnungswidrigkeiten (OWiG) ein. Die Verwaltungssicht und Handlungsanweisungen ergeben sich aus den Anweisungen für das Straf- und Bußgeldverfahren - AStBV - (BStBl I 2013, 1394).

Straftaten sind gesetzlich mit *Strafe* bedrohte Handlungen. Die in der AO geregelten *Straftatbestände* können nur *vorsätzlich* (bewusst und gewollt) verwirklicht werden. Die praktisch häufigste Steuerstraftat ist die *Steuerhinterziehung* (vorsätzliche Steuerverkürzung gem. § 370 AO). Die Finanzbehörden (Strafsachenstellen) dürfen keine Strafen verhängen. Die Bestrafung ist ausschließlich Sache der ordentlichen Gerichte. Das *Steuerstrafverfahren* ist ein normales Strafverfahren; es gilt daher grundsätzlich das Legalitätsprinzip. Aus § 152 Abs. 2 StPO ergibt sich, dass die Staatsanwaltschaft, soweit nicht gesetzlich ein anderes bestimmt ist, verpflichtet ist, wegen aller verfolgbaren Straftaten einzuschreiten, sofern zureichende tatsächliche Anhaltspunkte vorliegen (*Verfolgungszwang*). § 386 Abs. 1 AO regelt die entsprechende Verpflichtung für die Finanzbehörde. Folgerichtig besteht grundsätzlich eine Pflicht bei Vorliegen eines Anfangsverdachtes ein Strafverfahren einzuleiten bzw. bei hinreichendem Tatverdacht Anklage zu erheben oder den Antrag auf Erlass eines Strafbefehls zu stellen. Verständigungen und Vereinbarungen im Strafverfahren sind nur innerhalb der Grenzen zulässig, die das Strafrecht selber setzt (vgl. BVerfG, wistra 1987, 134) Zur Verfassungsmäßigkeit des sogenannten Deals im Steuerstrafverfahren gemäß § 257c StPO vgl. BVerfG, NJW 2013, 1058). Straftaten werden in ein Strafregister eingetragen.

Im Übrigen ist stets zu beachten, dass § 393 Abs. 1 AO das Verhältnis von Steuerverfahren und Steuerstrafverfahren dahingehend regelt, dass beide Verfahren nach den für sie einschlägigen Vorschriften zu betreiben sind. Das hat große Bedeutung, wenn im Steuerverfahren (z. B. bei §§ 71 oder 235 AO) strafrechtliche Vorfragen entschieden werden müssen. Die *Vermutung der Schuldlosigkeit (in dubio pro reo)* ist wie das Recht auf ein faires Strafverfahren im Rechtsstaatsprinzip (Art. 20 GG; auch Art. 6 EMRK) verankert. Bei nicht behebbaren Zweifeln ist für Straf- wie Steuerrecht die Feststellung einer Steuerhinterziehung mittels reduzierten Beweismaßes – also im Schätzungswege – nicht zulässig. Hängt die Rechtmäßigkeit eines Bescheides davon ab, dass eine Steuerhinterziehung vorliegt, kann das Gericht eine Straftat nur feststellen, wenn es von ihrem Vorliegen überzeugt ist (BFH, BStBl II 2007, 364). Die Schätzung der Höhe nach ist aber sowohl strafrechtlich als auch steuerrechtlich zulässig (BGH, NJW 2007, 2934; BFH/NV 2008, 597).

Der Steuerpflichtige hat auch im Strafverfahren Anspruch auf rechtliches Gehör (Art. 103 Abs. 1 GG; Art. 6 EMRK). Anders als im Steuerverfahren, wo die Verweigerung der Mitwirkung regelmäßig zur Schätzung nach § 162 AO führt, steht dem Beschuldigten im Strafverfahren ein Aussageverweigerungsrecht zu. Der Beschuldigte ist in den einzelnen Phasen des Verfahrens nach § 136 Abs. 1 Satz 2 und § 243 Abs. 4 Satz 1 StPO darauf hinzuweisen, dass es ihm freisteht, sich zu einer Beschuldigung zu äußern oder nicht zur Sache auszusagen. Verweigert der Beschuldigte jede Aussage zur Sache, so dürfen hieraus für ihn bei der Beweiswürdigung keine nachteiligen Folgerungen gezogen werden. Dies gilt auch, wenn ihm mehrere Taten vorgeworfen werden und er nur zu einer oder mehreren dieser Taten die Aussage verweigert. Anders kann es sein, wenn er nur zu einzelnen Punkten einer Tat schweigt. Der fehlende Hinweis auf das Aussageverweigerungsrecht nach § 136 Abs. 1 Satz 2 StPO kann zu einem Beweisverwertungsverbot führen (vgl. BGH, NJW 2003, 1123). Wird also zum Beispiel im Verlaufe einer Außenprüfung ein Strafverfahren eingeleitet, muss das Finanzamt den Steuerpflichtigen belehren, wenn es den Eintritt eines strafrechtlichen Verwertungsverbotes verhindern will (vgl. BGH, NJW 2005, 2723). Ein steuerliches Verwertungsverbot bei Verstoß gegen die Belehrungspflicht (§ 393 Abs. 1 Satz 4 AO) besteht nicht. Über die Frage, ob über das Aussageverweigerungsrecht belehrt wurde, ist im Freibeweis zu entscheiden. Der Grundsatz in dubio pro reo gilt insoweit nicht.

Ordnungswidrigkeiten sind Gesetzesverstöße, die nach dem Gesetz mit *Geldbuße* geahndet werden können. Die Einstufung als Ordnungswidrigkeit bedeutet, dass der Gesetzgeber den Gesetzesverstoß nicht für kriminelles Unrecht (moralisch vorwerfbares Verhalten) hält. Steuerordnungswidrigkeiten können von den *Finanzbehörden* mit einem Bußgeld geahndet werden. Gegen den Bußgeldbescheid ist der Einspruch zulässig, über den das zuständige ordentliche Gericht entscheidet. Im Ordnungswidrigkeitenverfahren gilt nach § 47 OWiG bzw. nach § 377 Abs. 2 AO das Opportunitätsprinzip. Die Verfolgung der Ordnungswidrigkeiten liegt im pflichtgemäßen Ermessen der Verfolgungsbehörden. Es besteht *kein Verfolgungszwang*. Steuerordnungswidrigkeiten werden nicht in ein Register eingetragen.

II. Strafrecht – Allgemeiner Teil
1. Straftat

Strafbar ist eine 341

- ▶ tatbestandsmäßige,
- ▶ mit Strafe bedrohte,
- ▶ rechtswidrige und
- ▶ schuldhaft begangene Handlung.

Ein Verhalten darf nur bestraft werden, wenn es *alle* Merkmale eines gesetzlichen Straftatbestandes erfüllt. Die Bestrafung darf nur aufgrund eines Gesetzes erfolgen, das *vor der Tat* in Kraft getreten ist (Rückwirkungsverbot für Strafgesetze; §§ 1, 2 StGB; Art. 103 Abs. 2 GG). Wird ein Gesetz, das kein Zeitgesetz (befristetes Gesetz i. S. des § 2 Abs. 4 StGB) ist, vor der Entscheidung geändert, so ist das mildeste Gesetz anzuwenden. Das spielte bei der Frage, ob Vermögensteuerhinterziehungen für die Jahre vor 1997 strafbar sind, eine bedeutsame Rolle (vgl. BGH, BStBl II 2002, 259).

Es gibt zwei Grundformen der Verwirklichung des subjektiven Tatbestands: Vorsatz und Fahrlässigkeit. *Vorsatz* ist *bewusste* und *gewollte* Verwirklichung des Straftatbestandes. *Fahrlässig* handelt, wer die erforderliche Sorgfalt außer Acht lässt, obwohl er seine Sorgfaltspflicht nach den Umständen des Falles und seinen persönlichen Fähigkeiten erfüllen könnte. *Leichtfertig* handelt nach BFH/NV 1996, 731 wer diejenige Sorgfalt außer Acht lässt, zu der er nach den besonderen Umständen des Falles und seinen persönlichen Fähigkeiten und Kenntnissen verpflichtet und imstande ist, obwohl sich ihm hätte aufdrängen müssen, dass dadurch eine Steuerverkürzung eintreten wird.

Steuerstraftaten können nur vorsätzlich begangen werden. Steuerordnungswidrigkeiten dagegen auch fahrlässig. Zum Tatbestandsirrtum siehe nachfolgend bei der Schuld.

Wer den Tatbestand eines Strafgesetzes erfüllt, handelt *rechtswidrig*, wenn kein Rechtfertigungsgrund vorliegt. Die Rechtfertigungsgründe (z. B. Notwehr, Notstand gem. §§ 32 ff. StGB) sind für das Steuerrecht praktisch bedeutungslos.

Auch wer *tatbestandsmäßig* und *rechtswidrig* handelt, kann nur bestraft werden, wenn ein *Verschulden* vorliegt. Verschulden bedeutet, dass dem Täter *subjektiv* vorzuwerfen ist, er habe anders handeln *können* und *müssen*. Verschulden setzt Schuldfähigkeit voraus. Das ist die Fähigkeit, das Unrecht des tatbestandsmäßigen Verhaltens *einzusehen und* nach dieser *Einsicht zu handeln.* Kinder sind bis zur Vollendung des 14. Lebensjahres schuldunfähig (§ 19 StGB). Bei Jugendlichen (14 bis 18 Jahre) *kann* die Schuldfähigkeit fehlen (§§ 1, 3 Jugendgerichtsgesetz – JGG). Auf Heranwachsende (18 bis 21 Jahre) kann ggf. Jugendstrafrecht angewendet werden (§§ 1, 105 JGG). Erwachsene über 21 Jahre sind grundsätzlich voll schuldfähig. Ein Verschulden entfällt, wenn ein *Schuldausschließungsgrund* vorliegt. Als *Schuldausschließungsgrund* kommt im Steuerstrafrecht praktisch nur der *Irrtum* in Betracht. Dabei ist zu unterscheiden zwischen dem *Tatbestandsirrtum* und einem *Verbotsirrtum*. Ein *Tatbestandsirrtum* liegt vor, wenn der Täter infolge eines Irrtums bei Begehung der Tat einen Umstand nicht kennt, der zum gesetzlichen Tatbestand gehört (der Täter weiß nicht, was er tut). Durch diesen Irrtum wird bereits der zum Tatbestand gehörende *Vorsatz ausgeschlossen*. Eine Bestrafung wegen fahrlässiger Begehung ist jedoch möglich (§ 16 StGB). Tatumstände im Sinne dieser Vorschrift sind nicht nur tatsächliche Vorgänge (Fakten). Auch steuerrechtliche Unkenntnis kann den Vorsatz ausschließen.

BEISPIEL: Der alleinstehende Arbeitnehmer geht mit 62 Jahren in den Ruhestand. Er erhält eine Rente und eine Betriebsrente. Bei einer Prüfung fällt auf, dass der Arbeitnehmer – neben vielen anderen – seit dem Ausscheiden aus dem aktiven Dienst keine ESt-Erklärungen mehr abgegeben hat. Die beiden hohen Renten zusammen führten aber zu einer Steuerpflicht in erheblichem Umfang. Der Arbeitnehmer wendet ein, dass er nicht gewusst habe, dass Renten steuerpflichtig seien.

Wenn der Irrtum nicht widerlegbar ist, kommt eine Bestrafung wegen Hinterziehung nicht in Betracht, da es an einer bewussten und gewollten Steuerverkürzung fehlt.

Beim *Verbotsirrtum* irrt sich der Täter über das *Unerlaubte* seines Tuns, obwohl ihm alle tatsächlichen Umstände bekannt sind. Der Vorsatz wird nicht ausgeschlossen. Denn der Täter kennt die Merkmale des gesetzlichen Tatbestandes und will sie verwirklichen. Ist der *Irrtum über das Unrecht* des Verhaltens für den Täter *unvermeidbar*, so schließt der Verbotsirrtum trotz Vorsatzes die *Schuld* aus (§ 17 StGB). Konnte der Täter den Irrtum nach seinen subjektiven Kenntnissen und Fähigkeiten *vermeiden,* so kommt eine Strafmilderung gem. § 49 Abs. 1 StGB in Betracht. Im Steuerstrafrecht ist wegen der Möglichkeit und Pflicht, fachkundigen Rat einzuholen, der Verbotsirrtum in aller Regel vermeidbar.

Die Ahndung einer Straftat ist ausgeschlossen, wenn die Tat verjährt ist. Die Regelung der *Verjährung* findet sich im fünften Abschnitt des Allgemeinen Teils des StGB, in den §§ 78 ff. StGB. Dort sind die Regeln über die Verjährungsfrist (§ 78 StGB), über den Beginn der Verjährung (§ 78a StGB) und Unterbrechungen (§ 78c StGB) zu finden. Nach § 376 Abs. 1 AO beträgt die Verjährungsfrist in den Fällen der besonders schweren Steuerhinterziehung gemäß § 370 Abs. 3 Satz 2 Nr. 1 bis 5 AO abweichend von den allgemeinen Regeln 10 Jahre. Wichtig ist, dass die Unterbrechung – wie auch im Steuerrecht (§ 231 AO) – zu einer kompletten neuen Verjährungsfrist, höchstens aber zu einer Verdopplung der Verjährungsfrist (§ 78c Abs. 3 Satz 2 StGB) führt. Nach § 78 Abs. 2 Nr. 4 StGB *verjährt die Steuerhinterziehung* grundsätzlich in *fünf* Jahren (beachte aber § 376 Abs. 1 AO: 10 Jahre). Die Verjährung beginnt zu laufen, wenn die Tat beendet ist, also z. B. bei der Umsatzsteuer mit der Abgabe der falschen Steueranmeldung nach § 168 Satz 1 AO (zu den Besonderheiten bei der Schenkungssteuer vgl. BGH, NJW 2011, 3249.

2. Täterschaft und Teilnahme

Täter ist, wer selbst oder durch einen anderen eine Straftat begeht (§ 25 StGB). Führen mehrere eine Straftat gemeinsam aus, wobei jeder einen Tatbeitrag leistet und jeder den Tatbeitrag des anderen in seinen Willen mit aufnimmt, so sind alle Beteiligten *Mittäter*. Jeder muss sich strafrechtlich das Handeln des anderen zurechnen lassen.

342

> **BEISPIEL:** Aufgrund einer Gehaltserhöhung erklärt sich der Buchhalter einer OHG bereit, Einnahmen nicht zu verbuchen. Er erstellt unrichtige Steuererklärungen, die vom geschäftsführenden Gesellschafter der OHG unterschrieben und abgegeben werden. Obwohl die Nichtverbuchung der Einnahmen und der Entwurf der Steuererklärung als solche noch keine (versuchte) Steuerhinterziehung darstellen, sondern bloße Vorbereitungshandlungen sind (vgl. Tz 343), kann der Buchhalter wegen Steuerhinterziehung als *Täter* bestraft werden.

Beihilfe und *Anstiftung* sind Formen der Teilnahme an strafbaren Handlungen. Wer einem anderen zu einer Straftat Hilfe leistet, wird als *Gehilfe* milder bestraft (§ 27 StGB).

Anstifter ist, wer vorsätzlich einem anderen zu einer vorsätzlichen und rechtswidrigen Straftat bestimmt. „Bestimmen" bedeutet: Hervorrufen des Tatentschlusses (§ 26 StGB). Anstifter werden wie Täter bestraft.

3. Vorbereitung – Versuch – Vollendung

Die *Vorbereitung* einer Straftat ist (grundsätzlich als solche) nicht mit Strafe bedroht (vgl. Tz 355).

343

> **BEISPIEL:** Der Steuerpflichtige verfälscht eine Eingangsrechnung über 1 000 + 190 € Umsatzsteuer, indem er eine Null hinzufügt (10 000 + 1 900 € Umsatzsteuer). Er will die verfälschte Rechnung seinen Steuererklärungen zugrunde legen. – Es liegen eine Urkundenfälschung (§ 267 StGB) und eine Steuergefährdung durch unrichtige Verbuchung vor (§ 379 AO). Diese

Tatbestände sind vollendet. Bezüglich der geplanten *Steuerhinterziehung* handelt es sich jedoch nur um eine straflose *Vorbereitungshandlung*.

Ein *Versuch* ist gegeben, wenn der Täter nach seiner Vorstellung unmittelbar zur Verwirklichung des Tatbestandes ansetzt (§ 22 StGB). Da die meisten Steuerstraftaten *Vergehen* sind, ist insoweit eine *versuchte Steuerstraftat nur strafbar (§ 23 StGB)*, wenn dies im Gesetz ausdrücklich vorgesehen ist (z. B. bei der Steuerhinterziehung; § 370 Abs. 2 AO). Der Versuch kann milder bestraft werden als die vollendete Tat (§ 23 StGB). *Vollendung* liegt vor, wenn *sämtliche* Merkmale des gesetzlichen Tatbestandes erfüllt sind.

BEISPIEL: Der Steuerpflichtige gibt bewusst eine zu seinem Vorteil unrichtige Steuererklärung ab. Die Fertigung der unrichtigen Steuererklärung ist *straflose Vorbereitungshandlung*, die Abgabe der Erklärung eine versuchte Steuerhinterziehung. *Vollendet* ist die Steuerhinterziehung, wenn die Finanzbehörde aufgrund der unrichtigen Steuererklärung die *Steuer festsetzt*.

Von besonderer Bedeutung ist die Abgrenzung von Vorbereitungshandlung und Tathandlung (Beihilfe) bei der Mithilfe von Bankmitarbeitern beim anonymisierten Geldtransfer ins Ausland. Der BGH hat in BStBl II 2001, 79 bei Erfüllung bestimmter Voraussetzungen die Beihilfe des Bankmitarbeiters zu der erst in der Abgabe der Steuererklärung in den Folgejahren liegenden Hinterziehung bejaht (Beihilfe im Vorbereitungsstadium). Die Hinterziehung muss aber festgestellt werden (BFH, BStBl II 2013, 526). Bei neutralen Handlungen von Berufsträgern hat der BGH nach Maßgabe der Kenntnis des Berufsträgers abgegrenzt (BGH, NJW 2003, 2996). Viele Vorbereitungshandlungen fallen unter § 379 AO, Steuergefährdung.

III. Steuerstrafrecht – Besonderer Teil

1. Steuerhinterziehung gem. § 370 Abs. 1 AO

344 Strafbar ist eine Steuerverkürzung (objektiver Tatbestand) als Hinterziehung nur, wenn jemand vorsätzlich

- der Behörde über steuerliche Tatsachen *unrichtige* oder *unvollständige* Angaben macht oder
- die Finanzbehörden *pflichtwidrig* über steuerlich erhebliche Tatsachen *in Unkenntnis* lässt oder
- pflichtwidrig die Verwendung von Steuerzeichen oder Steuerstempeln unterlässt (§ 370 AO).
- In den Fällen des § 370 Abs. 1 Nr. 1 AO muss die Behörde nicht getäuscht werden (BGH, NJW 2011, 1299 und DStR 2013, 140), eine Hinterziehung kann also eintreten, obwohl das Finanzamt den richtigen Sachverhalt kennt. Die „schlichte Nichtzahlung" von Steuern ist nicht strafbar.

BEISPIEL: Ein Steuerpflichtiger gibt zutreffende Lohnsteueranmeldungen (Umsatzsteuervoranmeldungen) ab, zahlt jedoch nicht. Eine Steuerhinterziehung liegt nicht vor. – Wer vorsätzlich oder leichtfertig Steuerabzugsbeträge nicht einbehält oder abführt (obwohl er sie anmeldet), begeht jedoch gem. § 380 AO eine Ordnungswidrigkeit.

Die Steuerhinterziehung kann grundsätzlich jedermann, nicht nur der Steuerpflichtige begehen. Die Unterlassungstat setzt allerdings eine Handlungspflicht voraus, so dass insoweit i.d.R. nur der Steuerpflichtige als tauglicher Täter in Betracht kommt (BGH, DStR 2013, 1177). Insbesondere bei der Berichtigungspflicht nach § 153 AO kann handlungspflichtig z.B. ein neuer Geschäftsführer der GmbH oder ein Erbe sein. Als Gehilfen (vgl. § 27 StGB, Beihilfe) kommen aber auch Dritte in Betracht, also z.B. Steuerberater und Fachgehilfen (vgl. BFH/NV 2008, 23) oder Bankmitarbeiter (vgl. BGH, NJW 2003, 2996).

Steuern sind nach § 370 Abs. 4 AO insbesondere dann verkürzt, wenn sie aufgrund unrichtiger Angaben

- nicht oder nicht in voller Höhe festgesetzt oder
- nicht rechtzeitig festgesetzt werden.

> **BEISPIEL:** Der Steuerpflichtige erwirkt durch unzutreffende Angaben, dass die Umsatzsteuer Januar 2016 zu niedrig festgesetzt wird. In der Voranmeldung für Juni 2016 deklariert der Steuerpflichtige die Umsätze aus Januar nach. Eine Steuerhinterziehung auf Zeit ist gegeben.

Der Tatbestand der Steuerhinterziehung wird *nicht* dadurch ausgeschlossen, dass dem Täter kein Vorteil und dem Fiskus kein Nachteil entsteht. § 370 AO setzt tatbestandsmäßig *keinen Schaden voraus!*

> **BEISPIEL:** Ein Unternehmer gestellt Waren bei der Einfuhr nicht der Zollbehörde. Im Strafverfahren wegen Hinterziehung der Einfuhrumsatzsteuer lässt er sich ein, er habe keinen Vorteil erstrebt, sondern die Ware lediglich aus Gründen der Zeitersparnis nicht gestellt. Die Entrichtung der Einfuhrumsatzsteuer sei eine überflüssige Formalität, weil er die Einfuhrumsatzsteuer als Vorsteuer hätte verrechnen können. – Die Einlassung ist unerheblich. Es liegt eine Steuerhinterziehung vor. Dass dem Steuerpflichtigen nur ein geringfügiger Zinsvorteil entstanden sein kann, spielt jedoch für die Frage der Einstellung des Verfahrens wegen Geringfügigkeit und die Strafzumessung eine Rolle.

Eine Steuerhinterziehung entfällt nicht dadurch, dass die Steuer aus anderen Gründen hätte ermäßigt werden müssen (Kompensationsverbot gem. § 370 Abs. 4 Satz 3 AO).

> **BEISPIEL:** Bei einer Außenprüfung wird festgestellt, dass der Steuerpflichtige durch Nichtverbuchung von Einnahmen Umsatz- und Einkommensteuer verkürzt hat. Die Prüfung führt jedoch per Saldo zu einer Steuererstattung, weil der Steuerpflichtige zu seinem Nachteil andere Umsätze ohne Steuerausweis in Rechnungen mit 19% statt mit 7% versteuert und außerdem mit den Einnahmen nicht zusammenhängende Betriebsausgaben nicht geltend gemacht hat. – Die Erstattung schließt den Tatbestand der Steuerhinterziehung nicht aus.

Steuerhinterziehung begeht auch, wer dadurch nicht gerechtfertigte Steuervorteile erlangt, dass er der Finanzbehörde unrichtige (unvollständige) Angaben macht, z.B. Vermögensverschleierung bei Erlassantrag, oder sie pflichtwidrig über steuerlich erhebliche Tatsachen in Unkenntnis lässt. Auch die Herbeiführung fehlerhaft zu geringer Gewinnfeststellungen kann zur vollendeten Steuerhinterziehung führen (BGH, HFR 2009, 615).

Der besonders schwere Fall der Steuerhinterziehung (§ 370 Abs. 3 AO) führt zu einer auf 10 Jahre verlängerten Verjährungsfrist (vgl. dazu Tz 341). Das Merkmal des großen Ausmaßes in § 370 Abs. 3 Nr. 1 AO hat der BGH bei Erlangung ungerechtfertigter Zahlungen (z.B. Vorsteuererschleichung) mit 50.000 € und bei Gefährdung des Steueraufkommens mit 100.000 € je Tat interpretiert (BGH, NJW 2009, 528). Diese Grenzen sind nicht mit den Strafzumessungsgrenzen zu verwechseln, also z.B. dem Gesamtschaden von 1 Mio. €, bei dem i. d. R. keine Freiheitsstrafe zur Bewährung mehr in Betracht kommt (vgl. dazu BGH, NJW 2012, 2599).

2. Strafbefreiende Selbstanzeige gem. § 371 AO

345 Gibt der Täter oder Teilnehmer einer Steuerhinterziehung gem. § 370 AO eine Selbstanzeige nach Maßgabe des § 371 AO ab, so wird er nicht nach § 370 AO bestraft. Die Voraussetzungen für eine Straffreiheit sind durch die Neufassung der Vorschrift mit Wirkung ab dem 1.1.2015 nochmals verschärft worden. Die Selbstanzeige ist ein persönlicher Strafaufhebungsgrund, der nur für Taten gem. § 370 AO gilt (vgl. aber auch § 378 Abs. 3 AO). Die Selbstanzeige soll dem Fiskus bislang verborgene Steuerquellen erschließen und dem Steuerhinterzieher den Weg zur Steuerehrlichkeit ebnen.

Die Straffreiheit setzt voraus

- ▶ eine Selbstanzeigehandlung gem. § 371 Abs. 1 AO,
- ▶ die fristgerechte Nachzahlung der hinterzogenen Steuern einschließlich der Zinsen gem. § 235 AO und § 233a AO (§ 371 Abs. 3 AO) sowie
- ▶ keinen Ausschluss der Straffreiheit gem. § 371 Abs. 2 AO

Zur Selbstanzeigehandlung (§ 371 Abs. 1 AO): Die Selbstanzeige (= „Materiallieferung") muss der Wahrheit entsprechen, vollständig sein (bezügl. aller strafrechtlich unverjährten Steuerstraftaten einer Steuerart, mindestens der letzten zehn Kalenderjahre) und durch eigenes Verhalten des Täters oder Teilnehmers (oder eines von ihnen Beauftragten) erfolgen. Eine besondere Form ist nicht vorgeschrieben. Die Angaben müssen i. d. R. so gehalten sein, dass das Finanzamt in die Lage versetzt wird, ohne langwierige Sachverhaltsermittlungen die Steuer zutreffend festzusetzen.

Zur fristgerechten Nachzahlung (§ 371 Abs. 3 AO): Die Pflicht zur Nachzahlung trifft nur den durch die Steuerhinterziehung Begünstigten. Die Frist setzt die Finanzbehörde nach pflichtgemäßen Ermessen fest (i. d. R. einen Monat). Es handelt sich dabei um eine strafrechtliche Frist.

Zum Ausschluss der Straffreiheit (§ 371 Abs. 2 AO): Die Straffreiheit tritt nicht ein gem. § 371 Abs. 2 AO

- ▶ Nr. 1a: nach Bekanntgabe der Prüfungsanordnung (maßgeblich ist dabei der sachliche und zeitl. Umfang der Prüfungsanordnung, vgl. § 371 Abs. 2 Satz 2 AO),
- ▶ Nr. 1b: nach Bekanntgabe der Einleitung des Straf- oder Bußgeldverfahrens
- ▶ Nr. 1c: nach Erscheinen eines Amtsträgers zur steuerlichen Prüfung oder
- ▶ Nr. 1d: zur Ermittlung einer Steuerstraftat oder Steuerordnungswidrigkeit oder
- ▶ Nr. 1e: zu einer Nachschau
- ▶ Nr. 2: wenn eine der Steuerstraftaten bereits entdeckt war und der Täter dies wusste oder damit rechnen musste,
- ▶ Nr. 3: wenn die verkürzte Steuer (oder der nicht gerechtfertigte Steuervorteil) 25 000 € je Tat übersteigt. In diesem Fall wird gem. § 398a AO von der Verfolgung abgesehen, wenn der Täter die hinterzogenen Steuern und Zinsen entrichtet und

bei einer Hinterziehung bis 100 T € zusätzlich 10 % „Strafgeld" zahlt, bei Hinterziehung bis 1 Mio 15 % und bei Hinterziehung von mehr als 1 Mio 20 %.
▶ Nr. 4: wenn ein besonders schwerer Fall gem. § 370 Abs. 3 Nr. 2 – 5 AO vorliegt.

Zur Rechtsfolge: Straffreiheit erlangt allein derjenige, der die Selbstanzeige abgibt. Bei mehreren Tätern oder Teilnehmer empfiehlt es sich, die Selbstanzeige zusammen abzugeben (z. B. durch einen dazu beauftragten Steuerberater oder Rechtsanwalt). Der Unrechtsgehalt der Tat und die Schuld werden nicht beseitigt. Steuerrechtlich bleibt es bei einer Steuerhinterziehung. D. h., dass §§ 235, 169 Abs. 2 Satz 2, 71 AO etc. auch nach einer Selbstanzeige anwendbar sind.

3. Steueramnestien

In den letzten Jahrzehnten hat der Gesetzgeber mehrere große Steueramnestien gewährt. Mit dem Steuerreformgesetz 1990 wurde das Gesetz über die strafbefreiende Erklärung von Einkünften aus Kapitalvermögen etc. (BStBl I 1988, 224, 259) erlassen. Mit Wirkung zum 1. 1. 2004 wurde das Strafbefreiungserklärungsgesetz – StraBEG – als Teil des Gesetzes zur Förderung der Steuerehrlichkeit erlassen (BStBl I 2004, 22). In der Übergangsregelung zur Neuregelung der strafbefreienden Selbstanzeige in Art. 97 § 24 EGAO ist eine die verschärfte Rechtsprechung des BGH (1 StR 577/09 vom 20. 5. 2010, DStR 2010, 1133) zur Teilselbstanzeige abmildernde (kleine) Amnestie versteckt. Die Vorgänge im Zusammenhang mit dem gescheiterten Steuerabkommen mit der Schweiz, die Ankäufe von Steuer-CDs und die internationalen Bemühungen um die Bekämpfung der Steuerflucht weisen aber für die Zukunft in eine andere Richtung.

346

4. Bannbruch

Wer Gegenstände entgegen einem Verbot einführt, ausführt oder durchführt, begeht Bannbruch. Ist die Tat nicht in anderen Vorschriften mit Strafe oder Geldbuße bedroht, so wird sie wie eine Steuerhinterziehung bestraft (§ 372 AO).

347

5. Gewerbsmäßiger, gewaltsamer und bandenmäßiger Schmuggel

Unter den Voraussetzungen des § 373 AO kann die Hinterziehung von Eingangsabgaben (z. B. Einfuhrumsatzsteuer, Einfuhrabgaben) und der Bannbruch schärfer bestraft werden.

348

6. Steuerhehlerei

Wer Gegenstände (z. B. Tabakwaren), hinsichtlich deren Verbrauchsteuern oder Einfuhrabgaben hinterzogen oder Bannbruch begangen worden ist, ankauft oder auf andere Weise sich oder einem Dritten verschafft, sie absetzt oder bei der Absetzung behilflich ist, um sich oder einen Dritten zu bereichern, begeht eine Steuerhehlerei (§ 374 AO). Die Steuerhehlerei wird wie eine Steuerhinterziehung bestraft. Bei gewerbsmäßiger Begehung richtet sich die Strafe nach § 373 AO.

349

IV. Strafverfahrensrecht

350 Im Strafverfahren wegen Steuerstraftaten gelten die allgemeinen Gesetze über das Strafverfahren, insbesondere die Strafprozessordnung, das Gerichtsverfassungsgesetz und das Jugendgerichtsgesetz, soweit nicht in den §§ 385 ff. AO abweichende Regelungen enthalten sind. Umfangreiche Regelungen finden sich in den Anweisungen für das Straf- und Bußgeldverfahren (Steuer) – AStBV (St) BStBl I 2013, 1394.

1. Zuständigkeit

351 Die Finanzbehörden dürfen keine Strafen verhängen (nur Bußgelder). Ihre Zuständigkeit beschränkt sich auf die *Ermittlung*. Bei dem Verdacht einer Steuerstraftat *muss* die Finanzbehörde grundsätzlich den Sachverhalt selbst ermitteln. Sie kann die Strafsache jedoch auch an die Staatsanwaltschaft abgeben; in den in Abschnitt 22 Abs. 2 AStBV genannten Fällen soll sie die Staatsanwaltschaft auf jeden Fall informieren. Die Staatsanwaltschaft kann die Strafsache jederzeit an sich ziehen (Evokationsrecht, § 386 Abs. 4 AO).

2. Einleitung des Strafverfahrens – Verteidigung

352 Gemäß § 397 Abs. 1 AO ist das Strafverfahren *kraft Gesetzes* eingeleitet, sobald die Finanzbehörde (Polizei, Staatsanwaltschaft, der Strafrichter) eine *Maßnahme trifft, die erkennbar* darauf abzielt, gegen jemanden wegen einer Steuerstraftat *strafrechtlich* vorzugehen. Die Einleitung des Strafverfahrens muss dem Beschuldigten *spätestens* mitgeteilt werden, wenn er aufgefordert wird, strafrechtlich relevante Tatsachen darzulegen (§ 397 Abs. 3 AO).

Nach Einleitung eines Strafverfahrens ist der Beschuldigte darüber zu belehren, welche Tat ihm zur Last gelegt wird, dass ihm ein *Aussageverweigerungsrecht* zusteht und er sich jederzeit eines Verteidigers seiner Wahl bedienen kann (§ 136 Abs. 1 StPO). Zwar bleibt der Beschuldigte auch *während* eines *Strafverfahrens* im *Besteuerungsverfahren insoweit* auskunftspflichtig, als er sich durch die Auskunft der Gefahr strafrechtlicher Verfolgung aussetzt. Insoweit darf die Auskunft jedoch *nicht erzwungen werden* (§ 393 Abs. 1 AO). Verweigert der Steuerpflichtige Auskünfte, so können die Besteuerungsgrundlagen geschätzt werden (§ 162 AO; beachte aber Tz 114, 340). Nach Bekanntgabe der Einleitung eines Strafverfahrens oder Bußgeldverfahrens ist eine straf- oder bußgeldbefreiende Selbstanzeige nicht mehr möglich (§ 371 Abs. 2, § 378 Abs. 3 AO). Die Bekanntgabe der Einleitung hemmt den Ablauf der Festsetzungsfrist (§ 171 Abs. 5 AO) und unterbricht die Verjährung der Strafverfolgung (§ 376 Abs. 2 AO).

Steuerberater, Steuerbevollmächtigte, Wirtschaftsprüfer und vereidigte Buchprüfer können im Strafverfahren zu *Verteidigern* nur gewählt werden, soweit die *Finanzbehörde* das Strafverfahren *selbständig* durchführt, im Übrigen nur zusammen mit einem Rechtsanwalt oder Rechtslehrer an einer deutschen Hochschule (§ 392 AO).

3. Befugnisse der Finanzbehörde als Strafverfolgungsbehörde

Führt die Finanzbehörde ein strafrechtliches Ermittlungsverfahren durch, so nimmt sie die Rechte und Pflichten wahr, die der *Staatsanwaltschaft* im Ermittlungsverfahren zustehen (§ 399 Abs. 1 AO). Sie kann insbesondere den Beschuldigten vernehmen und Zeugen hören (§§ 133 ff., 161 f. StPO). Bei Gefahr im Verzug kann die Finanzbehörde die Wohnung des Verdächtigen durchsuchen und Beschlagnahmen vornehmen (vgl. Abschnitt 60 Abs. 5 AStBV). Ist Gefahr im Verzug und besteht dringender Tatverdacht, sind die Finanzbehörden auch zur vorläufigen Festnahme befugt, wenn Flucht- oder Verdunkelungsgefahr vorliegt (§§ 127 ff., 112 StPO).

353

Die Finanzbehörde hat das Recht auf Akteneinsicht in die Akten, die dem Gericht vorliegen bzw. ggf. dem Gericht vorzulegen sind (§ 395 AO). Das dient sowohl der Sicherung der Teilhabe am Strafverfahren wie der Besteuerung. Daneben besteht das Akteneinsichtsrecht nach § 474 StPO, welches der (weiteren) Strafverfolgung dient.

Übernimmt die Staatsanwaltschaft das Ermittlungsverfahren gem. § 386 Abs. 4 AO, so führen unter ihrer Leitung regelmäßig die Steuer- oder Zollfahndungsstellen die Ermittlungen durch. Steuerfahndungsbeamte sind Hilfsbeamte der Staatsanwaltschaft. Sie haben polizeiliche Befugnisse nach der StPO. Darüber hinaus steht ihnen das Recht „zur Durchsicht der Papiere des von der Durchsuchung Betroffenen" zu (§ 404 AO).

Die Beamten der Steuerfahndung können auch unabhängig von der Staatsanwaltschaft tätig werden. Will die Steuerfahndungsstelle unbekannte Steuerfälle aufdecken oder ermitteln, so muss sie dem Steuerpflichtigen ein amtlich vorgeschriebenes Merkblatt über seine Rechte und Pflichten schon zu Beginn der Prüfung aushändigen, soweit dazu Anlass besteht (vgl. BStBl I 1979, 115).

V. Steuerordnungswidrigkeiten

1. Leichtfertige Steuerverkürzung

Wird eine Steuerverkürzung i. S. des § 370 AO nicht vorsätzlich (bewusst und gewollt), sondern *leichtfertig* (grob fahrlässig, vgl. Tz 341) begangen, so liegt eine mit Geldbuße bedrohte *Ordnungswidrigkeit* vor (§ 378 AO). Wer sich wirtschaftlich betätigt und keine steuerlichen Kenntnisse hat, handelt i. d. R. leichtfertig, wenn er sich nicht über seine steuerlichen Pflichten informiert.

354

Bei der leichtfertigen Steuerverkürzung gibt es eine bußgeldbefreiende Selbstanzeige. Nach § 378 Abs. 3 AO wird eine Geldbuße nicht festgesetzt, soweit der Täter unrichtige oder unvollständige Angaben bei der Finanzbehörde berichtigt oder ergänzt oder unterlassene Angaben nachholt, bevor ihm oder seinem Vertreter die Einleitung eines Straf- oder Bußgeldverfahrens wegen der Tat bekannt gegeben worden ist. Außerdem muss die verkürzte Steuer nachgezahlt werden (§ 378 Abs. 3 Satz 2 AO). Ein wesentlicher Unterschied zu § 371 AO liegt darin, dass die Möglichkeit der Selbstanzeige nicht schon dann entfällt, wenn eine Prüfungsanordnung vorliegt, ein Amtsträger der Finanzbehörde zur steuerlichen Prüfung oder zur Ermittlung einer Steuerstraftat oder einer Steuerordnungswidrigkeit erschienen ist. Selbst wenn die Tat in ihrem gesamten Ausmaß bereit entdeckt ist, dem Täter aber die Einleitung eines Straf- oder Bußgeldverfahrens wegen der Tat noch nicht bekannt gegeben worden ist, ist die Selbstanzeige nach § 378 Abs. 3 AO noch möglich.

2. Tatbestände der Steuergefährdung

355 Bei den *Gefährdungstatbeständen* wird „die Verteidigungslinie vorverlagert". Der Gesetzgeber erfasst Fälle, die nicht als vorsätzliche oder leichtfertige Steuerverkürzung geahndet werden können, aber im Regelfall eine Hinterziehung *vorbereiten* sollen (vgl. Tz 343).

Folgende Gefährdungstatbestände sind als *Ordnungswidrigkeit* mit Geldbuße bedroht (§§ 379 bis 383a AO):

- ▶ Ausstellen unrichtiger Belege,
- ▶ Entgeltliches in Verkehr bringen von Belegen,
- ▶ Nichtverbuchung, unrichtige Verbuchung,
- ▶ Nichtanzeige der Gründung oder des Erwerbs eines ausländischen Betriebes oder einer Beteiligung an ausländischen Personengesellschaften oder Körperschaften,
- ▶ Nicht ordnungsgemäße Aufzeichnung des Warenausgangs
- ▶ Verletzung der Pflicht zur Kontenwahrheit,
- ▶ Zuwiderhandlung gegen eine Auflage, die einem Verwaltungsakt für Zwecke der Steueraufsicht beigefügt worden ist,
- ▶ Verletzung der Pflicht, Steuerabzugsbeträge einzubehalten und rechtzeitig abzuführen,
- ▶ Zuwiderhandlungen gegen bestimmte Vorschriften der Verbrauchsteuergesetze und die dazu erlassenen Rechtsverordnungen,
- ▶ Gefährdung von Einfuhr- und Ausfuhrabgaben
- ▶ unzulässiger Erwerb von Erstattungs- und Vergütungsansprüchen.
- ▶ zweckwidrige Verwendung des Identifikationsmerkmals nach § 139a AO
- ▶ Ordnungswidrigkeiten nach §§ 26a, 26b UStG
- ▶ Ordnungswidrigkeiten nach §§ 50e, 50f, 96 Abs. 7 EStG

BEISPIEL: Ein Steuerpflichtiger verkauft Tankquittungen im Internet. Es liegt eine Ordnungswidrigkeit nach § 379 Abs. 1 Nr. 2 AO vor.

Die *Gefährdungstatbestände* gelten nur *hilfsweise* (subsidiär). Das bedeutet: Führt die Gefährdung zu einer Steuerverkürzung, die als Steuerhinterziehung oder leichtfertige Steuerverkürzung geahndet werden kann (§§ 370, 378 AO), so wird die in der Gefährdung liegende Ordnungswidrigkeit nicht verfolgt.

BEISPIEL: Ein Steuerpflichtiger unterlässt es, Betriebseinnahmen zu verbuchen (Ordnungswidrigkeit gem. § 379 Abs. 1 Nr. 3 AO). Die unrichtige Buchführung legt er seinen Steuererklärungen zugrunde. Die Finanzbehörde übernimmt bei den Steuerfestsetzungen die vom Steuerpflichtigen erklärten Daten. – Es liegt eine Steuerhinterziehung vor, die gem. § 370 AO strafbar ist. Eine Ahndung der Steuergefährdung durch Nichtverbuchung (Ordnungswidrigkeit gem. § 379 Abs. 1 Nr. 3 AO) kommt nicht in Betracht.

VI. Bußgeldverfahren

Die Regelung des Bußgeldverfahrens ist kompliziert. Es gelten zunächst die speziellen Vorschriften der AO (§§ 409 bis 412), die zahlreiche Verweisungen auf die für das Strafverfahren geltenden Vorschriften und andere Bestimmungen enthalten. Im Übrigen ist das Ordnungswidrigkeitengesetz maßgebend. Das Ordnungswidrigkeitengesetz verweist wiederum auf die Strafprozessordnung, das Gerichtsverfassungsgesetz und das Jugendgerichtsgesetz (§ 46 OWiG). 356

Die wesentlichen Unterschiede zwischen einem Strafverfahren und einem Bußgeldverfahren sind Folgende:
- Die Finanzbehörde kann Bußgelder (nicht Strafen) verhängen (§ 35 OWiG).
- Ordnungswidrigkeiten *können* nach dem pflichtgemäßen *Ermessen* der Finanzbehörde verfolgt werden (kein Verfolgungszwang; § 47 OWiG).
- Die Finanzbehörde kann das Verfahren wegen einer Ordnungswidrigkeit in eigener Zuständigkeit einstellen. Ein *Strafverfahren* kann wegen Geringfügigkeit dagegen nur durch die Staatsanwaltschaft oder das ordentliche Gericht eingestellt werden (§ 47 OWiG, § 398 AO).

Bevor gegen einen *Angehörigen der steuerberatenden Berufe* wegen einer Tat, die mit der Berufsausübung zusammenhängt, ein *Bußgeldbescheid* erlassen wird, muss die Finanzbehörde die zuständige Berufskammer anhören (§ 411 AO). Die Vorschrift trägt dem Interessenkonflikt Rechnung, der sich daraus ergibt, dass der steuerliche Berater vertraglich verpflichtet ist, die Interessen seines Mandanten zu vertreten, dies jedoch nur innerhalb der Grenzen der Legalität darf. Die Kammern sollen der Finanzbehörde bei der Prüfung der Frage, ob eine legitime Interessenvertretung oder ein ordnungswidriges Verhalten vorliegt, eine Entscheidungshilfe geben.

Gegen einen Bußgeldbescheid kann binnen zwei Wochen schriftlich Einspruch eingelegt werden (§ 67 OWiG). Über den Einspruch entscheidet das ordentliche Gericht. Dessen Entscheidung ist mit der Rechtsbeschwerde angreifbar (§§ 79, 80 OWiG). 357

Sechster Teil: Umsatzsteuer

A. Einführung

I. Geschichtliche Entwicklung

Die Umsatzsteuer (USt) wurde durch das Umsatzsteuergesetz (UStG) vom 26. 7. *1918* im damaligen deutschen Reich eingeführt. Belastet wurde zunächst jeder Umsatz. Die Folge davon: die Ware wurde mit jedem Handelsschritt teurer, da die Belastung auch mehrfach geschehen konnte.

Eine grundsätzliche Reform der USt erfolgte durch das UStG vom 29. 5. 1967 (BGBl 1967 I S. 545), das mit Wirkung vom 1. 1. *1968* die *Allphasen-Nettoumsatzsteuer mit Vorsteuerabzug* einführte. Dies bedeutet, dass die Umsatzbesteuerung grundsätzlich weiterhin auf jeder Wirtschaftsstufe stattfindet. Der jeweilige Abnehmer kann die ihm in Rechnung gestellte USt aber als Vorsteuer abziehen. Die bisher letzte grundlegende Reform des UStG ist durch das USt-Binnenmarktgesetz vom 25. 8. 1992 (BGBl 1992 I S. 1548) mit Wirkung ab dem 1. 1. *1993* eingetreten. Ab 1993 gilt das USt-System somit in der ganzen EU.

Geregelt wurde dieses EU-System der USt durch die 6. EG-Richtlinie. Die 6. EG-Richtlinie ist mit Wirkung ab dem 1. 1. 2007 durch die Mehrwertsteuer-Systemrichtlinie ersetzt worden.

Der EU gehören zurzeit folgende *Mitgliedstaaten* an:

Belgien
Bulgarien (ab 1. 1. 2007)
Dänemark
Deutschland
Estland (ab 1. 5. 2004)
Finnland (ab 1. 1. 1995)
Frankreich
Griechenland
Irland
Italien
Kroatien (ab 1. 7. 2013)
Lettland (ab 1. 5. 2004)
Litauen (ab 1. 5. 2004)
Luxemburg
Malta (ab 1. 5. 2004)
Niederlande
Österreich (ab 1. 1. 1995)
Polen (ab 1. 5. 2004)
Portugal
Rumänien (ab 1. 1. 2007)

Schweden (ab 1.1.1995)

Slowakei (ab 1.5.2004)

Slowenien (ab 1.5.2004)

Spanien

Tschechien (ab 1.5.2004)

Ungarn (ab 1.5.2004)

Vereinigtes Königreich

Zypern (nur der griechische Südteil der Insel) (ab 1.5.2004)

Eine detaillierte Auflistung der Mitgliedstaaten enthält UStAE 1.10.

4   Seit dem 1.1.1993 ist das UStG durch zahlreiche Änderungsgesetze in mehr oder weniger erheblichem Umfang geändert worden.

II. Rechtsgrundlagen

5   Rechtsgrundlagen für die USt sind das UStG und die Umsatzsteuerdurchführungsverordnung (UStDV). Das Bundesfinanzministerium publiziert dazu noch den Umsatzsteuer-Anwendungserlass (UStAE) vom 1.10.2010, in dem die Regelungen des UStG und der UStDV im Detail erläutert werden. Dazu gibt es noch eine Fülle von Erlassen der jeweiligen Finanzministerien der Länder und die Verfügungen der Oberfinanzdirektionen.

III. Einordnung in das Steuersystem

6   Die USt ist

- ▶ eine Verkehrsteuer, da wirtschaftliche Verkehrsvorgänge (Umsätze) besteuert werden,
- ▶ eine indirekte Steuer, da Steuerschuldner (Unternehmer) und Steuerträger (Endverbraucher) verschiedene Personen sind,
- ▶ eine Selbstanmeldungssteuer, da sie nach dem Prinzip der Selbstberechnung durch den Unternehmer (Steueranmeldung) erhoben wird,
- ▶ eine periodische Steuer, da sie auf der Basis eines jährlichen Besteuerungszeitraums erhoben wird,
- ▶ eine Gemeinschaftssteuer, da das Aufkommen zwischen dem Bund (ca. 54 %), den Ländern (ca. 44 %) und den Gemeinden (ca. 2 %) verteilt wird.

7   Die USt ist eine *Allphasen-netto-USt mit Vorsteuerabzug*; d.h. die Besteuerung findet grundsätzlich auf jeder Wirtschaftsstufe statt.

BEISPIELE:

1. Unternehmer U1 stellt eine Ware in seinem Unternehmen her; Vorsteuerbeträge sind hierfür nicht angefallen. Die Ware wird für 1 000 € zzgl. 190 € USt an den Unternehmer U2 veräußert. U2 veräußert die Ware für 2 000 € zzgl. 380 € an den Unternehmer U3. U3 ver-

äußert die Ware für 3 000 € zzgl. 570 € USt an den Privatmann P. Es ist davon auszugehen, dass sämtliche Rechnungen ordnungsgemäß sind.

U1 muss aus dem Verkauf der Ware an U2 eine USt-Zahllast i. H. von 190 € an das Finanzamt abführen.

U2 schuldet aus dem Verkauf der Ware an U3 eine USt i. H. von 380 €. Da U2 ein Vorsteuerabzug i. H. von 190 € zusteht, ergibt sich eine Zahllast von insgesamt 190 €.

U3 schuldet aus dem Verkauf der Ware an P eine USt i. H. von 570 €. Da U3 ein Vorsteuerabzug von 380 € zusteht, ergibt sich eine Zahllast von insgesamt 190 €.

P ist wirtschaftlicher Träger der USt i. H. von 570 €.

2. Wie hoch ist die Steuereinnahme des Staates wenn die Ware bei U3 vernichtet wird?

Bei Vernichtung der Ware bei U3 ergeben sich für U1 und U2 keine Änderungen; d. h. U1 hat eine USt-Zahllast von 190 € und U2 hat ebenfalls unter Berücksichtigung der Vorsteuer eine Zahllast i. H. von 190 €.

U3 schuldet keine USt, da es nicht zu einem Verkauf der Ware kommt. U3 steht allerdings ein Vorsteueranspruch i. H. von 380 € aus der Rechnung des U2 zu. Folglich hat U3 einen Erstattungsanspruch gegenüber dem Finanzamt i. H. von 380 €. Aus der Sicht des Staates ergibt sich zusammengefasst eine Steuereinnahme von 0 €.

Die USt ist somit faktisch eine Mehrwertsteuer (MwSt), da auf jeder Unternehmer-/Handelsstufe nur der Mehrwert besteuert wird, d. h. der Unternehmer auf die Differenz zwischen Nettoeinkaufs- und Verkaufspreis Steuer zahlt. Im allgemeinen Sprachgebrauch wird sie auch als MwSt bezeichnet, im englischen Sprachraum ist ebenfalls der Begriff VAT (value added tax) gebräuchlich. Das Gesetz hat aber seine Bezeichnung aus dem Jahre 1918 behalten, ist begrifflich also veraltet.

IV. Zuständigkeit

Nach Artikel 105 Abs. 2 GG hat der *Bund* die *konkurrierende Gesetzgebung* für die USt, da dem Bund das Aufkommen an der USt zum Teil zusteht und eine bundesgesetzliche Regelung der USt zur Wahrung der Rechts- und Wirtschaftseinheit erforderlich ist.

Die USt wird von den *Landesfinanzbehörden* im Auftrag des Bundes gem. Artikel 108 Abs. 3 GG verwaltet. Sachlich zuständig für die Verwaltung der USt sind die Finanzämter als örtliche Landesbehörden; die Verwaltung der Einfuhrumsatzsteuer (EUSt) obliegt den Hauptzollämtern als örtliche Bundesbehörden.

Die *örtliche Zuständigkeit*, also die Frage, welches Finanzamt zuständig ist, richtet sich nach den Vorschriften der Abgabenordnung (AO). § 21 Abs. 1 Satz 1 AO bestimmt, dass für die USt mit Ausnahme der EUSt grundsätzlich das Finanzamt zuständig ist, von dessen Bezirk aus der Unternehmer sein Unternehmen im Geltungsbereich des Gesetzes ganz oder vorwiegend betreibt.

> **BEISPIEL:** A ist selbständiger Steuerberater mit Wohnsitz in Ibbenbüren. A betreibt im Bezirk des Finanzamts Münster-Innenstadt seine Steuerberatungspraxis.
>
> Zuständig für die USt des A ist das Finanzamt Münster-Innenstadt, da A von dessen Bezirk aus sein Unternehmen betreibt (§ 21 Abs. 1 Satz 1 AO).

Abweichend von diesem Grundsatz kann das Bundesministerium der Finanzen gem. § 21 Abs. 1 Satz 2 AO zur Sicherstellung der Besteuerung durch Rechtsverordnung mit

Zustimmung des Bundesrates für Unternehmer, die Wohnsitz, Sitz oder Geschäftsleitung außerhalb des Geltungsbereichs der AO haben, die örtliche Zuständigkeit einem Finanzamt für den Geltungsbereich des Gesetzes übertragen. Von dieser Ermächtigung ist durch Erlass der *USt-Zuständigkeits-VO* vom 21.2.1995 (BGBl 1995 I S.225) Gebrauch gemacht worden. Die Verordnung ist am 1.3.1995 in Kraft getreten und bestimmt für die im § 1 der VO aufgeführten Länder jeweils ein bestimmtes Finanzamt, das für die USt der Unternehmer zuständig ist, die ihr Unternehmen von diesem Staat aus betreiben. Nach dem Willen des Gesetzgebers soll die zentrale Zuständigkeit nach § 21 Abs. 1 Satz 2 AO bereits dann eingreifen, wenn auch nur ein Anknüpfungspunkt der Kriterien Wohnsitz, Sitz oder Geschäftsleitung im Ausland gegeben ist (BMF-Schreiben vom 29.10.2001, BStBl 2001 I S. 765).

BEISPIELE:

1. Zuständig für die im Königreich der Niederlande ansässigen Unternehmer ist das Finanzamt Kleve.
2. Zuständig für die in der Französischen Republik ansässigen Unternehmer ist das Finanzamt Offenburg.

Für die USt von Personen, die *keine Unternehmer* sind, ist das Finanzamt zuständig, das auch für die Besteuerung nach dem Einkommen zuständig ist; in den Fällen des § 180 Abs. 1 Nr. 2 Buchst. a AO ist das Finanzamt für die USt zuständig, das auch für die gesonderte Feststellung zuständig ist (§ 21 Abs. 2 AO).

BEISPIEL: Der Angestellte A mit Wohnsitz in Recklinghausen erwirbt von dem französischen Pkw-Händler F in Paris ein neues Fahrzeug der Marke Renault.

A muss den Erwerb des neuen Fahrzeugs in Deutschland der Besteuerung unterwerfen. Zuständig für die USt des A ist das Finanzamt Recklinghausen, da A kein Unternehmer ist und für die Besteuerung nach dem Einkommen das Finanzamt Recklinghausen gem. § 19 Abs. 1 Satz 1 AO örtlich zuständig ist.

V. Prüfungsschema

10   Um Umsätze richtig beurteilen zu können, ist unbedingt immer folgendes Prüfungsschema einzuhalten:

- ▶ Steuerbarkeit (§ 1 UStG)
- ▶ Steuerfreiheit/Steuerpflicht (§§ 4, 4b, 5 UStG)
- ▶ Bemessungsgrundlage (§§ 10, 11 UStG)
- ▶ Steuersatz (§ 12 UStG)
- ▶ Sondertatbestände (z. B. § 14c UStG)
- ▶ Entstehung (§§ 13, 13b UStG)
- ▶ Vorsteuerabzug (§ 15 UStG)
- ▶ Vorsteuerberichtigung (§ 15a UStG)

B. Steuerbarkeit

I. Allgemeines

Steuergegenstand der USt ist gem. *§ 1 UStG* der *steuerbare Umsatz*. Nur die im § 1 Abs. 1 UStG abschließend aufgeführten Umsätze sind steuerbar; es liegt eine enumerative (abschließende) Aufzählung vor. Es handelt sich um folgende Umsätze: 11

- Lieferungen und sonstige Leistungen (§ 1 Abs. 1 Nr. 1 UStG),
- Einfuhr von Gegenständen im Inland (§ 1 Abs. 1 Nr. 4 UStG),
- innergemeinschaftlicher Erwerb (§ 1 Abs. 1 Nr. 5 UStG).

Die Nummern 2 (Eigenverbrauch) und 3 (unentgeltliche Leistungen von Personenvereinigungen an ihre Mitglieder) des § 1 UStG sind im Rahmen des Steuerentlastungsgesetzes 1999/2000/2002 mit Wirkung ab dem *1. 4. 1999* aufgehoben worden. Damit wurde eine Anpassung an die 6. EG-Richtlinie vorgenommen. Die bisher erfassten Umsätze werden teilweise den Lieferungen (§ 3 Abs. 1b UStG), teilweise den sonstigen Leistungen (§ 3 Abs. 9a UStG) gleichgestellt und teilweise wird ein Vorsteuerabzug versagt (§ 15 Abs. 1a UStG).

II. Steuerbarkeit gem. § 1 Abs. 1 Nr. 1 UStG

1. Voraussetzungen

Der USt unterliegen gem. § 1 Abs. 1 Nr. 1 Satz 1 UStG die Lieferungen und sonstigen Leistungen, die ein Unternehmer im Inland gegen Entgelt im Rahmen seines Unternehmens ausführt. 12

2. Lieferung und sonstige Leistung

a) Lieferung

aa) Begriff

Lieferungen eines Unternehmers sind Leistungen, durch die er oder in seinem Auftrag ein Dritter den Abnehmer oder in dessen Auftrag einen Dritten befähigt, im eigenen Namen über einen Gegenstand zu verfügen. Oberbegriff für die Lieferung i. S. des § 3 Abs. 1 UStG und die sonstige Leistung i. S. des § 3 Abs. 9 UStG ist die *Leistung*. Eine Leistung setzt regelmäßig ein willensgesteuertes Verhalten des Unternehmers voraus. 13

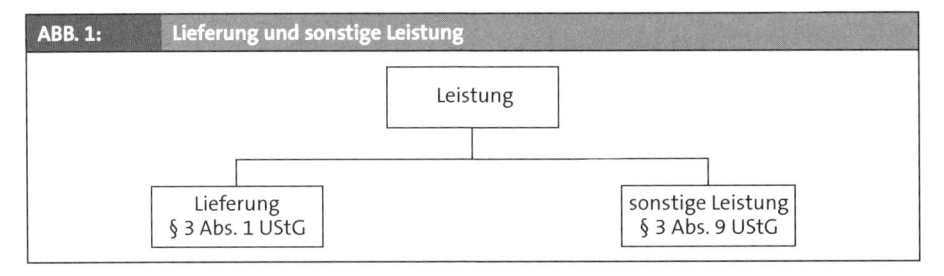

ABB. 1: Lieferung und sonstige Leistung

Leistung
├── Lieferung § 3 Abs. 1 UStG
└── sonstige Leistung § 3 Abs. 9 UStG

Eine Lieferung liegt vor, wenn die Verfügungsmacht an einem Gegenstand verschafft wird. *Voraussetzungen der Lieferung* sind somit:

▶ Gegenstand,

▶ Verschaffung der Verfügungsmacht.

bb) Liefergegenstand

14 Es können nur *Gegenstände* geliefert werden. Der umsatzsteuerrechtliche Begriff des Gegenstandes ist enger gefasst als der zivilrechtliche Gegenstandsbegriff. Das *Zivilrecht* verwendet den Gegenstandsbegriff als Oberbegriff für körperliche Gegenstände (= Sachen, § 90 BGB) und nichtkörperliche Gegenstände. Zu den nichtkörperlichen Gegenständen gehören die Rechte, wie beispielsweise Geldforderungen, Patente, Eigentum und Besitz. *Gegenstände i. S. des UStG* sind hingegen körperliche Gegenstände (Sachen gem. § 90 BGB, Tiere gem. § 90a BGB), Sachgesamtheiten und solche Wirtschaftsgüter, die im Wirtschaftsverkehr wie körperliche Sachen behandelt werden (UStAE 3.1 Abs. 1).

Körperliche Gegenstände sind Sachen i. S. des § 90 BGB und Tiere i. S. des § 90a BGB. Hierbei kann es sich sowohl um bewegliche als auch um unbewegliche Sachen, wie z. B. Grundstücke, handeln.

Sachgesamtheiten können Gegenstand der Lieferung sein. Eine Sachgesamtheit stellt die Zusammenfassung mehrerer selbständiger Gegenstände zu einem einheitlichen Ganzen dar, das wirtschaftlich als ein anderes Verkehrsgut angesehen wird als die Summe der einzelnen Gegenstände (BFH vom 25. 1. 1968, BStBl 1968 II S. 331). Beispiele für solche Sachgesamtheiten sind z. B. der Betrieb, die Briefmarken- oder Münzsammlung, der Blumenstrauß, die Stereoanlage.

Auch bestimmte *nichtkörperliche Gegenstände* können Gegenstand einer Lieferung i. S. des UStG sein. Hierbei muss es sich um solche Wirtschaftsgüter handeln, die zwar nicht körperlich sind, im Wirtschaftsleben aber wie körperliche Sachen behandelt werden. Dies gilt z. B. für elektrischen Strom, Wärme, Wasserkraft, Firmenwert und Kundenstamm (BFH vom 21. 12. 1988, BStBl 1989 II S. 430).

15 *§ 3 Abs. 5 UStG* stellt klar, dass in den Fällen, in denen der Abnehmer dem Lieferer die Nebenerzeugnisse oder Abfälle, die bei der Bearbeitung oder Verarbeitung des ihm übergebenen Gegenstandes entstehen, zurückzugeben hat, sich die Lieferung auf den Gehalt des Gegenstandes an den Bestandteilen, die dem Abnehmer verbleiben, beschränkt.

cc) Verschaffung der Verfügungsmacht

16 Eine Lieferung setzt zwingend die Verschaffung der Verfügungsmacht voraus. Die Verschaffung der Verfügungsmacht beinhaltet den von den Beteiligten *endgültig gewollten Übergang* von wirtschaftlicher Substanz, Wert und Ertrag eines Gegenstandes vom Leistenden auf den Leistungsempfänger. Der Abnehmer muss faktisch in der Lage sein, mit dem Gegenstand nach Belieben zu verfahren, insbesondere ihn wie ein Eigentümer nutzen und veräußern zu können (BFH vom 12. 5. 1993, BStBl 1993 II S. 847).

Die Verschaffung der Verfügungsmacht ist in aller Regel mit dem Übergang des *bürgerlich-rechtlichen Eigentums* verbunden. Das Zivilrecht regelt den Eigentumsübergang in den §§ 925, 929 ff. BGB. Hiernach sind folgende Übertragungen möglich:

- Bei beweglichen Sachen erfolgt die Eigentumsübertragung grundsätzlich durch Einigung und Übergabe (§ 929 Satz 1 BGB).
- Ist der Erwerber bereits im Besitz der Sache, genügt die Einigung (§ 929 Satz 2 BGB).
- Übereignung durch Einigung und Abschluss eines Besitzmittlungsverhältnisses (§ 930 BGB).
- Eigentumsübertragung durch Einigung und Abtretung des Herausgabeanspruchs (§ 931 BGB).
- Eigentumsübertragung durch Übergabe eines Traditionspapieres.
- Das Eigentum an Grundstücken wird durch Einigung (Auflassung) und die Eintragung im Grundbuch übertragen (§§ 873, 925 ff. BGB). Die Lieferung i. S. des UStG ist nicht erst im Zeitpunkt der Grundbucheintragung, sondern bereits mit dem Zeitpunkt des Übergangs von Nutzen und Lasten ausgeführt.

Diese Verbindung von bürgerlich-rechtlichem Eigentumsübergang und der Verschaffung der Verfügungsmacht ist aber nicht zwingend (BFH vom 24. 4. 1969, BStBl 1969 II S. 451). Das Umsatzsteuerrecht knüpft an wirtschaftliche Vorgänge an, so dass die Verschaffung *wirtschaftlichen Eigentums* i. S. des § 39 Abs. 2 AO ausreichend ist.

> **BEISPIEL:** Der Dieb A veräußert die von ihm gestohlenen Gegenstände an einen Hehler, der diese an Dritte weiterverkauft.
>
> Sowohl der Dieb als auch der Hehler führen Lieferungen i. S. des § 3 Abs. 1 UStG aus, da sie die Verfügungsmacht an den gestohlenen Gegenständen verschaffen. Ein zivilrechtlicher Eigentumsübergang ist nicht gegeben, da weder der Dieb noch der Hehler jemals zivilrechtlicher Eigentümer der gestohlenen Gegenstände gewesen ist.

Bei einer Veräußerung unter *Eigentumsvorbehalt* behält sich der Veräußerer das Eigentum vor bis zur Zahlung des gesamten Kaufpreises, d. h., das zivilrechtliche Eigentum geht erst im Zeitpunkt der endgültigen Zahlung über. Die Lieferung i. S. des UStG ist indessen bereits mit Übergabe des Gegenstandes ausgeführt; denn der Käufer kann ab diesem Zeitpunkt über den Gegenstand tatsächlich verfügen. 17

An einem zur *Sicherheit übereigneten Gegenstand* wird durch die Übertragung des Eigentums noch keine Verfügungsmacht verschafft (Abschn. 3.1 Abs. 3 Satz 1 UStAE). 18

Die Verschaffung der Verfügungsmacht setzt auf der Seite des Leistenden einen *Willen zur Leistung* voraus. Der *Diebstahl von Waren* stellt keine „Lieferung von Gegenständen gegen Entgelt" i. S. von Artikel 2 der 6. EG-Richtlinie dar und kann daher nicht als solcher der Mehrwertsteuer unterliegen. Andere „zwangsweise" erfolgte Umsätze, wie Enteignungen oder Zwangsversteigerungen, können dagegen zu steuerbaren Umsätzen führen, vgl. § 1 Abs. 1 Nr. 1 Satz 2 UStG. 19

dd) Sonderfälle

(1) Kommissionsgeschäft

20 Nach § 383 HGB versteht man unter einem „Kommissionär" denjenigen, der es gewerbsmäßig übernimmt, Waren oder Wertpapiere für Rechnung eines anderen (des Kommittenten) in eigenem Namen zu kaufen oder zu verkaufen. Der Kommissionär ist an die Weisungen des Kommittenten gebunden. Der Kommissionär hat gegenüber dem Kommittenten einen Anspruch auf Provision und Aufwendungsersatz. Bei einem derartigen Kommissionsgeschäft liegt gem. *§ 3 Abs. 3 Satz 1 UStG* zwischen dem Kommittenten und dem Kommissionär eine Lieferung vor.

(2) Leasinggeschäft

21 Werden Gegenstände im Leasingverfahren überlassen, so ist die Übergabe des Leasinggegenstandes durch den Leasinggeber an den Leasingnehmer eine *Lieferung*, wenn der Leasinggegenstand einkommensteuerrechtlich dem Leasingnehmer zuzurechnen ist (UStAE 3.5 Abs. 5). Gegenleistung für die Lieferung des Leasinggebers ist die Summe sämtlicher Leasingraten bis zum Ablauf der voraussichtlichen Nutzungsdauer einschließlich des Kaufpreises bei der Ausübung der Kaufoption oder der Verlängerungsraten.

Ist der Leasinggegenstand nicht dem Leasingnehmer zuzurechnen, liegt eine *sonstige Leistung*, eine Vermietungsleistung, des Leasinggebers an den Leasingnehmer vor.

22 Beim *Mietkauf* ist der Mieter berechtigt, innerhalb einer bestimmten Frist den Gegenstand zu einem vereinbarten Preis unter Anrechnung der bis zur Ausübung der Kaufoption gezahlten Miete zu erwerben. Umsatzsteuerrechtlich verschafft der Vermieter dem Mieter die Verfügungsmacht an dem Mietkaufgegenstand bei dessen Übergabe. Voraussetzung hierfür ist allerdings, dass der Mieter den Gegenstand wie ein Vorbehaltskäufer beherrscht und er ihm nicht nur wie einem Mieter zum Gebrauch überlassen worden ist.

ee) Verbringen eines Gegenstandes

23 Gemäß *§ 3 Abs. 1a UStG* gilt das Verbringen eines Gegenstandes des Unternehmens aus dem Inland in das übrige Gemeinschaftsgebiet durch einen Unternehmer zu seiner Verfügung, ausgenommen zu einer nur vorübergehenden Verwendung, als Lieferung gegen Entgelt. Dies gilt auch, wenn der Unternehmer den Gegenstand in das Inland eingeführt hat. Der Unternehmer gilt als Lieferer.

Die *Lieferfiktion* steht im Zusammenhang mit der *Erwerbsfiktion* des § 1a Abs. 2 UStG, die das Verbringen eines Gegenstandes des Unternehmens aus dem übrigen Gemeinschaftsgebiet in das Inland durch einen Unternehmer zu seiner Verfügung, ausgenommen zu einer nur vorübergehenden Verwendung, als innergemeinschaftlichen Erwerb fingiert.

Mit Hilfe dieser Lieferfiktion und der Steuerbefreiung des § 6a UStG im Ursprungsland und der Fiktion des innergemeinschaftlichen Erwerbs im Bestimmungsland wird sichergestellt, dass die verbrachten Gegenstände mit der Steuer des Bestimmungslandes belastet werden.

> **BEISPIEL:** Unternehmer A aus Köln transportiert einen Schreibtisch und Handelswaren auf sein Auslieferungslager in Paris.
>
> Dieses Verbringen von einem Unternehmensteil in einen anderen Unternehmensteil innerhalb der Gemeinschaft wird als Lieferung gegen Entgelt und als steuerbarer Umsatz gem. § 1 Abs. 1 Nr. 1 Satz 1 UStG angesehen. Dieser steuerbare Umsatz ist als innergemeinschaftliche Lieferung steuerfrei. A unterliegt der Erwerbsbesteuerung in Frankreich.

Ausgenommen von der Lieferfiktion ist das Verbringen eines Gegenstandes zu einer nur *vorübergehenden Verwendung*.

ff) Gleichgestellte Lieferungen

(1) Entnahme eines Gegenstandes

Die unentgeltliche Herausnahme von Gegenständen aus dem Unternehmen ist in § 3 Abs. 1b UStG geregelt. Danach wird einer Lieferung gegen Entgelt gleichgestellt: 24

▶ die Entnahme eines Gegenstandes durch einen Unternehmer aus seinem Unternehmen für Zwecke, die außerhalb des Unternehmens liegen (§ 3 Abs. 1b Satz 1 Nr. 1 UStG);

▶ die unentgeltliche Zuwendung eines Gegenstandes durch einen Unternehmer an sein Personal für dessen privaten Bedarf, sofern keine Aufmerksamkeiten vorliegen (§ 3 Abs. 1b Satz 1 Nr. 2 UStG);

▶ jede andere unentgeltliche Zuwendung eines Gegenstandes, ausgenommen Geschenke von geringem Wert und Warenmuster für Zwecke des Unternehmens (§ 3 Abs. 1b Satz 1 Nr. 3 UStG).

Voraussetzung für die Gleichstellung ist nach *§ 3 Abs. 1b Satz 2 UStG*, dass der Gegenstand oder seine Bestandteile zum vollen oder teilweisen *Vorsteuerabzug* berechtigt haben.

Die Entnahme eines Gegenstandes aus dem Unternehmen setzt zwingend voraus, dass der Gegenstand *zum Unternehmen* gehört hat. Beabsichtigt der Unternehmer bereits bei Leistungsbezug, die bezogene Leistung nicht für seine unternehmerische Tätigkeit, sondern ausschließlich und unmittelbar für die Erbringung unentgeltlicher Wertabgaben i. S. des § 3 Abs. 1b oder 9a UStG zu verwenden, ist er nicht zum Vorsteuerabzug berechtigt (vgl. Abschn. 15.2b Abs. 2 Satz 5 ff. UStAE). Beabsichtigt der Unternehmer bei Bezug der Leistung, diese teilweise für unternehmerische und nichtunternehmerische Tätigkeit zu verwenden (teilunternehmerische Verwendung), ist er grundsätzlich nur im Umfang der beabsichtigten Verwendung für seine unternehmerische Tätigkeit zum Vorsteuerabzug berechtigt. Eine weiter gehende Berechtigung zum Vorsteuerabzug besteht bei einer teilunternehmerischen Verwendung nur, wenn es sich bei der nichtunternehmerischen Tätigkeit um die Verwendung für Privatentnahmen i. S. des § 3 Abs. 1b oder 9a UStG, also um Entnahmen für den privaten Bedarf des Unternehmers als natürliche Person und für den privaten Bedarf seines Personals (unternehmensfremde Tätigkeiten), handelt (vgl. Abschn. 15.2c Abs. 2 Satz 1 Nr. 2 Buchstabe b UStAE).   25

> **BEISPIEL:** Unternehmer A lässt durch einen Dienstleister eine Webseite erstellen, auf der für die Produkte seines Unternehmens geworben wird. Daneben wirbt er auf der Webseite für sein privates Hobby, das Drachenfliegen.
>
> A hat einen Vorsteuerabzug nur in Höhe der Beträge, die auf die Erstellung der Webseite für seine unternehmerische Tätigkeit entfallen. Dieser Anteil ist durch eine sachgerechte Schätzung zu ermitteln. Eine Besteuerung der Nutzung der Webseite für private Zwecke gem. § 3 Abs. 9a UStG kommt nicht in Betracht, da er für die Hobbytätigkeit keinen Vorsteuerabzug hatte, vgl. § 3 Abs. 9a Nr. 1 UStG.

> **BEISPIEL:** Der Unternehmer erwirbt einen Gegenstand, den er zu 95 % privat und zu 5 % unternehmerisch nutzen will. Später schenkt er den Gegenstand seiner Tochter.
>
> Die Lieferung an den Unternehmer gilt nicht als für das Unternehmen ausgeführt; ein Vorsteuerabzug aus der Anschaffung ist gem. § 15 Abs. 1 Satz 1 Nr. 1 UStG i.V. mit § 15 Abs. 1 Satz 2 UStG nicht möglich. Die Schenkung an die Tochter stellt keine Lieferung i. S. des § 3 Abs. 1b Satz 1 Nr. 1 UStG dar, da kein unternehmerischer Gegenstand vorhanden ist und der Unternehmer im Übrigen auch nicht zum Vorsteuerabzug berechtigt war.

26 Der Gegenstand muss aus *außerunternehmerischen* (privaten) *Gründen* aus dem Unternehmen entnommen werden. Dies ist aus der Sicht des Unternehmers zu beurteilen. Hat die Wertabgabe sowohl unternehmerische als auch private, nichtunternehmerische Gründe, ist darauf abzustellen, welche Gründe überwiegen.

27 Eine Entnahme i. S. des § 3 Abs. 1b Satz 1 Nr. 1 UStG kann nur dann vorliegen, wenn der Vorgang bei entsprechender Ausführung an einen Dritten als *Lieferung* anzusehen wäre. Dies gilt auch dann, wenn es sich gegenüber einem Dritten um eine Werklieferung handeln würde.

28 Nach § 3 Abs. 1b Satz 2 UStG steht eine Entnahme einer Lieferung gegen Entgelt nur dann gleich, wenn der Gegenstand oder seine Bestandteile zum vollen oder teilweisen Vorsteuerabzug berechtigt haben.

Nach Abschn. 3.3 Abs. 2 ff. UStAE gelten als Bestandteile alle diejenigen gelieferten Wirtschaftsgüter, die auf Grund ihres Einbaus ihre körperliche und wirtschaftliche Eigenart endgültig verloren haben und die ferner zu einer dauerhaften, im Zeitpunkt der Entnahme nicht vollständig verbrauchten *Werterhöhung* des Gegenstandes geführt haben (z. B. eine nachträglich in ein Kraftfahrzeug eingebaute Klimaanlage). Nicht zu einem Bestandteil führen Aufwendungen für den Gebrauch und die Erhaltung des Gegenstandes, die ertragsteuerlich sofort abziehbaren Erhaltungsaufwand darstellen (z. B. Aufwendungen für Reparatur-, Ersatz- oder Verschleißteile). Dienstleistungen (sonstige Leistungen) einschließlich derjenigen, für die zusätzlich kleinere Lieferungen von Gegenständen erforderlich sind (z. B. Karosserie- und Lackarbeiten an einem Pkw), führen nicht zu „Bestandteilen" des Gegenstandes.

Aus *Vereinfachungsgründen* wird keine dauerhafte Werterhöhung des Wirtschaftsgutes angenommen, wenn die vorsteuerentlasteten Aufwendungen für den Einbau von Bestandteilen *20 % der Anschaffungskosten* des Wirtschaftsgutes oder einen Betrag von *1 000 €* nicht übersteigen. In diesen Fällen kann auf eine Besteuerung der Bestandteile nach § 3 Abs. 1b Satz 1 Nr. 1 i.V. mit Satz 2 UStG bei der Entnahme eines dem Unternehmen zugeordneten Wirtschaftsgutes, das der Unternehmer ohne Berechtigung zum Vorsteuerabzug erworben hat, verzichtet werden (Abschn. 3.3 Abs. 4 UStAE). Auf die Regelung des § 15a Abs. 3 Satz 2 UStG wird hingewiesen.

Falls an dem Pkw nach seiner Anschaffung Arbeiten ausgeführt worden sind, die zum Einbau von Bestandteilen geführt haben und für die der Unternehmer zum Vorsteuerabzug berechtigt war, unterliegen bei einer Entnahme des Pkw *nur diese Bestandteile* der Umsatzbesteuerung.

> **BEISPIEL:** Der Unternehmer A mit Sitz in Dortmund erwirbt aus privater Hand einen gebrauchten Pkw für 5 000 €. Der Pkw wird zulässigerweise seinem Unternehmen zugeordnet. A lässt eine Inspektion (einschließlich einer Wagenwäsche) ausführen sowie die Kupplung und Bremsbeläge erneuern. Das Entgelt hierfür beträgt 1 500 €. Später entnimmt A den Pkw in sein Privatvermögen.
> Die Entnahme unterliegt nicht der USt. Ein Vorsteuerabzug war für den Pkw selbst nicht möglich. Die Aufwendungen für Verbesserungen, Reparaturen und Wartungsarbeiten (1 500 €) führen nicht zur Annahme eines Bestandteils. Der Umsatz ist nicht steuerbar.

Wird ein dem Unternehmen dienender Gegenstand während der Dauer einer nichtunternehmerischen Verwendung aufgrund äußerer Einwirkung *zerstört*, so liegt keine Entnahme eines Gegenstandes aus dem Unternehmen vor. 29

(Einstweilen frei) 30

Der Ort der einer Lieferung gleichgestellten Entnahme ist dort, wo der Unternehmer sein Unternehmen betreibt. Auf die Ausführungen zu *§ 3f UStG* wird hingewiesen. 31

> **BEISPIEL:** Textilunternehmer A mit Sitz in Berlin unternimmt eine Verkaufsfahrt nach Norwegen. In Norwegen entschließt er sich, seinen dort lebenden Bruder zu besuchen und ihm einen noch vorhandenen Anzug zu schenken.
> A erbringt eine Lieferung gegen Entgelt i. S. des § 3 Abs. 1b Satz 1 Nr. 1 UStG; denn er entnimmt einen Gegenstand (Anzug) aus seinem Unternehmen für unternehmensfremde, private Zwecke. Ort der Lieferung ist gem. § 3f Satz 1 UStG Berlin. Der Umsatz ist steuerbar gem. § 1 Abs. 1 Nr. 1 Satz 1 UStG.

Zur Frage der *Bemessungsgrundlage* wird auf die Ausführungen zu § 10 UStG verwiesen.

(2) Zuwendungen an das Personal

Nach *§ 3 Abs. 1b Satz 1 Nr. 2 UStG* steht die unentgeltliche Zuwendung eines Gegenstandes durch einen Unternehmer an sein Personal für dessen privaten Bedarf einer Lieferung gegen Entgelt gleich. Dies gilt nicht, sofern Aufmerksamkeiten vorliegen. 32

Hierbei sind unter „*Aufmerksamkeiten*" Zuwendungen zu verstehen, die ihrer Art und ihrem Wert nach *Geschenken* entsprechen, die im gesellschaftlichen Verkehr üblicherweise ausgetauscht werden und zu keiner ins Gewicht fallenden Bereicherung des Personals führen. Demnach zählen zu den Aufmerksamkeiten gelegentliche Sachzuwendungen (Blumen, Buch, Tonträger, Genussmittel) bis zu einem Wert von *60 €* *(vgl. R 19.6 LStR).*

Leistungen, die überwiegend durch das *betriebliche Interesse* des Arbeitgebers veranlasst sind, sind dann anzunehmen, wenn betrieblich veranlasste Maßnahmen zwar auch die Befriedigung eines privaten Bedarfs des Personals zur Folge haben, dies aber durch die mit den Maßnahmen angestrebten betrieblichen Zwecke überlagert wird. Als solche nicht steuerbaren Leistungen sind z. B. übliche Zuwendungen im Rahmen von Betriebsveranstaltungen anzusehen.

33 Voraussetzung für die Gleichstellung mit einer Lieferung gegen Entgelt ist, dass der Gegenstand oder seine Bestandteile zum vollen oder teilweisen *Vorsteuerabzug* berechtigt haben (§ 3 Abs. 1b Satz 2 UStG).

> **BEISPIEL:** A betreibt einen Getränkegroßhandel in Dülmen. A überlässt seinem leitenden Angestellten B unentgeltlich Getränke für seinen privaten Verbrauch. Die Aufmerksamkeitsgrenze ist überschritten.
>
> Die Leistung des A ist steuerbar gem. § 1 Abs. 1 Nr. 1 Satz 1 UStG. Die unentgeltliche Zuwendung der Getränke steht gem. § 3 Abs. 1b Satz 1 Nr. 2 UStG einer Lieferung gegen Entgelt gleich. Es handelt sich auch nicht um Aufmerksamkeiten. A war bei der Anschaffung der Getränke zum vollen Vorsteuerabzug berechtigt.

(3) Andere unentgeltliche Zuwendungen

34 Nach *§ 3 Abs. 1b Satz 1 Nr. 3 UStG* steht jede andere Zuwendung eines Gegenstandes, ausgenommen Geschenke von geringem Wert und Warenmuster für Zwecke des Unternehmens, einer Lieferung gegen Entgelt gleich.

Die Vorschrift dient dazu, einen *unversteuerten Letztverbrauch* zu verhindern. In Betracht kommen unentgeltliche Zuwendungen von Gegenständen aus *unternehmerischen* Gründen.

Da durch den § 15 Abs. 1a UStG i. V. mit § 4 Abs. 5 Satz 1 Nr. 1 EStG *Aufwendungen betreffend Geschenke* von nicht geringem Wert vom Vorsteuerabzug ausgeschlossen sind, kann eine derartige unentgeltliche Abgabe aus unternehmerischen Gründen gem. § 3 Abs. 1b Satz 2 UStG den Tatbestand des § 3 Abs. 1b Satz 1 Nr. 3 UStG nicht erfüllen.

35 Voraussetzung für die Gleichstellung der Zuwendung mit einer Lieferung gegen Entgelt ist, dass der zugewendete Gegenstand oder seine Bestandteile zum vollen oder teilweisen *Vorsteuerabzug* berechtigt haben (§ 3 Abs. 1b Satz 2 UStG).

36 Der Tatbestand des § 3 Abs. 1b Satz 1 Nr. 3 UStG bleibt auf *seltene Fälle* beschränkt, in denen aufgrund einer speziellen einkommensteuerrechtlichen Wertung Gegenstände aus unternehmerischen Gründen zwar unentgeltlich weggegeben werden; es jedoch trotzdem beim Betriebsausgabenabzug verbleiben kann. Hierunter fallen z. B. (Abschn. 3.3 Abs. 10 UStAE):

- ▶ Sachspenden an Vereine,
- ▶ Warenabgaben anlässlich von Preisausschreiben.

> **BEISPIEL:** Die A-GmbH betreibt in Mainz eine Maschinenfabrik. Die GmbH schenkt einem Gesellschafter, der ein Bauunternehmen betreibt, einen Baukran. Die GmbH rechnet damit, dass der Gesellschafter einen weiteren Baukran nach seiner Erprobung erwerben wird.
>
> Es liegt ein steuerbarer Umsatz i. S. des § 1 Abs. 1 Nr. 1 Satz 1 UStG vor. Eine Gleichstellung mit einer Lieferung gegen Entgelt kommt in Betracht, da der Gegenstand zum vollen oder teilweisen Vorsteuerabzug berechtigt hat. Der Vorsteuerabzug ist auch nicht gem. § 15 Abs. 1a UStG i. V. mit § 4 Abs. 5 Satz 1 Nr. 1 EStG ausgeschlossen, da der zugewendete Gegenstand beim Empfänger ausschließlich betrieblich genutzt werden kann (R 4.10 Abs. 2 Satz 4 EStR).

37 Nicht unter diese Vorschrift fallen Leistungen, die nicht im Rahmen eines Unternehmens erbracht werden, z. B. Leistungen, die ein Verein aufgrund seiner Satzung zur Erfüllung des Vereinszwecks für die Belange sämtlicher Mitglieder erbringt und die mit den Mitgliedsbeiträgen abgegolten sind. Diese Leistungen sind nicht steuerbar.

Zur *Bemessungsgrundlage* wird auf die Ausführungen zu § 10 UStG verwiesen.

b) Sonstige Leistung

aa) Begriff

Sonstige Leistungen sind gem. *§ 3 Abs. 9 Satz 1 UStG* Leistungen, die keine Lieferungen sind. Die sonstige Leistung stellt sich als die willentliche Zuwendung eines wirtschaftlichen Vorteils dar, der nicht in der Verschaffung der Verfügungsmacht über einen Gegenstand besteht. Als sonstige Leistungen kommen insbesondere in Betracht: 38

- Dienstleistungen durch *aktives Tun*, z. B.: der Frisör schneidet die Haare
- Dienstleistungen in Form von *Dulden,* z. B.: der Vermieter vermietet eine Wohnung an den Mieter
- Dienstleistungen in Form von *Unterlassen*, z. B.: Fa. A verzichtet auf Werbung in Vertriebsgebiet X zugunsten Fa. B

bb) Besonderheiten

(Einstweilen frei) 39–40

(1) Restaurationsumsätze

Die Abgabe von Speisen und Getränken zum Verzehr an Ort und Stelle ist eine sonstige Leistung. Speisen und Getränke werden zum Verzehr an Ort und Stelle abgegeben, wenn sie nach den Umständen der Abgabe dazu bestimmt sind, an einem Ort verzehrt zu werden, der mit dem Abgabeort in einem räumlichen Zusammenhang steht, und besondere Vorrichtungen für den Verzehr an Ort und Stelle bereitgehalten werden. 41

Mit Urteil vom 2. 5. 1996 (BStBl 1998 II S. 282) hat der EuGH entschieden, dass Restaurationsumsätze als *Dienstleistungen* zu sehen sind. Der EuGH stellt zur Abgrenzung von Lieferung und Dienstleistung eine *Gesamtbetrachtung* an. Die Abgabe von Speisen und Getränken zum sofortigen Verzehr sei das Ergebnis einer Reihe von Dienstleistungen, vom Zubereiten bis zum Darreichen der Speisen. Sie überwögen bei weitem den Teil der Vorgänge, der in der Lieferung von Nahrungsmitteln bestehe. Etwas anderes gelte, wenn sich der Umsatz auf Nahrungsmittel zum Mitnehmen beziehe und daneben keine Dienstleistungen erbracht würden, die den Verzehr an Ort und Stelle in einem geeigneten Rahmen entsprechend gestalten sollen.

Ein Verzehr von Speisen und Getränken an *Ort und Stelle* liegt vor, wenn

- zwischen dem Abgabeort und dem Ort des Verzehrs ein räumlicher Zusammenhang besteht und
- besondere Vorrichtungen für den Verzehr an Ort und Stelle bereitgestellt werden.

Auf Abschn. 3.6 UStAE wird hingewiesen. Nach der Verwaltungsauffassung sind geringfügige Dienstleistungen im Rahmen der Essensabgabe (z. B. die Abgabe von Plastikbesteck oder Servietten bei Convenience-Produkten) dabei für die Beurteilung als Lieferung unschädlich.

(2) Werkleistung bei Umtausch

42 In § 3 Abs. 10 UStG wird ein Sonderfall zur sonstigen Leistung geregelt. Überlässt ein Unternehmer einem Auftraggeber, der ihm einen Stoff zur Herstellung eines Gegenstandes übergeben hat, an Stelle des herzustellenden Gegenstandes einen gleichartigen Gegenstand, wie er ihn in seinem Unternehmen aus solchem Stoff herzustellen pflegt, so gilt die Leistung des Unternehmers dann als Werkleistung, wenn das Entgelt nach Art eines Werklohns berechnet wird. Es liegt somit eine sonstige Leistung vor, obwohl Gegenstände ausgetauscht werden. Abgestellt wird aber auf den *wirtschaftlichen Gehalt* der Leistung.

> **BEISPIEL:** Ein Landwirt bringt Getreide zu einem Müller, um dieses zu Mehl vermahlen zu lassen. Bei der Anlieferung seines Getreides bekommt er sofort vom Müller die entsprechende Menge Mehl gegen Zahlung des Mahllohns.
> Der Müller erbringt gem. § 3 Abs. 10 UStG eine Werkleistung.

(3) Besorgungsleistung/Agenturleistung

43 Wird ein Unternehmer in die Erbringung einer sonstigen Leistung eingeschaltet und handelt er dabei im eigenen Namen, jedoch für fremde Rechnung, gilt diese Leistung gem. § 3 Abs. 11 UStG als an ihn und von ihm erbracht. Es wird eine Leistungskette fingiert. Die beiden Leistungen sind vom Inhalt her gleich, jede aber gesondert für sich nach den allgemeinen Regeln des UStG zu beurteilen. Die Fiktion bezieht sich auf die Leistungen und nicht auf die leistenden Personen.

44 Liegt eine Besorgungs-(Agentur-)leistung vor, dann sind die für die besorgte Leistung geltenden Vorschriften auf die Besorgungsleistung entsprechend anzuwenden. Die *sachbezogenen* umsatzsteuerlichen Merkmale der besorgten Leistung, wie z. B. der Leistungsort, sind für die Besorgungsleistung maßgebend, soweit keine besonderen Regelungen für die Besorgungsleistung bestehen. Diese Grundsätze gelten auch für die Frage der Steuerbefreiung.

> **BEISPIELE:**
> 1. Der im Inland ansässige Spediteur A besorgt für den Unternehmer B die Beförderung eines Gegenstandes von Köln nach Zürich. Die Beförderungsleistung bewirkt der Unternehmer C.
>   Die grenzüberschreitende Beförderung des C ist, soweit sie steuerbar ist, nach § 4 Nr. 3 Satz 1 Buchst. a Doppelbuchstabe aa UStG steuerfrei. Das Gleiche gilt für die Besorgungsleistung des A.
> 2. Nach Fertigstellung einer Ferienwohnung schließt Unternehmer A mit einer Ferienwohnungsvermietungsfirma eine Vermietungsvereinbarung. Die Ferienwohnungsvermietungsfirma schließt daraufhin im eigenen Namen für fremde Rechnung Mietverträge mit den Feriengästen ab.
>   Nach § 3 Abs. 11 UStG liegt einerseits eine Vermietungsleistung des Unternehmers A an die Ferienwohnungsvermietungsfirma und andererseits eine Vermietungsleistung der Ferienwohnungsvermietungsfirma an die Feriengäste vor.

Personenbezogene umsatzsteuerliche Merkmale der besorgten Leistung sind jedoch im Rahmen der entsprechenden Anwendung auf die Besorgungsleistung nicht übertragbar (UStAE 3.15 Abs. 3). Dies gilt z. B. für die Nichterhebung der USt bei Anwendung der Kleinunternehmerregelung des § 19 Abs. 1 UStG.

(4) Abgrenzung zur Lieferung

Ein Umsatzgeschäft, das mehrere Leistungen zusammenfasst oder das sowohl Lieferungselemente als auch Elemente einer sonstigen Leistung aufweist, ist daraufhin zu untersuchen, ob es sich

- ▶ um eine einheitliche Leistung,
- ▶ um Haupt- und Nebenleistung oder
- ▶ um mehrere selbständige Leistungen handelt.

Eine *einheitliche Leistung* liegt vor, wenn die einzelnen Elemente so aufeinander abgestimmt sind, dass die einzelnen Faktoren hinter dem Ganzen zurücktreten und ein selbständiges „Drittes" bilden. Ein einheitlicher wirtschaftlicher Vorgang darf umsatzsteuerrechtlich nicht in mehrere Leistungen aufgeteilt werden (Abschn. 3.10 Abs. 1 UStAE). Der Grundsatz der *Einheitlichkeit der Leistung* führt dazu, dass Vorgänge, die bürgerlich-rechtlich selbständig und je für sich betrachtet werden, nach umsatzsteuerrechtlichen Gesichtspunkten als ein einheitlicher wirtschaftlicher Vorgang behandelt werden müssen, wenn sie wirtschaftlich zusammengehören und als ein unteilbares Ganzes anzusehen sind. Es ist auf die Sicht des *Durchschnittsverbrauchers* abzustellen.

BEISPIEL: ▶ Der Unternehmer A handelt mit Computern und Zubehör. Ein Kunde aus Singapur bestellt bei ihm ein Bauteil für 10 €. Der Versand (Expressversand) nach Singapur kostet 15 €. Ein weiterer Kunde bestellt einen Container mit PC. Dieser Kunde holt in der Regel die Ware bei A ab. Allerdings bittet er ihn, einmalig den Versand durchzuführen. Für die PC werden 20 000 € in Rechnung gestellt, der Versand wird mit 2 000 € in Rechnung gestellt.

Der Kunde aus Singapur erhält eine einheitliche Leistung (Lieferung). Der Versand (obwohl teurer als der Warenwert) ist als unselbständige Nebenleistung zur Hauptleistung Warenlieferung zu betrachten. Der Kunde möchte das Bauteil haben. Für ihn untergeordnet ist der Versand. Im zweiten Fall liegen zwei selbständige Hauptleistungen vor. Der Versand ist hier betragsmäßig dem Wert der Warenlieferung untergeordnet, wird aber gesondert vereinbart und von A geschuldet. Daher erbringt er eine Hauptleistung „Warenlieferung" und eine weitere selbstständige Hauptleistung „Versand".

Nebenleistungen teilen das Schicksal der Hauptleistung. Eine Leistung ist grundsätzlich dann als Nebenleistung zu einer Hauptleistung anzusehen, wenn sie im Vergleich zur Hauptleistung nebensächlich ist, mit ihr eng – im Sinne einer wirtschaftlich gerechtfertigten Abrundung und Ergänzung – zusammenhängt und üblicherweise in ihrem Gefolge vorkommt. Typische Nebenleistungen sind z. B. Verpackungs- und Beförderungskosten. Zur Frage, ob die Kreditgewährung im Zusammenhang mit anderen Umsätzen eine gesonderte Leistung oder aber eine unselbständige Nebenleistung darstellt, wird auf UStAE 3.11 verwiesen.

Bei einer einheitlichen Leistung, die sowohl Lieferungselemente als auch Elemente einer sonstigen Leistung enthält, richtet sich die Einstufung als Lieferung oder sonstige Leistung danach, welche dieser Elemente unter Berücksichtigung des Willens der Vertragspartner tatsächlich den wirtschaftlichen Gehalt der Geschäfte bedingen. Ausschlaggebend muss der Teil der Leistung sein, der im Rahmen des Leistungsaustauschs den *wirtschaftlichen Gehalt* bestimmt; d. h., für den die Gegenleistung erbracht wird.

(5) Gleichgestellte sonstige Leistungen

(a) Verwendung eines unternehmerischen Gegenstandes

47 *§ 3 Abs. 9a UStG* besteuert unentgeltliche sonstige Leistungen. Einer sonstigen Leistung gegen Entgelt werden danach gleichgestellt:

- ▶ die Verwendung eines dem Unternehmen zugeordneten Gegenstandes, der zum vollen oder teilweisen Vorsteuerabzug berechtigt hat, durch einen Unternehmer für Zwecke, die außerhalb des Unternehmens liegen, oder für den privaten Bedarf seines Personals, sofern keine Aufmerksamkeiten vorliegen;

- ▶ die unentgeltliche Erbringung einer anderen sonstigen Leistung durch den Unternehmer für Zwecke, die außerhalb des Unternehmens liegen, oder für den privaten Bedarf seines Personals, sofern keine Aufmerksamkeiten vorliegen.

48 § 3 Abs. 9a UStG, der nur bei einem Unternehmer vorliegen kann, erstreckt sich auf alles, was seiner Art nach Gegenstand einer sonstigen Leistung i. S. des § 3 Abs. 9 UStG sein kann. Im Wesentlichen steht nach § 3 Abs. 9a Nr. 1 UStG die *Verwendung von Unternehmensgegenständen* für unternehmensfremde Zwecke einer sonstigen Leistung gleich. Beispiel hierfür ist die private Nutzung eines betrieblichen Computers, die private Nutzung eines Pkw oder die Nutzung einer Wohnung im ansonsten vermieteten Gebäude, wenn für den Gegenstand ein voller oder teilweiser Vorsteuerabzug gegeben war. Bei der Privatnutzung von Wohnungen ist zu beachten, dass gem. § 15 Abs. 1b UStG der Vorsteuerabzug ausgeschlossen ist für Gebäude(-teile), die vom Unternehmer selbst zu privaten Wohnzwecken genutzt werden oder unentgeltlich überlassen werden (z. B. an Familienangehörige, Freunde oder Arbeitnehmer). Zu § 15 Abs. 1b UStG vgl. auch Rz 600.

49 Im Gegensatz zu der Entnahme bleibt der für nichtunternehmerische Zwecke verwendete Gegenstand im Unternehmen; nur die *Nutzung* dieses Gegenstandes erfolgt für außerunternehmerische Zwecke.

50 Eine sonstige Leistung ist nur dann anzunehmen, wenn der Unternehmensgegenstand zum vollen oder teilweisen *Vorsteuerabzug* berechtigt hat. Die Verwendung von Räumen in einem dem Unternehmen zugeordneten Gebäude für Zwecke außerhalb des Unternehmens kann eine steuerbare oder nicht steuerbare Wertabgabe sein. Die Nutzung ist *nur steuerbar*, wenn die unternehmerische Nutzung anderer Räume zum vollen oder teilweisen Vorsteuerabzug berechtigt hat (Abschn. 3.4 Abs. 7 UStAE).

> **BEISPIEL:** ▶ Unternehmer A ist Eigentümer eines Zehnfamilienhauses. Seit der Anschaffung sind neun Wohnungen an Privatleute zu Wohnzwecken vermietet. Eine Wohnung nutzt A zu eigenen Wohnzwecken. A hat das gesamte Grundstück seinem Unternehmen zugeordnet. Ein Vorsteuerabzug ist bei der Anschaffung nicht vorgenommen worden.
>
> Bezüglich der vermieteten Wohnungen liegen steuerbare und nach § 4 Nr. 12 Satz 1 Buchst. a UStG steuerfreie Vermietungsumsätze vor. Für die eigen genutzte Wohnung liegt kein steuerbarer Umsatz vor. Der Gegenstand, das Gebäude, hat nicht zum vollen oder teilweisen Vorsteuerabzug berechtigt, so dass die Verwendung nicht einer sonstigen Leistung gegen Entgelt gleichgestellt wird (§ 15 Abs. 1b UStG, § 3 Abs. 9a Nr. 1 UStG).

Bezüglich der *Telefonnutzung* ist Folgendes zu beachten: 51

1. Überlassung gegen Entgelt

Stellt der Arbeitgeber die Nutzung betrieblicher Computer oder Telekommunikationsgeräte entgeltlich für Privatzwecke des Arbeitnehmers zur Verfügung, so handelt es sich um einen steuerbaren und steuerpflichtigen Vorgang. Es liegt eine entgeltliche sonstige Leistung des Arbeitgebers an den Arbeitnehmer vor.

2. Überlassung ohne Entgelt

Wenn Arbeitnehmer betriebliche Telekommunikationsgeräte (inkl. PC) kostenlos für ihre Privatzwecke (z. B. privaten Schriftverkehr, privates Internetsurfen) nutzen dürfen, erbringt der Arbeitgeber ihnen gegenüber grundsätzlich steuerbare und steuerpflichtige unentgeltliche Wertabgaben i. S. des § 3 Abs. 9a UStG. Nach UStAE 1.8 Abs. 4 liegen allerdings nicht steuerbare Leistungen vor, die überwiegend durch das betriebliche Interesse des Arbeitgebers veranlasst sind, wenn die Nutzung betrieblicher Einrichtungen zwar auch die Befriedigung eines privaten Bedarfs der Arbeitnehmer zur Folge haben, diese Folge aber durch die mit der Nutzung angestrebten betrieblichen Zwecke überlagert wird.

Aufmerksamkeiten, die bereits den Tatbestand der unentgeltlichen Wertabgabe nicht erfüllen würden, liegen hier nicht vor.

3. Nutzung gegen den Willen des Arbeitgebers

Wenn der Arbeitnehmer gegen den Willen des Arbeitgebers Telekommunikationsgeräte privat nutzt, fehlt es an der willentlichen Wertabgabe des Arbeitgebers. Es liegt ein nicht steuerbarer Vorgang vor, aus dem ggf. zivil- bzw. arbeitsrechtliche Konsequenzen zu ziehen sind.

USt aus den *Anschaffungskosten* unternehmerisch genutzter Fernsprechendgeräte (z. B. 52
von Telefonanlagen nebst Zubehör, Telefaxgeräten, Mobilfunkeinrichtungen) kann der Unternehmer grundsätzlich in voller Höhe als Vorsteuer abziehen. Die nichtunternehmerische (private) Nutzung dieser Geräte unterliegt als sonstige Leistung gegen Entgelt (§ 3 Abs. 9a Nr. 1 UStG) der USt. Bemessungsgrundlage sind die anteiligen Ausgaben (§ 10 Abs. 4 Satz 1 Nr. 2 UStG). Nicht zur Bemessungsgrundlage gehören die Grund- und Gesprächsgebühren.

(Einstweilen frei) 53

Der *Leistungsort* ist dort, wo der Unternehmer sein Unternehmen betreibt (§ 3f UStG). 54

BEISPIEL: ▶ Der Unternehmer A gestattet seiner Tochter mit dem betrieblichen Pkw, für den ein voller Vorsteuerabzug möglich war, eine Urlaubsreise nach Spanien durchzuführen. Der Pkw ist zu 100 % dem unternehmerischen Bereich zugeordnet worden. Die Tochter legt mit dem Pkw 500 km im Inland und 1 000 km im Ausland zurück.

A erbringt einen steuerbaren Umsatz i. S. des § 1 Abs. 1 Nr. 1 Satz 1 UStG; denn es wird die Nutzung des unternehmerischen Pkw zu außerunternehmerischen Zwecken entnommen. Dies steht gem. § 3 Abs. 9a Nr. 1 UStG einer sonstigen Leistung gegen Entgelt gleich. Der Ort dieser Leistung liegt im Inland (§ 3f UStG). Auf die zurückgelegte Strecke im Inland und Ausland kommt es insoweit nicht an.

Zur *Bemessungsgrundlage* wird auf die Ausführungen zu § 10 UStG verwiesen.

55 Einer sonstigen Leistung gegen Entgelt wird auch die Verwendung eines unternehmerischen Gegenstandes für den *privaten Bedarf des Personals* gleichgestellt, sofern keine Aufmerksamkeiten vorliegen. Bei der *Firmenwagenüberlassung* muss allerdings zunächst geprüft werden, ob es sich nicht um eine entgeltliche Leistung, einen tauschähnlichen Umsatz gem. § 3 Abs. 12 UStG, handelt.

(b) Andere unentgeltliche Leistungen

56 Nach *§ 3 Abs. 9a Nr. 2 UStG* unterliegen auch alle anderen – nicht bereits unter § 3 Abs. 9a Nr. 1 UStG fallenden – unentgeltlichen Dienstleistungen für nichtunternehmerische Zwecke oder für den privaten Bedarf des Personals, ausgenommen Aufmerksamkeiten, der USt. Hierunter fallen z. B.:

- Einsatz betrieblicher Arbeitskräfte für den Haushalt des Unternehmers,
- Überlassung eines unternehmerischen Kraftfahrzeugs nebst Fahrer an das Personal für dessen Privatfahrten,
- unentgeltliche Arbeitnehmersammelbeförderung.

Eine sonstige Leistung gegen Entgelt ist nicht anzunehmen, wenn es sich um Aufmerksamkeiten handelt oder aber um Leistungen, die überwiegend durch das betriebliche Interesse des Arbeitgebers veranlasst sind.

Leistungen, die überwiegend durch das *betriebliche Interesse des Arbeitgebers* veranlasst sind, sind dann anzunehmen, wenn betrieblich veranlasste Maßnahmen zwar auch die Befriedigung eines privaten Bedarfs der Arbeitnehmer zur Folge haben, dies aber durch die mit den Maßnahmen angestrebten betrieblichen Zwecke überlagert wird. Als solche Leistungen sind z. B. anzusehen:

- Leistungen zur Verbesserung der Arbeitsbedingungen,
- betriebsärztliche Betreuung,
- betriebliche Fort- und Weiterbildungsleistungen,
- Zurverfügungstellung von Parkplätzen,
- Zurverfügungstellung von Betriebskindergärten,
- Zurverfügungstellung von Übernachtungsmöglichkeiten bei weit vom Heimatort entfernten Tätigkeitsstellen.

c) Werklieferung und Werkleistung

aa) Werklieferung

57 Eine Werklieferung liegt gem. *§ 3 Abs. 4 UStG* vor, wenn der Unternehmer die Bearbeitung oder Verarbeitung eines Gegenstandes übernommen hat und hierbei Stoffe verwendet, die er selbst beschafft hat, wenn es sich bei den Stoffen nicht nur um Zutaten oder Nebensachen handelt. Das gilt gem. § 3 Abs. 4 Satz 2 UStG auch dann, wenn die Gegenstände mit dem Grund und Boden fest verbunden werden. Die Werklieferung ist eine Lieferung. Als Werklieferung ist z. B. die Errichtung von Bauwerken anzusehen.

Besteht das Werk aus mehreren *Hauptstoffen*, bewirkt der Werkunternehmer bereits dann eine Werklieferung, wenn er nur einen Hauptstoff oder einen Teil eines Hauptstoffes selbst beschafft hat, während alle übrigen Stoffe vom Besteller beigestellt werden (Abschn. 3.8 Abs. 1 UStAE). In Zweifelsfällen ist nach der Verkehrsauffassung zu entscheiden, ob es sich um einen Hauptstoff oder aber um einen Nebenstoff bzw. eine Zutat handelt. Entscheidend für die Einordnung ist, ob die Stoffe ihrer Art nach bzw. nach dem Willen der Beteiligten und der Bedeutung des Stoffes für die Leistung des Unternehmers als Hauptstoffe oder als Nebenstoffe anzusehen sind. Für die Abgrenzung zwischen Hauptstoff und Nebenstoff ist das Wertverhältnis von Stoff und Arbeitsleistung bzw. Arbeitserfolg grundsätzlich unerheblich. Die Unentbehrlichkeit eines Gegenstandes allein (z. B. Nägel, Schrauben) macht diesen noch nicht zu einem Hauptstoff. Verbrauchsmaterial und elektrischer Strom, deren Substanz im fertigen Werk nicht mehr enthalten ist, können keine Hauptstoffe sein.

Bei Werklieferungen scheiden *Materialbeistellungen* des Bestellers aus dem Leistungsaustausch aus. Eine Materialbeistellung liegt vor, wenn der Besteller einen Teil der zur Herstellung des Gegenstandes erforderlichen Hauptstoffe bzw. einige oder sämtliche Nebenstoffe oder Zutaten dem Werkunternehmer zur Verfügung stellt. Dieses beigestellte Material geht nicht in die Verfügungsmacht des Werkherstellers über und ist damit nicht Gegenstand des Leistungsaustausches zwischen dem Werkhersteller und dem Besteller. 58

In den Fällen, in denen die Bearbeitung oder Verarbeitung des Werkunternehmers durch Kündigung des Bestellers oder durch die Insolvenz des Bestellers oder des Werkunternehmers nicht vollendet wird, beschränkt sich die Werklieferung auf das *nicht fertig gestellte Werk* (vgl. Abschn. 3.9 UStAE). Insoweit wird der Gegenstand der Werklieferung neu bestimmt. 59

bb) Werkleistung

Eine Werkleistung liegt vor, wenn der Werkunternehmer bei seiner Leistung keine selbst beschaffte Stoffe oder nur Stoffe, die als Zutaten oder sonstige Nebensachen anzusehen sind, verwendet. Auf die Werkleistung sind die für die sonstige Leistung geltenden Vorschriften anzuwenden. Typische Werkleistungen sind 60

▶ Reparaturleistungen ohne Verwendung von Hauptstoffen,

▶ Anfertigung eines Kleidungsstückes aus dem mitgebrachten Stoff des Kunden.

Gibt der Auftraggeber zur Herstellung des Werks den gesamten Hauptstoff hin, so liegt eine *Materialgestellung* vor. Der Werkunternehmer erbringt nur eine Arbeitsleistung. Die vom Auftraggeber gestellten Hauptstoffe nehmen nicht am Leistungsaustausch teil.

cc) Abgrenzung

Aus Vereinfachungsgründen kann die *Reparatur* eines Beförderungsmittels, z. B. eines Kraftfahrzeuges, eines Sportbootes, einer Yacht oder eines Sportflugzeuges, ohne weitere Nachprüfung als Werklieferung angesehen werden, wenn der Entgeltsteil, der auf das bei der Reparatur verwendete Material entfällt, *mehr als 50 %* des für die Reparatur berechneten Gesamtentgelts beträgt (Abschn. 3.8 Abs. 6 UStAE). 61

d) Tausch und tauschähnlicher Umsatz

aa) Tausch

62 Ein Tausch liegt gem. *§ 3 Abs. 12 Satz 1 UStG* vor, wenn das Entgelt für eine Lieferung in einer Lieferung besteht. Beim Tausch ist wechselseitig jede Lieferung Steuerobjekt und gleichzeitig das Entgelt für die Gegenlieferung. Für die Annahme eines Tausches ist die ursprüngliche Vereinbarung unerheblich.

Werden *verschiedenartige Gegenstände* hingegeben und zurückgegeben, so handelt es sich in aller Regel um einen steuerbaren Tausch; z. B. beim Briefmarkentausch. Kein Tauschgeschäft ist hingegen der Umtausch wegen Mängeln der gekauften Sache. Ein steuerbarer Tausch setzt wechselseitig Leistungen voraus.

Beim *Gefälligkeitsdarlehen* bezüglich vertretbarer Sachen liegt ein Tauschumsatz nicht vor.

> **BEISPIEL:** Heizölhändler A ist aufgrund eines Lieferengpasses das Heizöl ausgegangen. Um seine Kunden weiter beliefern zu können, beschafft er sich Öl bei dem Heizölhändler B. Nach Auffüllung seiner Vorräte gibt A die gleiche Menge Heizöl an B zurück.
>
> Es liegt kein steuerbarer Tauschumsatz vor. Das Geschäft war von Anfang an nicht auf einen Leistungsaustausch gerichtet.

63 Um einen Wertausgleich zwischen den Tauschgegenständen herzustellen, wird häufig ein *Tausch mit Baraufgabe* durchgeführt. Beim Tausch mit Baraufgabe besteht das Entgelt bei einem der Leistenden in einer Lieferung und in einer Geldzahlung. Ein Tausch mit Baraufgabe liegt z. B. dann vor, wenn ein Kfz-Händler ein Neufahrzeug veräußert und dafür neben einer Geldzahlung noch ein gebrauchtes Fahrzeug in Zahlung nimmt. Auch beim sog. *Austauschverfahren* in der Kraftfahrzeugwirtschaft handelt es sich in aller Regel um einen Tausch mit Baraufgabe.

bb) Tauschähnlicher Umsatz

64 Ein tauschähnlicher Umsatz liegt gem. *§ 3 Abs. 12 Satz 2 UStG* vor, wenn das Entgelt für eine sonstige Leistung in einer Lieferung oder sonstigen Leistung besteht. Die dargestellten Grundsätze zum Tausch gelten für die tauschähnlichen Umsätze entsprechend.

Die *Überlassung eines Pkw* vom Arbeitgeber an den Arbeitnehmer zur privaten Nutzung ist grundsätzlich als entgeltliche Leistung anzusehen. Bei dieser entgeltlichen Fahrzeugüberlassung zu Privatzwecken des Arbeitnehmers liegt ein tauschähnlicher Umsatz vor.

3. Unternehmer

a) Unternehmerbegriff

aa) Unternehmerfähigkeit

Leistungen sind grds. nur steuerbar, wenn sie von einem *Unternehmer* ausgeführt werden, vgl. § 1 Abs. 1 Nr. 1 S. 1 UStG. Der „Unternehmer" ist ein *zentraler Begriff* im Umsatzsteuerrecht, der an verschiedenen Stellen im UStG zu finden ist, so z. B. im 65

- *§ 1 Abs. 1 Nr. 1 Satz 1 UStG:* Nur Lieferungen und sonstige Leistungen eines Unternehmers können steuerbar sein;
- *§ 13a Abs. 1 Nr. 1 UStG:* Steuerschuldner ist der Unternehmer;
- *§ 15 Abs. 1 UStG:* Nur ein Unternehmer kann Vorsteuerbeträge abziehen;
- *§ 18 Abs. 1 und 3 UStG:* Der Unternehmer muss Voranmeldungen und Jahressteuererklärungen abgeben;
- *§ 18a UStG:* Der Unternehmer muss Zusammenfassende Meldungen abgeben;
- *§ 22 UStG:* Der Unternehmer hat Aufzeichnungspflichten zu befolgen;
- *§ 27a UStG:* Nur Unternehmer können eine Umsatzsteuer-Identifikationsnummer erhalten.

Unternehmer ist gem. § 2 Abs. 1 Satz 1 UStG, wer eine gewerbliche oder berufliche Tätigkeit selbständig ausübt. Voraussetzungen für die Unternehmereigenschaft sind: 66

- Unternehmerfähigkeit,
- berufliche oder gewerbliche Tätigkeit,
- Selbständigkeit.

Steuerfähig, d.h. Träger von Rechten und Pflichten im umsatzsteuerlichen Sinne, ist jedes selbständig tätige Wirtschaftsgebilde, das nachhaltig Leistungen gegen Entgelt ausführt oder die durch objektive Anhaltspunkte belegte Absicht hat, eine unternehmerische Tätigkeit gegen Entgelt und selbständig auszuüben und erste Investitionsausgaben für diesen Zweck tätigt. Es kommt weder auf die Rechtsform noch auf die Rechtsfähigkeit des Leistenden an. Unternehmer können demnach sein: 67

- natürliche Personen,
- Personenzusammenschlüsse (z. B. OHG, KG, GbR, Partnerschaftsgesellschaft, nichtrechtsfähiger Verein, Erbengemeinschaft),
- juristische Personen des privaten Rechts (z. B. AG, GmbH, KGaA, e.V.),
- juristische Personen des öffentlichen Rechts (z. B. Bund, Land, Gemeinde).

Auf die *Staatsangehörigkeit* oder den *Wohnsitz* kommt es für den Begriff des Unternehmers nicht an. Für die Besteuerung kommt es gem. § 1 Abs. 2 Satz 3 UStG nicht darauf an, ob der Unternehmer deutscher Staatsangehöriger ist, seinen Wohnsitz oder Sitz im Inland hat, im Inland eine Betriebsstätte unterhält, die Rechnung erteilt oder die Zahlung empfängt.

Unternehmer kann auch eine *Bruchteilsgemeinschaft* sein.

Als Unternehmer ist in erster Linie derjenige anzusehen, der nach *außen* hin als Unternehmer auftritt; diesem ist die Leistung zuzurechnen. *Beweisanzeichen* für die Unternehmereigenschaft sind z. B.:

- Name in der Gewerbeanmeldung,
- Name auf Briefbögen,
- Unterzeichnung der Steuererklärungen,
- Leistung der Steuerzahlungen,
- Name auf den Lieferantenrechnungen usw.

Trotz dieser vorliegenden Beweisanzeichen liegt dann keine Unternehmereigenschaft vor, wenn es an der *Selbständigkeit* fehlt. Aus diesem Grund ist grundsätzlich der weisungsgebundene vorgeschobene *Strohmann* kein Unternehmer. Unternehmer ist vielmehr der die Weisungen erteilende Hintermann.

68 *Innengesellschaften*, die ohne eigenes Vermögen, ohne Betrieb, ohne Rechtsfähigkeit und ohne Firma bestehen, sind umsatzsteuerrechtlich unbeachtlich, weil ihnen mangels Auftretens nach außen hin die Unternehmereigenschaft fehlt.

69 Die Unternehmereigenschaft ist nicht *vererblich*. Der Erbe wird nur dann zum Unternehmer, wenn er selbst die Voraussetzungen für die Unternehmereigenschaft in seiner Person erfüllt.

bb) Gewerbliche oder berufliche Tätigkeit

(1) Überblick

70 Unternehmer ist gem. *§ 2 Abs. 1 Satz 1 UStG*, wer eine gewerbliche oder berufliche Tätigkeit selbständig ausübt. Gewerblich oder beruflich ist nach *§ 2 Abs. 1 Satz 3 UStG* jede nachhaltige Tätigkeit zur Erzielung von Einnahmen, auch wenn die Absicht, Gewinn zu erzielen, fehlt oder eine Personenvereinigung nur gegenüber ihren Mitgliedern tätig wird. Der Begriff der gewerblichen oder beruflichen Tätigkeit i. S. des UStG geht über den Begriff des Gewerbebetriebes nach dem Einkommensteuergesetz und dem Gewerbesteuergesetz hinaus. Unter *Tätigkeit* i. S. des § 2 Abs. 1 UStG ist jedes aktive oder passive Verhalten Dritten gegenüber zu verstehen, soweit es auf ein wirtschaftliches Ergebnis gerichtet ist; z. B. das Vermieten eines Grundstücks. Eine gewerbliche oder berufliche Tätigkeit kann auch dann vorliegen, wenn sich jemand verpflichtet, eine bestimmte Geschäftstätigkeit nicht auszuüben.

Voraussetzung für eine gewerbliche oder berufliche Tätigkeit ist, dass *Leistungen im wirtschaftlichen Sinne* ausgeführt werden. Leistungen ausschließlich im Rechtssinne stellen keine gewerbliche oder berufliche Tätigkeit dar. So begründet z. B. die Unterhaltung von Giro-, Bauspar- und Sparkonten sowie das Eigentum an Wertpapieren für sich allein noch nicht die Unternehmereigenschaft einer natürlichen Person. Auch das bloße *Erwerben und Halten von Beteiligungen* an Kapitalgesellschaften ist keine nachhaltige gewerbliche oder berufliche Tätigkeit.

Die gewerbliche oder berufliche Tätigkeit setzt voraus:
- Nachhaltigkeit
- Erzielung von Einnahmen

(2) Nachhaltigkeit

Die gewerbliche oder berufliche Tätigkeit wird nachhaltig ausgeübt, wenn sie auf Dauer zur Erzielung von Entgelten angelegt ist. Auch die Schaffung eines Dauerzustandes kann eine nachhaltige Tätigkeit sein. Entscheidend ist der Wille des Leistenden. Die Absicht, *Gewinn* zu erzielen, ist nicht erforderlich. 71

Die für und gegen die Nachhaltigkeit sprechenden Merkmale müssen gegeneinander abgewogen werden. Kriterien, die für die Nachhaltigkeit sprechen können (UStAE 2.3 Abs. 5ff), sind insbesondere:

- mehrjährige Tätigkeit,
- planmäßiges Handeln,
- auf Wiederholung angelegte Tätigkeit,
- die Ausführung mehr als nur eines Umsatzes,
- Vornahme mehrerer gleichartiger Handlungen unter Ausnutzung derselben Gelegenheit oder desselben dauernden Verhältnisses,
- Intensität des Tätigwerdens,
- Beteiligung am Markt,
- Auftreten wie ein Händler,
- Unterhalten eines Geschäftslokals,
- Auftreten nach außen, z. B. gegenüber Behörden.

Entscheidend ist das Gesamtbild der Verhältnisse.

(3) Erzielung von Einnahmen

Die Tätigkeit muss auf die Erzielung von Einnahmen gerichtet sein (UStAE 2.3 Abs. 8). Abzustellen ist auf die *Absicht* der nachhaltigen Einnahmeerzielung. Unter „Einnahmen" ist alles das zu verstehen, was der Empfänger aufwendet, um die Leistung zu erhalten. Es kann sich hierbei um Geld, um Sachen oder um sonstige Leistungen handeln. Die Erzielung der Einnahmen braucht nicht der Hauptzweck der nachhaltigen Tätigkeit zu sein. Die Absicht, Gewinn zu erzielen, ist nicht erforderlich. 72

Hat das Finanzamt aufgrund der ihm von einem Unternehmer übermittelten Angaben festgestellt, dass diesem die Eigenschaft als Unternehmer zuzuerkennen ist, so kann ihm diese Stellung ab diesem Zeitpunkt grundsätzlich nicht wegen des Eintritts oder des Nichteintritts bestimmter Ereignisse nachträglich aberkannt werden. Ausgenommen hiervon sind die Fälle von Betrug oder Missbrauch.

(Einstweilen frei) 73

cc) Selbständigkeit

74 Eine selbständige Tätigkeit liegt vor, wenn sie auf *eigene Rechnung* und auf *eigene Verantwortung* ausgeübt wird. Ausschlaggebend ist grundsätzlich das *Innenverhältnis* zum Auftraggeber. Aus dem *Außenverhältnis* lassen sich im Allgemeinen nur Beweisanzeichen herleiten. Entscheidend ist auch hier das Gesamtbild der Verhältnisse. Je mehr der Leistende daher nach Erfolg bezahlt wird und Arbeitszeit, -ort und – inhalte frei festlegen kann, desto eher ist er Unternehmer. Die Frage der Selbständigkeit natürlicher Personen ist für die USt, Einkommensteuer und Gewerbesteuer nach denselben Grundsätzen zu beurteilen.

75 Die gewerbliche oder berufliche Tätigkeit wird gem. § 2 Abs. 2 Nr. 1 UStG *nicht selbständig* ausgeübt, soweit natürliche Personen, einzeln oder zusammengeschlossen, einem Unternehmen so eingegliedert sind, dass sie den Weisungen des Unternehmers zu folgen verpflichtet sind.

Anhaltspunkte für die *Unselbständigkeit* sind z. B.:

▶ Schulden der Arbeitskraft und nicht des Erfolgs,
▶ Eingliederung in den Betrieb,
▶ in der Regel nur ein Auftraggeber,
▶ Aufsicht,
▶ Weisungsgebundenheit,
▶ Wahrnehmung fremder Interessen,
▶ geregelte Arbeits- und Urlaubszeit,
▶ fehlendes Unternehmerrisiko.

Anhaltspunkte für die *Selbständigkeit* sind z. B.:

▶ Unternehmerrisiko,
▶ unverhältnismäßige Höhe einer Erfolgsbeteiligung,
▶ Tätigkeit für mehrere Auftraggeber,
▶ Beschäftigung von Arbeitskräften,
▶ Unterhaltung eines Büros auf eigene Kosten,
▶ Unternehmerinitiative.

Natürliche Personen können *zum Teil selbständig*, zum Teil unselbständig sein. Abzustellen ist auf die jeweilige einzelne Tätigkeit der natürlichen Person. So sind z. B. in Krankenhäusern angestellte Ärzte insoweit selbständig tätig, als ihnen für die Behandlung von Patienten ein Liquidationsrecht zusteht.

Auch der *geschäftsführende Gesellschafter einer Kapitalgesellschaft* kann selbständig tätig sein. Die Organstellung als Geschäftsführers steht dem nicht entgegen.

b) Beginn und Ende der Unternehmereigenschaft

76 Die Festlegung von Beginn und Ende der Unternehmereigenschaft hat Bedeutung dafür, ab wann die Leistungen der Besteuerung unterliegen und ab wann ein Vorsteuer-

abzug in Anspruch genommen werden kann. Entsprechendes gilt für die Erweiterung des Tätigkeitsbereichs.

Die Unternehmereigenschaft beginnt mit dem *ersten nach außen erkennbaren*, auf eine Unternehmertätigkeit gerichteten Tätigwerden, wenn die spätere Ausführung entgeltlicher Leistungen beabsichtigt ist (*Verwendungsabsicht*) und die Ernsthaftigkeit dieser Absicht durch objektive Merkmale nachgewiesen oder glaubhaft gemacht wird. Die Unternehmereigenschaft beginnt demzufolge nicht erst mit den ersten Umsätzen; die Unternehmereigenschaft wird bereits mit den *Vorbereitungshandlungen* begründet. Auch solche Vorbereitungsmaßnahmen, die der Prüfung dienen, ob ein Unternehmen betrieben werden soll, begründen bereits die Unternehmereigenschaft. Deshalb erfolgt schon die Einholung von Marktanalysen, Gutachten, Rentabilitätsstudien u. Ä. für das Unternehmen i. S. des § 15 Abs. 1 Satz 1 Nr. 1 UStG. Die spätere Ausführung entgeltlicher Leistungen muss ernsthaft beabsichtigt sein und die Ernsthaftigkeit dieser Absicht muss durch objektive Merkmale nachgewiesen oder glaubhaft gemacht werden (UStAE 2.6 Abs. 1). Die objektive Beweislast dafür, dass eine unternehmerische Tätigkeit beabsichtigt ist, trifft denjenigen, der die Vergütung der Vorsteuerbeträge beantragt.

77

Bei *Personengesellschaften* gehört bereits der Gründungsvorgang (Abschluss des Gesellschaftsvertrages) zur Unternehmertätigkeit. Vorsteuern, die bei der Gründung anfallen, wie z. B. Vorsteuern aus Notarleistungen, können deshalb abgezogen werden.

78

Bei der Gründung einer *Kapitalgesellschaft* ist zwischen der Vorgründungsgesellschaft und der Vorgesellschaft zu unterscheiden. Die *Vorgründungsgesellschaft*, eine BGB-Gesellschaft, besteht in der Zeit bis zum Abschluss des Gesellschaftsvertrages. Sie ist mit der späteren Kapitalgesellschaft nicht identisch. Die *Vorgesellschaft*, die in der Zeit nach Abschluss des Gesellschaftsvertrags und Eintragung der Kapitalgesellschaft in das Handelsregister besteht, ist mit der durch Eintragung ins Handelsregister entstandenen Kapitalgesellschaft identisch. Dies bedeutet, dass die Kapitalgesellschaft unter den Voraussetzungen des § 15 UStG Vorsteuern aus Leistungsbezügen der Vorgesellschaft geltend machen kann.

Die Unternehmereigenschaft endet mit dem *letzten Tätigwerden*. Es kommt nicht entscheidend darauf an, wann der Gewerbebetrieb eingestellt oder abgemeldet wird. Unternehmen und Unternehmereigenschaft erlöschen erst, wenn der Unternehmer *alle Rechtsbeziehungen* abgewickelt hat, die mit dem (aufgegebenen) Betrieb in Zusammenhang stehen.

79

Die Unternehmereigenschaft endet nicht mit der Einstellung der werbenden Tätigkeit. Die *Abwicklung*, die spätere Veräußerung von Gegenständen sowie die nachträgliche Vereinnahmung von Entgelten gehören noch zur Unternehmertätigkeit. Der Vorsteuerabzug aus Rechnungen, die nach Beendigung der werbenden Tätigkeit eingehen, sowie Korrekturen der USt oder Vorsteuer bei später eintretenden Änderungen des Entgelts i. S. des § 17 UStG sind noch möglich.

(Einstweilen frei)

80

Die Unternehmereigenschaft kann nicht im *Erbgang* übergehen. Der Erbe wird nur dann zum Unternehmer, wenn in seiner Person die Voraussetzungen verwirklicht werden, an die das Umsatzsteuerrecht die Unternehmereigenschaft knüpft.

81

c) Organschaft

aa) Begriffsbestimmung

82 Eine Organschaft ist gem. *§ 2 Abs. 2 Nr. 2 Satz 1 UStG* anzunehmen, wenn eine juristische Person nach dem Gesamtbild der tatsächlichen Verhältnisse finanziell, wirtschaftlich und organisatorisch in das Unternehmen des Organträgers eingegliedert ist. Liegen die Voraussetzungen der Organschaft vor, ist die *Organgesellschaft* (die untergeordnete juristische Person) als nichtselbständig anzusehen; vergleichbar einem Angestellten. Unternehmer ist in den Fällen der Organschaft nicht die Organgesellschaft, sondern nur der *Organträger*. Die Umsätze der Organgesellschaft sind dem Organträger zuzurechnen und bei diesem zu erfassen. Leistungsbewegungen zwischen der Organgesellschaft und dem Organträger stellen grundsätzlich steuerlich unbeachtliche Innenumsätze dar.

83 Voraussetzung für das Vorliegen einer Organschaft ist, dass der Organträger ein Unternehmen betreibt; d. h., eine *unternehmerische Tätigkeit* ausübt. Für die Frage, ob der Organträger eine unternehmerische Tätigkeit ausübt, ist nicht erforderlich, dass er Umsätze im eigenen Namen bewirkt, also nach außen erkennbar hervortritt (Abschn. 2.8 Abs. 2 UStAE).

84 *Organträger* kann jeder Unternehmer sein. Somit kommen als Organträger natürliche Personen, Personenvereinigungen und juristische Personen des privaten und des öffentlichen Rechts in Betracht. *Organgesellschaft* hingegen kann nur eine juristische Person des Zivil- oder Handelsrechts sein.

85 Die Organschaft *endet*, wenn die Eingliederungsmerkmale nicht mehr erfüllt sind. Mit der Eröffnung des Insolvenzverfahrens über das Vermögen der Organgesellschaft endet das Organschaftsverhältnis, da das Verfügungs- und Verwaltungsrecht auf den Insolvenzverwalter übergeht; die organisatorische und wirtschaftliche Eingliederung entfällt.

86 Die Wirkungen der Organschaft sind nach § 2 Abs. 2 Nr. 2 Satz 2 UStG auf Innenleistungen zwischen den im Inland gelegenen Unternehmensteilen beschränkt.

87 Das Vorliegen einer umsatzsteuerlichen Organschaft setzt eine

- *finanzielle,*
- *wirtschaftliche und*
- *organisatorische*

Eingliederung voraus.

Es ist nicht erforderlich, dass alle drei Eingliederungsmerkmale gleichermaßen ausgeprägt sind; Organschaft kann auch gegeben sein, wenn die Eingliederung auf einem dieser drei Gebiete nicht vollkommen, dafür aber auf den anderen Gebieten umso eindeutiger ist, so dass sich die Eingliederung aus dem *Gesamtbild* der tatsächlichen Verhältnisse ergibt.

bb) Eingliederungsmerkmale

(1) Finanzielle Eingliederung

Unter der finanziellen Eingliederung ist der Besitz der entscheidenden *Anteilsmehrheit* an der Organgesellschaft zu verstehen, die es ermöglicht, Beschlüsse in der Organgesellschaft durchzusetzen. Wenn die Beteiligungsverhältnisse den Stimmrechtsverhältnissen entsprechen, liegt eine finanzielle Eingliederung vor, wenn die Beteiligung *mehr als 50 %* beträgt. Entsprechen die Beteiligungsverhältnisse nicht den Stimmrechtsverhältnissen, so kommt es auf die Mehrheit der *Stimmrechte* an. Die Beteiligung braucht nicht unmittelbar zu bestehen; eine *mittelbare Beteiligung* reicht aus. Ist eine Kapital- oder Personengesellschaft nicht selbst an der Organschaft beteiligt, reicht es für die finanzielle Eingliederung nicht aus, dass nur ein oder mehrere Gesellschafter auch mit Stimmenmehrheit an der Organgesellschaft beteiligt sind (Abschnitt 28 Abs. 5 Satz 6 UStAE).

88

> **BEISPIEL:** A ist an der B-GmbH zu 60 % beteiligt. Die B-GmbH ihrerseits ist an der C-GmbH zu 30 % beteiligt. A ist ebenfalls an der C-GmbH zu 30 % selbst beteiligt.
>
> Neben der B-GmbH ist auch die C-GmbH in das Unternehmen des A finanziell eingegliedert. A kann über seine eigene Beteiligung (unmittelbar) und die Beteiligung der von ihm beherrschten B-GmbH an der C-GmbH (mittelbar) seinen Willen in der C-GmbH durchsetzen. Es liegt auch in Bezug auf die C-GmbH eine finanzielle Eingliederung vor, da A aus der Kombination der unmittelbaren und mittelbaren Beteiligung über die Mehrheit der Stimmen in der C-GmbH verfügt.

(2) Wirtschaftliche Eingliederung

Eine wirtschaftliche Eingliederung liegt vor, wenn die Organgesellschaft gem. dem Willen des Unternehmers im Rahmen des Gesamtunternehmens, und zwar in engem wirtschaftlichem Zusammenhang mit diesem, es fördernd und ergänzend, wirtschaftlich tätig ist. Dies ist gegeben, wenn eine *Verflechtung der Geschäftstätigkeiten* von Organträger und Organgesellschaft vorliegt. Die Tätigkeit der Organgesellschaft muss in das wirtschaftliche Gesamtkonzept des Organträgers eingegliedert sein; die Tätigkeit muss das Gesamtunternehmen fördern und ergänzen. Dies ist z. B. dann der Fall, wenn der Vertrieb der Erzeugnisse des Organträgers durch die Organgesellschaft erfolgt. Der Betrieb der Organgesellschaft braucht aber nicht ausschließlich auf den Organträger ausgerichtet zu sein.

89

(3) Organisatorische Eingliederung

Eine organisatorische Eingliederung liegt vor, wenn der Organträger durch organisatorische Maßnahmen sicherstellt, dass in der Organgesellschaft sein *Wille* auch tatsächlich ausgeführt wird (UStAE 2.8 Abs. 7). Ob dies gewährleistet ist, richtet sich nach den jeweiligen Umständen des Einzelfalls. Die Durchsetzung des Willens des Organträgers in der Organgesellschaft kann z. B. durch *Personalunion der Geschäftsführer* in beiden Gesellschaften sichergestellt werden. Anzeichen für eine organisatorische Eingliederung können auch gemeinsame Geschäftsräume und eine gemeinsame Buchhaltung sein.

90

cc) Grenzüberschreitende Organschaft

91 Die Wirkungen der Organschaft sind gem. *§ 2 Abs. 2 Nr. 2 Satz 2 UStG* auf Innenleistungen zwischen den im Inland gelegenen Unternehmensteilen beschränkt. Die im Inland gelegenen Unternehmensteile sind gem. § 2 Abs. 2 Nr. 2 Satz 3 UStG als EIN Unternehmen zu behandeln. Die Wirkungen der Organschaft bestehen demzufolge *nicht* im Verhältnis zu den im Ausland gelegenen Unternehmensteilen sowie zwischen diesen Unternehmensteilen.

92 *(Einstweilen frei)*

93 **BEISPIEL:** Der im Inland ansässige Organträger OT hat eine Organgesellschaft OG 1 im Inland und eine Organgesellschaft OG 2 in Italien. Daneben hat der Organträger OT noch eine Betriebsstätte B in der Schweiz. OT versendet jeweils Waren an OG 1, OG 2 und B.

Zum Unternehmen des inländischen Organträgers OT gehört die Organgesellschaft OG 1 im Inland und die Betriebsstätte B in der Schweiz. Zwischen OT und OG 1 bzw. B liegen nicht steuerbare Innenumsätze vor. Bei der Lieferung von OT an die Organgesellschaft OG 2 in Italien handelt es sich um eine im Inland steuerbare Lieferung (keinen Innenumsatz), die unter den Voraussetzungen des § 4 Nr. 1 Buchst. b UStG i.V. mit § 6a UStG als innergemeinschaftliche Lieferung steuerfrei ist.

94 Ist der Organträger *im Ausland* ansässig, so gehören zu seinem Unternehmen:

- inländische Organgesellschaften,
- inländische Betriebsstätten des Organträgers und seiner in- und ausländischen Organgesellschaften.

Hat der Organträger seine Geschäftsleitung im Ausland, gilt gem. § 2 Abs. 2 Nr. 2 Satz 4 UStG der wirtschaftlich *bedeutendste Unternehmensteil* im Inland als der Unternehmer.

BEISPIEL: Der Organträger OT ist in Italien ansässig. OT hat im Inland die Organgesellschaften OG 1 und OG 2 sowie eine Betriebsstätte B. Der Jahresumsatz von OG 1 und B beträgt jeweils 1 Mio. € und der Jahresumsatz von OG 2 beträgt 500 000 €. Zwischen OG 1, OG 2 und B finden Warenlieferungen statt.

OG 1, OG 2 und B bilden das Unternehmen. OG 1 ist als wirtschaftlich bedeutendster Unternehmensteil der Unternehmer. Die Warenlieferungen zwischen OG 1, OG 2 und B stellen nicht steuerbare Innenumsätze dar.

d) Juristische Personen des öffentlichen Rechts

aa) Begriffsbestimmung

95 Die juristischen Personen des öffentlichen Rechts sind gem. § 2 Abs. 3 Satz 1 UStG grundsätzlich nur im Rahmen ihrer *Betriebe gewerblicher Art* und ihrer *land- und forstwirtschaftlichen Betriebe* gewerblich oder beruflich tätig. Juristische Personen des öffentlichen Rechts i. S. des § 2 Abs. 3 UStG sind insbesondere die Gebietskörperschaften (Bund, Länder, Gemeinden, Gemeindeverbände, Zweckverbände), die öffentlich-rechtlichen Religionsgesellschaften, die Innungen, Handwerkskammern, Industrie- und Handelskammern und sonstige Gebilde, die aufgrund öffentlichen Rechts eigene Rechtspersönlichkeit besitzen. Dazu gehören neben Körperschaften auch Anstalten und Stiftungen des öffentlichen Rechts, z. B. Rundfunkanstalten des öffentlichen Rechts, Bundesbank, Landeszentralbank, öffentliche Sparkassen, Bundes- und Landesversicherungsanstalten. Ebenfalls dazu gehören Universitäten, Studentenwerke und Jagdgenossen-

schaften. Auf ausländische juristische Personen des öffentlichen Rechts ist die Vorschrift des § 2 Abs. 3 UStG analog anzuwenden (Abschn. 2.11 UStAE).

(Einstweilen frei) 96–102

e) Fahrzeuglieferer

aa) Personenkreis

Erstmalig im deutschen Umsatzsteuerrecht werden durch die Vorschrift des § 2a UStG private Verbraucher als Unternehmer angesehen, nämlich wenn sie ein neues Fahrzeug liefern, das bei der Lieferung in das übrige Gemeinschaftsgebiet gelangt. Als *Nichtunternehmer* in Betracht kommen insbesondere 103

- Privatpersonen,
- juristische Personen des öffentlichen Rechts,
- sonstige Personenzusammenschlüsse, die ansonsten nichtunternehmerisch tätig sind.

Demgegenüber handelt es sich bei *Kleinunternehmern* i. S. des § 19 UStG nicht um Fahrzeuglieferer i. S. des § 2a UStG. § 19 Abs. 4 UStG enthält für Kleinunternehmer eine Regelung für die innergemeinschaftliche Lieferung eines neuen Fahrzeugs.

§ 2a UStG betrifft auch *Unternehmer*, die ein neues Fahrzeug nicht im Rahmen ihres Unternehmens in das übrige Gemeinschaftsgebiet liefern. Sie werden auch insoweit wie ein Unternehmer behandelt. Es wird nicht fingiert, dass die Lieferung im Rahmen des Unternehmens ausgeführt wird.

bb) Bestimmte Lieferung

§ 2a UStG findet nur dann Anwendung, wenn ein *neues Fahrzeug* von dem bestimmten Personenkreis geliefert wird. Was ein Fahrzeug i. S. des UStG ist, wird in *§ 1b Abs. 2 UStG* geregelt. Wann ein Fahrzeug als neu i. S. des UStG gilt, wird in *§ 1b Abs. 3 UStG* bestimmt. Danach gilt z. B. ein Landfahrzeug als neu, wenn es im Zeitpunkt der Lieferung (identisch mit dem Erwerbszeitpunkt) nicht mehr als 6 000 Kilometer zurückgelegt hat oder seine erste Inbetriebnahme zu diesem Zeitpunkt nicht mehr als sechs Monate zurückliegt. 104

Die Beschränkung des § 2a UStG auf die Lieferung neuer Fahrzeuge resultiert aus den besonderen Regelungen beim Erwerb eines neuen Fahrzeugs innerhalb der EU. Jeder Erwerber unterliegt beim Erwerb eines neuen Fahrzeugs der *Erwerbsbesteuerung* im Bestimmungsland. Da für neue Fahrzeuge auch bei Lieferungen zwischen Privatpersonen eine Besteuerung im Bestimmungsland stattfindet, musste auch für solche Fälle eine Entlastung von der USt im Ursprungsland sichergestellt werden. Dies geschieht durch die Unternehmerfiktion des § 2a UStG, die Steuerbefreiung gem. § 4 Nr. 1 Buchst. b UStG i. V. mit § 6a UStG und die Vorsteuerabzugsberechtigung gem. § 15 Abs. 4a UStG.

Es muss eine *tatsächliche Warenbewegung* vom Inland in das übrige Gemeinschaftsgebiet erfolgen. Es muss eine innergemeinschaftliche Lieferung eines neuen Fahrzeugs vorliegen. 105

Das neue Fahrzeug muss bei der Lieferung in das übrige Gemeinschaftsgebiet gelangen. Es ist unerheblich, ob das Fahrzeug durch den Lieferer oder den Abnehmer befördert oder versendet wird. Das neue Fahrzeug muss *nicht unverzüglich* in das übrige Gemeinschaftsgebiet gelangen.

106 *Verbringt* der Fahrzeuglieferer i. S. des § 2a UStG das neue Fahrzeug zunächst vom Inland in einen anderen Mitgliedstaat, um es dort gegen Entgelt zu veräußern, liegt ein nach § 3 Abs. 1a UStG i. V. mit § 1 Abs. 1 Nr. 1 Satz 1 UStG steuerbares Verbringen vor. Dieses Verbringen gilt nach § 6a Abs. 2 UStG i. V. mit § 4 Nr. 1 Buchst. b UStG als steuerfreie innergemeinschaftliche Lieferung. In dem Bestimmungsland ist der Vorgang als innergemeinschaftlicher Erwerb zu versteuern.

cc) Folgen für die Besteuerung

107 Der Nichtunternehmer oder der Unternehmer, der die Lieferung nicht im Rahmen seines Unternehmens ausführt, wird für die innergemeinschaftliche Lieferung des neuen Fahrzeugs *wie ein Unternehmer* behandelt. Die Lieferung ist im Inland steuerbar gem. § 1 Abs. 1 Nr. 1 Satz 1 UStG. Diese steuerbare Lieferung ist unter den Voraussetzungen des § 6a UStG i. V. mit § 4 Nr. 1 Buchst. b UStG als innergemeinschaftliche Lieferung steuerfrei. Die Voraussetzungen der Steuerbefreiung müssen vom Fahrzeuglieferer als Unternehmer nachgewiesen sein.

Da der Fahrzeuglieferer für diese Lieferung wie ein Unternehmer behandelt wird, steht ihm unter Beachtung der Voraussetzungen des § 15 Abs. 1 UStG ein *Vorsteuerabzug* gem. § 15 Abs. 2 Satz 1 Nr. 1 UStG i. V. mit § 15 Abs. 3 Nr. 1 Buchst. a UStG zu. Dieser Vorsteuerabzug ist allerdings gem. *§ 15 Abs. 4a UStG* wie folgt eingeschränkt:

1. Abziehbar ist nur die auf die Lieferung, die Einfuhr oder den innergemeinschaftlichen Erwerb des neuen Fahrzeugs entfallende Steuer.

2. Die Steuer kann nur bis zu dem Betrag abgezogen werden, der für die Lieferung des neuen Fahrzeugs geschuldet würde, wenn die Lieferung nicht steuerfrei wäre.

3. Die Steuer kann erst in dem Zeitpunkt abgezogen werden, in dem der Fahrzeuglieferer die innergemeinschaftliche Lieferung des neuen Fahrzeugs ausführt.

108 Der Fahrzeuglieferer ist gem. § 14a Abs. 3 UStG zur *Ausstellung einer Rechnung* verpflichtet, in der er u. a. auf die Steuerfreiheit hinweist. Die Rechnung muss auch die in § 1b Abs. 2 und 3 UStG bezeichneten Merkmale enthalten (§ 14a Abs. 4 UStG). Der Unternehmer hat gem. § 14b Abs. 1 UStG von dieser Rechnung ein Doppel zehn Jahre aufzubewahren.

109 Ist der Fahrzeuglieferer ansonsten Nichtunternehmer muss er gem. § 18 Abs. 4a UStG für den Voranmeldungszeitraum eine *Voranmeldung* abgeben, in dem die Lieferung ausgeführt wurde. Darüber hinaus muss er auch noch eine *Jahressteuererklärung* abgeben. In diesen Erklärungen ist die Vorsteuer gem. § 15 Abs. 4a UStG geltend zu machen. Eine *Zusammenfassende Meldung* i. S. des § 18a UStG ist vom Fahrzeuglieferer nicht abzugeben, da § 18a Abs. 1 UStG nur auf die Unternehmer i. S. des § 2 UStG abstellt.

Der Fahrzeuglieferer hat die *Aufzeichnungspflichten* des § 22 UStG zu befolgen.

4. Rahmen des Unternehmens

a) Begriffsbestimmung

Das Unternehmen umfasst die gesamte gewerbliche oder berufliche Tätigkeit des Unternehmers. Das Unternehmen ist *tätigkeitsbezogen*, d. h., Tätigkeiten, die nicht unternehmerisch sind, gehören nicht zum Unternehmen. Dadurch unterscheidet sich der Begriff des Unternehmens im umsatzsteuerlichen Sinne von der Bedeutung des Unternehmens im allgemeinen Sprachgebrauch, der von einer gegenständlichen Definition ausgeht.

110

Aus der tätigkeitsbezogenen Definition ergibt sich, dass jeder Unternehmer einen *unternehmerischen* und einen *nichtunternehmerischen* Bereich hat. Zur Abgrenzung dieser Bereiche bei Vereinen, Forschungsbetrieben und ähnlichen Einrichtungen wird auf Abschn. 2.10 UStAE verwiesen.

b) Umfang des Unternehmens

Das Unternehmen umfasst nach § 2 Abs. 1 Satz 2 UStG die *gesamte gewerbliche oder berufliche Tätigkeit* des Unternehmers. Sämtliche Betriebe oder berufliche Tätigkeiten desselben Unternehmers bilden das Unternehmen. *Ein Unternehmer hat immer nur ein Unternehmen.* In diesem Unternehmen sind alle unternehmerischen Aktivitäten des Unternehmers zusammengefasst. Betriebsstätten im In- und Ausland gehören zum Unternehmen.

111

Innerhalb eines einheitlichen Unternehmens sind steuerbare Umsätze grundsätzlich nicht möglich; es handelt sich bei derartigen unternehmensinternen Vorgängen um nicht steuerbare *Innenumsätze*. Eine Ausnahme von diesem Grundsatz stellt das innergemeinschaftliche Verbringen dar.

BEISPIEL: Unternehmer A verbringt Ware aus seinem Unternehmensteil im Inland in seinen Unternehmensteil nach Frankreich, um die Ware in Frankreich zu veräußern.

Es handelt sich nicht um einen Innenumsatz. Das Verbringen wird im Inland gem. § 3 Abs. 1a UStG wie eine Lieferung gegen Entgelt behandelt. Diese Lieferung ist als innergemeinschaftliche Lieferung steuerfrei gem. § 4 Nr. 1 Buchst. b UStG i.V. mit § 6a Abs. 2 UStG. A muss in Frankreich die Erwerbsbesteuerung durchführen.

In den Rahmen des Unternehmens fallen nicht nur die *Grundgeschäfte*, sondern auch die *Hilfsgeschäfte*. Unter „Grundgeschäften" sind die Tätigkeiten des Unternehmers zu verstehen, die den eigentlichen Gegenstand der geschäftlichen Betätigung bilden, d. h., die berufs- bzw. gewerbetypischen Tätigkeiten. „Hilfsgeschäfte" sind die Tätigkeiten, die eng mit der Haupttätigkeit verbunden sind. Zu den Hilfsgeschäften gehört jede Tätigkeit, die die Haupttätigkeit mit sich bringt. Auf die *Nachhaltigkeit* der Hilfsgeschäfte kommt es nicht an. Ein Verkauf von Vermögensgegenständen fällt ohne Rücksicht auf die Nachhaltigkeit in den Rahmen des Unternehmens, wenn der Gegenstand zum unternehmerischen Bereich des Veräußerers gehörte.

112

> **BEISPIEL:** Textilunternehmer A hatte von seinem Onkel im Januar 01 eine Eigentumswohnung geerbt. Da A selbst keine Verwendung für die Eigentumswohnung hatte, veräußerte er diese im August 01 an einen Käufer.
>
> a) In der Zeit von Januar 01 bis August 01 war die Eigentumswohnung vermietet und A hatte sie auch seinem Unternehmen zugeordnet. Es liegt kein Teilbetrieb vor.
>
> b) In der Zeit von Januar 01 bis August 01 war die Eigentumswohnung nicht vermietet.
>
> Im Fall a) gehörte die Eigentumswohnung zum unternehmerischen Bereich des A. Die Veräußerung stellt ein Hilfsgeschäft im Rahmen des Unternehmens dar. Bei Hilfsgeschäften kommt es auf die Nachhaltigkeit nicht an.
>
> Im Fall b) liegt kein Hilfsgeschäft liegt vor; denn die Eigentumswohnung hat nicht zum unternehmerischen Bereich des A gehört. Der Verkauf stellt sich als ein Vorgang auf der privaten Vermögensebene dar und gehört somit nicht in den Rahmen des Unternehmens des A.

5. Inland

a) Begriff

113   Inland i. S. des UStG ist gem. *§ 1 Abs. 2 Satz 1 UStG* das Gebiet der Bundesrepublik Deutschland mit Ausnahme

- des Gebietes von Büsingen,
- der Insel Helgoland,
- der Freizonen des Kontrolltyps I nach § 1 Abs. 1 Satz 1 des Zollverwaltungsgesetzes (Freihäfen),
- der Gewässer und Watten zwischen der Hoheitsgrenze und der jeweiligen Strandlinie,
- der deutschen Schiffe und der deutschen Luftfahrzeuge in Gebieten, die zu keinem Zollgebiet gehören.

Freihäfen sind derzeit noch Teile der Häfen von Bremerhaven und Cuxhaven. Emden und Kiel haben ihren Freihafenstatus zum 1. 1. 2010 verloren, Hamburg zum 1. 1. 2013. Freihäfen gelten als „exterritorial", d. h. Umsätze dort bzw. der Import in das Freihafengebiet werden nicht besteuert (zu den Ausnahmen: vgl. Abschn.1.11 f UStAE). Umsätze in den Auslandsvertretungen (auf dem Botschaftsgelände) dagegen gelten als Inlandsumsätze.

b) Lieferort

aa) Überblick

114   Nur wenn sich der *Lieferort im Inland* befindet, kann die Lieferung gem. § 1 Abs. 1 Nr. 1 Satz 1 UStG steuerbar sein.

Die Vorschrift des *§ 3 Abs. 5a UStG* bestimmt, dass sich der Lieferort vorbehaltlich der §§ 3c, 3e, 3f und 3g UStG nach den Absätzen 6 bis 8 des § 3 UStG richtet.

115   § 3 Abs. 6 und 7 UStG sind dabei die wesentlichen Vorschriften.

bb) Bewegte Lieferung

Für die Bestimmung des Lieferorts ist zu entscheiden, ob eine *bewegte* oder eine *unbewegte* Lieferung vorliegt. Der Lieferort für eine bewegte Lieferung bestimmt sich grundsätzlich nach *§ 3 Abs. 6 Satz 1 UStG*. Wird der Gegenstand der Lieferung durch den Lieferer, den Abnehmer oder einen vom Lieferer oder vom Abnehmer beauftragten Dritten befördert oder versendet, gilt die Lieferung dort als ausgeführt, wo die Beförderung oder Versendung an den Abnehmer oder in dessen Auftrag an einen Dritten beginnt. Diese Regelung macht eine Unterscheidung zwischen „Abholen", „Befördern" und „Versenden" überflüssig. Der *Abholfall* ist der Beförderung oder Versendung gleichgestellt. 116

Befördern ist gem. § 3 Abs. 6 Satz 2 UStG jede Fortbewegung eines Gegenstandes. Sie liegt vor, wenn der leistende Unternehmer oder der Leistungsempfänger oder ein Arbeitnehmer der beiden den Gegenstand im Rahmen einer Lieferung bewegt (Abschn. 3.12 Abs. 2 UStAE). Die Bewegung eines Unternehmensgegenstandes innerhalb des Unternehmens, die lediglich der Vorbereitung des Transports dient, stellt keine Beförderung dar.

Versenden liegt gem. § 3 Abs. 6 Satz 3 UStG vor, wenn jemand die Beförderung durch einen selbständigen Beauftragten ausführen oder besorgen lässt. Die Versendung beginnt mit der Übergabe des Gegenstandes an den Beauftragten (§ 3 Abs. 6 Satz 4 UStG). Der mit der Versendung Beauftragte muss selbständig sein. Als selbständige Beauftragte kommen insbesondere Frachtführer, Verfrachter, Reeder, Spediteure, die Bahn oder die Post in Betracht.

In den Fällen, in denen der Versendungsauftrag *nachträglich geändert* wird, beginnt erst mit der Umbenennung die Versendung an den neuen Abnehmer. Der Lieferort ist dann dort, wo sich der Liefergegenstand im Zeitpunkt der Umbenennung befindet.

Der Ort der Lieferung bestimmt sich *nicht* nach § 3 Abs. 6 UStG, wenn der Gegenstand der Lieferung nach dem Beginn der Beförderung oder nach der Übergabe des Gegenstandes an den Beauftragten *vom Lieferer* noch einer Behandlung unterzogen wird, die seine Marktgängigkeit ändert (Abschn. 3.12 Abs. 4 UStAE). Dies ist insbesondere dann der Fall, wenn Gegenstand der Lieferung eine vom Lieferer errichtete ortsgebundene Anlage oder eine einzelne Maschine ist, die am Bestimmungsort fundamentiert oder funktionsfähig gemacht wird, indem sie in einen Satz bereits vorhandener Maschinen eingefügt und hinsichtlich ihrer Arbeitsgänge auf diese Maschinen abgestimmt wird (*Montagelieferung*). Ort der Lieferung ist dort, wo die Zusammenfügung vorgenommen wird. Dagegen gilt die Lieferung mit dem Beginn der Beförderung oder mit der Übergabe des Gegenstandes an den Beauftragten als ausgeführt, wenn eine betriebsfertig hergestellte Maschine lediglich zum Zwecke eines besseren und leichteren Transportes in einzelne Teile zerlegt und dann von einem Monteur des Lieferers am Bestimmungsort wieder zusammengesetzt wird. § 3 Abs. 6 UStG ist auch dann anzuwenden, wenn die sich an den Transport anschließende Bearbeitung oder Verarbeitung vom Abnehmer selbst oder in seinem Auftrag von einem Dritten vorgenommen wird. 117

Die Anwendung des § 3 Abs. 6 UStG setzt voraus, dass der *Abnehmer* zu Beginn des Transports bereits *feststeht*. An Stelle des Abnehmers kann die Ware im Auftrag des Ab- 118 nehmers auch an einen Dritten befördert oder versendet werden. Auch der Liefergegenstand muss feststehen.

119 Die Festlegung des Lieferorts ist dabei faktisch auch eine Festlegung des Lieferzeitpunkts! Vgl. dazu: BMF-Schreiben vom 26.9.2005, BStBl 2005 I S. 937.

cc) Unbewegte Lieferung

120 Wird der Gegenstand der Lieferung nicht befördert oder versendet (unbewegte oder ruhende Lieferung) ist der Lieferort gem. *§ 3 Abs. 7 Satz 1 UStG* dort, wo sich der Gegenstand zurzeit der Verschaffung der Verfügungsmacht befindet. Es handelt sich hierbei um Lieferungen, bei denen tatsächlich keine Warenbewegung zur Verschaffung der Verfügungsmacht erforderlich ist.

Durch die Vorschrift des § 3 Abs. 7 Satz 1 UStG werden folgende *Fallgruppen* betroffen:

- Grundstückslieferungen:

  Lieferort ist der Grundstücksort.

- Lieferung durch bloße Einigung:

  Ist der Abnehmer bereits vor der Verschaffung der Verfügungsmacht im Besitz des Gegenstandes und erfolgt demzufolge nur noch eine Einigung über den Eigentumsübergang, bestimmt sich der Lieferort nach § 3 Abs. 7 Satz 1 UStG.

- Lieferung durch Vereinbarung eines Besitzmittlungsverhältnisses:

  In den Fällen, in denen der Lieferer das Eigentum an einer beweglichen Sache durch Einigung und Vereinbarung eines Besitzmittlungsverhältnisses auf den Erwerber überträgt, ist eine unbewegte Lieferung an dem Ort bewirkt, an dem sich der Gegenstand bei der Eigentumsübertragung befindet.

- Lieferung durch Abtretung des Herausgabeanspruchs:

  Wenn das Eigentum an einer beweglichen Sache, die sich im Besitz eines Dritten befindet, vom Eigentümer auf den Erwerber durch Einigung und Abtretung des Herausgabeanspruchs übertragen wird, liegt eine unbewegte Lieferung vor, deren Lieferort sich nach § 3 Abs. 7 Satz 1 UStG bestimmt.

- Lieferung durch Übergabe von Traditionspapieren (z. B. Lagerschein, Konnossement):

  Die Übergabe des Traditionspapiers ist wie die Übergabe der Sache selbst zu behandeln. Es wird eine unbewegte Lieferung an dem Ort ausgeführt, an dem sich die Ware im Zeitpunkt der Verschaffung der Verfügungsmacht befindet.

  BEISPIEL: Händler A aus Rostock verkauft eine Schiffsladung Bananen an den Händler B aus Berlin. Die Ware befindet sich auf hoher See. Das Konnossement wird in Berlin an B übergeben.

  A erbringt eine Lieferung i. S. des § 3 Abs. 1 UStG, da er B die Verfügungsmacht an den Bananen verschafft. Die Übergabe der Bananen wird durch die Übergabe des Konnossements ersetzt. Die Lieferung ist nicht steuerbar, da sich der Liefergegenstand zum Zeitpunkt der Verschaffung der Verfügungsmacht auf hoher See (Ausland) befindet.

- Werklieferung:

  Handelt es sich um die Werklieferung eines unbeweglichen Gegenstandes, z. B. eines Gebäudes, liegt eine unbewegte Lieferung am Grundstücksort vor. Handelt es sich um die Werklieferung eines beweglichen Gegenstandes und entsteht der Gegenstand der Werklieferung erst durch Errichtung einer ortsgebundenen Anlage, durch Umbau, Einbau oder Anbau beim Abnehmer, ist eine unbewegte Lieferung am Abnahmeort gegeben.

- Lieferungen durch Leitungen:

  Strom, Gas, Wasser, Kälte und Wärme werden an dem Ort geliefert, an dem der Zähler angebracht worden ist (Abgabeort bei privaten Verbrauchern bzw. Sitz des Leistungsempfängers bei unternehmerischen Leistungsempfängern. § 3g UStG geht dem § 3 Abs. 7 UStG gem. § 3 Abs. 5a UStG vor.

Lieferzeitpunkt ist dann, wenn die Verfügungsmacht auf den Abnehmer übertragen wird. Bei Werklieferungen ist dies in der Regel dann der Fall, wenn der Abnehmer das fertige Werk durch Schlussabnahme abnimmt.

dd) Einfuhrlieferung

§ 3 Abs. 8 UStG regelt den Lieferort in den Fällen, in denen der Gegenstand der Lieferung bei der Beförderung oder Versendung an den Abnehmer oder in dessen Auftrag an einen Dritten aus dem Drittlandsgebiet in das Inland gelangt. Voraussetzung für die Anwendung des § 3 Abs. 8 UStG ist, dass der Lieferer oder sein Beauftragter Schuldner der EUSt ist. Liegen diese Voraussetzungen vor, dann gilt der Ort der Lieferung dieses Gegenstandes als im Inland gelegen.

Sinn und Zweck der Regelung ist es, einen teilweise steuerfreien Verbrauch zu verhindern. Ohne die Vorschrift des § 3 Abs. 8 UStG wäre es möglich, dass nur der unter dem Verkaufspreis liegende Einfuhrwert der USt unterläge; die Differenz zwischen Einfuhrwert und Verkaufspreis bliebe unversteuert. Durch § 3 Abs. 8 UStG wird erreicht, dass der gesamte Verkaufswert besteuert wird. Der Lieferer kann die gezahlte EUSt gem. § 15 Abs. 1 Satz 1 Nr. 2 UStG als Vorsteuer abziehen.

Neben einer Warenbewegung aus dem Drittland in das Inland ist auch erforderlich, dass der Lieferer oder sein Beauftragter (z. B. ein Spediteur) Schuldner der EUSt ist. Maßgeblich ist, unabhängig von den Lieferkonditionen, wer nach den zollrechtlichen Vorschriften Schuldner der EUSt ist (UStAE 3.13 Abs. 1). In den typischen Fällen der Überführung der Ware in den freien Verkehr ist der Anmelder, der die Zollanmeldung im eigenen Namen abgibt oder für dessen Namen die Anmeldung abgegeben wird, Schuldner der EUSt. Bei indirekter Stellvertretung, bei der der Anmelder im eigenen Namen, aber für fremde Rechnung handelt, ist auch die Person Zollschuldner, für deren Rechnung die Zollanmeldung abgegeben worden ist. Schuldner der EUSt kann somit der Lieferer oder der Abnehmer sein. § 3 Abs. 8 UStG kommt nur dann zur Anwendung, wenn der Lieferer (oder sein Beauftragter) Schuldner der EUSt ist.

Liegen die Voraussetzungen des § 3 Abs. 8 UStG vor, gilt der Lieferort als im Inland gelegen. Der Lieferer führt dann eine im Inland steuerbare Lieferung aus.

> **BEISPIEL:** Der Unternehmer S mit Sitz in der Schweiz liefert dem Unternehmer D mit Sitz in München eine Maschine. S versendet die Maschine „verzollt und versteuert" an D nach München.
>
> Die Lieferung des S an den D ist in Deutschland steuerbar und steuerpflichtig. Der Lieferort ist im Einfuhrland Deutschland anzunehmen, da die Warenbewegung aus dem Drittlandsgebiet in das Inland ausgeführt wird und der Unternehmer S bzw. sein Beauftragter Schuldner der EUSt in Deutschland ist (Lieferkondition „verzollt und versteuert"). S ist zum Abzug der EUSt als Vorsteuer berechtigt, da die Maschine für sein Unternehmen eingeführt worden ist.

124–126 *(Einstweilen frei)*

ee) Ort der unentgeltlichen Lieferungen und sonstigen Leistungen

127 Lieferungen i. S. des § 3 Abs. 1b UStG und sonstige Leistungen i. S. des § 3 Abs. 9a UStG werden gem. § 3f Satz 1 UStG an dem Ort ausgeführt, von dem aus der Unternehmer sein Unternehmen betreibt. Es gilt somit das *Unternehmersitzprinzip*. Werden diese Leistungen von einer Betriebsstätte ausgeführt, gilt die Betriebsstätte als Ort der Leistungen (§ 3f Satz 2 UStG).

> **BEISPIEL:** Unternehmer A mit Sitz in Hannover schenkt seinem Sohn zu dessen Geburtstag einen Computer, den A bisher in seinem Unternehmen eingesetzt hatte. Bei der Anschaffung des Computers konnte A den vollen Vorsteuerabzug in Anspruch nehmen. Der Computer wird dem Sohn an dessen Wohnsitz in Barcelona übergeben.
>
> A erbringt einen steuerbaren Umsatz i. S. des § 1 Abs. 1 Nr. 1 Satz 1 UStG. Die Entnahme des Computers zu privaten Zwecken steht gem. § 3 Abs. 1b Satz 1 Nr. 1 UStG einer Lieferung gegen Entgelt gleich. Diese Lieferung wird von einem Unternehmer im Rahmen seines Unternehmens ausgeführt. Lieferort ist gem. § 3f Satz 1 UStG Hannover, da A von Hannover aus sein Unternehmen betreibt. Der Umsatz ist steuerbar und steuerpflichtig.

ff) Ort der Lieferung während einer Beförderung an Bord eines Schiffes, in einem Luftfahrzeug oder in einer Eisenbahn

128 § 3e UStG regelt den *Lieferort* von bestimmten Gegenständen (z. B. Alkohol, Kosmetika, Zigaretten = der typische „Bordverkauf" im Flugzeug oder auf dem Schiff), die an Bord eines Schiffes, in einem Luftfahrzeug oder in einer Eisenbahn während der Beförderung innerhalb des Gemeinschaftsgebiets geliefert werden. Diese Lieferortbestimmung geht gem. § 3 Abs. 5a UStG den übrigen Ortsbestimmungen für die Lieferung (§ 3 Abs. 6 bis 8 UStG) vor. Bei Restaurationsleistungen an Bord der genannten Beförderungsmittel gilt ebenfalls § 3e UStG und geht insoweit den Regelungen des § 3a UStG vor.

Die Vorschrift des § 3e UStG dient der *Steuervereinfachung*. Der liefernde Unternehmer muss bei diesen Beförderungen innerhalb des Gemeinschaftsgebiets nicht mehr erfassen, in welchem Mitgliedstaat die Lieferung tatsächlich ausgeführt wird. Ort der Lieferung ist nämlich der Abgangsort des Beförderungsmittels (d. h. Startbahnhof, -flughafen). Start- und Endpunkt der Reise müssen dabei in der EU liegen.

129–132 *(Einstweilen frei)*

gg) Ort der Lieferung in besonderen Fällen

(1) Allgemeines

§ 3c UStG enthält eine Sonderregelung für den Ort der Lieferung. Die Ortsbestimmung betrifft insbesondere die *Versandhandelsgeschäfte*. Hierbei ist allerdings zu beachten, dass diese sog. Versandhandelsregelung nicht nur den Versandhandel nach dem allgemeinen Sprachgebrauch betrifft. Die Regelung sieht eine besondere – von § 3 Abs. 6 bis 8 UStG abweichende – Bestimmung des Ortes der Lieferung für die Fälle vor, in denen der Lieferer Gegenstände in einen anderen Mitgliedstaat befördert oder versendet und der Abnehmer einen innergemeinschaftlichen Erwerb nicht zu versteuern hat. Die Ortsbestimmung hat vor allem Bedeutung für innergemeinschaftliche Versandhandelsgeschäfte mit Privatpersonen und stellt über eine Besteuerung der Lieferungen eine Steuerbelastung des Letztverbrauchs im Gemeinschaftsgebiet sicher. § 3c UStG geht den Ortsvorschriften des § 3 Abs. 6 bis 8 UStG vor; dies ergibt sich aus § 3 Abs. 5a UStG.

133

(2) Warenbewegung

Die Anwendung der Vorschrift des § 3c UStG setzt eine *tatsächliche Warenbewegung* in Form einer Beförderung oder Versendung von einem Mitgliedstaat in einen anderen Mitgliedstaat voraus. Um einen unbelasteten Letztverbrauch, z. B. in den deutschen Freihäfen, zu verhindern, werden gem. § 3c Abs. 1 Satz 1 UStG auch Warenbewegungen aus dem übrigen Gemeinschaftsgebiet in die in § 1 Abs. 3 UStG bezeichneten Gebiete in die Regelung des § 3c UStG mit aufgenommen. Wird ein Gegenstand aus dem Drittlandsgebiet befördert oder versendet und im Rahmen dieser Beförderung oder Versendung in einem Mitgliedstaat der Einfuhrbesteuerung unterworfen, d. h., zum freien Verkehr abgefertigt, und endet die Beförderung oder Versendung in einem anderen (als dem der Einfuhr) Mitgliedstaat, ist § 3c UStG gem. § 3c Abs. 1 Satz 2 UStG anwendbar.

134

Liegt eine derartige Warenbewegung vor, ist es für die Anwendung des § 3c UStG entscheidend, *wer* die Beförderung oder Versendung durchgeführt bzw. veranlasst hat. § 3c UStG kommt nur dann zur Anwendung, wenn die Beförderung oder Versendung von dem *Lieferer* oder einem von ihm beauftragten Dritten durchgeführt wird. In den Fällen, in denen der Abnehmer die Ware abholt oder einen Dritten mit dem Transport beauftragt, ist der Lieferort nach § 3 Abs. 6 UStG zu bestimmen. Dies gilt auch dann, wenn der Lieferer im Namen und für Rechnung des Abnehmers einen Dritten mit dem Transport beauftragt und hierzu von dem Abnehmer bevollmächtigt wurde. In diesem Fall ist der Abnehmer der Auftraggeber für den Transport, was die Anwendung des § 3c UStG ausschließt.

> **BEISPIEL:** ▶ Unternehmer A betreibt in Bielefeld ein Möbeleinzelhandelsgeschäft. A verkauft dem französischen Privatmann P einen Schrank. P lässt den Schrank durch einen von ihm beauftragten Frachtführer aus Bielefeld abholen und nach Frankreich transportieren. Die maßgebende Lieferschwelle ist überschritten.
>
> A erbringt einen steuerbaren Umsatz i. S. des § 1 Abs. 1 Nr. 1 Satz 1 UStG. Der Ort der Lieferung ist gem. § 3 Abs. 6 Satz 1 UStG in Bielefeld. § 3c UStG kommt nicht zur Anwendung, da nicht der Lieferer A, sondern der Abnehmer P den Versendungsauftrag erteilt hat. Der steuerbare Umsatz ist auch steuerpflichtig. Eine innergemeinschaftliche Lieferung liegt nicht vor, da der

Abnehmer P kein Unternehmer ist und nicht der Erwerbsbesteuerung unterliegt (§ 6a Abs. 1 Satz 1 Nr. 2 und 3 UStG).

Liegen neben der Warenbewegung auch die weiteren Voraussetzungen des § 3c Abs. 2 bis 5 UStG vor, gilt die Lieferung dort als ausgeführt, wo die Beförderung oder Versendung *endet*. Der liefernde Unternehmer muss seinen steuerlichen Pflichten im Bestimmungsland der Lieferung nachkommen.

(3) Abnehmerkreis

135   Die weiteren Voraussetzungen für die Anwendung der Versandhandelsregelung sind in § 3c Abs. 2 bis 5 UStG aufgeführt. *§ 3c Abs. 2 UStG* nennt den bestimmten Abnehmerkreis. Hierbei handelt es sich um Abnehmer, die mit ihrem Erwerb *nicht der Erwerbsbesteuerung* unterliegen.

Im Einzelnen kommen als *Abnehmer* in Betracht:

- Privatpersonen;
- Unternehmer, die den Gegenstand nicht für ihr Unternehmen erwerben;
- Unternehmer, die nur steuerfreie Umsätze ausführen, die zum Ausschluss vom Vorsteuerabzug führen, und die die maßgebende Erwerbsschwelle nicht überschreiten und auch nicht auf die Anwendung der Erwerbsschwelle gem. § 1a Abs. 4 UStG verzichtet haben;
- Kleinunternehmer, die nach dem Recht des für die Besteuerung zuständigen Mitgliedstaates von der Steuer befreit sind oder auf andere Weise von der Besteuerung ausgenommen sind, und die die maßgebende Erwerbsschwelle nicht überschreiten und auch nicht auf die Anwendung der Erwerbsschwelle gem. § 1a Abs. 4 UStG verzichtet haben;
- Unternehmer, die nach dem Recht des für die Besteuerung zuständigen Mitgliedstaates die Pauschalregelung für landwirtschaftliche Erzeuger anwenden, und die die maßgebende Erwerbsschwelle nicht überschreiten und auch nicht auf die Anwendung der Erwerbsschwelle gem. § 1a Abs. 4 UStG verzichtet haben;
- juristische Personen, die nicht Unternehmer sind oder die den Gegenstand nicht für ihr Unternehmen erwerben, und die die maßgebende Erwerbsschwelle nicht überschreiten und auch nicht auf die Anwendung der Erwerbsschwelle gem. § 1a Abs. 4 UStG verzichtet haben.

Bei Beförderungs- oder Versendungslieferungen in das übrige Gemeinschaftsgebiet ist der Abnehmerkreis – unter Berücksichtigung der von dem jeweiligen EU-Mitgliedstaat festgesetzten Erwerbsschwelle – entsprechend abzugrenzen (Abschn. 3c.1 UStAE). Im Falle der Beendigung der Beförderung oder Versendung im Gebiet eines anderen Mitgliedstaates ist die von diesem Mitgliedstaat festgesetzte Erwerbsschwelle maßgebend. Die Höhe der *Erwerbsschwelle* in den einzelnen EU-Mitgliedstaaten ist in Abschn. 3c.2 Abs. 2 UStAE aufgeführt.

(4) Lieferschwelle

Das Ende der Beförderung oder Versendung eines Gegenstandes gilt als Lieferort, wenn die Lieferungen des Lieferanten in einem anderen Mitgliedstaat einen bestimmten Umfang – die *Lieferschwelle* – überschreiten. Der Gesamtbetrag der Entgelte, der den Lieferungen in einen Mitgliedstaat zuzurechnen ist, muss gem. *§ 3c Abs. 3 UStG* bei dem Lieferer im vorangegangenen oder im laufenden Kalenderjahr die maßgebende Lieferschwelle übersteigen. Ausreichend ist, wenn die Lieferschwelle entweder im vorangegangenen Kalenderjahr tatsächlich überschritten ist oder aber im laufenden Kalenderjahr überschritten wird. Für das laufende Kalenderjahr kommt es bei Überschreiten der Lieferschwelle zur Anwendung des § 3c UStG ab diesem Zeitpunkt.

136

Für die Ermittlung der jeweiligen Lieferschwelle ist von dem *Gesamtbetrag der Entgelte*, der den Lieferungen i. S. von § 3c UStG in einen EU-Mitgliedstaat zuzurechnen ist, auszugehen. Die Berechnung ist für jeden einzelnen Mitgliedstaat gesondert durchzuführen. Einzubeziehen sind nur die Lieferungen an die in § 3c Abs. 2 UStG aufgelisteten Erwerber. *Nicht einzubeziehen* in die Berechnung der maßgebenden Lieferschwelle sind die Entgelte für die Lieferungen neuer Fahrzeuge und für die Lieferungen verbrauchsteuerpflichtiger Waren. Nicht zu berücksichtigen sind ebenfalls die Lieferungen, die die Voraussetzungen einer innergemeinschaftlichen Lieferung i. S. von § 6a UStG erfüllen.

> **BEISPIEL:** Der deutsche Unternehmer A liefert jährlich Waren (keine neuen Fahrzeuge und keine verbrauchsteuerpflichtigen Waren) an Privatpersonen in die Niederlande für 150 000 € und für 5 000 € an Privatpersonen nach Belgien. A erteilt die entsprechenden Transportaufträge und A hat auch nicht auf die Anwendung der Lieferschwelle verzichtet.
>
> Die Lieferungen des A an die Privatpersonen in die Niederlande sind in Deutschland nicht steuerbar. Lieferort ist in den Niederlanden, da die maßgebende Lieferschwelle in den Niederlanden überschritten ist und auch die weiteren Voraussetzungen für die Anwendung der Versandhandelsregelung erfüllt sind. A muss seinen steuerlichen Pflichten in den Niederlanden nachkommen.
>
> Die Lieferungen des A an die Privatpersonen in Belgien sind in Deutschland steuerbar und mangels einer Steuerbefreiung auch steuerpflichtig. Der Lieferort bestimmt sich nach § 3 Abs. 6 Satz 1 UStG und ist am Beginn des Transports. Die Versandhandelsregelung des § 3c UStG kommt nicht zur Anwendung, da die maßgebende Lieferschwelle in Belgien nicht überschritten ist und A auch insoweit nicht auf die Anwendung der Lieferschwelle verzichtet hat.

Deutschland hat die Lieferschwelle auf 100 000 € festgesetzt. Die maßgebenden Lieferschwellen in den *anderen EU-Mitgliedstaaten* stehen in UStAE 3c.1 Abs. 3.

Nach *§ 3c Abs. 4 UStG* hat der Lieferer die Möglichkeit, auf die Anwendung des § 3c Abs. 3 UStG, also auf die Anwendung der Lieferschwelle, zu verzichten. Bei ausgesprochenem *Verzicht* auf die Anwendung der Lieferschwelle gilt bei Nichtüberschreiten der Lieferschwelle die Lieferung als am Ende der Beförderung oder Versendung ausgeführt. Die Lieferung ist im Bestimmungsland der Besteuerung zu unterwerfen.

137

Der Lieferer kann für jeden Mitgliedstaat, dessen Lieferschwelle er nicht überschreitet, *gesondert* entscheiden, ob er von der Verzichtsmöglichkeit des § 3c Abs. 4 UStG Gebrauch machen will oder nicht.

Die Option *bindet* den Lieferer gem. § 3c Abs. 4 Satz 3 UStG mindestens für *zwei Kalenderjahre*. Dieser zweijährige Bindungszeitraum beginnt mit dem Beginn des Kalenderjahres, auf das sich die Option bezieht. Ohne Widerruf besteht die Option fort.

(5) Sonderregelungen: Lieferung neuer Fahrzeuge und verbrauchsteuerpflichtiger Waren

138 Die Versandhandelsregelung des § 3c UStG gilt gem. *§ 3c Abs. 5 Satz 1 UStG* nicht für die Lieferung neuer Fahrzeuge und verbrauchsteuerpflichtiger Waren. Zum Begriff „neues Fahrzeug" wird auf § 1b UStG verwiesen. Verbrauchsteuerpflichtige Waren sind Alkohol, Tabakwaren und Mineralölprodukte. Der Lieferort in den Fällen der Lieferung eines neuen Fahrzeugs bestimmt sich grundsätzlich nach § 3 Abs. 6 Satz 1 UStG und ist am Beginn des Transports. Die Lieferung neuer Fahrzeuge unterliegt ausnahmslos der Besteuerung des innergemeinschaftlichen Erwerbs im Bestimmungsland, so dass § 3c UStG nicht erforderlich ist.

139–140 *(Einstweilen frei)*

c) Ort der sonstigen Leistung

aa) Überblick

141 *§ 3a UStG* enthält die Hauptanwendungsvorschriften für die Bestimmung des Ortes der sonstigen Leistung.

bb) Ort der sonstigen Leistung bei B2B-Umsätzen

142 Bei den sonstigen Leistungen gibt es eine Fülle gleichrangig nebeneinander stehender Regelungen für verschiedene Arten von Umsätzen. Es muss zudem entschieden werden, ob die Dienstleistung an einen Unternehmer erbracht wird (sog. Business-to-Business, **B2B-Umsatz**) oder an einen Nicht-Unternehmer (sog. Business-to-Consumer, **B2C-Umsatz**).

Die Generalnorm für Leistungen an Unternehmer für deren Unternehmen bzw. nicht-unternehmerisch tätige juristische Personen mit USt-Id.Nr. ist der § 3a Abs. 2 UStG.

Hiernach ist Ort der Leistung Sitz oder Betriebsstätte des Leistungsempfängers.

> **BEISPIEL:** Das Consultingunternehmen A aus Aachen erbringt an Unternehmer B (Berlin) eine Beratungsleistung.
>
> Ort der Leistung ist gem. § 3a Abs. 2 UStG Berlin. Die Leistung ist (das Vorliegen der übrigen Tatbestandsmerkmale des § 1 Abs. 1 Nr. 1 UStG vorausgesetzt) in Deutschland steuerbar und steuerpflichtig. A schreibt eine Rechnung mit 19% dt. USt und muss sie aus der Gegenleistung des B ans Finanzamt in Aachen abführen.

> **BEISPIEL:** Die o. g. Leistung des A wird erbracht an:
> 1. einen Unternehmer in Bozen (Italien) mit USt-Id.Nr.
> 2. einen Unternehmer in Moskau ohne USt-Id.Nr.
> 3. die Stadtverwaltung Madrid mit USt-Id.Nr.
>
> In allen Fällen greift § 3a Abs. 2 UStG mit der Folge, dass Leistungsort Italien, Moskau bzw. Madrid ist. Bei 1. und 3. ist Indiz für einen Leistungsbezug fürs Unternehmen das Auftreten der LE mit ihrer USt-Id.Nr. Die Leistung wird von den Empfängern im Rahmen des „reverse charge"-Verfahrens (s. u.) versteuert (mit ital. USt bei 1. bzw. spanischer USt bei 3.).
>
> Bei 2. sitzt der LE im Drittland. Derzeit ist unklar, wie er seine Unternehmereigenschaft nachweisen muss. Auch die entsprechende Vorschrift Art. 44 MwStSystRL der EU hilft hier nicht weiter. In der Praxis wird man wohl anhand der Leistung urteilen (d. h. viele Leistungen sind

nur für Unternehmen zu gebrauchen (z. B. Maschinenwartung) oder sich bei Zweifelsfällen (z. B. Pkw-Reparatur) eine Bescheinigung des LE geben lassen, dass die Leistung für unternehmerische Zwecke bezogen wurde.

Die gleiche Lösung (= Verlegung des Umsatzortes zum Sitzort des LE, „Bestimmungslandprinzip") gilt für eine Vielzahl weiterer Leistungen: Vermittlungs- und Beratungsleistungen, Arbeiten an beweglichen körperlichen Gegenständen (z. B. die Reparatur von Maschinen oder Fahrzeugen), Zeitarbeit, Bank- und Versicherungsdienstleistungen, Güterbeförderungen (Speditionsdienstleistungen, aber auch die Lagerung von Ware, das Umverpacken etc.) zwischen Unternehmern etc. 143

Bei Anwendung der o. g. Grundsatzregelung kommt es nicht auf das Vorliegen einer USt-Id.Nr. an. Allerdings soll lt. BMF-Schreiben das leistende Unternehmen bei Leistungen an juristische Personen des öffentl. Rechts sogar nachfragen, wenn diese die Leistungen ohne Nennung ihrer USt-Id.Nr. beziehen. Eigentlich sind sie nämlich dazu verpflichtet, diese Nummer bei allen Leistungsbezügen zu verwenden. Das Gesetz ist dabei nicht logisch: während bei unternehmerischen Leistungsempfängern die Anwendung von § 3a Abs. 2 UStG davon abhängt, dass die Leistung „für sein Unternehmen" erbracht wird, ist dies bei juristischen Personen des öffentl. Rechts egal. 144

Verfahrensrechtlich hat die USt-Id.Nr. auch sehr große Bedeutung. Die Finanzverwaltung wünscht auch die *aktive Verwendung der USt-Id.Nr. vor Ausführung des Umsatzes!* In der Praxis sollte also per email etc. mindestens einmal vom unternehmerischen Kunden gesagt werden, dass er die Leistung unter seiner USt-Id.Nr. für sein Unternehmen bezieht. Das leistende Unternehmen ist (vorsorglich für den Fall von Betriebsprüfungen) gut beraten, diese Mail etc. zu dokumentieren – ebenso wie den regelmäßigen Abruf der USt-Id.Nr. 145

> **BEISPIEL:** Unternehmer C aus Celle befördert für Unternehmer D (Dijon, FR) Ware von Hamburg nach München.
>
> Abwandlung:
>
> Die Warenbeförderung findet von Zürich nach Moskau bzw. Madrid nach Nizza statt...
>
> Im Grundfall ist Leistungsort Dijon (FR)
>
> In allen genannten Fällen ist Leistungsort Dijon (FR). Konsequent (und im Gegensatz zum bis Ende 2009 geltenden Recht) wird die Leistung am Sitzort des Empfängers besteuert. Mittels „reverse-charge"-Verfahren (§ 13b UStG, s. u.) verlagert C die Steuerpflicht auf seinen frz. Kunden. Wäre Leistungsempfänger ein deutscher Unternehmer, so würde zunächst – unabhängig vom tatsächlichen Transportweg – die Leistung in Deutschland versteuert. *In der Praxis kann der leistende Unternehmer oft nicht erkennen, in welches Land hinein seine Leistung erbracht wird. Faktisch wird dann innerhalb der EU in dem Land versteuert, dessen USt-Id.Nr. der Leistungsempfänger dem leistenden Unternehmer nennt! Die Verwendung der USt-Id.Nr. ist damit auch eine Art „Versprechen" des Leistungsempfängers, dass die Leistung für seinen unternehmerischen Bereich verwendet wird.*
>
> Für die Abwandlung gilt ab 2011 die Sonderregelung des § 3a Abs. 8 UStG. Danach werden Güterbeförderungsleistungen, damit zusammenhängender Umschlag oder Lagerung der Ware, Arbeiten an beweglichen Gegenständen und Reisevorleistungen, die *ausschließlich im Drittland erbracht werden*, auch dort besteuert. Hintergrund ist, dass man auf Seiten der EU die Befürchtung hatte, durch nicht-EU-kompatible Regeln in den Drittländern könnte es zu einer Doppelbesteuerung kommen.

146 Da ein Buch- oder Belegnachweis derzeit nur bei grenzüberschreitenden Liefergeschäften vorgesehen ist, bleibt abzuwarten, inwieweit die EU das Vorliegen der Unternehmereigenschaft der Drittlandsunternehmer im Bereich der Dienstleistungen in Zukunft prüfen wird. Derzeit stellt sich die deutsche Finanzverwaltung vor, dass die Bescheinigung ähnlich der Unternehmerbescheinigung des Vorsteuer-Vergütungsverfahrens erbracht wird. *Allerdings gibt es auch Länder ohne USt, sodass auch ein Handelsregisterauszug o. ä. als „Beweis" für die Unternehmereigenschaft vorliegen kann. Wird die Leistung erkennbar fürs Unternehmen erbracht (z. B. Maschinenwartung), kann man lt. BMF wohl auch auf eine Bescheinigung gänzlich verzichten! Ebenso kann man darauf verzichten, wenn die Leistung als B2B UND B2C-Leistung im Drittland liegen würde, eine deutsche/europäische USt daher unabhängig von der Unternehmereigenschaft des Leistungsempfängers nicht anfallen würde.*

147 Allerdings gibt es auch bei den B2B-Leistungen eine Reihe von Besonderheiten. Bei grundstücksbezogenen Leistungen bleibt der Leistungsort z. B. am Belegenheitsort des Grundstücks (§ 3a Abs. 3 Nr. 1 UStG). Nach wie vor gilt dies nur für Leistungen, die in engem Zusammenhang mit dem Grundstück stehen.

> **BEISPIEL:** U1 (Köln) erhält im Rahmen der Bebauung seines inländischen Grundstücks folgende Leistungen:
>
> a) Architektenleistungen eines französischen Architekten
>
> b) eine Rechtsberatung bzgl. der steuerlichen Aspekte der Grundstücksvermietung
>
> c) die Veröffentlichung einer Immobilienanzeige
>
> d) ein Bodengutachten zu seinem Grundstück
>
> e) die Vermietung einer Betonpumpe
>
> f) die kurzfristige Vermietung eines Lkw
>
> Ort der Leistung ist bei Umsatz...
>
> a) gem. § 3a Abs. 3 Nr. 1 UStG der inländische Grundstücks- (Belegenheitsort), vgl. Art. 47 MwStSystRL. U1 übernimmt für den frz. Unternehmer die deutsche USt im Rahmen des „reverse charge" – Verfahrens (§ 13b UStG).
>
> > **Achtung:** Würde das Grundstück in Österreich liegen, gälte dasselbe. Auch Österreich sieht für grundstücksbezogene Dienstleistungen die Übertragung der Steuerschuldnerschaft vor (§ 19 UStG-Österreich). Ein deutscher Unternehmer, der in Österreich Architektenleistungen erbringt, müsste die Rechnung ohne USt stellen, den Umsatz in seiner USt-Voranmeldung erklären und im Übrigen den österreichischen Kunden auf die Steuerschuldnerschaft des Leistungsempfängers verweisen. Würde das Grundstück in Luxemburg liegen, wäre der Leistungsort gem. § 3a Abs. 2 Nr. 1 UStG zwar auch Luxemburg. Luxemburg sieht aber kein „reverse charge"-Verfahren für grundstücksbezogene Leistungen vor.
>
> b) gem. § 3a Abs. 2 UStG nach der Grundregel zu bestimmen: Sitz des Leistungsempfängers
>
> c) gem. § 3a Abs. 2 UStG nach der Grundregel zu bestimmen: Sitz des Leistungsempfängers
>
> d) gem. § 3a Abs. 3 Nr. 1 UStG der Grundstücksort, da diese Leistung eng mit dem Grundstück verbunden ist
>
> e) gem. § 3a Abs. 2 UStG nach der Grundregel zu bestimmen: Sitz des Leistungsempfängers
>
> f) gem. § 3a Abs. 3 Nr. 2 UStG nach der Grundregel für die Vermietung von Beförderungsmitteln zu bestimmen: dort, wo das Beförderungsmittel übergeben wird.

Bei der Vermietung von Beförderungsmitteln werden gänzlich neue Wege beschritten: erstmals wird unterschieden zwischen kurzfristiger (= max. 30 Tage, bei Wasserfahrzeugen max. 90 Tage am Stück) und langfristiger Vermietung. Bei kurzfristiger Vermietung ist der Ort der Leistung immer dort, wo das Fahrzeug übergeben wird – unabhängig davon, wo es genutzt wird bzw. der Schlüssel übergeben wird und in welche Kategorie der Leistungsempfänger gehört. Dabei zählt die *tatsächliche Nutzungsdauer*. Wird z. B. ein für 30 Tage angemietetes Auto erst nach 40 Tagen zurückgegeben, liegt eine langfristige Vermietung vor. Bei langfristiger Vermietung im Bereich der B2C-Umsätze ist Ort der Leistung der Wohnsitz des Leistungsempfängers (§ 3a Abs. 3 Nr. 2 Satz 3 UStG). Bei langfristiger Vermietung von Beförderungsmitteln im B2B-Bereich ist Ort der Leistung gem. § 3a Abs. 2 UStG der Sitz bzw. die Betriebsstätte des Leistungsempfängers.

148

Ausnahme sind kurzfristige Vermietungen von Beförderungsmitteln an Drittlandsunternehmer, wenn die Leistung auch im Drittland genutzt wird.

149

BEISPIEL: Die Firma Europauto vermietet aus ihrer in Köln gelegenen Betriebsstätte kurzfristig Autos. Empfänger der Leistung ist:

a) der niederländische Unternehmer Fuugenmeisje (besitzt NL-USt-Id.Nr.)
b) die Schweizer Privatperson Rütli, die mit dem Wagen quer durch Europa fährt
c) der Schweizer Unternehmer Müsli, der den Wagen in Basel abholt und ihn gänzlich in der Schweiz nutzt.

Ort der Leistung ist bei Umsatz …

a) Köln gem. § 3a Abs. 3 Nr. 2 UStG. Die Leistung ist in Deutschland steuerbar und steuerpflichtig und wird F mit 19 % dt. USt in Rechnung gestellt. F kann die Vorsteuer im Rahmen des Vergütungsverfahrens zur Rückerstattung beantragen.
b) ebenfalls Köln gem. § 3a Abs. 3 Nr. 2 UStG. Die Leistung ist steuerbar und steuerpflichtig und wird dem R mit 19 % dt. USt in Rechnung gestellt.
c) die Schweiz gem. § 3a Abs. 3 Nr. 2 UStG. Ort des Umsatzes ist auch hier der Übergabeort (Basel). Der Umsatz ist in der Schweiz steuerpflichtig. Nach den Vorgaben des Schweizer UStG greift u. U. das reverse-charge-Verfahren des § 13b UStG (Steuerschuldnerschaft des Leistungsempfängers, s. u.). Würde ein Reisebus, Eisenbahnwaggon etc. vermietet, wäre der Umsatz gem. § 3a Abs. 7 UStG ebenfalls in der Schweiz steuerpflichtig.

Beträgt die Anmietdauer z. B. beim Auto mehr als 30 Tage, greift die Grundregel des § 3a Abs. 2 UStG, wonach bei einer unternehmerischen Anmietung (= o. g. Fall a), bei dem der Leistungsempfänger Unternehmer mit USt-Id.Nr. ist) der Sitz des Leistungsempfängers zum Umsatzort wird. Der Umsatz ist in den Niederlanden steuerbar und steuerpflichtig. Mittels „reverse-charge-Verfahren" geht die Steuerschuldnerschaft auf den F über. Europauto erfasst den Umsatz in der USt-Voranmeldung und in der Zusammenfassenden Meldung (ZM). F hat in den NL gleichzeitig und in gleicher Höhe USt und VorSt.

150

Bei den Fällen b) und c) greift ebenfalls die Grundregel, nämlich die für Leistungsempfänger ohne USt-Id.Nr. bzw. Unternehmer, die den Umsatz nicht für ihr Unternehmen erhalten. Leistungsort ist gem. § 3a Abs. 1 UStG der Sitz des leistenden Unternehmers (= Europauto in Köln). Der Umsatz ist steuerbar, steuerpflichtig und die 19%ige dt. USt kann vom Schweizer Kunden lt. c) im Rahmen des Vergütungsverfahrens zur Rückerstattung beantragt werden. Kann der Schweizer Unternehmer aber durch eine Unternehmerbescheinigung nachweisen, dass er die Unternehmereigenschaft besitzt, greift wieder die Grundregel des § 3a Abs. 2 UStG. Ort der Leistung ist dann der Sitz des Müsli in der Schweiz (vgl. Abschnitt 3a.2 Abs. 11 UStAE).

151 Weitgehend gleich geblieben ist die Ortsregelung für wissenschaftliche, kulturelle, unterrichtende und künstlerische Leistungen. Nach § 3a Abs. 3 Nr. 3a UStG ist der Tätigkeits-/Erfolgsort als Ort dieser Leistung anzusehen. Allerdings wurde die bisherige Verwaltungsanweisung zur Ortsregelung bei Messedienstleistungen nun explizit ins Gesetz aufgenommen.

152 Ab 2011 wurden diese Ortsregelungen noch einmal verändert, da die erste Fassung der Neuregelungen im Rahmen des EU-MwSt-Pakets sich teilweise als unpraktisch erwiesen hatte. Nun ist Ort der genannten Leistungen der Tätigkeitsort (sofern Empfänger eine Privatperson ist, vgl. § 3a Abs. 3 Nr. 3a UStG), ansonsten der Sitzort des Leistungsempfängers (§ 3a Abs. 2 UStG). Der Eintrittskartenverkauf wird nach dem neu geschaffenen § 3a Abs. 3 Nr. 5 UStG am Veranstaltungsort abgewickelt, sofern der Leistungsempfänger Unternehmer ist. Die Regelung greift daher nur bei B2B-Umsätzen. Die reine Vermietung von Messestellflächen als Hauptleistung wird weiterhin am Grundstücksbelegenheitsort gem. § 3a Abs. 3 Nr. 1 UStG erbracht.

BEISPIEL: Im Rahmen der Hannovermesse werden folgende Leistungen erbracht:
a) die Messe GmbH vermietet die Standplätze
b) die Kölner Messebau GmbH errichtet Messestände
c) die Telekom erbringt Telefondienstleistungen
d) das Dolmetscherteam der Firma Kaaskopp aus Venlo (NL) erbringt Übersetzerleistungen für NL-Unternehmer.

Ort der Leistung ist im Fall
a) gem. § 3a Abs. 3 Nr. 1 UStG Hannover, da dort das vermietete Grundstück (Messefläche) belegen ist. Bei den Leistungen
b) bis d) ist der Ort gem. § 3a Abs. 2 UStG der Sitzort des Leistungsempfängers, sofern dieser Unternehmer ist.

Folgendes Prüfschema sollte bei messebezogenen Dienstleistungen verwendet werden, um den Ort der Leistung zu bestimmen:

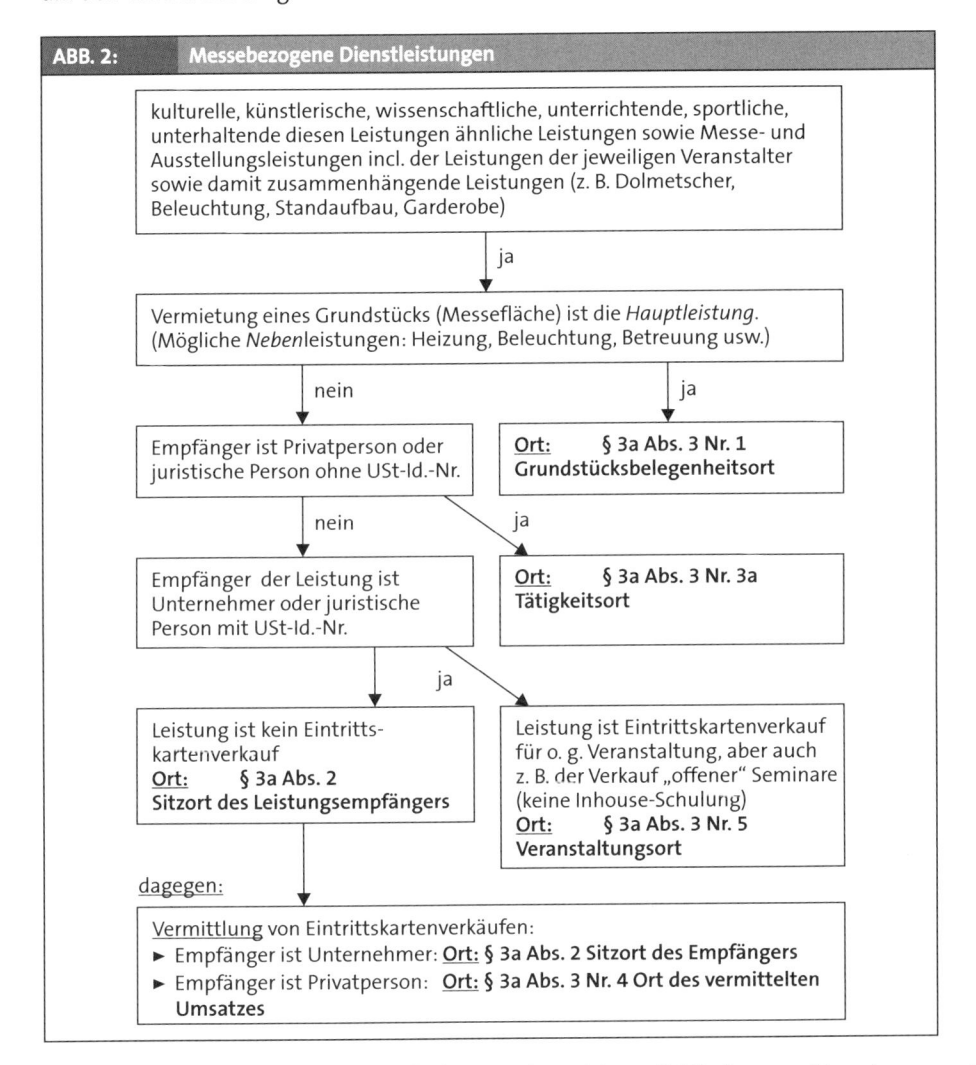

ABB. 2: Messebezogene Dienstleistungen

kulturelle, künstlerische, wissenschaftliche, unterrichtende, sportliche, unterhaltende diesen Leistungen ähnliche Leistungen sowie Messe- und Ausstellungsleistungen incl. der Leistungen der jeweiligen Veranstalter sowie damit zusammenhängende Leistungen (z. B. Dolmetscher, Beleuchtung, Standaufbau, Garderobe)

↓ ja

Vermietung eines Grundstücks (Messefläche) ist die *Hauptleistung*. (Mögliche *Neben*leistungen: Heizung, Beleuchtung, Betreuung usw.)

nein ↓   ja ↓

Empfänger ist Privatperson oder juristische Person ohne USt-Id.-Nr.

Ort: § 3a Abs. 3 Nr. 1 Grundstücksbelegenheitsort

nein ↓   ja ↓

Empfänger der Leistung ist Unternehmer oder juristische Person mit USt-Id.-Nr.

Ort: § 3a Abs. 3 Nr. 3a Tätigkeitsort

↓ ja

Leistung ist kein Eintrittskartenverkauf
Ort: § 3a Abs. 2 Sitzort des Leistungsempfängers

Leistung ist Eintrittskartenverkauf für o. g. Veranstaltung, aber auch z. B. der Verkauf „offener" Seminare (keine Inhouse-Schulung)
Ort: § 3a Abs. 3 Nr. 5 Veranstaltungsort

dagegen:

Vermittlung von Eintrittskartenverkäufen:
▶ Empfänger ist Unternehmer: **Ort:** § 3a Abs. 2 Sitzort des Empfängers
▶ Empfänger ist Privatperson: **Ort:** § 3a Abs. 3 Nr. 4 Ort des vermittelten Umsatzes

Bei Restaurationsleistungen hat sich der Ort der Leistung faktisch gegenüber der vor 2010 geltenden Regelung nicht verändert. Der Leistungsort wird grds. immer danach bestimmt, wo die Restaurationsleistung tatsächlich erbracht wird (§ 3a Abs. 3 Nr. 3b UStG). Nur, wenn die Restaurationsleistung an Bord eines Schiffes/Flugzeuges/der Eisenbahn erbracht wird und Start- und Zielort in der EU liegen, gilt abweichend davon der Abgangsort gem. § 3e UStG (d. h. der Ort, an dem das Beförderungsmittel startet, also erstmals Reisende zusteigen können).

Bei Beförderungsleistungen gilt die Ortsbestimmung gem. § 3b UStG. Sofern es sich um eine Personenbeförderung handelt, ist Ort der Leistung die Strecke.

BEISPIEL: Reiseveranstalter R führt eine Busreise von Duisburg nach Amsterdam durch. Pro Teilnehmer beträgt der Reisepreis 9,90 €. Die gefahrene Strecke von Duisburg bis zur deutsch-niederländischen Grenze soll etwa 100 km betragen, der niederländische Streckenanteil (von der Grenze bis Amsterdam) soll etwa 200 km betragen.

Ort der Leistung ist gem. § 3b Abs. 1 UStG die gefahrene Strecke. Da 1/3 der Strecke auf deutsches Gebiet entfallen, unterliegen 3,30 € der deutschen USt. 2/3 der Strecke entfallen auf niederländisches Gebiet. Daher unterliegen 6,60 € der niederländischen USt.

cc) Ort der sonstigen Leistung bei B2C-Umsätzen

156   Bei Güterbeförderungen gilt § 3b nur, wenn der Leistungsempfänger eine Privatperson oder jurist. Person ohne USt-Id.Nr. oder ein Unternehmer ist, der die Leistung „für Privat" bezieht. Entsprechend bleibt es bei Nebenleistungen zu Beförderungsleistungen (Umschlag, Lagerung von Ware) beim Tätigkeitsort (§ 3b Abs. 2 UStG) und bei Gegenstandsbeförderungen zwischen zwei EU-Staaten beim Ort des Beginns der Warenbewegung (§ 3b Abs. 3 UStG).

Viele der o. g. Regeln sind auch im Bereich der B2C-Umsätze anzuwenden. Wenn die Leistung eines Unternehmers an eine Privatperson erbracht wird (= business to consumer – B2C), gilt zwar zunächst die Grundregel des § 3a Abs. 1 UStG: Ort ist danach der Sitz bzw. die Betriebsstätte des leistenden Unternehmers.

157   **BEISPIEL:** Frisör F schneidet Kundin K in seinem Salon in Berlin die Haare. Kundin X dagegen möchte auf ihrer Yacht in Andratx (Mallorca) die Haare geschnitten haben. F reist zu diesem Zweck mit seinem Equipment nach Mallorca und schneidet X auf der Yacht die Haare.

Ort der Leistung ist gem. § 3a Abs. 1 UStG bzgl. Kundin K Berlin. Auch bei Kundin X ist Ort der Leistung Berlin, da F die Leistung zwar in Spanien erbringt, dort aber keine Betriebsstätte hat. Hätte er einen weiteren Frisörsalon in Palma de Mallorca und würde er dort X die Haare schneiden, wäre Ort der Leistung Palma.

158   Im Folgenden finden Sie einen Überblick über die Orte der sonstigen Leistung. Die nachfolgende Checkliste ist dabei so geordnet, dass sie mit den Ausnahmetatbeständen anfängt. Schritt für Schritt gelangt man so zu den Grundregeln. Bei einer Prüfung des Leistungsortes ist dies von Vorteil: Bleibt man bei einer Regelung „hängen", muss man die nachfolgenden (rangniedrigeren) Regeln nicht mehr beachten.

→ **Ort der sonstigen Leistung**

1.

1) Gegenstand wird geliefert oder Restaurationsleistung (= Abgabe von Speisen und Getränken zum Verzehr an Ort und Stelle)
2) Der Umsatz zu 1) findet an Bord eines Schiffes/Flugzeuges/einer Eisenbahn statt.
3) Start- und Zielort der Reise müssen in der EU liegen (Hin- und Rückfahrt werden gesondert betrachtet.

→ **Ort (§ 3e): Abgangsort**

2.

1) Gegenstandsbeförderung zwischen zwei EU-Staaten
2) Empfänger ist Privatperson oder jurist. Person ohne USt-Id.Nr.

→ **Ort (§ 3b Abs. 3): wo die Warenbewegung beginnt**

3.
1) Be-, Entladen u. ä. mit dem Warentransport zusammenhängende Leistungen
2) Empfänger ist Privatperson oder jurist. Person ohne USt-Id.Nr.

→ **Ort (§ 3b Abs. 2): Tätigkeitsort**

4.
1) Beförderungsleistung (Güter- oder Personenbeförderung)
2) bei Güterbeförderung: Empfänger ist Privatperson oder jurist. Person ohne USt-Id.Nr.

→ **Ort (§ 3b Abs. 1): Strecke**

5.
1) Inländischer Unternehmer vermietet kurzfristig (= max. 90 Tage bei Wasserfahrzeugen, max. 30 Tage bei anderen Beförderungsmitteln am Stück) ein Schienenfahrzeug, einen Bus oder Lkw
2) Leistungsempfänger ist im Drittland ansässiger Unternehmer, der die Leistung für sein Unternehmen bezieht
3) Die Leistung zu 1) wird im Drittland genutzt

→ **Ort (§ 3a Abs. 7): Sitz oder Betriebsstätte des Leistungsempfängers**

6.
1) Leistender Unternehmer erbringt die Leistung aus einer Betriebsstätte im Drittland
2) Die Leistung wird im Inland genutzt und besteht in
   - einer kurzfristigen Vermietung eines Beförderungsmittels oder
   - einer Katalogleistung des § 3a Abs. 4 (ohne Telekommunikations-, Radio-, TV- und Internetbasierten Leistungen sowie Gas- und Stromnetzzugangsleistungen) an eine juristische Person ohne USt-Id.Nr. im Inland
   - Katalogleistung des § 3a Abs. 4 im Bereich der Telekommunikations-, Radio- und TV-Leistungen

→ **Ort (§ 3a Abs. 6): Inland**

7.
1) Leistender Unternehmer erbringt die Leistung aus einer Betriebsstätte im Drittlandsgebiet
2) Die Leistung besteht in einer internetbasierten Leistung
3) Leistungsempfänger ist Privatperson oder juristische Person ohne USt-Id.Nr.
4) Leistungsempfänger hat Wohnsitz oder Sitz in der EU

→ **Ort (§ 3a Abs. 5): Wohnsitz oder Sitz des Leistungsempfängers**

8.
1) Katalogleistung des § 3a Abs. 4 (Werbung, Rechtehandel, Beratungsleistungen, Zeitarbeit, Banken, Versicherungen...)
2) Leistungsempfänger ist Privatperson oder juristische Person ohne USt-Id.Nr.
3) Leistungsempfänger hat Wohnsitz oder Sitz im Drittlandsgebiet

→ **Ort (§ 3a Abs. 4): Wohnsitz oder Sitz des Leistungsempfängers**

9.
1) Vermittlungsleistung
2) Leistungsempfänger ist Privatperson oder juristische Person ohne USt-Id.Nr.

→ **Ort (§ 3a Abs. 3 Nr. 4): wo der vermittelte Umsatz erbracht wird**

10.
Die Leistung besteht in einer
1) kulturellen, wissenschaftlichen, unterrichtenden, sportlichen, unterhaltenden oder Messedienstleistung oder Restaurationsleistung oder Arbeiten an beweglichen Gegenständen
2) Empfänger der Leistung ist eine Privatperson oder juristische Personen ohne USt-Id.Nr. (bei Restaurationsleistungen: egal)

→ **Ort (§ 3a Abs. 3 Nr. 3): Tätigkeitsort**

11.
1) Eintrittskartenverkauf für kulturelle, wissenschaftliche, unterrichtende, sportliche, unterhaltende und Messeveranstaltungen
2) Leistungsempfänger ist Unternehmer oder juristische. Person mit USt-Id.Nr.

→ **Ort (§ 3a Abs. 3 Nr. 5): Veranstaltungsort**

12.
kurzfristige Vermietung eines Beförderungsmittels

→ **Ort (§ 3a Abs. 3 Nr. 2 Satz 1 und 2): wo das Beförderungsmittel übergeben wird (siehe auch Rz. 164)**

13.
immobilienbezogene Leistungen (Vermietung und Verpachtung, Baudienstleistungen, Architekten- und Maklerleistungen)

→ **Ort (§ 3a Abs. 3 Nr. 1): Belegenheitsort der Immobilie**

14.
1) Güterbeförderungsleistung oder damit zusammenhängendes Be- oder Entladen, Lagern etc. bzw. Arbeiten an beweglichen körperlichen Gegenständen und Reisevorleistungen (Empfänger ist jeweils Unternehmer) oder Telekommunikationsleistungen (Empfänger ist Privatperson) oder Messe- und Veranstaltungsdienstleistungen
2) Leistung wird im Drittland genutzt bzw. ausgewertet

→ **Ort (§ 3a Abs. 8): Drittland**

15.

Leistungsempfänger ist Unternehmer, der die Leistung für sein Unternehmen bezieht oder nichtunternehmerisch tätige jurist. Person mit USt-Id.Nr.

→ **Ort: (§ 3a Abs. 2): Betriebsstätte des Leistungsempfängers**

16.

bei allen übrigen sonstigen Leistungen

→ **Ort (§ 3a Abs. 1): Betriebsstätte des leistenden Unternehmers**

Insbesondere bei (Bau-)Leistungen an Grundstücken ist die Zuordnung, ob es sich um eine grundstücksbezogene Dienstleistung handelt (§ 3a Abs. 3 Nr. 1 UStG: Belegenheitsort des Grundstücks) oder nicht, schwierig. Mit BMF-Schreiben vom 31. 8. 2012 hat die Finanzverwaltung zu der Frage Stellung genommen und den UStAE entsprechend geändert. Hier die wichtigsten Textauszüge aus dem aktuellen UStAE:

In Abschn. 3a.3 UStAE wird zunächst klargestellt, dass die Regelung des § 3a Abs. 3 Nr. 1 UStG gleichermaßen für B2B- und B2C-Geschäfte gilt. Stets ist die Lage des Grundstücks (der Belegenheitsort) der Ort, an dem der Umsatz als ausgeführt gilt. Zu einem Grundstück gehören dabei auch dessen wesentliche Bestandteile (§ 94 BGB), selbst wenn sie ertragsteuerlich selbständige Wirtschaftsgüter sind. Auch sonstige Leistungen an Scheinbestandteilen, z. B. die Reparatur einer Ladentheke oder eines fest eingebauten Ladekrans, der nicht entfernt werden könnte, ohne das Gebäude zu zerstören, (§ 95 BGB) stehen im Zusammenhang mit einem Grundstück. Dies gilt jedoch nicht für sonstige Leistungen am Zubehör (z. B. die Reparatur eines Mülleimers) (§ 97 BGB).

BEISPIEL (NACH ABSCHN 3A.3 USTAE): Ein Industrieunternehmer hat anderen Unternehmern übertragen: die Pflege der Grünflächen des Betriebsgrundstücks, die Gebäudereinigung, die Wartung der Heizungsanlage und die Pflege und Wartung der Aufzugsanlagen.

Es handelt sich in allen Fällen um sonstige Leistungen, die im Zusammenhang mit einem Grundstück stehen. Ort ist stets dort, wo das betreffende Grundstück sich befindet.

In Abschn. 3a.3 Abs. 8 f. UStAE werden dann Beispiele für grundstücksbezogene Leistungen genannt:

„Zu den sonstigen Leistungen, die der Erschließung von Grundstücken oder der Vorbereitung oder der Ausführung von Bauleistungen dienen (§ 3a Abs. 3 Nr. 1 Satz 2 Buchstabe c UStG), gehören z. B. die Leistungen der Architekten, Bauingenieure, Vermessungsingenieure, Bauträgergesellschaften, Sanierungsträger sowie der Unternehmer, die Abbruch- und Erdarbeiten ausführen. Dazu gehören ferner:

1. Wartungs-, Renovierungs- und Reparaturarbeiten an einem Gebäude oder an Gebäudeteilen einschließlich Abrissarbeiten, Verlegen von Fliesen und Parkett sowie Tapezieren, Errichtung von auf Dauer angelegten Konstruktionen, wie Gas-, Wasser- oder Abwasserleitungen,

2. die Installation oder Montage von Maschinen oder Ausrüstungsgegenständen, soweit diese wesentliche Bestandteile des Grundstücks sind,

3. Bauaufsichtsmaßnahmen,

4. Leistungen zum Aufsuchen oder Gewinnen von Bodenschätzen,

5. die Begutachtung und die Bewertung von Grundstücken, auch zu Versicherungszwecken und zur Ermittlung des Grundstückswerts,

6. die Vermessung von Grundstücken, und

7. Errichtung eines Baugerüsts.

(9) In engem Zusammenhang mit einem Grundstück stehen auch:

1. die Einräumung dinglicher Rechte, z. B. dinglicher Nießbrauch, Dienstbarkeiten, Erbbaurechte, sowie sonstige Leistungen, die dabei ausgeführt werden, z. B. Beurkundungsleistungen eines Notars;

2. die Vermittlung von Vermietungen von Grundstücken, nicht aber die Vermittlung der kurzfristigen Vermietung von Zimmern in Hotels, Gaststätten oder Pensionen, von Fremdenzimmern, Ferienwohnungen, Ferienhäusern und vergleichbaren Einrichtungen;

3. Lagerung von Gegenständen, wenn dem Empfänger dieser sonstigen Leistung ein Recht auf Nutzung eines ausdrücklich bestimmten Grundstücks oder eines Teils desselben gewährt wird (vgl. EuGH-Urteil vom 27. 6. 2013 - C-155/12);

4. Reinigung von Gebäuden oder Gebäudeteilen;

5. Wartung und Überwachung von auf Dauer angelegten Konstruktionen, wie Gas-, Wasser- oder Abwasserleitungen;

6. Wartung und Überwachung von Maschinen oder Ausrüstungsgegenständen, soweit diese wesentliche Bestandteile des Grundstücks sind;

7. grundstücksbezogene Sicherheitsleistungen;

8. Leistungen bei der Errichtung eines Windparks im Zusammenhang mit einem ausdrücklich bestimmten Grundstück, insbesondere Studien und Untersuchungen zur Prüfung der Voraussetzungen zur Errichtung eines Windparks sowie für bereits genehmigte Windparks, ingenieurtechnische und gutachterliche Leistungen sowie Planungsleistungen im Rahmen der Projektzertifizierung (z. B. gutachterliche Stellungnahmen im Genehmigungsverfahren und standortbezogene Beratungs-, Prüf- und Überwachungsleistungen bei Projektzertifizierungen), die parkinterne Verkabelung einschließlich Umspannplattform sowie der parkexterne Netzanschluss zur Stromabführung an Land einschließlich Konverterplattform."

162 Kein enger Zusammenhang mit einem Grundstück liegt vor bei:

1. Erstellung von Bauplänen für Gebäude und Gebäudeteile, die keinem bestimmten Grundstück oder Grundstücksteil zugeordnet werden können;

2. Installation oder Montage, Arbeiten an sowie Kontrolle und Überwachung von Maschinen oder Ausstattungsgegenständen, die kein wesentlicher Bestandteil eines Grundstücks sind bzw. werden;

3. Portfolio-Management in Zusammenhang mit Eigentumsanteilen an Grundstücken;

4. der Verkauf von Anteilen und die Vermittlung der Umsätze von Anteilen an Grundstücksgesellschaften;
5. die Veröffentlichung von Immobilienanzeigen, z. B. durch Zeitungen;
6. die Finanzierung und Finanzierungsberatung im Zusammenhang mit dem Erwerb eines Grundstücks und dessen Bebauung;
7. sonstige Leistungen einschließlich Beratungsleistungen, die die Vertragsbedingungen eines Grundstücksvertrags, die Durchsetzung eines solchen Vertrags oder den Nachweis betreffen, dass ein solcher Vertrag besteht, sofern diese Leistungen nicht mit der Übertragung von Rechten an Grundstücken zusammenhängen, z. B. die Rechts- und Steuerberatung in Grundstückssachen;
8. Planung, Gestaltung sowie Aufbau, Umbau und Abbau von Ständen im Zusammenhang mit Messen und Ausstellungen (vgl. EuGH-Urteil vom 27. 10. 2011);
9. Lagerung von Gegenständen auf einem Grundstück, wenn hierfür zwischen den Vertragsparteien kein bestimmter Teil eines Grundstücks zur ausschließlichen Nutzung festgelegt worden ist;
10. Werbeleistungen, selbst wenn sie die Nutzung eines Grundstücks einschließen;
11. Zurverfügungstellen von Gegenständen oder Vorrichtungen, mit oder ohne Personal für deren Betrieb, mit denen der Leistungsempfänger Arbeiten im Zusammenhang mit einem Grundstück durchführt (z. B. Vermietung eines Baugerüsts), wenn der leistende Unternehmer mit dem Zurverfügungstellen keinerlei Verantwortung für die Durchführung der genannten Arbeiten übernimmt;
12. Leistungen bei der Errichtung eines Windparks, die nicht im Zusammenhang mit einem ausdrücklich bestimmten Grundstück stehen, insbesondere die Übertragung von Rechten im Rahmen der öffentlich-rechtlichen Projektverfahren sowie von Rechten an in Auftrag gegebenen Studien und Untersuchungen, Planungsarbeiten und Konzeptionsleistungen (z. B. Ermittlung der Eigentümer oder Abstimmung mit Versorgungsträgern), Projektsteuerungsarbeiten wie Organisation, Terminplanung, Kostenplanung, Kostenkontrolle und Dokumentation (...)

Abschließend können Sie aus der nachfolgenden Tabelle den jeweiligen Ort der sonstigen Leistung entnehmen, geordnet in der Reihenfolge des Gesetzes.

TAB. 1: Übersicht: Ort der sonstigen Leistung

Art der Leistung	Leistungsempfänger	Rechtsvorschrift (UStG)	Ort der Leistung
grds. bei allen Dienstleistungen	B2B	§ 3a Abs. 2	Sitz des Leistungsempfängers
grds. bei allen Dienstleistungen	B2C	§ 3a Abs. 1	Sitz des leistenden Unternehmers
grundstücksbezogene Leistungen	B2B und B2C	§ 3a Abs. 3 Nr. 1	Belegenheitsort

kurzfristige Vermietung von Beförderungsmitteln	B2B und B2C	§ 3a Abs. 3 Nr. 2 Satz 1 und 2	Übergabeort des Beförderungsmittels
langfristige Vermietung von Beförderungsmitteln	B2C	§ 3a Abs. 3 Nr. 2 Satz 3	Sitz des Leistungsempfängers
langfristige Vermietung von Sportbooten	B2C	§ 3a Abs. 3 Nr. 2 Satz 4	Übergabeort des Beförderungsmittels, wenn dies gleich dem Sitz des leistenden Unternehmers
kulturelle, künstlerische u. a. Veranstaltungen, Messedienstleistungen	B2C	§ 3a Abs. 3 Nr. 3a	Tätigkeitsort/ Veranstaltungsort
Restaurationsleistungen	B2B und B2C	§ 3a Abs. 3 Nr. 3b	Abgabeort der Speisen und Getränke
Arbeiten an beweglichen Gegenständen	B2C	§ 3a Abs. 3 Nr. 3c	Tätigkeitsort
Vermittlungsleistungen	B2C	§ 3a Abs. 3 Nr. 4	Ort des vermittelten Umsatzes
Verkauf von Eintrittskarten für künstlerische, kulturelle, wissenschaftliche etc. Veranstaltungen und Messen	B2B	§ 3a Abs. 3 Nr. 5	Tätigkeitsort/ Veranstaltungsort
Katalogleistungen des § 3a Abs. 4 (z. B. Rechtehandel, Werbedienstleistungen, Anwaltsleistungen, Steuerberatung, Personalüberlassung...	B2C (Kunde: drittlandsansässige Privatperson)	§ 3a Abs. 4	Sitz des Leistungsempfängers
auf elektronischem Weg erbrachte Dienstleistungen (Downloads) von drittlandsansässigen Unternehmern	B2C (Kunde: im Gemeinschaftsgebiet ansässige Privatperson)	§ 3a Abs. 5	Sitz des Leistungsempfängers
Katalogleistungen des § 3a Abs. 4, kurzfristige Überlassung von Beförderungsmitteln von drittlandsansässigen Unternehmern	B2C (Kunde: im Gemeinschaftsgebiet ansässige Privatperson)	§ 3a Abs. 6	Sitz des Leistungsempfängers

kurzfristige Vermietung bestimmter Fahrzeuge an Drittlandsunternehmer	B2B	§ 3a Abs. 7	Drittland
bestimmte Dienstleistungen (Reparaturen, Veranstaltungsleistungen, Reisedienstleistungen...), die im Drittland erbracht werden	B2B und B2C	§ 3a Abs. 8	Drittland
Personenbeförderung	B2B und B2C	§ 3b Abs. 1 Satz 1	Strecke
bestimmte Güterbeförderungen	B2C	§ 3b Abs. 1 Satz 3	Strecke
Nebenleistungen zur Güterbeförderung	B2C	§ 3b Abs. 2	Tätigkeitsort
Güterbeförderung innerhalb der EU	B2C	§ 3b Abs. 3	Abgangsort
Restaurationsumsätze an Bord von Schiffen, Flugzeugen, Bahn in der EU	B2B und B2C	§ 3e	Abgangsort
unentgeltliche Dienstleistungen	B2B und B2C	§ 3f	Sitz des leistenden Unternehmers

Sonderregelungen gelten gem. § 3a Abs. 3 Nr. 2 Satz 3 ff. UStG für die langfristige Vermietung von Beförderungsmitteln an Nichtunternehmer oder Unternehmer für den nichtunternehmerischen Bereich bzw. juristische Personen ohne USt-Id.Nr.: Ort des Umsatzes ist der Wohnsitz oder Sitz des Leistungsempfängers. Bei Sportbooten ist der Ort der Leistung wiederum der Ort, an dem das Sportboot dem Kunden übergeben wird, allerdings nur, wenn auch der leistende Unternehmer dort ansässig ist.

(Einstweilen frei)

6. Entgelt

a) Allgemeines

Steuerbar sind gem. *§ 1 Abs. 1 Nr. 1 Satz 1 UStG* nur die Lieferungen und sonstigen Leistungen, die gegen Entgelt ausgeführt werden. *Entgelt* ist alles, was der Leistungsempfänger aufwendet, um die Leistung zu erhalten; jedoch abzüglich der USt (§ 10 Abs. 1 Satz 2 UStG).

b) Voraussetzungen des Leistungsaustauschs

Ein *Leistungsaustausch* ist unter folgenden Voraussetzungen gegeben:

- ▶ Es müssen zwei Beteiligte, zwei verschiedene Personen, vorhanden sein.
- ▶ Es muss eine Leistung und eine Gegenleistung vorhanden sein.
- ▶ Zwischen Leistung und Gegenleistung muss eine innere wirtschaftliche Verknüpfung bestehen.

Fehlt nur eine dieser Voraussetzungen, liegt kein Leistungsaustausch und damit auch grundsätzlich keine steuerbare Leistung i. S. des § 1 Abs. 1 Nr. 1 Satz 1 UStG vor.

Die *Gegenleistung*, das Entgelt, muss nicht in Geld bestehen. Das Entgelt kann auch in einer Lieferung oder in einer sonstigen Leistung bestehen. Besteht das Entgelt für eine Lieferung in einer Lieferung handelt es sich um einen *Tausch*. Wenn die Wertdifferenz der Liefergegenstände durch einen Geldbetrag ausgeglichen wird, liegt ein *Tausch mit Baraufgabe* vor. Besteht das Entgelt für eine sonstige Leistung in einer Lieferung oder sonstigen Leistung handelt es sich um einen *tauschähnlichen Umsatz* (§ 3 Abs. 12 UStG).

200–201   *(Einstweilen frei)*

c) Fehlender Leistungsaustausch

202   Ein Leistungsaustausch liegt nicht vor, wenn eine Lieferung rückgängig gemacht wird (Rückgabe). Ob eine nicht steuerbare *Rückgabe* oder eine steuerbare *Rücklieferung* vorliegt, ist aus der Sicht des ursprünglichen *Lieferungsempfängers* und nicht aus der Sicht des ursprünglichen Lieferers zu beurteilen.

203   Ein Leistungsaustausch ist z. B. auch in folgenden Fällen nicht gegeben:

Innenumsatz

Bei einem Innenumsatz fehlt es an den zwei verschiedenen Personen. Innerhalb eines einheitlichen Unternehmens sind steuerbare Umsätze grundsätzlich nicht möglich.

Echter Schadensersatz (Abschn. 1.3 UStAE)

Schadensersatz ist der Ausgleich des einer Person entstandenen Schadens durch einen anderen. Der Schadensersatzanspruch kann auf der Verletzung von Vertragspflichten oder auf gesetzlicher Regelung beruhen. Wer zum Schadensersatz verpflichtet ist, hat grundsätzlich den früheren Zustand wiederherzustellen (§ 249 BGB). Es kann auch ein Geldbetrag geleistet werden.

Beim *echten Schadensersatz* liegt kein Leistungsaustausch vor, weil der Geschädigte dem Schädiger gegenüber keine umsatzsteuerbare Leistung erbringt. Der Schädiger zahlt nicht für eine erhaltene Leistung, sondern weil er einen Schaden verursacht hat.

Beispiele für echten Schadensersatz:

- ▶ Versicherungsleistungen aus einer Schadensversicherung,
- ▶ Zahlungen aus Warenkreditversicherungen,
- ▶ Verzugszinsen, Fälligkeitszinsen, Prozesszinsen, Zeugenentschädigungen,
- ▶ Vertragsstrafen,
- ▶ Mahngebühren.

Tritt in einem Schadensersatzfall der Ersatzleistung des Schädigers vereinbarungsgemäß eine individuelle und konkrete Gegenleistung des Geschädigten gegenüber, so hat ein Leistungsaustausch stattgefunden, und die Entschädigung ist ein Entgelt für eine Leistung (*unechter Schadensersatz*). Der Schadensersatzvorgang geht in diesem Fall unter.

Echter Mitgliederbeitrag (Abschn. 1.4 UStAE)

Soweit eine Vereinigung zur Erfüllung ihrer den Gesamtbelangen sämtlicher Mitglieder dienenden satzungsgemäßen Gemeinschaftszwecke tätig wird und dafür echte Mitgliederbeiträge erhebt, die dazu bestimmt sind, ihr die Erfüllung dieser Aufgaben zu ermöglichen, fehlt es an einem Leistungsaustausch mit dem einzelnen Mitglied. Anhaltspunkte für echte Mitgliederbeiträge sind gleich hohe bzw. nach einem einheitlichen Maßstab (z. B. Alter, Einkommen) erhobene Beiträge. Werden hingegen mit Mitgliederbeiträgen konkrete Sonderleistungen der Vereinigung gegenüber den Mitgliedern abgegolten, so handelt es sich um unechte Mitgliederbeiträge und somit um eine Gegenleistung für die Sonderleistung.

Echte Zuschüsse (Abschn. 10.2 UStAE)

Nicht steuerbare echte Zuschüsse liegen vor, wenn die Zahlungen nicht aufgrund eines Leistungsaustauschverhältnisses erbracht werden. Dies ist dann der Fall, wenn die Zahlung unabhängig von einer bestimmten Leistung gewährt wird.

Folgende **Fallgruppen** sind zu unterscheiden:

1) Entgelt für eine Leistung an den Zuschussgeber

Der Zuschussempfänger erbringt eine Leistung gegenüber dem Zuschussgeber. Es besteht ein unmittelbarer wirtschaftlicher Zusammenhang zwischen einer konkreten Leistung und der Zuschussgewährung.

2) Zusätzliches Entgelt eines Dritten

Der Dritte zahlt für die Leistung, wenn ein unmittelbarer wirtschaftlicher Zusammenhang zwischen der Leistung des Unternehmers und der Zuwendung des Dritten feststellbar ist. Entscheidend ist, ob die Zahlung für die Leistung gewährt wird, oder ob sie für den leistenden Unternehmer erfolgt, d. h., dieser aus bestimmten (strukturpolitischen, volkswirtschaftlichen oder allgemeinpolitischen) Gründen gefördert werden soll. Zusätzliches Entgelt liegt vor, wenn der Leistungsempfänger auf die Zahlung einen Rechtsanspruch hat, der Zuschuss an ihn in Erfüllung einer öffentlich-rechtlichen Verpflichtung gewährt oder zumindest im Interesse des Leistungsempfängers geleistet wird.

3) Echter, nicht steuerbarer Zuschuss

Echte Zuschüsse liegen vor, wenn sie nicht an bestimmte Umsätze oder Leistungen anknüpfen, sondern unabhängig davon hingegeben werden. Sie sind in der Regel dadurch gekennzeichnet, dass sie an die Kosten des Zuschussempfängers anknüpfen. Echte Zuschüsse liegen auch dann vor, wenn sie lediglich dem Verlustausgleich dienen oder den Zuschussempfänger zu einem bestimmten Verhalten anregen sollen. Die Verknüpfung mit bestimmten Auflagen führt nicht allein zum Leistungsaustausch. Echte Zuschüsse liegen auch dann vor, wenn der Unternehmer in die Lage versetzt werden soll, überhaupt tätig werden zu können.

d) Leistungsaustausch zwischen Gesellschaft und Gesellschafter

Zwischen Personen- und Kapitalgesellschaften und ihren Gesellschaftern ist ein Leistungsaustausch möglich. Zwischen einem Gesellschafter und seiner Gesellschaft kommt es zu einem Leistungsaustausch, wenn der Gesellschafter *eine Leistung gegen besonderes Entgelt* erbringt. Ein nicht steuerbarer *Gesellschafterbeitrag* liegt vor, wenn der Gesellschafter eine Leistung erbringt, die durch die Beteiligung am Gewinn und Verlust abgegolten wird. Einzelfälle enthält Abschn. 1.6 UStAE.

205 *(Einstweilen frei)*

III. Steuerbarkeit gem. § 1 Abs. 1 Nr. 4 UStG

206 Steuerbar ist gem. § 1 Abs. 1 Nr. 4 UStG die *Einfuhr* von Gegenständen im Inland oder in den österreichischen Gebieten Jungholz und Mittelberg. Die Einfuhrumsatzsteuer (EUSt) ist ein Teil der USt.

Steuerbar ist gem. § 1 Abs. 1 Nr. 4 UStG die Einfuhr von Gegenständen im Inland. Für den umsatzsteuerrechtlichen Einfuhrtatbestand ist nicht allein entscheidend, dass der Gegenstand aus dem Drittland in das Inland gelangt, sondern hier auch grundsätzlich der Besteuerung unterliegt, d. h., im Regelfall eine *Einfuhrumsatzsteuerschuld* entsteht.

207 Die österreichischen Gemeinden Mittelberg (Kleines Walsertal) und Jungholz in Tirol gehören zum Ausland i. S. des § 1 Abs. 2 Satz 2 UStG; die Einfuhr in diese Gebiete unterliegt jedoch der deutschen EUSt.

208 Die Besteuerung der Einfuhr obliegt nicht den Finanzämtern, sondern erfolgt durch die *Zollverwaltung*. Bei der Berechnung der USt werden die Einfuhrtatbestände nicht mitberücksichtigt. Die EUSt wird nicht von den Landesfinanzbehörden verwaltet. Die entrichtete EUSt kann gem. § 15 Abs. 1 Satz 1 Nr. 2 UStG als Vorsteuer abgezogen werden. Dies ist wiederum auf den Vordrucken der Finanzämter (USt-Voranmeldung) möglich.

> **BEISPIEL:** A betreibt in Darmstadt eine Schreinerei. A bestellte bei dem Unternehmer S mit Sitz in Zürich eine Hobelbank für sein Unternehmen. Diese Hobelbank lässt A mit eigenem Lkw in Zürich abholen und nach Darmstadt transportieren.
>
> Es liegt für A ein steuerbarer Umsatz i. S. des § 1 Abs. 1 Nr. 4 UStG vor; denn es handelt sich um die Einfuhr eines Gegenstandes (Hobelbank) aus dem Drittlandsgebiet (Schweiz) in das Inland. Die Besteuerung der Einfuhr obliegt der Zollverwaltung. A kann aber die gezahlte EUSt als Vorsteuer gem. § 15 Abs. 1 Nr. 2 UStG in seiner USt-Voranmeldung geltend machen.

IV. Steuerbarkeit gem. § 1 Abs. 1 Nr. 5 UStG

1. Allgemeines

209 Steuerbar ist gem. *§ 1 Abs. 1 Nr. 5 UStG* der innergemeinschaftliche Erwerb im Inland gegen Entgelt. *Tatbestandsmerkmale* für die Steuerbarkeit sind:

- ▶ innergemeinschaftlicher Erwerb,
- ▶ im Inland,
- ▶ gegen Entgelt.

Steuerbarkeit **SECHSTER TEIL**

§ 1a Abs. 1 UStG enthält die *Legaldefinition* des innergemeinschaftlichen Erwerbs. Die Besteuerung des Erwerbs, d. h. die Besteuerung im *Bestimmungsland*, stellt nur eine Übergangsregelung dar. Langfristiges Ziel der EU ist die Besteuerung im *Ursprungsland*. 210

Nach dem *System* der EG-Richtlinie korrespondiert die Besteuerung des Erwerbs im Bestimmungsland mit einer Steuerbefreiung im Ursprungsland. Die Erwerbsbesteuerung ist allerdings im Einzelfall auch dann durchzuführen, wenn die Steuerbefreiung im Ursprungsland nicht anerkannt wird.

Überblick über die für die Erwerbsbesteuerung wichtigen Vorschriften: 211

§ 1 Abs. 1 Nr. 5 UStG	Steuerbar ist der innergemeinschaftliche Erwerb im Inland gegen Entgelt (= Umsatzart).
§ 1a UStG	Definition des Erwerbstatbestandes
§ 3d UStG	Ortsbestimmung für den innergemeinschaftlichen Erwerb
§ 4b UStG	Steuerbefreiung des innergemeinschaftlichen Erwerbs
§ 10 Abs. 1 UStG	Bemessungsgrundlage für den innergemeinschaftlichen Erwerb ist grundsätzlich das Entgelt.
§ 12 UStG	Abhängig vom erworbenen Gegenstand kommt entweder der Regelsteuersatz oder der ermäßigte Steuersatz zur Anwendung.
§ 13 Abs. 1 Nr. 6 UStG	Die Erwerbsteuer entsteht grundsätzlich mit Ausstellung der Rechnung.
§ 15 Abs. 1 Satz 1 Nr. 3 UStG	Die Erwerbsteuer kann grundsätzlich als Vorsteuer abgezogen werden.
§ 16 Abs. 6 UStG	Regelung für die Umrechnung von in ausländischer Währung erstellten Rechnungen
§ 22 Abs. 2 Nr. 7 UStG	Besondere Aufzeichnungspflichten für innergemeinschaftliche Erwerbe

2. Innergemeinschaftlicher Erwerb

a) Innergemeinschaftlicher Erwerb bei Lieferungen

aa) Warenbewegung

Ein innergemeinschaftlicher Erwerb setzt voraus, dass an den Erwerber eine *Lieferung* ausgeführt wird und der Gegenstand dieser Lieferung aus dem Gebiet eines EU-Mitgliedstaates in das Gebiet eines anderen EU-Mitgliedstaates oder aus dem übrigen Gemeinschaftsgebiet in die in § 1 Abs. 3 UStG bezeichneten Gebiete gelangt (§ 1a Abs. 1 Nr. 1 UStG; UStAE 1a.1). Während bei der Lieferung des leistenden Unternehmers darauf abgestellt werden muss, ob der leistende Unternehmer dem Abnehmer Verfügungsmacht an einem Gegenstand verschafft hat, muss bei dem Erwerbstatbestand des § 1a UStG darauf abgestellt werden, ob der *Abnehmer* (Erwerber) *Verfügungsmacht* an dem Gegenstand erhalten hat. Das Erlangen der Verfügungsmacht ist aus der Sicht 212 des Empfängers zu betrachten. An den Erwerber ist eine Lieferung dann ausgeführt, wenn er oder in seinem Auftrag ein Dritter befähigt ist, im eigenen Namen über einen Gegenstand zu verfügen. Damit ist der Erwerb das exakte *Gegenstück einer Lieferung* und setzt eine solche voraus. Aus diesem Zusammenhang von Lieferung und Erwerb ist auch der Grundsatz: *Lieferzeitpunkt = Erwerbszeitpunkt* abzuleiten.

Auch eine *Werklieferung* ist eine Lieferung. Der Erhalt einer Werklieferung führt allerdings nur dann zu einem innergemeinschaftlichen Erwerb, wenn die Werklieferung nicht als an dem Ort ausgeführt anzusehen ist, an dem die Beförderung oder Versendung endet. Dies ist dann der Fall, wenn das fertige Werk Gegenstand der grenzüberschreitenden Warenbewegung ist; z. B. wenn die Zerlegung des fertigen Werkes lediglich aus Gründen des besseren Transports erfolgt ist.

BEISPIELE:

1. Unternehmer A in Deutschland erwirbt von dem Unternehmer B in Belgien eine Maschine, die von B in eine bestehende Gesamtanlage einzubauen ist. Nach Einbau und Probelauf erfolgt die Abnahme durch A.

   Es liegt eine Werklieferung des B vor. Ort dieser Werklieferung ist bei A, nämlich dort, wo die Maschine in die Gesamtanlage eingefügt wird. Da dieser Ort am Ende des Transports liegt, kommt ein innergemeinschaftlicher Erwerb für A nicht in Betracht.

2. Unternehmer A in Deutschland lässt von dem Unternehmer B in Belgien eine Einzelmaschine herstellen. B stellt die Maschine mit selbst beschafften Hauptstoffen her, probiert sie aus und zerlegt sie anschließend zum besseren Transport in mehrere Einzelteile, die er bei A wieder zu einer Maschine zusammenfügt.

   Es liegt eine Werklieferung des B vor. Ort dieser Werklieferung ist bei B in Belgien. Bei Vorliegen der übrigen Voraussetzungen hat A einen innergemeinschaftlichen Erwerb zu besteuern.

213 Voraussetzung des innergemeinschaftlichen Erwerbs ist das *Gelangen* des Liefergegenstandes aus dem Gebiet eines Mitgliedstaates in das Gebiet eines anderen Mitgliedstaates oder aus dem übrigen Gemeinschaftsgebiet in die in § 1 Abs. 3 UStG bezeichneten Gebiete. Ein Gegenstand gelangt aus dem Gebiet eines EU-Mitgliedstaates in das Gebiet eines anderen EU-Mitgliedstaates, wenn die Beförderung oder Versendung durch den Lieferer oder durch den Abnehmer im Gebiet des einen EU-Mitgliedstaates beginnt und im Gebiet des anderen EU-Mitgliedstaates endet (Abschn. 1a.1 Abs. 1 Satz 3 UStAE).

Der Gegenstand muss bei der Lieferung in einen anderen Mitgliedstaat *gelangen*. Es kommt nicht darauf an, ob der Gegenstand durch den Lieferer oder den Abnehmer befördert oder versendet wird. Entscheidend ist die *tatsächliche innergemeinschaftliche Warenbewegung*. „Gelangen" i. S. des § 1a UStG ist nicht rein „beförderungstechnisch", sondern „einfuhrumsatzsteuertechnisch" gemeint. Der Erwerbstatbestand ist auch möglich, wenn der Gegenstand aus einem Drittlandsgebiet in ein Gebiet eines Mitgliedstaates gelangt, wenn der Gegenstand vorher in einem anderen Mitgliedstaat der EUSt unterworfen wurde. Kein Fall des innergemeinschaftlichen Erwerbs liegt vor, wenn die Ware aus einem Drittland im Wege der Durchfuhr durch das Gebiet eines anderen EU-Mitgliedstaates in das Inland gelangt und erst hier einfuhrumsatzsteuerrechtlich zum freien Verkehr abgefertigt wird.

BEISPIELE:

1. Die vom Unternehmer A aus Deutschland bestellte Ware wird aus den USA über die Niederlande nach Deutschland geliefert. Die Ware wird durch den Lieferer in den Niederlanden zum freien Verkehr abgefertigt und anschließend nach Deutschland befördert.

   Da die Ware in den Niederlanden der EUSt unterworfen wurde, liegt bei Vorliegen der übrigen Voraussetzungen ein innergemeinschaftlicher Erwerb in Deutschland vor.

2. Die vom Unternehmer A aus Deutschland bestellte Ware wird aus den USA über die Niederlande nach Deutschland geliefert. Die Ware wird erst in Deutschland einfuhrumsatzsteuerrechtlich zum freien Verkehr abgefertigt.

   Für A liegt kein innergemeinschaftlicher Erwerb vor. Es ist in Deutschland der Tatbestand der Einfuhr (§ 1 Abs. 1 Nr. 4 UStG) erfüllt.

Ein innergemeinschaftlicher Erwerb liegt auch in den Fällen vor, in denen der Gegenstand auf dem Weg von einem Mitgliedstaat in einen anderen Mitgliedstaat durch Drittlandsgebiet bewegt wird (Durchfuhr). Abzustellen ist auf den *Beginn* und das *Ende der Warenbewegung*.

Falls der Gegenstand auf dem Transport von einem Mitgliedstaat in einen anderen Mitgliedstaat vor dem Grenzübergang verloren geht oder zerstört wird (*Untergang der Ware*), kommt es nicht zu einem innergemeinschaftlichen Erwerb.

Ein innergemeinschaftlicher Erwerb liegt ebenfalls nicht vor, wenn im Zeitpunkt der Beförderung oder Versendung der *Erwerber noch nicht feststeht*. Ein Transport vom übrigen Gemeinschaftsgebiet in ein *Auslieferungslager* im Inland führt demzufolge bei dem anschließenden Verkauf nicht zu einem innergemeinschaftlichen Erwerb beim Abnehmer. Es handelt sich um eine inländische Lieferung des Verkäufers. Dieser muss ggf. das Verbringen der Erwerbsbesteuerung unterwerfen.

Eine Warenbewegung i. S. des § 1a Abs. 1 Nr. 1 UStG liegt ebenfalls vor, wenn der Liefergegenstand aus dem übrigen Gemeinschaftsgebiet in die in § 1 Abs. 3 UStG bezeichneten Gebiete gelangt. Dies sind die *Freihäfen* (Freizonen des Kontrolltyps I) und die Gewässer und Watten zwischen der Hoheitsgrenze und der jeweiligen Strandlinie. Diese Gebiete gehören nach § 1 Abs. 2 UStG nicht zum Inland; es handelt sich aus deutscher Sicht um Drittlandsgebiete. Da der Erwerbsort bei einer Warenbewegung in die in § 1 Abs. 3 UStG bezeichneten Gebiete nicht im Inland ist, kommt ein steuerbarer innergemeinschaftlicher Erwerb grundsätzlich nicht in Betracht. Da diese Handhabung in den unter § 1 Abs. 3 Satz 1 Nr. 1 und 7 UStG genannten Fällen zu einem unbelasteten Letztverbrauch führen würde, musste durch die Vorschrift des *§ 1 Abs. 3 Satz 1 Nr. 1 und 7 UStG* i.V. mit § 1a Abs. 1 Nr. 1 UStG ein steuerbarer innergemeinschaftlicher Erwerb fingiert werden.

214

bb) Erwerber

Der Erwerber muss gem. *§ 1a Abs. 1 Nr. 2 UStG* einem bestimmten Personenkreis angehören. Der Erwerber muss

215

- Unternehmer sein, der den Gegenstand für sein Unternehmen erwirbt,

  oder

- juristische Person sein, die nicht Unternehmer ist oder die den Gegenstand nicht für ihr Unternehmen erwirbt.

Zum *Unternehmerbegriff* vgl. die Ausführungen zu § 2 UStG. Die Erwerbsbesteuerung greift nur dann ein, wenn der Unternehmer den Gegenstand *für sein Unternehmen* erwirbt. Der Liefergegenstand muss dem Unternehmensvermögen des Erwerbers zugerechnet werden können. Maßgebend ist die Zuordnungsentscheidung des Erwerbers, die im Regelfall mit der Inanspruchnahme des Vorsteuerabzugs zum Ausdruck kommt. Gemischt (unternehmerisch und nichtunternehmerisch) nutzbare Gegenstände werden für das Unternehmen erworben, wenn sie der Unternehmer dem Unternehmen zuordnet. Die *10-%-Regelung* des § 15 Abs. 1 Satz 2 UStG ist zu beachten. Eine Zuordnung zum Unternehmen scheidet auch dann aus, wenn nach den Gesamtumständen die Lieferung allein für den privaten nichtunternehmerischen Bereich bestimmt ist. Faktisch macht der Erwerber durch die Verwendung der Umsatzsteuer-Identifikationsnummer deutlich, dass er den Gegenstand für sein Unternehmen erwirbt.

Juristische Personen unterliegen selbst dann der Besteuerung des Erwerbs, wenn sie

▶ nicht Unternehmer sind

oder

▶ Unternehmer sind und den Gegenstand nicht für ihr Unternehmen erwerben.

cc) Lieferer

216 Der Lieferer muss gem. *§ 1a Abs. 1 Nr. 3 UStG*

▶ Unternehmer sein, der die Lieferung gegen Entgelt im Rahmen seines Unternehmens ausführt

und

▶ darf nach dem Recht des Mitgliedstaates, der für die Besteuerung des Lieferers zuständig ist, aufgrund der Sonderregelung für Kleinunternehmer nicht steuerbefreit sein.

Weitere Voraussetzung ist, dass die Lieferung/der Erwerb *gegen Entgelt* ausgeführt wird. Für das Merkmal „gegen Entgelt" gelten dieselben Kriterien wie im Rahmen des § 1 Abs. 1 Nr. 1 Satz 1 UStG.

217 Ob ein Lieferer als *Kleinunternehmer* steuerbefreit ist, richtet sich nach dem Recht des Mitgliedstaates, in dessen Gebiet der Lieferort ist. Die Steuerbefreiung für Kleinunternehmer ist in den einzelnen Mitgliedstaaten *unterschiedlich* gestaltet. Verzichtet ein Kleinunternehmer auf die Befreiung, so wird er wie ein „normaler" Unternehmer behandelt und die Erwerbsbesteuerung kommt für den Erwerber zur Anwendung.

218 Der Erwerber kann grundsätzlich davon ausgehen, dass der Lieferer die o. g. Bedingungen erfüllt, wenn in der Rechnung des Lieferers die *Umsatzsteuer-Identifikationsnummer* des Lieferers angegeben und unter Hinweis auf die Steuerbefreiung für die innergemeinschaftliche Lieferung keine ausländische USt in Rechnung gestellt wird. Diese Angaben in der Rechnung haben aber nur Bedeutung als *Beweisanzeichen*.

b) Innergemeinschaftliches Verbringen

aa) Erwerbsfiktion

Nach § 1a Abs. 2 UStG gilt das Verbringen eines Gegenstandes des Unternehmens aus dem übrigen Gemeinschaftsgebiet in das Inland durch einen Unternehmer zu seiner Verfügung, ausgenommen zu einer nur vorübergehenden Verwendung, als innergemeinschaftlicher Erwerb gegen Entgelt. Diese Erwerbsfiktion war erforderlich, um die bisherige Besteuerung der Einfuhr innergemeinschaftlich durch die Erwerbsbesteuerung zu ersetzen. Dabei gilt das Verbringen des Gegenstandes 219

- in dem Ausgangsmitgliedstaat als steuerbefreite innergemeinschaftliche Lieferung (§ 3 Abs. 1a UStG, § 6a Abs. 2 UStG);
- in dem Eingangsmitgliedstaat als innergemeinschaftlicher Erwerb (§ 1a Abs. 2 UStG).

bb) Warenbewegung

Voraussetzung für ein Verbringen ist eine *tatsächliche Warenbewegung* aus dem übrigen Gemeinschaftsgebiet in das Inland. Es ist hierbei unerheblich, ob der Unternehmer den Gegenstand selbst befördert oder ob er die Beförderung durch einen selbständigen Beauftragten (z. B. Spediteur, Frachtführer) ausführen oder besorgen lässt. Entscheidend ist allein der Beginn und das Ende des Transports. 220

Ist der Gegenstand aus dem Drittlandsgebiet in das übrige Gemeinschaftsgebiet und von dort in das Inland verbracht worden, liegt ein fiktiver innergemeinschaftlicher Erwerb im Inland nur dann vor, wenn der Unternehmer den Gegenstand zuvor in das übrige Gemeinschaftsgebiet eingeführt hat.

cc) Unternehmensgegenstand

Ein innergemeinschaftliches Verbringen setzt voraus, dass der Gegenstand im Ausgangsmitgliedstaat bereits dem *Unternehmen zugeordnet* war. Ordnet der Unternehmer den Gegenstand nur *zum Teil* seinem Unternehmen zu, so wird der Verbringenstatbestand auch nur hinsichtlich dieses Teils verwirklicht. 221

dd) Verfügung des Unternehmers

Der Gegenstand muss *zur Verfügung des Unternehmers* vom Ausgangsmitgliedstaat in das Inland verbracht werden. Der Gegenstand muss sich bei Beendigung der Beförderung oder Versendung im Bestimmungsmitgliedstaat weiterhin in der Verfügungsmacht des Unternehmers befinden. Diese Voraussetzung ist insbesondere dann erfüllt, wenn der Gegenstand von dem im Ausgangsmitgliedstaat gelegenen Unternehmensteil erworben, hergestellt oder in diesen EU-Mitgliedstaat eingeführt, zur Verfügung des Unternehmers in den Bestimmungsmitgliedstaat verbracht und anschließend von dem dort gelegenen Unternehmensteil auf Dauer verwendet oder verbraucht wird (vgl. Abschn. 1a.2 Abs. 4 Satz 2 UStAE). Dass der Unternehmer über einen im Inland belegenen Unternehmensteil verfügt, ist allerdings nicht Voraussetzung. 222

223 Ein Verbringen zur Verfügung des Unternehmers liegt grundsätzlich *nicht* vor, wenn der Abnehmer bereits bei Beginn des Transports feststeht; der Gegenstand also bereits verkauft war und nunmehr zum Abnehmer gebracht wird. In Abschn. 1a.2 Abs. 3 ff. UStAE sind Vereinfachungsregeln festgelegt. Danach kann aus *Vereinfachungsgründen* unter folgenden Voraussetzungen ein innergemeinschaftliches Verbringen angenommen werden:

▶ Die Lieferungen werden regelmäßig an eine größere Zahl von Abnehmern im Bestimmungsland ausgeführt.

▶ Bei entsprechenden Lieferungen aus dem Drittlandsgebiet wären die Voraussetzungen für eine Verlagerung des Ortes der Lieferung in das Gemeinschaftsgebiet nach § 3 Abs. 8 UStG erfüllt.

▶ Der liefernde Unternehmer behandelt die Lieferung im Bestimmungsmitgliedstaat als steuerbar. Er wird bei einem Finanzamt des Bestimmungsmitgliedstaates für Umsatzsteuerzwecke geführt. Er gibt in den Rechnungen seine Umsatzsteuer-Identifikationsnummer des Bestimmungsmitgliedstaates an.

▶ Die beteiligten Steuerbehörden im Ausgangs- und Bestimmungsmitgliedstaat sind mit dieser Behandlung einverstanden.

BEISPIEL: Der niederländische Großhändler N in Venlo beliefert im grenznahen deutschen Raum eine Vielzahl von Kleinabnehmern (z. B. Imbissbuden, Gaststätten und Kasinos) mit Pommes frites. N verpackt und portioniert die Waren bereits in Venlo nach den Bestellungen der Abnehmer und liefert sie an diese mit eigenem Lkw aus.

N kann die Gesamtsendung als innergemeinschaftliches Verbringen (innergemeinschaftlicher Erwerb nach § 1a Abs. 2 UStG) behandeln und alle Lieferungen als Inlandslieferungen bei dem zuständigen inländischen Finanzamt versteuern, sofern er in den Rechnungen seine deutsche Umsatzsteuer-Identifikationsnummer angibt und seine örtlich zuständige niederländische Steuerbehörde diesem Verfahren zustimmt.

Durch diese Regelung wird vermieden, dass die *Abnehmer* sich eine Umsatzsteuer-Identifikationsnummer beschaffen müssen und den besonderen Aufzeichnungspflichten des § 22 Abs. 2 Nr. 7 UStG unterliegen.

ee) **Nicht nur zur vorübergehenden Verwendung**

(1) **Allgemeines**

224 Weitere Voraussetzung des innergemeinschaftlichen Verbringens ist, dass der Gegenstand zu einer *nicht nur vorübergehenden Verwendung* durch den Unternehmer in den Bestimmungsmitgliedstaat gelangt. Dies ist erfüllt, wenn der Gegenstand in dem im Bestimmungsmitgliedstaat gelegenen Unternehmensteil dem *Anlagevermögen zugeführt* oder dort als Roh-, Hilfs- oder Betriebsstoff *verarbeitet* oder *verbraucht* wird. Entscheidend ist die konkrete *Absicht* des Unternehmers zum Zeitpunkt des Verbringens in den Bestimmungsmitgliedstaat. Voraussetzung ist nicht, dass der Unternehmensteil im Bestimmungsmitgliedstaat die abgabenrechtlichen Voraussetzungen einer Betriebsstätte i. S. des § 12 AO erfüllt (Abschn. 1a.2 Abs. 6 Satz 2 UStAE).

Eine *Vereinfachungsregelung* enthält Abschn. 1a.2 Abs. 6 Satz 3 UStAE. Verbringt der Unternehmer Gegenstände zum Zwecke des Verkaufs außerhalb einer Betriebsstätte in den Bestimmungsmitgliedstaat und gelangen die nicht verkauften Waren unmittelbar anschließend wieder in den Ausgangsmitgliedstaat zurück, kann das innergemeinschaftliche Verbringen aus Vereinfachungsgründen auf die tatsächlich verkaufte Warenmenge beschränkt werden.

> **BEISPIEL:** Der niederländische Gemüsehändler N befördert im eigenen Lkw Gemüse nach Bonn, um es dort auf dem Wochenmarkt zu verkaufen. Das nicht verkaufte Gemüse nimmt er am selben Tag wieder mit zurück in die Niederlande.
>
> N bewirkt in Bezug auf das verkaufte Gemüse einen innergemeinschaftlichen Erwerb nach § 1a Abs. 2 UStG in Deutschland. Er hat den Verkauf des Gemüses als Inlandslieferung zu versteuern. Das Verbringen des nicht verkauften Gemüses ins Inland muss nicht als innergemeinschaftlicher Erwerb i. S. des § 1a Abs. 2 UStG, das Zurückverbringen des nicht verkauften Gemüses muss nicht als innergemeinschaftliche Lieferung i. S. des § 3 Abs. 1a UStG i. V. mit § 6a Abs. 2 UStG behandelt werden.

Das Verbringen zu einer nur vorübergehenden Verwendung ist von der Lieferungs- und Erwerbsfiktion ausgenommen. Da dies nicht dem Wortlaut der EG-Richtlinie entspricht (nach der EG-Richtlinie ist das Verbringen zu bestimmten Zwecken von der Besteuerung generell ausgenommen) ist die deutsche Regelung *richtlinienkonform auszulegen*. Danach liegt kein innergemeinschaftliches Verbringen vor, wenn die Verwendung des Gegenstandes im Bestimmungsmitgliedstaat 225

▶ ihrer Art nach nur vorübergehend ist

oder

▶ befristet ist (vgl. Abschn. 1a.2 Abs. 9 ff. UStAE)

(Einstweilen frei) 226–228

ff) Bemessungsgrundlage

Bemessungsgrundlage für das innergemeinschaftliche Verbringen ist nach § 10 Abs. 4 Satz 1 Nr. 1 UStG der *Einkaufspreis* zzgl. der Nebenkosten für den Gegenstand oder für einen gleichartigen Gegenstand oder mangels eines Einkaufspreises die *Selbstkosten*, jeweils zum Zeitpunkt des Umsatzes. 229

Die Steuer auf den fiktiven innergemeinschaftlichen Erwerb kann unter den weiteren Voraussetzungen des § 15 UStG als *Vorsteuer* abgezogen werden.

c) Sonderregelungen

aa) Erwerb unterhalb der Erwerbsschwelle

(1) Allgemeines

Für bestimmte Erwerber, den sog. *Exoten*, gilt eine Ausnahme. Für diese bestimmten Erwerber greift die Verpflichtung zur Besteuerung des Erwerbs nur dann, wenn eine sog. *Erwerbsschwelle* überschritten wird. Ein innergemeinschaftlicher Erwerb liegt gem. *§ 1a Abs. 3 UStG* nicht vor, wenn 230

▶ ein bestimmter Erwerber vorhanden ist (§ 1a Abs. 3 Nr. 1 UStG)

und

▶ die Erwerbsschwelle nicht überschritten ist (§ 1a Abs. 3 Nr. 2 UStG).

Sind diese Erwerber danach nicht verpflichtet, den Erwerb zu versteuern, und verzichten sie auch nicht auf die Anwendung dieser Regelung gem. § 1a Abs. 4 UStG, so entfällt für den Lieferer die *Steuerbefreiung* im Ursprungsland. Die Entbindung von der Erwerbsbesteuerung gilt auch für die innergemeinschaftlichen Verbringenstatbestände des § 1a Abs. 2 UStG.

(2) Bestimmte Erwerber

231   Die Ausnahmeregelung des *§ 1a Abs. 3 UStG* gilt nur für bestimmte Erwerber. Hierbei handelt es sich um vier Gruppen:

1. Unternehmer, die nur steuerfreie Umsätze ausführen, die zum Ausschluss vom Vorsteuerabzug führen (§ 1a Abs. 3 Nr. 1 Buchst. a UStG). Dazu gehören z. B. Banken, Versicherungen, Krankenhäuser, Theater und Privatschulen, deren Umsätze gem. § 4 Nr. 8 – 28 UStG steuerfrei sind.

2. Kleinunternehmer, für dessen Umsätze USt nach § 19 Abs. 1 UStG nicht erhoben wird (§ 1a Abs. 3 Nr. 1 Buchst. b UStG)

3. Unternehmer, die den Gegenstand zur Ausführung von Umsätzen verwenden, für die die Steuer nach den Durchschnittssätzen des § 24 UStG festgesetzt ist (§ 1a Abs. 3 Nr. 1 Buchst. c UStG)

4. Juristische Personen, die nicht Unternehmer sind oder die den Gegenstand nicht für ihr Unternehmen erwerben (§ 1a Abs. 3 Nr. 1 Buchst. d UStG)

(3) Erwerbsschwelle

232   Ein innergemeinschaftlicher Erwerb der o. g. Erwerber liegt nur dann nicht vor, wenn der *Gesamtbetrag der Entgelte für Erwerbe* i. S. des § 1a Abs. 1 Nr. 1 UStG und des § 1a Abs. 2 UStG die sog. Erwerbsschwelle weder im vorangegangenen Kalenderjahr überstiegen hat noch voraussichtlich im laufenden Kalenderjahr übersteigen wird. Bei größeren innergemeinschaftlichen Erwerben unterliegen auch die Exoten der Besteuerung des Erwerbs.

Die Erwerbsschwelle wird auf den *Gesamtbetrag der innergemeinschaftlichen Erwerbe* nach § 1a Abs. 1 Nr. 1 UStG und § 1a Abs. 2 UStG aus allen EU-Mitgliedstaaten bezogen. Nicht in den Gesamtbetrag (= Summe der Entgelte) einzubeziehen sind:

▶ die Erwerbe neuer Fahrzeuge und

▶ die Erwerbe von verbrauchsteuerpflichtigen Waren (Alkohol, Tabakwaren, Mineralölprodukte).

233   Die *Höhe der Erwerbsschwelle* ist in den Mitgliedstaaten der EU unterschiedlich. Die Erwerbsschwelle ist in Deutschland auf *12 500 €* festgesetzt worden. Die Erwerbsschwellen in den anderen Mitgliedstaaten betragen sind in Abschn. 3c.1 Abs. 2 UStAE aufgeführt.

Wird die Erwerbsschwelle im vorangegangenen Kalenderjahr nicht überschritten und ist zu Beginn des Jahres zu erwarten, dass sie auch im laufenden Kalenderjahr nicht überschritten wird, kann die Erwerbsbesteuerung unterbleiben, wenn die *tatsächlichen* innergemeinschaftlichen Erwerbe im Laufe des Kalenderjahres die Grenze von 12 500 € überschreiten. Erst ab dem folgenden Kalenderjahr ist die Erwerbsbesteuerung durchzuführen, da die Erwerbsschwelle im vorangegangenen Kalenderjahr tatsächlich überschritten ist. Bei der *Prognose* zu Beginn des Jahres sind die vorhersehbaren Verhältnisse maßgebend. Diese realistische Prognose bleibt auch dann maßgebend, wenn sie sich nachträglich als unrichtig herausstellt.

Bei *Beginn* der Tätigkeit im Laufe eines Jahres ist auf die im laufenden Kalenderjahr zu erwartenden innergemeinschaftlichen Erwerbe abzustellen. Bei *Aufnahme* der unternehmerischen Tätigkeit im Laufe des Jahres erfolgt keine Umrechnung auf einen Jahreswert.

Liegen die Voraussetzungen des § 1a Abs. 3 UStG vor, ist keine Erwerbsbesteuerung beim Erwerber vorzunehmen. Die Besteuerung hat durch den *Lieferer* zu erfolgen. Eine innergemeinschaftliche Lieferung kann nicht vorliegen, da der Erwerber nicht der Erwerbsbesteuerung unterliegt (§ 6a Abs. 1 Satz 1 Nr. 3 UStG). Für die Ortsbestimmung der Lieferung ist *§ 3c UStG* zu prüfen. 234

(4) Option

Der Erwerber kann gem. *§ 1a Abs. 4 UStG* auf die Anwendung der Erwerbsschwelle *verzichten*. Macht er von der Verzichtsmöglichkeit Gebrauch, dann unterliegt er in jedem Fall der Erwerbsbesteuerung nach § 1a Abs. 1 und Abs. 2 UStG. Verwendet der Erwerber gegenüber dem Lieferer seine USt-Id.Nr., gilt dies als Option zur Erwerbsbesteuerung (§ 1a Abs. 4 S. 2 UStG). 235

Ansonsten ist der Verzicht formlos gegenüber dem *Finanzamt* zu erklären. Allein durch die Deklaration i. g. Erwerbe wird die Option ausgeübt.

Eine *Beschränkung* des Verzichts auf die Erwerbe aus bestimmten EU-Mitgliedstaaten ist nicht zulässig.

Der Verzicht *bindet* den Erwerber mindestens für *zwei Kalenderjahre*. Darüber hinaus gilt der Verzicht so lange bis der Erwerber den Verzicht widerruft. Der *Widerruf* muss für ein volles Kalenderjahr erfolgen.

bb) Erwerb neuer Fahrzeuge

Die Erwerbsschwelle gilt gem. *§ 1a Abs. 5 Satz 1 UStG* nicht für den Erwerb neuer Fahrzeuge. Was ein neues Fahrzeug i. S. des UStG ist, ist in § 1b UStG definiert. Auch die Exoten haben stets eine Erwerbsbesteuerung durchzuführen, wenn sie ein neues Fahrzeug innergemeinschaftlich erwerben. Eine Erwerbsschwelle ist insoweit nicht zu prüfen. 236

cc) Erwerb verbrauchsteuerpflichtiger Waren

Die Erwerbsschwelle gilt gem. *§ 1a Abs. 5 Satz 1 UStG* nicht für den Erwerb verbrauchsteuerpflichtiger Waren. Auch die Exoten haben stets eine Erwerbsbesteuerung durchzuführen, wenn sie verbrauchsteuerpflichtige Waren innergemeinschaftlich erwerben. Eine Erwerbsschwelle ist insoweit nicht zu prüfen. 237

Es handelt sich um eine *abschließende Aufzählung*. Andere Waren fallen nicht unter diese Regelung, selbst dann nicht, wenn sie verbrauchsteuerpflichtig sind (z. B. Kaffee).

d) Innergemeinschaftlicher Erwerb neuer Fahrzeuge

aa) Allgemeines

238 § 1b UStG stellt einen Unterfall des innergemeinschaftlichen Erwerbs nach § 1a UStG dar. Die Vorschrift bewirkt, dass ein innergemeinschaftlicher Erwerb von neuen Fahrzeugen der Erwerbsbesteuerung auch dann unterliegt, wenn der Erwerber nicht zu den in § 1a Abs. 1 Nr. 2 UStG genannten Personen gehört. Der *Sinn und Zweck* der Vorschrift besteht darin, Wettbewerbsverzerrungen und Haushaltsausfälle im innergemeinschaftlichen Handel mit neuen Fahrzeugen zu verhindern. Aus den Vorschriften § 1a Abs. 1 UStG, § 1a Abs. 5 UStG und § 1b UStG ergibt sich, dass *jeder* innergemeinschaftliche Erwerb neuer Fahrzeuge zu versteuern ist.

bb) Erwerberkreis

239 Unter die Regelung des § 1b UStG fallen die Erwerber, die nicht zu den in § 1a Abs. 1 Nr. 2 UStG genannten Personen gehören. § 1a Abs. 1 Nr. 2 UStG nennt als Erwerber die Unternehmer, die für ihr Unternehmen erwerben und die juristischen Personen, die nicht Unternehmer sind oder nicht für ihr Unternehmen erwerben. Im Umkehrschluss bedeutet dies, dass von § 1b UStG folgende *Erwerber* erfasst werden:

▶ Privatpersonen,
▶ nichtunternehmerisch tätige Personenvereinigungen,
▶ Unternehmer, die das Fahrzeug für ihren nichtunternehmerischen Bereich erwerben.

cc) Erwerbsvorgang

240 Der Erwerb neuer Fahrzeuge durch den genannten Personenkreis unterliegt nur dann der Erwerbsbesteuerung, wenn die *Voraussetzungen des § 1a Abs. 1 Nr. 1 UStG* vorliegen. Es muss demnach eine *entgeltliche Lieferung* an den Erwerber ausgeführt werden und es muss eine *tatsächliche Warenbewegung* aus einem anderen Mitgliedstaat in das Inland oder in die in § 1 Abs. 3 UStG bezeichneten Gebiete erfolgen.

dd) Neue Fahrzeuge

(1) Fahrzeugbegriff

241 Die Erwerbsbesteuerung nach § 1b UStG kommt nur für bestimmte Fahrzeuge in Betracht. Diese Fahrzeuge i. S. des UStG werden in *§ 1b Abs. 2 UStG* aufgeführt. Fahrzeuge i. S. des § 1b UStG sind zur *Personen- oder Güterbeförderung* bestimmte Wasserfahrzeuge, Luftfahrzeuge und motorbetriebene Landfahrzeuge, die die in § 1b Abs. 2 UStG bezeichneten Merkmale aufweisen. Maßgebend ist die konkrete Zweckbestimmung. Fahrzeuge, die als *Sammler- oder Museumsstücke* und nicht für Beförderungszwecke genutzt werden, werden nicht erfasst. Zur Fahrzeugdefinition vgl. Abschn. 1b.1 UStAE.

242 *(Einstweilen frei)*

(2) Neuheitskriterien

Der Erwerbsbesteuerung unterliegt der Erwerb eines *neuen* Fahrzeugs. Damit ist nicht ein „fabrikneues" Fahrzeug gemeint. § 1b Abs. 3 UStG legt fest, was *nach dem UStG* ein „neues Fahrzeug" ist.

243

Ein *Landfahrzeug* gilt als neu, wenn es nicht mehr als *6 000 Kilometer* zurückgelegt hat *oder* wenn seine erste Inbetriebnahme im Zeitpunkt des Erwerbs nicht mehr als *sechs Monate* zurückliegt. Die erste Inbetriebnahme erfolgt mit der *erstmaligen tatsächlichen Nutzung*; nicht maßgebend ist der Tag der Zulassung. Der Zeitpunkt des Erwerbs ist mit dem Zeitpunkt der Lieferung identisch. Es handelt sich um eine „*Oder-Verknüpfung*", d. h., die Voraussetzungen Laufleistung und Alter des Fahrzeugs müssen nicht gleichzeitig, sondern nur alternativ vorliegen. So ist z. B. ein Fahrzeug, dessen erste Inbetriebnahme 10 Jahre zurückliegt, aber nur 5 000 Kilometer zurückgelegt hat, ein neues Fahrzeug i. S. des § 1b UStG. Das Fahrzeug ist nicht mehr neu, wenn keine der Voraussetzungen erfüllt ist.

Ein *Wasserfahrzeug* gilt als neu, wenn es nicht mehr als *100 Betriebsstunden* auf dem Wasser zurückgelegt hat *oder* wenn seine erste Inbetriebnahme im Zeitpunkt des Erwerbs nicht mehr als *drei Monate* zurückliegt. Der Nachweis der Voraussetzungen kann zu Schwierigkeiten führen, zumal Schiffe nur von einer bestimmten Größe an registriert werden.

Ein *Luftfahrzeug* gilt als neu, wenn es nicht länger als *40 Betriebsstunden* genutzt worden ist *oder* wenn seine erste Inbetriebnahme im Zeitpunkt des Erwerbs nicht mehr als *drei Monate* zurückliegt. Auch bei diesen Fahrzeugen können Nachweisschwierigkeiten auftreten.

Liegt nach den o. g. Grundsätzen kein neues Fahrzeug vor, sondern handelt es sich um ein *gebrauchtes Fahrzeug*, findet § 1b UStG keine Anwendung. In diesem Fall muss die Besteuerung beim Lieferer sichergestellt werden; die Ortsvorschrift des § 3c UStG ist zu prüfen.

244

ee) Besteuerungsverfahren

Beim innergemeinschaftlichen Erwerb neuer Fahrzeuge durch den Erwerberkreis des § 1b UStG ist die *Fahrzeugeinzelbesteuerung* gem. § 16 Abs. 5a UStG durchzuführen. Die Steuer ist für jeden einzelnen steuerpflichtigen Erwerb zu berechnen. Der Erwerber muss gem. § 18 Abs. 5a UStG spätestens bis zum 10. Tag nach Ablauf des Tages, an dem die Steuer entstanden ist, eine Steuererklärung abgeben, in der er die zu entrichtende Steuer selbst zu berechnen hat. Die Steuer entsteht gem. § 13 Abs. 1 Nr. 7 UStG am Tag des Erwerbs.

245

Zur *Sicherung des Steueranspruchs* im Falle des innergemeinschaftlichen Erwerbs neuer motorbetriebener Landfahrzeuge und neuer Luftfahrzeuge trifft *§ 18 Abs. 10 UStG* eingehende Regelungen. Danach sind die für die Zulassung oder die Registrierung von Fahrzeugen zuständigen Behörden verpflichtet, den Finanzbehörden ohne Ersuchen *Mitteilungen* zu machen.

(Einstweilen frei) 246–250

3. Ort des innergemeinschaftlichen Erwerbs

a) Allgemeines

251 Der USt unterliegen gem. § 1 Abs. 1 Nr. 5 UStG die innergemeinschaftlichen Erwerbe gegen Entgelt, die im *Inland* ausgeführt werden. *§ 3d UStG* enthält die Regelung zur Bestimmung des *Erwerbsorts*.

b) Ortsbestimmung gem. § 3d Satz 1 UStG

252 Der innergemeinschaftliche Erwerb eines Gegenstandes wird gem. *§ 3d Satz 1 UStG* in dem Gebiet des Mitgliedstaates bewirkt, in dem sich der Gegenstand am *Ende* der Beförderung oder Versendung befindet. Entscheidend ist das tatsächliche Ende des Transports zum Erwerber. Durch diese Bestimmung wird das *Bestimmungslandprinzip* verwirklicht.

Für die Anwendung des § 3d UStG kommt es nicht darauf an, *wer* die Beförderung oder Versendung durchführt.

Die Ortsvorschrift des § 3d UStG kommt auch bei einem *innergemeinschaftlichen Verbringen* und beim innergemeinschaftlichen Erwerb neuer Fahrzeuge durch Privatpersonen zur Anwendung.

Der *Erwerbsort* bestimmt sich stets nach der Vorschrift des § 3d UStG. Davon zu unterscheiden ist der *Ort der Lieferung*; dieser bestimmt sich nach den Vorschriften § 3c UStG, § 3e UStG, § 3f UStG, § 3g UStG, § 3 Abs. 6 bis 8 UStG.

> **BEISPIEL:** Unternehmer A aus Stuttgart erwirbt von dem irischen Unternehmer I aus Dublin Autozubehörteile für sein Unternehmen. Im Auftrag von A werden die Zubehörteile von Dublin nach Stuttgart versendet. A gehört nicht zu dem Personenkreis des § 1a Abs. 3 UStG und A hat bei der Bestellung seine deutsche Umsatzsteuer-Identifikationsnummer gegenüber I verwendet.
>
> I erbringt Lieferungen, die in Irland steuerbar sind. Der Lieferort ist in Dublin (entsprechend § 3 Abs. 6 Satz 1 UStG). Unter den weiteren Voraussetzungen handelt es sich um eine innergemeinschaftliche Lieferung, die in Irland steuerfrei ist.
>
> A erbringt einen innergemeinschaftlichen Erwerb gegen Entgelt i. S. des § 1a UStG. Der Erwerbsort bestimmt sich nach § 3d Satz 1 UStG und ist dort, wo die Versendung endet; dies ist in Stuttgart. Der Erwerb ist im Inland steuerbar und mangels einer Steuerbefreiung i. S. des § 4b UStG auch steuerpflichtig.

c) Sonderregelung des § 3d Satz 2 UStG

aa) Verwendung einer Umsatzsteuer-Identifikationsnummer

253 Verwendet der Erwerber gegenüber dem Lieferer eine ihm von einem anderen (als dem, in dem die Beförderung oder Versendung endet) Mitgliedstaat erteilte *Umsatzsteuer-Identifikationsnummer*, gilt der Erwerb gem. *§ 3d Satz 2 UStG* so lange (auch) in dem Gebiet dieses Mitgliedstaates als bewirkt, bis der Erwerber nachweist, dass der Erwerb durch den in § 3d Satz 1 UStG bezeichneten Mitgliedstaat besteuert worden ist. Durch die Regelung des § 3d Satz 2 UStG wird die Regelung des § 3d Satz 1 UStG nicht aufgehoben, d. h., der Erwerbsort ist in jedem Fall dort, wo sich der Gegenstand am Ende der Beförderung oder Versendung befindet. In den Fällen, in denen der Erwerber eine nicht von dem Mitgliedstaat des Ankunftsortes erteilte Umsatzsteuer-Identifikationsnummer verwendet, ist eine zweite Erwerbsbesteuerung in diesem anderen Mitgliedstaat durchzuführen. Es kommt demzufolge zu einer *doppelten Besteuerung* des Erwerbs, nämlich in dem Mitgliedstaat, in dem die Beförderung oder Versendung endet und in dem Mitgliedstaat, dessen Umsatzsteuer-Identifikationsnummer verwendet wird. Die Rechtsfolge des § 3d Satz 2 UStG ist nur *subsidiär* und *auflösend bedingt*.

Die doppelte Erfassung des Erwerbs dauert so lange an, bis der Erwerber nachweist, dass der Erwerb durch den Mitgliedstaat, in dem der Transport endet, besteuert worden ist. Wird dieser *Nachweis* erbracht, wird die Erwerbsbesteuerung in dem Mitgliedstaat rückgängig gemacht, dessen Umsatzsteuer-Identifikationsnummer verwendet worden ist. Dies wird durch *§ 17 Abs. 2 Nr. 4 UStG* gesetzlich geregelt. Der erforderliche Nachweis kann nur durch die Vorlage entsprechender Aufzeichnungen über die in dem Mitgliedstaat des Transportendes versteuerten Erwerbe des Unternehmers selbst geführt werden.

BEISPIEL: A ist Unternehmer in Münster. Neben seinem Hauptsitz in Münster hat er noch eine Betriebsstätte in Wien. Für diese Betriebsstätte kauft er unter Verwendung seiner deutschen Umsatzsteuer-Identifikationsnummer eine Maschine von dem niederländischen Unternehmer NL mit Sitz in Amsterdam. NL, der in den Niederlanden kein Kleinunternehmer ist, transportiert die Maschine mit eigenem Lkw von Amsterdam nach Wien.

Es liegt auch ein steuerbarer Umsatz i. S. des § 1 Abs. 1 Nr. 5 UStG in Deutschland vor. Es handelt sich um einen innergemeinschaftlichen Erwerb gem. § 1a Abs. 1 UStG; denn

- ▶ es liegt eine tatsächliche Warenbewegung zwischen zwei EU-Mitgliedstaaten (Niederlande und Österreich) vor;
- ▶ A ist Unternehmer, der die Maschine für sein Unternehmen erworben hat, und
- ▶ NL ist Unternehmer, der die Maschine gegen Entgelt im Rahmen seines Unternehmens liefert, und ist in den Niederlanden kein Kleinunternehmer.

Da A seine deutsche Umsatzsteuer-Identifikationsnummer verwendet hat, gilt gem. § 3d Satz 2 UStG der Erwerb auch so lange in Deutschland als bewirkt, bis A nachweist, dass der Erwerb in Österreich besteuert worden ist. Weist A die Erwerbsbesteuerung in Österreich nach, dann wird die Erwerbsbesteuerung in Deutschland gem. § 17 Abs. 2 Nr. 4 UStG berichtigt und zwar in dem Zeitraum, in dem der Nachweis geführt wird.

bb) Innergemeinschaftliches Dreiecksgeschäft

Verwendet der *mittlere Unternehmer* in den Fällen des innergemeinschaftlichen Dreiecksgeschäftes eine ihm von einem anderen (als dem, in dem die Beförderung oder Versendung endet) Mitgliedstaat erteilte Umsatzsteuer-Identifikationsnummer, gilt der Erwerb (auch) so lange in dem Gebiet dieses Mitgliedstaates als bewirkt, bis der Erwerber nachweist, dass der Erwerb nach § 25b Abs. 3 UStG als besteuert gilt, sofern der erste Abnehmer seiner Erklärungspflicht nach § 18a Abs. 4 Satz 1 Nr. 3 UStG nachgekommen ist. Zur Anwendung s. u. die Ausführungen zum i. g. Dreiecksgeschäft.

254

4. Entgelt

Steuerbar ist der innergemeinschaftliche Erwerb im Inland *gegen Entgelt*. Erbringt der Lieferer eine unentgeltliche Lieferung (z. B. unentgeltliche Überlassung von Gegenständen für Forschungs- oder Versuchszwecke) entfällt die Besteuerung des Erwerbs.

255

V. Umsätze in Freihäfen

256 Bestimmte Umsätze in Freihäfen (Freizonen des Kontrolltyps I) und im Küstengebiet werden gem. *§ 1 Abs. 3 Satz 1 UStG* wie Umsätze im Inland behandelt. Hierbei handelt es sich um folgende Umsätze:
- ▶ die Lieferungen und die innergemeinschaftlichen Erwerbe von Gegenständen, die zum Gebrauch oder Verbrauch in den bezeichneten Gebieten oder zur Ausrüstung oder Versorgung eines Beförderungsmittels bestimmt sind, wenn die Gegenstände nicht für das Unternehmen des Abnehmers erworben werden, oder vom Abnehmer ausschließlich oder zum Teil für eine nach § 4 Nr. 8 bis 27 UStG steuerfreie Tätigkeit verwendet werden;
- ▶ die sonstigen Leistungen, die nicht für das Unternehmen des Leistungsempfängers ausgeführt werden, oder vom Leistungsempfänger ausschließlich oder zum Teil für eine nach § 4 Nr. 8 bis 27 UStG steuerfreie Tätigkeit verwendet werden;

257 *(Einstweilen frei)*

VI. Geschäftsveräußerung

258 Nach *§ 1 Abs. 1a Satz 1 UStG* unterliegen die Umsätze im Rahmen einer Geschäftsveräußerung an einen anderen Unternehmer für dessen Unternehmen *nicht* der USt. Eine *Geschäftsveräußerung* liegt vor, wenn ein Unternehmen oder ein in der Gliederung eines Unternehmens gesondert geführter Betrieb im Ganzen entgeltlich oder unentgeltlich übereignet oder in eine Gesellschaft eingebracht wird. Der erwerbende Unternehmer tritt an die Stelle des Veräußerers.

Eine Geschäftsveräußerung liegt vor, wenn die *wesentlichen Grundlagen* eines Unternehmens oder eines gesondert geführten Betriebes an einen Unternehmer für dessen Unternehmen übertragen werden. Voraussetzung dabei ist, dass eine organische Zusammenfassung von Sachen und Rechten übertragen wird, die dem Erwerber die Fortführung des Unternehmens oder des in der Gliederung gesondert geführten Teils *ohne großen finanziellen Aufwand* ermöglicht. Dies gilt auch dann, wenn der Erwerber mit dem Erwerb des Unternehmens oder des gesondert geführten Betriebs seine unternehmerische Tätigkeit *beginnt* oder diese nach dem Erwerb in veränderter Form fortführt.

259 Ein in der Gliederung eines Unternehmens *gesondert geführter Betrieb* liegt vor, wenn er wirtschaftlich selbständig ist, d. h., einen wirtschaftlich lebensfähigen Organismus gebildet hat, der unabhängig von den anderen Geschäften des Unternehmens nach Art eines selbständigen Unternehmens betrieben worden ist und nach außen hin ein selbständiges, in sich abgeschlossenes Wirtschaftsgebilde gewesen ist.

260 *(Einstweilen frei)*

C. Steuerbefreiungen

I. Allgemeines

261 Die Frage der Steuerbefreiung oder Steuerpflicht stellt sich nur bei *steuerbaren Umsätzen*. Nur steuerbare Umsätze i. S. des § 1 Abs. 1 UStG können steuerfrei oder steuerpflichtig sein.

Für die steuerbaren Umsätze i. S. des § 1 Abs. 1 UStG kommen folgende *Steuerbefreiungsvorschriften* in Betracht:

Steuerbare Umsätze	Steuerbefreiungsvorschrift
gem. § 1 Abs. 1 Nr. 1 UStG: Lieferungen und sonstige Leistungen	§ 4 UStG
gem. § 1 Abs. 1 Nr. 4 UStG: Einfuhr	§ 5 UStG
gem. § 1 Abs. 1 Nr. 5 UStG: innergemeinschaftlicher Erwerb	§ 4b UStG

Sonderregelungen zur Steuerbefreiung enthalten darüber hinaus die §§ 25 Abs. 2, 25c und 26 Abs. 5 UStG.

Durch die Steuerbefreiung hat der Gesetzgeber die Möglichkeit, *wirtschaftspolitische*, *sozialpolitische* und *kulturpolitische* Ziele zu verfolgen, z. B. Exportorientierung der Wirtschaft (§ 4 Nr. 1 UStG), Mietpreisgestaltung (§ 4 Nr. 12 UStG) oder Heilbehandlung/Gesundheitsvorsorge (§ 4 Nr. 14 UStG). Andere Steuerbefreiungen dienen dazu, eine *Doppelbelastung* mit anderen Steuerarten zu verhindern, z. B. § 4 Nr. 9 Buchst. a UStG.

(Einstweilen frei) 262–263

Dabei gibt es Steuerbefreiungen *mit* Vorsteuerabzug bei den dazu gehörenden Eingangsumsätzen (z. B. bei Exporten, vgl. § 4 Nr. 1 – 7 UStG) und Steuerbefreiungen *ohne* Vorsteuerabzug bei den dazu gehörenden Eingangsumsätzen (alle übrigen steuerbefreiten Inlandsumsätze, § 4 Nr. 8 – 28 UStG). 264

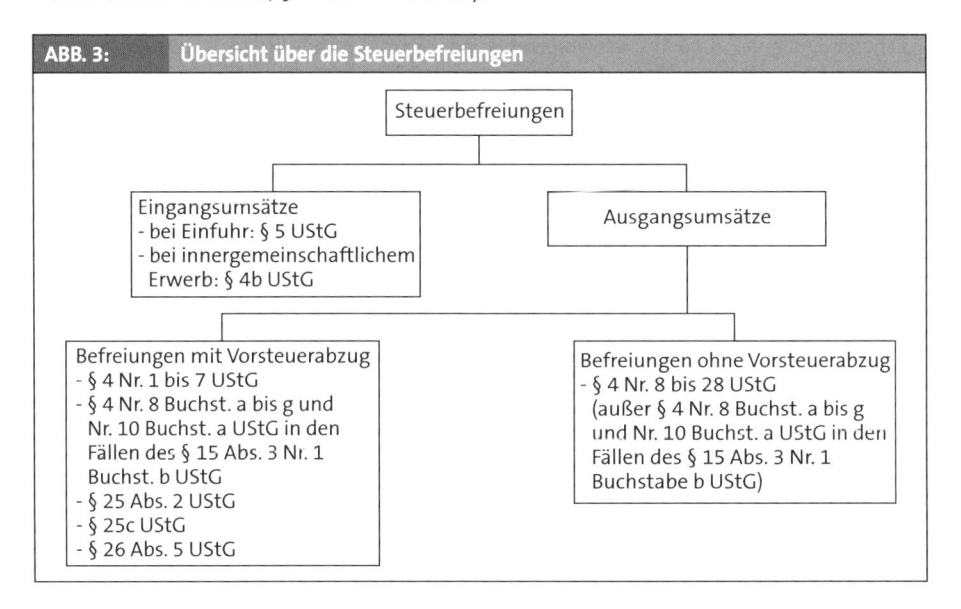

ABB. 3: Übersicht über die Steuerbefreiungen

Steuerbefreiungen
- Eingangsumsätze
  - bei Einfuhr: § 5 UStG
  - bei innergemeinschaftlichem Erwerb: § 4b UStG
- Ausgangsumsätze
  - Befreiungen mit Vorsteuerabzug
    - § 4 Nr. 1 bis 7 UStG
    - § 4 Nr. 8 Buchst. a bis g und Nr. 10 Buchst. a UStG in den Fällen des § 15 Abs. 3 Nr. 1 Buchst. b UStG
    - § 25 Abs. 2 UStG
    - § 25c UStG
    - § 26 Abs. 5 UStG
  - Befreiungen ohne Vorsteuerabzug
    - § 4 Nr. 8 bis 28 UStG (außer § 4 Nr. 8 Buchst. a bis g und Nr. 10 Buchst. a UStG in den Fällen des § 15 Abs. 3 Nr. 1 Buchstabe b UStG)

II. Steuerbefreiungen gem. § 4 UStG

1. Ausfuhrlieferung

a) Ausfuhrlieferung gem. § 6 Abs. 1 UStG

aa) Ausfuhr durch Lieferer

265 § 4 Nr. 1 Buchst. a UStG befreit die Ausfuhrlieferungen von der USt. § 6 UStG definiert den Begriff der Ausfuhrlieferung.

Eine Ausfuhrlieferung liegt gem. § 6 Abs. 1 Satz 1 Nr. 1 UStG vor, wenn bei einer Lieferung der Unternehmer den Gegenstand der Lieferung in das Drittlandsgebiet, ausgenommen Gebiete nach § 1 Abs. 3 UStG, befördert oder versendet hat.

In den Fällen, in denen der *liefernde Unternehmer* den Liefergegenstand selbst befördert oder versendet, reicht es für das Vorliegen einer Ausfuhrlieferung aus, dass der Liefergegenstand bei der Lieferung in das *Drittlandsgebiet* gelangt. Eine Ausfuhrlieferung gem. § 6 Abs. 1 Satz 1 Nr. 1 UStG liegt *nicht* vor, wenn der Liefergegenstand in die Gebiete nach § 1 Abs. 3 UStG befördert oder versendet wird.

Hat der liefernde Unternehmer den Gegenstand der Lieferung in das Drittlandsgebiet außerhalb der in § 1 Abs. 3 UStG bezeichneten Gebiete befördert oder versendet, so kommt es auf den *Status des Abnehmers* nicht an.

> **BEISPIEL:** Unternehmer A mit Sitz in München stellt Werkzeuge her. Einen Posten dieser Werkzeuge veräußert A an den Unternehmer B mit Sitz in Berlin. Vereinbarungsgemäß transportiert A die Werkzeuge mit eigenem Fahrzeug zu der Betriebsstätte des B nach Oslo.
> Die Lieferung des A ist im Inland steuerbar gem. § 1 Abs. 1 Nr. 1 Satz 1 UStG und steuerfrei gem. § 4 Nr. 1 Buchst. a UStG i.V. mit § 6 Abs. 1 Satz 1 Nr. 1 UStG. Es handelt sich um eine Ausfuhrlieferung, da der Lieferer A die Gegenstände der Lieferungen in das Drittlandsgebiet (Norwegen) befördert hat. Auf den Abnehmer kommt es insoweit nicht an.

266 Es liegen Ausfuhrlieferungen vor, wenn der Liefergegenstand durch den Unternehmer auf die Insel *Helgoland* oder in das Gebiet von *Büsingen* befördert oder versendet wird; denn diese Gebiete gehören umsatzsteuerrechtlich nicht zum Inland i. S. des § 1 Abs. 2 Satz 1 UStG und zählen nicht zu den in § 1 Abs. 3 UStG bezeichneten Gebieten.

267 Für Lieferungen von *Kraftfahrzeugen*, die mit eigener Antriebskraft in das Drittlandsgebiet gelangen, kann die Steuerbefreiung für Ausfuhrlieferungen in Betracht kommen. Eine Ausfuhr i. S. des § 6 Abs. 1 UStG liegt nur dann vor, wenn das Kraftfahrzeug nicht nur zur vorübergehenden, sondern zur endgültigen Verwendung in das Drittlandsgebiet gelangt. Zu den Voraussetzungen und zur technischen Abwicklung wird auf Abschn. 6.9 Abs. 10 bis 12 UStAE verwiesen.

268 *(Einstweilen frei)*

bb) Ausfuhr durch den Abnehmer

(1) Transport in das Drittlandsgebiet

269 Eine Ausfuhrlieferung liegt gem. § 6 Abs. 1 Satz 1 Nr. 2 UStG vor, wenn der *Abnehmer* den Gegenstand der Lieferung in das Drittlandsgebiet, ausgenommen Gebiete nach § 1 Abs. 3 UStG, befördert oder versendet hat und ein ausländischer Abnehmer ist.

Ebenso wie bei der Ausfuhrlieferung gem. § 6 Abs. 1 Satz 1 Nr. 1 UStG ist auch bei der Ausfuhrlieferung gem. § 6 Abs. 1 Satz 1 Nr. 2 UStG Voraussetzung, dass der Liefergegenstand bei der Lieferung in das *Drittlandsgebiet*, ausgenommen Gebiete nach § 1 Abs. 3 UStG, befördert oder versendet wird.

Der Liefergegenstand muss durch den *Abnehmer* befördert oder versendet werden. Dies ist insbesondere dann der Fall, wenn der Abnehmer den Gegenstand selbst abholt oder aber einen Dritten mit dem Transport beauftragt.

(2) Ausländischer Abnehmer

Hat der Abnehmer den Gegenstand der Lieferung in das Drittlandsgebiet außerhalb der in § 1 Abs. 3 UStG bezeichneten Gebiete befördert oder versendet, so liegt eine Ausfuhrlieferung nur dann vor, wenn der Abnehmer ein *ausländischer Abnehmer* ist. 270

Ausländischer Abnehmer ist nach *§ 6 Abs. 2 Satz 1 UStG*

- ein Abnehmer, der seinen Wohnort oder Sitz im Ausland, ausgenommen die in § 1 Abs. 3 UStG bezeichneten Gebiete, hat

  oder

- eine Zweigniederlassung eines im Inland oder in den in § 1 Abs. 3 UStG bezeichneten Gebieten ansässigen Unternehmers, die ihren Sitz im Ausland, ausgenommen die bezeichneten Gebiete, hat, wenn sie das Umsatzgeschäft im eigenen Namen abgeschlossen hat.

> **BEISPIEL:** Unternehmer A veräußert dem seit Jahren im Inland lebenden und arbeitenden türkischen Staatsbürger T eine Ware, die T an seine Angehörigen in die Türkei verschickt. Die erforderlichen Ausfuhrnachweise liegen vor.
>
> A erbringt eine im Inland steuerbare und steuerpflichtige Lieferung. Eine Ausfuhrlieferung i. S. des § 6 Abs. 1 Satz 1 Nr. 2 UStG liegt nicht vor. Der Liefergegenstand wird vom Abnehmer T zwar in das Drittlandsgebiet (Türkei) versendet, aber T ist kein ausländischer Abnehmer gem. § 6 Abs. 2 Satz 1 Nr. 1 UStG. T hat mit Beginn seines Arbeitsverhältnisses seinen Wirkungskreis in das Inland verlegt und damit seinen Wohnort im Inland begründet.

cc) Ausfuhr in Freihäfen

Eine Ausfuhrlieferung liegt gem. *§ 6 Abs. 1 Satz 1 Nr. 3 UStG* vor, wenn bei einer Lieferung der Unternehmer oder der Abnehmer den Gegenstand der Lieferung in die in § 1 Abs. 3 UStG bezeichneten Gebiete (insbesondere Freihäfen) befördert oder versendet hat und ein besonderer Abnehmer gegeben ist. Der *Abnehmer* muss entweder 271

- ein Unternehmer sein, der den Gegenstand für sein Unternehmen erwirbt,

  oder

- ein ausländischer Abnehmer sein, der kein Unternehmer ist. Der Gegenstand muss in das übrige Drittlandsgebiet (außer Gebiete i. S. des § 1 Abs. 3 UStG) gelangen.

Durch diese Regelung wird ein steuerfreier Endverbrauch durch einen im Gemeinschaftsgebiet oder im Gebiet nach § 1 Abs. 3 UStG ansässigen Unternehmer oder Nichtunternehmer vermieden.

b) Sonderregelungen

aa) Be- oder Verarbeitung des Ausfuhrgegenstandes

272 Der Gegenstand der Lieferung kann gem. *§ 6 Abs. 1 Satz 2 UStG* durch Beauftragte vor der Ausfuhr sowohl im Inland als auch in einem anderen EU-Mitgliedstaat bearbeitet oder verarbeitet worden sein. Es kann sich nur um *Beauftragte des Abnehmers* oder eines folgenden Abnehmers handeln.

§ 6 Abs. 1 Satz 2 UStG betrifft z. B. die Fälle, in denen ein ausländischer Abnehmer im Inland Rohmaterial einkauft, es im Inland verarbeiten lässt und anschließend in das Drittlandsgebiet ausführt. Bei Vorliegen der weiteren Voraussetzungen, insbesondere des beleg- und buchmäßigen Nachweises, erbringt der *Lieferant* des Rohmaterials eine steuerfreie Ausfuhrlieferung.

> **BEISPIEL:** Unternehmer A mit Sitz in Köln verkauft dem Unternehmer S mit Sitz in Zürich einen Posten Bleche. S lässt im Inland aus den Blechen Dosen herstellen und transportiert die fertigen Dosen in die Schweiz. Die erforderlichen Ausfuhrnachweise liegen vor.
>
> A erbringt eine im Inland steuerbare aber steuerfreie Ausfuhrlieferung. Es liegt eine Ausfuhrlieferung gem. § 6 Abs. 1 Satz 1 Nr. 2 UStG vor; denn die Bleche werden vom Abnehmer S in das Drittlandsgebiet (Schweiz) transportiert und S ist ein ausländischer Abnehmer i. S. des § 6 Abs. 2 Satz 1 Nr. 1 UStG. Die Bearbeitung oder Verarbeitung der Bleche durch Beauftragte des S vor der Ausfuhr ändert an dem Vorliegen einer steuerfreien Ausfuhrlieferung nichts.

bb) Ausrüstung oder Versorgung eines Beförderungsmittels

273 Für Gegenstände, die zur Ausrüstung oder Versorgung eines Beförderungsmittels bestimmt sind, enthält *§ 6 Abs. 3 UStG* eine *Sonderregelung*. Ist in den Fällen des § 6 Abs. 1 Satz 1 Nr. 2 und 3 UStG der Gegenstand der Lieferung zur Ausrüstung oder Versorgung eines Beförderungsmittels bestimmt, so liegt eine Ausfuhrlieferung nur vor, wenn

▶ der Abnehmer ein ausländischer Unternehmer ist

und

▶ das Beförderungsmittel den Zwecken des Unternehmens des Abnehmers dient.

Zum Begriff des *„Beförderungsmittels"* wird auf Abschn. 6.4 UStAE verwiesen.

274 Eine Einschränkung der Ausfuhrlieferung gilt nicht in den Fällen, in denen der liefernde *Unternehmer* den Gegenstand in das Drittlandsgebiet, ausgenommen Gebiete nach § 1 Abs. 3 UStG, befördert oder versendet hat.

275 Die Ausnahmeregelung des § 6 Abs. 3 UStG findet nach ihrem Sinn und Zweck nur auf diejenigen Lieferungen Anwendung, bei denen die Gegenstände zur Ausrüstung oder Versorgung des *eigenen Beförderungsmittels des Abnehmers* oder des von ihm mitgeführten fremden Beförderungsmittels bestimmt sind. Die Regelung gilt nicht für Lieferungen von Ausrüstungsgegenständen und Versorgungsgegenständen, die ein Unternehmer zum Zwecke der *Weiterlieferung* oder der Verwendung in seinem Unternehmen, z. B. für Reparaturen, erworben hat (Abschn. 6.4 UStAE).

cc) Ausfuhr im persönlichen Reisegepäck

Eine Einschränkung der steuerfreien Ausfuhrlieferung gilt gem. *§ 6 Abs. 3a UStG* für die Ausfuhr im persönlichen Reisegepäck. Wird in den Fällen des § 6 Abs. 1 Satz 1 Nr. 2 und 3 UStG der Gegenstand der Lieferung *nicht für unternehmerische Zwecke* erworben und durch den Abnehmer im persönlichen Reisegepäck ausgeführt, liegt eine Ausfuhrlieferung nur vor, wenn

▶ der Abnehmer seinen Wohnort oder Sitz im Drittlandsgebiet, ausgenommen die Gebiete nach § 1 Abs. 3 UStG, hat

und

▶ der Gegenstand der Lieferung vor Ablauf des dritten Kalendermonats, der auf den Monat der Lieferung folgt, ausgeführt wird (vgl. Info-Material auf der Webseite der Zollverwaltung: www.zoll.de).

276

Bei Lieferungen an ausländische Touristen wird der Unternehmer dem Käufer regelmäßig zunächst den Bruttopreis berechnen und sich verpflichten, dem Käufer die USt zu erstatten, sobald ihm der Ausfuhr- und Abnehmernachweis vorliegt. In der Praxis erfolgt die Erstattung der USt häufig durch Einschaltung einer so genannten *Erstattungsorganisation*.

c) Nachweis der Ausfuhrlieferung

aa) Beförderungsfälle

Die Voraussetzungen der Ausfuhrlieferung i. S. des § 6 Abs. 1, 3 und 3a UStG sowie die Bearbeitung oder Verarbeitung i. S. des § 6 Abs. 1 Satz 2 UStG müssen vom Unternehmer *nachgewiesen* sein. Nach der Ermächtigungsvorschrift des *§ 6 Abs. 4 Satz 2 UStG* kann das Bundesministerium der Finanzen mit Zustimmung des Bundesrates durch Rechtsverordnung bestimmen, wie der Unternehmer den Nachweis zu führen hat. Von dieser Ermächtigung ist in den *§§ 8 bis 17 UStDV* Gebrauch gemacht worden. Erforderlich sind ein Ausfuhrnachweis und ein buchmäßiger Nachweis.

277

Der *Ausfuhrnachweis* ist eine materiell-rechtliche Voraussetzung für die Steuerbefreiung. Der Ausfuhrnachweis kann als Bestandteil des buchmäßigen Nachweises noch bis zur letzten mündlichen Verhandlung vor dem Finanzgericht über eine Klage gegen die erstmalige endgültige Steuerfestsetzung oder den Berichtigungsbescheid geführt werden.

278

Gemäß § 8 Abs. 1 UStDV *muss* der Unternehmer im Geltungsbereich der UStDV durch Belege nachweisen, dass er oder der Abnehmer den Gegenstand der Lieferung in das Drittlandsgebiet befördert oder versendet hat. Wie der Ausfuhrnachweis in Beförderungsfällen aussehen *soll*, bestimmt § 9 UStDV.

Durch die Zweite Verordnung zur Änderung steuerlicher Verordnungen v. 2. 12. 2011 (BGBl I S. 2416) wurden die §§ 9 bis 11, 13, 17, 17a, 17b und 17c UStDV mit Wirkung vom 1. 1. 2012 geändert.

279

Bei den Exporten in Drittländer ist der Ausfuhrnachweis in Beförderungsfällen durch die Teilnahme am *elektronischen ATLAS-Verfahren* zu führen (ab 1. 7. 2009 Vorschrift, ab

1000 €). Dabei wird über die Internetplattform **www.Ausfuhrplus.internetzollanmeldung.de** bei der Ausfuhrzollstelle die Ausfuhr der Waren angemeldet. Wird der Ausgang der Ware durch die Ausgangszollstelle dann physisch bestätigt, gibt diese einen Erledigungsvermerk an die Ausfuhrzollstelle. Der ausführende Unternehmer bekommt dann als pdf-Datei das Dokument, das seine Anmeldung und den Ausfuhrvermerk beinhaltet, zugeschickt.

280 Die erforderlichen Aufzeichnungen (vgl. § 13 Abs. 1 UStDV) müssen *laufend* und unmittelbar nach Ausführung des jeweiligen Umsatzes vorgenommen werden. Der buchmäßige Nachweis darf lediglich um den ggf. später eingegangenen Ausfuhrnachweis vervollständigt werden.

bb) Versendungsfälle

281 Versendungsfälle liegen vor, wenn der Unternehmer oder der Abnehmer die Beförderung des Liefergegenstandes in das Drittlandsgebiet durch einen selbständigen Beauftragten ausführen oder besorgen lässt. Die Voraussetzungen der Steuerbefreiung *müssen* beleg- und buchmäßig nachgewiesen sein.

282 In Versendungsfällen *soll* der Unternehmer gem. *§ 10 Abs. 1 UStDV* den Ausfuhrnachweis (Belegnachweis) regelmäßig wie folgt führen:

- ▶ durch einen Versendungsbeleg (z. B. Frachtbrief, Konnossement, Posteinlieferungsschein oder deren Doppelstücke)

oder

- ▶ durch einen sonstigen handelsüblichen Beleg (z. B. Spediteurbescheinigung oder Versandbestätigung des Lieferers).

Wegen weiterer Einzelheiten hierzu wird auf Abschn. 6.7 UStAE verwiesen.

283 Bezüglich des *Buchnachweises* wird auf die Ausführungen zum Buchnachweis in Beförderungsfällen verwiesen.

cc) Bearbeitungs- und Verarbeitungsfälle

284 Ist der Gegenstand der Lieferung durch Beauftragte vor der Ausfuhr bearbeitet oder verarbeitet worden, so *muss* sich dies gem. *§ 8 Abs. 2 UStDV* aus den Belegen eindeutig und leicht nachprüfbar ergeben.

Wenn der Gegenstand der Lieferung vor der Ausfuhr durch einen Beauftragten bearbeitet oder verarbeitet worden ist, *soll* der Unternehmer gem. *§ 11 Abs. 1 UStDV* den Ausfuhrnachweis regelmäßig durch einen Beleg nach § 9 oder § 10 UStDV führen. Dieser Beleg soll folgende *zusätzliche Angaben* enthalten:

- ▶ den Namen und die Anschrift des Beauftragten,
- ▶ die handelsübliche Bezeichnung und die Menge des an den Beauftragten übergebenen oder versendeten Gegenstandes,
- ▶ den Ort und den Tag der Entgegennahme des Gegenstandes durch den Beauftragten,

▶ die Bezeichnung des Auftrages und der vom Beauftragten vorgenommenen Bearbeitung oder Verarbeitung.

Bezüglich des *Buchnachweises* wird auf die Ausführungen zum Buchnachweis in Beförderungsfällen verwiesen. Zusätzlich soll der Unternehmer gem. *§ 13 Abs. 2 Nr. 5 UStDV* noch die Art und den Umfang der Bearbeitung oder Verarbeitung vor der Ausfuhr aufzeichnen.

dd) Nichtkommerzieller Reiseverkehr

In den Fällen des § 6 Abs. 3a UStG soll der Beleg nach § 9 UStDV zusätzlich gem. *§ 17 UStDV* noch folgende Angaben enthalten: 285

▶ den Namen und die Anschrift des Abnehmers,

▶ eine Bestätigung der den Ausgang des Liefergegenstandes aus dem Gemeinschaftsgebiet überwachenden Grenzzollstelle eines Mitgliedstaates, dass die nach § 17 Nr. 1 UStDV (Name und Anschrift) gemachten Angaben mit den Eintragungen in dem vorgelegten Pass oder sonstigen Grenzübertrittspapier desjenigen übereinstimmen, der den Gegenstand in das Drittlandsgebiet verbringt.

(Einstweilen frei) 286

2. Innergemeinschaftliche Lieferung

a) Innergemeinschaftliche Lieferung

aa) Lieferung eines Unternehmers

§ 6a UStG steht im Zusammenhang mit dem seit dem 1. 1. 1993 geltenden Umsatztatbestand des § 1 Abs. 1 Nr. 5 UStG. Steuerbar ist danach der innergemeinschaftliche Erwerb im Inland gegen Entgelt. Bei innergemeinschaftlichen Warenbewegungen erfolgt eine Besteuerung beim Erwerber, also im Bestimmungsland der Ware. Um eine *Doppelbelastung* mit USt zu vermeiden, muss die Lieferung im Ursprungsland als steuerfrei behandelt werden. Demzufolge bestimmt *§ 4 Nr. 1 Buchst. b UStG*, dass die innergemeinschaftlichen Lieferungen steuerfrei sind. § 6a UStG definiert, was eine innergemeinschaftliche Lieferung ist. Eine direkte rechtliche Abhängigkeit zwischen der Erwerbsbesteuerung und der steuerfreien innergemeinschaftlichen Lieferung besteht allerdings nicht. Eine Erwerbsbesteuerung im Bestimmungsland ist auch dann durchzuführen, wenn die Lieferung im Ursprungsland nicht als steuerfrei behandelt wird. 287

§ 6a Abs. 1 UStG setzt eine im Inland *steuerbare Lieferung* voraus. Nur bei steuerbaren Lieferungen stellt sich die Frage nach einer innergemeinschaftlichen und damit steuerfreien Lieferung. 288

Werklieferungen werden grundsätzlich an dem Ort ausgeführt, an dem das fertige Werk übergeben bzw. abgenommen wird. Eine innergemeinschaftliche Lieferung ist bei Werklieferungen nur dann gegeben, wenn der fertig gestellte Werklieferungsgegenstand vom Inland an den Abnehmer in dem anderen EU-Mitgliedstaat bewegt wird. Dies ist z. B. dann der Fall, wenn der Werklieferungsgegenstand aus Gründen des leichteren Transports zerlegt wird und am Aufstellort nur wieder zusammengesetzt 289 wird. Der Lieferort bestimmt sich in diesem Fall nach § 3 Abs. 6 Satz 1 UStG. Eine steuerbare und steuerfreie innergemeinschaftliche Lieferung liegt indessen nicht vor, wenn die Werklieferung erst im übrigen Gemeinschaftsgebiet ausgeführt wird.

290 Der Lieferer muss *Unternehmer* i. S. des UStG sein. Zu beachten ist in diesem Zusammenhang, dass die Steuerbefreiung für innergemeinschaftliche Lieferungen gem. § 4 Nr. 1 Buchst. b UStG i.V. mit § 6a UStG bei der Anwendung der *Kleinunternehmerregelung* gem. § 19 Abs. 1 UStG ebenso keine Anwendung findet wie bei der Anwendung der *Durchschnittssätze für land- und forstwirtschaftliche Betriebe* gem. § 24 UStG. Für *Fahrzeuglieferer* i. S. des § 2a UStG kommt die Steuerbefreiung gem. § 4 Nr. 1 Buchst. b UStG i.V. mit § 6a UStG allerdings zur Anwendung.

bb) Warenbewegung

291 Voraussetzung für eine innergemeinschaftliche Lieferung ist gem. *§ 6a Abs. 1 Satz 1 Nr. 1 UStG*, dass der Unternehmer oder der Abnehmer den Gegenstand der Lieferung in das übrige Gemeinschaftsgebiet befördert oder versendet.

Es ist eine *tatsächliche Warenbewegung* aus dem Inland in das übrige Gemeinschaftsgebiet erforderlich. Der Anfangspunkt der Warenbewegung muss im Inland und der Endpunkt der Warenbewegung muss im übrigen Gemeinschaftsgebiet liegen. Unerheblich ist, wo sich der Gegenstand zwischenzeitlich befindet. So ist z. B. eine Warenbewegung von Deutschland über die Schweiz (Drittland) nach Italien eine Warenbewegung aus dem Inland in das übrige Gemeinschaftsgebiet. Beginnt die Beförderung oder Versendung im Drittlandsgebiet, liegt nur dann eine innergemeinschaftliche Lieferung vor, wenn der Liefergegenstand im Inland zum freien Warenverkehr abgefertigt wird. Dagegen liegt keine innergemeinschaftliche Lieferung vor, wenn der Gegenstand aus dem Drittlandsgebiet im Wege der *Durchfuhr* durch das Inland in einen anderen Mitgliedstaat gelangt und erst in diesem anderen Mitgliedstaat zum freien Verkehr abgefertigt wird. Geht der Gegenstand während der Beförderung unter, bevor er in das Gebiet eines anderen Mitgliedstaates gelangt ist, liegt eine innergemeinschaftliche Lieferung nach § 6a UStG nicht vor.

> **BEISPIEL:** Der Unternehmer A mit Sitz in Bremen verkauft dem Unternehmer N mit Sitz in Amsterdam eine Ware für dessen Unternehmen. Vereinbarungsgemäß transportiert A die Ware zu der Betriebsstätte des N nach Gronau.
>
> A erbringt eine steuerbare und steuerpflichtige Lieferung im Inland. Es liegt insbesondere keine innergemeinschaftliche Lieferung i. S. des § 6a UStG vor; denn es findet keine tatsächliche Warenbewegung aus dem Inland in das übrige Gemeinschaftsgebiet statt. Die Ware bleibt im Inland. Eine Steuerbefreiung kommt demnach nicht in Betracht.

cc) Abnehmer

292 Die innergemeinschaftliche Lieferung setzt nach *§ 6a Abs. 1 Satz 1 Nr. 2 UStG* weiterhin voraus, dass der Abnehmer zu einem *bestimmten Personenkreis* gehört. Der Abnehmer muss

▶ ein Unternehmer sein, der den Gegenstand der Lieferung für sein Unternehmen erworben hat, oder

▶ eine juristische Person sein, die nicht Unternehmer ist oder die den Gegenstand der Lieferung nicht für ihr Unternehmen erworben hat,

oder

▶ jeder andere Erwerber bei der Lieferung eines neuen Fahrzeugs.

Handelt es sich bei dem Erwerber um einen *Unternehmer*, so muss für eine innergemeinschaftliche Lieferung hinzukommen, dass der Unternehmer *für sein Unternehmen* erwirbt.

BEISPIEL: A betreibt ein Sportartikelgeschäft in Dortmund. In seinem Geschäft veräußert er dem italienischen Unternehmer I mit Sitz in Mailand eine Tennisausrüstung. I benötigt die Tennisausrüstung für private Zwecke. Er nimmt die Ausrüstung mit nach Italien.

A erbringt einen steuerbaren Umsatz i. S. des § 1 Abs. 1 Nr. 1 Satz 1 UStG; der Ort der Lieferung ist gem. § 3 Abs. 6 Satz 1 UStG Dortmund. Die steuerbare Lieferung ist auch steuerpflichtig. Es liegt insbesondere keine innergemeinschaftliche Lieferung gem. § 6a Abs. 1 UStG vor, da der Abnehmer I den Gegenstand nicht für sein Unternehmen erworben hat (§ 6a Abs. 1 Satz 1 Nr. 2 UStG) und der Erwerb in Italien auch nicht der Umsatzbesteuerung unterliegt (§ 6a Abs. 1 Satz 1 Nr. 3 UStG).

Verwendet der Erwerber gegenüber dem Lieferer seine *Umsatzsteuer-Identifikationsnummer*, so bringt er damit zum Ausdruck, dass er den Gegenstand für sein Unternehmen erwirbt. Allerdings bejaht die Rechtsprechung auch das Vorliegen der Voraussetzungen für eine steuerfreie innergemeinschaftliche Lieferung, wenn der Erwerber im Einzelfall keine USt-Id. Nr. vorlegen kann (vgl. EuGH – Urteil v. 29. 10. 2016).

Eine innergemeinschaftliche Lieferung kann auch in den Fällen vorliegen, in denen der Abnehmer eine *juristische Person* ist, die nicht Unternehmer ist oder die den Liefergegenstand nicht für ihr Unternehmen erworben hat. Eine solche juristische Person außerhalb ihres Unternehmens ist z. B. eine für den Hoheitsbereich erwerbende öffentlich-rechtliche Körperschaft oder eine Körperschaft, die Gegenstände für ihren ideellen Bereich erwirbt.

BEISPIEL: Der deutsche Unternehmer A mit Sitz in Stuttgart liefert Büromaschinen an die Stadtverwaltung in Brüssel. A befördert die Büromaschinen mit eigenem Fahrzeug von Stuttgart nach Brüssel. Der erforderliche Beleg- und Buchnachweis ist erbracht. Die Stadtverwaltung unterliegt der Erwerbsbesteuerung in Belgien.

A erbringt eine im Inland steuerbare Lieferung; Lieferort ist gem. § 3 Abs. 6 Satz 1 UStG Stuttgart. Die steuerbare Lieferung ist steuerfrei gem. § 4 Nr. 1 Buchst. b UStG; denn es liegt eine innergemeinschaftliche Lieferung i. S. des § 6a Abs. 1 UStG vor. Die Maschinen werden vom Inland in das übrige Gemeinschaftsgebiet befördert, der Abnehmer ist eine juristische Person, die nicht Unternehmer ist und die in Belgien mit dem Erwerb der Umsatzbesteuerung unterliegt.

Bei der innergemeinschaftlichen Lieferung eines *neuen Fahrzeugs* kommt es auf den Abnehmerstatus nicht an. Da der innergemeinschaftliche Erwerb neuer Fahrzeuge *ausnahmslos* im Bestimmungsland zu besteuern ist, muss auch die innergemeinschaftliche Lieferung neuer Fahrzeuge stets von der USt befreit sein.

> **BEISPIEL:** Der deutsche Unternehmer A veräußert ein neues Fahrzeug an die niederländische Privatperson P, die das Fahrzeug in Deutschland abholt und in die Niederlande befördert.
>
> A erbringt einen steuerbaren Umsatz i. S. des § 1 Abs. 1 Nr. 1 Satz 1 UStG. Der Lieferort ist gem. § 3 Abs. 6 Satz 1 UStG im Inland. Die steuerbare Lieferung ist als innergemeinschaftliche Lieferung steuerfrei gem. § 4 Nr. 1 Buchst. b UStG i.V. mit § 6a Abs. 1 UStG. Es liegt eine innergemeinschaftliche Lieferung vor, da das neue Fahrzeug vom Inland in das übrige Gemeinschaftsgebiet gelangt; es bei der Lieferung eines neuen Fahrzeugs keines bestimmten Abnehmers bedarf und der Abnehmer in den Niederlanden den Erwerb des Fahrzeugs der Besteuerung zu unterwerfen hat.

dd) Erwerbsbesteuerung

295　Eine innergemeinschaftliche Lieferung ist nur möglich, wenn nach *§ 6a Abs. 1 Satz 1 Nr. 3 UStG* der Erwerb des Liefergegenstandes beim Abnehmer in einem anderen Mitgliedstaat den Vorschriften über die Umsatzbesteuerung, d. h., den Vorschriften der Besteuerung des innergemeinschaftlichen Erwerbs, unterliegt. Der Abnehmer muss also in einem anderen Mitgliedstaat den Tatbestand des innergemeinschaftlichen Erwerbs verwirklichen. Das Vorliegen dieser Voraussetzung kann nur im Wege einer *Parallelbewertung* nach den Grundsätzen des deutschen UStG geprüft werden. Es ist davon auszugehen, dass alle anderen EU-Mitgliedstaaten identische Regelungen zur Erwerbsbesteuerung besitzen.

Der liefernde Unternehmer kann in der Regel davon ausgehen, dass der Abnehmer in einem anderen Mitgliedstaat den Vorschriften der Erwerbsbesteuerung unterliegt, wenn der Abnehmer den Gegenstand unter Angabe einer ihm von einem anderen Mitgliedstaat erteilten *Umsatzsteuer-Identifikationsnummer* erwirbt. Durch die Angabe dieser Umsatzsteuer-Identifikationsnummer gibt der Abnehmer zu erkennen, dass er steuerfrei einkaufen will und mit dem Erwerb in einem anderen Mitgliedstaat der Erwerbsbesteuerung unterliegt.

Es kommt nur darauf an, dass der Erwerb des Gegenstandes der Lieferung beim Abnehmer in einem anderen Mitgliedstaat den Vorschriften der Umsatzbesteuerung *unterliegt*. Nicht erforderlich ist, dass der Erwerb tatsächlich besteuert worden ist oder dass die Erwerbsteuer tatsächlich vom Abnehmer in dem anderen Mitgliedstaat gezahlt worden ist.

Eine innergemeinschaftliche Lieferung liegt in den Fällen nicht vor, in denen es sich bei dem Abnehmer um einen „Exoten" i. S. des § 1a Abs. 3 UStG handelt, der die maßgebende Erwerbsschwelle nicht überschritten hat und auch nicht auf die Anwendung dieser Erwerbsschwelle verzichtet hat.

> **BEISPIEL:** Der deutsche Unternehmer A liefert an den dänischen Kleinunternehmer D eine Maschine für dessen Unternehmen. Vereinbarungsgemäß holt D die Maschine mit eigenem Lkw im Inland ab und befördert sie nach Dänemark. D hat die maßgebende Erwerbsschwelle in Dänemark weder im vorangegangenen Kalenderjahr überschritten noch wird er diese voraussichtlich im laufenden Kalenderjahr überschreiten. D hat auch nicht auf die Anwendung der Erwerbsschwelle verzichtet.
>
> A erbringt eine steuerbare Lieferung im Inland; der Lieferort bestimmt sich nach § 3 Abs. 6 Satz 1 UStG. Die Vorschrift des § 3c UStG findet keine Anwendung, da es sich um eine Beförderung durch den Abnehmer handelt. Diese steuerbare Lieferung ist auch steuerpflichtig. Es liegt insbesondere keine innergemeinschaftliche Lieferung vor, da der Erwerb des Liefergegen-

standes beim Abnehmer D in Dänemark nicht der Erwerbsbesteuerung unterliegt (entsprechend § 1a Abs. 3 und 4 UStG). Die Voraussetzung des § 6a Abs. 1 Satz 1 Nr. 3 UStG ist nicht erfüllt.

Bei der Lieferung eines *neuen Fahrzeuges*, das bei der Lieferung aus dem Inland in das übrige Gemeinschaftsgebiet befördert oder versendet wird, ist § 6a Abs. 1 Satz 1 Nr. 3 UStG stets erfüllt.

ee) Be- oder Verarbeitung

Gemäß *§ 6a Abs. 1 Satz 2 UStG* kann der Gegenstand der Lieferung durch Beauftragte vor der Beförderung oder Versendung in das übrige Gemeinschaftsgebiet bearbeitet oder verarbeitet worden sein. Es kann sich nur um Beauftragte des *Abnehmers* oder eines folgenden Abnehmers handeln. In den Fällen, in denen der Lieferer den Bearbeitungs- oder Verarbeitungsauftrag erteilt, handelt es sich um einen der innergemeinschaftlichen Lieferung vorgeschalteten Umsatz. Gegenstand der innergemeinschaftlichen Lieferung ist dann der be- oder verarbeitete Gegenstand und nicht der Gegenstand vor seiner Bearbeitung oder Verarbeitung.

b) Innergemeinschaftliches Verbringen

Als innergemeinschaftliche Lieferung gilt gem. *§ 6a Abs. 2 UStG* das einer Lieferung gleichgestellte *Verbringen* eines Gegenstandes. Der Sinn, in diesen Fällen eine innergemeinschaftliche Lieferung zu fingieren, wird deutlich, wenn man sich vor Augen führt, dass eine innergemeinschaftliche Warenbewegung stattfindet, die infolge fehlender Grenzkontrollen nur noch mit Hilfe des *EDV-gestützten Informationsaustausches* zwischen den Mitgliedstaaten kontrolliert werden kann. Um auch diese Warenbewegungen in das Kontrollsystem integrieren zu können, müssen diese Tatbestände als innergemeinschaftliche Lieferungen fingiert werden.

Gemäß *§ 3 Abs. 1a UStG* gilt das Verbringen eines Gegenstandes des Unternehmens aus dem Inland in das übrige Gemeinschaftsgebiet durch einen Unternehmer zu seiner Verfügung, ausgenommen zu einer nur vorübergehenden Verwendung, als Lieferung gegen Entgelt. Dies gilt auch, wenn der Unternehmer den Gegenstand in das Inland eingeführt hat. Der Unternehmer gilt als Lieferer. Die *Lieferfiktion* steht im Zusammenhang mit der *Erwerbsfiktion* des § 1a Abs. 2 UStG, die das Verbringen eines Gegenstandes des Unternehmens aus dem übrigen Gemeinschaftsgebiet in das Inland durch einen Unternehmer zu seiner Verfügung, ausgenommen zu einer nur vorübergehenden Verwendung, als innergemeinschaftlichen Erwerb fingiert.

BEISPIEL: A ist Unternehmer mit Hauptsitz in Bielefeld und Betriebsstätten in London und Paris. Er transportiert Ware, die er in Bielefeld nicht verkaufen kann, mit eigenem Lkw zu seiner Betriebsstätte nach London, um sie dort zu veräußern.

A erbringt einen steuerbaren Umsatz i. S. des § 1 Abs. 1 Nr. 1 Satz 1 UStG. Das Verbringen des Gegenstandes gilt unter den Voraussetzungen des § 3 Abs. 1a UStG als Lieferung gegen Entgelt; denn
- der Gegenstand gelangt aus dem Inland in das übrige Gemeinschaftsgebiet,
- durch einen Unternehmer,
- zu seiner Verfügung,
- und nicht nur zur vorübergehenden Verwendung.

Der Ort der Lieferung ist gem. § 3 Abs. 6 Satz 1 UStG Bielefeld. Dieser steuerbare Umsatz ist steuerfrei gem. § 4 Nr. 1 Buchst. b UStG; denn es handelt sich gem. § 6a Abs. 2 UStG um eine fiktive innergemeinschaftliche Lieferung. Die Voraussetzungen müssen gem. § 6a Abs. 3 UStG vom Unternehmer nachgewiesen sein. Bemessungsgrundlage für den steuerfreien Umsatz ist gem. § 10 Abs. 4 Satz 1 Nr. 1 UStG der Einkaufspreis zzgl. Nebenkosten zum Zeitpunkt des Umsatzes. A muss in Großbritannien die Erwerbsbesteuerung durchführen (entsprechend § 1a Abs. 2 UStG).

c) Nachweis der innergemeinschaftlichen Lieferung

299 Nach der ab 1.1.2012 geltenden Gesetzesfassung (§§ 17a ff. UStDV) sollte neben *dem Buchnachweis* (richtige Erfassung und Dokumentierung des Exports in der Buchführung, vgl. § 17c UStDV) der *Belegnachweis* der i. g. Lieferung nur noch mit *zwei* Dokumenten geführt werden: dem *Doppel der Rechnung* und der *Gelangensbestätigung* (§ 17a Abs. 1 und 2 UStDV).

300 Gegen die *Gelangensbestätigung* in der ab 2012 geltenden Fassung der UStDV gab es aber erhebliche Vorbehalte in der Praxis. So wurde hauptsächlich kritisiert, dass die Gelangensbestätigung ja immer erst NACH Ankunft der Ware am Bestimmungsort vorgelegt werden könnte. Bei einer Abhollieferung geht der Lieferant u. U. ein hohes Risiko ein, dass der Abnehmer ihm später keine ordnungsgemäße Gelangensbestätigung vorlegt. Auch wurde kritisiert, dass bei Reihengeschäften, bei denen der erste Lieferer die Ware an den letzten Abnehmer bringt, eine Gelangensbestätigung von diesem vorgelegt werden muss. Der letzte Abnehmer ist aber kein Geschäftspartner des ersten Lieferers. Das Erlangen der Gelangensbestätigung könnte damit schwierig sein.

An mehreren Stellen ist diese Regelung nun entschärft worden:

1. Bei Reihengeschäften, bei denen z. B. ein deutscher Unternehmer die Lieferung an einen französischen Kunden ausführt, die Ware aber direkt zu dessen Abnehmer in Frankreich gelangt, reicht es aus, wenn der frz. Kunde bestätigt, dass die Ware nach Frankreich gelangt ist. Der genaue Ort (Sitz seines Abnehmers) braucht nun nicht mehr bescheinigt werden.

2. Die Gelangensbestätigung ist nur in Beförderungsfällen unverzichtbarer Bestandteil des Belegnachweises (neben dem Doppel der Rechnung). In Versendungsfällen, wenn also ein dritter, selbstständiger Unternehmer den Transport zum Kunden durchführt, ist eine Fülle anderer Nachweise zulässig (handelsrechtlicher Frachtbrief, Konnossement, tracking-and-tracing-Protokolle, Beleg über den Geldeingang etc.), vgl. § 17a UStDV.

301 Das BMF hat ein Vordruckmuster der Gelangensbestätigung in deutscher, englischer und französischer Sprache veröffentlicht. In der Praxis kann dieser, aber auch ein anderer Vordruck benutzt werden, der die erforderlichen Angaben enthält. Andere Sprachen sind ebenfalls zulässig, allerdings ist § 87 AO zu beachten. Zweifel sind insbesondere erlaubt, wenn eine Sprache gewählt wurde, die der Aussteller rsp. der Unterzeichner der Bescheinigung offensichtlich nicht verstanden hat.

Auch die Form ist frei wählbar. Bei elektronischer Erstellung muss keine Unterschrift vorhanden sein. Es muss nur realistisch sein, dass die elektronische Bestätigung aus dem Verfügungsbereich des Abnehmers stammt. Und: sie muss nicht wie die elektronische Rechnung in dieser Form auch aufbewahrt werden, d. h. eine entsprechende Email könnte auch ausgedruckt werden. Die Gelangensbestätigung kann auch als Sammelbestätigung für bis zu ein Quartal ausgestellt werden. Sie kann auch von einem Beauftragten des Abnehmers erstellt werden; es darf nur nicht der mit dem Transport beauftragte selbständige Dritte (Spediteur) sein.

Einzelheiten enthalten die Regelungen des UStAE 6a.1 bis 6a.8. 302

Liegen die entsprechenden Nachweise nicht vor, ist die deutsche (liefernde) Firma gut 303
beraten, zunächst eine Rechnung über den Bruttobetrag (also inkl. deutscher USt) auszustellen, aber die Steuer (zur Vermeidung von § 14c UStG) nicht offen auszuweisen. Hat der Leistungsempfänger dann die Gelangensbestätigung beigebracht, wird die USt aus der Rechnung (die quasi als „Kaution" gedient hat) zurückerstattet und die Rechnung entsprechend berichtigt.

(Einstweilen frei) 304

d) Vertrauensschutzregelung

§ 6a Abs. 4 UStG enthält eine Vertrauensschutzregelung für die Unternehmer. Hat der 305
Unternehmer eine Lieferung als steuerfrei behandelt, obwohl die Voraussetzungen des § 6a Abs. 1 UStG nicht vorliegen, so ist die Lieferung gleichwohl als steuerfrei anzusehen, wenn die Inanspruchnahme der Steuerbefreiung auf unrichtigen Angaben des Abnehmers beruht und der Unternehmer die Unrichtigkeit dieser Angaben auch bei Beachtung der Sorgfalt eines ordentlichen Kaufmanns nicht erkennen konnte.

Die Anwendung der Vertrauensschutzregelung ist von *zwei Bedingungen* abhängig. Zum einen muss die Inanspruchnahme der Steuerbefreiung auf *unrichtigen Angaben des Abnehmers* beruhen. Zum anderen muss hinzutreten, dass der liefernde Unternehmer die Unrichtigkeit der Angaben auch bei Beachtung der *Sorgfaltspflichten eines ordentlichen Kaufmanns* nicht erkennen konnte.

Nach ständiger Rechtsprechung ist selbst bei Waren, bei denen die Missbrauchsgefahr 306
der Steuerbefreiung der Ausfuhr größer ist (z. B. Autos) keine unerfüllbare Hürde für den Nachweis aufzubauen. So wurde ein Unternehmer „freigesprochen", der Autos exportierte, Exportnachweise hatte, aber keine Ausfuhrkennzeichen / internationaler Zulassungsschein (BFH-Urteil vom 31. 7. 2008).

Die Vertrauensschutzregelung des § 6a Abs. 4 UStG ist nach weit überwiegender Rechtsauffassung stets auch bei Ausfuhrlieferungen anwendbar.

(Einstweilen frei) 307–308

3. Grenzüberschreitende Güterbeförderungen

Die Steuerbefreiungsvorschrift des § 4 Nr. 3 UStG dient in den Fällen der Einfuhr der 309
Vermeidung einer Doppelbelastung mit USt und EUSt und in den Fällen der Ausfuhr einer *Vermeidung der Belastung der Exportware* mit USt.

Die Steuerbefreiung nach § 4 Nr. 3 UStG setzt voraus, dass die in der Vorschrift bezeichneten Leistungen umsatzsteuerrechtlich *selbständig* zu beurteilende Leistungen sind.

Ist eine Leistung nur eine unselbständige Nebenleistung zu einer Hauptleistung, so teilt sie deren umsatzsteuerrechtliches Schicksal.

Steuerfrei sind gem. § 4 Nr. 3 Satz 1 Buchst. a UStG die *grenzüberschreitenden Beförderungen* von Gegenständen, wenn sich diese Beförderungsleistungen entweder

- unmittelbar auf Gegenstände der Ausfuhr beziehen oder auf eingeführte Gegenstände beziehen, die im externen Versandverfahren in das Drittlandsgebiet befördert werden,

oder

- auf Gegenstände der Einfuhr in das Gebiet eines Mitgliedstaates der EU beziehen und die Kosten für die Beförderungsleistungen in der Bemessungsgrundlage für diese Einfuhr enthalten sind.

310   § 4 Nr. 3 Satz 1 Buchst. a Doppelbuchstabe aa UStG befreit u. a. die grenzüberschreitende Güterbeförderung, die sich unmittelbar auf Gegenstände der *Ausfuhr* bezieht. Gegenstände der Ausfuhr sind solche Gegenstände, die vom Inland in das Drittlandsgebiet befördert werden.

> **BEISPIEL:** Der in Deutschland ansässige Unternehmer A beauftragt den deutschen Frachtführer F eine Ware von Bremen nach Zürich zu transportieren.
>
> F erbringt eine sonstige Leistung, eine Beförderungsleistung. Der Leistungsort ist gem. § 3b Abs. 1 Satz 1 UStG dort, wo die Beförderungsleistung bewirkt wird, d. h., auf der Strecke Bremen – Zürich. Steuerbar im Inland ist nur der Teil der Leistung, der auf das Inland entfällt (§ 3b Abs. 1 Satz 2 UStG). Dieser steuerbare Teil ist steuerfrei gem. § 4 Nr. 3 Satz 1 Buchst. a Doppelbuchstabe aa UStG, da sich die Güterbeförderung unmittelbar auf Gegenstände der Ausfuhr bezieht.

311   *Steuerfrei sind gem. § 4 Nr. 3 Satz 1 Buchst. a Doppelbuchstabe bb UStG* die grenzüberschreitenden Güterbeförderungen, die sich auf Gegenstände der *Einfuhr* in das Gebiet eines Mitgliedstaates der EU beziehen, wenn die *Kosten* für die Beförderungsleistung in der Bemessungsgrundlage für diese Einfuhr enthalten sind.

312   Die *innergemeinschaftliche Güterbeförderung* wird von § 4 Nr. 3 Satz 1 Buchst. a UStG nicht erfasst; denn diese Vorschrift erstreckt sich nur auf Gegenstände der Ausfuhr, der Einfuhr in die EU und auf eingeführte Gegenstände, die im externen Versandverfahren in das Drittlandsgebiet befördert werden.

313–319   *(Einstweilen frei)*

4. Umsatzsteuerlagerregelung

320   Ein *Umsatzsteuerlager* ist ein abgegrenztes Grundstück, das für die USt als exterritorial gilt, d. h. die dort gelagerten Gegenstände sind zollfrei und gelten als im Ausland gelagert. Das Umsatzsteuerlager kann mehrere Lagerorte umfassen. Das Umsatzsteuerlager bedarf der *Bewilligung* des für den Lagerhalter zuständigen Finanzamts. Das Finanzamt hat die Bewilligung zu erteilen, wenn ein wirtschaftliches Bedürfnis für den Betrieb des Umsatzsteuerlagers besteht und der Lagerhalter die Gewähr für dessen ordnungsgemäße Verwaltung bietet.

Steuerfrei sind nach *§ 4 Nr. 4a Satz 1 Buchst. a Satz 1 UStG* die Lieferungen der in der Anlage 1 bezeichneten Gegenstände an einen Unternehmer für sein Unternehmen, wenn der Gegenstand der Lieferung im Zusammenhang mit der Lieferung in ein Umsatzsteuerlager eingelagert wird oder sich in einem Umsatzsteuerlager befindet. Mit der Auslagerung eines Gegenstandes aus einem Umsatzsteuerlager entfällt die Steuerbefreiung für die der Auslagerung vorangegangene Lieferung, den der Auslagerung vorangegangenen innergemeinschaftlichen Erwerb oder die der Auslagerung vorangegangene Einfuhr; dies gilt nicht, wenn der Gegenstand im Zusammenhang mit der Auslagerung in ein anderes Umsatzsteuerlager im Inland eingelagert wird.

Eine *Auslagerung* ist die endgültige Herausnahme eines Gegenstandes aus einem Umsatzsteuerlager. Der endgültigen Herausnahme steht gleich der sonstige Wegfall der Voraussetzungen für die Steuerbefreiung sowie die Erbringung einer nicht nach § 4 Nr. 4a Satz 1 Buchst. b UStG begünstigten Leistung an den eingelagerten Gegenständen. Auslagerung kann auch die nicht begünstigte Verwendung oder Aufbereitung eines Gegenstandes sein (z. B. Lieferung an einen Nichtunternehmer oder Entnahme für nichtunternehmerische Zwecke). Der Vorgang der Auslagerung setzt keine Leistung zwischen zwei Leistungspartnern voraus. Als *Auslagerer* ist der Unternehmer anzusehen, der im Zeitpunkt der Auslagerung die Verfügungsmacht über den Gegenstand hat. Dem Auslagerer muss eine *inländische Umsatzsteuer-Identifikationsnummer* erteilt worden sein.

Das *BMF* hat zur USt-Lagerregelung mit Schreiben vom 28.1.2004 (BStBl 2004 I S. 242) ausführlich Stellung genommen. 321

(Einstweilen frei) 322–325

5. Vermittlungsleistungen

a) Vermittlung 326

§ 4 Nr. 5 UStG, der im Wesentlichen die *Vermittlung grenzüberschreitender Umsätze* von der USt befreit, dient dazu, diese grenzüberschreitenden Umsätze auch nicht indirekt mit USt zu belasten. Außerdem dient § 4 Nr. 5 UStG auch der Verfahrensvereinfachung; die Vorschrift macht Vorsteuererstattungen entbehrlich.

Eine Vermittlungsleistung ist dann anzunehmen, wenn ein Handeln des Vermittlers in *fremdem Namen* und für *fremde Rechnung* vorliegt. Typische Vermittlungsleistungen werden von *Handelsvertretern* und *Maklern* erbracht. Die Steuerbefreiung des § 4 Nr. 5 UStG ist allerdings nicht beschränkt auf diese Berufsgruppen; jeder Unternehmer kann steuerfreie Vermittlungsleistungen erbringen.

b) Umfang der Steuerbefreiung

aa) Vermittlung bestimmter steuerfreier Umsätze

§ 4 Nr. 5 Satz 1 Buchst. a UStG befreit die Vermittlung folgender steuerfreier Umsätze: 327
- ▶ Ausfuhrlieferungen (§ 4 Nr. 1 Buchst. a UStG),
- ▶ Lohnveredelungen an Gegenständen der Ausfuhr (§ 4 Nr. 1 Buchst. a UStG),

- Umsätze für die Seeschifffahrt (§ 4 Nr. 2 UStG),
- Umsätze für die Luftfahrt (§ 4 Nr. 2 UStG),

328–334 *(Einstweilen frei)*

6. Geld- und Kapitalverkehr

335 *§ 4 Nr. 8 UStG* befreit eine ganze Reihe von Umsätzen im *Geld- und Kapitalverkehr* von der Umsatzsteuerpflicht. Die Vorschrift ist nicht auf Kreditinstitute beschränkt, sondern gilt für *alle Unternehmer*. Sinn und Zweck der Steuerbefreiung ist es, den Geld- und Kapitalverkehr im Wesentlichen von der USt zu entlasten und eine steuerliche Doppelbelastung zu verhindern.

Die Steuerbefreiung des § 4 Nr. 8 UStG hat grundsätzlich zur Folge, dass der *Vorsteuerabzug* gem. § 15 Abs. 2 Satz 1 Nr. 1 UStG ausgeschlossen ist. Der Ausschluss vom Vorsteuerabzug tritt gem. § 15 Abs. 3 Nr. 1 Buchst. b UStG allerdings nicht ein, wenn die Umsätze nach § 4 Nr. 8 Buchst. a bis g UStG steuerfrei sind und sich unmittelbar auf Gegenstände beziehen, die in das Drittlandsgebiet ausgeführt werden.

Der Unternehmer kann einen steuerbaren Umsatz, der nach § 4 Nr. 8 Buchst. a bis g UStG steuerfrei ist, als steuerpflichtig behandeln, wenn der Umsatz an einen anderen Unternehmer für dessen Unternehmen ausgeführt wird (§ 9 Abs. 1 UStG). Eine *Option* zur Steuerpflicht kommt nicht in Betracht für steuerfreie Umsätze nach § 4 Nr. 8 Buchst. h und i UStG.

§ 4 Nr. 8 UStG kommt nur dann zur Anwendung, wenn es sich bei dem Umsatz im Geld- und Kapitalverkehr um eine *eigenständige Leistung* handelt.

336 Steuerfrei ist gem. *§ 4 Nr. 8 Buchst. a UStG* die Gewährung und die Vermittlung von Krediten.

> **BEISPIEL:** Eine französische Großbank mit Sitz in Paris gewährt dem Unternehmer A aus Münster ein Darlehen für sein Unternehmen i. H. von 100 000 €. Das Darlehen hat eine Laufzeit von 2 Jahren und der Zinssatz beläuft sich auf 8 %.
>
> Leistungsort für die sonstige Leistung der Bank ist Münster gem. § 3a Abs. 2 UStG (B2B-Umsatz). Der Umsatz ist steuerbar gem. § 1 Abs. 1 Nr. 1 Satz 1 UStG. Dieser steuerbare Umsatz ist steuerfrei gem. § 4 Nr. 8 Buchst. a UStG; denn es handelt sich um die Gewährung eines Kredites.

Die Steuerbefreiung erstreckt sich auf sämtliche *Entgelte*, die für die Kreditgewährung zu zahlen sind. Entgelte für steuerfreie Kreditleistungen können Stundungszinsen, Zielzinsen, Kontokorrentzinsen, Verzugszinsen, Provisionen, Courtagen, Diskonte, Damnum, Disagio, Agio, Gebühren, Auslagenersatz, Schätzgebühren und Fahrtkosten sein. Entgelte für Nebenleistungen sind in die Steuerbefreiung einzubeziehen.

337 Gewährt ein Unternehmer im Zusammenhang mit einer Lieferung oder sonstigen Leistung einen Kredit, so ist diese Kreditgewährung nach § 4 Nr. 8 Buchst. a UStG steuerfrei, wenn sie als *selbständige Leistung* anzusehen ist. Dies ist dann der Fall, wenn besondere Entgelte für die Kreditgewährung vereinbart und abgerechnet werden.

Steuerfrei sind gem. *§ 4 Nr. 8 Buchst. c UStG* die *Umsätze im Geschäft mit Forderungen,* 338
Schecks und anderen Handelspapieren sowie die Vermittlung dieser Umsätze, ausgenommen die Einziehung von Forderungen. Zur umsatzsteuerlichen Behandlung der Forderungsverkäufe *(Factoring)* wird auf Abschn. 2.4 UStAE hingewiesen.

Steuerfrei ist auch die *Vermittlung von Krediten*. Unter einer *Kreditvermittlung* versteht man das Zustandebringen eines Kreditvertrages zwischen dem Kreditgeber und dem Kreditnehmer. Die Steuerbefreiung einer Kreditvermittlung setzt nicht voraus, dass es tatsächlich zur Kreditvergabe gekommen ist, wohl aber muss ein Kontakt zu beiden Vertragsparteien bestanden haben

(Einstweilen frei) 339–340

Steuerfrei sind gem. *§ 4 Nr. 8 Buchst. b UStG* die Umsätze und die Vermittlung der Um- 341
sätze von gesetzlichen Zahlungsmitteln. Das gilt *nicht*, wenn die Zahlungsmittel wegen ihres Metallgehaltes oder ihres Sammlerwertes umgesetzt werden. Bei Münzen und Banknoten ist davon auszugehen, dass sie wegen ihres Metallgehaltes oder ihres Sammlerwertes umgesetzt werden, wenn sie mit einem *höheren Wert als ihrem Nennwert* umgesetzt werden. Hierdurch sollen Geldsorten, die als Waren gehandelt werden, auch umsatzsteuerrechtlich als Waren behandelt werden (Abschn. 4.8.3 UStAE).

(Einstweilen frei) 342–345

Steuerfrei sind gem. *§ 4 Nr. 8 Buchst. e UStG* die *Umsätze im Geschäft mit Wertpapieren* 346
und die Vermittlung dieser Umsätze, ausgenommen die Verwahrung und die Verwaltung von Wertpapieren.

Zu den *Wertpapieren* i. S. des § 4 Nr. 8 Buchst. e UStG gehören:

▶ Schuldverschreibungen (z. B. Inhaberschuldverschreibungen, Orderschuldverschreibungen),

▶ Dividendenwerte (z. B. Aktien, aktienrechtliche Genussscheine, Zwischenscheine, Bezugsrechte, GmbH-Anteile, Kommanditanteile an einer GmbH & Co. KG, Kuxe),

▶ Anteilscheine an Kapitalanlagegesellschaften und vergleichbare Urkunden ausländischer Unternehmen, deren Geschäftszweck dem der Kapitalanlagegesellschaften entspricht.

(Einstweilen frei) 347–348

Steuerfrei sind gem. *§ 4 Nr. 8 Buchst. f UStG* die Umsätze und die Vermittlung der Um- 349
sätze von Anteilen an Gesellschaften und anderen Vereinigungen.

Unter *Gesellschaften* und *anderen Vereinigungen* versteht man die Vereinigung mehrerer Personen oder anderer umsatzsteuerfähiger Gebilde zur Erreichung eines durch Vertrag oder Satzung bestimmten Zwecks. Darüber hinaus müssen Anteile an der Gesellschaft oder Vereinigung entstehen, die als selbständige Gegenstände umgesetzt werden können. Unter „Anteil" ist das Vermögensrecht zu verstehen, das einem Beteiligten an der Vereinigung oder am Gesamthandsvermögen zusteht. Die Anteile an den Gesellschaften können auch in Wertpapieren verbrieft sein. Zu den Anteilen an Gesellschaften gehören neben den Anteilen an Kapitalgesellschaften, z. B. GmbH-Anteile, auch die Anteile an Personengesellschaften, z. B. OHG-Anteile.

350–353   *(Einstweilen frei)*

354   Steuerfrei sind gem. *§ 4 Nr. 8 Buchst. i UStG* die Umsätze der im Inland gültigen amtlichen Wertzeichen zum aufgedruckten Wert. Gemeint ist damit vor allem der Briefmarkenverkauf.

7. Grundstücksumsätze

355   *Sinn und Zweck* der Steuerbefreiung des *§ 4 Nr. 9 UStG* ist es, eine doppelte steuerliche Belastung durch zwei ähnliche Steuerarten zu vermeiden. Ein und derselbe Vorgang soll nicht der USt und daneben auch noch der *Grunderwerbsteuer* oder der *Rennwett- und Lotteriesteuer* unterliegen. Die Umsätze der zugelassenen öffentlichen Spielbanken, die durch den Betrieb der Spielbank bedingt sind, sind nicht mehr steuerfrei.

Steuerfrei sind gem. *§ 4 Nr. 9 Buchst. a UStG* die Umsätze, die unter das Grunderwerbsteuergesetz (GrEStG) fallen (= Verkauf bebauter und unbebauter Grundstücke). Es ist nicht Voraussetzung für die Umsatzsteuerbefreiung, dass eine tatsächliche Besteuerung mit Grunderwerbsteuer erfolgt ist. Es reicht aus, dass die Umsätze unter das GrEStG fallen, d. h., dass sie nach diesem Gesetz *steuerbar* sind. Die Befreiung von der USt tritt auch dann ein, wenn die Umsätze nach dem GrEStG zwar steuerbar aber steuerfrei sind. Dies gilt auch in den Fällen, in denen die Grunderwerbsteuer nicht erhoben wird, z. B. nach einem Erlass.

8. Versicherungen

356   Steuerfrei sind gem. *§ 4 Nr. 10 und 11 UStG* die Umsätze der Versicherungsbranche. Sowohl die Leistung der Versicherung selber (= Anbieten von Versicherungsschutz gegen Zahlung von Beiträgen) stellt eine steuerfreie Dienstleistung dar, als auch die Vermittlungsleistungen der Versicherungsvertreter und -makler.

357   9. Postdienstleistungen

Einhergehend mit der Liberalisierung des Postmarkts ist *§ 4 Nr. 11b UStG* Gesetz eingefügt worden. Danach sind sog. „Postuniversaldienstleistungen" steuerfrei. Faktisch sind das einige Umsätze der Deutschen Post, die als einziges Unternehmen ein flächendeckendes Netz an Briefkästen bereitstellt. Die Regelung gilt ab 1. 7. 2010. Steuerfrei sind danach z. B. der flächendeckende Versand von normalen Briefsendungen, Einschreiben, Paketen bis 10 kg. Steuerpflichtig sind dagegen der Versand adressierter Kataloge, Zeitungen, Zeitschriften, Expresszustellungen, Nachnahmesendungen und Postvertriebsstücke ab 1000 Exemplare Einlieferungsmenge.

358–360   *(Einstweilen frei)*

10. Vermietungsumsätze

Die Steuerbefreiungsvorschrift des § 4 Nr. 12 UStG begünstigt im weitesten Sinne die Umsätze aus der *entgeltlichen Überlassung von Grundstücken* und grundstücksgleichen Rechten. *Sinn und Zweck* dieser Steuerbefreiung ist es, die Wohnungsmieten nicht zusätzlich noch durch die USt zu erhöhen. Die Steuerbefreiung beruht somit auf *sozialen* Gesichtspunkten. Ein weiterer Grund für die Einführung dieser Steuerbefreiung war die Vermeidung einer erheblichen Verwaltungsmehrarbeit. In diesem Zusammenhang ist zu berücksichtigen, dass bereits die Vermietung nur einer einzelnen Wohnung den Vermieter zum Unternehmer i. S. des § 2 UStG macht, da durch die Vermietung ein auf die Erzielung von Einnahmen gerichteter Dauerzustand hergestellt wird. Dieser Umsatz ist steuerbar gem. § 1 Abs. 1 Nr. 1 Satz 1 UStG. Ohne die Steuerbefreiung des § 4 Nr. 12 UStG würde sich für die Verwaltung hinsichtlich der Besteuerung sämtlicher Vermieter und Verpächter eine nicht unbeträchtliche Mehrarbeit ergeben.

361

Im Falle der Steuerbefreiung der Umsätze gem. § 4 Nr. 12 UStG ist der Vorsteuerabzug gem. § 15 Abs. 2 Satz 1 Nr. 1 UStG ausgeschlossen, so dass *keine vollständige Entlastung* von der USt eintritt.

(Einstweilen frei) 362–365

Resultierend aus dem im Umsatzsteuerrecht geltenden Grundsatz der Einheitlichkeit der Leistung kommen auch die mit der steuerfreien Vermietung oder Verpachtung von Grundstücken in unmittelbarem wirtschaftlichem Zusammenhang stehenden üblichen *Nebenleistungen* in den Genuss der Steuerfreiheit. Solche Nebenleistungen sind z. B.:

366

- die Lieferung von Wärme und die Wasserversorgung
- die Überlassung von Waschmaschinen,
- die Flur- und Treppenreinigung, Aufzugswartung und Treppenbeleuchtung sowie die Pflege der Außenanlagen,
- die Vermietung eines Pkw-Abstellplatzes,
- die Vermietung von Standflächen für Kirmesveranstaltungen durch die Stadt inklusive der erbrachten Nebenleistungen.

Nicht als Nebenleistung anzusehen sind z. B.:

- die Lieferung von elektrischem Strom,
- die Lieferung von Heizgas oder Öl
- die Mitvermietung von Einrichtungsgegenständen.

(Einstweilen frei) 367–370

Nicht steuerfrei sind gem. § 4 Nr. 12 Satz 2 UStG die Vermietungen von Wohn- und Schlafräumen, die ein Unternehmer zur kurzfristigen Beherbergung von Fremden bereithält.

371

Es entspricht nicht dem Sinn und Zweck des § 4 Nr. 12 UStG die Vermietungsumsätze des *Hotel- und Gaststättengewerbes* zu begünstigen. Begünstigt werden soll ausschließlich die langfristige Vermietung von Wohn- und Schlafräumen; durch die Vermietung soll ein *Wohnsitz* i. S. des § 8 AO oder ein *gewöhnlicher Aufenthalt* i. S. des § 9 AO begründet werden. Beabsichtigt der vermietende Unternehmer die Räume nicht auf Dauer und damit nicht für einen dauernden Aufenthalt i. S. der §§ 8 und 9 AO zur Verfügung zu stellen, so kommt die Steuerbefreiung nicht zur Anwendung (vgl. UStAE 4.12.9)

372   Ebenfalls nicht befreit ist gem. *§ 4 Nr. 12 Satz 2 UStG* die Vermietung von Plätzen für das Abstellen von Fahrzeugen.

Als „*Plätze* für das Abstellen von Fahrzeugen" kommen Grundstücke einschließlich Wasserflächen oder Grundstücksteile in Betracht. Sowohl abgeschlossene Garagen als auch offene Einstellplätze (Carports) sind als Fahrzeugabstellplätze anzusehen. Die Vermietung einer Stellplatzfläche ist nur dann *steuerfrei*, wenn die Stellplatzvermietung als eine *unselbständige Nebenleistung* zur umsatzsteuerfreien Grundstücksvermietung anzusehen ist (z. B. ein Haus mit nebenstehendem Carport wird vermietet). Zu den Einzelheiten vgl. Abschn. 4.12.2 UStAE.

373   Nicht befreit ist gem. *§ 4 Nr. 12 Satz 2 UStG* die kurzfristige Vermietung auf Campingplätzen. Wenn die Überlassung einer Campingfläche als Vermietung anzusehen ist, ist sie nur dann steuerfrei, wenn sie *nicht kurzfristig* ist. Eine Vermietung ist dann nicht kurzfristig, wenn die tatsächliche Gebrauchsüberlassung mindestens *sechs Monate* beträgt (Abschn. 4.12.3 UStAE). Abzustellen ist demzufolge nicht auf den Willen der Vertragspartner, sondern auf die *tatsächliche Dauer* der Vermietung.

374–385   *(Einstweilen frei)*

386   Nicht befreit ist gem. *§ 4 Nr. 12 Satz 2 UStG* die Vermietung und die Verpachtung von Maschinen und sonstigen Vorrichtungen aller Art, die zu einer Betriebsanlage gehören (Betriebsvorrichtungen), auch wenn sie wesentliche Bestandteile eines Grundstücks sind.

Der Begriff „Maschinen und sonstige Vorrichtungen aller Art, die zu einer Betriebsanlage gehören (*Betriebsvorrichtungen*)" ist für den Bereich des Umsatzsteuerrechts in gleicher Weise auszulegen wie für das Bewertungsrecht. Zu den Betriebsvorrichtungen gehören alle Vorrichtungen, mit denen ein Gewerbe unmittelbar betrieben wird (z. B. Laderampen, Gleisanlagen, Krananlagen, Klima-, Lüftungs- und Heizungsanlagen für die Produktion, Lastenaufzüge). Die Entscheidung darüber, ob die auf dem Grundstück vorhandenen Anlagen als zum Grundstück gehörig oder als Betriebsvorrichtungen anzusehen sind, wird grundsätzlich bei der Feststellung des Einheitswertes des Grundstücks getroffen.

Bei der *Abgrenzung* der Betriebsvorrichtungen von den Gebäuden ist vom Gebäudebegriff auszugehen. Ein Bauwerk ist als Gebäude anzusehen, wenn es Menschen oder Sachen durch räumliche Umschließung Schutz gegen äußere Einflüsse gewährt, den Aufenthalt von Menschen gestattet, fest mit dem Grund und Boden verbunden, von einiger Beständigkeit und ausreichend standfest ist. Zu den Betriebsvorrichtungen gehören hiernach neben Maschinen und maschinenähnlichen Anlagen alle Anlagen, die – ohne Gebäude, Teil eines Gebäudes oder Außenanlage eines Gebäudes zu sein – in besonderer und unmittelbarer Beziehung zu dem auf dem Grundstück ausgeübten Gewerbebetrieb stehen, d. h., Anlagen, durch die das Gewerbe unmittelbar betrieben wird. Für die Feststellung im Einzelfall sind die Anweisungen in den gleich lautenden Erlassen der obersten Finanzbehörden der Länder betreffend die Abgrenzung des Grundvermögens von den Betriebsvorrichtungen vom 15. 3. 2006 (BStBl 2006 I S. 314) maßgebend.

11. Heilberufliche Tätigkeit

Steuerfrei sind gem. *§ 4 Nr. 14 Buchst. a UStG* die Umsätze aus der Tätigkeit als Arzt, Zahnarzt, Heilpraktiker, Physiotherapeut, Hebamme oder aus einer ähnlichen heilberuflichen Tätigkeit. Steuerfrei sind auch die sonstigen Leistungen von *Gemeinschaften*, deren Mitglieder Angehörige der in § 4 Nr. 14 UStG bezeichneten Berufe sind, gegenüber ihren Mitgliedern, soweit diese Leistungen unmittelbar zur Ausführung der nach § 4 Nr. 14 UStG steuerfreien Umsätze verwendet werden.

387

Steuerbefreit sind im Wesentlichen die Umsätze aus der Tätigkeit als *Arzt*. Tätigkeit als Arzt ist die Ausübung der Heilkunde unter der Berufsbezeichnung „Arzt" oder „Ärztin". Zur Ausübung der Heilkunde gehören Maßnahmen, die der Feststellung, Heilung oder Linderung von Krankheiten, Leiden oder Körperschäden beim Menschen dienen. Auch die Leistungen der vorbeugenden Gesundheitspflege gehören zur Ausübung der Heilkunde; dabei ist es unerheblich, ob die Leistungen gegenüber Einzelpersonen oder Personengruppen bewirkt werden. Die Steuerbefreiung nach § 4 Nr. 14 UStG setzt nicht voraus, dass der Unternehmer Umsätze gegenüber einem Patienten als Leistungsempfänger erbringt und mit ihm oder seiner Krankenkasse hierüber abrechnet.

Nicht zur steuerbefreiten Tätigkeit als Arzt gehören die *schriftstellerische Tätigkeit*, die *Vortragstätigkeit*, die Lehrtätigkeit, die Lieferung von Hilfsmitteln (z. B. Kontaktlinsen, Schuheinlagen) und der Verkauf von Medikamenten aus einer ärztlichen Abgabestelle für Arzneien.

388

Befreit ist nur die *typische Tätigkeit* als Arzt. Nicht befreit gem. § 4 Nr. 14 UStG sind die Hilfsgeschäfte der Ärzte. Insoweit kann allerdings die Steuerbefreiung nach § 4 Nr. 28 UStG in Betracht kommen.

> **BEISPIEL:** I ist selbständiger Arzt in Ingolstadt. Er veröffentlicht des Öfteren Aufsätze in medizinischen Fachzeitschriften und hält gegen Vergütung Vorträge vor anderen Ärzten.
>
> Die Leistungen des I sind steuerbar. Die Umsätze aus der Tätigkeit als Arzt sind steuerfrei gem. § 4 Nr. 14 Buchst. a UStG. Keine berufstypische Arzttätigkeit und somit auch keine steuerfreie Tätigkeit i. S. des § 4 Nr. 14 Buchst. a UStG ist die schriftstellerische Tätigkeit und die Vortragstätigkeit. Insoweit handelt es sich um steuerpflichtige Umsätze.

Im *§ 4 Nr. 15 ff. UStG* sind weitere steuerbefreite Leistungen genannt. Es geht dort bis zur Nr. 19 um medizinische Umsätze, z. B. Umsätze von Krankenhäusern, Pflegeheimen, medizinischen Diensten, die Krankenbeförderung und den Verkauf von menschlichem Blut bzw. die Umsätze der Blinden.

389

12. Kunst und Bildung

Ein weiterer Komplex der Steuerbefreiungen sind die in *§ 4 Nr. 20 – 27 UStG* genannten Umsätze. Hier dreht es sich vor allem um die Förderung von *Kunst und Kultur*, Bildung und Jugendarbeit. § 4 Nr. 20 UStG befreit die Umsätze staatlicher Museen, Theater, Orchester usw. von der USt. Neben der löblichen Absicht, Kunst und Kultur zu fördern, war hier wohl auch die Erkenntnis da, dass die hoch subventionierten Kulturbetriebe bei Erhebung von USt auf diese Dienstleistungen wohl noch weniger zahlende Gäste hätten und der Staat die fehlenden Einnahmen dann sowieso mit Steuergeldern wieder

390

ausgleichen müsste. Dort allerdings, wo mit Kultur Geld verdient wird (Rock- und Popkonzerte, Diavorführungen, Variete, Kino…) ist keine Steuerbefreiung gegeben. Steuerbefreit ist auch nur die Erbringung der Leistungen durch die Kulturschaffenden selber. Die Leistungen eines städtischen Theaters sind steuerfrei, der Verkauf von Eintrittskarten für diese Veranstaltung durch ein Hotel dagegen nicht.

Auch die Bildung ist steuerbefreit: § 4 Nr. 22 UStG befreit *private Schulen* und die für sie tätigen selbstständigen Lehrer von der USt – die staatlichen Schulen und Universitäten zahlen ja ohnehin keine USt, da sie mangels Unternehmereigenschaft nicht einmal steuerbare Umsätze ausführen. Allerdings befreit § 4 Nr. 22 UStG nur die Schulen, die als private Ergänzungsschulen zugelassen sind (z. B. Waldorf-Schulen) bzw. die auf einen staatlich anerkannten Abschluss hin ausbilden (z. B. Steuerfachschule Endriss in Köln, die Bilanzbuchhalter-Ausbildungen durchführt). Dagegen sind Tanz-, Fahr- und Sportschulen steuerpflichtig.

Leistungen der *Jugendhilfe*, die Umsätze des Deutschen Jugendherbergswerks und andere Maßnahmen der Jugendhilfe bzw. ehrenamtliche Tätigkeiten sind in den Regelungen des *§ 4 Nr. 23 – 27 UStG* befreit.

391 *(Einstweilen frei)*

13. § 4 Nr. 28 UStG – die „technische Befreiung"

392 Neben den vorstehend beschriebenen Steuerbefreiungen befreit § 4 UStG noch durch die letzte Nummer (Nr. 28) Hilfsumsätze steuerbefreiter Unternehmer. Diese Regelung hat eher „technischen" Charakter. Sie regelt keine Befreiung bestimmter Branchen, sondern soll verhindern, dass eine Mehrfachbelastung mit USt eintritt.

> **BEISPIEL:** I ist selbständiger Arzt in Ingolstadt. Er hat im Jahre 01 einen Pkw als Firmenfahrzeug vom Händler H für 30 000 € zzgl. USt gekauft. Im Jahre 05 verkauft er den gebrauchten Pkw für 3 000 €.

Da I als Arzt steuerfreie Umsätze gem. § 4 Nr. 14 UStG ausführt, hat er aus der Anschaffung des Pkw in 01 für seine Praxis keinen Vorsteuerabzug, vgl. § 15 Abs. 2 Nr. 1 UStG. Der Pkw ist damit besteuert wie bei einem Verkauf an einen Endverbraucher. Wenn I dann aber den Pkw in 05 verkauft, führt er eine steuerbare Lieferung durch (§ 1 Abs. 1 Nr. 1 UStG). Grds. wäre die Lieferung auch steuerpflichtig, da § 4 Nr. 14 UStG nur seine ärztliche Tätigkeit von der USt befreit, nicht aber den Verkauf eines Autos. § 4 Nr. 28 UStG sorgt dann für die Steuerbefreiung – und verhindert damit die erneute Belastung des Autos mit USt.

Bei Unternehmen mit steuerfreien Umsätzen des § 4 Nr. 8 bis 27 UStG ist dagegen die Überlassung von Firmenfahrzeugen an Mitarbeiter für Privatfahrten ein steuerbarer und steuerpflichtiger Umsatz (tauschähnlicher Umsatz i. S. des § 3 Abs. 12 Satz 2 UStG: Autonutzung gegen Arbeitskraft). § 4 Nr. 28 UStG ist insoweit nicht anwendbar (Abschn. 4.28.1 Abs. 1 Satz 3 UStAE).

III. Verzicht auf die Steuerbefreiung

1. Option gem. § 9 Abs. 1 UStG

Der Unternehmer kann einen Umsatz, der nach § 4 Nr. 8 Buchst. a bis g, Nr. 9 Buchst. a, Nr. 12, 13 oder 19 UStG steuerfrei ist, als steuerpflichtig behandeln, wenn der Umsatz an einen anderen Unternehmer für dessen Unternehmen ausgeführt wird *(§ 9 Abs. 1 UStG)*.

393

Voraussetzung für den Verzicht auf die Steuerbefreiung ist:
- Es muss sich um einen Unternehmer i. S. des § 2 UStG handeln.
- Es muss ein steuerfreier Umsatz gem. § 4 Nr. 8 Buchst. a bis g, Nr. 9 Buchst. a, Nr. 12, 13 oder 19 UStG vorliegen.
- Der Umsatz muss an einen anderen Unternehmer ausgeführt werden.
- Der Umsatz muss für das Unternehmen des Leistungsempfängers ausgeführt werden.

Der Unternehmer hat bei den aufgeführten Steuerbefreiungen die Möglichkeit, seine Entscheidung für die Steuerpflicht bei *jedem Umsatz* einzeln zu treffen (Abschn. 9.1 Abs. 1 Satz 2 UStAE). Bei der Lieferung von Gebäuden oder Gebäudeteilen und dem dazugehörigen Grund und Boden kann die Option für eine Besteuerung nur *zusammen* für die Gebäude oder Gebäudeteile und den dazugehörigen Grund und Boden ausgeübt werden. Der Verzicht auf die Steuerbefreiung ist an keine besondere Form und Frist gebunden. Er ist grundsätzlich möglich, solange die Steuerfestsetzung noch nicht unanfechtbar geworden ist oder unter dem Vorbehalt der Nachprüfung steht. Seit dem 1. 1. 2002 ist die Einschränkung des § 9 Abs. 3 Satz 1 UStG in Fällen der Zwangsversteigerung von Grundstücken zu beachten: die Option kann nur im notariell zu beurkundenden Vertrag erklärt werden.

Der Verzicht kann auch wieder rückgängig gemacht werden. Sind für die Umsätze Rechnungen oder Gutschriften mit gesondertem Steuerausweis erteilt worden, so entfällt die Steuerschuld nur, wenn die Rechnungen oder Gutschriften berichtigt werden.

§ 9 UStG ist in den Fällen der unentgeltlichen Lieferungen und sonstigen Leistungen grundsätzlich nicht anzuwenden.

394

2. Einschränkung der Option gem. § 9 Abs. 2 UStG

Der Verzicht auf die Steuerbefreiung nach § 9 Abs. 1 UStG ist bei der Bestellung und Übertragung von Erbbaurechten (§ 4 Nr. 9 Buchst. a UStG), bei der Vermietung oder Verpachtung von Grundstücken (§ 4 Nr. 12 Satz 1 Buchst. a UStG) und bei den in § 4 Nr. 12 Satz 1 Buchst. b und c UStG bezeichneten Umsätzen nur zulässig, soweit der Leistungsempfänger das Grundstück ausschließlich für Umsätze verwendet oder zu verwenden beabsichtigt, die den Vorsteuerabzug nicht ausschließen. Der Unternehmer hat die Voraussetzungen nachzuweisen *(§ 9 Abs. 2 UStG)*.

395

BEISPIEL: J ist Unternehmer in Dortmund. Er vermietet das Erdgeschoss eines neuen Gebäudes an einen Zeitschriftenhändler, der neben den steuerpflichtigen Verkäufen von Zeitungen und Zeitschriften auch steuerfreie Verkäufe von Briefmarken tätigt. Die Aufteilung der sowohl mit

396

den steuerpflichtigen als auch mit den steuerfreien Umsätzen im wirtschaftlichen Zusammenhang stehenden Vorsteuerbeträge nach ihrer wirtschaftlichen Zuordnung führt im Besteuerungszeitraum zu einem Vorsteuerausschluss von 3 %.

Der Vermietungsumsatz des J ist steuerbar gem. § 1 Abs. 1 Nr. 1 Satz 1 UStG. Er ist steuerfrei gem. § 4 Nr. 12 Satz 1 Buchst. a UStG; denn es handelt sich um die Vermietung eines Grundstückteils. Da die Voraussetzungen des § 9 Abs. 1 UStG vorliegen, kann J grundsätzlich auf die Steuerbefreiung verzichten. Der Verzicht ist auch nicht unter Anwendung des § 9 Abs. 2 UStG ausgeschlossen; denn der Leistungsempfänger (Zeitschriftenhändler) verwendet das Grundstück ausschließlich (zu mehr als 95 %) für Umsätze, die den Vorsteuerabzug nicht ausschließen. J kann somit auf die Steuerbefreiung verzichten und den Vermietungsumsatz als steuerpflichtig behandeln. Würde er dagegen an einen Arzt vermieten, der steuerfreie Umsätze gem. § 4 Nr. 14 UStG ausführt, käme eine Option nicht in Betracht, da der Arzt keinen Vorsteuerabzug hat.

Der Unternehmer hat die Voraussetzungen für den Verzicht auf die Steuerbefreiungen nachzuweisen. Der *Nachweis* ist an keine besondere Form gebunden. Er kann sich aus einer Bestätigung des Mieters, aus Bestimmungen des Mietvertrages oder aus anderen Unterlagen ergeben (UStAE 9.2 Abs. 4 Sätze 1 bis 3).

397–399 *(Einstweilen frei)*

IV. Steuerbefreiung gem. § 4b UStG

400 *§ 4b UStG* enthält besondere Befreiungen für den innergemeinschaftlichen Erwerb bestimmter Gegenstände. *Sinn und Zweck* der Regelung ist es, eine Schlechterstellung der Umsätze innerhalb der Gemeinschaft gegenüber den Umsätzen mit Drittstaaten zu verhindern. Der Erwerb bestimmter Gegenstände wird im Ergebnis der Einfuhr dieser Gegenstände aus Drittstaaten gleichgestellt. Des Weiteren wird der Erwerb solcher Gegenstände, deren Lieferung im Inland steuerfrei wäre, von der Erwerbsteuer befreit.

401 Steuerfrei ist gem. *§ 4b Nr. 1 UStG* der innergemeinschaftliche Erwerb der in § 4 Nr. 8 Buchst. e und Nr. 17 Buchst. a UStG sowie der in § 8 Abs. 1 Nr. 1 und 2 UStG bezeichneten Gegenstände (z. B. Krankenwagen, Blutkonserven). Hierdurch wird der innergemeinschaftliche Erwerb bestimmter Gegenstände, deren Lieferung im Inland steuerfrei wäre, von der USt befreit.

402 Steuerfrei ist gem. *§ 4b Nr. 2 UStG* der innergemeinschaftliche Erwerb der in § 4 Nr. 4 bis 4b und Nr. 8 Buchst. b und i UStG sowie der in § 8 Abs. 2 Nr. 1 und 2 UStG bezeichneten Gegenstände unter den in diesen Vorschriften bezeichneten Voraussetzungen. Durch § 4b Nr. 2 UStG ist der innergemeinschaftliche Erwerb bestimmter Gegenstände (Gold, Briefmarken, Flugzeuge), deren Lieferung im Inland steuerfrei wäre, von der USt befreit.

403 Steuerfrei ist gem. *§ 4b Nr. 3 UStG* der innergemeinschaftliche Erwerb der Gegenstände, deren Einfuhr nach den für die EUSt geltenden Vorschriften steuerfrei wäre (z. B. Werbegegenstände, Gegenstände von geringem Wert, vgl. UStAE 4b.1). Hierdurch wird eine *Gleichbehandlung* des innergemeinschaftlichen Erwerbs mit der steuerfreien Einfuhr sichergestellt. Der *Umfang* der Steuerbefreiung ergibt sich zu einem wesentlichen Teil aus der *Einfuhrumsatzsteuer-Befreiungsverordnung*.

Steuerfrei ist gem. *§ 4b Nr. 4 UStG* der innergemeinschaftliche Erwerb der Gegenstände, die zur Ausführung von Umsätzen verwendet werden, für die der Ausschluss vom Vorsteuerabzug nach § 15 Abs. 3 UStG nicht eintritt. Hierbei handelt es sich insbesondere um steuerfreie Umsätze nach § 4 Nr. 1 bis 7 UStG; z. B. steuerfreie *innergemeinschaftliche Lieferungen* und steuerfreie *Ausfuhrlieferungen*. 404

BEISPIEL: A ist Unternehmer in Bielefeld. Er erwirbt von dem italienischen Unternehmer I mit Sitz in Rom, der kein Kleinunternehmer ist, eine Maschine für sein Unternehmen. I befördert die Maschine mit eigenem Lkw von Rom nach Bielefeld zu A. Im Anschluss an den Erwerb veräußert A die Maschine seinerseits an den Schweizer Unternehmer S mit Sitz in Zürich. A transportiert die Maschine zu S nach Zürich.

A erbringt zunächst einen steuerbaren Umsatz i. S. des § 1 Abs. 1 Nr. 5 UStG. Es liegt ein innergemeinschaftlicher Erwerb i. S. des § 1a Abs. 1 UStG vor. Der Ort des innergemeinschaftlichen Erwerbs ist gem. § 3d Satz 1 UStG Bielefeld. Der Erwerb erfolgt auch gegen Entgelt. Dieser steuerbare Umsatz ist steuerfrei gem. § 4b Nr. 4 UStG; denn der erworbene Gegenstand, die Maschine, wird für eine steuerfreie Ausfuhrlieferung, für die der Ausschluss vom Vorsteuerabzug gem. § 15 Abs. 3 Nr. 1 Buchst. a UStG nicht eintritt, verwendet.

Wenn die steuerfreie Verwendung des erworbenen Gegenstandes im Zeitpunkt des Erwerbs *noch nicht feststeht*, kann der Erwerb zunächst der Besteuerung unterworfen werden. Wegen des zeitgleichen Vorsteuerabzuges entsteht dadurch keine Belastung. Wenn später die Voraussetzungen für den steuerfreien Erwerb erfüllt werden, müssen die Erwerbsteuer und der Vorsteuerabzug berichtigt werden.

V. Steuerbefreiung gem. § 5 UStG

1. Allgemeines

§ 5 UStG enthält besondere Befreiungen bei der Einfuhr. Eine Einfuhr liegt seit dem 1. 1. 1993 nur noch vor, wenn die Gegenstände aus dem *Drittlandsgebiet* in das Inland eingeführt werden. Die Steuerbefreiung dient der Gleichstellung eingeführter Gegenstände mit den im Inland hergestellten. Die Anwendung des § 5 UStG erfolgt durch die *Zollbehörden*. 405

2. Steuerbefreiung gem. § 5 Abs. 1 UStG

a) Einfuhr bestimmter Gegenstände

§ 5 Abs. 1 Nr. 1 und 2 UStG stellt die Einfuhr bestimmter Gegenstände steuerfrei, deren Lieferung im Inland ebenfalls steuerfrei wäre. Steuerfrei ist danach u. a. die Einfuhr von Wertpapieren, Flugzeugen, Briefmarken und Krankenwagen. 406

b) Einfuhr innergemeinschaftlicher Transitware

Steuerfrei ist gem. *§ 5 Abs. 1 Nr. 3 UStG* die Einfuhr der Gegenstände, die von einem Schuldner der EUSt im Anschluss an die Einfuhr unmittelbar zur Ausführung von innergemeinschaftlichen Lieferungen verwendet werden. Der Schuldner der EUSt hat das Vorliegen der Voraussetzungen des § 6a Abs. 1 bis 3 UStG nachzuweisen. 407

> **BEISPIEL:** Unternehmer A in Rostock erwirbt von dem Schweizer Unternehmer S eine Ware, die A zum Zeitpunkt des Erwerbs bereits an den dänischen Unternehmer D weiterverkauft hat. S transportiert die Ware zu A nach Rostock, der Schuldner der EUSt ist. Anschließend transportiert A die Ware zu D nach Dänemark.
>
> S erbringt eine im Inland nicht steuerbare Lieferung; § 3 Abs. 8 UStG kommt nicht zur Anwendung. A erbringt eine steuerbare und steuerfreie innergemeinschaftliche Lieferung an D. Außerdem erbringt A eine steuerbare Einfuhr gem. § 1 Abs. 1 Nr. 4 UStG, die aber gem. § 5 Abs. 1 Nr. 3 UStG steuerfrei ist, da A die Ware im Anschluss an die Einfuhr unmittelbar zur Ausführung einer innergemeinschaftlichen Lieferung verwendet hat. Die Voraussetzungen müssen von A nachgewiesen werden.

c) Einfuhr im Zusammenhang mit einem Umsatzsteuerlager

408 Steuerfrei ist die Einfuhr der in der Anlage 1 bezeichneten Gegenstände, die im Anschluss an die Einfuhr zur Ausübung von steuerfreien Umsätzen nach § 4 Nr. 4a Satz 1 Buchst. a Satz 1 UStG verwendet werden sollen; der Schuldner der EUSt hat die Voraussetzungen der Steuerbefreiung nachzuweisen *(§ 5 Abs. 1 Nr. 4 UStG)*.

409 *(Einstweilen frei)*

d) Einfuhr von Gas und Elektrizität

410 Steuerfrei ist danach die Einfuhr von Erdgas über das Erdgasnetz und von Elektrizität.

> **BEISPIEL:** Die russische Erdgasfirma R mit Sitz in Moskau liefert über das Erdgasnetz Erdgas an das deutsche Unternehmen A, das mit Gas handelt.
>
> Der Lieferort befindet sich gem. § 3g Abs. 1 UStG im Inland, da das Erdgas an einen Wiederverkäufer geliefert wird. Die Lieferung ist steuerbar und steuerpflichtig. Steuerschuldner ist gem. § 13b UStG das deutsche Unternehmen A.
>
> Die Einfuhr des Erdgases im Inland ist steuerbar gem. § 1 Abs. 1 Nr. 4 UStG und steuerfrei gem. § 5 Abs. 1 Nr. 6 UStG.

3. Steuerbefreiung gem. § 5 Abs. 2 und 3 UStG

a) Einfuhrumsatzsteuer-Befreiungsverordnung

411 § 5 Abs. 2 und 3 UStG enthalten Ermächtigungen für den Erlass von Rechtsverordnungen zur Regelung weiterer Steuerbefreiungen und Steuerermäßigungen bei der Einfuhr. Auf dieser Ermächtigungsgrundlage beruht die Einfuhrumsatzsteuer-Befreiungsverordnung.

Unter die *Befreiungsverordnung* fallen z. B.:

- ▶ Gegenstände, die zollfrei eingeführt werden können,
- ▶ Investitionsgüter und andere Ausrüstungsgegenstände,
- ▶ landwirtschaftliche Erzeugnisse,
- ▶ Gegenstände erzieherischen, wissenschaftlichen oder kulturellen Charakters,
- ▶ Werbemittel für den Fremdenverkehr,
- ▶ Behältnisse und Verpackungen,
- ▶ zur vorübergehenden Verwendung eingeführte Gegenstände,
- ▶ Gegenstände der Freihafenlagerung.

b) Verordnung über die Eingangsabgabenfreiheit von Waren im persönlichen Gepäck der Reisenden

Für die so genannten *Reisemitbringsel* kommt die Steuerbefreiung in Betracht. So sind Waren von den Einfuhrabgaben befreit, die zum persönlichen Gebrauch oder Verbrauch im persönlichen Gepäck eingeführt werden, und zwar im Rahmen bestimmter Mengen- und Wertgrenzen. Hierbei geht es im Wesentlichen um Tabakwaren, alkoholische Getränke, Parfüms, Kaffee und Tee.

412

c) Kleinsendungen

Für Kleinsendungen ist die *Verordnung über die Eingangsabgabenfreiheit von Waren in Kleinsendungen nichtkommerzieller Art* zu beachten. Einfuhrumsatzsteuerfrei sind danach Waren in Kleinsendungen bis zu einem Warenwert je Sendung von insgesamt 45 €. Dabei dürfen bestimmte Mengengrenzen nicht überschritten werden.

413

D. Bemessungsgrundlage

I. Bemessungsgrundlage gem. §§ 10, 11 UStG

1. Allgemeines

Für die *steuerbaren Umsätze* des § 1 Abs. 1 UStG, also sowohl für die steuerpflichtigen als auch für die steuerfreien Umsätze, ist die Bemessungsgrundlage zu bestimmen. *Bemessungsgrundlage* ist der Wert, auf den bei einem steuerpflichtigen Umsatz der Steuersatz anzuwenden ist. Die gesetzliche Grundlage für die Bemessungsgrundlagen findet sich grundsätzlich in den §§ 10 und 11 UStG. Auch bestimmte *nicht steuerbare* Umsätze sind in den Voranmeldungen betragsmäßig zu erfassen.

414

TAB. 2: Übersicht

Steuerbarer Umsatz	Bemessungsgrundlage	Gesetzliche Regelung
Lieferungen und sonstige Leistungen	Entgelt	§ 10 Abs. 1 UStG
	Einkaufspreis zzgl. Nebenkosten oder Selbstkosten	§ 10 Abs. 4 Satz 1 Nr. 1 UStG
	Ausgaben	§ 10 Abs. 4 Satz 1 Nr. 2 UStG
		§ 10 Abs. 4 Satz 1 Nr. 3 UStG
Einfuhr im Inland	Zollwert	§ 11 Abs. 1 UStG
Innergemeinschaftlicher Erwerb	Entgelt	§ 10 Abs. 1 UStG
	Einkaufspreis zzgl. Nebenkosten oder Selbstkosten	§ 10 Abs. 4 Satz 1 Nr. 1 UStG

2. Bemessungsgrundlage für Umsätze gem. § 1 Abs. 1 Nr. 1 UStG

a) Entgelt

415 Der Umsatz wird bei Lieferungen und sonstigen Leistungen nach dem *Entgelt* bemessen (§ 10 Abs. 1 Satz 1 UStG). *Entgelt ist alles, was der Leistungsempfänger aufwendet, um die Leistung zu erhalten, jedoch abzüglich der USt.* Das Entgelt stellt demzufolge einen *Nettobetrag* dar. Der Umfang des Entgelts beschränkt sich nicht auf die bürgerlich-rechtlich bestimmte oder bestimmbare Gegenleistung für eine Leistung, sondern erstreckt sich auf alles, was der Leistungsempfänger tatsächlich für die an ihn bewirkte Leistung aufwendet. Zum Entgelt gehört auch, was ein anderer als der Leistungsempfänger dem Unternehmer für die Leistung gewährt; es liegt eine *Zahlung von dritter Seite* vor.

Bei Lieferungen und dem innergemeinschaftlichen Erwerb i. S. des *§ 4 Nr. 4a Satz 1 Buchst. a Satz 2 UStG* sind die Kosten für die Leistungen i. S. des § 4 Nr. 4a Satz 1 Buchst. b UStG und die vom Auslagerer geschuldeten oder entrichteten Verbrauchsteuern in die Bemessungsgrundlage einzubeziehen *(§ 10 Abs. 1 Satz 5 UStG)*.

Nicht zum Entgelt gehört

- die USt,
- die durchlaufenden Posten.

416 Das auf den Rechnungspreis entfallende Entgelt kann mit Hilfe eines Divisors ermittelt werden. Das Entgelt wird nach folgender *Formel* berechnet:

Rechnungspreis : Divisor

Der *Divisor* beträgt bei einem in der Rechnung angegebenen Steuersatz von

7,0 %	1,07
19,0 %	1,19

417 Zum Entgelt gehören auch *freiwillig* an den Unternehmer gezahlte Beträge, z. B. *Trinkgelder,* wenn zwischen der Zahlung und der Leistung des Unternehmers eine innere Verknüpfung besteht. Der im Gaststätten- und Beherbergungsgewerbe erhobene Bedienungszuschlag ist Teil des vom Unternehmer vereinnahmten Entgelts, auch wenn das Bedienungspersonal den Zuschlag nicht abführt, sondern vereinbarungsgemäß als Entlohnung für seine Dienste zurückbehält. Dagegen rechnen die *an das Bedienungspersonal* gezahlten *freiwilligen Trinkgelder* nicht zum Entgelt für die Leistungen des Unternehmers (UStAE 10.1 Abs. 5).

> **BEISPIEL:** A ist selbständiger Architekt in Bonn. Im Auftrag des Privatmanns P entwirft A eine Bauzeichnung für ein Einfamilienhaus in Bonn und stellt dem P dafür 10 000 € zzgl. 1 900 € USt = 11 900 € in Rechnung. Da dem P die Zeichnung ausnehmend gut gefällt, zahlt er dem A statt der vereinbarten 11 900 € einen Betrag i. H. von 12 000 €.
>
> Die Leistung des A ist steuerbar und zu 19 % steuerpflichtig. Bemessungsgrundlage für den Umsatz ist das Entgelt. Entgelt ist alles, was der Leistungsempfänger für die Leistung aufwendet; jedoch abzüglich der USt. Die Bemessungsgrundlage beläuft sich demnach auf 10 084,03 € (12 000 € : 1,19).

b) Durchlaufende Posten

Nicht zum Entgelt gehören die Beträge, die der Unternehmer im Namen und für Rechnung eines anderen vereinnahmt und verausgabt *(durchlaufende Posten)*. Ein durchlaufender Posten liegt vor, wenn der Unternehmer, der die Beträge vereinnahmt und verauslagt, im Zahlungsverkehr lediglich die *Funktion einer Mittelsperson* ausübt, ohne selbst einen Anspruch auf den Betrag gegen den Leistenden zu haben und auch nicht zur Zahlung an den Empfänger verpflichtet ist. Es ist erforderlich, dass zwischen dem Zahlungsverpflichteten und dem, der Anspruch auf die Zahlung hat (Zahlungsempfänger), unmittelbare Rechtsbeziehungen bestehen. *Unmittelbare Rechtsbeziehungen* setzen voraus, dass der Zahlungsverpflichtete und der Zahlungsempfänger jeweils den Namen des anderen und die Höhe des gezahlten Betrages erfahren.

418

Etwas anderes gilt bei *Abgaben* und *Beiträgen*. Solche Beträge können auch dann durchlaufende Posten sein, wenn die Mittelsperson dem Zahlungsempfänger die Namen der Zahlungsverpflichteten und die jeweilige Höhe der Beträge nicht mitteilt. Gebühren und Auslagen, die Rechtsanwälte, Notare und Angehörige verwandter Berufe bei Behörden und ähnlichen Stellen für ihre Auftraggeber auslegen, können als durchlaufende Posten auch dann anerkannt werden, wenn dem Zahlungsempfänger Namen und Anschriften der Auftraggeber nicht mitgeteilt werden (Abschn. 10.4 Abs. 2 Satz 4 UStAE). Wegen der Gebührenschuldnerschaft des Notariatsinhabers für die Inanspruchnahme des *automatisierten Datenabrufverfahrens* kommt insoweit die Annahme von durchlaufenden Posten nicht in Betracht.

Bei der Entgegennahme des durchlaufenden Postens wird nicht eine eigene, sondern eine *fremde Forderung* erfüllt und bei der Weiterleitung nicht eine eigene, sondern eine *fremde Schuld* getilgt. Schon wenn feststeht, dass eine der beiden Geldbewegungen (Vereinnahmung oder Verausgabung) im eigenen Namen des Unternehmers, wenn auch für fremde Rechnung geschehen ist, kann es sich nicht um einen durchlaufenden Posten handeln. Steuern, öffentliche Gebühren und Abgaben, die *vom Unternehmer geschuldet* werden, können bei dem Unternehmer auch dann keinen durchlaufenden Posten darstellen, wenn sie dem Leistungsempfänger gesondert berechnet werden. Für den durchlaufenden Posten ist es unmaßgeblich, ob die Vereinnahmung oder Verausgabung zuerst geschieht. Ein Unternehmer, der Abfälle einzelner Kunden in Containern bei Mülldeponien eines Landkreises anliefert und gem. dessen Abfallsatzung als Gebührenschuldner der *Deponiegebühren* herangezogen wird, kann diese Deponiegebühren als durchlaufende Posten behandeln, wenn dem Betreiber der Deponie der jeweilige Auftraggeber bekannt ist.

BEISPIEL: ▶ Handelsvertreter A verkauft Staubsauger der Firma Miele. Im Innenverhältnis zur Firma Miele erhält er für jeden verkauften Staubsauger von der Firma Miele eine Provision von 20 % A verkauft der Hausfrau B einen Staubsauger zu einem Preis von 476 €. A nimmt einen Rechnungsblock der Firma Miele und berechnet einen Staubsauger für 400 € zzgl. 76 € USt. Der Staubsauger wird sofort übergeben. Frau B bezahlt den Kaufpreis in bar.

Für den Handelsvertreter A ist die Vereinnahmung der 476 € durch den Verkauf des Staubsaugers ein durchlaufender Posten, da er dies Geld für Rechnung und für Namen der Firma Miele vereinnahmt hat. B ist darüber informiert worden, dass sie mit dem Kauf des Staubsaugers in Rechtsbeziehungen zur Firma Miele tritt und eventuelle Garantieansprüche auch dort geltend machen muss. A muss aus dem Verkauf des Staubsaugers keine USt abführen; diesbezüglich liegt ein Umsatz der Firma Miele vor, die diesen Umsatz auch versteuern muss. Für A bleibt nur der Provisionsanspruch von 20 % von 476 € = 95,20 €, den er zu versteuern hat: 95,20 € : 1,19 = 80 €. Die USt für seine sonstige Leistung beträgt 15,20 €. Die Firma Miele darf diese Geschäftskosten (Provision an Handelsvertreter A) nicht als Entgeltsminderung ausweisen (UStAE 10.1 Abs. 6).

Die Durchführung von *Fahrzeug-Hauptuntersuchungen* in Prüfstützpunkten führt zu einem Leistungsaustausch zwischen dem beliehenen Unternehmer (TÜV, DEKRA etc.) und dem Fahrzeughalter. Für die Werkstatt, die das Auto im Auftrag des Kunden zur Hauptuntersuchung vorstellt, kann es sich um einen durchlaufenden Posten handeln, wenn sie zunächst die Prüfgebühren zahlt und sie dann dem Kunden weiterbelastet.

Im Falle der Weiterbelastung des Kostenfaktors „Maut" durch den Mautschuldner an den Empfänger einer von ihm erbrachten Leistung, z. B. einer Transportleistung, ist die Maut Teil des Entgelts für diese Leistung, auch wenn sie als gesondertes Entgeltbestandteil in der Rechnung aufgeführt ist. Die Maut stellt keinen durchlaufenden Posten dar.

c) Tausch und tauschähnlicher Umsatz

419   Beim Tausch, bei tauschähnlichen Umsätzen und bei Hingabe an Zahlungs Statt gilt gem. *§ 10 Abs. 2 Satz 2 UStG* der Wert jedes Umsatzes als Entgelt für den anderen Umsatz. Die USt gehört nicht zum Entgelt. Wird ein Geldbetrag zugezahlt, handelt es sich um einen *Tausch oder tauschähnlichen Umsatz mit Baraufgabe*.

420   Als Entgelt für eine Leistung ist der *übliche Preis* der vom Leistungsempfänger erhaltenen Gegenleistung anzusetzen; die USt ist stets herauszurechnen.

> **BEISPIEL:** Der Verkaufspreis eines neuen Kraftwagens beträgt 17 400 €. Der Kraftfahrzeughändler nimmt bei der Lieferung des Neuwagens ein gebrauchtes Fahrzeug, dessen gemeiner Wert 8 000 € beträgt, mit 8 500 € in Zahlung. Der Kunde zahlt 8 900 € in bar.
>
> Der Kraftfahrzeughändler gewährt einen verdeckten Preisnachlass von 500 €. Das Entgelt für die Lieferung des Neuwagens berechnet sich wie folgt:
>
> | | |
> |---|---:|
> | Barzahlung: | 8 900 € |
> | gemeiner Wert | 8 000 € |
> | | 16 900 € |
> | | : |
> | | 1,19 |
> | | = |
> | Entgelt | 14 201,68 € |

In den Fällen, in denen bei der Lieferung eines Neuwagens und der Inzahlungnahme eines Gebrauchtwagens ein *verdeckter Preisnachlass* gewährt wird, ist ggf. *§ 14c Abs. 1 UStG* anzuwenden. Der Kraftfahrzeughändler, der in einem derartigen Fall eine Rechnung erteilt, in der die USt gesondert ausgewiesen und der angegebene Steuerbetrag von dem nicht um den verdeckten Preisnachlass geminderten Entgelt berechnet worden ist, schuldet den Steuermehrbetrag nach § 14c Abs. 1 Satz 1 UStG. Eine Rechnungsberichtigung ist gem. § 14c Abs. 1 Satz 2 UStG möglich. Zur *Ermittlung des gemeinen Werts* des in Zahlung genommenen Gebrauchtwagens nimmt Abschn. 10.5 Abs. 4 UStAE Stellung.

Die Umsätze beim *Austauschverfahren in der Kraftfahrzeugwirtschaft* sind in der Regel Tauschlieferungen mit Baraufgabe. Der Lieferung eines aufbereiteten funktionsfähigen Austauschteils durch den Unternehmer der Kraftfahrzeugwirtschaft stehen eine Geldzahlung und eine Lieferung des reparaturbedürftigen Kraftfahrzeugteils durch den Kunden gegenüber. Dabei können die Altteile mit einem Durchschnittswert von *10 %* des so genannten Bruttoaustauschentgelts bewertet werden. Wegen der Einzelheiten hierzu wird auf Abschn. 10.5 Abs. 3 UStAE verwiesen.

d) Steuerfreie Leistungen

Im Falle der *Steuerfreiheit* der Leistung entspricht der *Preis* dem Entgelt; eine Herausrechnung der USt kommt nicht in Betracht. Beträgt bei einer steuerfreien Ausfuhrlieferung der Rechnungsbetrag z. B. 10.000 €, so entspricht dies dem Entgelt lt. § 10 Abs. 1 UStG. 421

Bei einer *Grundstücksveräußerung* erhöht die Grunderwerbsteuer, die der Käufer eines Grundstücks vereinbarungsgemäß zahlt, das Entgelt für die Grundstückslieferung *nicht*. Dies ist in Abschn. 10.1 Abs. 7 Satz 6 UStAE umgesetzt worden. 422

e) Zuschüsse

Zahlungen unter den Bezeichnungen „Zuschuss, Zuwendungen, Beihilfe, Prämie, Ausgleichsbetrag u. Ä." können entweder 423

- Entgelt für eine Leistung an den Zuschussgeber (Zahlenden),
- zusätzliches Entgelt eines Dritten

oder

- echter, nicht steuerbarer Zuschuss sein.

Zuschüsse sind *Entgelt für eine Leistung*, wenn ein Leistungsaustauschverhältnis besteht. Der Zahlungsempfänger muss seine Leistung – insbesondere bei gegenseitigen Verträgen – erkennbar um der Gegenleistung willen erbringen. Die Annahme eines Leistungsaustausches setzt weder auf der Seite des Zahlenden noch auf der Seite des Zahlungsempfängers rechtlich durchsetzbare Ansprüche voraus. 424

Zusätzliches Entgelt sind solche Zahlungen, die von einem anderen als dem Leistungsempfänger für die Lieferung oder sonstige Leistung des leistenden Unternehmers gewährt werden. Ein zusätzliches Entgelt kommt in der Regel nur dann in Betracht, wenn ein unmittelbarer Leistungsaustausch zwischen dem Zahlungsempfänger und dem zahlenden Dritten zu verneinen ist. Ein zusätzliches Entgelt liegt vor, wenn der *Leistungsempfänger* einen Rechtsanspruch auf die Zahlung hat, die Zahlung in Erfüllung einer öffentlich-rechtlichen Verpflichtung gegenüber dem Leistungsempfänger oder zumindest im Interesse des Leistungsempfängers gewährt wird. 425

> **BEISPIEL:** Die Bundesagentur für Arbeit gewährt einer Werkstatt für behinderte Menschen pauschale Zuwendungen zu den Sach-, Personal- und Beförderungskosten, die für die Betreuung und Ausbildung der behinderten Menschen entstehen.
>
> Die Zahlungen sind Entgelt von dritter Seite für die Leistungen der Werkstatt für behinderte Menschen (Zahlungsempfänger) an die behinderten Menschen, da der einzelne behinderte Mensch auf diese Zahlungen einen Anspruch hat.

426 Nicht steuerbare *echte Zuschüsse* liegen vor, wenn die Zahlungen nicht aufgrund eines Leistungsaustauschverhältnisses erbracht werden. Dies ist der Fall, wenn die Zahlungen nicht an *bestimmte Umsätze* anknüpfen, sondern unabhängig von einer bestimmten Leistung gewährt werden, weil z. B. der leistende Unternehmer einen Anspruch auf die Zahlung hat oder weil in Erfüllung einer öffentlich – rechtlichen Verpflichtung bzw. im überwiegenden öffentlich – rechtlichen Interesse an ihn gezahlt wird. Echte Zuschüsse liegen auch vor, wenn der Zahlungsempfänger die Zahlungen lediglich erhält, um ganz allgemein in die Lage versetzt zu werden, überhaupt tätig zu werden oder seine nach dem Gesellschaftszweck obliegenden Aufgaben erfüllen zu können (Abschn. 10.2 Abs. 7 UStAE). Vorteile in Form von Subventionen, Beihilfen, Förderprämien, Geldpreisen und dergleichen, die ein Unternehmer als Anerkennung oder zur Förderung seiner im allgemeinen Interesse liegenden Tätigkeiten ohne Bindung an bestimmte Umsätze erhält, sind kein Entgelt. Ein für Rechnung der Gemeinde vom Land an den Unternehmer gezahlter *Investitionszuschuss* für die Errichtung einer Kläranlage ist Entgelt und kein echter Zuschuss.

Zuwendungen aus *öffentlichen Kassen*, die ausschließlich auf der Grundlage des Haushaltsrechts und den dazu erlassenen Allgemeinen Nebenbestimmungen vergeben werden, sind grundsätzlich *echte*, nicht steuerbare *Zuschüsse*. Wegen weiterer Einzelheiten hierzu wird auf Abschn. 10.2 Abs. 8 UStAE verwiesen.

f) Entgeltsminderungen

427 Entgeltsminderungen liegen vor, wenn der Leistungsempfänger bei der Zahlung Beträge abzieht oder wenn dem Leistungsempfänger bereits gezahlte Beträge zurückgewährt werden, ohne dass er dafür eine Leistung zu erbringen hat. Als Entgeltsminderungen kommen z. B. in Betracht:

- Skonti,
- Rabatte,
- Boni,
- Preisnachlässe.

428 Eine Entgeltsminderung setzte nach alter Rechtsauffassung voraus, dass der Unternehmer das Entgelt an denjenigen herausgab, der es gezahlt hatte. Nun ist durch eine Änderung des § 17 Abs. 1 UStG klargestellt, dass eine Entgeltsminderung und damit eine Korrektur der VorSt auch dann zu erfolgen hat, wenn ein anderer als der Leistungsempfänger von der Entgeltsminderung profitiert.

429 Die Behandlung von Warengutscheinen ist mit Verfügung der OFD Karlsruhe vom 25. 8. 2011 neu geregelt worden: Werden Gutscheine ausgegeben, die nicht zum Bezug von hinreichend bezeichneten Leistungen berechtigen, handelt es sich lediglich um den

Umtausch eines Zahlungsmittels. Werden dagegen Gutscheine über bestimmte, konkret bezeichnete Leistungen ausgestellt, unterliegt der gezahlte Betrag als Anzahlung der Umsatzbesteuerung. Bei der Ausführung der Leistung unterliegt der ggf. noch zu zahlende Differenzbetrag der USt.

BEISPIEL: Ein Baumarkt stellt einen Geschenkgutschein über 30 € aus.

Der Gutschein stellt nur verbrieftes Geld dar. Der Käufer des Gutscheins kann selber entscheiden, ob er oder ggf. eine andere Person den Gutschein in einem langen Zeitraum in der Zukunft gegen nicht konkret vorbestimmte Ware eintauscht. Erst bei einem konkreten Kauf liegt eine Lieferung vor.

BEISPIEL: Eine Fluggesellschaft verkauft einen Inlandsflug für 119 €. Der Kunde tritt den Flug nicht an.

Hier liegt eine Dienstleistung vor, die 19 € USt entstehen lässt. Die Dienstleistung der Fluggesellschaft bestand in der Zurverfügungstellung des Flugzeugsitzes, sodass keine Entgeltskorrektur gem. § 17 UStG erfolgt, wenn der Kunde tatsächlich nicht fliegt.

BEISPIEL: Ein Kunde kauft bei einem Telefonanbieter eine Prepaid-Karte, die er innerhalb eines Zeitraums von einem Jahr abtelefonieren kann.

Hier liegt bereits mit dem Verkauf der Karte eine steuerbare und steuerpflichtige sonstige Leistung im Bereich der Telekommunikation vor. Der Kunde kann die Karte nicht wieder in Geld zurücktauschen, er kann lediglich noch entscheiden, ob und in welchem Umfang er die erbrachte Leistung tatsächlich abruft (vgl. EuGH-Urteil vom 3.5.2012, BMF-Schreiben vom 24.9.2012).

In den Fällen, in denen der leistende Unternehmer eine *Vertragsstrafe* wegen nicht gehöriger Erfüllung an den Leistungsempfänger zu zahlen hat, liegt keine Entgeltsminderung, sondern *echter Schadensersatz* vor.

g) Bemessungsgrundlage für unentgeltliche Leistungen

Regelungen zur Bemessungsgrundlage in den Fällen des § 3 Abs. 1b UStG enthält § 10 Abs. 4 Satz 1 Nr. 1 UStG.

Der Umsatz wird in den Fällen der den Lieferungen gegen Entgelt gleichgestellten Entnahmen i. S. des § 3 Abs. 1b UStG nach dem *Einkaufspreis* zzgl. der Nebenkosten für den Gegenstand oder für einen gleichartigen Gegenstand oder mangels eines Einkaufspreises nach den *Selbstkosten* bemessen und zwar jeweils zum Zeitpunkt des Umsatzes (§ 10 Abs. 4 Satz 1 Nr. 1 UStG).

Der Einkaufspreis entspricht in der Regel dem *Wiederbeschaffungspreis*. Dieser entspricht im Wesentlichen den *Anschaffungskosten* i. S. des Ertragsteuerrechts. Dies sind alle Aufwendungen, die geleistet werden, um das Wirtschaftsgut zu erwerben und in einen dem angestrebten Zweck entsprechenden betriebsbereiten Zustand zu versetzen. Gemeinkosten gehören nicht dazu. Wegen weiterer Einzelheiten wird auf R 6.2 EStR verwiesen.

BEISPIEL: Unternehmer A erwarb am 1.5.02 einen Pkw für sein Unternehmen. Da der Pkw auch für private Zwecke (40 %) verwendet wird, konnte A nur einen Vorsteuerabzug gem. § 15 Abs. 1b UStG a. F. i. H. von 50 % vornehmen. Nach 7 Jahren entnimmt A den Pkw aus seinem

Unternehmen für private Zwecke. Der Wiederbeschaffungspreis (brutto) würde 11 900 € betragen.

Da A zum teilweisen Vorsteuerabzug berechtigt war, steht die Entnahme des Pkw gem. § 3 Abs. 1b Satz 1 Nr. 1 UStG einer Lieferung gegen Entgelt gleich. Der Umsatz ist steuerbar gem. § 1 Abs. 1 Nr. 1 Satz 1 UStG und mangels einer Steuerbefreiung auch steuerpflichtig. Der Steuersatz beträgt 19 %. Es ergibt sich eine Bemessungsgrundlage gem. § 10 Abs. 4 Satz 1 Nr. 1 UStG i. H. von 10 000 € (11 900 € : 1,19). Die USt beträgt 1 900 €. Ein Fall des § 15a UStG liegt im Zeitpunkt der Entnahme nicht vor, da der Berichtigungszeitraum bereits abgelaufen ist.

Im Falle der Entnahme eines *neu* erworbenen Gegenstandes kann in der Regel vom *tatsächlichen Nettoeinkaufspreis* zzgl. eventuell angefallener Anschaffungsnebenkosten ausgegangen werden. Ist zwischen Anschaffung und Entnahme des Gegenstandes ein längerer Zeitraum verstrichen, müssen Preisveränderungen berücksichtigt werden. Wird ein *gebrauchter* Gegenstand entnommen, ist der Einkaufspreis für einen vergleichbaren gebrauchten Gegenstand anzusetzen. Die USt gehört nicht zur Bemessungsgrundlage.

BEISPIEL: A betreibt ein Lebensmitteleinzelhandelsgeschäft in Koblenz. Aus seinem Geschäft entnimmt er Waren für sich und seine Familie. Der Einkaufspreis (brutto) der Waren beträgt 5 000 €; der Verkaufspreis (brutto) würde sich auf 7 500 € belaufen. Die Waren sind in der Anlage 2 zum UStG aufgeführt.

Es liegt ein steuerbarer und steuerpflichtiger Umsatz vor; eine Lieferung gegen Entgelt im Inland. Der Steuersatz beträgt gem. § 12 Abs. 2 Nr. 1 UStG i. V. mit der Anlage 2 zum UStG 7 %. Bemessungsgrundlage für den Umsatz ist gem. § 10 Abs. 4 Satz 1 Nr. 1 UStG der Einkaufspreis; die USt gehört nicht zur Bemessungsgrundlage. Es ergibt sich somit eine Bemessungsgrundlage von 4 672,90 € (5 000 € : 1,07).

432 Die *Selbstkosten*, die alle durch den betrieblichen Leistungsprozess bis zum Zeitpunkt der Entnahme entstandenen Kosten umfassen, sind insbesondere dann anzusetzen, wenn der Gegenstand im Unternehmen selbst hergestellt wurde. Die Selbstkosten entsprechen im Wesentlichen den *Herstellungskosten* i. S. des Ertragsteuerrechts. Hierunter sind alle Aufwendungen zu verstehen, die durch den Verbrauch von Gütern und die Inanspruchnahme von Diensten für die Herstellung des Wirtschaftsguts, seine Erweiterung oder für eine über seinen ursprünglichen Zustand hinausgehende wesentliche Verbesserung entstehen. Wegen weiterer Einzelheiten wird auf R 6.3 EStR verwiesen.

433 Die Entnahme eines dem Unternehmen zugeordneten Pkw, den ein Unternehmer von einem Nichtunternehmer und damit *ohne Berechtigung zum Vorsteuerabzug* erworben hat, unterliegt nicht der Umsatzbesteuerung. Falls an dem Pkw nach seiner Anschaffung Arbeiten ausgeführt worden sind, die zum Einbau von *Bestandteilen* geführt haben und für die der Unternehmer zum Vorsteuerabzug berechtigt war, unterliegen bei einer Entnahme des Pkw *nur diese Bestandteile* der Umsatzbesteuerung. Aus *Vereinfachungsgründen* wird keine dauerhafte Werterhöhung des Wirtschaftsguts angenommen, wenn die vorsteuerentlasteten Aufwendungen für den Einbau von Bestandteilen *20 % der Anschaffungskosten* des Wirtschaftsguts oder einen Betrag von *1 000 €* nicht übersteigen. In diesen Fällen kann auf eine Besteuerung der Bestandteile nach § 3 Abs. 1b Satz 1 Nr. 1 i. V. mit Satz 2 UStG bei der Entnahme eines dem Unternehmen zugeordneten Wirtschaftsguts, das der Unternehmer ohne Berechtigung zum Vorsteuerabzug erworben hat, verzichtet werden (BMF-Schreiben vom 26. 11. 2004, BStBl 2004 I S. 1127).

Für bestimmte Gewerbezweige setzt das BMF mit einem Schreiben jeweils für das betreffende Jahr *Pauschbeträge* für unentgeltliche Wertabgaben (Sachentnahmen) fest.

Der Umsatz wird in den Fällen des § 3 Abs. 9a Nr. 1 UStG nach den bei der Ausführung dieser Umsätze entstandenen *Ausgaben* bemessen, soweit sie zum vollen oder teilweisen Vorsteuerabzug berechtigt haben *(§ 10 Abs. 4 Satz 1 Nr. 2 Satz 1 UStG)*. Hierunter sind die Ausgaben des Unternehmers für die Erbringung der sonstigen Leistung zu verstehen. Soweit ein Gegenstand für die Erbringung der sonstigen Leistung verwendet wird, zählen auch die *Anschaffungs- und Herstellungskosten* für diesen Gegenstand zu diesen Ausgaben. Diese sind gleichmäßig auf einen Zeitraum zu verteilen, der dem *Berichtigungszeitraum nach § 15a UStG* für diesen Gegenstand entspricht (UStAE 10.6 Abs. 3). In diese Kosten sind die nach § 15 UStG abziehbaren Vorsteuerbeträge nicht einzubeziehen. 434

Nach dem Urteil des *EuGH* vom 25.5.1993 sind aus der Bemessungsgrundlage für die Verwendung unternehmerischer Gegenstände für private Zwecke solche Kosten auszuscheiden, bei denen kein Vorsteuerabzug möglich war. Aus diesem Grunde gehören die Kosten für die Kfz-Steuer, die Kfz-Versicherung und die Rundfunkgebühren für das Autoradio nicht in die Bemessungsgrundlage für die private Nutzung des betrieblichen Pkw. Dabei ist es unerheblich, ob das Fehlen der Abzugsmöglichkeit darauf zurückzuführen ist, dass 435

▶ für die Leistung an den Unternehmer keine USt geschuldet wird

oder

▶ die USt für die empfangene Leistung beim Unternehmer nach § 15 Abs. 2 UStG vom Vorsteuerabzug ausgeschlossen ist

oder

▶ die Aufwendungen in öffentlichen Abgaben (Steuern, Gebühren oder Beiträgen) bestehen.

BEISPIEL: ▶ A ist Unternehmer in Hamm. Zum Unternehmen des A gehört u. a. auch ein Pkw, der von A zu 75 % zu betrieblichen Zwecken und zu 25 % zu privaten Zwecken eingesetzt wird (lt. Fahrtenbuch). Bei der Anschaffung des Pkw im Jahre 06 konnte A den vollen Vorsteuerabzug in Anspruch nehmen. Für den Pkw sind im Jahre 09 folgende Ausgaben angefallen:

Benzin, Öl, Reparaturen	10 000 €
Kfz-Steuer	400 €
Kfz-Versicherung	800 €
Abschreibung gem. § 15a UStG	6 000 €
Garagenmiete (steuerpflichtig)	500 €
	17 700 €

A erbringt einen steuerbaren und zu 19 % steuerpflichtigen Umsatz i. S. des § 1 Abs. 1 Nr. 1 Satz 1 UStG. Es liegt eine sonstige Leistung gegen Entgelt i. S. des § 3 Abs. 9a Nr. 1 UStG vor.

Bemessungsgrundlage für diesen Umsatz sind gem. § 10 Abs. 4 Satz 1 Nr. 2 UStG die bei der Ausführung dieser Umsätze entstandenen Ausgaben. Es sind nur die Ausgaben in die Bemessungsgrundlage einzubeziehen, bei denen ein Vorsteuerabzug möglich war. Die Bemessungsgrundlage beträgt somit 4 125 € (16 500 € × 25 %). Es entsteht eine USt i. H. von 783,75 €.

436 Ermittelt der Unternehmer für Ertragsteuerzwecke den Wert der Nutzungsentnahme nach der so genannten *1-%-Regelung* des § 6 Abs. 1 Nr. 4 Satz 2 EStG, so kann er von diesem Wert aus Vereinfachungsgründen bei der Bemessungsgrundlage für den Verwendungsumsatz ausgehen. Für die nicht mit Vorsteuern belasteten Ausgaben kann er einen pauschalen Abschlag von 20 % vornehmen. Der so ermittelte Betrag ist ein *Nettowert*, auf den die USt mit dem allgemeinen Steuersatz aufzuschlagen ist. Dieser ertragsteuerliche Wert *kann* übernommen werden, muss aber nicht übernommen werden. Für umsatzsteuerliche Zwecke kann der Unternehmer weiterhin von den Ausgaben gem. § 10 Abs. 4 Satz 1 Nr. 2 UStG ausgehen.

> **BEISPIEL:** A ist Unternehmer in Borken. Den betrieblichen Pkw, für den A den vollen Vorsteuerabzug in Anspruch nehmen konnte, nutzt A auch zu privaten Zwecken. Der ursprüngliche Bruttolistenpreis hat 50 000 € betragen. Für ertragsteuerliche Zwecke ergibt sich ein Wert der Nutzungsentnahme von monatlich 1 % von 50 000 € = 500 €. Diesen ertragsteuerlichen Wert will A auch für die USt übernehmen.
>
> Bemessungsgrundlage für den steuerbaren und zu 19 % steuerpflichtigen Umsatz sind gem. § 10 Abs. 4 Satz 1 Nr. 2 UStG die Ausgaben, soweit sie zum vollen oder teilweisen Vorsteuerabzug berechtigt haben. Der ertragsteuerliche Wert kann übernommen werden.
>
> Es ergibt sich somit pro Monat folgende USt:
>
> | | |
> |---|---|
> | 1 % von 50 000 € = | 500 € |
> | ./. 20 % | 100 € |
> | | 400 € |
> | | × |
> | | 19 % |
> | | = |
> | | 76 € |
>
> Es entsteht eine USt i. H. von 76 € monatlich.

Nach dem Urteil des BFH vom 11. 3. 1999 ist der Wert der Nutzungsentnahme nach § 6 Abs. 1 Nr. 4 Satz 2 EStG für das Umsatzsteuerrecht grundsätzlich *kein geeigneter Maßstab*, um die Kosten auf die Privatfahrten und die unternehmerischen Fahrten aufzuteilen. Die Finanzverwaltung lässt aber weiterhin die Schätzung nach der 1-%-Regelung.

437 Gemäß *§ 6 Abs. 1 Nr. 4 Satz 3 EStG* kann die private Nutzung abweichend von der 1-%-Regelung mit den auf die Privatfahrten entfallenden Aufwendungen angesetzt werden, wenn die für das Kraftfahrzeug insgesamt entstehenden Aufwendungen durch Belege und das Verhältnis der privaten zu den übrigen Fahrten durch ein ordnungsgemäßes *Fahrtenbuch* nachgewiesen werden. Macht der Unternehmer von dieser Regelung Gebrauch, ist von diesem Wert auch bei der Bemessungsgrundlage für den Verwendungsumsatz auszugehen. Aus den Gesamtaufwendungen sind für Umsatzsteuerzwecke die nicht mit Vorsteuer belasteten Ausgaben in der belegmäßig nachgewiesenen Höhe auszuscheiden.

> **BEISPIEL:** A ist Unternehmer in Borken. Den betrieblichen Pkw, für den A den vollen Vorsteuerabzug in Anspruch genommen hat, nutzt A auch zu privaten Zwecken. Er führt ein ordnungsgemäßes Fahrtenbuch und weist die Aufwendungen durch Belege nach. A macht für ertragsteuerliche Zwecke für die private Nutzung diese Aufwendungen geltend. Für das Jahr 09 ergeben sich Aufwendungen i. H. von insgesamt 10 000 €, von denen 2 000 € (Kfz-Steuer, Kfz-Ver-

sicherung, Rundfunkgebühren) nicht mit Vorsteuer belastet sind. Auf die Privatfahrten entfällt ein Anteil von 40 %.

Bemessungsgrundlage für den steuerbaren und zu 19 % steuerpflichtigen Umsatz sind gem. § 10 Abs. 4 Satz 1 Nr. 2 UStG die Ausgaben, soweit sie zum vollen oder teilweisen Vorsteuerabzug berechtigt haben. Der ertragsteuerliche Wert kann übernommen werden. Es ergibt sich für das Jahr 01 folgende USt:

Aufwendungen	10 000 €
./. nicht mit Vorsteuer belastet	2 000 €
	8 000 €

Privatanteil: 40 % von 8 000 € = 3 200 €.

USt : 3 200 € × 19 % = 608 €.

Es entsteht eine USt i. H. von 608 € im Jahre 09.

Macht der Unternehmer von der Vereinfachungsregelung (1-%-Regelung) keinen Gebrauch und liegen die Voraussetzungen des § 6 Abs. 1 Nr. 4 Satz 3 EStG nicht vor (z. B. weil kein ordnungsgemäßes Fahrtenbuch geführt wird), ist der private Nutzungsanteil für Umsatzsteuerzwecke anhand geeigneter Unterlagen im Wege einer sachgerechten *Schätzung* zu ermitteln. In die Bemessungsgrundlage sind die Ausgaben nicht einzubeziehen, aus denen der Unternehmer keinen Vorsteuerabzug hatte. Liegen geeignete Unterlagen für eine Schätzung nicht vor, ist der private Nutzungsanteil mit *mindestens 50 %* zu schätzen, soweit sich aus den besonderen Verhältnissen des Einzelfalles nichts Gegenteiliges ergibt. 438

Fahrten des Unternehmers *zwischen Wohnung und Betrieb* stellen keine Nutzung zu privaten Zwecken dar. Es handelt sich um unternehmerische Fahrten. 439

Konnte der Unternehmer für den Pkw nur *50 % der Vorsteuer* abziehen, lag gem. § 3 Abs. 9a Satz 2 UStG a. F. *keine* sonstige Leistung gegen Entgelt vor. Da kein steuerbarer Umsatz gegeben war, war auch keine Bemessungsgrundlage zu bestimmen. Diese Regelung ist im Rahmen des Steueränderungsgesetzes 2003 mit Wirkung ab dem 1. 1. 2004 aufgehoben worden. Zur Besteuerung ab dem 1. 1. 2004 wird auf das BMF-Schreiben vom 27. 8. 2004 (BStBl 2004 I S. 864) hingewiesen. 440

Bemessungsgrundlage für die sonstigen Leistungen i. S. des § 3 Abs. 9a Nr. 2 UStG sind die bei der Ausführung dieser Umsätze entstandenen *Ausgaben (§ 10 Abs. 4 Satz 1 Nr. 3 UStG).* Es sind die Gesamtausgaben anzusetzen, unabhängig davon, ob sie zum Vorsteuerabzug berechtigt haben. § 10 Abs. 4 Satz 1 Nr. 2 Sätze 2 und 3 UStG gilt entsprechend. 441

Die o. g. Grundsätze gelten auch für die unentgeltlichen Leistungen an das Personal für deren privaten Bedarf. 442

3. Bemessungsgrundlage für Umsätze gem. § 1 Abs. 1 Nr. 4 UStG

Der Umsatz wird bei der *Einfuhr* im Inland nach dem Wert des eingeführten Gegenstandes nach den jeweiligen Vorschriften über den *Zollwert* bemessen (§ 11 Abs. 1 UStG) 443

Diesem Betrag sind *hinzuzurechnen*, soweit sie darin nicht enthalten sind:

- die im Ausland für den eingeführten Gegenstand geschuldeten Beträge an Einfuhrabgaben, Steuern und sonstigen Abgaben;
- die aufgrund der Einfuhr im Zeitpunkt des Entstehens der EUSt auf den Gegenstand entfallenden Beträge an Einfuhrabgaben i. S. des Artikel 4 Nr. 10 der Verordnung (EWG) Nr. 2913/92 in der jeweils geltenden Fassung und an Verbrauchsteuern außer der EUSt, soweit die Steuern unbedingt entstanden sind;
- die auf den Gegenstand entfallenden Kosten für die Vermittlung der Lieferung und die Kosten der Beförderung sowie für andere sonstige Leistungen bis zum ersten Bestimmungsort im Gemeinschaftsgebiet;
- die in § 11 Abs. 3 Nr. 3 UStG bezeichneten Kosten bis zu einem weiteren Bestimmungsort im Gemeinschaftsgebiet, sofern dieser im Zeitpunkt des Entstehens der EUSt bereits feststeht.

4. Bemessungsgrundlage für Umsätze gem. § 1 Abs. 1 Nr. 5 UStG

444 Der Umsatz wird bei dem *innergemeinschaftlichen Erwerb* nach dem *Entgelt* bemessen (§ 10 Abs. 1 Satz 1 UStG). Entgelt ist alles, was der Leistungsempfänger aufwendet, um die Leistung zu erhalten, jedoch abzüglich der USt. Bei dem innergemeinschaftlichen Erwerb sind *Verbrauchsteuern*, die vom Erwerber geschuldet oder entrichtet werden, in die Bemessungsgrundlage einzubeziehen. Eine Herausrechnung der USt aus dem gezahlten Betrag kommt immer nur dann in Betracht, wenn in dem Betrag auch USt enthalten ist. Da es sich aus der Sicht des Lieferers um eine steuerfreie innergemeinschaftliche Lieferung handelt, ist in dem zu zahlenden Betrag grundsätzlich keine USt enthalten.

> **BEISPIEL:** Der spanische Unternehmer S mit Sitz in Madrid liefert an den deutschen Unternehmer A Waren (nicht in der Anlage 2 aufgeführt) im Gesamtwert von 10 000 €. Die Waren werden von S zu A nach Deutschland befördert. Sowohl S als auch A sind Unternehmer, die das Geschäft im Rahmen ihres jeweiligen Unternehmens ausführen und ihre spanische bzw. deutsche Umsatzsteuer-Identifikationsnummer angeben.
>
> A muss in Deutschland den Erwerb der Besteuerung unterwerfen. Es handelt sich um einen steuerbaren Umsatz i. S. des § 1 Abs. 1 Nr. 5 UStG. Dieser steuerbare Umsatz ist auch steuerpflichtig; der Steuersatz beträgt 19 % Bemessungsgrundlage für diesen Umsatz ist das Entgelt i. H. von 10 000 €. Eine Herausrechnung der USt kommt nicht in Betracht, da in den 10 000 € keine USt enthalten ist. Es entsteht für A eine USt i. H. von 1 900 €.

445 In den Fällen des *Verbringens* (§§ 1a Abs. 2, 3 Abs. 1a UStG) liegt ein Entgelt nicht vor. Bemessungsgrundlage in den Fällen des innergemeinschaftlichen Verbringens ist der *Einkaufspreis* zzgl. Nebenkosten für den Gegenstand oder für einen gleichartigen Gegenstand oder mangels eines Einkaufspreises die *Selbstkosten*, jeweils zum Zeitpunkt des Umsatzes (§ 10 Abs. 4 Satz 1 Nr. 1 UStG).

> **BEISPIEL:** A hat ein Hauptgeschäft in Brüssel und eine Zweigstelle in Köln. Er verbringt eine Maschine, die er in Brüssel nicht mehr benötigt, in seine Zweigstelle nach Köln, um sie dort

auf Dauer zu nutzen. Der ursprüngliche Nettoeinkaufspreis betrug 40 000 €; eine vergleichbare gebrauchte Maschine würde 30 000 € netto kosten.

A erbringt in Deutschland einen steuerbaren Umsatz gem. § 1 Abs. 1 Nr. 5 UStG; es liegt ein innergemeinschaftlicher Erwerb gem. § 1a Abs. 2 UStG vor. Dieser Umsatz ist auch steuerpflichtig; der Steuersatz beträgt 19 % Bemessungsgrundlage für den Umsatz ist gem. § 10 Abs. 4 Satz 1 Nr. 1 UStG der Einkaufspreis für einen gleichartigen Gegenstand zum Zeitpunkt des Umsatzes; also der Betrag von 30 000 €.

5. Sondertatbestände

a) Mindestbemessungsgrundlage

Bei Lieferungen und sonstigen Leistungen, die Körperschaften und Personenvereinigungen i. S. des § 1 Abs. 1 Nr. 1 bis 5 KStG, nichtrechtsfähige Personenvereinigungen sowie Gemeinschaften im Rahmen ihres Unternehmens an ihre Anteilseigner, Gesellschafter, Mitglieder, Teilhaber oder diesen nahestehende Personen sowie Einzelunternehmer an ihnen nahestehende Personen ausführen, ist ein *Vergleich* zwischen dem Entgelt nach § 10 Abs. 1 UStG und der Bemessungsgrundlage nach § 10 Abs. 4 UStG (Einkaufspreis, Selbstkosten, Ausgaben) vorzunehmen. Der *höhere Betrag* ist als Bemessungsgrundlage anzusetzen. Dasselbe gilt für Lieferungen und sonstige Leistungen, die ein Unternehmer an sein Personal oder deren Angehörige aufgrund des Dienstverhältnisses ausführt.

446

> **BEISPIEL:** Die A-KG überlässt einem Gesellschafter einen firmeneigenen Pkw, der zum vollen Vorsteuerabzug berechtigt hat, zur privaten Nutzung. Die KG belastet das Privatkonto des Gesellschafters mit 2 400 € im Kalenderjahr. Der auf die private Nutzung des Pkw entfallende Anteil an den zum Vorsteuerabzug berechtigenden Kosten beträgt 3 600 €.
>
> Nach § 10 Abs. 4 Satz 1 Nr. 2 UStG wäre als Bemessungsgrundlage für eine unentgeltliche Überlassung des Pkw der auf die Privatnutzung entfallende Ausgabenanteil von 3 600 € zugrunde zu legen. Das vom Gesellschafter durch Belastung seines Privatkontos entrichtete Entgelt ist niedriger als die Bemessungsgrundlage nach § 10 Abs. 4 Satz 1 Nr. 2 UStG. Nach § 10 Abs. 5 Nr. 1 UStG ist deshalb die Pkw-Überlassung mit 3 600 € zu versteuern.

Mit Wirkung ab 31. 7. 2014 ist § 10 Abs. 5 UStG ergänzt worden. Die Mindestbemessungsgrundlage nach § 10 Abs. 4 UStG ist demnach nur anzuwenden, wenn auch das marktübliche Entgelt geringer ist als das tatsächlich gezahlte Entgelt. Erreicht das tatsächlich gezahlte Entgelt somit z. B. einen „Schnäppchenpreis" im Internethandel, obwohl es unterhalb der Wiederbeschaffungskosten des § 10 Abs. 4 UStG liegt, ist das tatsächlich gezahlte Entgelt gem. § 10 Abs. 1 UStG anzuwenden.

447

b) Pkw-Überlassung an Arbeitnehmer

Überlässt ein Unternehmer seinem Arbeitnehmer ein Kraftfahrzeug auch zur privaten Nutzung (Privatfahrten, Fahrten zwischen Wohnung und Arbeitsstätte sowie Familienheimfahrten aus Anlass einer doppelten Haushaltsführung), ist dies grundsätzlich als *entgeltliche* Leistung i. S. des § 1 Abs. 1 Nr. 1 Satz 1 UStG anzusehen. Die Gegenleistung des Arbeitnehmers besteht in der anteiligen Arbeitsleistung, die er für die Privatnutzung des gestellten Kraftfahrzeugs erbringt. Von einer Entgeltlichkeit ist stets auszuge-

448

hen, wenn das Kraftfahrzeug dem Arbeitnehmer für eine *gewisse Dauer* und nicht nur gelegentlich zur Privatnutzung überlassen wird.

Bemessungsgrundlage für diesen tauschähnlichen Umsatz ist gem. § 10 Abs. 2 Satz 2 UStG i.V. mit § 10 Abs. 1 Satz 1 UStG der Wert der nicht durch den Barlohn abgegoltenen Arbeitsleistung. Dieser Wert kann anhand der *Gesamtausgaben* – ohne Kürzung der Ausgaben, bei denen ein Vorsteuerabzug nicht möglich war – des Arbeitgebers für die Überlassung des Fahrzeugs geschätzt werden. Der so ermittelte Wert ist ein *Nettowert*, auf den die USt mit dem allgemeinen Steuersatz aufzuschlagen ist.

Aus *Vereinfachungsgründen* wird es nicht beanstandet, wenn für die umsatzsteuerliche Bemessungsgrundlage anstelle der Ausgaben von den lohnsteuerlichen Werten ausgegangen wird. Hierbei handelt es sich um Bruttowerte, aus denen die USt herauszurechnen ist. Ein pauschaler *Abschlag von 20 %* für nicht mit Vorsteuern belastete Ausgaben ist in diesen Fällen *unzulässig*. Lediglich der im Bruttolistenpreis enthaltene Batteriepreis bei Elektroautos ist herauszurechnen. Der so geminderte Wert des E-Autos ist als Bruttolistenpreis zugrunde zu legen.

BEISPIEL: Ein Arbeitnehmer mit einer doppelten Haushaltsführung nutzt einen Firmenwagen mit einem Listenpreis einschließlich USt von 60 000 € im gesamten Kalenderjahr zu Privatfahrten, zu Fahrten zur 10 km entfernten Arbeitsstätte und zu 20 Familienheimfahrten zum 150 km entfernten Wohnsitz der Familie.

Die USt für die Firmenwagenüberlassung ist wie folgt zu ermitteln:
a) für die allgemeine Privatnutzung
   1 % von 60 000 € × 12 Monate = 7 200,00 €
b) für Fahrten zwischen Wohnung und Arbeitsstätte
   0,03 % von 60 000 € × 10 km × 12 Monate = 2 160,00 €
lohnsteuerlicher geldwerter Vorteil = 9 360,00 €
c) für Familienheimfahrten
   0,002 % von 60 000 € × 150 km × 20 Fahrten = 3 600,00 €
Bruttowert der sonstigen Leistung
an den Arbeitnehmer = 12 960,00 €
Die darin enthaltene USt beträgt
$^{19}/_{119}$ von 12 960,00 € = 2 069,24 €

Wird bei einer entgeltlichen Fahrzeugüberlassung der private Nutzungswert mit Hilfe eines ordnungsgemäßen *Fahrtenbuchs* anhand der durch Belege nachgewiesenen Gesamtkosten ermittelt, ist das aufgrund des Fahrtenbuchs ermittelte Nutzungsverhältnis auch bei der USt zugrunde zu legen. Die Fahrten zwischen Wohnung und Arbeitsstätte sowie die Familienheimfahrten aus Anlass einer doppelten Haushaltsführung werden umsatzsteuerlich den Privatfahrten des Arbeitnehmers zugerechnet. Aus den Gesamtausgaben dürfen keine Ausgaben ausgeschieden werden, bei denen ein Vorsteuerabzug nicht möglich ist.

BEISPIEL: Ein Firmenwagen mit einer Jahresfahrleistung von 20 000 km wird von einem Arbeitnehmer lt. ordnungsgemäß geführtem Fahrtenbuch an 180 Tagen jährlich für Fahrten zur

10 km entfernten Arbeitsstätte benutzt. Die übrigen Privatfahrten des Arbeitnehmers belaufen sich auf insgesamt 3 400 km. Die gesamten Kraftfahrzeugausgaben betragen 9 000 €.

Von den Privatfahrten des Arbeitnehmers entfallen 3 600 km auf Fahrten zwischen Wohnung und Arbeitsstätte (180 Tage × 20 km) und 3 400 km auf sonstige Fahrten. Dies entspricht einer Privatnutzung von insgesamt 35 % (7 000 km von 20 000 km).

Für die umsatzsteuerliche Bemessungsgrundlage ist von einem Betrag von 35 % von 9 000 € = 3 150 € auszugehen. Die USt beträgt 19 % von 3 150 € = 598,50 €.

Von einer *unentgeltlichen* Überlassung von Kraftfahrzeugen an Arbeitnehmer kann *ausnahmsweise* ausgegangen werden, wenn die vereinbarte private Nutzung des Fahrzeugs derart gering ist, dass sie für die Gehaltsbemessung keine wirtschaftliche Rolle spielt, und nach den objektiven Gegebenheiten eine weitergehende private Nutzungsmöglichkeit ausscheidet. Danach kann Unentgeltlichkeit nur angenommen werden, wenn dem Arbeitnehmer das Fahrzeug nur gelegentlich (von Fall zu Fall) an nicht mehr als 5 Kalendertagen im Kalendermonat für private Zwecke überlassen wird. In diesen Fällen ist § 3 Abs. 9a Nr. 1 UStG zu prüfen. 449

II. Änderung der Bemessungsgrundlage

Wenn sich die Bemessungsgrundlage für einen *steuerpflichtigen* Umsatz i. S. des § 1 Abs. 1 Nr. 1 und 5 UStG ändert, so hat der Unternehmer, der diesen Umsatz ausgeführt hat, den dafür geschuldeten Steuerbetrag zu berichtigen *(§ 17 Abs. 1 Satz 1 UStG)*. Dies gilt für die Umsätze i. S. des § 13b UStG sinngemäß. Gleichzeitig muss der Unternehmer, an den dieser Umsatz ausgeführt worden ist, den dafür in Anspruch genommenen Vorsteuerabzug berichtigen *(§ 17 Abs. 1 Satz 2 UStG)*. Dies gilt nicht, soweit er durch die Änderung der Bemessungsgrundlage wirtschaftlich nicht begünstigt wird. Daher ist für eine Berichtigung der Bemessungsgrundlage nicht ausreichend, wenn lediglich schuldrechtliche Vereinbarungen über die Entgeltsminderung getroffen werden oder dem Leistungsempfänger nur die wirtschaftliche Verfügungsmacht (Möglichkeit) verschafft wird („Gutschriftsanzeige", „Rabatt-Bon"). Ein Entgelt muss auch tatsächlich zurückgezahlt werden (OFD Niedersachsen vom 24. 8. 2015). 450

Die Berichtigung ist gem. § 17 Abs. 1 Satz 7 UStG für den Besteuerungszeitraum vorzunehmen, in dem die *Änderung* der Bemessungsgrundlage *eingetreten* ist; eine Änderung der ursprünglichen Voranmeldung ist nicht durchzuführen.

Wird im Rahmen einer Werbemaßnahme ein Gutschein ausgegeben, der einen Endverbraucher in die Lage versetzt, eine Leistung um den Nennwert des Gutscheins verbilligt zu erwerben, führt dies grundsätzlich zu einer Minderung der dem Fiskus zufließenden USt in Höhe der in dem Nennwert des Gutscheins enthaltenen USt. Dies gilt unabhängig davon, ob die mit dem Gutschein verbundene Erstattung auf allen Stufen der Leistungskette erfolgt. Eine Minderung der Bemessungsgrundlage setzt voraus, dass der Gutschein von einem Unternehmer ausgegeben wird, der mit einem *eigenen Umsatz* an der Fördermaßnahme beteiligt ist.

BEISPIEL: Hersteller A verkauft an den Zwischenhändler B ein Möbelstück für 1 000 € zzgl. 190 € gesondert ausgewiesener USt. B verkauft dieses Möbelstück an den Einzelhändler C für 1 500 € zzgl. 285 € gesondert ausgewiesener USt. C verkauft dieses Möbelstück an den Endverbraucher D für 2 000 € zzgl. 380 € gesondert ausgewiesener USt. D zahlt C einen Barbetrag i. H. von 2 175 € und übergibt C einen von A ausgegebenen Warengutschein mit einem Nennwert von 205 € an Zahlungs statt. C legt den Warengutschein A vor und erhält von diesem eine Vergütung i. H. von 205 € (Preisnachlassgutschein).

Hersteller A kann die Bemessungsgrundlage seiner Lieferung um 172,27 € mindern (205 € : 1,19). Die geschuldete USt des A vermindert sich um 32,73 €. Einer Rechnungsberichtigung bedarf es nicht. Zwischenhändler B hat in Höhe des in der Rechnung des A ausgewiesenen USt-Betrags – unter den weiteren Voraussetzungen des § 15 UStG – einen Vorsteuerabzug i. H. von 190 €. Die Bemessungsgrundlage für die Lieferung des C an D setzt sich aus der Barzahlung des D i. H. von 2 175 € und dem von A gezahlten Erstattungsbetrag i. H. von 205 €, abzüglich der in diesen Beträgen enthaltenen USt (2 175 € + 205 € = 2 380 € : 1,19) zusammen. Dem Fiskus fließt demnach insgesamt 347,27 € USt zu (Abführung von 380 € durch C abzüglich der Minderung i. H. von 32,73 € bei A); dies entspricht dem USt-Betrag, der in dem vom Endverbraucher D tatsächlich aufgewendeten Betrag enthalten ist, mit dem D also tatsächlich wirtschaftlich belastet ist (2 175 € : 1,19 × 19 %).

Das Umsatzsteuersystem ist darauf angelegt, dass *nur der Endverbraucher* wirtschaftlich mit der USt belastet wird. Für Unternehmer, die auf den Produktions- und Vertriebsstufen vor der Endverbrauchsstufe tätig sind, muss die Umsatzbesteuerung *neutral* sein. Unter Berücksichtigung dieser Grundsätze darf dem Fiskus aus allen Umsatzgeschäften von der Produktion bis zum Endverbrauch insgesamt nur der Betrag an USt zufließen, den der Endverbraucher wirtschaftlich aufwendet.

Eine Minderung der Bemessungsgrundlage kommt *nicht* in Betracht, wenn der mit dem eingelösten Gutschein verbundene finanzielle Aufwand von dem Unternehmer aus *allgemeinem Werbeinteresse* getragen wird und nicht einem nachfolgenden Umsatz in der Leistungskette (Hersteller – Endverbraucher) zugeordnet werden kann.

BEISPIEL: Das Kaufhaus K verteilt Gutscheine an Kunden zum Besuch eines in dem Kaufhaus von einem fremden Unternehmer F betriebenen Frisiersalons. K will mit der Maßnahme erreichen, dass Kunden aus Anlass der Gutscheineinlösung bei F das Kaufhaus aufsuchen und dort Waren erwerben.

K kann keine Minderung der Bemessungsgrundlage seiner Umsätze vornehmen.

451 Entsprechend § 17 Abs. 1 UStG ist zu verfahren, wenn

- das vereinbarte Entgelt für eine steuerpflichtige Lieferung, sonstige Leistung oder einen steuerpflichtigen innergemeinschaftlichen Erwerb uneinbringlich geworden ist;
- für eine vereinbarte Lieferung oder sonstige Leistung ein Entgelt entrichtet, die Lieferung oder sonstige Leistung jedoch nicht ausgeführt worden ist;
- eine steuerpflichtige Lieferung, sonstige Leistung oder ein steuerpflichtiger innergemeinschaftlicher Erwerb rückgängig gemacht worden ist;
- der Erwerber den Nachweis der Erwerbsbesteuerung i. S. des § 3d Satz 2 UStG führt;
- Aufwendungen i. S. des § 15 Abs. 1a UStG getätigt werden.

Uneinbringlichkeit liegt insbesondere vor, wenn der Schuldner zahlungsunfähig ist oder den Forderungen die Einrede des Einforderungsverzichts entgegengehalten werden kann. Bestreitet der Leistungsempfänger substantiiert Bestehen und Höhe des vereinbarten Entgelts, kommt – übereinstimmend mit der Berichtigung des Vorsteuerabzugs beim Leistungsempfänger – beim Leistenden eine Berichtigung der USt nach § 17

Abs. 2 Nr. 1 Satz 1 UStG in Betracht. Eine Forderung ist aber nicht schon dann uneinbringlich, wenn der Leistungsempfänger die Zahlung nach Fälligkeit verzögert, sondern erst, wenn der Anspruch auf Entrichtung des Entgelts nicht erfüllt wird und bei objektiver Betrachtung damit zu rechnen ist, dass der Leistende die Entgeltsforderung (ganz oder teilweise) jedenfalls *auf absehbare Zeit* nicht durchsetzen kann (vgl. i. e. UStAE 17.1 Abs. 5 und Abs. 11).

> **BEISPIEL:** Unternehmer A verkauft der Privatperson P einen Rasenmäher für 1 000 € zzgl. 190 € USt = 1 190 €. Wegen eines späteren Vermögensverfalls des P bekommt A für den Rasenmäher tatsächlich nur noch 700 €. A unterliegt der Regelbesteuerung.
>
> A muss zunächst den Umsatz mit der Bemessungsgrundlage von 1 000 € der Besteuerung unterwerfen. Da im Nachhinein ein Teil des Entgelts uneinbringlich wird, ändert sich die Bemessungsgrundlage und der geschuldete Steuerbetrag ist zu berichtigen. Die ursprüngliche Steuer von 190 € ist in dem Voranmeldungszeitraum der Uneinbringlichkeit um 78,24 € (190 € ./. 111,76 €) zugunsten des A zu berichtigen, da für den Umsatz tatsächlich nur ein Entgelt von 588,24 € (700 € : 1,19) gezahlt wird.

Wird über das Vermögen eines Unternehmers das *Insolvenzverfahren* eröffnet, werden die gegen ihn gerichteten Forderungen in diesem Zeitpunkt unbeschadet einer möglichen Quote in voller Höhe uneinbringlich i. S. des § 17 Abs. 2 Nr. 1 UStG.

§ 17 UStG verpflichtet zur Korrektur des Vorsteuerabzugs bei *nachträglichen* Änderungen der Bemessungsgrundlage. Hat sich die Bemessungsgrundlage nach der Ausführung des Umsatzes aber *vor* der Entstehung der Steuer bzw. des Anspruchs auf den Vorsteuerabzug geändert, kommt § 17 UStG nicht zur Anwendung. In diesem Fall entsteht die Steuer bzw. der Anspruch auf den Vorsteuerabzug von vornherein in Höhe des geminderten oder erhöhten Betrages. 452

Nach seinem Wortlaut greift § 17 UStG nur bei *steuerpflichtigen* Umsätzen oder dann ein, wenn für eine vereinbarte Lieferung oder sonstige Leistung ein Entgelt entrichtet, die Lieferung oder sonstige Leistung jedoch nicht ausgeführt worden ist. Die Bestimmung des § 17 Abs. 1 UStG ist jedoch analog anzuwenden, wenn sich die Bemessungsgrundlage für *steuerfreie* Umsätze ändert. Für die gesonderte Erklärung innergemeinschaftlicher Lieferungen ist die entsprechende Anwendung des § 17 UStG in § 18b Satz 4 UStG ausdrücklich vorgesehen. 453

In den Fällen, in denen die als Vorsteuer abgezogene *EUSt* herabgesetzt, erlassen oder erstattet worden ist, hat der Unternehmer den Vorsteuerabzug gem. *§ 17 Abs. 3 UStG* entsprechend zu berichtigen. Die Berichtigung ist für den Besteuerungszeitraum vorzunehmen, in dem die Änderung eingetreten ist. 454

Werden die Entgelte für *unterschiedlich besteuerte* Lieferungen oder sonstige Leistungen eines bestimmten Zeitabschnitts gemeinsam geändert (z. B. Jahresboni, Jahresrückvergütungen), so hat der Unternehmer gem. § 17 Abs. 4 UStG dem Leistungsempfänger einen *Beleg* zu erteilen, aus dem zu ersehen ist, wie sich die Änderung der Entgelte auf die unterschiedlich besteuerten Umsätze verteilt. 455

E. Steuersatz

I. Allgemeines

456 Für die steuerbaren und steuerpflichtigen Umsätze stellt sich die Frage nach dem Steuersatz. Nach § 12 UStG bestehen für die Besteuerung nach den allgemeinen Vorschriften des UStG zwei Steuersätze:

	Allgemeiner Steuersatz	Ermäßigter Steuersatz
1.1.1968 bis 30.6.1968	10 %	5,0 %
1.7.1968 bis 31.12.1977	11 %	5,5 %
1.1.1978 bis 30.6.1979	12 %	6,0 %
1.7.1979 bis 30.6.1983	13 %	6,5 %
1.7.1983 bis 31.12.1992	14 %	7,0 %
1.1.1993 bis 31.3.1998	15 %	7,0 %
1.4.1998 bis 31.12.2006	16 %	7,0 %
ab 1.1.2007	19 %	7,0 %

Für die im Rahmen eines land- und forstwirtschaftlichen Betriebes ausgeführten Umsätze kommen besondere *Durchschnittssätze gem. § 24 UStG* zur Anwendung.

Eine *Übersicht* der Umsatzsteuersätze wichtiger Staaten ist im Internet auf den Webseiten der EU erhältlich.

II. Regelsteuersatz

457 Die Steuer beträgt seit dem 1.1.2007 für jeden steuerpflichtigen Umsatz grundsätzlich *19 %* der Bemessungsgrundlage (§ 12 Abs. 1 UStG). Dies gilt auch für den innergemeinschaftlichen Erwerb von Gegenständen. Anzuwenden ist jeweils der Steuersatz, der in dem Zeitpunkt gilt, in dem der Umsatz ausgeführt wird.

Eine Erhöhung des Steuersatzes ist auf Umsätze anzuwenden, die ab dem Inkrafttreten der maßgeblichen Änderungsvorschrift ausgeführt werden (§ 27 Abs. 1 Satz 1 UStG). Lieferungen, sonstige Leistungen und innergemeinschaftliche Erwerbe, die nach dem Zeitpunkt der Steuersatzerhöhung ausgeführt werden, unterliegen demzufolge dem erhöhten Steuersatz.

Lieferungen sind ausgeführt, wenn der Leistungsempfänger die Verfügungsmacht über den zu liefernden Gegenstand erlangt (Abschn. 13.1 Abs. 2 UStAE). *Sonstige Leistungen* sind grundsätzlich im Zeitpunkt ihrer Vollendung ausgeführt. *Unentgeltliche Leistungen* (früher: *Eigenverbrauch*) sind ausgeführt, wenn der Unternehmer Gegenstände entnimmt oder sonstige Leistungen ausführt (§ 13 Abs. 1 Nr. 2 UStG). *Innergemeinschaftliche Erwerbe* gelten zum Zeitpunkt der Lieferung als ausgeführt (Lieferzeitpunkt = Erwerbszeitpunkt).

BEISPIELE:
1. A und B schließen am 1.12.2006 einen Kaufvertrag über die Lieferung eines Stuhls. A befördert den Stuhl am 2.2.2007 mit eigenem Lkw zu B.
   Die Lieferung wird am 2.2.2007 ausgeführt mit der Folge, dass der erhöhte Steuersatz zur Anwendung kommt.
2. A und B schließen am 1.12.2006 einen Mietvertrag über die Nutzung einer Maschine in der Zeit vom 1.12.2006 bis zum 1.5.2007. Abgerechnet wird in einer Gesamtsumme.
   Die sonstige Leistung ist zum Zeitpunkt der Vollendung ausgeführt mit der Folge, dass der erhöhte Steuersatz auf die gesamte Leistung zur Anwendung kommt.

Werden statt einer Gesamtleistung *Teilleistungen* erbracht, so kommt es für die Anwendung einer Änderungsvorschrift (z. B. der Anhebung des Steuersatzes) nicht auf den Zeitpunkt der Gesamtleistung, sondern darauf an, wann die *einzelnen Teilleistungen* ausgeführt werden. Teilleistungen liegen vor, wenn für bestimmte Teile einer wirtschaftlich teilbaren Leistung das Entgelt gesondert vereinbart wird (§ 13 Abs. 1 Nr. 1 Buchst. a Satz 3 UStG). 458

Teilleistungen liegen z. B. in folgenden Fällen vor:
- Mietvertrag über einen längeren Zeitraum mit monatlicher Mietzahlung,
- Bauleistungen (z. B. Mauer- und Betonarbeiten sowie Innen- und Außenputz werden gesondert abgenommen und abgerechnet),
- Teillieferungen (z. B. Kohlenhändler liefert die geforderten 120 Tonnen in 2 Schüben zu je 60 Tonnen und stellt gesonderte Rechnungen aus).

BEISPIEL: A und B schließen einen Grundstücksmietvertrag für einen Zeitraum vom 1.1.2006 bis zum 31.12.2009. A verzichtet wirksam auf die Steuerbefreiung gem. § 4 Nr. 12 UStG i.V. mit § 9 UStG. Es wurde eine monatliche Mietzahlung vereinbart.
Es liegen monatliche Vermietungsleistungen (Teilleistungen) vor mit der Folge, dass für den Zeitraum 1.1.2006 bis 31.12.2006 der bisherige Steuersatz von 16 % und ab dem 1.1.2007 der erhöhte Steuersatz von 19 % zur Anwendung kommt.

Änderungen des UStG sind nach *§ 27 Abs. 1 Satz 2 UStG* auf die ab dem Inkrafttreten der jeweiligen Änderungsvorschrift ausgeführten Lieferungen und sonstigen Leistungen auch insoweit anzuwenden, als die USt dafür bereits vor dem Inkrafttreten der betreffenden Änderungsvorschrift entstanden ist. Dies kann z. B. in Fällen der *Istbesteuerung* oder in *Anzahlungsfällen* der Fall sein. Die Berechnung dieser Steuer ist für den Voranmeldungszeitraum zu berichtigen, in dem die Lieferung oder sonstige Leistung ausgeführt wird *(§ 27 Abs. 1 Satz 3 UStG)*. Hierbei handelt es sich um eine *Vereinfachungsregelung*; die Korrektur der ursprünglichen Voranmeldungen wird vermieden. 459

Im Falle der Besteuerung nach *vereinnahmten Entgelten* (§ 20 UStG) entsteht die USt mit Ablauf des Voranmeldungszeitraums, in dem die Entgelte vereinnahmt worden sind (§ 13 Abs. 1 Nr. 1 Buchst. b UStG). 460

Hat der Unternehmer Entgelte vor dem Zeitpunkt der Steuersatzerhöhung vereinnahmt für Lieferungen und sonstige Leistungen, die erst nach dem Zeitpunkt der Steuersatzerhöhung ausgeführt werden, so ist auf diese Entgelte *nachträglich* der höhere Steuersatz anzuwenden. Damit ergibt sich für diese Entgelte eine weitere Steuerschuld in Höhe der Differenz zwischen altem und neuem Steuersatz. Die Berechnung dieser Steuer ist für den Voranmeldungszeitraum vorzunehmen, in dem die Lieferung oder sonstige Leistung ausgeführt wird (§ 27 Abs. 1 Satz 3 UStG). Zur *Vereinfachung* wird zugelassen, dass die weitere USt in dem Voranmeldungszeitraum berechnet wird, in dem das restliche Entgelt vereinnahmt wird.

461 Erhält der Unternehmer vor dem Zeitpunkt der Steuersatzerhöhung *Anzahlungen* für Leistungen, die nach dem Zeitpunkt der Steuersatzerhöhung ausgeführt werden, so unterliegen die Anzahlungen dem neuen Steuersatz. Im Falle der Rechnungsausstellung mit gesondertem Steuerausweis ist eine Rechnungsberichtigung nicht erforderlich, wenn in der Endrechnung die gesamte Leistung dem erhöhten Steuersatz unterworfen wird und der geschuldete weitere USt-Betrag (Differenz zwischen altem und neuem Steuersatz) zusätzlich angegeben wird. Die weitere USt, die auf die im Voraus vereinnahmten Teilentgelte entfällt, ist grundsätzlich für den Voranmeldungszeitraum zu berechnen und zu entrichten, in dem die Leistung oder Teilleistung erbracht wird (§ 27 Abs. 1 Satz 3 UStG).

462 Die Unternehmer sind nach § 14 Abs. 2 UStG berechtigt und ggf. verpflichtet, über Leistungen, die nach dem Zeitpunkt der Steuersatzerhöhung ausgeführt werden, *Rechnungen* zu erteilen, in denen die USt nach dem neuen Steuersatz ausgewiesen ist. Das gilt auch, wenn die Verträge über diese Leistungen vor dem Erhöhungszeitpunkt geschlossen worden sind und dabei von dem bis dahin geltenden Steuersatz ausgegangen worden ist. Aus der Regelung über den Steuerausweis folgt aber nicht, dass die Unternehmer berechtigt sind, bei der Abrechnung der vor dem Erhöhungszeitpunkt vereinbarten Leistungen die Preise entsprechend der neu eingetretenen umsatzsteuerlichen Mehrbelastung zu erhöhen. Es handelt sich dabei vielmehr um eine besondere *zivilrechtliche Frage*, deren Beantwortung von der *jeweiligen Vertrags- und Rechtslage* abhängt.

463–464 *(Einstweilen frei)*

III. Ermäßigter Steuersatz

465 Neben dem Regelsteuersatz von 19 % existiert ein ermäßigter Steuersatz von 7 %. Durch die Anwendung eines ermäßigten Steuersatzes wird erreicht, dass bestimmte Waren- und Dienstleistungen auf der Endstufe des Verbrauchs „billiger ankommen" als dies bei der Anwendung eines einheitlichen Steuersatzes möglich gewesen wäre. Der ermäßigte Steuersatz kommt dann zur Anwendung, wenn der zu beurteilende Umsatz in die Vorschrift des *§ 12 Abs. 2 UStG* eingruppiert werden kann.

466 Dem ermäßigten Steuersatz unterliegen:

die Lieferungen, die Einfuhr und der innergemeinschaftliche Erwerb der in der Anlage 2 bezeichneten Gegenstände

Solche Gegenstände sind z. B.:
- lebende Tiere,
- Nahrungsmittel,
- Bücher, Zeitungen und andere Erzeugnisse des graphischen Gewerbes (wobei der BFH im Urteil vom 3.12.2015 klargestellt hat, dass im Falle von e-books oder Hörbüchern der ermäßigte USt-Satz nur gilt, wenn diese „verkörperlicht", also noch in

einer physischen Form (als CD/DVD) verkauft werden. Werden dagegen Bücher aus dem Internet heruntergeladen, gilt der Regelsteuersatz, da bei elektronischen Dienstleistungen lt. Art. 98 der MwSt-Systemrichtlinie stets der Regelsteuersatz gelten muss.

- ▶ Kunstgegenstände (allerdings nur, wenn sie durch den Künstler selber oder seine Erben verkauft werden, vgl. § 12 Abs. 2 Nr. 12 und 13 UStG)
- ▶ Sammlungsstücke.

Bei Abgrenzungsschwierigkeiten können unverbindliche *Zolltarifauskünfte* bei der zuständigen Zolltechnischen Prüfungs- und Lehranstalt eingeholt werden.

Zum Steuersatz für die Lieferungen von *Kombinationsartikeln* wird auf die BMF-Schreiben vom 9. 5. 2005 (BStBl 2005 I S. 674), vom 9. 12. 2005 (BStBl 2005 I S. 1086) und vom 21. 3. 2006 (BStBl 2006 I S. 286) hingewiesen. Weiterhin sind ermäßigt besteuert (vgl. § 12 Abs. 2 Nr. 3 ff.):

- ▶ *Die Vermietung der in der Anlage 2 bezeichneten Gegenstände*

    Auf das ausführliche BMF-Schreiben vom 5. 8. 2004 wird insoweit verwiesen.

- ▶ *Die Leistungen, die unmittelbar der Vatertierhaltung, der Förderung der Tierzucht, der künstlichen Tierbesamung oder der Leistungs- und Qualitätsprüfung in der Tierzucht und in der Milchwirtschaft dienen (Nr. 4) sowie die Aufzucht und das Halten von Tieren und die Pflanzenzucht (§ 12 Abs. 2 Nr. 3 UStG)*
- ▶ *Die Leistungen aus der Tätigkeit als Zahntechniker sowie die in § 4 Nr. 14 Satz 4 Buchst. b UStG bezeichneten Leistungen der Zahnärzte*
- ▶ *Die Eintrittsberechtigung für Theater, Konzerte und Museen, sowie die den Theatervorführungen und Konzerten vergleichbaren Darbietungen ausübender Künstler*
- ▶ *Die Überlassung von Filmen zur Auswertung und Vorführung sowie die Filmvorführungen, soweit die Filme nach § 6 Abs. 3 Nr. 1 bis 5 des Gesetzes zum Schutze der Jugend in der Öffentlichkeit oder nach § 14 Abs. 2 Nr. 1 bis 5 des Jugendschutzgesetzes vom 23. 7. 2002 (BGBl I S. 2730, 2003 I S. 476) in der jeweils geltenden Fassung gekennzeichnet sind oder vor dem 1. 1. 1970 erstaufgeführt wurden*
- ▶ *Konzerte*
- ▶ *Die Einräumung, Übertragung und Wahrnehmung von Rechten, die sich aus dem Urheberrechtsgesetz ergeben*
- ▶ *Die Zirkusvorführungen, die Leistungen aus der Tätigkeit als Schausteller sowie die unmittelbar mit dem Betrieb der zoologischen Gärten verbundenen Umsätze*
- ▶ *Die Leistungen der Körperschaften, die ausschließlich und unmittelbar gemeinnützige, mildtätige oder kirchliche Zwecke verfolgen. Das gilt nicht für Leistungen, die im Rahmen eines wirtschaftlichen Geschäftsbetriebes ausgeführt werden. Allerdings wurde nun im § 12 Abs. 2 Nr. 8a UStG i. V. m. UStAE 12.9 Abs. 12 klargestellt, dass Behindertenwerkstätten nicht nur Produkte herstellen oder bearbeiten müssen, sondern ihnen jede Art von Dienstleistung, Handel oder Produktion möglich wird, ohne den ermäßigten Steuersatz zu gefährden.*

▶ *Die unmittelbar mit dem Betrieb der Schwimmbäder verbundenen Umsätze sowie die Verabreichung von Heilbädern. Das gleiche gilt für die Bereitstellung von Kureinrichtungen, soweit als Entgelt eine Kurtaxe zu entrichten ist.*

468–476 (Einstweilen frei)

477 Ebenfalls ermäßigt besteuert wird der öffentliche Nahverkehr und die Taxen, genauer (§ 12 Abs. 2 Nr. 10 UStG):

Die Beförderungen von Personen im Schienenbahnverkehr, im Verkehr mit Oberleitungsomnibussen, im genehmigten Linienverkehr mit Kraftfahrzeugen, im Verkehr mit Taxen, mit Drahtseilbahnen und sonstigen mechanischen Aufstiegshilfen aller Art und im genehmigten Linienverkehr mit Schiffen sowie die Beförderungen im Fährverkehr

a) *innerhalb einer Gemeinde* oder

b) *wenn die Beförderungsstrecke* nicht mehr als fünfzig Kilometer beträgt.

Nicht begünstigt ist die Autovermietung, der Güterverkehr und der Flugverkehr.

478 Ermäßigt besteuert ist auch die Übernachtung in Hotels und Gästehäusern (§ 12 Abs. 2 Nr. 11 UStG). Gleiches gilt für alle Leistungen, die direkte Nebenleistungen der Übernachtung sind und im Übernachtungspreis inkludiert sind (z. B. die kostenlose Nutzung hoteleigener Parkplätze, die Zimmerreinigung, W-LAN und Kabelfernsehen). Dagegen werden das Frühstück u. a. Restaurationsleistungen (auch wenn im Übernachtungspreis inkludiert) sowie separat in Rechnung gestelltes Pay-TV, Massagen, Parkplätze, Tagungsräume etc. mit dem Regelsteuersatz besteuert. Mit BMF-Schreiben vom 21.10.2015 wurde auch klargestellt, dass Saunaleistungen und Fitnessräume stets separat mit dem Regelsteuersatz versteuert werden müssen. Das Hotel muss die darauf entfallenden Entgelte ggf. im Schätzungswege aufteilen. Das Frühstück wird aus einem „business package" oder „Pauschal-Arrangement" weiterhin mit 4,80 € herausgerechnet.

F. Entstehung

I. Steuerentstehung für Lieferungen und sonstige Leistungen

1. Vereinbarte Entgelte

479 Die Steuer entsteht für Lieferungen und sonstige Leistungen bei der Berechnung der Steuer nach vereinbarten Entgelten mit *Ablauf des Voranmeldungszeitraums*, in dem die Leistungen ausgeführt worden sind (§ 13 Abs. 1 Nr. 1 Buchst. a Satz 1 UStG). Die Steuer entsteht in der gesetzlichen Höhe unabhängig davon, ob die am Leistungsaustausch beteiligten Unternehmer von den ihnen vom Gesetz gebotenen Möglichkeiten der Rechnungserteilung mit gesondertem Steuerausweis und des Vorsteuerabzuges Gebrauch machen oder nicht. Der *Zeitpunkt der Leistung* ist allein entscheidend, für welchen Voranmeldungszeitraum ein Umsatz zu berücksichtigen ist.

Die Steuer wird im Regelfall nach vereinbarten Entgelten berechnet (§ 16 Abs. 1 Satz 1 UStG). Diese Art der Besteuerung wird auch *Sollversteuerung* oder *Regelbesteuerung* genannt.

Lieferungen sind ausgeführt, wenn der Leistungsempfänger die Verfügungsmacht an dem gelieferten Gegenstand erlangt. *Sonstige Leistungen* sind grundsätzlich im Zeitpunkt ihrer Vollendung ausgeführt.

> **BEISPIEL:** A ist Unternehmer in Hagen, der die Sollversteuerung durchzuführen hat. Mit Kaufvertrag vom 10.5.09 veräußert er dem Kunden K eine Ware für 1 000 € zzgl. 190 € USt = 1 190 €. Vereinbarungsgemäß holt K die Ware am 2.6.09 bei A in Hagen ab. K begleicht die am 3.6.09 ausgestellte Rechnung am 1.7.09 in bar. A ist zur Abgabe monatlicher USt-Voranmeldungen verpflichtet.
>
> A erbringt eine steuerbare und zu 19 % steuerpflichtige Lieferung. Bemessungsgrundlage ist gem. § 10 Abs. 1 UStG das Entgelt i. H. von 1 000 €. Da A die Steuer nach vereinbarten Entgelten berechnet, entsteht die USt gem. § 13 Abs. 1 Nr. 1 Buchst. a Satz 1 UStG mit Ablauf des Voranmeldungszeitraums, in dem die Lieferung ausgeführt worden ist. Die Lieferung ist am 2.6.09 ausgeführt, d. h. die USt i. H. von 190 € entsteht mit Ablauf des Voranmeldungszeitraums Juni 09. Der Umsatz ist in der Voranmeldung für Juni 09 zu berücksichtigen.

Die Steuer entsteht für *Teilleistungen* mit Ablauf des Voranmeldungszeitraums, in dem die Teilleistungen ausgeführt worden sind. Teilleistungen liegen vor, wenn für bestimmte Teile einer wirtschaftlich teilbaren Leistung das Entgelt gesondert vereinbart wird. Teilleistungen setzen voraus, dass eine Leistung nach wirtschaftlicher Betrachtungsweise überhaupt teilbar ist und dass sie nicht als Ganzes, sondern in Teilen geschuldet und bewirkt wird. Eine Leistung ist in Teilen geschuldet, wenn für bestimmte Teile das Entgelt gesondert vereinbart wird.

> **BEISPIEL:** A ist Eigentümer eines Geschäftshauses in Bonn. Dieses Geschäftshaus hat er in einem Mietvertrag auf die Dauer von 5 Jahren unter Verzicht auf die Steuerbefreiung an den Unternehmer B vermietet. Die Mietzahlung erfolgt monatlich.
>
> A erbringt steuerbare und unter Berücksichtigung des § 9 UStG auch steuerpflichtige Umsätze gegenüber B. Die Leistung, die Vermietungsleistung, wird in monatlichen Teilleistungen erbracht. Die USt entsteht gem. § 13 Abs. 1 Nr. 1 Buchst. a Sätze 2 und 3 UStG mit Ablauf des jeweiligen Kalendermonats.

Wird das Entgelt oder ein Teil des Entgelts vereinnahmt, bevor die Leistung oder die Teilleistung ausgeführt worden ist, so entsteht insoweit die Steuer mit Ablauf des Voranmeldungszeitraums, in dem das Entgelt oder das Teilentgelt vereinnahmt worden ist (§ 13 Abs. 1 Nr. 1 Buchst. a Satz 4 UStG). Diese Regelung gilt für *Anzahlungen*, Abschlagszahlungen und Vorauszahlungen. Auf die betragsmäßige Höhe der Anzahlung kommt es nicht an. Die Regelung über die Entstehung der Steuer für vereinnahmte Anzahlungen nach § 13 Abs. 1 Nr. 1 Buchst. a Satz 4 UStG enthält einen *selbständigen und abschließenden Steuerentstehungstatbestand*.

Wird eine Anzahlung für eine Leistung vereinnahmt, die voraussichtlich unter eine *Befreiungsvorschrift* des § 4 UStG fällt, so braucht auch die Anzahlung nicht der Steuer unterworfen zu werden. Dagegen ist die Anzahlung zu versteuern, wenn bei ihrer Vereinnahmung noch nicht abzusehen ist, ob die Voraussetzungen für die Steuerfreiheit der Leistung erfüllt werden.

> **BEISPIEL:** A ist Tischlermeister in Essen. Er erhält von dem Kunden K den Auftrag, einen Schrank herzustellen. Bei Auftragserteilung zahlt K einen Betrag i. H. von 1 000 € an.
>
> Da ein Teil des Entgelts vereinnahmt wird, bevor die Leistung des A ausgeführt worden ist, entsteht die Steuer gem. § 13 Abs. 1 Nr. 1 Buchst. a Satz 4 UStG insoweit mit Ablauf des Voranmeldungszeitraums, in dem das Teilentgelt vereinnahmt worden ist. Es entsteht eine USt i. H. von 159,66 €.

Aus den Rechnungen über Zahlungen vor Ausführung der Leistung *muss* hervorgehen, dass damit Voraus- oder Anzahlungen abgerechnet werden. Dies kann z. B. durch Angabe des voraussichtlichen Zeitpunkts der Leistung geschehen.

482 In einer *Endrechnung*, mit der ein Unternehmer über die ausgeführte Leistung insgesamt abrechnet, sind die vor der Ausführung der Leistung vereinnahmten Entgelte oder Teilentgelte sowie die hierauf entfallenden Steuerbeträge abzusetzen, wenn über diese Entgelte oder Teilentgelte Rechnungen mit gesondertem Steuerausweis erteilt worden sind. Bezüglich bestimmter Vereinfachungen wird auf UStAE 14.8 verwiesen. Werden in einer Endrechnung die vor der Leistung vereinnahmten Teilentgelte und die auf sie entfallenden Steuerbeträge nicht abgesetzt oder angegeben, so hat der Unternehmer den in dieser Rechnung ausgewiesenen gesamten Steuerbetrag abzuführen.

Statt mit einer Endrechnung kann der Unternehmer über das restliche Entgelt eine so genannte *Restrechnung* erteilen, in der die im Voraus vereinnahmten Teilentgelte und die darauf entfallenden Steuerbeträge nicht anzugeben sind.

483 *(Einstweilen frei)*

2. Vereinnahmte Entgelte

484 Die Steuer entsteht für Lieferungen und sonstige Leistungen bei der Berechnung der Steuer nach vereinnahmten Entgelten mit Ablauf des Voranmeldungszeitraums, in dem die Entgelte vereinnahmt worden sind *(§ 13 Abs. 1 Nr. 1 Buchst. b UStG)*.

Die Steuer kann auf Antrag gem. *§ 20 Abs. 1 UStG* nach vereinnahmten Entgelten berechnet werden, wenn eine der folgenden Voraussetzungen erfüllt ist:

- ▶ der Gesamtumsatz hat im vorangegangenen Kalenderjahr nicht mehr als 500 000 € betragen;

  oder

- ▶ der Unternehmer ist von der Verpflichtung, Bücher zu führen und aufgrund jährlicher Bestandsaufnahmen regelmäßig Abschlüsse zu machen, nach § 148 AO befreit worden;

  oder

- ▶ der Unternehmer führt Umsätze aus einer Tätigkeit als Angehöriger eines freien Berufs i. S. des § 18 Abs. 1 Nr. 1 EStG aus.

485 Als Zeitpunkt der Vereinnahmung gilt bei *Überweisungen* grundsätzlich der Zeitpunkt der Gutschrift. Ein *Scheckbetrag* ist grundsätzlich nicht erst mit Einlösung des Schecks, sondern bereits mit dessen Hingabe zugeflossen, wenn der sofortigen Vorlage des Schecks keine zivilrechtlichen Abreden entgegenstehen und wenn davon ausgegangen

werden kann, dass die bezogene Bank im Falle der sofortigen Vorlage des Schecks den Scheckbetrag auszahlen oder gutschreiben wird.

> **BEISPIEL:** A ist als Künstler Angehöriger eines freien Berufes i. S. des § 18 Abs. 1 Nr. 1 EStG. Er verkauft dem Kunden K ein Kunstwerk und vereinbart eine Zahlung des Kaufpreises in 5 monatlichen Raten.
>
> A kann auf Antrag die Steuer nach vereinnahmten Entgelten berechnen (§ 20 Abs. 1 Satz 1 Nr. 3 UStG). In diesem Falle entsteht die Steuer gem. § 13 Abs. 1 Nr. 1 Buchst. b UStG mit Ablauf des jeweiligen Voranmeldungszeitraums, in dem die Teilentgelte vereinnahmt werden und nicht bereits mit Ausführung der Lieferung.

Die Voraussetzungen für die Entstehung der Steuer im Zeitpunkt der Ausführung der Lieferung oder sonstigen Leistung bleiben auch maßgebend, wenn der Unternehmer von der Berechnung der Steuer nach vereinnahmten Entgelten zur Berechnung der Steuer nach vereinbarten Entgelten *wechselt*. Die Vorschrift des § 20 Abs. 1 Satz 3 UStG enthält keine davon abweichende Regelung über die Entstehung der Steuer (Abschn. 13.6 Abs. 3 UStAE).

II. Steuerentstehung für unentgeltliche Leistungen

Die Steuer entsteht gem. *§ 13 Abs. 1 Nr. 2 UStG* für Leistungen i. S. des § 3 Abs. 1b und Abs. 9a UStG mit Ablauf des Voranmeldungszeitraums, in dem diese Leistungen ausgeführt worden sind.

486

> **BEISPIEL:** A ist Inhaber eines Sportgeschäfts in Arnsberg. Für den privaten Bedarf entnimmt A am 10. 6. 09 einen Trainingsanzug aus seinem Geschäft. A ist zur Abgabe monatlicher USt-Voranmeldungen verpflichtet.
>
> Die Entnahme steht gem. § 3 Abs. 1b Satz 1 Nr. 1 UStG einer Lieferung gegen Entgelt gleich. A war bei der Anschaffung des Trainingsanzugs zum vollen Vorsteuerabzug berechtigt. Der Umsatz ist steuerbar gem. § 1 Abs. 1 Nr. 1 Satz 1 UStG. Der Umsatz ist auch zu 19 % steuerpflichtig. Die USt entsteht gem. § 13 Abs. 1 Nr. 2 UStG mit Ablauf des Voranmeldungszeitraums 6/09, da die Leistung im Juni ausgeführt wurde.

III. Steuerentstehung für die Einfuhr

Gemäß *§ 13 Abs. 2 UStG* gilt für die EUSt § 21 Abs. 2 UStG. Danach gelten für die EUSt die Vorschriften für Zölle sinngemäß.

487

IV. Steuerentstehung für den innergemeinschaftlichen Erwerb

Die Steuer entsteht für den innergemeinschaftlichen Erwerb i. S. des § 1a UStG mit *Ausstellung der Rechnung*, spätestens jedoch mit Ablauf des dem Erwerb folgenden Kalendermonats (*§ 13 Abs. 1 Nr. 6 UStG*). Entscheidend ist das Datum der Rechnungsausstellung und nicht etwa der tatsächliche Zugang der Rechnung beim Erwerber. Wird keine Rechnung ausgestellt oder aber erheblich verspätet ausgestellt, so entsteht die Steuer mit Ablauf des dem Erwerb folgenden Kalendermonats. Für den Zeitpunkt des Erwerbs

488

gelten die Regelungen für den Zeitpunkt der Lieferung entsprechend, d. h. Erwerbs- und Lieferzeitpunkt sind identisch.

BEISPIELE:

1. A ist Unternehmer in Bielefeld. Er erwarb von dem luxemburgischen Unternehmer L, der kein Kleinunternehmer ist, Waren (nicht in der Anlage 2 aufgeführt) im Wert von 10 000 € für sein Unternehmen. Der Kaufvertrag wurde am 3. 7. 09 abgeschlossen. Die Waren wurden von L am 10. 7. 09 von Luxemburg nach Bielefeld befördert. L stellte am 30. 7. 09 eine Rechnung aus, die bei A am 2. 8. 09 einging. A bezahlte die Rechnung am 10. 8. 09.

    A erbringt einen steuerbaren Umsatz i. S. des § 1 Abs. 1 Nr. 5 UStG. Es liegt ein innergemeinschaftlicher Erwerb gem. § 1a Abs. 1 UStG vor. Der Ort des innergemeinschaftlichen Erwerbs ist gem. § 3d Satz 1 UStG Bielefeld. Der Zeitpunkt des Erwerbs ist der 10. 7. 09. Der Erwerb erfolgt auch gegen Entgelt. Der steuerbare Umsatz ist steuerpflichtig.

    Der Steuersatz beträgt gem. § 12 Abs. 1 UStG 19 %.

    Die Bemessungsgrundlage gem. § 10 Abs. 1 UStG beträgt 10 000 €, so dass eine USt i. H. von 1 900 € entsteht.

    Die Steuer entsteht gem. § 13 Abs. 1 Nr. 6 UStG grundsätzlich mit Ausstellung der Rechnung; also am 30. 7. 09. Auf das Datum des Zugangs der Rechnung kommt es nicht an.

2. A ist Unternehmer in Bielefeld. Er erwarb von dem luxemburgischen Unternehmer L, der kein Kleinunternehmer ist, Waren (nicht in der Anlage 2 aufgeführt) im Wert von 10 000 € für sein Unternehmen. Der Kaufvertrag wurde am 3. 7. 09 abgeschlossen. Die Waren wurden von L am 10. 7. 09 von Luxemburg nach Bielefeld befördert. L stellte keine Rechnung aus. A bezahlte am 10. 8. 09.

    A erbringt einen steuerbaren Umsatz i. S. des § 1 Abs. 1 Nr. 5 UStG. Es liegt ein innergemeinschaftlicher Erwerb gem. § 1a Abs. 1 UStG vor. Der Ort des innergemeinschaftlichen Erwerbs ist gem. § 3d Satz 1 UStG Bielefeld. Der Zeitpunkt des Erwerbs ist der 10. 7. 09. Der Erwerb erfolgt auch gegen Entgelt.

    Der steuerbare Umsatz ist steuerpflichtig.

    Der Steuersatz beträgt gem. § 12 Abs. 1 UStG 19 %.

    Die Bemessungsgrundlage gem. § 10 Abs. 1 UStG beträgt 10 000 €, so dass eine USt i. H. von 1 900 € entsteht.

    Die Steuer entsteht gem. § 13 Abs. 1 Nr. 6 UStG grundsätzlich mit Ausstellung der Rechnung. Da keine Rechnung ausgestellt wurde, entsteht die Steuer mit Ablauf des dem Erwerb (10. 7. 09) folgenden Kalendermonats; also mit Ablauf August 09.

489 Für den innergemeinschaftlichen Erwerb von *neuen Fahrzeugen* i. S. des § 1b UStG entsteht die Steuer gem. *§ 13 Abs. 1 Nr. 7 UStG* am *Tag des Erwerbs*. Dies bedeutet, dass in den Fällen des innergemeinschaftlichen Erwerbs von neuen Fahrzeugen durch Privatpersonen die Steuer bereits im Zeitpunkt der Lieferung entsteht. Dieser private Erwerber hat innerhalb von 10 Tagen nach Erwerb eine Steuererklärung (Steueranmeldung) abzugeben (Fahrzeugeinzelbesteuerung gem. §§ 16 Abs. 5a und 18 Abs. 5a UStG).

BEISPIEL: B ist Steuerfachangestellter in Hamm. Er erwarb von dem luxemburgischen Unternehmer L, der kein Kleinunternehmer ist, einen fabrikneuen Pkw für 40 000 €. Der Kaufvertrag wurde am 3. 7. 09 abgeschlossen. Der Pkw wurde von B am 10. 7. 09 in Luxemburg abgeholt und nach Hamm befördert. L stellte keine Rechnung aus. B bezahlte ohne Rechnung den vereinbarten Betrag am 10. 8. 09.

B erbringt einen steuerbaren Umsatz i. S. des § 1 Abs. 1 Nr. 5 UStG. Es liegt ein innergemeinschaftlicher Erwerb gem. § 1b UStG i. V. mit § 1a Abs. 1 Nr. 1 UStG vor; denn es wird ein neues Fahrzeug i. S. des § 1b Abs. 3 UStG von einer Privatperson erworben. Der Ort des innergemeinschaftlichen Erwerbs ist gem. § 3d Satz 1 UStG Hamm. Der Zeitpunkt des Erwerbs ist der 10.7.09. Der Erwerb erfolgt auch gegen Entgelt.

Der steuerbare Umsatz ist steuerpflichtig.

Der Steuersatz beträgt gem. § 12 Abs. 1 UStG 19 %.

Die Bemessungsgrundlage gem. § 10 Abs. 1 UStG beträgt 40 000 €; so dass eine USt i. H. von 7 600 € entsteht.

Die Steuer entsteht für den innergemeinschaftlichen Erwerb von neuen Fahrzeugen i. S. des § 1b UStG gem. § 13 Abs. 1 Nr. 7 UStG am Tag des Erwerbs; also am 10.7.09.

Es ist eine Fahrzeugeinzelbesteuerung gem. §§ 16 Abs. 5a, 18 Abs. 5a UStG durchzuführen.

V. Steuerentstehung in sonstigen Fällen

1. Beförderungseinzelbesteuerung

In den Fällen der Beförderungseinzelbesteuerung nach § 16 Abs. 5 UStG entsteht die Steuer in dem Zeitpunkt, in dem der Kraftomnibus in das Inland gelangt *(§ 13 Abs. 1 Nr. 1 Buchst. c UStG)*.

490

2. Elektronische Dienstleistungen

In den Fällen des § 18 Abs. 4c UStG entsteht die Steuer mit Ablauf des Besteuerungszeitraums nach § 16 Abs. 1a Satz 1 UStG, in dem die Leistungen ausgeführt worden sind *(§ 13 Abs. 1 Nr. 1 Buchst. d UStG)*.

491

Hintergrund ist die Regelung zum sog. *Mini-One-Stop-Shop* (MOSS-Verfahren) oder *Kleine Einzige Anlaufstelle* (KEA):

Ab dem 1.1.2015 liegt der Leistungsort bei Telekommunikations-, Rundfunk- und Fernseh- sowie auf elektronischem Weg erbrachten Dienstleistungen an Nichtunternehmer in dem Staat, in dem der Leistungsempfänger ansässig ist oder seinen Wohnsitz oder gewöhnlichen Aufenthaltsort hat. Diese Ortsbestimmung gilt seit dem 1.7.2003 bereits für auf elektronischem Weg erbrachte Dienstleistungen, die von im Drittland ansässigen Unternehmern an Nichtunternehmer im Gemeinschaftsgebiet erbracht werden.

Damit erfolgt die Umsatzbesteuerung dieser Leistungen künftig einheitlich nicht mehr in dem Staat, in dem der leistende Unternehmer ansässig ist, sondern am Verbrauchsort. Als Folge hiervon müssen sich Unternehmer entweder in den Mitgliedstaaten, in denen sie die genannten Leistungen ausführen, umsatzsteuerlich erfassen lassen und dort ihren Melde- und Erklärungspflichten nachkommen oder die Vereinfachungsmöglichkeit durch die Sonderregelung "Mini-One-Stop-Shop" in Anspruch nehmen.

Die ab dem 1.1.2015 in Kraft tretende Sonderregelung des Mini-One-Stop-Shop ermöglicht es den in Deutschland ansässigen Unternehmern, ihre in den übrigen Mitgliedstaaten der Europäischen Union (EU) ausgeführten Umsätze, die unter die Sonderregelung fallen, in einer besonderen Steuererklärung zu erklären, diese Steuererklärung zentral über das Bundeszentralamt für Steuern (BZSt) auf elektronischem Weg zu übermitteln und die sich ergebende Steuer insgesamt zu entrichten. Diese Regelung gilt allerdings nur für die Umsätze in anderen Mitgliedstaaten der EU, in denen der Unternehmer keine umsatzsteuerliche Betriebsstätte hat.

Die Teilnahme an der Sonderregelung können Unternehmer auf elektronischem Weg beim BZSt beantragen. Dies ist ab dem 1. 10. 2014 mit Wirkung zum 1. 1. 2015 möglich und gilt einheitlich für alle Staaten der EU. Für die Antragstellung durch im Inland ansässige Unternehmer steht das BZStOnline-Portal zur Verfügung.

Für die Sonderregelung registrierte Unternehmer können im BZStOnline-Portal ihre Registrierungsdaten ändern, ihre Steuererklärungen übermitteln und berichtigen sowie sich vom Verfahren abmelden. Ein Widerruf der Teilnahme ist unter Einhaltung einer Widerrufsfrist grundsätzlich bis zum Beginn eines neuen Besteuerungszeitraums (Kalendervierteljahr) mit Wirkung ab diesem Zeitraum möglich.

3. Unrichtiger und unberechtigter Steuerausweis

492 In den Fällen des *§ 14c UStG* entsteht die Steuer im Zeitpunkt der Ausgabe der Rechnung *(§ 13 Abs. 1 Nr. 3 UStG)*.

4. Änderung der Bemessungsgrundlage

493 In den Fällen des *§ 17 Abs. 1 Satz 6 UStG* entsteht die Steuer mit Ablauf des Voranmeldungszeitraums, in dem die Änderung der Bemessungsgrundlage eingetreten ist *(§ 13 Abs. 1 Nr. 5 UStG)*.

5. Vertrauensschutzregelung

494 In den Fällen des *§ 6a Abs. 4 Satz 2 UStG* entsteht die Steuer in dem Zeitpunkt, in dem die Lieferung ausgeführt wird *(§ 13 Abs. 1 Nr. 8 UStG)*.

6. Umsatzsteuerlagerregelung

495 Im Fall des *§ 4 Nr. 4a Satz 1 Buchst. a Satz 2 UStG* entsteht die Steuer mit Ablauf des Voranmeldungszeitraums, in dem der Gegenstand aus einem Umsatzsteuerlager *ausgelagert* wird *(§ 13 Abs. 1 Nr. 9 UStG)*. Steuerschuldner ist gem. § 13a Abs. 1 Nr. 6 UStG der Auslagerer und unter bestimmten Voraussetzungen daneben auch der Lagerhalter.

G. Rechnung

I. Ausstellung von Rechnungen gem. § 14 UStG

1. Allgemeines

496 *§ 14 UStG* definiert die Rechnung und legt die erforderlichen Rechnungsangaben fest. Eine ordnungsgemäße Rechnung ist Voraussetzung für den *Vorsteuerabzug* gem. § 15

Abs. 1 Satz 1 Nr. 1 UStG. Allerdings eben auch *nur* Tatbestandsmerkmal des § 15 Abs. 1 Satz 1 *Nr. 1* UStG. Der ebenfalls mögliche Vorsteuerabzug aus Einfuhren (EUSt), innergemeinschaftlichen Erwerben oder § 13b-Tatbeständen erfordert *nicht* eine ordnungsgemäße Rechnung i. S. v. § 14 UStG, gleichwohl natürlich durch Belege bewiesen werden muss, dass das Unternehmen z. B. Waren importiert hat und die EUSt entrichtet hat.

2. Rechnungen

a) Begriff der Rechnung

Rechnung ist gem. *§ 14 Abs. 1 Satz 1 UStG jedes Dokument*, mit dem über eine Lieferung oder sonstige Leistung abgerechnet wird, gleichgültig, wie dieses Dokument im Geschäftsverkehr bezeichnet wird. Rechnungen sind gem. *§ 14 Abs. 1 Satz 7 UStG* auf Papier oder vorbehaltlich der Zustimmung des Empfängers auf elektronischem Weg zu übermitteln. Als Papierrechnungen (*Analogrechnungen*) gelten alle Rechnungen, die z. B. auf Papier gedruckt dem Empfänger per Brief oder Fax zugestellt werden.

497

Elektronische Rechnungen sind Rechnungen, die auf Seiten des Rechnungserstellers und des Rechnungsempfängers zunächst nur in einem elektronischen Format vorhanden sind (z. B. die Rechnung wird als pdf oder jpg oder word-Dokument erstellt, per Email-Versand oder Web-Download übermittelt und der Empfänger erhält sie demzufolge auch in diesem elektronischen Format. Eine elektronische Rechnung i. S. v. § 14 Abs. 1 Satz 8 UStG liegt auch dann noch vor, wenn der Versandweg analog gestaltet ist, d. h. die e-Rechnung auf einem USB-Stick, einer Festplatte oder CD/DVD gespeichert wird und beispielsweise per Brief- oder Paketpost zum Empfänger gesendet wird. Eine Analogrechnung liegt dagegen vor, wenn auf mindestens einer der beiden Seiten (Rechnungsersteller und Rechnungsempfänger) das Dokument zunächst nur in analoger Form vorhanden. Fax-Rechnungen (auch PC-Fax) gelten stets als Analogrechnungen.

Die *Zustimmung* des Empfängers der elektronischen Rechnung bedarf keiner besonderen Form; es muss lediglich Einvernehmen zwischen Rechnungsaussteller und Rechnungsempfänger darüber bestehen, dass die Rechnung elektronisch übermittelt werden soll. Die Zustimmung kann auch durch sog. „konkludentes Verhalten" erteilt werden, d. h. der Rechnungsempfänger widerspricht der elektronischen Rechnungsform nicht. Tut er dies aber, ist der Rechnungsersteller (zumeist der leistende Unternehmer) verpflichtet, die Rechnung analog zu erstellen. Da dies Papier- und Druckkosten sowie Porto verursacht, muss er dies aber nicht kostenlos tun. Was er dem Rechnungsempfänger dafür aber in Rechnung stellt, regelt sich nach den zivilrechtlichen Vereinbarungen, die beide diesbzgl. treffen.

Eine Rechnung kann gem. § 14 Abs. 6 Nr. 2 UStG i. V. mit § 31 Abs. 1 UStDV auch aus einer Mehrzahl von Dokumenten bestehen. In einem dieser Dokumente sind das Entgelt und der darauf entfallende Steuerbetrag jeweils zusammengefasst anzugeben und alle anderen Dokumente zu bezeichnen, aus denen sich die übrigen Angaben nach § 14 Abs. 4 UStG ergeben.

SECHSTER TEIL — Umsatzsteuer

Auf die *Bezeichnung* des Abrechnungspapiers als Rechnung kommt es nicht an. Entscheidend ist der Inhalt des Dokuments. Dokument ist die Verkörperung einer Gedankenäußerung in Schriftform. Der Begriff „Dokument" umfasst auch die Rechnung auf elektronischem Weg. Wird in einem Dokument über eine Leistung gegenüber dem Leistungsempfänger abgerechnet, dann liegt eine Rechnung auch dann vor, wenn das Dokument nicht ausdrücklich als Rechnung bezeichnet ist.

Wenn die in § 14 Abs. 4 Satz 1 UStG geforderten Angaben vorliegen, ist auch ein Vertrag als Rechnung i. S. des § 14 Abs. 1 Satz 1 UStG anzusehen. Aus diesem Grund können

- ▶ Mietverträge,
- ▶ Pachtverträge,
- ▶ Wartungsverträge,
- ▶ sonstige Dienstleistungsverträge

als Rechnungen angesehen werden, mit der Folge, dass für den Leistungsempfänger unter den übrigen Voraussetzungen des § 15 Abs. 1 Satz 1 Nr. 1 UStG ein Vorsteuerabzug gegeben ist. Fehlen in einem derartigen Vertrag notwendige Angaben, so ist dies dann unerheblich, wenn diese Angaben in *anderen Unterlagen* enthalten sind, auf die im Vertrag *hingewiesen* wird. Ist in einem Vertrag der Leistungszeitraum nicht angegeben, so reicht es aus, wenn sich dieser aus den einzelnen Zahlungsbelegen, z. B. aus den Ausfertigungen der Überweisungsaufträge, ergibt. Ein Vertrag kann allerdings nur dann als Rechnung anerkannt werden, wenn er in seinem *Inhalt eindeutig* ist. Insbesondere muss die gesonderte Inrechnungstellung der USt eindeutig, klar und unbedingt sein. Dies ist z. B. dann nicht der Fall, wenn die in einem Vertrag enthaltene Abrechnung offen lässt, ob der leistende Unternehmer den Umsatz versteuern oder als steuerfrei behandeln will, und demnach die Abrechnungsvereinbarung für jeden der beiden Fälle eine *wahlweise Ausgestaltung* enthält. Aus einem Mietvertrag muss klar ersichtlich sein, ob der leistende Unternehmer steuerfrei oder unter Inanspruchnahme der Option gem. § 9 UStG steuerpflichtig vermieten will.

498   Der Unternehmer muss die Rechnung *nicht selber* erstellen, er kann damit auch einen Dritten beauftragen. Dies darf allerdings grundsätzlich nicht der am Leistungsaustausch beteiligte Geschäftspartner sein, aber z. B. ein Dienstleistungsunternehmen, das elektronische Rechnungen erstellt. Eine Rechnung kann gem. *§ 14 Abs. 2 Satz 4 UStG* im Namen und für Rechnung des Unternehmers oder eines in § 14 Abs. 2 Satz 2 UStG bezeichneten Leistungsempfängers von einem Dritten ausgestellt werden.

499   Nachdem man die Rechnung bekommen hat, muss sie im Rahmen der allgemeinen Aufbewahrungspflichten 10 Jahre aufbewahrt werden (vgl. z. B. § 257 HGB, 147 AO). Eine spezielle Aufbewahrungspflicht kennt § 14b Abs. 2 Satz 5 UStG: Rechnungen über Bauleistungen müssen zwei Jahre aufbewahrt werden. Diese spezielle Verpflichtung gilt somit auch für private Leistungsempfänger, die an sich keine Aufbewahrungspflichten zu beachten haben.

500   Bei der Rechnungsübermittlung durch Telefax oder Internet sind die beim Empfänger ankommenden Schriftstücke/Daten als zum Vorsteuerabzug berechtigte Rechnungen i. S. des § 14 anzusehen (Der Rechnungsversand per e-mail ist dabei nicht gesondert ge-

regelt, da e-mail lediglich eine Übertragungsform ist; entscheidend sind Form und Inhalt der Rechnung). Der den Vorsteuerabzug beanspruchende Unternehmer ist jedoch verpflichtet, bis zum Ablauf der Aufbewahrungsfrist die Lesbarkeit der Rechnung sicherzustellen, z. B. indem er auf Thermopapier gedruckte Rechnungen auf Normalpapier kopiert. Dazu ist er verpflichtet (vgl. Abschn. 14b.1 Abs. 5f UStAE, BMF-Schreiben vom 29.1.2004). Ist nämlich die Thermopapier-Rechnung nach einigen Jahren durch Licht- oder Wärmeeinwirkung unleserlich geworden und kann daher nicht mehr als Dokument herhalten, geht dies zu Lasten des Unternehmers. Das Finanzamt könnte ihm aus einer solchen unleserlichen Rechnung den Vorsteuerabzug versagen. Ist die Thermopapierrechnung dann auf Normalpapier kopiert worden, braucht das auf Thermopapier vorhandene Original dann nicht mehr aufbewahrt werden.

Bei „**Papierrechnungen**" ist die Übereinstimmung mit dem Original jederzeit feststellbar. Über die Inhalte des § 14 Abs. 1 und 4 UStG hinaus ist daher nichts Wesentliches zu beachten. Eine Rechnung, die von Standard-Fax an Standard-Fax geschickt wird, gilt dabei als „*elektronisch übermittelte Rechnung*" (vgl. Verfügung der OFD Koblenz vom 21.2.2006). Hier ist Fax statt Briefversand lediglich eine andere Übertragungsform. Wie bei anderen Geschäftsunterlagen auch, ist die elektronische Speicherung der Papier-/Fax-Rechnung (Analogrechnung) möglich, indem sie eingescannt wird und das eingescannte Bild elektronisch archiviert wird (vgl. § 147 Abs. 2 AO). Dabei müssen die Reproduktionen mit dem Originalpapier übereinstimmen, d. h. im gescannten Bild müssen alle Stempel, Bearbeitungsvermerke, Korrekturen, Kontierungen etc. erkennbar sein. Das Original-Papier bzw. der Papierausdruck des eingegangenen Standard-Fax kann dann vernichtet werden. Für den Vorsteuerabzug ist dann nur noch die Vorlage des elektronisch archivierten Dokuments erforderlich (z. B. im Rahmen von Betriebsprüfungen).

Auch Kopien berechtigen zum Vorsteuerabzug (wenn z. B. das Original verloren gegangen ist). Das FA kann aber weitere Nachweise verlangen, z. B. Bankbelege, Waren- und Lieferscheine oder Bescheinigungen des Lieferanten (vgl. FG München vom 21.1.2009).

Wird die Rechnung dagegen als „elektronische Rechnung" verschickt, muss § 14 Abs. 1 und 3 UStG beachtet werden. *Die Regelungen hierzu sind rückwirkend im Herbst 2011 geändert worden. Die Änderung durch StVereinfG 2011 gilt für alle Rechnungen, mit denen über eine Leistung abgerechnet wird, die nach dem 30.6.2011 erbracht wird.*

Eine elektronische Rechnung muss nun – genau wie eine Papierrechnung – (nur) die folgenden Anforderungen erfüllen (§ 14 Abs. 1 Satz 2 ff. UStG):

1. Echtheit der Herkunft (Authentizität), d. h. die Sicherstellung, dass der Rechnungsaussteller mit dem Erbringer der Leistung identisch ist oder jedenfalls berechtigt ist, über den Umsatz abzurechnen (bzw. der ist, für den er sich ausgibt).

2. Unversehrtheit des Inhalts (Identität), d. h. die Sicherstellung, dass der Inhalt der Rechnung nicht von irgendjemandem verfälscht wurde – auf dem Weg vom Rechnungsaussteller bis zur Ablage in den Buchhaltungsunterlagen beim Rechnungsempfänger.

3. Lesbarkeit (Es gilt das BMF-Schreiben vom 14.11.2014, GoBD) Hier ist insbesondere festzuhalten, dass elektronische Rechnungen über 10 Jahre hinweg *in dem Format,*

in dem sie den Empfänger erreicht haben, abgespeichert werden müssen (auf einem nicht veränderbaren Datenträger in der EU).

4. Vollständigkeit und Richtigkeit (Hier sind insbesondere die Angaben des § 14 Abs. 4 UStG zu beachten.)

Die Merkmale 1 und 2 sind bei elektronischen Rechnungen durch den Einsatz des EDI-Verfahrens (siehe entsprechende EU-Richtlinie) *oder* eine qualifizierte elektronische Signatur bei der Rechnungserstellung und -prüfung (vgl. § 14 Abs. 3 UStG) *oder* einen individuell in jedem Betrieb frei festlegbaren Prüfpfad sicherzustellen (vgl. § 14 Abs. 1 S. 6 UStG). Der Prüfpfad ist dabei an keine Software, Dokumentation o. ä. Anforderungen geknüpft. Er wird vom Finanzamt weder genehmigt noch überprüft. Er beinhaltet lediglich die ganz normale Prüfung der Rechnung, wie sie auch bei Papierrechnungen üblich ist.

502 In den Fällen, in denen der Unternehmer Lieferungen oder sonstige Leistungen nach § 1 Abs. 1 Nr. 1 UStG ausführt, ist er *berechtigt*, Rechnungen zu erstellen. Soweit diese Leistungen gegenüber anderen Unternehmern für deren Unternehmen oder gegenüber juristischen Personen ausgeführt werden, ist der leistende Unternehmer gem. § 14 Abs. 2 Satz 1 Nr. 2 Satz 2 UStG sogar *verpflichtet*, Rechnungen auszustellen. Dies gilt ab dem 1.1.2009 nicht mehr, wenn steuerfreie Umsätze nach § 4 Nr. 8 bis 28 UStG ausgeführt werden. Hierbei handelt es sich um einen *zivilrechtlichen Anspruch*, der vor den ordentlichen Gerichten geltend zu machen ist. Die Verjährung dieses Anspruches tritt nach Ablauf von *3 Jahren* ein (§ 195 BGB).

Zur Intensivierung der Bekämpfung der Schwarzarbeit sieht *§ 14 Abs. 2 Satz 1 Nr. 1 UStG* vor, dass ein Unternehmer, der eine steuerpflichtige Werklieferung oder sonstige Leistung im Zusammenhang mit einem Grundstück ausführt, auch dann zur Rechnungsausstellung verpflichtet ist, wenn die Leistung an einen Nichtunternehmer oder aber einen Unternehmer für dessen nichtunternehmerischen Bereich erbracht wird. Durch diese Änderung sollen die „Ohne-Rechnung-Geschäfte", die häufig nicht der Besteuerung unterworfen werden, verhindert werden.

BEISPIELE:

1. Der selbständige Malermeister A renoviert im Auftrag der Privatperson P deren Wohnung. Es liegt eine Werkleistung vor.

    A erbringt eine steuerbare und steuerpflichtige Leistung gegenüber P. A ist verpflichtet, eine Rechnung auszustellen, da es sich um eine steuerpflichtige Leistung im Zusammenhang mit einem Grundstück handelt (§ 14 Abs. 2 Satz 1 Nr. 1 UStG).

2. Der Kleinunternehmer B repariert die Heizungsanlage im Gebäude der Privatperson P.

    B erbringt eine steuerbare und steuerpflichtige sonstige Leistung gegenüber P. B ist verpflichtet, eine Rechnung auszustellen, da es sich um eine steuerpflichtige Leistung im Zusammenhang mit einem Grundstück handelt (§ 14 Abs. 2 Satz 1 Nr. 1 UStG). Die USt darf allerdings nicht gesondert ausgewiesen werden (§ 19 Abs. 1 Satz 4 UStG).

3. Hauseigentümer C vermietet eine Wohnung an die Privatperson P zu Wohnzwecken.

    C erbringt als Unternehmer eine steuerfreie sonstige Leistung gem. § 4 Nr. 12 Satz 1 Buchst. a UStG. C ist nicht zur Rechnungsstellung verpflichtet, da es sich um einen steuerfreien Umsatz an eine Privatperson handelt (§ 14 Abs. 2 UStG).

Die Verpflichtung zur Ausstellung einer Rechnung bei Leistungen im Zusammenhang mit einem Grundstück wurde auf *Werklieferungen* und *sonstige Leistungen* begrenzt.

Aus Vereinfachungsgründen kann bei sonstigen Leistungen, die der Art nach in § 4 Nr. 12 UStG bezeichnet sind, die nicht an einen anderen Unternehmer für dessen Unternehmen oder an eine juristische Person erbracht werden, auf die Erteilung einer Rechnung verzichtet werden (Abschn. 14.1 Abs. 3 Satz 5 UStAE).

BEISPIEL: Unternehmer A vermietet der Privatperson P einen Fahrzeugabstellplatz.
A erbringt eine steuerbare und gem. § 4 Nr. 12 Satz 2 UStG steuerpflichtige sonstige Leistung an die Privatperson P. Aus Vereinfachungsgründen kann, da es sich um eine der Art nach in § 4 Nr. 12 UStG bezeichnete Leistung handelt, auf die Erteilung einer Rechnung verzichtet werden.

Die steuerpflichtige Werklieferung oder sonstige Leistung muss *in engem Zusammenhang* mit einem Grundstück stehen. Ein enger Zusammenhang ist gegeben, wenn sich die Werklieferung oder sonstige Leistung nach den tatsächlichen Umständen überwiegend auf die Bebauung, Verwertung, Nutzung oder Unterhaltung aber auch Veräußerung oder Erwerb des Grundstücks selbst bezieht.

Soweit eine Rechnungsausstellungspflicht besteht, sind diese Rechnungen mit den in § 14 Abs. 4 UStG beschriebenen *Pflichtangaben* zu versehen.

Zu den Pflichtangaben hinzugekommen ist *§ 14 Abs. 4 Satz 1 Nr. 9 UStG*, wonach die Rechnungen i. S. des § 14 Abs. 2 Satz 1 Nr. 1 UStG einen Hinweis auf die Aufbewahrungspflicht des Leistungsempfängers enthalten müssen. Der Leistungsempfänger (Privatperson oder Unternehmer, der für seinen nichtunternehmerischen Bereich erwirbt) muss die Rechnung, einen Zahlungsbeleg oder eine andere beweiskräftige Unterlage gem. § 14b Abs. 1 Satz 5 UStG zwei Jahre aufbewahren.

Besteht eine Verpflichtung zur Ausstellung einer Rechnung (entweder nach § 14 Abs. 2 Satz 1 Nr. 1 UStG oder nach § 14 Abs. 2 Satz 1 Nr. 2 UStG), so ist die Rechnung *innerhalb von 6 Monaten* nach Ausführung der Leistung auszustellen. Bei Dienstleistungen, die ein deutscher Unternehmer z. B. im EU-Ausland ausführt und die dort besteuert werden (vgl. § 3a Abs. 2 UStG) ist der Unternehmer verpflichtet, *bis zum 15. des Folgemonats* eine Rechnung zu erteilen (§ 14a Abs. 1 UStG). Die Rechnung kann aber nach deutschen Vorschriften erstellt werden, obwohl der Umsatz ja in einem anderen Land ausgeführt wird und daher grds. dessen Regeln gelten. Gleiches gilt für EU-ausländische Unternehmer, die in Deutschland Umsätze dieser Art ausführen: sie können die Rechnung nach den Vorschriften ihres Landes erstellen (§ 14 Abs. 7 UStG).

Bei Nichtausstellung oder nicht rechtzeitiger Ausstellung kann gem. § 26a Abs. 1 Nr. 1 UStG i. V. mit § 26a Abs. 2 UStG eine *Geldbuße* bis zu 5 000 € festgesetzt werden. Die *nicht vollständige* Erteilung einer Rechnung gilt nicht als Ordnungswidrigkeit.

b) Angaben in der Rechnung

Gemäß *§ 14 Abs. 4 Satz 1 UStG* müssen die Rechnungen folgende Angaben enthalten:

- den vollständigen Namen und die vollständige Anschrift des leistenden Unternehmers und des Leistungsempfängers,

- die dem leistenden Unternehmer vom Finanzamt erteilte Steuernummer oder die ihm vom Bundeszentralamt für Steuern erteilte Umsatzsteuer-Identifikationsnummer,
- das Ausstellungsdatum,
- eine fortlaufende Nummer mit einer oder mehreren Zahlenreihen, die zur Identifizierung der Rechnung vom Rechnungsaussteller einmalig vergeben wird (Rechnungsnummer),
- die Menge und die Art (handelsübliche Bezeichnung) der gelieferten Gegenstände oder den Umfang und die Art der sonstigen Leistung,
- den Zeitpunkt der Lieferung oder sonstigen Leistung; in den Fällen des § 14 Abs. 5 Satz 1 UStG den Zeitpunkt der Vereinnahmung des Entgelts oder eines Teils des Entgelts, sofern der Zeitpunkt der Vereinnahmung feststeht und nicht mit dem Ausstellungsdatum der Rechnung identisch ist,
- das nach Steuersätzen und einzelnen Steuerbefreiungen aufgeschlüsselte Entgelt für die Lieferung oder sonstige Leistung (§ 10 UStG) sowie jede im Voraus vereinbarte Minderung des Entgelts, sofern sie nicht bereits im Entgelt berücksichtigt ist,
- den anzuwendenden Steuersatz sowie den auf das Entgelt entfallenden Steuerbetrag oder im Fall einer Steuerbefreiung einen Hinweis darauf, dass für die Lieferung oder sonstige Leistung eine Steuerbefreiung gilt, und
- in den Fällen des § 14b Abs. 1 Satz 5 UStG einen Hinweis auf die Aufbewahrungspflicht des Leistungsempfängers.

Nach § 31 Abs. 1 UStDV können die erforderlichen Rechnungsangaben in mehreren Dokumenten enthalten sein, sofern eine leichte Nachprüfbarkeit der Angaben gewährleistet ist und *auf einem Dokument* angegeben ist, welche anderen Unterlagen ergänzende Angaben enthalten. Alle Dokumente müssen vom Rechnungsaussteller erstellt werden.

504 Dem Erfordernis der Angabe des *vollständigen Namens und der vollständigen Anschrift des leistenden Unternehmers und des Leistungsempfängers* in der Rechnung ist genüge getan, wenn sich aufgrund der in der Rechnung aufgenommenen Bezeichnung der Name und die Anschrift eindeutig feststellen lassen (§ 31 Abs. 2 UStDV). Der leistende Unternehmer kann aus diesem Grund auch unter einem *Scheinnamen* abrechnen, sofern der wirkliche Name eindeutig und leicht nachprüfbar festzustellen ist. Verfügt der Leistungsempfänger über ein Postfach oder über eine Großkundenadresse, ist es ausreichend, wenn diese Daten anstelle der Anschrift angegeben werden (Abschn. 14.5 Abs. 2 Satz 3 UStAE). Mit Hinweis auf den Internethandel hat das FG Köln im Urteil vom 28. 4. 2015 darauf hingewiesen, dass der leistende Unternehmer an der auf der Rechnung ausgewiesenen Adresse letztlich überhaupt keine Geschäftsaktivitäten entfalten muss. Eine rein postalisch erreichbare Adresse (Briefkastenfirma) reicht aus.

505 Eine Rechnung muss gem. § 14 Abs. 4 Satz 1 Nr. 2 UStG die dem leistenden Unternehmer vom Finanzamt erteilte *Steuernummer* oder die ihm vom Bundeszentralamt für Steuern erteilte *Umsatzsteuer-Identifikationsnummer* enthalten. Wurde dem leistenden Unternehmer keine Umsatzsteuer-Identifikationsnummer erteilt, ist zwingend die erteilte Steuernummer anzugeben. Im Fall der *Gutschrift* ist die Steuernummer bzw. die Umsatzsteuer-Identifikationsnummer des leistenden Unternehmers und nicht die des

die Gutschrift erteilenden Unternehmers anzugeben (Abschn. 14.5 Abs. 5 Satz 6 UStAE). Leistet ein Unternehmer im eigenen Namen (Eigengeschäft) und vermittelt er einen Umsatz in fremden Namen und für fremde Rechnung (vermittelter Umsatz), müssen *beide Steuernummern* bzw. Umsatzsteuer-Identifikationsnummern angegeben werden. Im Fall der umsatzsteuerlichen *Organschaft* muss die Organgesellschaft die ihr oder dem Organträger erteilte Umsatzsteuer-Identifikationsnummer oder die Steuernummer des Organträgers angeben. Der Leistungsempfänger haftet allerdings nicht für Richtigkeit der in der Rechnung angegebenen Steuernummer des leistenden Unternehmers, da er diese ohnehin nicht auf ihre Richtigkeit prüfen kann.

Eine Rechnung muss gem. § 14 Abs. 4 Satz 1 Nr. 3 UStG das *Ausstellungsdatum* der Rechnung enthalten. 506

Eine Rechnung muss gem. § 14 Abs. 4 Satz 1 Nr. 4 UStG eine *Rechnungsnummer* enthalten. Durch die fortlaufende Nummer soll sichergestellt werden, dass die vom Unternehmer erstellte Rechnung *einmalig* ist. Bei der Erstellung der Rechnungsnummer ist es zulässig, eine oder mehrere Zahlen- oder Buchstabenreihen zu verwenden. Auch eine Kombination von Ziffern mit Buchstaben ist möglich. Wie viele und welche separaten *Nummernkreise* geschaffen werden, in denen eine Rechnungsnummer jeweils einmalig vergeben wird, bleibt dem Rechnungsaussteller überlassen (UStAE 14.5 Abs. 11 Satz 1). Im Fall der *Gutschrift* ist die fortlaufende Nummer durch den Gutschriftsaussteller zu vergeben. 507

Die Rechnung muss Angaben über die *Menge und die handelsübliche Bezeichnung* des Gegenstandes der Lieferung oder die Art und den Umfang der sonstigen Leistung enthalten. Für diese vorgeschriebenen Angaben können gem. § 31 Abs. 3 Satz 1 UStDV Abkürzungen, Buchstaben, Zahlen oder Symbole verwendet werden, wenn ihre Bedeutung in der Rechnung oder in anderen Unterlagen eindeutig festgelegt ist. Die erforderlichen anderen Unterlagen müssen gem. § 31 Abs. 3 Satz 2 UStDV sowohl beim Aussteller als auch beim Empfänger der Rechnung vorhanden sein. *Handelsüblich* ist jede im Geschäftsverkehr für einen Gegenstand allgemein verwendete Bezeichnung, z. B. auch Markenartikelbezeichnungen. Handelsübliche Sammelbezeichnungen sind ausreichend, wenn sie die Bestimmung des anzuwendenden Steuersatzes eindeutig ermöglichen, z. B. Baubeschläge, Büromöbel, Kurzwaren, Schnittblumen, Spirituosen, Tabakwaren, Waschmittel. *Bezeichnungen allgemeiner Art*, die Gruppen verschiedenartiger Gegenstände umfassen, z. B. Geschenkartikel, reichen nicht aus (Abschn. 14.5 Abs. 15 Satz 4 UStAE). Die Leistungsbezeichnung muss *zutreffend* sein. Sie muss den ihr zugrunde liegenden Vorgang so genau beschreiben, dass er von anderen Leistungsbezügen abgrenzbar ist. Eine Bezeichnung in der Rechnung „Arbeiten wie gesehen und besichtigt" oder allgemeine Bezeichnungen der Leistung wie „Fliesenlegearbeiten" genügt nicht zur Identifizierung der Leistung (vgl. BFH-Urteil vom 5. 2. 2010 XI B 31/09). 508

Die Rechnung muss *stets* eine Angabe über den *Zeitpunkt* der Lieferung oder der sonstigen Leistung enthalten; dies gilt auch dann, wenn der Leistungszeitpunkt dem Rechnungsdatum entspricht. Das gilt auch bei der *Vereinnahmung* des Entgelts oder eines Teils des Entgelts für eine noch nicht ausgeführte Leistung, sofern der Zeitpunkt der Vereinnahmung jeweils feststeht und nicht mit dem Rechnungsdatum identisch ist. Als Zeitpunkt kann gem. *§ 31 Abs. 4 UStDV* der Kalendermonat angegeben werden, in 509 dem die Leistung ausgeführt wird. Ist in einem *Vertrag* – z. B. Miet- oder Pachtvertrag, Wartungsvertrag oder Pauschalvertrag mit einem Steuerberater – der Zeitraum, über den sich die jeweilige Leistung oder Teilleistung erstreckt, nicht angegeben, reicht es aus, wenn sich dieser Zeitraum aus den einzelnen *Zahlungsbelegen*, z. B. aus den Überweisungsaufträgen oder den Kontoauszügen, ergibt (UStAE 14.5 Abs. 17 Satz 1). Sofern sich der erforderliche Leistungszeitpunkt aus dem *Lieferschein* ergeben soll, ist es erforderlich, dass der Lieferschein neben dem Lieferscheindatum eine gesonderte Angabe des Leistungsdatums enthält (aber: z. B. die Angabe reicht: "Das Lieferdatum entspricht dem Rechnungsdatum" oder "Lieferzeitpunkt vgl. Lieferschein" (wenn auf diesem ein Datum vermerkt ist).

510 Die Rechnung muss das nach Steuersätzen und einzelnen Steuerbefreiungen aufgeschlüsselte *Entgelt* für die Lieferung oder sonstige Leistung enthalten. Entgelt ist gem. § 10 Abs. 1 Satz 2 UStG alles, was der Leistungsempfänger aufwendet, um die Leistung zu erhalten, jedoch abzüglich der USt. Es handelt sich bei dem Entgelt somit um einen *Nettobetrag*. In der Rechnung dürfen Entgelte für mehrere Leistungen mit demselben Steuersatz zusammengefasst werden.

Zusätzlich ist jede im Voraus vereinbarte *Minderung* des Entgelts, sofern sie nicht bereits im Entgelt berücksichtigt ist, anzugeben. Dies bedeutet im Fall der Vereinbarung von Boni, Skonti und Rabatten, bei denen im Zeitpunkt der Rechnungserstellung die Höhe der Entgeltsminderung nicht feststeht, dass in der Rechnung auf die entsprechende Vereinbarung hinzuweisen ist. Allerdings reicht auch eine Angabe wie: „Zu den Zahlungsbedingungen vgl. unsere AGB", wenn diese AGB im Unternehmen des Leistenden und des Leistungsempfängers abrufbar sind.

511 Die Rechnung muss den anzuwendenden *Steuersatz* sowie den auf das Entgelt entfallenden *Steuerbetrag* enthalten. Anzugeben ist ein *Geldbetrag*. Dieser *gesonderte Steuerausweis* ist Voraussetzung für den Vorsteuerabzug gem. § 15 Abs. 1 Satz 1 Nr. 1 UStG. Die USt entsteht grundsätzlich nicht aufgrund der Rechnungserteilung (siehe aber § 14c Abs. 1 und 2 UStG), sondern die USt entsteht kraft Gesetzes. Sind in einer Rechnung mehrere Leistungen enthalten, die demselben Steuersatz unterliegen, genügt der gesonderte Steuerausweis für den gesamten Nettobetrag. In Rechnungen für Umsätze, auf die die Durchschnittssätze des § 24 Abs. 1 UStG anzuwenden sind, ist gem. § 24 Abs. 1 Satz 5 UStG außer dem Steuerbetrag der für den Umsatz maßgebliche *Durchschnittssatz* anzugeben.

Handelt es sich um eine *steuerfreie Lieferung oder sonstige Leistung*, so ist ein Hinweis auf die Steuerbefreiung auf der Rechnung anzubringen. Bei dem Hinweis auf die Steuerbefreiung ist es nicht erforderlich, dass der Unternehmer die entsprechende Vorschrift des UStG oder der Mehrwertsteuer-Systemrichtlinie nennt.

512 Seit dem 1. 8. 2004 ist in den Fällen des § 14b Abs. 1 Satz 5 UStG (Rechnungsaufbewahrungspflicht für einen Nichtunternehmer) in der Rechnung ein *Hinweis auf die Aufbewahrungspflicht* des Leistungsempfängers anzubringen.

513 Eine Rechnung kann gem. § 14 Abs. 6 Nr. 5 UStG i.V. mit *§ 31 Abs. 5 UStDV* berichtigt werden, wenn sie nicht alle Angaben nach § 14 Abs. 4 UStG oder § 14a UStG enthält oder Angaben in der Rechnung unzutreffend sind. Es müssen *nur* die fehlenden oder

unzutreffenden Angaben durch ein Dokument, das spezifisch und eindeutig auf die Rechnung bezogen ist, übermittelt werden. Dies ist regelmäßig der Fall, wenn in diesem Dokument die fortlaufende Nummer der ursprünglichen Rechnung angegeben ist. *Ergänzungen* und *Berichtigungen* von Rechnungsangaben können grundsätzlich nur von demjenigen vorgenommen werden, der die Abrechnung erteilt hat. Der Abrechnungsempfänger kann von sich aus den Inhalt der ihm erteilten Abrechnung nicht mit rechtlicher Wirkung verändern. Dies gilt selbst dann, wenn der Rechnungsaussteller der Rechnungsänderung zustimmt. Eine Berichtigung oder Ergänzung des Abrechnungspapiers ist nur in den Fällen anzuerkennen, in denen sich der Abrechnende die Änderung zu eigen macht und dies aus dem Abrechnungspapier oder anderen Unterlagen hervorgeht, auf die im Abrechnungspapier hingewiesen ist.

Eine Rechnungsberichtigung *wirkt nicht zurück*, sondern berechtigt erst in dem Voranmeldungszeitraum der Berichtigung dazu, die Rechtsfolgen für den Vorsteuerabzug aus der dann vorliegenden Rechnung zu ziehen.

c) Gutschrift als Rechnung

Als Rechnung gilt gem. *§ 14 Abs. 2 Satz 2 UStG* auch eine Gutschrift, mit der ein Leistungsempfänger über eine Lieferung oder sonstige Leistung abrechnet, die an ihn ausgeführt wird, sofern dies vorher vereinbart wurde. Die Gutschrift unterscheidet sich von der Rechnung in der Weise, dass nicht der leistende Unternehmer, sondern der *Leistungsempfänger* über die an ihn erbrachte Leistung abrechnet. 514

Die am Leistungsaustausch Beteiligten können *frei vereinbaren*, ob der leistende Unternehmer oder der in § 14 Abs. 2 Satz 1 Nr. 2 UStG bezeichnete Leistungsempfänger abrechnet (UStAE 14.3). Die *Abgrenzung* zwischen Rechnung und Gutschrift richtet sich häufig nach der *zivilrechtlichen Abrechnungslast*. Liegt die Abrechnungslast beim Leistungsempfänger, dann wird er meist das Abrechnungspapier in Form einer Gutschrift ausstellen.

Für Umsätze ab dem 1.7.2013 gilt aufgrund des AmtshilfeRLUmsG (§ 27 Abs. 1 UStG): Künftig muss eine Gutschrift ausdrücklich als solche bezeichnet werden, das (ggf. elektronische) Dokument muss also die Angabe „Gutschrift" enthalten. Unschädlich wird – da Sprache und Währung einer Rechnung vom Gesetz ja nicht vorgeschrieben werden – die alternative englische Angabe „self-billing invoice" sein.

Mit Hilfe einer Gutschrift wird z. B. in folgenden *Fällen* abgerechnet:

- ein Verleger rechnet gegenüber dem Schriftsteller ab,
- ein Geschäftsherr rechnet gegenüber einem Handelsvertreter ab,
- ein Automatenaufsteller rechnet gegenüber einem Gastwirt ab, in dessen Räumen der Automat aufgestellt ist,
- ein Tankwart rechnet gegenüber der Mineralölgesellschaft ab,
- der Kommissionär rechnet gegenüber dem Kommittenten über die tatsächliche Höhe des Entgelts / Menge der verkauften Ware ab,
- Abrechnung über die Verwertung von Sicherungsgut.

Der Leistungsempfänger kann mit der Ausstellung einer Gutschrift auch einen Dritten beauftragen, der im Namen und für Rechnung des Leistungsempfängers abrechnet (§ 14 Abs. 2 Satz 4 UStG). Eine Gutschrift kann auch ausgestellt werden, wenn über steuerfreie Umsätze abgerechnet wird oder wenn beim leistenden Unternehmer nach § 19 Abs. 1 UStG die Steuer nicht erhoben wird. Dies kann dazu führen, dass der Empfänger der Gutschrift unrichtig oder unberechtigt ausgewiesene Steuer nach § 14c UStG schuldet.

515 Voraussetzung für die Wirksamkeit einer Gutschrift ist, dass die Gutschrift dem leistenden Unternehmer *übermittelt* worden ist und dieser dem ihm zugeleiteten Dokument nicht widerspricht (§ 14 Abs. 2 Satz 3 UStG). Die Gutschrift ist übermittelt, wenn sie dem leistenden Unternehmer so zugänglich gemacht worden ist, dass er von ihrem Inhalt Kenntnis nehmen kann. Die Gutschrift verliert die Wirkung einer Rechnung, sobald der Empfänger der Gutschrift dem ihm übermittelten Dokument *widerspricht*. Der Widerspruch wirkt, auch für den Vorsteuerabzug des Leistungsempfängers, erst in dem Besteuerungszeitraum, in dem er erklärt wird. Die Wirksamkeit des Widerspruchs setzt den Zugang beim Gutschriftsaussteller voraus.

516 *Keine Gutschrift* im vorgenannten Sinne ist die im allgemeinen Sprachgebrauch ebenso bezeichnete Korrektur einer zuvor ergangenen Rechnung (UStAE 14.3 Abs. 1 Satz 6).

3. Besonderheiten

a) Rechnungen mit verschiedenen Steuersätzen

517 Wird in einer Rechnung über Lieferungen oder sonstige Leistungen, die verschiedenen Steuersätzen unterliegen, der Steuerbetrag durch *Maschinen* automatisch ermittelt und durch diese in der Rechnung angegeben, so ist gem. *§ 32 UStDV* der Ausweis des Steuerbetrages *in einer Summe* zulässig, wenn für die einzelnen Posten der Rechnung der Steuersatz angegeben wird. Für die Angabe der Steuersätze können Schlüsselzahlen oder Symbole verwendet werden, wenn deren Bedeutung auf der Rechnung selbst eindeutig festgelegt ist.

b) Kleinbetragsrechnungen

518 Für Rechnungen über Kleinbeträge enthält *§ 33 UStDV* eine Sonderregelung. Kleinbetragsrechnungen liegen vor, wenn der *Gesamtbetrag* der Rechnung *150 €* (ab 2017: *200 €*) nicht übersteigt. Der Gesamtbetrag beinhaltet auch die USt, d. h., es handelt sich um einen *Bruttobetrag*. Eine Kleinbetragsrechnung liegt nicht vor, wenn für mehrere Leistungen, deren jeweiliger Gesamtbetrag unter 150 € liegt, nur eine einheitliche Rechnung ausgestellt wird und die Summe der Gesamtbeträge in der einen Rechnung 150 € übersteigt.

Liegt eine Kleinbetragsrechnung vor, dann müssen mindestens folgende *Angaben* in der Rechnung enthalten sein:

▶ der vollständige Name und die vollständige Anschrift des leistenden Unternehmers,

▶ das Ausstellungsdatum,

- die Menge und die Art der gelieferten Gegenstände oder der Umfang und die Art der sonstigen Leistung,
- das Entgelt und der darauf entfallende Steuerbetrag für die Lieferung oder sonstige Leistung in einer Summe,
- der anzuwendende Steuersatz oder im Fall einer Steuerbefreiung ein Hinweis darauf, dass für die Lieferung oder sonstige Leistung eine Steuerbefreiung gilt.

Die *Vereinfachungsregelungen* der §§ 31 und 32 UStDV sind entsprechend anzuwenden. Die Regelung zur Kleinbetragsrechnung gilt nicht für Rechnungen über Leistungen i. S. der *§§ 3c, 6a und 13b UStG* (§ 33 Satz 3 UStDV).

Der Rechnungsempfänger darf den abziehbaren Vorsteuerbetrag selbst aus einer Kleinbetragsrechnung herausrechnen.

c) Fahrausweise

Für Fahrausweise als Rechnungen enthält *§ 34 UStDV* eine Sonderregelung. Fahrausweise sind Urkunden, die einen Anspruch auf Beförderung von Personen gewähren. Dazu gehören gem. UStAE 14.7 Abs. 1 auch *Zuschlagskarten* für zuschlagspflichtige Züge, Platzkarten, Bettkarten und Liegekarten. Belege im *Reisegepäckverkehr* werden gem. § 34 Abs. 3 UStDV den Fahrausweisen gleichgestellt. *Keine* Fahrausweise sind Rechnungen über die Benutzung eines *Taxis* oder Mietwagens. Fahrausweise sind dagegen aber Rechnungen von Fluggesellschaften, wobei diese in der Praxis meist als „normale" Rechnung ausgestellt werden.

519

Fahrausweise gelten als Rechnungen i. S. des § 14 UStG, wenn sie mindestens folgende *Angaben* enthalten:
- den vollständigen Namen und die vollständige Anschrift des Unternehmers, der die Beförderungsleistung ausführt,
- das Ausstellungsdatum,
- das Entgelt und den darauf entfallenden Steuerbetrag in einer Summe,
- den anzuwendenden Steuersatz, wenn die Beförderungsleistung nicht dem ermäßigten Steuersatz nach § 12 Abs. 2 Nr. 10 UStG unterliegt und
- im Fall der Anwendung des § 26 Abs. 3 UStG einen Hinweis auf die grenzüberschreitende Beförderung von Personen im Luftverkehr.

Unterliegt die Beförderungsleistung dem *ermäßigten Steuersatz*, dann braucht kein Steuersatz im Fahrausweis angegeben zu sein. Ist der *Regelsteuersatz* anzuwenden, dann ist dieser in dem Fahrausweis anzugeben.

Bei Fahrausweisen ist es für Zwecke des Vorsteuerabzugs nicht zu beanstanden, wenn der Fahrausweis im *Online-Verfahren* abgerufen wird und durch das Verfahren sichergestellt ist, dass eine Belastung auf einem Konto erfolgt.

Auf Fahrausweisen der *Eisenbahnen*, die dem öffentlichen Verkehr dienen, kann gem. *§ 34 Abs. 1 Satz 2 UStDV* an Stelle des Steuersatzes die *Tarifentfernung* angegeben werden. Beträgt die Tarifentfernung nicht mehr als *50 km*, ist die USt aus dem Fahrpreis mit dem ermäßigten Steuersatz herauszurechnen.

d) Verbilligte Leistungen

520 Gemäß *§ 14 Abs. 4 Satz 2 UStG* ist in den Fällen des § 10 Abs. 5 UStG (Mindestbemessungsgrundlage) § 14 Abs. 4 Satz 1 Nr. 7 und 8 UStG mit der Maßgabe anzuwenden, dass die Bemessungsgrundlage für die Leistung (§ 10 Abs. 4 UStG) und der darauf entfallende Steuerbetrag anzugeben sind.

Abweichend von dem Grundsatz, dass in einer Rechnung nur das Entgelt und der darauf entfallende Betrag an USt ausgewiesen werden dürfen, muss in folgenden Fällen die Bemessungsgrundlage nach § 10 Abs. 5 UStG i. V. mit § 10 Abs. 4 UStG ausgewiesen werden:

- ▶ Körperschaften und Personenvereinigungen i. S. des § 1 Abs. 1 Nr. 1 bis 5 des Körperschaftsteuergesetzes, nichtrechtsfähige Personenvereinigungen sowie Gemeinschaften führen im Inland Lieferungen oder sonstige Leistungen an ihre Anteilseigner, Gesellschafter, Mitglieder, Teilhaber oder diesen nahe stehende Personen aus.
- ▶ Einzelunternehmer führen Leistungen an ihnen nahe stehende Personen aus.
- ▶ Unternehmer führen Leistungen an ihr Personal oder deren Angehörige aufgrund des Dienstverhältnisses aus.

BEISPIEL: ▶ Unternehmer A liefert im Inland eine gebrauchte Maschine an seinen Sohn B, der diese Maschine für sein Unternehmen benötigt. A berechnet dem B einen Preis i. H. von 11 900 €. Der Einkaufspreis zzgl. Nebenkosten beträgt für eine derartige Maschine netto 20 000 €.

Bemessungsgrundlage für die steuerbare und steuerpflichtige Lieferung des A ist gem. § 10 Abs. 5 Nr. 1 UStG i. V. mit § 10 Abs. 4 Satz 1 Nr. 1 UStG der Betrag i. H. von 20 000 €. Es entsteht eine USt i. H. von 3 800 €. Die Rechnung muss gem. § 14 Abs. 4 Satz 2 UStG neben den übrigen erforderlichen Angaben enthalten:

Mindestbemessungsgrundlage	20 000 €
19 % USt	3 800 €

B kann unter den weiteren Voraussetzungen des § 15 UStG 3 800 € als Vorsteuer abziehen.

Für *Land- und Forstwirte*, die nach den Durchschnittssätzen des § 24 Abs. 1 bis 3 UStG besteuert werden, gilt diese Regelung gem. UStAE 14.9 Abs. 2 nicht. Unternehmer, die § 24 Abs. 1 bis 3 UStG anwenden, sind nur zur Angabe des Entgelts und des darauf entfallenden Steuerbetrags berechtigt *(§ 14 Abs. 4 Satz 3 UStG).*

e) Anzahlungen

aa) Anzahlungsrechnungen

521 Vereinnahmt der Unternehmer das Entgelt oder einen Teil des Entgelts für eine noch nicht ausgeführte Lieferung oder sonstige Leistung, so ist § 14 Abs. 1 bis 4 UStG sinngemäß anzuwenden *(§ 14 Abs. 5 Satz 1 UStG).* Der Unternehmer ist unter bestimmten Voraussetzungen zur Ausstellung einer Rechnung verpflichtet. Die Anzahlungs- bzw. Vorausrechnung muss die in § 14 Abs. 4 Satz 1 UStG aufgeführten Angaben enthalten. Statt des Leistungszeitpunkts ist der *voraussichtliche* Zeitpunkt oder der Kalendermonat der Leistung anzugeben. An die Stelle des Entgelts für die Leistung tritt in einer Rechnung über eine Voraus- oder Anzahlung die Angabe des vor der Ausführung der Leistung vereinnahmten Entgelts oder Teilentgelts. Rechnungen mit gesondertem Steuerausweis können auch schon erteilt werden, *bevor* eine Voraus- oder Anzahlung ver-

einnahmt worden ist. Ist das im Voraus vereinnahmte Entgelt oder Teilentgelt niedriger als in der Rechnung angegeben, so entsteht die USt nur insoweit, als sie auf das *tatsächlich* vereinnahmte Entgelt oder Teilentgelt entfällt. Einer Berichtigung der Rechnung bedarf es nicht (Abschn. 14.8 Abs. 5 Satz 5 UStAE). Ein Vorsteuerabzug ist ebenfalls nur in der Höhe möglich, der auf die tatsächliche Zahlung entfällt.

> **BEISPIEL:** Unternehmer A stellt eine Anzahlungsrechnung über 20 000 € zzgl. 3 800 € USt aus. Der Auftraggeber zahlt tatsächlich aber nur einen Betrag i. H. von 11 900 €.
> Die USt entsteht bei A nur i. H. von 1 900 €. Einer Berichtigung der Rechnung bedarf es nicht. Der Auftraggeber darf auch nur einen Vorsteuerabzug i. H. von 1 900 € geltend machen.

Aus Rechnungen über Zahlungen vor Ausführung der Leistung *muss* hervorgehen, dass damit Voraus- oder Anzahlungen abgerechnet werden. Dies kann z. B. durch Angabe des *voraussichtlichen Leistungszeitpunktes* geschehen. Ergibt sich dies nicht aus der Rechnung, kommt ggf. § 14c Abs. 2 UStG zur Anwendung, und zwar in den Fällen, in denen die berechneten Voraus- oder Anzahlungen nicht geleistet werden oder die Leistung nicht ausgeführt wird. Entsprechendes gilt, wenn die Leistung von vornherein nicht beabsichtigt war.

522

> **BEISPIEL:** Unternehmer A stellt für eine noch auszuführende steuerpflichtige Leistung eine Rechnung über 10 000 € zzgl. 1 900 € gesondert ausgewiesener USt aus. Die Rechnung enthält keinen Hinweis auf eine Vorausrechnung. Die beabsichtigte Leistung wird wegen Zahlungsunfähigkeit des Auftraggebers nicht ausgeführt.
> A schuldet die ausgewiesene Steuer i. H. von 1 900 € gem. § 14c Abs. 2 UStG; denn er hat über eine nicht ausgeführte Leistung abgerechnet. Wäre die Rechnung als Vorausrechnung gekennzeichnet worden, wäre § 14c Abs. 2 UStG nicht zur Anwendung gekommen.

Über Voraus- und Anzahlungen kann auch mit *Gutschriften* abgerechnet werden. In diesen Fällen gilt § 14 Abs. 2 Sätze 2 und 3 UStG sinngemäß.

bb) Endrechnung

Wird eine Endrechnung erteilt, so sind gem. *§ 14 Abs. 5 Satz 2 UStG* in ihr die vor Ausführung der Lieferung oder sonstigen Leistung vereinnahmten Teilentgelte und die auf sie entfallenden Steuerbeträge abzusetzen, *wenn über die Teilentgelte Rechnungen i. S. des § 14 Abs. 1 bis 4 UStG ausgestellt worden sind.*

523

> **BEISPIEL:** Unternehmer A bekommt den Auftrag, einen Schrank herzustellen. Bei Auftragserteilung am 1. 4. 09 bezahlt der Kunde als Anzahlung einen Betrag i. H. von 2 380 €. A stellt eine ordnungsgemäße Anzahlungsrechnung über 2 000 € zzgl. 380 € USt aus. Der Restbetrag i. H. von 9 520 € wird bei Lieferung des Schranks am 1. 7. 09 gezahlt.
> Die Endrechnung kann wie folgt aussehen:
>
> | | Preis | Entgelt | USt |
> | --- | --- | --- | --- |
> | Lieferung Schrank | 11 900 € | 10 000 € | 1 900 € |
> | ./. Anzahlung | 2 380 € | 2 000 € | 380 € |
> | noch zu zahlen | 9 520 € | 8 000 € | 1 520 € |

Bei *mehreren* Voraus- oder Anzahlungen genügt es, wenn der Gesamtbetrag der vorausgezahlten Entgelte oder Teilentgelte und die Summe der darauf entfallenden Steuerbeträge abgesetzt werden. Statt der vorausgezahlten Entgelte oder Teilentgelte und der Steuerbeträge können auch die Gesamtbeträge der Voraus- oder Anzahlungen abgesetzt und die darin enthaltenen Steuerbeträge zusätzlich angegeben werden. Wird in der Endrechnung der Gesamtbetrag der Steuer für die Leistung angegeben, so braucht der auf das verbleibende restliche Entgelt entfallende Steuerbetrag nicht angegeben zu werden (vgl. Abschn. 14.8 Abs. 7 UStAE).

524 Für die Erteilung einer Endrechnung sind im Abschn. 14.8 Abs. 8 UStAE *Vereinfachungsregelungen* getroffen worden.

525 Werden – entgegen der Verpflichtung nach § 14 Abs. 5 Satz 2 UStG – in einer Endrechnung oder der zugehörigen Zusammenstellung die vor der Leistung vereinnahmten Teilentgelte und die auf sie entfallenden Steuerbeträge nicht abgesetzt oder angegeben, so hat der Unternehmer den in dieser Rechnung ausgewiesenen *gesamten* Steuerbetrag an das Finanzamt abzuführen. Der Teil der in der Endrechnung ausgewiesenen Steuer, der auf die vor der Leistung vereinnahmten Teilentgelte entfällt, wird in diesen Fällen nach *§ 14c Abs. 1 Satz 1 UStG* geschuldet. Eine *Rechnungsberichtigung* ist gem. § 14c Abs. 1 Satz 2 UStG möglich.

> **BEISPIEL:** Unternehmer A bekommt den Auftrag, einen Schrank herzustellen. Bei Auftragserteilung am 1.4.09 bezahlt der Kunde als Anzahlung einen Betrag i. H. von 2 380 €. A stellt eine ordnungsgemäße Anzahlungsrechnung über 2 000 € zzgl. 380 € USt aus. Der Restbetrag i. H. von 9 520 € wird bei Lieferung des Schranks am 1.7.09 gezahlt. A unterliegt der Regelbesteuerung und ist zur monatlichen Abgabe von Voranmeldungen verpflichtet. A stellt ohne zusätzliche Hinweise folgende Endrechnung aus:
>
> | Lieferung Schrank | 10 000 € |
> |---|---|
> | zzgl. 19 % USt | 1 900 € |
> | | 11 900 € |
>
> Die Steuer entsteht gem. § 13 Abs. 1 Nr. 1 Buchst. a Satz 4 UStG i. H. von 380 € im Voranmeldungszeitraum April 09. Kraft Gesetzes entsteht gem. § 13 Abs. 1 Nr. 1 Buchst. a UStG im Voranmeldungszeitraum Juli 09 eine USt i. H. von 1 520 €. Die in der Endrechnung von A zuviel ausgewiesene USt i. H. von 380 € schuldet A gem. § 14c Abs. 1 Satz 1 UStG. Der Leistungsempfänger kann aus der Endrechnung nur einen Vorsteuerabzug i. H. von 1 520 € vornehmen (Abschn. 14.8 Abs. 10 UStAE).

cc) Restrechnung

526 Statt mit einer Endrechnung kann der Unternehmer auch mit einer so genannten *Restrechnung* abrechnen. In der Restrechnung sind die im Voraus vereinnahmten Teilentgelte und die darauf entfallenden Steuerbeträge nicht anzugeben (Abschn. 14.8 Abs. 11 UStAE). Die Gefahr einer Steuer gem. § 14c Abs. 1 Satz 1 UStG besteht in diesen Fällen nicht.

f) Rechnungserteilung in Einzelfällen

527 Mit dem AmtshilfeRLUmsG werden für Umsätze ab 1.7.2013 auch die Pflichtangaben für die verschiedenen Anwendungsbereiche der Margenbesteuerung präzisiert. Wo bisher in der Rechnung ein Hinweis auf die Sonderregelungen genügte, muss künftig eine spezielle Formulierung verwendet werden:

- ▶ bei Reiseleistungen (§ 25 UStG) die Formulierung „Sonderregelung für Reisebüros",
- ▶ bei der Differenzbesteuerung nach § 25a UStG (je nach Sachverhalt) die Formulierung „Gebrauchtgegenstände/Sonderregelung" bzw. „Kunstgegenstände/Sonderregelung" bzw. „Sammlungsstücke und Antiquitäten/Sonderregelung"

▶ Voraussichtlich wird auch die Verwendung der **englischen Begriffe** "Margin scheme/Travel agents" bei Reiseleistungen, "Margin scheme/Second-hand goods" bei Gebrauchtgegenständen, "Margin scheme/Works of Art" bei Kunstgegenständen bzw. "Margin scheme/Collectors´ items and antiques" bei Sammlungsstücken und Antiquitäten von der Finanzverwaltung nicht beanstandet.

II. Unrichtiger Steuerausweis gem. § 14c Abs. 1 UStG

Wenn in einer Rechnung die Steuer nicht zutreffend ausgewiesen ist, besteht die *Gefahr*, dass sich die USt des leistenden Unternehmers und der Vorsteuerabzug des Leistungsempfängers nicht decken.

▶ Weist der Unternehmer eine zu niedrige USt in der Rechnung aus, dann schuldet er gleichwohl die höhere gesetzliche USt. Der Leistungsempfänger kann nur die ihm in Rechnung gestellte USt als Vorsteuer abziehen. Der Rechnungsaussteller kann die Rechnung berichtigen. Steuereinnahmen des Steuergläubigers gehen nicht verloren, so dass es einer Sonderregelung nicht bedarf.

▶ Weist der Unternehmer eine zu hohe USt in der Rechnung aus, dann schuldet er zunächst einmal die niedrigere gesetzliche USt. Der Leistungsempfänger könnte unberechtigterweise die ihm in Rechnung gestellte USt als Vorsteuer abziehen. Steuereinnahmen des Steuergläubigers gingen verloren und zwar aufgrund einer fehlerhaften Abrechnung durch den Unternehmer. Durch die Sonderregelung des § 14c Abs. 1 Satz 1 UStG wird dies verhindert; der Unternehmer schuldet auch die zuviel ausgewiesene USt.

▶ Weist jemand eine USt in einer Rechnung aus, obwohl er hierzu nicht berechtigt ist, so besteht die Gefahr, dass der Rechnungsempfänger aufgrund der Rechnung einen ungerechtfertigten Vorsteuerabzug in Anspruch nimmt. Steuereinnahmen des Steuergläubigers gingen verloren und zwar aufgrund einer fehlerhaften Abrechnung durch den Rechnungsaussteller. Durch die Regelung des § 14c Abs. 2 Satz 1 und 2 UStG wird dies verhindert; der Rechnungsaussteller schuldet die ausgewiesene USt.

Bei den Vorschriften des § 14c Abs. 1 und 2 UStG handelt es sich um *konstitutive Steuertatbestände*, die an die Rechnung anknüpfen.

528

Hat der Unternehmer in einer Rechnung für eine Lieferung oder sonstige Leistung einen höheren Steuerbetrag, als er nach dem UStG schuldet, gesondert ausgewiesen, so schuldet er gem. *§ 14c Abs. 1 Satz 1 UStG* auch den Mehrbetrag. Diese Vorschrift gilt für Unternehmer, die *persönlich zum gesonderten Steuerausweis berechtigt* sind und für eine Lieferung oder sonstige Leistung einen Steuerbetrag in der Rechnung gesondert ausgewiesen haben, obwohl sie für diesen Umsatz keine oder eine niedrigere Steuer schulden (Abschn. 14c.1). Die Vorschrift findet auf Privatpersonen und Unternehmer, die nicht zum gesonderten Steuerausweis berechtigt sind (Kleinunternehmer), keine Anwendung.

529

§ 14c Abs. 1 Satz 1 UStG erfasst Rechnungen mit gesondertem Steuerausweis

530

▶ für steuerpflichtige Leistungen, wenn eine höhere als die dafür geschuldete Steuer ausgewiesen wurde;

> **BEISPIEL:** Unternehmer A veräußert dem Kunden ein Buch und erteilt folgende Rechnung:
>
> | | |
> |---|---:|
> | Lieferung Buch | 50,00 € |
> | USt 19 % | 9,50 € |
> | | 59,50 € |
>
> A schuldet nach dem Gesetz für die dem Steuersatz von 7 % unterliegende Lieferung des Buches eine USt i. H. von 3,89 € (59,50 € × 6,54 : 100). Die zuviel ausgewiesene USt i. H. von 5,61 € schuldet er gem. § 14c Abs. 1 Satz 1 UStG.

▶ für steuerfreie Leistungen;

> **BEISPIEL:** Unternehmer A veräußert dem belgischen Unternehmer B eine Ware und transportiert diese vom Inland nach Belgien. B hat gegenüber A seine belgische Umsatzsteuer-Identifikationsnummer verwendet. A rechnet wie folgt ab:
>
> | | |
> |---|---:|
> | Lieferung Ware | 10 000 € |
> | USt 19 % | 1 900 € |
> | | 11 900 € |
>
> A erbringt eine steuerbare aber steuerfreie innergemeinschaftliche Lieferung gem. § 4 Nr. 1 Buchst. b UStG i. V. mit § 6a UStG. Er schuldet die in der Rechnung zuviel ausgewiesene Steuer i. H. von 1 900 € gem. § 14c Abs. 1 Satz 1 UStG.

▶ für nicht steuerbare Leistungen;

> **BEISPIEL:** Unternehmer A veräußert einem Kunden während einer Messe in Bern eine Ware, die der Kunde sofort mitnimmt und rechnet wie folgt ab:
>
> | | |
> |---|---:|
> | Lieferung Ware | 1 000 € |
> | USt 19 % | 190 € |
> | | 1 190 € |
>
> Die Lieferung des A ist im Inland nicht steuerbar; Lieferort ist Bern (entsprechend § 3 Abs. 6 Satz 1 UStG). A schuldet die zuviel ausgewiesene USt i. H. von 190 € gem. § 14c Abs. 1 Satz 1 UStG.

531 Die Rechtsfolge des § 14c Abs. 1 Satz 1 UStG tritt ein, obwohl der Leistungsempfänger keinen *Vorsteuerabzug* vornehmen kann (Abschn. 14c.1 Abs. 1 Satz 6 UStAE). Auch bei Kleinbetragsrechnungen und bei Fahrausweisen kann § 14c Abs. 1 Satz 1 UStG zur Anwendung kommen. Ebenso kommt § 14c Abs. 1 Satz 1 UStG zur Anwendung, wenn für ein und dieselbe Leistung mehrere Rechnungen ausgestellt worden sind.

532 Weist der *Gutschriftaussteller* in einer Gutschrift einen zu hohen Steuerbetrag aus und widerspricht der Gutschriftempfänger nicht, so schuldet der *Gutschriftempfänger* den zu hoch ausgewiesenen Steuerbetrag gem. § 14c Abs. 1 Satz 1 UStG.

533 Die Steuer gem. § 14c Abs. 1 UStG *entsteht* gem. § 13 Abs. 1 Nr. 3 UStG in dem Zeitpunkt, in dem die Steuer für die Lieferung oder sonstige Leistung entsteht, spätestens jedoch im Zeitpunkt der Ausgabe der Rechnung.

534 *§ 14c Abs. 1 Satz 2 UStG* lässt eine *Berichtigung* des zu hohen Steuerausweises zu. Berichtigt der Unternehmer den Steuerbetrag gegenüber dem Leistungsempfänger, so ist § 17 Abs. 1 UStG entsprechend anzuwenden. Die Berichtigung der USt und der Vorsteuer ist gem. § 17 Abs. 1 Satz 7 UStG für den Besteuerungszeitraum vorzunehmen, in dem die *Änderung der Bemessungsgrundlage* eingetreten ist. Die erforderlichen Berichtigungen sind in dem Besteuerungszeitraum vorzunehmen, in dem der Rechnungsaussteller

eine Rechnung mit geändertem Steuerausweis erteilt (Abschn. 17.2 UStAE) *und* die zuviel gezahlte Steuer an den Leistungsempfänger zurückzahlt. Erst dann ist *insoweit* die USt zu berichtigen (BMF-Schreiben vom 7.10.2015).

Die Berichtigung des Steuerbetrags muss gegenüber dem Rechnungsempfänger *schriftlich* erklärt werden. Ist die Steuer für einen nicht steuerpflichtigen Umsatz in der Rechnung gesondert ausgewiesen worden, z.B. für eine Ausfuhrlieferung, innergemeinschaftliche Lieferung oder eine nicht steuerbare Lieferung im Ausland, kann der leistende Unternehmer den ausgewiesenen Steuerbetrag gem. Abschn. 14c.1 Abs. 5 UStAE berichtigen. Es ist auch dann eine wirksame Rechnungsberichtigung anzunehmen, wenn der leistende Unternehmer die *Originalrechnung* mit dem zu hohen Steuerausweis *nicht zurückerhält*.

Die *Beweislast* für die o.g. Voraussetzungen trifft den leistenden Unternehmer. Die Berichtigung der zu hoch ausgewiesenen USt i.S. des § 14c Abs. 1 Satz 1 UStG erfolgt durch *Berichtigungserklärung* gegenüber dem Leistungsempfänger. Dem Leistungsempfänger muss eine hinreichend bestimmte, schriftliche Berichtigung *tatsächlich zugehen*.

III. Unberechtigter Steuerausweis gem. § 14c Abs. 2 UStG

Wer in einer Rechnung einen Steuerbetrag gesondert ausweist, obwohl er zum gesonderten Ausweis der Steuer nicht berechtigt ist, schuldet gem. *§ 14c Abs. 2 Satz 1 UStG* den ausgewiesenen Betrag. Das Gleiche gilt gem. *§ 14c Abs. 2 Satz 2 UStG*, wenn jemand wie ein leistender Unternehmer abrechnet und einen Steuerbetrag gesondert ausweist, obwohl er nicht Unternehmer ist oder eine Lieferung oder sonstige Leistung nicht ausführt.

535

§ 14c Abs. 2 UStG gilt für *Unternehmer* und *Nichtunternehmer*. Durch die Regelung des § 14c Abs. 2 Sätze 1 und 2 UStG werden folgende Fälle erfasst:

- Ein Kleinunternehmer i.S. des § 19 Abs. 1 UStG weist in einer Rechnung einen Steuerbetrag aus.

  BEISPIEL: A ist Kleinunternehmer i.S. des § 19 Abs. 1 UStG. Auf Drängen eines Kunden weist er in einer Rechnung einen Umsatzsteuerbetrag i.H. von 190 € aus.

  A ist gem. § 19 Abs. 1 Satz 4 UStG nicht zum gesonderten Steuerausweis in einer Rechnung berechtigt. A schuldet den ausgewiesenen Betrag i.H. von 190 € gem. § 14c Abs. 2 Satz 1 UStG.

- Ein Unternehmer erteilt eine Rechnung mit gesondertem Steuerausweis, obwohl er keine Leistung ausführt. Dies gilt nicht für Vorausrechnungen.

  BEISPIEL: Unternehmer A erteilt seinem Freund eine Gefälligkeitsrechnung und weist hierin einen Steuerbetrag i.H. von 19 000 € gesondert aus.

  A schuldet die ausgewiesene Steuer gem. § 14c Abs. 2 Satz 2 UStG.

- Ein Unternehmer erteilt eine Rechnung mit gesondertem Steuerausweis, in der er statt des tatsächlich gelieferten Gegenstands einen anderen, von ihm nicht gelieferten Gegenstand aufführt, oder statt der tatsächlich ausgeführten Leistung eine andere, von ihm nicht erbrachte Leistung angibt. Der leistende Unternehmer schuldet die gesondert ausgewiesene Steuer nach § 14c Abs. 2 Satz 2 UStG neben der Steuer für die tatsächlich ausgeführte Leistung. Die in Rechnungen mit ungenauer Angabe der Leistungsbezeichnung gesondert ausgewiesenen Steuerbeträge werden dagegen nicht nach § 14c Abs. 2 UStG geschuldet (Abschn. 14c.2 Abs. 2 Nr. 3 UStAE).

BEISPIEL: ▶ Unternehmer A liefert dem Unternehmer B eine Polstergarnitur für dessen Einfamilienhaus. Wunschgemäß schreibt A folgende Rechnung:

Lieferung Bürostühle	5 000 €
USt 19 %	950 €
	5 950 €

A schuldet für die Lieferung der Polstergarnitur eine USt i. H. von 950 €; denn er führt eine steuerbare und steuerpflichtige Lieferung aus. Die Steuer entsteht unabhängig von der Rechnungsausstellung. Daneben schuldet A die in Rechnung gestellten 950 € nochmals gem. § 14c Abs. 2 Satz 2 UStG; denn er hat über eine Lieferung abgerechnet (Bürostühle), die er nicht ausgeführt hat. B steht kein Vorsteuerabzug zu, da keine Lieferung für sein Unternehmen vorliegt.

▶ Ein Unternehmer erteilt eine Rechnung mit gesondertem Steuerausweis für eine Leistung, die er nicht im Rahmen seines Unternehmens ausführt.

536 Liegen die Voraussetzungen für die *Differenzbesteuerung* gem. § 25a UStG vor und weist ein Wiederverkäufer für die Lieferung eines Gebrauchtgegenstandes – entgegen der Regelung in § 14a Abs. 6 Satz 2 UStG – die auf die Differenz entfallende Steuer gesondert aus, schuldet er die gesondert ausgewiesene Steuer nach § 14c Abs. 2 UStG.

537 Die *Rechtsfolgen* des § 14c Abs. 2 UStG treten auch ein, wenn die Rechnung nicht alle in § 14 Abs. 4 UStG und § 14a UStG aufgeführten Angaben enthält. Die Angabe des Rechnungsausstellers und des Entgelts als Grundlage des gesondert ausgewiesenen Steuerbetrags ist jedoch unverzichtbar.

538 Die Steuer gem. § 14c Abs. 2 UStG *entsteht* gem. § 13 Abs. 1 Nr. 4 UStG im Zeitpunkt der *Ausgabe der Rechnung*. Steuerschuldner ist der Aussteller der Rechnung. Der Steueranspruch entsteht unabhängig davon, ob der Rechnungsempfänger die gesondert ausgewiesene USt unberechtigt als Vorsteuer abgezogen hat oder nicht (Abschn. 14c.2 Abs. 7 UStAE).

539 Der unberechtigt ausgewiesene Steuerbetrag kann berichtigt werden, soweit die Gefährdung des Steueraufkommens beseitigt worden ist. Die Gefährdung des Steueraufkommens ist beseitigt, wenn ein *Vorsteuerabzug* beim Empfänger der Rechnung *nicht durchgeführt* oder die geltend gemachte Vorsteuer an das Finanzamt *zurückgezahlt* worden ist.

IV. Ausstellung von Rechnungen gem. § 14a UStG

1. Allgemeines

540 § 14a UStG ergänzt § 14 UStG. Die Vorschrift des *§ 14a UStG* regelt insbesondere für bestimmte innergemeinschaftliche Leistungen und Leistungen i. S. des § 13b UStG die *Pflicht* zur Ausstellung einer Rechnung. Außerdem enthält sie Bestimmungen zum Inhalt der Rechnung.

2. Anwendungsbereich

a) Innergemeinschaftliche Lieferung

Führt der Unternehmer steuerfreie Lieferungen i.S. des *§ 6a UStG* aus, so ist er gem. § 14 UStG i.V. mit *§ 14a Abs. 3 Satz 1 UStG* zur Ausstellung von Rechnungen *verpflichtet*, in denen er auf die Steuerfreiheit hinweist. 541

Die Rechnung *muss* bis zum 15. Tag nach Ablauf des Monats der Ausführung des Umsatzes erstellt werden und folgende Hinweise enthalten:
- einen Hinweis auf die Steuerfreiheit,
- die Umsatzsteuer-Identifikationsnummer des Unternehmers und die des Leistungsempfängers.

Der Erwerber kann grundsätzlich davon ausgehen, dass die Voraussetzungen des § 1a Abs. 1 Nr. 3 UStG erfüllt sind, wenn in der Rechnung des Lieferers die Umsatzsteuer-Identifikationsnummer eines anderen Mitgliedstaates angegeben, keine ausländische USt ausgewiesen und auf die in dem Mitgliedstaat geltende Steuerbefreiung für die innergemeinschaftliche Lieferung hingewiesen wird.

Die Verpflichtung zur Ausstellung von Rechnungen über steuerfreie Lieferungen i.S. des § 6a UStG greift beim *innergemeinschaftlichen Verbringen* von Gegenständen nicht ein, weil Belege in Verbringensfällen weder als Abrechnungen anzusehen sind noch eine Außenwirkung entfalten und deshalb keine Rechnungen i.S. des § 14 Abs. 1 UStG sind. Zur Abwicklung von Verbringensfällen hat der inländische Unternehmensteil für den ausländischen Unternehmensteil einen *Beleg* auszustellen, in dem die verbrachten Gegenstände aufgeführt sind und der die Bemessungsgrundlagen, die Umsatzsteuer-Identifikationsnummer des inländischen Unternehmensteils und die Umsatzsteuer-Identifikationsnummer des ausländischen Unternehmensteils enthält. 542

Die Verpflichtung zur Rechnungserteilung gilt *nicht* für den Fall, dass der Unternehmer eine *Anzahlung* erhält, bevor die innergemeinschaftliche Lieferung bewirkt worden ist. Die Anzahlung ist ohne Einfluss auf die Steuerbarkeit der innergemeinschaftlichen Lieferung und die Entstehung der Erwerbsteuerschuld. 543

b) Versandhandelslieferung

Soweit Unternehmer Lieferungen i.S. des *§ 3c UStG* im Inland ausführen, sind sie gem. *§ 14a Abs. 2 UStG* zur Ausstellung von Rechnungen *verpflichtet*. Die Verpflichtung besteht insbesondere für Lieferer aus den übrigen Mitgliedstaaten, die Gegenstände an Privatpersonen in Deutschland versenden. 544

Es ist weder im Gesetz vorgeschrieben, dass auf die Anwendung des § 3c UStG hinzuweisen ist, noch dass in der Rechnung die Umsatzsteuer-Identifikationsnummer des leistenden Unternehmers aufzunehmen ist.

c) Bestimmte sonstige Leistungen

Soweit Unternehmer Umsätze ausführen, für die die Steuerschuldnerschaft des Leistungsempfängers in einem anderen Mitgliedstaat der EU gilt, muss dies auf der Rech- 545 nung vermerkt werden (§ 14a Abs. 1 Satz 1 UStG). Führt der Unternehmer eine sonstige Leistung i. S. des § 3a Abs. 2 UStG in einem anderen EU-Mitgliedstaat aus, muss er bis zum 15. Tag des Monats, der auf den Monat folgt, in dem der Umsatz ausgeführt wurde, eine Rechnung erstellen, in der er seine und die USt-Id.Nr. seines Kunden angibt. Dies gilt entsprechend, wenn im Gutschriftsverfahren abgerechnet wird.

Die Verpflichtung zur Ausstellung von Rechnungen in der genannten Form gilt grundsätzlich dann nicht, wenn der leistende Unternehmer nicht im Inland ansässig ist und wegen Verlegung des Ortes der Leistung in das Inland die Steuer vom Leistungsempfänger geschuldet wird. Kommt § 13b Abs. 2 UStG zur Anwendung, ist aber § 14a Abs. 5 UStG zu beachten.

d) Innergemeinschaftliches Dreiecksgeschäft

546   Wird in Rechnungen über Lieferungen i. S. des § 25b Abs. 2 UStG abgerechnet, ist gem. *§ 14a Abs. 7 Satz 1 UStG* auf das Vorliegen eines innergemeinschaftlichen Dreiecksgeschäfts und die Steuerschuld des letzten Abnehmers hinzuweisen. Die Vorschrift über den gesonderten Steuerausweis in einer Rechnung (§ 14 Abs. 4 Satz 1 Nr. 8 UStG) findet gem. *§ 14a Abs. 7 Satz 3 UStG* keine Anwendung. In der Rechnung *darf* die Steuer für die Lieferung *nicht gesondert ausgewiesen* sein.

In der Rechnung ist gem. *§ 14a Abs. 7 Satz 2 UStG* die *Umsatzsteuer-Identifikationsnummer* des Unternehmers und die des Leistungsempfängers anzugeben. Der Umsatz ist auch in der Zusammenfassenden Meldung gem. § 18a UStG aufzunehmen.

e) Lieferungen von neuen Fahrzeugen

547   Ein Abrechnungspapier über die innergemeinschaftliche Lieferung von neuen Fahrzeugen muss neben den üblichen Angaben des § 14 Abs. 4 UStG alle für die ordnungsgemäße Durchführung der Erwerbsbesteuerung benötigten Merkmale enthalten. Nach *§ 14a Abs. 4 Satz 1 UStG* müssen Rechnungen über die innergemeinschaftlichen Lieferungen von neuen Fahrzeugen die in § 1b Abs. 2 und 3 UStG bezeichneten Merkmale enthalten. Hierbei handelt es sich insbesondere um Angaben zur Fahrzeugart, zum Zeitpunkt der erstmaligen Inbetriebnahme und zu den gefahrenen Kilometern bzw. den Betriebsstunden. Die Vorschrift des § 14a Abs. 4 UStG gilt für *Unternehmer* und für *Fahrzeuglieferer* i. S. des § 2a UStG, die derartige Lieferungen ausführen.

f) Leistungen i. S. des § 13b UStG

548   Führt der Unternehmer Leistungen i. S. des § 13b Abs. 1 UStG aus, für die der Leistungsempfänger nach § 13b Abs. 2 UStG die Steuer schuldet, ist er zur Ausstellung von Rechnungen verpflichtet. In den Rechnungen ist auf die Steuerschuldnerschaft des Leistungsempfängers hinzuweisen. Die Vorschrift über den gesonderten Steuerausweis in einer Rechnung (§ 14 Abs. 4 Satz 1 Nr. 8 UStG) findet keine Anwendung. Ein gesonderter Steuerausweis durch den Leistenden, der nach § 13b UStG nicht Steuerschuldner ist, erfüllt den Tatbestand des § 14c Abs. 1 UStG, d. h., der Leistende schuldet die ausgewiesene Steuer.

g) Reiseleistung und Differenzbesteuerung

Ab 2004 ist in den Fällen der Besteuerung von Reiseleistungen (§ 25 UStG) und der Differenzbesteuerung (§ 25a UStG) in der Rechnung auch auf die Anwendung dieser Sonderregelungen hinzuweisen *(§ 14a Abs. 6 Satz 1 UStG)*. In den Fällen des § 25 Abs. 3 UStG und des § 25a Abs. 3 und 4 UStG findet die Vorschrift über den gesonderten Steuerausweis in einer Rechnung (§ 14 Abs. 4 Satz 1 Nr. 8 UStG) keine Anwendung. Beachten Sie auch Rz. 527.

549

V. Aufbewahrung von Rechnungen
1. Aufbewahrungspflicht gem. § 14b UStG

Der Unternehmer hat gem. *§ 14b Abs. 1 Satz 1 UStG* von allen Rechnungen ein Doppel *zehn Jahre* aufzubewahren. Dies gilt gem. § 14b Abs. 1 Satz 4 UStG auch

550

- für Fahrzeuglieferer i. S. des § 2a UStG,
- in den Fällen, in denen der letzte Abnehmer die Steuer nach § 13a Abs. 1 Nr. 5 UStG schuldet, für den letzten Abnehmer,
- in den Fällen, in denen der Leistungsempfänger die Steuer nach § 13b Abs. 2 UStG schuldet, für den Leistungsempfänger.

Buchführungspflichtige Unternehmer sind bereits nach § 147 Abs. 1 Nr. 3 und Abs. 3 AO verpflichtet, eine Wiedergabe ihrer Ausgangsrechnungen für den Zehnjahreszeitraum aufzubewahren, so dass die Aufbewahrungspflicht des § 14b Abs. 1 UStG im Ergebnis vor allem die *nicht zur Buchführung verpflichteten Unternehmer trifft*.

Nach *§ 14b Abs. 1 UStG* muss ein Doppel folgender Rechnungen aufbewahrt werden:

- selbst ausgestellte Rechnungen,
- Rechnungen, die von einem Dritten in seinem Namen und für seine Rechnung ausgestellt worden sind,
- Rechnungen, die er erhalten hat,
- Rechnungen, die ein Leistungsempfänger ausgestellt hat (Gutschriften),
- Rechnungen, die von einem Dritten im Namen und für Rechnung des Leistungsempfängers ausgestellt worden sind (Gutschriften).

Die Rechnungen müssen über den gesamten Aufbewahrungszeitraum von zehn Jahren lesbar sein. *Nachträgliche Änderungen sind nicht zulässig.*

Auch bei innergemeinschaftlichen Lieferungen bestehen keine Bedenken, wenn statt einer Rechnungsausfertigung die Rechnung als Wiedergabe auf einem *Bildträger* oder auf anderen Datenträgern aufbewahrt wird, sofern ein jederzeitiger Ausdruck einzelner Rechnungen möglich ist. An dieser Stelle ist die elektronische Rechnung schwächer: sie darf zwar zur Weiterverarbeitung ausgedruckt werden (z. B. um Kontierungs- oder Bezahlvermerke anbringen zu können), muss aber in *unveränderter Form* aufbewahrt werden, d. h. bekommt der Leistungsempfänger z. B. eine pdf-Rechnung, muss sie in eben diesem Format 10 Jahre aufbewahrt werden! Die email, mit der die e-Rechnung kam, kann allerdings – vergleichbar einem Briefumschlag – vernichtet, d. h. gelöscht werden.

Die Aufbewahrungspflicht soll insbesondere das innerstaatliche und das innergemeinschaftliche *Kontrollverfahren* absichern.

Die Aufbewahrungspflicht beginnt gem. *§ 14b Abs. 1 Satz 3 UStG* mit dem Schluss des Kalenderjahres, in dem die Rechnung ausgestellt worden ist. Soweit der Unternehmer aufgrund anderer Vorschriften zu einer längeren Aufbewahrung verpflichtet ist, wird diese Pflicht von § 14b Abs. 1 Satz 3 UStG nicht berührt.

551 *§ 14b Abs. 2 Satz 1 UStG* regelt den Aufbewahrungsort der Rechnungen für im Inland und in den in § 1 Abs. 3 UStG bezeichneten Gebieten ansässige Unternehmer. Bei elektronisch aufbewahrten Rechnungen regelt § 14b Abs. 2 Satz 2 UStG einen abweichenden Aufbewahrungsort, wenn bestimmte Voraussetzungen erfüllt sind. Der Unternehmer hat dem Finanzamt den Aufbewahrungsort mitzuteilen, wenn er die Rechnungen nicht im Inland oder in einem der in § 1 Abs. 3 UStG bezeichneten Gebiete aufbewahrt.

Der *nicht im Inland oder in einem der in § 1 Abs. 3 UStG bezeichneten Gebiete ansässige Unternehmer* hat nach § 14b Abs. 2 Satz 4 UStG den Aufbewahrungsort im Gemeinschaftsgebiet, in einem der in § 1 Abs. 3 UStG bezeichneten Gebiete, im Gebiet von Büsingen oder auf der Insel Helgoland zu bestimmen. Kommt der Unternehmer seiner Verpflichtung aus § 14b Abs. 2 Satz 5 UStG nicht oder nicht rechtzeitig nach, kann das Finanzamt verlangen, dass er die Rechnungen im Inland oder in einem der in § 1 Abs. 3 UStG bezeichneten Gebiete aufbewahrt.

Zur Sicherstellung der Umsatzsteuerkontrolle bei der *Aufbewahrung von elektronischen Rechnungen* im übrigen Gemeinschaftsgebiet wird den zuständigen Finanzbehörden ein staatenübergreifender Online-Zugriff auf die relevanten Unterlagen ermöglicht (§ 14b Abs. 4 UStG).

2. Folgen der Pflichtverletzung

552 Eine Verletzung der Aufbewahrungspflicht kann als *Ordnungswidrigkeit* nach § 26a Abs. 1 Nr. 2 und 3 UStG geahndet werden. Danach handelt derjenige ordnungswidrig, der vorsätzlich oder leichtfertig entgegen § 14b Abs. 1 Satz 1 UStG, auch i.V. mit § 14b Abs. 1 Satz 4 UStG, ein Doppel oder eine dort bezeichnete Rechnung nicht oder nicht mindestens zehn Jahre aufbewahrt. Die Ordnungswidrigkeit kann gem. § 26a Abs. 2 UStG mit einer *Geldbuße* bis zu *5 000 €* geahndet werden. Bei einem Verstoß gegen die Aufbewahrungspflicht nach § 14b Abs. 1 Satz 5 UStG kann eine *Geldbuße* bis zu *500 €* festgesetzt werden.

H. Vorsteuer

I. Vorsteuerabzug

1. Allgemeines

553 § 15 UStG ist eine *zentrale Vorschrift* im UStG. Mit dem Vorsteuerabzug soll im Rahmen des auf allen Wirtschaftsstufen geltenden *Allphasensystems* eine wettbewerbsneutrale

Umsatzbesteuerung gewährleistet werden. In der Unternehmerkette steht der USt die Vorsteuer gegenüber. Ein Unternehmer kann in der Regel die ihm in Rechnung gestellte USt als Vorsteuer abziehen. Die endgültige Belastung tritt beim *Endverbraucher* ein, der der wirtschaftliche Träger der USt ist.

Als Vorsteuer abziehbar sind nur die Steuerbeträge, die nach dem *deutschen UStG* geschuldet werden. In den Fällen, in denen ein Unternehmer mit ausländischen Vorsteuerbeträgen belastet ist, muss er sich an den Staat wenden, der die Steuer erhoben hat (Vergütungsverfahren).

2. Vorsteuerabzug aus Rechnungen

a) Unternehmer

Nur ein Unternehmer kann die in § 15 Abs. 1 UStG aufgeführten Vorsteuerbeträge abziehen. Zum Vorsteuerabzug sind demnach ausschließlich *Unternehmer* i. S. des § 2 UStG und des § 2a UStG im Rahmen ihrer unternehmerischen Tätigkeit berechtigt. Vorsteuerbeträge, die dem nichtunternehmerischen Bereich zuzuordnen sind, sind nicht abzugsfähig.

554

Zur Frage des *Zeitpunkts des Vorsteuerabzugs* hat der *EuGH* durch Urteil vom 29.4.2004 klargestellt, dass das Vorsteuerabzugsrecht *frühestens* für den Erhebungszeitraum auszuüben ist, in dem *erstmalig beide* erforderlichen Voraussetzungen (Leistungsausführung und Rechnung) vorliegen.

Auch im *Ausland ansässige Unternehmer* können den Vorsteuerabzug in Anspruch nehmen, wenn die Vorsteuerbeträge ihrer unternehmerischen Tätigkeit zuzurechnen sind. Dies gilt auch dann, wenn die ausländischen Unternehmer im Inland keine Lieferungen oder sonstigen Leistungen ausführen. Unter den Voraussetzungen des § 18 Abs. 9 UStG i. V. mit §§ 59 bis 61 UStDV ist das *Vorsteuer-Vergütungsverfahren* im Regelfall beim Bundeszentralamt für Steuern durchzuführen.

555

BEISPIEL: Aus geschäftlichem Anlass besucht der dänische Unternehmer D eine Fachmesse in Hannover. Im Zusammenhang mit diesem Messebesuch sind D Umsatzsteuerbeträge i. H. von 200 € gesondert in Rechnung gestellt worden. Umsätze führt D im Inland nicht aus.

D steht als Unternehmer ein Vorsteuerabzug zu. Die Voraussetzungen des § 15 Abs. 1 Satz 1 Nr. 1 UStG liegen sämtlich vor. Diesen Vorsteuerabzug kann er im Rahmen des Vorsteuer-Vergütungsverfahrens gem. § 18 Abs. 9 UStG i. V. mit §§ 59 bis 61 UStDV geltend machen.

Zu den abzugsberechtigten Unternehmern gehören auch die *juristischen Personen des öffentlichen Rechts* mit ihrem unternehmerischen Bereich. Erfolgt der Umsatz für den nichtunternehmerischen hoheitlichen Bereich, kommt ein Vorsteuerabzug nicht in Betracht.

Bestimmte Unternehmer können ihre abziehbaren Vorsteuern nach *Durchschnittssätzen* ermitteln. Insoweit ist ein über die Durchschnittssätze hinausgehender Vorsteuerabzug nicht zulässig. Dies gilt auch für Land- und Forstwirte, die von der Durchschnittssatzbesteuerung des § 24 UStG Gebrauch gemacht haben.

Kleinunternehmer, bei denen die Steuer nicht erhoben wird, sind gem. § 19 Abs. 1 Satz 4 UStG nicht zum Vorsteuerabzug berechtigt. Dies gilt auch dann, wenn sie bei einem unzulässigen Ausweis der Steuer diese Steuer nach § 14c Abs. 2 UStG schulden.

Unternehmer, die *Reiseleistungen* i. S. des § 25 Abs. 1 UStG erbringen, sind gem. § 25 Abs. 4 Satz 1 UStG nicht berechtigt, die für die *Reisevorleistungen* gesondert in Rechnung gestellten Steuerbeträge als Vorsteuer abzuziehen. Im Übrigen bleibt der Vorsteuerabzug des § 15 UStG aber erhalten.

Bei der *Differenzbesteuerung* des § 25a UStG ist der Wiederverkäufer abweichend von § 15 Abs. 1 UStG in den Fällen des § 25a Abs. 2 UStG nicht berechtigt, die entrichtete Einfuhrumsatzsteuer, die gesondert ausgewiesene Steuer oder die nach § 13b Abs. 2 UStG geschuldete Steuer für die an ihn ausgeführte Lieferung als Vorsteuer abzuziehen (§ 25a Abs. 5 Satz 3 UStG).

In den Fällen des *innergemeinschaftlichen Dreiecksgeschäfts* ist der letzte Abnehmer gem. § 25b Abs. 5 UStG unter den übrigen Voraussetzungen des § 15 UStG berechtigt, die nach § 25b Abs. 2 UStG geschuldete Steuer als Vorsteuer abzuziehen.

b) Rechnung

556 Gemäß *§ 15 Abs. 1 Satz 1 Nr. 1 Satz 1 UStG* kann der Unternehmer die gesetzlich geschuldete Steuer für Lieferungen und sonstige Leistungen, die von einem anderen Unternehmer für sein Unternehmen ausgeführt worden sind, als Vorsteuerbeträge abziehen. Die Ausübung des Vorsteuerabzugs setzt gem. *§ 15 Abs. 1 Satz 1 Nr. 1 Satz 2 UStG* voraus, dass der Unternehmer eine nach den §§ 14, 14a UStG ausgestellte Rechnung besitzt.

Die Steuer muss grundsätzlich in einer *Rechnung* i. S. der §§ 14, 14a UStG gesondert ausgewiesen sein. Im Fall der Berichtigung einer Rechnung nach § 31 Abs. 5 UStDV ist ein Vorsteuerabzug erst in dem Zeitpunkt zulässig, in dem alle nach den §§ 14 und 14a UStG erforderlichen Angaben an den Leistungsempfänger übermittelt wurden.

Der Leistungsempfänger hat die in der Rechnung enthaltenen Angaben auf ihre *Vollständigkeit* und *Richtigkeit* zu überprüfen. Dabei ist allerdings der Grundsatz der Verhältnismäßigkeit zu wahren. Die Überprüfung der Richtigkeit der *Steuernummer* oder der inländischen *Umsatzsteuer-Identifikationsnummer* und der *Rechnungsnummer* ist dem Rechnungsempfänger regelmäßig nicht möglich. Ist eine dieser Angaben unrichtig und konnte der Unternehmer dies nicht erkennen, bleibt der Vorsteuerabzug erhalten, wenn im Übrigen die Voraussetzungen für den Vorsteuerabzug gegeben sind. Unberührt davon bleibt, dass der Unternehmer gem. § 15 Abs. 1 Satz 1 Nr. 1 Satz 1 UStG nur die *gesetzlich geschuldete Steuer* für Lieferungen und sonstige Leistungen eines anderen Unternehmers für sein Unternehmen als Vorsteuer abziehen kann. Deshalb ist z. B. der Vorsteuerabzug zu versagen, wenn die Identität des leistenden Unternehmers mit den Rechnungsangaben nicht übereinstimmt oder über eine nicht ausgeführte Lieferung oder sonstige Leistung abgerechnet wird. Hinsichtlich der *übrigen* nach den §§ 14, 14a UStG erforderlichen Angaben hat der Rechnungsempfänger dagegen die inhaltliche Richtigkeit der Angaben zu überprüfen. Bei unrichtigen Angaben entfällt der Vorsteuerabzug. Zu den unrichtigen Angaben, die eine Versagung des Vorsteuerabzuges zur Folge haben, zählen in einer Rechnung enthaltene Rechenfehler oder die unrichtige Angabe des Entgelts, des Steuersatzes oder des Steuerbetrages. Im Fall des § 14c Abs. 1 UStG kann der Vorsteuerabzug jedoch unter den übrigen Voraussetzungen in Höhe der für die bezogene Leistung geschuldeten Steuer vorgenommen werden. *Ungenauigkeiten* führen unter den übrigen Voraussetzungen nicht zu einer Versagung des Vorsteuerabzuges, wenn z. B. bei Schreibfehlern im Namen oder der Anschrift des leistenden Unternehmers oder des Leistungsempfängers oder in der Leistungsbeschreibung ungeachtet dessen eine eindeutige und unzweifelhafte Identifizierung der am Leistungsaustausch Beteiligten, der Leistung und des Leistungszeitpunkts möglich ist und die Ungenauigkeiten nicht sinnentstellend sind (BMF-Schreiben vom 29. 1. 2004; Abschn. 15.2 Abs. 3 und 4 UStAE).

Die Ausübung des Rechts auf Vorsteuerabzug setzt grds. voraus, dass der Steuerpflichtige im Besitz der *Originalrechnung* ist. Auch Kopien berechtigen aber im Einzelfall zum Vorsteuerabzug (wenn z. B. das Original verloren gegangen ist). Das Finanzamt kann aber weitere Nachweise verlangen, z. B. Bankbelege, Waren- und Lieferscheine oder Bescheinigungen des Lieferanten (vgl. FG München vom 21. 1. 2009).

Bei online ausgedruckten Fahrkarten ist der Vorsteuerabzug möglich, wenn der Papierausdruck der Online-Rechnung vorliegt und eine Zahlung z. B. durch Abbuchung vom Konto oder von der Kreditkarte belegt werden kann (Abschn. 14.4 Abs. 5 Nr. 2 UStAE).

c) Gesetzlich geschuldete Steuer

Voraussetzung für den Vorsteuerabzug gem. § 15 Abs. 1 Satz 1 Nr. 1 UStG ist, dass die USt in der Rechnung *gesondert* ausgewiesen ist.

> **BEISPIEL:** Unternehmer A erwirbt von dem Kleinunternehmer K eine Ware. K erteilt dem A eine Rechnung über 1 000 € zzgl. 190 € gesondert ausgewiesener USt.
> A kann die gesondert ausgewiesene USt i. H. von 190 € nicht als Vorsteuer abziehen. K schuldet die ausgewiesene USt gem. § 14c Abs. 2 Satz 1 UStG.

Wird über die Leistung mit einer *Gutschrift* abgerechnet, so kommt der Vorsteuerabzug für den Leistungsempfänger nur in Betracht, wenn der leistende Unternehmer zum gesonderten Steuerausweis in einer Rechnung berechtigt ist. Der Vorsteuerabzug entfällt, soweit der Gutschriftempfänger dem in der Gutschrift angegebenen Steuerbetrag widerspricht. Dieser *Widerspruch* wirkt auch für den Vorsteuerabzug des Gutschriftausstellers erst in dem Besteuerungszeitraum, in dem er erklärt wird.

Erhält der Unternehmer für seine Leistung von einem anderen als dem Leistungsempfänger ein Entgelt i. S. des *§ 10 Abs. 1 Satz 3 UStG*, so ist in der Rechnung auch dieser Teil des Entgelts und die darauf entfallende USt anzugeben. Der Rechnungsempfänger kann bei Vorliegen der übrigen Voraussetzungen den ausgewiesenen Steuerbetrag als Vorsteuer abziehen (Abschn. 15.2 Abs. 10 UStAE).

d) Leistungen

Voraussetzung für den Vorsteuerabzug gem. *§ 15 Abs. 1 Satz 1 Nr. 1 Satz 1 UStG* ist, dass eine Leistung an den Unternehmer ausgeführt wird. Es muss sich um eine *steuerbare* Leistung handeln. Eine Abrechnung über einen nicht steuerbaren Vorgang durch

Nichtleistung ermöglicht den Vorsteuerabzug auch in den Fällen nicht, in denen der Rechnungsaussteller einen Steuerbetrag gesondert in Rechnung gestellt hat.

Der Vorsteuerabzug setzt grundsätzlich voraus, dass die Leistung *ausgeführt* worden ist. Ein Vorsteuerabzug für eine zwar berechnete, aber nicht ausgeführte Leistung (*§ 14c Abs. 2 Satz 2 UStG*) kommt nicht in Betracht.

e) Leistungen von anderen Unternehmern

562 Voraussetzung für den Vorsteuerabzug gem. *§ 15 Abs. 1 Satz 1 Nr. 1 Satz 1 UStG* ist, dass eine Lieferung oder sonstige Leistung von anderen Unternehmern für das Unternehmen des Leistungsempfängers ausgeführt worden ist. Wer bei einem Umsatz als Leistender anzusehen ist, ergibt sich regelmäßig aus den zugrunde liegenden *zivilrechtlichen Vereinbarungen*.

Der Unternehmer, der die Lieferung oder sonstige Leistung ausgeführt hat, muss in der Rechnung grundsätzlich mit seinem *wirklichen Namen* bzw. mit der *wirklichen Firma* angegeben sein (Abschn. 15.2 Abs. 15 UStAE). Bei der Verwendung eines unzutreffenden oder ungenauen Namens, z. B. eines Scheinnamens oder einer Scheinfirma, kann der Vorsteuerabzug *ausnahmsweise* zugelassen werden, wenn der tatsächlich leistende Unternehmer eindeutig und leicht nachprüfbar aus dem Abrechnungspapier ersichtlich ist.

563–564 *(Einstweilen frei)*

f) Leistungen für das Unternehmen

565 Voraussetzung für den Vorsteuerabzug gem. *§ 15 Abs. 1 Satz 1 Nr. 1 Satz 1 UStG* ist, dass die Lieferungen oder sonstigen Leistungen für das Unternehmen des Leistungsempfängers ausgeführt worden sind.

Eine Lieferung oder sonstige Leistung wird grundsätzlich an diejenige Person ausgeführt, die aus dem *schuldrechtlichen Vertragsverhältnis*, das dem Leistungsaustausch zugrunde liegt, berechtigt oder verpflichtet ist. Demnach ist als Leistungsempfänger einer Lieferung oder sonstigen Leistung grundsätzlich der *Auftraggeber* bzw. *Besteller* der Leistung anzusehen. Wird allerdings unter Missachtung des sich aus dem schuldrechtlichen Vertragsverhältnis ergebenden Anspruchs die Leistung *tatsächlich* an einen Dritten erbracht, so kann der *Dritte* unabhängig von den zugrunde liegenden Rechtsbeziehungen Leistungsempfänger sein.

566 In den Fällen, in denen auf einem gemeinschaftlichen Grundstück von *Eheleuten* ein Gebäude errichtet wird, kommen als Leistungsempfänger in Betracht:

▶ die Ehegattengemeinschaft

oder

▶ ein Ehegatte.

Ist nur ein Ehegatte Leistungsempfänger, so muss sich dies eindeutig aus der Auftragserteilung ergeben. Die tatsächliche Durchführung muss den getroffenen Vereinbarungen entsprechen.

Über das Recht auf Vorsteuerabzug ist bereits bei Erhalt der Rechnung mit Steuerausweis über die Leistung zu entscheiden (*Grundsatz des „Sofortabzugs"*). Solange die tatsächliche Verwendung der Leistung für das Unternehmen fehlt, ist darauf abzustellen, ob steuerfreie oder steuerpflichtige Verwendungsumsätze *beabsichtigt* sind.

567

Bezüglich der Unternehmereigenschaft und des damit im Zusammenhang stehenden Vorsteuerabzugs bei *Vorbereitungshandlungen* für eine beabsichtigte wirtschaftliche Tätigkeit, wird auf Abschn. 2.6 UStAE hingewiesen.

568

Als *Nachweis* dafür, dass die Leistung für das Unternehmen bezogen wurde, sind *zutreffende Angaben* des leistenden Unternehmers über Art und Umfang der von ihm ausgeführten Leistung in der Rechnung oder in den in § 31 UStDV bezeichneten Unterlagen erforderlich (Abschn. 15.2 Abs. 18 UStAE).

569

In den Fällen, in denen ein Umsatz sowohl für das Unternehmen als auch für Zwecke ausgeführt wird, die außerhalb des Unternehmens liegen, ist hinsichtlich des Vorsteuerabzugs wie folgt zu verfahren:

570

▶ Bei der Lieferung *vertretbarer Sachen* sowie bei entsprechenden sonstigen Leistungen ist die hierauf entfallende Steuer entsprechend dem Verwendungszweck in einen abziehbaren und einen nicht abziehbaren Anteil aufzuteilen.

▶ Bei einem einheitlichen Gegenstand, der sowohl unternehmerisch als auch nichtunternehmerisch verwendet wird, hat der Unternehmer nach dem Urteil des EuGH vom 4.10.1995 ein Wahlrecht, ob er den Gegenstand ganz oder teilweise seinem Unternehmen zuordnet. Danach hat der Unternehmer folgende Möglichkeiten:

  – Zuordnung des Gegenstandes insgesamt zum nichtunternehmerischen Bereich (kein Vorsteuerabzug),

  – Zuordnung des Gegenstandes insgesamt zum unternehmerischen Bereich (voller Vorsteuerabzug),

  – Zuordnung des Gegenstandes zu einem Teil zum unternehmerischen Bereich (teilweiser Vorsteuerabzug).

Zu beachten ist in diesem Zusammenhang die *Zuordnungsbeschränkung* des § 15 Abs. 1 Satz 2 UStG, wonach eine Zuordnung zum Unternehmen nur dann möglich ist, wenn der Gegenstand zu mindestens *10 %* unternehmerisch genutzt wird.

Auf Abschn. 15.2 Abs. 21 UStAE wird ergänzend hingewiesen.

g) Vorsteuerabzug vor Ausführung der Leistung

Abweichend von dem Grundsatz, dass ein Vorsteuerabzug erst vorgenommen werden kann, wenn die Leistung an den Leistungsempfänger ausgeführt ist, enthält § 15 Abs. 1 Satz 1 Nr. 1 Satz 3 UStG eine Sonderregelung. Soweit der gesondert ausgewiesene Steuerbetrag auf eine Zahlung vor Ausführung dieser Umsätze entfällt, ist er bereits abziehbar, wenn die Rechnung vorliegt *und* die Zahlung geleistet worden ist.

571

Der Vorsteuerabzug ist in dem Besteuerungszeitraum vorzunehmen, in dem *erstmalig* beide Voraussetzungen erfüllt sind.

> **BEISPIEL:** Unternehmer A erhält von dem Unternehmer B eine Vorausrechnung über 10 000 € zzgl. 1 900 € gesondert ausgewiesener USt. Die Rechnung geht bei A, der monatliche USt-Voranmeldungen abzugeben hat, im Januar ein. A zahlt die Rechnung in voller Höhe im März.
>
> Bei Vorliegen der übrigen Voraussetzungen des § 15 Abs. 1 Satz 1 Nr. 1 UStG kann A in der Voranmeldung für März einen Vorsteuerabzug i. H. von 1 900 € vornehmen.

Ist der gesondert ausgewiesene Steuerbetrag *höher* als die Steuer, die auf die Zahlung vor der Umsatzausführung entfällt, so kann vorweg nur der Steuerbetrag abgezogen werden, der in der im Voraus geleisteten Zahlung enthalten ist (Abschn. 15.3 Abs. 4 UStAE).

> **BEISPIEL:** Unternehmer A erhält von dem Unternehmer B eine Vorausrechnung über 10 000 € zzgl. 1 900 € gesondert ausgewiesener USt. Die Rechnung geht bei A, der monatliche USt-Voranmeldungen abzugeben hat, im Januar ein. A zahlt die Rechnung i. H. von 5 950 € im März.
>
> Bei Vorliegen der übrigen Voraussetzungen des § 15 Abs. 1 Satz 1 Nr. 1 UStG kann A in der Voranmeldung für März einen Vorsteuerabzug i. H. von 950 € vornehmen.

Aus einer *Endrechnung* kann der Leistungsempfänger nur den Steuerbetrag als Vorsteuer abziehen, der auf die verbliebene Restzahlung entfällt. Ein höherer Vorsteuerabzug ist auch dann nicht zulässig, wenn in der Endrechnung die im Voraus gezahlten Teilentgelte und die darauf entfallenden Steuerbeträge nicht oder nicht vollständig abgesetzt wurden (Abschn. 15.3 Abs. 5 UStAE).

3. Einfuhrumsatzsteuer als Vorsteuer

572   Der Unternehmer kann gem. *§ 15 Abs. 1 Satz 1 Nr. 2 UStG* die *entstandene EUSt* für Gegenstände, die für sein Unternehmen nach § 1 Abs. 1 Nr. 4 UStG eingeführt worden sind als Vorsteuer abziehen (vgl. auch EuGH-Urteil vom 29. 3. 2012).

Voraussetzung für den Vorsteuerabzug ist, dass

- der Gegenstand für das Unternehmen nach § 1 Abs. 1 Nr. 4 UStG eingeführt wird

und

- die EUSt entstanden ist.

573   Zum Abzug der entstandenen EUSt als Vorsteuer sind nur *Unternehmer* berechtigt. Um *Vorfinanzierungsschwierigkeiten* der Importeure zu vermeiden, ist in *§ 16 Abs. 2 Satz 4 UStG* folgende Regelung getroffen worden: Die bis zum 16. Tag nach Ablauf des Besteuerungszeitraums zu entrichtende EUSt kann bereits von der Steuer für diesen Besteuerungszeitraum abgesetzt werden, wenn sie in ihm entstanden ist. Wird die EUSt nach Fälligkeit tatsächlich nicht gezahlt, muss der Unternehmer den in Anspruch genommenen Vorsteuerabzug berichtigen.

Die *Entstehung* der EUSt ist durch einen zollamtlichen Beleg nachzuweisen (Abschn. 15.8 Abs. 1 Satz 2 UStAE). Es ist nicht erforderlich, dass der importierende Unternehmer die EUSt selbst entrichtet hat. Die erforderlichen Belege und die Zahlung kann auch durch einen Spediteur durchgeführt werden.

Eine *Einfuhr für das Unternehmen* liegt vor, wenn der Unternehmer den eingeführten Gegenstand in seinen im Inland belegenen Unternehmensbereich eingliedert, um ihn hier im Rahmen seiner unternehmerischen Tätigkeit zur Ausführung von Umsätzen einzusetzen.

Überlässt ein ausländischer Unternehmer einem inländischen Unternehmer einen Gegenstand zur *Nutzung*, ohne ihm die Verfügungsmacht an dem Gegenstand zu verschaffen, ist der inländische Unternehmer nicht zum Abzug der EUSt als Vorsteuer berechtigt. 574

Zum Vorsteuerabzug der EUSt bei papierloser Festsetzung der EUSt im IT-Verfahren *ATLAS* hat das BMF mit Schreiben vom 8. 2. 2001 Stellung genommen. 575

4. Erwerbsteuer als Vorsteuer

Seit dem *1. 1. 1993* kann der Unternehmer gem. *§ 15 Abs. 1 Satz 1 Nr. 3 UStG* auch die Steuer für den innergemeinschaftlichen Erwerb von Gegenständen für sein Unternehmen als Vorsteuer abziehen. Auch in den Fällen des *innergemeinschaftlichen Verbringens* kommt ein Vorsteuerabzug in Betracht. Der Vorsteuerabzug setzt voraus, dass der Gegenstand tatsächlich nach Deutschland gelangt ist (= sich am Ende des Transports hier befindet, vgl. § 3d Satz 1 UStG). Ist die USt in Deutschland aufgrund von § 3d Satz 2 UStG entstanden, ist ein Vorsteuerabzug ausgeschlossen. 576

> **BEISPIEL:** Unternehmer A transportiert eine Maschine von seinem Unternehmensteil in Madrid zu seinem Unternehmensteil nach Düsseldorf, um sie hier auf Dauer einzusetzen.
>
> A führt in Spanien eine steuerbare aber steuerfreie innergemeinschaftliche Lieferung aus. Das Verbringen gilt im Inland als innergemeinschaftlicher Erwerb gem. § 1a Abs. 2 UStG. A schuldet die von ihm selbst zu berechnende Erwerbsteuer. Gleichzeitig kann er diese Erwerbsteuer gem. § 15 Abs. 1 Satz 1 Nr. 3 UStG als Vorsteuer abziehen.

Der erworbene Gegenstand muss *für sein Unternehmen* bezogen sein. Außerdem muss der erworbene Gegenstand zur Ausführung von Umsätzen verwendet werden, die den Vorsteuerabzug nicht ausschließen. Eine *Rechnung* ist für den Vorsteuerabzug nach § 15 Abs. 1 Satz 1 Nr. 3 UStG nicht erforderlich. Ein gesonderter Ausweis der USt in der Rechnung kann nicht vorliegen, da es sich aus der Sicht des leistenden Unternehmers um eine steuerfreie innergemeinschaftliche Lieferung handelt.

Das Recht auf Vorsteuerabzug der Erwerbsteuer *entsteht* in dem Zeitpunkt, in dem die Erwerbsteuer entsteht. Dies bewirkt, dass der Unternehmer den Vorsteuerabzug in der USt-Voranmeldung oder USt-Jahreserklärung geltend machen kann, in der er den innergemeinschaftlichen Erwerb zu versteuern hat.

5. Vorsteuerabzug in Fällen des § 13b UStG

Nach § 15 Abs. 1 Nr. 4 UStG kann der Unternehmer die Steuer für Leistungen i. S. des § 13b Abs. 1 und 2 UStG, die für sein Unternehmen ausgeführt worden sind, als Vorsteuer abziehen. Soweit die Steuer auf eine Zahlung vor Ausführung dieser Leistungen entfällt, ist sie abziehbar, wenn die Zahlung geleistet worden ist. 577

Der Unternehmer kann bei Vorliegen der weiteren Voraussetzungen des § 15 UStG den Vorsteuerabzug in der Voranmeldung oder Jahreserklärung für das Kalenderjahr geltend machen, in der er den Umsatz zu versteuern hat.

6. Vorsteuerabzug des Auslagerers

578 Im Rahmen des *Steueränderungsgesetzes 2003* ist § 15 Abs. 1 Satz 1 Nr. 5 UStG eingefügt worden. Die grundsätzlich vom Auslagerer nach § 13a Abs. 1 Nr. 6 UStG geschuldete Steuer für Umsätze, die für sein Unternehmen ausgeführt worden sind, kann als Vorsteuer abgezogen werden. Der Vorsteuerabzug ist unter den übrigen Voraussetzungen des § 15 UStG auch ohne gesonderten Ausweis der Steuer in einer Rechnung möglich.

7. Zuordnung zum Unternehmen

579 Im Rahmen des *Steuerentlastungsgesetzes 1999/2000/2002* ist § 15 Abs. 1 Satz 2 UStG mit Wirkung ab dem 1.4.1999 in das UStG eingefügt worden. Danach gilt die Lieferung, die Einfuhr oder der innergemeinschaftliche Erwerb eines Gegenstandes nicht als für das Unternehmen ausgeführt, wenn der Unternehmer den Gegenstand zu weniger als *10 %* für sein Unternehmen nutzt. Bei einer unternehmerischen Nutzung von genau 10 % kann eine Zuordnung zum Unternehmen erfolgen.

> **BEISPIEL:** Unternehmer A nutzt einen Pkw zu 95 % privat und zu 5 % betrieblich.
>
> Eine Zuordnung des Pkw zum Unternehmen kommt gem. § 15 Abs. 1 Satz 2 UStG nicht in Betracht, da die unternehmerische Nutzung nicht mindestens 10 % beträgt. Da nicht alle Tatbestandsmerkmale des § 15 Abs. 1 Satz 1 Nr. 1 Satz 1 UStG erfüllt sind, kommt ein Vorsteuerabzug aus der Anschaffung des Pkw nicht in Betracht.

8. Nachweis

580 Falls die Unterlagen für den Vorsteuerabzug *unvollständig* oder *nicht vorhanden* sind, kann der Unternehmer den Vorsteuerabzug nicht vornehmen. Das Finanzamt kann den Vorsteuerabzug in diesen Fällen bei dem Vorliegen bestimmter Voraussetzungen schätzen oder aus Billigkeitsgründen zulassen. Eine *Schätzung* ist allerdings nur insoweit zulässig, als davon ausgegangen werden kann, dass vollständige Unterlagen für den Vorsteuerabzug vorhanden waren. Soweit Unterlagen für den Vorsteuerabzug nicht vorhanden sind und auch nicht vorhanden waren oder soweit die Unterlagen unvollständig sind, kommt eine Anerkennung des Vorsteuerabzugs nur aus *Billigkeitsgründen* in Betracht. Die Grundsätze, die dabei zu beachten sind, sind im Abschn. 15.11 Abs. 7 UStAE beschrieben.

Bezüglich der *Aufzeichnungspflichten* für den Vorsteuerabzug wird auf § 22 UStG verwiesen.

9. Ausschluss vom Vorsteuerabzug

a) Ausschlussumsätze

Der Grundsatz, dass die in § 15 Abs. 1 Satz 1 Nr. 1 bis 5 UStG bezeichneten Vorsteuern abgezogen werden können, kommt nicht zur Anwendung, wenn der Unternehmer *bestimmte steuerfreie* oder *bestimmte nicht steuerbare* Umsätze ausführt bzw. beabsichtigt. Vom Vorsteuerabzug ausgeschlossen ist gem. *§ 15 Abs. 2 Satz 1 UStG* die Steuer für die Lieferungen, die Einfuhr und den innergemeinschaftlichen Erwerb von Gegenständen sowie für die sonstigen Leistungen, die der Unternehmer zur Ausführung folgender Umsätze verwendet: 581

▶ steuerfreie Umsätze,

▶ Umsätze im Ausland, die steuerfrei wären, wenn sie im Inland ausgeführt würden.

Unter „*Verwendung*" ist grundsätzlich die erstmalige tatsächliche Verwendung der Leistung zu verstehen. Maßgeblich ist somit grundsätzlich die erste Leistung, in die oder den die bezogene Leistung Eingang findet. Der Begriff der Verwendung einer Lieferung oder sonstigen Leistung umfasst auch die *Verwendungsabsicht*. Der Ausschluss umfasst auch die Vorsteuerbeträge, die in einer *mittelbaren* wirtschaftlichen Verbindung zu den o. g. Umsätzen stehen (Abschn. 15.12 Abs. 3 UStAE). Vorsteuerbeträge können nicht abgezogen werden, wenn es an *objektiven Anhaltspunkten* dafür fehlt, dass der Steuerpflichtige beabsichtigt hatte, die Eingangsleistungen zur Ausführung von steuerpflichtigen Umsätzen zu verwenden. 582

Gegenstände oder sonstige Leistungen, die der Unternehmer zur Ausführung einer *Einfuhr* oder eines *innergemeinschaftlichen Erwerbs* verwendet, sind gem. § 15 Abs. 2 Satz 2 UStG den Umsätzen zuzurechnen, für die der eingeführte oder innergemeinschaftlich erworbene Gegenstand verwendet wird. 583

Nach *§ 15 Abs. 2 Satz 1 Nr. 1 UStG* sind die Vorsteuerbeträge für *steuerfreie Umsätze* grundsätzlich vom Abzug ausgeschlossen. Der Ausschluss vom Vorsteuerabzug erstreckt sich aber nicht auf die Vorsteuerbeträge, die den in § 15 Abs. 3 Nr. 1 Buchst. a und b UStG bezeichneten steuerfreien Umsätzen zuzurechnen sind. 584

Danach tritt ein *Ausschluss vom Vorsteuerabzug* für alle steuerfreien Umsätze ein, *außer* für steuerfreie Umsätze nach

▶ § 4 Nr. 1 bis 7 UStG,

▶ § 25 Abs. 2 UStG,

▶ § 26 Abs. 5 UStG,

▶ § 4 Nr. 8 Buchst. a bis g UStG, wenn sich die Umsätze unmittelbar auf Gegenstände beziehen, die in das Drittlandsgebiet ausgeführt werden,

▶ § 4 Nr. 10 Buchst. a UStG, wenn sich die Umsätze unmittelbar auf Gegenstände beziehen, die in das Drittlandsgebiet ausgeführt werden.

In den Fällen, in denen der Unternehmer für bestimmte steuerfreie Umsätze gem. § 9 UStG auf die Steuerbefreiung *verzichtet* hat und die Umsätze als steuerpflichtig behandelt hat, kommt ein Vorsteuerabzug in Betracht, da die Vorsteuern im Zusammenhang mit steuerpflichtigen Umsätzen stehen.

585 Nach *§ 15 Abs. 2 Satz 1 Nr. 2 UStG* kommt ein Vorsteuerabzug nicht in Betracht, wenn die Vorsteuern im Zusammenhang stehen mit *Umsätzen im Ausland*, die steuerfrei wären, wenn sie im Inland ausgeführt würden. Der Ausschluss vom Vorsteuerabzug beurteilt sich ausschließlich nach dem deutschen Umsatzsteuerrecht (Abschn. 15.14 UStAE). Ausgenommen vom Ausschluss des Vorsteuerabzugs sind die Umsätze, die nach den in § 15 Abs. 3 Nr. 2 Buchstaben a und b UStG bezeichneten Vorschriften steuerfrei wären.

586 *(Einstweilen frei)*

b) Ausnahmen vom Abzugsverbot

587 Durch die Vorschrift des *§ 15 Abs. 3 UStG* wird der Ausschluss vom Vorsteuerabzug nach § 15 Abs. 2 UStG teilweise wieder *rückgängig* gemacht. Dies führt dazu, dass es bei den in § 15 Abs. 3 UStG aufgeführten steuerfreien Umsätzen zu einer *vollständigen Entlastung* von der USt kommt. Die Entlastung dient vor allem der Stärkung der Exportwirtschaft.

Nach *§ 15 Abs. 3 Nr. 1 UStG* tritt der Ausschluss vom Vorsteuerabzug nach § 15 Abs. 2 Satz 1 Nr. 1 UStG (steuerfreie Umsätze) nicht ein, d. h., *ein Vorsteuerabzug ist möglich*, wenn es sich um folgende Umsätze handelt:

- steuerfreie Ausfuhrlieferungen (§ 4 Nr. 1 Buchst. a UStG),
- steuerfreie Lohnveredelungen an Gegenständen der Ausfuhr (§ 4 Nr. 1 Buchst. a UStG),
- steuerfreie innergemeinschaftliche Lieferungen (§ 4 Nr. 1 Buchst. b UStG),
- steuerfreie Umsätze für die Seeschifffahrt (§ 4 Nr. 2 UStG),
- steuerfreie Umsätze für die Luftfahrt (§ 4 Nr. 2 UStG),
- steuerfreie grenzüberschreitende Güterbeförderungen (§ 4 Nr. 3 Satz 1 Buchstaben a und b UStG),
- weitere steuerfreie Leistungen des § 4 Nr. 3 – 7 UStG.

588–590 *(Einstweilen frei)*

c) Ausschluss nach § 15 Abs. 1a UStG

aa) Nicht abzugsfähige Betriebsausgaben

591 Nach *§ 15 Abs. 1a UStG* sind die Vorsteuerbeträge nicht abziehbar, die auf Aufwendungen entfallen, für die das *Abzugsverbot* des § 4 Abs. 5 Satz 1 Nr. 1 bis 4, 7 oder des § 12 Nr. 1 EStG gilt.

Unter *§ 4 Abs. 5 Satz 1 Nr. 1 bis 4 und 7 EStG* fallen u. a. folgende Aufwendungen:

- Aufwendungen für Geschenke an Personen, die nicht Arbeitnehmer des Steuerpflichtigen sind, wenn die Anschaffungs- oder Herstellungskosten der dem Empfänger im Wirtschaftsjahr zugewendeten Gegenstände mehr als 35 € betragen,
- Aufwendungen für die Bewirtung von Personen aus geschäftlichem Anlass, soweit sie 70 % der Aufwendungen übersteigen, die nach der allgemeinen Verkehrsauffassung als angemessen anzusehen und deren Höhe und betriebliche Veranlassung nachgewiesen sind,

▶ Aufwendungen für Einrichtungen des Steuerpflichtigen, soweit sie der Bewirtung, Beherbergung oder Unterhaltung von Personen, die nicht Arbeitnehmer des Steuerpflichtigen sind, dienen (Gästehäuser) und sich außerhalb des Orts eines Betriebs des Steuerpflichtigen befinden.

BEISPIELE: 592

1. Unternehmer A stellt in seinem Betrieb in Münster Elektrogeräte her. Im laufenden Jahr schenkt er einem besonders guten Kunden eine Mikrowelle, deren Netto-Selbstkosten 150 € betragen haben.

   Da die Freigrenze von netto 35 € überschritten ist, handelt es sich um nicht abzugsfähige Aufwendungen i. S. des § 4 Abs. 5 Satz 1 Nr. 1 EStG. Der Vorsteuerabzug ist gem. § 15 Abs. 1a UStG ausgeschlossen. Da A den Vorsteuerabzug für die Bestandteile in Anspruch genommen hat, ist eine Vorsteuerkorrektur gem. § 17 Abs. 2 Nr. 5 UStG vorzunehmen und zwar in dem Zeitpunkt der Schenkung.

2. Unternehmer A stellt in seinem Betrieb in Münster Elektrogeräte her. Im laufenden Jahr schenkt er einem besonders guten Kunden einen Mixer, dessen Netto-Selbstkosten 30 € betragen haben.

   Da die Freigrenze von netto 35 € nicht überschritten ist, liegen keine nicht abzugsfähigen Betriebsausgaben i. S. des § 4 Abs. 5 Satz 1 Nr. 1 EStG vor. Ein Ausschluss vom Vorsteuerabzug tritt gem. § 15 Abs. 1a UStG nicht ein. Es liegt auch kein steuerbarer Umsatz vor. Eine Gleichstellung der unentgeltlichen Zuwendung des Gegenstandes mit einer Lieferung gegen Entgelt gem. § 3 Abs. 1b Satz 1 Nr. 3 UStG erfolgt nicht, da es sich um ein Geschenk von geringem Wert handelt.

Der Vorsteuerabzug für *Bewirtungskosten* aus geschäftlichem Anlass war in dem Maße zulässig, wie die Bewirtungskosten ertragsteuerlich als Betriebsausgaben abziehbar sind. 593

BEISPIEL: Unternehmer A bewirtet seine Geschäftsfreunde in einem Restaurant. In der ordnungsgemäßen Rechnung wird ein Nettobetrag von 1.000 € eine USt i. H. von 190 € gesondert ausgewiesen. Es handelt sich um angemessene Bewirtungsaufwendungen.

Es ist ein Vorsteuerabzug von 190 € möglich. Ertragsteuerlich sind gem. § 4 Abs. 5 Nr. 2 EStG aber nur 70 % der Nettokosten = 700 € als Betriebsausgabe abzugsfähig. Zwar schließt § 15 Abs. 1a Satz 1 UStG den Vorsteuerabzug bei nicht abziehbaren Betriebsausgaben des § 4 Abs. 5 EStG aus. Dies gilt allerdings gem. § 15 Abs. 1a Satz 2 UStG nicht für den nicht abziehbaren Teil (30 %) der angemessenen und nachgewiesenen Bewirtungskosten.

Bezüglich des Vorsteuerausschlusses für Aufwendungen i. S. des § 4 Abs. 5 Satz 1 Nr. 3 und 4 EStG (*Gästehäuser, Segel- und Motorjachten usw.*) ist anzumerken, dass sich der Ausschluss sowohl auf die laufenden Kosten als auch auf die Anschaffungs- oder Herstellungskosten bezieht. 594

(Einstweilen frei) 595–597

bb) Reisekosten

Betr. des Vorsteuerabzugs bei Reisekosten gilt Folgendes: 598

1. Vorsteuerabzug aus Übernachtungskosten

Der Unternehmer kann aus Rechnungen für Übernachtungen anlässlich einer Geschäftsreise des Unternehmers oder einer unternehmerisch bedingten Auswärtstätigkeit des Arbeitnehmers (Dienstreise, Einsatzwechseltätigkeit, Fahrtätigkeit, doppelte Haushaltsführung) *unter den weiteren Voraussetzungen des § 15 UStG* den Vorsteuerabzug in Anspruch nehmen. Voraussetzung ist, dass der Unternehmer Empfänger der Übernachtungsleistung ist und die Rechnung auf den Namen des Unternehmers ausgestellt ist. Die Kleinbetragsregelung des § 33 UStDV bleibt unberührt.

2. Vorsteuerabzug aus Verpflegungskosten

a) Verpflegungskosten des Unternehmers

Der Unternehmer kann aus Verpflegungskosten anlässlich einer Geschäftsreise den *Vorsteuerabzug* unter den weiteren Voraussetzungen des § 15 UStG *in Anspruch nehmen*, wenn die Aufwendungen durch Rechnungen mit gesondertem Ausweis der USt auf den Namen des Unternehmers bzw. durch Kleinbetragsrechnungen belegt sind. Eine Ausnahme besteht nur hinsichtlich der unangemessenen Kosten.

b) Verpflegungskosten des Arbeitnehmers

Aus der Erstattung der Verpflegungsaufwendungen der Arbeitnehmer kann *grundsätzlich kein Vorsteuerabzug* vorgenommen werden, da im Regelfall keine Umsätze für das Unternehmen vorliegen. Lediglich in Fällen, in denen die Verpflegungsleistungen vom Arbeitgeber empfangen und in voller Höhe getragen werden, kann der Arbeitgeber den Vorsteuerabzug in Anspruch nehmen, wenn die Aufwendungen durch Rechnungen auf seinen Namen bzw. durch Kleinbetragsrechnungen belegt sind. Hierfür ist erforderlich, dass der Unternehmer die Speisen und Getränke entweder selbst bestellt oder – bei einer Bestellung durch den Arbeitnehmer –, dass die Speisen und Getränke mit rechtlicher Wirkung für den Unternehmer bestellt werden. Eine unentgeltliche Wertabgabe an die Arbeitnehmer ist insoweit nicht zu besteuern, da es sich um eine Leistung im überwiegend betrieblichen Interesse handelt.

BEISPIEL: Ein Arbeitgeber schickt seine Arbeitnehmer zu einer innerbetrieblichen Fortbildung (Seminare, Vorträge, Workshops usw.) von Freitagnachmittag bis Sonntagmorgen in ein auswärtiges Hotel. Er vereinbart mit dem Hotel, dass sämtliche Übernachtungs- und Verpflegungskosten für diese Zeit von ihm übernommen werden. Das Hotel stellt diese Aufwendungen dementsprechend dem Arbeitgeber in Rechnung.

Der Arbeitgeber kann die vom Hotel in der Rechnung gesondert ausgewiesene USt in voller Höhe als Vorsteuer abziehen. Sowohl die Übernachtungs- als auch die Verpflegungsaufwendungen berechtigen den Arbeitgeber – weil er Leistungsempfänger ist und eine Rechnung mit gesondertem Steuerausweis erhält – zum Vorsteuerabzug.

Ein Vorsteuerabzug aus *Reisekostenpauschbeträgen* (Tagegelder, Übernachtungsgelder, Kilometergelder) ist nicht zulässig.

BEISPIEL: Unternehmer A besucht aus betrieblichen Gründen eine Messe in Hannover. Anlässlich des Messebesuchs sind ihm folgende Kosten entstanden:
▶ Verpflegungskosten 200 € zzgl. 38 € USt
▶ Übernachtungskosten 300 € zzgl. 57 € USt
▶ Bahnfahrt 200 € zzgl. 38 € USt
▶ Taxikosten 50 € zzgl. 3,50 € USt
Ordnungsgemäße Rechnungen liegen vor.
A kann einen Vorsteuerabzug i. H. von 136,50 € aus allen genannten Rechnungen geltend machen.

599 *(Einstweilen frei)*

d) Vorsteuerbeschränkung bei Grundstücken

Eine weitere Sonderregelung enthält § 15 Abs. 1b UStG. Sie betrifft gemischt-genutzte Grundstücke, d. h. Immobilien, die teils unternehmerisch teils privat genutzt werden. Hier wurde vor Jahren in der Praxis das sog. „Seeling-Modell" angewandt (benannt nach einem Steuerpflichtigen, der dieses Steuersparmodell vor Gericht durchgesetzt hatte). Durch den umfangreichen Vorsteuerabzug beim Bau eines Gebäudes und die späteren (geringeren) USt-Zahlungen aufgrund der Privatnutzung ergab sich ein Steuervorteil, den der Gesetzgeber durch § 15 Abs. 1b UStG geschlossen hat. Danach gilt: 600

Verwendet der Unternehmer eine Immobilie sowohl für Zwecke seines Unternehmens als auch für Zwecke, die außerhalb des Unternehmens liegen, oder für den privaten Bedarf seines Personals, ist die USt für die Eingangsleistungen im Zusammenhang mit diesem Grundstück vom Vorsteuerabzug ausgeschlossen, soweit sie nicht auf die Verwendung des Grundstücks für Zwecke des Unternehmens entfällt.

Die frühere Praxis (erst kompletter Vorsteuerabzug für die ganze Immobilie, dann USt auf die Privatnutzung) entfällt damit. Die auf die Privatnutzung anteilig entfallende Vorsteuer ist von vornherein nicht mehr abzugsfähig.

(Einstweilen frei) 601

10. Vorsteueraufteilung

a) Aufteilungsmethode

Verwendet der Unternehmer die für sein Unternehmen gelieferten oder eingeführten Gegenstände und die in Anspruch genommenen sonstigen Leistungen sowohl für Umsätze, die zum Vorsteuerabzug berechtigen, als auch für Umsätze, die den Vorsteuerabzug nach § 15 Abs. 2 und 3 UStG ausschließen, so hat er die angefallenen Vorsteuerbeträge gem. *§ 15 Abs. 4 Satz 1 UStG* in einen abziehbaren und einen nicht abziehbaren Teil aufzuteilen. Ein Fall des § 15 Abs. 4 UStG liegt dann *nicht* vor, wenn der Gegenstand oder die sonstige Leistung teils unternehmerischen und teils nichtunternehmerischen Zwecken dient. 602

> **BEISPIEL:** Unternehmer A erwirbt einen Computer, den er zu 70 % betrieblich und zu 30 % privat nutzt. A ordnet den gesamten Computer seinem Unternehmen zu. A führt nur steuerpflichtige Umsätze aus.
>
> A kann unter den weiteren Voraussetzungen des § 15 Abs. 1 Satz 1 Nr. 1 UStG aus der Anschaffung des Computers den vollen Vorsteuerabzug in Anspruch nehmen. Die Privatnutzung des Computers führt zu einem steuerbaren und steuerpflichtigen Umsatz nach § 1 Abs. 1 Nr. 1 Satz 1 UStG. Ein Fall der Vorsteueraufteilung gem. § 15 Abs. 4 Satz 1 UStG liegt nicht vor, da der Computer innerhalb des Unternehmens ausschließlich für Umsätze verwendet wird, die zum Vorsteuerabzug berechtigen.

Entscheidend dafür, ob ein Fall des § 15 Abs. 4 Satz 1 UStG vorliegt, ist grundsätzlich die *tatsächliche bzw. die beabsichtigte Verwendung* des Gegenstandes bzw. der sonstigen Leistung.

Bei einem Wirtschaftsgut des Anlagevermögens ist für die Vornahme des Vorsteuerabzuges grundsätzlich von den Verhältnissen im *Zeitpunkt der Anschaffung* des Wirtschaftsguts auszugehen.

> **BEISPIEL:** Unternehmer A erwirbt zu Beginn des Jahres ein Wirtschaftsgut des Anlagevermögens. Dieses Wirtschaftsgut wird in der ersten Jahreshälfte zur Ausführung von zum Vorsteuerabzug berechtigenden Umsätzen und in der zweiten Jahreshälfte zur Ausführung von nicht zum Vorsteuerabzug berechtigenden Umsätzen verwendet. Diese Nutzung war auch beabsichtigt.
>
> Es liegt ein Fall des § 15 Abs. 4 UStG vor. A kann unter den weiteren Voraussetzungen des § 15 Abs. 1 Satz 1 Nr. 1 UStG einen Vorsteuerabzug i. H. von 50 % vornehmen.

Ändern sich bei einem Wirtschaftsgut ab dem Zeitpunkt der erstmaligen Verwendung die für den ursprünglichen Vorsteuerabzug maßgebenden Verhältnisse, ist für die Berichtigung des Vorsteuerabzugs *§ 15a UStG* maßgebend (Abschn. 15.16 Abs. 3 UStAE).

In die Vorsteueraufteilung dürfen nur die Vorsteuerbeträge einbezogen werden, für die die Voraussetzungen des *§ 15 Abs. 1 UStG* vorliegen. Vorsteuerbeträge, für die z. B. kein gesonderter Steuerausweis in der Rechnung vorliegt, sind nicht abzugsfähig und demzufolge auch in die Aufteilung nicht einzubeziehen.

603 Die Aufteilung der Vorsteuern ist gem. *§ 15 Abs. 4 Satz 1 UStG* nach der *wirtschaftlichen Zuordnung* vorzunehmen. Nach *§ 15 Abs. 4 Satz 2 UStG* kann der Unternehmer die nicht abziehbaren Teilbeträge im Wege einer sachgerechten *Schätzung* ermitteln.

Die Vorsteuerbeträge im Zusammenhang mit Erhaltungsaufwendungen sind in die folgenden Gruppen *einzuteilen*:

▶ Vorsteuerbeträge, die ausschließlich solchen Umsätzen zuzurechnen sind, die zum Vorsteuerabzug berechtigen. Diese Vorsteuern sind in voller Höhe abziehbar; eine Aufteilung nach § 15 Abs. 4 UStG kommt nicht in Betracht.

▶ Vorsteuerbeträge, die ausschließlich solchen Umsätzen zuzurechnen sind, die nicht zum Vorsteuerabzug berechtigen. Diese Vorsteuern sind in voller Höhe nicht abziehbar; eine Aufteilung nach § 15 Abs. 4 UStG kommt nicht in Betracht.

▶ Vorsteuerbeträge, die sowohl mit Umsätzen, die zum Vorsteuerabzug berechtigen, als auch mit Umsätzen, die den Vorsteuerabzug ausschließen, in wirtschaftlichem Zusammenhang stehen. Diese Vorsteuern kommen für eine Aufteilung nach § 15 Abs. 4 UStG in Betracht.

604 Bei *Gebäuden* ist die Vorsteuer in der Regel nach dem Verhältnis der tatsächlichen *Nutzflächen* aufzuteilen.

Bei der nach *§ 15 Abs. 4 Satz 2 UStG* zugelassenen *Schätzung* ist auf die im Einzelfall bestehenden wirtschaftlichen Verhältnisse abzustellen (Abschn. 15.17 Abs. 3 ff. UStAE). Eine Aufteilung, die nur auf die Höhe der Umsätze des Unternehmers abstellt, ist nach der Verwaltungsauffassung in der Regel nicht als sachgerechte Schätzung anzusehen. Eine Ermittlung des nicht abziehbaren Teils der Vorsteuerbeträge nach dem Verhältnis der Umsätze, die den Vorsteuerabzug ausschließen, zu den Umsätzen, die zum Vorsteuerabzug berechtigen, ist nur zulässig, wenn keine andere wirtschaftliche Zurechnung möglich ist *(§ 15 Abs. 4 Satz 3 UStG)*.

b) Erleichterungen

Aufgrund der gesetzlichen Ermächtigung in § 15 Abs. 5 Nr. 3 UStG sind in § 43 UStDV Erleichterungen bei der Aufteilung der Vorsteuern zugelassen worden. Die Erleichterungen des § 43 UStDV erstrecken sich auf die Fälle, in denen die aufgeführten Umsätze den Vorsteuerabzug ausschließen würden. 605

(Einstweilen frei) 606–609

II. Berichtigung des Vorsteuerabzugs

1. Allgemeines

§ 15a UStG ist in enger Verbindung zu § 15 UStG zu sehen. Die Vorschrift stellt eine *systematisch notwendige Ergänzung* des § 15 UStG dar. Über den Vorsteuerabzug ist sowohl dem Grunde als auch der Höhe nach im Zeitpunkt des Leistungsbezugs zu entscheiden. Dieser „Sofortabzug" der Vorsteuer im Zeitpunkt des Leistungsbezugs kann immer dann zu ungerechtfertigten Ergebnissen führen, wenn sich später die für den Ausschluss der Vorsteuer gem. § 15 Abs. 2 und Abs. 3 UStG maßgeblichen Verhältnisse ändern. Durch § 15a UStG soll der Vorsteuerabzug u. a. bei Investitionsgütern so ausgeglichen werden, dass er den *Verhältnissen des gesamten Berichtigungszeitraums* entspricht. Dieser Ausgleich führt nicht zu einer Berichtigung der Steuerfestsetzung für den Zeitraum des ursprünglichen Vorsteuerabzugs, sondern ist grundsätzlich erst in dem Voranmeldungszeitraum vorzunehmen, in dem sich die Verhältnisse für den Vorsteuerabzug geändert haben. 610

Erhält ein Unternehmer von einem anderen Unternehmer eine steuerpflichtige Leistung, hat er unter den Voraussetzungen des § 15 Abs. 1 UStG die Möglichkeit zum Vorsteuerabzug. 611

Ändern sich die Verhältnisse, die im Zeitpunkt des Erhaltens der Leistung vorlagen, muss überprüft werden, ob der Vorsteuerabzug zu korrigieren ist. Der dafür zuständige § 15a UStG wurde mit Wirkung ab 2005 erheblich überarbeitet (vollständige Umsetzung des Art. 20 der 6. EG-Richtlinie durch Art. 5 Nr. 12 EURLUmsG vom 9.12.2004) und erweitert. Nun fallen alle unternehmerischen Leistungsbezüge grds. unter den Regelungsinhalt des § 15a UStG.

2. Einzelregelungen

Die hier dargestellte Fassung des § 15a gilt für alle unternehmerischen Leistungsbezüge ab 1.1.2005. 612

> **BEISPIEL:** Wutz Brause ist selbständiger Unternehmensberater ab 1.7.01. Vorher war er als Bankangestellter tätig. Er hatte im Januar 01 einen Pkw erworben (20.000,- € zzgl. 19% USt), der ab Juli zu mehr als 50% unternehmerisch genutzt wird. Die Privatnutzung wird gem. § 3 Abs. 9a UStG zutreffend versteuert. 613
>
> Weiterhin hatte er im Juli 01 einen Firmenwagen erworben (30.000 € zzgl. 19% USt). In der Rechnung über den Erwerb fehlt der Name des Leistungsempfängers.

In der Familie ist ein drittes Auto vorhanden (Anschaffung ebenfalls im Juli 01 für 10.000 € zzgl. 19% USt), das zu gelegentlichen betrieblichen Fahrten genutzt wird (Nutzung zu 8 % betrieblich, zu 92 % privat).

Ab Juli 02 erweitert Brause seine Tätigkeit auf die Vermittlung von Versicherungen (Ausschlussumsatz des § 15 Abs. 2 UStG), was in der Folgezeit die Hälfte seiner Einnahmen ausmacht.

Keines der genannten Fahrzeuge fällt unter den Regelungsbereich des § 15a UStG. Ab Mitte 02 hat Brause nur noch hälftigen Vorsteuerabzug (da seine USt-pflichtige Unternehmensberatung nur noch 50 % der Umsätze ausmacht, die steuerfreie Versicherungsvermittlung die anderen 50 %).

Fahrzeug 1 ist aber in der Zeit erworben worden, als Brause noch kein Unternehmer war. Ein nachträglicher Vorsteuerabzug kommt hier nicht in Betracht. § 15a UStG ist nur auf Vorsteuerbeträge anzuwenden, die im unternehmerischen Bereich angefallen sind.

Anmerkung:

Hätte Brause das Auto erst nach der Betriebsgründung oder zum Zwecke der Betriebsgründung unmittelbar davor erworben, würde § 15a UStG gelten. Möglicherweise hat er als Kleinunternehmer i. S. v. § 19 UStG zunächst keinen Vorsteuerabzug. Bei Übergang zur Regelbesteuerung könnte er aber Vorsteuer anteilig abziehen, wenn der Berichtigungszeitraum für das entsprechende Berichtigungsobjekt noch nicht abgelaufen ist.

Fahrzeug 2 ist zwar schon in der Zeit seiner unternehmerischen Betätigung erworben worden, die Rechnung erfüllt aber nicht die Voraussetzungen für den Vorsteuerabzug gem. § 14 Abs. 4 UStG. Solange das nicht gegeben ist, kommt ein Vorsteuerabzug – oder die Berichtigung desselben – nicht in Betracht.

Anmerkung:

Erhält Brause innerhalb des Berichtigungszeitraums des § 15a noch eine ordnungsgemäße Rechnung, wird § 15a UStG angewandt. Den Vorsteuerabzug hat er dann erst, wenn die Voraussetzungen des § 15 UStG vorliegen; unabhängig davon wird aber der ganze Verwendungszeitraum des § 15a UStG betrachtet - auch die Monate/Jahre, in denen er das Fahrzeug schon genutzt hat, aber noch keine Rechnung vorlag!

Fahrzeug 3 ist zwar auch in der Zeit seiner unternehmerischen Betätigung erworben worden, kann aber mangels einer mindestens 10%igen betrieblichen Nutzung nicht dem Unternehmensvermögen zugeordnet werden (§ 15 Abs. 1 Satz 2 UStG). Daher kommt aus den Anschaffungskosten weder ein Vorsteuerabzug noch dessen Berichtigung nach § 15a UStG in Betracht.

614 Die Änderung der für den Vorsteuerabzug maßgeblichen Verhältnisse beruht dabei auf folgenden Sachverhalten:

- ▶ Unter Berücksichtigung von § 15 Abs. 2 und 3 UStG ergibt sich ein höherer oder niedrigerer Vorsteuerabzug, als der im Zeitpunkt des Leistungsbezugs geltend gemachte Vorsteuerabzug.

- ▶ Der Unternehmer geht von der Regelbesteuerung zur Besteuerung nach Durchschnittssätzen über oder umgekehrt.

- ▶ Der Unternehmer geht von der Kleinunternehmerregelung des § 19 zur Regelbesteuerung über oder umgekehrt.

- ▶ Eine den Vorsteuerabzug ausschließende Regelung, z. B. die Befreiung eines speziellen medizinischen Umsatzes in § 4 Nr. 14 UStG, fällt weg oder wird erstmals eingeführt.

Die Geschäftsveräußerung im Ganzen fällt nicht darunter. Der Vorgang ist gem. § 1 Abs. 1a UStG nicht steuerbar. Der neue Erwerber tritt steuerlich in die Fußstapfen des alten Unternehmers und muss dessen § 15a-Fälle sozusagen "weiterführen". Zu diesem Zweck muss der Verkäufer des Betriebs dem Erwerber alle notwendigen Unterlagen über die 15a-Sachverhalte des Betriebs übergeben (§ 15a Abs. 10 UStG). Daher sind in § 22 Abs. 4 UStG auch Aufzeichnungspflichten festgelegt, damit über die Jahre hinweg der Sachverhalt nachvollzogen werden kann.

Durch die Erweiterung des § 15a gibt es nun vier "Berichtigungsobjekte" (vgl. BMF-Schreiben vom 6. 12. 2005): 615

▶ Wirtschaftsgüter, die nicht nur einmalig zur Ausführung von Umsätzen verwendet werden (§ 15a *Abs. 1*)

▶ Wirtschaftsgüter, die nur einmalig zur Ausführung von Umsätzen verwendet werden (§ 15a *Abs. 2*)

▶ nachträglich in ein Wirtschaftsgut eingehende Gegenstände, wenn diese dabei ihre Selbständigkeit verlieren und sonstige Leistungen an einem Wirtschaftsgut (§ 15a *Abs. 3*)

▶ andere sonstige Leistungen, die nicht zu einem bestimmten Wirtschaftsgut erbracht werden (§ 15a *Abs. 4*)

Berichtigungsvolumen ist dabei die tatsächlich abgezogene Vorsteuer. Hat der Unternehmer z. B. aus der Anschaffung keine Vorsteuer abgezogen, da betreffend des Wirtschaftsguts ab diesem Zeitpunkt bereits Ausschlussumsätze geplant waren, hatte er aber vorher aus einer 25 %igen Anzahlung die komplette Vorsteuer abgezogen, weil zu diesem Zeitpunkt noch Umsätze geplant waren, die den Vorsteuerabzug nicht ausschließen, beträgt die abgezogene Vorsteuer somit 25 %. Eine Berichtigung nach § 15a ist damit für alle Jahre des Berichtigungszeitraums vorzunehmen, in denen die vorsteuerabzugsberechtigten Umsätze *weniger oder mehr als 25 % betragen!* 616

Berichtigungszeitraum ist gem. § 15a Abs. 1 ein Zeitraum von *5 Jahren*, bei Immobilien und immobilienbezogenen Leistungen *10 Jahre*. Der Zeitraum beginnt mit der erstmaligen Verwendung des Wirtschaftsguts. Dies ist bei Gebäuden der Erstbezug. Leerstand nach Fertigstellung des Gebäudes gilt nicht als Verwendung, unentgeltliche Überlassung dagegen schon. Beim Leerstand im Verwendungszeitraum – z. B. nach Auszug eines Mieters – zählt die geplante Nutzung. Soll z. B. ein Büroraum nach einem Leerstand erneut als Büroraum steuerpflichtig vermietet werden, besteht auch im Leerstandszeitraum Vorsteuerabzug. Umgekehrt besteht bei Wohnnutzung auch in der Leerstandsphase kein Vorsteuerabzug. 617

Ist die tatsächliche Verwendungsdauer *kürzer* als die gesetzliche, zählt die tatsächlich kürzere Verwendungsdauer. So beträgt der Berichtigungszeitraum bei einem PC z. B. nur 3 Jahre statt der gesetzlich vorgeschriebenen fünf, weil die amtliche AfA-Tabelle hier die Nutzungsdauer vorgibt. Umgekehrt wird aber ein Gebäude nicht auf 50 Jahre dem § 15a UStG unterworfen, obwohl § 7 EStG die Abschreibung von Gebäuden über bis zu 50 Jahre vorschreibt! 618

619 Der Berichtigungszeitraum ist monatlich anteilig zu berechnen. Endet er vor dem 16. eines Monats, ist dieser letzte Monat nicht mehr zu berücksichtigen (§ 45 UStDV).

Bei einer Veräußerung oder unentgeltlichen Wertabgabe wird so getan, als ob das Wirtschaftsgut bis zum Ende des Berichtigungszeitraums entsprechend der umsatzsteuerlichen Behandlung dieser Umsätze verwendet worden wäre (§ 15a Abs. 9 UStG). Die Vorsteuerberichtigung ist in diesen Fällen für den restlichen Berichtigungszeitraum bereits in dem Voranmeldungszeitraum durchzuführen, in dem die Veräußerung oder unentgeltliche Wertabgabe stattgefunden hat (§ 44 Abs. 3 Satz 2 UStDV).

Kann das Wirtschaftsgut wegen Unbrauchbarkeit nicht mehr verwendet werden und verkürzt sich dadurch der Berichtigungszeitraum, ist eine Neuberechnung für die bereits abgelaufenen Zeiträume vorzunehmen. Unterschiedsbeträge werden dann aus Vereinfachungsgründen im letzten Jahr des verkürzten Berichtigungszeitraums berücksichtigt.

620 **BEISPIEL:** Die A-GmbH hat am 5. 7. 01 folgende Wirtschaftsgüter erworben:
- Maschine A (Vorsteuer: 16.000 €, bND 12 Jahre)
- EDV-Anlage B (Vorsteuer: 32.000 €, bND 3 Jahre)
- Gebäude C (Vorsteuer 48.000 €, bND 50 Jahre)

Beim Erwerb wurde zulässigerweise der volle Vorsteuerabzug in Anspruch genommen. Ab 1. 10. 02 erbringt die GmbH mit den genannten Wirtschaftsgütern zu 30 % Umsätze, die den Vorsteuerabzug ausschließen. Ab 1. 7. 07 werden 50 % Ausschlussumsätze ausgeführt.

Für 02 sind im Rahmen des § 15a UStG Vorsteuerbeträge zurückzuzahlen, da nun den Vorsteuerabzug ausschließende Umsätze ausgeführt werden.

Bei Maschine A beträgt der Berichtigungszeitraum 5 Jahre (§ 15a Abs. 1 Satz 1 UStG). Der für 02 zu berichtigende Betrag beträgt: Vorsteuer 16.000 € : 5 Jahre = 3.200 Jahresbetrag 02 x 30 % x 3/12 Monate = 240 €. In 03, 04 und 05 ist jeweils Vorsteuer von 30 % von 3.200 € = 960 € ans Finanzamt zurückzuzahlen. Ende Juni 06 endet der 5-jährige Berichtigungszeitraum. In 06 sind daher 3.200 x 30 % x 6/12 Monate = 480 € zurückzuzahlen.

Bei Anlage B beträgt der Berichtigungszeitraum 3 Jahre (§ 15a Abs. 5 Satz 3 UStG). Der für 02 zu berichtigende Betrag beträgt: Vorsteuer 32.000 € : 3 Jahre = 10.667 € x 30 % x 3/12 Monate = 800 €. In 03 sind (10.667 € x 30 % =) 3.200 € zu berichtigen. In 04 sind bis zum Ende des Berichtigungszeitraums Ende Juni 10.667 € x 30 % x 6/12 Monate = 1.600 € zu berichtigen.

Beim Gebäude C beträgt der Berichtigungszeitraum 10 Jahre (§ 15a Abs. 1 atz. 2 UStG). Der für 02 zu berichtigende Betrag beträgt: Vorsteuer 48.000 € : 10 Jahre x 30 % x 3/12 Monate = 360 €. In den Jahren 04 bis 06 sind jeweils (48.000 € : 10 J. x 30 % =) 1.440 € zu berichtigen. In 07 sind (48.000 € : 10 J. x 30 % x 6/12 Monate =) 720 € sowie (48.000 € : 10 J. x 50 % x 6/12 Monate = 1.200 € zu berichtigen. In 08, 09 und 10 sind (48.000 € : 10 J. x 50 % =) 2.400 € zu berichtigen. Im letzten Jahr 11 sind (48.000 € : 10 J. x 50 % x 6/12 Monate =) 1.200 € zu berichtigen.

621 **BEISPIEL:** Arzt A erwirbt am 2.1.01 ein medizinisches Gerät (AK zzgl. 3.200 € USt, bND: 10 Jahre) sowie einen Pkw (AK zzgl. 8.000 € USt, bND: 6 Jahre), der zu mehr als 10 % betrieblich genutzt wird. Da er in 01 nur steuerfreie Umsätze gem. § 4 Nr. 14 UStG ausführt, zieht er keine Vorsteuer ab. Beide Wirtschaftsgüter werden aber ab Anfang 02 zu 50 % für steuerpflichtige Ausgangsumsätze (Schönheitsoperationen) verwendet. Das medizinische Gerät wird durch einen Kabelbrand Ende Dezember 03 vernichtet. Der Pkw wird Anfang Januar 03 für 20.000 € zzgl. 19 % USt verkauft.

Beim medizinischen Gerät wird für 02 Vorsteuerabzug im Rahmen des § 15a UStG gewährt: Vorsteuer 3.200 : 5 Jahre Berichtigungszeitraum x 50 % =) 320 €. Gleiches gilt für 03. Da das

Berichtigungsobjekt Ende Dezember ausscheidet, beträgt der Berichtigungszeitraum im Nachhinein betrachtet nur noch 3 Jahre. Es ist daher eine Neuberechnung durchzuführen:
- für 01: keine Abzugsfähigkeit der anteiligen Vorsteuer (3.200 € : 3 J. = 1.066 €)
- für 02: abzugsfähig sind: 3.200 € : 3 J. x 50 % = 533 € - bisher abgezogen 320 € = noch abzuziehen 213 €
- für 03: abzugsfähig sind: 3.200 € : 3 J. x 50 % = 533 €.

Der Berichtigungsbetrag für 03 und der Unterschiedsbetrag für 02 (insgesamt: 746 €) werden aus Vereinfachungsgründen in 03 ausgezahlt (vgl. Rn. 63 des BMF-Schreibens vom 6.12.2005).

Beim Pkw ist ebenfalls in 01 zunächst kein Vorsteuerabzug zu gewähren. Für das Jahr 02 sind Vorsteuern von (8.000 € : 5 J. Berichtigungszeitraum x 50 % Nutzung zu steuerpflichtigen Ausgangsumsätzen =) 800 € zu erstatten. Der Verkauf Anfang 03 erfolgt in vollem Umfang steuerpflichtig. Er wird so betrachtet, als wenn der Pkw bis Ende 05 steuerpflichtig verwendet worden wäre. Für die Jahre 03 bis 05 erhält A die Vorsteuer zurück (8.000 x 3/5 Jahre = 4.800 €).

Bei Berichtigungsobjekten, die nur einmalig zur Erzielung von Umsätzen verwendet werden, gilt kein Berichtigungszeitraum. Es zählt hier nur die (einmalige) Verwendung (§ 15a Abs. 2 UStG). Typischerweise fällt hierunter das Umlaufvermögen eines Unternehmens, während beim Anlagevermögen § 15a Abs. 1 UStG anwendbar ist. 622

BEISPIEL: Immobilienhändler I erwirbt in 01 ein Grundstück für 1 Mio. €. Der Erwerber optiert gem. § 9 UStG zulässigerweise zur USt. Die anfallenden 190.000 € USt zahlt I im Rahmen des § 13b Abs. 2 Nr. 3 und Abs. 5 UStG und zieht sie als Vorsteuer ab, da ein steuerpflichtiger Weiterverkauf geplant ist.

Wider Erwarten wird das Grundstück dann im Jahre 12 steuerfrei gem. § 4 Nr. 9a UStG verkauft.

Das Grundstück ist Umlaufvermögen des I, da es zum Verkauf gehalten wird. Sofern es in den Jahren 01 bis 10 nicht zur Ausführung von Umsätzen verwendet wird (z.B. als Parkplatz), kommt es zu keiner Berichtigung gem. § 15a Abs. 1 UStG. Gem. § 15a Abs. 2 UStG muss I dann im Jahre 12 die Vorsteuer von 190.000 € aus dem Jahre 01 an das Finanzamt zurückzahlen.

§ 15a Abs. 3 UStG legt fest, dass Gegenstände, die in ein anderes Wirtschaftsgut eingehen, ebenfalls nach § 15a Abs. 1 oder 2 in einem selbständigen Berichtigungszeitraum berücksichtigt werden müssen, auch wenn sie ihre Eigenart als selbständige Wirtschaftsgüter verlieren. Dies gilt unabhängig von den Regeln des § 3 Abs. 1b UStG, wonach die Besteuerung als unentgeltliche Wertabgabe voraussetzt, dass ursprünglich Vorsteuerabzug bestand und im Zeitpunkt der Entnahme noch eine Substanz/ein Wert für den nachträglich eingefügten Gegenstand vorhanden ist. Wenn mehrere Gegenstände oder Leistungen im Rahmen einer einheitlichen Maßnahme in ein Wirtschaftsgut einfließen (z.B. im Rahmen der Gebäudesanierung), sind sie zu einem Berichtigungsobjekt zusammenzufassen. 623

Ein selbständiger Berichtigungszeitraum ist auch für alle sonstigen Leistungen vorgesehen entweder, wenn sie in ein Wirtschaftsgut eingehen, nach § 15a Abs. 3 UStG oder, wenn sie keinem Wirtschaftsgut zuzuordnen sind, nach § 15a Abs. 4 UStG. Voraussetzung ist aber, dass es diesbzgl. in der Steuerbilanz ein Aktivierungsgebot gäbe (z.B. im Rahmen anschaffungsnaher Herstellungskosten, vgl. § 6 Abs. 1 Nr. 1a EStG).

Nachträgliche AK/HK werden vorrangig gem. *§ 15a Abs. 6 UStG* berichtigt, wobei die Berechnungen aber analog sind. Was Erhaltungsaufwand bzw. nachträgliche AK/HK sind, welche Wirtschaftsgüter selbständig oder unselbständig sind, bestimmt sich dabei nach den ertragsteuerlichen Regeln. 624

SECHSTER TEIL — Umsatzsteuer

BEISPIEL: Unternehmer U hat im Januar 01 ein Gebäude gekauft, das zunächst zu 100% zur Ausführung steuerpflichtiger Umsätze genutzt wird. Ab Januar 05 wird das Gebäude zu 50% seiner Nutzfläche als Arztpraxis steuerfrei vermietet. Der Vorsteuerabzug aus dem Bau betrug 100.000 €. Am 1.7.04 wird eine Fassadensanierung, die als anschaffungsnahe Herstellungskosten zu beurteilen ist, fertiggestellt (Vorsteuerbetrag: 10.000 €) sowie eine Aufzugsanlage erstmalig eingebaut (Vorsteuerbetrag: 20.000 €).

Für das Gebäude gilt ein 10jähriger Berichtigungszeitraum (§ 15a Abs. 1 Satz 2 UStG). In den Jahren 05 bis 10 muss U Vorsteuer i. H. v. (100.000 € : 10 J. x 50% =) 5.000 € an das Finanzamt zurückzahlen.

Für den Anstrich gilt gem. § 15a Abs. 3 i.V. m. Abs. 1 Satz 2 UStg ebenfalls ein 10jähriger Berichtigungszeitraum, beginnend ab 1. 7. 04. In 04 erhält U zunächst den vollen Vorsteuerabzug, da zu diesem Zeitpunkt noch eine 100%ige steuerpflichtige Nutzung vorliegt. In den Jahren 05 bis 13 muss U Vorsteuer i. H. v. jeweils (10.000 € : 10 J. x 50 % =) 500 € an das Finanzamt zurückzahlen, im Jahre 14 endet dann der Berichtigungszeitraum (1. 7. 04 - 30. 6. 14) und 250 € müssen zurückgezahlt werden.

Für die Aufzugsanlage gilt gem. § 15a Abs. 6 i.V. m. Abs. 1 Satz 2 UStG ebenfalls ein 10jähriger Berichtigungszeitraum, beginnend ab 1.7.04. Für 05 bis 13 sind Vorsteuern von jeweils (20.000 € : 10 J. x 50% =) 1.000 € ans Finanzamt zu zahlen, im Jahre 14 endet der Berichtigungszeitraum zum 30. 6. und 500 € sind zurückzuzahlen.

BEISPIEL: Unternehmer U hat im Januar 01 ein Firmenfahrzeug für 30.000 € von privat gekauft. Im Januar 03 lässt er eine Metalliclackierung für 10.000 € zzgl. 19 % USt aufbringen sowie ein Navigationsgerät für 3.000 € zzgl. 19 % USt im Fahrzeug fest installieren. Ebenfalls im Fahrzeug befindet sich ein Autotelefon für 1.000 € zzgl. 19 % USt (erworben im Januar 03).

Das Fahrzeug wird im Januar 05 ins Privatvermögen entnommen. Dabei fällt gem. § 3 Abs. 1b Satz 2 UStG keine USt an. Der Wagen war steuerfrei erworben worden, die Lackierung zu diesem Zeitpunkt bereits nicht mehr werthaltig.

Für das Auto selber ist § 15a UStG nicht anzuwenden. Es war ohne Vorsteuerabzug von privat erworben worden und wird nun ohne USt entnommen (vgl. § 3 Abs. 1b Satz 2 UStG). Ein Vorsteuerbetrag aus § 15 UStG, der gem. § 15a UStG zu berichtigen wäre, existiert nicht.

Die Metalliclackierung ist hingegen als Dienstleistung in das Fahrzeug eingegangen und hat Vorsteuerabzug ermöglicht. Gem. § 15a Abs. 3 UStG ist der Vorsteuerabzug aus Januar 03 i. H. v. 1.900 € auf den 5jährigen Berichtigungszeitraum (Jan. 03 bis Jan. 08) zu verteilen (vgl. § 15a Abs. 1 Satz 1 UStG). Der steuerfreie Verkauf im Januar 05 führt daher zu einer Berichtigung für die drei (Rest-)Jahre, d. h. einer Rückzahlung ans Finanzamt von (1.900 € : 5 J. x 3 J. =) 1.140 €.

<u>Anmerkung</u>: *Ist die tatsächliche Nutzungsdauer des Lacks geringer als 5 Jahre, verkürzt sich der Verwendungszeitraum entsprechend, genauso wie bei z. B. auf weniger als 5 Jahre abzuschreibende PC. Die Finanzverwaltung hat hier keine festen Regeln aufgestellt. U sollte in diesem Fall gegenüber dem Finanzamt darlegen, dass eine Berichtigung nach § 15a UStG bzgl. des Lacks ggf. über einen geringeren Zeitraum erfolgen muss.*

Das Navigationsgerät ist fest eingebaut, somit als Bestandteil ins Auto eingegangen (§ 15a Abs. 3 UStG bzw., wenn man es als nachträgliche AK des Wirtschaftsguts Auto betrachtet, § 15a Abs. 6 UStG). Die Vorsteuer ist zunächst voll abzugsfähig und müsste dann – ähnlich wie bei der Lackierung – wegen des steuerfreien Verkaufs in 05 berichtigt werden. Da der Vorsteuerbetrag aber mit 570 € unter 1.000 € beträgt, unterbleibt gem. § 44 Abs. 1 UStDV eine Berichtigung.

Das Autotelefon ist bilanzsteuerrechtlich als selbständiges Wirtschaftsgut zu betrachten. Die Vorsteuer ist abzugsfähig, ein Verkauf bzw. eine Entnahme unterliegt in vollem Umfang der USt. Im Übrigen wäre § 44 Abs. 1 UStDV anwendbar, nach dem bei Beträgen unter 1.000 € eine Berichtigung unterbleibt.

Die Beschränkungen des Vorsteuerabzugs bei nichtunternehmerisch genutzten Immobilien (§ 15 Abs. 1b UStG) führen gem. § 15a Abs. 6a UStG auch zu Korrekturen des Vorsteuerabzugs, wenn sich die Verhältnisse ändern (vgl. auch § 15a Abs. 8 und 9 UStG).

Da die Berechnungen nach § 15a UStG zum Teil sehr kompliziert werden können, hat § 44 UStDV Vereinfachungsregeln festgelegt: 625

Bei Vorsteuerbeträgen von insgesamt nicht mehr als *1.000 €* pro Wirtschaftsgut (aber auch pro nachträgliche AK/HK und pro Dienstleistung - die Grenze gilt für jedes "Berichtigungsobjekt" separat!) entfällt § 15a. Der Vorsteuerabzug richtet sich nach den Verhältnissen, die vorliegen, wenn gem. § 15 UStG der Vorsteuerabzug geltend gemacht werden kann (§ 44 Abs. 1 UStDV).

Eine Änderung nach § 15a wird ferner nicht vorgenommen, wenn pro Berichtigungsobjekt sich im betreffenden Jahr eine Änderung von *weniger als 10 % und nicht mehr als 1.000 €* ergibt (§ 44 Abs. 2 UStDV).

Bei Berichtigungsbeträgen von *nicht mehr als 6.000 €* im betreffenden Jahr kann die Berichtigung erst in der Jahres-USt-Erklärung vorgenommen werden. Sind die Beträge höher oder wird das Wirtschaftsgut verkauft bzw. entnommen, muss dies schon in den Monats-/Quartals-Voranmeldungen berücksichtigt werden (§ 44 Abs. 3 UStDV). Da die genauen 15a-Beträge häufig erst am Ende des Jahres richtig berechnet werden können, ist in den Voranmeldungen ggf. eine Schätzung vorzunehmen.

Stellt sich im Nachhinein heraus, dass die Berechnungen im Rahmen des § 15a UStG für einzelne Jahre falsch waren (z. B. weil der Unternehmer falsche Angaben gemacht hat oder sich die Bemessungsgrundlage nach § 17 UStG nachträglich geändert hat), können die Beträge nur noch geändert werden, wenn die AO dies zulässt, also beispielsweise Steuerbescheide für die betreffenden Jahre noch nicht bestandskräftig sind oder eine Berichtigungsvorschrift zutrifft. 626

Ergänzend zu § 15a UStG sind das BMF-Schreiben vom 2. 1. 2012 und Abschn. 15a.1 bis 15a.12 UStAE zu beachten.

(Einstweilen frei) 627–631

I. Besteuerungsverfahren

I. Steuerberechnung

Bei der Berechnung der Steuer ist von der *Summe der Umsätze* nach § 1 Abs. 1 Nr. 1 und 5 UStG auszugehen, soweit für sie die Steuer in dem Besteuerungszeitraum entstanden ist und die Steuerschuldnerschaft gegeben ist *(§ 16 Abs. 1 Satz 3 UStG)*. Der Steuer sind die nach § 6a Abs. 4 Satz 2 UStG, nach § 14c UStG sowie nach § 17 Abs. 1 Satz 6 UStG geschuldeten Steuerbeträge hinzuzurechnen. 632

Von dieser berechneten Steuer sind gem. *§ 16 Abs. 2 UStG* die in den Besteuerungszeitraum fallenden, nach § 15 UStG *abziehbaren Vorsteuerbeträge* abzusetzen. § 15a UStG ist zu berücksichtigen. Die EUSt ist von der Steuer für den Besteuerungszeitraum abzusetzen, in dem sie entrichtet worden ist. Die bis zum *16. Tag* nach Ablauf des Besteuerungszeitraums zu entrichtende EUSt kann bereits von der Steuer für diesen Besteuerungszeitraum abgesetzt werden, wenn sie in ihm entstanden ist.

II. Besteuerungszeitraum

633 Besteuerungszeitraum ist gem. *§ 16 Abs. 1 Satz 2 UStG* das *Kalenderjahr*. Hat der Unternehmer seine gewerbliche oder berufliche Tätigkeit nur in einem *Teil* des Kalenderjahres ausgeübt, so tritt dieser Teil an die Stelle des Kalenderjahres *(§ 16 Abs. 3 UStG)*. Der Unternehmer hat für das Kalenderjahr oder für den kürzeren Besteuerungszeitraum eine Steuererklärung nach amtlich vorgeschriebenem Vordruck abzugeben, in der er die zu entrichtende Steuer oder den Überschuss, der sich zu seinen Gunsten ergibt, nach § 16 Abs. 1 bis 4 UStG und § 17 UStG selbst zu berechnen hat (*Steueranmeldung*). Voranmeldungen und eine Steuererklärung haben auch die Unternehmer und juristischen Personen abzugeben, die ausschließlich Steuer für Umsätze nach § 1 Abs. 1 Nr. 5 UStG, § 13b Abs. 2 UStG oder § 25b Abs. 2 UStG zu entrichten haben, sowie Fahrzeuglieferer (§ 2a UStG). Voranmeldungen sind in diesen Fällen nur für die Voranmeldungszeiträume abzugeben, in denen die Steuer für diese Umsätze zu erklären ist (§ 18 Abs. 4a UStG).

III. Vorauszahlungen

634 Auf die Jahressteuerschuld hat der Unternehmer grundsätzlich *Vorauszahlungen* zu leisten. Gemäß *§ 18 Abs. 1 UStG* hat der Unternehmer bis zum 10. Tag nach Ablauf jedes Voranmeldungszeitraums eine Voranmeldung nach amtlich vorgeschriebenem Vordruck auf elektronischem Weg nach Maßgabe der Steuerdaten-Übermittlungsverordnung zu übermitteln, in der er die Steuer für den Voranmeldungszeitraum (Vorauszahlung) selbst zu berechnen hat. Auf *Antrag* kann das Finanzamt zur Vermeidung von unbilligen Härten auf eine elektronische Übermittlung verzichten. § 16 Abs. 1 und 2 UStG und § 17 UStG sind entsprechend anzuwenden. Die Vorauszahlung ist am 10. Tag nach Ablauf des Voranmeldungszeitraums fällig.

635 *Voranmeldungszeitraum* ist grundsätzlich das *Kalendervierteljahr* (§ 18 Abs. 2 Satz 1 UStG). Beträgt die Steuer für das vorangegangene Kalenderjahr mehr als *7 500 €*, ist der *Kalendermonat* Voranmeldungszeitraum. Beträgt die Steuer für das vorangegangene Kalenderjahr nicht mehr als *1 000 €* und handelt es sich nicht um einen Neugründungsfall, kann das Finanzamt den Unternehmer von der Verpflichtung zur Abgabe der Voranmeldungen und Entrichtung der Vorauszahlungen befreien. Nimmt der Unternehmer seine gewerbliche oder berufliche Tätigkeit im laufenden Kalenderjahr auf, ist im laufenden und folgenden Kalenderjahr Voranmeldungszeitraum der Kalendermonat (*§ 18 Abs. 2 Satz 4 UStG*).

Das Kalendervierteljahr wird als *Regelvoranmeldungszeitraum* vorgesehen. Durch die Festlegung der Betragsgrenze auf 7 500 € sollen ca. 50 % aller steuerpflichtigen Unternehmer zu Quartalszahlern bestimmt werden.

Der Unternehmer *kann* anstelle des Kalendervierteljahres den *Kalendermonat* als Voranmeldungszeitraum wählen, wenn sich für das vorangegangene Kalenderjahr ein *Über-*

schuss zu seinen Gunsten von mehr als *7 500 €* ergibt (§ 18 Abs. 2a Satz 1 UStG). In diesem Fall hat der Unternehmer bis zum 10. Februar des laufenden Kalenderjahres eine Voranmeldung für den ersten Kalendermonat abzugeben. Die Ausübung des Wahlrechts bindet den Unternehmer für dieses Kalenderjahr. Das Wahlrecht soll es dem Unternehmer mit regelmäßigen Erstattungen ermöglichen, seine Erstattungen so schnell wie möglich zu erhalten und nicht bis zum Ende des Quartals warten zu müssen.

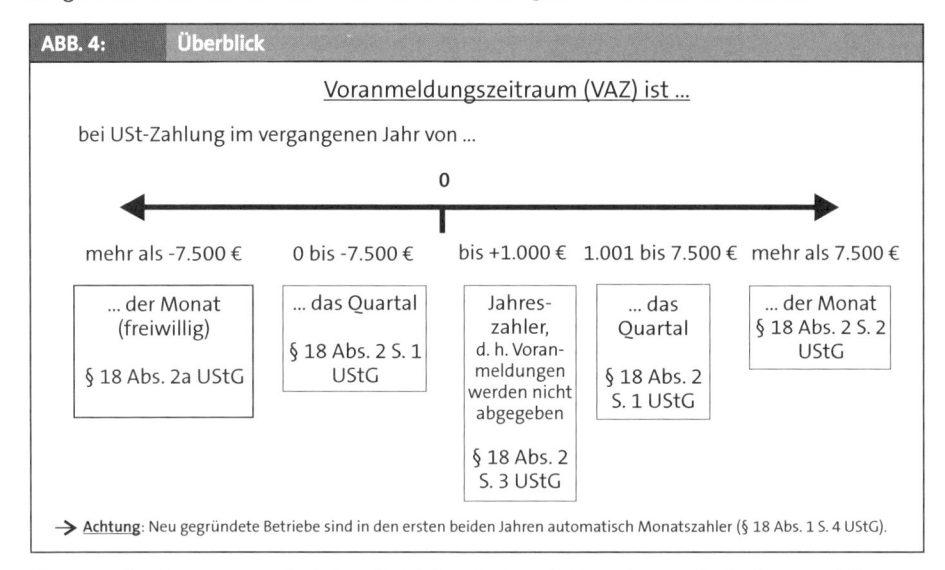

ABB. 4: Überblick

Voranmeldungszeitraum (VAZ) ist ...

bei USt-Zahlung im vergangenen Jahr von ...

mehr als -7.500 €	0 bis -7.500 €	bis +1.000 €	1.001 bis 7.500 €	mehr als 7.500 €
... der Monat (freiwillig) § 18 Abs. 2a UStG	... das Quartal § 18 Abs. 2 S. 1 UStG	Jahreszahler, d. h. Voranmeldungen werden nicht abgegeben § 18 Abs. 2 S. 3 UStG	... das Quartal § 18 Abs. 2 S. 1 UStG	... der Monat § 18 Abs. 2 S. 2 UStG

→ **Achtung**: Neu gegründete Betriebe sind in den ersten beiden Jahren automatisch Monatszahler (§ 18 Abs. 1 S. 4 UStG).

Ebenso wie die neu gegründeten Betriebe sind auch Vorratsgesellschaften und Firmenmäntel in den ersten drei Jahren zur Abgabe einer monatlichen USt-Voranmeldung verpflichtet (§ 18 Abs. 2 Satz 5 UStG). Die Finanzverwaltung hat festgestellt, dass Kriminelle häufig derartige „Firmenhüllen" übernehmen, um Umsatzsteuer-Betrügereien zu begehen.

636

IV. Fristverlängerung

Auf *Antrag* hat das Finanzamt dem Unternehmer die Fristen für die Abgabe der Voranmeldungen und für die Entrichtung der Vorauszahlungen um einen Monat zu verlängern *(§ 46 UStDV)*. Der Unternehmer hat die *Fristverlängerung* für die Abgabe der Voranmeldungen bis zu dem Zeitpunkt zu beantragen, an dem die Voranmeldung, für die die Fristverlängerung erstmals gelten soll, nach § 18 Abs. 1, 2 und 2a UStG abzugeben ist. Es handelt sich hierbei um eine *Ausschlussfrist*; ggf. ist eine Wiedereinsetzung in den vorigen Stand gem. § 110 AO zu gewähren. Die Fristverlängerung ist bei einem Unternehmer, der die Voranmeldungen *monatlich* abzugeben hat, unter der Auflage zu gewähren, dass dieser eine *Sondervorauszahlung* auf die Steuer eines jeden Kalenderjahres entrichtet. Die Sondervorauszahlung beträgt gem. § 47 Abs. 1 UStDV *ein Elftel* der Summe der Vorauszahlungen für das vorangegangene Kalenderjahr. In dem Antrag auf Dauerfristverlängerung hat der Unternehmer die Sondervorauszahlung selbst zu berechnen, anzumelden und zu entrichten. Die festgesetzte Sondervorauszahlung ist

637

gem. § 48 Abs. 4 UStDV bei der Festsetzung der Vorauszahlung für den letzten Voranmeldungszeitraum des Besteuerungszeitraums anzurechnen, für den die Fristverlängerung gilt. Eine auf Antrag gewährte Dauerfristverlängerung gilt so lange fort, bis der Unternehmer seinen Antrag zurück nimmt oder das Finanzamt die Fristverlängerung widerruft.

V. Beförderungseinzelbesteuerung

638 Bei Beförderungen von Personen im Gelegenheitsverkehr mit Kraftomnibussen, die nicht im Inland zugelassen sind, wird die Steuer gem. *§ 16 Abs. 5 UStG* für jeden einzelnen steuerpflichtigen Umsatz durch die zuständige *Zolldienststelle* berechnet (Beförderungseinzelbesteuerung), wenn eine Grenze zum Drittlandsgebiet überschritten wird.

VI. Fahrzeugeinzelbesteuerung

639 Beim innergemeinschaftlichen Erwerb neuer Fahrzeuge durch andere Erwerber als die in § 1a Abs. 1 Nr. 2 UStG genannten Personen, also insbesondere durch *Privatpersonen*, ist die Steuer abweichend von § 16 Abs. 1 UStG für jeden einzelnen steuerpflichtigen Erwerb zu berechnen (Fahrzeugeinzelbesteuerung gem. *§ 16 Abs. 5a UStG*).

In diesen Fällen der Fahrzeugeinzelbesteuerung hat der Erwerber gem. *§ 18 Abs. 5a UStG* spätestens bis zum 10. Tag nach Ablauf des Tages, an dem die Steuer entstanden ist, eine Steuererklärung nach amtlich vorgeschriebenem Vordruck abzugeben, in der er die zu entrichtende Steuer selbst zu berechnen hat. Die Steueranmeldung muss vom Erwerber eigenhändig unterschrieben sein. Gibt der Erwerber die Steueranmeldung nicht ab oder hat er die Steuer nicht richtig berechnet, so kann das Finanzamt die Steuer festsetzen. Die Steuer ist am 10. Tag nach Ablauf des Tages fällig, an dem sie entstanden ist.

VII. Steuerschuldnerschaft des Leistungsempfängers

1. Allgemeines

640 Durch § 13b UStG kommt es zu einem Wechsel der Steuerschuldnerschaft. Normalerweise schuldet der leistende Unternehmer (bzw. Rechnungsaussteller...) gem. § 13a UStG die USt. In den Fällen des § 13b UStG kehrt sich das aber um: dann schuldet der Leistungsempfänger die USt. Sehr verbreitet in der Praxis und bei der Dokumentation dieses Sachverhaltes auf Rechnungen ist dabei auch der englische Begriff *reverse charge* (wörtlich: umgedrehte Belastung).

641 Die Vorschrift des § 13b UStG regelt die Steuerschuldnerschaft des Leistungsempfängers. Durch die Regelung sollen *Umsatzsteuerausfälle* verhindert werden, die dadurch eintreten können, dass bestimmte Leistungen von Unternehmern nicht oder nicht vollständig im allgemeinen Besteuerungsverfahren erfasst werden bzw. der Fiskus den Steueranspruch beim Leistenden nicht realisieren kann.

2. Umsätze gem. § 13b Abs. 1 UStG

Die *Steuerschuldnerschaft des Leistungsempfängers* nach § 13b UStG betrifft inländische *Unternehmer*. Sie müssen in den nachfolgend genannten Fällen die USt auf die (Netto-)Rechnung des leistenden Unternehmers hinzurechnen und sie für den leistenden Unternehmer ans Finanzamt abführen. Dem leistenden Unternehmer wird dann nur der Nettobetrag ausgezahlt. Geregelt ist dies in § 13b Abs. 5 UStG. Dort ist auch klargestellt, dass § 13b selbst dann gilt, wenn die Leistung für den nichtunternehmerischen Bereich bezogen wird oder der Leistungsempfänger Kleinunternehmer ist. Lediglich wenn der leistende Unternehmer Kleinunternehmer ist, gilt § 13b nicht – was eigentlich selbstverständlich ist, da Umsätze von Kleinunternehmern keine USt auslösen.

3. Einzelregelungen bei § 13b UStG

Die Liste der Umsätze, für die die Steuerschuldumkehr gilt, enthält zunächst zwei Fälle, in denen ein ausländischer Unternehmer Umsätze in Deutschland erbringt, ohne in Deutschland einen Sitz oder eine Betriebsstätte zu haben. Es sind die Anwendungsfälle des § 13b Abs. 1 und des § 13b Abs. 2 Nr. 1 UStG:

a) § 13b Abs. 1 UStG:

Es liegt eine Dienstleistung vor, die im Rahmen eines B2B-Geschäftes zustande gekommen ist. Ein EU-ausländischer Unternehmer (der u.U. zwar eine Betriebsstätte in Deutschland hat oder sogar hier gemeldet ist, die Leistung aber *tatsächlich* von einer EU-ausländischen Betriebsstätte aus erbringt) stellt dem deutschen Leistungsempfänger diese Dienstleistung in Rechnung. Der Ort dieser Dienstleistung muss nach § 3a Abs. 2 UStG in Deutschland sein. Folge: der dt. Unternehmer muss die USt gem. *§ 13b Abs. 1 UStG* für den EU-ausländischen Unternehmer übernehmen und hat nach allgemeinen Regeln des § 15 UStG Vorsteuerabzug. Nach dem Willen des Gesetzgebers fällt die USt des § 13b Abs. 1 bereits mit Ablauf des Monats an, an dem die Leistung erbracht wurde.

b) § 13b Abs, 2 Nr. 1 UStG:

Es liegt eine Dienstleistung eines ausländischen Unternehmers vor, die nicht unter a) fällt (z. B. weil Leistungserbringer ein Drittlandsunternehmen ist oder der Leistungsort nicht nach § 3a Abs. 2 UStG bestimmt wurde (z. B. bei einer Grundstücksvermietung; hier wird der Leistungsort nach § 3a Abs. 3 Nr. 1 UStG bestimmt). Oder es liegt eine Werklieferung vor, deren Ort gem. § 3 Abs. 7 UStG in Deutschland liegt. Auch dann übernimmt der deutsche Abnehmer für den ausländischen Unternehmer die USt im Rahmen des § 13b (hier: *§ 13b Abs. 2 Nr. 1 UStG*). Die USt entsteht dann allerdings erst mit Ablauf des Monats der Rechnungserteilung, spätestens mit Ablauf des dem Leistungsmonat folgenden Monats.

Die weiteren Anwendungsfälle des § 13b UStG betreffen Umsätze inländischer Unternehmen:

Lieferungen von sicherungsübereigneten Gegenständen durch den Sicherungsgeber an den Sicherungsnehmer außerhalb des Insolvenzverfahrens – § 13b Abs. 2 Nr. 2 UStG

> **BEISPIEL:** Für den Unternehmer U in Leipzig finanziert eine Bank in Dresden die Anschaffung eines Pkw. Bis zur Rückzahlung des Darlehens lässt sich die Bank den Pkw sicherungsübereignen. Da U seinen Zahlungsverpflichtungen nicht nachkommt, verwertet die Bank den Pkw, indem sie ihn an einen privaten Abnehmer veräußert.
>
> Mit der Veräußerung des Pkw durch die Bank liegen umsatzsteuerrechtlich eine Lieferung des U (Sicherungsgeber) an die Bank (Sicherungsnehmer) sowie eine Lieferung der Bank an den privaten Abnehmer vor. Die Bank als Leistungsempfänger schuldet die USt für die steuerpflichtige Lieferung des U.

645 **Lieferungen von Grundstücken (Umsätze, die unter das Grunderwerbsteuergesetz fallen) – § 13b Abs. 2 Nr. 3 UStG**

> **BEISPIEL:** Der Unternehmer A in Berlin ist Eigentümer eines Werkstattgebäudes, dessen Errichtung mit Darlehen einer Bank finanziert wurde. Da A seine Zahlungsverpflichtungen nicht erfüllt, wird das Grundstück mit dem Werkstattgebäude auf Antrag der Bank zwangsversteigert. Den Zuschlag erhält der Unternehmer B. A verzichtet rechtzeitig auf die Steuerbefreiung der Grundstückslieferung.
>
> Mit dem Zuschlag in der Zwangsversteigerung tätigt A an den Ersteher B eine Lieferung, die infolge des Verzichts auf die Steuerbefreiung steuerpflichtig ist. B ist als Leistungsempfänger Schuldner dieser USt.

646 **bei inländischen Bauleistungen – § 13b Abs. 2 Nr. 4 UStG**

Diese Regelung gilt bei Werklieferungen und sonstigen Leistungen, die der Herstellung, Instandsetzung, Instandhaltung, Änderung oder Beseitigung von Bauwerken dienen. Ausgenommen sind Planungs- und Überwachungsleistungen. Auf die Anknüpfung an die Bauabzugsteuer ist verzichtet worden; der Begriff der Bauleistung ist im UStG selbst geregelt. Der Begriff des *Bauwerks* ist weit auszulegen und umfasst demzufolge nicht nur Gebäude, sondern darüber hinaus sämtliche irgendwie mit dem Erdboden verbundene oder infolge ihrer eigenen Schwere auf ihm ruhende, aus Baustoffen oder Bauteilen mit baulichem Gerät hergestellte Anlagen. Auch Lieferungen und Leistungen an Betriebsvorrichtungen können unter die Bauleistungen fallen. Dies gilt dann, wenn die Betriebsvorrichtung nicht mobil ist, sondern dauerhaft mit dem Gebäude oder Grundstück verbunden ist und nicht entfernt werden könnte, ohne das Bauwerk zu zerstören oder zu verändern (z. B. Hochregallager, Entrauchungsanlagen, Schleusen, Krananlagen, Photovoltaikanlagen).

Zu den *Leistungen*, die unter § 13b Abs. 2 Nr. 4 UStG fallen, gehören auch der Einbau von Fenstern und Türen sowie Bodenbelägen, Aufzügen, Rolltreppen und Heizungsanlagen, aber auch von Einrichtungsgegenständen, wenn sie mit einem Gebäude fest verbunden sind, wie z. B. Ladeneinbauten, Schaufensteranlagen, Gaststätteneinrichtungen. Ebenfalls zählen hierzu die Installation einer Lichtwerbeanlage, die Dachbegrünung eines Bauwerks oder der Hausanschluss durch Energieversorgungsunternehmen. Die Leistung muss sich unmittelbar auf die *Substanz* des Bauwerks auswirken, d. h., es muss eine Substanzveränderung im Sinne einer Substanzerweiterung, Substanzverbesserung oder Substanzbeseitigung bewirkt werden. Hierzu zählen auch *Erhaltungsaufwendungen* (z. B. Reparaturleistungen von mehr als 500 € netto). Reine *Wartungsarbeiten* an Bauwerken oder Teilen von Bauwerken sind von der Regelung nicht betroffen, solange nicht Teile verändert, bearbeitet oder ausgetauscht werden. Ausgenommen sind *Planungs- und Überwachungsarbeiten*. Hierunter fallen ausschließlich planerische Leistungen (z. B. von Statikern, Architekten, Garten- und Innenarchitekten, Vermessungs-, Prüf- und Bauingenieuren), Labordienstleistungen (z. B. chemische Analyse von Baustoffen) oder reine Leistungen zur Bauüberwachung, zur Prüfung von Bauabrechnungen und zur Durchführung von Ausschreibungen und Vergaben. Auf Abschn. 13b.2 und 13b.3 UStAE wird verwiesen.

Durch die Formulierung des § 13b Abs. 5 Satz 2 UStG ist klargestellt, dass der Übergang der Steuerschuldnerschaft auf den Leistungsempfänger nur bei Leistungen in der Subunternehmerkette der Baubranche gilt. D. h. führt ein Subunternehmer für einen Bauunternehmer oder anderen Subunternehmer Bauleistungen aus, gilt § 13b UStG. Führt dagegen ein Bauunternehmer an einen anderen Unternehmer, der aber *kein Bauunternehmer ist*, Bauleistungen aus, gilt § 13b UStG *nicht*.

bei Lieferung von Gas und Elektrizität, Wärme und Kälte – § 13b Abs. 2 Nr. 5 UStG 647

Bei *Lieferungen von Gas* über das Erdgasnetz oder *von Elektrizität* durch einen im Ausland ansässigen Unternehmer im Rahmen von § 3g UStG an einen steuerpflichtigen Wiederverkäufer im Inland, bei Wärme- oder Kälte-Lieferungen oder an einen anderen Unternehmer im Inland ist Steuerschuldner der Leistungsempfänger.

beim Handel mit CO_2 – Verschmutzungsrechten – § 13b Abs. 2 Nr. 6 UStG

Hier kam es in der Praxis zu gigantischen Betrügereien, weshalb diese Regelung eingeführt wurde.

bei Lieferung von Industrieschrott, Altmetall u. ä. Waren lt. Anlagen 3 und 4 zum UStG – § 13b Abs. 2 Nr. 7 und 11 UStG

Hier sollen Betrügereien im Schrott- und Metallhandel vermieden werden. Es ist zu beachten, dass beim Verkauf von Schrott im Rahmen eines B2B-Geschäfts *immer* § 13b UStG gilt, sodass in der Praxis auch Betriebe des produzierenden Gewerbes betroffen sind, die selber keine Schrotthändler sind (vgl. Abschn. 13b.4 UStAE).

BEISPIEL: Die X-AG produziert Klimaanlagen für Bürohäuser, Einkaufszentren etc. Beim Zuschneiden der Lüftungsschächte fallen große Mengen verzinkter Stahlbleche als Abfall (Verschnitt) an. Diese Reststoffe werden an das Recyclingunternehmen R verkauft

Die X-AG entrichtet die 19%ige USt für den Verkauf der Blechverschnitte nicht. Zinkbleche fallen unter Nr. 13 der Anlage 3 zum UStG. Die AG stellt eine Nettorechnung und verweist R auf § 13b Abs. 2 Nr. 7 UStG. In der Praxis wird hier ohnehin meist im Gutschriftsverfahren abgerechnet, da R das zu zahlende Entgelt erst nach dem Wiegen des Schrottes und dem Sortieren feststellen kann, daher über genauere Informationen über das zu zahlende Entgelt verfügt als der Einlieferer X.

bei der Gebäudereinigung – § 13b Abs. 2 Nr. 8 UStG

Hier gilt ebenfalls ab 1.1.2011 die Steuerschuldnerschaft des Leistungsempfängers. Wie bei § 13b Abs. 2 Nr. 4 UStG gilt die reverse-charge-Regelung aber nur in der Subunternehmerkette, d. h. wenn ein Unternehmer eine Gebäudereinigungsleistung an einen anderen Unternehmer ausführt, der seinerseits Gebäudereinigungsleistungen erbringt (vgl. Abschn. 13b.5 UStAE).

Lieferungen von Gold – § 13b Abs. 2 Nr. 9 UStG (vgl. Abschn. 13b.6 UStAE)

Lieferungen von Handys und Computerchips, Tablet-Computern und Spielekonsolen – § 13b Abs. 2 Nr. 10 UStG

Diese Regelung gilt ab 1. 7. 2011 und wurde danach erweitert. Unter Handys fallen dabei alle Mobiltelefone, die technischen Zugang zu den Mobilfunknetzen haben (nicht CB-Funk, Walkie-Talkies, On-board-units, Navigationsgeräte). Computerchips sind die reinen Arbeits"bauteile" des PC (nicht: bestückte Leiterplatten, Lüfter, PC´s, Grafikkarten, Netzteile etc.) Lieferungen aus einem einheitlichen Geschäft von unter netto 5.000 € fallen nicht unter die 13b-Regelung. Zu Einzelheiten vgl. Abschn. 13b.7 UStAE.

4. Leistungsempfänger als Steuerschuldner

648 In den in § 13b Abs. 2 Satz 1 Nr. 1 bis 3 UStG genannten Fällen schuldet der Leistungsempfänger gem. *§ 13b Abs. 5 Satz 1 UStG* die Steuer, wenn er ein Unternehmer oder eine juristische Person des öffentlichen Rechts ist.

649 Für juristische Personen des öffentlichen Rechts gibt es aber Ausnahmen, soweit die Leistung für den nichtunternehmerischen Bereich bezogen wird, vgl. § 13b Abs. 5 Satz 5 ff. UStG.

650 Zu den Unternehmern gehören auch die *Kleinunternehmer* i. S. des § 19 Abs. 1 UStG, für deren Umsätze die Steuer nicht erhoben wird, sowie *die Land- und Forstwirte*, die unter die Durchschnittssatzbesteuerung des § 24 UStG fallen. Auch diese Unternehmer werden ebenso wie die Unternehmer, die *ausschließlich steuerfreie Umsätze* ausführen, als Leistungsempfänger zum Steuerschuldner für die in § 13b UStG aufgeführten Umsätze. § 19 Abs. 1 Satz 3 UStG stellt sicher, dass diese Steuer von den Kleinunternehmern auch erhoben wird. Nicht entscheidend ist, ob der Unternehmer im Inland oder im Ausland ansässig ist.

> **BEISPIEL:** Der Unternehmer A mit Sitz in Münster lässt die Einfahrt zu seinem selbst genutzten Einfamilienhaus von einem niederländischen Unternehmer mit Sitz in Amsterdam pflastern. Der niederländische Unternehmer stellt eine Rechnung ohne Umsatzsteuerausweis aus.
>
> Obwohl die Leistung für den nichtunternehmerischen Bereich des Unternehmers A ausgeführt wird, wird A als Leistungsempfänger zum Steuerschuldner.

5. Ausnahmen vom Steuerschuldnerwechsel

651 Trotz Vorliegen der Voraussetzungen des § 13b schuldet der Leistungsempfänger *nicht* die USt für den leistenden Unternehmer bei den in § 13b Abs. 6 UStG genannten Fällen. Grund hierfür ist, dass in diesen Fällen der Steuerabzug durch den Leistungsempfänger noch erheblich schwieriger wäre als die Steuererhebung beim leistenden ausländischen Unternehmer. Es sind hauptsächlich die Umsätze:

1. Personenbeförderungen mit dem Flugzeug oder Taxi (vgl. § 13b Abs. 6 Nr. 1 – 3 UStG)
2. Verkauf von Eintrittskarten für Messen, Kongresse und Ausstellungen (§ 13b Abs. 6 Nr. 4 UStG) sowie Organisation und Durchführung von Messen, Kongressen und Ausstellungen, wobei die Durchführungsgesellschaften häufig aus dem Ausland für eine Vielzahl von Unternehmen solche Veranstaltungen organisieren (§ 13b Abs. 6 Nr. 5 UStG)
3. Catering in Zügen oder Flugzeugen. Hier müsste ein unternehmerischer Leistungsempfänger, der im Zug eine Tasse Kaffee trinkt, die USt dafür übernehmen, sofern der leistende Unternehmer Steuerausländer ist (§ 13b Abs. 6 Nr. 6 UStG)

In allen Fällen ist es für den Fiskus einfacher, beim (ausländischen) Unternehmer die USt zu erheben als womöglich hunderten von in- und ausländischen Kunden des Leistungserbringers hinterherlaufen zu müssen! Insbesondere im Messegeschäft sind viele ausländische Unternehmer in Deutschland registriert, was die Steuererhebung dann noch vereinfacht. Der leistende Unternehmer (oder sein Fiskalvertreter) zahlt dann bei dem für ihn (sein Land) zuständigen Finanzamt die Steuer.

6. § 13b UStG bei Anzahlungen

Bei *Anzahlungen* entsteht die USt mit Ablauf des Voranmeldungszeitraums der Zahlung (ebenso bei Teilleistungen), vgl. § 13b Abs. 4 Satz 2 UStG. Generell entsteht die §13b-Steuer schon mit Ausstellung der Rechnung, spätestens mit Ablauf des der Ausführung der Leistung folgenden Kalendermonats (Ausnahme: § 13b Abs. 1, da hier EU-Vorgaben zu beachten waren). Ebenfalls auf EU-Vorgaben geht die Vorschrift des § 13b Abs. 3 UStG zurück, nach der z. B. bei Dauerleistungen (z. B. mehrjährige Wartungsverträge) mindestens jährlich die USt für das abgelaufene Jahr entsteht.

652

BEISPIEL: Jupp Schmitz ist Unternehmer und liefert außerhalb des Insolvenzverfahrens ein Sicherungsgut an die A-Bank (Quartalszahler). Die Lieferung erfolgt am 2. 4., die Rechnung wird am 2. 6. erstellt.

Die A-Bank ist zum Einbehalt der USt gem. § 13b Abs. 2 Nr. 2 UStG verpflichtet und zahlt Jupp Schmitz nur den Nettobetrag aus (nach Abzug der Tilgung für den besicherten Kredit). Die USt entsteht gem. § 13b Abs. 2 Satz 1 UStG grds. mit Ausstellung der Rechnung am 2. 6., spätestens aber mit Ablauf des Folgemonats nach der Lieferung (= hier mit Ablauf des 31. 5., da die Lieferung im April erfolgt ist). Da die Bank Quartalszahlerin ist, ist die Steuer gem. § 18 UStG fürs 2. Quartal, d. h. zum 10. 7. dem Finanzamt zu melden und ans Finanzamt zu entrichten.

7. Entstehung der § 13b-Steuer und Rechnungserstellung

Nach dem Willen des Gesetzgebers fällt die USt des *§ 13b Abs. 1 UStG* bereits mit Ablauf des Monats an, an dem die Leistung erbracht wurde. Hier musste Deutschland die entsprechende EU-Richtlinie umsetzen.

653

Für die in *§ 13b Abs. 2 UStG* aufgeführten steuerpflichtigen Umsätze entsteht die Steuer gem. § 13b Abs. 2 Satz 1 UStG mit *Ausstellung der Rechnung*, spätestens jedoch mit Ablauf des der Ausführung der Leistung folgenden Kalendermonats.

Führt der Unternehmer Leistungen i. S. des § 13b Abs. 2 UStG aus, für die der Leistungsempfänger nach § 13b Abs. 5 UStG die Steuer schuldet, ist er gem. *§ 14a Abs. 5 Satz 1 UStG* zur Ausstellung von Rechnungen *verpflichtet*. In den Rechnungen ist die Angabe „Steuerschuldnerschaft des Leistungsempfängers" verpflichtend. Für den Fall, dass in der Rechnung dieser *Hinweis fehlt*, wird der Leistungsempfänger von der Steuerschuldnerschaft nicht entbunden. Die Vorschrift über den gesonderten Steuerausweis in einer Rechnung findet gem. § 14a Abs. 5 Satz 2 UStG keine Anwendung. Im Fall des gesonderten Steuerausweises durch den leistenden Unternehmer wird die Steuer von diesem nach *§ 14c Abs. 1 UStG* geschuldet. Durch die *Ergänzung des § 14 Abs. 4 Satz 1 Nr. 8 UStG* um einen Hinweis auf die Steuerbefreiung in der Rechnung wird gewährleistet, dass in den Fällen des § 13b Abs. 1 UStG der Leistungsempfänger Kenntnis über die Steuerbefreiung erlangt. Der Leistungsempfänger hat gem. § 14b Abs. 1 UStG ein Doppel der Rechnung zehn Jahre *aufzubewahren*. Die Aufbewahrungspflicht beginnt mit dem Schluss des Kalenderjahres, in dem die Rechnung ausgestellt worden ist. Die Vereinfachungsregelung des § 33 UStDV für Rechnungen über *Kleinbeträge* ist bei Leistungen i. S. des § 13b UStG ausgeschlossen (*§ 33 Satz 3 UStDV*).

Nach *§ 13b Abs. 5 UStG* sind bei der Berechnung der Steuer die §§ 19 und 24 UStG nicht anzuwenden. Damit wird klargestellt, dass der Leistungsempfänger die geschuldete Steuer nach den allgemeinen umsatzsteuerlichen Vorschriften zu berechnen hat.

8. weitere Vereinfachungsregeln und Ausnahmen

654 Zu den weiteren Vereinfachungsregeln und Ausnahmen vgl. Abschn. 13b.8 bis 13b.17 UStAE.

VIII. Vergütungsverfahren

655 Gemäß *§ 18 Abs. 9 UStG* kann das Bundesministerium der Finanzen mit Zustimmung des Bundesrates zur Vereinfachung des Besteuerungsverfahrens durch Rechtsverordnung die Vergütung der Vorsteuerbeträge an im Ausland ansässige Unternehmer, abweichend von § 16 UStG und von § 18 Abs. 1 bis 4 UStG, in einem *besonderen Verfahren* regeln. Die Ausführungsbestimmungen sind in den §§ 59 bis 61a UStDV geregelt, wobei die §§ 59 bis 61 die Vergütung an EU-ansässige ausländische Unternehmen regeln und § 61a UStDV für drittlandsansässige Unternehmer Regelungen trifft.

Hintergrund ist, dass in der EU das Vergütungsverfahren in einer einheitlichen Richtlinie geregelt ist. Für deutsche Unternehmen bedeutet dies, dass der Antrag auf Vorsteuer-Vergütung nicht mehr direkt an die ausländische Behörde zu stellen ist, sondern elektronisch (für jedes EU-Land ein Antrag) beim Bundeszentralamt für Steuern zu stellen ist. Nach Prüfung der formalen Voraussetzungen für die Vorsteuer-Erstattung (z. B. Unternehmereigenschaft) wird der Antrag innerhalb von 15 Tagen an die ausländische Behörde weitergeleitet. Dort wird der Antrag innerhalb von 4 Monaten bearbeitet. Es müssen grds. auch keine Original-Rechnungen mehr eingereicht werden. Hat die ausländische Behörde Zweifel an der Richtigkeit des Antrags, müssen aber weiterhin Originalrechnungen eingereicht werden. Auch kann sich die Bearbeitung dann erheblich verlängern. Überschreitet die Behörde im anderen EU-Land die festgelegte Frist, ist sie dem Unternehmen zinspflichtig. Die Höhe der Zinsen legt das jeweilige EU-Land aber autonom fest. Die VorSt-Erstattung muss kostenfrei erfolgen – allerdings nur, sofern der Unternehmer ein inländisches Konto in dem jeweiligen EU-Land unterhält. Anträge sind bis 30. 9. des Folgejahres zu stellen. Die Mindestantragssumme beträgt 50 € (Jahresanträge) bzw. 400 € (unterjährige Anträge).

Mit geringen Besonderheiten gilt dies umgekehrt auch für EU-ausländische Unternehmen, die einen Vergütungsantrag in Deutschland stellen, vgl. Abschn. 18.10 bis 18.15 UStAE.

Welche Staaten überhaupt am Vorsteuer-Vergütungsverfahren teilnehmen, d. h. sich Gegenseitigkeit bei der Erstattung von Vorsteuern an Unternehmer aus dem jeweils anderen Land zusichern, wird regelmäßig vom BMF in einer Liste veröffentlicht (vgl. z. B. BMF-Schreiben vom 10. 11. 2008).

(Einstweilen frei) 656–659

IX. Zusammenfassende Meldung

Mit der Schaffung des Binnenmarktes zum 1. 1. 1993 entfiel die Möglichkeit der Warenkontrolle an den innergemeinschaftlichen Grenzen. Zur Überwachung des innergemeinschaftlichen Warenverkehrs wurde ein *Mehrwertsteuer-Informationsaustausch-System (MIAS)* in der EU geschaffen. Grundlage dieses Systems sind die Zusammenfassenden Meldungen. Die Daten in den Zusammenfassenden Meldungen ermöglichen es den EU-Mitgliedstaaten, die Erwerbsbesteuerung, die innergemeinschaftlich die Besteuerung der Einfuhr ersetzt hat, zu kontrollieren. Danach stellt die Zusammenfassende Meldung die *Grundlage* für die Überwachung des innergemeinschaftlichen Warenverkehrs dar. Ab 2010 wird auch der grenzüberschreitende Dienstleistungsverkehr in der EU meldepflichtig. 660

Meldepflichtig sind *Unternehmer*, die innergemeinschaftliche Warenlieferungen und/oder Lieferungen i. S. des § 25b Abs. 2 UStG im Rahmen von innergemeinschaftlichen Dreiecksgeschäften ausgeführt haben. Weiterhin sind Dienstleistungen meldepflichtig, die ein Unternehmer in einem anderen EU-Staat ausführt und deren Ort gem. § 3a Abs. 2 UStG in dem anderen EU-Land liegt. *Kleinunternehmer* i. S. des § 19 Abs. 1 UStG müssen keine Zusammenfassende Meldung abgeben (vgl. Abschn. 18a.1 UStAE). 661

Nichtselbständige juristische Personen i. S. des § 2 Abs. 2 Nr. 2 UStG *(Organgesellschaften)* haben abweichend von der umsatzsteuerlichen Behandlung ihrer Umsätze eigene Zusammenfassende Meldungen abzugeben. Die umsatzsteuerliche Behandlung dieser Umsätze als Umsätze des Organträgers bleibt unberührt. Für die Abgabe der Zusammenfassenden Meldung benötigt die Organgesellschaft eine *eigene Umsatzsteuer-Identifikationsnummer*.

Für Meldezeiträume, in denen keine innergemeinschaftlichen Warenlieferungen und keine Lieferungen i. S. des § 25b Abs. 2 UStG bzw. i. g. Dienstleistungen ausgeführt wurden, sind *keine* Zusammenfassenden Meldungen abzugeben. Es gibt bei der ZM somit keine „Nullmeldungen".

662 In der Zusammenfassenden Meldung sind die innergemeinschaftlichen Warenlieferungen anzugeben. Eine innergemeinschaftliche Warenlieferung ist gem. *§ 18a Abs. 2 UStG*

- eine innergemeinschaftliche Lieferung i. S. des § 6a Abs. 1 UStG mit Ausnahme der Lieferungen neuer Fahrzeuge an Abnehmer ohne Umsatzsteuer-Identifikationsnummer. Innergemeinschaftliche Lieferungen neuer Fahrzeuge an Abnehmer mit Umsatzsteuer-Identifikationsnummer sind in der Zusammenfassenden Meldung aufzuführen.
- eine innergemeinschaftliche Lieferung i. S. des § 6a Abs. 2 UStG.

Seit dem *1.1.1997* sind in der Zusammenfassenden Meldung gem. § 18a Abs. 1 Satz 2 UStG auch Lieferungen i. S. des *§ 25b Abs. 2 UStG* im Rahmen von innergemeinschaftlichen Dreiecksgeschäften anzugeben. Im Falle eines derartigen innergemeinschaftlichen Dreiecksgeschäfts sind in der Zusammenfassenden Meldung zu melden:

- vom ersten Lieferer eine innergemeinschaftliche Warenlieferung an den ersten Abnehmer;
- vom ersten Abnehmer eine Lieferung i. S. des § 25b Abs. 2 UStG an den letzten Abnehmer, wenn die darauf entfallende Steuerschuld auf den letzten Abnehmer übertragen wird.

Derartige Lieferungen i. S. des § 25b Abs. 2 UStG sind in der Zusammenfassenden Meldung in der *Spalte 3* durch eine „2" zu kennzeichnen.

Meldepflichtig sind ferner i. g. Dienstleistungen (s. Rz. 661), die in Spalte 3 der ZM mit einer „1" zu kennzeichnen sind.

663 *(Einstweilen frei)*

664 Meldezeitraum ist grundsätzlich der *Kalendermonat* gem. *§ 18a Abs. 1 Satz 1 UStG*. Die Zusammenfassende Meldung ist bis zum 25. Tag nach Ablauf des Kalendermonats beim Bundeszentralamt für Steuern in elektronischer Form einzureichen. Eine Dauerfristverlängerung gilt hier nicht, auch wenn sie für die Abgabe der USt-Voranmeldung gewährt worden ist.

Meldezeitraum ist das Kalendervierteljahr, wenn die Summe der Entgelte für i. g. Warenlieferungen und Dreiecksgeschäfte in den letzten vier Quartalen und im laufenden Quartal den Betrag von 50.000 € nicht überschreitet.

Näheres regelt Abschn. 18a.2 UStAE.

665 Die Angaben sind gem. *§ 18a Abs. 5 Satz 1 UStG* für den Meldezeitraum zu machen, in dem die Rechnung für die *innergemeinschaftliche Warenlieferung* ausgestellt wird, spätestens für den Meldezeitraum, in dem der auf die Ausführung der innergemeinschaftlichen Warenlieferung folgende Kalendermonat endet. Für das *innergemeinschaftliche Verbringen* i. S. des § 6a Abs. 2 UStG werden keine Rechnungen ausgestellt, d. h., sie sind immer in der Zusammenfassenden Meldung für den Meldezeitraum zu erfassen, der den Monat, der dem Monat des Verbringens folgt, umfasst. Die Angaben für Lieferun-

gen i. S. des § 25b Abs. 2 UStG sind gem. § 18a Abs. 5 Satz 2 UStG für den Meldezeitraum zu machen, in dem diese Lieferungen ausgeführt worden sind.

Bei Berichtigungen sind die Regeln des Abschn. 18a.3 bis 18a.5 UStAE zu beachten. 666

(Einstweilen frei) 667

X. Bestätigungsverfahren

Die Vorschrift des *§ 18e UStG* regelt den *Anspruch des Unternehmers* auf eine Bestätigung über die Gültigkeit einer von einem anderen Mitgliedstaat erteilten Umsatzsteuer-Identifikationsnummer, die ein Abnehmer oder Leistungsempfänger gegenüber dem leistenden Unternehmer verwendet. Durch diese Bestätigung soll dem Unternehmer die korrekte Anwendung der umsatzsteuerlichen Regelungen erleichtert werden, soweit diese auf den umsatzsteuerlichen Status seines Abnehmers abstellen oder darauf, ob der Leistungsempfänger dem leistenden Unternehmer gegenüber eine Umsatzsteuer-Identifikationsnummer verwendet, die dem Leistungsempfänger von einem anderen Mitgliedstaat erteilt wurde. § 18e UStG hat auch Bedeutung für die Anwendung der *Vertrauensschutzregelung* in § 6a Abs. 4 UStG. 668

Nach § 18e UStG sind *Unternehmer* i. S. des *§ 2 UStG berechtigt*, Bestätigungsanfragen beim Bundeszentralamt für Steuern zu stellen. Diese Unternehmer müssen eine Umsatzsteuer-Identifikationsnummer besitzen oder zumindest umsatzsteuerlich unter einer Steuernummer geführt werden (Abschn. 18e.1 UStAE). 669

Das Bundeszentralamt für Steuern bestätigt dem Unternehmer i. S. des § 2 UStG auf Anfrage die Gültigkeit einer ausländischen USt-Id.Nr. (einfache Abfrage) sowie die Richtigkeit von Namen, Firmierung und Adressdaten des ausländischen Unternehmers (qualifizierte Abfrage). Die Vertrauensschutzregelung des § 6a Abs. 4 UStG gilt nur, wenn der liefernde Unternehmer zeitnah vor der Lieferung die Gültigkeit und weitere Daten des ausländischen Kunden qualifiziert abgefragt hat. 670

In der Praxis verifizieren die meisten deutschen Unternehmen die USt-Id.Nr. ihrer EU-ausländischen Kunden bei Neuanlage des Debitors und dann regelmäßig einmal im Jahr.

Der Unternehmer kann Bestätigungsanfragen *schriftlich*, *telefonisch* oder per *Telefax* an das Bundeszentralamt für Steuern, Außenstelle Saarlouis, stellen. Bestätigungsanfragen können auch über das *Internet* gestellt werden. 671

Das Bundeszentralamt für Steuern teilt das Ergebnis der Bestätigungsanfrage i. d. R. schriftlich mit. Alternativ – insbesondere wenn es schnell gehen muss – kann man sich bei einer Internet-Abfrage einen screenshot machen und das am Bildschirm angezeigte positive Ergebnis zu den Unterlagen über das Exportgeschäft nehmen. Im Zweifel benötigt man als qualifizierte Bestätigung nun auch kein Schreiben des BZSt mehr, sondern nur noch die Bestätigung der erfolgreichen qualifizierten Abfrage der USt-Id.Nr. per Email (UStAE 18e.1 Abs. 2).

Deutsche USt-Id.Nr. können über die Webseite des Bundeszentralamts für Steuern (www.bzst.de) nicht abgefragt werden. Wer dies machen möchte, kann sich mit irgend- 672 einer österreichischen USt-Id.Nr. auf der Internetseite der österreichischen Finanzverwaltung einloggen und dort deutsche Nummern abfragen.

J. Sonderregelungen

I. Reihengeschäft

1. Begriff

673 Die *Definition* des Reihengeschäfts befindet sich in *§ 3 Abs. 6 Satz 5 UStG*. Danach liegt ein Reihengeschäft vor, wenn mehrere Unternehmer über denselben Gegenstand Umsatzgeschäfte abschließen und dieser Gegenstand bei der Beförderung oder Versendung unmittelbar vom ersten Unternehmer an den letzten Abnehmer gelangt. Es werden mehrere Lieferungen ausgeführt, die hinsichtlich des Lieferorts und des Lieferzeitpunkts *gesondert* zu betrachten sind. Die Warenbewegung ist gem. § 3 Abs. 6 Satz 5 UStG nur einer dieser Lieferungen zuzuordnen. Diese Lieferung ist die *bewegte*, die Beförderungs- oder Versendungslieferung; nur bei dieser Lieferung kann die Steuerbefreiung für Ausfuhrlieferungen oder für innergemeinschaftliche Lieferungen in Betracht kommen. Als Ortsvorschrift ist grundsätzlich § 3 Abs. 6 Satz 1 UStG anzuwenden. Die übrigen Lieferungen in der Reihe sind *unbewegte* bzw. ruhende Lieferungen, für die die Ortsvorschrift des § 3 Abs. 7 Satz 2 UStG zur Anwendung kommt. Lieferungen, die der Beförderungs- oder Versendungslieferung vorangehen, gelten dort als ausgeführt, wo die Beförderung oder Versendung des Gegenstandes beginnt. Lieferungen, die der Beförderungs- oder Versendungslieferung folgen, gelten dort als ausgeführt, wo die Beförderung oder Versendung des Gegenstandes endet.

> **BEISPIEL:** Der Unternehmer D1 in Köln bestellt bei dem Großhändler D2 in Hamburg eine Maschine, die dieser nicht vorrätig hat. D2 bestellt die Maschine seinerseits bei dem Hersteller Dk in Dänemark. Dk befördert die Maschine mit eigenem Lkw unmittelbar zu D1 nach Köln.
>
> Dk → D2 → D1
>
> Es liegt ein Reihengeschäft i. S. des § 3 Abs. 6 Satz 5 UStG vor; denn mehrere Unternehmer (Dk, D2, D1) schließen über denselben Gegenstand (Maschine) Umsatzgeschäfte ab und die Maschine gelangt im Rahmen einer Beförderung unmittelbar vom ersten Unternehmer (Dk) zum letzten Abnehmer (D1).

674 Die *Zuordnung* der Warenbewegung zu einer der Lieferungen des Reihengeschäfts ist davon abhängig, ob der Liefergegenstand durch den ersten Unternehmer, den letzten Abnehmer oder einen mittleren Unternehmer befördert oder versendet wird.

1. Beförderung oder Versendung durch den ersten Unternehmer

Wird der Gegenstand der Lieferung durch den ersten Unternehmer in der Reihe befördert oder versendet, ist seiner Lieferung an den ersten Abnehmer die Beförderung oder Versendung zuzuordnen. Die anschließenden Lieferungen sind unbewegte bzw. ruhende Lieferungen.

2. Beförderung oder Versendung durch den letzten Abnehmer

Wird der Gegenstand der Lieferung durch den letzten Abnehmer befördert oder versendet, ist die Beförderung oder Versendung der Lieferung des letzten Lieferers in der Reihe zuzuordnen. Die vorangehenden Lieferungen sind unbewegte bzw. ruhende Lieferungen.

3. Beförderung oder Versendung durch den mittleren Unternehmer

Befördert oder versendet ein mittlerer Unternehmer in der Reihe den Liefergegenstand, ist er zugleich Abnehmer der Vorlieferung als auch Lieferer. In diesen Fällen stellt § 3 Abs. 6 Satz 6 UStG den Grundsatz auf, dass die Beförderung oder Versendung der Lieferung an den mittleren Unternehmer zuzuordnen ist, d.h., die Lieferung des mittleren Unternehmers ist grundsätzlich eine unbewegte bzw. ruhende Lieferung. Diese gesetzliche Vermutung ist widerlegbar. Der mittlere Unternehmer kann anhand von Belegen (z.B. Auftragsbestätigung, Doppel der Rechnung oder andere handelsübliche Belege und Aufzeichnungen) nachweisen, dass er als Lieferer aufgetreten und demzufolge die Beförderung oder Versendung seiner eigenen Lieferung zuzuordnen ist. Von der Eigenschaft des mittleren Unternehmers als Lieferer kann ausgegangen werden, wenn der Unternehmer unter der Umsatzsteuer-Identifikationsnummer des Mitgliedstaates auftritt, in dem die Beförderung oder Versendung des Gegenstandes beginnt, und wenn er aufgrund der mit seinem Vorlieferanten und seinem Auftraggeber vereinbarten Lieferkonditionen Gefahr und Kosten der Beförderung oder Versendung übernommen hat. Den Anforderungen an die Lieferkonditionen ist genügt, wenn handelsübliche Lieferklauseln (z.B. Incoterms) verwendet werden (Abschn. 3.14 UStAE).

BEISPIEL: Der Unternehmer D1 aus Münster bestellt bei dem Unternehmer D2 aus Düsseldorf eine Ware. Da D2 die Ware nicht auf Lager hat, bestellt er diese seinerseits bei dem Unternehmer I in Italien. D2 lässt die Ware durch einen Transportunternehmer bei I in Italien abholen und lässt sie unmittelbar zu D1 nach Münster transportieren.

a) Es wurden keine besonderen Lieferklauseln vereinbart.
b) Es wurden folgende besonderen Lieferklauseln vereinbart: D2 vereinbart mit D1 eine „Lieferung frei Haus" und mit I eine „Lieferung ab Werk".

$$I \rightarrow D2 \rightarrow D1$$

a) Es liegt ein Reihengeschäft i.S. des § 3 Abs. 6 Satz 5 UStG vor. Die Warenbewegung wird gem. § 3 Abs. 6 Satz 6 UStG der Lieferung des I an D2 zugeordnet. Diese bewegte Lieferung wird in Italien ausgeführt (entsprechend § 3 Abs. 6 Satz 1 UStG) und ist in Italien – unter Beachtung der weiteren Voraussetzungen für die Steuerbefreiung – als innergemeinschaftliche Lieferung steuerfrei. D2 unterliegt der Erwerbsbesteuerung in Deutschland. Die Erwerbsteuer kann von D2 als Vorsteuer gem. § 15 Abs. 1 Satz 1 Nr. 3 UStG abgezogen werden. Die Lieferung des D2 an D1 ist eine unbewegte bzw. ruhende Lieferung, die gem. § 3 Abs. 7 Satz 2 Nr. 2 UStG am Ende des Transports, in Münster, als ausgeführt gilt.

b) Es liegt ein Reihengeschäft i.S. des § 3 Abs. 6 Satz 5 UStG vor. Die Warenbewegung wird gem. § 3 Abs. 6 Satz 6 2. Halbsatz UStG der Lieferung des D2 an D1 zugeordnet, da nach den Lieferbedingungen der mittlere Unternehmer D2 als Lieferer auftritt. Diese bewegte Lieferung wird in Italien ausgeführt (entsprechend § 3 Abs. 6 Satz 1 UStG). D1 unterliegt der Erwerbsbesteuerung in Deutschland. Die Erwerbsteuer kann von D1 als Vorsteuer gem. § 15 Abs. 1 Satz 1 Nr. 3 UStG abgezogen werden. Die Lieferung des I an D2 ist eine unbewegte bzw. ruhende Lieferung, die gem. § 3 Abs. 7 Satz 2 Nr. 1 UStG am Beginn des Transports, in Italien, als ausgeführt gilt. Eine Steuerbefreiung kommt für diese unbewegte Lieferung nicht in Betracht.

In den Fällen, in denen *Nichtunternehmer* als letzte Abnehmer in der Reihe an derartigen Reihengeschäften beteiligt sind, gelten die dargestellten Grundsätze entsprechend.

2. Reihengeschäft innerhalb Deutschlands

675 Die dargestellten Grundsätze gelten auch für Reihengeschäfte, bei denen *keine grenzüberschreitende Warenbewegung* stattfindet. Bei der Beteiligung eines im Ausland ansässigen Unternehmers an derartigen Reihengeschäften muss sich dieser stets im Inland steuerlich registrieren lassen, da er im Inland eine steuerbare Lieferung ausführt.

> **BEISPIEL:** Unternehmer D1 in Dortmund bestellt bei dem niederländischen Unternehmer NL eine Maschine für sein Unternehmen. Da NL diese Maschine nicht vorrätig hat, bestellt er sie seinerseits bei dem Unternehmer D2 in Bonn. D2 lässt die Maschine durch einen Frachtführer von Bonn unmittelbar nach Dortmund zu D1 transportieren.
>
> D2 → NL → D1
>
> Es liegt ein Reihengeschäft i. S. des § 3 Abs. 6 Satz 5 UStG vor. Die Warenbewegung ist der Lieferung D2 an NL zuzuordnen, da D2 als erster Unternehmer in der Reihe die Maschine versendet. Der Lieferort ist gem. § 3 Abs. 6 Satz 1 UStG Bonn. Die Lieferung ist steuerbar und steuerpflichtig. Die Lieferung NL an D1 ist eine unbewegte bzw. ruhende Lieferung, die der bewegten Lieferung folgt. Lieferort ist gem. § 3 Abs. 7 Satz 2 Nr. 2 UStG Dortmund. NL muss sich in Deutschland bei dem zuständigen Finanzamt Kleve registrieren lassen und die Lieferung zur Umsatzbesteuerung erklären.

3. Reihengeschäft mit dem Drittland

676 Gelangt der Liefergegenstand im Rahmen eines Reihengeschäfts aus dem Inland in das Drittlandsgebiet, ist zu beachten, dass nur *eine Ausfuhrlieferung* gem. § 6 UStG vorliegen kann, die nach § 4 Nr. 1 Buchst. a UStG steuerfrei ist. Die Steuerbefreiung kann nur hinsichtlich der bewegten Lieferung zur Anwendung kommen, da § 6 UStG eine Beförderungs- oder Versendungslieferung verlangt. Für die unbewegte bzw. ruhende Lieferung kommt eine Steuerbefreiung nach § 4 Nr. 1 Buchst. a UStG nicht zur Anwendung.

> **BEISPIEL:** Der norwegische Unternehmer N bestellt bei dem deutschen Unternehmer D1 eine Ware, die dieser gerade nicht auf Lager hat. D1 bestellt die Ware seinerseits bei dem deutschen Unternehmer D2. N holt die Ware vereinbarungsgemäß mit eigenem Lkw bei D2 ab und transportiert sie nach Norwegen.
>
> D2 → D1 → N
>
> Es liegt ein Reihengeschäft i. S. des § 3 Abs. 6 Satz 5 UStG vor. Die Warenbewegung ist der Lieferung D1 an N zuzuordnen, da N als letzter Abnehmer in der Reihe die Ware befördert. Der Lieferort ist gem. § 3 Abs. 6 Satz 1 UStG im Inland. Die Lieferung ist steuerbar und als Ausfuhrlieferung steuerfrei gem. § 4 Nr. 1 Buchst. a UStG. Die Lieferung des D2 an D1 ist eine unbewegte bzw. ruhende Lieferung, die der bewegten Lieferung vorangeht. Lieferort ist gem. § 3 Abs. 7 Satz 2 Nr. 1 UStG im Inland. Die Lieferung ist in Deutschland steuerbar und steuerpflich-

tig. Eine Steuerbefreiung gem. § 6 UStG i.V. mit § 4 Nr. 1 Buchst. a UStG kommt für eine ruhende Lieferung nicht in Betracht.

Gelangt der Liefergegenstand im Rahmen eines Reihengeschäfts aus dem Drittlandsgebiet in das Inland, ist zu beachten, dass eine *Verlagerung des Lieferorts* nach § 3 Abs. 8 UStG für die bewegte Lieferung in Betracht kommen kann. Die Anwendung des § 3 Abs. 8 UStG setzt voraus, dass der Unternehmer, dem die bewegte Lieferung zuzuordnen ist, oder sein Beauftragter Schuldner der EUSt ist.

677

Gelangt der Liefergegenstand im Rahmen eines Reihengeschäfts aus dem Drittlandsgebiet in das Inland und ist ein Abnehmer oder dessen Beauftragter Schuldner der EUSt, sind gem. *§ 4 Nr. 4b UStG* die Lieferung an diesen Abnehmer und die vorangegangenen Lieferungen im Inland steuerfrei.

BEISPIEL: Der deutsche Unternehmer D bestellt bei dem niederländischen Unternehmer NL eine Maschine, die dieser nicht vorrätig hat. NL bestellt seinerseits die Maschine bei dem Unternehmer S in der Schweiz. S befördert die Maschine mit eigenem Lkw zu D nach Deutschland. D ist Schuldner der EUSt.

S → NL → D

Es liegt ein Reihengeschäft gem. § 3 Abs. 6 Satz 5 UStG vor. Die Warenbewegung ist der Lieferung des S an NL zuzuordnen, da der erste Unternehmer in der Reihe befördert. Der Lieferort ist in der Schweiz. Eine Verschiebung des Lieferorts in das Einfuhrland Deutschland nach § 3 Abs. 8 UStG kommt nicht in Betracht, da der Abnehmer D Schuldner der EUSt ist. Die Lieferung ist in Deutschland nicht steuerbar. Die Lieferung des NL an D ist eine unbewegte bzw. ruhende Lieferung, die der bewegten Lieferung folgt. Lieferort ist gem. § 3 Abs. 7 Satz 2 Nr. 2 UStG Deutschland. Die Lieferung ist in Deutschland steuerbar und steuerfrei gem. § 4 Nr. 4b UStG.

4. Reihengeschäft innerhalb der EU

Gelangt der Liefergegenstand im Rahmen eines Reihengeschäfts aus dem Inland in das übrige Gemeinschaftsgebiet, ist zu beachten, dass nur *eine innergemeinschaftliche Lieferung* gem. § 6a UStG vorliegen kann, die gem. § 4 Nr. 1 Buchst. b UStG steuerfrei ist. Die Steuerbefreiung kann nur hinsichtlich der bewegten Lieferung zur Anwendung kommen, da § 6a UStG eine Beförderungs- oder Versendungslieferung verlangt. Für die unbewegte bzw. ruhende Lieferung kommt eine Steuerbefreiung nach § 4 Nr. 1 Buchst. b UStG nicht zur Anwendung.

678

BEISPIEL: Der belgische Unternehmer B bestellt bei dem deutschen Unternehmer D1 eine Maschine, die dieser nicht vorrätig hat. D1 bestellt seinerseits die Maschine bei dem deutschen Unternehmer D2. D2 befördert die Maschine mit eigenem Lkw zu B nach Belgien. Alle Unternehmer treten mit der Umsatzsteuer-Identifikationsnummer ihres Wohnsitzstaates auf.

D2 → D1 → B

Es liegt ein Reihengeschäft gem. § 3 Abs. 6 Satz 5 UStG vor. Die Warenbewegung ist der Lieferung des D2 an D1 zuzuordnen, da der erste Unternehmer in der Reihe befördert. Der Lieferort ist im Inland gem. § 3 Abs. 6 Satz 1 UStG. Die Lieferung ist in Deutschland steuerbar und steuerpflichtig. Eine innergemeinschaftliche Lieferung liegt nicht vor, da D1 ebenfalls mit deutscher Umsatzsteuer-Identifikationsnummer auftritt. Der Erwerb der Maschine unterliegt bei D1 der Erwerbsbesteuerung in Belgien (§ 3d Satz 1 UStG) und in Deutschland (§ 3d Satz 2

UStG). Der Erwerb ist solange in Deutschland zu versteuern bis D1 die Besteuerung des innergemeinschaftlichen Erwerbs in Belgien nachgewiesen hat. Die Lieferung D1 an B ist eine unbewegte bzw. ruhende Lieferung, die der bewegten Lieferung folgt. Lieferort ist gem. § 3 Abs. 7 Satz 2 Nr. 2 UStG Belgien. Diese Lieferung ist in Deutschland nicht steuerbar. D1 muss sich in Belgien umsatzsteuerlich registrieren lassen.

679 Gelangt der Liefergegenstand im Rahmen eines Reihengeschäfts aus dem übrigen Gemeinschaftsgebiet in das Inland, ist zu beachten, dass von den Beteiligten nur derjenige *Erwerber* i. S. des § 1a UStG sein kann, an den die bewegte Lieferung ausgeführt wird.

> **BEISPIEL:** Der deutsche Unternehmer D1 bestellt bei dem deutschen Unternehmer D2 eine Ware, die dieser nicht vorrätig hat. D2 bestellt die Ware bei dem italienischen Unternehmer I1, der sie wiederum bei dem italienischen Unternehmer I2 bestellt. Vereinbarungsgemäß holt D1 die Ware bei I2 ab und transportiert sie nach Deutschland. Alle Unternehmer treten mit der Umsatzsteuer-Identifikationsnummer ihres Wohnsitzstaates auf.
>
> I2 → I1 → D2 → D1
>
> Es liegt ein Reihengeschäft gem. § 3 Abs. 6 Satz 5 UStG vor. Die Warenbewegung ist der Lieferung des D2 an D1 zuzuordnen, da der letzte Abnehmer die Ware abholt. Der Lieferort ist gem. § 3 Abs. 6 Satz 1 UStG in Italien. Die Lieferung des D2 ist in Italien steuerbar und unter den weiteren Voraussetzungen als innergemeinschaftliche Lieferung steuerfrei. D1 ist Erwerber und unterliegt der Erwerbsbesteuerung in Deutschland (§ 3d Satz 1 UStG). Die Lieferungen des I2 an I1 und I1 an D2 sind unbewegte bzw. ruhende Lieferungen, die der bewegten Lieferung vorangehen. Lieferort für diese Lieferungen ist gem. § 3 Abs. 7 Satz 2 Nr. 1 UStG jeweils in Italien. Diese Lieferungen sind in Italien steuerbar und steuerpflichtig.

680 Wenn der letzte Abnehmer im Rahmen eines Reihengeschäfts, bei dem die Warenbewegung im Inland beginnt und im Gebiet eines anderen Mitgliedstaates endet (oder umgekehrt), nicht die subjektiven Voraussetzungen für die Besteuerung des innergemeinschaftlichen Erwerbs erfüllt und demzufolge nicht mit einer Umsatzsteuer-Identifikationsnummer auftritt, ist *§ 3c UStG* zu beachten, wenn der letzten Lieferung in der Reihe die Beförderung oder Versendung zugeordnet wird. Dies gilt nicht, wenn der private Endabnehmer den Gegenstand abholt (Abschn. 3.14 Abs. 18 UStAE).

5. Innergemeinschaftliches Dreiecksgeschäft

a) Allgemeines

681 Die innergemeinschaftliche *Vereinfachungsregelung* für so genannte Dreiecksgeschäfte wurde durch *§ 25b UStG* in das deutsche Recht umgesetzt. Ebenso wie bei der vorherigen deutschen Regelung wird hiermit im Ergebnis vermieden, dass eine steuerliche *Registrierung* des mittleren Unternehmers im Bestimmungsland erfolgen muss.

b) Voraussetzungen

682 *§ 25b Abs. 1 UStG* legt die Voraussetzungen für ein innergemeinschaftliches Dreiecksgeschäft fest. Danach liegt ein innergemeinschaftliches Dreiecksgeschäft nur dann vor, wenn folgende *Voraussetzungen* erfüllt sind:

- drei Unternehmer schließen über denselben Gegenstand Umsatzgeschäfte ab und dieser Gegenstand gelangt unmittelbar vom ersten Lieferer an den letzten Abnehmer;
- die Unternehmer sind jeweils in verschiedenen Mitgliedstaaten für Zwecke der USt erfasst;
- der Liefergegenstand gelangt aus dem Gebiet eines Mitgliedstaates in das Gebiet eines anderen Mitgliedstaates

und

- der Liefergegenstand wird durch den ersten Lieferer oder den ersten Abnehmer befördert oder versendet.

Nach § 25b Abs. 1 Satz 1 Nr. 1 UStG müssen *drei Unternehmer* beteiligt sein, der erste Lieferer, der erste Abnehmer und der letzte Abnehmer. Letzte Abnehmer sind auch Unternehmer, die nur steuerfreie – nicht zum Vorsteuerabzug berechtigende – Umsätze ausführen, sowie Kleinunternehmer und pauschalierende Land- und Forstwirte. Voraussetzung ist, dass sie umsatzsteuerlich in dem Mitgliedstaat erfasst sind, in dem die Beförderung oder Versendung des Gegenstandes endet. Letzter Abnehmer kann gem. § 25b Abs. 1 Satz 2 UStG auch eine juristische Person des öffentlichen oder privaten Rechts sein, die nicht Unternehmer ist oder den Gegenstand nicht für ihr Unternehmen erwirbt, wenn sie in dem Mitgliedstaat, in dem die Warenbewegung endet, für Zwecke der USt registriert ist. Die drei Unternehmer müssen über ein und denselben *Gegenstand* Umsatzgeschäfte abschließen und der Gegenstand muss *unmittelbar* vom ersten Lieferer an den letzten Abnehmer gelangen. Diese Definition entspricht der Regelung des § 3 Abs. 6 Satz 5 UStG. 683

Ein innergemeinschaftliches Dreiecksgeschäft kann auch zwischen drei unmittelbar nacheinander liefernden Unternehmern bei Reihengeschäften mit *mehr als drei Beteiligten* vorliegen, wenn die drei unmittelbar nacheinander liefernden Unternehmer am Ende der Lieferkette stehen (Abschn. 25b.1 Abs. 2 Satz 2 UStAE).

Nach § 25b Abs. 1 Satz 1 Nr. 2 UStG liegt ein innergemeinschaftliches Dreiecksgeschäft nur dann vor, wenn die drei Unternehmer in jeweils *verschiedenen Mitgliedstaaten* für Zwecke der USt erfasst sind. Nicht erforderlich ist die Ansässigkeit in diesen Mitgliedstaaten; die Registrierung für Zwecke der USt (Erteilung einer Umsatzsteuer-Identifikationsnummer) reicht aus. Sind mehrere der beteiligten Unternehmer in demselben Mitgliedstaat registriert, liegt kein innergemeinschaftliches Dreiecksgeschäft vor. 684

Nach § 25b Abs. 1 Satz 1 Nr. 3 UStG liegt ein innergemeinschaftliches Dreiecksgeschäft nur dann vor, wenn der Liefergegenstand aus dem Gebiet eines Mitgliedstaates in das Gebiet eines anderen Mitgliedstaates gelangt. Es ist somit eine *tatsächliche Warenbewegung* zwischen zwei Mitgliedstaaten erforderlich. Diese Voraussetzung ist im Hinblick auf § 3 Abs. 8 UStG auch dann erfüllt, wenn der erste Lieferer den Gegenstand in das Gemeinschaftsgebiet eingeführt hat. Der Liefergegenstand kann auch durch Beauftragte des ersten Lieferers vor der Beförderung oder Versendung in das übrige Gemeinschaftsgebiet bearbeitet oder verarbeitet worden sein. Liefergegenstand ist in diesem Fall der bearbeitete oder verarbeitete Gegenstand. Der Gegenstand der Lieferung kann auch an einen vom letzten Abnehmer beauftragten Dritten, z. B. einen Lohnverede- 685 lungsunternehmer oder einen Lagerhalter, befördert oder versendet werden. In den Fällen, in denen der Liefergegenstand unmittelbar aus dem Drittland in das Bestimmungsland gelangt, liegt keine Warenbewegung zwischen zwei EU-Mitgliedstaaten vor und somit ist § 25b UStG nicht anwendbar.

686 Nach *§ 25b Abs. 1 Satz 1 Nr. 4 UStG* liegt ein innergemeinschaftliches Dreiecksgeschäft nur dann vor, wenn der Liefergegenstand durch den *ersten Lieferer* oder den *ersten Abnehmer* befördert oder versendet wird. Dies gilt für den ersten Abnehmer allerdings nur dann, wenn er in seiner Eigenschaft als Abnehmer befördert oder versendet, d. h., die Beförderung oder Versendung der Lieferung an ihn zugeordnet wird. Wird die Beförderung oder Versendung dagegen dem ersten Abnehmer (mittlerer Unternehmer) zugeordnet, weil er in seiner Eigenschaft als Lieferer auftritt, liegt kein innergemeinschaftliches Dreiecksgeschäft vor. In den Fällen, in denen der letzte Abnehmer den Gegenstand selbst *abholt* oder durch einen Beauftragten abholen lässt, kommt die Regelung des § 25b UStG nicht zur Anwendung.

c) Auswirkungen

(1) Beim ersten Lieferer

687 Bei dem Vorliegen eines innergemeinschaftlichen Dreiecksgeschäfts werden grundsätzlich *folgende Umsätze* ausgeführt:
- eine innergemeinschaftliche Lieferung des ersten Lieferers in dem Mitgliedstaat, in dem die Beförderung oder Versendung des Gegenstandes beginnt,
- ein innergemeinschaftlicher Erwerb des ersten Abnehmers in dem Mitgliedstaat, in dem die Beförderung oder Versendung des Gegenstandes endet,
- ein innergemeinschaftlicher Erwerb des ersten Abnehmers in dem Mitgliedstaat, der dem ersten Abnehmer die von ihm verwendete Umsatzsteuer-Identifikationsnummer erteilt hat,
- eine Lieferung des ersten Abnehmers in dem Mitgliedstaat, in dem die Beförderung oder Versendung des Gegenstandes endet.

Die Lieferung des ersten Lieferers an den ersten Abnehmer wird entsprechend § 3 Abs. 6 Satz 1 UStG dort ausgeführt, wo die Beförderung oder Versendung des Gegenstandes *beginnt*. Unter den weiteren Voraussetzungen liegt *eine innergemeinschaftliche Lieferung* entsprechend § 6a UStG vor, die steuerfrei ist. Der erste Lieferer ist zur Ausstellung einer Rechnung i. S. der §§ 14, 14a UStG verpflichtet. Diese innergemeinschaftliche Lieferung ist auch in der *Zusammenfassenden Meldung* anzugeben.

(2) Beim ersten Abnehmer

688 Der erste Abnehmer tritt zum einen als *Erwerber* und zum anderen als *Lieferer* in Erscheinung.

Der erste Abnehmer führt einen *innergemeinschaftlichen Erwerb in zwei Mitgliedstaaten* aus. Ein innergemeinschaftlicher Erwerb wird gem. *§ 3d Satz 1 UStG* in dem Mitgliedstaat bewirkt, in dem sich der Gegenstand der Lieferung am Ende der Beförderung oder Versendung befindet. Da der erste Abnehmer in den Fällen eines innergemeinschaftlichen Dreiecksgeschäfts aber gegenüber dem Lieferer nicht die Umsatzsteuer-Identifikationsnummer des Bestimmungslandes, sondern im Regelfall die seines Wohnsitzstaates verwendet hat, gilt der Erwerb gem. *§ 3d Satz 2 UStG* auch in dem Mitgliedstaat, dessen Umsatzsteuer-Identifikationsnummer er verwendet, als bewirkt.

Der innergemeinschaftliche Erwerb des ersten Abnehmers gilt nach der gesetzlichen Regelung des *§ 25b Abs. 3 UStG* als besteuert, wenn die Voraussetzungen des § 25b Abs. 2 UStG vorliegen, d. h., wenn die Steuer für die Lieferung an den letzten Abnehmer auf diesen übergeht. Diese *fiktive Besteuerung* des innergemeinschaftlichen Erwerbs beim ersten Abnehmer gilt für die Erwerbsbesteuerung in dem Mitgliedstaat, in dem die Beförderung oder Versendung endet, und zugleich auch für die Beurteilung einer Erwerbsbesteuerung in dem Mitgliedstaat, unter dessen Umsatzsteuer-Identifikationsnummer der erste Abnehmer auftritt.

Die *Lieferung* des ersten Abnehmers an den letzten Abnehmer wird entsprechend § 3 Abs. 7 Satz 2 Nr. 2 UStG dort ausgeführt, wo die Beförderung oder Versendung des Gegenstandes endet. Die *Steuerschuldnerschaft* wechselt für diesen Umsatz unter den Voraussetzungen des § 25b Abs. 2 UStG vom ersten Abnehmer auf den letzten Abnehmer. Der erste Abnehmer muss eine *Rechnung* i. S. des § 14a Abs. 7 UStG ausstellen. Neben den Angaben nach § 14 Abs. 4 UStG sind in der Rechnung des ersten Abnehmers danach folgende *zusätzliche Angaben* erforderlich:

▶ ein Hinweis auf das Vorliegen eines innergemeinschaftlichen Dreiecksgeschäfts, z. B. „innergemeinschaftliches Dreiecksgeschäft nach § 25b UStG" oder „Vereinfachungsregelung nach Artikel 141 der Mehrwertsteuer-Systemrichtlinie",
▶ ein Hinweis auf die Steuerschuld des letzten Abnehmers,
▶ die Angabe der Umsatzsteuer-Identifikationsnummer des ersten Abnehmers und
▶ die Angabe der Umsatzsteuer-Identifikationsnummer des letzten Abnehmers.

Außerdem muss der erste Abnehmer die Lieferung in seiner *Zusammenfassenden Meldung* aufnehmen und hierbei in der Spalte 3 des Vordrucks eine „2" eintragen.

(3) Beim letzten Abnehmer

Der letzte Abnehmer hat *keinen* innergemeinschaftlichen Erwerb zu versteuern. 689

Der letzte Abnehmer schuldet aber gem. *§ 25b Abs. 2 UStG* die Steuer für die an ihn ausgeführte Lieferung, wenn die folgenden Voraussetzungen vorliegen:

▶ der Lieferung ist ein innergemeinschaftlicher Erwerb vorausgegangen,
▶ der erste Abnehmer ist in dem Mitgliedstaat, in dem die Beförderung oder Versendung endet, nicht ansässig und er verwendet gegenüber dem ersten Lieferer und dem letzten Abnehmer dieselbe Umsatzsteuer-Identifikationsnummer, die ihm von einem anderen Mitgliedstaat erteilt worden ist als dem, in dem die Beförderung oder Versendung beginnt oder endet,
▶ der erste Abnehmer erteilt dem letzten Abnehmer eine Rechnung i. S. des § 14a Abs. 7 UStG, in der die Steuer nicht gesondert ausgewiesen ist,
▶ der letzte Abnehmer verwendet eine Umsatzsteuer-Identifikationsnummer des Mitgliedstaates, in dem die Beförderung oder Versendung endet.

Liegen die Voraussetzungen vor, ist die Übertragung der Steuerschuld auf den letzten Abnehmer *zwingend* vorgeschrieben. Durch die Übertragung der Steuerschuld wird der letzte Abnehmer gem. § 13a Abs. 1 Nr. 5 UStG *Steuerschuldner* für die an ihn ausgeführte Lieferung.

Bemessungsgrundlage für diese Lieferung ist gem. § 10 Abs. 1 UStG das Entgelt. Gemäß § 25b Abs. 4 UStG gilt für die Berechnung der geschuldeten Steuer abweichend von § 10 Abs. 1 UStG die Gegenleistung als Entgelt. Der vom ersten Abnehmer in der Rechnung ausgewiesene Rechnungsbetrag wird als Nettobetrag angesetzt, auf den die USt aufzuschlagen ist.

Unter den weiteren Voraussetzungen des § 15 UStG ist der letzte Abnehmer, der Schuldner der USt ist, gem. § 25b Abs. 5 UStG zum Vorsteuerabzug berechtigt. Eine Rechnung mit gesondertem Ausweis der Steuer ist nicht erforderlich.

BEISPIEL: Unternehmer D in Deutschland bestellt bei dem Unternehmer I in Italien eine Ware, die dieser nicht vorrätig hat. I bestellt seinerseits die Ware bei dem Unternehmer F in Frankreich. Vereinbarungsgemäß transportiert F die Ware mit eigenem Lkw von Frankreich unmittelbar nach Deutschland zu D. Alle Beteiligten sind unter der Umsatzsteuer-Identifikationsnummer ihres Wohnsitzstaates aufgetreten. Ordnungsgemäße Rechnungen sind erteilt worden.

Es liegt ein innergemeinschaftliches Dreiecksgeschäft i. S. des § 25b Abs. 1 UStG vor; denn

- drei Unternehmer (F, I, D) schließen über denselben Gegenstand Umsatzgeschäfte ab und erfüllen diese Geschäfte dadurch, dass der Gegenstand unmittelbar vom ersten Lieferer (F) an den letzten Abnehmer (D) gelangt,
- die Unternehmer F, I und D sind in jeweils verschiedenen Mitgliedstaaten (Frankreich, Italien, Deutschland) für Zwecke der USt erfasst,
- der Gegenstand der Lieferung gelangt aus dem Gebiet eines Mitgliedstaates (Frankreich) in das Gebiet eines anderen Mitgliedstaates (Deutschland),
- der Gegenstand der Lieferung wird durch den ersten Lieferer F befördert.

Die Lieferung des F an I wird entsprechend § 3 Abs. 6 Satz 5 UStG i. V. mit § 3 Abs. 6 Satz 1 UStG am Beginn der Beförderung, d. h., in Frankreich, ausgeführt. Die Lieferung ist als innergemeinschaftliche Lieferung (entsprechend § 6a Abs. 1 UStG) in Frankreich steuerbar und steuerfrei.

I unterliegt unter Berücksichtigung des § 3d Satz 1 UStG und des § 3d Satz 2 UStG in Italien und in Deutschland der Erwerbsbesteuerung. Dieser Erwerb gilt gem. § 25b Abs. 3 UStG als besteuert, da die Steuer für die Lieferung des I an den letzten Abnehmer D von diesem gem. § 25b Abs. 2 UStG geschuldet wird; denn

- der Lieferung des I an den D ist ein innergemeinschaftlicher Erwerb (durch I) vorausgegangen,
- der erste Abnehmer I ist in dem Mitgliedstaat, in dem die Beförderung endet (Deutschland) nicht ansässig und I verwendet gegenüber dem ersten Lieferer F und dem letzten Abnehmer D dieselbe Umsatzsteuer-Identifikationsnummer, die ihm von einem anderen Mitgliedstaat (Italien) erteilt worden ist als dem, in dem die Beförderung beginnt (Frankreich) oder endet (Deutschland),
- der erste Abnehmer I erteilt dem letzten Abnehmer D eine Rechnung i. S. des § 14a Abs. 7 UStG, in der die Steuer nicht gesondert ausgewiesen ist, und
- der letzte Abnehmer D verwendet eine Umsatzsteuer-Identifikationsnummer des Mitgliedstaates, in dem die Beförderung endet (Deutschland).

I muss in Italien den Umsatz in der Zusammenfassenden Meldung (in seiner *european sales tax list*) angeben.

Die Lieferung des I an den D wird gem. § 3 Abs. 7 Satz 2 Nr. 2 UStG in Deutschland ausgeführt, da in Deutschland die Beförderung endet. Schuldner der USt für diese Lieferung ist gem. § 25b Abs. 2 UStG i.V. mit § 13a Abs. 1 Nr. 5 UStG der letzte Abnehmer D. D ist gem. § 25b Abs. 5 UStG unter den weiteren Voraussetzungen des § 15 UStG berechtigt, die geschuldete USt als Vorsteuer abzuziehen.

(4) Aufzeichnungspflicht

Neben den allgemeinen Aufzeichnungspflichten nach § 22 UStG sind gem. *§ 25b Abs. 6 UStG* bei innergemeinschaftlichen Dreiecksgeschäften vom ersten Abnehmer und vom letzten Abnehmer *zusätzliche Aufzeichnungspflichten* zu erfüllen. 690

II. Fiskalvertreter

Voraussetzungen für die Anwendung der Fiskalvertreterregelung sind gem. *§ 22a Abs. 1 UStG*: 691

- Unternehmer ohne Wohnsitz, Sitz, Geschäftsleitung und Zweigniederlassung im Inland und in einem der in § 1 Abs. 3 UStG genannten Gebiete (insbesondere Freihäfen),
- Ausführung ausschließlich steuerfreier Umsätze im Inland,
- kein Abzug von Vorsteuerbeträgen.

Dem Unternehmer ist bei Vorliegen der Voraussetzungen *freigestellt*, ob er einen Fiskalvertreter beauftragt. Eine Pflicht zur Einschaltung eines Fiskalvertreters besteht nicht. Der Fiskalvertreter vertritt den ausländischen Unternehmer gegenüber der deutschen Finanzverwaltung.

(Einstweilen frei) 692–701

III. Steuervergütung

1. Allgemeines

Sinn und Zweck des *§ 4a UStG* ist es, den begünstigten (meist gemeinnützigen) Körperschaften in bestimmten Fällen eine Entlastung von der USt zu gewähren. Die begünstigten Körperschaften haben bei der Anschaffung der Gegenstände *keinen Vorsteuerabzug*. Werden die Gegenstände in das Drittlandsgebiet verbracht, wird die Vorsteuer vergütet. Dadurch werden die Körperschaften insoweit den Unternehmern gleichgestellt, die die Vorsteuerbeträge bezüglich der Gegenstände, die steuerfrei ausgeführt werden, abziehen können. Eine Vergütung der USt ist *ausgeschlossen*, wenn der Vergütungsberechtigte die Gegenstände vor der Ausfuhr in das Drittland im Inland genutzt hat. Näheres regelt Abschn. 4a.1 ff. UStAE. 702

(Einstweilen frei) 703–706

IV. Kleinunternehmer

707 Gemäß *§ 19 Abs. 1 UStG* wird die für Umsätze i. S. des § 1 Abs. 1 Nr. 1 UStG geschuldete USt von Unternehmern nicht erhoben, die im Inland oder in den in § 1 Abs. 3 UStG bezeichneten Gebieten ansässig sind, wenn der in § 19 Abs. 1 Satz 2 UStG bezeichnete Umsatz zzgl. der darauf entfallenden Steuer im vorangegangenen Kalenderjahr *17 500 €* nicht überstiegen hat und im laufenden Kalenderjahr *50 000 €* voraussichtlich nicht übersteigen wird. § 19 Abs. 1 UStG ist auf Umsätze i. S. des § 1 Abs. 1 Nr. 4 UStG (Einfuhr) und § 1 Abs. 1 Nr. 5 UStG (innergemeinschaftlicher Erwerb) nicht anwendbar. § 19 Abs. 1 Satz 1 UStG gilt auch nicht für die nach § 13a Abs. 1 Nr. 6 UStG, § 13b Abs. 5 UStG, § 14c Abs. 2 UStG und § 25b Abs. 2 UStG geschuldete Steuer.

708 *Tatbestandsmerkmale* des § 19 Abs. 1 Satz 1 UStG sind:

- Unternehmer,
- im Inland ansässig,
- Umsatz zzgl. Steuer im vorangegangenen Kalenderjahr kleiner oder gleich 17 500 €,
- Umsatz zzgl. Steuer im laufenden Kalenderjahr voraussichtlich kleiner oder gleich 50 000 €.

Bei der *Grenze* von *50 000 €* ist auf den *voraussichtlichen Umsatz* abzustellen. Maßgebend sind die Verhältnisse zu Beginn des laufenden Kalenderjahres. Ein späteres Überschreiten der Grenze ist unschädlich. Dies gilt auch, wenn der Unternehmer in diesem Jahr sein Unternehmen erweitert.

BEISPIELE:

1. Unternehmer A mit Sitz in Davos erzielte im Jahre 08 einen Umsatz zzgl. Steuer i. H. von 5 000 €. Für 09 rechnet er mit einem Umsatz zzgl. Steuer i. H. von 15 000 €.

   A ist kein Kleinunternehmer i. S. des § 19 Abs. 1 Satz 1 UStG, da er nicht im Inland ansässig ist. Auf die Höhe des Umsatzes kommt es nicht an.

2. Unternehmer B mit Sitz in Hannover erzielte im Jahre 08 einen Umsatz i. H. von 16 000 €; hierauf entfiel eine USt i. H. von 3 040 €. Für 09 rechnet er mit einem Umsatz zzgl. Steuer i. H. von 30 000 €.

   B ist kein Kleinunternehmer im Jahre 09, da der Vorjahresumsatz zzgl. Steuer die Grenze von 17 500 € überschritten hat.

3. Unternehmer C mit Sitz in Münster erzielte im Jahre 08 einen Umsatz zzgl. Steuer i. H. von 10 000 €. Für 09 rechnete er mit einem Umsatz zzgl. Steuer i. H. von 40 000 €. Im Juli 09 zeichnet sich ab, dass der tatsächliche Umsatz zzgl. Steuer für 09 mehr als 50 000 € betragen wird.

   C ist im gesamten Jahr 09 Kleinunternehmer i. S. des § 19 Abs. 1 Satz 1 UStG. Abzustellen ist auf den voraussichtlichen Umsatz zzgl. Steuer zu Beginn des Jahres und nicht auf den tatsächlich erzielten Umsatz des laufenden Jahres.

709 *Umsatz* ist der nach vereinnahmten Entgelten bemessene Gesamtumsatz, gekürzt um die darin enthaltenen Umsätze von Wirtschaftsgütern des Anlagevermögens (§ 19 Abs. 1 Satz 2 UStG). *Gesamtumsatz* ist die Summe der steuerbaren Umsätze i. S. des § 1 Abs. 1 Nr. 1 UStG abzüglich folgender Umsätze:

- der Umsätze, die nach § 4 Nr. 8 Buchst. i, Nr. 9 Buchst. b und Nr. 11 bis 28 UStG steuerfrei sind;

- der Umsätze, die nach § 4 Nr. 8 Buchst. a bis h, Nr. 9 Buchst. a und Nr. 10 UStG steuerfrei sind, wenn sie Hilfsumsätze sind.

Zum Gesamtumsatz gehören auch die Umsätze, für die ein Anderer als Leistungsempfänger Steuerschuldner nach § 13b Abs. 5 UStG ist.

Berechnungsschema:

Summe der steuerbaren Umsätze nach § 1 Abs. 1 Nr. 1 UStG

./. bestimmte steuerfreie Umsätze

./. bestimmte steuerfreie Hilfsumsätze

= Gesamtumsatz nach § 19 Abs. 3 UStG

+ Umrechnung auf vereinnahmte Entgelte (Forderungen)

./. Umsätze von Wirtschaftsgütern des Anlagevermögens

= Umsatz nach § 19 Abs. 1 Satz 2 UStG

+ darauf entfallende Steuer

= maßgebender Umsatz nach § 19 Abs. 1 Satz 1 UStG

Hat der Unternehmer seine gewerbliche oder berufliche Tätigkeit nur in einem *Teil des Kalenderjahres* ausgeübt, so ist der tatsächliche Gesamtumsatz in einen *Jahresgesamtumsatz* umzurechnen. Angefangene Kalendermonate sind bei der Umrechnung als volle Kalendermonate zu behandeln, es sei denn, dass die Umrechnung nach Tagen zu einem niedrigeren Jahresgesamtumsatz führt. Nimmt der Unternehmer seine gewerbliche oder berufliche Tätigkeit im Laufe eines Kalenderjahres neu auf, so ist in diesen Fällen allein auf den voraussichtlichen Umsatz des laufenden Kalenderjahres abzustellen. Bei der Umrechnung des tatsächlichen Gesamtumsatzes in einen Jahresgesamtumsatz ist das Kalenderjahr in den Zeitraum bis zum Beginn des Unternehmens und den Zeitraum danach aufzuteilen.

BEISPIEL: A ist Unternehmer mit Sitz in Hannover. Er übt seine gewerbliche Tätigkeit seit dem 10.5.09 aus. In der Zeit vom 10.5.09 bis 31.12.09 rechnet er mit einem Umsatz zzgl. Steuer i. S. des § 19 Abs. 1 Satz 2 UStG von 10 000 €.

A ist im Jahre 09 Kleinunternehmer. Der Umsatz ist in einen Jahresgesamtumsatz umzurechnen. Danach ergibt sich für 09 ein voraussichtlicher Umsatz zzgl. Steuer von 10 000 € × $^{12}/_{8}$ = 15 000 €. Da die Grenze von 17 500 € nicht überschritten wird, kommt im Jahre 09 für A die Kleinunternehmerregelung zur Anwendung.

Bei der Inanspruchnahme der Kleinunternehmerregelung finden folgende Vorschriften *keine* Anwendung:

- Steuerbefreiung der innergemeinschaftlichen Lieferungen (§ 4 Nr. 1 Buchst. b UStG, § 6a UStG),
- Verzicht auf Steuerbefreiungen (§ 9 UStG),
- gesonderter Ausweis der Steuer in einer Rechnung (§ 14 Abs. 4 UStG),
- Angabe der Umsatzsteuer-Identifikationsnummer in einer Rechnung (§ 14a Abs. 1, 3 und 7 UStG),
- Vorsteuerabzug (§ 15 UStG).

712   Der Unternehmer kann gem. *§ 19 Abs. 2 UStG* dem Finanzamt bis zur Unanfechtbarkeit der Steuerfestsetzung erklären, dass er auf die Anwendung des § 19 Abs. 1 UStG verzichtet. Er unterliegt dann der Besteuerung nach den allgemeinen Vorschriften des UStG. Nach Eintritt der Unanfechtbarkeit der Steuerfestsetzung bindet die Erklärung den Unternehmer mindestens für *5 Kalenderjahre*. Sie kann nur mit Wirkung vom Beginn eines Kalenderjahres an widerrufen werden. Der Widerruf ist spätestens bis zur Unanfechtbarkeit der Steuerfestsetzung des Kalenderjahres, für das er gelten soll, zu erklären.

Die *Option* nach § 19 Abs. 2 UStG erfordert keine formgebundene Erklärung des Unternehmers. Berechnet der Unternehmer in den USt-Voranmeldungen oder in der USt-Jahreserklärung die Steuer nach den allgemeinen Vorschriften des UStG, so gilt das als Option zur Regelbesteuerung

Vor Eintritt der Unanfechtbarkeit der Steuerfestsetzung kann der Unternehmer die Erklärung mit Wirkung für die Vergangenheit *zurücknehmen*. Nimmt der Unternehmer die Erklärung zurück, so kann er die Rechnungen, in denen er die USt gesondert ausgewiesen hat, in entsprechender Anwendung des *§ 14c Abs. 1 Satz 2 UStG* berichtigen (UStAE 19.2 Abs. 2).

V. Durchschnittssätze

1. Allgemeine Durchschnittssätze

713   Nach *§ 23 UStG* kann das Bundesministerium der Finanzen mit Zustimmung des Bundesrates zur Vereinfachung des Besteuerungsverfahrens für Gruppen von Unternehmern, bei denen hinsichtlich der Besteuerungsgrundlagen annähernd gleiche Verhältnisse vorliegen und die nicht verpflichtet sind, Bücher zu führen und aufgrund jährlicher Bestandsaufnahmen regelmäßig Abschlüsse zu machen, durch Rechtsverordnung Durchschnittssätze festsetzen für

▶ die nach § 15 UStG abziehbaren Vorsteuerbeträge oder die Grundlagen ihrer Berechnung

oder

▶ die zu entrichtende Steuer oder die Grundlagen ihrer Berechnung.

2. Durchschnittssatz gem. § 23a UStG

714   Zur Berechnung der abziehbaren *Vorsteuerbeträge* wird für Körperschaften, Personenvereinigungen und Vermögensmassen i. S. des § 5 Abs. 1 Nr. 9 KStG, die nicht verpflichtet sind, Bücher zu führen und aufgrund jährlicher Bestandsaufnahmen regelmäßig Abschlüsse zu machen, ein Durchschnittssatz von *7 %* des steuerpflichtigen Umsatzes, mit Ausnahme der Einfuhr und des innergemeinschaftlichen Erwerbs, festgesetzt. Ein weiterer Vorsteuerabzug ist ausgeschlossen.

3. Durchschnittssätze für land- und forstwirtschaftliche Betriebe

Für die im Rahmen eines land- und forstwirtschaftlichen Betriebes ausgeführten Umsätze wird die Steuer gem. *§ 24 Abs. 1 Satz 1 UStG* wie folgt festgesetzt:

▶ für die Lieferungen von forstwirtschaftlichen Erzeugnissen, ausgenommen Sägewerkserzeugnisse, auf 5,5 %,

▶ für die Lieferungen der in der Anlage nicht aufgeführten Sägewerkserzeugnisse und Getränke sowie von alkoholischen Flüssigkeiten, ausgenommen die Lieferungen in das Ausland und die im Ausland bewirkten Umsätze, und für sonstige Leistungen, soweit in der Anlage 2 nicht aufgeführte Getränke abgegeben werden, auf 19 %,

▶ für die übrigen Umsätze i. S. des § 1 Abs. 1 Nr. 1 bis 3 UStG auf 10,7 %

der Bemessungsgrundlage.

Die Steuersätze von 5,5 %, 19 % und 10,7 % sind durch das *Haushaltsbegleitgesetz 2006* mit Wirkung ab dem 1.1.2007 eingeführt worden.

(Einstweilen frei) 716–719

715

VI. Reiseleistungen

§ 25 UStG enthält Regelungen zur Besteuerung von Reiseleistungen. § 25 UStG gilt für *alle Unternehmer*, die Reiseleistungen erbringen, ohne Rücksicht darauf, ob dies allein Gegenstand des Unternehmens ist. Die Vorschrift hat besondere Bedeutung für die Veranstalter von Pauschalreisen. Eine Reiseleistung liegt auch vor, wenn der Unternehmer nur eine Leistung – wie z. B. die Weitervermietung von Ferienwohnungen ohne Anreise und Verpflegung – erbringt.

720

Voraussetzungen für die Anwendung des § 25 UStG sind:

▶ Es muss ein Unternehmer i. S. des § 2 UStG vorhanden sein.

▶ Die Leistung darf nicht für das Unternehmen des Leistungsempfängers bestimmt sein.

▶ Der Unternehmer muss gegenüber dem Leistungsempfänger im eigenen Namen auftreten.

▶ Der Unternehmer muss Reisevorleistungen in Anspruch nehmen. Reisevorleistungen sind Lieferungen und sonstige Leistungen Dritter, die den Reisenden unmittelbar zugute kommen.

Als *Reiseleistungen* sind insbesondere anzusehen:

721

▶ Beförderung zu den einzelnen Reisezielen,

▶ Unterbringung und Verpflegung,

▶ Betreuung durch Reiseleiter,

▶ Durchführung von Veranstaltungen.

§ 25 Abs. 1 UStG gilt nicht, soweit der Unternehmer Reiseleistungen durch *Einsatz eigener Mittel* – z. B. eigene Beförderungsmittel, eigenes Hotel, Betreuung durch angestellte

Reiseleiter – erbringt. In diesem Fall gelten für die *Eigenleistungen* die allgemeinen umsatzsteuerrechtlichen Vorschriften.

722 Die steuerbare sonstige Leistung ist gem. § 25 Abs. 2 UStG *steuerfrei*, soweit die ihr zuzurechnenden Reisevorleistungen im *Drittlandsgebiet* bewirkt werden. Die Voraussetzung der Steuerbefreiung muss vom Unternehmer nachgewiesen sein. Werden die Reisevorleistungen nur zum Teil im Drittlandsgebiet, im Übrigen aber im Gemeinschaftsgebiet erbracht, so ist die Reiseleistung nur insoweit steuerfrei, als die Reisevorleistungen auf das Drittlandsgebiet entfallen.

723 Im Falle der Anwendung des § 25 UStG bemisst sich die sonstige Leistung nach dem *Unterschied* zwischen dem Betrag, den der Leistungsempfänger aufwendet, um die Leistung zu erhalten, und dem Betrag, den der Unternehmer für die Reisevorleistungen aufwendet. Die USt gehört nicht zur Bemessungsgrundlage. Der Besteuerung wird somit nur die *Marge* unterworfen. Der Unternehmer kann die Bemessungsgrundlage statt für jede einzelne Leistung entweder für Gruppen von Leistungen oder für die gesamten innerhalb des Besteuerungszeitraums erbrachten Leistungen ermitteln.

Abweichend von § 15 Abs. 1 UStG ist der Unternehmer, der die Besteuerung nach § 25 UStG durchführt, nicht berechtigt, die ihm für die Reisevorleistungen gesondert in Rechnung gestellten Steuerbeträge als *Vorsteuer* abzuziehen. Im Übrigen bleibt § 15 UStG unberührt.

VII. Differenzbesteuerung

724 *§ 25a UStG* enthält eine Sonderregelung für die Besteuerung der Lieferungen nach § 1 Abs. 1 Nr. 1 UStG von *beweglichen körperlichen Gegenständen* einschließlich Kunstgegenständen, Sammlungsstücken und Antiquitäten, sofern für diese Gegenstände kein Recht zum Vorsteuerabzug bestand.

Voraussetzung für die Anwendung der Differenzbesteuerung gem. § 25a UStG ist, dass der Unternehmer ein „Wiederverkäufer" ist.

Wiederverkäufer ist, wer gewerbsmäßig mit beweglichen körperlichen Gegenständen handelt oder solche Gegenstände im eigenen Namen öffentlich versteigert. Die Versteigerung kann dabei auf eigene oder auf fremde Rechnung erfolgen. Der An- und Verkauf der Gebrauchtgegenstände muss nicht alleiniger Unternehmenszweck sein; er kann auch Teil- oder Nebenzweck des Unternehmens sein.

BEISPIEL: ▶ Ein Kreditinstitut veräußert die von Privatpersonen sicherungsübereigneten Gebrauchtgegenstände.

Das Kreditinstitut ist insoweit als Wiederverkäufer anzusehen und unterliegt der Differenzbesteuerung des § 25a UStG.

§ 25a UStG regelt die Einzelheiten einer Differenzbesteuerung, bei der – abweichend vom allgemeinen Entgeltbegriff des § 10 UStG – nur der *Unterschiedsbetrag* zwischen dem Einkaufspreis und dem Verkaufspreis einer Ware der Besteuerung zugrunde gelegt wird.

Im Hinblick auf *Kunstgegenstände*, *Sammlungsstücke* und *Antiquitäten*, die der Unternehmer selbst eingeführt hat, bzw. *Kunstgegenstände*, wenn die Lieferung an ihn steuerpflichtig war und nicht von einem Wiederverkäufer ausgeführt wurde, steht dem Unternehmer ein *Wahlrecht* gem. § 25a Abs. 2 UStG zu. Er *kann* die Differenzbesteuerung auch auf diese Gegenstände anwenden. Will er hiervon Gebrauch machen, dann muss er dies in seiner ersten Voranmeldung für das Kalenderjahr dem Finanzamt mitteilen. An eine derartige Erklärung ist er für mindestens *zwei Kalenderjahre* gebunden.

Voraussetzung für die Anwendung der Differenzbesteuerung gem. § 25a UStG ist: 725

▶ der Unternehmer ist ein Wiederverkäufer (§ 25a Abs. 1 Nr. 1 UStG)

Wiederverkäufer ist, wer gewerbsmäßig mit beweglichen körperlichen Gegenständen handelt oder solche Gegenstände im eigenen Namen öffentlich versteigert. Die Versteigerung kann dabei auf eigene oder auf fremde Rechnung erfolgen. Der An- und Verkauf der Gebrauchtgegenstände muss nicht alleiniger Unternehmenszweck sein; er kann auch Teil- oder Nebenzweck des Unternehmens sein.

BEISPIEL: ▶ Ein Kreditinstitut veräußert die von Privatpersonen sicherungsübereigneten Gebrauchtgegenstände.

Das Kreditinstitut ist insoweit als Wiederverkäufer anzusehen und unterliegt der Differenzbesteuerung des § 25a UStG.

▶ Lieferung an den Wiederverkäufer im Gemeinschaftsgebiet (§ 25a Abs. 1 Nr. 2 UStG)

Der Lieferort für die Lieferung *an* den Wiederverkäufer muss im Inland oder im übrigen Gemeinschaftsgebiet liegen. Wird die Lieferung im Drittlandsgebiet ausgeführt, dann kommt die Differenzbesteuerung grundsätzlich nicht in Betracht. Eine Ausnahme gilt in den Fällen des § 25a Abs. 2 Satz 1 Nr. 1 UStG.

BEISPIEL: ▶ Der Wiederverkäufer erwirbt in der Schweiz von einer Privatperson einen gebrauchten Pkw und führt diesen in das Inland ein.

Für den Weiterverkauf des Pkw kann die Differenzbesteuerung nicht in Anspruch genommen werden, da der Pkw nicht im Gemeinschaftsgebiet an den Wiederverkäufer geliefert wurde. Der Wiederverkäufer muss seine Lieferung der USt unterwerfen und kann bei Vorliegen der weiteren Voraussetzungen die EUSt als Vorsteuer abziehen. Die Ausnahme des § 25a Abs. 2 Nr. 1 UStG gilt nur für Kunstwerke und Antiquitäten.

▶ für die Lieferung an den Wiederverkäufer im Gemeinschaftsgebiet wurde USt nicht geschuldet, nicht erhoben oder es wurde die Differenzbesteuerung vorgenommen

Der Wiederverkäufer kann die Differenzbesteuerung danach anwenden, wenn er den Gegenstand erworben hat von

– einer Privatperson,

– einer juristischen Person des öffentlichen Rechts, die nicht Unternehmer ist,

– einem Unternehmer aus dessen nichtunternehmerischen Bereich,

– einem Unternehmer, der mit seiner Lieferung unter eine Steuerbefreiung fällt, die zum Ausschluss vom Vorsteuerabzug führt,

– einem Kleinunternehmer,

– einem anderen Wiederverkäufer, der auf die Lieferung die Differenzbesteuerung angewendet hat.

▶ die Gegenstände sind keine Edelsteine oder Edelmetalle (§ 25a Abs. 1 Nr. 3 UStG)

Aus Edelsteinen oder Edelmetallen hergestellte Gegenstände (z. B. *Schmuckwaren*) fallen nicht unter die Ausnahmeregelung, d. h., die Differenzbesteuerung ist insoweit anzuwenden.

726 Bemessungsgrundlage für den Umsatz ist bei Lieferungen die Differenz zwischen dem *Verkaufspreis* und dem *Einkaufspreis*. Bei Lieferungen i. S. des § 3 Abs. 1b UStG und in den Fällen der Mindestbemessungsgrundlage des § 10 Abs. 5 UStG tritt an die Stelle des Verkaufspreises der Wert nach § 10 Abs. 4 Satz 1 Nr. 1 UStG. Die USt gehört nicht zur Bemessungsgrundlage (§ 25a Abs. 3 UStG). Lässt sich der Einkaufspreis eines Kunstgegenstands (vgl. Anlage 2 Nr. 53 zum UStG) nicht ermitteln oder ist der Einkaufspreis unbedeutend, wird der Betrag, nach dem sich der Umsatz bemisst, mit 30 % des Verkaufspreises angesetzt (§ 25a Abs. 3 Satz 2 UStG).

Nebenkosten, die nach dem Erwerb des Gegenstandes angefallen sind, wie z. B. Reparaturkosten, mindern nicht die Bemessungsgrundlage.

BEISPIEL: ▶ Unternehmer A betreibt in Münster einen Second-Hand-Laden. Er kaufte von der Privatperson P eine gebrauchte Waschmaschine für 500 €. Diese gebrauchte Waschmaschine veräußerte er zu einem Preis von 650 € an den Käufer K, der die Waschmaschine in Münster abholte und den Kaufpreis in bar bezahlte. Ein Verzicht auf die Anwendung der Differenzbesteuerung ist von A nicht erklärt worden und die Anwendung der Gesamtdifferenzregelung des § 25a Abs. 4 UStG kommt für A nicht in Betracht.

Der Umsatz ist steuerbar gem. § 1 Abs. 1 Nr. 1 Satz 1 UStG. § 25a Abs. 1 UStG kommt zur Anwendung; denn

▶ A ist ein Wiederverkäufer,

▶ für die Lieferung an A im Inland wird USt nicht geschuldet, da die Lieferung von einer Privatperson durchgeführt wurde,

▶ es handelt sich nicht um Edelsteine oder Edelmetalle.

Der Steuersatz beträgt 19 % Bemessungsgrundlage für den Umsatz ist die Differenz zwischen dem Verkaufspreis (650 €) und dem Einkaufspreis (500 €); die USt gehört nicht zur Bemessungsgrundlage. Es ergibt sich somit eine Bemessungsgrundlage von 126,05 € (150 € : 1,19) und eine USt i. H. von 23,95 €.

727 In den Fällen der *Inzahlungnahme* ist im Rahmen der Differenzbesteuerung als Einkaufspreis der *tatsächliche Wert* des Gebrauchtgegenstandes anzusehen. Besonderheiten gelten in den Fällen eines verdeckten Preisnachlasses.

BEISPIEL: ▶ Bei dem Verkauf eines Neufahrzeugs nimmt der Kfz-Händler ein gebrauchtes Fahrzeug in Zahlung. Das Gebrauchtfahrzeug des Privatkunden wird mit 8 500 € in Zahlung genommen. Der tatsächliche Wert beträgt 8 000 €. Der Kfz-Händler veräußert den Pkw für 10 000 €. Bei der Bemessungsgrundlage für den Verkauf des Neufahrzeugs wurde der verdeckte Preisnachlass berücksichtigt, d. h., das Gebrauchtfahrzeug wurde mit 8 000 € berücksichtigt.

Die Bemessungsgrundlage für den Verkauf des gebrauchten Fahrzeugs beträgt 2 000 € : 1,19 = 1 680,67 €. Es entsteht eine USt i. H. von 319,33 €.

Nach Abschn. 25a.1 Abs. 10 Satz 4 UStAE ist auch folgende Abwicklung möglich: Wenn die Höhe der Entgeltsminderung nicht nachgewiesen und das Neuwagenentgelt nicht um einen verdeckten Preisnachlass gemindert wird, kann im Rahmen der Differenzbesteuerung der Betrag als Einkaufspreis für das Gebrauchtfahrzeug angesetzt werden, mit dem dieses in Zahlung genommen wird. Auf das Beispiel in Abschn. 25a.1 Abs. 10 UStAE wird insoweit verwiesen.

Für jeden Gegenstand ist grundsätzlich die *Einzeldifferenz* zu ermitteln; ein Ausgleich zwischen positiven und negativen Differenzen ist nicht möglich. Bei einem negativen Unterschiedsbetrag beträgt die Bemessungsgrundlage 0 €. Eine Ausnahme von dem Gebot der Einzeldifferenz enthält § 25a Abs. 4 UStG. Danach kann bei Gegenständen, deren Einkaufspreis 500 € nicht übersteigt, die *Gesamtdifferenz* angesetzt werden. Die Gesamtdifferenz kann nur einheitlich für die gesamten innerhalb eines Besteuerungszeitraums ausgeführten Umsätze ermittelt werden, die sich auf Gegenstände mit Einkaufspreisen bis zu 500 € beziehen. Im Falle der Anwendung der Gesamtdifferenz können innerhalb des Besteuerungszeitraums negative und positive Gesamtdifferenzen einzelner Voranmeldungszeiträume *verrechnet* werden (Abschn. 25a.1 Abs. 13 Satz 7 UStAE). 728

Der *Steuersatz* beträgt gem. § 25a Abs. 5 UStG 19%. Dies gilt auch für solche Gegenstände, für die bei der Besteuerung nach den allgemeinen Vorschriften der ermäßigte Steuersatz in Betracht käme (z. B. Kunstgegenstände und Sammlungsstücke). 729

Ein *gesonderter Steuerausweis* in der Rechnung ist nicht statthaft (§ 14a Abs. 6 Satz 2 UStG). Wird gleichwohl eine USt gesondert ausgewiesen, schuldet der Wiederverkäufer die ausgewiesene Steuer gem. *§ 14c Abs. 2 UStG* (Abschn. 25a.1 Abs. 16 UStAE). Abweichend von § 15 Abs. 1 UStG ist der Wiederverkäufer nicht berechtigt, die EUSt des § 15 Abs. 1 Nr. 2 oder die USt nach § 13b Abs. 5 UStG (vgl. § 15 Abs. 1 Nr. 4 UStG) als Vorsteuer abzuziehen (§ 25a Abs. 5 Satz 3 UStG). 730

In der Rechnung ist gem. *§ 14a Abs. 6 Satz 1 UStG* auf die Anwendung der Sonderregelung des § 25a UStG hinzuweisen, indem die Angabe „Gebrauchtgegenstände/Sonderregelung" bzw. „Kunstgegenstände/Sonderregelung" aufgenommen wird (§ 14a Abs. 6 Satz 1 UStG).

§ 25a UStG enthält noch folgende *Besonderheiten*: 731

- ▶ Die Steuerbefreiung für innergemeinschaftliche Lieferungen gem. § 4 Nr. 1 Buchst. b UStG kommt für den Wiederverkäufer gem. § 25a Abs. 5 Satz 2 UStG nicht zur Anwendung. Die übrigen Steuerbefreiungen sind allerdings anwendbar.
- ▶ Keine Differenzbesteuerung, wenn auf die Lieferung an den Wiederverkäufer die Steuerbefreiung für innergemeinschaftliche Lieferungen im übrigen Gemeinschaftsgebiet angewendet worden ist (§ 25a Abs. 7 Nr. 1 Buchst. a UStG).
- ▶ Keine Differenzbesteuerung, wenn es sich um eine innergemeinschaftliche Lieferung eines neuen Fahrzeugs handelt (§ 25a Abs. 7 Nr. 1 Buchst. b UStG).
- ▶ Keine Erwerbsbesteuerung beim Wiederverkäufer, wenn der Lieferer die Differenzbesteuerung im übrigen Gemeinschaftsgebiet angewendet hat (§ 25a Abs. 7 Nr. 2 UStG).
- ▶ Ausschluss des § 3c UStG (§ 25a Abs. 7 Nr. 3 UStG).
- ▶ Der Wiederverkäufer kann gem. § 25a Abs. 8 UStG bei jeder Lieferung auf die Differenzbesteuerung verzichten, soweit er die Gesamtdifferenz nicht anwendet. Der

Verzicht hat zur Folge, dass auf die Lieferung die allgemeinen Vorschriften des UStG anzuwenden sind.

732 § 25a UStG stellt nicht auf den Erwerb des Gegenstandes zum Zwecke des gewerbsmäßigen Verkaufs ab. Voraussetzung für die Anwendung der Differenzbesteuerung ist nach § 25a Abs. 1 Nr. 1 UStG lediglich, dass der Unternehmer gewerbsmäßig mit beweglichen körperlichen Gegenständen handelt. Die Differenzbesteuerung kann also grundsätzlich auch bei der Veräußerung von Gegenständen des *Anlagevermögens* Anwendung finden.

VIII. Umsätze mit Anlagegold

733 § 25c UStG regelt die Besteuerung von Umsätzen mit Anlagegold und enthält Bestimmungen zur Steuerbefreiung, zur Option, zum Vorsteuerabzug und zu den Aufzeichnungspflichten. Durch die Regelung wird die Richtlinie zur Sonderregelung für Anlagegold der EU vom 12. 10. 1998 in das nationale Recht umgesetzt.

Siebenter Teil: Erbschaftsteuer

A. Allgemeiner Überblick

I. Gegenstand der Erbschaftsteuer

Gegenstand der Erbschaftsteuer (ErbSt) ist nicht nur der Erwerb von Todes wegen, sondern auch der *unentgeltliche Übergang von Vermögenswerten* auf eine andere Rechtspersönlichkeit. Durch die Beteiligung des Staates am Nachlass über die Erbschaftsteuer greift das *Erbschaftsteuergesetz* in erheblichem Umfang in das *Erbrecht* ein. Es steht damit in Kollision zu Art. 14 GG, wonach das private Eigentum und das Erbrecht gewährleistet sind. Die ErbSt und die Besteuerung der sonstigen unentgeltlichen Vermögensübergänge dürfen daher keine konfiskatorische Wirkung haben. Der Rechtsfrage, ob das Erbschaft- und Schenkungsteuergesetz wegen Verletzung des sog. *Halbteilungsgrundsatzes* gegen das Grundrecht auf Eigentum verstößt, kommt weder grundsätzliche Bedeutung zu, noch erfordert sie eine Entscheidung des BFH zur Fortbildung des Rechts (BFH vom 27.3.2006, BFH/NV 2006 S. 1301). Der Erbschaft- bzw. Schenkungsteuer unterliegen gem. § 1 ErbStG

1

▶ der Erwerb von Todes wegen,
▶ die Schenkungen unter Lebenden,
▶ die Zweckzuwendungen,
▶ das Vermögen einer Stiftung im Zeitabstand von je 30 Jahren.

Die ErbSt wird von dem Vermögen erhoben, das bei dem Tod einer natürlichen Person oder bei Aufhebung eines Zweckvermögens (Stiftung) auf einen Dritten übergeht. Es handelt sich hierbei um den *Grundtatbestand*. Alle anderen Tatbestände sind gewissermaßen *Ersatztatbestände*.

Im Unterschied zum angelsächsischen Recht – dort ist die ErbSt als Nachlasssteuer konzipiert – ist die hiesige ErbSt als *Erbanfallsteuer* ausgestaltet. Es wird also nicht der Nachlass selbst besteuert, sondern die *Bereicherung*, die dem einzelnen Erwerber aufgrund der Erbschaft oder der Schenkung zufließt. Eine Verteilung des Nachlasses auf möglichst viele Erwerber mindert vor diesem Hintergrund und u. a. aufgrund der persönlichen Freibeträge der einzelnen Erwerber die erbschaftsteuerliche Gesamtbelastung.

Als Erbanfallsteuer ist die ErbSt eine *Verkehrsteuer*, denn sie besteuert den Vermögensübergang vom Erblasser bzw. Schenker auf den Erben (sonstigen Erwerber) bzw. den Beschenkten; die ErbSt schließt an Rechtsvorgänge an. Im Hinblick auf die Belastung des Nachlasses (des geschenkten Vermögens) wird die ErbSt mitunter auch als Besitzsteuer bezeichnet. Die ErbSt ist darüber hinaus eine *Personensteuer*, die vom Vermögen erhoben wird. Die Bereicherung des Erben ist Voraussetzung und auch Bemessungsgrundlage für die ErbSt. Das ErbStG ist ein Bundesgesetz, welches aufgrund der *Ertragshoheit der Länder* der Zustimmung des Bundesrates bedarf. Die Erbschaft- und Schenkungsteuer wird von den Landesfinanzbehörden (Finanzämtern) verwaltet. Die für die Erhebung der ErbSt zuständigen Finanzämter (sog. Erbschaftsteuerfinanzämter) sind in den Ländern häufig zentralisiert.

II. Verhältnis des Erbschaftsteuerrechts zum Zivilrecht und Auslegung des ErbStG

2   Die unmittelbare Verweisung des ErbStG auf Vorschriften des bürgerlichen Rechts z. B. in § 3 Abs. 1 ErbStG, wonach der Erwerb durch Erbanfall (§ 1922 BGB), durch Vermächtnis (§§ 2147 ff. BGB) oder aufgrund eines geltend gemachten Pflichtteilsanspruchs (§§ 2303 ff. BGB) als Erwerb von Todes wegen gilt, wirft die Frage nach dem Verhältnis des Erbschaftsteuerrechts zum Zivilrecht auf. Soweit das Erbschaftsteuerrecht unmittelbar an erbrechtlich geregelte Erwerbe anknüpft und diese als Besteuerungsgrundlage behandelt, kann von einer *Maßgeblichkeit des Zivilrechts für die Erbschaftsteuer* gesprochen werden. Dieser Befund trifft auch für das Verhältnis von Schenkungsteuerrecht und dem Recht der Schenkung i. S. der §§ 516 ff. BGB zu, so dass auch hier für die Auslegung der im ErbStG verwendeten Begriffe *im Grundsatz* bürgerliches Recht maßgebend ist. Allerdings kommt eine extensive Auslegung der steuerbegründenden Rechtsvorschriften nicht in Betracht, mit der Folge, dass die Steuerpflicht beim Erwerb von Todes wegen nicht durch Rückgriff auf die wirtschaftliche Betrachtungsweise, also über den Wortsinn des gesetzlichen Tatbestands hinaus, ausgedehnt werden kann.

Mangels Erbschaft im wirtschaftlichen Sinne kommt auch wirtschaftliches Eigentum (§ 39 Abs. 2 Nr. 1 AO) grundsätzlich nicht in Betracht, da dieses Rechtsinstitut Ausdruck der wirtschaftlichen Betrachtungsweise ist und damit im Widerspruch zu den zivilrechtlichen Zurechnungen steht (BFH vom 10. 11. 1982, BStBl 1983 II S. 116 sowie vom 22. 9. 1982, BStBl 1983 II S. 179). Folgerichtig bestimmt R E 12.2 Abs. 1 Satz 1 ErbStR, dass für die Zurechnung eines Grundstücks zum Nachlass bei noch nicht – vollständig – erfüllten Grundstückskaufverträgen der Übergang des Eigentums nach dem zivilrechtlichen Eigentumsbegriff entscheidend ist. Demnach ist der Übergang des wirtschaftlichen Eigentums nicht maßgeblich, insbesondere ist nicht auf den Zeitpunkt des Besitz- und Lastenwechsels abzustellen (BFH vom 15. 10. 1997, BStBl 1997 II S. 820).

Auch im Anwendungsbereich des § 7 ErbStG (Schenkungen unter Lebenden) besteht – soweit die unmittelbare Bezugnahme auf das bürgerliche Recht reicht (z. B. § 7 Abs. 1 Nr. 4 und Nr. 5 ErbStG) – ein Vorrang des bürgerlichen Rechts. Hingegen ist der Begriff der freigebigen Zuwendung unter Lebenden (§ 7 Abs. 1 Nr. 1 ErbStG) schenkungsteuerrechtlicher Natur; die Auslegung orientiert sich in erster Linie an steuerlichen Gesichtspunkten. Für Grundstücksschenkungen regelt R E 9.1 Abs. 1 ErbStR – abweichend vom zivilrechtlichen und vom wirtschaftlichen Eigentumsbegriff – einen eigenen Schenkungszeitpunkt. Danach gilt eine Grundstücksschenkung als ausgeführt, wenn die Auflassung i. S. des § 925 BGB sowie die Eintragungsbewilligung gem. § 19 Grundbuchordnung vorliegen.

Für den Gesetzgeber besteht ein *Gestaltungsspielraum*, sich beim Erbschaftsteuerrecht vom Zivilrecht zu lösen und eigene Wege zu beschreiten, wie dies z. B. im Anwendungsbereich des § 3 Abs. 2 ErbStG geschehen ist (die dort genannten Besteuerungstatbestände gelten fiktiv als Zuwendungen des Erblassers). Der Umstand, dass das Erbschaftsteuerrecht an bürgerlich-rechtliche Gestaltungen anknüpft und dem Zivilrecht entnommene Begriffe verwendet, schließt nach Auffassung des BFH (BFH vom 8. 12. 1993, BFH/NV 1994, S. 373) nicht aus, dass zivilrechtliche Gestaltungen und Begriffe entsprechend den steuerrechtlichen Bedeutungszusammenhängen selbständig interpretiert werden können und müssen. Es gibt keine Vermutung, dass das dem Zivilrecht entlehnte Tatbestandsmerkmal einer Steuerrechtsnorm i. S. des zivilrechtlichen Verständnisses zu interpretieren sei (BVerfG vom 27. 12. 1991, BStBl 1992 II S. 212).

III. Verhältnis zu anderen Steuern

Grundsätzlich ist die Erhebung anderer Steuern neben der ErbSt nicht ausgeschlossen. Der Gesetzgeber hat jedoch diverse Vorkehrungen getroffen, um eine doppelte Besteuerung im Regelfall auszuschließen.

1. Verhältnis zur Einkommensteuer

Überschneidungen zwischen der Einkommensteuer (ESt) und der Erbschaft- und Schenkungsteuer sind regelmäßig ausgeschlossen, da einmalige Vermögensanfälle infolge eines Erwerbs von Todes wegen oder einer Schenkung unter Lebenden nicht unter § 2 Abs. 1 Nr. 1 bis 7 EStG (Einkunftsarten) zu subsumieren sind. Es sind allerdings Sachverhaltskonstellationen denkbar, bei denen derselbe Vermögensanfall sowohl der Einkommensteuer als auch der Erbschaft- oder Schenkungsteuer unterliegt. Der BFH hat hierzu mehrfach festgestellt, dass sich beide Steuern gegenseitig *nicht ausschließen* (BFH vom 22. 12. 1976, BStBl 1977 II S. 420 sowie vom 26. 11. 1986, BStBl 1987 II S. 175).

Eine klare Differenzierung ist hinsichtlich der ESt möglich, die zu Lebzeiten des Erblassers entstanden ist. Hatte der Erblasser diese noch zu seinen Lebzeiten entrichtet, korrespondierte hiermit eine Minderung seines Vermögens; hat andernfalls der Erbe die Einkommensteuerschulden des Erblassers zu entrichten, liegt insoweit eine nach Maßgabe des § 10 Abs. 5 Nr. 1 ErbStG abziehbare Erblasserschuld vor.

Bei dem Problem der (ökonomischen) Doppelbelastung mit Erbschaft- und Einkommensteuer geht es um Fälle, in denen beim Erben auf Einkünfte Einkommensteuer erhoben wird, die zuvor als Vermögen bereits der Erbschaftsteuer unterlagen. Aus Sicht der *Besteuerungspraxis* ist in diesem Kontext auf *vier Fallkonstellationen* zu verweisen:

▶ Der Erwerber veräußert unmittelbar nach dem Erbfall den auf ihn übergegangenen Gewerbebetrieb; es kommt zur *steuerpflichtigen Realisierung der stillen Reserven*. Diese sind dann aber bereits im Wert (gemeinen Wert) für das Betriebsvermögen enthalten.

▶ Das von Todes wegen erworbene (dem Privatvermögen zugehörige) *Grundstück* wird veräußert, wobei ein *steuerpflichtiger privater Veräußerungsgewinn nach § 23 EStG* erzielt wird. Hierzu kommt es, wenn der Erblasser die Immobilie innerhalb der zehnjährigen Spekulationsfrist erworben hat. Auch in diesem Fall unterliegt der gemeine Wert (Verkehrswert) des Grundstücks der Erbschaftsteuer; dieser wird über den Veräußerungserlös im Rahmen des § 23 EStG nochmals erfasst.

▶ Es liegen andere Einkünfte vor, die als Teil des Erwerbs von Todes wegen der Erbschaftsteuer und beim Erwerber der Einkommensteuer unterliegen. Hieran ist z. B. zu denken, wenn ein Erwerber *nachträglich Forderungen des Erblassers vereinnahmt*, die bei ihm zu den steuerpflichtigen Einnahmen rechnen. In der Besteuerungspraxis tritt dieser Fall nicht selten bei *Freiberuflern* auf, wenn der Erbe eine *Honorarforderung des Erblassers* nachträglich vereinnahmt.

▶ Aus dem Nachlass herrührende Wertpapiere, die mit ihrem Kurswert der Erbschaftsteuer unterliegen, werden vom Erben veräußert, wodurch Einkünfte aus Kapitalvermögen gem. § 20 Abs. 2 Nr. 1 EStG entstehen.

In diesen Fällen wird die steuerliche Doppelbelastung mit ESt und ErbSt auf Antrag des Steuerpflichtigen durch Gewährung einer Steuerermäßigung gem. § 35b EStG abgeschwächt. Die Vorschrift kommt zur Anwendung, wenn bei der Ermittlung des Einkommens Einkünfte berücksichtigt werden, die im Veranlagungszeitraum oder in den vorangegangenen vier Veranlagungszeiträumen als *Erwerb von Todes wegen* der Erbschaftsteuer unterlegen haben. Bei Einkünften, die der Abgeltungsteuer (KapSt) unterliegen, ist zu beachten, dass diese aufgrund eines Antrags gem. § 32d Abs. 4 EStG in die Veranlagung einbezogen werden müssen, um in den Genuss der Steuerermäßigung zu gelangen. Von der Steuerermäßigung betroffen ist nur die ESt, welche auf die erbschaftsteuerlich belasteten Einkünfte entfällt, was i. d. R. eine Aufteilung der gesamten Einkommensteuerschuld erforderlich macht. Der Prozentsatz der Steuerermäßigung bestimmt sich nach dem Verhältnis, in dem die festgesetzte ErbSt zu dem Betrag steht, der sich ergibt, wenn dem steuerpflichtigen Erwerb (§ 10 Abs. 1 ErbStG) die Freibeträge nach §§ 16, 17 ErbStG (persönlicher Freibetrag und besonderer Versorgungsfreibetrag) und der steuerfreie Betrag nach § 5 ErbStG (fiktive Zugewinnausgleichsforderung) hinzugerechnet werden.

BEISPIEL ZUR BERECHNUNG DER STEUERERMÄẞIGUNG: ▶ B erwirbt aufgrund eines Vermächtnisses von seiner Schwester (S) einen GmbH-Anteil (Beteiligungshöhe 20 %) mit einem steuerlichen Wert von 200 000 €. Eine vor dem Tod der S beschlossene Gewinnausschüttung i. H. v. 10 000 € (brutto) fließt B im Veranlagungszeitraum 2016 nach dem Tod von S zu. B hat in 2016 neben der Gewinnausschüttung noch weitere Einkünfte i. H. v. 90 000 €. Er beantragt die Einbeziehung der Gewinnausschüttung in die ESt-Veranlagung. Die tarifliche ESt des B beträgt 28 000 € + 2 500 € (Sondersteuersatz gem. § 32d Abs. 1 EStG).

Erbschaftsteuerliche Bereicherung	210 000 €
Freibetrag gem. § 16 ErbStG (Steuerklasse II)	- 20 000 €
Steuerpflichtiger Erwerb	190 000 €
ErbSt 20 % (§ 19 Abs. 1 ErbStG)	38 000 €
Tarifliche ESt übrige Einkünfte	28 000 €
Tarifliche ESt Gewinnausschüttung	+ 2 500 €
Steuerermäßigung 18,1 % von 2 500 €	- 453 €
18,1 % = 38 000 € x 100 : (190 000 € + 20 000 €)	
Festzusetzende ESt	30 047 €

5–6 *(Einstweilen frei)*

2. Verhältnis zur Grunderwerbsteuer

Das GrEStG nimmt den Grundstückserwerb von Todes wegen und Grundstücksschenkungen unter Lebenden i.S. des ErbStG von der Besteuerung aus (§ 3 Nr. 2 GrEStG). Es besteht ein gesetzessystematischer Vorrang der Erbschaft- und Schenkungsteuer *(sog. Prävalenz der ErbSt)* vor der GrEStG (BVerfG vom 15.5.1984, BStBl 1984 II S. 608, 614). Nach § 3 Nr. 2 Satz 2 GrEStG unterliegen Schenkungen unter einer Auflage der Besteuerung hinsichtlich solcher Auflagen, die bei der Schenkungsteuer abziehbar sind (z.B. Übernahme eines Darlehens im Rahmen einer Grundstücksschenkung; Darlehensvaluta ist maßgebende Bemessungsgrundlage für die Grunderwerbsteuer). Gehört ein Grundstück zum Nachlass, ist dessen Erwerb durch einen Miterben im Rahmen der Teilung des Nachlasses gem. § 3 Nr. 3 GrEStG steuerfrei.

> **BEISPIEL** ▶ Erben des verstorbenen V sind seine beiden Kinder T und S zu je 1/2. Die Erbschaft besteht aus einem Grundstück und aus einem Wertpapierdepot mit einem gemeinen Wert von jeweils 2 Mio. €. Im Rahmen der Erbauseinandersetzung übernimmt T das Grundstück und S die Wertpapiere.
>
> Der Übergang des Grundstücks von V auf die Erbengemeinschaft ist gem. § 3 Nr. 2 GrEStG steuerfrei. Auf die spätere Übertragung von der Erbengemeinschaft auf T des Grundstücks im Rahmen der Erbauseinandersetzung findet die Befreiungsvorschrift des § 3 Nr. 3 GrEStG Anwendung.

Wird ein Pflichtteilsanspruch dadurch befriedigt, dass die Erben ein Grundstück an Erfüllungs statt auf den Pflichtteilsberechtigten übertragen (vgl. Tz. 39), finden die Befreiungsvorschriften des § 3 GrEStG keine Anwendung. Die Steuerbefreiung des § 3 Nr. 2 GrEStG kommt allerdings in Betracht, wenn der Pflichtteilsberechtigte auf seinen Pflichtteil verzichtet und als Abfindung hierfür ein Grundstück aus dem Nachlass erhält. Erbschaftsteuerlich unterliegt in diesem Fall der Grundstückserwerb nach § 3 Abs. 2 Nr. 4 ErbStG der Besteuerung. Die Vorschrift fingiert eine Zuwendung durch den Erblasser an den Pflichtteilsberechtigten.

IV. Gesamtrechtsnachfolge

Der *Grundsatz der Gesamtrechtsnachfolge* wird auch im Steuerrecht anerkannt. Im Gegensatz zum bürgerlichen Recht geht das Vermögen einer Mehrheit von Erben nicht als ungeteiltes Ganzes (§ 2032 BGB) auf die Erben über, da das Steuerrecht Gesamthandsvermögen als Sondervermögen nicht kennt. Steuerlich wird gem. § 39 Abs. 2 Nr. 2 AO jeder Erbe so behandelt, als ob er am Vermögen nach Quoten beteiligt wäre. Maßgebend für die Zurechnung des Vermögens ist das, was der einzelne Erbe erhalten würde, wenn am Stichtag die Gesamthandsgemeinschaft aufgelöst und die Auseinandersetzung vorgenommen wäre. Die Höhe des Anteils richtet sich nach den bürgerlich-rechtlichen Bestimmungen. In der Praxis kann die Erbquote häufig dem Erbschein entnommen werden.

V. Exkurs: Verfassungsmäßigkeit des ErbStG
1. Entscheidung des BVerfG vom 17.12.2014

9   Das BVerfG hat sich zuletzt in seiner Entscheidung vom 17.12.2014 (1 BvL 21/12, BStBl 2015 II S.50) mit der Verfassungsmäßigkeit des ErbStG befasst und in diesem Zuge die §§ 13a und 13b ErbStG (a. F.) in Verbindung mit § 19 Abs. 1 ErbStG für verfassungswidrig erklärt. Hintergrund der vorbezeichneten Entscheidung war der Vorlagebeschluss des BFH vom 27.9.2012 (II R 9/11, BStBl 2012 II S.899). Mit dem Beschluss hat der BFH dem BVerfG die Frage vorgelegt, ob § 19 Abs. 1 ErbStG (Tarif) i.V. m. §§ 13a, 13b ErbStG (Begünstigung von sog. Produktivvermögen) gegen den Gleichheitssatz des Art. 3 Abs. 1 GG verstößt.

Kernaussagen

Nach den Feststellungen des BVerfG ist die bis dato geltende Privilegierung betrieblichen Vermögens unverhältnismäßig, soweit sie über den Bereich kleinerer und mittlerer Unternehmen hinaus gilt, ohne dass eine Bedürfnisprüfung vorgesehen ist. D. h. die Verschonungsregelungen als solche sind im Grundsatz mit Art. 3 Abs. 1 GG vereinbar, sie bedürfen beim Übergang großer Unternehmensvermögen aber einer Korrektur.

Die *Verschonungsregelungen nach §§ 13a, 13b ErbStG (a. F.)* führen zu (gewollten) Ungleichbehandlungen der Erwerber betrieblichen und nichtbetrieblichen Vermögens, die allerdings ein enormes Ausmaß in Höhe von 85 % des begünstigten Vermögens bei der Regelverschonung zzgl. gleitender Abzugsbetrag von maximal 150 000 € oder 100 % des begünstigten Vermögens bei der Optionsverschonung erreichen können. Hinzu kommt die generelle Anwendung der günstigeren Steuerklasse I gemäß § 19a ErbStG. Die vorbezeichneten Begünstigungen sind nach Auffassung des BVerfG geeignet und im Grundsatz auch erforderlich, um die mit ihnen verfolgten Ziele – z. B. Schutz der Unternehmen, ihrer Arbeitsplätze und ihres produktiven Vermögens – zu erreichen. Unverhältnismäßig ist jedoch die Privilegierung betrieblichen Vermögens, soweit sie über kleine und mittlere Unternehmen ohne eine Bedürfnisprüfung hinausgeht. Hier erreicht die Ungleichbehandlung schon wegen der Höhe der steuerbefreiten Beträge ein Maß, das ohne die konkrete Feststellung der Verschonungsbedürftigkeit des erworbenen Unternehmens mit einer gleichheitsgerechten Besteuerung nicht mehr in Einklang zu bringen ist.

Das BVerfG hat zudem entschieden, dass die Freistellung der Betriebe mit bis zu 20 Beschäftigten von der Einhaltung einer Mindestlohnsumme unverhältnismäßig ist. Die *Lohnsummenregelung* ist im Grundsatz mit Art. 3 Abs. 1 GG vereinbar, da sie das legitime Ziel verfolgt, Arbeitsplätze zu erhalten. Gegen Art. 3 Abs. 1 GG verstößt jedoch die Freistellung von Betrieben mit nicht mehr als 20 Beschäftigten, da die verwaltungsvereinfachende Regelung die Erwerber von Betrieben mit bis zu 20 Beschäftigten unverhältnismäßig privilegiert. Nach den Ausführungen des BFH in seinem o. g. Vorlagebeschluss weisen über 90 % aller Betriebe in Deutschland nicht mehr als 20 Beschäftigte auf. Diese Betriebe können daher fast flächendeckend die steuerliche Begünstigung ohne Rücksicht auf die Erhaltung von Arbeitsplätzen beanspruchen. Die Grenze einer zulässigen Typisierung wird überschritten, da das Regel-Ausnahme-Verhältnis der gesetzgeberischen Entlastungsentscheidung faktisch in sein Gegenteil verkehrt wird.

Ebenfalls unverhältnismäßig und damit verfassungswidrig ist nach Auffassung des BVerfG die Verschonung des betrieblichen Vermögens mit einem *Verwaltungsvermögensanteil von bis zu 50%*. Die Ziele des Gesetzgebers, nur produktives Vermögen zu fördern und Umgehungen durch steuerliche Gestaltung zu unterbinden, sind nach Auffassung des BVerfG grundsätzlich legitim und auch angemessen. Dies gilt jedoch nicht, soweit begünstigtes Vermögen mit einem Anteil von bis zu 50% Verwaltungsvermögen insgesamt in den Genuss der steuerlichen Privilegierung gelangt. Ein tragfähiger Rechtfertigungsgrund für eine derart umfangreiche Einbeziehung von Vermögensbestandteilen, die das Gesetz eigentlich nicht als förderungswürdig ansieht, ist für das BVerfG nicht erkennbar. Das Ziel, steuerliche Gestaltungsmöglichkeiten zu unterbinden, kann die Regelung kaum erreichen; im Gegenteil – sie dürfte die Verlagerung von privatem in betriebliches Vermögen eher begünstigen. Auch ein spürbarer Verwaltungsvereinfachungseffekt ist nicht erkennbar, denn der Anteil des Verwaltungsvermögens ist auch für die Anwendung der 50%-Regel zu ermitteln.

Die §§ 13a und 13b ErbStG (a. F.) sind auch insoweit verfassungswidrig, als sie Gestaltungen zulassen, die zu nicht zu rechtfertigenden Ungleichbehandlungen führen. Das BVerfG sieht hier *verschiedene unzulässige Gestaltungsmöglichkeiten* im ErbStG, die zum Teil bereits im Vorfeld durch vorgenommene Gesetzesänderungen repariert wurden. Im Einzelnen zählt das BVerfG zu den Gestaltungsmöglichkeiten die Umgehung der Lohnsummenregelung durch Begründung einer Betriebsaufspaltung, den Kaskadeneffekt beim Verwaltungsvermögen bei mehrstufigen Gesellschaftsstrukturen und die Cash-Gesellschaften.

HINWEIS:

Die Gestaltungsmöglichkeiten zu den „Cash-Gesellschaften" wurden durch die Schaffung der neuen Verwaltungsvermögensart „Finanzmittel" im § 13b Abs. 2 Satz 2 Nr. 4a ErbStG (a. F.) beendet. Die durch das AmtshilfeRLUmsG vorgenommene Gesetzesänderung gilt für alle Bewertungsstichtage nach dem 6. 6. 2013.

Nicht zu beanstanden ist nach der Entscheidung des BVerfG die Festlegung der begünstigten Vermögensarten in Form von Einzelunternehmen, Beteiligungen an Personengesellschaften, Anteilen an Kapitalgesellschaften von mehr als 25% sowie des Wirtschaftsteils von Betrieben der Land- und Forstwirtschaft. Ebenfalls mit Art. 3 Abs. 1 GG vereinbar ist die Behaltensfrist von fünf bei der Regelverschonung bzw. sieben Jahren bei der Optionsverschonung, zumal sie durch die Lohnsummenregelung und den Verwaltungsvermögenstest angemessen ergänzt wird. Insoweit sieht das BVerfG – anders als der BFH in seinem o. g. Vorlagebeschluss – keinen Korrekturbedarf.

Fazit:

Die o. g. Verfassungsverstöße haben zur Folge, dass die vorgelegten Regelungen des ErbStG insgesamt mit Art. 3 Abs. 1 GG unvereinbar sind. Aufgrund der festgestellten

Gleichheitsverstöße erweisen sich wichtige Elemente der §§ 13a und 13b ErbStG a. F. als verfassungswidrig. Ohne sie können die restlichen – nicht beanstandeten – Bestandteile nicht mehr sinnvoll angewendet werden. Auch die Tarifnorm des § 19 Abs. 1 ErbStG, die die Besteuerung begünstigten wie nicht begünstigten Vermögens gleichermaßen betrifft, ist in Verbindung mit §§ 13a und 13b ErbStG (a. F.) für unvereinbar mit Art. 3 Abs. 1 GG erklärt worden.

Die vorbezeichneten verfassungswidrigen Vorschriften waren nach der Entscheidung des BVerfG im Interesse einer verlässlichen Finanz- und Haushaltsplanung (in den Jahren 2012 und 2013 machte die Erbschaft- und Schenkungsteuer ca. 30 % des Aufkommens an Ländersteuern aus), eines gleichmäßigen Gesetzesvollzugs und zur Vermeidung von verwaltungstechnischen Problemen zunächst weiter anwendbar. Die Fortgeltung war nach Auffassung des BVerfG auch deshalb hinnehmbar, weil der Gesetzgeber mit der Einfügung der Finanzmittel als Verwaltungsvermögen (§ 13b Abs. 2 Satz 2 Nr. 4a ErbStG (a. F.)) eine der Hauptlücken für unerwünschte steuerliche Gestaltungen durch Cash-Gesellschaften geschlossen hatte. Der Gesetzgeber war jedoch verpflichtet, spätestens bis 30. 6. 2016 eine Neuregelung zu treffen.

Die vom BVerfG geforderte Neuregelung der §§ 13a und 13b in Verbindung mit § 19 Abs. 1 ErbStG hat der Gesetzgeber durch das *Gesetz zur Anpassung des Erbschaft- und Schenkungsteuergesetzes an die Rechtsprechung des Bundesverfassungsgerichts* mit Wirkung ab dem 1. 7. 2016 umgesetzt (Eisele, NWB 40/2016 S. 3002 ff.). Der Neuregelung war ein monatelanges Tauziehen vorangegangen. Am 21./22. 09. 2016 haben sich Bund und Länder schließlich im Vermittlungsausschuss auf einen Kompromiss geeinigt (Bundestags-Drucksache 18/9690). Das vorbezeichnete Gesetz wurde vom Bundestag am 29. 9. und vom Bundesrat am 14. 10. 2016 beschlossen. Vgl. zu den Neuerungen z. B. Tz 456 ff.

2. Entscheidung des BVerfG vom 7. 11. 2006

9a Vor der zuvor beschriebenen Entscheidung vom 17. 12. 2014 hatte sich das BVerfG zuletzt in seiner Entscheidung vom 7. 11. 2006 (1 BvL 10/02, BStBl 2007 II S. 192) mit der Verfassungsmäßigkeit des ErbStG befasst. Es kam seinerzeit zu dem Ergebnis, dass die durch § 19 Abs. 1 ErbStG a. F. angeordnete Erhebung der Erbschaftsteuer mit einheitlichen Steuersätzen auf den Wert des Erwerbs mit dem Grundgesetz unvereinbar war, da sie an Werte anknüpfte, deren Ermittlung bei wesentlichen Gruppen von Vermögensgegenständen – namentlich Betriebsvermögen, Grundvermögen, Anteilen an Kapitalgesellschaften sowie land- und forstwirtschaftliches Vermögen – den Anforderungen des Gleichheitssatzes i. S. des Art. 3 Abs. 1 GG nicht genügte. Die vom BVerfG geforderte Neuregelung hat der Gesetzgeber durch das Erbschaftsteuerreformgesetz mit Wirkung ab dem 01. 01. 2009 umgesetzt.

9b–9d   *(Einstweilen frei)*

B. Grundtatbestände des ErbStG – Steuerpflichtige Vorgänge (§ 1 ErbStG)

I. Allgemeines

Infolge der Ausgestaltung der ErbSt als Erbanfallsteuer dient das ErbStG dem Ziel, die *von Todes wegen* oder durch *Schenkung unter Lebenden* eingetretene *Bereicherung* zu erfassen. In diesem Sinne formuliert § 1 Abs. 1 ErbStG die dort aufgeführten Erwerbe von Todes wegen sowie die Erwerbe durch Schenkungen unter Lebenden als Grundtatbestände, die durch die §§ 3 bis 7 ErbStG spezifiziert werden. Ergänzend hierzu sind in § 1 Abs. 1 Nr. 3 ErbStG (Zweckzuwendungen) sowie in § 1 Abs. 1 Nr. 4 ErbStG (Familienstiftungen/Familienvereine) *Auffangtatbestände* verankert, um dieserart – aus der Warte des Gesetzgebers – *Besteuerungslücken zu vermeiden*.

1. Zweckzuwendungen

Zweckzuwendungen sind Zuwendungen von Todes wegen oder freigebige Zuwendungen unter Lebenden, die mit der *Auflage* verbunden sind, zugunsten eines bestimmten Zwecks verwendet zu werden, oder die von der Verwendung zugunsten eines bestimmten Zwecks abhängig sind, soweit hierdurch die Bereicherung des Erwerbers gemindert wird (§ 8 ErbStG, vgl. Tz. 122 ff.). Die Eigenart einer Zweckzuwendung besteht darin, dass das Zugewendete einem objektiv bestimmten Zweck zugutekommen soll und nicht einer bestimmten Person und deshalb auch nicht dem Interesse des Zuwendenden zugutekommen darf (BFH vom 5. 11. 1992, BStBl 1993 II S. 161).

Das ErbStG behandelt die Zweckzuwendungen als *verselbständigte Vermögensmassen* und unterwirft sie der Besteuerung. Die dem Erwerber obliegende Pflicht, einen festgelegten Teil des auf ihn übergehenden Vermögens einem unbestimmten Personenkreis zugutekommen zu lassen, d. h. der Zweckbestimmung zuzuführen, beeinflusst dessen Bereicherung, so dass der Betrag bereicherungsmindernd zum Abzug zu bringen ist (§ 10 Abs. 5 Nr. 2 ErbStG).

> **BEISPIEL:** S überträgt seiner Heimatgemeinde 200 000 € mit der Bestimmung, den Geldbetrag zur Förderung der örtlichen Jugendarbeit zu verwenden.
> Zwar ist vorliegend eine Zweckzuwendung i. S. des § 8 ErbStG gegeben; da es sich jedoch um einen Anfall an eine inländische Gemeinde handelt, greift die Steuerbefreiung nach § 13 Abs. 1 Nr. 15 ErbStG.

2. Familienstiftungen/Familienvereine

Während § 1 Abs. 1 Nr. 1 bis 3 ErbStG lediglich steuerbare Grundtatbestände beschreibt, regelt § 1 Abs. 1 Nr. 4 ErbStG den Besteuerungstatbestand abschließend. Nach § 1 Abs. 1 Nr. 4 ErbStG unterliegt der ErbSt (genauer: *Ersatzerbschaftsteuer oder auch Erbersatzsteuer*) das Vermögen einer Stiftung, sofern sie wesentlich im Interesse einer Familie oder bestimmter Familien errichtet ist und eines Vereins, dessen Zweck wesentlich im Interesse einer Familie oder bestimmter Familien auf Bindung von Vermögen gerichtet ist, in Zeitabständen von je 30 Jahren seit dem in § 9 Abs. 1 Nr. 4 ErbStG bestimmten Zeitpunkt (R E 1.2 Abs. 1 Satz 1 ErbStR; vgl. Tz 1456). Der gesetzliche Zeitabstand von 30 Jahren soll nach den Vorstellungen des Gesetzgebers der üblichen Generationsfolge in einer Familie entsprechen.

Die Steuerpflicht einer inländischen Familienstiftung (§ 1 Abs. 1 Nr. 4, § 2 Abs. 1 Nr. 2 ErbStG) setzt voraus, dass die Stiftung an dem für sie maßgebenden Besteuerungszeitpunkt (§ 9 Abs. 1 Nr. 4 ErbStG) die Voraussetzungen für eine *Familienstiftung* erfüllt. Die Steuerpflicht entfällt hiernach, wenn eine Familienstiftung vor diesem Zeitpunkt aufgelöst oder durch Satzungsänderung (R E 1.2 Abs. 4 Satz 1 ErbStR) in eine andere Stiftung – z. B. Unternehmensstiftung – umgewandelt wird (R E 1.2 Abs. 1 Satz 3 ErbStR).

R E 1.2 Abs. 2 bis 4 ErbStR ist für Vereine, deren Zweck wesentlich im Interesse einer Familie oder bestimmter Familien auf die Bindung von Vermögen gerichtet ist *(sog. Familienvereine)* entsprechend anzuwenden (R E 1.2 Abs. 6 ErbStR). Der Vereinszweck muss auf die *Vermögensthesaurierung* ausgerichtet sein.

Als Besteuerungsgrundlage tritt gemäß § 10 Abs. 1 Satz 7 ErbStG an die Stelle des Vermögensanfalls das Vermögen der Stiftung. Dabei ist der Steuerwert des Stiftungsvermögens nach den Verhältnissen im Zeitpunkt der Erbersatzsteuer zu ermitteln.

Aus § 15 Abs. 2 Satz 3 ErbStG sind die Regelungen zur Höhe der Ersatzerbschaftsteuer ersichtlich. Demnach ist der doppelte Freibetrag nach § 16 Abs. 1 Nr. 2 ErbStG für Kinder (mithin also 800 000 €) bei Maßgeblichkeit der Steuerklasse I zu berücksichtigen. Die Steuer ist nach dem Vomhundertsatz der Steuerklasse I zu berechnen, der für die Hälfte des steuerpflichtigen Vermögens gelten würde. Dieser Steuersatz ist auf den (gesamten) steuerpflichtigen Erwerb anzuwenden. Steuerschuldner ist die Stiftung oder der Verein (§ 20 Abs. 1 Satz 1 ErbStG).

BEISPIEL ZUR ERMITTLUNG DER ERSATZERBSCHAFTSTEUER:

Steuerpflichtiges Vermögen einer seit dem 1. 6. 1986 bestehenden (vermögensmäßig ausgestatteten) Familienstiftung zum Besteuerungszeitpunkt 1. 6. 2016	20 800 000 €
abzüglich doppelter Freibetrag (§ 15 Abs. 2 Satz 3 i. V. mit § 16 Abs. 1 Nr. 2 ErbStG)	./. 800 000 €
steuerpflichtiger Erwerb (§ 10 Abs. 1 Satz 6 ErbStG)	20 000 000 €
davon die Hälfte (§ 15 Abs. 2 Satz 3 ErbStG)	10 000 000 €
maßgebender Steuersatz nach Steuerklasse I (§ 19 Abs. 1 ErbStG)	23 %
Steuerschuld (stpfl. Erwerb x Steuersatz = 20 000 000 € × 23 %)	4 600 000 €

In den Fällen des § 1 Abs. 1 Nr. 4 ErbStG räumt § 24 ErbStG dem Steuerpflichtigen die Möglichkeit ein, die Steuer in 30 gleichen jährlichen Teilbeträgen (Jahresbeträgen) zu entrichten. Die Summe der Jahresbeträge umfasst die Tilgung und die Verzinsung der Steuer, wobei von einem Zinssatz von 5,5 % auszugehen ist (§ 24 Satz 2 ErbStG); die jährliche Zahlung beträgt folglich 6,52 % der Ersatzerbschaftsteuer.

II. Erbschaft- und Schenkungsteuer – Verknüpfungsregelungen

Nach Maßgabe des § 1 Abs. 2 ErbStG gelten die Vorschriften über Erwerbe von Todes wegen – soweit nichts anderes bestimmt ist – auch für Schenkungen unter Lebenden. Bei der Besteuerung von Schenkungen unter Lebenden gelten alle Bestimmungen des ErbStG, sofern diese nicht Sachverhalte betreffen, die allein bei Erwerben von Todes wegen vorkommen.

Folgende Erbschaftsteuerregelungen sind auch auf Schenkungsfälle anwendbar:
- § 10 Abs. 8 ErbStG => Verbot der Abzugsfähigkeit der Schenkungsteuer beim Erwerber;
- § 13 Abs. 1 Nr. 9 ErbStG => Freibetrag von 20 000 € für Erwerbe als Entgelt für Pflege- und Unterhaltsleistungen auch bei schenkweiser Einräumung;
- § 21 Abs. 1 ErbStG => Anrechnung ausländischer Schenkungsteuer.

Nach R E 1.1 Satz 3 ErbStR sind die folgenden Vorschriften *nicht auf Schenkungen anzuwenden*:
- Abzug von Nachlassverbindlichkeiten (§ 10 Abs. 1 Satz 2 ErbStG; vgl. auch BFH vom 21. 10. 1981, BStBl 1982 II S. 83);
- Pauschbetrag für Erbfallkosten (§ 10 Abs. 5 Nr. 3 Satz 2 ErbStG);
- Rückfall von Vermögensgegenständen an die Eltern (§ 13 Abs. 1 Nr. 10 ErbStG; vgl. auch BFH vom 16. 4. 1986, BStBl 1986 II S. 622);
- Steuerklasse der Eltern bei Erwerben von Todes wegen (§ 15 Abs. 1 ErbStG Steuerklasse I Nr. 4) oder zu Erwerben aufgrund gemeinschaftlicher Testamente von Ehegatten oder von Lebenspartnern i. S. des LPartG (§ 15 Abs. 3 ErbStG);
- besonderer Versorgungsfreibetrag für den überlebenden Ehegatten, den Lebenspartner i. S. des LPartG oder die Kinder des Erblassers (§ 17 ErbStG);
- Haftung von Kreditinstituten (§ 20 Abs. 6 Satz 2 ErbStG);
- Steuerermäßigung bei mehrfachem Erwerb desselben Vermögens (§ 27 ErbStG; vgl. BFH vom 2. 9. 1987, BStBl 1987 II S. 785).

C. Steuerpflicht (§ 2 ErbStG)

TAB. 1:	Übersicht persönliche Steuerpflicht		
Art der Steuerpflicht	Unbeschränkte Steuerpflicht	Beschränkte Steuerpflicht	Erweitert beschränkte Steuerpflicht
Rechtsgrundlage	§ 2 Abs. 1 Nr. 1 und 2 ErbStG	§ 2 Abs. 1 Nr. 3 ErbStG	§ 4 AStG
Umfang	Gesamter Vermögensanfall	Inlandsvermögen i. S. des § 121 BewG	Erweitertes Inlandsvermögen
Anrechnung nach § 21 ErbStG	Ja	Nein	Nein

I. Persönliche Steuerpflicht

14 § 2 ErbStG unterscheidet zwischen der *unbeschränkten* und der *beschränkten Steuerpflicht*. Die in § 2 Abs. 1 Nr. 1 und 2 ErbStG geregelte unbeschränkte Steuerpflicht knüpft an die *Inländereigenschaft* der beteiligten Personen an, wobei zwei persönliche Bezugspunkte bestehen: Zum einen ist die Inländereigenschaft des Erblassers bzw. Schenkers oder zum anderen die des Erwerbers maßgebend. Für die Annahme der unbeschränkten Steuerpflicht reicht also die Inländereigenschaft einer der genannten Personen aus. § 2 Abs. 1 Nr. 1 Satz 2 Buchst. b und c ErbStG normieren die sog. verlängerte unbeschränkte Steuerpflicht; hierbei stellt das ErbStG ausnahmsweise auf die deutsche Staatsangehörigkeit ab. In den Fällen der beschränkten Steuerpflicht (§ 2 Abs. 1 Nr. 3 ErbStG, vgl. Tz. 16 ff.) sind weder der Erblasser bzw. der Schenker noch der Erwerber Inländer.

Bei der unbeschränkten Steuerpflicht wird der gesamte Vermögensanfall – Einschränkungen durch ein DBA sind möglich – der Besteuerung unterworfen *(sog. Weltvermögensprinzip)*. Anknüpfungspunkt bei der beschränkten Steuerpflicht ist das *Inlandsvermögen* i. S. des § 121 BewG. Durch § 4 AStG kann unter Bezugnahme auf § 2 Abs. 1 Nr. 3 ErbStG die beschränkte Steuerpflicht erweitert werden. In diesen Fällen unterliegt der Steuerpflicht dann das *erweiterte Inlandsvermögen*.

Der Eintritt der unbeschränkten wie auch der beschränkten Steuerpflicht ist unabhängig davon, ob der Erwerb auf deutschem oder ausländischem Zivilrecht beruht. Auch Erwerbe nach ausländischem Erbrecht können der deutschen ErbSt unterliegen (BFH vom 7. 5. 1986, BStBl 1986 II S. 615).

§ 2 Abs. 3 ErbStG räumt beschränkt steuerpflichtigen Personen ein *Antragswahlrecht* ein. Voraussetzung ist, dass entweder der Erblasser bzw. Schenker oder der Erwerber in einem EU- oder EWR-Mitgliedsstaat ansässig ist. Mit der Antragstellung unterliegt der Erwerb den Regelungen der unbeschränkten Steuerpflicht. Von Vorteil ist die Anwendung eines höheren persönlichen Freibetrags (bei beschränkter Steuerpflicht gem. § 16 Abs. 2 ErbStG lediglich 2 000 €; vgl. dazu auch Tz 27a). Nachteilig sind die Einbeziehung des Weltvermögens in die Berechnung des steuerpflichtigen Erwerbs sowie die Berücksichtigung der von derselben Person innerhalb von zehn Jahren vor dem Vermögensanfall und innerhalb von zehn Jahren nach dem Vermögensanfall anfallenden Erwerbe. Dieser Erwerbe werden nach Maßgabe des § 14 ErbStG zusammengerechnet und der Steuer unterworfen. Vgl. zur Europarechtswidrigkeit der Regelung auch Tz 27b.

II. Unbeschränkte Steuerpflicht

15 Ist der Erblasser zurzeit seines Todes bzw. der Schenker im Zeitpunkt der Ausführung der Schenkung oder der Erwerber zurzeit der Entstehung der Steuer (§ 9 ErbStG) ein Inländer, so tritt die Steuerpflicht für den gesamten Vermögensanfall ein (§ 2 Abs. 1 Nr. 1 ErbStG). Der Erblasser ist Inländer, wenn er zum Besteuerungszeitpunkt im Inland seinen Wohnsitz (§ 8 AO) oder einen gewöhnlichen Aufenthalt (§ 9 AO) hat. Ist an einem Erwerbsvorgang eine in § 2 Abs. 1 Satz 2 Buchst. d und Nr. 2 ErbStG genannte Körperschaft beteiligt, ist für die Entscheidung über die unbeschränkte Steuerpflicht auf de-

ren Geschäftsleitung (§ 10 AO) oder deren Sitz (§ 11 AO) abzustellen (R E 2.1 Abs. 1 Satz 1 ErbStR).

Ist der Erblasser ein Inländer, so unterliegt der gesamte Nachlass der ErbSt, unabhängig davon, ob er im Inland oder im Ausland belegen ist oder wo der Begünstigte (Erbe, Vermächtnisnehmer, Pflichtteilsberechtigte oder sonst irgendwie Begünstigte) seinen Wohnsitz oder gewöhnlichen Aufenthalt hat. In diesem Fall hat der Erwerber, unabhängig, ob er ein Inländer ist oder nicht, seinen gesamten Erwerb zu versteuern. Ist der Erblasser nicht Inländer i. S. des ErbStG, so ist der Erwerber unbeschränkt steuerpflichtig, wenn er die Inländereigenschaft hat.

> **BEISPIEL:** E mit alleinigem Wohnsitz in Deutschland wird von ihren Töchtern T1 und T2 je zur Hälfte beerbt. T1 wohnt ebenfalls in Deutschland, während T2 seit mehr als zehn Jahren in Monaco (Niedrigsteuerland) lebt. Der Nachlass setzt sich aus folgenden Vermögensgegenständen zusammen:
> Mehrfamilienhaus in Deutschland, Bankguthaben bei Geldinstituten im Inland, 35-%-Beteiligung an deutscher OHG, Bankguthaben bei Geldinstituten im Ausland, Ferienhaus in Monaco.
> E hat im Zeitpunkt ihres Todes noch eine (private) Restschuld; das vorbezeichnete Mehrfamilienhaus ist mit einer vollvalutierten Hypothek belastet.
> → T1 und T2 sind jeweils unbeschränkt erbschaftsteuerpflichtig gem. § 2 Abs. 1 Nr. 1 Buchst. a ErbStG, da E zur Zeit ihres Todes Inländerin war. Auf die Inländereigenschaft der T1 und der T2 kommt es wegen der Ableitung der unbeschränkten Steuerpflicht von E nicht an.
> Die unbeschränkte Steuerpflicht umfasst alle Erwerbe aus dem Nachlass (Weltvermögensprinzip; totale unbeschränkte Steuerpflicht). Die mangelnde Inländereigenschaft der T2 ist ohne Einfluss auf den Umfang der Steuerpflicht. Somit sind alle obigen Vermögensgegenstände abzüglich der Schulden in den Vermögensanfall bzw. die Bereicherung von T1 und T2 einzubeziehen.

Ist also entweder der Erblasser oder der Erbe bzw. ein sonstiger Erwerber als Inländer anzusehen, unterliegt insoweit der gesamte Erwerb der ErbSt, gleichgültig, in welchem Staat der Nachlass belegen ist.

Als Inländer gelten gemäß § 2 Abs. 1 Nr. 1 Satz 2 ErbStG:

a) natürliche Personen, die im Inland einen Wohnsitz oder einen gewöhnlichen Aufenthalt haben;

b) deutsche Staatsangehörige, die sich nicht länger als fünf Jahre dauernd im Ausland aufgehalten haben, ohne im Inland einen Wohnsitz zu haben;

c) unabhängig von der Fünfjahresfrist deutsche Staatsangehörige, die

   aa) im Inland weder einen Wohnsitz noch ihren gewöhnlichen Aufenthalt haben und

   bb) zu einer inländischen juristischen Person des öffentlichen Rechts in einem Dienstverhältnis stehen und dafür Arbeitslohn aus einer inländischen öffentlichen Kasse beziehen,

   sowie zu ihrem Haushalt gehörende Angehörige, die die deutsche Staatsangehörigkeit besitzen. Dies gilt nur für Personen, deren Nachlass oder Erwerb in dem Staat, in dem sie ihren Wohnsitz oder gewöhnlichen Aufenthalt haben, lediglich in einem der Steuerpflicht nach § 2 Abs. 1 Nr. 3 ErbStG ähnlichen Umfang zu einer Nachlass- oder Erbanfallsteuer herangezogen wird;

d) Körperschaften, Personenvereinigungen und Vermögensmassen, die ihre Geschäftsleitung oder ihren Sitz im Inland haben.

In den Fällen des § 1 Abs. 1 Nr. 4 ErbStG ist unbeschränkte Steuerpflicht gegeben, wenn die Stiftung oder der Verein die *Geschäftsleitung* oder den *Sitz im Inland* hat (§ 2 Abs. 1 Nr. 2 ErbStG).

III. Beschränkte Steuerpflicht
1. Personenkreis

16   Nach § 2 Abs. 1 Nr. 3 ErbStG tritt in allen anderen Fällen – also in Abgrenzung zu § 2 Abs. 1 Nr. 1 und 2 ErbStG – für den Vermögensanfall, der aus Inlandsvermögen besteht, Steuerpflicht ein. Regelungsgegenstand des § 2 Abs. 1 Nr. 3 ErbStG sind Sachverhalte, in denen weder der Erblasser bzw. Schenker noch der Erwerber Inländer sind. Einziger Anknüpfungspunkt für die Steuerpflicht ist hier das Inlandsvermögen i. S. des § 121 BewG (R E 2.1 Abs. 2 ErbStR).

Voraussetzung für die beschränkte Steuerpflicht ist somit, dass weder der Erblasser bzw. Schenker noch der Erwerber (Erbe oder sonstiger Bedachte) ihren Wohnsitz oder gewöhnlichen Aufenthalt im Inland haben. Für Körperschaften, Personenvereinigungen und Vermögensmassen tritt beschränkte Steuerpflicht ein, soweit sie weder Geschäftsleitung noch Sitz im Inland haben.

2. Inlandsvermögen

17   Die beschränkte Steuerpflicht erstreckt sich auf das Inlandsvermögen i. S. des § 121 BewG. Nach R E 2.2 Abs. 1 Satz 1 ErbStR gehören zum Inlandsvermögen bei beschränkter Steuerpflicht nur solche Wirtschaftsgüter, die auch bei unbeschränkter Steuerpflicht einem Erwerb zuzurechnen sind. Demgemäß werden auch beim Inlandsvermögen solche Wirtschaftsgüter nicht erfasst, die nach den Vorschriften des ErbStG oder anderer Gesetze nicht zur ErbSt heranzuziehen sind (R E 2.2 Abs. 1 Satz 2 ErbStR).

Die Aufzählung der Vermögensgegenstände in § 121 BewG ist abschließend *(sog. Enumerationsprinzip)*, mit der Folge, dass dort nicht aufgeführte Vermögensgegenstände nicht der Steuerpflicht nach Maßgabe des § 2 Abs. 1 Nr. 3 ErbStG unterliegen. Hieraus folgt des Weiteren, dass der Begriff „Inlandsvermögen" nach § 121 BewG rechtlich nicht mit dem „im Inland befindlichen Vermögen" identisch ist (BFH vom 11. 3. 1966, HFR 1966, S. 401).

HINWEIS:

Die enumerative Abgrenzung des Inlandsvermögens durch § 121 BewG führt u. a. dazu, dass Wertpapiere, Bank- und Sparguthaben bei inländischen Kreditinstituten sowie ungesicherte Forderungen nicht der beschränkten Steuerpflicht unterliegen.

3. Schulden und Lasten

Schulden und Lasten werden nach § 10 Abs. 6 Satz 2 ErbStG nur *insoweit* berücksichtigt, als sie mit dem *Inlandsvermögen in wirtschaftlichem Zusammenhang* stehen (R E 2.2 Abs. 7 Satz 1 ErbStR). Der wirtschaftliche Zusammenhang mit dem Inlandsvermögen ist zu bejahen, wenn die Entstehung der Verbindlichkeit ursächlich und unmittelbar auf Vorgängen beruht, die den jeweiligen Vermögensgegenstand des Inlandsvermögens betreffen. Die Annahme einer Erbschaft als solche genügt nicht, um eine (vorher nicht bestehende) wirtschaftliche Verbindung zwischen Vermögensgegenstand und Schuld herzustellen. Es müssen vielmehr besondere Umstände hinzutreten, aus denen sich ergibt, dass die Entstehung der Schuld oder Last auch im Falle der Erbschaft unmittelbar auf Vorgänge zurückzuführen ist, die das belastete Wirtschaftsgut selbst betreffen (BFH vom 17. 12. 1965, BStBl 1966 III S. 483). Ein wirtschaftlicher Zusammenhang mit dem Inlandsvermögen ist demnach gegeben, wenn die Schuld zum Erwerb, zur Sicherung oder zur Erhaltung des inländischen Grundvermögens eingegangen worden ist (BFH vom 25. 10. 1995, BStBl 1996 II S. 11). Pflichtteilsansprüche stehen anteilig im wirtschaftlichen Zusammenhang mit der Erbschaft; sie lasten insoweit auf dem Inlandsvermögen, als die Erbschaft zum Inlandsvermögen gehört (BFH vom 21. 7. 1972, BStBl 1973 II S. 3).

18

4. Sachliche Steuerbefreiungen bei beschränkter Steuerpflicht

Der Schuldenabzug ist grundsätzlich nur dann eingeschränkt, wenn die belasteten Vermögensgegenstände bei der Besteuerung nicht angesetzt werden (wie z. B. im Anwendungsbereich des § 2 Abs. 1 Nr. 3 ErbStG) oder nach § 13 Abs. 1 Nr. 2 oder Nr. 3 ErbStG voll oder teilweise befreit sind (R E 10.10 Abs. 3 Satz 1 ErbStR). Vermögensgegenstände, für die der Erwerber lediglich im Rahmen der Wertermittlung nach § 13 Abs. 1 Nr. 1 ErbStG einen pauschalen Freibetrag erhält, unterliegen dagegen selbst *uneingeschränkt* der Besteuerung, so dass gem. R E 10.10 Abs. 3 Satz 2 ErbStR der eingeschränkte Schuldenabzug nicht in Betracht kommt.

19

IV. Erweiterte beschränkte Steuerpflicht

§ 4 AStG erweitert die beschränkte Steuerpflicht nach § 2 Abs. 1 Nr. 3 ErbStG, wenn der Erblasser oder Schenker zurzeit der Steuerentstehung der *erweiterten beschränkten Einkommensteuerpflicht* i. S. des § 2 Abs. 1 Satz 1 AStG unterlag. Der § 2 Abs. 1 Satz 1 AStG unterfallende Personenkreis muss seinen Wohnsitz oder gewöhnlichen Aufenthalt als Deutscher nach mindestens fünfjähriger unbeschränkter Einkommensteuerpflicht *aus dem Inland wegverlegt* haben, in einem *Land mit Niedrigbesteuerung* ansässig sein und *wesentliche wirtschaftliche Interessen im Inland* haben.

20

Da sich die Anwendungsvoraussetzungen des § 4 Abs. 1 AStG mit denen des § 2 Abs. 1 Nr. 1 Satz 2 Buchst. b ErbStG überschneiden, die beschränkte Erbschaftsteuerpflicht gegenüber der unbeschränkten jedoch lediglich *subsidiären Charakter* hat, wird § 4 AStG erst dann einschlägig, wenn der die erweiterte (verlängerte) unbeschränkte Steuerpflicht auslösende Fünf-Jahres-Zeitraum abgelaufen ist. Besteuerungsgegenstand bei der erweiterten beschränkten Steuerpflicht ist das *sog. erweiterte Inlandsvermögen*; dieses erstreckt sich nach § 4 Abs. 1 AStG über den in § 2 Abs. 1 Nr. 3 ErbStG bezeichneten Umfang hinaus auf alle Vermögenswerte, deren Erträge bei unbeschränkter Einkommensteuerpflicht nicht ausländische Einkünfte i. S. des § 34c Abs. 1 EStG wären. Hingegen unterliegen bspw. nicht der erweiterten beschränkten Steuerpflicht ausländisches land- und forstwirtschaftliches Vermögen, sonstiges im Ausland belegenes unbewegliches Vermögen sowie in einem ausländischen Staat belegene Betriebsstätten.

Erweiterte beschränkte Steuerpflicht ist nicht gegeben, wenn nachgewiesen wird, dass für Teile des Erwerbs, die über das normale Inlandsvermögen (§ 2 Abs. 1 Nr. 3 ErbStG, § 121 BewG) hinaus steuerpflichtig wären, im Ausland eine der deutschen ErbSt entsprechende Steuer zu entrichten ist, die mindestens 30 % der deutschen ErbSt beträgt, die bei Anwendung des § 4 Abs. 1 AStG auf diese Teile des Erwerbs entfallen würde (§ 4 Abs. 2 AStG). Wegen der Grundsätze zur Anwendung des Außensteuergesetzes vgl. auch BMF-Schreiben vom 14. Mai 2004 (BStBl 2004 I Sondernummer 1/2004 S. 3, 17).

V. Doppelbesteuerungsabkommen
1. Vorbemerkung

21 Aufgrund des umfassenden Besteuerungsanspruchs des deutschen ErbStG *(Weltvermögensprinzip)* kann es in der Besteuerungspraxis zu Überschneidungen mit den Besteuerungsansprüchen anderer Staaten kommen, insbesondere dann, wenn sich der letzte Wohnsitzstaat am *Weltvermögensprinzip* orientiert und ein *Belegenheitsstaat* sein Besteuerungsrecht an in seinem Inland belegenem Vermögen festmacht.

Ein Staat kann sich zur Vermeidung einer internationalen Doppelbesteuerung in erbschaft- und schenkungsteuerlicher Hinsicht verschiedener Methoden bedienen. Durch einseitige Maßnahmen kann eine Doppelbesteuerung im Wege der *Anrechnung* (§ 21 ErbStG) verhindert werden. In diesem Fall wird die ausländische Steuer auf die deutsche ErbSt angerechnet (vgl. Tz 575 ff.). Eine andere Möglichkeit besteht darin, mit anderen Staaten *Abkommen zur Vermeidung der Doppelbesteuerung (DBA)* abzuschließen. Die von der Bundesrepublik Deutschland abgeschlossenen DBA haben als völkerrechtliche Verträge die Qualität innerstaatlicher Gesetze, insbesondere gehen die DBA-Vorschriften dem nationalen Recht – somit auch dem ErbStG – vor (§ 2 AO).

Die von der Bundesrepublik Deutschland abgeschlossenen DBA greifen regelmäßig auf das sog. OECD-Musterabkommen 1982 zurück. Dieses Musterabkommen stellt zwei Methoden zur Vermeidung (bzw. Verringerung) der Doppelbesteuerung zur Verfügung: die Freistellungsmethode und die Anrechnungsmethode.

22 Bei der *Freistellungsmethode* dürfen bestimmte Vermögensgegenstände nur in einem der Vertragsstaaten besteuert werden, während diese im anderen Vertragsstaat vollumfänglich von der Besteuerung ausgenommen sind. Allerdings ist in diesen Fällen der Wohnsitzstaat berechtigt, das von der Besteuerung ausgenommene Vermögen bei der Steuerfestsetzung für das übrige Vermögen einzubeziehen. Dieser in § 19 Abs. 2 ErbStG

geregelte *sog. Progressionsvorbehalt* führt dazu, dass die Steuer nach dem Steuersatz zu erheben ist, der für den ganzen Erwerb – mithin unter Berücksichtigung des freigestellten Vermögens – einschlägig wäre (vgl. Tz 541).

Bei der *Anrechnungsmethode* wird die ausländische Steuer auf die vom Wohnsitzstaat erhobene Steuer angerechnet. Da das Anrechnungsvolumen betragsmäßig immer auf die anteilige deutsche Steuer beschränkt ist, die auf das Auslandsvermögen im anderen Vertragsstaat entfällt, führt die Anrechnungsmethode nicht immer zur Vollanrechnung der ausländischen Steuer (vgl. dazu auch Tz 578).

2. Stand der ErbSt-Doppelbesteuerungsabkommen

Gegenwärtig bestehen auf dem Gebiet der Erbschaft- und Schenkungsteuer folgende Doppelbesteuerungsabkommen (vgl. BMF-Schreiben vom 19.1.2016, BStBl 2016 I S. 76):

- **Griechenland:** Übereinkommen über die Besteuerung des beweglichen Nachlassvermögens vom 18.11./1.12.1910 (RGBl 1912 S. 173). Es wird seit dem 1.1.1953 wieder angewandt, vgl. Bekanntmachung vom 29.7.1953 (BGBl 1953 II S. 525, BStBl 1953 I S. 375). Das Abkommen gilt nur für die Erbschaftsteuer.
- **Frankreich:** Abkommen vom 12.10.2006 (BGBl 2007 II S. 1402; BStBl 2009 I S. 1258).
- **Schweiz:** Abkommen vom 30.11.1978 (BGBl 1980 II S. 594; BStBl 1980 I S. 243). Das Abkommen erstreckt sich nur auf die Erbschaftsteuer.
- **Vereinigte Staaten von Amerika (USA):** Abkommen vom 3.12.1980 (BGBl 1982 II S. 846; BStBl 1982 I S. 864); Ergänzungsprotokoll vom 14.12.1998, Zustimmungsgesetz vom 15.9.2000 (BGBl 2000 II S. 1170; BStBl 2001 I S. 110); Neufassung vom 21.12.2000 (BGBl 2001 II S. 65; BStBl 2001 I S. 114). Das Abkommen erstreckt sich auf die Erbschaft- und Schenkungsteuer, in den USA allerdings nur auf die dortige Bundeserbschaftsteuer und Bundesschenkungsteuer, nicht jedoch auf die entsprechenden Steuern in den Bundesstaaten.
- **Schweden:** Abkommen vom 8.6.1994 (BGBl 1994 II S. 686; BStBl 1994 I S. 422). Schweden hat die Erbschaft- und Schenkungsteuer zum 1.1.2005 abgeschafft. Das derzeitige Abkommen gilt jedoch für die Erbschaft- und Schenkungsteuer weiter.
- **Dänemark:** Abkommen vom 22.11.1995 (BGBl 1996 II S. 2565; BStBl 1996 I S. 1219). Das Abkommen gilt für die Erbschaft- und Schenkungsteuer.

VI. Die Erbschaftsteuer im Kontext des EU-Rechts

Zur Einordnung und Bewertung der (nationalen) Erbschaftsteuer im Kontext des europäischen Gemeinschaftsrechts ist auf einige Besonderheiten hinzuweisen. Zum einen unterliegt die Erbschaftsteuer grundsätzlich der autonomen Zuständigkeit der EU-Mitgliedstaaten. Zum anderen gehört die *Erbschaft- und Schenkungsteuer* (auch) zu den *direkten Steuern*, für die die europäischen Grundfreiheiten gelten. Im Bereich der direkten Steuern setzt jedoch das Gemeinschaftsrecht bei grenzüberschreitenden Sachverhalten der Autonomie des nationalen (Steuer-)Gesetzgebers Grenzen, die insbesondere in der

Beachtung der *Grundfreiheiten* ihren Ausdruck finden. Im Urteil vom 11.12.2003 (Rs. C-364/01, *Erben von Barbier*, Slg. 2003, I-15013; ZEV 2004 S. 74) hatte der EuGH die uneingeschränkte Geltung der Grundfreiheiten für den Bereich der Erbschaft- und Schenkungsteuer unterstrichen und expressis verbis ausgeführt, dass dem *gemeinschaftsrechtlichen Begriff des Kapitalverkehrs* neben Immobilienanlagen auch *Erbschaften* unterfallen (so auch im EuGH-Urteil vom 23.2.2006, *Van Hilten-van der Heijden*, C-513/03, Slg. 2006, I-1957 Rdnr. 42; ZEV 2006 S. 460). In der EuGH-Entscheidung „Barbier", die zum niederländischen Erbschaftsteuerrecht ergangen ist, war den Erben der Abzug einer Nachlassverbindlichkeit versagt worden, weil der Erblasser vor seinem Tod seinen Wohnsitz aus den Niederlanden nach Belgien verlegt hatte. Ohne den Wegzug wäre indessen der Abzug der Nachlassverbindlichkeit zulässig gewesen. Nach dem EuGH-Urteil v. 25.10.2007, C-464/05, *Geurts/Vogten* (ZEV 2008 S. 92) steht Art. 43 EG in Ermangelung einer stichhaltigen Rechtfertigung einer Steuerregelung im Bereich der Erbschaftsteuern *entgegen*, die von der für *Familienunternehmen* vorgesehenen Befreiung von diesen Steuern Unternehmen ausschließt, die in den drei dem Tod des Erblassers vorausgehenden Jahren *mindestens fünf Arbeitnehmer* in einem anderen Mitgliedstaat (hier: Niederlande) *beschäftigt* haben, während sie eine solche Befreiung dann gewährt, wenn die Arbeitnehmer in einer Region des erstgenannten Mitgliedstaats (hier: Belgien) beschäftigt worden sind. Mit Urteil vom 17.1.2008, C-256/06, *Theodor Jäger* (ZEV 2008 S. 87) hatte der EuGH entschieden, dass die im deutschen Recht vorgesehene Beschränkung der niedrigen Bewertung und der steuerlichen Entlastung auf inländisches land- und forstwirtschaftliches Vermögen gegen den Grundsatz der Kapitalverkehrsfreiheit verstößt. Mit Urteil vom 2.10.2008, C 360/06, *Heinrich Bauer Verlag BeteiligungsGmbH*, (IStR 2008 S. 773) hatte der EuGH entschieden, dass die unterschiedliche Bewertung von Beteiligungen an inländischen und ausländischen Personengesellschaften europarechtswidrig ist. Hingegen hat der EuGH mit Urteil vom 12.2.2009, C-67/08, entschieden, dass die fehlende Steueranrechnung bei Bankguthaben in Spanien europarechtskonform ist. In den *§§ 13a - 13c ErbStG (a. F.)* bzw. *§§ 13a - 13d ErbStG* hat der Gesetzgeber den Anforderungen des Europarechts dadurch Rechnung getragen, dass er das Verschonungsinstrumentarium nicht nur auf inländisches begünstigungsfähiges Vermögen, sondern auch auf entsprechendes Vermögen in den *Mitgliedstaaten der Europäischen Union* sowie des *Europäischen Wirtschaftsraums* erstreckt hat.

26 Aus der uneingeschränkten Geltung der Grundfreiheiten für den Bereich der Erbschaft- und Schenkungsteuer folgt hingegen nicht, dass die Festsetzung und Erhebung von Erbschaft- und Schenkungsteuer generell mit dem Verdikt der Gemeinschaftswidrigkeit belegt wäre. Als *gemeinschaftswidrig* sind vielmehr *nationale Regelungen* einzustufen, die die *Entscheidungsfreiheit* für eine inländische oder ausländische Investition dadurch *wesentlich behindern*, dass in Abhängigkeit des Anlageortes unterschiedliche Erbschaftsteuern für wertmäßig identische Vermögensübergänge erhoben werden (BFH-Beschluss vom 10.3.2005, BStBl 2005 II S. 370).

27 Hat mithin der nationale Steuergesetzgeber seine Befugnisse unter Wahrung des Gemeinschaftsrechts auszuüben, hat er die Grundfreiheiten zu beachten. Zu diesen Grundfreiheiten gehört insbesondere die *Kapitalverkehrsfreiheit*. In seinem Urteil vom

22.4.2010, C-510/08, Mattner (ZEV 2010, 270) hielt der EuGH es mit den Vorschriften über die Kapitalverkehrsfreiheit für unvereinbar, dass ein Erwerber bei beschränkter Steuerpflicht nur einen wesentlich geringeren persönlichen Freibetrag erhält als bei unbeschränkter Steuerpflicht. Als Reaktion auf das Urteil hat der Gesetzgeber für Personen, die in einem EU- oder EWR-Mitgliedsstaat ansässig sind, das Antragswahlrecht des § 2 Abs. 3 ErbStG eingeführt, wonach diese wie unbeschränkt steuerpflichtige Personen behandelt werden können.

In einer weiteren Entscheidung vom 17.10.2013, C-181/12, Welte (DStR 2013, S. 2269) hat der EuGH erneut zu einem Fall der beschränkten Erbschaftsteuerpflicht Stellung genommen. Demnach ist es mit Europarecht nicht vereinbar, dass ein Freibetrag dann, wenn Erblasser und Erwerber zum Zeitpunkt des Erbfalls ihren Wohnsitz in einem Drittland (hier in der Schweiz) haben, niedriger ist als der Freibetrag, der zur Anwendung gekommen wäre, wenn zumindest eine dieser beiden Personen zu diesem Zeitpunkt seinen Wohnsitz in Deutschland gehabt hätte. Nach § 16 Abs. 2 ErbStG steht dem Kläger als beschränkt Steuerpflichtigem für seinen Erwerb von Todes wegen nur ein Freibetrag von 2 000 € zu. Wenn der Erblasser oder der Kläger zur Zeit des Erbfalls seinen Wohnsitz in Deutschland gehabt hätten und deshalb kein Fall der beschränkten Steuerpflicht i. S. des § 2 Abs. 1 Nr. 3 Satz 1 ErbStG vorläge, stünde dem Kläger ein Freibetrag von 500 000 € zu und sein Erwerb wäre steuerfrei. Gegen die verwaltungsseitige (eingeschränkte) Umsetzung dieser Rechtsprechung liegen mehrere Revisionen vor (vgl. BFH-Az.: II R 53/14 und II R 2/16). 27a

Der EuGH hat mit Urteil vom 08.06.2016, C-479-14, Hünnebeck [SAAAF-75424] über die Frage entschieden, ob die deutsche Regelung über Schenkungsteuer auf die Schenkung eines in Deutschland belegenen Grundstücks unter Gebietsfremden mit dem freien Kapitalverkehr vereinbar ist. Demnach steht der freie Kapitalverkehr einer nationalen Regelung entgegen, wonach bei Schenkungen unter Gebietsfremden die Steuer unter Anwendung eines niedrigeren Steuerfreibetrages berechnet wird, wenn der Erwerber keinen spezifischen Antrag stellt. Diese Artikel stehen auch und auf jeden Fall einer nationalen Regelung entgegen, wonach die Steuer auf Antrag eines solchen Erwerbers unter Anwendung des höheren Freibetrages berechnet wird, der für Schenkungen unter Beteiligung zumindest eines Gebietsansässigen gilt, wobei die Wahrnehmung dieser Option durch den gebietsfremden Erwerber bewirkt, dass für die Berechnung der Steuer auf die betreffende Schenkung alle Schenkungen, die dieser Schenkungsempfänger in den zehn Jahren vor und in den zehn Jahren nach der Schenkung von derselben Person erhalten hat, zusammengerechnet werden. Das FG Düsseldorf hat daraufhin mit Urteil vom 13.7.2016, 4 K 488/14 Erb [DAAAF-79755] entschieden, dass eine in Großbritannien lebende Schenkerin, die hinsichtlich eines in Deutschland belegenen Grundstücks (beschränkt) schenkungsteuerpflichtig ist, Anspruch auf denselben Freibetrag hat, wie ein Schenker, der in Deutschland wohnt und deshalb unbeschränkt steuerpflichtig ist. Das gelte ungeachtet der Möglichkeit, zur unbeschränkten Steuerpflicht zu optieren. Die Revision wurde vom FG nicht zugelassen, da die Voraussetzungen des § 115 Abs. 2 FGO nicht vorlägen. Die entscheidungserheblichen Rechtsfragen seien durch das obige Urteil des EuGH vom 8.6.2016 abschließend geklärt. Der Gesetzgeber prüft gegenwärtig eine gesetzliche Neuregelung zu dieser Rechtsproblematik zu schaffen. 27b

27c In dem Vorabentscheidungsersuchen C-123/15 „Feilen" hatte der EuGH die Rechtsfrage zu beurteilen, ob die Beschränkung der Steuerermäßigung gemäß § 27 ErbStG auf die Fälle, bei denen auch der Vorerwerb der Erbschaftsbesteuerung im Inland unterlegen hat, mit dem Grundsatz der Kapitalverkehrsfreiheit gemäß der Artikel 63 und 65 AEUV vereinbar ist. Mit Urteil vom 30. 6. 2016 [DAAAF-79071] hat der EuGH die Vereinbarkeit des § 27 ErbStG mit dem EU-Recht bestätigt. Dabei führt der EuGH als Argumentation Folgendes aus:

1. Bei Erbschaften, bei denen wesentliche Elemente über die Grenzen eines Mitgliedsstaats hinausgehen, weil z. B. im Nachlass Vermögensgegenstände enthalten sind, die nicht im Inland belegen sind, handelt es sich um internationalen Kapitalverkehr im Sinne von Art. 63 Abs. 1 AEUV.

2. § 27 ErbStG enthält eine Beschränkung des freien Kapitalverkehrs i. S. von Art. 63 Abs. 1 AEUV, weil die Ermäßigung davon abhängig ist, dass der Vorerwerb im Inland steuerpflichtig war. Steuerpflichtige mit einem ausschließlich im Ausland besteuerten Vorerwerb werden dadurch benachteiligt.

3. Die Beschränkung der Kapitalverkehrsfreiheit ist jedoch im Sinne von Art. 65 AEUV zur Wahrung der Kohärenz des deutschen Steuersystems gerechtfertigt. Die Steuerermäßigung gemäß § 27 ErbStG unterliegt einer spiegelbildlichen Logik zur Besteuerung des Vorerwerbs im Inland, mit der Vorschrift soll eine Doppelbesteuerung desselben Vermögens innerhalb kurzer Zeit zumindest teilweise verhindert werden. Dem ErbStG liege der Gedanke zu Grunde, dass das Vermögen unter nahen Verwandten (nur) im Generationenwechsel übertragen und besteuert werde. Eine Besteuerung in kürzeren Zeitabständen wäre zumindest teilweise unangemessen. Zwischen dem fraglichen Steuervorteil und der früheren Besteuerung besteht ein unmittelbarer Zusammenhang. Die Beschränkung in § 27 ErbStG ist zur Erreichung des Gesetzesziels geeignet und verhältnismäßig.

D. Erwerbe von Todes wegen (§ 3 ErbStG)

TAB. 2:	Übersicht der Erwerbstatbestände von Todes wegen
Erwerbstatbestand	**Rechtsgrundlage**
Erwerb durch Erbanfall	§ 3 Abs. 1 Nr. 1 (1. Alt.) ErbStG
Erwerb durch Vermächtnis	§ 3 Abs. 1 Nr. 1 (2. Alt.) ErbStG
Erwerb aufgrund Pflichtteilsrecht	§ 3 Abs. 1 Nr. 1 (3. Alt.) ErbStG
Schenkung auf den Todesfall	§ 3 Abs. 1 Nr. 2 ErbStG
Vermächtnisähnliche Erwerbe	§ 3 Abs. 1 Nr. 3 ErbStG
Erwerb durch Vertrag zugunsten Dritter	§ 3 Abs. 1 Nr. 4 ErbStG
Übergang von Vermögen auf eine Stiftung sowie Bildung/Ausstattung einer Vermögensmasse ausländischen Rechts	§ 3 Abs. 2 Nr. 1 ErbStG

Erwerbstatbestand	Rechtsgrundlage
Erwerb bei Vollziehung einer Auflage oder Eintritt einer Bedingung	§ 3 Abs. 2 Nr. 2 ErbStG
Erwerb bei Genehmigung einer Zuwendung	§ 3 Abs. 2 Nr. 3 ErbStG
Abfindung bei Verzicht auf Erwerbe von Todes wegen	§ 3 Abs. 2 Nr. 4 ErbStG
Abfindung bei bedingten Vermächtnissen	§ 3 Abs. 2 Nr. 5 ErbStG
Entgelt für die Übertragung der Nacherbenanwartschaft	§ 3 Abs. 2 Nr. 6 ErbStG
Herausgabeanspruch des Vertragserben, Schlusserben oder Vermächtnisnehmers	§ 3 Abs. 2 Nr. 7 ErbStG

I. Erbfolge

Was als Erwerb von Todes wegen anzusehen ist, ist im Einzelnen in § 3 ErbStG geregelt. Diese Vorschrift umfasst nicht nur die im BGB geregelten Erbtatbestände, sondern auch alle sonstigen Erwerbe und Vorteile, die im Zusammenhang mit einem Erbfall, also dem Tode einer (natürlichen) Person, anfallen. Mit dem Tode des Erblassers geht dessen Vermögen als Ganzes auf die gesetzlichen oder die durch Verfügung von Todes wegen (Testament oder Erbvertrag) berufenen Erben über, unbeschadet des Rechts, die Erbschaft auszuschlagen (§§ 1922, 1942 BGB). 28

Beim Erwerb durch Erbanfall besteht grundsätzlich Identität zwischen dem, was der Erblasser im Todeszeitpunkt hatte und demjenigen, was auf den Erben im Wege der *Gesamtrechtsnachfolge* übergeht. Erwirbt deshalb der Erbe nach Eintritt des Erbfalls unter Verwendung von Mitteln, die er geerbt hat, ein Grundstück, so kann dieses nicht Gegenstand des Erwerbs von Todes wegen und somit Besteuerungsgegenstand sein, da sich das Grundstück im Zeitpunkt des Erbfalls, d. h. am Besteuerungsstichtag nicht im Vermögen des Erblassers befunden hatte. Dies gilt auch, soweit es einem gemeinsamen Plan von Erblasser und Erben entsprach, das Grundstück zu erwerben (BFH vom 10. 7. 1996, BFH/NV 1997, S. 28).

Der Erwerb von Todes wegen schließt es – abgesehen vom Verschaffungsvermächtnis – auch bei einer Erbschaftsteuer auf den Erbanfall aus, dass der Erwerber etwas anderes erwirbt, als der Erblasser besaß. Hatte sich der Erblasser lediglich bestimmte Immobilien reservieren lassen und sich dabei zur Zahlung eines Reservierungsentgelts verpflichtet, geht lediglich diese Zahlungsverpflichtung auf den Erben über und fehlt es selbst dann an einer der mittelbaren Grundstücksschenkung auch nur entfernt vergleichbaren Ausgangslage, wenn der Erbe die Immobilien nunmehr in eigener Person kauft (BFH vom 3. 7. 2003, BFH/NV 2003 S. 1583).

Die *Erbfolge* ist entweder eine *gesetzliche* oder eine *gewillkürte*. Sie ist eine gesetzliche, wenn der Erblasser selbst keine Regelung getroffen hat. Eine gewillkürte Erbfolge liegt vor, wenn der Erblasser testamentarisch verfügt oder einen Erbvertrag abgeschlossen hat. Die gesetzliche Erbfolge ist ausgeschlossen, wenn der Erblasser eine Verfügung von Todes wegen (z. B. durch Testament) getroffen hat.

1. Wirkungen der Erbfolge

29 Mit dem Tode des Erblassers geht der gesamte Nachlass auf den Erben bzw. die Erben über. Die Erbschaft geht auf den oder die berufenen Erben unbeschadet des Rechts, sie auszuschlagen, über (Anfall der Erbschaft, § 1942 BGB). Sind mehrere Erben vorhanden, so steht das Vermögen den Erben zur gesamten Hand zu (Erbengemeinschaft). Der Anteil eines jeden Miterben (Erbteil) wird in einem Bruchteil (Quote) ausgedrückt. Bei gesetzlicher Erbfolge erbt der überlebende Ehegatte neben den Erben erster Ordnung (Abkömmlinge des Erblassers/der Erblasserin) ein Viertel (§ 1931 Abs. 1 BGB). Kinder erben zu gleichen Teilen (§ 1924 Abs. 4 BGB).

Auch im Falle der gewillkürten Erbfolge wird der Erbanteil eines jeden Erben im Zweifel nach einer bestimmten Quote ausgedrückt sein. Die aufgrund des Erwerbes von Todes wegen erlangte Zuwendung gilt als steuerpflichtiger Erwerb. Auf eine Bereicherung und den Bereicherungswillen des Erblassers kommt es hier nicht an. Bei einer Mehrzahl von Erben ist die spätere Erbauseinandersetzung für die Festsetzung der ErbSt ohne Belang (R E 3.1 Abs. 1 Satz 3 ErbStR). Der ErbSt unterliegt allein dasjenige, was aufgrund einer Verfügung von Todes wegen erlangt ist, also infolge des Erbanfalls selbst, nicht jedoch aufgrund der Erbauseinandersetzung. Da dem Steuerrecht das Gesamthandseigentum unbekannt ist, werden nach § 39 Abs. 2 Nr. 2 AO dem Erben Wirtschaftsgüter, die mehreren zur gesamten Hand zustehen, anteilig zugerechnet, soweit eine separate Zurechnung für Zwecke der Besteuerung erforderlich ist. Für die Berechnung der ErbSt ist grundsätzlich die im *Erbschein* oder *Testament* ausgewiesene Quote maßgeblich.

> **BEISPIEL:** Erblasser A hat seine Ehefrau zu einem Viertel, seine Söhne B und C zu je $^3/_8$ als Erben eingesetzt. Der Steuerwert des Nachlasses beläuft sich auf 400 000 €. Hiervon entfallen auf die Ehefrau $^2/_8$ = $^1/_4$ = 100 000 €, auf Sohn B $^3/_8$ = 150 000 €, auf Sohn C ebenfalls $^3/_8$ = 150 000 €.

Die Frage, wer und in welchem Umfang Erbe ist, wird im Allgemeinen durch das *Nachlassgericht* geprüft und im Erbschein festgestellt (§ 2353 BGB). Dieser begründet die *widerlegbare Rechtsvermutung der Richtigkeit und Vollständigkeit*. Der Erbschein ist für die Finanzbehörden grundsätzlich bindend (BFH vom 22. 11. 1995, BStBl 1996 II S. 242).

2. Teilungsanordnungen und Vorausvermächtnisse

30 Hat der Erblasser Anordnungen über die Aufteilung des Nachlasses getroffen, so kann bürgerlich-rechtlich entweder eine Anordnung über die *Erbauseinandersetzung* (§ 2048 BGB) oder die Anordnung eines *Vorausvermächtnisses* (§ 2150 BGB) vorliegen. Ein Vorausvermächtnis ist gegeben, wenn einem von mehreren Erben zusätzlich zum Erbteil ein Vermögensvorteil i. S. von § 1939 BGB zugewendet werden soll. Sofern der Erblasser in einem von einem Notar beurkundeten Testament den Begriff des Vorausvermächtnisses verwendet, kommt dieser Wortwahl im Rahmen der Testamentsauslegung ein besonderes Gewicht zu (BFH vom 2. 7. 2004, BFH/NV 2005 S. 214). Derartige Anordnun-

gen des Erblassers haben keinerlei dingliche Wirkung mit der Folge, dass der Gegenstand, der einem Erben testamentarisch zugeteilt wird, auf den Erben unmittelbar übergeht. Anordnungen dieser Art haben lediglich schuldrechtlichen Charakter. Sie verpflichten die Erben nur, den Nachlass entsprechend aufzuteilen. Eine Teilungsanordnung unterscheidet sich insofern von dem Vorausvermächtnis, als der Nachlassgegenstand, den ein Erbe aufgrund einer solchen Anordnung erhält, voll auf den Miterbenanteil angerechnet wird.

Teilungsanordnungen i. S. des § 2048 BGB sind – wie eine freie Erbauseinandersetzung – für die Besteuerung des Erwerbs durch Erbanfall (§ 3 Abs. 1 Nr. 1 ErbStG) *ohne Bedeutung* (BFH vom 10.11.1982, BStBl 1983 II S. 329, vom 1.4.1992, BStBl 1992 II S. 669 sowie vom 2.7.2004, BFH/NV 2005 S. 214). Der nach den steuerlichen Bewertungsvorschriften ermittelte Reinwert des Nachlasses ist den Erben folglich auch bei Teilungsanordnungen nach Maßgabe des Erbanteils bzw. der Erbquote zuzurechnen (R E 3.1 Abs. 1 Satz 4 ErbStR).

Es sind Fälle denkbar, in denen die Verfügung von Todes wegen ohne Bestimmung der Erbanteile nur Teilungsanordnungen enthält. Führt die *Auslegung der Willenserklärungen* des Erblassers hier zu dem Schluss, dass die Teilungsanordnungen zugleich als Erbeinsetzung zu qualifizieren sind, so richten sich die Erbanteile nach dem Verkehrswert der durch die Teilungsanordnungen zugewiesenen Nachlassgegenstände im Verhältnis zum Verkehrswert des Nachlasses. Die Teilungsanordnungen selbst sind auch bei dieser Sachverhaltskonstellation erbschaftsteuerlich unbeachtlich. 31

Auch verbindliche Teilungsanordnungen sind für die Besteuerung der einzelnen Miterben ohne Bedeutung. Dies gilt auch für den Fall der qualifizierten Nachfolge in einen vererblich gestellten Anteil an einer Personengesellschaft (BFH vom 10.11.1982, a.a.O.) sowie die Hoferbenbestimmung nach der Höfeordnung. Die erbschaftsteuerliche Unbeachtlichkeit dieser Teilungsanordnungen ist jedoch nicht gegeben, wenn nach Auslegung der Willenserklärungen des Erblassers Vorausvermächtnisse gewollt waren (R E 3.1 Abs. 3 Satz 2 ErbStR).

3. Vorausvermächtnis oder Auflage im Fall einer unechten Teilungsanordnung

Die Anordnung des Erblassers über die Zuweisung bestimmter Nachlassgegenstände kann einen Miterben nach Lage des Einzelfalles im Vergleich zum Wert seines Erbanteils besser oder schlechter stellen. Ist dies vom Erblasser beabsichtigt, so liegt ein Vorausvermächtnis oder eine Auflage vor, die erbschaftsteuerlich werterhöhend oder wertmindernd beim Erwerb dieses Miterben zu berücksichtigen ist (R E 3.1 Abs. 4 ErbStR). 32

4. Erbanteile nach Teilungsanteilen

Unter bestimmten Voraussetzungen sind Zuwendungen unter Lebenden unter den miterbenden Abkömmlingen auszugleichen, so z. B., wenn der Schenker die Ausglei- 33 chung bei der Zuwendung angeordnet hat (§ 2050 Abs. 3 BGB). Bei der Ausgleichung handelt es sich um eine an die Erbanteilsberechtigung aktiv und passiv gebundene Verpflichtung, die Erbauseinandersetzung unter Berücksichtigung der Ausgleichung vorzunehmen. Diese führt zu sog. *Teilungsanteilen*, die von den Erbanteilen abweichen. Nach R E 3.1 Abs. 5 Satz 5 ErbStR ist der Nachlass erbschaftsteuerlich mit seinem steuerlichen Wert dem Miterben nach diesen Teilungsanteilen zuzurechnen.

BEISPIEL: Der Erblasser A setzt seine Kinder K1 und K2 zu gleichen Teilen als Erben ein. Der Nachlass hat einen Wert von 3 200 000 €. K1 hat von A zu dessen Lebzeiten ein Grundstück (Grundbesitzwert 1 600 000 €) als ausgleichungspflichtige Zuwendung erhalten.

Die Erwerbe von Todes wegen von K1 und K2 berechnen sich wie folgt:

Nachlass	3 200 000 €
zuzüglich auszugleichende Zuwendung	+ 1 600 000 €
Summe 1	4 800 000 €
Anteil K1 (1/2 x 4 800 000 €)	2 400 000 €
abzüglich auszugleichende Zuwendung	./. 1 600 000 €
Summe 2	800 000 €

Teilungsanteil K1 im Verhältnis zum Nachlass
(800 000 € : 3 200 000 €) = $1/4$
Teilungsanteil K2
(2 400 000 € : 3 200 000 €) = $3/4$

Erwerb K1 durch Erbanfall: $1/4$ von 3 200 000 €	800 000 €
Erwerb K2 durch Erbanfall: $3/4$ von 3 200 000 €	2 400 000 €

5. Erfüllung von formnichtigen Testamenten

34 *Grundsätzlich* ist auch erbschaftsteuerlich ein *nichtiges Testament unbeachtlich*, insbesondere dann, wenn die bürgerlich-rechtlich vorgeschriebene Form nicht gewahrt wurde. Nach § 41 AO ist jedoch die Unwirksamkeit eines Rechtsgeschäfts für die Besteuerung unerheblich, soweit und solange die Beteiligten das wirtschaftliche Ergebnis dieses Rechtsgeschäfts gleichwohl eintreten und bestehen lassen. Setzen sich also die Erben über ein formnichtiges Testament hinweg und betrachten sie die getroffenen Anordnungen als gültig, steht ein solches formnichtiges Testament einem gültigen Testament gleich. Voraussetzung für die steuerliche Anerkennung eines solchen Testaments ist jedoch, dass die Regelung auch so vorgenommen wird, wie es dem in der nichtigen Verfügung zum Ausdruck gekommenen Willen des Erblassers entspricht.

6. Gerichtlicher Vergleich und sonstige Vereinbarungen zur Beseitigung von Ungewissheiten

35 Die *Erbauseinandersetzung* selbst hat auf die ErbSt *keinen Einfluss*, sondern nur der Erbanfall selbst. Besondere Teilungsanordnungen des Erblassers für die Erbauseinanderset-

zung und auch Auseinandersetzungsvereinbarungen der Erben berühren nicht die steuerliche Aufteilung des Nachlasses. Eine *Ausnahme* liegt jedoch nach ständiger Rechtsprechung für den Fall vor, dass zwischen den Erben Streit oder Ungewissheit über die Erbteile oder die den Erben zufallenden Beträge besteht und dieser Streit durch einen ernst gemeinten *Vergleich* beigelegt wird (BFH vom 11.10.1957, BStBl 1957 III S. 447 sowie vom 7.12.1960, BStBl 1961 III S. 49). Eine Regelung, die sich auf die Abgeltung bzw. Erfüllung als solcher nicht bestrittener Vermächtnisse bezieht, hat *nicht den Charakter eines Erbvergleichs* (BFH vom 19.9.2000, BFH/NV 2001, S. 163).

Haben die Beteiligten aufgrund eines streitigen erbrechtlichen Rechtsverhältnisses rechtlich bindend durch ein Gericht feststellen lassen, was als das maßgebende Erbrechtsverhältnis unter ihnen gelten soll, so ist auch die Finanzbehörde an das Gerichtsurteil gebunden, ebenso wie an einen ernst gemeinten Vergleich (BFH vom 24.7.1972, BStBl 1972 II S. 886). Regeln die Erben bei objektiv zweifelhafter Sach- und Rechtslage durch einen Vergleich, was nach ihrer übereinstimmenden Auffassung Inhalt strittiger Verfügungen des Erblassers war, so hat der Vergleich seinen *Rechtsgrund noch im Erbrecht* und ist daher auch bei der Erbschaftsbesteuerung zugrunde zu legen (BFH vom 6.12.2000, BFH/NV 2001, S. 601). Handelt es sich jedoch um einen Vergleich über die Ungewissheit, ob überhaupt ein Erwerb oder Erbanfall vorliegt, unterliegt eine Abfindungszahlung nach geänderter Rechtsprechung (BFH v. 4.5.2011, BStBl 2011 II S. 725) nicht der Erbschaftsteuer. Im Urteilsfall hatte ein möglicher Alleinerbe (A) nach einem Prozessvergleich eine Abfindung dafür erhalten, dass er die Erbenstellung des Alleinerben (B) nicht mehr bestritten hat.

7. Erbauseinandersetzung

Die spätere Erbauseinandersetzung ist für die Zurechnung des Erwerbs auf die einzelnen Erben unbeachtlich. Der steuerpflichtige Erwerb richtet sich allein nach dem gesetzlichen Anteil eines Erben am ungeteilten Nachlass. Allerdings kann eine *gemischte freigebige Zuwendung* auch in der Erbauseinandersetzung zweier Miterben liegen, wenn der eine auf Kosten des anderen bereichert wird und die Bereicherung nicht der Beseitigung der Ungewissheit oder des Streits darüber hat dienen sollen, was dem einen bei der Auflösung der Erbengemeinschaft zusteht. 36

> **BEISPIEL:** A und B sind Erben des E. Der Verkehrswert des Nachlasses beläuft sich auf 1 Mio. €. Im Nachlass befindet sich ein Grundstück (Verkehrswert = Grundbesitzwert 500 000 €). Der übrige Nachlass hat einen Wert von 500 000 € (Verkehrswert = Steuerwert). A und B einigen sich dahingehend, dass A das gesamte Grundstück, B das übrige Nachlassvermögen übernimmt.
>
> Die nach dem Erbfall unter den Miterben stattfindende Erbauseinandersetzung (§§ 2042 ff., §§ 732 ff. BGB) ist für die Festsetzung der ErbSt i. d. R. ohne Bedeutung. Dies gilt nicht nur dann, wenn die Erben den Nachlass „frei", d. h. ohne insoweit an letztwillige Verfügungen des Erblassers gebunden zu sein, unter sich aufteilen, sondern auch für den Fall, dass die Miterben bei der Auseinandersetzung lediglich der verbindlichen Teilungsanordnung des Erblassers Rechnung tragen (BFH vom 5.2.1992, BFH/NV 1993, S. 100).

Der Nachlass ist – unabhängig von der Auseinandersetzung – wie folgt aufzuteilen:

		A	B
Grundstück	500 000 €	250 000 €	250 000 €
Übriges Vermögen	500 000 €	250 000 €	250 000 €
		500 000 €	500 000 €

II. Vermächtnis

37 Nach § 1939 BGB ist ein Vermächtnis dann gegeben, wenn der Erblasser durch Testament einem anderen, *ohne ihn als Erben einzusetzen,* einen Vermögensvorteil zuwendet. Der Vermächtnisnehmer ist nicht Mitglied der Erbengemeinschaft. Er erhält den vermachten Gegenstand nicht unmittelbar vom Erblasser, sondern hat lediglich einen *schuldrechtlichen Anspruch auf Erfüllung des Vermächtnisses* gegen den Erben. Der vermachte Gegenstand geht somit nicht mit dem Erbfall unmittelbar dinglich auf den Vermächtnisnehmer über. Das vom Erblasser angeordnete Vermächtnis stellt eine *Verbindlichkeit der Erben* dar, die als solche nach § 10 Abs. 5 Nr. 2 ErbStG abzugsfähig ist.

Der Vermächtnisnehmer erwirbt den vom Erblasser vermachten Gegenstand von Todes wegen nach § 3 Abs. 1 Nr. 1 2. Alt. ErbStG. Obwohl der Vermächtnisnehmer den Gegenstand nicht unmittelbar im Zeitpunkt des Erbfalls, sondern erst den Herausgabeanspruch bzw. Erfüllungsanspruch im Zeitpunkt des Todes erwirbt, er also den Anspruch erst gegenüber dem Erben geltend machen muss, entsteht die ErbSt nicht erst im Zeitpunkt der Erfüllung des Vermächtnisses, sondern bereits mit dem Todeszeitpunkt (§ 9 Abs. 1 Nr. 1a ErbStG).

38 Ein *formunwirksames Vermächtnis* kann der Besteuerung nur dann zugrunde gelegt werden, wenn feststeht, dass – vom Formmangel abgesehen – eine Anordnung des Erblassers von Todes wegen vorliegt und der Beschwerte dem Begünstigten das diesem zugedachte Vermögen überträgt, um dadurch den Willen des Erblassers zu vollziehen (BFH vom 15. 3. 2000, BStBl 2000 II S. 588).

Neben dem Sachvermächtnis sind Geldvermächtnis, Renten-, Nießbrauchs- und Wohnrechtsvermächtnis die häufigsten Formen des Vermächtnisses.

Wird ein dem Steuerpflichtigen vom Erblasser ausgesetztes Geldvermächtnis durch Übertragung von Grundstücken an Erfüllungs statt erfüllt, so ist Besteuerungsgrundlage bei der Steuerfestsetzung der *Nominalwert der Geldforderung* und nicht der Steuerwert des übertragenen Grundstücks (BFH vom 25. 10. 1995, BStBl 1996 II S. 97).

Erwerbsgegenstand eines *Übernahme- oder Kaufrechtsvermächtnisses* ist die aufschiebend bedingte Forderung des Vermächtnisnehmers gemäß § 2174 BGB gegen den Beschwerten. Die Forderung aus Übernahme- oder Kaufrechtsvermächtnissen ist nicht mit dem Steuerwert des vermachten Gegenstandes zu bewerten, sondern mit dem gemeinen Wert der Forderung bzw. des Sachleistungsanspruchs (BFH vom 13. 8. 2008, BStBl 2008 II S. 982). Damit hat der BFH seine frühere Rechtsprechung aufgegeben, dass der Zuwendungsgegenstand ein Gestaltungsrecht sei.

Ein *Wahlvermächtnis,* bei dem das Wahlrecht dem Bedachten zusteht, richtet sich bereits vom Erbfall an ausschließlich auf den Gegenstand, für den sich der Bedachte entscheidet. *Allein dieser Gegenstand* ist nach den Wertverhältnissen im Zeitpunkt des Erbfalls gem. § 12 ErbStG zu bewerten (BFH vom 6.6.2001, BStBl 2001 II S. 725).

III. Pflichtteilsanspruch

Als Erwerb von Todes wegen gilt auch der (geltend gemachte) Pflichtteilsanspruch, der nach § 3 Abs. 1 Nr. 1 3. Alt. ErbStG der ErbSt unterliegt. Die ErbSt entsteht in diesen Fällen erst mit Geltendmachung des Pflichtteilsanspruchs (§ 9 Abs. 1 Nr. 1b ErbStG). 39

Pflichtteilsberechtigt sind nur Abkömmlinge, Eltern und der Ehegatte des Erblassers, die nach *gesetzlicher Erbfolge* zu Erben berufen, aber vom Erblasser durch Verfügung von Todes wegen so von der Erbfolge ausgeschlossen worden sind, dass ihnen die gesetzliche Mindestbeteiligung am Erbgut (Hälfte des gesetzlichen Erbteils) nicht verbleibt. Kein Pflichtteilsrecht haben Geschwister, Voreltern und andere Verwandte des Erblassers.

Der Pflichtteilsanspruch besteht auf Zahlung einer Geldsumme, die der *Hälfte des Werts des gesetzlichen Erbteils* entspricht (§ 2303 Abs. 1 Satz 2 BGB). Ihre Höhe bestimmt sich nach der Bruchteilsgröße des gesetzlichen Erbteils und nach dem Geldwert des Nachlasses. Der gesetzliche Erbteil des Pflichtteilsberechtigten ist daher zunächst in einem Bruchteil des Nachlasses zu bestimmen. Seine Höhe hängt von der Zahl der Miterben ab, die neben den Pflichtteilsberechtigten zu berücksichtigen sind. Dabei sind Miterben mitzuzählen, die letztwillig von der Erbfolge ausgeschlossen (§ 1938 BGB), für erbunwürdig erklärt worden sind oder die die Erbschaft ausgeschlagen haben, nicht jedoch Miterben, die vorverstorben sind oder auf ihren Erbteil (nicht nur auf den Pflichtteil) verzichtet haben (§ 2310 BGB). Der Pflichtteilsanspruch richtet sich nach dem Wert des Nachlasses im Zeitpunkt des Todes. Wertsteigerungen bis zur Geltendmachung des Pflichtteilsanspruches bleiben unberücksichtigt. Erbschaftsteuerlich ist der Pflichtteilsanspruch in jedem Fall als Kapitalforderung zu behandeln, auch wenn der Pflichtteilsberechtigte später von den Erben mit einem Nachlassgegenstand abgefunden wird.

Wird einem Pflichtteilsberechtigten ein Grundstück an Erfüllungs statt zur Befriedigung des geltend gemachten Pflichtteilsanspruchs übertragen, so ist bei der Besteuerung dieses nach § 3 Abs. 1 Nr. 1 3. Alt. ErbStG steuerpflichtigen Erwerbs von Todes wegen der Nennwert der Geldforderung zugrunde zu legen (BFH vom 7.10.1998, BStBl 1999 II S. 23). Die zur Entstehung der ErbSt führende Geltendmachung des Pflichtteilsanspruchs setzt *nicht* die *Bezifferung* des Anspruchs voraus (BFH vom 19.7.2006, BStBl 2006 II S. 718).

IV. Schenkung auf den Todesfall

Als Erwerb von Todes wegen gilt auch der Erwerb durch Schenkung auf den Todesfall (§ 2301 BGB). Es handelt sich hier um ein *Schenkungsversprechen zu Lebzeiten des Erb-* 40 *lassers* unter der *Bedingung*, dass der Beschenkte den Schenker überlebt. Auf dieses Schenkungsversprechen von Todes wegen finden die Vorschriften über die Verfügungen von Todes wegen Anwendung.

Obwohl die Schenkung auf den Todesfall den Erwerben von Todes wegen zugeordnet wird, müssen die Tatbestandsmerkmale einer freigebigen Zuwendung (R E 7.1 Abs. 1 ErbStR) erfüllt sein (BFH vom 5.12.1990, BStBl 1991 II S. 181). Die vom Erwerber übernommenen Verbindlichkeiten sind nach § 10 Abs. 1 Satz 2 ErbStG vom steuerlichen Wert des Erwerbsgegenstands abzuziehen (R E 3.3 Satz 2 ErbStR).

BEISPIEL: A erwirbt mit dem Tod des Erblassers E durch Schenkung auf den Todesfall ein zum Nachlass des E gehörendes Zweifamilienhaus (Grundbesitzwert 450 000 €) gegen Übernahme der auf dem Grundstück lastenden Hypothekenschulden, die mit 250 000 € valutieren.

Wert des Erwerbs des A durch Schenkung auf den Todesfall:

Grundbesitzwert des Zweifamilienhauses	450 000 €
abzüglich Hypothekenverbindlichkeiten	./. 250 000 €
Bereicherung	200 000 €

41 Nach Maßgabe des § 3 Abs. 1 Nr. 2 Satz 2 ErbStG gilt als Schenkung auf den Todesfall auch der auf dem Ausscheiden eines Gesellschafters beruhende Übergang des Anteils oder des Teils eines Anteils eines Gesellschafters einer Personen- oder Kapitalgesellschaft bei dessen Tod auf die anderen Gesellschafter oder die Gesellschaft, soweit der Wert, der sich für seinen Anteil zurzeit seines Todes nach § 12 ErbStG ergibt, Abfindungsansprüche Dritter übersteigt. Somit stellt die eintretende Bereicherung der Gesellschafter die Schenkung auf den Todesfall dar. Dabei kommt es nicht auf das subjektive Merkmal eines Willens zur Unentgeltlichkeit seitens des verstorbenen Gesellschafters an (vgl. BFH vom 1.7.1992, BStBl 1992 II S. 912 sowie R E 3.4 Abs. 1 Satz 3 ErbStR).

42 In den Anwendungsbereich des § 3 Abs. 1 Nr. 2 Satz 2 ErbStG fällt bei Personengesellschaften insbesondere der *Anwachsungserwerb* (§ 738 Abs. 1 BGB, §§ 105 Abs. 2, 138, 161 Abs. 2 HGB) infolge einer gesellschaftsvertraglichen Fortsetzungsklausel. In Betracht kommt aber auch der Übergang aufgrund einer Übernahmeklausel im Gesellschaftsvertrag einer zweigliedrigen Personengesellschaft (BFH vom 1.7.1992, BStBl 1992 II S. 925, 928). Als Erwerber sind dabei stets die verbleibenden Gesellschafter anzusehen (R E 3.4 Abs. 2 Satz 2 ErbStR).

43 Im Gegensatz zur Rechtslage bei Personengesellschaften ist bei Anteilen an Kapitalgesellschaften eine Anwachsung auf die verbleibenden Gesellschafter nicht möglich. Die Vererblichkeit des Geschäftsanteils kann durch Gesellschaftsvertrag nicht abbedungen werden (§ 15 GmbHG). § 3 Abs. 1 Nr. 2 Satz 2 ErbStG erfasst jedoch bei Kapitalgesellschaften insbesondere gesellschaftsvertragliche Vereinbarungen, mittels derer die Erben verpflichtet werden, den durch Erbanfall erworbenen Geschäftsanteil auf die Gesellschafter oder die Gesellschaft gegen eine Abfindung zu übertragen, die geringer ist als der nach § 12 Abs. 1 und 2 ErbStG steuerliche Wert des Anteils.

V. Sonstige Erwerbe, die als Erwerbe von Todes wegen gelten

1. Vermächtnisähnliche Erwerbe

Nach § 3 Abs. 1 Nr. 3 ErbStG gelten als Erwerb von Todes wegen die sonstigen Erwerbe, auf die die für Vermächtnisse geltenden Vorschriften des bürgerlichen Rechts Anwendung finden. Hierzu rechnet der *sog. gesetzliche Voraus* des überlebenden Ehegatten (§ 1932 BGB), der die zum ehelichen Haushalt gehörenden Gegenstände beanspruchen kann. Hier dürfte regelmäßig die Steuerbefreiung nach § 13 Abs. 1 Nr. 1 ErbStG für Hausrat und andere bewegliche körperliche Gegenstände zum Zuge kommen. In den Anwendungsbereich des § 3 Abs. 1 Nr. 3 ErbStG fällt zudem der *sog. Dreißigste* (§ 1969 BGB), der den Familienmitgliedern im Haushalt des Erblassers über 30 Tage den weiteren Unterhalt sichern soll. In diesem Fall ist die Steuerbefreiung nach § 13 Abs. 1 Nr. 4 ErbStG zu beachten.

44

2. Verträge zugunsten Dritter

Als Erwerb von Todes wegen gilt auch der Erwerb von Vermögensvorteilen, der aufgrund eines vom Erblasser geschlossenen Vertrages bei dessen Tode von einem Dritten unmittelbar erworben wird (§ 3 Abs. 1 Nr. 4 ErbStG).

45

Es handelt sich hier im Wesentlichen um *Verträge zugunsten Dritter* (§ 328 BGB). Soll die Leistung an den Dritten nach dem Tode desjenigen erfolgen, welchem sie versprochen wird (z. B. Erblasser), so erwirbt der Dritte (z. B. Begünstigter) das Recht auf die Leistung im Zweifel mit dem Tode des Versprechensempfängers (§ 331 BGB). Dies gilt unbeschadet des Rechts des Dritten, das aus dem Vertrag erworbene Recht dem Versprechenden (z. B. Lebensversicherer) gegenüber zurückzuweisen (§ 333 BGB). Macht der bezugsberechtigte Dritte von diesem Zurückweisungsrecht Gebrauch, so gilt das Recht als nicht erworben (siehe hierzu aber § 3 Abs. 2 Nr. 4 ErbStG). Im Falle der Benennung einer anderen Person als Bezugsberechtigten vgl. BFH vom 17. 1. 1990, BStBl 1990 II S. 467. Die unmittelbare Zuwendung des versprochenen Leistungsgegenstandes vollendet sich erst mit oder nach dem Tode des Erblassers. Sogar der Anspruch auf die Leistung entsteht im Zweifel erst mit seinem Tode (§ 331 BGB). Vorher besteht keine Rechtsanwartschaft, die eine unmittelbare Rechtsänderung einleitet.

Hauptanwendungsfall des § 3 Abs. 1 Nr. 4 ErbStG sind die *Lebens- und Rentenversicherungsverträge zugunsten eines Dritten*. Ebenso wie eine Schenkung zugunsten Dritter im Verhältnis zwischen Versprechensempfänger (Gläubiger) und Dritten (sog. Valutaverhältnis) nur vorliegt, wenn der zugewendete Gegenstand aus dem Vermögen des Versprechensempfängers stammt, wenn also die Bereicherung des Dritten auf einer Entreicherung des Versprechensempfängers beruht, setzt § 3 Abs. 1 Nr. 4 ErbStG eine Bereicherung des Begünstigten voraus, die aus dem Vermögen des Erblassers herrührt (BFH vom 13. 5. 1998, BFH/NV 1998 S. 1485). Wurden die Versicherungsprämien ganz oder teilweise vom Bezugsberechtigten bzw. Begünstigten entrichtet, ist die Versicherungsleistung nach dem Verhältnis der vom Erblasser gezahlten Versicherungsbeiträge zu den insgesamt gezahlten Versicherungsbeiträgen aufzuteilen. Nur der Teil der Versicherungsleistung, welcher auf den Beitragszahlungen des Erblassers beruht, unterliegt der Erbschaftsteuer (R E 3.7 Abs. 2 Satz 2 ErbStR).

Zu den der ErbSt unterliegenden Vermögensvorteilen aufgrund eines Vertrages zugunsten Dritter gehört auch der Erwerb eines Anspruchs einer Lebensversicherung auf den Todesfall durch einen *widerruflich bezugsberechtigten Dritten*. Eine Steuerpflicht scheidet in diesen Fällen nur wegen solcher Umstände aus, die einen vermögensrechtlichen Leistungsaustausch im Verhältnis des Dritten zum Erblasser ergeben (BFH vom 4.8.1999, BFH/NV 2000 S. 190).

Ein Erwerb nach § 3 Abs. 1 Nr. 4 ErbStG durch eine Person, die nicht Erbe geworden ist, kann nicht um Erblasserschulden i. S. von § 10 Abs. 5 Nr. 1 und Abs. 3 ErbStG gemindert werden (BFH vom 17.5.2000, BFH/NV 2001, S. 39).

Die kraft Gesetzes entstehenden Versorgungsansprüche Hinterbliebener – z. B. in Form von Witwenrente oder Waisengeld – sind nicht steuerbar (R E 3.5 Abs. 1 Satz 1 ErbStR), sie mindern allerdings den besonderen Versorgungsfreibetrag nach § 17 ErbStG (vgl. dazu Tz 537 ff.). Hinterbliebene in diesem Sinne sind nur der mit dem Erblasser bei dessen Tod rechtsgültig verheiratete Ehegatte und die Kinder des Erblassers. Hingegen unterliegen *Leistungen von Selbsthilfeeinrichtungen* im Todesfall eines Mitglieds gemäß § 3 Abs. 1 Nr. 4 ErbStG der ErbSt.

3. Anordnung einer Stiftung / Bildung und Ausstattung einer Vermögensmasse ausländischen Rechts

46 Als vom Erblasser zugewendet gilt nach § 3 Abs. 2 Nr. 1 Satz 1 ErbStG auch der *Übergang von Vermögen auf eine vom Erblasser angeordnete Stiftung*, die durch letztwillige Verfügung in Form eines Testaments oder Erbvertrags errichtet worden ist. Unerheblich ist dabei, ob der Erblasser die Stiftung noch selbst angeordnet hat, oder ob er dem Erben oder dem Vermächtnisnehmer die Auflage erteilt hat, mit Mitteln seines Erwerbs die Stiftung zu errichten (§ 3 Abs. 2 Nr. 1 Satz 1 i. V. mit § 3 Abs. 2 Nr. 2 ErbStG). Die Errichtung der Stiftung bedarf der *staatlichen Genehmigung*. Nach Maßgabe des § 9 Abs. 1 Nr. 1c ErbStG entsteht die Steuer mit dem Zeitpunkt der Genehmigung der Stiftung. Es ist zu beachten, dass in diesen Fällen der erbschaftsteuerlichen Erfassung das gesamte zum Zeitpunkt der Stiftungsanerkennung vorhandene Vermögen unterliegt (vgl. BFH vom 25.10.1995, BStBl 1996 II S. 99). Damit ist auch der zwischen Todestag und dem Zeitpunkt der Genehmigung der Stiftung eingetretene Zuwachs des Vermögens zu versteuern.

Dem Übergang von Vermögen auf eine vom Erblasser angeordnete Stiftung steht nach § 3 Abs. 2 Nr. 1 Satz 2 ErbStG die vom Erblasser angeordnete *Bildung oder Ausstattung einer Vermögensmasse ausländischen Rechts* gleich, deren Zweck auf die *Bindung von Vermögen* gerichtet ist.

Der Vermögensübergang auf einen Trust oder eine vergleichbare Vermögensmasse ausländischen Rechts unter Lebenden unterliegt der Steuerpflicht nach Maßgabe des § 7 Abs. 1 Nr. 8 Satz 2 ErbStG. Bei Auflösung eines Trusts wird der Vermögensanfall bei den Anfallsberechtigten nach § 7 Abs. 1 Nr. 9 Satz 2 1. Alt. ErbStG steuerlich erfasst, während der *Erwerb sog. Zwischenberechtigter* während der Laufzeit des Trusts die Steuerpflicht nach § 7 Abs. 1 Nr. 9 Satz 2 2. Alt. ErbStG auslöst.

4. Erwerb aufgrund einer Auflage

Der Erblasser kann durch Testament den Erben oder einen Vermächtnisnehmer zu einer Leistung verpflichten, ohne einem anderen ein Recht auf die Leistung zuzuwenden (*Auflage*, § 1940 BGB). Der Erblasser kann eine Auflage nur durch Testament oder Erbvertrag anordnen (§§ 1940, 1941, 2270 Abs. 3, 2278 Abs. 2 BGB). Derjenige, der infolge der Vollziehung einer vom Erblasser angeordneten Auflage oder infolge Erfüllung einer vom Erblasser gesetzten Bedingung erwirbt, hat die Bereicherung, die er hierdurch erfahren hat, zu versteuern (§ 3 Abs. 2 Nr. 2 ErbStG). Dieser Erwerb unterliegt jedoch keiner besonderen Behandlung, wenn eine einheitliche Zweckzuwendung vorliegt.

47

Der Erwerb infolge einer Auflage oder Bedingung unterscheidet sich dadurch vom Vermächtnis, dass der Begünstigte keinen schuldrechtlichen Anspruch auf die Leistung erhält. Mit der Vollziehung der Auflage bzw. Erfüllung der Bedingung entsteht die Steuerpflicht des Begünstigten (§ 9 Abs. 1 Nr. 1d ErbStG).

BEISPIEL: A hat seinem Neffen B im Wege des Testaments sein gesamtes Vermögen übertragen. Er hat angeordnet, dass dieser eine Lebensversicherung weiter bedienen soll, die der Erblasser zugunsten seiner Haushälterin abgeschlossen hatte. Die Haushälterin hat hier keinen unmittelbaren Anspruch gegen den Erben. Mit der Vollziehung der Auflage liegt jedoch eine Bereicherung der begünstigten Haushälterin vor.

(Einstweilen frei) 48

5. Abfindungen für Erbverzichte

Als vom Erblasser zugewendet gilt auch die Abfindung für einen Verzicht auf den entstandenen Pflichtteilsanspruch oder für die Ausschlagung einer Erbschaft oder eines Vermächtnisses oder für die Zurückweisung eines Rechts aus einem Vertrag des Erblassers zugunsten Dritter auf den Todesfall oder eines anderen in § 3 Abs. 1 ErbStG genannten Erwerbs gewährt wird (§ 3 Abs. 2 Nr. 4 ErbStG). Verzichtet ein Erbe in Form eines Erbvertrags auf seinen Erbteil und auf den Pflichtteilsanspruch, so stellt dies keine Schenkung des Verzichtenden gegenüber dem Erblasser dar. Das Gleiche gilt für den Fall, dass der Erbe die Erbschaft oder der Vermächtnisnehmer das Vermächtnis ausschlägt. Bei diesen Vorgängen liegt auch dann keine Schenkung vor, wenn der Verzichtende bzw. Ausschlagende hierfür nichts erhält. Erhält jedoch der Erbe etwas dafür, dass er die Erbschaft ausschlägt, so ist die *Abfindung* erbschaftsteuerpflichtig. Das Gleiche gilt für den Verzicht auf den Pflichtteilsanspruch, wenn der Pflichtteilsberechtigte für diesen Verzicht eine Gegenleistung erhält.

49

Hat jedoch der gesetzliche Erbe bereits zu Lebzeiten des Erblassers einen Erbverzicht erklärt und hierfür eine *Abfindung* erhalten, liegt bereits zu diesem Zeitpunkt eine Schenkung i. S. des § 7 Abs. 1 Nr. 5 ErbStG vor (vgl. Tz 107).

6. Abfindungen bei bedingten Vermächtnissen

50 Als vom Erblasser zugewendet gilt nach § 3 Abs. 2 Nr. 5 ErbStG auch, was als Abfindung für ein aufschiebend bedingtes, betagtes oder befristetes Vermächtnis, für das die Ausschlagungsfrist abgelaufen ist, *vor* dem Zeitpunkt des Eintritts der Bedingung oder des Ereignisses gewährt wird. Mit § 3 Abs. 2 Nr. 5 ErbStG wird der Grundsatz, dass Abfindungen nur bis zur Annahme des Erwerbs als Erwerb von Todes wegen zu qualifizieren sind, *durchbrochen*, weil bei dem bedingten, betagten oder befristeten Vermächtnis die Steuerpflicht gemäß § 9 Abs. 1 Nr. 1a ErbStG erst mit dem Eintritt der Bedingung oder des Ereignisses entsteht. Bis zu diesem Zeitpunkt hängt es vom Vermächtnisnehmer ab, ob sein Erwerb voll wirksam wird. Nach der Annahme des Vermächtnisses bleibt für einen Verzicht kein Raum mehr.

7. Entgelte für die Übertragung von Anwartschaften

51 Nach § 2100 BGB kann der Erblasser einen Erben (Nacherben) in der Weise einsetzen, dass dieser erst Erbe wird, nachdem zunächst ein anderer Erbe (Vorerbe) geworden ist. Bereits mit dem Tod des Erblassers, d. h. mit Eintritt des Vorerbfalls, erlangt der Nacherbe eine Rechtsposition, die ihm eine *Anwartschaft auf die Erbschaft* vermittelt (§§ 2113 ff. BGB; vgl. dazu auch Tz 68). Als vom Erblasser zugewendet gilt auch das, was als Entgelt für die Übertragung der Anwartschaft eines Nacherben gewährt wird (§ 3 Abs. 2 Nr. 6 ErbStG). Verzichtet also der Nacherbe nach Eintritt der Vorerbschaft gegen ein Entgelt gegenüber dem Vorerben auf sein Nacherbenrecht, so unterliegt diese Abfindung des Nacherbenanspruchs der ErbSt.

Der *Nachvermächtnisnehmer* überträgt i. S. des § 3 Abs. 2 Nr. 6 ErbStG gegen Entgelt seine Anwartschaft, wenn er dem Verkauf des Vermächtnisgegenstands durch den Vorvermächtnisnehmer gegen Zahlung eines Teils des Veräußerungserlöses zustimmt. Besteuerungsgrundlage ist das Entgelt, nicht ein anteiliger Steuerwert am verkauften Grundstück (BFH vom 19. 4. 1989, BStBl 1989 II S. 623). Das gilt sowohl für die entgeltliche Übertragung der Anwartschaft an den Vorerben selbst als auch für die entgeltliche Übertragung an einen Dritten. Das Entgelt gilt in diesem Falle als vom Erblasser selbst zugewendet mit der Folge, dass für die Besteuerung das Verhältnis zum Erblasser und nicht zum Abfindenden maßgebend ist (BFH vom 30. 10. 1979, BStBl 1980 II S. 46).

8. Herausgabeanspruch des Vertragserben, Schlusserben oder Vermächtnisnehmers

52 Nach § 3 Abs. 2 Nr. 7 ErbStG gilt als vom Erblasser zugewendet auch, was der Vertragserbe oder der Schlusserbe eines gemeinschaftlichen Testaments oder der Vermächtnisnehmer wegen beeinträchtigender Schenkungen des Erblassers (§§ 2287, 2288 Abs. 2 BGB) von dem Beschenkten nach den Vorschriften über die ungerechtfertigte Bereicherung erlangt. Hat der Erblasser Schenkungen in der Absicht vorgenommen, den Vertragserben zu beeinträchtigen, so kann dieser nach § 2287 BGB nach dem Erbfall von dem Beschenkten die Herausgabe des Geschenks verlangen. Gemäß § 9 Abs. 1 Nr. 1j ErbStG entsteht die Steuerpflicht mit dem Zeitpunkt, in dem der Vertragserbe seinen

Anspruch geltend macht. Steuerlicher Erwerbsgegenstand ist der Anspruch mit dem zum Bewertungsstichtag (§ 11 ErbStG) bestehenden Inhalt und Umfang, nicht hingegen dasjenige, was aufgrund des Anspruchs tatsächlich erlangt wird. Für die Bestimmung der Steuerklasse ist auf das Verhältnis des Erwerbers zum Erblasser abzustellen. Über § 2288 Abs. 2 Satz 2 BGB gilt die Regelung auch für Vertragsvermächtnisnehmer.

Der *Erwerb des Schlusserben* eines gemeinschaftlichen Testaments i. S. des § 2269 Abs. 1 BGB (sog. Berliner Testament) aufgrund eines Anspruchs nach § 2287 BGB gegen den vom letztversterbenden Ehegatten in der Absicht Beschenkten, den Schlusserben zu benachteiligen, unterliegt ebenfalls gem. § 3 Abs. 2 Nr. 7 ErbStG der ErbSt (BFH vom 8. 8. 2000, BStBl 2000 II S. 587).

VI. Exkurs: Eingetragene Lebenspartner

Durch das *Lebenspartnerschaftsgesetz* vom 16. 2. 2001 (BGBl 2001 I S. 266, zuletzt geändert durch Artikel 19 des Gesetzes vom 20. 11. 2015, BGBl 2015 I S. 2010) wurde zwei Personen des gleichen Geschlechts die Möglichkeit eingeräumt, eine eingetragene Partnerschaft zu begründen. Mit dem Jahressteuergesetz 2010 vom 8. 12. 2010 (BGBl 2010 I S. 1768) wurden eingetragene Lebenspartner auch hinsichtlich der Steuerklasse Ehegatten gleichgestellt. Die Gleichstellung bei den übrigen erbschaftsteuerlichen Vorschriften wurde bereits durch das ErbStRG vom 24. 12. 2008 (BGBl 2008 I S. 3018) herbeigeführt. Neben dem *persönlichen Freibetrag von 500 000 €* (§ 16 Abs. 1 Nr. 1 ErbStG, vgl. Tz 536) ist für den überlebenden Lebenspartner auch der *besondere Versorgungsfreibetrag* (256 000 €) nach § 17 Abs. 1 ErbStG (vgl. Tz 537) vorgesehen. 53

Lebenspartner können ihre güterrechtlichen Verhältnisse durch Lebenspartnerschaftsvertrag regeln (§ 7 LPartG) und infolgedessen auch die *Gütergemeinschaft* vereinbaren. Durch § 9 Abs. 7 LPartG wird Lebenspartnern die *Stiefkindadoption* ermöglicht; hierdurch erlangt das angenommene Kind die rechtliche Stellung eines gemeinschaftlichen Kindes. Wird beim Tod eines Lebenspartners die *Gütergemeinschaft mit gemeinschaftlichen Kindern fortgesetzt,* treten erbschaftsteuerrechtlich gem. § 4 Abs. 1 ErbStG die gleichen Rechtsfolgen wie bei einer fortgesetzten ehelichen Gütergemeinschaft ein, d. h. der Anteil des verstorbenen Lebenspartners am Gesamtgut wird so behandelt, als sei er auf die anteilsberechtigten Abkömmlinge durch Erbanfall übergegangen. 54

Leben die Lebenspartner im *gesetzlichen Güterstand der Zugewinngemeinschaft* (§ 6 LPartG) und wird der Güterstand beendet, bleibt ein entstehender *Ausgleichsanspruch* in demselben Umfang *steuerfrei,* wie er im Fall der Zugewinngemeinschaft unter Ehegatten steuerfrei bleibt. § 5 Abs. 1 ErbStG regelt dabei den Fall der *Beendigung des Güterstands durch Tod* eines Lebenspartners mit pauschalem Ausgleich des Zugewinns nach § 1371 Abs. 1 BGB über eine Erhöhung des gesetzlichen Erbteils; § 5 Abs. 2 ErbStG regelt die Fälle des *güterrechtlichen Zugewinnausgleichs* nach § 1371 Abs. 2, 1373 BGB. 55

Vereinbaren die Lebenspartner durch Lebenspartnerschaftsvertrag die Gütergemeinschaft (§ 7 LPartG), wird gem. § 7 Abs. 1 Nr. 4 ErbStG eine durch die *hälftige Beteiligung am Gesamtgut* eintretende *objektive Bereicherung* eines Lebenspartners wie im Fall von Ehegatten *besteuert.*

56 Die Lebenspartner sind einander zur gemeinsamen Lebensgestaltung verpflichtet. Üblicherweise konkretisiert sich diese Verpflichtung in der *gemeinschaftlichen Wohnung*. Diesem Umstand Rechnung tragend, bleiben gem. § 13 Abs. 1 Nr. 4a ErbStG *lebzeitige Zuwendungen* im Zusammenhang mit einem *inländischen Familienheim* in gleicher Weise wie bei Ehegatten steuerfrei. Desgleichen gilt die *sachliche Freistellung des Erwerbs eines Familienheims von Todes wegen* auch für den überlebenden *Lebenspartner* (§ 13 Abs. 1 Nr. 4b ErbStG; vgl. dazu auch Tz. 376 ff.).

E. Eheliche Güterstände

I. Fortgesetzte Gütergemeinschaft (§ 4 ErbStG)

57 Wird die *gütergemeinschaftliche Ehe* durch den Tod eines Ehegatten aufgelöst, so gehört der Anteil des verstorbenen Ehegatten am *Gesamtgut* zu seinem Nachlass. Beerbt wird er nach den allgemeinen Vorschriften. In dem Ehevertrag können die Ehegatten aber die Fortsetzung der Gütergemeinschaft zwischen dem überlebenden Ehegatten und den gemeinschaftlichen Abkömmlingen vereinbaren. Das Gesamtgut der fortgesetzten Gütergemeinschaft besteht aus dem ehelichen Gesamtgut, soweit es nicht nach § 1483 Abs. 2 BGB einem nicht anteilsberechtigten Abkömmling zufällt, und aus dem Vermögen, das der überlebende Ehegatte aus dem Nachlass des verstorbenen Ehegatten oder nach dem Eintritt der fortgesetzten Gütergemeinschaft erwirbt.

Nicht zum Gesamtgut gehört das sonstige Vermögen der gemeinschaftlichen Abkömmlinge (§ 1485 BGB). Rechte und Verbindlichkeiten des überlebenden Ehegatten sowie der anteilsberechtigten Abkömmlinge bestimmen sich hinsichtlich des Gesamtguts grundsätzlich nach den für die eheliche Gütergemeinschaft geltenden Vorschriften (§ 1487 BGB).

58 *Lebenspartner* können ihre güterrechtlichen Verhältnisse durch *Lebenspartnerschaftsvertrag* regeln (§ 7 LPartG) und können dadurch auch die Gütergemeinschaft vereinbaren. § 9 Abs. 7 LPartG ermöglicht Lebenspartnern die *Stiefkindadoption*. Das angenommene Kind erlangt dadurch die rechtliche Stellung eines gemeinschaftlichen Kindes (vgl. dazu auch Tz 53 ff.).

1. Erwerb durch Fortsetzung der ehelichen Gütergemeinschaft mit den Abkömmlingen

59 Wird die Gütergemeinschaft beim *Tod eines Ehegatten* oder beim *Tod eines Lebenspartners* fortgesetzt, so wird dessen Anteil am Gesamtgut so behandelt, als wäre er ausschließlich den anteilsberechtigten Abkömmlingen zugefallen (§ 4 Abs. 1 ErbStG).

> **BEISPIEL:** Eheleute A und B lebten in Gütergemeinschaft. A ist verstorben. Nach Vereinbarung der beiden Ehegatten soll die Gütergemeinschaft mit den beiden Kindern X und Y fortgesetzt werden. Der Verkehrswert des Gesamtgutes beläuft sich auf 2 000 000 €.
>
> Auf die Abkömmlinge X und Y entfällt gemäß § 4 Abs. 1 ErbStG der Anteil des Erblassers am Gesamtgut, mithin also die Hälfte des Verkehrswerts (= 1 000 000 €).

2. Tod eines anteilsberechtigten Abkömmlings

Beim Tode eines anteilsberechtigten Abkömmlings gehört dessen Anteil am Gesamtgut zu seinem Nachlass (§ 4 Abs. 2 Satz 1 ErbStG). Nach § 1490 BGB treten an seine Stelle seine Abkömmlinge, soweit diese anteilsberechtigt sein würden, wenn er den verstorbenen Ehegatten nicht überlebt hätte. Sind jedoch solche Abkömmlinge nicht vorhanden, so wächst sein Anteil den übrigen anteilsberechtigten Abkömmlingen, und wenn solche fehlen, dem überlebenden Ehegatten an (§ 4 Abs. 2 Satz 2 ErbStG).

60

II. Zugewinngemeinschaft (§ 5 ErbStG)

1. Vorbemerkung

Gesetzlicher Güterstand von Eheleuten ist seit dem 1.7.1958 die *Zugewinngemeinschaft*. Die Vermögen der Eheleute sind grundsätzlich getrennt. Wesentliches Unterscheidungsmerkmal zur Gütertrennung ist die Verpflichtung zum Ausgleich des Zugewinns bei Beendigung der Zugewinngemeinschaft durch Tod, Ehescheidung oder in sonstiger Weise. Bei gleichzeitigem Tod von Eheleuten findet kein Zugewinnausgleich statt.

61

Das Zivilrecht hält für die Durchführung des Zugewinnausgleichs zwei unterschiedliche Möglichkeiten parat:

- ▶ bei der *erbrechtlichen Lösung* nach § 1371 Abs. 1 BGB erhält der überlebende Ehegatte neben seinem gesetzlichen Erbanspruch gem. § 1931 BGB einen fiktiven Zugewinnausgleichsanspruch, wodurch die konkrete Berechnung des Zugewinns – vereinfachungshalber – entbehrlich wird (vgl. Tz 63 ff.);
- ▶ bei der *güterrechtlichen Lösung* nach §§ 1372 ff. BGB erfolgt der Ausgleich des Teils des Zugewinns, den ein Ehegatte mehr als der andere Ehegatte erzielt hat (vgl. Tz 66).

Für *Lebenspartner* gilt seit dem 1.1.2005 das gleiche Güterrecht wie für Ehegatten. Leben die Lebenspartner im gesetzlichen Güterstand der Zugewinngemeinschaft (§ 6 LPartG) und wird der Güterstand beendet, wird ein entstehender Ausgleichsanspruch in demselben Umfang steuerfrei gestellt, wie er im Fall der Zugewinngemeinschaft unter Ehegatten steuerfrei bleibt.

62

2. Erbrechtlicher Zugewinnausgleich

a) Allgemeines

Bestand während der Ehe der gesetzliche Güterstand der Zugewinngemeinschaft, erfolgt beim Tod eines Ehegatten der Ausgleich des Zugewinns i. d. R. nach Maßgabe der erbrechtlichen Lösung *(sog. Nachlassviertel)*. Für erbschaftsteuerliche Zwecke wird diese (Vereinfachungs-)Regelung jedoch nicht übernommen. Kommt es demnach mit Beendigung der Zugewinngemeinschaft zur erbrechtlichen Abwicklung, weil die Eheleute bis

63

zum Tod eines Ehegatten im Güterstand der Zugewinngemeinschaft gelebt und der überlebende Ehegatte das Vermögen des verstorbenen Ehegatten ganz oder teilweise durch Erbanfall oder Vermächtnis erworben hat, ist nur für steuerliche Zwecke eine steuerfrei zu stellende Ausgleichsforderung zu ermitteln und vom Erwerb des Ehegatten abzuziehen (R E 5.1 Abs. 1 Satz 1 ErbStR). Für Zwecke der ErbSt ist die Zugewinnausgleichsforderung fiktiv so zu ermitteln, wie sie sich nach den zivilrechtlichen Vorgaben für die güterrechtliche Abwicklung ergäbe. Auf folgende erbschaftsteuerliche Besonderheiten ist in diesem Zusammenhang hinzuweisen:

- Bei der Berechnung der *fiktiven Zugewinnausgleichsforderung* bleiben von den Vorschriften der §§ 1373 bis 1383, 1390 BGB abweichende güterrechtliche Vereinbarungen – in erster Linie Regelungen zum Umfang von Anfangs- und Endvermögen einschließlich dessen Bewertung – unberücksichtigt (§ 5 Abs. 1 Satz 2 ErbStG).
- Die *Vermutung des § 1377 Abs. 3 BGB* – nach dieser Vorschrift wird beim Fehlen eines Verzeichnisses über das Anfangsvermögen vermutet, dass das gesamte Endvermögen eines Ehegatten seinen Zugewinn darstellt – findet *keine Anwendung* (§ 5 Abs. 1 Satz 3 ErbStG).
- Steuerfreiheit kommt nur für den fiktiven Ausgleichsanspruch zum Tragen, der während der tatsächlichen Dauer der Zugewinngemeinschaft erzielt wurde (R E 5.1 Abs. 2 Satz 1 ErbStR).

Unter Berücksichtigung dieser Besonderheiten liegt beim überlebenden Ehegatten nur in Höhe der verbleibenden fiktiven Ausgleichsforderung kein Erwerb i. S. des § 3 ErbStG vor (§ 5 Abs. 1 Satz 1 ErbStG).

> **BEISPIEL:** Mit Eheschließung im Jahr 1985 hatten die Ehegatten Gütertrennung vereinbart. Im Jahr 2006 vereinbaren die Ehegatten Zugewinngemeinschaft. Der Ehemann verstirbt im Jahre 2016, sein Zugewinn insgesamt beläuft sich auf 5 000 000 € (3 000 000 € hiervon entfallen auf die letzten zehn Ehejahre). Die Ehefrau wird Alleinerbin, ihr Zugewinn beträgt 0 €.
>
> Da für die Ermittlung des fiktiven Zugewinnausgleichsanspruchs auf die tatsächliche Dauer der Zugewinngemeinschaft abzustellen ist, beträgt die steuerfreie fiktive Ausgleichsforderung nicht $1/2$ von 5 000 000 €, sondern nur $1/2$ von 3 000 000 €, mithin 1 500 000 €.

Als selbständiger Vermögensgegenstand kann grundsätzlich nur eine zivilrechtlich bestehende Forderung, nicht aber die zur Berechnung der Erbschaftsteuer fingierte Ausgleichsforderung nach § 5 Abs. 1 ErbStG vererbt werden. Als *bloße Rechengröße* unterfällt diese fiktive Ausgleichsforderung auch nicht dem § 1378 Abs. 3 BGB. Lediglich dann, wenn der Erblasser den durch den Tod seines vorverstorbenen Ehegatten ausgelösten Erbfall steuerrechtlich noch nicht abgewickelt hatte, kann der Erbe des nachverstorbenen Ehegatten bei der noch ausstehenden Abwicklung des ersten Erbfalls die ehedem dem überlebenden Ehegatten zustehenden Rechte aus § 5 Abs. 1 ErbStG geltend machen; insoweit rückt er gem. § 1922 Abs. 1 BGB in dessen Rechtsstellung ein (BFH vom 22. 3. 2001, BFH/NV 2001, S. 1266).

b) Ermittlung von Anfangs- und Endvermögen

Für jeden Ehegatten ist das Anfangs- und Endvermögen nach Verkehrswerten gegenüberzustellen, wobei Zu- und Abrechnungen nach den §§ 1374 ff. BGB zu beachten sind. Bei Überschuldung ist das Vermögen mit seinem negativen Wert anzusetzen (R E 5.1 Abs. 2 Satz 4 ErbStR). Ein negativer Zugewinn ist nicht möglich.

aa) Anfangsvermögen

Anfangsvermögen ist das Vermögen, das einem Ehegatten – nach Abzug von Verbindlichkeiten – beim Eintritt des gesetzlichen Güterstands gehörte (§ 1374 Abs. 1 BGB). Als Tag des Eintritts des gesetzlichen Güterstands gilt im Falle des § 5 Abs. 1 ErbStG

64

- für alle Ehen, die nach dem 1.7.1958 geschlossen wurden oder werden und die nicht durch Ehevertrag einen anderen Güterstand vereinbart haben, der Tag der Eheschließung;
- für vor dem 1.7.1958 geschlossene Ehen der 1.7.1958;
- für Ehen, bei denen die Eheleute aus einem zunächst vertraglich vereinbarten anderen Güterstand später durch ehevertragliche Vereinbarung in den Güterstand der Zugewinngemeinschaft wechseln, der Tag des Vertragsabschlusses;
- für Ehen, für die im Beitrittsgebiet der gesetzliche Güterstand nach § 13 Familiengesetzbuch der DDR (sog. Errungenschaftsgemeinschaft) galt und die Überleitung in den gesetzlichen Güterstand der Zugewinngemeinschaft nicht durch Erklärung eines Ehegatten ausgeschlossen wurde, der 3.10.1990.

Die Vorschrift des § 5 Abs. 1 Satz 4 ErbStG, wonach für die Berechnung der nicht als Erwerb geltenden Zugewinnausgleichsforderung als Zeitpunkt des Eintritts des Güterstandes der Zugewinngemeinschaft der Tag des Vertragsabschlusses gilt, ist *formell und materiell verfassungsgemäß* (BFH vom 18.1.2006, BFH/NV 2006 S. 948).

Die infolge des *Kaufkraftschwunds* nur nominale Wertsteigerung des Anfangsvermögens eines Ehegatten während der Ehe stellt keinen Zugewinn dar (R E 5.1 Abs. 2 Satz 5 ErbStR). Der auf allgemeiner Geldentwertung beruhende unechte Wertzuwachs des Anfangsvermögens ist aus der Berechnung der Ausgleichsforderung zu eliminieren, in dem das Anfangsvermögen der Ehegatten mit dem Lebenshaltungskostenindex zurzeit der Beendigung des Güterstands multipliziert und durch die für den Zeitpunkt des Beginns des Güterstands geltende Indexzahl dividiert wird (BGH vom 14.11.1973, BGHZ 61, S. 385). Sind dem Anfangsvermögen Vermögensgegenstände nach § 1374 Abs. 2 BGB zuzurechnen, ist bei der Berechnung des Vermögenszuwachses der Kaufkraftschwund des Geldes seit dem Zeitpunkt des Erwerbs der Gegenstände zu berücksichtigen (BGH vom 20.5.1987, BGHZ 101, S. 65).

Die maßgebenden *Indexzahlen* werden vom Statistischen Bundesamt ermittelt und regelmäßig vom BMF im BStBl veröffentlicht (H E 5.1 Abs. 2 ErbStH). Mit BMF-Schreiben vom 22.2.2016 (BStBl 2016 I S. 231) wurde folgende Zusammenstellung der Verbraucherpreisindizes für Deutschland veröffentlicht (Stand 12.2.2016):

Verbraucherpreisindex für Deutschland (2010 = 100)

Jahre 1958 bis 1990:

1958	1959	1960	1961	1962	1963	1964	1965	1966	1967
24,9	25,0	25,3	26,1	26,3	27,2	27,8	28,7	29,6	30,2
1968	1969	1970	1971	1972	1973	1974	1975	1976	1977
30,6	31,2	32,3	34,0	35,9	38,4	41,0	43,5	45,3	47,0
1978	1979	1980	1981	1982	1983	1984	1985	1986	1987
48,3	50,3	53,0	56,3	59,3	61,2	62,8	64,0	64,0	64,0
1988	1989	1990							
65,0	66,7	68,5							

Jahre ab 1991:

1991	1992	1993	1994	1995	1996	1997	1998	1999	2000
70,2	73,8	77,1	79,1	80,5	81,6	83,2	84,0	84,5	85,7
2001	2002	2003	2004	2005	2006	2007	2008	2009	2010
87,4	88,6	89,6	91,0	92,5	93,9	96,1	98,6	98,9	100,0
2011	2012	2013	2014	2015					
102,1	104,1	105,7	106,6	106,9					

BEISPIEL: Bei Eheschließung im Jahr 1992 hatte das Anfangsvermögen des im Dezember 2015 verstorbenen Ehegatten einen Wert von umgerechnet 240 000 €.

Der um die allgemeine Geldentwertung bereinigte Wert des Anfangsvermögens berechnet sich wie folgt:

$$\frac{240\,000\,€ \times 106,9x}{73,8} = 347\,642\,€$$

bb) Endvermögen

65 Endvermögen ist das Vermögen, das einem Ehegatten nach Abzug von Verbindlichkeiten bei der Beendigung des Güterstands gehört. Hinzurechnungen nach § 1375 Abs. 2 und 3 BGB sind zu berücksichtigen. Erwerbe des überlebenden Ehegatten i. S. des § 3 Abs. 1 Nr. 4 ErbStG (Verträge zugunsten Dritter, Tz 45) sind dem Endvermögen des verstorbenen Ehegatten hinzuzurechnen (R E 5.1 Abs. 4 Satz 1 ErbStR). Dies gilt auch für erbschaftsteuerpflichtige Hinterbliebenenbezüge, die dem überlebenden Ehegatten aufgrund eines privaten Anstellungsvertrages des verstorbenen Ehegatten zustehen, sowie für Lebensversicherungen, die dem überlebenden Ehegatten zustehen, auch soweit es sich dabei um Ansprüche aus einer privaten Rentenversicherung des verstorbenen Ehegatten handelt (R E 5.1 Abs. 4 Satz 2 ErbStR). Hinterbliebenenbezüge, die nicht der Besteuerung nach § 3 Abs. 1 Nr. 4 ErbStG unterliegen, sind nicht dem Endvermögen des Erblassers zuzurechnen (H E 5.1 Abs. 4 „Steuerfreie Hinterbliebenenbezüge" ErbStH).

Der Wert des Endvermögens des verstorbenen Ehegatten ist zwecks Umrechnung der fiktiven Ausgleichsforderung in den steuerfreien Betrag auch nach steuerlichen Bewertungsgrundsätzen zu ermitteln. Dabei sind alle bei der Ermittlung des Endvermögens berücksichtigten Vermögensgegenstände zu bewerten, auch wenn sie nicht zum steuerpflichtigen Erwerb gehören (R E 5.1 Abs. 5 Satz 2 ErbStR). In die Berechnung des Ausgleichsbetrags ist nach §§ 13, 13a, 13c, § 13d oder § 28a ErbStG begünstigtes Vermögen mit seinem Steuerwert als Bruttowert, d. h. vor Berücksichtigung von Freibeträgen bzw. im Falle des § 13a ErbStG vor Verschonungsabschlag und Abzugsbetrag einzubeziehen. Ist der sich danach ergebende Steuerwert des Endvermögens niedriger als dessen Verkehrswert, ist die nach zivilrechtlichen Grundsätzen ermittelte fiktive Ausgleichsforderung nach § 5 Abs. 1 Satz 5 ErbStG entsprechend dem Verhältnis von Steuerwert und Verkehrswert des dem Erblasser zuzurechnenden Endvermögens auf den steuerfreien Betrag zu begrenzen (BFH vom 10.3.1993, BStBl 1993 II S. 510). Die in § 5 Abs. 1 Satz 5 ErbStG zur Ermittlung des Abzugsbetrags vorgegebene Verhältnisrechnung ist auch dann durchzuführen, wenn der Steuerwert des Nachlasses negativ ist und sich deshalb rechnerisch ein negativer Abzugsbetrag ergibt, der im Rahmen des § 5 Abs. 1 ErbStG mit 0 € anzusetzen ist (BFH vom 30.7.1996, BFH/NV 1997, S. 29).

BEISPIEL: Bei Eheschließung hatten die Ehegatten keine Vereinbarung über den Güterstand getroffen, so dass der Güterstand der Zugewinngemeinschaft bestand. Die Ehefrau wird Alleinerbin ihres verstorbenen Ehemannes. Das Endvermögen des verstorbenen Ehemanns beläuft sich auf 3 000 000 € (Verkehrswert) und 2 500 000 € (Steuerwert), sein – indiziertes – Anfangsvermögen ist auf 600 000 € zu beziffern. Das Endvermögen der überlebenden Ehefrau beläuft sich auf 460 000 € (Verkehrswert), ihr – indiziertes – Anfangsvermögen beträgt 60 000 €.

▶ Berechnung der fiktiven Ausgleichsforderung:

	verstorbener Ehemann	überlebende Ehefrau
Endvermögen	3 000 000 €	460 000 €
Anfangsvermögen (indiziert)	./. 600 000 €	./. 60 000 €
Zugewinn	2 400 000 €	400 000 €

Ausgleichsforderung: $^1/_2$ von (2 400 000 € ./. 400 000 € = 2 000 000 € =) 1 000 000 €

▶ Berechnung der steuerfreien Ausgleichsforderung:

Endvermögen (Verkehrswert) des verstorbenen Ehemanns	3 000 000 €
Endvermögen (Steuerwert) des verstorbenen Ehemanns	2 500 000 €

Ausgleichsforderung:

$$\frac{1\,000\,000\,\text{€} \times 2\,500\,000\,\text{€}}{3\,000\,000\,\text{€}} = 833\,333\,\text{€}$$

3. Güterrechtlicher Zugewinnausgleich

Wird der Güterstand der Zugewinngemeinschaft in anderer Weise als durch den Tod eines Ehegatten beendet oder wird der Zugewinn nach § 1371 Abs. 2 BGB ausgeglichen, so gehört die Ausgleichsforderung nach § 1378 BGB nicht zum Erwerb i. S. der §§ 3 und 7 ErbStG (§ 5 Abs. 2 ErbStG). Die Vorschrift des § 5 Abs. 2 ErbStG hat lediglich *deklaratorischen Charakter*, da sie nur feststellt, was keinem Zweifel unterliegt (BFH vom 10.3.1993, BStBl 1993 II S. 510). Verzichtet der berechtigte Ehegatte auf die geltend gemachte Ausgleichsforderung, kann nach R E 5.2 Abs. 1 Satz 2 ErbStR – sofern Bereicherung und Wille zur Unentgeltlichkeit gegeben sind – darin eine Schenkung unter Lebenden an den verpflichteten Ehegatten liegen.

Bei der Zugewinnausgleichsforderung nach den §§ 1372 ff. BGB handelt es sich um eine *Geldforderung*, die grundsätzlich mit dem *Nennwert* zu bewerten ist. Erfüllt der Verpflichtete die Zugewinnausgleichsforderung zur Abfindung des Berechtigten mittels Übereignung von Grundstücken, ist der Abzug der Zugewinnausgleichsschuld auch hier mit dem Nennwert vorzunehmen (BFH vom 10.3.1993, BStBl 1993 II S. 368). Erfolgt mithin der Verzicht auf die Zugewinnausgleichsforderung gegen eine Abfindung, tritt diese an die Stelle der Ausgleichsforderung und ist damit ebenfalls (vollumfänglich) steuerfrei.

Da § 5 Abs. 2 ErbStG die Beendigung der Zugewinngemeinschaft voraussetzt, ist diese Norm nicht einschlägig, wenn Ehegatten durch Ehevertrag den während des bisherigen Bestehens des Güterstands der Zugewinngemeinschaft entstandenen Zugewinn ausgleichen, dabei diesen Güterstand selbst nicht beenden (R E 5.2 Abs. 3 ErbStR). Hintergrund ist, dass in diesen Fällen von Gesetzes wegen keine Ausgleichsforderung entstanden ist. Sind im Anwendungsbereich des § 5 Abs. 2 ErbStG unentgeltliche Zuwendungen auf die Ausgleichsforderung nach § 1380 Abs. 1 BGB angerechnet worden, ist die Festsetzung der Steuer für frühere Schenkungen an den überlebenden Ehegatten nach Maßgabe des § 29 Abs. 1 Nr. 3 ErbStG zu ändern (R E 5.1 Abs. 6 Satz 1 ErbStR). Die Vorgabe des § 5 Abs. 1 Satz 5 ErbStG, wonach eine Minderung der Ausgleichsforderung auf das Steuerwertniveau erfolgt, ist innerhalb des § 5 Abs. 2 ErbStG unbeachtlich; d. h. die Zugewinnausgleichsforderung gehört in vollem Umfang – ohne Einschränkung auf den Steuerwert – nicht zum steuerpflichtigen Erwerb.

Im Rahmen des § 5 Abs. 2 ErbStG – und damit im Gegensatz zu § 5 Abs. 1 ErbStG – sind abweichende güterrechtliche Vereinbarungen der Ehegatten zu beachten. Die Nichtsteuerbarkeit gilt deshalb auch hinsichtlich einer durch Ehevertrag (§ 1408 BGB) oder Vertrag im Zusammenhang mit einer Ehescheidung (§ 1378 Abs. 3 Satz 2 BGB) *modifizierten Ausgleichsforderung* (R E 5.2 Abs. 2 Satz 1 ErbStR). Soweit durch solche Vereinbarungen einem Ehegatten für den Fall der Beendigung der Zugewinngemeinschaft eine erhöhte güterrechtliche Ausgleichsforderung verschafft wird, ist hierin eine steuerpflichtige Schenkung auf den Todesfall (§ 3 Abs. 1 Nr. 2 ErbStG) bzw. eine Schenkung unter Lebenden (§ 7 Abs. 1 Nr. 1 ErbStG) zu sehen, vorausgesetzt, mit den Vereinbarungen sollen in erster Linie nicht güterrechtliche, sondern erbrechtliche Wirkungen herbeigeführt werden (R E 5.2 Abs. 2 Satz 2 ErbStR). Nach Verwaltungsauffassung kann sich eine überhöhte Ausgleichsforderung dadurch ergeben, dass die Eheleute den rückwirkenden Beginn des Güterstandes oder ein abweichendes Anfangsvermögen vereinbaren (R E 5.2 Abs. 2 Satz 3 ErbStR).

F. Vorerbschaft, Nacherbschaft, Nachvermächtnis (§ 6 ErbStG)

I. Vorerbschaft

Der Erblasser kann einen Erben in der Weise einsetzen, dass dieser erst Erbe wird, nachdem zunächst ein anderer Erbe geworden ist (§ 2100 BGB). Derjenige, der zunächst Erbe wird, ist der *Vorerbe*. Denjenigen, der nach dem Vorerben als Erbe eingesetzt wird, bezeichnet man als *Nacherben*.

Die Vor- und Nacherbschaft hat zwei Aufgaben: Sie soll dem Vorerben zwar die Erbenstellung, aber dem Nacherben beim Nacherbfall die gleichen Rechte am ungeschmälerten Bestand des Nachlasses sichern. Dazu muss sie die Erbschaft des Vorerben von seinem Eigenvermögen so trennen, dass beim Nacherbfall ihr Bestand bzw. ihr Wert erhalten bleibt. Der Vorerbe hat sich also aller Verfügungen zu enthalten, die das Recht des Nacherben in irgendeiner Weise beeinträchtigen. Die Beschränkungen des Vorerben sind unterschiedlich, je nachdem, ob es sich um einen befreiten oder nicht befreiten Vorerben handelt. In beiden Fällen darf er im Wesentlichen die Substanz des Nachlasses nicht angreifen. Sehr weit gehen die Beschränkungen beim nicht befreiten Vorerben, denn ihm stehen lediglich die Nutzungen des Nachlassvermögens zu. Wirtschaftlich gesehen unterscheidet sich daher der nicht befreite Vorerbe nicht vom Nießbraucher am Nachlass. Da es aber allein auf die bürgerlich-rechtliche Gestaltung ankommt, ist der Vorerbe Gesamtrechtsnachfolger. Das gilt auch für den nicht befreiten Vorerben, obwohl er – wirtschaftlich gesehen – lediglich Nießbraucher des Vermögens ist. Die während der Dauer der Vorerbschaft auf einen zur Erbschaft gehörenden Kommanditanteil entfallenden entnahmefähigen Gewinne stehen dem Vorerben als Nutzungen zu. Daran ändert auch die Verbuchung dieser Gewinne auf einem Forderungskonto (Privatkonto) des Vorerben / Gesellschafters nichts (BFH vom 24. 5. 2000, BFH/NV 2001, S. 39).

Der *Vorerbe* gilt auch erbschaftsteuerlich als *Erbe* (§ 6 Abs. 1 ErbStG). Er hat den Nachlass voll zu versteuern, unabhängig davon, ob der Nacherbfall im Zeitpunkt seines Todes oder zu einem anderen vom Erblasser bestimmten Zeitpunkt eintritt, z. B. zum Zeitpunkt der Wiederverheiratung des überlebenden Ehegatten. Der volle Wert des Nachlasses wird bei ihm als Bereicherung erfasst. Das Anwartschaftsrecht des Nacherben wird beim Vorerben nicht als Belastung behandelt. Der Vorerbe hat daher – als befreiter oder nicht befreiter Vorerbe – den *gesamten Nachlass* zu versteuern, d. h. er unterscheidet sich insoweit nicht vom Vollerben.

Erhält ein pflichtteilsberechtigter Nacherbe vom Vorerben etwas, damit er seinen Pflichtteilsanspruch nicht geltend macht, so gehört die Abfindung beim Vorerben zu den Verbindlichkeiten i. S. des § 10 Abs. 5 Nr. 2 ErbStG, die bei der Ermittlung der Bereicherung aufgrund Eintritts der Vorerbfolge abzuziehen sind (BFH vom 18. 3. 1981, BStBl 1981 II S. 475).

Zur Frage, ob ein Vorerbe *von Verfassungs wegen* wie ein Nießbraucher zu besteuern ist, vertritt der BFH (BFH vom 6. 5. 2003, BFH/NV 2003, S. 1185) folgende Auffassung: Wird ein Verstoß des angewendeten Steuergesetzes gegen den Gleichbehandlungsgrundsatz gerügt, bedarf es eingehender Darlegung, dass der Gesetzgeber die verfassungsrechtlichen Grenzen seiner Gestaltungsfreiheit nicht eingehalten hat. Dazu gehört im Fall der geltend gemachten Verfassungswidrigkeit des § 6 Abs. 1 ErbStG die Auseinandersetzung mit der Systematik des Erbschaft- und Schenkungsteuergesetzes und dem Gesamtkonzept des Gesetzgebers. Daneben bedarf es ferner einer Auseinandersetzung mit dem rechtserheblichen Gesichtspunkt, dass der Vorerbe bürgerlich-rechtlich die Stellung eines Erben hat (BFH vom 27. 1. 2006, BFH/NV 2006 S. 1299). Erfolgt diese Auseinandersetzung nicht, reicht die bloße Behauptung der Verfassungswidrigkeit einer Vorschrift nicht aus. Die in § 6 ErbStG vorgesehene Besteuerung des Vorerben ist *verfassungsgemäß* (BFH vom 6. 11. 2006, BFH/NV 2007 S. 242).

II. Nacherbschaft

68 Der Nacherbe hat bereits mit dem Erbfall des Erblassers ein *dingliches Anwartschaftsrecht* erhalten, über das er, wenn keine Beschränkungen vorliegen, auch verfügen darf. Obwohl dieses Anwartschaftsrecht gewissermaßen ein Wirtschaftsgut darstellt, unterliegt dieses (noch) nicht der ErbSt. Der Erbanfall beim Vorerben hat daher für den Nacherben grundsätzlich keine steuerlichen Auswirkungen. Verwertet jedoch der Nacherbe dieses Anwartschaftsrecht, indem er es einem Dritten überträgt, so gilt dieses Entgelt als vom Erblasser zugewendet (§ 3 Abs. 2 Nr. 6 ErbStG; vgl. Tz. 51). Der Veräußerungspreis des Anwartschaftsrechts unterliegt daher der ErbSt.

68a Nach § 6 Abs. 2 Satz 1 ErbStG haben bei Eintritt der Nacherbfolge diejenigen, auf die das Vermögen übergeht, den Erwerb als vom Vorerben stammend zu versteuern. Es ist also für die Besteuerung grundsätzlich das Verhältnis des Nacherben zum Vorerben maßgebend. Allerdings ist *auf Antrag* der Versteuerung des Erwerbs das Verhältnis des Nacherben zum Erblasser zugrunde zu legen (§ 6 Abs. 2 Satz 2 ErbStG), was zweckmäßig erscheint, wenn das verwandtschaftliche Verhältnis zum Erblasser günstiger als das zum Vorerben ist. Die mehrfache Besteuerung des Vermögens des Erblassers wird *bei Personen der Steuerklasse I* (Vorerbe und Nacherbe) dadurch abgeschwächt, dass dem Nacherben eine Steuerermäßigung gem. § 27 ErbStG gewährt wird, wenn die Nacherbfolge innerhalb von zehn Jahren nach dem Tod des Erblassers eintritt (vgl. dazu Tz 552 ff.).

> **BEISPIEL:** A hat seinen Bruder zum Vorerben und zur Nacherbin seine eigene Tochter eingesetzt. Für die Besteuerung des Erwerbs der Nacherbin gilt grds. das Verhältnis zum Vorerben, also der Tochter zum ihrem Onkel (Steuerklasse II, persönlicher Freibetrag 20 000 €). Auf Antrag kann aber das Verhältnis zum Erblasser, also der Tochter zu ihrem Vater, zugrunde gelegt werden. In diesem Fall ist die Steuerklasse I mit dem höheren persönlichen Freibetrag von 400 000 € anzuwenden.

Der Antrag i. S. des § 6 Abs. 2 Satz 2 ErbStG wirkt sich nur auf das für die Versteuerung maßgebende Verhältnis des Nacherben zum Erblasser, also auf die Steuerklasse, aus. Andere (personenbezogene) Besteuerungsmerkmale sind nicht davon berührt (z. B. die Frage der unbeschränkten oder beschränkten Steuerpflicht oder aber die Zusammenrechnung mehrerer Erwerbe i. S. des § 14 ErbStG). Es bleibt also auch im vorbezeichneten Antragsfall dabei, dass der Nacherben als Erbe des Vorerben gilt und es sich somit um einem Vermögensanfall vom Vorerben handelt (BFH vom 3.11.2010, BStBl 2011 II S.123).

Gibt der Vorerbe an den Nacherben mit Rücksicht auf die angeordnete Nacherbschaft vor ihrem Eintritt etwas heraus, so wird diese Zuwendung als Schenkung des Vorerben behandelt. Auf Antrag kann jedoch auch in diesen Fällen bei der Besteuerung das Verhältnis des Nacherben zum Erblasser zugrunde gelegt werden (vgl. dazu auch Tz.108). Die vorzeitige Herausgabe der Erbschaft wird wirtschaftlich und auch steuerlich dem Eintritt des Erbfalls bzw. des Nacherbfalls gleichgestellt. Gegenstand der Schenkung ist nicht die zwischenzeitliche Nutzung bis zum Eintritt der Nacherbfolge, sondern die gesamte vorzeitig überlassene Erbschaft. 68b

III. Zusammentreffen von Erbfall und Nacherbschaft

Geht im Falle der Nacherbschaft auch eigenes Vermögen des Vorerben auf den Nacherben über, so sind beide Vermögensanfälle hinsichtlich der Steuerklasse *getrennt* zu behandeln (§ 6 Abs. 2 Satz 3 ErbStG). Das gilt sowohl für das Vermögen des Erben als auch für das Vermögen des Vorerben. Hintergrund ist, dass in einem solchen Fall, in dem der Nacherbe einen Antrag nach § 6 Abs. 2 Satz 2 ErbStG stellt, nicht zwei getrennt zu besteuernde Erwerbe – nämlich ein Erwerb vom Erblasser und ein Erwerb vom Vorerben – vorliegen. Vielmehr handelt es sich um zwei Vermögenanfälle vom Vorerben, die lediglich hinsichtlich der Steuerklasse getrennt behandelt werden. 69

Nach § 6 Abs. 2 Satz 4 ErbStG kann für das eigene Vermögen des Vorerben ein persönlicher Freibetrag i.S. des § 16 ErbStG jedoch nur gewährt werden, soweit der persönliche Freibetrag für das der Nacherbfolge unterliegende Vermögen nicht verbraucht ist. Ist hingegen der vom Nacherbschaftsvermögen – nach dem Verhältnis zum Erblasser – abzugsfähige persönliche Freibetrag vollumfänglich verbraucht, steht für das Vorerbenvermögen kein weiterer persönlicher Freibetrag zur Verfügung. Ist der vom Nacherbschaftsvermögen nach dem Verhältnis (Steuerklasse) zum Erblasser abzugsfähige persönliche Freibetrag nicht voll verbraucht, so ist dieser nicht verbrauchte Teil nur bis zur Höhe des persönlichen Freibetrags abzugsfähig, der im Verhältnis zum Vorerben in Betracht kommt, und soweit dieser den noch verbleibenden persönlichen Freibetrag nach dem Erblasser übersteigt (BFH vom 2.12.1998, BStBl 1999 II S.235). Die Steuer ist für jeden Erwerb jeweils nach dem Steuersatz zu erheben, der für den gesamten Erwerb gelten würde. Demnach sind zunächst die beiden Vermögensmassen des gesamten Erwerbs nach ihrer Herkunft zu trennen. Auf jede dieser Vermögensmassen ist dann die ihrer Herkunft entsprechende Steuerklasse anzuwenden. Damit sich hieraus für den Nacherben keine ungerechtfertigten Vorteile hinsichtlich des persönlichen Freibetrages ergeben, wird weiter bestimmt, dass dem Nacherben nicht für jede Vermögensmasse des Gesamterwerbs gesondert ein persönlicher Freibetrag zusteht, sondern ihm insgesamt nur *ein persönlicher Freibetrag* zu gewähren ist, und zwar der persönliche Freibetrag, der für sein günstigeres Verwandtschaftsverhältnis zum Erblasser maßgebend ist. Für das zusätzlich anfallende Vermögen des Vorerben soll der für diese Steuerklasse maßgebende persönliche Freibetrag nur noch gewährt werden, wenn bzw. soweit der höhere nach dem Verwandtschaftsverhältnis zum Erblasser maßgebende persönliche Freibetrag durch den Anfall des Nacherbschaftsvermögens nicht verbraucht ist.

Um zu vermeiden, dass der Steuerpflichtige durch die Aufgliederung des Gesamtvermögens in zwei Vermögensteile einen Progressionsvorteil hat, bestimmt § 6 Abs. 2 Satz 5 ErbStG weiter, dass die Steuer für jeden Vermögensteil nach dem Steuersatz zu erheben ist, der für den gesamten Erwerb gelten würde.

> **BEISPIEL** ▶ Erblasser V hinterlässt die Söhne A und M. Er setzt den deutlich älteren Sohn A zum Alleinerben ein und bestimmt, dass nach dessen Tod der M Nacherbe werden soll. Der Steuerwert des Nachlasses beträgt 725 000 €. Beim Tod von A gehen auf den Nacherben M 660 000 € aus der Erbschaft des V und 210 000 € als eigenes Vermögen des A (Bruder von M) über. M beantragt nach § 6 Abs. 2 Satz 2 ErbStG die Versteuerung nach dem Verhältnis zum Erblasser.
>
> Im Verhältnis zum Vorerben A (Bruder) gehört M zur Steuerklasse II, im Verhältnis zum Erblasser V (Vater) gehört M zur Steuerklasse I. Nach der Steuerklasse I steht M ein persönlicher Freibetrag von 400 000 € zu. Dieser wird durch den Abzug vom Nacherbschaftsvermögen voll verbraucht. Für den Vermögenserwerb von dem Vorerben A kann M keinen weiteren persönlichen Freibetrag abziehen. M hat als Erwerb von V 260 000 € (660 000 € - 400 000 €) und als Erwerb von A 210 000 € zu versteuern. Der steuerpflichtige Erwerb des M beträgt somit 470 000 € (260 000 € + 210 000 €). Dieser Erwerb ist für die Bestimmung des Steuersatzes nach § 6 Abs. 2 Satz 5 ErbStG maßgebend.
>
> Nach Steuerklasse I sind 260 000 € mit einem Steuersatz von 15 % zu versteuern (Steuer = 39 000 €). Außerdem sind nach Steuerklasse II 210 000 € mit einem Steuersatz von 25 % zu versteuern (Steuer = 52 500 €), so dass sich für M eine Gesamtsteuer von 91 500 € ergibt.

Tritt der Fall der Nacherbfolge nicht durch den Tod des Vorerben ein, so gilt die Vorerbfolge als auflösend bedingter und die Nacherbfolge als aufschiebend bedingter Anfall. In diesem Fall ist dem Nacherben die vom Vorerben entrichtete Steuer abzüglich desjenigen Steuerbetrages anzurechnen, welche der tatsächlichen Bereicherung des Vorerben entspricht (§ 6 Abs. 3 Satz 2 ErbStG). Eine Erstattung kommt nicht in Betracht, wenn die Steuer des Vorerben die des Nacherben übersteigt. Die ErbSt reduziert sich infolge des Anrechnungsverfahrens beim Nacherben allenfalls auf 0 €.

IV. Nachvermächtnis

70 Der Erblasser kann einen Vermächtnisnehmer dadurch beschweren, dass er den vermachten Gegenstand von einem nach dem Anfall des Vermächtnisses eintretenden bestimmten Ereignis oder Zeitpunkt an einen Dritten zuwendet (§ 2191 BGB). Auf das Vermächtnis finden die für die Einsetzung eines Nacherben geltenden Vorschriften entsprechende Anwendung. Nach § 6 Abs. 4 ErbStG stehen *Nachvermächtnisse* und beim Tode des Beschwerten fällige *Vermächtnisse* oder *Auflagen* den Nacherbschaften gleich. Damit sind Nachvermächtnisse und Vermächtnisse, die beim Tod des Beschwerten fällig werden, oder Auflagen erbschaftsteuerlich – abweichend vom bürgerlichen Recht – als Erwerb vom Vorvermächtnisnehmer oder Beschwerten und nicht als Erwerb vom Erblasser zu behandeln. Ein solcher Fall ist insbesondere gegeben, wenn die Ehegatten in einem gemeinschaftlichen Testament mit gegenseitiger Erbeinsetzung bestimmen, dass ihren ansonsten zu Schlusserben eingesetzten Kindern beim Tod des erstversterbenden Elternteils Vermächtnisse zufallen sollen, die erst beim Tod des überlebenden

Elternteils fällig werden. Die Vermächtnisse sind als Erwerb vom überlebenden Elternteil zu versteuern. Aus dieser erbschaftsteuerlichen Sachbehandlung folgt, dass weder beim Tod des erstversterbenden noch beim Tod des überlebenden Ehegatten eine die jeweilige Bereicherung durch Erbanfall mindernde Vermächtnislast nach § 10 Abs. 5 Nr. 2 ErbStG vorliegt. Es ist jedoch beim Tod des überlebenden Ehegatten eine *Erblasserschuld* nach § 10 Abs. 5 Nr. 1 ErbStG abzugsfähig.

G. Schenkungen unter Lebenden (§ 7 ErbStG)

I. Begriff der Schenkung

Nach Maßgabe des § 1 Abs. 1 Nr. 2 ErbStG unterliegen die Schenkungen unter Lebenden der Schenkungsteuer. Die Schenkung unter Lebenden tritt als *selbständiger Tatbestand* neben den Erwerb von Todes wegen. Zu den Schenkungen unter Lebenden rechnen allerdings nur solche Zuwendungen, die auf einem Rechtsgeschäft unter Lebenden beruhen und die zu Lebzeiten des Zuwendenden zu einem Vermögenszuwachs beim Bedachten führen.

71

TAB. 3: Übersicht		
Jede freigebige Zuwendung	a)	Schenkungen i. S. des § 516 BGB
	b)	Sonstige Zuwendungen mit objektiver Bereicherung des Empfängers
Sonstige Zuwendungen im Zusammenhang mit einer Schenkung	a)	Erwerb aufgrund der Vollziehung einer Auflage
	b)	Erwerb im Zusammenhang mit der Genehmigung einer Schenkung
Sonstige vorweggenommene Erbregelungen	a)	Abfindungen für Erbverzicht
	b)	Erwerbe des Nacherben vom Vorerben mit Rücksicht auf die Nacherbfolge vor deren Eintritt
Erwerbe im Zusammenhang mit einer Stiftung	a)	Zuwendungen an die Stiftung
	b)	Erwerb im Zusammenhang mit der Auflösung einer Stiftung
Zuwendungen im Rahmen eines Gesellschaftsverhältnisses	a)	Anteilsschenkungen mit Buchwertklausel
	b)	Überhöhte Gewinnbeteiligung
	c)	Abfindungen unter Wert des Anteils

1. Schenkung als Zuwendung

Der schenkungsteuerliche Begriff ist *eigenständig*, d. h. er schließt nicht an den bürgerlich-rechtlichen Begriff der Schenkung an. Der steuerliche Schenkungsbegriff unterscheidet sich vom zivilrechtlichen Schenkungsbegriff (§ 516 BGB) darin, dass eine *Einigung zwischen Schenker und Beschenktem über die Unentgeltlichkeit der Zuwendung*

72

nicht erforderlich ist (R E 7.1 Abs. 1 Satz 1 ErbStR). Die Schenkungstatbestände sind in § 7 Abs. 1, 5 bis 8 ErbStG abschließend aufgezählt. Während § 7 Abs. 1 Nr. 1 ErbStG den *Grundtatbestand* normiert, handelt es sich bei den in § 7 Abs. 1 Nr. 2 bis 10 ErbStG geregelten Erwerbsvorgängen um *Ersatz- und Ergänzungstatbestände*. Ferner widmet sich § 7 Abs. 5 bis 7 ErbStG der Gesellschafternachfolge durch Anteilserwerb unter Lebenden und § 7 Abs. 8 ErbStG den Schenkungen unter Beteiligung von Kapitalgesellschaften oder Genossenschaften. In § 7 Abs. 3 und 4 ErbStG sind Sonderfragen niedergelegt, die sowohl für den Grundtatbestand als auch für die Ersatz- und Ergänzungstatbestände relevant sein können. Hingegen ist § 7 Abs. 2 ErbStG nur für den Erwerbstatbestand des § 7 Abs. 1 Nr. 7 ErbStG einschlägig.

73 § 7 Abs. 1 Nr. 1 ErbStG versteht unter einer Schenkung jede freigebige Zuwendung unter Lebenden, soweit der Bedachte durch sie auf Kosten des Zuwendenden bereichert wird. Der erbschaftsteuerliche Begriff der Zuwendung setzt voraus:

- ▶ eine Zuwendung des Schenkers,
- ▶ eine Bereicherung des Bedachten.

Das bürgerliche Recht versteht unter einer Schenkung eine Zuwendung, durch die jemand aus seinem Vermögen einen anderen bereichert, wenn beide Teile darüber einig sind, dass die Zuwendung unentgeltlich erfolgt (§ 516 Abs. 1 BGB). Das bürgerliche Recht setzt also voraus, dass beide Teile, nämlich der Schenker und der Beschenkte, das Bewusstsein einer unentgeltlichen Zuwendung haben. Dies ist bei der erbschaftsteuerlichen bzw. schenkungsteuerlichen Würdigung nicht erforderlich.

Unentgeltliche Vermögensübertragungen zwischen Trägern öffentlicher Verwaltung fallen nicht unter § 7 Abs. 1 Nr. 1 ErbStG, sie erfolgen regelmäßig nicht freigebig (BFH vom 1. 12. 2004, BStBl 2005 II S. 311). Aufgrund der Bindung der öffentlichen Gewalt an Gesetz und Recht (Art. 20 Abs. 3 GG), u. a. an die jeweils maßgebenden haushaltsrechtlichen Vorschriften, ist *regelmäßig* anzunehmen, dass Träger öffentlicher Verwaltung in Wahrnehmung der ihnen obliegenden Aufgaben und somit nicht freigebig handeln. Der BFH versteht die Erfüllung öffentlicher Aufgaben im Sinne einer rechtlichen Verpflichtung; dies schließt bereits objektiv das Merkmal der Freigebigkeit aus. Bestellt eine Kommune einem freien Träger der Wohlfahrtspflege zur Erfüllung öffentlicher Aufgaben unentgeltlich ein Erbbaurecht an einem Grundstück mit aufstehendem Senioren- und Pflegeheim, ist dies keine freigebige Zuwendung und daher nicht nach § 3 Nr. 2 GrEStG grunderwerbsteuerfrei (BFH vom 29. 3. 2006, BFH/NV 2006 S. 1712). Eine *freigebige Zuwendung* mittels unentgeltlicher Übertragung eines Grundstücks durch die öffentliche Hand kann zu *verneinen* sein, wenn die öffentliche Hand dadurch eine ansonsten ihr obliegende Aufgabe auf den Übertragungsempfänger abwälzt (BFH vom 26. 8. 2004, BFH/NV 2005 S. 57).

Diese die Freigebigkeit nach § 7 Abs. 1 Nr. 1 ErbStG ausschließenden Grundsätze lassen sich jedoch *nicht generell* auf alle Körperschaften des öffentlichen Rechts *übertragen*. Denn Vermögensübertragungen durch Kirchen oder deren Untergliederungen unterliegen nicht dem staatlichen Haushaltrechts. Vielmehr ordnen und verwalten sie ihre Angelegenheiten selbständig innerhalb der Schranken des für alle geltenden Gesetzes und sind im Gegensatz zu Trägern öffentlicher Verwaltung nicht durch staatliches

Recht gehindert, freigebige Zuwendungen zu erbringen (BFH vom 17.5.2006, BFH/NV 2006 S. 1991).

Hingegen liegt eine freigebige Zuwendung unter Lebenden i. S. des § 7 Abs. 1 Nr. 1 ErbStG bereits dann vor, wenn lediglich der Schenker das Bewusstsein der unentgeltlichen Zuwendung hatte. Der steuerrechtliche Begriff der Schenkung umfasst daher in jedem Fall auch den Begriff der Schenkung i. S. des § 516 BGB. Er ist jedoch insofern weiter, als das Bewusstsein der Bereicherung nur beim Schenker vorliegen muss. 74

Schließen künftige gesetzliche Erben einen Vertrag gem. § 312 Abs. 2 BGB, wonach der eine auf seine *künftigen Pflichtteils(ergänzungs)ansprüche* gegen Zahlung eines Geldbetrages *verzichtet*, stellt die Zahlung eine freigebige Zuwendung i. S. des § 7 Abs. 1 Nr. 1 ErbStG dar. Die Steuerklasse richtet sich nach dem Verhältnis des Zuwendungsempfängers (Verzichtenden) zum künftigen Erblasser (BFH vom 25.1.2001, BStBl 2001 II S. 456). Der vorzeitige unentgeltliche Verzicht auf ein vorbehaltenes Nießbrauchsrecht erfüllt als *Rechtsverzicht* den Tatbestand des § 7 Abs. 1 Nr. 1 ErbStG (BFH vom 17.3.2004, BStBl 2004 II S. 429).

Entsteht von Gesetzes wegen eine Ausgleichsforderung durch *ehevertragliche Beendigung des Güterstandes der Zugewinngemeinschaft*, ist dies *nicht als freigebige Zuwendung schenkungsteuerbar*, wenn es tatsächlich zu einer güterrechtlichen Abwicklung der Zugewinngemeinschaft kommt, und zwar auch dann nicht, wenn der Güterstand der Zugewinngemeinschaft im Anschluss an die Beendigung neu begründet wird = sog. „Güterstandsschaukel" (H E 5.2 „Vertragliche Beendigung der Zugewinngemeinschaft mit anschließender Neugründung" ErbStH). Nur bei Beendigung des gesetzlichen Güterstandes entsteht der Zugewinnausgleichsanspruch *kraft Gesetzes* und damit *ohne* gewillkürten, den Tatbestand des § 7 Abs. 1 Nr. 1 ErbStG ausfüllenden Zuwendungsakt des den Zugewinn ausgleichenden Ehegatten (BFH vom 24.8.2005, BFH/NV 2006 S. 63).

2. Zuwendungsbeteiligte

Bei einer freigebigen Zuwendung kann Zuwendender und Zuwendungsempfänger jede natürliche oder juristische Person sein. Nach § 20 ErbStG sind Schenker und Bedachter nebeneinander Schuldner der Schenkungsteuer (Gesamtschuldner). Die konkrete Bestimmung des Kreises der Zuwendungsbeteiligten hat u. a. Bedeutung für 75

- ▶ die Ermittlung der Steuerklasse (§ 15 ErbStG),
- ▶ die persönlichen Freibeträge (§§ 16, 17 ErbStG),
- ▶ den Steuertarif (§ 19 ErbStG).

Zuwendender ist derjenige, dessen Vermögen durch die Zuwendung gemindert wird. Zuwendungsempfänger ist derjenige, dessen Vermögen sich vermehrt. Für den Steuertatbestand des § 7 Abs. 1 Nr. 1 ErbStG sind die einer freigebigen Zuwendung zugrunde liegenden Motive des Zuwendenden und die Umstände, unter denen der Zuwendende das Zuwendungsobjekt erworben hat, ohne Bedeutung (BFH vom 5.2.2003, BFH/NV 2004 S. 340).

In Fällen der Beteiligung einer Gesamthandsgemeinschaft – wie GbR, OHG, KG – an einem schenkungsteuerrechtlich relevanten Vorgang sind die *Gesamthänder (Gesellschafter)* und nicht die Gesamthand (Gesellschaft) als durch die freigebige Zuwendung bereichert anzusehen. In der Folge sind die Gesamthänder auch die Steuerschuldner (BFH vom 14. 9. 1994, BStBl 1995 II S. 81). Diese Interpretation durch den BFH geht auf § 718 BGB zurück, der das Gesellschaftsvermögen als gemeinschaftliches Vermögen der Gesellschafter definiert. Die Personengesellschafter sind Träger der gesamthänderischen Rechte und Pflichten. Über die Verweisungsnormen des § 105 Abs. 2 HGB sowie § 161 Abs. 2 HGB gilt dies entsprechend für die OHG und die KG.

76 Anders ist die Rechtslage bei einer Gesellschaft mit beschränkter Haftung (GmbH) zu beurteilen. Für Erwerbe, für die die Steuer nach dem 13. 12. 2011 entsteht, fingiert § 7 Abs. 8 Satz 1 ErbStG eine Schenkung zwischen dem an eine Kapitalgesellschaft Leistenden und der natürlichen Person, die an der Kapitalgesellschaft unmittelbar oder mittelbar beteiligt ist, und deren Anteile an der Gesellschaft durch die Leistung im gemeinen Wert steigen. Sind beispielsweise die Gesellschafter A und B an einer GmbH beteiligt und legt nur der Gesellschafter A Vermögen in die GmbH ein, erhöht sich dadurch auch der Wert der Beteiligung des B an der GmbH. B hat also einen Vermögensvorteil erlangt, der nach der Rechtsprechung des BFH keine freigebige Zuwendung i. S. des § 7 Abs. 1 Nr. 1 ErbStG darstellt. Hintergrund ist, dass der Vermögensvorteil nicht in einer substanziellen Vermögensverschiebung, sondern lediglich in der Wertsteigerung der Gesellschaftsanteile besteht. Anders als nach § 7 Abs. 1 Nr. 1 ErbStG kommt es im Rahmen des § 7 Abs. 8 Satz 1 ErbStG weder auf die unmittelbare Zuwendung von Sachsubstanz an den Bedachten noch auf den Willen zur Unentgeltlichkeit an. Aus diesem Grund liegt in dem zuvor beschriebenen Beispielsfall eine steuerbare Schenkung des A an den B vor (vgl. dazu auch Tz 94 bzw. Tz 121a).

3. Bereicherung des Erwerbers

77 Gegenstand der Schenkungsteuer ist die *Bereicherung des Erwerbers*. Der Erwerber muss durch die Zuwendung des Schenkers bereichert sein (BFH vom 25. 1. 2001, BFH/NV 2001, S. 908). Unerheblich ist jedoch, dass der Erwerber sich der Bereicherung bewusst war. Wenngleich die freigebige Zuwendung neben dem Willen zur Freigebigkeit zwar objektiv eine Bereicherung des Bedachten voraussetzt (R E 7.1 Abs. 1 Satz 2 ErbStR), ist ein auf die Bereicherung des Bedachten gerichteter Wille im Sinne einer Bereicherungsabsicht nicht erforderlich (BFH vom 10. 9. 1986, BStBl 1987 II S. 80; R E 7.1 Abs. 3 Satz 2 ErbStR).

78 Bereicherung kann jede *Vermögensvermehrung* und jede *Minderung von Schulden oder Belastungen* beim Bedachten sein. Ob eine Bereicherung vorliegt, ist zunächst anhand der gemeinen Werte (Verkehrswerte) der Zuwendungsgegenstände und der ggf. vom Bedachten zu erfüllenden Gegenleistungen und Auflagen zu beurteilen. *Unentgeltlich* ist ein Erwerb, soweit er nicht rechtlich abhängig ist von einer den Erwerb ausgleichenden Gegenleistung, die sowohl nach Art eines gegenseitigen Vertrags als auch durch Setzen einer Auflage oder Bedingung begründet sein kann. Eine Bereicherung tritt *nicht* ein, soweit der Empfänger das Erhaltene *rechtlich beanspruchen* konnte (z. B. infolge ei-

ner entsprechenden Forderung oder als Entlohnung für vereinbarte und geleistete Dienste).

Der Wille zur Unentgeltlichkeit wird aufgrund der dem Zuwendenden und dem Zuwendungsempfänger bekannten Umstände nach den Maßstäben des allgemein Verkehrsüblichen bestimmt (BFH vom 12. 7. 1979, BStBl 1979 II S. 631 sowie vom 21. 10. 1981, BStBl 1982 II S. 83; R E 7.1 Abs. 3 Satz 3 ErbStR). Es genügt, wenn der Zuwendende die Tatsachen und Umstände kennt, auf Grund derer eine Zuwendung als objektiv unentgeltlich qualifiziert werden kann.

Der Bereicherung auf der Seite des Bedachten muss zwar eine Vermögensminderung auf der Seite des Schenkers gegenüberstehen. Das bedeutet jedoch nicht, dass der Gegenstand der Vermögensminderung gleichzeitig den Gegenstand der Bereicherung darstellt, mithin mit diesem identisch ist (so z. B. bei der mittelbaren Grundstücksschenkung, vgl. Tz. 83 f.). Entscheidend ist, auf welchen Zuwendungsgegenstand sich die in § 516 BGB geforderte Einigung der Parteien bezieht.

Die *Übernahme einer Bürgschaft* als solche stellt keine freigebige Zuwendung i. S. des § 7 Abs. 1 Nr. 1 ErbStG dar. Gleiches gilt für Leistungen des Bürgen an den Gläubiger aufgrund der Bürgschaftsverpflichtung. Die Bestellung einer Bürgschaft und die nachfolgende Inanspruchnahme des Bürgen können ausnahmsweise als freigebige Zuwendung des Bürgen an den Schuldner angesehen werden, wenn nach den objektiven Umständen der Schuldner von dem Bürgen endgültig von der gegen ihn (weiter-)bestehenden Forderung befreit werden sollte. Die bloße Möglichkeit, als Bürge aus der Bürgschaft in Anspruch genommen zu werden und mit dem übergegangenen Anspruch gegen den Schuldner auszufallen, reicht für eine derartige Annahme nicht (BFH vom 12. 7. 2000, BStBl 2000 II S. 596).

79

Werden Wirtschaftsgüter zur *Abgeltung* eines rechtsgeschäftlich begründeten *Anspruchs*, mit dem bei fortbestehender Zugewinngemeinschaft der sich bis dahin ergebende *Zugewinn ausgeglichen* werden soll, übertragen, handelt es sich um einen objektiv unentgeltlichen Vorgang und um eine freigebige Zuwendung im Sinne des § 7 Abs. 1 Nr. 1 ErbStG (BFH vom 28. 6. 2007, BStBl 2007 II S. 785).

Außerordentliche (d. h. nicht satzungsmäßig oder allen Vereinsmitgliedern durch entsprechenden Beschluss auferlegte) *Leistungen des Förderers eines Vereins* an einen Sportverein unterliegen als freigebige Zuwendungen der Schenkungsteuer, soweit ihnen keine Gegenleistung des Vereins gegenübersteht. Dabei ist das Recht des Zuwendenden, auf die Zusammensetzung der Vereinsmannschaft Einfluss nehmen zu können, keine Gegenleistung des Vereins im schenkungsteuerlichen Sinne (BFH vom 15. 3. 2007, BStBl 2007 II S. 472).

4. Gegenstand der Zuwendung

a) Grundsätze

Die Frage nach dem Gegenstand der Zuwendung ist in vielerlei Hinsicht von Bedeutung, so z. B. für die Ermittlung des Werts (§§ 10, 12 ErbStG) der freigebigen Zuwendung oder auch im Zusammenhang mit sachlichen Steuerbefreiungen (§ 13 Abs. 1 Nr. 1

80

und 2 ErbStG sowie § 13a, § 13c und § 13d ErbStG). Als *Zuwendungsgegenstand* kommen insbesondere in Betracht: Sachen, Grundstücke, Rechte und andere geldwerte Vorteile. Darüber hinaus kann es sich bei dem Zuwendungsgegenstand auch um den Erlass gegenüber dem Zuwendenden bestehenden Schulden handeln.

81 Nach den *Vorstellungen der Parteien* bestimmt sich, was Gegenstand der Schenkung sein soll. Dabei ist darauf abzustellen, was im zivilrechtlichen Vertrag zum Ausdruck gekommen ist (BFH vom 30. 3. 1994, BStBl 1994 II S. 580 sowie vom 9. 11. 1994, BStBl 1995 II S. 83); insbesondere ist der Wille des Zuwendenden zu erforschen. Auch wenn sich die Bestimmung des Zuwendungsgegenstands als eine bürgerlich-rechtliche Vorfrage (BFH vom 5. 2. 1986, BStBl 1986 II S. 460) darstellt, die in das Schenkungsteuerrecht hineinwirkt, so ist der Wille des Zuwendenden im Auslegungswege unter Einbeziehung der steuerlichen Folgen zu ermitteln.

Der Gegenstand der Schenkung richtet sich grundsätzlich danach, was nach der *Schenkungsabrede*, d. h. nach dem übereinstimmenden Willen von Schenker und Bedachtem, geschenkt sein soll. Haben die Beteiligten den Schenkerwillen jedoch nicht vollzogen, kann er für die Erhebung der Schenkungsteuer auch nicht erheblich sein. Für die Bestimmung des Schenkungsgegenstands ist deshalb entscheidend, wie sich die Vermögensmehrung im Zeitpunkt der Ausführung der Schenkung beim Bedachten darstellt, d. h. worüber der Bedachte im Verhältnis zum Schenker – endgültig – tatsächlich und rechtlich frei verfügen kann (BFH vom 6. 3. 2002, BFH/NV 2002 S. 1030).

Erlangt aus einem *Vertrag zu Gunsten Dritter* der begünstigte Dritte einen *frei verfügbaren Anspruch* auf die Leistung gegen den Versprechenden, ist der Tatbestand des § 7 Abs. 1 Nr. 1 ErbStG erfüllt. Erwerbsgegenstand ist in einem solchen Fall die – als Folge des Abschlusses des Vertrages zu Gunsten Dritter entstandene – Forderung des Dritten gegen den Verpflichteten. Die Steuer entsteht mit der Begründung des Forderungsrechts des Dritten (BFH vom 20. 1. 2005, BStBl 2005 II S. 408).

b) Geldschenkung unter einer Auflage

82 Nach R E 7.3 Abs. 2 ErbStR ist in der Hingabe von Geld zum Erwerb eines Grundstücks – sei es in Höhe der vollen oder eines Teils der Anschaffungskosten – eine Geldschenkung unter Auflage zu sehen, wenn der Schenker dem Beschenkten gegenüber lediglich zum Ausdruck bringt, dass dieser für den zugewendeten Geldbetrag im eigenen Namen und für eigene Rechnung ein Grundstück erwerben soll, ohne dass dabei schon feststeht, um welches Grundstück es sich genau handelt. Entsprechendes gilt, wenn der Schenker den Beschenkten lediglich verpflichtet, auf einem diesem gehörenden Grundstück nach eigenen Vorstellungen ein Gebäude zu errichten bzw. den Geldbetrag für die Errichtung eines solchen Gebäudes mit zu verwenden (= Baukostenzuschuss), ohne dass bereits bei der Ausführung der Zuwendung ein konkretes Bauvorhaben besteht. Vgl. bezüglich der Abgrenzung zur mittelbaren Grundstücksschenkung Tz. 83 f..

Die obige Schenkung gilt mit der Geldhingabe als ausgeführt. Da die Auflage dem Beschenkten selbst zugutekommt, ist sie nicht abzugsfähig (§ 10 Abs. 9 ErbStG). Es unterliegt deshalb der volle Geldbetrag der Besteuerung.

BEISPIEL: A schenkt seinem Sohn einen Betrag von 100 000 € mit der Auflage, von diesem Geld (irgendein) Grundstück zu kaufen. Gegenstand der Schenkung ist der Geldbetrag von 100 000 €.

c) Mittelbare Grundstücksschenkung

Sowohl in der höchstrichterlichen Rechtsprechung zum Zivilrecht (BGH vom 2.7.1990, BGHZ 112, S. 40) als auch in der Finanzrechtsprechung (BFH vom 7.4.1976, BStBl 1976 II S. 632) wird anerkannt, dass der *Gegenstand der Entreicherung* (beim Schenker) und der *Gegenstand der Bereicherung* (beim Bedachten) *nicht identisch* sein müssen. Mithin muss sich der Gegenstand, um den der Zuwendungsempfänger bereichert wird, vorher nicht in derselben Gestalt im Vermögen des Zuwendenden befunden haben und wesensgleich übergehen. Demnach liegt eine sog. mittelbare Schenkung vor, wenn die Zuwendung mit der Abrede verbunden wird, dass der hingegebene Vermögensgegenstand zum Erwerb oder zur Herstellung eines anderen konkret bestimmten Gegenstandes verwendet werden soll, der damit das eigentliche Zuwendungsobjekt darstellt. Diese Grundsätze zur mittelbaren Zuwendung sind allerdings nur bei der Schenkung unter Lebenden, nicht hingegen bei Erwerben von Todes wegen anzuwenden (BFH vom 27.11.1991, BStBl 1992 II S. 298 sowie vom 10.7.1996, BFH/NV 1997, S. 28). Beim Erwerb durch Erbanfall besteht grundsätzlich Identität zwischen dem, was dem Erblasser im Todeszeitpunkt gehörte, und demjenigen, was im Wege der Universalsukzession (§ 1922 BGB) auf den Erben übergeht. Demgemäß kann ein Grundstück, das der Erbe nach dem Eintritt des Erbfalls mit ererbten Mitteln erwirbt, nicht Gegenstand eines Erwerbs von Todes wegen sein, da sich das Grundstück im Besteuerungszeitpunkt (= Zeitpunkt des Erbfalls) nicht im Erblasservermögen befunden hat. Dieser rechtlichen Würdigung steht nicht entgegen, dass der Grundstückerwerb dem Plan von Erblasser und Erbe entsprach (BFH vom 10.7.1996, BFH/NV 1997, S. 28).

83

In der *Hingabe von Geld zum Erwerb eines Grundstücks* oder eines Teilgrundstücks oder zur Errichtung eines Gebäudes auf einem dem Beschenkten bereits gehörenden Grundstück kann nach der Rechtsprechung (BFH vom 26.9.1990, BStBl 1991 II S. 32, vom 9.11.1994, BStBl 1995 II S. 83, vom 13.3.1996, BStBl 1996 II S. 548 sowie vom 13.3.1996, BFH/NV 1996, S. 792) eine *mittelbare Grundstücksschenkung* zu sehen sein (R E 7.3 Abs. 1 Satz 1 ErbStR). Voraussetzung ist, dass dem Bedachten nach dem Willen des Zuwendenden im Zeitpunkt der Ausführung der Schenkung ein bestimmtes Grundstück oder Gebäude zugewendet werden soll. Der Geldbetrag muss vom Schenker grundsätzlich bereits bis zum *Zeitpunkt des Erwerbs* des Grundstücks oder des *Beginns der Baumaßnahme* zugesagt sein (R E 7.3 Abs. 1 Satz 4 ErbStR). Zwischen der Bereitstellung des Geldes und der bestimmungsgemäßen Verwendung der Mittel sollte ein *enger zeitlicher Zusammenhang* bestehen (R E 7.3 Abs. 1 Satz 6 ErbStR). Sagt der Schenker dem Bedachten den für den Kauf eines bestimmten Grundstücks vorgesehenen Geldbetrag zu (die Zusage bedarf nicht der in § 518 Abs. 1 BGB bestimmten Form, muss aber nachweisbar sein) und stellt er ihm den Betrag bis zur Tilgung der Kaufpreisschuld zur Verfügung, liegt eine *mittelbare Grundstücksschenkung auch dann* vor, wenn der Bedachte bereits vor der Überlassung des Geldes Eigentümer des Grundstücks geworden ist (BFH vom 10.11.2004, BStBl 2005 II S. 188).

84

Ein Grundstück kann aufgrund entsprechender Abreden auch dadurch (mittelbar) geschenkt werden, dass der Schenker dem Bedachten einen ihm zustehenden *Anspruch auf Übereignung des Grundstücks unentgeltlich abtritt* oder ihm die Mittel für den Erwerb eines solchen Anspruchs gewährt. Sagt der Schenker dem Bedachten den für den Erwerb eines bestimmten Grundstücks vorgesehenen Geldbetrag erst nach Abschluss des Kaufvertrages zu, scheidet eine mittelbare Grundstücksschenkung aus (BFH vom 2.2.2005, BStBl 2005 II S. 531). Erhält der Grundstückskäufer Mittel für den Erwerb eines bestimmten Grundstücks *zunächst als Darlehen* und *verzichtet* der Darlehensgeber später auf die *Rückzahlung*, ist eine mittelbare Grundstücksschenkung nur gegeben, wenn der Darlehensgeber die Umwandlung des Darlehens in eine Schenkung vor dem Grundstückserwerb zusagt und vor Bezahlung des Kaufpreises tatsächlich vornimmt (BFH vom 2.2.2005, a.a.O.). Die Rechtsfolgen einer mittelbaren Grundstücksschenkung treten auch dann ein, wenn der Schenker *nicht die gesamten Kosten der Anschaffung oder Errichtung* getragen hat. In diesen Fällen kann eine Schenkung des dem hingegebenen Geldbetrag entsprechenden Teils des Grundstücks vorliegen *(sog. mittelbare Teilschenkung)*.

Bei der mittelbaren Schenkung eines noch herzustellenden Gebäudes gibt der Herstellungsaufwand die Höhe vor, bis zu der der Schenker die Finanzierung übernehmen kann. Soweit der Beschenkte zum Vorsteuerabzug berechtigt ist, ist der Herstellungsaufwand mit den Nettobeträgen anzusetzen. Wendet der Schenker dem Bedachten einen den Herstellungsaufwand übersteigenden Betrag zu, liegt darin eine zusätzliche Schenkung, und zwar in Form einer Geldschenkung. Stellt der Schenker dem Bedachten den Betrag in Höhe des maßgeblichen Herstellungsaufwands im Voraus zinslos zur Verfügung, liegt darin eine weitere freigebige Zuwendung, und zwar in Gestalt einer Gewährung der Möglichkeit zur Kapitalnutzung, die unter Berücksichtigung der Fälligkeit(en) der Herstellungskosten gem. § 12 Abs. 1 ErbStG i.V. mit § 15 Abs. 1 BewG mit jährlich 5,5 % des Kapitals zu bewerten ist (BFH vom 4.12.2002, BStBl 2003 II S. 273).

Trägt der Schenker nur einen unbedeutenden Teil der im Übrigen vom Beschenkten aufgebrachten Anschaffungs- oder Herstellungskosten, ist nach Auffassung der Finanzverwaltung in der Regel davon auszugehen, dass der Schenker lediglich einen *Geldzuschuss* zu einem vom Beschenkten in vollem Umfang für eigene Rechnung erworbenen Grundstück oder errichteten Gebäude geleistet hat. Grundsätzlich wird ein Anteil bis etwa 10 % des im Übrigen vom Beschenkten aufgebrachten Kaufpreises als unbedeutend angesehen (R E 7.3 Abs. 3 ErbStR).

Wird eine mittelbare Grundstücksschenkung ausgeführt, ist das Grundstück nach Maßgabe des § 12 Abs. 3 ErbStG i.V. mit §§ 176 ff. BewG mit seinem *Grundbesitzwert* anzusetzen. Trägt der Schenker die Herstellungskosten eines auf dem Grundstück des Beschenkten zu errichtenden Gebäudes, entspricht die Bereicherung der Wertsteigerung des Grundbesitzwertes. Übernimmt der Schenker die Kosten für den Erwerb eines bestimmten Grundstücks mit einem Gebäude im Zustand der Bebauung (z. B. einen Rohbau), ohne auch die Kosten für die endgültige Fertigstellung des Gebäudes zu tragen, ist die Zuwendung mit dem Steuerwert für ein Grundstück im Zustand der Bebauung anzusetzen (§ 12 Abs. 3 ErbStG, § 196 BewG).

Schenkungen unter Lebenden (§ 7 ErbStG) SIEBENTER TEIL

BEISPIEL: Tochter T hat ihre Traumwohnung im Hafen von Münster gefunden. Ihr Onkel O sagte daraufhin zu, den mit dem Verkäufer ausgehandelten Kaufpreis in Höhe von 320 000 € zu übernehmen. Den Kaufpreis überweist O bei Fälligkeit unmittelbar an den Verkäufer. Der Grundbesitzwert der Eigentumswohnung beträgt 300 000 €.

Es handelt sich um eine mittelbare Grundstücksschenkung, da der Geldbetrag für ein konkret bestimmtes Grundstück verwandt werden soll. Die Schenkung ist mit dem Grundbesitzwert des Grundstücks in Höhe von 300 000 € zu bewerten.

Zeitpunkt der mittelbaren Grundstücksschenkung ist nach R E 9.1 Abs. 2 ErbStR bei der Finanzierung des Kaufpreises eines anzuschaffenden Grundstücks, wenn die Auflassung und die Eintragungsbewilligung vorliegen (Gleichbehandlung mit normalen Grundstücksschenkungen). Bei der Finanzierung der Herstellungskosten eines Gebäudes ist der Schenkungszeitpunkt bei Bezugsfertigkeit.

d) Zinsschenkungen

Gewährt der Darlehensgeber ein *zinsloses Darlehen*, so stellt die Zinslosigkeit des Darlehens eine freigebige Zuwendung dar, die in Höhe des Kapitalwerts der üblichen Verzinsung als Schenkung zu behandeln ist (BFH vom 12. 7. 1979, BStBl 1979 II S. 631). Bei einem zinslosen Darlehen ist Gegenstand der Zuwendung die unentgeltliche Gewährung des Rechts, das als Darlehen überlassene Kapital zu nutzen (BFH vom 4. 12. 2002, BStBl 2003 II S. 273). Im Falle der Gewährung eines zinslosen Darlehens zum Erwerb eines bestimmten Grundstücks ist Gegenstand der Zuwendung die *Kapitalnutzungsmöglichkeit*, nicht aber das Grundstück (BFH vom 21. 2. 2006, BFH/NV 2006 S. 1300). Soll das Darlehen nach dem Willen des Darlehensgebers der Finanzierung eines Grundstückskaufs dienen, *scheidet* im Hinblick auf den eingeräumten Nutzungsvorteil eine *mittelbare Grundstücksschenkung* aus, weil dem Darlehensnehmer die Vorteile hieraus regelmäßig erst nach Zahlung der Kaufpreise zufließen und diese deshalb nicht mehr mittelbarer Teil des bereits abgeschlossenen Grundstückserwerbs sein können (BFH vom 29. 6. 2005, BStBl 2005 II S. 800).

85

Verzichtet jedoch der Darlehensgeber später auf die Darlehensforderung, so ist bei der Zusammenrechnung der Erwerbe lediglich die Schenkung des Darlehensbetrags zu berücksichtigen, da die Zinsschenkung in der Schenkung der Substanz aufgeht. Das Merkmal der Freigebigkeit fehlt jedoch, wenn es sich um Zuwendungen handelt, die zur Erfüllung einer gesetzlichen Unterhaltsverpflichtung erfolgen oder die bei der Einkommensteuerveranlagung wegen ihrer Zwangsläufigkeit eine außergewöhnliche Belastung darstellen.

e) Schenkung von Anteilen an Gesellschaften

Bringt ein Steuerpflichtiger sein bisheriges Einzelunternehmen in eine mit seinen Kindern gebildete OHG ein, und werden hierdurch ebenfalls die Einlageverpflichtungen der Kinder erbracht, so ist Gegenstand der Schenkung ein Gesellschaftsanteil (Anteil am Betriebsvermögen). Ebenfalls liegt eine Anteilsschenkung vor, wenn der Vater seinen Kindern einen Geldbetrag schenkt mit der Maßgabe, diesen als Einlage in eine Personengesellschaft einzubringen.

86

Beteiligt der Schenker seine Kinder an einer GmbH in der Weise, dass er eine GmbH gründet und in diese sein bisheriges Einzelunternehmen einbringt, ist Gegenstand der Schenkung nicht ein Anteil am Betriebsvermögen des Einzelunternehmens, sondern eine GmbH-Beteiligung. Die Übertragung von Anteilen an einer GbR auf ein bisher nicht daran beteiligtes minderjähriges Kind durch die Eltern oder Großeltern bedarf der Zustimmung eines Ergänzungspflegers (BFH vom 27. 4. 2005, BFH/NV 2005 S. 2312).

Mit der *schenkweisen Einräumung einer Unterbeteiligung* an einem Gesellschaftsanteil, die *nicht* die Voraussetzungen einer *atypisch Unterbeteiligung* erfüllt, wird noch kein Vermögensgegenstand zugewendet (BFH vom 16. 1. 2008, BStBl 2008 II S. 631).

5. Die steuerliche Anerkennung von Schenkungen

87 Bürgerlich-rechtlich gültige Vereinbarungen sind grundsätzlich auch steuerlich und damit auch schenkungsteuerlich anzuerkennen. Auf die wirtschaftliche Betrachtungsweise kommt es hier nicht an (BFH vom 22. 9. 1982, BStBl 1983 II S. 179). Es ist jedoch zu beachten, dass die Vorschriften der §§ 42 ff. AO auch hier Anwendung finden (BFH vom 24. 5. 2000, BFH/NV 2001, S. 162).

Ist eine Schenkung nur zum Schein erfolgt, so liegt bürgerlich-rechtlich ein *Scheingeschäft* vor, das auch schenkungsteuerlich nicht zu beachten ist. Es kommt darauf an, dass die Schenkung ernsthaft gewollt ist und auch tatsächlich vollzogen wurde. Dagegen ist gegen eine *Schenkung unter Nießbrauchsvorbehalt* nichts einzuwenden, wenn eine solche Schenkung den tatsächlichen Verhältnissen entspricht und von den Vertragspartnern auch gewollt war. Auch gegen die Absicht, durch Schenkungen unter Ausnutzung von Freibeträgen einen günstigen Steuersatz zu erreichen, ist steuerlich nichts einzuwenden, wenn die Schenkungen tatsächlich vollzogen wurden.

6. Kettenschenkungen

88 Kettenschenkungen werden oftmals unter dem Gesichtspunkt optimaler Steuerplanung (Freibetrags- und Progressionsunterschiede) im Kreis naher Verwandter anstelle einer Schenkung unter Auflage gewählt. Eine Kettenschenkung, die auch als *Schenkung mit Weiterschenkklausel* bezeichnet wird, liegt vor, wenn eine Zuwendung den Bedachten nicht auf direktem Weg, sondern über zwei Stationen erreicht.

> **BEISPIEL:** Bei einer Zuwendung des Schwiegervaters an die Schwiegertochter ist die Steuerklasse II einschlägig. Schenkt der Vater hingegen an seinen Sohn und dieser das zugewendete Vermögen an seine Ehefrau, gilt für beide Zuwendungen jeweils die Steuerklasse I.

89 Für die Annahme einer Kettenschenkung ist Voraussetzung, dass der *Erstbeschenkte* in seiner Verfügungsmöglichkeit *nicht* durch eine (erzwingbare) Auflage des Schenkers *eingeschränkt* ist. D. h., der Erstbeschenkte muss rechtlich und faktisch imstande sein, hinsichtlich des Schenkgegenstandes abweichend vom Willen des Schenkers disponieren zu können, da andernfalls bereits die Freigebigkeit zu verneinen wäre. Im Hinblick auf die höchstrichterliche Finanzrechtsprechung (BFH vom 13. 10. 1993, BStBl 1994 II S. 128 sowie vom 13. 10. 1993, BFH/NV 1994, S. 553) kann der Zwischenbeschenkte (Erstbeschenkte) als Mittelsperson nur dann ignoriert, d. h. die Kettenschenkung als Ge-

staltungsmissbrauch i. S. des § 42 AO interpretiert werden, wenn diesem keinerlei Entscheidungs- und Verfügungsspielraum über das in einem ersten Schritt Zugewandte verblieben ist. In diesem Fall stellt sich die angemessene Gestaltung i. S. des § 42 AO als Schenkung unter Auflage der Weiterschenkung (§ 7 Abs. 1 Nr. 2 ErbStG) dar, die dazu führt, dass der Erstbeschenkte infolge der Auflage nicht bereichert ist und der Letztempfänger nach seinem Verhältnis zum Schenker besteuert wird.

Übertragen (Schwieger-)Eltern unter Mitwirkung ihres Kindes schenkweise Grundstückseigentum unmittelbar auf den Ehegatten ihres Kindes (Schwiegerkind), kann hierin auch dann *kein schenkungsteuerrechtlich beachtlicher Durchgangserwerb* des Kindes liegen, wenn die Zuwendung „auf Veranlassung des Kindes" erfolgen soll und als „ehebedingte Zuwendung" des Kindes bezeichnet wird. Eine Schenkung des Kindes an seinen Ehegatten kommt unter diesen Umständen somit nicht in Betracht (BFH vom 10. 3. 2005, BStBl 2005 II S. 412). Schenken Eltern ihrem Kind ein Grundstück und schenkt das Kind dieses Grundstück am gleichen Tag seinem Ehegatten, ohne zur Weiterschenkung verpflichtet zu sein, führt dies nicht zu einer freigebigen Zuwendung der Eltern an das Schwiegerkind (BFH vom 30. 11. 2011, BFH/NV 2012, S. 580). Erhält jemand als *Durchgangs- oder Mittelsperson* eine Zuwendung, die er entsprechend einer bestehenden Verpflichtung in vollem Umfang an einen Dritten weitergibt, liegt schenkungsteuerrechtlich *nur eine Zuwendung* aus dem Vermögen des Zuwendenden an den Dritten vor (BFH vom 22. 12. 2004, BFH/NV 2005 S. 705).

7. Schenkung mit einer aufschiebend bedingten Verpflichtung

Ist eine Schenkung mit einer aufschiebend bedingten Verpflichtung verbunden, die Zuwendung auf einen Dritten zu übertragen, und wird diese Verpflichtung nach Eintritt der Bedingung vom zunächst Bedachten gegenüber dem Dritten erfüllt, so ist für die schenkungsteuerrechtliche Beurteilung des Erwerbs des Dritten dessen Verhältnis zum ursprünglichen Schenker maßgeblich. Dies gilt auch dann, wenn der Zwischenbedachte die Verpflichtung vor Eintritt der Bedingung erfüllt (BFH vom 17. 2. 1993, BStBl 1993 II S. 523).

90

8. Schenkungen unter Widerrufsvorbehalt

Bei einer Schenkung unter einem *allgemeinen Widerrufsvorbehalt* muss der Beschenkte jederzeit damit rechnen, dass der Schenker den Zuwendungsgegenstand wieder zurückverlangt. Da die Bestimmungen der Schenkung dispositiver Natur sind, kann der gesetzliche Widerrufsvorbehalt vertraglich erweitert werden. Die Annahme einer Geldschenkung kommt dann nicht in Betracht, wenn sich der Schenker den freien Widerruf der Zuwendung vorbehalten hat (BFH vom 28. 11. 1984, BStBl 1985 II S. 159). Allerdings steht dem Umstand, dass eine Schenkung unter freiem Widerrufsvorbehalt steht oder auch dem Zuwendenden eine Verfügungsmacht des Zuwendungsempfängers erteilt wird, die Schenkungsteuerpflicht nicht entgegen (BFH vom 13. 9. 1989, BStBl 1989 II S. 1034).

91

9. Unbenannte Zuwendungen unter Ehegatten oder Lebenspartnern

92 Nach der Rechtsprechung des BFH (BFH vom 2.3.1994, BStBl 1994 II S. 366) sind *sog. unbenannte (ehebedingte) Zuwendungen* nicht deswegen von der Schenkungsteuer ausgenommen, weil sie – wegen ihres spezifischen ehebezogenen Charakters – nach herrschender zivilrechtlicher Auffassung keine Schenkungen i. S. der §§ 516 ff. BGB darstellen. Nach der ständigen Rechtsprechung des BGH sind Zuwendungen unter Ehegatten i. d. R. nicht als Schenkungen i. S. der §§ 516 ff. BGB, sondern als „unbenannte Zuwendungen" zu qualifizieren. Eine unbenannte (ehebedingte) Zuwendung ist nach der höchstrichterlichen Zivilrechtsprechung anzunehmen, wenn der Leistung die Vorstellung oder Erwartung des zuwendenden Ehegatten zugrunde liegt, dass die Ehe Bestand haben werde, oder wenn die Zuwendung (sonst) um der Ehe willen oder als Beitrag zur Verwirklichung oder Ausgestaltung, Erhaltung oder Sicherung der ehelichen Lebensgemeinschaft erbracht wird und darin ihre Geschäftsgrundlage hat (BGH vom 27.11.1991, NJW 1992, S. 564). Die vorherigen Ausführungen gelten für unbenannte Zuwendungen unter Lebenspartnern i. S. des LPartG entsprechend.

93 Die Schenkungsteuerpflicht unbenannter Zuwendungen beurteilt sich – nicht anders als bei sonstigen Zuwendungen – nach den allgemeinen Voraussetzungen des § 7 Abs. 1 Nr. 1 ErbStG. Die danach unter anderem erforderliche objektive Unentgeltlichkeit der Leistung kann nicht deswegen verneint werden, weil der unbenannten Zuwendung besondere ehebezogene Motive zugrunde liegen (R E 7.2 Satz 3 ErbStR). Auf die Art des zugewendeten Vermögens und die Angemessenheit der Zuwendung kommt es grundsätzlich nicht an. Hingegen sind *Unterhaltszuwendungen*, die auf gesetzlicher Unterhaltspflicht beruhen (§ 1353 BGB) mangels Freigebigkeit *nicht steuerbar* (H E 7.2 „Unterhaltszuwendungen" ErbStH).

10. Verdeckte Einlagen bei Kapitalgesellschaften

94 Vgl. bezüglich der verdeckten Einlagen bei Kapitalgesellschaften i. S. des § 7 Abs. 8 ErbStG die Ausführungen zu Tz. 121a.

11. Verdeckte Gewinnausschüttungen bei Kapitalgesellschaften / Schenkungen durch Kapitalgesellschaften

95 Zahlt eine Kapitalgesellschaft einem Gesellschafter eine überhöhte Vergütung (*verdeckte Gewinnausschüttung*), führte nach Verwaltungsauffassung das über seine Beteiligungsquote hinaus Verteilte zu einer gemischt freigebigen Zuwendung der Gesellschaft an den Gesellschafter (vgl. gleich lautende Ländererlasse vom 14.3.2012, BStBl 2012 I S. 331). Für Erwerbe nach dem 13.12.2011 greift die Vorschrift des § 15 Abs. 4 ErbStG, nach der bei Schenkungen durch eine Kapitalgesellschaft der Besteuerung des persönliche Verhältnis des Erwerbers zu derjenigen unmittelbar oder mittelbar beteiligten Person zu Grunde zu legen, durch die die Schenkung veranlasst ist (vgl. Tz 539).

> **BEISPIEL** A und B sind jeweils zu 50 % an einer GmbH beteiligt. Die GmbH veräußert mit Duldung des B ein Grundstück zu einem Kaufpreis von 300 000 € an A. Der gemeine Wert des Grundstücks beträgt 500 000 €.
>
> Es liegt eine freigebige Zuwendung gem. § 7 Abs. 1 Nr. 1 ErbStG zwischen der GmbH und A in Höhe von 100 000 € (= 1/2 von 200.000 €) vor. Nach § 15 Abs. 4 ErbStG ist der Schenkung der GmbH an A das persönliche Verhältnis des A zu dem veranlassenden bzw. duldenden B zu Grunde zu legen.

Nach BFH-Rechtsprechung (Urteil vom 30. 1. 2013, BStBl 2013 II S. 930) gibt es im Verhältnis einer Kapitalgesellschaft zu ihren Gesellschaftern neben betrieblich veranlassten Rechtsbeziehungen lediglich offene und verdeckte Gewinnausschüttungen sowie Kapitalrückzahlungen, aber *keine freigebigen Zuwendungen*. Gewinnausschüttungen einer Kapitalgesellschaft erfolgen nicht freigebig, sondern beruhen nach Ansicht des BFH stets auf dem Gesellschaftsverhältnis und haben daher jedenfalls im Verhältnis zu den Gesellschaftern ausschließlich ertragsteuerliche Folgen. Insofern steht das vorbezeichnete BFH-Urteil der obigen Verwaltungsauffassung grds. entgegen. Allerdings hat die Finanzverwaltung das im BStBl veröffentlichte BFH-Urteil vom 30. 1. 2013 mit dem Nichtanwendungserlass vom 5. 6. 2013 (BStBl 2013 I S. 1465) belegt, so dass das Urteil nicht über den Einzelfall hinaus anwendbar ist. Mit Beschluss vom 2. 9. 2015 (II B 146/14; BFH/NV 2015, S. 1586) hat der BFH – entgegen dem vorbezeichneten Nichtanwendungserlass der Verwaltung – an seiner bisherigen Rechtsprechung festgehalten und eine entsprechende Nichtzulassungsbeschwerde der Finanzverwaltung zurückgewiesen. Die weitere Entwicklung bei dieser strittigen Rechtsfrage bleibt abzuwarten.

95a

Verdeckte Gewinnausschüttungen zugunsten einer dem Gesellschafter *nahe stehenden Person* führen nach Verwaltungsauffassung zu einer freigebigen Zuwendung der Kapitalgesellschaft an die nahe stehende Person (vgl. gleich lautende Ländererlasse vom 14. 3. 2012, BStBl 2012 I S. 331). Für Erwerbe nach dem 13. 12. 2011 kommt in diesen Fällen § 15 Abs. 4 ErbStG zur Anwendung. Danach wird der Besteuerung das persönliche Verhältnis des Erwerbers zu dem Gesellschafter zugrunde gelegt, welcher die verdeckte Gewinnausschüttung veranlasst hat (vgl. Tz 539). Gleichwohl bleibt die Kapitalgesellschaft Zuwendende. Die Verwaltungsauffassung ist allerdings strittig (vgl. Revisionsverfahren beim BFH, Az. II R 54/15).

95b

II. Gemischte Schenkung und Schenkung unter Auflage

1. Abgrenzung

Von einer gemischten Schenkung spricht man, wenn ein Gegenstand oder ein sonstiges Vermögensrecht gegen ein *ungleichwertiges Entgelt* veräußert wird und sich beide Teile darüber einig sind, dass die Übertragung des nicht durch das Entgelt gedeckten Teils unentgeltlich sein soll. In diesem Fall ist bürgerlich-rechtlich der Rechtsvorgang in einen entgeltlichen, für den die Regeln des Kaufvertrags Anwendung finden, und einen unentgeltlichen Teil, für den die Regeln der Schenkung (§§ 516 ff. BGB) Anwendung finden, aufzuteilen. Eine gemischte Schenkung liegt demnach vor, wenn bei einem gegenseitigen Vertrag Leistung und Gegenleistung in einem *offenbaren Missverhältnis* stehen

96

und anzunehmen ist, dass sich der eine Vertragsteil des Mehrwerts seiner Leistung bewusst ist und dem anderen Teil insoweit eine Zuwendung macht.

Wird ein Grundstück schenkweise übertragen und verpflichtet sich der Beschenkte dabei, an einen Dritten ein sog. Gleichstellungsgeld zu zahlen, liegt bezüglich des Grundstücks eine *gemischte Schenkung* des Schenkers zugunsten des Beschenkten und bezüglich des Gleichstellungsgeldes eine Forderungsschenkung des Schenkers zugunsten des Dritten vor (BFH vom 23.10.2002, BStBl 2003 II S. 162; vgl. dazu auch Tz 104).

97 Eine *Schenkung unter Auflage* ist gegeben, wenn der Schenker im Zusammenhang mit der Schenkung eine einseitige Nebenbestimmung getroffen hat, die den Bedachten zu einer Leistung verpflichtet, ohne dass der durch die Auflage Begünstigte selbst einen Rechtsanspruch auf die Leistung erhält. Auflagen können auf eine Leistung, z. B. eine Rentenzahlung (= Leistungsauflagen) oder auf eine Nutzung bzw. Duldung, z. B. Einräumung eines Nießbrauchsrechts (= Nutzungs- bzw. Duldungsauflagen) gerichtet sein.

Als Schenkung unter Auflage kommen z. B. in Betracht:
- Grundstücksübertragung mit Übernahme der Verbindlichkeiten,
- Grundstücksübertragung unter Nießbrauchsvorbehalt,
- Grundstücksübertragung unter Übernahme der Versorgung,
- Betriebsübertragung unter Übernahme der Verbindlichkeiten,
- Betriebsübertragung gegen Versorgungsrente,
- Betriebsübertragung unter der Auflage, Ansprüche Dritter abzufinden.

Bei der Schenkung unter Auflage handelt es sich im bürgerlichen Recht um eine Vollschenkung. Allerdings hat der durch die Auflage Begünstigte keine Möglichkeit, einen Rechtsanspruch gegen den (auflagenbeschwerten) Beschenkten durchzusetzen. Die Auflage gewährt dem Begünstigten keinen Anspruch. Nach § 525 BGB ist die Auflage die einer Schenkung beigefügte Bestimmung, dass der Empfänger zu einer Leistung verpflichtet sein soll.

98 *(Einstweilen frei)*

2. Bereicherung

99 Gegenstand der Schenkung ist die Bereicherung des Erwerbers. Ob eine solche vorliegt, ist zunächst anhand der gemeinen Werte (Verkehrswerte) von Leistung und Gegenleistung bzw. Auflagen zu beurteilen (R E 7.1 Abs. 2 Satz 2 ErbStR). Ist danach eine Bereicherung zu bejahen, ist in einem zweiten Schritt deren steuerlicher Wert zu ermitteln. Während § 10 Abs. 1 ErbStG für Erwerbe von Todes wegen klarstellt, wie die Bereicherung zu ermitteln ist, besteht für die Ermittlung der Bereicherung aus einer Schenkung unter Lebenden keine besondere Regelung. Nach R E 7.4 Abs. 1 Satz 1 ErbStR ist bei gemischten Schenkungen und bei Schenkungen unter einer Auflage für die Ermittlung der Bereicherung § 10 Abs. 1 Sätze 1 und 2 ErbStG entsprechend anzuwenden. Die Bereicherung ergibt sich, indem man vom Steuerwert der Leistung des Schenkers den steuerlichen Wert der Gegenleistung des Beschenkten und der von ihm übernommenen Leistungs-, Nutzungs- und Duldungsauflagen abzieht (R E 7.4 Abs. 1 Satz 2 ErbStR).

Die Steuerwerte von Leistung, Gegenleistung sowie Leistungs-, Nutzungs- und Duldungsauflagen sind dabei gem. § 12 ErbStG zu ermitteln. Hinsichtlich der Nutzungs- und Duldungsauflagen gilt dies nur, soweit § 10 Abs. 6 Satz 6 ErbStG den Abzug nicht ausschließt, weil ein Nutzungsrecht sich bereits als Grundstücksbelastung bei der Ermittlung des gemeinen Werts eines Grundstücks ausgewirkt hat. Dies ist z. B. der Fall, wenn bei der Feststellung eines Grundbesitzwerts der nachgewiesene niedrigere gemeine Wert nach § 198 BewG auf Basis eines Verkehrswertgutachtens zum Ansatz kommt und der Sachverständige in seinem Gutachten eine bestehende Nießbrauchsbelastung bereits in Abzug gebracht hat (vgl. dazu auch Tz 313 ff.).

(Einstweilen frei) 100–103

III. Übrige Schenkungstatbestände

1. Vollziehung einer vom Schenker angeordneten Auflage

Als Schenkung unter Lebenden gilt auch, was infolge der Vollziehung einer von dem Schenker angeordneten Auflage oder infolge der Erfüllung einer einem Rechtsgeschäft unter Lebenden beigefügten Bestimmung ohne entsprechende Gegenleistung erlangt wird (§ 7 Abs. 1 Nr. 2 ErbStG). Dies gilt jedoch nicht, wenn eine einheitliche Zweckzuwendung vorliegt. Bürgerlich-rechtlich versteht man unter einer Auflage die vom Schenker einseitig getroffene Nebenbestimmung, die den Bedachten zu einer Leistung verpflichtet. Begünstigt durch die Auflage kann der Schenker selbst, ein Dritter oder auch der Beschenkte sein. Der unter einer Auflage Beschenkte ist nach § 7 Abs. 1 Nr. 1 ErbStG steuerpflichtig. Jedoch wird bei ihm der Wert der Auflage mindernd berücksichtigt. Es ist allerdings zu beachten, dass Gegenleistungen, die nicht in Geld veranschlagt werden können, bei der Feststellung, ob eine Bereicherung vorliegt oder nicht, nicht berücksichtigt werden können (§ 7 Abs. 3 ErbStG). Ist die Auflage also nicht in Geld umzurechnen, scheidet eine wertmindernde Berücksichtigung aus.

Derjenige, dem die Auflage zugutekommt, ist dagegen nach Maßgabe des § 7 Abs. 1 Nr. 2 ErbStG steuerpflichtig. Der Vollzug der Auflage erfolgt durch den Beschenkten, also durch denjenigen, der die Auflage erfüllt. Mittelbar erhält jedoch derjenige, der durch die Auflage begünstigt wird, die Zuwendung aus dem Vermögen dessen, der die Auflage angeordnet hat. Der Besteuerung ist deshalb das *Verhältnis zum Schenker*, der die Auflage angeordnet hat, zugrunde zu legen. Die Bereicherung infolge der Auflage gilt deshalb als eine Zuwendung des Schenkers.

104

> **BEISPIEL:** A schenkt dem B ein Mehrfamilienhaus unter der Auflage, seiner unverheirateten Schwester eine Wohnung in diesem Haus unentgeltlich bis zu deren Lebensende zu überlassen.
>
> Die Zuwendung an B ist mit einer Auflage (= Einräumung des Wohnrechts an die Schwester des A) belastet. Die Zuwendung an die Schwester des A durch Vollziehung der Auflage seitens B erfolgt durch die Einräumung des Wohnrechts. Die Wohnrechtseinräumung durch B gilt jedoch als Zuwendung i. S. des § 7 Abs. 1 Nr. 2 ErbStG durch A an seine Schwester. Für die Besteuerung der Wohnrechtseinräumung ist also das Verwandtschaftsverhältnis A zu seiner Schwester zugrunde zu legen.

(Einstweilen frei) 105

2. Vereinbarung einer Gütergemeinschaft

106   Als Schenkung unter Lebenden gilt ebenfalls die Bereicherung, die ein *Ehegatte* oder ein *Lebenspartner* bei Vereinbarung der Gütergemeinschaft (§ 1415 BGB) erfährt (§ 7 Abs. 1 Nr. 4 ErbStG). Unentgeltliche Verfügungen zwischen Ehegatten oder Lebenspartnern unterliegen grundsätzlich der Schenkungsteuer. Sie sind lediglich im Rahmen der Freibetragsregelung des § 16 ErbStG steuerfrei.

Ebenfalls steuerfrei sind die gesetzlichen Ansprüche eines jeden Ehegatten oder Lebenspartner gegen den anderen im Rahmen der Ehescheidung oder sonstigen Auflösung der Ehe oder Lebenspartnerschaft. Dies betrifft insbesondere den *Zugewinnausgleich*. Keine Schenkung liegt vor, wenn Ehegatten, die bisher im Güterstand der Zugewinngemeinschaft gelebt, nunmehr Gütertrennung vereinbart haben und der Ausgleichsverpflichtete zum Ausgleich ein Grundstück überträgt (BFH vom 16.3.1977, BStBl 1977 II S. 648).

3. Abfindungen für einen Erbverzicht

107   Als Schenkung unter Lebenden gilt nach § 7 Abs. 1 Nr. 5 ErbStG auch, was als Abfindung für einen Erbverzicht (§§ 2346 und 2352 BGB) gewährt wird. Nach § 2346 BGB können Verwandte sowie der Ehegatte des Erblassers durch Vertrag mit dem Erblasser auf ihr gesetzliches Erbrecht verzichten. Der Verzicht kann auch auf das Pflichtteilsrecht beschränkt werden. Der *Erbverzichtsvertrag* bedarf der notariellen Beurkundung (§ 2348 BGB). Verzichtet jemand im Rahmen der Erbfolge auf das gesetzliche Erbrecht, gilt dieser Verzicht im Zweifel auch für seine Abkömmlinge (§ 2349 BGB). Dieser Verzicht auf das Erbrecht wird steuerlich nicht als Zuwendung des Verzichtenden angesehen. Erhält jedoch der Verzichtende für seinen Verzicht auf das Erbrecht eine Abfindung, so fingiert § 7 Abs. 1 Nr. 5 ErbStG diese Abfindung als Zuwendung.

Wird die Abfindung für einen Erbverzicht nicht vom künftigen Erblasser, sondern von einem Dritten gezahlt, richtet sich die Steuerklasse dennoch nach dem Verhältnis des Verzichtenden zum künftigen Erblasser (BFH vom 25.5.1977, BStBl 1977 II S. 733).

Bis zum Tode des Erblassers ist nach § 2351 BGB die Aufhebung des Erbverzichtsvertrags jederzeit möglich. Infolge eines wirksamen Aufhebungsvertrags kann eine für den Verzicht geleistete Abfindung nach den Vorschriften über die ungerechtfertigte Bereicherung (§§ 812 ff. BGB) zurückgefordert werden. Die Schenkungsteuer entfällt mit Rückwirkung (§ 29 Abs. 1 Nr. 1 ErbStG), wenn die Abfindung zurückgezahlt wird.

4. Herausgabe des Vorerben an den Nacherben

108   Als Schenkung unter Lebenden gilt, was ein Vorerbe dem Nacherben mit Rücksicht auf die angeordnete Nacherbschaft vor ihrem Eintritt herausgibt (§ 7 Abs. 1 Nr. 7 ErbStG). Soweit nichts anderes bestimmt ist, fällt die Nacherbschaft dem Nacherben erst mit dem Tod des Vorerben zu (§ 2106 BGB; vgl. auch Tz 67 ff.). Der Nacherbe erlangt mit dem Erbfall – neben seinem zukünftigen Erbrecht ausweislich des § 2100 BGB – ein gegenwärtiges *Anwartschaftsrecht*. Dieses Anwartschaftsrecht ist unentziehbar, unbe-

schränkt, vererblich und übertragbar und stellt bereits vor dem Eintritt des Nacherbfalls einen Vermögenswert beim Nacherben dar (BFH vom 23.8.1995, BStBl 1996 II S. 137). § 7 Abs. 1 Nr. 7 ErbStG qualifiziert die vorzeitige Herausgabe (bspw. aufgrund eines Vertrags) der Erbschaft oder von Teilen derselben durch den Vorerben auf den Nacherben vor Eintritt des Nacherbfalls als Schenkung unter Lebenden. Dabei hat die vorzeitige Herausgabe der Erbschaft die Wirkung einer unentgeltlichen Nutzungsüberlassung. Obwohl das Anwartschaftsrecht des Nacherben bereits einen gegenwärtigen Vermögenswert hat, bleibt diese Rechtsposition des Nacherben bei der Bestimmung der objektiven Unentgeltlichkeit unberücksichtigt (BFH vom 23.8.1995, a. a. O.).

Grundsätzlich ist für die Besteuerung das Verhältnis des Nacherben zum Vorerben maßgeblich. Nach § 7 Abs. 2 Satz 1 ErbStG kann jedoch – analog zu § 6 Abs. 2 Satz 2 ErbStG – auf Antrag der Versteuerung das Verhältnis des Nacherben zum Erblasser zugrunde gelegt werden. Auch bei Antragstellung handelt es sich weiterhin um einen Erwerb des Nacherben vom Vorerben und nicht um einen Erwerb vom Erblasser (BFH vom 3.11.2010, BStBl 2011 II S. 123). Die Berechnung erfolgt nach § 6 Abs. 2 Sätze 3 bis 5 ErbStG (§ 7 Abs. 2 Satz 2 ErbStG; vgl. dazu auch Tz 68 f.).

5. Erwerbe bei Stiftungen sowie Vermögensmassen ausländischen Rechts

a) Stiftungen

aa) Allgemeines

Stiftung i. S. des ErbStG ist die *rechtsfähige Stiftung* (§§ 80 ff. BGB). Die Stiftung ist eine durch private Willenserklärung geschaffene, für einen dauernden Zweck bestimmte Einrichtung mit selbständiger Rechtspersönlichkeit, die nicht in einem Personenverband besteht, sondern zur Erreichung des im Errichtungsgeschäft festgelegten Zwecks mit Vermögensmitteln (Vermögensmasse) ausgestattet wird. 109

Zur Entstehung der Stiftung sind erforderlich:

▶ ein Stiftungsgeschäft, das die nötige Unterlage für den neuen Rechtsträger schafft,

▶ die staatliche Mitwirkung (staatliche Genehmigung).

Das Stiftungsgeschäft kann als Rechtsgeschäft unter Lebenden oder von Todes wegen vorgenommen werden. Unter Lebenden bedarf es der Schriftform (§ 81 Abs. 1 BGB). Von Todes wegen kann die Stiftung im Testament oder Erbvertrag angeordnet werden (§ 83 BGB), also durch privatschriftliches, eigenhändiges Testament oder öffentliches Testament. Der Erblasser kann die Stiftung zum Erben einsetzen oder sie mit einem Vermächtnis bedenken.

Auch steuerrechtlich wird als rechtsfähige Stiftung nur die Stiftung i. S. der §§ 80 ff. BGB anerkannt. Notwendige Voraussetzung ist, dass sie mit eigener Rechtsfähigkeit ausgestattet ist. Errichtet der Erblasser eine *unselbständige Stiftung*, so liegt eine *Zweckzuwendung* i. S. des § 8 ErbStG vor (vgl. dazu Tz 122 ff.).

bb) Stiftung unter Lebenden

110 Wird die Stiftung unter Lebenden angeordnet, so unterliegt nach § 7 Abs. 1 Nr. 8 Satz 1 ErbStG der Übergang von Vermögen aufgrund eines Stiftungsgeschäfts unter Lebenden der Schenkungsteuer. Hierunter fällt die erstmalige Übertragung von Vermögen im Zusammenhang mit der Errichtung der Stiftung selbst. Gegenstand des Stiftungsgeschäfts muss – da Zuwendungen an nichtrechtsfähige Stiftungen als Zweckzuwendungen zu qualifizieren sind – eine rechtsfähige Stiftung sein. Nicht erforderlich ist hingegen, dass es sich um eine inländische Stiftung handelt. Steuerbar ist vielmehr auch der Vermögensübergang auf eine ausländische Stiftung, soweit diese nach dem insoweit maßgebenden ausländischen Recht rechtsfähig ist. Der Vermögensübergang unterliegt dann in vollem Umfang der Schenkungsteuer, sofern der Stifter ein Inländer ist (§ 2 Abs. 1 Nr. 1 ErbStG). Nach § 15 Abs. 2 Satz 1 ErbStG ist für die Bestimmung der Steuerklasse das zwischen dem Stifter und dem satzungsgemäß entferntest berechtigten Destinatär bestehende Verwandtschaftsverhältnis maßgebend, sofern die Stiftung wesentlich im Interesse einer Familie oder bestimmter Familien *im Inland* errichtet wurde (vgl. auch Tz 531).

111 Die in § 7 Abs. 1 Nr. 8 Satz 1 ErbStG normierte Verknüpfung mit dem Stiftungsgeschäft macht deutlich, dass der steuerbare Vermögensübergang nur die Vermögensgegenstände umfasst, die zur *sog. Erstausstattung* der Stiftung gehören. Das sind die Wirtschaftsgüter, die nach dem – auch bei ausländischen Stiftungen im Rahmen der erbschaft- bzw. schenkungsteuerlichen Beurteilung entsprechend anzuwendenden – Stiftungsrecht des BGB mit der Genehmigung der Stiftung (§ 80 BGB) entweder auf die Stiftung ipso jure übergehen (§ 82 Satz 2 BGB) oder vom Stifter auf die Stiftung übertragbar sind (§ 82 Satz 1 BGB). Umfang, Art und Beschaffenheit dieser Erstausstattung, die in § 82 BGB als „zugesichertes Vermögen" bezeichnet wird, werden durch das Stiftungsgeschäft festgelegt, das eine einseitige Willenserklärung des Stifters darstellt und der schriftlichen Form bedarf. Da danach der Wille des Stifters, soweit er im Stiftungsgeschäft zum Ausdruck gekommen ist, den Erwerbs- und Besteuerungsgegenstand bestimmt, sind auch mittelbare Vermögensübertragungen mit steuerlicher Wirkung möglich. Hingegen fallen nachträgliche Zuwendungen des Stifters – sog. *Zustiftungen* – an die bereits bestehende Stiftung über das Stiftungskapital hinaus nicht in den Anwendungsbereich des § 7 Abs. 1 Nr. 8 Satz 1 ErbStG mit der Folge, dass hier die Besteuerung nach § 7 Abs. 1 Nr. 1 ErbStG greift, wobei der Tarif der Steuerklasse III zur Anwendung kommt (BFH vom 9.12.2009, BStBl 2010 II S. 363).

cc) Aufhebung einer Stiftung / Auflösung eines Vereins

112 Als Schenkung unter Lebenden gilt nach § 7 Abs. 1 Nr. 9 Satz 1 ErbStG, was bei Aufhebung einer Stiftung oder bei Auflösung eines Vereins, dessen Zweck auf die Bindung von Vermögen gerichtet ist, erworben wird. Die Stiftung muss vollständig aufgehoben werden. Bei der Aufhebung der Stiftung ist Zuwendender die Stiftung, nicht der Stifter. Dies gilt auch dann, wenn zu Lebzeiten des Stifters das Stiftungsvermögen an diesen zurückfällt (BFH vom 25.11.1992, BStBl 1993 II S. 238). Die Steuerklasse ist gem. § 15 Abs. 2 Satz 2 ErbStG nach dem persönlichen Verhältnis des Stifters zum jeweiligen Erwerber zu bestimmen (vgl. auch Tz. 531). Keine Aufhebung der Stiftung i. S. des § 7

Abs. 1 Nr. 9 Satz 1 ErbStG liegt vor, wenn Teilausschüttungen vorgenommen werden, die das Wesen der Stiftung nicht verändern und deren Fortbestand nicht in Frage stellen. In diesen Fällen kann jedoch unter Umständen eine selbständige Schenkung nach Maßgabe des § 7 Abs. 1 Nr. 1 ErbStG in Betracht kommen.

§ 7 Abs. 1 Nr. 9 Satz 1 ErbStG ist bei der Auflösung von Vereinen, deren Zweck auf die Bindung von Vermögen gerichtet ist, einschlägig, soweit der Erwerb des Vereinsvermögens durch Vereinsmitglieder erfolgt (BFH vom 14. 6. 1995, BStBl 1995 II S. 609). Hinsichtlich der Steuerermäßigung bei Aufhebung einer Familienstiftung oder Auflösung eines Vereins siehe § 26 ErbStG.

b) Vermögensmassen ausländischen Rechts / Trust

Nach § 7 Abs. 1 Nr. 8 Satz 2 ErbStG steht die Bildung oder Ausstattung einer *Vermögensmasse ausländischen Rechts*, deren Zweck auf die Bindung von Vermögen gerichtet ist, dem Übergang von Vermögen aufgrund eines Stiftungsgeschäfts gleich. Dabei ist die Schenkungsteuerpflicht nicht davon abhängig, ob dem im Ausland errichteten *Trust* ausländisches oder inländisches Vermögen übertragen wird. Ist die Inländereigenschaft des Trusterrichters zu verneinen und wird dem Trust Inlandsvermögen i. S. des § 121 BewG übertragen, besteht beschränkte Steuerpflicht nach § 2 Abs. 1 Nr. 3 ErbStG. Der Erstausstattung (= Bildung) des Trust stehen hieran anschließende Vermögensübertragungen (= Ausstattungen) gleich. Für die Besteuerung kommt stets die Steuerklasse III zur Anwendung. Die Vorschrift des § 15 Abs. 2 Satz 1 ErbStG ist nicht einschlägig.

113

§ 7 Abs. 1 Nr. 9 Satz 2 ErbStG definiert im Wege der Fiktion den Erwerb (Vermögensübertragungen an Anfallsberechtigte) bei Auflösung einer Vermögensmasse ausländischen Rechts, deren Zweck auf die Bindung von Vermögen gerichtet ist, sowie den Erwerb von Zwischenberechtigten während des Bestehens der Vermögensmasse als schenkungsteuerpflichtigen Tatbestand. Ist der Trusterrichter selbst Empfänger von *Zwischennutzungen*, kann dies im Einzelfall zu einer steuerlichen Mehrfachbelastung (ausländische und deutsche ESt, deutsche Schenkungsteuer) führen.

114

Bei dem durch § 7 Abs. 1 Nr. 9 Satz 2 ErbStG fingierten Vermögensübergang vom Trust auf die Anfallsberechtigten im Falle der Trustauflösung bestimmt sich die Steuerklasse nach dem Verhältnis zu der Person, die den Trust errichtet hat (§ 15 Abs. 2 Satz 2 ErbStG).

115

Die Übertragung von Vermögen auf eine *liechtensteinische Stiftung* unterliegt nicht der Schenkungsteuer, wenn die Stiftung nach den getroffenen Vereinbarungen und Regelungen über das Vermögen im Verhältnis zum Stifter nicht tatsächlich und rechtlich frei verfügen kann (BFH vom 28. 6. 2007, BStBl 2007 II S. 669).

116

Wie die Auflösung einer Stiftung oder eines Vereins wird auch der *Formwechsel eines rechtsfähigen Vereins*, dessen Zweck wesentlich im Interesse einer Familie oder bestimmter Familien auf die Bindung von Vermögen gerichtet ist, *in eine Kapitalgesellschaft* behandelt (§ 7 Abs. 1 Nr. 9 Satz 3 ErbStG).

117

6. Zuwendungen im Rahmen eines Gesellschaftsverhältnisses

a) Verhältnis des § 7 Abs. 5 bis 7 ErbStG zu den übrigen Schenkungstatbeständen

118 Die Schenkung von Anteilen fällt grundsätzlich unter § 7 Abs. 1 Nr. 1 ErbStG. Die Absätze 5 bis 7 des § 7 ErbStG stellen Sondertatbestände dar. Die Übertragung des Anteils an einer Personengesellschaft durch Verfügung des Gesellschafters über einen Gesellschaftsanteil fällt grundsätzlich nicht unter die Regelung des § 7 Abs. 7 ErbStG. Sie kann aber nach § 7 Abs. 1 Nr. 1 ErbStG als freigebige Zuwendung unter Lebenden der Schenkungsteuer unterliegen (BFH vom 1.7.1992, BStBl 1992 II S. 921).

Gemäß § 7 Abs. 5 bis 7 ErbStG werden bestimmte gesellschaftsrechtliche Vorgänge wie freigebige Zuwendungen behandelt und daher der Schenkungsteuer unterworfen. Nach der Gesetzesbegründung dient § 7 Abs. 5 und 6 ErbStG dem Zweck, ungerechtfertigte Steuervorteile durch bestimmte gesellschaftsvertragliche Regelungen auszuschließen. Diese Bestimmungen richten sich allerdings nicht gegen die legalen Möglichkeiten, durch z. B. frühzeitige Beteiligung der Kinder am Gesellschaftsvermögen die künftige ErbSt zu mindern oder gar vollumfänglich zu vermeiden. Es handelt sich hier um

- Schenkungen mit Buchwertklausel (§ 7 Abs. 5 ErbStG, Tz. 119),
- die erhöhte Gewinnbeteiligung (§ 7 Abs. 6 ErbStG, Tz. 120),
- Abfindungen unter dem Wert des Anteils (§ 7 Abs. 7 ErbStG, Tz. 121).

b) Schenkungen mit Buchwertklauseln

119 Ist Gegenstand der Schenkung eine Beteiligung an einer Personengesellschaft, in deren Gesellschaftsvertrag bestimmt ist, dass der neue Gesellschafter bei Auflösung der Gesellschaft sowie im Falle eines vorherigen Ausscheidens nur den *Buchwert seines Kapitalanteils* erhält, so werden diese Bestimmungen bei der Ermittlung des Werts der Bereicherung zunächst nicht berücksichtigt (vgl. H E 7.7 ErbStH). Soweit die Bereicherung den Buchwert des Kapitalanteils übersteigt, gilt sie als auflösend bedingt erworben. Das bedeutet, dass der geschenkte Anteil zunächst einmal nach § 12 Abs. 5 ErbStG i. V. mit §§ 199 ff. BewG ohne Berücksichtigung der Buchwertklausel zu bewerten ist. Soweit die Bereicherung allerdings den Buchwert des Kapitalanteils übersteigt, gilt sie als auflösend bedingt erworben (§ 7 Abs. 5 Satz 2 ErbStG). Beim späteren Eintritt der Bedingungen kann dann der Beschenkte eine Berichtigung der Veranlagung nach Maßgabe des § 5 Abs. 2 BewG beantragen. Die Schenkungsteuer wäre dann in diesem Fall nach dem tatsächlichen Wert des Erwerbs neu festzusetzen. Ein überzahlter Betrag würde dem Beschenkten bzw. seinen Erben erstattet.

§ 7 Abs. 5 ErbStG trägt der Tatsache Rechnung, dass es nur in seltenen Fällen zum Bedingungseintritt kommt. Die Parteien gehen bei der Vereinbarung der Buchwertklausel davon aus, dass diese unter normalen Umständen nicht zur Anwendung kommt. Der objektive Wert der Beteiligung entspricht daher nicht dem Buchwert.

BEISPIEL: A schenkt seinem Sohn B eine Beteiligung zum Buchwert von 1 000 000 €. Der Verkehrswert der Beteiligung beträgt 2 000 000 €, der Steuerwert beläuft sich auf 1 800 000 €. Im

Schenkungsvertrag ist vereinbart worden, dass B im Falle seines Ausscheidens durch Kündigung lediglich den Buchwert seines Kapitalanteils erhält.

Für die Schenkung ist der Steuerwert i. H. von 1 800 000 € maßgebend. In Höhe von 800 000 € (Steuerwert ./. Buchwert) gilt der Erwerb als auflösend bedingt.

c) Überhöhte Gewinnbeteiligung

Wird eine Beteiligung an einer Personengesellschaft mit einer Gewinnbeteiligung ausgestattet, die der Kapitaleinlage, der Arbeit oder sonstiger Leistungen des Gesellschafters für die Gesellschaft nicht entspricht oder die einem fremden Dritten üblicherweise nicht eingeräumt würde, so gilt das *Übermaß an Gewinnbeteiligung* als selbständige Schenkung, die mit dem Kapitalwert anzusetzen ist (§ 7 Abs. 6 ErbStG).

Die Vorschrift des § 7 Abs. 6 ErbStG soll lediglich ausschließen, dass die offenen oder stillen Reserven auf einem steuerlich nicht erfassbaren Umweg auf den Beschenkten übertragen werden. Was als überhöhte Gewinnbeteiligung anzusehen ist, ergibt sich nicht aus dem ErbStG. Ist bei den Ertragsteuern eine Entscheidung über das Vorliegen und den Umfang eines überhöhten Gewinnanteils getroffen worden, ist diese Entscheidung auch für Zwecke der Schenkungsteuer zu übernehmen (R E 7.8 Abs. 1 Satz 1 ErbStR). Steht eine ertragsteuerliche Entscheidung nicht zur Verfügung, ist der Jahreswert des überhöhten Gewinnanteils selbständig zu ermitteln. Soweit bei der Gesellschaft eine Änderung der Ertragsaussichten nicht zu erwarten ist, kann er von dem durchschnittlichen Gewinn der letzten drei Wirtschaftsjahre vor der Schenkung abgeleitet werden. Nach R E 7.8 Abs. 1 Satz 4 ErbStR ist für die Berechnung des Kapitalwerts – soweit keine anderen Anhaltspunkte für die Laufzeit gegeben sind – davon auszugehen, dass der überhöhte Gewinnanteil dem Bedachten auf unbestimmte Zeit in gleich bleibender Höhe zufließen wird. Der Kapitalwert ist dabei das 9,3-fache des Jahreswerts (§ 13 Abs. 2 BewG).

R E 7.8 Abs. 2 ErbStR bestimmt abschließend, dass auch die nachträgliche Gewährung einer überhöhten Gewinnbeteiligung und die nachträgliche Erhöhung einer bereits zuvor gewährten überhöhten Gewinnbeteiligung in den Anwendungsbereich des § 7 Abs. 6 ErbStG fallen.

d) Abfindung unter dem Wert des Anteils bei Ausscheiden eines Gesellschafters

Nach § 7 Abs. 7 Satz 1 ErbStG gilt auch der auf dem Ausscheiden eines Gesellschafters beruhende Übergang des Anteils oder des Teils eines Anteils eines Gesellschafters einer Personengesellschaft oder Kapitalgesellschaft auf die anderen Gesellschafter oder die Gesellschaft als Schenkung, soweit der Wert, der sich für seinen Anteil zurzeit seines Ausscheidens nach § 12 ErbStG ergibt, den Abfindungsanspruch übersteigt. Wird aufgrund einer Regelung im Gesellschaftsvertrag einer Gesellschaft mit beschränkter Haftung der Gesellschaftsanteil eines Gesellschafters bei dessen Ausscheiden eingezogen und übersteigt der sich nach § 12 ErbStG ergebende Wert seines Anteils zurzeit seines Ausscheidens den Abfindungsanspruch, so fingiert § 7 Abs. 7 Satz 2 ErbStG die insoweit bewirkte Werterhöhung der Anteile der verbleibenden Gesellschafter als Schenkung des ausgeschiedenen Gesellschafters.

§ 7 Abs. 7 ErbStG enthält die Parallelvorschrift zu § 3 Abs. 1 Nr. 2 Satz 2 ErbStG für den Fall des Ausscheidens eines Gesellschafters noch zu seinen Lebzeiten. Auf die Absicht, des ausscheidenden Gesellschafters, die verbleibenden Gesellschafter oder die Gesellschaft zu bereichern (Bereicherungswille) kommt es nicht an. § 7 Abs. 7 ErbStG ist sowohl bei einem freiwilligen als auch bei einem zwangsweisen Ausscheiden des Gesellschafters anzuwenden (H E 7.9 Satz 2 und 3 ErbStH).

Während § 7 Abs. 5 und 6 ErbStG unmittelbar auf Beteiligungen an Personengesellschaften abzielt, ist § 7 Abs. 7 ErbStG aufgrund des eindeutigen Wortlauts auf Personen- und Kapitalgesellschaften anzuwenden (H E 7.9 Satz 4 ErbStH). Die Vorschrift ist auch einschlägig, wenn bei einer aus zwei Personen bestehenden Personengesellschaft die Übernahme des Gesellschaftsvermögens durch einen Gesellschafter vereinbart ist (BFH vom 1. 7. 1992, BStBl 1992 II S. 921, 925). Bei Übertragungen im Sinne des § 10 Abs. 10 ErbStG (vgl. Tz. 183) gelten § 7 Abs. 7 Sätze 1 und 2 entsprechend (§ 7 Abs. 7 Satz 3 ErbStG).

7. Verdeckte Einlagen bei Kapitalgesellschaften (§ 7 Abs. 8 ErbStG)

121a   Die gleich lautenden Ländererlasse vom 14. 3. 2012 (BStBl 2012 I S. 331) regeln als Ergänzung zu den ErbStR aus Sicht der Finanzverwaltung die schenkungsteuerlichen Folgen von verdeckten Einlagen und verdeckten Gewinnausschüttungen bei Kapitalgesellschaften.

Wird eine Kapitalgesellschaft *neu gegründet* und erbringt ein Gesellschafter eine aus Sicht seiner Beteiligungsquote zu hohe Einlage, führt dies zu mittelbaren Schenkungen von GmbH-Anteilen an die Mitgesellschafter (BFH vom 12. 7. 2005, BStBl II S. 845). Die von den Beschenkten geleisteten Einlagen sind als Erwerbsaufwand vom gemeinen Wert der geschenkten Anteile abzuziehen (sinngemäße Anwendung von § 10 Abs. 5 Nr. 3 ErbStG). Die Vergünstigungen der §§ 13a, 13b ErbStG kommen unter den dort genannten Voraussetzungen in Betracht. Gleiches gilt, wenn ein Gesellschafter im Rahmen einer *Kapitalerhöhung* eine zu hohe Einlage leistet und auch die Mitgesellschafter die neuen Anteile übernehmen.

> **BEISPIEL** V gründet gemeinsam mit seiner Tochter T eine GmbH. V und T sollen jeweils zu 50 % an der Gesellschaft beteiligt sein. Das Stammkapital beträgt 100 000 €. T erbringt ihre Stammeinlage i. H. von 50 000 € in bar. V bringt sein Einzelunternehmen in die GmbH ein. Der gemeine Wert des Einzelunternehmens beträgt 2 Mio. €.
>
> Es handelt sich um eine mittelbare Schenkung des GmbH-Anteils von V an T. Der Anteil ist mit dem gemeinen Wert zu bewerten. Die Bareinlage der T mindert als Erwerbsaufwand deren Bereicherung. Maßgebend für die Steuerklasse und die persönlichen Freibeträge ist das Verhältnis zwischen V (einlegenden Gesellschafter) und T (bereicherte Gesellschafterin); mithin Steuerklasse I und persönlicher Freibetrag in Höhe von 400 000 €.

121b   Offene und verdeckte Einlagen *außerhalb einer Gründung oder Kapitalerhöhung* führen auch bei den Mitgesellschaftern zu einer Werterhöhung des Anteils. Diese stellt nach der Rechtsprechung des BFH (Urteil vom 9. 12. 2009, BStBl 2010 II S. 566) keine freigebige Zuwendung i. S. v. § 7 Abs. 1 Nr. 1 ErbStG des einlegenden Gesellschafters an die Mitgesellschafter dar. Die Frage, wer an einer freigebigen Zuwendung beteiligt ist, orientiert sich nach Ansicht des BFH ausschließlich an der Zivilrechtslage.

Schenkungen unter Lebenden (§ 7 ErbStG) — SIEBENTER TEIL

Für Erwerbe nach dem 13.12.2011 findet die Vorschrift des § 7 Abs. 8 Satz 1 ErbStG Anwendung. Danach gilt die durch eine disquotale Einlage verursachte Werterhöhung des Anteils eines Mitgesellschafters als Schenkung zwischen dem einlegenden Gesellschafter und dem Mitgesellschafter. Folglich ist für die Steuerklasse und die persönlichen Freibeträge das Verhältnis zwischen dem einlegenden Gesellschafter und dem Mitgesellschafter bzw. den Mitgesellschaftern maßgebend. Leistungen i. S. des § 7 Abs. 8 Satz 1 ErbStG können insbesondere Sacheinlagen und Nutzungen sein. Die Bereicherung richtet sich nach der Erhöhung des gemeinen Werts des Anteils, nicht nach dem Wert der Leistung des Zuwendenden. Keine steuerbare Werterhöhung i. S. des § 7 Abs. 8 Satz 1 ErbStG liegt vor, soweit der leistende Gesellschafter als Gegenleistung zusätzliche Rechte in der Gesellschaft erlangt, beispielsweise eine Verbesserung des Gewinnanteils oder zusätzliche Anteile an der Gesellschaft.

121c

Die Erhöhung des gemeinen Werts der Anteile wird nicht nach § 151 Abs. 1 Satz 1 Nr. 3 BewG gesondert festgestellt, sondern durch das Betriebsfinanzamt im Wege der Amtshilfe ermittelt (kein gesondertes Feststellungsverfahren). Die Steuervergünstigungen der §§ 13a, 13c oder 23a ErbStG kommen in diesen Fällen *nicht in Betracht*, da diese Vorschriften nur den Erwerb eines Anteils und nicht dessen Werterhöhung begünstigen.

Einlagen eines *Dritten* (Nichtgesellschafter) führten ehemals in Anlehnung an die Zivilrechtslage zu einer freigebigen Zuwendung zwischen dem Dritten und der Kapitalgesellschaft. Für Einlagen nach dem 13.12.2011 kommt § 7 Abs. 8 Satz 1 ErbStG zur Anwendung, welcher der Vorschrift des § 7 Abs. 1 Nr. 1 ErbStG vorgeht. Danach gilt die Werterhöhung der Anteile als Schenkung zwischen dem Dritten und den Gesellschaftern.

121d

Leistungen *zwischen Kapitalgesellschaften* gelten nach § 7 Abs. 8 Satz 2 ErbStG als freigebig, soweit sie in der Absicht getätigt werden, Gesellschafter zu bereichern und soweit an diesen Gesellschaften nicht unmittelbar oder mittelbar dieselben Gesellschafter zu gleichen Anteilen beteiligt sind. § 7 Abs. 8 Satz 2 ErbStG stellt im Gegensatz zu § 7 Abs. 8 Satz 1 ErbStG auf den Willen zur Unentgeltlichkeit ab.

121e

Die Vorschrift des § 7 Abs. 8 Satz 2 ErbStG begründet keine gesonderte, über § 7 Abs. 1 Nr. 1 oder § 7 Abs. 8 Satz 1 ErbStG hinausgehende Steuerbarkeit. Sie bringt vielmehr zum Ausdruck, dass § 7 Abs. 8 Satz 1 ErbStG bei Leistungen zwischen Kapitalgesellschaften anwendbar ist, wenn dadurch die Anteile von Gesellschaftern im Wert steigen und die Wertverschiebung durch den Willen zur Unentgeltlichkeit, z. B. eines Mitgesellschafters, veranlasst ist. Sind der veranlassende und der begünstigte Gesellschafter Angehörige im Sinne des § 15 AO, ist bei disquotalen Leistungen nach Auffassung der Finanzverwaltung regelmäßig von einer privaten freigebigen Veranlassung auszugehen (vgl. gleich lautende Ländererlasse vom 14.3.2012, BStBl 2012 I S. 331).

BEISPIEL: Mutter M ist zu 100 % Gesellschafter der K1-GmbH und zu 40 % Gesellschafter der K2-GmbH. Die weiteren 60 % der K2-GmbH gehören dem Sohn S. M veranlasst die K1, der K2 verbilligt ein Grundstück zu verkaufen.

Der Vorgang unterliegt gemäß § 7 Abs. 8 Satz 1 ErbStG im Verhältnis zwischen K1 und S der Schenkungsteuer, wenn er von dem Willen der M veranlasst ist, den S zu bereichern (§ 7 Abs. 8 Satz 2 ErbStG). Hierfür gelten die Grundsätze des R E 7.1 Abs. 3 ErbStR. Zuwendungsgegenstand ist die durch die Vermögenszuwendung im Umfang von 60 % des Vermögensvorteils bewirkte Werterhöhung der Anteile des S. Für die Berechnung der Steuer ist der Vorgang so zu behandeln, als sei die M Schenkerin (vgl. § 15 Abs. 4 ErbStG).

8. Schenkungen durch Kapitalgesellschaften

121f Vgl. zu den Schenkungen durch Kapitalgesellschaften die Ausführungen zu Tz 95 ff.

H. Zweckzuwendung (§ 8 ErbStG)

122 Die Zweckzuwendung bildet einen *eigenständigen steuerpflichtigen Tatbestand* nach dem ErbStG. Nach § 8 ErbStG sind Zweckzuwendungen Zuwendungen von Todes wegen oder freigebige Zuwendungen unter Lebenden, die mit der Auflage verbunden sind, zugunsten eines bestimmten Zwecks verwendet zu werden, oder die von der Verwendung zugunsten eines bestimmten Zwecks abhängig sind, soweit hierdurch die Bereicherung des Erwerbers gemindert wird.

Die Zweckzuwendung unterscheidet sich dadurch von der freigebigen Zuwendung, dass bei der Zweckzuwendung ein Vermögen mit der Verpflichtung zugewandt wird, dieses nicht für eigene, sondern für dem Bedachten fremde Zwecke oder einen unbestimmten Personenkreis zu verwenden (BFH vom 13. 3. 1953, BStBl 1953 III S. 144). Dabei ist es gleichgültig, ob die Zuwendung selbst oder ob ihre Erträge für diesen Zweck verwendet werden sollen. Mit der Zweckzuwendung wird ein Sondervermögen zur Erfüllung eines bestimmten Zwecks geschaffen. Der Bedachte bzw. Beschenkte nimmt die Funktion eines Treuhänders wahr. Die Zweckzuwendung setzt voraus, dass sie einem unpersönlichen Zweck, z. B. der Pflege eines Tieres, der Errichtung eines Denkmals, oder einem unbestimmten Personenkreis, z. B. den Bedürftigen einer Gemeinde, den Schülern eines Gymnasiums, zugutekommt (BFH vom 20. 12. 1957, BStBl 1958 III S. 79). Eine Zweckzuwendung liegt nicht vor, wenn der Bedachte ein Sparguthaben mit der Auflage erhält, die zu Lebzeiten mit dem Erblasser vereinbarte Pflege seines Grabes zu besorgen (BFH vom 30. 9. 1987, BStBl 1987 II S. 861).

123 Eine Zweckzuwendung liegt dann *nicht* vor, wenn der Kreis der bedachten Personen eng begrenzt ist und sich die Bedachten schon von vornherein namentlich feststellen lassen. Im letzteren Fall läge eine Schenkung unter Auflage vor. Die Zweckzuwendung unterscheidet sich im Wesentlichen von der Stiftung zum einen dadurch, dass das Sondervermögen rechtlich nicht verselbständigt wird, und zum anderen kann die Stiftung einen bestimmten Personenkreis begünstigen (z. B. Familienangehörige), was bei einer Zweckzuwendung nicht möglich ist. Eine Zweckzuwendung kann von Todes wegen, aber auch unter Lebenden angeordnet werden.

124 *Steuerschuldner* ist bei Vorliegen einer Zweckzuwendung nach § 20 Abs. 1 ErbStG der mit der *Ausführung der Zuwendung Beschwerte*, obwohl er als bloße Mittelsperson gar nicht bereichert ist. Er ist als Vertreter des Zweckvermögens Steuerschuldner und deshalb berechtigt, die Steuer aus dem für die Zweckzuwendung vorgesehenen Vermögen zu entnehmen.

Vielfach wird testamentarisch angeordnet, dass der Erbe mit der Ausführung der Zweckzuwendung beschwert ist. In diesem Fall liegen zwei steuerpflichtige Tatbestände vor: einmal der Erbfall, zum anderen die Zweckzuwendung. Hat der Erbe die auf die Zweckzuwendung entfallende ErbSt aus dem übrigen Erbanfall zu tragen, so kann er diese Steuer als Nachlassverbindlichkeit i. S. des § 10 Abs. 5 Nr. 2 ErbStG bei seinem Erwerb absetzen. Es erhöht sich damit aber auch der steuerliche Wert der Zweckzuwendung.

I. Entstehung der Steuerschuld (§ 9 ErbStG)

I. Vorbemerkung

Die Vorschrift des § 9 ErbStG bestimmt den jeweiligen Zeitpunkt, zu dem bei Erwerben von Todes wegen, bei Schenkungen und Zweckzuwendungen unter Lebenden die Steuer im Einzelfall als entstanden gilt. Dieser Zeitpunkt ist maßgebend für den Wert der Bereicherung, d. h. der Wert der Bereicherung ist zu diesem Stichtag zu ermitteln. Spätere Wertsteigerungen sind unerheblich (BFH vom 22.9.1999, BFH/NV 2000, S. 320). Der Zeitpunkt der Entstehung der Steuerschuld ist auch maßgeblich für die persönlichen Verhältnisse des Erben bzw. des Erblassers. Das gilt sowohl für die Frage der beschränkten bzw. unbeschränkten Steuerpflicht als auch für die des Verwandtschaftsgrades.

> **BEISPIEL:** A schenkt seinem Enkel ein Grundstück im Steuerwert von 205 000 €. Kurz vor Vollziehung der Schenkung stirbt der Sohn des A, mithin der Vater des Enkels.
> Hätte der Vater des Enkels zum Zeitpunkt der Vollziehung der Schenkung noch gelebt, stünde dem Enkel lediglich ein Freibetrag von 200 000 € zu (§ 16 Abs. 1 Nr. 3 ErbStG). Aufgrund des Todes seines Vaters erhält der Enkel (als Kind verstorbener Kinder) einen Freibetrag von 400 000 € (§ 16 Abs. 1 Nr. 2 ErbStG).

II. Entstehung der Steuerschuld bei Erwerben von Todes wegen

1. Allgemeine Grundsätze

Grundsätzlich entsteht auch die Erbschaftsteuerschuld, sobald der Tatbestand verwirklicht ist, an den das Gesetz die Leistungspflicht knüpft (§ 38 AO). Maßgeblich ist damit das Datum der Erfüllung des gesetzlichen Tatbestandes und nicht der Zeitpunkt der Beurteilung des Tatbestandes und der Festsetzung der Steuer durch die Finanzverwaltung oder der Entscheidung über die Steuerpflicht durch ein Gericht. Die Steuer entsteht also grundsätzlich bei Verwirklichung des gesetzlichen Tatbestands unabhängig von der Kenntnis der Beteiligten, sofern nicht das Gesetz selbst die Kenntnis zur Voraussetzung der Steuerentstehung erhebt. Tatbestände, an die das Gesetz die Leistungspflicht knüpft, sind für den Bereich der Erbschaft- und Schenkungsteuer in den §§ 1 bis 8 ErbStG genannt. § 9 ErbStG schafft keinen zusätzlichen Verpflichtungstatbestand (BFH vom 16.7.1975, BStBl 1976 II S. 17), sondern stellt lediglich klar, wann die Voraussetzungen der §§ 1 bis 8 i.V. mit § 10 ErbStG nach dem Sprachgebrauch der AO verwirklicht sind.

127 Da der Entstehungszeitpunkt die Steuerschuld dem Grunde und der Höhe nach fixiert, sind sämtliche für die Steuerberechnung bedeutsamen Merkmale aus der Sicht dieses Zeitpunkts zu beurteilen *(Stichtagsprinzip),* soweit das Gesetz nicht ausnahmsweise nachträglich getroffenen Entscheidungen des Steuerpflichtigen Einfluss auf die Steuerberechnung beimisst. Alle Merkmale des Steuertatbestands sind einheitlich aus der Sicht des in § 9 ErbStG genannten Datums zu beurteilen. Der Stichtag hat insbesondere Bedeutung für die Merkmale der persönlichen Steuerpflicht (§ 2 ErbStG), der Wertermittlung (§ 11 ErbStG) und der Steuerklasse (§ 15 ErbStG), für die Anrechnung ausländischer Erbschaftsteuer (§ 21 ErbStG), für die Steuerermäßigung bei mehrfachem Erwerb desselben Vermögens (§ 27 ErbStG) und für die Übergangsregelungen beim Wechsel gesetzlicher Bestimmungen (§ 37 ErbStG). Bei mehreren Zuwendungen zwischen denselben Personen wird mit dem Entstehen der Steuerschuld der einzelne Erwerb von späteren Erwerben abgegrenzt, was für deren Zusammenrechnung im Rahmen von § 14 ErbStG bedeutsam sein kann. Für die Bewertung des Nachlasses gilt der Zeitpunkt des Todes (§ 11 ErbStG), auch wenn die Erben sich später auseinandersetzen.

2. Erwerb von Todes wegen

128 Bei Erwerben von Todes wegen entsteht die Steuerschuld mit dem *Tode des Erblassers* (§ 9 Abs. 1 Nr. 1 ErbStG). Hier schließt das Erbschaftsteuerrecht an die bürgerlich-rechtliche Regelung an, wonach der Nachlass im Zeitpunkt des Todes auf die Erben übergeht (§§ 1922, 1942 BGB), *unabhängig* davon, ob die Erben vom Erbfall Kenntnis erlangt haben. Das gilt auch dann, wenn ein nachrangiger Erbe dadurch Erbe geworden ist, dass ein vorangehender Erbe die Erbschaft ausgeschlagen hat. Hier ist nicht der Zeitpunkt der Ausschlagung der Erbschaft maßgebend, sondern der Zeitpunkt des Todes des Erblassers. Auf den Zeitpunkt der Erbauseinandersetzung kommt es nicht an. Das gilt auch dann, wenn sich die Erbauseinandersetzung infolge eines Erbstreits lange hinzieht (BFH vom 1.2.1961, BStBl 1961 III S. 13). Auch die Einsetzung eines Testamentsvollstreckers oder Nachlasspflegers ist hierbei ohne Bedeutung. Als Erwerb von Todes wegen gelten insbesondere der Erwerb durch Erbanfall und der Erwerb durch Vermächtnis (§ 3 Abs. 1 Nr. 1 ErbStG) sowie der Erwerb durch Schenkung auf den Todesfall (§ 3 Abs. 1 Nr. 2 ErbStG) und der Vermögensvorteil, der aufgrund eines vom Erblasser abgeschlossenen Vertrags bei dessen Tod unmittelbar erworben wird (Erwerb durch Vertrag zugunsten Dritter, § 3 Abs. 1 Nr. 4 ErbStG).

a) Erwerb durch Erbanfall

129 Die Erbschaftsteuer entsteht mit dem Tode des Erblassers, ohne dass weitere Umstände hinzutreten müssen; insbesondere die Kenntnis und Billigung des Erwerbs durch den Erwerber wird regelmäßig nicht vorausgesetzt (Ausnahme lediglich bei der Schenkung auf den Todesfall i. S. des § 3 Abs. 1 Nr. 2 Satz 1 ErbStG). Der Tag des Todes bestimmt sich nach der Sterbeurkunde, die im Fall des § 11 Verschollenheitsgesetz nach gesetzlicher Vermutung unter den Voraussetzungen der Todesfeststellung nach dem festgestellten Datum und im Fall der Todeserklärung nach der Rechtskraft des Gerichtsbeschlusses, der die Todesvermutung begründet hat, ausgestellt wird. Stirbt der Erblasser während des Brandes seines Hauses, sind der Festsetzung der Erbschaftsteuer das Haus und die

darin befindlichen Sachen mit den zum Zeitpunkt des Erbfalls anzusetzenden steuerlichen Werten und die bis dahin dem Grunde und der Höhe nach entstandenen Versicherungsansprüche zu Grunde zu legen (BFH vom 2. 3. 2006, BFH/NV 2006 S. 1480).

Da das Gesetz die Steuerentstehung mit dem Erbfall verbindet, sind auch die Anteile von Miterben so zu ermitteln, wie sie sich bei der gedachten Auseinandersetzung zum Zeitpunkt des Erbfalls ergeben hätten. Die Verschiebung der Nachlassquoten, zu der das Eingreifen von Ausgleichsregeln unter gesetzlichen Miterben bei der späteren Auseinandersetzung führt (§§ 2050 ff. BGB), ist daher schon zum Erbfall zu berücksichtigen. Auch die Festlegung der Anteile durch einen unter den Miterben nachträglich abgeschlossenen Auseinandersetzungsvertrag ist auf den Erbfall zurück zu beziehen (BFH vom 1. 2. 1961, BStBl 1961 III S. 133).

b) Anordnung eines Vermächtnisses

Auch im Falle der Anordnung eines Vermächtnisses entsteht für den Vermächtnisnehmer die Steuerschuld bereits mit dem Tode des Erblassers. Der Anspruch des Vermächtnisnehmers auf Herausgabe des vermachten Gegenstandes entsteht mit dem Tode des Erblassers (§ 2176 BGB). Das Vermächtnis begründet für den Erwerber eine Forderung (§ 2174 BGB). Nach § 3 Abs. 1 Nr. 1 ErbStG ist schon der Forderungserwerb ein steuerpflichtiger Vorgang. Somit ist es konsequent, dass die Steuerpflicht für das Vermächtnis bereits mit dem Tode des Erblassers entsteht. Ohne Relevanz ist dabei, wann der Vermächtnisnehmer den vermachten Gegenstand von dem Erben erhalten hat und auch, ob er ihn erhalten hat. Sollte der Vermächtnisnehmer aus irgendeinem Grunde leer ausgehen (der Gegenstand des Vermächtnisses ist bspw. vor der Herausgabe an den Vermächtnisnehmer untergegangen), sind im Hinblick auf die Steuerfestsetzung/Steuererhebung allenfalls *Billigkeitsmaßnahmen* möglich. Der Zeitpunkt des Erbfalls bleibt im Übrigen als Stichtag auch dann maßgebend, wenn der Gläubiger im Fall eines Rentenvermächtnisses die Entrichtung der Steuer nach dem Jahreswert wählt (§ 23 Abs. 1 Satz 1 ErbStG, vgl. Tz 617 ff.; BFH vom 6. 6. 1951, BStBl 1951 III S. 142 sowie vom 8. 6. 1977, BStBl 1979 II S. 562) oder wenn der Schuldner nachträglich von besonderen, das Vermächtnis betreffenden Kürzungsmöglichkeiten Gebrauch macht (§§ 1990 ff., 2187 ff., 2318, 2322 ff. BGB). Anerkennen und beachten der Belastete und der Begünstigte den Willen des Erblassers und führen die dessen *formunwirksam angeordnetes Verschaffungsvermächtnis* aus, entsteht die Erbschaftsteuer nicht – auch nicht rückwirkend – mit dem Tod des Erblassers, sondern erst mit Erfüllung des Vermächtnisses (BFH vom 28. 3. 2007, BStBl 2007 II S. 461).

130

c) Schenkung auf den Todesfall

Auch die Schenkung auf den Todesfall wird erst mit dem *Tod des Schenkers* besteuert. Der Gesetzgeber geht davon aus, dass die Überlebensbedingung im Zweifel als aufschiebende Bedingung ausgestaltet sein wird, so dass die Besteuerung des Erwerbs nach dem Rechtsgedanken des § 9 Abs. 1 Nr. 1a ErbStG von dem Eintritt der Bedingung abhängt. Wenn das Versprechen auf den Todesfall schon mit dem Tod des Schenkers, das Schenkungsversprechen i. d. R. aber erst mit der Ausführung der versprochenen Zuwendung besteuert wird, so hängt dies damit zusammen, dass das Gesetz beim Schen-

131

kungsversprechen unter Lebenden die Hemmungen des Beschenkten respektiert, seine Forderungen gegen den Schenker durchzusetzen.

d) Erwerb unter einer aufschiebenden Bedingung

132 Hängt der Erwerb von einer aufschiebenden Bedingung oder einer Betagung oder Befristung ab, so entsteht die Steuer erst mit dem Zeitpunkt des *Eintritts der Bedingung* oder des Ereignisses (§ 9 Abs. 1 Nr. 1a ErbStG).

Eine Bedingung liegt vor, wenn sowohl der Eintritt eines Ereignisses als auch der Zeitpunkt des Eintritts, von dem die Erbeinsetzung abhängig sein soll, ungewiss ist. Das Gleiche gilt, wenn zwar nicht der Zeitpunkt, wohl aber der Eintritt des Ereignisses ungewiss ist. Eine Erbeinsetzung unter einer Bedingung liegt bspw. vor, wenn die Erbeinsetzung von einer Heirat oder der Geburt eines Sohnes oder von dem Erreichen eines bestimmten Alters abhängig gemacht wird. Ist hingegen der Eintritt eines Ereignisses gewiss, nicht dagegen der Zeitpunkt des Eintritts, z. B. der Todestag, so liegt eine Befristung vor. Liegt der Eintritt des Ereignisses kalendermäßig genau fest, so ist eine Betagung (Zeitbestimmung) gegeben.

Die Erbschaftsteuer für betagte Ansprüche, die zu einem bestimmten (feststehenden) Zeitpunkt fällig werden, entsteht im Regelfall des § 9 Abs. 1 Nr. 1 ErbStG entsprechend bereits im Zeitpunkt des Todes des Erblassers; solche Ansprüche sind ggf. mit ihrem nach § 12 Abs. 3 BewG abgezinsten Wert anzusetzen. Die Erbschaftsteuer für diejenigen betagten Ansprüche, bei denen der Zeitpunkt des Eintritts des zur Fälligkeit führenden Ereignisses unbestimmt ist, entsteht nach § 9 Abs. 1 Nr. 1a ErbStG erst mit dem Eintritt des Ereignisses (BFH vom 27. 8. 2003, BStBl 2003 II S. 921). Gehören zum Nachlass aufschiebend bedingte Ansprüche, so entsteht die Steuer insoweit ebenfalls erst mit Bedingungseintritt. Ein Erwerb unter einer Bedingung liegt auch dann vor, wenn der Nachlass im Falle der Anwendung englischen oder amerikanischen Rechts auf einen Trust oder einen Trustee übergegangen ist. Der Durchgangserwerb des Treuhänders wird nach deutschem Recht nicht als Erwerb angesehen. Erwerber sind die Bedachten, also diejenigen, auf die der Nachlass zuletzt übergehen soll. Da die Begünstigten die Bereicherung aufgrund des Erbanfalls erst nach der Abwicklung des Treuhandverhältnisses erfahren, wird der Übergang auf dieses Rechtsinstitut nach deutschem Recht wie eine Erbschaft unter einer aufschiebenden Bedingung behandelt (BFH vom 15. 5. 1964, BStBl 1964 III S. 408 sowie vom 28. 2. 1979, BStBl 1979 II S. 438).

e) Erwerb des Pflichtteils

133 Beim Pflichtteilsanspruch entsteht die Steuer nicht bereits im Zeitpunkt der Entstehung dieses Anspruchs, sondern erst im *Zeitpunkt der Geltendmachung des Pflichtteilsanspruchs* durch den Berechtigten (§ 9 Abs. 1 Nr. 1b ErbStG). Der Pflichtteilsanspruch selbst entsteht zwar mit dem Tode, im Gegensatz zum Vermächtnisnehmer ist der Pflichtteilsberechtigte mit dem Erbanfall noch nicht wirtschaftlich bereichert, da seine Stellung eine andere ist. Eine wirtschaftliche Bereicherung ist hier erst gegeben, wenn der Pflichtteilsanspruch geltend gemacht worden ist. Die zur Entstehung der Erbschaft-

steuer führende Geltendmachung des Pflichtteilsanspruchs setzt nicht die Bezifferung des Anspruchs voraus (BFH vom 19. 7. 2006, BFH/NV 2006 S. 1989).

Die Steuer entsteht also nicht erst im Zeitpunkt der Erfüllung des Pflichtteilsanspruchs, sondern in dem Zeitpunkt, wo der Pflichtteil vom Pflichtteilsberechtigten geltend gemacht wird. Solange der Pflichtteilsberechtigte noch unentschieden ist, sich nicht festlegen will oder nur das Verzichten auf den Anspruch verweigert, entsteht die Steuer noch nicht. Die Entscheidung, mit der der Gläubiger des Anspruchs diesen geltend macht, muss unmittelbar auf die Verwirklichung seines Rechts abzielen. Es braucht sich zwar nicht schon um die Einleitung gerichtlicher Schritte zu handeln, wie sie für die Unterbrechung der Verjährung des Anspruchs erforderlich sind (§ 209 BGB). Doch geht es um eine ihrem Inhalt nach weitergehende Entscheidung, als sie der Vermächtnisgläubiger mit der Annahme des Vermächtnisses trifft (§ 2180 BGB).

Zur Geltendmachung des Pflichtteilsanspruchs ist es erforderlich, dass der Gläubiger für den Schuldner erkennbar ernstlich auf die Erfüllung seines Anspruchs besteht. Ernstlich ist das Verlangen nicht schon dann, wenn die Diskussion über die Auszahlung des Pflichtteils im Familienkreis gerade erst beginnt, so entschieden die Forderungen bei dieser Diskussion auch vertreten werden mögen. Die Geltendmachung des Anspruchs begründet die Steuerpflicht und führt dazu, dass ein späterer Verzicht auf das Einfordern des Anspruchs unter dem Gesichtspunkt der freigebigen Zuwendung eine weitere Steuerpflicht auslöst. Daher kann eine Geltendmachung nur angenommen werden, wenn die Entscheidung für das Einfordern des Pflichtteils nicht nur vorläufig geworden, sondern endgültig gefallen ist. 134

f) Erwerb durch Stiftung

Ordnet der Erblasser testamentarisch eine Stiftung an, auf die das Vermögen übertragen werden soll, so entsteht die Steuer zum *Zeitpunkt der Genehmigung der Stiftung* (§ 9 Abs. 1 Nr. 1c 1. Alt. ErbStG). Gleiches gilt bei der Errichtung einer Stiftung unter Lebenden. Erst mit der staatlichen Genehmigung gilt das Vermögen als auf die Stiftung übertragen. Sollte sich das Genehmigungsverfahren jedoch auf längere Zeit erstrecken, kann unter Umständen das auf die Stiftung zu übertragende Vermögen als Zweckvermögen i. S. des § 8 ErbStG qualifiziert werden. 135

Der Übergang von Vermögen auf eine vom Erblasser von Todes wegen angeordnete Stiftung (§ 3 Abs. 2 Nr. 1 ErbStG) erfolgt im Zweifel durch Erbeinsetzung oder durch Vermächtnis. Um die für diese Verfügung erforderliche Voraussetzung zu schaffen, dass der Bedachte zurzeit des Erbfalls lebt (§ 1923 Abs. 2 BGB), stattet das BGB das Stiftungsgeschäft von Todes wegen mit Rückwirkung aus. Wird die Stiftung nach dem Tod des Stifters genehmigt, so gilt sie für die Zuwendung des Stifters als vor dessen Tod entstanden (§ 84 BGB). Damit nicht die Steuer schon vor dem Erbfall entsteht, ordnet § 9 Abs. 1 Nr. 1c 1. Alt. ErbStG an, dass die Steuerpflicht erst mit dem Zeitpunkt der Genehmigung der Stiftung eintritt.

In Fällen des § 3 Abs. 2 Nr. 1 Satz 2 ErbStG entsteht die Steuer mit dem Zeitpunkt der Bildung oder Ausstattung der Vermögensmasse ausländischen Rechts, deren Zweck auf die Bindung von Vermögen gerichtet ist (§ 9 Abs. 1 Nr. 1c 2. Alt. ErbStG).

(Einstweilen frei) 136

g) Erwerb infolge Auflage

137 Erwirbt ein Begünstigter etwas infolge Vollziehung einer vom Erblasser angeordneten Auflage oder infolge Erfüllung einer vom Erblasser gesetzten Bedingung (§ 3 Abs. 2 Nr. 2 ErbStG), so entsteht die Steuer nach § 9 Abs. 1 Nr. 1d ErbStG mit dem *Zeitpunkt der Vollziehung der Auflage oder Erfüllung der Bedingung*.

h) Abfindung für Erbverzicht

138 Hat ein Erbe aufgrund eines Erbverzichts oder infolge Ausschlagung eine Abfindung erhalten (§ 3 Abs. 2 Nr. 4 ErbStG), so entsteht die Steuer mit dem *Zeitpunkt des Verzichts oder der Ausschlagung* (§ 9 Abs. 1 Nr. 1f ErbStG), nicht erst im Zeitpunkt der Abfindungszahlung.

i) Abfindung für ein aufschiebend bedingtes Vermächtnis

139 Ist ein Erwerb als Abfindung für ein aufschiebend bedingtes, betagtes oder befristetes Vermächtnis, für das die Ausschlagungsfrist abgelaufen ist, zu qualifizieren und wird die Abfindung vor dem Zeitpunkt des Eintritts der Bedingung oder des Ereignisses gewährt (§ 3 Abs. 2 Nr. 5 ErbStG), so entsteht die Steuer nach § 9 Abs. 1 Nr. 1g ErbStG mit dem Zeitpunkt der Vereinbarung über die Abfindung.

j) Erwerb im Nacherbfall

140 Hat der Erblasser einen Nacherben (§ 6 ErbStG) eingesetzt, so entsteht die Steuer für den Erwerb des Nacherben mit dem *Zeitpunkt des Eintritts der Nacherbfolge* (§ 9 Abs. 1 Nr. 1h ErbStG).

k) Veräußerung von Anwartschaftsrechten

141 Veräußert ein Nacherbe vor Eintritt der Nacherbfolge sein Anwartschaftsrecht (§ 3 Abs. 2 Nr. 6 ErbStG), so entsteht nach § 9 Abs. 1 Nr. 1i ErbStG die Steuer für die Gegenleistung mit dem *Zeitpunkt der Übertragung der Anwartschaft* auf den Dritten. Auf die Zahlung des Entgelts kommt es hier nicht an.

l) Erwerb eines Vertragserben aufgrund beeinträchtigender Schenkungen des Erblassers

142 In Fällen des § 3 Abs. 2 Nr. 7 ErbStG, in denen der Vertragserbe aufgrund beeinträchtigender Schenkungen des Erblassers (§ 2287 BGB) von dem Beschenkten nach den Vorschriften über die ungerechtfertigte Bereicherung erwirbt, entsteht die *Steuer mit der Geltendmachung des Anspruchs* (§ 9 Abs. 1 Nr. 1j ErbStG).

3. Schenkungen unter Lebenden

143 Bei Schenkungen unter Lebenden entsteht die Steuer nach § 9 Abs. 1 Nr. 2 ErbStG mit dem *Zeitpunkt der Ausführung der Zuwendung*. Es kommt also nicht auf den Zeitpunkt des Vertragsabschlusses und auch nicht auf den Zeitpunkt des Versprechens, sondern

auf den Zeitpunkt der Ausführung der Zuwendung an. So ist insbesondere das *Schenkungsversprechen* für die Steuerentstehung *unbeachtlich*. Die Zuwendung gilt dann als ausgeführt, wenn der Bedachte die wirtschaftliche Verfügungsmacht über den zugewendeten Gegenstand erhält (BFH vom 14. 2. 1962, BStBl 1962 III S. 204). Der Beschenkte muss wirtschaftlicher Eigentümer i. S. des § 39 AO geworden sein. Es ist daher bei der Schenkung auf die wirtschaftliche Abwicklung der Zuwendung abzustellen. Eine *Schenkung von Wertpapieren*, die in einem Depot verwahrt werden, ist ausgeführt, wenn der Herausgabeanspruch abgetreten wurde (BFH vom 18. 2. 2008, BFH/NV 2008 S. 529).

Eine *Grundstücksschenkung* gilt als ausgeführt, wenn die Vertragsparteien die für die Eintragung der Rechtsänderung in das Grundbuch erforderlichen Erklärungen in gehöriger Form abgegeben haben und der Beschenkte aufgrund dieser Erklärungen in der Lage ist, beim Grundbuchamt die Eintragung der Rechtsänderung zu bewirken (R E 9.1 Abs. 1 Satz 1 ErbStR). Somit richtet sich der Zeitpunkt der Grundstücksschenkung danach, wann die Auflassung i. S. des § 925 BGB sowie die Eintragungsbewilligung (§ 19 GBO) vorliegen (BFH vom 26. 9. 1990, BStBl 1991 II S. 320 sowie vom 12. 1. 2006, BFH/NV 2006 S. 947). Eine Grundstücksschenkung ist noch nicht ausgeführt, wenn der Beschenkte von der Eintragungsbewilligung erst zu einem späteren Zeitpunkt (z. B. dem Tod der Schenkerin) Gebrauch machen darf. Dies gilt auch dann, wenn für den Beschenkten bereits eine Auflassungsvormerkung im Grundbuch eingetragen worden ist (BFH vom 2. 2. 2005, BStBl 2005 II S. 312). Die Rechtsprechung des BFH hat zur Voraussetzung, dass die Umschreibung nachfolgt. Unterbleibt die Umschreibung, weil die Schenkungsabrede zuvor aufgehoben wird, liegt in der Aufhebung weder eine Rückschenkung des Grundstücks noch eine anderweitige Zuwendung seitens des ursprünglich Bedachten (BFH vom 24. 7. 2002, BStBl 2002 II S. 781). Die mit der Beurkundung der Auflassung und Erteilung der Eintragungsbewilligung *entstandene Steuer* für eine Grundstücksschenkung *entfällt rückwirkend*, sobald die Schenkungsabrede vor Umschreibung des Eigentums im Grundbuch aufgehoben wird oder die Eintragungsbewilligung aus anderen Gründen nicht mehr zur Umschreibung führen kann (BFH vom 27. 4. 2005, BFH/NV 2005 S. 2312 sowie vom 26. 10. 2005, BFH/NV 2006 S. 551). Soll dem Bedachten nach dem Willen des Zuwendenden ein *Grundstück mit vollständig saniertem und renoviertem Gebäude* verschafft werden, hat der Bedachte die Zuwendung erst mit dem Abschluss der Sanierungs- und Renovierungsarbeiten erhalten. Erst zu diesem Zeitpunkt tritt die endgültige Vermögensmehrung des Beschenkten auf Kosten des Schenkers ein und ist die Grundstücksschenkung ausgeführt (R E 9.1 Abs. 2 Satz 4 ErbStR, BFH vom 22. 9. 2004, BFH/NV 2005 S. 213). Ein als *schwebend unwirksam* bezeichneter Vertrag über eine Grundstücksschenkung führt *nicht* zu einer Steuerentstehung; die spätere Genehmigung des Vertrags *wirkt* schenkungsteuerrechtlich *nicht zurück* (BFH vom 26. 10. 2005, BFH/NV 2006 S. 551).

144

Die Frage nach dem Zeitpunkt der Ausführung einer *mittelbaren Grundstücksschenkung* ist durch das BFH-Urteil vom 4. 12. 2002 (BStBl 2003 II S. 273) geklärt. Danach ist eine Zuwendung, wenn mit dem zur Verfügung gestellten Geld die Errichtung eines Gebäudes auf einem dem Beschenkten schon gehörenden oder einem gleichzeitig zu diesem Zweck aufgrund eines einheitlichen Vertrags geschenkten Grundstück finanziert werden soll, mit der Fertigstellung des Gebäudes ausgeführt (R E 9.1 Abs. 2 Satz 3 ErbStR).

145

In diesem Zeitpunkt erlangt der Beschenkte gegenüber dem Schenker über das Gebäude bzw. über das mit dem Gebäude bebaute Grundstück die freie Verfügung, so dass insoweit die endgültige Vermögensmehrung des Beschenkten auf Kosten des Schenkers eintritt (so auch BFH vom 7. 5. 2003, BFH/NV 2003, S. 1186).

Stellt der Schenker dem Beschenkten im Rahmen einer mittelbaren Grundstücksschenkung vorzeitig Geld zum Erwerb eines Grundstücks zur Verfügung, führt dies nicht zur Vorverlegung des Ausführungszeitpunkts der Schenkung. Diese ist vielmehr, wie im Falle einer „normalen" Grundstücksschenkung, erst ausgeführt, wenn die Auflassung und die Eintragungsbewilligung vorliegen (R E 7.1 Abs. 2 Satz 2 ErbStR). Der Tod des Schenkers vor Ausführung der mittelbaren Grundstücksschenkung hat keinen Einfluss auf den Ausführungszeitpunkt (BFH vom 5. 6. 2003, BFH/NV 2003, S. 1425).

4. Zweckzuwendungen

145a Bei Zweckzuwendungen (vgl. dazu Tz. 11 sowie 122 ff.) entsteht die Steuer mit dem Zeitpunkt des Eintritts der Verpflichtung des Beschwerten (§ 9 Abs. 1 Nr. 3 ErbStG).

5. Familienstiftungen / Familienvereine

145b In den Fällen der Ersatzerbschaftsteuer (§ 1 Abs. 1 Nr. 4 ErbStG bei Familienstiftungen/Familienvereinen; vgl. Tz. 12) entsteht die Steuer gemäß § 9 Abs. 1 Nr. 4 ErbStG in Zeitabständen von je 30 Jahren seit dem Zeitpunkt des ersten Übergangs von Vermögen auf die Stiftung oder auf den Verein. Fällt bei Stiftungen oder Vereinen der Zeitpunkt des ersten Übergangs von Vermögen auf den 1. Januar 1954 oder auf einen früheren Zeitpunkt, so entsteht die Steuer erstmals am 1. Januar 1984. Bei Stiftungen und Vereinen, bei denen die Steuer erstmals am 1. Januar 1984 entsteht, richtet sich der Zeitraum von 30 Jahren nach diesem Zeitpunkt.

J. Steuerpflichtiger Erwerb, Wertermittlung (§ 10 ErbStG)

I. Steuerpflichtiger Erwerb

146 Nach § 10 Abs. 1 Satz 1 ErbStG gilt als steuerpflichtiger Erwerb die Bereicherung des Erwerbers, soweit sie nicht nach § 5 ErbStG (Zugewinnausgleich), §§ 13, 13a, 13c, § 13d ErbStG (Steuerbefreiungen sachlicher Art), § 16 ErbStG (persönliche Freibeträge), § 17 ErbStG (besonderer Versorgungsfreibetrag) und § 18 ErbStG (Mitgliedsbeiträge) steuerfrei ist. Mit Hinweis auf § 3 ErbStG (unbeschadet des § 10 Abs. 10 ErbStG), d. h. bezogen auf Erwerbe von Todes wegen, führt § 10 Abs. 1 Satz 2 ErbStG aus, dass als Bereicherung der Betrag gilt, der sich ergibt, wenn von dem nach § 12 ErbStG zu ermittelnden Wert des gesamten Vermögensanfalls – soweit er der Besteuerung nach dem ErbStG unterliegt – die nach § 10 Abs. 3 bis 9 ErbStG abzugsfähigen Nachlassverbindlichkeiten mit ihrem nach § 12 ErbStG zu ermittelnden Wert abgezogen werden.

147 *(Einstweilen frei)*

Steuerpflichtiger Erwerb, Wertermittlung (§ 10 ErbStG) — SIEBENTER TEIL

Als steuerpflichtigen Erwerb (= steuerlicher Reinwert des Erwerbs) bezeichnet das ErbStG den Betrag, der nach Abzug der Nachlassverbindlichkeiten (zu Steuerwerten) vom Vermögensanfall (zu Steuerwerten) verbleibt. Der *steuerpflichtige Erwerb* stellt mithin die *Bemessungsgrundlage* für die Steuer dar, auf die die Steuersätze des § 19 Abs. 1 ErbStG, ggf. unter Berücksichtigung der Tarifbegrenzung durch Entlastungsbetrag (§ 19a ErbStG), anzuwenden sind. 148

Der steuerpflichtige Erwerb ermittelt sich grundsätzlich wie folgt (vgl. R E 10.1 ErbStR):

1. Steuerwert des land- und forstwirtschaftlichen Vermögens
- ./. Befreiungen nach § 13 Abs. 1 Nr. 2 und 3 ErbStG
- \+ Steuerwert des Betriebsvermögens
- ./. Befreiungen nach § 13 Abs. 1 Nr. 2 und 3 ErbStG
- \+ Steuerwert der Anteile an Kapitalgesellschaften

Zwischensumme
- ./. Befreiung nach §§ 13a, 13c ErbStG
- \+ Steuerwert des Wohnteils und der Betriebswohnungen des land- und forstwirtschaftlichen Vermögens
- ./. Befreiungen nach § 13 Abs. 1 Nr. 2, 3, 4b und 4c ErbStG
- ./. Befreiung nach § 13d ErbStG
- \+ Steuerwert des Grundvermögens
- ./. Befreiungen nach § 13 Abs. 1 Nr. 2, 3, 4a bis 4c ErbStG
- ./. Befreiung nach § 13d ErbStG
- \+ Steuerwert des übrigen Vermögens
- ./. Befreiungen nach § 13 Abs. 1 Nr. 1 und 2 ErbStG
- = **Vermögensanfall nach Steuerwerten**

2. Steuerwert der Nachlassverbindlichkeiten, soweit nicht vom Abzug ausgeschlossen, mindestens Pauschbetrag für Erbfallkosten (einmal je Erbfall)
- = **abzugsfähige Nachlassverbindlichkeiten**

3. Vermögensanfall nach Steuerwerten (1.)
   - ./. abzugsfähige Nachlassverbindlichkeiten (2.)
   - ./. weitere Befreiungen nach § 13 ErbStG
- = **Bereicherung des Erwerbers**

4. Bereicherung des Erwerbers (3.)
- ./. ggf. steuerfreier Zugewinnausgleich § 5 Abs. 1 ErbStG
- \+ ggf. hinzuzurechnende Vorerwerbe § 14 ErbStG
- ./. persönlicher Freibetrag § 16 ErbStG
- ./. besonderer Versorgungsfreibetrag § 17 ErbStG
- = **steuerpflichtiger Erwerb (abzurunden auf volle hundert €)**

Die festzusetzende Erbschaftsteuer ist wie folgt zu ermitteln:

1.   Tarifliche Erbschaftsteuer nach § 19 ErbStG
./.   Abzugsfähige Steuer nach § 14 Abs. 1 ErbStG
./.   Entlastungsbetrag nach § 19a ErbStG
=   Summe 1

2.   ./. Ermäßigung nach § 27 ErbStG (dabei Steuer lt. Summe 1 nach § 27 Abs. 2 ErbStG aufteilen und zusätzlich Kappungsgrenze nach § 27 Abs. 3 ErbStG beachten)
./.   Anrechenbare Steuer nach § 6 Abs. 3 ErbStG
=   Summe 2

3.   ./. Anrechenbare Steuer nach § 21 ErbStG (dabei Steuer lt. Summe 2 nach § 21 Abs. 1 Satz 2 aufteilen)
=   Summe 3
     mindestens Steuer nach § 14 Abs. 1 Satz 4 ErbStG
     höchstens nach § 14 Abs. 3 ErbStG begrenzte Steuer (Hälfte des Werts des weiteren Erwerbs)
=   **festzusetzende Erbschaftsteuer**

Für Erwerbe von begünstigtem Vermögen i. S. des § 136 Abs. 2 ErbStG von mehr als 26 Mio. € kommt für Bewertungsstichtage ab dem 1. 7. 2016 auf Antrag eine Verschonungsbedarfsprüfung nach § 28a ErbStG in Betracht (Steuererlass unter Vorbehalt des Widerrufs; vgl. dazu auch Tz 462 ff.).

Einen *negativen steuerpflichtigen Erwerb*, bedingt durch eine Überschuldung des Nachlasses, kennt das Erbschaftsteuerrecht *nicht*.

149   Für Schenkungen unter Lebenden (§ 1 Abs. 1 Nr. 2, § 7 ErbStG) hat der Gesetzgeber keine – dem § 10 Abs. 1 Satz 2 ErbStG entsprechende – Sonderregelung getroffen. Bei gemischten Schenkungen und Schenkungen unter Auflage ist nach R E 7.4 Abs. 1 Satz 1 ErbStR die Vorschrift des § 10 Abs. 1 Satz 2 ErbStG entsprechend anzuwenden. Die Bereicherung wird ermittelt, indem vom Steuerwert der Leistung des Schenkers der Steuerwert der Gegenleistung bzw. der Auflage des Beschenkten abgezogen wird (R E 7.4 Abs. 1 Satz 2 ErbStR; vgl. Tz 96 ff.).

150   Steuerbefreiungen und Erwerbslasten sind auch bei Schenkungen zu berücksichtigen. Eine im Hinblick auf § 10 Abs. 1 Satz 2 ErbStG – hier wird ausdrücklich nur auf Erwerbe von Todes wegen Bezug genommen – für Schenkungen bestehende Regelungslücke wird über § 1 Abs. 2 ErbStG geschlossen, wonach die Vorschriften über Erwerbe von Todes wegen auch für Schenkungen unter Lebenden gelten, soweit nichts anderes bestimmt ist (Ausnahmen hierzu vgl. R E 1.1 Satz 3 ErbStR sowie Tz. 13).

1. Vermögensanfall

151   Nach § 1922 Abs. 1 BGB geht mit dem Tode einer Person (Erbfall) deren Vermögen (Erbschaft) als Ganzes auf einen oder mehrere andere Personen (Erben) über. Aus der *Gesamtrechtsnachfolge (Universalsukzession)* folgt grundsätzlich der Eintritt des Erben in

die gesamte Rechtsstellung (persönliche und dingliche Vermögensrechte einschließlich vermögensrechtlicher Beziehungen, Verbindlichkeiten) des Erblassers. Die Vermögenszuordnung am Todestag, d. h. im Besteuerungszeitpunkt, richtet sich nach den bürgerlich-rechtlichen Vorgaben. Während Gegenstände, an denen der Erblasser nur wirtschaftliches Eigentum hatte, nicht zum Nachlass rechnen, werden solche Gegenstände erbschaftsteuerlich erfasst, die (noch) im zivilrechtlichen Eigentum des Erblassers gestanden haben. Das gilt selbst dann, wenn das wirtschaftliche Eigentum (§ 39 Abs. 2 Nr. 1 AO) bereits auf eine andere Person übergegangen war (BFH vom 15. 10. 1997, BStBl 1997 II S. 820).

Sachleistungsansprüche und Sachleistungsverpflichtungen – so auch der Anspruch bzw. die Verpflichtung zur Übereignung eines Grundstücks – sind auch dann, wenn der Kaufvertrag noch von keiner Seite erfüllt ist, gesondert anzusetzen (R E 12.2 Abs. 2 ErbStR). 152

2. Steuererstattungsansprüche 153

Nach § 10 Abs. 1 Satz 3 ErbStG sind Steuererstattungsansprüche – insbesondere Einkommersteuer, Kirchensteuer, Solidaritätszuschlag – des Erblassers zu berücksichtigen (gehören also zum Vermögensanfall), wenn sie rechtlich entstanden sind (§ 37 Abs. 2 AO). Die Vorschrift stellt klar, dass ein Steuererstattungsanspruch *ungeachtet seiner Festsetzung* als Forderung bereits dann angesetzt werden kann, wenn er im Zeitpunkt der Entstehung der Erbschaftsteuer *materiell-rechtlich entstanden* ist. Die Einkommensteuer entsteht mit Ablauf des Veranlagungszeitraums (§ 36 Abs. 1 EStG). Einkommensteuererstattungsansprüche aus dem Veranlagungszeitraum, in den der Todeszeitpunkt des Erblassers fällt, gehören daher nicht zum steuerpflichtigen Erwerb (R E 10.3 Abs. 3 ErbStR).

3. Anteile an einer vermögensverwaltenden Personengesellschaft

Der unmittelbare oder mittelbare Erwerb einer Beteiligung an einer Personengesellschaft oder einer anderen Gesamthandsgemeinschaft, die nicht unter § 97 Abs. 1 Satz 1 Nr. 5 BewG fällt, gilt nach § 10 Abs. 1 Satz 4 ErbStG als *Erwerb der anteiligen Wirtschaftsgüter*; mithin können die Besitzposten und Gesellschaftsschulden nicht zu einer wirtschaftlichen Einheit zusammengefasst werden (R E 10.4 Abs. 1 Satz 1 ErbStR). Nur in gesetzlich ausdrücklich geregelten Fällen (§§ 12 Abs. 1 und 5 ErbStG, §§ 3, 97 BewG) ist eine derartige Zusammenfassung möglich, während im Übrigen die einzelnen Wirtschaftsgüter und sonstigen Besitzposten des Gesamthandsvermögens und die Gesellschaftsschulden den Gesellschaftern anteilig als Bruchteilseigentum zuzurechnen sind (§ 10 Abs. 1 Satz 4 ErbStG, § 39 Abs. 2 Nr. 2 AO). 154

Die mit dem Übergang des Gesellschaftsanteils verbundene Verpflichtung des Erwerbers, für die Gesellschaftsschulden einzustehen, wird nicht unmittelbar durch Abzug vom Wert der Besitzposten, sondern lediglich bei der Ermittlung der Bereicherung des Erwerbers berücksichtigt (R E 10.4 Abs. 2 Satz 3 ErbStR). Während der Erwerber die anteiligen Gesellschaftsschulden bei Erwerben von Todes wegen (§ 3 ErbStG) als Nachlass- 155 verbindlichkeiten i. S. des § 10 Abs. 5 ErbStG abziehen kann, mindern die Gesellschaftsschulden bei einer Schenkung unter Lebenden die Bereicherung nach den Grundsätzen der R E 7.4 ErbStR zur Behandlung von gemischten Schenkungen sowie Schenkungen unter Auflage (R E 10.4 Abs. 2 Satz 5 ErbStR). Dabei ist der Erwerb der anteiligen Gesellschaftsschulden als *Gegenleistung* zu behandeln (R E 10.4 Abs. 2 Satz 6 ErbStR).

4. Zweckzuwendung

156 Bei der Zweckzuwendung tritt an die Stelle des Vermögensanfalls die Verpflichtung des Beschwerten (§ 10 Abs. 1 Satz 5 ErbStG). Zweckzuwendungen sind Zuwendungen von Todes wegen oder freigebige Zuwendungen unter Lebenden, die mit der Auflage verbunden sind, zugunsten eines bestimmten Zwecks verwendet zu werden, oder die von der Verwendung zugunsten eines bestimmten Zwecks abhängig sind, soweit hierdurch die Bereicherung des Erwerbers gemindert wird (§ 8 ErbStG; vgl. dazu Tz 122 ff.). Eine bei dem Erwerber von § 10 Abs. 1 Satz 1 ErbStG geforderte Bereicherung tritt im Falle der Zweckzuwendung gerade nicht ein, so dass es einer „Ersatzvorschrift" i. S. des § 10 Abs. 1 Satz 5 bedurfte.

5. Abrundung

157 Nach § 10 Abs. 1 Satz 6 ErbStG wird der steuerpflichtige Erwerb auf volle 100 € nach unten abgerundet, so dass der maßgebende Steuersatz nach § 19 ErbStG auf den hiernach sich ergebenden Betrag anzuwenden ist. Neben § 10 Abs. 1 Satz 6 ErbStG ist die *Kleinbetragsgrenze* des § 22 ErbStG zu beachten, wonach von der Festsetzung der ErbSt abzusehen ist, wenn die Steuer, die für den einzelnen Steuerfall festzusetzen ist, den Betrag von 50 € nicht übersteigt (vgl. Tz 598). Bei der Jahresversteuerung nach § 23 ErbStG ist § 10 Abs. 1 Satz 6 ErbStG bei der Berechnung des maßgebenden Steuersatzes ebenfalls anzuwenden; jedoch kommt eine weitere Abrundung des Jahreswerts der Rente nicht in Betracht (vgl. dazu auch Tz 617 ff.).

6. Ersatzerbschaftsteuer

158 In Fällen der Ersatzerbschaftsteuer (§ 1 Abs. 1 Nr. 4 ErbStG; vgl. Tz 12) kommt es nicht zu einem tatsächlichen Erwerb. Demgemäß *fingiert* § 15 Abs. 2 Satz 3 ErbStG einen *Vermögensübergang* auf zwei Personen der Steuerklasse I (vgl. Tz 531). Diesem Umstand Rechnung tragend bestimmt § 10 Abs. 1 Satz 7 ErbStG, dass in Fällen des § 1 Abs. 1 Nr. 4 ErbStG an die Stelle des Vermögensanfalls das Vermögen der Stiftung oder des Vereins tritt.

7. Übernahme der Steuer

159 Der von der ErbSt (SchenkSt) befreite Erwerber hat den Vermögensvorteil, der aus der Übernahme der Steuer durch den Schenker bzw. einen Dritten resultiert, gemäß § 10 Abs. 2 ErbStG als *zusätzliche Bereicherung* zu versteuern. Die Übernahme der Steuer durch einen anderen als den Erwerber stellt somit eine Werterhöhung der Schenkung

bzw. des Vermögensanfalls dar (BFH vom 11.11.1977, BStBl 1978 II S. 220). Hat mithin der Erblasser die Entrichtung der von dem Erwerber geschuldeten Steuer einem anderen auferlegt oder hat der Schenker die Entrichtung der vom Beschenkten geschuldeten Steuer selbst übernommen oder einem anderen auferlegt, so gilt als Erwerb der Betrag, der sich bei einer Zusammenrechnung des Erwerbs nach § 10 Abs. 1 ErbStG mit der aus ihm errechneten Steuer ergibt (§ 10 Abs. 2 ErbStG); die Steuer wird somit einmal hinzugerechnet.

BEISPIEL: C schenkt Freundin F 100 000 € und übernimmt selbst die anfallende Schenkungsteuer.

Nach Abzug des persönlichen Freibetrages in Höhe von 20 000 € bleibt für F ein steuerpflichtiger Erwerb von 80 000 €. Bei einem Steuersatz von 30 % ergibt sich eine Steuer und damit eine zusätzliche Schenkung in Höhe von 24 000 €. Der Schenkungsbetrag nach § 10 Abs. 2 ErbStG beträgt somit insgesamt 124 000 € (100 000 € + 24 000 €). Bei einem Steuersatz von 30 % und einem steuerpflichtigen Erwerb in Höhe von 104 000 € ergibt sich so eine Steuer von 31 200 €.

In Fällen der *beschränkten Steuerpflicht* ist § 10 Abs. 2 ErbStG *nicht* anwendbar, da die zu übernehmende Steuerforderung nicht zum Inlandsvermögen i. S. des § 121 BewG gehört.

8. Vereinigung von Rechten und Verbindlichkeiten

Nach § 10 Abs. 3 ErbStG gelten die infolge des Anfalls durch Vereinigung von Recht und Verbindlichkeit oder von Recht und Belastung erloschenen Rechtsverhältnisse *als nicht erloschen*. Für Zwecke der ErbSt werden damit die *Rechtsfolgen einer Konfusion ausgeblendet*, wonach ein Recht erlischt, wenn eine Person gleichzeitig die Gläubiger- und Schuldnerstellung erhält. Hatte demnach der Erblasser vor seinem Tod eine Forderung gegen den Erben und tritt der Erbe (Schuldner) mit dem Erbfall in die Gläubigerstellung des Erblassers ein, geht nach bürgerlichem Recht die Forderung unter (vgl. §§ 425, 429, 1063, 1173, 1256 BGB). Um dem Bereicherungsgrundsatz zu entsprechen, fingiert § 10 Abs. 3 ErbStG den Fortbestand des durch die Vereinigung von Recht und Verbindlichkeit untergegangenen Rechtsverhältnisses.

160

BEISPIEL: Die Erblasserin T hat am Todestag eine Forderung in Höhe von 150 000 € gegen die Erbin N.

Obwohl zivilrechtlich die Forderung mit dem Erbfall erlischt, weil sich Forderung und Schuld in Person der N vereinigen, gilt das Rechtsverhältnis bei der Erbschaftsteuer gemäß § 10 Abs. 3 ErbStG als fortbestehend. Die Forderung der Erblasserin gilt damit (erbschaftsteuerrechtlich) als nicht erloschen. Sie gehört zum Vermögen, das die Erbin erwirbt und ist von Erbin N entsprechend zu versteuern.

Für Verbindlichkeiten des Erblassers gegenüber dem Erben gilt § 10 Abs. 3 ErbStG gleichermaßen (BFH vom 25.10.1995, BStBl 1996 II S. 11) mit der Folge, dass die verlorene Forderung gegen den Erblasser aufgrund des § 10 Abs. 3 ErbStG wie eine Nachlassverbindlichkeit, d. h. Erblasserschuld i. S. des § 10 Abs. 5 Nr. 1 ErbStG behandelt wird. § 10 Abs. 3 ErbStG ist nicht anzuwenden, soweit Forderungen oder Verbindlichkeiten – unabhängig vom Zusammentreffen von Gläubiger- und Schuldnerstellung – ohnehin mit dem Tod des Erblassers erloschen wären, wie z. B. bei einem Wohnrecht auf Lebenszeit.

161 In Fällen der *Konsolidation*, bei der Recht und Belastung zusammentreffen, ist § 10 Abs. 3 ErbStG ebenfalls einschlägig. Konsolidation tritt bspw. ein beim Nießbrauch des Erben an beweglichen Sachen (§ 1063 BGB) und Rechten (§ 1268 BGB) des Erblassers.

9. Anwartschaft eines Nacherben

162 Die Anwartschaft eines Nacherben gehört nicht zu seinem Nachlass (§ 10 Abs. 4 ErbStG). § 10 Abs. 4 ErbStG ist im Zusammenhang mit der Besteuerung von Vor- und Nacherbschaft nach Maßgabe des § 6 ErbStG zu sehen. Der *Nacherbe* erwirbt bürgerlich-rechtlich mit dem Tod des Erblassers über sein künftiges Erbrecht hinaus ein *Anwartschaftsrecht*, das *vererblich* und *übertragbar* ist (BFH vom 28. 10. 1992, BStBl 1993 II S. 158). Stirbt der Nacherbe nach Eintritt des Vorerbfalls, aber vor Eintritt des Nacherbfalls, geht das besagte Anwartschaftsrecht des Nacherben auf dessen Erben über. Der Regelung des § 6 ErbStG entsprechend (vgl. dazu auch Tz. 67 ff.), wonach ErbSt erst bei Eintritt des Nacherbfalls anfällt, bestimmt § 10 Abs. 4 ErbStG, dass die Anwartschaft eines Nacherben nicht zu dessen Nachlass gehört.

Wird das Nacherbenanwartschaftsrecht durch freigebige Zuwendung unter Lebenden übertragen, gilt § 10 Abs. 4 ErbStG gleichermaßen. Bei entgeltlicher Übertragung des Nacherbenanwartschaftsrechts auf einen Dritten ist hingegen § 3 Abs. 2 Nr. 6 ErbStG einschlägig (vgl. Tz. 51). In diesen Fällen kann der Dritte das von ihm gezahlte Entgelt nach § 10 Abs. 5 Nr. 3 ErbStG als Kosten für die Erlangung des Erwerbs abziehen (BFH vom 28. 10. 1992, a. a. O.).

10. Nachlassverbindlichkeiten

a) Allgemeines

163 Nach § 1967 Abs. 2 BGB gehören zu den Nachlassverbindlichkeiten außer den vom Erblasser herrührenden Schulden die den Erben als solchen treffenden Verbindlichkeiten, insbesondere die *Verbindlichkeiten aus Pflichtteilsrechten, Vermächtnissen und Auflagen*. Demgemäß widmet sich § 10 Abs. 5 ErbStG dem Abzug von Schulden und Lasten als Nachlassverbindlichkeiten unter Berücksichtigung etwaiger Abzugsbeschränkungen nach Maßgabe des § 10 Abs. 6 bis 9 ErbStG. Außerhalb des § 10 Abs. 6 bis 9 ErbStG ist ein Abzugsverbot in § 21 ErbStG normiert. Darüber hinaus ist über die Verweisungsvorschrift des § 12 Abs. 1 ErbStG auf die Nichtabzugsfähigkeit aufschiebend bedingter Lasten i. S. des § 6 Abs. 1 BewG hinzuweisen; tritt die Bedingung ein, ist § 6 Abs. 2 BewG als Änderungsrechtsgrundlage für die Änderung des Steuerbescheids einschlägig.

Aus § 1967 Abs. 2 BGB ist eine *Differenzierung der Nachlassverbindlichkeiten* herleitbar. Zum einen handelt es sich um die sog. Erblasserschulden, die – soweit vererblich – vom Erblasser herrühren und zum anderen um die sog. *Erbfallschulden*, die den Erben als solchen treffenden Verbindlichkeiten, die anlässlich des Erbfalls entstehen. Nach zivilrechtlicher Sichtweise lassen sich die Erbfallschulden nochmals anderweitig unterscheiden, nämlich in die – in § 1967 Abs. 2 BGB beispielhaft genannten – unmittelbaren Erbfallschulden wie *Verbindlichkeiten aus Pflichtteilsrechten, Vermächtnissen und Auflagen* sowie in sog. *Nachlasskosten-* und *Erbschaftsverwaltungsschulden*, zu denen u. a. Beerdigungskosten rechnen.

Das Erbschaftsteuerrecht folgt der zuvor beschriebenen zivilrechtlichen Differenzierungsvorgabe in § 10 Abs. 5 ErbStG:

Nachlassverbindlichkeiten	Rechtsgrundlage
Erblasserschulden	§ 10 Abs. 5 Nr. 1 ErbStG
Erbfallschulden	§ 10 Abs. 5 Nr. 2 ErbStG
Erbschaftsverwaltungsschulden (insbesondere Kosten für die Abwicklung des Erbfalls und die Bestattung des Erblassers)	§ 10 Abs. 5 Nr. 3 ErbStG

b) Erblasserschulden

Von dem Erwerb sind – soweit sich aus § 10 Abs. 6 bis 9 ErbStG nichts anderes ergibt – als Nachlassverbindlichkeiten gemäß § 10 Abs. 5 Nr. 1 ErbStG die vom Erblasser herrührenden Schulden abzugsfähig, soweit sie nicht mit einem zum Erwerb gehörenden Gewerbebetrieb oder Anteil an einem Gewerbebetrieb, Betrieb der Land- und Forstwirtschaft oder Anteil an einem Betrieb der Land- und Forstwirtschaft in wirtschaftlichem Zusammenhang stehen und bereits bei der Bewertung der wirtschaftlichen Einheit berücksichtigt worden sind. Aus § 1967 Abs. 1 BGB ist herzuleiten, dass Erblasserschulden nur bei dem Erben abzugsfähig sind, nicht hingegen bei anderen Erwerbern wie bspw. Vermächtnisnehmern. Demgemäß kann ein Erwerb nach § 3 Abs. 1 Nr. 4 ErbStG (Vertrag zugunsten Dritter) durch eine Person, die nicht Erbe geworden ist, nicht um Erblasserschulden i. S. des § 10 Abs. 5 Nr. 1 und Abs. 3 ErbStG gemindert werden (BFH vom 17. 5. 2000, BFH/NV 2001 S. 39). 164

Als vom Erblasser herrührende Schulden sind solche zu nennen, die zu seinen Lebzeiten entstanden sind und nicht mit dem Tod des Erblassers erlöschen (vgl. aber § 10 Abs. 3 ErbStG, Tz. 160 f.). Es handelt sich hierbei um Verpflichtungen gesetzlicher, vertraglicher oder sonstiger Art des Erblassers, die zudem auch eine wirtschaftliche Belastung für den Erben darstellen.

Gehören zum Nachlass Grundstücke oder Grundstücksteile, sind die mit dem Grundbesitz in wirtschaftlichem Zusammenhang stehenden Schulden und Lasten abzugsfähig (§ 10 Abs. 5 Nr. 1 ErbStG). Eine Einschränkung ist jedoch hinsichtlich der auf den Erben übergehenden dinglichen Belastungen zu beachten: hier kommt eine Berücksichtigung als Nachlassverbindlichkeit nur in Betracht, wenn der Erwerber auch die persönliche Schuld zu übernehmen hat, andernfalls ist die dingliche Belastung als aufschiebend bedingt zu qualifizieren (§ 12 Abs. 1 ErbStG, § 6 Abs. 1 BewG). Hatte sich der Erblasser gegenüber einem Mietinteressenten verpflichtet, sein Grundstück in einem von ihm noch herzustellenden Zustand zur Nutzung zu überlassen und ist er während der dafür erforderlichen Bauarbeiten verstorben, können die Erben keine Verbindlichkeiten gegenüber dem Mietinteressenten zur Herstellung des vereinbarten Zustandes – bewertet nach den Vergütungen für die zum Todeszeitpunkt noch ausstehenden Arbeiten 164a

– in Abzug bringen; eine derartige Verbindlichkeit besteht nicht (BFH vom 18. 5. 2006, BFH/NV 2006 S. 1666).

164b Der Abzug einer vom Erblasser herrührenden Schuld gem. § 10 Abs. 5 Nr. 1 ErbStG setzt deren rechtliches Bestehen voraus. Kommt es als Folge des Erbganges zur Vereinigung von Forderung und Schuld in der Person des Erben, so gilt das Schuldverhältnis entgegen § 429 Abs. 3 i.V. mit § 425 Abs. 2 BGB gem. § 10 Abs. 3 ErbStG als nicht erloschen (vgl. dazu auch Tz. 160 f).

164c Private *Steuerschulden* des Erblassers (z. B. ESt-Schulden) aus dem Veranlagungszeitraum des Todesjahres sind nach dem Urteil des BFH vom 4. 7. 2012 (BStBl 2012 II S. 790) abweichend von der früheren Rechtsprechung gem. § 10 Abs. 5 Nr. 1 ErbStG als Nachlassverbindlichkeiten zu berücksichtigen, obwohl diese rechtlich erst mit Ablauf des Veranlagungszeitraums entstehen (z. B. § 36 Abs. 1 EStG). Der BFH begründet dies damit, dass die Vorschrift des § 10 Abs. 5 Nr. 1 ErbStG lediglich fordert, dass die betroffenen Schulden vom Erblasser *herrühren*. Davon betroffen seien Steuerschulden, die der Erblasser als Steuerpflichtiger durch die Verwirklichung von Steuertatbeständen begründet hat. Die Verwaltungsanweisungen in R E 10.8 Abs. 3 ErbStR sind insoweit überholt. Soweit der Erbe selbst einkommensteuerrelevante Tatbestände verwirklicht hat, wie z. B. der Zufluss nachträglicher Einnahmen aus einer ehemaligen Tätigkeit des Erblassers gem. § 24 Nr. 2 EStG, sind die darauf entfallenden Einkommensteuerschulden des Erben keine Nachlassverbindlichkeiten. Der BFH befasst sich in dem o. a. Urteil daneben mit der Frage, in welcher Höhe die Einkommensteuerschuld aufgrund einer Zusammenveranlagung von Ehegatten für das Todesjahr eines der Ehegatten zu den Nachlassverbindlichkeiten gehört. Danach soll eine Aufteilung der Gesamtschuld nach den Grundsätzen des § 270 AO erfolgen. In der Praxis wird bei zusammenveranlagten Ehegatten häufig eine Aufteilung der Steuerschuld nach dem Verhältnis des Gesamtbetrags der Einkünfte (GdE) vorgenommen.

164d Haben Eheleute ihre Kinder im Wege eines Berliner Testaments zu Schlusserben eingesetzt und vereinbaren diese mit dem überlebenden Ehegatten, jeweils gegen Zahlung einer erst mit dessen Tod fälligen Abfindung auf die Geltendmachung der Pflichtteile nach dem erstverstorbenen Ehegatten zu verzichten, können die Kinder beim Tod des überlebenden Ehegatten keine Nachlassverbindlichkeiten im Sinne des § 10 Abs. 5 Nr. 1 ErbStG aus dieser Vereinbarung abziehen (BFH vom 27. 6. 2007, BStBl 2007 II S 651).

164e Die *Zugewinnausgleichsforderung*, die dem überlebenden Ehegatten, der weder Erbe noch Vermächtnisnehmer geworden ist, zum Ausgleich des Zugewinns beim Tode des anderen Ehegatten zusteht, entspricht beim Erben einer Nachlassverbindlichkeit in Form einer Erblasserschuld, die bei der Ermittlung des steuerpflichtigen Erwerbs mit ihrem Nennwert abzuziehen ist (BFH vom 1. 7. 2008, BStBl 2008 II S. 874).

c) Erbfallschulden

165 Von dem Erwerb sind – soweit sich aus § 10 Abs. 6 bis 9 ErbStG nichts anderes ergibt – als Nachlassverbindlichkeiten gemäß § 10 Abs. 5 Nr. 2 ErbStG Verbindlichkeiten aus Vermächtnissen, Auflagen und geltend gemachten Pflichtteilen abzugsfähig. Voraussetzung für den Abzug der vorbezeichneten Erbfallschulden als Nachlassverbindlichkei-

ten ist das *Bestehen einer wirtschaftlichen Last*. Nicht zwingend ist hingegen, dass der Erbe wirksam bürgerlich-rechtlich belastet ist. Demnach sind auch Verbindlichkeiten abzugsfähig, aus denen der Erbe z. B. mangels fehlender Testierfähigkeit des Erblassers zwar nicht rechtswirksam, jedoch tatsächlich beschwert ist. Erfüllt der Erbe eine Verbindlichkeit, die auf einer unwirksamen letztwilligen Verfügung beruht, ist Voraussetzung für einen Abzug nach § 10 Abs. 5 Nr. 2 ErbStG, dass die Erfüllung auf einem ernstlichen Verlangen des Erblassers beruht (BFH vom 7. 10. 1981, BStBl 1982 II S. 28).

aa) Vermächtnisse

Die vom Erblasser ausgesetzten Vermächtnisse sind Verbindlichkeiten des Erben, und zwar *unabhängig* von der *Geltendmachung des Vermächtnisanspruchs* durch den Vermächtnisnehmer. Handelt es sich beim Vermächtnis um ein aufschiebend bedingtes, befristetes oder betagtes Vermächtnis, ist ein Abzug der Vermächtnislast erst nach Wirksamwerden des Vermächtnisses und dem Entstehen der Steuerpflicht beim Vermächtnisnehmer zulässig.

166

Der Wert des Vermächtnisses richtet sich nach dem des vermachten Gegenstands. So ist beim Geldvermächtnis der Nennwert der Vermächtnislast einschlägig. Gleiches gilt in den Fällen, in denen das Vermächtnis auf den Erlös aus der Veräußerung eines Nachlassgegenstands gerichtet ist (BFH vom 23. 8. 1961, BStBl 1961 III S. 504). Der Nennwert des Geldvermächtnisses bleibt auch dann für den Abzug der Vermächtnislast maßgebend, wenn der Beschwerte dem Vermächtnisnehmer anstelle des Geldbetrags an Erfüllungs statt ein Grundstück überträgt (BFH vom 25. 10. 1995, BStBl 1996 II S. 97). Sachvermächtnisse sind mit dem Steuerwert des vermachten Gegenstands zu bewerten (R B 9.1 Abs. 2 ErbStR).

bb) Auflagen

Für die Berücksichtigung von Verbindlichkeiten aus Auflagen nach § 10 Abs. 5 Nr. 2 ErbStG *bedarf es* – den Vermächtnislasten vergleichbar – *keiner Geltendmachung*. Die Auflage ist als Erbfallschuld und damit abzugsfähige Nachlassverbindlichkeit zu qualifizieren, wenn der Erblasser den Erben mit dieser Auflage beschwert hat und die Vollziehung der Auflage einen steuerpflichtigen Erwerb beim Auflagebegünstigten auslöst. Auch der Vermächtnisnehmer kann mit einer Auflage beschwert sein, die dieser gem. § 10 Abs. 5 Nr. 2 ErbStG abziehen kann (BFH vom 5. 11. 1992, BStBl 1993 II S. 161).

167

Auflagen, die dem Beschwerten selbst zugutekommen, sind nicht abzugsfähig (§ 10 Abs. 9 ErbStG, vgl. Tz. 182).

cc) Pflichtteilsansprüche

Nach § 10 Abs. 5 Nr. 2 ErbStG sind Verbindlichkeiten aus Pflichtteilsansprüchen nur abziehbar, wenn sie *geltend gemacht* worden sind (BFH vom 30. 4. 2003, BFH/NV 2004 S. 341). Mithin muss der Anspruchsberechtigte dem Erben zu erkennen geben, dass er seinen Anspruch ernsthaft verfolgt. Ist hingegen auf die Geltendmachung des Pflichtteils wirksam verzichtet worden, verbleibt mangels wirtschaftlicher Belastung des Erwerbers kein Raum für einen Abzug als Nachlassverbindlichkeit. Dem Abzug nach § 10 Abs. 5 Nr. 2 ErbStG steht nicht entgegen, dass der Erbe einen Pflichtteilsanspruch er-

168

füllt, den der Berechtigte nach Eintritt der Verjährung geltend gemacht hat. Denn hier ist eine wirtschaftliche Last des Erwerbers unstreitig zu bejahen. Zahlt der Vorerbe dem Nacherben eine Abfindung für den Verzicht auf das Geltendmachen des Pflichtteilsanspruchs, liegt eine nach § 10 Abs. 5 Nr. 2 ErbStG abzugsfähige Verbindlichkeit vor (BFH vom 18. 3. 1981, BStBl 1981 II S. 473).

169 Der *Pflichtteil* ist eine *Geldforderung*, so dass sowohl der Pflichtteilsanspruch als auch die Pflichtteilslast mit dem Nennwert zu bewerten sind. Hieran ändert sich auch dann nichts, wenn der Erbe an Erfüllungs Statt ein Nachlassgrundstück auf den Pflichtteilsberechtigten überträgt (BFH vom 7. 10. 1998, BStBl 1999 II S. 23).

d) Erbschaftsverwaltungskosten

170 Nach § 10 Abs. 5 Nr. 3 Satz 1 ErbStG sind von dem Erwerb als Nachlassverbindlichkeiten – soweit dem Abzug nicht § 10 Abs. 6 bis 9 ErbStG entgegensteht – abzugsfähig:

- ▶ die Kosten der Bestattung des Erblassers,
- ▶ die Kosten für ein angemessenes Grabdenkmal,
- ▶ die Kosten für die übliche Grabpflege mit ihrem Kapitalwert für eine unbestimmte Dauer,
- ▶ die Kosten, die dem Erwerber unmittelbar im Zusammenhang mit der Abwicklung, Regelung oder Verteilung des Nachlasses oder mit der Erlangung des Erwerbs entstehen.

aa) Nachlassregelungskosten

171 Kosten, die dem Erwerber unmittelbar im Zusammenhang mit der Abwicklung, Regelung oder Verteilung des Nachlasses oder mit der Erlangung des Erwerbs entstehen, sind ebenfalls nach § 10 Abs. 5 Nr. 3 Satz 1 ErbStG als Nachlassverbindlichkeiten abzugsfähig. Diese Regelung umfasst solche Aufwendungen, die der Erwerber tätigt, um den Nachlass dergestalt in sein Vermögen zu überführen, dass er hierüber verfügen kann. Der Begriff der Nachlassregelungskosten ist nach der Rechtsprechung (BFH vom 11. 1. 1961, BStBl 1961 III S. 102) weit auszulegen. Typischerweise anfallende Kosten sind solche Aufwendungen, die durch die Inanspruchnahme von Gerichten, Notaren und Rechtsanwälten im Zusammenhang mit der Eröffnung eines Testaments oder Erbvertrags, der Erteilung eines Erbscheins und dergleichen bedingt sind.

bb) Kosten zur Erlangung des Erwerbs

172 Zu den nach § 10 Abs. 5 Nr. 3 Satz 1 ErbStG abzugsfähigen Kosten, die dem Erwerber unmittelbar mit der Erlangung des Erwerbs entstehen, gehören – bei Erwerben von Todes wegen – alle Kosten, die dem Erben zur Erreichung seiner Erbeinsetzung entstehen (Beratungskosten, Kosten für die Erbenermittlung, Kosten eines Rechtsstreits zur Erlangung des Nachlasses bzw. zur Durchsetzung einer Nachlassforderung).

Kosten, die dem Erben vor Eintritt des Erbfalls zur Abwendung erbrechtlicher Ansprüche – z. B. Abfindung für einen Erb- oder Pflichtteilsverzicht – entstehen, sind ebenfalls abzugsfähig. Hat der Erbe zu Lebzeiten des Erblassers Leistungen für eine vertraglich vereinbarte Erbeinsetzung erbracht, sind auch diese Erwerbskosten abzugsfähig (BFH vom 13.7.1983, BStBl 1984 II S. 37). Nach § 10 Abs. 5 Nr. 3 Satz 1 ErbStG können auch *Steuerberatungskosten* für das Erstellen der Erbschaftsteuererklärung sowie evtl. zusätzlich erforderlicher Feststellungserklärungen, z. B. für die Bewertung eines zur Erbschaft gehörenden Grundstücks, abgezogen werden (vgl. dazu auch Tz. 172a).

Die vom Erben aufgewendeten *Kosten für einen Rechtsstreit*, der die von ihm zu tragende eigene ErbSt betrifft, sind nicht gemäß § 10 Abs. 5 Nr. 3 ErbStG abzugsfähig. Dies gilt auch für die von dem Erben aufgewendeten Kosten für seine Vertretung im Einspruchs- und Klageverfahren eines Vermächtnisnehmers, zu denen der Erbe hinzugezogen bzw. beigeladen wurde (BFH vom 20.6.2007, BStBl 2007 II S. 722). Abzugsfähig sind jedoch die *Kosten eines Gutachtens*, die für die Ermittlung des gemeinen Werts beim Grundbesitz anfallen und vom Erwerber getragen worden sind (BFH vom 19.6.2013, BStBl 2013 II S. 738). Das gilt unabhängig davon, zu welchem Zeitpunkt bzw. Anlass die Kosten für ein Gutachten entstehen. Sie sind somit auch abzugsfähig, wenn die Kosten erst in einem sich an die Wertfeststellung anschließenden Rechtsbehelfs- oder Klageverfahren entstehen.

cc) Steuerberatungskosten und Rechtsberatungskosten im Rahmen des Besteuerungs- und Feststellungsverfahren

Steuerberatungsgebühren für die von den Erben in Auftrag gegebene Erstellung der Erbschaftsteuererklärung oder der Erklärung zur gesonderten Feststellung nach § 157 i.V. mit § 151 BewG sind unter Berücksichtigung der den Erben unmittelbar durch den Erbfall treffenden Verpflichtung zur Abgabe einer Erbschaftsteuererklärung als Nachlassregelungskosten zum Abzug zugelassen (gleich lautende Erlasse der Länder vom 23.3.2015, BStBl 2015 I S. 256). Gleiches gilt, wenn Kosten eines Gutachtens für die Ermittlung des gemeinen Wertes beim Grundbesitz, beim Betriebsvermögen und bei nicht notierten Anteilen an Kapitalgesellschaften anfallen und vom Erwerber getragen worden sind (BFH vom 19.6.2013, BStBl 2013 II S. 738). Der Abzug dieser Kosten ist nicht nach § 10 Abs. 6 ErbStG zu kürzen, soweit zum Erwerb steuerbefreites oder teilweise steuerbefreites Vermögen gehört.

172a

Fordert das Feststellungsfinanzamt eine *Personengesellschaft* zur Abgabe der Erklärung zur Feststellung des Werts eines Anteils am Betriebsvermögen dieser Personengesellschaft auf, ergibt sich eine unmittelbare gesetzliche Verpflichtung der Gesellschaft zur Abgabe der Feststellungserklärung. Die im Zusammenhang mit der Erstellung der Feststellungserklärung anfallenden Kosten, insbesondere Steuerberatungskosten und Kosten für ein Gutachten, stehen nach Auffassung der Finanzverwaltung allerdings im Zusammenhang mit der Erbschaft- bzw. Schenkungsteuer des jeweiligen Gesellschafters und stellen somit keine Betriebsausgaben der Personengesellschaft dar (§ 12 EStG; vgl. gleich lautende Erlasse vom 23.3.2015, a.a.O.). Die Kosten können aber als Nachlassregelungskosten i. S. des § 10 Abs. 5 Nr. 3 ErbStG bei der Erbschaftsteuer des Erwerbers abgezogen werden, soweit sie dem Erwerber als Entnahmen zugerechnet werden.

Fordert das Feststellungsfinanzamt eine *Kapitalgesellschaft* zur Abgabe der Erklärung zur Feststellung des Werts von nicht notierten Anteilen an dieser Kapitalgesellschaft auf, entsteht für die Gesellschaft ebenfalls unmittelbar eine gesetzliche Verpflichtung zur Abgabe der Feststellungserklärung. Die im Zusammenhang mit der Erstellung der

Feststellungserklärung entstehenden Kosten, insbesondere Steuerberatungskosten und Kosten für ein Gutachten, stellen Betriebsausgaben der Kapitalgesellschaft dar. In der Folge können sie im Erbfall grundsätzlich nicht beim Erwerber als abzugsfähige Nachlassregelungskosten i. S. des § 10 Abs. 5 Nr. 3 ErbStG abgezogen werden (vgl. gleich lautende Erlasse vom 23. 3. 2015, a. a. O.).

Die obigen Grundsätze gelten auch für den Fall, dass *im Rahmen des Feststellungsverfahrens weitere Feststellungen* erforderlich sind, weil z. B. einzelne Vermögensgegenstände ihrerseits der gesonderten Feststellung nach § 151 Abs. 1 BewG unterliegen und die Gesellschaft auch für diese Feststellungserklärungen abgabeverpflichtet ist. Dies kann beispielsweise der Fall sein, wenn die Gesellschaft aufgefordert wird, für ihr Betriebsgrundstück eine Erklärung zur Feststellung des Grundbesitzwerts abzugeben.

dd) Erwerbskosten bei Schenkungen unter Lebenden

173   Kosten zur Erlangung des Erwerbs können auch im Zusammenhang mit einer Schenkung unter Lebenden anfallen. Hierbei kann es sich insbesondere um Notar- und Gerichtskosten handeln. Eine *ausdrückliche gesetzliche Regelung* über die Abzugsfähigkeit von Erwerbskosten bei Schenkungen unter Lebenden *fehlt*. Nach R E 7.4 Abs. 4 Satz 1 ErbStR sind diese Kosten aus Vereinfachungsgründen voll abzugsfähig. Auch Steuerberatungskosten für die Schenkungsteuererklärung sind bereicherungsmindernd zu berücksichtigen (H E 7.4 Abs. 4 Satz 2 ErbStH).

Einzelheiten zur Behandlung von Erwerbsnebenkosten sowie von Steuerberatungs- und Rechtsberatungskosten im Zusammenhang mit einer Schenkung regeln die *gleich lautenden Ländererlasse vom 23. 3. 2015* (BStBl 2015 I S. 264). Demnach gilt, dass vom Beschenkten getragene Erwerbsnebenkosten sowie die Kosten für die Erstellung der Schenkungsteuererklärung und der Erklärung zur gesonderten Feststellung nach § 157 i. V. mit § 151 BewG grds. in vollem Umfang abzugsfähig sind und nicht der Kürzung nach § 10 Abs. 6 ErbStG unterliegen. Bei Feststellungen im Zusammenhang mit dem Wert des Anteils am Betriebsvermögen sowie dem Wert nicht notierter Anteile an einer Kapitalgesellschaft gelten die Ausführungen unter Tz. 172a entsprechend.

Steuerberatungs- und Rechtsberatungskosten, die in einem *anschließenden* Rechtsbehelfsverfahren oder finanzgerichtlichen Verfahren entstehen, sind bei einer Schenkung nicht abziehbar. Vielmehr handelt es sich hierbei um Rechtsverfolgungskosten zur Abwehr der Entrichtung der eigenen Schenkungsteuer, die unter das Abzugsverbot des § 10 Abs. 8 ErbStG fallen.

Die *Kosten eines Gutachtens* für die Ermittlung des gemeinen Wertes beim Grundbesitz, beim Betriebsvermögen oder bei nicht notierten Anteilen an Kapitalgesellschaften sind im vollen Umfang abzugsfähig unabhängig davon, ob sie im Rahmen der Verpflichtung zur Abgabe der Feststellungserklärung angefallen sind oder erst in einem sich an die Wertfeststellung anschließenden Rechtsbehelfsverfahren oder einem finanzgerichtlichen Verfahren angefallen sind. Sie unterliegen nicht der Kürzung nach § 10 Abs. 6 ErbStG.

Trägt der Schenker die o. g. Kosten, ist zu beachten, dass eine zusätzliche Schenkung vorliegt.

ee) Pauschbetrag

Für die in § 10 Abs. 5 Nr. 3 Satz 1 ErbStG aufgeführten Kosten (vgl. Tz. 170 – 173) wird ein Betrag von 10 300 € *ohne Nachweis* abgezogen (§ 10 Abs. 5 Nr. 3 Satz 2 ErbStG). Wird der Pauschbetrag geltend gemacht, können einzelne Kosten daneben nicht mehr selbständig berücksichtigt werden (R E 10.9 Abs. 1 Satz 2 ErbStR). Voraussetzung für den Ansatz des Pauschbetrags ist, dass dem Erwerber dem Grunde nach Kosten i. S. des § 10 Abs. 5 Nr. 3 Satz 1 ErbStG entstanden sind (BFH vom 28. 11. 1990, BFH/NV 1991, S. 243). Der Pauschbetrag wird nicht gekürzt, soweit zum Nachlass nicht der Besteuerung unterliegendes Vermögen gehört (R E 10.9 Abs. 1 Satz 4 ErbStR).

174

Da § 10 ErbStG – abweichend von § 1968 BGB – bei der Ermittlung des steuerpflichtigen Erwerbs nicht zwischen Erwerben durch Erbanfall und anderen Erwerben unterscheidet, steht grundsätzlich jedem Erwerber (also u. a. auch Vermächtnisnehmer, Pflichtteilsberechtigter) die Möglichkeit zur Inanspruchnahme des Pauschbetrags zu. Voraussetzung ist jedoch, dass eine Verpflichtung (rechtlicher oder sittlicher Art) zur Kostenübernahme bestand (R E 10.9 Abs. 2 ErbStR).

Der Pauschbetrag ist *erbfallbezogen*, d. h. er bezieht sich auf den gesamten Erbfall und kann demzufolge auch von mehreren Beteiligten der Höhe nach insgesamt nur einmal in Anspruch genommen werden (z. B. bei zwei Erben zu je 5 150 €).

ff) Nachlassverwaltungskosten

Kosten für die Verwaltung des Nachlasses sind *nicht abzugsfähig* (§ 10 Abs. 5 Nr. 3 Satz 3 ErbStG), da insoweit *kein unmittelbarer Bezug zum Erwerbsvorgang* besteht. Zur Verwaltung gehören alle Maßnahmen, durch die der Nachlass erhalten, genutzt oder vermehrt wird und die laufenden Verpflichtungen erfüllt werden. In diesem Sinne nicht abzugsfähig sind nach dem Erwerb anfallende laufende Verwaltungskosten, wie z. B. öffentliche Abgaben, Entmüllungskosten oder Kosten einer Dauertestamentsvollstreckung.

175

11. Beschränkung des Schuldenabzugs

Der Abzug von Schulden und Lasten ist grundsätzlich immer dann nach *§ 10 Abs. 6 ErbStG* eingeschränkt, wenn die Schulden und Lasten in wirtschaftlichem Zusammenhang mit Vermögensgegenständen stehen, die bei der Besteuerung nicht angesetzt werden oder voll bzw. teilweise steuerbefreit sind.

176

Schulden und Lasten sind nach § 10 Abs. 6 Satz 1 ErbStG *nicht abzugsfähig*, soweit sie in wirtschaftlichem Zusammenhang mit Vermögensgegenständen stehen, die nicht der Besteuerung nach dem ErbStG unterliegen. Ein *wirtschaftlicher Zusammenhang* von Schulden (Lasten) mit Vermögensgegenständen i. S. des § 10 Abs. 6 ErbStG setzt voraus, dass die Entstehung der Schuld ursächlich und unmittelbar auf Vorgängen beruht, die diesen Vermögensgegenstand betreffen (BFH vom 21. 7. 1972, BStBl 1973 II S. 3) und die Schuld den Vermögensgegenstand wirtschaftlich belastet (BFH vom 19. 5. 1967, BStBl 1967 III S. 596). Bei der Belastung eines Grundstücks muss die Schuldaufnahme dem Erwerb, der Herstellung, der Erhaltung oder Verbesserung des belasteten Grundstücks gedient haben (BFH vom 28.9.1962, BStBl 1962 III S. 535). Der wirtschaftliche Zusammenhang mit dem Vermögensgegenstand muss beim Erbfall bereits bestanden haben; er wird durch die Gesamtrechtsnachfolge nicht herbeigeführt, wenn er beim Erblasser nicht bestanden hat (BFH vom 28.9.1962, a.a.O.). Ein wirtschaftlicher Zusammenhang ist auch gegeben, wenn die Schuld oder Last erst mit dem Erwerb (z.B. Duldungsauflage) begründet wird. Entsprechendes gilt für die Schuld zur Leistung des Pflichtteils, die im Zusammenhang mit der Erbschaft, durch deren Anfall der Pflichtteilsanspruch ausgelöst wird, steht (> BFH vom 21.7.1972, a.a.O.). Vgl. dazu ergänzend aber Tz. 179a.

BEISPIEL: Erblasserin E hinterlässt ihrem Sohn S ein Familienheim, für das in voller Höhe die Befreiungsvorschrift des § 13 Abs. 1 Nr. 4c ErbStG greift. Aus der Anschaffung resultiert noch ein Darlehen, das am Besteuerungsstichtag in Höhe von 100 000 € valutiert und von S übernommen wird.

Aufgrund des Abzugsverbots nach § 10 Abs. 6 Satz 1 ErbStG ist die Darlehensverbindlichkeit nicht als Nachlassverbindlichkeit gemäß § 10 Abs. 5 Nr. 1 ErbStG abziehbar. Hintergrund ist, dass die Darlehensverbindlichkeit mit dem Erwerb eines Vermögensgegenstandes im Zusammenhang steht, der wegen der o.g. Steuerbefreiung letztlich vollumfänglich steuerbefreit ist.

Es ist zu beachten, dass das Schuldenabzugsverbot nicht für die Steuerbefreiung nach § 13 Abs. 1 Nr. 1 ErbStG gilt (R E 10.10 Abs. 3 Satz 2 ErbStR). Denn hierbei handelt es sich lediglich um einen pauschalen Freibetrag (vgl. dazu Tz. 372), den der Erwerber im Rahmen der Wertermittlung erhält. Der Vermögensgegenstand selbst unterliegt dagegen uneingeschränkt der Besteuerung, so dass die Einschränkung des Schuldenabzugs nicht in Betracht kommt.

Nach § 10 Abs. 6 Satz 2 ErbStG sind dann, wenn sich die Besteuerung in Fällen des § 2 Abs. 1 Nr. 3 ErbStG (beschränkte Steuerpflicht) oder bei Einschränkung des Besteuerungsrechts infolge eines DBA (§ 19 Abs. 2 ErbStG) auf einzelne Vermögensgegenstände bezieht, nur die damit in wirtschaftlichem Zusammenhang stehenden Schulden und Lasten abzugsfähig (BFH vom 25.10.1995, BStBl 1996 II S. 11). So sind bspw. von dem inländischen Erwerb eines beschränkt Steuerpflichtigen allgemeine Nachlassverbindlichkeiten nicht abzugsfähig, da sie nicht in wirtschaftlicher Beziehung zum Inlandsvermögen stehen (BFH vom 9.5.1959, BStBl 1959 III S. 271).

177 Schulden und Lasten, die mit *teilweise befreiten Vermögensgegenständen* in wirtschaftlichem Zusammenhang stehen, sind nur mit dem Betrag abzugsfähig, der dem steuerpflichtigen Teil entspricht (§ 10 Abs. 6 Satz 3 ErbStG). Eine Teilbefreiung ist beim Erwerb von Kulturgütern und bestimmten Grundstücken i.S. des § 13 Abs. 1 Nr. 2 und 3 ErbStG vorgesehen. Sie kann zudem bei der Steuerbefreiung nach § 13 Abs. 1 Nr. 4c ErbStG in Betracht kommen.

BEISPIEL: Erblasserin E hinterlässt ihrem Sohn S ein Familienheim, für das wegen Überschreitung der m²-Begrenzung die Befreiungsvorschrift des § 13 Abs. 1 Nr. 4c ErbStG in Höhe von 70 % greift. Aus der Anschaffung resultiert noch ein Darlehen, das am Besteuerungsstichtag in Höhe von 100 000 € valutiert und von S übernommen wird.

Die Darlehensverbindlichkeit in Höhe von 100 000 € ist nur in Höhe des steuerpflichtigen Teils von 30 % (30 000 €) gemäß § 10 Abs. 6 Satz 3 ErbStG als Nachlassverbindlichkeit nach § 10 Abs. 5 Nr. 1 ErbStG abzugsfähig.

Schulden und Lasten, die mit dem *nach §§ 13a, 13c ErbStG befreiten Vermögen* in wirtschaftlichem Zusammenhang stehen, sind nur mit dem Betrag abzugsfähig, der dem Verhältnis des nach Anwendung der §§ 13a, 13c ErbStG anzusetzenden Werts ihres Vermögens zu dem Wert vor Anwendung der §§ 13a, 13c ErbStG entspricht (§ 10 Abs. 6 Satz 4 ErbStG). Zu diesen Schulden und Lasten können nur solche gehören, die nicht bereits bei der Ermittlung des Werts des begünstigten Vermögens berücksichtigt worden sind. Bei land- und forstwirtschaftlichem begünstigtem Vermögen ist § 158 Abs. 5 BewG zu berücksichtigen. Optiert der Erwerber nach § 13a Abs. 8 ErbStG a. F./§ 13a Abs. 10 ErbStG zu einer vollständigen Befreiung des begünstigten Vermögens, ist der Abzug in vollem Umfang ausgeschlossen. Das Gleiche gilt, wenn das begünstigte Vermögen wegen des Verschonungsabschlages nach § 13a Abs. 1 i.V. mit § 13b Abs. 4 ErbStG a. F. bzw. § 13a Abs. 1 ErbStG und des gleitenden Abzugsbetrages nach § 13a Abs. 2 ErbStG vollständig außer Ansatz bleibt (gilt für begünstigtes Vermögen mit einem Wert von bis zu 1 Mio. €; vgl. Tz. 400 ff. sowie 456 ff.). Soweit die Befreiung nach § 13a ErbStG wegen Verstoßes gegen die Behaltensvoraussetzungen oder die Lohnsummenregelung nachträglich teilweise entfällt, sind die bisher nicht abzugsfähigen Schulden und Lasten entsprechend anteilig zum Abzug zugelassen.

178

Schulden und Lasten, die mit den *nach § 13d ErbStG befreiten Grundstücken* oder Grundstücksteilen in wirtschaftlichem Zusammenhang stehen, können nur mit dem Betrag abgezogen werden, der dem Verhältnis des nach Anwendung des § 13d ErbStG anzusetzenden Werts dieses Vermögens zu dem Wert vor Anwendung des § 13d ErbStG entspricht (§ 10 Abs. 6 Satz 5 ErbStG). Aufgrund des Ansatzes entsprechender Grundstücke oder Grundstücksteile nach § 13d ErbStG mit 90 % ihres Werts (vgl. Tz. 514 ff.) ergibt sich somit ein Schulden- und Lastenabzug in Höhe von 90 Prozent.

179

Bei gemischten Schenkungen und Schenkungen unter einer Auflage ist der Abzug der Gegenleistung bzw. der Auflage gem. § 10 Abs. 6 ErbStG ebenfalls beschränkt, soweit der geschenkte Gegenstand nach §§ 13, 13a, 13c oder 13d ErbStG befreit ist (R E 7.4 Abs. 2 ErbStR).

Es ist zu beachten, dass nach den Urteilen des BFH vom 22. 7. 2015 (BStBl 2016 II S. 230 und BFH/NV 2015, S. 1584) die Verpflichtung zur Zahlung des geltend gemachten Pflichtteils und des Zugewinnausgleichs an den überlebenden Ehegatten des Erblassers auch dann in voller Höhe als Nachlassverbindlichkeiten nach § 10 Abs. 5 Nr. 2 ErbStG abziehbar ist, wenn zum Nachlass u. a. auch steuerbefreites Vermögen gehört. Denn die Pflicht des Erben zur Erfüllung eines geltend gemachten Pflichtteilsanspruchs steht ebenso wenig in wirtschaftlichem Zusammenhang mit den einzelnen erworbenen Vermögensgegenständen wie die anderen allgemeinen Nachlassverbindlichkeiten.

179a

Nach Auffassung des BFH wird ein wirtschaftlicher Zusammenhang mit allen zum Nachlass gehörenden Vermögensgegenständen und Vermögen nicht allein dadurch begründet, dass der Erbe zur Erfüllung der Pflichtteilsverbindlichkeit verpflichtet ist. Diese Verpflichtung des Erben begründet keinen wirtschaftlichen, sondern allenfalls einen rechtlichen Zusammenhang. Hätte der Gesetzgeber anordnen wollen, dass sämtliche Nachlassverbindlichkeiten, die nicht in einem konkreten wirtschaftlichen Zusammenhang mit bestimmten zum Nachlass gehörenden Vermögensgegenständen oder Vermögen stehen, nur mit dem Anteil abzugsfähig sind, der dem Verhältnis der Verkehrswerte oder Steuerwerte der steuerpflichtigen Vermögensgegenstände zum entsprechenden Wert des steuerfreien Vermögens entspricht, hätte er dies anordnen können und müssen. Für eine derartige Aufteilung durch die Finanzverwaltung findet sich in § 10 Abs. 6 ErbStG keine Rechtsgrundlage. Der BFH widerspricht insoweit der in R E 10.10 Abs. 2 Satz 1 ErbStR dargelegten Verwaltungsauffassung, nach der bei Pflichtteilsansprüchen ein wirtschaftlicher Zusammenhang mit den einzelnen erworbenen Vermögensgegenständen unabhängig davon besteht, inwieweit sie steuerbar oder steuerbefreit sind. Aufgrund der Veröffentlichung der o. g. BFH-Urteile im BStBl ist die vorbezeichnete Verwaltungsauffassung überholt und damit nicht mehr anwendbar.

180 Für zum Erwerb gehörende wirtschaftliche Einheiten des Grundvermögens kann nach § 198 BewG der niedrigere gemeine Wert u. a. durch ein *Gutachten* nachgewiesen werden (vgl. dazu auch Tz. 313). Da für diese Gutachten grundsätzlich die auf Grund von § 199 Abs. 1 des Baugesetzbuches ergangenen Vorschriften und damit die Immobilienwertermittlungsverordnung (ImmoWertV) gelten, sind auf dem Objekt lastende *Nutzungsrechte* anders als bei der eigentlichen Bewertung des Grundvermögens nach § 179 und §§ 182 bis 197 BewG bei der Ermittlung des Werts zu berücksichtigen. Auch beim Nachweis eines niedrigeren gemeinen Werts über den Kaufpreis (§ 198 BewG) haben sich auf dem Objekt lastende Nutzungsrechte grundsätzlich bereits auf den Kaufpreis ausgewirkt. Beim Nachweis des niedrigeren gemeinen Werts für Betriebswohnungen und den Wohnteil eines Betriebs der Land- und Forstwirtschaft nach § 167 Abs. 4 BewG gilt Entsprechendes. Soweit sich Nutzungsrechte aufgrund des geführten Nachweis des niedrigeren gemeinen Werts bereits über den festgestellten Grundbesitzwert bereicherungsmindernd ausgewirkt haben (vgl. Tz. 313 ff.), können sie bei der Erbschaftsteuer nicht noch einmal abgezogen werden (§ 10 Abs. 6 Satz 6 ErbStG). Hierdurch wird eine *Doppelberücksichtigung vermieden*. Zur Vermeidung der Doppelberücksichtigung unterrichtet in der Praxis das für die Grundbesitzwertfeststellung zuständige Lagefinanzamt das für die Erbschaft- und Schenkungsteuerfestsetzung zuständige Erbschaftsteuerfinanzamt darüber, dass eine Belastung in Form eines Nutzungsrechts bereits im Rahmen der Feststellung des Grundbesitzwerts berücksichtigt wurde (nachrichtliche Angabe in der Mitteilung für das Erbschaftsteuerfinanzamt, H B 151.2 ErbStH sowie R E 10.10 Abs. 6 Satz 6 ErbStR).

12. Eigene Erbschaftsteuer

181 Die vom Erwerber zu entrichtende *eigene ErbSt* ist *nicht abzugsfähig* (§ 10 Abs. 8 ErbStG), da diese als unbeachtliche Erwerbsverwendung zu qualifizieren ist. Auch ausländische ErbSt (und SchenkSt) einschließlich der der deutschen Steuer entsprechenden ausländischen Steuer ist vom Abzug ausgeschlossen. Abzugsfähig ist dagegen die kanadische „capital gains tax" (BFH vom 26. 4. 1995, BStBl 1995 II S. 540; H E 10.11 ErbStH).

Nicht in den Anwendungsbereich des § 10 Abs. 8 ErbStG fallen jene ErbSt und sonstige Steuerschulden, die der Erblasser selbst aus einem vorangegangenen Erbfall schuldete. Für diese Steuerschulden ist die Abzugsfähigkeit nach § 10 Abs. 5 Nr. 1 ErbStG gegeben.

13. Auflagen

Von der grundsätzlichen Abzugsfähigkeit von Verbindlichkeiten aus Auflagen (§ 10 Abs. 5 Nr. 2 ErbStG) sind nach § 10 Abs. 9 ErbStG solche Auflagen ausgenommen, die dem Beschwerten selbst zugutekommen. Die Frage des Zugutekommens einer Auflage ist nicht danach zu beurteilen, ob sie dem Bedachten wirtschaftlich sinnvoll ist. Das Abzugsverbot des § 10 Abs. 9 ErbStG greift u. a. in den Fällen, in denen die Auflage Maßnahmen betrifft, die der Erhaltung oder Verbesserung des vererbten, vermachten oder geschenkten Vermögens dienen (BFH vom 27. 10. 1970, BStBl 1971 II S. 269). Ist dem Erben auferlegt, aus Mitteln des Nachlasses ein zum Nachlassvermögen gehöriges Gebäude zu renovieren, handelt es sich ebenfalls um eine Auflage i. S. des § 10 Abs. 9 ErbStG (BFH vom 28. 6. 1995, BStBl 1995 II S. 786).

182

14. Gesellschaftsrechtliche Verfügungsbeschränkungen in Abfindungsfällen

Durch § 10 Absatz 10 ErbStG trägt der Gesetzgeber einem bei mittelständischen Familienunternehmen typischerweise auftretenden Phänomen Rechnung. Dort werden häufig *gesellschaftsvertragliche Regelungen* getroffen, die eine Übertragung von Mitgliedschaftsrechten bzw. Anteilen an einer Gesellschaft mit beschränkter Haftung nach dem Erbfall mit einem *der Höhe nach unter dem gemeinen Wert liegenden Abfindungsanspruch* vorsehen (sog. Buchwert- oder Zwischenwertklauseln). Gleichzeitig wird der Erwerberkreis auf bereits in der Familiengesellschaft befindliche Gesellschafter eingeschränkt.

183

Überträgt in diesen Fällen ein Erbe ein auf ihn *von Todes wegen* übergegangenes Mitgliedschaftsrecht an einer Personengesellschaft *unverzüglich* nach dessen Erwerb aufgrund einer im Zeitpunkt des Todes des Erblassers bestehenden Regelung im Gesellschaftsvertrag an die Mitgesellschafter und ist der Wert, der sich für seinen Anteil zur Zeit des Todes des Erblassers nach § 12 ErbStG ergibt, höher als der gesellschaftsvertraglich festgelegte Abfindungsanspruch, so gehört nach § 10 Abs. 10 Satz 1 ErbStG nur der *Abfindungsanspruch* zum *Vermögensanfall* im Sinne des § 10 Abs. 1 Satz 2 ErbStG. Gleiches gilt für Geschäftsanteile an Gesellschaften mit beschränkter Haftung (§ 10 Abs. 10 Satz 2 ErbStG). Die §§ 13a, 13c und 19a ErbStG sind auf den Abfindungsanspruch nicht anwendbar (R E 10.13 Abs. 1 Satz 5 ErbStR).

Im Ergebnis wird in Fällen, in denen der Erbe tatsächlich und ausschließlich nur durch den Abfindungsanspruch bereichert ist, lediglich dieser Abfindungsanspruch der Besteuerung unterworfen. Im Kontext des § 10 Abs. 10 ErbStG ist zu beachten, dass letztlich der gemeine Wert der Mitberechtigung bzw. des Anteils an einer GmbH insgesamt der Besteuerung unterworfen wird, da die Differenz zwischen dem Abfindungsanspruch und dem gemeinen Wert qua Fiktion als *Bereicherung des Gesellschafters/der Gesellschafter* (bei Einziehung eines Anteils an einer GmbH der übrigen Gesellschafter) eingestuft wird. Diese Rechtsfolge wird durch § 7 Abs. 7 ErbStG dokumentiert (vgl. dazu Tz. 121).

II. Wertermittlung (§§ 11 und 12 ErbStG i. V. mit dem BewG)

1. Bewertungsstichtag

184 Während § 10 Abs. 1 ErbStG festlegt, was zum steuerpflichtigen Erwerb gehört, und § 12 ErbStG bestimmt, wie das erworbene Vermögen zu bewerten ist, lässt sich § 11 ErbStG zu der Frage aus, auf welchen Zeitpunkt die Wertermittlung durchzuführen ist. Demgemäß regelt § 11 ErbStG, dass für die Wertermittlung – soweit im ErbStG nichts anderes geregelt ist – der Zeitpunkt der Entstehung der Steuer maßgebend ist. Bewertungsstichtag ist damit der Zeitpunkt der Steuerentstehung. Bei Erwerben von Todes wegen ist hiernach Bewertungsstichtag der *Todestag des Erblassers* (§ 9 Abs. 1 Nr. 1 ErbStG), bei Erwerben durch Schenkung unter Lebenden ist dies der *Tag der Ausführung der Zuwendung* (§ 9 Abs. 1 Nr. 2 ErbStG). § 11 ErbStG trägt damit dem Charakter der *ErbSt als Stichtagssteuer* Rechnung (BFH vom 11. 9. 1996, BStBl 1997 II S. 70). *Erbschaftsteuerlicher Bereicherungsgrundsatz* und *Stichtagsprinzip* stehen nicht in einem Konkurrenzverhältnis zueinander und bilden damit keine Gegensätze (BFH vom 27. 11. 1991, BStBl 1992 II S. 298).

Da nach § 11 ErbStG für die nach § 10 Abs. 1 Satz 2 und § 12 ErbStG vorzunehmende Wertermittlung der Zeitpunkt der Steuerentstehung maßgebend ist, sind Wertveränderungen nach diesem Stichtag nicht zu berücksichtigen (BFH vom 28. 11. 1990, BFH/NV 1991, S. 243). Die strikte Beachtung des Stichtagsprinzips gilt auch für den Fall, in dem das Verfügungsrecht des Erben (z. B. infolge Testamentsvollstreckung) beschränkt ist, zumal der Gesetzgeber in Kenntnis dieser Möglichkeit keine abweichende Regelung vorgesehen hat (BFH vom 28. 6. 1995, BStBl 1995 II S. 786, sowie vom 22. 9. 1999, BFH/NV 2000, S. 320).

2. Bewertung

185 Die Bewertung des Vermögens für Zwecke der Erbschaft- und Schenkungsteuer sowie Fragen des Wertansatzes von Schulden und Lasten ist Regelungsgegenstand des § 12 ErbStG. Nach R E 12.1 Satz 1 ErbStR ist die Bereicherung eines Erwerbers (§ 10 Abs. 1 Satz 1 ErbStG), soweit sie der Besteuerung unterliegt, nach den in § 12 ErbStG genannten allgemeinen und besonderen Bewertungsvorschriften des Bewertungsgesetzes zu bewerten. Die *Maßgeblichkeit des Bewertungsgesetzes* gilt sowohl hinsichtlich der Abgrenzung der zu bewertenden wirtschaftlichen Einheiten als auch der Wertermittlung selbst. *Regelbewertungsmaßstab* ist – soweit nichts anderes vorgeschrieben ist – der *gemeine Wert* (§ 12 Abs. 1 ErbStG, § 9 BewG). Die Verweisung des § 12 ErbStG ins Bewertungsgesetz gilt allerdings nicht für Bodenschätze, die nicht zum Betriebsvermögen gehören; hier normiert § 12 Abs. 4 ErbStG eine selbständige Bewertung für Zwecke der Erbschaft- und Schenkungsteuer.

Rechtsgrundlage	Regelungsinhalt
§ 12 Abs. 1 ErbStG	Verankerung des allgemeinen Bewertungsgrundsatzes mit Maßgeblichkeit des gemeinen Werts i. S. des § 9 BewG
§ 12 Abs. 2 ErbStG	Anteile an Kapitalgesellschaften, für die ein Wert nach § 151 Abs. 1 Satz 1 Nr. 3 BewG festzustellen ist.
§ 12 Abs. 3 ErbStG	Ansatz des land- und forstwirtschaftlichen Vermögens sowie des Grundvermögens mit Grundbesitzwerten, die nach § 151 Abs. 1 Satz 1 Nr. 1 BewG festzustellen sind.
§ 12 Abs. 4 ErbStG	Ansatz von nicht zum Betriebsvermögen gehörenden Bodenschätzen
§ 12 Abs. 5 ErbStG	Inländisches Betriebsvermögen, für das ein Wert nach § 151 Abs. 1 Satz 1 Nr. 2 BewG festzustellen ist.
§ 12 Abs. 6 ErbStG	Anteile an Wirtschaftsgütern und Schulden, für die ein Wert nach § 151 Abs. 1 Satz 1 Nr. 4 BewG festzustellen ist.
§ 12 Abs. 7 ErbStG	Ausländischer Grundbesitz sowie ausländisches Betriebsvermögen mit dem gemeinen Wert gemäß § 31 BewG

3. Anzuwendende Bewertungsvorschriften

Gemäß § 12 Abs. 1 ErbStG richtet sich die Bewertung, soweit sich aus den Absätzen 2 bis 7 nicht etwas anderes ergibt, nach den *allgemeinen Bewertungsvorschriften*; es handelt sich hierbei um die §§ 1 bis 16 BewG. Dabei müssen bei Anwendung der allgemeinen Bewertungsvorschriften auch die §§ 4 bis 8 BewG beachtet werden. So entsteht nach § 9 Abs. 1 Nr. 1 Buchst. d ErbStG i.V. mit § 4 BewG die Steuer bei einem aufschiebend bedingten Erwerb erst mit Eintritt der Bedingung.

Nach § 12 Abs. 2 ErbStG ist bei *nicht notierten Anteilen an Kapitalgesellschaften* der gemeine Wert unter Berücksichtigung der Ertragsaussichten zu ermitteln (§ 11 Abs. 2 Satz 2 BewG), vorausgesetzt, es liegen keine stichtagsnahen Verkäufe im gewöhnlichen Geschäftsverkehr vor. Dabei darf der Substanzwert der Gesellschaft gemäß § 11 Abs. 2 Satz 3 BewG nicht unterschritten werden. Das Vermögen ist mit dem Wert im Zeitpunkt der Entstehung der Steuer (§ 9 ErbStG) anzusetzen.

Grundbesitz (§ 19 BewG) ist für erbschaft- und schenkungsteuerliche Zwecke mit den *Grundbesitzwerten* anzusetzen (§ 12 Abs. 3 ErbStG). Das sind beim land- und forstwirtschaftlichen Vermögen die *Grundbesitzwerte* nach den §§ 158 bis 175 BewG sowie beim Grundvermögen die *Grundbesitzwerte* nach den §§ 159, 176 bis 198 BewG (§ 157 Abs. 2 und 3 BewG).

Bodenschätze, die *nicht* zum *Betriebsvermögen* gehören, werden angesetzt, wenn für sie Absetzungen für Substanzverringerung bei der Einkunftsermittlung vorzunehmen sind. Sie werden mit ihren *ertragsteuerlichen Werten* angesetzt (§ 12 Abs. 4 ErbStG).

Inländisches Betriebsvermögen, für das ein Wert nach § 151 Abs. 1 Satz 1 Nr. 2 BewG festzustellen ist, ist mit dem auf den Bewertungsstichtag (§ 11 ErbStG) festgestellten

Wert anzusetzen (§ 12 Abs. 5 ErbStG). Dieser Wert ermittelt sich nach den gleichen Grundsätzen wie bei nicht notierten Anteilen an Kapitalgesellschaften (s. Tz. 187).

191 Ein *Anteil an Wirtschaftsgütern und Schulden*, für die ein Wert nach § 151 Abs. 1 Satz 1 Nr. 4 BewG festzustellen ist, ist mit dem darauf entfallenden *Teilbetrag* des auf den Bewertungsstichtag (§ 11 ErbStG) festgestellten Werts anzusetzen (§ 12 Abs. 6 ErbStG)

192 *Ausländischer Grundbesitz* und *ausländisches Betriebsvermögen* wird nach § 31 BewG mit dem *gemeinen Wert* bewertet (§ 12 Abs. 7 ErbStG). Da bisher nur wenige Doppelbesteuerungsabkommen zur Erbschaft- und Schenkungsteuer bestehen, kommt diese Vorschrift regelmäßig bei ausländischem Grundvermögen und Betriebsvermögen zur Anwendung.

4. Bewertung im Einzelnen
a) Begriff und Bewertung des Grundbesitzes

193 *Grundbesitz* im bewertungsrechtlichen Sinne umfasst das land- und forstwirtschaftliche Vermögen und das Grundvermögen. Zum *Grundvermögen* gehören der Grund und Boden, die Gebäude, die wesentlichen Bestandteile und das Zubehör sowie das Erbbaurecht, das Wohnungseigentum, das Teileigentum, das Wohnungserbbaurecht und Teilerbbaurecht, soweit es sich nicht um land- und forstwirtschaftliches Vermögen oder um Betriebsgrundstücke handelt (§ 176 Abs. 1 BewG).

Die *Begriffe Bestandteile* und *Zubehör* sind nach *bürgerlichem Recht* auszulegen (§§ 93 bis 98 BGB). Hierbei können auch subjektiv dingliche Rechte, die dem jeweiligen Eigentümer zustehen, als rechtliche Bestandteile (§ 96 BGB) zum Grundstück gehören (z. B. Überbaurechte, Grunddienstbarkeiten wie Wege- und Fensterrechte).

Zum Betriebsvermögen gehören auch Betriebsgrundstücke im Sinne des § 99 BewG. Die Frage, ob Grundbesitz zu einem Gewerbebetrieb gehört und deshalb ein *Betriebsgrundstück* im bewertungsrechtlichen Sinn ist, ist nach *ertragsteuerlichen* Grundsätzen zu entscheiden (§ 95 BewG).

194 *Nicht* in das Grundvermögen *einzubeziehen* sind – neben Bodenschätzen – Maschinen und sonstige Vorrichtungen aller Art, die zu einer Betriebsanlage gehören *(sog. Betriebsvorrichtungen)*, auch wenn sie wesentliche Bestandteile des Grundstücks sind (§ 176 Abs. 2 Satz 1 BewG). *Betriebsvorrichtungen* gehören zu den beweglichen Wirtschaftsgütern. Einem Bauwerk fehlt die Gebäudeeigenschaft, einen mehr als nur vorübergehenden Aufenthalt von Menschen zu gestatten, nicht schon deshalb, weil in ihm ein Lärmpegel herrscht, der den Grenzwert nach § 15 Abs. 1 Satz 2 Nr. 3 ArbStättV überschreitet. Es handelt sich damit nicht um eine Betriebsvorrichtung, sondern um ein Gebäude (BFH vom 15. 6. 2005, BStBl 2005 II S. 688). Einzelheiten zu den fünf *Gebäudemerkmalen* (Schutz gegen äußere Einflüsse durch räumliche Umschließung, Aufenthalt von Menschen gestatten, fest mit dem Grund und Boden verbunden, von einiger Beständigkeit und ausreichend standfest) sowie zur *Abgrenzung der Betriebsvorrichtungen vom Grundvermögen* regelt der gleich lautende Ländererlass vom 5. 6. 2013 (BStBl 2013 I S. 734).

In das Grundvermögen einzubeziehen sind nach § 176 Abs. 2 Satz 2 BewG die Verstärkungen von Decken und die nicht ausschließlich zu einer Betriebsanlage gehörenden Stützen und sonstigen Bauteile wie Mauervorlagen und Verstrebungen. Hierbei handelt es sich regelmäßig um Bauteile mit einer Doppelfunktion (z. B. Stützmauer, auf der das Dach einer Halle ruht und auf der zugleich die Schiene einer Krananlage montiert ist).

Grundstücke sind dem *land- und forstwirtschaftlichen Vermögen* zuzurechnen, wenn sie einem Betrieb der Land- und Forstwirtschaft dauernd zu dienen bestimmt sind (§ 158 Abs. 1 Satz 2 BewG). Grund und Boden sowie Gebäude, die einem Betrieb der Land- und Forstwirtschaft dauernd zu dienen bestimmt sind, gehören auch dann zum land- und forstwirtschaftlichen Vermögen, wenn der Betrieb ganz oder in Teilen auf bestimmte oder unbestimmte Zeit nicht bewirtschaftet wird (vgl. Tz. 200 ff.).

aa) Feststellungsverfahren   195

aaa) Zuständigkeit des Lagefinanzamts

Grundbesitzwerte werden unter Berücksichtigung der *tatsächlichen Verhältnisse* und der *Wertverhältnisse* zum Bewertungsstichtag festgestellt (§ 157 Abs. 1 Satz 1 BewG). Zuständig hierfür ist jeweilige Lagefinanzamt (§ 18 Abs. 1 Nr. 1 AO), mithin das Finanzamt, in dessen Zuständigkeitsbereich das zu bewertende Grundstück belegen ist (§ 152 Nr. 1 BewG). Die im Finanzamt zuständige Stelle wird mitunter als Bewertungs- oder Grundstücksstelle bezeichnet.   196

bbb) Feststellungserklärung

Nach § 153 Abs. 1 BewG kann das Finanzamt von jedem, für dessen Besteuerung eine gesonderte Feststellung von Bedeutung ist, die Abgabe einer Feststellungserklärung verlangen. Die Frist zur Abgabe der Feststellungserklärung muss mindestens einen Monat betragen.   197

ccc) Feststellungsbescheid

Der *Grundbesitzwert* ist nach Maßgabe des § 151 Abs. 1 Satz 1 Nr. 1 BewG *gesondert festzustellen*. Hauptaussage des Feststellungsbescheids ist somit die Information über den Grundbesitzwert als solchen. Darüber hinaus normiert § 151 Abs. 2 BewG einen Katalog von Feststellungen, die in den Bescheid aufzunehmen sind. Danach sind in dem Feststellungsbescheid auch Feststellungen über die *Art der wirtschaftlichen Einheit*, über die *Zurechnung* der wirtschaftlichen Einheit und bei mehreren Beteiligten über die *Höhe des Anteils* zu treffen.   198

Beim *Erwerb durch eine Erbengemeinschaft* erfolgt die Zurechnung in Vertretung der Miterben auf die Erbengemeinschaft. Dem Bescheid über die gesonderte und einheitliche Feststellung eines Grundbesitzwertes bei einer Erbengemeinschaft muss klar und eindeutig entnommen werden können, gegen welche Beteiligten der Erbengemeinschaft sich die Feststellung richtet (BFH vom 30. 9. 2015, BStBl 2016 II, S. 637). Dazu ist es ausreichend, wenn sich die Beteiligten zwar nicht aus dem Adressfeld, wohl aber aus dem weiteren Inhalt des Bescheids ergeben, d. h. einer Anlage, den Erläuterungen des Bescheids oder einem in Bezug genommenen Bericht über eine Außenprüfung entnommen werden können. Ist der Inhaltsadressat im Verwaltungsakt nicht hinreichend bestimmt angegeben, ist der Verwaltungsakt nichtig und kann nicht geheilt werden. Die Finanzverwaltung ist der Auffassung des BFH gefolgt und hat mit gleich lautenden Erlassen vom 15. 6. 2016 (BStBl 2016 I, S. 758) geregelt, dass Werte nach § 151 Abs. 1 BewG gegenüber einer Erbengemeinschaft in Vertretung der Miterben gesondert und einheitlich festzustellen sind. Inhaltsadressaten der Feststellung sind die Miterben, für deren Besteuerung die Werte von Bedeutung sind. Im Bescheid über die gesonderte und einheitliche Feststellung sind alle Miterben namentlich aufzuführen. Dabei reicht es aus, neben einer Kurzbezeichnung im Bescheidkopf (z. B. Erbengemeinschaft Max Meier) die einzelnen Miterben in den Bescheiderläuterungen oder in einer Anlage zum Bescheid aufzuführen.

bb) Grundlagencharakter des Feststellungsbescheids

199 Der Feststellungsbescheid über den Grundbesitzwert ist *Grundlagenbescheid* für die Erbschaft- und Schenkungsteuer, soweit die in ihm getroffenen Feststellungen für die Folgesteuern von Bedeutung sind (§ 182 Abs. 2 AO). Der Feststellungsbescheid wird selbständig bestandskräftig und kann nicht durch Einspruch gegen den Folgebescheid (Erbschaft- oder Schenkungsteuerbescheid) angefochten werden. Gegen den Feststellungsbescheid ist der Einspruch beim Lagefinanzamt einzulegen. Bei Änderung des Grundlagenbescheids kann der Folgebescheid nach Maßgabe des § 175 Abs. 1 Satz 1 Nr. 1 AO geändert werden. Der Erbschaft- oder Schenkungsteuerbescheid kann infolge der Bindungswirkung an den Grundlagenbescheid und den damit einhergehenden verfahrensrechtlichen Änderungsmöglichkeiten jedoch auch schon dann erteilt werden, wenn noch keine Grundlagenfeststellung erfolgt ist (§ 155 Abs. 2 AO). In diesem Fall wird der Grundbesitzwert zunächst vom Erbschaftsteuerfinanzamt geschätzt. Ein Feststellungsbescheid über die einheitliche und gesonderte Feststellung des Grundbesitzwerts für eine nicht bestehende wirtschaftliche Einheit entfaltet keine Bindungswirkung für die Erbschaftsteuer (BFH vom 2. 7. 2004, BFH/NV 2005 S. 214).

Ein Feststellungsbescheid über den Grundbesitzwert kann auch noch nach Ablauf der für ihn geltenden Feststellungsfrist ergehen, soweit die gesonderte Feststellung für eine Erbschaft- oder Schenkungsteuerfestsetzung von Bedeutung ist, für die die Festsetzungsfrist im Zeitpunkt der gesonderten Feststellung noch nicht abgelaufen ist (§ 181 Abs. 5 AO). In diesen Fällen ist jedoch zwingend ein entsprechender Hinweis in den Feststellungsbescheid aufzunehmen.

b) Land- und forstwirtschaftliches Vermögen

aa) Begriffsbestimmung und wirtschaftliche Einheit

200 Die Regelungen zur Bewertung des land- und forstwirtschaftlichen Vermögens für Zwecke der Erbschaft- und Schenkungsteuer sind in den §§ 158 bis 175 BewG verankert. In § 158 Abs. 1 BewG definiert der Gesetzgeber die Land- und Forstwirtschaft *tätigkeitsbezogen* unter Rückgriff auf R 15.5 Abs. 1 Nr. 1 EStR. Demnach ist unter Land- und Forstwirtschaft die planmäßige Nutzung der natürlichen Kräfte des Bodens zur Er-

zeugung von Pflanzen und Tieren sowie die Verwertung der dadurch selbst gewonnenen Erzeugnisse zu verstehen. Unter objektiven Gesichtspunkten gehören zum land- und forstwirtschaftlichen Vermögen folglich alle Wirtschaftsgüter, die nach ihrer *Zweckbestimmung* einer land- und forstwirtschaftlichen Tätigkeit dauerhaft zur planmäßigen und ständigen Bewirtschaftung dienen. Hierbei wird *weder* eine *Mindestgröße* des Betriebs *noch ein voller land- und forstwirtschaftlicher Besatz* mit Wirtschaftsgebäuden, Betriebsmitteln und dergleichen vorausgesetzt (R B 158.1 Abs. 2 Satz 1 ErbStR). Nach § 158 Abs. 2 BewG bildet der *Betrieb der Land- und Forstwirtschaft* die *wirtschaftliche Einheit* des land- und forstwirtschaftlichen Vermögens. In den Fällen, in denen ein Betrieb der Land- und Forstwirtschaft in Form einer *Personengesellschaft* oder einer *Gemeinschaft* geführt wird, ist das land- und forstwirtschaftliche Vermögen *einheitlich* zu ermitteln. Dabei werden auch die Wirtschaftsgüter im Eigentum einzelner Gesellschafter in die wirtschaftliche Einheit einbezogen, soweit sie dem Betrieb dienen.

Auch die Nutzungsüberlassung (Verpachtung) eines Betriebs der Land- und Forstwirtschaft gilt mitunter nach § 158 Abs. 1 Satz 2 BewG als land- und forstwirtschaftliches Vermögen, wenn eine dauerhafte Zweckbestimmung der Wirtschaftsgüter gegeben ist. Die *Betriebsverpachtung im Ganzen* gilt als Fortsetzung der betrieblichen Tätigkeit auf andere Art und Weise, wenn die Wirtschaftsgüter dem Betrieb der Land- und Forstwirtschaft auf Dauer zu dienen bestimmt sind. Nach der Verwaltungsauffassung ist eine Betriebsverpachtung im Ganzen stets anzunehmen, wenn die am Bewertungsstichtag im Rahmen des Erbschaft- oder Schenkungsfalls übergegangenen wesentlichen Wirtschaftsgüter des Betriebs im Sinne des § 158 Abs. 3 Nr. 1 bis 3 und 5 BewG (Grund und Boden, Wirtschaftsgebäude, stehende Betriebsmittel und immaterielle Wirtschaftsgüter) an Andere zur land- und forstwirtschaftlichen Nutzung überlassen sind und keine Stückländerei vorliegt (vgl. R B 158 Abs. 1 Satz 3 bis 5 ErbStR sowie die gleich lautenden Erlasse der Länder vom 4.12.2014, BStBl 2014 I S. 1577). Auf die Dauer der Nutzungsüberlassung am Bewertungsstichtag kommt es in diesen Fällen nicht an. Betriebe der Land- und Forstwirtschaft in Form der Betriebsverpachtung im Ganzen sind ebenfalls nach §§ 13a, 13b, § 13c oder 28a ErbStG begünstigt.

200a

Als *Wirtschaftsgüter*, die einem Betrieb der Land- und Forstwirtschaft dauernd zu dienen bestimmt sind, kommen insbesondere der *Grund und Boden*, die *Wohn- und Wirtschaftsgebäude*, die stehenden Betriebsmittel sowie ein normaler, die Fortführung des Betriebs sichernder Bestand an umlaufenden Betriebsmitteln in Betracht (§ 158 Abs. 3 Satz 2 BewG). Zu den *stehenden Betriebsmitteln* gehören die ertragsteuerlich dem Anlagevermögen zuzuordnenden Wirtschaftsgüter, die nicht Grund und Boden oder Gebäude sind, mithin Maschinen, Geräte und Tiere des Anlagevermögens (z. B. Milchkühe, Zuchtvieh). Zu den *umlaufenden Betriebsmitteln* rechnen die Pflanzenbestände, die Vorräte sowie das Mastvieh (Umlaufvermögen im ertragsteuerlichen Sinne). Zum land- und forstwirtschaftlichen Vermögen gehören des Weiteren die *immateriellen Wirtschaftsgüter* wie Lieferrechte oder von staatlicher Seite eingeräumte Vorteile, die die Voraussetzungen eines Wirtschaftsguts erfüllen (z. B. Milchlieferrechte, Brennrechte, Zuckerrübenlieferrechte, Jagdrechte oder Wiederbepflanzungsrechte im Weinbau) sowie die Wohngebäude und der dazugehörige Grund und Boden.

201

202 Land- und forstwirtschaftlich genutzte Flächen sind dem *Grundvermögen* zuzurechnen, wenn nach ihrer Lage, den am Bewertungsstichtag bestehenden Verwertungsmöglichkeiten oder den sonstigen Umständen anzunehmen ist, dass sie *in absehbarer Zeit anderen als land- und forstwirtschaftlichen Zwecken dienen* werden (§ 159 Abs. 1 BewG). Als anderweitige Nutzung in diesem Sinne kommt insbesondere eine Nutzung als Bauland, Industrieland oder Land für Verkehrszwecke in Betracht. Bildet ein Betrieb der Land- und Forstwirtschaft die *Existenzgrundlage des Betriebsinhabers*, so sind nach § 159 Abs. 2 BewG dem Betriebsinhaber gehörende Flächen, die von einer Stelle aus ordnungsgemäß und nachhaltig bewirtschaftet werden, dem *Grundvermögen* nur dann zuzurechnen, wenn mit großer Wahrscheinlichkeit anzunehmen ist, dass sie *spätestens nach zwei Jahren anderen als land- und forstwirtschaftlichen Zwecken dienen* werden. Hingegen sind Flächen stets dem Grundvermögen zuzurechnen, wenn sie in einem Bebauungsplan als Bauland festgesetzt, ihre sofortige Bebauung möglich ist und die Bebauung innerhalb des Plangebiets in benachbarten Bereichen begonnen hat oder schon durchgeführt ist (§ 159 Abs. 3 Satz 1 BewG). Zum Schutz der Land- und Forstwirtschaft *gilt* diese *Regelung nicht* für die Hofstelle und andere Flächen im unmittelbarem räumlichen Zusammenhang mit der Hofstelle bis zu einer Größe von *insgesamt einem Hektar* (§ 159 Abs. 3 Satz 2 BewG).

Da sich die Zuordnung zum Grundvermögen von § 159 Abs. 1 bis Abs. 3 BewG zunehmend verschärft, empfiehlt es sich, bei der Abgrenzung mit § 159 Abs. 3 BewG zu beginnen und die Prüfung dann über § 159 Abs. 2 BewG bis hin zum § 159 Abs. 1 BewG vorzunehmen (sog. Rückwärtsprüfung). Ist ein Grundstück bereits nach § 159 Abs. 3 BewG dem Grundvermögen zuzuordnen, kann auf eine weitere Prüfung verzichtet werden.

203 Eine Auflistung der nicht zum land- und forstwirtschaftlichen Vermögen gehörenden Wirtschaftsgüter – *Negativabgrenzung* – ist aus § 158 Abs. 4 BewG ersichtlich. Von der Zurechnung zum land- und forstwirtschaftlichen Vermögen sind demnach *ausgenommen*:

- ▶ der Grund und Boden sowie die Gebäude oder Gebäudeteile, die nicht land- und forstwirtschaftlichen Zwecken dienen,
- ▶ das (Dauer-)Kleingartenland,
- ▶ über den Normalbestand hinausgehende Bestände an um laufenden Betriebsmitteln (sog. Überbestände),
- ▶ Geldforderungen, Zahlungsmittel, Geschäftsguthaben, Wertpapiere und Beteiligungen,
- ▶ Tiere und Wirtschaftsgüter der gewerblichen Tierhaltung sowie
- ▶ Pensionsverpflichtungen.

Aufgrund der obigen Negativabgrenzung und dem damit verbundenen Ausschluss vom land- und forstwirtschaftlichen Vermögen verfügen Betriebe der Land- und Forstwirtschaft regelmäßig nicht über Verwaltungsvermögen i. S. des § 13b Abs. 2 Satz 2 ErbStG a. F./§ 13b Abs. 4 ErbStG.

204 *Verbindlichkeiten* gehören zum land- und forstwirtschaftlichen Vermögen, soweit sie nicht mit den in Tz. 203 bezeichneten Wirtschaftsgütern in wirtschaftlichem Zusam-

menhang stehen (§ 158 Abs. 5 BewG). Der Gesetzgeber trägt mit dieser Regelung dem Umstand Rechnung, dass das Erbschaft- und Schenkungsteuerrecht auf das *Reinvermögen als Bereicherung* zurückgreift. Der Abzug einer Schuld ist allerdings nur dann zulässig, wenn das korrespondierende Wirtschaftsgut im land- und forstwirtschaftlichen Vermögen erfasst ist.

bb) Umfang des Betriebs der Land- und Forstwirtschaft 205

Nach § 160 Abs. 1 BewG umfasst der Betrieb der Land- und Forstwirtschaft

- den Wirtschaftsteil,
- die Betriebswohnungen sowie
- den Wohnteil.

Die Zuordnung des Wohnteils zum land- und forstwirtschaftlichen Vermögen trägt den tatsächlichen (örtlichen) Besonderheiten im Bereich der Land- und Forstwirtschaft Rechnung, die trotz veränderter Rahmenbedingungen bei der Bewirtschaftung land- und forstwirtschaftlicher Betriebe weiterhin Bestand haben: *Ansiedlung der Wohngebäude im Außenbereich* und enge *räumliche Verbindung mit den Wirtschaftsgebäuden*.

aaa) Wirtschaftsteil 206

Nach § 160 Abs. 2 Satz 1 BewG umfasst der Wirtschaftsteil eines Betriebs der Land- und Forstwirtschaft die *land- und forstwirtschaftlichen Nutzungen*, die *Nebenbetriebe* einschließlich der dazugehörenden *Wirtschaftsgebäude* und *Betriebsmittel* sowie das *Abbauland*, das *Geringstland* und das *Unland*. Als land- und forstwirtschaftliche Nutzung sind alle Wirtschaftsgüter einzustufen, die einem der enumerativ aufgezählten Zwecke dienen. Demnach umfasst der Wirtschaftsteil eines Betriebs der Land- und Forstwirtschaft:

- die landwirtschaftliche Nutzung,
- die forstwirtschaftliche Nutzung,
- die weinbauliche Nutzung,
- die gärtnerische Nutzung,
- die übrige land- und forstwirtschaftliche Nutzung,
- die Nebenbetriebe,
- das Abbauland,
- das Geringstland sowie
- das Unland.

Eine der genannten Nutzungen umfasst alle Wirtschaftsgüter, die einem der aufgezählten Zwecke dienen. Bei einem Betrieb der Land- und Forstwirtschaft mit nur einem Nutzungszweck korrespondiert der Wert dieser Nutzung gleichzeitig mit dem Wirtschaftswert dieses Betriebs.

207 **bbb) Landwirtschaftliche Nutzung**

Die *landwirtschaftliche Nutzung* umfasst alle Wirtschaftsgüter, die den Nutzungsarten (Betriebsformen) Ackerbau, Futterbau und Veredelung nach Maßgabe des § 169 BewG dienen. Als landwirtschaftliche Nutzung sind auch einzustufen die Nutzungsarten *Pflanzenbau-Verbund*, *Vieh-Verbund* sowie *Pflanzen- und Viehverbund* (R B 160.2 Abs. 1 Satz 3 ErbStR sowie Anlage 1 zu R B 160.2 ErbStR). Die Einbeziehung der Verbund-Betriebe ist vor dem Hintergrund von *Abgrenzungskriterien* unter Rückgriff auf die *Daten der Agrarberichterstattung* zu sehen. Die Abgrenzung der landwirtschaftlichen Nutzung erfolgt anhand der anderen Nutzungen und des *gemeinschaftlichen Klassifizierungssystems*, wie es vom Statistischen Bundesamt und dem Statistischen Amt der Europäischen Union für die Agrarstrukturerhebungen sowie im EU-Informationsnetz landwirtschaftlicher Buchführungen verwendet wird. *Zentrale Bedeutung* für die Klassifizierung hat der sog. *Standarddeckungsbeitrag*. Der *Standarddeckungsbeitrag (SDB)* dient der Bestimmung der Nutzungsart bzw. der Betriebsform (z. B. Ackerbau, Milchviehhaltung) sowie der Ermittlung der wirtschaftlichen Betriebsgröße (R B 163 Abs. 3 ErbStR). Der SDB ist eine standardisierte Rechengröße, die je Flächeneinheit einer Fruchtart bzw. je Tiereinheit einer Viehart ermittelt wird.

208 Die Ableitung der Daten erfolgt aus *Statistiken* und *Buchführungsunterlagen* über Preise, Erträge und Leistungen sowie durchschnittliche Kosten. Diese werden für 23 Merkmale der Bodennutzung und 16 Tierhaltungsmerkmale für 38 Regionen im Bundesgebiet – Regierungsbezirke oder Länder – ermittelt (vgl. Anlage 2 zu R B 163 ErbStR). Die so hergeleiteten SDB je Flächen- und Tiereinheit werden auf die betrieblichen Angaben über Art und Umfang der Bodennutzung sowie der Viehhaltung übertragen und zum gesamten SDB des jeweiligen Betriebs summiert. In Anlehnung an die *EU-Klassifizierung* werden bei den Betriebsformen *spezialisierte Betriebe* (Ackerbau, Milchviehhaltung, sonstiger Futterbau, Veredelung) und *nicht spezialisierte Betriebe* unterschieden. Während bei den spezialisierten Betrieben der SDB eines Produktionszweiges mehr als $2/3$ am gesamten SDB des Betriebes beträgt, umfasst bei Verbund-Betrieben kein Produktionszweig mehr als $2/3$ des gesamten SDB (vgl. Tabelle in R B 163 Abs. 3 Satz 1 Nr. 1 ErbStR).

209 **ccc) Forstwirtschaftliche Nutzung**

Unter Forstwirtschaft versteht man die planmäßige, auf den *Anbau und den Abschlag von Holz* gerichtete Tätigkeit. Zur forstwirtschaftlichen Nutzung gehören alle hierzu erforderlichen Wirtschaftsgüter (R B 160.3 Abs. 1 Satz 1 ErbStR). Zu diesen Wirtschaftsgütern zählen insbesondere die der Holzerzeugung dienenden Flächen, die Waldbestockung sowie die Wirtschaftsgebäude und die Betriebsmittel. Zu dem *normalen Bestand an umlaufenden Betriebsmitteln* der forstwirtschaftlichen Nutzung gehört auch eingeschlagenes Holz, soweit es den jährlichen Nutzungssatz im Sinne von § 68 Abs. 1 EStDV nicht übersteigt (R B 160.3 Abs. 1 Satz 3 ErbStR). Ein Überbestand an umlaufenden Betriebsmitteln zählt zum übrigen Vermögen und ist bei der forstwirtschaftlichen Nutzung nicht zu bewerten.

210 Zum Grund und Boden der forstwirtschaftlichen Nutzung gehören die *Holzboden- und Nichtholzbodenfläche*. Zur Holzbodenfläche rechnen neben den bestockten Flächen

auch Waldwege, Waldeinteilungs- und Sicherungsstreifen, wenn ihre Breite einschließlich der Gräben 5 m nicht übersteigt, sowie Blößen (Flächen, die nur vorübergehend nicht bestockt sind). Zur Nichtholzbodenfläche rechnen die dem Transport und der Lagerung des Holzes dienenden Flächen (Waldwege, ständige Holzlagerplätze usw.), wenn sie nicht zur Holzbodenfläche gerechnet werden. Weitere Einzelheiten zu den in die forstwirtschaftliche Nutzung einzubeziehenden Flächen vgl. R B 160.3 Abs. 2 ErbStR.

ddd) Weinbauliche Nutzung 211

Unter weinbaulicher Nutzung versteht man die Erzeugung von Trauben zur Gewinnung von Maische, Most und Wein. Hierzu rechnet auch die Herstellung von Traubensaft aus den selbsterzeugten Weintrauben. Die *weinbauliche Nutzung* umfasst alle diesem Zweck dienenden Wirtschaftsgüter (R B 160.4 Abs. 1 Satz 1 ErbStR). Zum *Grund und Boden* der weinbaulichen Nutzung gehören alle Ertragsrebflächen sowie weinbauwürdige, aber vorübergehend nicht bestockte Flächen (vgl. bezüglich weiterer Einzelheiten R B 160.4 Abs. 2 ErbStR). Gebäude und Gebäudeteile, die der Gewinnung, dem Ausbau und der Lagerung der weinbaulichen Erzeugnisse dienen, rechnen als *Wirtschaftsgebäude* zur weinbaulichen Nutzung. Ferner zählen zur weinbaulichen Nutzung die stehenden Betriebsmittel (z. B. Traubenmühlen, Lagertanks, Spritzgeräte) sowie der normale Bestand an umlaufenden Betriebsmitteln. Bei Betrieben, die die erzeugten Trauben zu Fass- und Flaschenwein ausbauen, gehören die gesamten Vorräte an Fass- und Flaschenwein aus den Ernten der letzten fünf Kalenderjahre vor dem Besteuerungszeitpunkt zum *normalen Bestand an umlaufenden Betriebsmitteln* (§ 173 Abs. 1 BewG).

(Einstweilen frei) 212

eee) Gärtnerische Nutzung 213

Zur *gärtnerischen Nutzung* rechnen alle Wirtschaftsgüter, die den Nutzungsteilen *Gemüsebau, Blumen- und Zierpflanzenbau, Obstbau* sowie *Baumschulen* dienen (R B 160.5 Abs. 1 ErbStR). Die Fläche der Nutzungsteile Gemüsebau sowie Blumen- und Zierpflanzenbau wird für die Bewertung in die Nutzungsarten „Freilandflächen" und „Flächen unter Glas und Kunststoffen" aufgegliedert (R B 160.6 Abs. 1 Satz 1 ErbStR). Zu den Flächen unter Glas und Kunststoffen gehören z. B. mit Gewächshäusern, Folientunneln und anderen Kulturräumen überbaute Flächen. Der Nutzungsteil Obstbau umfasst insbesondere Flächen zum Anbau von Baumobst, Strauchbeerenobst und Erdbeeren (R B 160.7 ErbStR). Zum Nutzungsteil Baumschulen gehören Flächen, die dem Anbau von Baumschulerzeugnissen, wie z. B. Nadel-, Laubgehölzen, Obstgehölzen einschließlich Beerenobststräuchern dienen (R B 160.8 Abs. 1 Satz 1 ErbStR).

fff) Übrige land- und forstwirtschaftliche Nutzung 214

Zu den übrigen land- und forstwirtschaftlichen Nutzungen gehören die *Sondernutzungen* Hopfen, Spargel, Tabak und andere *Sonderkulturen* (§ 175 Abs. 1 Nr. 1 BewG) sowie die *sonstigen land- und forstwirtschaftlichen Nutzungen* (§ 175 Abs. 1 Nr. 2 BewG). Zu den Sondernutzungen Hopfen, Spargel und Tabak gehören alle Wirtschaftsgüter, die der Erzeugung dieser Produkte dienen (z. B. Anbauflächen, Wirtschaftsgebäude). Zu beachten ist, dass die Sondernutzungen nur dann zu den übrigen land- und forstwirtschaftlichen Nutzungen gehören, wenn keine landwirtschaftliche Nutzung vorliegt (§ 160 Abs. 2 Satz 2 BewG).

Die sonstigen land- und forstwirtschaftlichen Nutzungen werden in § 175 Abs. 2 BewG beispielhaft aufgezählt. Hierzu gehören insbesondere

- die Binnenfischerei,
- die Teichwirtschaft,
- die Fischzucht für Binnenfischerei und Teichwirtschaft,
- die Imkerei,
- die Wanderschäferei,
- die Saatzucht,
- der Pilzanbau,
- die Produktion von Nützlingen,
- die Weihnachtsbaumkulturen sowie
- die Besamungsstationen.

215–217 *(Einstweilen frei)*

218 *Binnenfischerei* ist die Ausübung der Fischerei in stehenden oder fließenden Binnengewässern aufgrund von Fischereiberechtigungen (R B 160.10 Abs. 1 ErbStR). Zur Binnenfischerei gehört die Fischerei in stehenden Gewässern sowie in fließenden Gewässern einschließlich der Kanäle. Zum Nutzungsteil *Teichwirtschaft und Fischzucht für Binnenfischerei und Teichwirtschaft* gehören alle Wirtschaftsgüter, die der Erzeugung von Speisefischen (z. B. Forellen, Karpfen) unabhängig von der Haltungsform dienen (R B 160.10 Abs. 3 ErbStR).

219 *(Einstweilen frei)*

220 Die *Imkerei* umfasst alle Formen der *Bienenhaltung*, die auf ein wirtschaftliches Ziel ausgerichtet sind und demzufolge nicht lediglich hobbymäßig betrieben werden. Zu den *Wirtschaftsgütern*, die einer Imkerei dauernd zu dienen bestimmt sind, gehören neben den Bienenvölkern die Bienenstände, die Bienenkästen und -körbe, die Imkereigeräte und die Vorräte sowie der Grund und Boden des Standorts der Bienenkästen und -körbe (R B 160.11 Abs. 2 ErbStR).

221 *Wanderschäferei* ist eine extensive Form der Schafhaltung, die durch die Haltungsform der Großherde und ständigen Standortwechsel gekennzeichnet ist (R B 160.12 Abs. 1 Satz 1 ErbStR). Im Gegensatz zu intensiven Formen der Schafhaltung werden von Wanderschäfereien überwiegend fremde Flächen durch vorübergehende Beweidung genutzt. Wenn die Schafhaltung jedoch überwiegend auf Flächen stattfindet, die durch Nutzungsüberlassungsverträge dauernd (ganzjährig) zur Beweidung zur Verfügung stehen, handelt es sich nicht mehr um Wanderschäfereien, sondern um eine Schafhaltung, die im Rahmen der landwirtschaftlichen Nutzung zu bewerten ist.

222 *Saatzucht* ist die *Erzeugung von Zuchtsaatgut*. Zum Saatgut zählen Samen, Pflanzgut oder Pflanzenteile, die für die Erzeugung von Kulturpflanzen bestimmt sind. Dabei ist

nicht zu unterscheiden zwischen Nutzpflanzensaatgut und dem Saatgut anderer Kulturpflanzen. Zum Umfang der Saatzucht vgl. R B 160.13 ErbStR.

Gegenstand der Bewertung beim *Pilzanbau* ist der *Anbau von Speisepilzen*, wie z. B. Zuchtchampignons und Austernseitlinge. Zum Pilzanbau gehören alle *Wirtschaftsgüter*, die der Erzeugung von Speisepilzen dienen, insbesondere die Wirtschaftsgebäude mit den Beetflächen, Pasteurisierungs-, Anwachs- und Anspinnräumen sowie Konservierungsanlagen und Lagerplätze (R B 160.14 ErbStR). 223

Unter die Produktion von *Nützlingen* fallen nach R B 160.15 Satz 2 ErbStR insbesondere Spinnentiere (z. B. Raubmilben) und Insekten (z. B. Schlupfwespen). Zur Produktion von Nützlingen gehören alle Wirtschaftsgüter, die ihr zu dienen bestimmt sind.

(Einstweilen frei) 224

Zum Nutzungsteil *Weihnachtsbaumkultur* gehören alle *Wirtschaftsgüter*, die dem Anbau von Weihnachtsbäumen dienen (R B 160.16 Abs. 1 ErbStR). Die *Fläche des Nutzungsteils Weihnachtsbaumkultur* umfasst die dem Anbau von Weihnachtsbäumen dienenden Flächen einschließlich der zur Weihnachtsbaumkultur gehörenden Lagerplätze und Fahrschneisen. Weitere Einzelheiten zum Umfang des Nutzungsteils Weihnachtsbaumkultur vgl. R B 160.16 Abs. 2 ErbStR. 225

Eine *Besamungsstation* dient der Vatertierhaltung zur Gewinnung von Sperma für die künstliche Besamung. Zum Umfang des Nutzungsteils Besamungsstationen vgl. R B 160.17 Abs. 3 ErbStR. 225a

hhh) Nebenbetriebe

226

Nebenbetriebe sind Betriebe, die dem *Hauptbetrieb zu dienen bestimmt* sind und *nicht einen selbständigen gewerblichen Betrieb* darstellen (§ 160 Abs. 3 BewG). Die Abgrenzung erfolgt nach den einkommensteuerlichen Kriterien der R 15.5 Abs. 3 EStR (R B 160.18 ErbStR). Ein Nebenbetrieb der Land- und Forstwirtschaft liegt demnach vor, wenn *überwiegend im eigenen Hauptbetrieb erzeugte Rohstoffe be- oder verarbeitet* werden und die dabei gewonnenen *Erzeugnisse überwiegend für den Verkauf bestimmt* sind. Ebenso spricht man von einem Nebenbetrieb, wenn ein Land- und Forstwirt Umsätze aus der Übernahme von Rohstoffen (z. B. organische Abfälle) erzielt, diese be- oder verarbeitet und die dabei gewonnenen Erzeugnisse *nahezu ausschließlich im eigenen Betrieb der Land- und Forstwirtschaft* verwendet. Voraussetzung für die Annahme eines Nebenbetriebs ist weiterhin, dass die Erzeugnisse im Rahmen der ersten Be- oder Verarbeitungsstufe, welche noch dem land- und forstwirtschaftlichen Bereich zuzuordnen ist, hergestellt werden. Die Regelung gilt aus Vereinfachungsgründen auch für Produkte der zweiten (gewerblichen) Verarbeitungsstufe, wenn diese zur *Angebotsabrundung* im Rahmen der *Direktvermarktung* eigener land- und forstwirtschaftlicher Produkte abgegeben werden und der Umsatz daraus nicht mehr als 10 300 € im Wirtschaftsjahr beträgt. Ein Nebenbetrieb kann auch vorliegen, wenn er ausschließlich von Land- und Forstwirten gemeinschaftlich betrieben wird und nur in deren Hauptbetrieben erzeugte Rohstoffe be- oder verarbeitet werden, oder nur Erzeugnisse gewonnen werden, die ausschließlich in diesen Betrieben verwendet werden. *Nebenbetriebe* sind auch *Substanzbetriebe* (Abbauland i. S. d. § 43 BewG), z. B. Sandgruben, Kiesgruben, Torfstiche, wenn die gewonnene Substanz überwiegend im eigenen land- und forstwirtschaftlichen Betrieb verwendet wird. Der *Absatz von Eigenerzeugnissen über einen eigenständigen Einzel- oder Großhandelsbetrieb*, die *Ausführung von Dienstleistungen* und die *Ausführung von besonderen Leistungen* sind *kein Nebenbetrieb*.

227 **iii) Abbauland**

Zum *Abbauland* gehören z. B. Sandgruben, Kiesgruben, Steinbrüche, Torfstiche und dergleichen, wenn sie durch Abbau der Bodensubstanz überwiegend für den Betrieb der Land- und Forstwirtschaft nutzbar gemacht werden (§ 160 Abs. 4 BewG). Stillgelegte Kiesgruben und Steinbrüche eines Betriebs der Land- und Forstwirtschaft, die weder kulturfähig sind noch bei geordneter Wirtschaftsweise Ertrag abwerfen können, gehören zum Unland und nicht zum Abbauland.

228 **jjj) Geringstland**

Betriebsflächen geringster Ertragsfähigkeit – Geringstland – sind *unkultivierte, jedoch kulturfähige Flächen,* deren Ertragsfähigkeit so gering ist, dass sie in ihrem derzeitigen Zustand nicht regelmäßig land- und forstwirtschaftlich genutzt werden können (§ 160 Abs. 5 BewG). Zum Geringstland gehören insbesondere unkultivierte Moor- und Heideflächen sowie die ehemals bodengeschätzten Flächen und die ehemaligen Weinbauflächen, deren Nutzungsart sich durch Verlust des Kulturzustands verändert hat (R B 160.20 Satz 1 ErbStR). Dies ist dann als gegeben anzusehen, wenn der kalkulierte Aufwand für die Wiederherstellung des Kulturzustands in einem Missverhältnis zu der Ertragsfähigkeit des Bodens steht, die nach der Rekultivierung zu erwarten ist. Das ist regelmäßig dann der Fall, wenn der Aufwand den einer Neukultivierung übersteigen würde. R B 160.20 Satz 4 ErbStR zählt Ereignisse auf, die bei bodengeschätzten Flächen zu einem nachhaltigen *Verlust des Kulturzustands* führen können, z. B. die Ansiedlung von Gehölzen und die Verschlechterung der Wasserverhältnisse infolge Nichtnutzung bei Streuwiesen. Bei Weinbauflächen, insbesondere in Steilhanglagen, kann der Verlust des Kulturzustands durch Ansiedlung von Gehölzen, Bodenabtrag sowie Einsturz von Mauern und Treppen infolge Nichtnutzung eintreten.

229 **kkk) Unland**

Beim *Unland* handelt sich um solche Betriebsflächen, die *auch bei geordneter Wirtschaftsweise keinen Ertrag* abwerfen können (§ 160 Abs. 6 BewG). Als Unland sind solche Flächen zu qualifizieren, die *nicht kulturfähig* sind und sich somit vom Geringstland unterscheiden. Zum Unland gehören z. B. ertraglose Böschungen und Felsgelände. Auch ausgebeutete Kiesgruben und stillgelegte Steinbrüche eines Betriebs der Land- und Forstwirtschaft sind Unland, wenn und soweit sie nicht kulturfähig sind und auch sonst bei geordneter Wirtschaftsweise keinen Ertrag mehr abwerfen.

230 **lll) Stückländereien**

Einen Betrieb der Land- und Forstwirtschaft bilden nach § 160 Abs. 7 Satz 1 BewG auch Stückländereien, die als gesonderte wirtschaftliche Einheit zu bewerten sind. Stückländereien sind einzelne land- und forstwirtschaftlich genutzte Flächen, bei denen die Wirtschaftsgebäude oder die Betriebsmittel oder beide Arten von Wirtschaftsgütern nicht dem Eigentümer des Grund und Bodens gehören, sondern *am Bewertungsstichtag für mindestens 15 Jahre* einem anderen Betrieb der Land- und Forstwirtschaft zu dienen bestimmt sind (§ 160 Abs. 7 Satz 2 BewG; sog. „echte Stückländereien"). Der Gesetzgeber unterstellt bei echten Stückländereien, dass der wirtschaftliche Zusammenhang zwischen selbst bewirtschafteten Flächen und verpachteten Flächen aufgehoben ist oder von vornherein nicht besteht, wenn es sich bei Begründung des Pachtverhältnisses um einen Dauerzustand handelt. Die Vorschrift des § 160 Abs. 7 BewG hat Bedeutung für die Anwendung der §§ 13a, 13b, 13c und 28a ErbStG, da echte Stückländereien gemäß § 13b Abs. 1 Nr. 1 ErbStG nicht zum begünstigen bzw. begünstigungsfähigen Vermögen gehören. In der Praxis sind echte Stückländereien aufgrund der erforderlichen Pachtdauer von 15 Jahren am Bewertungsstichtag eher selten anzutreffen. Stattdessen handelt es sich häufig um sog. „unechte Stückländereien" (s. u.).

Die unterschiedliche Definition der Stückländereien bei der Einheitsbewertung und bei der Grundbesitzbewertung nach §§ 158 ff. BewG sorgt in der Praxis zudem häufig für Missverständnisse. Dies ist darauf zurückzuführen, dass bei der Einheitsbewertung eine Stückländerei i. S. des § 34 Abs. 7 BewG angenommen wird, wenn einzelne land- und forstwirtschaftlich genutzte Flächen an einen anderen Betrieb der Land- und Forstwirtschaft nicht nur vorübergehend verpachtet werden (Abschn. 1.05 BewRL).

Sog. „unechten Stückländereien" sind – im Umkehrschluss zu § 160 Abs. 7 BewG – Betriebe, bei denen die Wirtschaftsgebäude und/oder Betriebsmittel fehlen und die am Bewertungsstichtag weniger als 15 Jahre einem anderen Betrieb zu dienen bestimmt sind (Regelfall in der Praxis). Unechte Stückländereien stellen begünstigte Betriebe der Land- und Forstwirtschaft dar.

mmm) Betriebswohnungen 231

Gebäude oder Gebäudeteile des Betriebs, die dessen Arbeitnehmern und deren Familienangehörigen zu Wohnzwecken zur Verfügung gestellt werden, sind *Betriebswohnungen* (§ 160 Abs. 8 BewG). Dabei ist es nicht erforderlich, dass der Wohnungsinhaber oder seine Familienangehörigen ganz in dem Betrieb tätig sind. Es genügt, dass der jeweilige Arbeitnehmer vertraglich dazu verpflichtet ist, wenigstens 100 Arbeitstage oder 800 Arbeitsstunden im Jahr mitzuarbeiten (R B 160.21 Abs. 1 Satz 3 ErbStR). Das Merkmal der Betriebswohnung bleibt bei fortdauernder Nutzung der Wohnung durch den Arbeitnehmer nach Eintritt in den Ruhestand erhalten. Zum *Grund und Boden der Betriebswohnungen* zählen neben der bebauten Fläche auch die vom Betrieb im Rahmen der Wohnungsüberlassung zur Verfügung gestellten übrigen Flächen, wie z. B. Stellplätze und Gärten (R B 160.21 Abs. 2 Satz 1 ErbStR).

nnn) Wohnteil 232

Der Wohnteil umfasst die *Gebäude* oder *Gebäudeteile*, die dem *Inhaber* eines Betriebs der Land- und Forstwirtschaft und den zu seinem Haushalt gehörenden Familienangehörigen zu *Wohnzwecken* dienen (§ 160 Abs. 9 BewG). Voraussetzung ist, dass der Betriebsinhaber oder mindestens einer der zu seinem Haushalt gehörenden Familienangehörigen durch *eine mehr als nur gelegentliche Tätigkeit* in dem Betrieb an diesen gebunden ist. Die Wohnung des Betriebsinhabers muss sich *nicht in unmittelbarer Nachbarschaft* oder auf dem Hauptgrundstück eines mehrere Grundstücke umfassenden land- und forstwirtschaftlichen Betriebs befinden. *Entscheidend* ist, dass die Lage der Wohnung dem Betriebsinhaber ermöglicht, soweit erforderlich im Betrieb anwesend zu sein und in den Betriebsablauf einzugreifen (R B 160.22 Abs. 5 ErbStR). Zum Wohnteil gehört auch die Wohnung der Altenteiler, wenn die Nutzung der Wohnung in einem Altenteilsvertrag geregelt ist. Werden dem Hauspersonal nur einzelne zu Wohnzwecken dienende Räume überlassen, rechnen diese nicht zu den Betriebswohnungen, sondern zum Wohnteil des Betriebs der Land- und Forstwirtschaft (R B 160.22 Abs. 1 Satz 3 ErbStR).

233 Die Wohnung des Inhabers eines *größeren Betriebs* der Land- und Forstwirtschaft ist dem Betrieb dauernd zu dienen bestimmt, wenn er oder mindestens einer der zu seinem Haushalt gehörenden Familienangehörigen den Betrieb selbständig leitet und die Lage der Wohnung die hierfür erforderliche Anwesenheit im Betrieb ermöglicht (R B 160.22 Abs. 2 Satz 1 ErbStR). Wird er darin von anderen Personen, z. B. einem Angestellten unterstützt, ändert dies an der Zurechnung zum Wohnteil nichts. Lässt hingegen der Inhaber eines größeren Betriebs diesen durch eine andere Person selbständig verwalten, gehört die Wohnung des Betriebsinhabers zum Grundvermögen. *Die Einbeziehung von Herrenhäusern und Schlössern in den Wohnteil erfolgt nach denselben Kriterien.*

234 Die Wohnung des Inhabers eines *Kleinbetriebs* ist dem Betrieb dauernd zu dienen bestimmt, wenn er oder einer der zu seinem Haushalt gehörenden Familienangehörigen durch eine mehr als nur gelegentliche Tätigkeit an den Betrieb gebunden ist (Nebenerwerbslandwirt; R B 160.22 Abs. 3 Satz 1 ErbStR). Eine mehr als nur gelegentliche Tätigkeit kann schon bei einem jährlichen Arbeitsaufwand von insgesamt vier bis sechs Wochen gegeben sein. Bei der Beurteilung, ob eine mehr als nur gelegentliche Tätigkeit ausgeübt wird, sind die Art der Nutzung und die Größe der Nutzflächen zu berücksichtigen.

235 Die Wohngebäude von Inhabern sogenannter *landwirtschaftlicher Nebenerwerbsstellen* (≠ Nebenerwerblandwirt), die im Allgemeinen eine Landzulage von nicht mehr als 3 000 m² (0,3 ha; sog. Selbstversorger) haben, sind – auch bei ausreichendem Viehbesatz – *in der Regel als Grundvermögen* zu bewerten (R B 160.22 Abs. 4 ErbStR). Hintergrund ist, dass es vorrangiger Hauptzweck des Wohngebäudes ist, dem Wohnbedürfnis des Eigentümers der Nebenerwerbsstelle und seiner Familie zu dienen.

236 Zum *Grund und Boden des Wohnteils* zählen neben der bebauten Fläche auch die übrigen Flächen, wie z. B. Stellplätze und Gärten. Die Zuordnung des Grund und Bodens sowie der *Gartenflächen* richtet sich nach der Verkehrsauffassung, wobei ertragsteuerliche Entscheidungen zu Grunde gelegt werden können (R B 160.22 Abs. 6 Satz 3 ErbStR). Bei Betrieben, die vor dem 31. 12. 1998 bereits bestanden haben, kann folglich der Teil des Grund und Bodens dem Wohnteil zugerechnet werden, der nach § 13 Abs. 4 und 5 EStG steuerfrei entnommen werden konnte.

237 Bei *verpachteten Betrieben* scheidet der Eigentümer aus der Bewirtschaftung des Betriebes aus. In der Folge gehört die Verpächterwohnung grundsätzlich zum Grundver-

mögen, da der Eigentümer des Betriebs nicht mehr an diesen gebunden ist (R B 160.22 Abs. 7 ErbStR). Dies gilt jedoch nicht, wenn sich die Wohnungen von Verpächter und Pächter in einem Gebäude befinden.

Für *Altenteilerwohnungen* gelten die Regelungen für Betriebsinhaberwohnungen entsprechend (R B 160.22 Abs. 8 ErbStR). 238

cc) Bewertungsstichtag 239

Nach § 161 Abs. 1 BewG sind bei der Bewertung des land- und forstwirtschaftlichen Vermögens hinsichtlich der Größe des Betriebs, des Umfangs und des Zustands der Gebäude sowie der stehenden Betriebsmittel die *Verhältnisse im Besteuerungszeitpunkt* maßgebend. *Abweichend* hiervon wird nach Maßgabe des § 161 Abs. 2 BewG bei den *umlaufenden Betriebsmitteln* auf die *Bestände zum Schluss des vorangegangenen Wirtschaftsjahres* abgestellt. Zu diesem Zeitpunkt sind in der Regel nur diejenigen umlaufenden Betriebsmittel vorhanden, die für eine ordnungsgemäße Bewirtschaftung erforderlich sind. Mit der Regelung verfolgt der Gesetzgeber den Zweck, die Ermittlung der umlaufenden Betriebsmittel sowie die Feststellung und Abgrenzung von Überbeständen zu erleichtern.

dd) Bewertung des Wirtschaftsteils 240

Bewertungsmaßstab für den Wirtschaftsteil eines Betriebs der Land- und Forstwirtschaft ist grundsätzlich der *gemeine Wert* (§ 162 Abs. 1 Satz 1 BewG). Dieser wird in § 162 Abs. 1 Satz 2 BewG als *Fortführungswert* definiert. Mithin ist als gemeiner Wert der Wert anzusetzen, der unter objektiven ökonomischen Bedingungen den landwirtschaftlichen, forstwirtschaftlichen, weinbaulichen, gärtnerischen sowie den übrigen land- und forstwirtschaftlichen Nutzungen, den Nebenbetrieben und den übrigen Wirtschaftsgütern (Abbauland, Geringstland, Unland) im fortgeführten land- und forstwirtschaftlichen Betrieb beizumessen ist. Der Fortführungswert des Wirtschaftsteils ist *grundsätzlich* im *Ertragswertverfahren* nach § 163 BewG zu ermitteln. Dabei darf der *Mindestwert* nach § 164 BewG allerdings nicht unterschritten werden.

Für sog. *echte Stückländereien* wird ein *abweichender Bewertungsmaßstab* normiert. 241 Echte Stückländereien sind einzelne land- und forstwirtschaftlich genutzte Flächen, bei denen die Wirtschaftsgebäude oder die Betriebsmittel oder beide Arten von Wirtschaftsgütern nicht dem Eigentümer des Grund und Bodens gehören und die am Bewertungsstichtag noch für mindestens 15 Jahre einem anderen Betrieb der Land- und Forstwirtschaft zu dienen bestimmt sind (§ 160 Abs. 7 BewG; vgl. auch Tz. 230). Bewertungsmaßstab ist hier nach § 162 Abs. 2 BewG der ausschließlich an der Ertragsfähigkeit orientierte *Mindestwert* (§ 164 BewG).

Einen weiteren Bewertungsmaßstab formuliert § 162 Abs. 3 BewG. Werden danach ein 242 Betrieb der Land- und Forstwirtschaft oder ein Anteil im Sinne des § 158 Abs. 2 Satz 2 BewG *innerhalb eines Zeitraums von 15 Jahren nach dem Bewertungsstichtag veräußert* (als Veräußerung gilt auch die Aufgabe des Betriebs), erfolgt die Bewertung mit dem *Liquidationswert* (§ 166 BewG). Der Begriff der Veräußerung ist nach Rechtsprechung des BFH (BFH-Beschluss vom 7. 7. 2004, BStBl 2004 II S. 747) nach ertragsteuerlichen

Grundsätzen auszulegen. Keine Veräußerung Sinne des § 162 Abs. 3 Satz 1 BewG stellt der (weitere) Übergang des land- und forstwirtschaftlichen Betriebs durch Erbfall oder im Wege der Schenkung dar, sofern derselbe Betrieb als wirtschaftliche Einheit auch nach Erbfall bzw. Schenkung unverändert fortbesteht. Es ist zu beachten, dass in diesen Fällen eine neue Nachbewertungsfrist beginnt.

Die Bewertung mit dem Liquidationswert gilt auch für die *Veräußerung oder Entnahme wesentlicher Wirtschaftsgüter* (§ 162 Abs. 4 BewG). Zu diesen gehören der Grund und Boden, die Wirtschaftsgebäude, die stehenden Betriebsmittel sowie die immateriellen Wirtschaftsgüter (R B 162 Abs. 4 Satz 1 ErbStR). Stehende Betriebsmittel (z. B. Tierbestände, Feldinventar, Büroausstattung, Werkzeug) zählen nur dann zu den wesentlichen Wirtschaftsgütern, wenn der gemeine Wert des einzelnen Wirtschaftsguts oder einer Sachgesamtheit von Wirtschaftsgütern mindestens 50 000 € beträgt (R B 162 Abs. 4 Satz 3 ErbStR). Wohnteil und Betriebswohnungen stellen keine wesentlichen Wirtschaftsgüter im Sinne des § 162 Abs. 4 BewG dar, so dass insoweit kein Nachbewertungsvorbehalt greifen kann.

243 Die *Veräußerung* eines Betriebs der Land- und Forstwirtschaft oder eines Anteils daran ist hingegen innerhalb des Nachbewertungszeitraums *unschädlich*, wenn der Veräußerungserlös *innerhalb von sechs Monaten* ausschließlich zum Erwerb eines anderen Betriebs der Land- und Forstwirtschaft oder eines Anteils daran verwendet wird – *Reinvestitionsklausel*. Diese Klausel (§ 162 Abs. 3 Satz 2 BewG) umfasst die Fälle, in denen die Struktur des übernommenen Betriebs in der Weise verändert wird, dass der *nämliche Betrieb* aufgrund tatsächlicher Hindernisse oder *wirtschaftlicher Umstrukturierungen* im Bereich der Land- und Forstwirtschaft *nicht mehr fortbestehen kann*. Für die *Veräußerung wesentlicher Wirtschaftsgüter* und die zeitnahe Reinvestition des Veräußerungserlöses im betrieblichen Interesse gilt eine vergleichbare Regelung, d. h. vom Ansatz eines Liquidationswerts ist in einschlägigen Fällen abzusehen (§ 162 Abs. 4 Satz 2 BewG). Eine Verwendung im betrieblichen Interesse ist neben der Reinvestition auch dann gegeben, wenn ein Veräußerungserlös zur Tilgung betrieblicher Verbindlichkeiten im Sinne des § 158 Abs. 5 BewG oder zur Bildung von Liquiditätsreserven eingesetzt wird (R B 162 Abs. 5 Satz 5 ErbStR).

244 **aaa) Ermittlung der Wirtschaftswerte**

Nach § 163 Abs. 1 Satz 1 BewG ist bei der Ermittlung der jeweiligen Wirtschaftswerte von der *nachhaltigen Ertragsfähigkeit* land- und forstwirtschaftlicher Betriebe auszugehen. Ertragsfähigkeit ist der *bei ordnungsmäßiger Bewirtschaftung gemeinhin und nachhaltig erzielbare Reingewinn*. Dabei sind alle Umstände zu berücksichtigen, die bei einer Selbstbewirtschaftung den Wirtschaftserfolg beeinflussen. Konkretisierend hierzu führt § 163 Abs. 2 BewG aus, dass der im Allgemeinen bei ordnungsmäßiger Bewirtschaftung *nachhaltig erzielbare Reingewinn* das ordentliche Ergebnis *abzüglich* eines *angemessenen Lohnansatzes* für die Arbeitsleistung des Betriebsinhabers und der nicht entlohnten Arbeitskräfte umfasst. Die im unmittelbaren wirtschaftlichen Zusammenhang mit einem Betrieb der Land- und Forstwirtschaft stehenden *Verbindlichkeiten* sind durch den Ansatz der Zinsaufwendungen *abgegolten*. Zur Berücksichtigung der nachhaltigen Ertragsfähigkeit des Betriebs der Land- und Forstwirtschaft ist der *durchschnittliche Reingewinn der letzten fünf Jahre* heranzuziehen.

Das in § 163 BewG vorgeschriebene *Regelertragswertverfahren* ist ein *pauschaliertes Reingewinnverfahren*. Bei der Ermittlung der Wirtschaftswerte durch *Kapitalisierung der Reingewinne* ist nicht das individuell durch den Land- und Forstwirt erwirtschaftete Ergebnis zu berücksichtigen, sondern der *im Allgemeinen normierte Reingewinn*. Bei der Beurteilung der nachhaltigen Ertragsfähigkeit stellt der Gesetzgeber *nicht auf Muster- oder Spitzenbetriebe*, sondern auf die *Betriebsergebnisse vergleichbarer Betriebe* ab.

245

bbb) Reingewinn der landwirtschaftlichen Nutzung

246

Die Vorschrift des § 163 Abs. 3 BewG *konkretisiert* die *Bewertungsfaktoren* zur Ermittlung des Reingewinns der landwirtschaftlichen Nutzung unter *Beachtung europäischer Vorgaben*. Die *betriebswirtschaftliche Ausrichtung* eines Betriebs sowie die *Betriebsgröße* sind die relevanten Merkmale für die wirtschaftliche Ertragskraft eines Betriebs der Land- und Forstwirtschaft; folglich müssen diese Parameter bei der Bewertung landwirtschaftlicher Betriebe berücksichtigt werden. Demnach bestimmt sich der Reingewinn für die landwirtschaftliche Nutzung nach der *Region* (Bundesland, Regierungsbezirk), der maßgeblichen *Nutzungsart* (Betriebsform) und der *Betriebsgröße* nach der *Europäischen Größeneinheit (EGE)*. Dabei ist zur Ermittlung der maßgeblichen Nutzungsart (Betriebsform) das gemeinschaftliche Klassifizierungssystem (vgl. Tabelle in R B 163 Abs. 3 Satz 1 Nr. 1 ErbStR sowie Anlage 1 zu R B 163 ErbStR) heranzuziehen. Hierzu sind in einem *ersten Schritt* die Standarddeckungsbeiträge (SDB) der selbst bewirtschafteten Flächen und der Tiereinheiten der landwirtschaftlichen Nutzung zu ermitteln. In einem *zweiten Schritt* ist daraus die Nutzungsart (Betriebsform) herzuleiten. Dabei wird zwischen sieben Betriebsformen unterschieden (Ackerbau, Milchviehhaltung, sonstiger Futterbau, Veredelung, Pflanzenbau-Verbund, Vieh-Verbund sowie Pflanzenbau- und Viehverbund). Die Summe der SDB ist in einem *dritten Schritt* durch 1 200 Euro zu dividieren, so dass sich die Betriebsgröße in EGE ergibt. Die *gemeinschaftliche Maßeinheit „EGE"* entspricht einem *Gesamtstandarddeckungsbeitrag von 1 200 Euro*. Danach erfolgt die Zuordnung des zu bewertenden Betriebs in eine der folgenden Betriebsgrößenklassen (R B 163 Abs. 3 Satz 1 Nr. 2 ErbStR):

Betriebsgrößenklasse	Betriebsgröße in EGE
Kleinbetriebe	0 bis unter 40
Mittelbetriebe	40 bis 100
Großbetriebe	über 100

Der entsprechende Reingewinn der landwirtschaftlichen Nutzung ergibt sich aus Anlage 14 (Spalte 4) zum BewG. Die *Regionalisierung der Werte* in Anlage 14 trägt der unterschiedlichen Ertragsfähigkeit des Bodens Rechnung und erfolgte auf der Basis der für 38 Regionen ermittelten SDB. Die *wertmäßigen Unterschiede* der SDB in den Regionen wurden in Form von *Zu- und Abschlägen* auf die für Deutschland berechneten Reingewinne übertragen. SDB ist der Unterschied zwischen dem standardisierten Geldwert der Bruttoerzeugung und dem standardisierten Geldwert bestimmter Spezialkosten.

Das Bundesministerium der Finanzen veröffentlicht die maßgeblichen SDB im *Bundessteuerblatt Teil I* (Anlage 2 zu R B 163 ErbStR).

Der Reingewinn berücksichtigt die betriebswirtschaftliche Ausrichtung einer Nutzung und ist mit 18,6 zu kapitalisieren. Der kapitalisierte Reingewinn ist mit allen Eigentumsflächen der landwirtschaftlichen Nutzung zu multiplizieren (vgl. dazu auch Tz. 256).

Es ist zu beachten, dass die Reingewinne pro Hektar bei der landwirtschaftlichen Nutzung bundesweit sowohl für Kleinbetriebe als auch für Mittelbetriebe negativ sind, so dass sich bei diesen Betrieben stets ein negativer Wirtschaftswert für die landwirtschaftliche Nutzung ergibt. Da gemäß § 162 Abs. 1 Satz 4 BewG der Mindestwert nach § 164 BewG nicht unterschritten werden darf, wird in diesen Fällen regelmäßig eine Bewertung mit dem Mindestwert erfolgen (vgl. dazu auch Tz. 258 ff.). Ein Beispiel ist unter Tz 2686 abgedruckt.

247 **ccc) Reingewinn der forstwirtschaftlichen Nutzung**

Nach § 163 Abs. 4 BewG bestimmt sich der Reingewinn für die forstwirtschaftliche Nutzung nach *Baumarten* und *Ertragsklassen*. Der Reingewinn ergibt sich aus Anlage 15 (Spalte 4) zum BewG. Der Gesetzgeber hat auf eine *Regionalisierung verzichtet*, da diese wegen der *inhomogenen Zusammensetzung der Forstbetriebe* nicht sachgerecht ist. Der Wirtschaftswert der forstwirtschaftlichen Nutzung nach dem Reingewinnverfahren ergibt sich aus den Flächen der jeweiligen Baumartengruppe oder der übrigen Fläche der forstwirtschaftlichen Nutzung laut Anlage 15 zum BewG und ist mit 18,6 zu kapitalisieren (vgl. Tz. 256). Die für die Errechnung des Wirtschaftswerts erforderlichen Grunddaten können i. d. R. einem forstwirtschaftlichen Betriebsgutachten oder Betriebswerk entnommen werden.

248 **ddd) Reingewinn der weinbaulichen Nutzung**

Der Reingewinn der weinbaulichen Nutzung bestimmt sich gemäß § 163 Abs. 5 BewG nach den *Flächen der jeweiligen Nutzungsart*. Der Reingewinn ergibt sich aus Anlage 16 (Spalte 3) zum BewG. Für die unterschiedlichen Nutzungsarten innerhalb der weinbaulichen Nutzung – Flaschenweinerzeuger, Fassweinerzeuger, Traubenerzeuger – werden *keine Standarddeckungsbeiträge* ermittelt. Folglich muss die flächenmäßige Bindung beibehalten werden. Da die *betriebswirtschaftliche Ausrichtung* und der *flächenmäßige Anbau* die relevanten Merkmale für die wirtschaftliche Ertragskraft eines Weinbaubetriebs sind, hat der Verordnungsgeber auf eine *Regionalisierung* der Werte *verzichtet*.

Bei der weinbaulichen Nutzung sind die Reingewinne aller Nutzungsarten bzw. Verwertungsformen negativ, so dass sich stets ein negativer Wirtschaftswert für die weinbauliche Nutzung ergeben wird. In diesen Fällen kommt es daher regelmäßig zum Ansatz des Mindestwerts nach § 164 BewG (vgl. Tz. 258 ff.).

249 **eee) Reingewinn der gärtnerischen Nutzung**

Der Reingewinn der gärtnerischen Nutzung bestimmt sich gemäß § 163 Abs. 6 BewG nach dem maßgeblichen *Nutzungsteil*, der *Nutzungsart* und den *Flächen*. Der Reingewinn ergibt sich aus Anlage 17 (Spalte 4) zum BewG. Auch bei der gärtnerischen Nutzung scheidet eine Abgrenzung der Nutzungsteile nach Standarddeckungsbeiträgen aus, da letztere nicht ermittelt werden. Die *flächenmäßige Bindung* ist also auch hier beizubehalten. Insbesondere die unterschiedlichen Nutzungsarten des produzierenden Gartenbaus – Freilandanbau/Unterglasanbau – müssen berücksichtigt werden. Da die *betriebswirtschaftliche Ausrichtung* und der *flächenmäßige Anbau* die relevanten Merkmale für die wirtschaftliche Ertragskraft eines Gartenbaubetriebs sind, hat der Verordnungsgeber – vergleichbar der Verfahrensweise bei der weinbaulichen Nutzung – auf eine *Regionalisierung* der Werte *verzichtet*. Die für die Errechnung des Wirtschaftswerts erforderlichen Grunddaten können ggf. dem Anbauverzeichnis im Sinne des § 142 AO entnommen werden.

fff) Reingewinn der Sondernutzungen Hopfen, Spargel, Tabak 250

Die Vorschrift des § 163 Abs. 7 BewG konkretisiert die Bewertungsfaktoren zur Ermittlung des Reingewinns der Sondernutzungen Hopfen, Spargel und Tabak. Der Gesetzgeber stellt dabei auf eine flächenmäßige Bindung ab. Der entsprechende Reingewinn ergibt sich aus Anlage 18 (Spalte 3) zum BewG. Da sich die Reingewinne bereits an *typischen Anbaugebieten* orientieren, war eine *Regionalisierung* der Werte *verzichtbar*. Die für die Errechnung des Wirtschaftswerts erforderlichen Grunddaten können ggf. dem Anbauverzeichnis im Sinne des § 142 AO entnommen werden.

Der Reingewinn je Hektar ist für alle Sondernutzungen negativ, so dass sich bei Anwendung des Reingewinnverfahrens stets ein negativer Wirtschaftswert ergeben wird. In diesen Fällen kommt es daher regelmäßig zum Ansatz des Mindestwerts nach § 164 BewG (vgl. Tz. 258 ff.).

ggg) Reingewinn der sonstigen land- und forstwirtschaftlichen Nutzungen und Nebenbetrieben 251

Der Reingewinn für die sonstigen land- und forstwirtschaftlichen Nutzungen ist grundsätzlich im Einzelertragswertverfahren zu ermitteln, soweit für die jeweilige Region nicht auf einen durch statistische Erhebungen ermittelten pauschalierten Reingewinn zurückgegriffen werden kann (R B 163 Abs. 8 Satz 1 ErbStR). Der Einzelertragswert ergibt sich aus dem betriebsindividuellen Ergebnis und dem Kapitalisierungszinssatz nach § 163 Abs. 11 BewG (vgl. Tz. 256).

Die Ermittlung des Reingewinns für Nebenbetriebe erfolgt ebenfalls im Einzelertragswertverfahren (R B 163 Abs. 9 Satz 1 ErbStR). Nebenbetriebe sind Betriebe, die dem Hauptbetrieb zu dienen bestimmt sind und nicht einen selbständigen gewerblichen Betrieb darstellen (§ 160 Abs. 3 BewG; vgl. dazu auch Tz. 226). Die Abgrenzung erfolgt nach einkommensteuerlichen Kriterien.

hhh) Reingewinn des Abbaulands und Geringstlands 252

Zum *Abbauland* gehören Sandgruben, Kiesgruben, Steinbrüche, Torfstiche und dergleichen, wenn sie durch Abbau der Bodensubstanz überwiegend für den Betrieb der Land- und Forstwirtschaft nutzbar gemacht werden (§ 160 Abs. 4 BewG; vgl. Tz. 227). Der Reingewinn für das Abbauland kann zur Vereinfachung pauschal mit 2,70 Euro je Ar angesetzt werden (R B 163 Abs. 10 Satz 1 ErbStR).

Zum Geringstland gehören die Betriebsflächen geringster Ertragsfähigkeit, für die nach dem Bodenschätzungsgesetz keine Wertzahlen festzustellen sind. Betriebsflächen geringster Ertragsfähigkeit sind unkultivierte, jedoch kulturfähige Flächen, deren Ertragsfähigkeit so gering ist, dass sie in ihrem derzeitigen Zustand nicht regelmäßig land- und forstwirtschaftlich genutzt werden können (§ 160 Abs. 5 BewG; vgl. Tz. 228). Der Reingewinn für das Geringstland wird nach § 163 Abs. 9 BewG pauschal mit 5,40 Euro pro Hektar festgelegt.

253 **iii) Reingewinn des Unlands**

Nach § 160 Abs. 6 BewG gehören zum Unland die Betriebsflächen, die auch bei geordneter Wirtschaftsweise *keinen Ertrag* abwerfen können; dabei ist auf den objektiven Charakter einer Betriebsfläche abzustellen (vgl. Tz. 229). Unland ist dem *land- und forstwirtschaftlichen Vermögen* zuzuordnen, solange solche Flächen nicht einer anderen Verwendung (z. B. als Umgriff eines Unterkunftshauses im Hochgebirge) zugeführt werden. Der *Reingewinn* für Umland beträgt *0 Euro* (§ 163 Abs. 10 BewG), so dass diese Flächen wertmäßig bei der Erbschaft- und Schenkungsteuer nicht berücksichtigt werden.

254 **jjj) Zinssatz zur Ermittlung des Wirtschaftswerts**

Nach § 163 Abs. 11 Satz 1 BewG ist der jeweilige Reingewinn unter Berücksichtigung eines Zinssatzes zu kapitalisieren. Der *Kapitalisierungszinssatz* wird mit Rücksicht auf das dynamische Bewertungsverfahren und zur angemessenen Berücksichtigung wirtschaftlicher Gegebenheiten normativ festgelegt. Nach § 163 Abs. 11 Satz 2 BewG beträgt der *Zinssatz* zur Kapitalisierung des jeweiligen Reingewinns *5,5 %*. Dieser Zinssatz setzt sich aus einem *Basiszinssatz von 4,5 %* und einem *Risikozuschlag* von *1,0 %* zusammen. Der Basiszinssatz beruht auf der langfristig erzielbaren Rendite öffentlicher Anleihen. Der *Kapitalisierungsfaktor* beträgt mithin *18,6*.

255 Der *kapitalisierte Reingewinn* für die landwirtschaftliche, die forstwirtschaftliche, die weinbauliche, die gärtnerische Nutzung oder für deren Nutzungsteile, die Sondernutzungen und das Geringstland ist mit der jeweiligen *Eigentumsfläche* des Betriebs zum Bewertungsstichtag zu *vervielfältigen*, der dieser Nutzung zuzurechnen ist (§ 163 Abs. 12 BewG). Die Eigentumsfläche des Betriebs bestimmt sich nach den Verhältnissen am Bewertungsstichtag. Zur Einbeziehung von *Hofflächen* und *Flächen der Wirtschaftsgebäude* siehe § 163 Abs. 13 BewG.

256 Das *typisierte Reinertragswert- bzw. Reingewinnverfahren* als gesetzliches Regelbewertungsverfahren lässt sich nach folgendem *Schema* darstellen:

Regelertragswert- bzw. Reingewinnverfahren (§ 163 BewG)

Durchschnittlicher Reinertrag je Hektar Eigentumsfläche (= Jahresertrag nach Abzug des Unternehmerlohns und der Berücksichtigung nicht entlohnter Arbeitskräfte)

x Eigentumsfläche

= maßgebender Reinertrag

x Kapitalisierungsfaktor 18,6 (auf Basis eines Zinssatzes von 5,5 %)

= Regelertragswert

Um der Vorgabe des BVerfG nach *dynamischen Wertermittlungsverfahren* Rechnung zu tragen, wird das BMF in § 163 Abs. 14 BewG ermächtigt, durch Rechtsverordnung mit Zustimmung des Bundesrates die Anlagen 14 bis 18 zum BewG dadurch zu ändern, dass es die darin aufgeführten *Reingewinne turnusmäßig* an die Ergebnisse der Erhebungen nach § 2 Landwirtschaftsgesetz *anpasst*.

kkk) Verfahren zur Ermittlung des Mindestwerts

Um auch *werthaltige Betriebe* mit *niedrigen oder gar negativen Reinerträgen* für Zwecke der Erbschaft- und Schenkungsteuer zu erfassen, hat der Gesetzgeber in § 164 BewG eine *Mindestwertregelung* installiert, die mit einer separaten Bewertung von Grund und Boden sowie der übrigen Wirtschaftsgüter (Besatzkapital) einhergeht. Für solche Betriebe kommt daher ein Mindestwert zum Ansatz, der einzig an die *Ertragsfähigkeit der Wirtschaftsgüter* anknüpft.

Die Vorschrift des § 164 Abs. 2 bis 6 BewG regelt die Details zur Ermittlung des Mindestwerts (Art und Umfang der Wirtschaftsgüter, Verfahren und Berechnung des Mindestwerts, Zinssatz und durchschnittlicher Bodenwert). Der für den *Wert des Grund und Bodens* im Sinne des § 158 Abs. 3 Satz 1 Nr. 1 BewG zu *ermittelnde Pachtpreis* pro Hektar bestimmt sich nach der Nutzung bzw. dem Nutzungsteil und der Nutzungsart des Grund und Bodens. Bei der *landwirtschaftlichen Nutzung* ist dabei die *Betriebsgröße in EGE* nach § 163 Abs. 3 Satz 4 Nr. 1 bis 3 BewG zu berücksichtigen. Der danach maßgebliche Pachtpreis ergibt sich jeweils aus den Anlagen 14, 15 und 17 (jeweils Spalte 5) sowie aus den Anlagen 16 und 18 (jeweils Spalte 4) zum BewG und ist mit der *Eigentumsfläche* zu *multiplizieren*. Die regionalen Pachtpreise pro Hektar wurden aus dem Agrarbericht abgeleitet. Die Regionalisierung der bundesdurchschnittlichen Ergebnisse wurde unter Berücksichtigung der Standarddeckungsbeiträge bewerkstelligt. Die *Pachtpreise* wurden aus einem *fünfjährigen Durchschnitt* gebildet, um dieserart den in der Landwirtschaft üblichen Einkommensschwankungen zwischen mehreren Wirtschaftsjahren Rechnung zu tragen. Mit dieser Vorgehensweise wird zudem berücksichtigt, dass es für einen innerlandwirtschaftlichen Verkehrswert *keinen einheitlichen Marktpreis* gibt. Für Abbauland ist ein pauschaler Pachtpreis von 136 €/ha anzusetzen, für Geringstland beträgt der pauschale Pachtpreis 5,40 €/ha (R B 164 Abs. 4 und 5 ErbStR).

Der *Zinssatz* zur Kapitalisierung des regionalen Pachtpreises beträgt *5,5 %* und setzt sich aus einem *Basiszinssatz* von *4,5 %* und einem *Risikozuschlag* von *1,0 %* zusammen. Der *Kapitalisierungsfaktor* beläuft sich in der Folge – wie beim Reingewinnverfahren (vgl. Tz. 254 f.) – auf *18,6* (§ 164 Abs. 3 BewG).

Der *Wert für das Besatzkapital*, d. h. für die übrigen Wirtschaftsgüter i. S. des § 158 Abs. 3 Satz 1 Nr. 2 bis 5 BewG bestimmt sich nach der Nutzung, dem Nutzungsteil und der Nutzungsart des Grund und Bodens. Bei der *landwirtschaftlichen Nutzung* ist dabei die *Betriebsgröße in EGE* nach § 163 Abs. 3 Satz 4 Nr. 1 bis 3 BewG zu berücksichtigen. Der danach maßgebliche Wert für das Besatzkapital ergibt sich jeweils aus den Anlagen 14, 15a und 17 (jeweils Spalte 6) sowie aus den Anlagen 16 und 18 (jeweils Spalte 5) zum BewG und ist mit den *selbst bewirtschafteten Flächen* zu *multiplizieren*. Die am Bewertungsstichtag selbst bewirtschaftete Fläche ergibt sich aus der im Eigentum des Erblassers bzw. Schenkers befindlich Fläche abzüglich der verpachteten Fläche und zuzüglich der zugepachteten Fläche. Der Wert für das üblicherweise vorhandene Besatzkapital ist in Abhängigkeit der Nutzungsart pro Hektar aus dem Bilanzvermögen laut Agrarberichterstattung abgeleitet worden. Zum Besatzkapital rechnen die Wirtschaftsgebäude (bauliche Anlagen), die stehenden Betriebsmittel (technische Anlagen, Maschinen, Tiervermögen) sowie der normale Bestand an umlaufenden Betriebsmitteln und die immateriellen Wirtschaftsgüter (z. B. Brennrechte, Milchlieferrechte).

262 *(Einstweilen frei)*

263 Der *Zinssatz* zur Kapitalisierung des Besatzkapitals (übrige Wirtschaftsgüter) beträgt ebenfalls *5,5 %* und setzt sich aus einem *Basiszinssatz* von *4,5 %* und einem *Risikozuschlag* von *1,0 %* zusammen, so dass der *Kapitalisierungsfaktor* auch hier *18,6* beträgt (§ 164 Abs. 5 BewG).

264 Von der Summe des kapitalisierten Werts des Grund und Bodens sowie des kapitalisierten Werts des Besatzkapitals (übrige Wirtschaftsgüter) sind die damit in wirtschaftlichem Zusammenhang stehenden *Verbindlichkeiten* abzuziehen. Der *Mindestwert*, der sich hiernach ergibt, darf nach § 164 Abs. 6 Satz 2 BewG *nicht weniger als 0 Euro* betragen. Ein Beispiel ist unter Tz 268b abgedruckt.

265 Um der Vorgabe des BVerfG nach *dynamischen Wertermittlungsverfahren* Rechnung zu tragen, wird das BMF in § 164 Abs. 7 BewG ermächtigt, durch Rechtsverordnung mit Zustimmung des Bundesrates die Anlagen 14 bis 18 zum BewG dadurch zu ändern, dass es die darin aufgeführten *Pachtpreise* und *Werte für das Besatzkapital* turnusmäßig an die Ergebnisse der Erhebungen nach § 2 Landwirtschaftsgesetz *anpasst*.

266 Das *typisierte Mindestwertverfahren* lässt sich nach folgendem *Schema* darstellen:

Mindestwertverfahren (§ 164 BewG)

Grund und Boden:

    Regional üblicher Netto-Pachtpreis je Hektar (Pachtpreis je Hektar)

    x Eigentumsfläche

    = Wert des Grund und Bodens

+   Besatzkapital:

    betriebsformabhängiger prozentualer Anteil vom landesspezifischen Netto-Pachtpreis je Hektar (Wert für das Besatzkapital je Hektar)

    x selbst bewirtschaftete Fläche

    = Wert des Besatzkapitals

=   Jahreswert

x   Kapitalisierungsfaktor 18,6 (auf Basis eines Zinssatzes von 5,5 %)

+   Ansatz sonstiger Wirtschaftsgüter mit dem gemeinen Wert

−   Verbindlichkeiten

=   Mindestwert (mindestens 0 Euro)

III) Tierbestände 267

Für die *Umrechnung der Tierbestände* (§ 169 BewG) in *Vieheinheiten* sowie die Gruppen der mehr oder weniger flächenabhängigen Zweige des Tierbestands sind die in den Anlagen 19 und 20 zum BewG aufgeführten Werte maßgebend.

mmm) Bewertung des Wirtschaftsteils mit dem Fortführungswert / Öffnungsklausel 268

Die Summe der nach Maßgabe des § 163 BewG zu ermittelnden Wirtschaftswerte ergibt den *Wert des Wirtschaftsteils*. Nach § 165 Abs. 2 BewG darf der für einen Betrieb der Land- und Forstwirtschaft anzusetzende Wert des Wirtschaftsteils *nicht geringer* sein als der nach § 164 BewG ermittelte *Mindestwert*.

In § 165 Abs. 3 BewG räumt der Gesetzgeber dem Steuerpflichtigen im Wege der *Öffnungsklausel* die *Möglichkeit des Verkehrswertnachweises* ein. Weist der Steuerpflichtige mithin nach, dass der gemeine Wert des Wirtschaftsteils niedriger ist als der nach § 165 Abs. 1 BewG (Regelertragswert) *und* nach § 165 Abs. 2 BewG (Mindestwert) ermittelte Wert, ist dieser Wert anzusetzen. Der *Verkehrswertnachweis* ist mithin nur für den *gesamten Wirtschaftsteil* zulässig. Zur Gleichbehandlung mit dem Betriebsvermögen (siehe hierzu § 11 Abs. 2 BewG, vgl. Tz. 320 ff.) findet ein nachgewiesener Verkehrswert seine *unterste Grenze im Liquidationswert* (§ 166 BewG, vgl. Tz 270 ff.). Die Fälle mit Verkehrswertnachweis beim land- und forstwirtschaftlichen Wirtschaftsteil dürften aufgrund der verhältnismäßig geringen „gemeinen Werte" in der Bewertungspraxis eine *untergeordnete Rolle* spielen. Lediglich bei überschuldeten Betrieben erscheint der Verkehrswertnachweis aufgrund der Begrenzung des Mindestwerts auf 0 Euro sinnvoll. 268a

BEISPIEL: Ermittlung des Wirtschaftswerts für einen Landwirtschaftsbetrieb in Oberbayern mit folgenden Betriebsverhältnissen: 268b

Ackerbau 50 ha Eigentum und 55 ha Zupachtflächen, betriebliche Verbindlichkeiten 54 000 €.

a) Reingewinnverfahren (§ 163 BewG)

1. Ermittlung des Gesamtstandarddeckungsbeitrags für die landwirtschaftliche Nutzung

Standarddeckungsbeitrag/ha für	Anbauflächen/ha	Betrag in EUR
Weichweizen 598 €	30	17 940
Kartoffeln 2 327 €	40	93 080
Raps 584 €	30	17 520
Roggen 402 €	2,5	1 005
Gerste 516 €	2,5	1 290
Gesamtstandarddeckungsbeitrag des Betriebs		130 835

2. Ermittlung der Nutzungsart bzw. Betriebsform für die landwirtschaftliche Nutzung

Da die Standarddeckungsbeiträge der pflanzlichen Nutzung entsprechend R B 163 Abs. 3 Satz 1 Nr. 1 Satz 3 i.V. m. Anlage 2 ErbStR alle dem Ackerbau zuzuordnen sind, ist das Klassifizierungsmerkmal > $2/3$ erfüllt. Es liegt ein reiner Ackerbaubetrieb vor.

3. Ermittlung der Betriebsgröße für die landwirtschaftliche Nutzung

Gesamtstandarddeckungsbeitrag 130 835 : 1 200 = 109,03 EGE

Die Betriebsgröße liegt über 100 EGE = Großbetrieb.

4. Bewertungsparameter Anlage 14 zum BewG

Reingewinn/ha – Oberbayern, Großbetrieb, Ackerbau = 109,00 €

5. Bewertung des Betriebs

Reingewinnverfahren				
Nutzungsart	Wert EUR/ha	jeweilige Eigentumsfläche	Kapitalisierungsfaktor	Wirtschaftswert
Ackerbau über 100 EGE	109	50 ha	18,6	101 370,00 €
Wirtschaftswert der landwirtschaftlichen Nutzung				101 370 €

Die betrieblichen Verbindlichkeiten sind mit dem Ansatz des Reingewinns von 109 €/ha berücksichtigt.

b) Mindestwertverfahren (§ 164 BewG)

Schritt 1 bis 3 s. o.

4. Bewertungsparameter Anlage 14 zum BewG

Pachtpreis/ha – Oberbayern, Großbetrieb, Ackerbau = 312,00 €
Besatzkapital/ha – Oberbayern, Großbetrieb, Ackerbau = 68,00 €

5. Bewertung des Betriebs

Mindestwertverfahren				
Nutzungsart	Wert EUR/ha	jeweilige Fläche	Kapitalisierungsfaktor	Mindestwert
Grund und Boden Ackerbau über 100 EGE	312,00	50 ha	18,6	290 160,00 €
Besatzkapital Ackerbau über 100 EGE	68,00	105 ha	18,6	+ 132 804,00 €
Verbindlichkeiten				– 54 000,00 €
Mindestwert der landwirtschaftlichen Nutzung				368 964 €

Da der Mindestwert höher ausfällt als der Wirtschaftswert, ist der Mindestwert maßgebend.

269 *(Einstweilen frei)*

270 **nnn) Nachbewertungsvorbehalt/Liquidationswert**

Aufgrund des *Nachbewertungsvorbehalts tritt* bei *steuerschädlichem Verhalten* im Sinne des § 162 Abs. 3 BewG (*Veräußerung* oder *Aufgabe* eines Betriebs der Land- und Forstwirtschaft oder eines Anteils im Sinne des § 158 Abs. 2 Satz 2 BewG *innerhalb eines Zeitraums von 15 Jahren* nach dem Erbfall bzw. dem Vollzug der Schenkung) an die Stelle des Fortführungswerts der *Liquidationswert, es sei denn*, es liegt ein Fall der *Reinvestitionsklausel* vor (§ 162 Abs. 3 Satz 2 BewG; vgl. Tz. 240 ff.). Dieselbe Rechtsfolge tritt ein, wenn funktional wesentliche Wirtschaftsgüter veräußert, in das Privatvermögen überführt oder im Wege des Nutzungswechsels auf Dauer dem Betrieb der Land- und Forstwirtschaft entzogen werden (§ 162 Abs. 4 BewG). Obwohl die Definitionen im Nachbewertungsfall sich teilweise mit den aus dem Ertragsteuerrecht bekannten Begriffen „wesentliche Betriebsgrundlagen" und „andere betriebsfremden Zwecken zugeführt" decken, waren *eigenständige bewertungsrechtliche Begriffsbestimmungen* erforderlich, da der Umfang der wirtschaftlichen Einheit (Bewertungsrecht) und der Umfang des Betriebsvermögens (Ertragsteuerrecht) differieren können. Der Rückgriff auf den Nachbewertungs-/Nachversteuerungsvorbehalt folgt den Gepflogenheiten bei *Nachabfindungsvorbehalten im Zuge zivilrechtlicher Erbfolgeregelungen in der Land- und Forstwirtschaft* (vgl. hierzu § 13 HöfeO). Mit der steuerschädlichen Veräußerung bzw. Aufgabe des Betriebs der Land- und Forstwirtschaft liegt ein Ereignis vor, das steuerliche Wirkung für die Vergangenheit hat – *rückwirkendes Ereignis* im Sinne des § 175 Abs. 1 Satz 1 Nr. 2 AO. Neben der Änderung des bisher festgestellten Grundbesitzwerts für den Betrieb der Land- und Forstwirtschaft wird die Erbschaftsteuer nach der sich hiernach ergebenden geänderten Bemessungsgrundlage rückwirkend neu festgesetzt (§ 175 Abs. 1 Satz 1 Nr. 1 AO).

Der *Liquidationswert* ist nach § 166 Abs. 2 BewG in Fällen der Veräußerung bzw. Aufgabe eines Betriebs der Land- und Forstwirtschaft oder des Mitunternehmeranteils an einem solchen Betrieb nach folgendem *Berechnungsschema* zu ermitteln: 271

Liquidationswert Grund und Boden:

    Eigentumsfläche

    x Bodenrichtwert

    – 10 %-Abschlag Liquidationskosten

+   Liquidationswert der übrigen Wirtschaftsgüter:

    gemeiner Wert der Wirtschaftsgebäude

    + gemeiner Wert der stehenden Betriebsmittel

    + gemeiner Wert der umlaufenden Betriebsmittel

    + gemeiner Wert der immateriellen Wirtschaftsgüter

    = gemeiner Wert der übrigen Wirtschaftsgüter

    – 10 %-Abschlag Liquidationskosten

–   Verbindlichkeiten

=   Liquidationswert

Sind dem Betrieb der Land- und Forstwirtschaft *wesentliche Wirtschaftsgüter* durch Veräußerung, Entnahme oder Nutzungswechsel auf Dauer entzogen worden, gelten die vorgenannten bewertungsrechtlichen Grundsätze zur Ermittlung und zum Ansatz des Liquidationswerts entsprechend. Bezüglich der Einzelheiten zur Korrektur des Wirtschaftswerts in diesen Fällen vgl. R B 166 Abs. 3 ErbStR.   272

ee) Bewertung der Betriebswohnungen und des Wohnteils   273

Unabhängig von seiner Zugehörigkeit zu den Betriebswohnungen und zum Wohnteil wird der land- und forstwirtschaftliche Wohnraum nach denselben Verfahren *wie bei*

Gebäuden des Grundvermögens bewertet und demgemäß wie vergleichbare Wohnungen behandelt (§ 167 Abs. 1 BewG). Nach § 167 Abs. 2 BewG wird für die *flächenmäßige Abgrenzung* des zu den Betriebswohnungen und zum Wohnteil des Betriebsinhabers oder des Altenteilers gehörenden Grund und Bodens eine *Sonderregelung* statuiert: Demnach wird bei der Ermittlung des Bodenwerts die zu bewertende Fläche höchstens auf das *Fünffache der mit den Wohnhäusern bebauten Fläche* beschränkt.

274   Nach § 167 Abs. 1 BewG erfolgt die *Bewertung* der Betriebswohnungen und des Wohnteils nach den Vorschriften, die für die Bewertung von Wohngrundstücken im Grundvermögen gelten, also nach den §§ 182 bis 196 BewG (vgl. dazu Tz. 282 ff.). Sind der Wohnteil und/oder die Betriebswohnungen räumlich mit anderen Gebäuden/Gebäudeteilen verbunden, richtet sich die Bewertung nach den Grundsätzen zur Bewertung des Wohnungseigentums – isolierte Betrachtung (R B 167.1 Abs. 3 Satz 4 ErbStR). Handelt es sich beim Wohnteil und/oder den Betriebswohnungen um ein freistehendes Gebäude, erfolgt die Bewertung in Abhängigkeit der vorhandenen Wohnungen nach den Grundsätzen für Ein- und Zweifamilienhäuser (R B 167.1 Abs. 3 Satz 3 ErbStR) oder Mietwohngrundstücke.

274a   Sofern ein land- und forstwirtschaftlicher Betrieb eine oder mehrere Wohnungen an fremde Dritte vermietet, werden diese Wohnungen als separate wirtschaftliche Einheiten des *Grundvermögens* bewertet. Hintergrund ist, dass die an fremde Dritte vermieteten Wohnungen nicht unmittelbar dem Betrieb der Land- und Forstwirtschaft dienen.

274b   Zur *Berücksichtigung von Besonderheiten*, die sich im Falle einer *engen räumlichen Verbindung von Wohnraum* mit dem Betrieb ergeben, ist der Wert des Wohnteils und der Wert der Betriebswohnungen um 15 % zu ermäßigen (§ 167 Abs. 3 BewG). Eine enge räumliche Verbindung besteht, wenn sich der Wohnteil oder die Betriebswohnungen unmittelbar neben den Wirtschaftsgebäuden oder den dazugehörigen Nebenflächen befinden (R B 167.2 Abs. 3 ErbStR). Das gilt auch dann, wenn Wohnteil oder Betriebswohnungen der durch eine öffentliche Straße mit geringer Verkehrsbelastung von der Hofstelle getrennt sind.

274c   Beim Wohnteil und den Betriebswohnungen ist – wie beim Mindestwertverfahren – ein Abzug der damit im unmittelbaren wirtschaftlichen Zusammenhang stehenden Verbindlichkeiten vorzunehmen (§ 168 Abs. 1 Nr. 2 und 3 BewG). Dies stellt einen erheblichen Unterschied zur Grundbesitzbewertung des Grundvermögens dar.

275   Beim Wohnteil und den Betriebswohnungen kann ein *Verkehrswertnachweis* geführt werden, wenn solche Umstände in Betracht kommen, die bei Anwendung der gesetzlich vorgeschriebenen Bewertungsverfahren einschließlich des o. g. Pauschalabschlags wegen enger räumlicher Umschließung noch nicht berücksichtigt worden sind. Wertmindernde Umstände in diesem Sinne können z. B. *wirtschaftliche Überalterung, Baumängel, Bauschäden* sowie *Denkmalschutzauflagen* sein. Hierzu hat der Gesetzgeber für land- und forstwirtschaftliche Wohngebäude in § 167 Abs. 4 BewG eine *eigenständige Öffnungsklausel* verankert, die dem Steuerpflichtigen einen Verkehrswertnachweis für den gesamtem Wohnteil *oder* die Betriebswohnungen ermöglicht. Auch diese Regelung wurde um den Hinweis ergänzt, dass der Verkehrs-

wertnachweis grundsätzlich die aufgrund des § 199 Abs. 1 BauGB erlassenen Vorschriften einschlägig sind, mithin die *Immobilienwertermittlungsverordnung (ImmoWertV)* sowie die hierzu ergangenen Richtlinien (WertR, SW-RL, EW-RL, etc.). Die ImmoWertV (vom 19. 5. 2010, BGBl 2010 I S. 639) hat zum 1. 7. 2010 die zuvor geltende WertV abgelöst.

ff) Grundbesitzwert des Betriebs der Land- und Forstwirtschaft/Aufteilung 276

Der nach § 157 Abs. 1 BewG für Zwecke der Folgebesteuerung (ErbSt/SchenkSt) gesondert festzustellende Grundbesitzwert für den Betrieb der Land- und Forstwirtschaft ist die Summe aus dem *Wert des Wirtschaftsteils*, dem *Wert der Betriebswohnungen abzüglich* der damit wirtschaftlich verbundenen *Schulden* sowie dem *Wert des Wohnteils*, der um die darauf lastenden *Verbindlichkeiten* zu *mindern* ist (§ 168 Abs. 1 BewG). Ebenso wie der Betriebsvermögenswert eines Gewerbebetriebs ist folglich auch der *Wert eines Betriebs der Land- und Forstwirtschaft* als *Nettowert* zu qualifizieren. Der Grundbesitzwert für *Stückländereien* als Betrieb der Land- und Forstwirtschaft besteht hingegen nur aus dem Wert des Wirtschaftsteils (§§ 168 Abs. 2, 160 Abs. 7 BewG; vgl. auch Tz. 230 und 241).

Der Grundbesitzwert für einen *Anteil an einem Betrieb der Land- und Forstwirtschaft* im 277
Sinne des § 158 Abs. 2 Satz 2 BewG ist gemäß § 168 Abs. 3 BewG nach den Regelungen des § 168 Abs. 4 bis 6 BewG *aufzuteilen*. Danach ist der *Wert des Wirtschaftsteils* nach den beim Mindestwert (§ 164 BewG) zugrunde gelegten Verhältnissen *aufzuteilen* (§ 168 Abs. 4 Satz 1 BewG). Dabei ist

1. der *Wert des Grund und Bodens* und der *Wirtschaftsgebäude* oder ein Anteil daran (§ 158 Abs. 3 Satz 1 Nr. 1 und 2) dem jeweiligen Eigentümer zuzurechnen. Im Falle des Gesamthandseigentums ist der Wert des Grund und Bodens nach der Höhe der gesellschaftsrechtlichen Beteiligung aufzuteilen;

2. der *Wert der übrigen Wirtschaftsgüter* (§ 158 Abs. 3 Satz 1 Nr. 3 bis 5) nach dem Wertverhältnis der dem Betrieb zur Verfügung gestellten Wirtschaftsgüter aufzuteilen. Im Falle des Gesamthandseigentums ist der Wert der übrigen Wirtschaftsgüter nach der Höhe der gesellschaftsrechtlichen Beteiligung aufzuteilen;

3. der *Wert der zu berücksichtigenden Verbindlichkeiten* (§ 164 Abs. 4) dem jeweiligen Schuldner zuzurechnen. Im Falle des Gesamthandseigentums ist der Wert der zu berücksichtigenden Verbindlichkeiten nach der Höhe der gesellschaftsrechtlichen Beteiligung aufzuteilen.

Die *Zurechnungs- und ggf. Aufteilungsregelungen* für den Wert der Betriebswohnungen 278
und den Wert für den Wohnteil sind in § 168 Abs. 5 und 6 BewG normiert. Demnach ist der Wert für die *Betriebswohnungen* und für den *Wohnteil* dem jeweiligen *Eigentümer* zuzurechnen. Im Falle des *Gesamthandseigentums* ist der Wert jeweils nach der *Höhe der gesellschaftsrechtlichen Beteiligung* aufzuteilen.

c) Bewertung des Grundvermögens

279 aa) Bewertungsziel Gemeiner Wert

Mit der in den §§ 176 ff. BewG geregelten erbschaft- und schenkungsteuerlichen Immobilienbewertung strebt der Gesetzgeber die gleichheitsgerechte Annäherung der Bewertungsmethoden an den gemeinen Wert an, ist sich indessen aber auch bewusst, dass es für das Grundvermögen keinen absoluten, sicher realisierbaren Marktwert gibt. Mithin ist ein Marktwertniveau mit einer *Streubreite* zu treffen, die verfassungsrechtlich unangreifbar ist. Zu diesem Zweck greift das Bewertungsrecht auf *typisierende Bewertungsmethoden* zurück, die strukturell geeignet sind, das gesetzlich verankerte Bewertungsziel „gemeiner Wert" (§ 177 BewG) zumindest annäherungsweise zu erreichen. Der Gesetzgeber hat sich dabei an die Wertermittlungsverfahren der Sachverständigen für die Bewertung von Grundstücken angelehnt (Wertermittlungsverordnung – WertV vom 6.12.1988, BGBl 1988 I S. 2209, geändert durch Art. 3 des Bau- und Raumordnungsgesetzes vom 18.8.1997, BGBl 1997 I S. 2081– und Wertermittlungsrichtlinien 2006 – WertR 2006 – bzw. Immobilienwertermittlungsverordnung – ImmoWertV vom 19.5.2010, BGBl 2010 I S. 639, die zum 1.7.2010 die WertV abgelöst hat).

280 bb) Bewertung unbebauter Grundstücke

Unter unbebauten Grundstücken sind Grundstücke zu verstehen, auf denen sich keine benutzbaren Gebäude befinden (§ 178 Abs. 1 Satz 1 BewG). Die *Benutzbarkeit* beginnt im Zeitpunkt der *Bezugsfertigkeit*. Zu den unbebauten Grundstücken zählen auch Grundstücke mit Gebäuden, die auf Dauer keiner Nutzung zugeführt werden können (§ 178 Abs. 2 Satz 1 BewG). Ein aufgrund baulicher Mängel vorübergehend nicht benutzbares Gebäude (z. B. während der Renovierungsphase) ist als bebautes Grundstück einzustufen. Die Vorschrift des § 178 Abs. 2 Satz 2 BewG fingiert ein Grundstück als unbebautes Grundstück, auf dem infolge der Zerstörung oder des Verfalls der Gebäude auf Dauer benutzbarer Raum nicht mehr vorhanden ist.

281 Der Wert unbebauter Grundstücke bestimmt sich gemäß § 179 Abs. 1 Satz 1 BewG regelmäßig nach ihrer *Fläche* und den *Bodenrichtwerten* (§ 196 BauGB). Bei den Bodenrichtwerten handelt es sich um durchschnittliche Lagewerte, die sich für ein Gebiet mit im Wesentlichen gleichen Lage- und Nutzungsverhältnissen je Quadratmeter der unbebauten oder bebauten Grundstücksfläche ergeben. Bei der Wertermittlung ist stets der Bodenrichtwert anzusetzen, der vom Gutachterausschuss zuletzt zu ermitteln war (R B 179.2 Abs. 1 Satz 1 ErbStR).

Bodenrichtwerte können häufig kostenlos über das Internet abgerufen werden (in NRW z. B. über www.boris.nrw.de). Sofern das zu bewertende Grundstück in seinen lagetypischen Merkmalen wie Größe, Tiefe, etc. von denen des Bodenrichtwertgrundstücks abweicht, kann aus dem Bodenrichtwert unter Berücksichtigung der Abweichungen ein Bodenwert je Quadratmeter Grundstücksfläche abgeleitet werden, soweit der örtliche Gutachterausschuss entsprechende Umrechnungsfaktoren vorgegeben hat. Wurde im Ausnahmefall kein Bodenrichtwert vom örtlichen Gutachterausschuss ermittelt, ist der Bodenwert aus den Werten vergleichbarer Flächen abzuleiten (§ 179 Satz 4 BewG).

cc) Bewertung bebauter Grundstücke

Grundstücke, auf denen sich benutzbare Gebäude befinden, sind als *bebaute Grundstücke* zu qualifizieren (§ 180 Abs. 1 Satz 1 BewG). Nach den durch die Rechtsprechung festgelegten Grundsätzen stellt ein Bauwerk ein Gebäude dar, wenn es *sämtliche Gebäudemerkmale* erfüllt. Dies ist der Fall, wenn das Bauwerk Menschen oder Sachen durch räumliche Umschließung Schutz gegen äußere Einflüsse gewährt, den Aufenthalt von Menschen gestattet, fest mit dem Grund und Boden verbunden, von einiger Beständigkeit und ausreichend standfest ist (vgl. zu den Einzelheiten die gleich lautenden Erlasse der obersten Finanzbehörden der Länder zur Abgrenzung des Grundvermögens von den Betriebsvorrichtungen vom 05.06.2013, BStBl 2013 I S. 734). 282

Die *Benutzbarkeit eines Gebäudes* beginnt im Zeitpunkt der Bezugsfertigkeit. Ein Gebäude gilt als bezugsfertig, wenn den zukünftigen Bewohnern oder Benutzern die Benutzung des Gebäudes zugemutet werden kann. Wann dieser Zeitpunkt gegeben ist, ist nach der Verkehrsanschauung zu beurteilen. Gebäude können im Allgemeinen als bezugsfertig angenommen werden, wenn alle wesentlichen Bauarbeiten (z. B. Einbau der Fenster und Türen, Vorhandensein der Anschlüsse für Strom- und Wasserversorgung, Heizung sowie sanitäre Einrichtungen und Möglichkeit zur Einrichtung einer Küche) durchgeführt worden sind. Unerhebliche Restmaßnahmen stehen der Annahme der Bezugsfertigkeit nicht entgegen (z. B. Tapezieren, Aufstellen und Anschließen von Spüle und Herd; BFH vom 25.7.1980, BStBl 1981 II S. 152). 282a

Wird ein Gebäude in *Bauabschnitten* errichtet, so ist der fertig gestellte und bezugsfertige Teil als benutzbares Gebäude anzusehen (§ 180 Abs. 1 Satz 2 BewG). Eine Errichtung in Bauabschnitten ist gegeben, wenn ein Gebäude nicht in einem Zuge in planmäßig vorgesehenem Umfang bzw. im Rahmen der behördlichen Genehmigung bezugsfertig erstellt wird (z. B. wegen fehlender Baugelder wird zunächst nur die Wohnung im Erdgeschoss eines Zweifamilienhauses fertig gestellt). Die Verzögerung bzw. Unterbrechung darf jedoch nicht auf bautechnischen Gründen beruhen (z. B. Überwindung einer Frostperiode) und muss von gewisser Dauer – mindestens zwei Jahre – sein (vgl. BFH vom 28.11.1990, BStBl 1991 II S. 209). 282b

aaa) Grundstücksarten

Der Vorgehensweise bei der (grundsteuerlichen) Einheitsbewertung folgend, ordnet der Steuergesetzgeber für Zwecke der Bewertung bebauter Grundstücke bestimmte *Grundstücksarten* einschlägigen *Bewertungsverfahren* zu. Normativ sind folgende Grundstücksarten zu unterscheiden: Ein- und Zweifamilienhäuser, Mietwohngrundstücke, Wohnungs- und Teileigentum, Geschäftsgrundstücke, gemischt genutzte Grundstücke sowie sonstige bebaute Grundstücke (§ 181 Abs. 1 BewG). 282c

Ein- und Zweifamilienhäuser sind Wohngrundstücke, die bis zu zwei Wohnungen enthalten und kein Wohnungseigentum sind. Die Einstufung als Ein- oder Zweifamilienhaus kommt auch dann zum Zuge, wenn ein Grundstück zu weniger als 50 % – berechnet nach der Wohn- oder Nutzfläche – zu anderen als Wohnzwecken mitbenutzt und dadurch die Eigenart als Ein- oder Zweifamilienhaus nicht wesentlich beeinträchtigt 283 wird (§ 181 Abs. 2 Satz 2 BewG). Der bewertungsrechtliche Wohnungsbegriff ist in § 181 Abs. 9 BewG gesetzlich definiert (s. Tz. 283a).

Mietwohngrundstücke sind Grundstücke, die zu mehr als 80 % – berechnet nach der Wohn- oder Nutzfläche – Wohnzwecken dienen, und nicht Ein- oder Zweifamilienhäuser sind (§ 181 Abs. 3 BewG).

Wohnungseigentum ist das Sondereigentum an einer Wohnung in Verbindung mit dem Mitwohnungseigentumsanteil an dem gemeinschaftlichen Eigentum, zu dem es gehört (§ 181 Abs. 4 BewG).

Teileigentum ist das Sondereigentum an nicht zu Wohnzwecken dienenden Räumen eines Gebäudes in Verbindung mit dem Miteigentum an dem gemeinschaftlichen Eigentum, zu dem es gehört (§ 181 Abs. 5 BewG).

Geschäftsgrundstücke sind Grundstücke, die zu mehr als 80 % – berechnet nach der Wohn- und Nutzfläche – eigenen oder fremden betrieblichen oder öffentlichen Zwecken dienen und nicht Teileigentum sind (§ 181 Abs. 6 BewG).

Gemischt genutzte Grundstücke sind Grundstücke, die teils Wohnzwecken, teils eigenen oder fremden betrieblichen oder öffentlichen Zwecken dienen und nicht Ein- oder Zweifamilienhäuser, Mietwohngrundstücke, Wohnungseigentum, Teileigentum oder Geschäftsgrundstücke sind (§ 181 Abs. 7 BewG).

Sonstige bebaute Grundstücke sind solche Grundstücke, die nicht unter die vorgenannten Grundstücksarten fallen, d. h. die weder Wohnzwecken noch betrieblichen oder öffentlichen Zwecken dienen. Mithin handelt es sich hier um einen Auffangtatbestand, der z. B. für nicht ganzjährig bewohnbare Wochenendhäuser, Schützenhallen, Jagdhütten, Clubhäuser, Vereinshäuser, etc. gilt.

283a Im § 181 Abs. 9 BewG wird erstmals der *Begriff der Wohnung* gesetzlich definiert. Danach ist eine Wohnung die Zusammenfassung einer Mehrheit von Räumen, die in ihrer Gesamtheit so beschaffen sein müssen, dass die Führung eines selbständigen Haushalts möglich ist. Die Zusammenfassung einer Mehrheit von Räumen muss eine von anderen Wohnungen oder Räumen, insbesondere Wohnräumen, baulich getrennte, in sich abgeschlossene Wohneinheit bilden und einen selbständigen Zugang haben. Außerdem ist erforderlich, dass die für die Führung eines selbständigen Haushalts notwendigen Nebenräume (Küche, Bad oder Dusche, Toilette) vorhanden sind. Die Wohnfläche muss mindestens 23 m² betragen.

bbb) Bewertungsverfahren

284 Da die *Bewertungsmethoden strukturell geeignet* sein müssen, eine *Annäherung an den gemeinen Wert* zu gewährleisten, hat sich der Gesetzgeber für den grundsätzlichen Rückgriff auf die anerkannten Verfahren zur Verkehrswertermittlung entschieden (vgl. Tz. 279). Diese Verfahren wurden für Zwecke der erbschaft- und schenkungsteuerlichen Bewertung unter Berücksichtigung der im gewöhnlichen Geschäftsverkehr bestehenden Gepflogenheiten den steuerlichen Grundstücksarten zugeordnet und typisierend im § 182 BewG geregelt.

In Abhängigkeit der gesetzlich vorgegebenen Grundstücksarten ergibt sich folgende *normative Zuordnung der steuerlichen Bewertungsverfahren*:

Grundstücksarten	Bewertungsverfahren	Rechtsgrundlagen
Wohnungseigentum, Teileigentum, Einfamilienhäuser, Zweifamilienhäuser, soweit ein *Vergleichswert vorliegt*	(vorrangig im) Vergleichswertverfahren	§§ 182 Abs. 2, 183 BewG
Wohnungseigentum, Teileigentum, Einfamilienhäuser, Zweifamilienhäuser, soweit ein *Vergleichswert nicht vorliegt*	(nachrangig im) Sachwertverfahren	§§ 182 Abs. 4 Nr. 1, 189 bis 191 BewG
Mietwohngrundstücke	stets im Ertragswertverfahren	§§ 182 Abs. 3 Nr. 1, 184 bis 188 BewG
Geschäftsgrundstücke und gemischt genutzte Grundstücke, für die sich auf dem örtlichen Grundstücksmarkt eine übliche Miete ermitteln lässt.	(vorrangig im) Ertragswertverfahren	§§ 182 Abs. 3 Nr. 2, 184 bis 188 BewG
Geschäftsgrundstücke und gemischt genutzte Grundstücke, für die sich auf dem örtlichen Grundstücksmarkt *keine übliche Miete* ermitteln lässt	(nachrangig im) Sachwertverfahren	§§ 182 Abs. 4 Nr. 2, 189 bis 191 BewG
sonstige bebaute Grundstücke	stets im Sachwertverfahren	§§ 182 Abs. 4 Nr. 3, 189 bis 191 BewG

(1) Vergleichswertverfahren

(1.1) Vergleichspreisverfahren

Nach § 182 Abs. 2 BewG sind im *Vergleichswertverfahren* grundsätzlich *Wohnungseigentum, Teileigentum* sowie *Ein- und Zweifamilienhäuser* zu bewerten. Nach der gesetzlichen Regelung gemäß WertV bzw. ImmoWertV stehen hierfür zwei Verfahrenswege zur Verfügung, auf die zweckmäßigerweise auch § 183 BewG zurückgreift: die Heranziehung von *Vergleichskaufpreisen* einerseits sowie die Anwendung von *Vergleichsfaktoren* anderseits. 285

Zur Anwendung des Vergleichswertverfahrens sind nach § 183 Abs. 1 Satz 1 BewG *Kaufpreise von Grundstücken* heranzuziehen, die hinsichtlich der ihren Wert beeinflussenden Merkmale mit dem zu bewertenden Grundstück hinreichend übereinstimmen – *Vergleichsgrundstücke*. Bei der Prüfung, ob das zu bewertende Grundstück mit dem Vergleichsgrundstück hinreichend übereinstimmt, ist insbesondere auf die Grundstücksmerkmale Lage, Art und Maß der baulichen Nutzung, Größe, Erschließungszustand, Gebäudeart und Alter des Gebäudes abzustellen. Der Vergleichswert ist grundsätzlich aus einer ausreichenden Zahl von geeigneten Vergleichspreisen zu ermitteln (R B 183 Abs. 2 Satz 1 ErbStR). Vorrangig sind dabei die von den Gutachterausschüssen mitgeteilten Vergleichspreise. Diese können – sofern der Gutachterausschuss sie bereitstellt – dem Grundstücksmarktbericht entnommen werden. Nachrangig kann das zuständige Fi- 286 nanzamt geeignete Vergleichspreise aus anderen Kaufpreissammlungen als nach § 195 BauGB berücksichtigen (R B 183 Abs. 2 Satz 7 ErbStR), sofern solche geführt werden. Dies ist in der Praxis nur selten der Fall.

Die Gesetzesvorschrift trägt einer typisierenden Wertermittlung Rechnung. So dient das Erfordernis hinreichender – nicht absoluter – Übereinstimmung der Vergleichsgrundstücke mit dem Bewertungsobjekt nicht nur der *Verwaltungsvereinfachung*, sondern auch dazu, den Kreis der Vergleichsgrundstücke nicht über Gebühr einzuengen. Dem Vereinfachungsgedanken trägt auch § 183 Abs. 3 BewG Rechnung: Hiernach sind *Besonderheiten*, insbesondere die den Wert des Grundstücks beeinflussende Belastungen privatrechtlicher und öffentlich-rechtlicher Art, *nicht berücksichtigungsfähig*. In der Praxis spielt das Vergleichs*preis*verfahren aufgrund der kaum bereitgestellten Vergleichspreise keine nennenswerte Rolle.

(1.2) Vergleichsfaktorverfahren

287 Anstelle von Preisen für Vergleichsgrundstücke können nach § 183 Abs. 2 Satz 1 BewG *Vergleichsfaktoren* herangezogen werden, die von den Gutachterausschüssen für geeignete Bezugseinheiten, z. B. die Wohnfläche (Gebäudefaktor) oder den erzielbaren jährlichen Ertrag (Ertragsfaktor) ermittelt und im Grundstücksmarktbericht mitgeteilt werden. Vergleichsfaktoren sind geeignet, wenn die Grundstücksmerkmale (z. B. Lage, Alter, Wohnfläche, Grundstücksgröße) der ihnen zugrunde liegenden Grundstücke hinreichend mit denen des zu bewertenden Grundstücks übereinstimmen bzw. die Abweichungen in sachgerechter Weise berücksichtigt werden können (vgl. dazu Tz. 288). Werden Vergleichsfaktoren verwendet, die sich nur auf das Gebäude beziehen, ist der Bodenwert nach § 179 BewG gesondert zu berücksichtigen (§ 183 Abs. 2 Satz 2 BewG). Bei Anwendung des Vergleichsfaktorverfahrens ergibt sich der Vergleichswert durch Multiplikation des anzuwendenden Vergleichsfaktors mit der maßgebenden Bezugseinheit (z. B. 1 750 €/m^2 x 110 m^2 Wohnfläche = 192 500 €).

288 Weichen die Grundstücksmerkmale (z.B. Wohn-/Nutzfläche, Grundstücksgröße, Alter des Gebäudes) des zu bewertenden Grundstücks von denen der Vergleichsgrundstücke bzw. der den Vergleichsfaktoren zugrunde liegenden Grundstücke ab, so sind diese Abweichungen durch Zu- und Abschläge nach Vorgabe des Gutachterausschusses zu berücksichtigen (R B 183 Abs. 4 Satz 1 ErbStR). Hat der örtliche Gutachterausschuss keine entsprechenden Anpassungsfaktoren ermittelt, kann eine hinreichende Übereinstimmung noch unterstellt werden, wenn die Grundstücksmerkmale des zu bewertenden Grundstücks um höchstens jeweils 20 % von den Grundstücksmerkmalen der Vergleichsgrundstücke bzw. der den Vergleichsfaktoren zugrunde liegenden Grundstücke abweichen (H B 183 Abs. 4 ErbStH). Beträgt die Abweichung bei einem Merkmal mehr als 20 %, ist das vorrangige Vergleichswertverfahren nicht anwendbar.

(2) Ertragswertverfahren

289 Nach § 182 Abs. 3 BewG sind im *Ertragswertverfahren Mietwohngrundstücke sowie Geschäftsgrundstücke* und gemischt genutzte Grundstücke, für die sich auf dem örtlichen Grundstücksmarkt eine *übliche Miete* ermitteln lässt, zu bewerten. Der *Wert der baulichen Anlagen* ist bei diesem Verfahren getrennt vom Bodenwert auf der Grundlage des

Ertrags zu ermitteln (§ 184 Abs. 1 BewG). Der Bodenwert ist nach § 184 Abs. 2 BewG wie bei unbebauten Grundstücken nach § 179 BewG zu ermitteln (vgl. Tz. 280 f.). Das Ertragswertverfahren der §§ 184 bis 188 BewG lässt sich wie folgt im Schema darstellen:

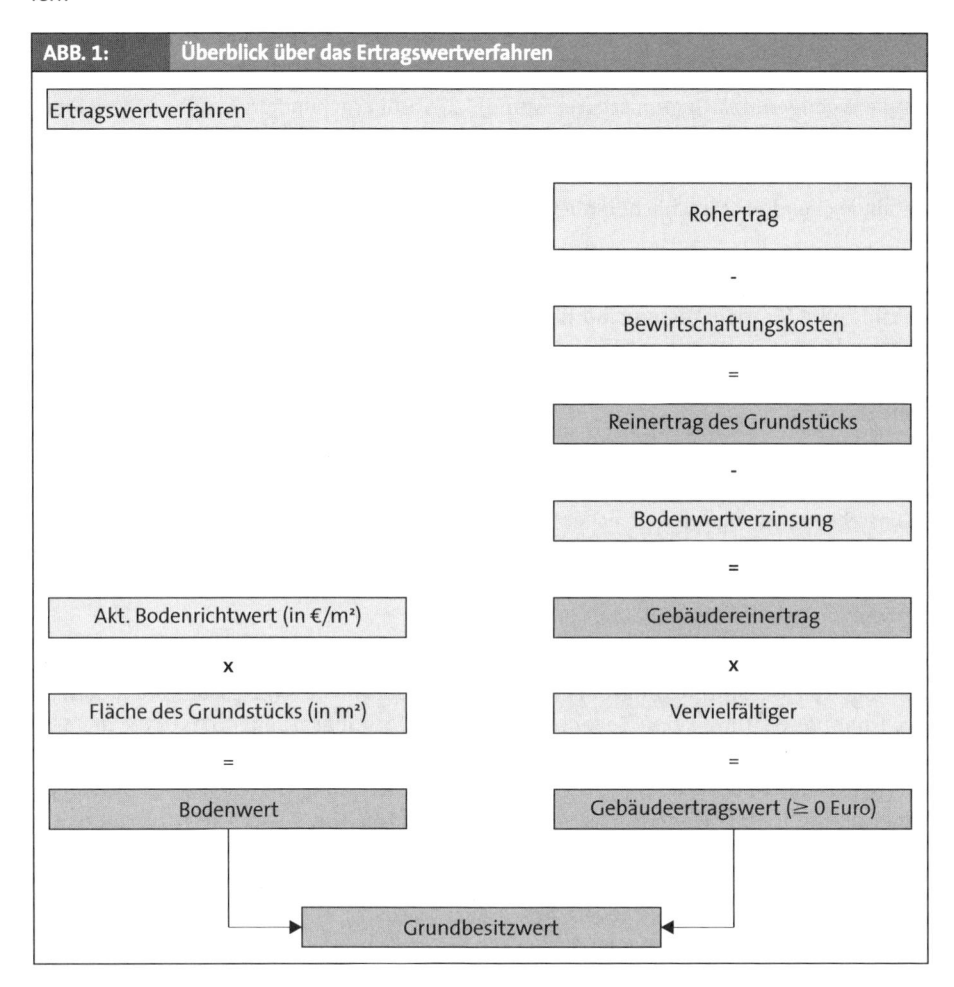

ABB. 1: Überblick über das Ertragswertverfahren

```
Ertragswertverfahren

                                        Rohertrag
                                            -
                                    Bewirtschaftungskosten
                                            =
                                   Reinertrag des Grundstücks
                                            -
                                      Bodenwertverzinsung
                                            =
  Akt. Bodenrichtwert (in €/m²)          Gebäudereinertrag
              x                                 x
   Fläche des Grundstücks (in m²)          Vervielfältiger
              =                                 =
           Bodenwert                 Gebäudeertragswert (≥ 0 Euro)
                        ↘       ↙
                       Grundbesitzwert
```

Bodenwert und *Gebäudeertragswert* ergeben den *Ertragswert des Grundstücks* (Grundbesitzwert nach dem Ertragswertverfahren). Eine *Mindestwertregelung* ist im § 184 Abs. 3 Satz 2 BewG verankert. Danach ist mindestens der Bodenwert anzusetzen. Mit dieser Regelung werden komplizierte Wertberechnungen in Fällen erspart, in denen nach Abzug der Bodenwertverzinsung kein Gebäudereinertrag mehr verbleibt. Da sonstige bauliche Anlagen (insbesondere Außenanlagen) regelmäßig mit dem Ertragswert erfasst sind, werden diese nicht gesondert berücksichtigt (§ 184 Abs. 3 Satz 3 BewG).

Nach § 185 Abs. 1 Satz 1 BewG ist bei der Ermittlung des Gebäudeertragswerts von dem *Reinertrag des Grundstücks* auszugehen. Der Reinertrag des Grundstücks ergibt sich aus dem *Rohertrag* des Grundstücks abzüglich der *Bewirtschaftungskosten*. Der

290

Rohertrag ist nach § 186 Abs. 1 Satz 1 BewG das Entgelt, das für die Benutzung des bebauten Grundstücks nach den am Bewertungsstichtag geltenden vertraglichen Vereinbarungen für den Zeitraum von zwölf Monaten zu zahlen ist – vereinbarte Jahresmiete. Umlagen, die zur Deckung der Betriebskosten gezahlt werden, sind nicht anzusetzen (§ 186 Abs. 1 Satz 2 BewG; sog. Nettokaltmiete).

291 Gem. § 186 Abs. 2 Satz 1 BewG ist für Grundstücke oder Grundstücksteile

- die eigengenutzt, ungenutzt (Leerstand), zu vorübergehendem Gebrauch (z. B. Ferienwohnung) oder unentgeltlich überlassen sind,
- die der Eigentümer dem Mieter zu einer um mehr als 20 % von der üblichen Miete abweichenden tatsächlichen Miete überlassen hat,

die übliche Miete anzusetzen. Die übliche Miete ist in Anlehnung an die Miete zu schätzen, die für Räume gleicher oder ähnlicher Art, Lage und Ausstattung regelmäßig gezahlt wird. Betriebskosten sind nicht einzubeziehen (§ 186 Abs. 2 Satz 3 BewG). Die übliche Miete kann z. B. aus Vergleichsmieten oder Mietspiegeln abgeleitet, mit Hilfe einer Mietdatenbank (§ 558e BGB) geschätzt oder durch ein Mietgutachten ermittelt werden.

292 Aus *Vereinfachungsgründen* schreibt § 187 Abs. 2 Satz 1 BewG vor, dass die *Bewirtschaftungskosten* nach *Erfahrungssätzen* anzusetzen sind. Die Erfahrungssätze werden in der Praxis eher selten von den örtlichen Gutachterausschüssen mitgeteilt. Soweit diese Erfahrungssätze nicht zur Verfügung stehen, ist von den pauschalierten Bewirtschaftungskosten nach Anlage 23 zum BewG in Abhängigkeit der Grundstücksart und der Restnutzungsdauer des Gebäudes auszugehen.

292a Die *Restnutzungsdauer* des Gebäudes ergibt sich aus der um das Alter des Gebäudes geminderten Gesamtnutzungsdauer nach Anlage 22 zum BewG. Es bestehen seitens der Finanzverwaltung keine Bedenken, aus Vereinfachungsgründen das Alter des Gebäudes durch Abzug des Jahres der Bezugsfertigkeit (Baujahr) vom Jahr des Bewertungsstichtags zu bestimmen (R B 185.3 Abs. 1 Satz 2 ErbStR). Die *Mindestrestnutzungsdauer* beträgt beim Ertragswertverfahren gemäß § 185 Abs. 3 Satz 5 BewG regelmäßig mindestens 30 % der wirtschaftlichen Gesamtnutzungsdauer nach Anlage 22 zum BewG und ist bei der Anwendung der pauschalierten Bewirtschaftungskosten entsprechend zu berücksichtigen (R B 187 Abs. 2 Satz 5 ErbStR). Die Regelung einer Mindestrestnutzungsdauer in § 185 Abs. 3 Satz 5 BewG trägt dem Umstand Rechnung, dass auch ein älteres Gebäude, das laufend instand gehalten wird, nicht wertlos wird.

292b **HINWEIS:**

Die Anlage 22 zum BewG wurde durch das StÄndG 2015 vom 2. 11. 2015 (BGBl 2015 I, S. 1834) mit Wirkung zum 1. 1. 2016 geändert. Im Rahmen der Änderung wurden zahlreiche wirtschaftliche Gesamtnutzungsdauern des BewG an die Anlage 3 der Sachwertrichtlinie vom 5. 9. 2012 (BAnz AT 18. 10. 2012 B 1) angepasst und damit vielfach verkürzt. So beträgt beispielsweise die typisierte Gesamtnutzungsdauer eines Mietwohngrundstücks für Bewertungsstichtage ab dem 1. 1. 2016 nur noch 70 Jahre (bisher 80 Jahre).

In begründeten Ausnahmefällen wird eine Verlängerung oder Verkürzung der Restnutzungsdauer zu prüfen sein. So wird die Restnutzungsdauer eines Gebäudes verlängert, wenn innerhalb der letzten zehn Jahre vor dem Bewertungsstichtag durchgreifende Instandhaltungsmaßnahmen oder Modernisierungen durchgeführt wurden. Wurde die Nutzbarkeit eines Gebäudes infolge baulicher Maßnahmen wesentlich verlängert, ist von einer verlängerten Restnutzungsdauer auszugehen. Einzelheiten hierzu ergeben sich aus R B 185.3 Abs. 4 ErbStR. Es ist zu beachten, dass die Regelung für Bewertungsstichtage ab dem 1.1.2016 angepasst wurde (vgl. Abschnitt 1 der gleich lautenden Erlasse der Länder vom 8.1.2016, BStBl 2016 I S. 173). Eine Verkürzung der Restnutzungsdauer kommt nur in Ausnahmefällen in Betracht, z.B. bei bestehender Abbruchverpflichtung für das Gebäude (R B 185.3 Abs. 5 Satz 1 ErbStR).

292c

Der nach Abzug der Bewirtschaftungskosten vom Rohertrag verbleibende Betrag ist der *Reinertrag des Grundstücks*. Der Reinertrag des Grundstücks ist nach § 185 Abs. 2 Satz 1 BewG um den Betrag zu vermindern, der sich durch eine angemessene *Bodenwertverzinsung* ergibt; der verbleibende Betrag ist der Gebäudereinertrag. Der Verzinsung des Bodenwerts ist der *Liegenschaftszins* nach § 188 BewG zugrunde zu legen. Der Liegenschaftszinssatz ist der Zinssatz, mit dem der Verkehrswert von Grundstücken im Durchschnitt marktüblich verzinst wird (§ 188 Abs. 1 BewG). Anzuwenden sind dabei vorrangig die von den Gutachterausschüssen ermittelten örtlichen Liegenschaftszinssätze. Soweit vom örtlichen Gutachterausschuss für das zu bewertende Grundstück keine geeigneten Liegenschaftszinssätze im Grundstücksmarktbericht zur Verfügung gestellt wird, gelten nach Maßgabe des § 188 Abs. 2 Satz 2 BewG die folgenden Zinssätze:

292d

- 5 % für Mietwohngrundstücke,
- 5,5 % für gemischt genutzte Grundstücke mit einem gewerblichen Anteil von bis zu 50 %, berechnet nach der Wohn- und Nutzfläche,
- 6 % für gemischt genutzte Grundstücke mit einem gewerblichen Anteil von mehr als 50 %, berechnet nach der Wohn- und Nutzfläche,
- 6,5 % für Geschäftsgrundstücke.

Ist das zu bewertende Grundstück wesentlich größer, als es einer den Gebäuden angemessenen Nutzung entspricht und ist eine zusätzliche Nutzung oder Verwertung einer Teilfläche zulässig und möglich, ist bei der Berechnung des Verzinsungsbetrags der Bodenwert dieser Teilfläche nicht anzusetzen (§ 185 Abs. 2 Satz 3 BewG; vgl. dazu auch Beispiel in H B 185.1 Abs. 3 ErbStH).

293

Regelungsgegenstand des § 185 Abs. 3 BewG ist die *Ermittlung des Gebäudeertragswerts* durch Anwendung des einschlägigen *Vervielfältigers* nach Anlage 21 zum BewG auf den Gebäudereinertrag. Maßgebend für den Vervielfältiger sind der *Liegenschaftszinssatz* und die *Restnutzungsdauer* des Gebäudes.

294

Die Summe des Gebäudeertragswerts und des Bodenwerts ergibt den *Ertragswert des Grundstücks* (§ 184 Abs. 3 Satz 1 BewG).

BEISPIEL: V verstirbt am 10.9.2016. Alleinerbin ist seine Tochter T. Zur Erbschaft gehört ein Wohn- und Geschäftshaus, welches im Dezember 1970 fertig gestellt worden ist. Ein im Erdgeschoss gelegenes Restaurant mit einer Nutzfläche von 160 m² ist zu einer ortsüblichen Miete von mtl. 4 000 € zzgl. 400 € Nebenkosten (Heizung, Wasser usw.) vermietet. In den beiden Obergeschossen befinden sich 4 gleich ausgestattete Wohnungen mit einer Wohnfläche von jeweils 80 m². Zwei Wohnungen sind für jeweils 800 € (ortsüblich) zzgl. 200 € Nebenkosten vermietet. Eine Wohnung wurde von V genutzt. Die vierte Wohnung hatte V an T für mtl. 700 € zzgl. 200 € Nebenkosten vermietet.

Das Grundstück ist 900 m² groß. Der örtliche Gutachterausschuss hat für das Grundstück einen Bodenrichtwert in Höhe von 300 €/m² ermittelt; sonstige für die Wertermittlung erforderlichen Faktoren hat er nicht festgestellt.

Es liegt ein gemischt genutztes Grundstück i. S. des § 181 Abs. 7 BewG vor, dass gem. § 182 Abs. 3 Nr. 2 BewG im Ertragswertverfahren zu bewerten ist.

Bodenwert
Bodenrichtwert 300 € x Grundstücksfläche 900 m²   = 270 000 €

Gebäudeertragswert
Rohertrag (48 000 € Restaurant + 19 200 € vermietete Wohnungen + 9 600 € übliche Miete wg. Selbstnutzung + 8 400 € an T verbilligt vermietete Wohnung, da Abweichung < 20 %; alle Mieten ohne Nebenkosten)	85 200 €	
./. Bewirtschaftungskosten (24 % lt. Anlage 23 zum BewG bei einer Gesamtnutzungsdauer von 70 Jahren, einem Alter von 46 Jahren und einer Restnutzungsdauer von 24 Jahren)	20 448 €	
= Reinertrag des Grundstücks	64 752 €	
./. Bodenwertverzinsung nach § 188 Abs. 2 Nr. 2 BewG (Bodenwert x Liegenschaftszinssatz 5,5 %)	14 850 €	
= Gebäudereinertrag	49 902 €	
x Vervielfältiger nach Anlage 21 zum BewG (Liegenschaftszinssatz 5,5 % und Restnutzungsdauer des Gebäudes 24 Jahre)	13,15	= 656 211 €
Grundbesitzwert		**= 926 211 €**

(3) Sachwertverfahren

295 Nach § 182 Abs. 4 BewG sind im Sachwertverfahren zu bewerten: das Wohnungseigentum, das Teileigentum und Ein- und Zweifamilienhäuser, wenn ein Vergleichswert nicht vorliegt sowie Geschäftsgrundstücke und gemischt genutzte Grundstücke, für die sich auf dem örtlichen Grundstücksmarkt keine übliche Miete ermitteln lässt. Zudem sind die sonstigen bebauten Grundstücke stets im Sachwertverfahren zu bewerten (vgl. auch Tz. 284). Der Wert der Gebäude ist getrennt vom Bodenwert nach § 190 BewG zu ermitteln. Entsprechend der Verfahrensweise bei unbebauten Grundstücken, ist der Bodenwert auch im Sachwertverfahren nach § 179 BewG zu ermitteln (§ 189 Abs. 2 BewG; vgl. dazu auch Tz. 280 f.). Die §§ 189 ff. BewG regeln ein vereinfachtes, typisierendes Sachwertverfahren in Anlehnung an die WertV bzw. die ImmoWertV.

296 Bei Anwendung des Sachwertverfahrens ist der sog. *Gebäudesachwert* getrennt vom Bodenwert zu ermitteln. Sonstige bauliche Anlagen (insbesondere Außenanlagen) und der Wert der sonstigen Anlagen sind regelmäßig mit dem Gebäudewert und dem Bodenwert abgegolten. Nur in Einzelfällen mit besonders werthaltigen Außenanlagen und sonstigen Anlagen werden hierfür gesonderte Wertansätze nach durchschnittlichen Herstellungskosten erforderlich (Einzelheiten hierzu vgl. R B 190.5 ErbStR). Der

typisierenden Wertermittlung Rechnung tragend, sind auch im Sachwertverfahren im Gesetzeswege sonstige wertbeeinflussende Umstände (insbesondere Belastungen privatrechtlicher oder öffentlich-rechtlicher Art), *nicht zu berücksichtigen.*

Nach § 189 Abs. 3 Satz 1 BewG ergeben der Bodenwert und der Gebäudesachwert den *vorläufigen Sachwert* des Grundstücks. Da der vorläufige Sachwert des Grundstücks erheblich vom gemeinen Wert abweichen kann, erfolgt eine *Anpassung an den gemeinen Wert mittels Wertzahl* nach § 191 BewG.

297

HINWEIS:

297a

Es ist zu beachten, dass das Sachwertverfahren durch das StÄndG 2015 vom 2.11.2015 (BGBl 2015 I, S. 1834) mit Wirkung zum 1.1.2016 geändert wurde. So ist zwischen dem für Bewertungsstichtage vom 1.1.2009 bis einschließlich 31.12.2015 geltenden „alten Sachwertverfahren" (§ 189 BewG, § 190 BewG a. F., § 191 BewG) und dem für Bewertungsstichtage ab dem 1.1.2016 geltenden „neuen Sachwertverfahren" (§ 189 BewG, § 190 BewG n. F., § 191 BewG) zu unterscheiden. Ebenfalls mit Wirkung zum 1.1.2016 wurden die mit dem Sachwertverfahren im Zusammenhang stehenden Anlagen 22, 24 und 25 zum BewG geändert.

Altes Sachwertverfahren (für Bewertungsstichtage bis zum 31.12.2015)

297b

Bei der Ermittlung des Gebäudesachwerts ist von *Regelherstellungskosten* des Gebäudes auszugehen (§ 190 Abs. 1 Satz 1 BewG a. F.). Unter Regelherstellungskosten sind die gewöhnlichen Herstellungskosten je Flächeneinheit zu verstehen. Die Regelherstellungskosten 2010 (RHK 2010) sind aus den *Normalherstellungskosten 2000* abgeleitet worden und in Anlage 24 II zum BewG a. F. enthalten. Sie bestimmen sich in Abhängigkeit der Gebäudeklasse, der Baujahrsgruppe und des Ausstattungsstandards nach Anlage 24 III zum BewG a. F. Die RHK 2010 gelten seit dem 1.1.2012 und haben die zuvor geltenden RHK 2007 abgelöst.

Durch Multiplikation der maßgebenden Regelherstellungskosten mit der Brutto-Grundfläche des Gebäudes ergibt sich der Gebäuderegelherstellungswert. Die *Brutto-Grundfläche* ist die Summe der Grundflächen aller Geschossrissebenen (einschließlich Keller- und Dachgeschoss) eines Bauwerks mit Nutzungen nach DIN 277-2:2005-02 und deren konstruktive Umschließungen. Maßgebend sind die äußeren Maße der Bauteile einschließlich Bekleidung (z. B. Putz, Klinker). Im Ergebnis ist die Brutto-Grundfläche regelmäßig größer als die Wohnfläche. Zur Kalkulation bzw. Verprobung der Brutto-Grundfläche kann bei Gebäuden, bei denen alle Ebenen (z. B. Keller, Erdgeschoss, Obergeschoss und Dachgeschoss) in etwa gleich groß sind, die Brutto-Grundfläche durch Multiplikation der bebauten Fläche mit der Anzahl der Ebenen ermittelt werden. Bei Wohnungseigentum in Mehrfamilienhäusern gilt zur Abgeltung der im Gemeinschaftseigentum stehenden Grundfläche als gesetzliche typisierende Vereinfachungsregel die 1,55-fache Wohnfläche als Brutto-Grundfläche. Bezüglich weiterer Einzelheiten zur Brutto-Grundfläche vgl. R B 190.6 ErbStR a. F. sowie Anlage 24 I zum BewG a. F.

297c

298 Nach § 190 Abs. 2 Satz 1 BewG a. F. ist vom Gebäuderegelherstellungswert eine *Alterswertminderung* abzuziehen. Die Alterswertminderung bestimmt sich regelmäßig nach dem Alter des Gebäudes zum Bewertungsstichtag und der typisierten Gesamtnutzungsdauer nach Anlage 22 zum BewG a. F. Es bestehen seitens der Finanzverwaltung keine Bedenken, aus Vereinfachungsgründen das Alter des Gebäudes durch Abzug des Jahres der Bezugsfertigkeit des Gebäudes (Baujahr) vom Jahr des Bewertungsstichtags zu bestimmen (R B 190.7 Abs. 1 Satz 3 ErbStR a. F.). Es ist von einer gleichmäßigen jährlichen, d. h. linearen Alterswertminderung auszugehen. In § 190 Abs. 2 Satz 4 BewG a. F. ist eine Mindestrestwertregelung normiert worden. Demnach ist der nach Abzug der Alterswertminderung verbleibende Gebäudewert regelmäßig mit *mindestens 40 % des Gebäuderegelherstellungswerts* anzusetzen. Der Mindestrestwertansatz berücksichtigt, dass ein laufend instand gehaltenes Gebäude auch bei fortgeschrittenem Alter noch einen Restwert hat. Im Ergebnis ist die Alterswertminderung dadurch auf 60 % gedeckelt.

298a Auch im typisierten Sachwertverfahren kann es erforderlich sein, dass eine Verlängerung oder Verkürzung der Gesamtnutzungsdauer zu berücksichtigen ist. Sind mithin nach Bezugsfertigkeit des Gebäudes Veränderungen eingetreten, die die gewöhnliche Nutzungsdauer des Gebäude verlängert oder verkürzt haben, ist von einer der *Verlängerung oder Verkürzung der gewöhnlichen Nutzungsdauer* entsprechenden Restnutzungsdauer auszugehen (vgl. dazu Tz 292c). Kommt es zu einer Verlängerung der Gesamtnutzungsdauer, wird im Sachwertverfahren das Baujahr verschoben, so dass sich ein neues (fiktives) Baujahr ergibt. Bezüglich der Einzelheiten vgl. R B 190.7 Abs. 3 ErbStR a. F. Eine Verkürzung der Gesamtnutzungsdauer kommt nur in besonders gelagerten Einzelfällen in Betracht, z. B. bei bestehender Abbruchverpflichtung für das Gebäude (R B 190.7 Abs. 4 ErbStR a. F.).

298b Umfasst eine wirtschaftliche Einheit *mehrere Gebäude oder selbstständige Gebäudeteile*, die eine verschiedene Bauart aufweisen, unterschiedlich genutzt werden oder die in verschiedenen Jahren bezugsfertig geworden sind, ist grundsätzlich jedes Gebäude und jeder Gebäudeteil für sich zu bewerten (R B 190.8 Abs. 1 ErbStR a. F.). Ist ein Grundstück z. B. mit einem Einfamilienhaus und einer nebenstehenden Garage bebaut, ergibt die Summe aus dem Gebäudesachwert des Einfamilienhauses und dem Gebäudesachwert der Garage den Gebäudewert. Somit sind die Regelherstellungskosten, die Gebäudeklasse, der Ausstattungsstandard, die Brutto-Grundfläche und die Alterswertminderung jeweils gesondert für jedes Gebäude bzw. für jeden selbstständigen Gebäudeteil zu ermitteln.

299 Aus der Addition von Bodenwert und Gebäudesachwert(en) ergibt sich der vorläufige Sachwert. Dieser ist gem. § 189 Abs. 3 Satz 2 BewG durch Multiplikation mit einer *Wertzahl* an den gemeinen Wert anzugleichen. Als maßgebliche Wertzahl ist gemäß § 191 Abs. 1 BewG vorrangig auf die von den Gutachterausschüssen für die Verkehrswertermittlung im Sachwertverfahren ermittelten und regelmäßig im Grundstücksmarktbericht veröffentlichten Sachwertfaktoren zurückzugreifen. Liegen für das zu bewertende Grundstück keine oder aber keine geeigneten Sachwertfaktoren vor, sind nachrangig gemäß § 191 Abs. 2 BewG die in der Anlage 25 zum BewG a. F. aufgeführten Wertzahlen anzuwenden.

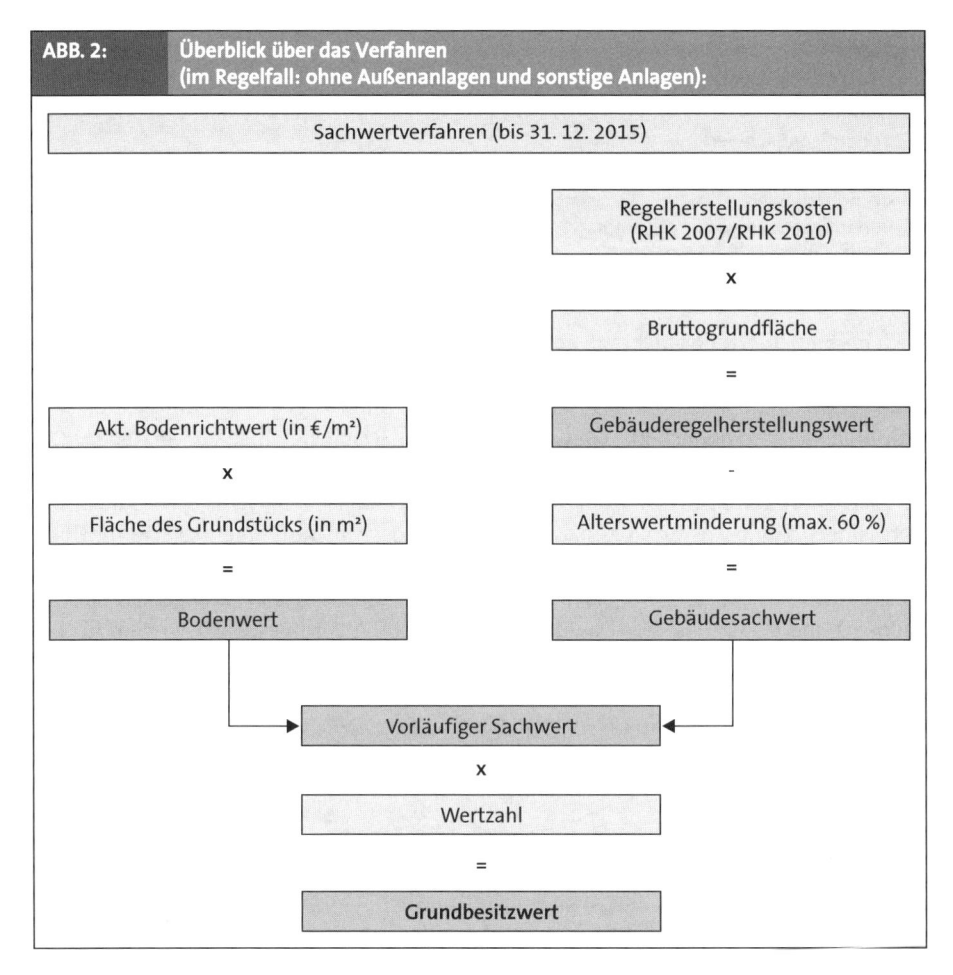

Steuerpflichtiger Erwerb, Wertermittlung (§ 10 ErbStG) **SIEBENTER TEIL**

ABB. 2: Überblick über das Verfahren (im Regelfall: ohne Außenanlagen und sonstige Anlagen):

Sachwertverfahren (bis 31. 12. 2015)

Regelherstellungskosten (RHK 2007/RHK 2010)
x
Bruttogrundfläche
=
Gebäuderegelherstellungswert

Akt. Bodenrichtwert (in €/m²)
x
Fläche des Grundstücks (in m²)
=
Bodenwert

−
Alterswertminderung (max. 60 %)
=
Gebäudesachwert

→ Vorläufiger Sachwert ←
x
Wertzahl
=
Grundbesitzwert

BEISPIEL: M verstirbt am 13. 12. 2015. Alleinerbe ist ihr Sohn S. Zur Erbschaft gehört ein eigenbetrieblich genutztes Grundstück, für welches eine ortsübliche Miete nicht feststellbar ist. Das Grundstück misst 3 000 m². Es ist mit einem im Jahr 1982 errichteten zweigeschossigen Gebäude bebaut, in welchem sich die Produktions-, Büro- und Sozialräume des Gewerbebetriebs von M befinden (Gebäudeklasse − GKL: 3.382). Das Gebäude hat eine mittlere Ausstattung. Seine Brutto-Grundfläche beträgt 880 m². Der örtliche Gutachterausschuss hat für das Grundstück einen Bodenrichtwert in Höhe von 50 €/m² ermittelt; sonstige für die Wertermittlung erforderlichen Faktoren hat er nicht festgestellt.

Bodenwert
Bodenrichtwert 50 € x Grundstücksfläche 3 000 m²   = 150 000 €

Gebäudesachwert
Regelherstellungskosten (RHK 2010, Anlage 24 II zum BewG
a. F., GKL 3.382, mittel)   1 080 €/m²
× Bruttogrundfläche   880 m²
= Gebäuderegelherstellungswert   950 400 €

./. Alterswertminderung (33/50, max. 60 %)	570 240 €	
= Gebäudesachwert (mind. 40 % des Gebäuderegelherstellungswerts)	→	= 380 160 €
Vorläufiger Sachwert		
Bodenwert + Gebäudesachwert		= 530 160 €
Grundbesitzwert		
Vorläufiger Sachwert x Wertzahl		= 424 128 €
(0,8 lt. Anlage 25 zum BewG a. F.)		

299a **Neues Sachwertverfahren (für Bewertungsstichtage ab dem 1. 1. 2016)**

Auch im für Bewertungsstichtage ab dem 1. 1. 2016 geltenden (neuen) Sachwertverfahren ist bei der Ermittlung des Gebäudesachwerts von *Regelherstellungskosten* des Gebäudes auszugehen (§ 190 Abs. 1 Satz 1 BewG n. F.). Unter Regelherstellungskosten sind weiterhin die gewöhnlichen Herstellungskosten je Flächeneinheit zu verstehen. Die nunmehr maßgebenden Regelherstellungskosten (RHK) sind aus den *Normalherstellungskosten 2010* abgeleitet worden und in Anlage 24 II zum BewG n. F. enthalten. Die Normalherstellungskosten 2010 sind Bestandteil der für die Verkehrswertermittlung von Grundstücken maßgeblichen Sachwertrichtlinie vom 5. 9 2012 (BAnz AT 18. 10. 2012 B1). Die Regelherstellungskosten bestimmen sich in Abhängigkeit der Gebäudeart und des Gebäudestandards nach Anlage 24 III zum BewG n. F. In dem für Bewertungsstichtage ab dem 1. 1. 2016 geltenden Sachwertverfahren stehen deutlich mehr Gebäudearten (bisher Gebäudeklassen) und Gebäudestandards (bisher Ausstattungsstandards) nach Anlage 24 III zum BewG n. F. zur Verfügung. Anders als die RHK 2010 (vgl. Tz. 297b) werden die Regelherstellungskosten nun nicht mehr in Baujahresgruppen aufgeteilt.

299b Die in der Anlage 24 II zum BewG n. F. enthaltenen Regelherstellungskosten berücksichtigen den Kostenstand 2010. Sie sind mittels *Baupreisindizes* auf den jeweiligen Bewertungsstichtag anzupassen. Die Anpassung erfolgt anhand der Preisindizes für die Bauwirtschaft, die das Statistische Bundesamt für den Neubau in konventioneller Bauart von Wohn- und Nichtwohngebäuden jeweils als Jahresdurchschnitt ermittelt (§ 190 Abs. 2 BewG n. F.). Die Baupreisindizes sind für alle Bewertungsstichtage des folgenden Kalenderjahres anzuwenden; sie werden vom Bundesministerium der Finanzen (BMF) jeweils im Bundessteuerblatt veröffentlicht. Bei den Baupreisindizes wird zwischen Indizes für Wohngebäude (Gebäudearten 1.01 bis 5.1 der Anlage 24 II zum BewG n. F.) und Nichtwohngebäude (Gebäudearten 5.2 bis 18.2 der Anlage 24 II zum BewG n. F.) unterschieden. Für das Jahr 2016 gilt für Wohngebäude ein Baupreisindex von 111,1 sowie für die Nichtwohngebäude ein Baupreisindex von 111,4 (vgl. BMF-Schreiben vom 11. 1. 2016, BStBl 2016 I S. 6).

299c Durch Multiplikation der maßgebenden Regelherstellungskosten mit der Brutto-Grundfläche des Gebäudes ergibt sich der Gebäuderegelherstellungswert. Die *Brutto-Grundfläche* ist weiterhin die Summe der Grundflächen aller Geschossrissebenen (einschließlich Keller- und Dachgeschoss) eines Bauwerks mit Nutzungen nach DIN 277-2:2005-02 und deren konstruktive Umschließungen. Maßgebend sind die äußeren Maße der Bauteile einschließlich Bekleidung (z. B. Putz, Klinker), so dass die Brutto-Grundfläche regelmäßig größer als die Wohnfläche ist. Nicht in die Brutto-Grundfläche werden wie bisher Kriechkeller, Kellerschächte, Außentreppen, nicht nutzbare Dachflächen und Zwischendecken einbezogen. Neu ist zudem, dass Balkone und Spitzböden (zusätzliche Ebene im Dachgeschoss, unabhängig vom Ausbauzustand) ebenfalls nicht mehr einbezogen werden.

Zeichnung zur Brutto-Grundfläche

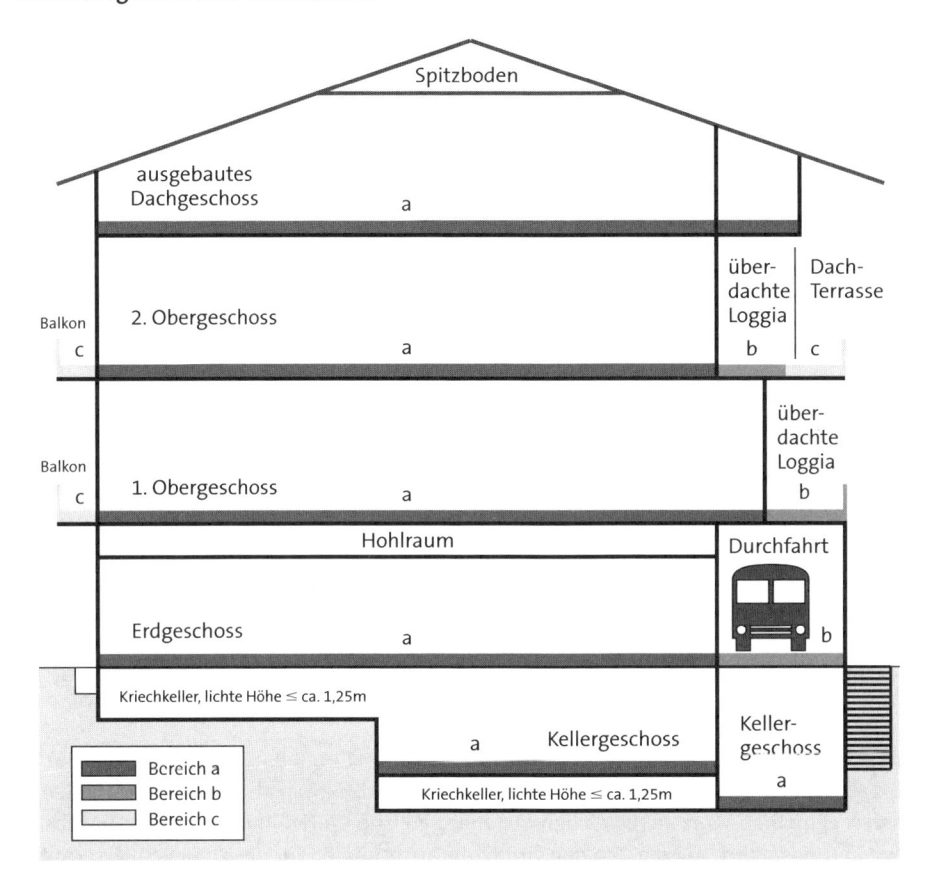

In die Ermittlung der Brutto-Grundfläche werden nur die Bereiche a und b einbezogen; der Bereich c bleibt unberücksichtigt. Bezüglich weiterer Einzelheiten vgl. Tz. 297c, R B 190.6 ErbStR n. F. sowie Anlage 24 I zum BewG n. F.

Nach § 190 Abs. 4 Satz 1 BewG n. F. ist vom Gebäuderegelherstellungswert eine *Alterswertminderung* abzuziehen. Die Alterswertminderung bestimmt sich regelmäßig nach dem Alter des Gebäudes zum Bewertungsstichtag und der typisierten Gesamtnutzungsdauer nach Anlage 22 zum BewG n. F. (vgl. dazu auch Tz. 292b). Es bestehen seitens der Finanzverwaltung keine Bedenken, aus Vereinfachungsgründen das Alter des Gebäudes durch Abzug des Jahres der Bezugsfertigkeit des Gebäudes (Baujahr) vom Jahr des Bewertungsstichtags zu bestimmen (R B 190.7 Abs. 1 Satz 3 ErbStR n. F.). Es ist weiterhin von einer gleichmäßigen jährlichen, d. h. linearen Alterswertminderung auszugehen. In § 190 Abs. 4 Satz 5 BewG n. F. ist eine Mindestrestwertregelung normiert

299d

worden. Demnach ist der nach Abzug der Alterswertminderung verbleibende Gebäudewert regelmäßig mit *mindestens 30 % des Gebäuderegelherstellungswerts* anzusetzen (bisher 40 %). Der Mindestansatz berücksichtigt, dass ein laufend instand gehaltenes Gebäude auch bei fortgeschrittenem Alter noch einen Restwert hat. Damit ist die Alterswertminderung im Ergebnis nunmehr auf 70 % (bisher 60 %) gedeckelt.

299e Auch im für Bewertungsstichtage ab dem 1.1.2016 geltenden Sachwertverfahren kann es erforderlich sein, eine Verlängerung oder Verkürzung der Gesamtnutzungsdauer zu berücksichtigen. Sind mithin nach Bezugsfertigkeit des Gebäudes Veränderungen eingetreten, die die gewöhnliche Nutzungsdauer des Gebäude verlängert oder verkürzt haben, ist von einer der *Verlängerung oder Verkürzung der gewöhnlichen Nutzungsdauer* entsprechenden Restnutzungsdauer auszugehen (vgl. dazu Tz. 292c). Kommt es zu einer Verlängerung der Gesamtnutzungsdauer, wird im Sachwertverfahren das Baujahr verschoben, so dass sich ein fiktives Baujahr ergibt. Bezüglich der Einzelheiten vgl. R B 190.7 Abs. 3 ErbStR n. F. Eine Verkürzung der Gesamtnutzungsdauer kommt aufgrund der gesetzlichen Normierung im § 190 Abs. 4 Satz 4 BewG n. F. nur noch bei einer am Bewertungsstichtag bestehenden Abbruchverpflichtung für das Gebäude in Betracht.

299f Umfasst eine wirtschaftliche Einheit *mehrere Gebäude oder selbstständige Gebäudeteile*, die eine verschiedene Bauart aufweisen, unterschiedlich genutzt werden oder die in verschiedenen Jahren bezugsfertig geworden sind, ist grundsätzlich jedes Gebäude und jeder Gebäudeteil für sich zu bewerten (R B 190.8 Abs. 1 ErbStR n. F.). Ist ein Grundstück z.B. mit einem Zweifamilienhaus und einer nebenstehenden Doppelgarage bebaut, ergibt die Summe aus dem Gebäudesachwert des Zweifamilienhauses und dem Gebäudesachwert der Doppelgarage den Gebäudewert. Somit sind die Regelherstellungskosten, die Gebäudeart, der Gebäudestandard, der Baupreisindex, die Brutto-Grundfläche und die Alterswertminderung jeweils gesondert für jedes Gebäude bzw. für jeden selbstständigen Gebäudeteil zu ermitteln.

299g Aus der Addition von Bodenwert und Gebäudesachwert ergibt sich der vorläufige Sachwert. Dieser ist gem. § 189 Abs. 3 Satz 2 BewG durch Multiplikation mit einer *Wertzahl* an den gemeinen Wert anzugleichen. Als maßgebliche Wertzahl ist gemäß § 191 Abs. 1 BewG grundsätzlich auf die von den Gutachterausschüssen für die Verkehrswertermittlung im Sachwertverfahren ermittelten und regelmäßig im Grundstücksmarktbericht veröffentlichten Sachwertfaktoren zurückzugreifen. Liegen für das zu bewertende Grundstück keine oder aber keine geeigneten Sachwertfaktoren vor, sind gemäß § 191 Abs. 2 BewG die in der Anlage 25 zum BewG n. F. aufgeführten Wertzahlen anzuwenden. Aufgrund der Anpassung des für Bewertungsstichtage ab dem 1.1.2016 geltenden Sachwertverfahrens an die Sachwertrichtlinie vom 5.9.2012 (BAnz AT 18.10.2012 B 1) werden nunmehr Sachwertfaktoren der Gutachterausschüsse, die auf Basis der Sachwertrichtlinie ermittelt und im Grundstücksmarktbericht veröffentlicht werden, aufgrund der bestehenden Modellkonformität als geeignet angesehen und sind somit anwendbar. Damit dürften zukünftig deutlich mehr geeignete Sachwertfaktoren der örtlichen Gutachterausschüsse zur Angleichung des vorläufigen Sachwerts an den gemeinen Wert zur Verfügung stehen und die Anzahl der sachgerechten Bewertungen im Sachwertverfahren zunehmen.

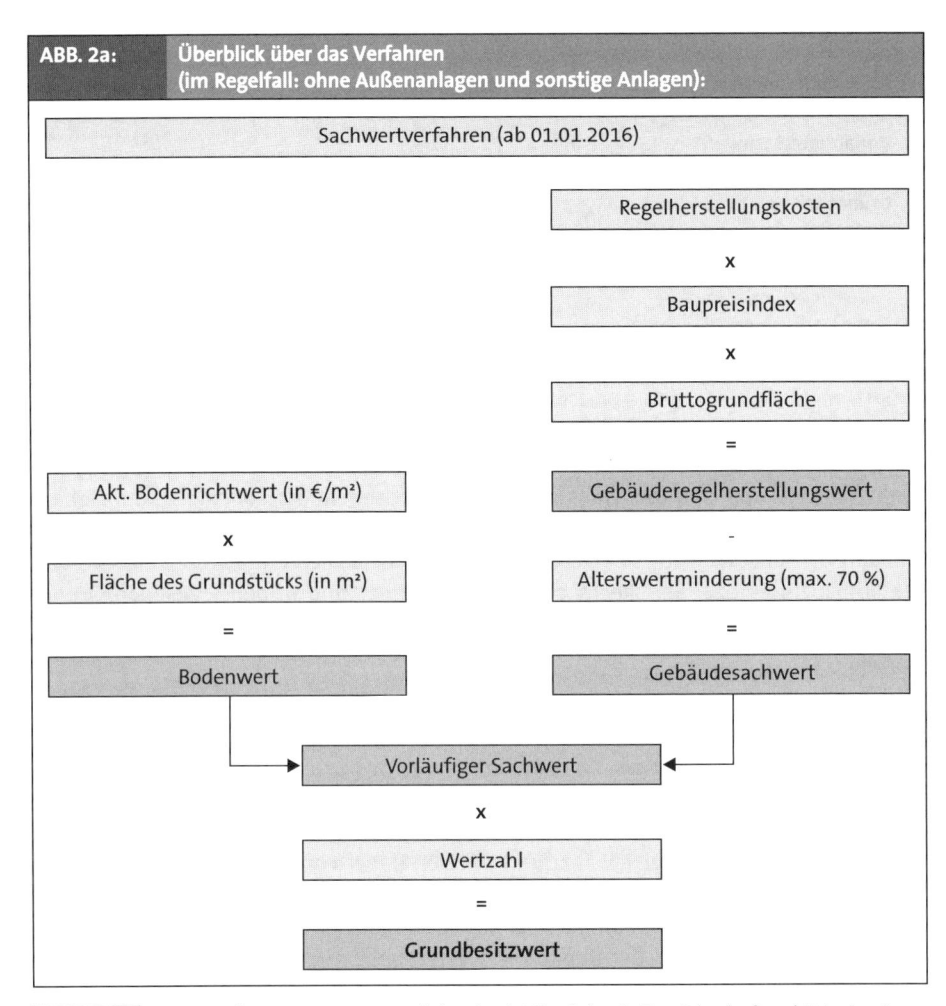

Steuerpflichtiger Erwerb, Wertermittlung (§ 10 ErbStG) — SIEBENTER TEIL

ABB. 2a: Überblick über das Verfahren
(im Regelfall: ohne Außenanlagen und sonstige Anlagen):

```
Sachwertverfahren (ab 01.01.2016)

                                    Regelherstellungskosten
                                              x
                                       Baupreisindex
                                              x
                                      Bruttogrundfläche
                                              =
Akt. Bodenrichtwert (in €/m²)        Gebäuderegelherstellungswert
            x                                 −
Fläche des Grundstücks (in m²)      Alterswertminderung (max. 70 %)
            =                                 =
        Bodenwert                        Gebäudesachwert
                    ↘              ↙
                     Vorläufiger Sachwert
                              x
                          Wertzahl
                              =
                       Grundbesitzwert
```

BEISPIEL: M verstirbt am 15.9.2016. Alleinerbe ist ihr Sohn S. Zur Erbschaft gehört ein eigenbetrieblich genutztes Grundstück, für welches eine ortsübliche Miete nicht feststellbar ist. Das Grundstück misst 3 000 m². Es ist mit einem im Jahr 1983 errichteten zweigeschossigen Gebäude bebaut, in welchem sich die Produktions-, Büro- und Sozialräume des Gewerbebetriebs von M befinden (Gebäudeart – GA: 15.4). Das Gebäude hat eine Basis-Ausstattung (Standardstufe 3). Die Brutto-Grundfläche beträgt 880 m². Der örtliche Gutachterausschuss hat für das Grundstück einen Bodenrichtwert in Höhe von 50 €/m² ermittelt; sonstige für die Wertermittlung erforderlichen Faktoren hat er nicht festgestellt.

Bodenwert
Bodenrichtwert 50 € x Grundstücksfläche 3 000 m²   = 150 000 €

Gebäudesachwert
Regelherstellungskosten (RHK, Anlage 24 II zum BewG n. F.,
GA 15.4, Standardstufe 3)   950 €/m²
x Baupreisindex 2016 Nichtwohnen   111,4 %
x Bruttogrundfläche   880 m²
= Gebäuderegelherstellungswert   931 040 €

./. Alterswertminderung (33/40, max. 70 %)	651 728 €	
= Gebäudesachwert (mind. 30 % des Gebäuderegelherstellungswertes)	→	= 279 312 €
Vorläufiger Sachwert		
Bodenwert + Gebäudesachwert		= 429 312 €
Grundbesitzwert		
Vorläufiger Sachwert x Wertzahl (0,9 lt. Anlage 25 zum BewG n. F.)		= 386 380 €

dd) Erbbaurechtsfälle

300 Bewertungsrechtlich bilden das Erbbaurecht und das belastete Grundstück zwei wirtschaftliche Einheiten (§ 176 Abs. 1 Nr. 1 und Nr. 2 BewG). Die Grundbesitzwerte für die wirtschaftliche Einheit des Erbbaurechts und die wirtschaftliche Einheit des belasteten Grundstücks (Erbbaugrundstück) sind *gesondert zu ermitteln* (§ 192 Satz 1 BewG). Bei der Wertermittlung sind (angemessen) zu berücksichtigen: der *Bodenwert*, der Gebäudewert bei bebauten Grundstücken, die Höhe des Erbbauzinses, die Restlaufzeit des Erbbaurechts und die Höhe der Gebäudeentschädigung. Die Verpflichtung zur Zahlung des Erbbauzinses bzw. das Recht auf den Erbbauzins sind in den jeweiligen Grundbesitzwerten abgegolten. Die Grundbesitzwerte dürfen nicht negativ sein (§ 192 Satz 2 BewG).

aaa) Bewertung des Erbbaurechts

301 Nach § 193 Abs. 1 BewG ist der Wert des Erbbaurechts vorrangig im Vergleichswertverfahren nach § 183 BewG zu ermitteln, wenn für das zu bewertende Erbbaurecht Vergleichskaufpreise oder aus Kaufpreisen abgeleitete Vergleichsfaktoren vorliegen. Die Vergleichspreise oder Vergleichsfaktoren müssen dabei von bebauten Erbbaurechten herrühren, welche mit dem zu bewertenden Erbbaurecht hinreichend übereinstimmen. Dies ist der Fall, wenn es sich um *dieselbe Grundstücksart* handelt und *keine erheblichen Abweichungen* hinsichtlich der Bebauung, des Erbbauzinssatzes, des Bodenrichtwerts und der Restlaufzeit des Erbbaurechts vorliegen (R B 193 Abs. 1 Satz 3 ErbStR). In der Praxis gibt es nur selten entsprechende Vergleichswerte, so dass regelmäßig die nachrangige finanzmathematische Methode (vgl. Tz 303 ff.) zur Anwendung kommt.

302 *(Einstweilen frei)*

303 Kann das Vergleichswertverfahren nicht angewendet werden, erfolgt die Wertermittlung nach der *finanzmathematischen Methode*. Demgemäß bestimmt § 193 Abs. 2 BewG, dass sich in „allen anderen Fällen" der Wert des Erbbaurechts aus einem Bodenwertanteil und einem Gebäudewertanteil zusammensetzt. Aus Vereinfachungsgründen verzichtet der Gesetzgeber auf die Regelung von Marktanpassungsfaktoren. Der Bodenwertanteil des Erbbaurechts entspricht dem wirtschaftlichen Vorteil, den der Erbbauberechtigte dadurch erlangt, dass er in vielen Fällen entsprechend den Regelungen des Erbbauvertrags über die Restlaufzeit des Erbbaurechts nicht den vollen Bodenwertverzinsungsbetrag leisten muss. Der Bodenwertanteil kann auch negativ sein, wenn der vereinbarte Erbbauzins höher ist als der bei Neuabschluss zum Bewertungsstichtag übliche Erbbauzins (z. B. infolge stark gefallener Bodenpreise).

Nach § 193 Abs. 4 Satz 1 BewG ergibt sich der angemessene *Verzinsungsbetrag des Bodenwerts* des unbelasteten Grundstücks durch Anwendung des vom Gutachterausschuss ermittelten Liegenschaftszinssatzes auf den Bodenwert nach § 179 BewG. Liegen keine vom Gutachterausschuss ermittelten Liegenschaftszinssätze vor, gelten nach § 193 Abs. 4 Satz 2 BewG folgende Zinssätze: 304

- 3 % für Ein- und Zweifamilienhäuser sowie Wohnungseigentum, das wie Ein- und Zweifamilienhäuser gestaltet ist,
- 5 % für Mietwohngrundstücke und Wohnungseigentum, das nicht unter die vorgenannte Kategorie fällt,
- 5,5 % für gemischt genutzte Grundstücke mit einem gewerblichen Anteil von bis zu 50 % (berechnet nach der Wohn- und Nutzfläche) sowie sonstige bebaute Grundstücke,
- 6 % für gemischt genutzte Grundstücke mit einem gewerblichen Anteil von mehr als 50 % (berechnet nach der Wohn- und Nutzfläche),
- 6,5 % für Geschäftsgrundstücke und Teileigentum.

Der *Bodenwertanteil* ergibt sich nach § 193 Abs. 3 BewG aus der Differenz zwischen dem angemessenen Verzinsungsbetrag des Bodenwerts des unbelasteten Grundstücks (§ 193 Abs. 4 BewG; s. o.) und dem vertraglich vereinbarten jährlichen Erbbauzins. Der maßgebende Erbbauzins ist der am Bewertungsstichtag zu zahlende Erbbauzins, umgerechnet auf einen Jahresbetrag. Zukünftige Anpassungen aufgrund von Wertsicherungsklauseln bleiben unberücksichtigt (R B 193 Abs. 5 Satz 4 ErbStR). Ist kein Erbbauzins zu zahlen, stellt der angemessene Verzinsungsbetrag des Bodenwerts gleichzeitig den Unterschiedsbetrag dar. Der Unterschiedsbetrag zwischen dem angemessenen Verzinsungsbetrag und dem tatsächlichen Erbbauzins ist über die Restlaufzeit des Erbbaurechts mit dem Vervielfältiger nach Anlage 21 zum BewG zu kapitalisieren. Die Restlaufzeit ist dabei auf volle Jahre abzurunden (R B 193 Abs. 6 Satz 2 ErbStR). 305

Der *Gebäudewertanteil* des Erbbaurechts ist – so § 193 Abs. 5 Satz 1 BewG – bei der Bewertung des bebauten Grundstücks im Ertragswertverfahren der Gebäudeertragswert nach § 185 BewG, bei der Bewertung im Sachwertverfahren der Gebäudesachwert nach § 190 BewG. Ist der bei Ablauf des Erbbaurechts verbleibende Gebäudewert nicht oder nur teilweise zu entschädigen, ist der Gebäudewertanteil des Erbbaurechts um den Gebäudewertanteil des Erbbaugrundstücks nach § 194 Abs. 4 BewG zu mindern. Ausführliche Beispiele zur Bewertung des Erbbaurechts enthält H B 193 Abs. 7 ErbStH. 306

ABB. 3: Überblick über das Verfahren:

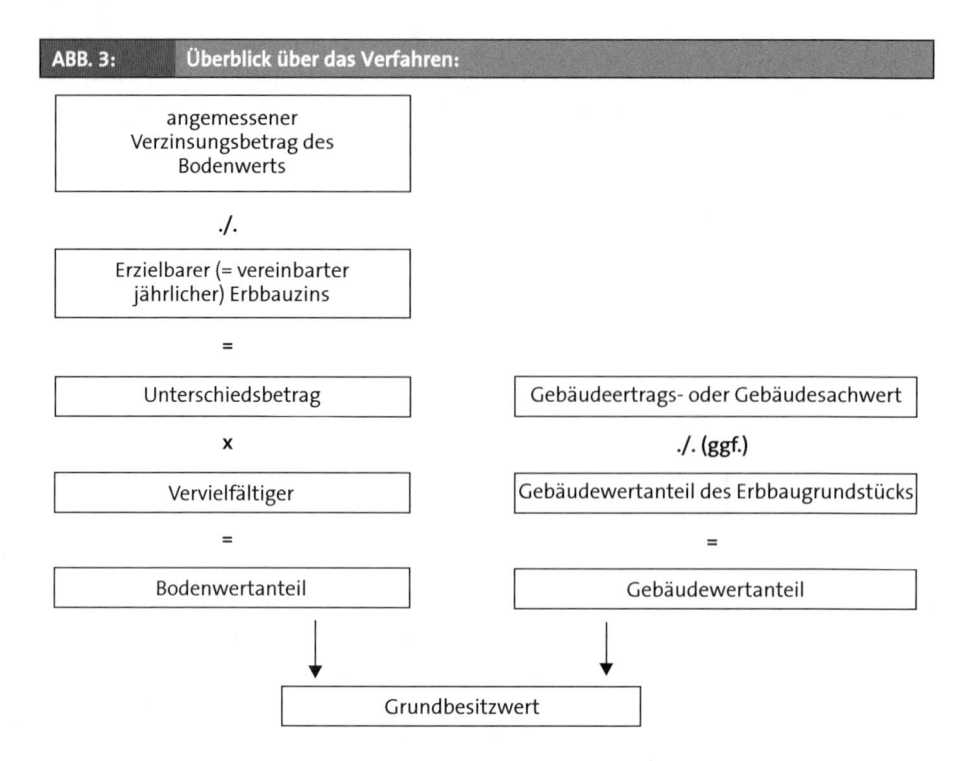

```
        angemessener
     Verzinsungsbetrag des
          Bodenwerts
              ./.
    Erzielbarer (= vereinbarter
      jährlicher) Erbbauzins
              =
      Unterschiedsbetrag              Gebäudeertrags- oder Gebäudesachwert
              x                                  ./. (ggf.)
        Vervielfältiger               Gebäudewertanteil des Erbbaugrundstücks
              =                                      =
       Bodenwertanteil                       Gebäudewertanteil
                         ↓          ↓
                         Grundbesitzwert
```

bbb) Bewertung des Erbbaugrundstücks

307 Der Wert des *Erbbaugrundstücks* ist vorrangig im *Vergleichswertverfahren* nach § 183 BewG zu ermitteln, wenn für das zu bewertende Grundstück Vergleichskaufpreise oder aus Kaufpreisen abgeleitete Vergleichsfaktoren entsprechender Vergleichsgrundstücke vorliegen (§ 194 Abs. 1 BewG). Vergleichsgrundstücke sind innerhalb der gleichen Grundstücksart zu wählen, mit etwa gleicher Bebauung, etwa gleich hohen Erbbauzinsen, etwa gleicher Restlaufzeit und in Gebieten mit etwa gleichem Bodenrichtwertniveau. Der Wert des Erbbaugrundstücks kann auch durch Anwendung eines Vergleichsfaktors auf den Wert des unbelasteten Grundstücks ermittelt werden (R B 194 Abs. 1 Satz 3 ErbStR). In der Praxis kommt das Vergleichswertverfahren – ebenso wie bei den Erbbaurechten – nur selten zur Anwendung, so dass auch bei den Erbbaugrundstücken regelmäßig die nachrangige finanzmathematische Methode (vgl. Tz. 308 ff.) zur Anwendung kommt.

308 Kommt eine Bewertung des Erbbaugrundstücks im Vergleichswertverfahren nicht in Betracht, ist der Wert nach einem Bodenwertanteil nach § 194 Abs. 3 BewG zu bestimmen. Dieser Bodenwertanteil ist um einen Gebäudewertanteil nach § 194 Abs. 4 BewG zu erhöhen, wenn der verbleibende Wert des Gebäudes vom Eigentümer des Erbbaugrundstücks nicht oder nur teilweise zu entschädigen ist *(finanzmathematische Methode)*.

Der *Bodenwertanteil* ist die Summe des über die Restlaufzeit des Erbbaurechts abgezinsten Bodenwerts nach § 179 BewG und der über diesen Zeitraum kapitalisierten Erbbauzinsen. Dabei wird der Abzinsungsfaktor für den Bodenwert in Abhängigkeit vom Zinssatz nach § 193 Abs. 4 BewG (vgl. Tz 304) und der auf volle Jahre abgerundeten Restlaufzeit des Erbbaurechts ermittelt. Der Abzinsungsfaktor ist der Anlage 26 zum BewG zu entnehmen. Nach § 194 Abs. 3 Satz 3 BewG sind als Erbbauzinsen die am Bewertungsstichtag vereinbarten jährlichen Erbbauzinsen anzusetzen. Diese sind mit dem Vervielfältiger nach Anlage 21 zum BewG zu kapitalisieren. Der Kapitalisierungsfaktor ergibt sich wiederum in Abhängigkeit vom Zinssatz nach § 193 Abs. 4 BewG und der auf volle Jahre abgerundeten Restlaufzeit des Erbbaurechts. Aus Vereinfachungsgründen hat sich der Gesetzgeber dazu entschieden, beim Bodenwertanteil nicht die erzielbaren, sondern die zum Bewertungsstichtag vereinbarten Erbbauzinsen anzusetzen. Zudem wird auch auf die Regelung eines Marktanpassungsfaktors für diesen Bodenwertanteil verzichtet.

308a

Die Vorschrift des § 194 Abs. 4 BewG regelt den *Gebäudewertanteil des Erbbaugrundstücks*. Ein Gebäudewertanteil des Erbbaugrundstücks ergibt sich nur dann, wenn bei Beendigung des Erbbaurechts durch Zeitablauf der verbleibende Gebäudewert nicht oder nur teilweise zu entschädigen ist. In diesen Fällen ermittelt sich der Gebäudewertanteil des Erbbaugrundstücks aus dem Gebäudewert oder dem anteiligen Gebäudewert, der dem Eigentümer des Erbbaugrundstücks *bei Beendigung des Erbbaurechts* durch Zeitablauf entschädigungslos zufällt. Dieser entspricht dem nach Anlage 26 zum BewG abgezinsten ggf. anteiligen Gebäudeertrags- bzw. Gebäudesachwert. Es ist dementsprechend eine Berechnung des Gebäudeertrags- bzw. Gebäudesachwerts auf den Zeitpunkt des Ablaufs des Erbbaurechts durchzuführen (R B 194 Abs. 5 ErbStR). Der Abzinsungsfaktor nach Anlage 26 zum BewG ist der gleiche, der bei der Ermittlung des Bodenwertanteils anzuwenden ist (vgl. Tz 308a). Der Gebäudewertanteil entspricht mithin dem Wertvorteil, den der Grundstückseigentümer bei Beendigung des Erbbaurechts dadurch erlangt, dass er keinen oder nur einen Teil des bestehenden Gebäudewerts an den Erbbauberechtigten zu vergüten hat. Ein ausführliches Beispiele zur Bewertung des Erbbaugrundstücks enthält H B 194 ErbStH.

309

ABB. 4: Überblick über das Verfahren:

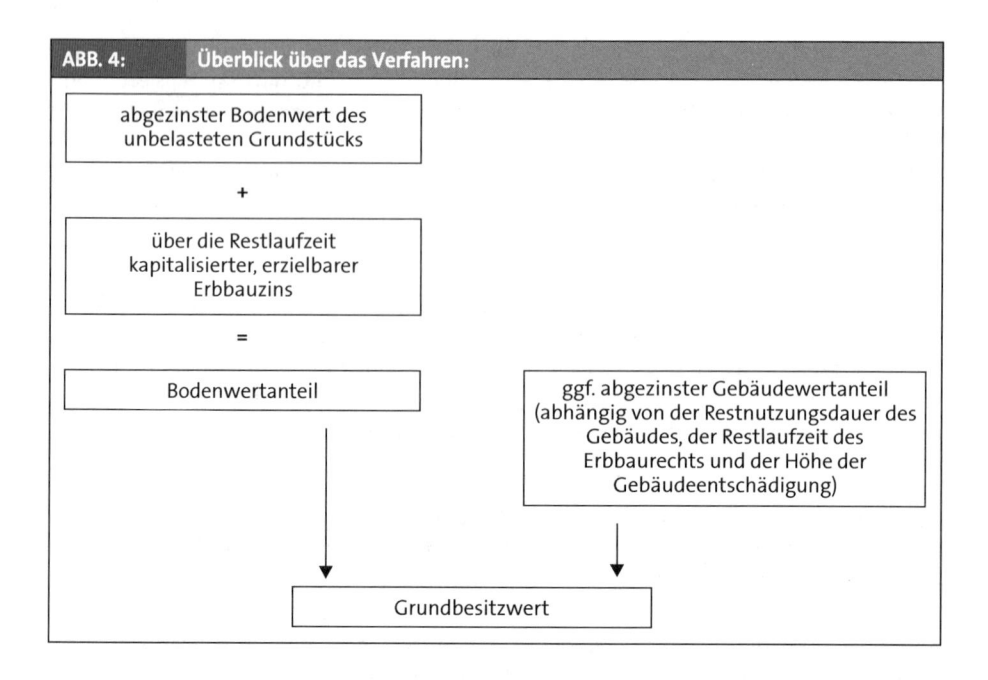

```
    abgezinster Bodenwert des
      unbelasteten Grundstücks
                +
     über die Restlaufzeit
   kapitalisierter, erzielbarer
           Erbbauzins
                =
        Bodenwertanteil              ggf. abgezinster Gebäudewertanteil
                                     (abhängig von der Restnutzungsdauer des
                                     Gebäudes, der Restlaufzeit des
                                     Erbbaurechts und der Höhe der
                                     Gebäudeentschädigung)
                        ↓                    ↓
                        Grundbesitzwert
```

ee) Gebäude auf fremdem Grund und Boden

310 Bewertungsrechtlich bildet das Gebäude auf fremdem Grund ein bebautes Grundstück (§ 180 Abs. 2 BewG). Ein Gebäude auf fremdem Grund und Boden liegt vor, wenn ein anderer als der Eigentümer des Grund und Bodens darauf ein Gebäude errichtet hat und ihm das Gebäude zuzurechnen ist. Das ist der Fall, wenn es *Scheinbestandteil* des Grund und Bodens ist (§ 95 BGB) oder dem Nutzungsberechtigten für den Fall der Nutzungsbeendigung gegenüber dem Eigentümer des Grund und Bodens ein Anspruch auf Ersatz des Verkehrswerts des Gebäudes zusteht. Ein derartiger Anspruch kann sich aus einer *vertraglichen Vereinbarung* oder aus dem *Gesetz* ergeben. Die Bewertung von Gebäuden auf fremdem Grund und Boden ist in § 195 BewG verankert. Es handelt sich dabei um eine stark typisierende Regelung, da nicht auf Vorschriften der Verkehrswertermittlung zurückgegriffen werden konnte. Das Gebäude auf fremdem Grund und Boden und das belastete Grundstück stellen zwei wirtschaftliche Einheiten dar, deren Grundbesitzwerte *gesondert zu ermitteln* sind (§ 195 Satz 1 BewG).

310a Bei der Bewertung des *Gebäudes auf fremdem Grund und Boden* werden das Gebäude, die sonstigen Bestandteile (z. B. die vom Nutzungsberechtigten errichteten Außenanlagen) und das Zubehör erfasst. Die Bewertung von Gebäuden auf fremdem Grund und Boden richtet sich nach § 195 Abs. 2 BewG. Dabei wird das Gebäude auf fremdem Grund und Boden bei einer Bewertung im Ertragswertverfahren mit dem Gebäudeertragswert nach § 185 BewG und bei einer Bewertung im Sachwertverfahren mit dem Gebäudesachwert nach § 190 BewG bewertet. Ist der Nutzer verpflichtet, das Gebäude bei Ablauf des Nutzungsrechts zu beseitigen, ist bei der Ermittlung des Gebäudeertragswerts der Vervielfältiger nach Anlage 21 zum BewG anzuwenden, der sich für die am Bewertungsstichtag verbleibenden (auf volle Jahre abgerundeten) Nutzungsdauer ergibt. Dabei ist die Mindestrestnutzungsdauer nach § 185 Abs. 3 Satz 5 BewG nicht anzuwenden. Ist in diesen Fällen der Gebäudesachwert zu ermitteln, bemisst sich die Alterswertminderung im Sinne des § 190 Abs. 4 Satz 1 bis 3 BewG nach dem Alter des Gebäudes am Bewertungsstichtag und der tatsächlichen Gesamtnutzungsdauer. Die Regelung zum Mindestrestwert nach § 190 Abs. 4 Satz 5 BewG ist dabei nicht anzuwenden. Ein Bodenwertanteil wird konsequenter Weise bei einem Gebäude auf fremdem Grund und Boden nicht berücksichtigt.

Die wirtschaftliche Einheit *belastetes Grundstück* umfasst die vertraglich überlassene Fläche des Grund und Bodens und wird nach § 195 Abs. 3 BewG bewertet. Der Grundbesitzwert des belasteten Grundstücks ergibt sich aus der Summe des auf den Bewertungsstichtag abgezinsten Bodenwerts nach § 179 BewG zuzüglich des über die (auf volle Jahre abgerundeten) Restlaufzeit des Nutzungsrechts kapitalisierten Entgelts. Insofern unterscheidet sich die Bewertung nicht von der Ermittlung des Bodenwertanteils des Erbbaugrundstücks, außer dass anstelle des Erbbauzinses das (Pacht-)Entgelt tritt. Die Ausführungen zu Tz 308a gelten entsprechend. Ein Gebäudewertanteil wird beim belasteten Grundstück nicht berücksichtigt. Dies gilt selbst dann, wenn Gebäude oder Gebäudeteile bei Ablauf des Nutzungsrechts ganz oder teilweise entschädigungslos auf den Eigentümer des Grund und Bodens übergehen. 310b

Ausführliche Beispiele zur Bewertung eines Gebäudes auf fremdem Grund und Boden und eines belasteten Grundstücks enthält H B 195.2 ErbStH. Da aufgrund der unterschiedlichen Fallgestaltungen in der Praxis nicht ausgeschlossen werden kann, dass der nach § 195 BewG ermittelte Wert den gemeinen Wert übersteigt, ist der Steuerpflichtige in einschlägigen Fällen auf die Öffnungsklausel (Verkehrswertnachweis) gemäß § 198 BewG zu verweisen. 310c

ff) Grundstücke im Zustand der Bebauung

Die bewertungsrechtliche Behandlung von *Grundstücken im Zustand der Bebauung* ist in § 196 BewG geregelt. Ein Grundstück im Zustand der Bebauung liegt demnach vor, wenn mit den *Bauarbeiten begonnen* wurde und Gebäude oder Gebäudeteile noch nicht bezugsfertig sind (vgl. zur Bezugsfertigkeit Tz 282 ff.). Der Zustand der Bebauung *beginnt mit den Abgrabungen* oder der *Einbringung von Baustoffen*, die zur planmäßigen Errichtung des Gebäudes führen. Der vorherige Abriss eines Gebäudes bzw. Gebäudeteils gilt noch nicht als Beginn der Baumaßnahme. 311

Die Bewertungsmodalitäten für Grundstücke im Zustand der Bebauung sind § 196 Abs. 2 BewG zu entnehmen. Danach sind die Gebäude oder Gebäudeteile im Zustand der Bebauung mit den *bereits am Bewertungsstichtag entstandenen Herstellungskosten* dem Wert des bislang unbebauten oder bereits bebauten Grundstücks hinzuzurechnen. Mithin sind Gebäude oder Gebäudeteile im Zustand der Bebauung nach dem *Grad der Fertigstellung* zu bewerten. 311a

gg) Zivilschutzbauten

Gebäude, Teile von Gebäuden und Anlagen, die wegen der in § 1 des *Zivilschutzgesetzes* bezeichneten Zwecke geschaffen worden sind und im Frieden nicht oder nur gelegent- 312 lich oder geringfügig für andere Zwecke benutzt werden, bleiben nach § 197 BewG bei der Ermittlung des Grundbesitzwerts außer Betracht. Dies gilt allerdings nicht für den Grund und Boden. Letzterer ist regelmäßig mit dem Wert des unbebauten Grundstücks nach § 179 BewG anzusetzen.

hh) Verkehrswertnachweis

313 Aufgrund der den Bewertungsverfahren immanenten *Typisierungen* und *Pauschalierungen* kann nicht ausgeschlossen werden, dass es im Einzelfall zu Überbewertungen kommt. Für diese Fälle räumt der Gesetzgeber dem Steuerpflichtigen die Möglichkeit des *Verkehrswertnachweises* im Wege einer *Öffnungsklausel* ein. Weist der Steuerpflichtige nach, dass der gemeine Wert (Verkehrswert) der wirtschaftlichen Einheit am Bewertungsstichtag niedriger ist als der nach den §§ 179, 182 bis 196 BewG ermittelte Wert, so ist gemäß § 198 Satz 1 BewG dieser Wert anzusetzen. Für den Nachweis des niedrigeren gemeinen Werts gelten nach § 198 Satz 2 BewG grundsätzlich die auf Grund des § 199 Abs. 1 BauGB erlassenen Vorschriften (u. a. WertV bzw. ImmoWertV, WertR 2006, Ertragswertrichtlinie, Sachwertrichtlinie, etc.). Nach Maßgabe dieser Vorschriften besteht insoweit die Möglichkeit, sämtliche Wert beeinflussende Umstände zu berücksichtigen. Hierzu gehören auch die den Wert beeinflussenden Rechte und Belastungen privatrechtlicher und öffentlich-rechtlicher Art, wie z. B. Grunddienstbarkeiten oder persönliche Nutzungsrechte (Wohnrecht, Nießbrauch).

313a Ein niedrigerer Verkehrswert kann nach R B 198 Abs. 3 Satz 1 ErbStR durch ein Gutachten des örtlich zuständigen Gutachterausschusses oder eines jeden Sachverständigen für die Bewertung von Grundstücken nachgewiesen werden (vgl. gleich lautende Erlasse der obersten Finanzbehörden der Länder vom 19. 2. 2014, BStBl 2014 I S. 808). Auch ein im gewöhnlichen Geschäftsverkehr innerhalb eines Jahres vor oder nach dem Bewertungsstichtag zustande gekommener Kaufpreis über das zu bewertende Grundstück kommt als Nachweis in Betracht (R B 198 Abs. 4 Satz 1 ErbStR). In diesen Fällen ist auch ein längerer Zeitraum (drei Jahre oder mehr) möglich, wenn der Steuerpflichtige schlüssig nachweist, dass die maßgeblichen tatsächlichen und wirtschaftlichen Verhältnisse zwischen Bewertungsstichtag und Abschluss des Kaufvertrags unverändert geblieben sind (BFH vom 2. 7. 2004, BStBl 2004 II S. 703). Der Nachweis des niedrigeren gemeinen Werts kann stets nur für die gesamte wirtschaftliche Einheit erbracht werden (§ 198 Satz 1 BewG, R B 198 Abs. 2 ErbStR).

313b Haben sich Nutzungsrechte als Grundstücksbelastungen beim Nachweis des niedrigeren gemeinen Werts einer wirtschaftlichen Einheit des Grundbesitzes ausgewirkt, ist der (nochmalige) Abzug von Nutzungsrechten bei der Erbschaft- und Schenkungsteuerfestsetzung gemäß § 10 Abs. 6 Satz 6 ErbStG ausgeschlossen. Vgl. insoweit auch Tz. 99 und 180.

d) Bewertung des Betriebsvermögens

314 aa) Verkehrswert als Bewertungszielgröße

Wie für andere Vermögensklassen hat das Bundesverfassungsgericht auch für den *betrieblichen Bereich – Einzelunternehmen, Personen- und Kapitalgesellschaften –* gefordert, dass bei der Ermittlung der erbschaft- und schenkungsteuerlichen Bemessungsgrundlage alle Wirtschaftsgüter (zumindest) mit einem *Annäherungswert an den gemeinen Wert* (Verkehrswert) angesetzt werden müssen. Nach § 9 Abs. 2 BewG wird der gemeine Wert durch den Preis bestimmt, der im gewöhnlichen Geschäftsverkehr nach der Beschaffenheit des Wirtschaftsguts bei einer Veräußerung zu erzielen wäre. Dabei sind – mit Ausnahme von ungewöhnlichen oder persönlichen Verhältnissen – alle Umstände zu berücksichtigen, die den Preis beeinflussen. Seit Jahresbeginn 2009 ist im BewG eine *verkehrswertnahe Bewertung des Betriebsvermögens* für Zwecke der Erbschaft- und Schenkungsteuer verankert.

bb) Methodenvielfalt

Das Bundesverfassungsgericht billigte dem Steuergesetzgeber hinsichtlich der Wahl der *Wertermittlungsmethode* einen Entscheidungsspielraum zu, der nicht zuletzt dem Umstand geschuldet ist, dass ein derartiges Verfahrens für Zwecke der Massenbewertung praktikabel sein muss. Diesem Erfordernis kann insbesondere durch *Typisierungen* und *Pauschalierungen* entsprochen werden. Während das Bundesverfassungsgericht in seiner vorgenannten Entscheidung expressis verbis die in der nichtsteuerlichen Praxis der Unternehmensbewertung gängigen Ertragswertverfahren und Discounted-Cashflow-Verfahren (DCF) genannt hatte, hat sich der Steuergesetzgeber für eine *mehrgleisige Verfahrensweise bei der steuerlichen Unternehmensbewertung* in Form marktgängiger Bewertungsverfahren einerseits und dem sog. vereinfachten Ertragswertverfahren andererseits entschieden.

315

cc) Bewertungskonzept

Die erbschaft- und schenkungsteuerliche Unternehmensbewertung regelt der Gesetzgeber mittels *Verweisungstechnik*. Nach § 109 Abs. 1 Satz 1 BewG ist das Betriebsvermögen von Gewerbebetrieben im Sinne des § 95 BewG und das Betriebsvermögen von freiberuflich Tätigen im Sinne des § 96 BewG jeweils mit dem gemeinen Wert anzusetzen. Für die Ermittlung des gemeinen Werts gilt § 11 Abs. 2 BewG entsprechend. Ebenso ist hinsichtlich eines Anteils am Betriebsvermögen einer in § 97 BewG genannten Körperschaft, Personenvereinigung oder Vermögensmasse zu verfahren (z. B. bei einem Anteil an einer Personengesellschaft). Auch hier erfolgt der Ansatz mit dem gemeinen Wert unter Einbindung des § 11 Abs. 2 BewG. Mithin ist *§ 11 Abs. 2 BewG als Zentralnorm* für eine rechtsformneutrale Bewertung von Unternehmensvermögen zu qualifizieren, da letztendlich auch Anteile an nicht börsennotierten Kapitalgesellschaften nach § 11 Abs. 2 BewG zu bewerten sind.

316

Aus § 11 Abs. 2 BewG lässt sich das komplette *Bewertungskonzept* für Unternehmensvermögen bei der Erbschaft- und Schenkungsteuer herleiten. Voraussetzung ist, dass keine *vorrangigen Kurswerte* (Marktwerte) nach § 11 Abs. 1 BewG vorliegen.

317

Ist bei einem börsennotierten Unternehmen am Bewertungsstichtag kein Kurswert ermittelt worden, so ist der letzte innerhalb von 30 Tagen vor dem Stichtag im regulierten Markt notierte Kurs maßgebend. Entsprechend sind Wertpapiere zu bewerten, die in den Freiverkehr einbezogen sind. Der Kurswert kommt z. B. für Anteile an Aktiengesellschaften in Betracht. Liegen für Unternehmen keine Kurswerte vor, erfolgt die *Wertableitung* – sofern möglich – *aus Verkäufen unter fremden Dritten* (Fremdvergleich) innerhalb eines Jahres vor dem Stichtag (§ 11 Abs. 2 Satz 2 1. Alt. BewG; vgl. Tz 318 f.).

dd) Ableitung aus Verkäufen

318 Nach § 11 Abs. 2 Satz 2 1. Alt. BewG ist die Wertableitung von nicht börsennotierten Unternehmen aus *Verkäufen*, die im Besteuerungszeitpunkt *weniger als ein Jahr zurückliegen*, vorrangig. Mangels Aussagekraft müssen andere Verkäufe infolge der Stichtagsbezogenheit der Erbschaft- und Schenkungsteuer außer Betracht bleiben. Auch Verkäufe nach dem Stichtag sind für eine Wertableitung grundsätzlich ungeeignet (Ausnahmefälle vgl. BFH vom 22.1.2009, BStBl 2009 II S. 444 sowie BFH vom 22.6.2010, BStBl 2010 II S. 843). Die Wertableitung kann auf einen *einzigen Verkauf* gestützt werden, wenn Gegenstand des Verkaufs *nicht nur ein Zwerganteil* ist (BFH vom 5.3.1986, BStBl 1986 II S. 591; R B 11.2 Abs. 1 Satz 3 ErbStR). Die *Ausgabe neuer Geschäftsanteile* an einer GmbH im Rahmen einer *Kapitalerhöhung* zur Aufnahme eines neuen Gesellschafters kann als Verkauf i. S. des § 11 Abs. 2 Satz 2 1. Alt. BewG zur Ableitung des gemeinen Werts der GmbH-Anteile herangezogen werden (BFH vom 5.2.1992, BStBl 1993 II S. 266 sowie R B 11.2 Abs. 1 Satz 4 ErbStR).

319 Der *Rückgriff auf tatsächliche Verkaufserlöse* ist jedoch nur dann zulässig, wenn diese im *gewöhnlichen Geschäftsverkehr* erzielt worden sind (BFH vom 15.7.1998, BFH/NV 1998, S. 1463). Darunter ist der Handel nach den wirtschaftlichen Grundsätzen von Angebot und Nachfrage zu verstehen, bei dem die Vertragsparteien ohne Zwang und nicht aus Not, sondern in Wahrung ihrer eigenen Interessen handeln. Dürfen Namensaktien nur mit Zustimmung der Organe der Aktiengesellschaft übertragen werden und verfolgt die Aktiengesellschaft satzungsgemäß gemeinnützige Zwecke, spricht dies dafür, dass *Verkäufe von Aktien zum Nennwert* nicht im gewöhnlichen Geschäftsverkehr getätigt worden sind, wenn der Verkaufspreis auch nicht annähernd den inneren Wert der Aktie widerspiegelt (BFH vom 8.8.2001, BFH/NV 2002, S. 317).

Der Handel mit *Sperrminoritäten, Schachtel- oder Mehrheitsbeteiligungen* an Kapitalgesellschaften ist nicht ungewöhnlich, sondern eine für das Marktgeschehen typische Erscheinung. Der Verkauf einer sog. *Paketbeteiligung* schließt deshalb die Annahme einer Veräußerung im gewöhnlichen Geschäftsverkehr nicht aus (BFH vom 22.8.2002, BFH/NV 2003, S. 11).

ee) Wertermittlung unter Berücksichtigung der Ertragsaussichten

320 Scheidet bei nicht börsennotierten Unternehmen eine vorrangige Wertableitung aus Verkäufen aus, erfolgt die Wertermittlung unter Berücksichtigung der Ertragsaussichten oder einer anderen, im gewöhnlichen Geschäftsverkehr für nichtsteuerliche Zwecke üblichen Methoden (§ 11 Abs. 2 Satz 2 2. Alt. BewG). Wahlweise kann auch das vereinfachte Ertragswertverfahren nach den §§ 199 bis 203 BewG zur Anwendung gelangen (§ 11 Abs. 2 Satz 4 BewG), sofern es nicht zu offensichtlich unzutreffenden Ergebnissen führt. Dabei ist die substanzwertorientierte Mindestwertregelung zu beachten (§ 11 Abs. 2 Satz 3 BewG).

ABB. 5: Überblick über das Verfahren:

```
Bewertung von Anteilen an Kapitalgesellschaften
und von Betriebsvermögen
         │
    ┌────┴────┐
    ▼         ▼
Vorrangig:   Nachrangig:
Ableitung    Ermittlung auf der Grundlage der Ertragsaussichten
aus Verkäufen   oder
<1 Jahr vor  anderer üblicher Methoden
Bewertungsstichtag
                 │
         ┌───────┴────────┐
         ▼                ▼
   Vereinfachtes      „echtes" Ertragswertverfahren
   Ertragswertverfahren   oder anderer üblicher Methode
         │
    ┌────┴────┐
    ▼         ▼
zutreffendes unzutreffendes
Ergebnis     Ergebnis
                 │
         Mindestwert = Substanzwert prüfen
                 │
         Festzustellender gemeiner Wert
```

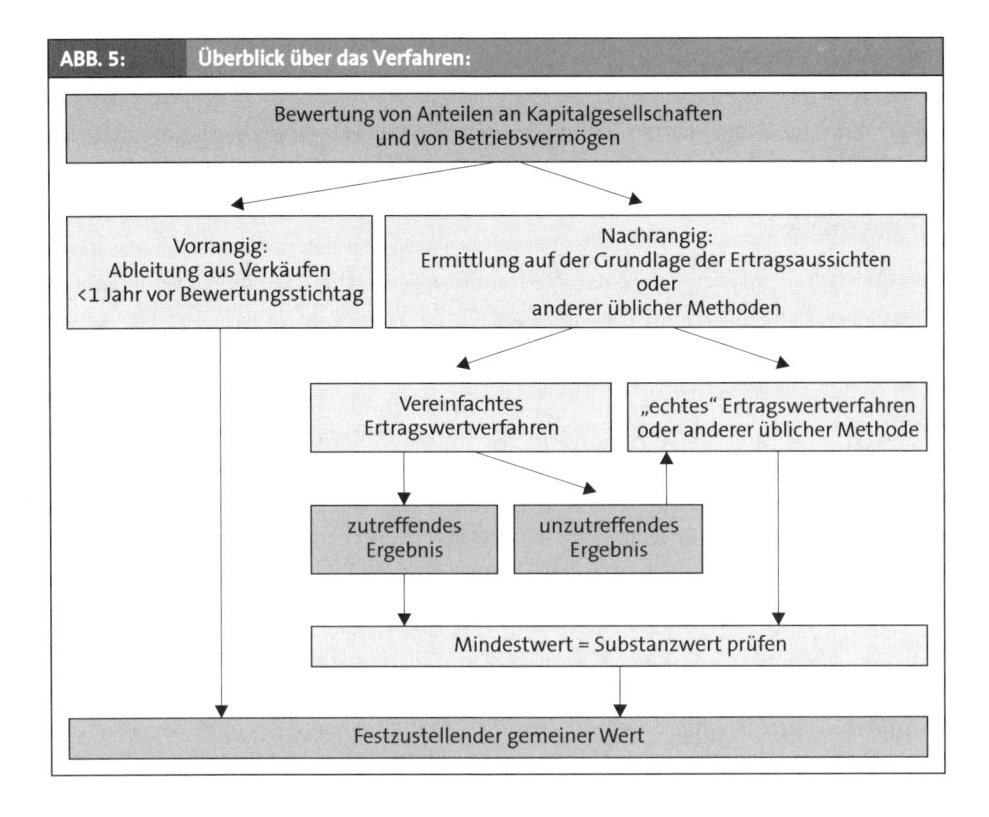

aaa) Marktgängige Verfahren

Die Bewertungsmethoden marktgängiger Verfahren zur Unternehmensbewertung, die der Gesetzgeber in § 11 Abs. 2 Satz 2 BewG in Bezug nimmt, lassen sich zum einen nach *substanzorientierten, marktorientierten und ertragsorientierten Ansätzen* unterscheiden. Die *substanzorientierten Verfahren* differenzieren zwischen Rekonstruktionswerten und Liquidationswerten. Ausgangspunkt eines Substanzwertverfahrens auf der Basis von Rekonstruktionswerten (Reproduktionswerten) ist die Annahme, das gegebene Unternehmen zu reproduzieren und die in diesem Kontext entstehenden Kosten als Wertansatz heranzuziehen. Folglich entsprechen die Reproduktionswerte den Wiederbeschaffungswerten bzw. den Zeitwerten. Substanzwertverfahren auf Basis von Liquidationswerten kommen z. B. bei Unternehmenszerschlagungen in Betracht.

In die Kategorie der *marktorientierten Verfahren* fällt insbesondere die Multiplikatormethode. Unter den Multiplikatorenverfahren sind Methoden der Unternehmensbewertung zu verstehen, bei denen der unbekannte Wert des Bewertungsobjekts unter Rückgriff auf Multiplikatoren bestimmt wird. Diese Multiplikatoren beziehen sich branchenabhängig auf bestimmte Basisgrößen (z. B. Umsatz, Gewinn, cash-flow) und werden aus bekannten, d.h. verfügbaren Marktwerten anderer vergleichbarer Unternehmen (comparable public company approach) oder ähnlicher M&A-Transaktionen (recent acquisition approach) abgeleitet. Die Bekanntgabe von branchenüblichen Multiplikatoren erfolgt beispielsweise durch das Institut der Deutschen Wirtschaftsprüfer

321

(IDW), die Bundesärztekammer, die Bundesrechtsanwaltskammer oder die Bundessteuerberaterkammer.

Bei den *ertragswertorientierten Verfahren* wird zwischen Ertragswertverfahren (z. B. IDS S1, AWH-Standard) und den Discounted-Cashflow (DCF)-Verfahren unterschieden. Dabei ist der *Ertragswert* oder *Zukunftserfolgswert* grds. die Summe der abgezinsten Unternehmenserfolge.

322 Eine *ebenfalls gängige Typologie* der Wertermittlungsverfahren bei der Unternehmensbewertung stellt auf die Unterscheidung Einzelbewertungsverfahren, Gesamtbewertungsverfahren sowie Mischverfahren ab. Beim *Einzelbewertungsverfahren* wird der Unternehmenswert aus der Summe der einzelnen Bestandteile des Unternehmens – Vermögensgegenstände und Schulden – auf einen bestimmten Stichtag ermittelt (Substanzwert). Das *Gesamtbewertungsverfahren* stellt auf die zukünftige Ertragskraft des Unternehmens ab. Die Unternehmensbewertung konzentriert sich dabei auf die zukünftigen Erträge, die aus dem Zusammenwirken aller Unternehmensbestandteile resultieren (Ertragswert). Einzelne Wirtschaftsgüter werden nach dieser Methode also wertmäßig nicht abgebildet, vielmehr beansprucht der Unternehmenswert Abgeltungswirkung für alle Unternehmensbestandteile. *Mischverfahren* sind als Fortentwicklung des Einzelbewertungsverfahrens zu qualifizieren. Diese Methode basiert auf der Annahme, dass nicht nur die Substanz eines Unternehmens, sondern auch dessen Ertragskraft in die Unternehmensbewertung einzubinden ist. Das *Substanzwertverfahren* als *Einzelbewertungsverfahren* ist mit dem Makel behaftet, dass es infolge der isolierten Betrachtung von Vermögenspositionen des jeweiligen Unternehmens mittels *Vergangenheitsorientierung* die Erzielung zukünftiger Erträge aus dem Zusammenwirken dieser Vermögenspositionen ausblendet. Folglich sind fundierte Aussagen über einen Zukunftserfolgswert nicht zu erwarten. Dennoch können *Substanzwertverfahren* bei *ertragsschwachen Unternehmen* sowie in *Insolvenzfällen* praktische Bedeutung erlangen.

323 Ungeachtet der Tatsache, dass die Ertragswertmethode in der Praxis der betriebswirtschaftlichen Unternehmensbewertung üblicherweise angewandt wird, räumt der Gesetzgeber ein, dass die Methode nicht für die Bewertung jedes Unternehmens geeignet bzw. am Markt üblich ist. Finden daher in solchen Fällen *andere gebräuchliche Bewertungsmethoden* zur Preisbildung Anwendung, hat dies – so die Gesetzesbegründung – das an den gemeinen Wert (Verkehrswert) anknüpfende Steuerrecht zu respektieren. Die *Feststellungslast*, dass eine andere als die Ertragswertmethode im konkreten Einzelfall einschlägig ist, trägt derjenige, der sich darauf beruft. Hierbei stellt der Gesetzgeber zur *Vermeidung von Schätzungsunschärfen* auf die *Erwerbersicht* ab, d. h. es ist auf die Methoden zurückzugreifen, die ein Erwerber der Bemessung des Kaufpreises zugrunde legen würde (vgl. auch Tz 325 ff.).

Neben den marktgängigen Verfahren kann die Unternehmensbewertung grds. auch auf Basis des vereinfachten Ertragswertverfahrens durchgeführt werden. Vgl. dazu im Einzelnen Tz 325 ff.

bbb) Mindestwert/Substanzwert

Eine *gesetzliche Wertuntergrenze* (Mindestwertregelung) unter Verweis auf den *Substanzwert* hat der Gesetzgeber in § 11 Abs. 2 Satz 3 BewG verankert. Demnach darf die Summe der gemeinen Werte der zum Betriebsvermögen gehörenden Wirtschaftsgüter und sonstigen aktiven Ansätze abzüglich der zum Betriebsvermögen gehörenden Schulden und sonstigen Abzüge der Gesellschaft *nicht unterschritten* werden. Die Mindestwertregelung kommt nur in den Fällen zur Anwendung, in denen der gemeine Wert nach dem vereinfachten Ertragswertverfahren, einem „echten" Ertragswertverfahren oder einem anderen üblichen Bewertungsverfahren ermittelt wird; sie kommt nicht bei der Ableitung des gemeinen Werts aus Verkäufen in Betracht (R B 11.3 Abs. 1 ErbStR).

324

Bei der Berechnung des Substanzwerts ist der Umfang des Betriebsvermögens nach ertragsteuerlichen Grundsätzen zu beurteilen. Damit ergibt sich grundsätzlich eine Bestandsidentität zwischen Steuerbilanz und bewertungsrechtlichem Betriebsvermögen. Es ist jedoch zu beachten, dass der Grundsatz der Bestandsidentität mitunter aufgrund teils abweichender Behandlung zum steuerlichen Betriebsvermögen durchbrochen wird. Denn aktive und passive Wirtschaftsgüter gehören selbst dann dem Grunde nach zum bewertungsrechtlichen Betriebsvermögen, wenn für sie ein steuerliches Aktivierungs- oder Passivierungsverbot besteht (R B 11.3 Abs. 3 Satz 2 ErbStR). So ist eine handelsrechtlich gebotene Rückstellung (z. B. eine Drohverlustrückstellung), die steuerlich nicht passiviert werden darf (vgl. § 5 Abs. 4a EStG), bei der Ermittlung des Substanzwerts gleichwohl anzusetzen. Zum bewertungsrechtlichen Betriebsvermögen gehören auch immaterielle Wirtschaftsgüter (z. B. Patente, Lizenzen, Warenzeichen, Markenrechte, Konzessionen, Bierlieferrechte) sowie die Geschäftswert-, Firmenwert- oder Praxiswert bildenden Faktoren, denen ein eigenständiger Wert zugewiesen werden kann (z. B. Kundenstamm und Know-how). Dies gilt unabhängig davon, ob sie selbst geschaffen oder entgeltlich erworben wurden (R B 11.3 Abs. 3 Satz 4 und 5 ErbStR). Rücklagen und Ausgleichsposten mit Rücklagencharakter sind im Allgemeinen nicht abzugsfähig, weil sie Eigenkapitalcharakter haben (vgl. § 103 Abs. 3 BewG). Dazu gehören z. B. Rücklagen nach § 6b EStG.

324a

Bei der Ermittlung des Substanzwerts sind die zum bewertungsrechtlichen Betriebsvermögen gehörenden Wirtschaftsgüter und sonstigen aktiven Ansätze sowie die zum Betriebsvermögen gehörenden Schulden und sonstigen Abzüge mit dem am Bewertungsstichtag maßgeblichen *gemeinen Wert* zu bewerten (§ 11 Abs. 2 Satz 3 BewG). Bei beweglichen abnutzbaren Wirtschaftsgütern des Anlagevermögens kann als gemeiner Wert i. d. R. ein angemessener Restwert in Höhe von mindestens 30 % der Anschaffungs- oder Herstellungskosten angesetzt werden, wenn dies nicht zu unzutreffenden Ergebnissen führt (R B 11.3 Abs. 7 Satz 2 ErbStR). Wirtschaftsgüter des Umlaufvermögens sind mit ihren Wiederbeschaffungs- oder Wiederherstellungskosten zum Bewertungsstichtag anzusetzen. Vgl. zur Vereinfachungsregelung der Ableitung des Substanzwerts aus dem vorangegangenen Abschluss R B 11.4 ErbStR.

324b

Eine besondere Ausprägung des Substanzwerts ist der *Liquidationswert*. Dieser kommt als Untergrenze der Bewertung zum Ansatz, wenn feststeht, dass das Unternehmen nicht weiter betrieben werden soll (R B 11.3 Abs. 9 ErbStR). Der Liquidationswert ermittelt sich aus dem Barwert der Nettoerlöse, die sich aus der Veräußerung aller Ver-

324c

mögensgegenstände abzüglich der Schulden und Liquidationskosten ergeben. Im Gegensatz zum Substanzwert fließen somit die Liquidationskosten mit ein, d. h. in diesem Fall ist z. B. der Abzug von Abrisskosten, Rekultivierungskosten und Abfindungszahlungen an Arbeitnehmer zulässig.

ff) Vereinfachtes Ertragswertverfahren

aaa) Anwendungsbereich

325 Das vereinfachte Ertragswertverfahren soll dem Steuerpflichtigen die Möglichkeit bieten, ohne hohen Ermittlungsaufwand oder Kosten für einen Gutachter einen *objektivierten Unternehmens- oder Anteilswert* auf der *Basis der Ertragsaussichten* nach § 11 Abs. 2 Satz 2 BewG zu ermitteln. Das vereinfachte Ertragswertverfahren steht grundsätzlich allen Unternehmen unabhängig von Umsatz- oder Gewinngrößen offen. Nach R B 199.1 Abs. 1 Satz 2 ErbStR ist das vereinfachte Ertragswertverfahren *nicht anwendbar*, wenn für den zu bewertenden Unternehmenstyp ertragswertorientierte Verfahren ausgeschlossen sind.

> **HINWEIS:**
>
> Der Erlass des FM Bayern vom 4. 1. 2013 (34/31/33 - S 3102 - 0006 - 333/13) beinhaltet eine ausführliche branchenspezifische Auflistung der marktüblichen Bewertungsverfahren (u. a. für Steuerberater-, Rechtsanwalts- und Wirtschaftsprüferkanzleien, Arzt- und Zahnarztpraxen, Apotheken, Handwerks- und Dienstleistungsunternehmen).

326 Des Weiteren ist das vereinfachte Ertragswertverfahren *nicht anwendbar*, wenn dieses zu *offensichtlich unzutreffenden Ergebnissen* führt (§ 199 Abs. 1 und 2 BewG). In diesen Fällen kann der Unternehmens- bzw. Anteilsinhaber sich nicht auf das vereinfachte Ertragswertverfahren berufen; ebenso hat die Finanzverwaltung hier die Möglichkeit, die Anwendung dieses Verfahrens abzulehnen. Erkenntnisse über eine offensichtlich unzutreffende Wertermittlung können sich nach R B 199.1 Abs. 5 ErbStR daraus ergeben, dass der Erwerber das Vermögen zeitnah nach dem Bewertungsstichtag zu einem abweichenden Preis veräußert. Auch Verkäufe, die mehr als ein Jahr vor dem Bewertungsstichtag liegen sowie Erbauseinandersetzungen, die Rückschlüsse auf einen abweichenden gemeinen Wert zulassen, sollen in die Beurteilung einbezogen werden. Hegt das Finanzamt begründete Zweifel an der Anwendbarkeit des vereinfachten Ertragswertverfahrens, so hat es diese dem Steuerpflichtigen substantiiert darzulegen und ihm Gelegenheit zu geben, diese Bedenken auszuräumen. Damit liegt die Darlegungslast beim Steuerpflichtigen, denn er hat substantiiert darzulegen, warum das vereinfachte Ertragswertverfahren nicht zu einem offensichtlich unzutreffenden Ergebnis führt. Kommt der Steuerpflichtige seiner Mitwirkungspflicht nicht oder nur unzureichend nach, kann das vereinfachte Ertragswertverfahren nicht angewendet werden (R B 199.1 Abs. 4 Satz 6 ErbStR).

Das Finanzamt wird in folgenden Fällen (widerlegbare) begründete Zweifel an der Anwendbarkeit des vereinfachten Ertragswertverfahrens haben (R B 199.1 Abs. 6 ErbStR 2011): 326a

- Bei komplexen Strukturen von verbundenen Unternehmen.
- Bei neu gegründeten Unternehmen, bei denen der künftige Jahresertrag noch nicht aus den Vergangenheitserträgen abgeleitet werden kann.
- Beim Branchenwechsel eines Unternehmens, bei dem deshalb der künftige Jahresertrag noch nicht aus den Vergangenheitserträgen abgeleitet werden kann.
- In anderen Fällen, in denen aufgrund der besonderen Umstände der künftige Jahresertrag nicht aus den Vergangenheitserträgen abgeleitet werden kann. Dazu gehören z. B. Wachstumsunternehmen, branchenbezogene oder allgemeine Krisensituationen oder absehbare Änderungen des künftigen wirtschaftlichen Umfelds.
- Bei grenzüberschreitenden Sachverhalten, z. B. nach § 1 AStG, § 4 Abs. 1 Satz 3 EStG oder § 12 Abs. 1 KStG, bei denen nicht davon ausgegangen werden kann, dass der jeweils andere Staat die Ergebnisse des vereinfachten Ertragswertverfahrens seiner Besteuerung zugrunde legt.

Hinsichtlich der Anwendung des vereinfachten Ertragswertverfahrens nach §§ 199 ff. BewG besteht – unter Beachtung der o. g. Anwendungsvorbehalte – zugunsten des Steuerpflichtigen ein *Wahlrecht*; d. h. die Anwendung dieses gesetzlich normierten Verfahrens ist *nicht obligatorisch*. Der Steuerpflichtige kann mithin eine *Vergleichsrechnung* („Schattenbewertung") zwischen dem „vereinfachten" und einem „normalen" Ertragswertverfahren anstellen und die für ihn günstigere Bewertungsmethode geltend machen, so diese auch marktüblich ist. 327

bbb) Wert nach dem vereinfachten Ertragswertverfahren/Ertragswert des betriebsnotwendigen Vermögens

Der Wert nach dem vereinfachten Ertragswertverfahren setzt sich nach § 200 BewG aus dem Ertragswert des betriebsnotwendigen Vermögens sowie dem Nettowert des nicht betriebsnotwendigen Vermögens, dem Wert der betriebsnotwendigen Beteiligungen an anderen Gesellschaften und dem Nettowert des jungen Betriebsvermögens zusammen. 328

ABB. 6: Überblick über das Verfahren:

```
Wertermittlung vereinfachtes Ertragswertverfahren

Ertragswert des betriebsnotwendigen Vermögens (§ 200 Abs. 1 BewG)
(Jahresertrag §§ 201 bis 202 BewG x Kapitalisierungsfaktor § 203 BewG)
                              +
Nettowert des nicht betriebsnotwendigen Vermögens (§ 200 Abs. 2 BewG)
                              +
Wert der Beteiligung an anderen Gesellschaften (§ 200 Abs. 3 BewG)
                              +
Nettowert des jungen Betriebsvermögens (§ 200 Abs. 4 BewG)
                              =
Wert nach dem vereinfachten Ertragswertverfahren
```

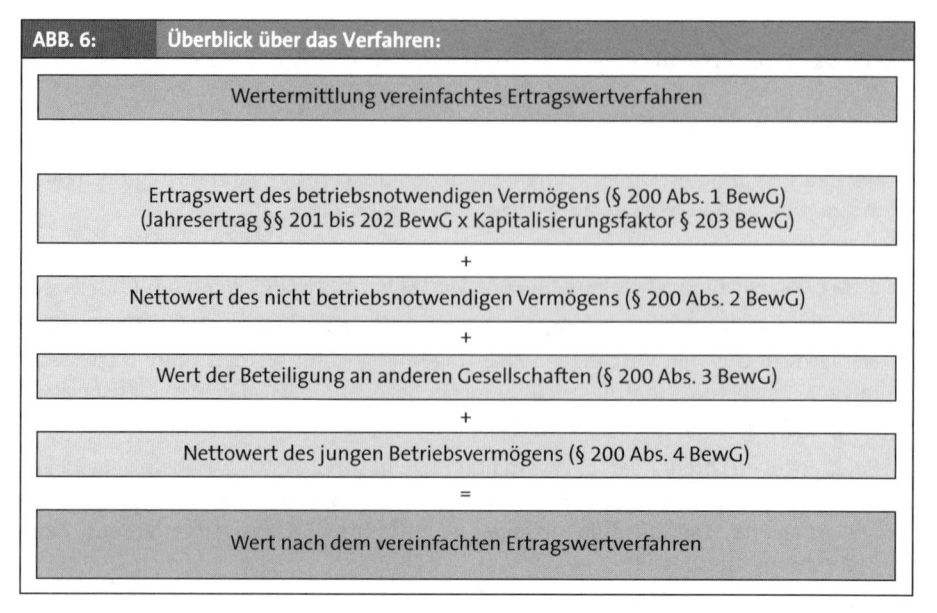

328a Zur Ermittlung des *Ertragswerts des betriebsnotwendigen Vermögens* ist (vorbehaltlich des § 200 Abs. 2 bis 4 BewG, vgl. Tz. 329 – 331) der zukünftig nachhaltig erzielbare Jahresertrag mit dem Kapitalisierungsfaktor zu multiplizieren. Das vereinfachte Ertragswertverfahren ist – so die Annahme des Gesetzgebers – *rechtsformneutral* und damit sowohl auf Unternehmen in der Rechtsform der Kapitalgesellschaft als auch auf Einzelunternehmen und Personengesellschaften anwendbar.

ccc) Nicht betriebsnotwendiges Vermögen

329 Die Behandlung von Wirtschaftsgütern des sog. *nicht betriebsnotwendigen (betriebsneutralen) Vermögens* im Rahmen des vereinfachten Ertragswertverfahrens entspricht der Vorgehensweise in marktgängigen (betriebswirtschaftlichen) Ertragswertverfahren, die hier eine *funktionale Abgrenzung* vornehmen. Können mithin Wirtschaftsgüter und mit diesen in wirtschaftlichem Zusammenhang stehende Schulden (= Nettowert) aus dem zu bewertenden Unternehmen im Sinne des § 199 Abs. 1 und 2 BewG herausgelöst werden, ohne die eigentliche Unternehmenstätigkeit zu beeinträchtigen, so werden diese Wirtschaftsgüter und Schulden nach Maßgabe des § 200 Abs. 2 BewG *neben dem Ertragswert des betriebsnotwendigen Vermögens* mit dem *eigenständig zu ermittelnden gemeinen Wert* oder Anteil am gemeinen Wert angesetzt. Zum nicht betriebsnotwendigen Vermögen zählen die Vermögensbestandteile eines Unternehmens, die in *keinem direkten Zusammenhang zur operativen Geschäftstätigkeit* des Unternehmens stehen und folglich veräußert werden können, ohne die Leistungsfähigkeit des Unternehmens zu beeinträchtigen (vgl. R B 200 Abs. 2 ErbStR). Zur Kategorie des nicht betriebsnotwendigen Vermögens können – je nach Unternehmenszweck – z. B. betrieblich nicht genutzter Grundbesitz (Mietwohngrundstück eines Produktionsunternehmens, Vorratsgrundstücke), Kunstgegenstände, Beteiligungen, Wertpapiere oder überschüssige Liquidität zählen.

Unmittelbar mit den Wirtschaftsgütern des nicht betriebsnotwendigen Vermögens im Zusammenhang stehende Aufwendungen und Erträge (z. B. Schuldzinsen, Mieteinnahmen) sind bei der Ermittlung der jeweiligen Betriebsergebnisse nach § 202 BewG zu korrigieren (vgl. Tz. 335 ff.). 329a

ddd) Betriebsnotwendige Beteiligungen

Nach § 200 Abs. 3 BewG ist des Weiteren eine *eigenständige Wertermittlung* vorgesehen, wenn ein zu bewertendes Unternehmen seinerseits *(Unter-)Beteiligungen* in seinem *betriebsnotwendigen Vermögen* hält. Betriebsnotwendige Beteiligungen ergeben sich z. B. in Fällen der Betriebsaufspaltung oder bei ausgegliederten Absatz- oder Ergänzungsunternehmen. In einschlägigen Fällen werden diese Beteiligungen neben dem Ertragswert mit dem separat ermittelten bzw. festgestellten gemeinen Wert angesetzt (= mehrstufiges Feststellungsverfahren). Die Wertermittlung bei den einzelnen Feststellungen kann sowohl im vereinfachten Ertragswertverfahren als auch nach einer anderen anerkannten üblichen Methode erfolgen. Das Bewertungsverfahren ist damit in jeder Beteiligungsstufe frei wählbar (R B 200 Abs. 3 Satz 5 ErbStR). 330

Die Einbeziehung von (betriebsnotwendigen) Beteiligungen in den Ertragswert des betriebsnotwendigen Vermögens wäre nach Darlegung des Gesetzgebers insbesondere dann sachlich nicht gerechtfertigt, wenn es sich um eine Beteiligung an einer Kapitalgesellschaft handelt, die ihre Gewinne in dem dreijährigen Referenzzeitraum (siehe hierzu § 201 Abs. 2 Satz 1 BewG sowie Tz 332) vor dem Bewertungsstichtag in nicht unerheblichem Maße thesauriert hatte. 330a

Die mit den Anteilen an einer *(anderen) Kapitalgesellschaft* im wirtschaftlichen Zusammenhang stehenden Schulden werden nicht gesondert vom festgestellten Wert der Anteile in Abzug gebracht. Stattdessen werden die mit den Schulden im Zusammenhang stehenden Aufwendungen beim nachhaltigen Jahresertrag mindernd erfasst, so dass – anders als beim nicht betriebsnotwenigen Vermögen oder dem jungen Betriebsvermögen – der Schuldzinsenabzug nicht nach § 202 Abs. 1 Satz 2 Nr. 1 Buchstabe f BewG (s. Tz 335 ff.) zu korrigieren ist. Im Ergebnis werden die Anteile an einer unterbeteiligten Kapitalgesellschaft mit dem Bruttowert angesetzt und dafür der Schuldzinsenabzug beim Jahresertrag zugelassen. 330b

Bei einer *Beteiligung an einer (anderen) Personengesellschaft* sind die mit dieser in wirtschaftlichem Zusammenhang stehenden Schulden bereits über das (negative) Sonderbetriebsvermögen im Wert der Beteiligung enthalten (§ 97 Abs. 1a BewG), so dass insoweit keine Korrektur erfolgen muss. Denn die Schulden stellen nach ertragsteuerlichen Grundsätzen negatives Sonderbetriebsvermögen der (anderen) Personengesellschaft dar und mindern damit den Wert des Gesellschafters am Betriebsvermögen der anderen Personengesellschaft. Im Ergebnis wird die Beteiligung an einer Personengesellschaft mit dem Nettowert angesetzt (Anteil am Gesamthandsvermögen abzüglich negatives Sonderbetriebsvermögen in Form der Schulden). 330c

330d Unmittelbar mit betriebsnotwendigen Beteiligungen im Zusammenhang stehende Aufwendungen (z. B. übernommene Verluste) und Erträge (z. B. abgeführte Gewinne bzw. Gewinnausschüttungen) sind bei der Ermittlung der jeweiligen Betriebsergebnisse nach § 202 BewG zu korrigieren (vgl. Tz 335 ff.).

330e Für *wirtschaftlich unbedeutende Beteiligungen* sieht R B 200 Abs. 4 ErbStR eine vereinfachte Wertermittlung auf Basis der durchschnittlichen Bruttoausschüttung der Untergesellschaft der letzten drei Jahre als durchschnittlichen Jahresertrag multipliziert mit dem Kapitalisierungsfaktor nach § 203 BewG (s. Tz 339 ff.) vor. Es ist mindestens der Steuerbilanzwert der Beteiligung anzusetzen. Gemäß Punkt 1.7 der Allgemeinen Verwaltungsanweisung für die Erbschaft- und Schenkungsteuer vom 21. 5. 2012 (ErbStVA; BStBl 2012 I S. 712) kann auf die Feststellung des Bedarfswert verzichtet werden, wenn die Beteiligung bis zu 1 % beträgt (bei Einlage bzw. Anteil am Nenn-/Stammkapital von maximal 100 000 €).

eee) Junges Betriebsvermögen

331 In § 200 Abs. 4 BewG wurde eine *weitere Kategorie eigenständiger Wertermittlung* normiert. Demnach werden *innerhalb von zwei Jahren vor dem Bewertungsstichtag eingelegte Wirtschaftsgüter*, die nicht unter § 200 Abs. 2 und 3 BewG fallen, und mit diesen im wirtschaftlichem Zusammenhang stehende Schulden (= Nettowert) *neben dem Ertragswert des betriebsnotwendigen Vermögens* mit dem eigenständig zu ermittelnden *gemeinen Wert* angesetzt – sog. *„junges Betriebsvermögen"*. Dies gilt aber nur, wenn die eingelegten Wirtschaftsgüter am Bewertungsstichtag ihrem Wert nach noch vorhanden sind und nicht wieder entnommen oder ausgeschüttet wurden. Kein junges Betriebsvermögen liegt vor, wenn Wirtschaftsgüter innerhalb von zwei Jahren vor dem Bewertungsstichtag gekauft wurden. Ebenfalls kein junges Betriebsvermögen liegt bei einem bloßen Aktiv- oder Aktiv-Passiv-Tausch vor, da dem Vorgang wiederum keine Einlage zugrunde liegt (R B 200 Abs. 5 Satz 5 ErbStR).

331a Unmittelbar mit den Wirtschaftsgütern des jungen Betriebsvermögens im Zusammenhang stehende Aufwendungen und Erträge (z. B. Schuldzinsen) sind bei der Ermittlung der jeweiligen Betriebsergebnisse nach § 202 BewG zu korrigieren (vgl. Tz 335 ff.)

Die Regelung des § 200 Abs. 4 BewG ist steuerpolitisch motiviert und wird als Instrument zur Missbrauchsvermeidung eingestuft. Sie basiert auf der gesetzgeberischen Annahme, dass insbesondere solche innerhalb des zweijährigen Betrachtungszeitraums eingelegte Wirtschaftsgüter, die einen hohen gemeinen Wert bei relativ geringer Rendite haben, im Ertragswert nur unangemessen abgebildet würden. Das junge Betriebsvermögen i. S. v. § 200 Abs. 4 BewG ist nicht identisch mit dem jungen, nicht begünstigten Verwaltungsvermögens des § 13b Abs. 2 Satz 3 ErbStG a. F. / § 136 Abs. 7 Satz 2 ErbStG. Beim jungen Verwaltungsvermögen handelt es sich zum einen um Verwaltungsvermögen i. S. v. § 13b Abs. 2 Satz 2 ErbStG a. F. / § 136 Abs. 4 ErbStG und zum anderen muss hier das Wirtschaftsgut nicht zwingend im Wege der Einlage dem Betriebsvermögen zugeführt werden.

fff) Ermittlung des Jahresertrags

Der Intention marktgängiger Ertragswertverfahren zur Unternehmensbewertung folgend (Bewertungszielgröße ist dort der Zukunftserfolgswert), ist der gemeine Wert des Unternehmens *zukunftsbezogen* zu ermitteln. In diesem Kontext ordnet § 201 Abs. 1 Satz 1 BewG an, dass die Grundlage für die Bewertung der *zukünftig nachhaltig zu erzielende Jahresertrag* ist. Mangels verfügbarer Finanzplandaten – so die Gesetzesbegründung – muss dieser Jahresertrag anhand des in der *Vergangenheit erzielten Durchschnittsertrags* geschätzt werden. Da die für die Schätzung des Durchschnittsertrags in der Vergangenheit erzielten Betriebsergebnisse des Unternehmens eine wichtige Orientierungshilfe bieten, ist der Durchschnittsertrag gemäß § 201 Abs. 2 Satz 1 BewG regelmäßig aus den Betriebsergebnissen (§ 202 BewG) der *letzten drei vor dem Bewertungsstichtag abgelaufenen Wirtschaftsjahre* herzuleiten.

332

> **BEISPIEL:** Betriebsübertragung von Vater an Sohn im Wege der vorweggenommenen Erbfolge. Übertragungszeitpunkt (Besteuerungsstichtag) ist der 2.12.2016. Das Wirtschaftsjahr ist mit dem Kalenderjahr identisch. Die Betriebsergebnisse der Jahre 2013 bis 2016 lauten wie folgt.
>
> | | |
> |---|---:|
> | Betriebsergebnis 2016 | 440 000 € |
> | Betriebsergebnis 2015 | 370 000 € |
> | Betriebsergebnis 2014 | 210 000 € |
> | Betriebsergebnis 2013 | 290 000 € |

Maßgeblich im Sinne des § 201 Abs. 2 Satz 1 BewG ist der Durchschnitt der Betriebsergebnisse für die letzten drei abgelaufenen Wirtschaftsjahre 2013, 2014 und 2015. Die Summe der Ergebnisse (870 000 €) ist durch drei zu dividieren und ergibt den *Durchschnittsertrag* (290 000 €), der den *Jahresertrag* i. S. des § 201 BewG darstellt.

Wenn sich jedoch nach den Umständen des Einzelfalles abzeichnet, dass für die Prognose des Zukunftsertrags die Ertragsentwicklung des Wirtschaftsjahres, in dem der Bewertungsstichtag liegt, bedeutsam ist (bspw. dann, wenn sich im Jahr der Übertragung wesentliche strukturelle unternehmerische Veränderungen ergeben), ist nach § 201 Abs. 2 Satz 2 BewG das gesamte Betriebsergebnis dieses (am Bewertungsstichtag noch nicht abgelaufenen) Wirtschaftsjahres – anstelle des drittletzten abgelaufenen Wirtschaftsjahrs – in den dreijährigen Referenzzeitraum einzubeziehen (R B 201 Abs. 3 ErbStR). Die Summe der Betriebsergebnisse ist ebenfalls durch drei zu dividieren und ergibt den Durchschnittsertrag.

333

Steht am Bewertungsstichtag fest, dass der künftige Jahresertrag durch bekannte objektive Umstände, z. B. wegen dem Tod des Unternehmers, sich nachhaltig verändert, ist dies nach R B 201 Abs. 5 ErbStR bei der Ermittlung des Durchschnittsertrags entsprechend zu berücksichtigen. Dies kann z. B. der Fall sein, wenn mit dem Tod des Erblassers wichtiges Know-how oder maßgebende Geschäftsbeziehungen verloren gehen und es in der Folge zu einem Umsatz- und Gewinneinbruch kommt.

333a

In § 201 Abs. 3 BewG hat der Gesetzgeber Vorkehrungen für den Fall getroffen, dass sich innerhalb des Referenzzeitraums der *Charakter des Unternehmens* nach dem Gesamtbild der Verhältnisse nachhaltig mit Auswirkung auf die Ertragsaussichten *geändert* hat oder ein *Unternehmen neu entstanden* ist. Bei derartigen Sachverhaltskonstellationen ist von einem *verkürzten Ermittlungszeitraum* zur Bestimmung des Jahres-

334

ertrags auszugehen. Der verkürzte Ermittlungszeitraum muss aber stets zwei volle Wirtschaftsjahre umfassen, da ein noch kürzerer Ermittlungszeitraum zu einem offensichtlich unzutreffenden Ergebnis führen würde (vgl. R B 199.1 Abs. 5 Nr. 2 ErbStR sowie Tz. 326 f.). Maßgebend ist in diesen Fällen der Zeitraum ab Beginn der nachhaltigen Veränderungen.

Bei Unternehmen, die durch *Umwandlung*, durch *Einbringung* von Betrieben oder Teilbetrieben, im Rahmen einer *Betriebsaufspaltung* oder durch *Umstrukturierungen* entstanden sind, ist nach § 201 Abs. 3 Satz 2 BewG bei der Ermittlung des Durchschnittsertrags von den *früheren Betriebsergebnissen* des Gewerbebetriebs oder der Gesellschaft, d. h. des *Vorgängerunternehmens*, auszugehen. Soweit sich die *Änderung der Rechtsform* auf den Jahresertrag auswirkt, sind die früheren Betriebsergebnisse entsprechend zu korrigieren.

ggg) Ermittlung der Betriebsergebnisse

335 Nach § 202 Abs. 1 Satz 1 BewG ist zur Ermittlung des Betriebsergebnisses von dem *Gewinn im Sinne des § 4 Abs. 1 Satz 1 EStG* auszugehen. Dies stellt den *Ausgangswert* dar. Somit knüpft die Ermittlung der Betriebsergebnisse *rechtsformneutral* an den steuerlichen Bilanzgewinn (Steuerbilanzgewinn) an, der auch die steuerfreien Vermögensmehrungen sowie die nicht abziehbaren Betriebsausgaben (z. B. Geldbuße für unzulässige Preisabsprachen, nicht abzugsfähige Gewerbesteuer nach § 4 Abs. 5b EStG) umfasst, so dass insoweit Korrekturen entbehrlich sind. Die *einzelnen Betriebsergebnisse* sind *gesondert* zu erfassen.

Bei einem Anteil am Betriebsvermögen einer Personengesellschaft (§ 97 Abs. 1a BewG) bleiben bei der Ermittlung des Ausgangswerts die Ergebnisse aus den Sonderbilanzen und den Ergänzungsbilanzen unberücksichtigt.

hhh) Korrekturbedarf

336 Da nach der Gesetzesintention auf den künftig nachhaltig erzielbaren Jahresertrag abzustellen ist, ist der Ausgangswert des einzelnen Betriebsergebnisses hinsichtlich solcher Vermögensminderungen oder Vermögensmehrungen zu korrigieren, die einmaligen Charakter haben oder jedenfalls den maßgeblichen Jahresertrag in Zukunft nicht beeinflussen. Hiernach ergibt sich folgendes *Korrekturschema* nach § 202 Abs. 1 Satz 2 BewG:

	Ausgangswert (= Gewinn i. S. d § 4 Abs. 1 Satz 1 EStG) zur Ermittlung des Betriebsergebnisses => Die Ergebnisse aus den Sonderbilanzen und Ergänzungsbilanzen bei Personengesellschaften werden **nicht** berücksichtigt!
+	Investitionsabzugsbeträge, soweit sie den Gewinn gemindert haben. Sonderabschreibungen oder erhöhte Absetzungen, Bewertungsabschläge, Zuführungen zu steuerfreien Rücklagen sowie Teilwertabschreibungen. Es sind nur die normalen Absetzungen für Abnutzung (AfA) zu berücksichtigen; diese sind nach den Anschaffungs- oder Herstellungskosten bei gleichmäßiger Verteilung über die gesamte betriebsgewöhnliche Nutzungsdauer zu bemessen. Die normalen AfA-Beträge sind auch dann anzusetzen, wenn für die Absetzungen in der Steuerbilanz vom Restwert auszugehen ist, der nach Inanspruchnahme der Sonderabschreibungen oder erhöhten Abschreibungen verblieben ist.
+	Absetzungen auf den Geschäfts- oder Firmenwert oder auf firmenwertähnliche Wirtschaftsgüter (z. B. Güterfernverkehrsgenehmigung).
+	Einmalige Veräußerungsverluste sowie außerordentliche Aufwendungen
+	Im Gewinn nicht enthaltene Investitionszulagen, soweit in Zukunft mit weiteren zulagebegünstigten Investitionen in gleichem Umfang gerechnet werden kann
+	Der Ertragsteueraufwand (KSt, GewSt, Zuschlagsteuern)
+	Aufwendungen, die im Zusammenhang mit Vermögen im Sinne des § 200 Abs. 2 und 4 BewG stehen sowie übernommene Verluste aus Beteiligungen im Sinne des § 200 Abs. 3 BewG, weil die entsprechenden Wirtschaftsgüter bereits mit dem gemeinen Wert angesetzt werden (vgl. Tz. 329 – 331).
+	Bei Kapitalgesellschaften sind verdeckte Gewinnausschüttungen hinzuzurechnen.
=	Zwischensumme nach Hinzurechnungen
./.	Gewinnerhöhende Auflösungsbeträge steuerfreier Rücklagen sowie Gewinne aus der Anwendung des § 6 Abs. 1 Nr. 1 Satz 4 und Nr. 2 Satz 3 EStG (Teilwertzuschreibungen)
./.	Einmalige Veräußerungsgewinne sowie außerordentliche Erträge
./.	Im Gewinn enthaltene Investitionszulagen, soweit in Zukunft nicht mit weiteren zulagebegünstigten Investitionen in gleichem Umfang gerechnet werden kann.
./.	Angemessener Unternehmerlohn, soweit in der bisherigen Ergebnisrechnung kein solcher berücksichtigt worden ist (stets bei Einzelunternehmen). Die Höhe des Unternehmerlohns wird nach der Vergütung bestimmt, die eine nicht beteiligte Geschäftsführung erhalten würde. Neben dem Unternehmerlohn kann auch ein fiktiver Lohnaufwand für bislang unentgeltlich tätige Familienangehörige des Eigentümers berücksichtigt werden.
./.	Erträge aus der Erstattung von Ertragsteuern (KSt, GewSt, Zuschlagsteuern)
./.	Erträge, die im Zusammenhang stehen mit Vermögen im Sinne des § 200 Abs. 2 bis 4 BewG, da diese Wirtschaftsgüter mit ihrem gemeinen Wert angesetzt werden (vgl. Tz. 329 – 331).

./.	Bei Kapitalgesellschaften sind verdeckte Einlagen abzuziehen.
=	Zwischensumme
+/ ./.	Hinzuzurechnen oder abzurechnen sind auch sonstige wirtschaftlich nicht begründete Vermögensminderungen oder -erhöhungen mit Einfluss auf den zukünftig nachhaltig zu erzielenden Jahresertrag und mit gesellschaftsrechtlichem Bezug, soweit sie nicht nach den § 202 Abs. 1 Nr. 1 und 2 BewG berücksichtigt wurden (§ 202 Abs. 1 Nr. 1 und 2 BewG, z. B. Zahlung eines überhöhten Unternehmerlohns). Hierzu zählen auch solche Vermögensminderungen oder -erhöhungen, die mit Angehörigen des Unternehmers oder Gesellschafters oder sonstigen diesem nahe stehenden Personen im Zusammenhang stehen.
=	Zwischensumme nach allen vorgesehenen Hinzurechnungen und Kürzungen
./.	Zur Abgeltung des Ertragsteueraufwands ist ein positives Betriebsergebnis nach § 202 Abs. 1 oder 2 BewG pauschal um 30 % zu mindern (§ 202 Abs. 3 BewG; 30 % vorherige Zwischensumme). Dies gilt auch bei Ausübung eines freien Berufs.
=	**Steuerliches Betriebsergebnis**

iii) Gewinnermittlung durch Einnahmenüberschussrechnung

337   Ist Bewertungsgegenstand ein Betrieb mit *Gewinnermittlung nach § 4 Abs. 3 EStG* (= Einnahmenüberschussrechnung), i. d. R. nicht bilanzierende Gewerbetreibende und freiberuflich Tätige, tritt an die Stelle des steuerlichen Bilanzgewinns der *Überschuss der Betriebseinnahmen über die Betriebsausgaben* (§ 202 Abs. 2 BewG). Die Korrekturvorgaben in Gestalt von Hinzurechnungen und Abrechnungen nach Maßgabe des § 202 Abs. 1 Satz 2 Nr. 1 bis 3 BewG (vgl. Tz 336) gelten hier entsprechend.

jjj) Betrieblicher Ertragsteueraufwand

338   Zur *Abgeltung des betrieblichen Ertragsteueraufwands* ist das jeweilige positive *Betriebsergebnis pauschal um 30 % zu mindern* (§ 202 Abs. 3 BewG). Aus dem Kürzungsumfang ist das Bestreben des Gesetzgebers ersichtlich, die rechtsformneutrale Anwendung des vereinfachten Ertragswertverfahrens sicherzustellen. Zu diesem Zweck werden in einem ersten Schritt (siehe Korrekturkatalog unter Tz 336) die Betriebsergebnisse um den tatsächlichen Ertragsteueraufwand erhöht sowie um Erträge aus der Erstattung betrieblicher Ertragsteuern (einschl. Zuschlagsteuern) gemindert. In einem zweiten Schritt wird ein pauschaler Ertragsteueraufwand in Höhe von 30 % von dem jeweils korrigierten positiven Betriebsergebnis abgezogen. Nach den Vorstellungen des Gesetzgebers entspricht dies der künftigen *durchschnittlichen Unternehmensteuerlast für Kapitalgesellschaften*.

338a Die steuerlichen Betriebsergebnisse der einzelnen Jahre des dreijährigen Ermittlungszeitraums werden abschließend addiert und durch drei dividiert. Dies ergibt den (durchschnittlichen) nachhaltig erzielbaren Jahresertrag.

kkk) Kapitalisierungsfaktor

HINWEIS:

Die Regelung zum Kapitalisierungsfaktor im vereinfachten Ertragswertverfahren nach § 203 BewG wurde im Rahmen der ErbSt-Reform 2016 rückwirkend zum 1.1.2016 angepasst. Nachfolgend wird die Regelung nach bisherigem und nach neuem Recht dargestellt. 339

Der zukünftig nachhaltig erzielbare Jahresertrag ist gemäß § 200 Abs. 1 BewG mit dem *Kapitalisierungsfaktor* nach Maßgabe des § 203 BewG zu multiplizieren. Der Kapitalisierungsfaktor setzte sich nach bisherigem Recht (für Bewertungsstichtage bis zum 31.12.2015) aus einem (variablen) *Basiszinssatz* und einem festen (Risiko-)*Zuschlag* von 4,5 % zusammen (§ 203 Abs. 1 BewG a. F.). 339a

Als *Basiszinssatz* wird der von der *Deutschen Bundesbank* aus den *Zinsstrukturdaten für öffentliche Anleihen* ermittelte Zinssatz zugrunde gelegt, der für den ersten Börsentag eines Jahres errechnet wird und eine prognostizierte Rendite für langfristig laufende Anleihen darstellt. Der Basiszinssatz wird vom Bundesministerium der Finanzen (BUF) veröffentlicht. Der hiernach für das *Jahr 2015* maßgebliche *Basiszinssatz* beträgt 0,99 % (siehe hierzu BMF-Schreiben vom 2.1.2015, BStBl 2015 I S. 6). Der Basiszinssatz ist aus *Vereinfachungsgründen* für alle Wertermittlungen mit Bewertungsstichtag in dem jeweiligen Kalenderjahr anzuwenden.

Der *(Risiko-)Zuschlag* berücksichtigt pauschal neben dem Unternehmerrisiko auch andere Korrekturposten, z. B. Fungibilitätszuschlag, Wachstumsabschlag oder inhaberabhängige Faktoren. Branchenspezifische Faktoren werden ausweislich der Gesetzesbegründung durch einen sog. *Beta-Faktor* von 1,0 berücksichtigt, weil dann die Einzelrendite wie der Markt schwankt. Mit dem Beta-Faktor wird das systematische Risiko eines bestimmten Wertpapiers beschrieben. Als *relatives Risikomaß (Volatilitätsmaß)* bringt der Beta-Faktor zum Ausdruck, in welchem Umfang die Einzelrendite des jeweiligen Wertpapiers die Veränderungen der Rendite des Marktportfolios nachvollzieht. Der *gesetzlich fixierte Risikozuschlag* von 4,5 % gilt *nur im Anwendungsbereich des vereinfachten Ertragswertverfahrens* nach den §§ 199 ff. BewG. Kommt im konkreten Einzelfall ein marktgängiges Verfahren der Unternehmensbewertung zum Zuge, besteht keine Bindung an diesen Risikozuschlag. 339b

Eine *Korrektur* bei Ermittlung des Kapitalisierungsfaktors wegen der *Ertragsteuerbelastung* ist *nicht vorzunehmen*, weil § 202 Abs. 3 BewG die Betriebssteuern bereits im Rahmen der Ermittlung des Jahresertrages berücksichtigt (vgl. Tz 338). Hinzu tritt der Umstand, dass der Basiszins als Vergleichsgröße vor Berücksichtigung der persönlichen Steuerbelastung des Unternehmers bzw. Anteilsinhabers zugrunde gelegt wird. Diese besteht nach Darlegung des Gesetzgebers hier in gleicher Höhe wie bei anderen Vermögensanlagen, die der Abgeltungsteuer unterliegen. 340

Der *Kapitalisierungsfaktor* entspricht gemäß § 203 Abs. 3 BewG a. F. dem *Kehrwert des Kapitalisierungszinssatzes* (1/Kapitalisierungszinssatz). 341

BEISPIEL FÜR 2015:

Basiszinssatz	0,99 %
+ (Risiko-) Zuschlag	4,50 %
Kapitalisierungszinssatz	5,49 %
Kapitalisierungsfaktor	1/5,49 % = 18,2149

TAB. 4:	Zusammenstellung der Kapitalisierungszinssätze und -faktoren seit 2009:		
Jahr	Basiszins	Kapitalisierungsfaktor	Fundstelle
[2016	1,10 %	17,8571	BMF vom 04.01.2016, BStBl I 2016, S. 5]
2015	0,99 %	18,2149	BMF vom 02.01.2015, BStBl I 2015, S. 6
2014	2,59 %	14,1043	BMF vom 02.01.2014, BStBl I 2014, S. 23
2013	2,04 %	15,2905	BMF vom 02.01.2013, BStBl I 2013, S. 19
2012	2,44 %	14,4092	BMF vom 02.01.2012, BStBl I 2012, S. 13
2011	3,43 %	12,6103	BMF vom 05.01.2011, BStBl I 2011, S. 5
2010	3,98 %	11,7924	BMF vom 05.01.2010, BStBl I 2010, S. 14
2009	3,61 %	12,3304	BMF vom 07.01.2009, BStBl I 2009, S. 14

Übersichtsschema zum vereinfachten Ertragswertverfahren

Der gemeine Wert zur Ermittlung des Unternehmenswerts nach dem vereinfachten Ertragswertverfahren der §§ 199 ff. BewG wird wie folgt hergeleitet:

Betriebsergebnis 1
Betriebsergebnis 2
Betriebsergebnis 3
Summe der (korrigierten) Betriebsergebnisse
Division durch 3
Durchschnittsertrag
= zukünftig nachhaltig erzielbarer Jahresertrag
x Kapitalisierungsfaktor
= Ertragswert i. S. des § 200 Abs. 1 BewG
+ gemeiner (Netto-)Wert der Wirtschaftsgüter i. S. des § 200 Abs. 2 bis 4 BewG
= Ertragswert des Betriebs / der Gesellschaft nach dem vereinfachten Ertragswertverfahren (gemeiner Wert)

BEISPIEL: Zum Betriebsvermögen eines Gewerbebetriebs (Einzelunternehmen) gehört ein unbebautes Grundstück, das als nicht betriebsnotwendiges Vermögen zu qualifizieren ist. Der gemeine Wert (Grundbesitzwert) des Grundstücks beläuft sich auf 445 000 Euro. Das Einzelunternehmen ist auf den 29.10.2015 zu bewerten.

Bewertungsparameter/Wirtschaftsjahre	2012 Euro	2013 Euro	2014 Euro
Gewinn/Ausgangsbetrag	**240 000**	**260 000**	**310 000**
+ Ertragsteueraufwand	36 000	39 000	46 500
+ Aufwendungen für nicht betriebsnotwendiges Vermögen	4 500	4 800	5 200
./. angemessener Unternehmerlohn	65 000	68 000	74 000
./. Erträge nicht betriebsnotwendiges Vermögen	600	600	600
= Betriebsergebnis vor Ertragsteueraufwand	214 900	235 200	287 100
./. Abgeltung Ertragsteueraufwand (30 %)	64 470	70 560	86 130
= **Betriebsergebnis**	**150 430**	**164 640**	**200 970**
Summe der Jahre 2012 bis 2014			516 040
Durchschnittsertrag			**172 013**
Ertragswert = Durchschnittsertrag x 18,2149			3 133 200
+ Ansatz nicht betriebsnotwendiges Vermögen (unbekanntes Grundstück)			445 000
= **gemeiner Wert des Unternehmens**			**3 583 200**

Der Kapitalisierungsfaktor nach dem im Rahmen der ErbSt-Reform 2016 vollständig überarbeiten § 203 BewG beträgt nunmehr *stets 13,75* (§ 203 Abs. 1 BewG). Damit handelt es sich um einen starren Kapitalisierungsfaktor, der von der wirtschaftlichen Entwicklung gänzlich abgekoppelt ist. Das BMF wird im § 203 Abs. 2 BewG ermächtigt, durch Rechtsverordnung mit Zustimmung des Bundesrates den Kapitalisierungsfaktor an die Entwicklung der Zinsstrukturdaten anzupassen. Ob und wann von dieser Ermächtigung tatsächlich Gebrauch gemacht wird, bleibt abzuwarten.

341a

Der o. g. Kapitalisierungsfaktor gilt gemäß § 205 Abs. 11 BewG rückwirkend für *Bewertungsstichtage ab dem 1.1.2016*. Hintergrund ist, dass der Kapitalisierungsfaktor für alle Wertermittlungen mit Bewertungsstichtagen im Laufe eines Jahres gilt. Angesichts der Niedrigzinsphase ist es aus Sicht des Gesetzgebers sachgerecht, die Änderung rückwirkend für das Jahr 2016 anzuwenden. Die Rückwirkung sei auch verfassungsrechtlich unproblematisch, da sie allein zu Gunsten des Steuerpflichtigen wirke. Der vorstehenden Einschätzung des Gesetzgebers kann nicht uneingeschränkt zugestimmt werden. Denn in Fällen, die noch nach bisherigem Recht besteuert werden, d. h. deren Besteuerungsstichtag zwischen dem 1.1.2016 und 30.6.2016 liegt, ist für die Frage der Begünstigung weiterhin die Verwaltungsvermögensquote maßgebend. Sinkt der gemeine Wert nach dem vereinfachten Ertragswertverfahren aufgrund des geringeren Kapitalisierungsfaktors, steigt bei gleich bleibendem Wert des Verwaltungsvermögens die Verwaltungsvermögensquote. Sofern sie in der Folge auf mehr als 50 % steigt, liegt nach § 13b Abs. 2 Satz 1 ErbStG a. F. kein begünstigtes Vermögen mehr vor, so dass eine Steuerbefreiung nach der Regelverschonung i. S. der §§ 13a, 13b ErbStG a. F. nicht mehr in Betracht kommt. Entsprechendes gilt auch für die Optionsverschonung nach § 13a Abs. 8 ErbStG a. F., bei der die Verwaltungsvermögensquote nicht mehr als 10 % betra-

341b

gen darf. Die dadurch entstehende steuerliche Mehrbelastung kann erheblich sein. Es sind somit auch Fälle denkbar, in denen die rückwirkende Änderung zu Ungunsten des Steuerpflichtigen wirken wird. Insoweit stellt sich m. E. die Frage nach dem Vertrauensschutz. Mögliche ergänzende Regelungen der Finanzverwaltung bleiben abzuwarten.

gg) Aufteilung bei Beteiligungen an Personengesellschaften

342 Ist der gemeine Wert des *Betriebsvermögens einer Personengesellschaft* zu ermitteln, erfolgt die Wertfindung anhand der vorab dargestellten Grundsätze und Bewertungsmethoden. Diejenigen Wirtschaftsgüter, die nicht im Eigentum der Personengesellschaft stehen, sondern im (Mit-)Eigentum eines oder mehrerer Gesellschafter und der Personengesellschaft zu dienen bestimmt sind (sog. *Sonderbetriebsvermögen*), werden mit ihrem *eigenen gemeinen Wert* abzüglich der Schulden dem jeweiligen Gesellschafter hinzugerechnet (§ 97 Abs. 1a Nr. 2 BewG). Der für das *Gesamthandsvermögen* der Personengesellschaft ermittelte *gemeine Wert* wird zwecks Feststellung des auf den einzelnen beteiligten Gesellschafter entfallenden Anteils an der Personengesellschaft *aufgeteilt*. Der Wert des Gesamthandsvermögens (§ 109 Abs. 2 in Verbindung mit § 11 Abs. 2 BewG) ist wie nachfolgend dargestellt aufzuteilen.

Die *Kapitalkonten* aus der Gesamthandsbilanz sind dem jeweiligen Gesellschafter *vorweg zuzurechnen* (§ 97 Abs. 1a Nr. 1 Buchst. a BewG). Ergänzungsbilanzen und Sonderbilanzen bleiben unberücksichtigt. Zum Kapitalkonto rechnen unter anderem neben dem *Festkapital* auch der Anteil an einer *gesamthänderischen Rücklage* und die *variablen Kapitalkonten*, soweit es sich dabei ertragsteuerrechtlich um Eigenkapital der Gesellschaft handelt. Der *verbleibende Wert* ist nach dem *Gewinnverteilungsschlüssel* auf die Gesellschafter aufzuteilen (§ 97 Abs. 1a Nr. 1 Buchst. b BewG). *Vorabgewinne* sind *nicht zu berücksichtigen*. Die Wirtschaftsgüter und Schulden des Sonderbetriebsvermögens sind bei dem jeweiligen Gesellschafter mit dem gemeinen Wert (Einzelwertermittlung) anzusetzen.

Der *Wert des Anteils eines Gesellschafters* ergibt sich als Summe aus dem Anteil am Gesamthandsvermögen und dem Wert des Sonderbetriebsvermögens (§ 97 Abs. 1a Nr. 3 BewG).

> **BEISPIEL:**
> Wert des Gesamthandsvermögens der A-B-C-KG zum Bewertungsstichtag   12 000 000 €
> (nach dem vereinfachten Ertragswertverfahren ermittelt)
> Kapitalkonten lt. Gesamthandsbilanz der Personengesellschaft   9 000 000 €
> Davon entfallen auf A 5 000 000 €, auf B 1 000 000 € und auf C 3 000 000 €.
>
> Gewinn- und Verlustverteilung A, B und C je $^1/_3$
>
> Der Gesellschafter A verpachtet an die Personengesellschaft ein Grundstück mit dem gemeinen Wert von 1 500 000 € (Sonderbetriebsvermögen).

Zu bewerten ist der Anteil des Gesellschafters A.

Ermittlung des Anteils		A	B/C
Wert des Gesamthandsvermögens der A-B-C-KG	12 000 000 €		
abzgl. Kapitalkonten lt. Gesamthandsbilanz	9 000 000 €	5 000 000 €	4 000 000 €
Unterschiedsbetrag (je ¹/₃ nach Gewinnverteilungsschlüssel)	3 000 000 €	1 000 000 €	2 000 000 €
Anteil am Wert des Gesamthandsvermögens		6 000 000 €	6 000 000 €
zuzügl. Wert des Sonderbetriebsvermögens		1 500 000 €	
Anteil am Wert des Betriebsvermögens der A-B-C-KG		7 500 000 €	

hh) Ermittlung des Werts des Anteils an einer Kapitalgesellschaft

Der gemeine Wert eines nicht börsennotierten Anteils an einer Kapitalgesellschaft bestimmt sich gemäß § 97 Abs. 1b BewG nach dem Verhältnis des Anteils am Nennkapital (Grund- oder Stammkapital) der Gesellschaft zum gemeinen Wert des Betriebsvermögens der Kapitalgesellschaft am Bewertungsstichtag. 342a

> **BEISPIEL:** M hält im Privatvermögen einen Anteil von 30 % am Nennkapital (15 000 €) der SK-GmbH in Bad Laer. Diesen Anteil schenkt M am 6. 3. 2016 ihrer Tochter T. Das Nennkapital der SK-GmbH beträgt 50 000 €. Der Wert des Betriebsvermögens der SK-GmbH beträgt am Bewertungsstichtag nach dem vereinfachten Ertragswertverfahren 4 200 000 €; der Substanzwert beträgt 2 700 000 €.
>
> Der auf T im Wege der Schenkung übergegangene Anteil an der SK-GmbH ist auf den 6. 3. 2016 zu bewerten. Dazu ist zunächst der gemeine Wert des Betriebsvermögens der Kapitalgesellschaft zu bestimmen. Im vorliegenden Fall ist der Wert des nach dem vereinfachten Ertragswertverfahren ermittelten Betriebsvermögens der SK-GmbH maßgeblich (4 200 000 €). Der niedrigere Substanzwert greift nicht. Anschließend ist der gemeine Wert des Anteils der T an der SK-GmbH zu ermitteln. Dieser bestimmt sich nach dem Verhältnis des auf T übergegangenen Anteils am Nennkapital der SK-GmbH zum gemeinen Wert des Betriebsvermögens der SK-GmbH: 30 % x 4 200 000 € = 1 260 000 €.

e) Bewertung des übrigen Vermögens

Vermögen, das nicht land- und forstwirtschaftliches Vermögen, Grundvermögen oder Betriebsvermögen darstellt, wird als *übriges Vermögen* bezeichnet. Übriges Vermögen ist mit dem *gemeinen Wert* (§ 12 Abs. 1 ErbStG i.V. mit § 9 BewG) oder *Hilfsbewertungsmaßstäben* (z. B. Rücknahmepreis, Nennwert, Gegenwartswert, Rückkaufswert i. S. des § 12 Abs. 4 BewG) zu bewerten. Auch Schulden und Lasten, die bei Ermittlung des steuerpflichtigen Erwerbs abzugsfähig sind, werden grds. mit dem gemeinen Wert angesetzt. 343

aa) Bedingung

Bei einer *aufschiebenden Bedingung* (§§ 158 ff. BGB) tritt die Wirkung eines Rechtsgeschäfts erst mit dem Eintritt der Bedingung ein, die Wirkungen des Rechtsgeschäfts sind somit von einem künftigen ungewissen Ereignis abhängig. Solange die Bedingung noch nicht eingetreten ist, besteht hinsichtlich des beabsichtigten Rechtserfolgs ein Schwebezustand (R B 4 Abs. 1 Satz 1 ErbStR). Der zivilrechtlichen Handhabung folgend, 344 werden *aufschiebend bedingte Erwerbe* bei der Erbschaft- und Schenkungsteuer erst dann berücksichtigt, wenn die Bedingung eingetreten ist, da bis zu diesem Zeitpunkt ein Schwebezustand besteht (§ 4 BewG, § 9 Abs. 1 Nr. 1a und Nr. 2 ErbStG). Ein *vertraglich vereinbartes Optionsrecht* wird bewertungsrechtlich wie eine aufschiebende Bedingung behandelt (BFH vom 5. 3. 1971, BStBl 1971 II S. 481).

344a Die Regelung für *aufschiebend bedingte Lasten* ist mit derjenigen für aufschiebend bedingte Erwerbe vergleichbar. Folglich bleiben aufschiebend bedingte Lasten nach § 6 Abs. 1 BewG bei der Ermittlung der Bereicherung außer Ansatz (BFH vom 6. 12. 2000, BFH/NV 2001, S. 781). Der Bescheid über die Festsetzung der Erbschaft- oder Schenkungsteuer ist jedoch nach § 6 Abs. 2 BewG zu berichtigen, wenn zu einem späteren Zeitpunkt die Bedingung eintreten sollte (R B 4 Abs. 2 Satz 2 ErbStR). Wirkt sich der Bedingungseintritt zugunsten des Steuerpflichtigen aus, ist für die Berichtigungsveranlagung ein entsprechender Antrag erforderlich. Dem gegenüber wird eine Berichtigung zuungunsten des Steuerpflichtigen von Amts wegen vorgenommen. Mit der Berichtigungsveranlagung erfolgt die Festsetzung der Erbschaft- oder Schenkungsteuer mit dem tatsächlichen Wert im Zeitpunkt des Bedingungseintritts.

345 Bei einer *auflösenden Bedingung* tritt die Wirkung des Rechtsgeschäfts sofort ein, endet jedoch mit dem Eintritt der Bedingung für die Zukunft (R B 4 Abs. 1 Satz 2 ErbStR). Der Erwerb eines Vermögensgegenstands unter einer auflösenden Bedingung (z. B. einer Wiederverheiratungs- oder Ausbildungsklausel) wird bei der Festsetzung der Erbschaft- oder Schenkungsteuer so behandelt, als ob keine Bedingung bestünde (§ 5 Abs. 1 BewG). Ein *vertraglich vereinbartes Rücktrittsrecht* wird bewertungsrechtlich als *auflösende Bedingung* qualifiziert und somit – bis zum möglichen tatsächlichen Rücktritt – nicht berücksichtigt (BFH vom 27. 10. 1967, BStBl 1968 II S. 116).

346 Geht mit dem Eintritt der auflösenden Bedingung kausal eine Vermögensverlagerung einher, ist die bisher festgesetzte Steuer unter Berücksichtigung des tatsächlichen Werts neu festzusetzen. Die Durchführung der Berichtigungsveranlagung aufgrund Bedingungseintritts ist antragsgebunden. Derjenige, zu dessen Gunsten sich der Bedingungseintritt auswirkt, hat den Antrag bis zum Ablauf des Jahres, das auf den Eintritt der Bedingung folgt, zu stellen (§ 5 Abs. 2 Satz 2 BewG).

bb) Befristung

347 Die einem Rechtsgeschäft beigefügte *Zeitbestimmung* ist nach § 163 BGB der (aufschiebenden wie der auflösenden) Bedingung unter der Voraussetzung gleichgestellt, dass durch sie ebenfalls die Wirkung des Rechtsgeschäfts beeinflusst, also auch bei ihr der Beginn oder die Beendigung der Wirkung vom Eintritt eines Zeitpunkts abhängig gemacht wird. Die Vorschriften der §§ 158 ff. BGB über die Bedingungen finden auf Zeitbestimmungen entsprechend Anwendung. Ist mithin der Erwerb eines Vermögensgegenstands von einem Ereignis (z. B. Rentenbezug erst mit dem Tod einer Person) abhängig, bei dem lediglich der Zeitpunkt ungewiss ist, liegt insoweit eine Befristung vor.

cc) Betagung

Kennzeichnend für eine Betagung ist, dass der *Anspruch* oder die *Verpflichtung bereits entstanden* sind, jedoch die *Fälligkeit hinausgeschoben* ist. Die Betagung wirkt sich hiernach nicht auf den Ansatz dem Grunde nach aus, hingegen wird der Ansatz des Anspruchs oder der Verpflichtung der Höhe nach beeinflusst (z. B. Abzinsung eines Rentenanspruchs mit Aufschubzeitraum).

348

dd) Kapitalforderungen und Schulden sowie Ansprüche und Lasten bei wiederkehrenden Nutzungen und Leistungen

(1) Kapitalforderungen und Kapitalschulden

Alle verzinslichen und unverzinslichen auf Geld gerichteten Forderungen rechnen zu den *Kapitalforderungen*, unabhängig davon, ob diese Forderungen in inländischer oder ausländischer Währung bestehen (R B 12.1 Abs. 5 ErbStR). Zu den Kapitalforderungen zählen u. a. *Forderungen aus Hypotheken, Grundschulden und Darlehen, Steuererstattungs- und Tantiemeansprüche, Geldabfindungsansprüche aus einem Flurbereinigungsverfahren, der Anspruch aus einem Mieterdarlehen, der Pflichtteils- und Vermächtnisanspruch* sowie auf Geld gerichtete Ansprüche gegen eine Versicherung. Auch der *Gewinnausschüttungsanspruch* gegenüber einer Kapitalgesellschaft ist hierunter zu fassen, vorausgesetzt, der Gewinnverteilungsbeschluss ist im Besteuerungszeitpunkt bereits gefasst.

349

Zu der Kategorie der Kapitalforderungen gehören auch festverzinsliche Wertpapiere, Bundesschatzbriefe, Finanzierungsschätze und Sparbriefe sowie Zero-Bonds.

Nach § 12 Abs. 1 ErbStG i.V. mit § 12 Abs. 1 BewG sind Kapitalforderungen grundsätzlich mit dem *Nennwert* anzusetzen, *es sei denn*, besondere Umstände rechtfertigen eine vom Nennwert abweichende Bewertung. Gründe für eine vom Nennwert *abweichende Bewertung* liegen vor, wenn

350

- ▶ die Kapitalforderungen oder Schulden unverzinslich sind und ihre Laufzeit im Besteuerungszeitpunkt mehr als ein Jahr beträgt;
- ▶ die Kapitalforderungen oder Schulden niedrig verzinst oder hoch verzinst sind und die Kündbarkeit für längere Zeit, d. h. für mindestens vier Jahre ausgeschlossen ist;
- ▶ zweifelhaft ist, ob die Kapitalforderung in vollem Umfang durchsetzbar ist (BFH vom 11. 3. 1992, BFH/NV 1993, S. 354).

Eine unter dem Nennwert anzusetzende *niedrig verzinsliche Kapitalforderung* kann angenommen werden, wenn die *Verzinsung unter 3 %* liegt und die *Kündbarkeit* im Erwerbszeitpunkt für mindestens vier Jahre *eingeschränkt* oder *ausgeschlossen* ist (R B 12.1 Abs. 2 Satz 1 ErbStR). Liegt eine niedrig verzinsliche Kapitalforderung vor, ist diese mit dem Nennwert unter Abzug des Kapitalwerts des jährlichen Zinsverlustes zu bewerten (BFH vom 17. 10. 1980, BStBl 1981 II S. 247). Die Ermittlung des Kapitalwerts des jährlichen Zinsverlustes erfolgt bei einer niedrig verzinslichen Kapitalforderung, die in einem Betrag fällig wird, mit Hilfe von Tabelle 2 des gleich lautenden Ländererlasses vom 10. 10. 2010 (BStBl 2010 I S. 810).

351

> **BEISPIEL:** Erblasser E ist am 1.12.2016 verstorben. Zum Nachlass gehört eine Darlehensforderung i. H. von 100 000 €, die mit 1,25 % jährlich verzinst wird und frühestens am 30.11.2025 kündbar ist.
>
> Der Nennwert der Darlehensforderung i. H. von 100 000 € ist um den kapitalisierten Wert des jährlichen Zinsverlustes zu kürzen. Der jährliche Zinsverlust beträgt 12 500 € (3,00 % - 1,25 % = 1,75 % von 100 000 € = 1 750 € × Vervielfältiger 7,143 für 9 Jahre Laufzeit). Damit beläuft sich der Gegenwartswert der Darlehensforderung im Besteuerungszeitpunkt 1.12.2016 auf 87 500 € (100 000 € - 12 500 €).

Wird eine niedrig verzinsliche Kapitalforderung in Raten getilgt, ermittelt sich der Kapitalwert des jährlichen Zinsverlustes mit Hilfe von Tabelle 3 des o. g. Ländererlasses vom 10.10.2010 (a. a. O.).

352 In Anlehnung an die Verfahrensweise bei niedrig verzinslichen Kapitalforderungen sind *hochverzinsliche Kapitalforderungen* (Verzinsung über 9 %, Kündbarkeit im Besteuerungszeitpunkt für mindestens vier Jahre ausgeschlossen) mit dem *um den kapitalisierten Zinsgewinn erhöhten Nennwert* zu bewerten.

353 Stehen einer unverzinslichen oder niedrig verzinslichen Kapitalforderung wirtschaftliche Vorteile gegenüber oder stehen einer unverzinslichen oder niedrig verzinslichen Kapitalschuld andere wirtschaftliche Nachteile gegenüber, kommt eine Bewertung unter dem Nennwert nicht in Betracht.

354 Bestehen Zweifel darüber, ob und inwieweit eine Kapitalforderung durchsetzbar ist, kann sie dem *Grad der Zweifelhaftigkeit* entsprechend mit einem niedrigeren Schätzwert anzusetzen sein. Forderungen, die uneinbringlich sind, bleiben gemäß § 12 Abs. 2 BewG gänzlich außer Ansatz.

354a Bei unverzinslichen Kapitalforderungen mit einer aus Sicht des Besteuerungszeitpunkts mehr als einjährigen Laufzeit erfolgt der Ansatz mit dem abgezinsten Betrag unter Zugrundelegung eines Zinssatzes von 5,5 % (§ 12 Abs. 1 ErbStG i. V. mit § 12 Abs. 3 BewG; BFH vom 27.5.1992, BStBl 1992 II S. 990). Wird eine unverzinsliche Forderung in einem Betrag fällig, erfolgt die Bewertung mittels Tabelle 1 des o. g. Ländererlasses vom 10.10.2010 (a. a. O.).

> **BEISPIEL:** Erblasserin O ist am 1.10.2016 verstorben. Zum Nachlass gehört auch eine Darlehensforderung i. H. von 125 000 €. Die Darlehensforderung ist unverzinslich und am 30.9.2021 fällig.
>
> Der Gegenwartswert der in einem Betrag fälligen unverzinslichen Forderung (Laufzeit > 1 Jahr) ermittelt sich auf den Besteuerungsstichtag wie folgt:
>
> Laufzeit: 1.10.2016 bis 30.9.2021 = 5 Jahre
>
> Abzinsungsfaktor lt. Tabelle 1 der o. g. Erlasse = 0,765
>
> Gegenwartswert = 125 000 € × 0,765 = 95 625 €

Die Laufzeit ist tagegenau zu errechnen. Bei unterjährig endenden Laufzeiten ist der Abzinsungsfaktor interpoliert zu ermitteln (vgl. dazu o. g. Ländererlass vom 10.10.2010).

354b Bei der Bewertung von *Kapitalschulden* sind die Grundsätze über die unverzinslichen sowie niedrig- und hochverzinslichen Kapitalforderungen (vgl. Tz. 350 – 354a) entsprechend anzuwenden.

Noch nicht fällige Ansprüche aus Lebens-, Kaital- oder Rentenversicherungen werden mit dem Rückkaufswert bewertet (§ 12 Abs. 4 BewG). Der Rückkaufswert ist der Betrag, den das Versicherungsunternehmen dem Versicherungsnehmer im Falle der vorzeitigen Aufhebung des Vertragsverhältnisses zu erstatten hat. 354c

(2) Wiederkehrende Nutzungen und Leistungen

Ansprüche auf wiederkehrende Nutzungen und Leistungen sind dem übrigen Vermögen zuzurechnen. Hierbei handelt es sich insbesondere um *Nießbrauchs- und sonstige Nutzungsrechte an beweglichen und unbeweglichen Sachen, Altenteilsleistungen, Wohnrechte und Rentenansprüche*. Der Nießbrauch – dinglich oder obligatorisch – berechtigt zur Nutzung und Fruchtziehung, d. h. zur Erzielung von Einnahmen aus dem genutzten Wirtschaftsgut. Unter einem Wohnrecht ist das dinglich oder obligatorisch ausgestaltete Recht zu verstehen, ein Grundstück ganz oder teilweise zu Wohnzwecken zu nutzen. Beim übrigen Vermögen sind wiederkehrende Nutzungen und Leistungen regelmäßig mit dem Kapitalwert anzusetzen. Der Kapitalwert von Renten und anderen wiederkehrenden Nutzungen und Leistungen richtet sich nach der am Besteuerungsstichtag noch laufenden Bezugsberechtigung. Bei der Bewertung können später eintretende Umstände nur dann berücksichtigt werden, wenn sie am Besteuerungszeitpunkt bereits voraussehbar waren. Kann der Steuerpflichtige im Einzelfall nachweisen, dass der Kapitalwert nicht mit dem gemeinen Wert korrespondiert, so ist nach § 13 Abs. 3 Satz 1 BewG oder § 14 Abs. 4 Satz 1 BewG der gemeine Wert zu berücksichtigen. 355

Der Kapitalwert wiederkehrender Nutzungen und Leistungen ist auch in den Fällen zu ermitteln, in denen der *Versorgungsfreibetrag um steuerfreie Versorgungsbezüge zu kürzen* ist (§ 17 Abs. 1 Satz 2 ErbStG, vgl. Tz. 537 f.).

Nach § 12 Abs. 1 ErbStG i. V. mit § 13 BewG sind bei den Nutzungen und Leistungen zu unterscheiden: 355a

- ► Nutzungen und Leistungen, die auf bestimmte Zeit beschränkt sind;
- ► immerwährende Nutzungen und Leistungen;
- ► Nutzungen und Leistungen von unbestimmter Dauer.

Der Kapitalwert einer *wiederkehrenden, zeitlich begrenzten Nutzung oder Leistung* (z. B. einer Zeitrente) wird nach Anlage 9a zum BewG als Mittelwert zwischen dem Kapitalwert für jährlich vorschüssige und jährlich nachschüssige Zahlungsweise berechnet (Kapitalwert = Jahreswert x Vervielfältiger nach Anlage 9a zum BewG). 356

Immerwährende Nutzungen und Leistungen werden nach § 13 Abs. 2 1. Halbsatz BewG mit 18,6-fachen des Jahreswerts angesetzt. Nach Auffassung des BFH (BFH vom 24. 4. 1970, BStBl 1970 II S. 591) handelt es sich bei immerwährenden Nutzungen und Leistungen um solche, deren Ende nicht absehbar ist und deren Wegfall von Ereignissen abhängt, von denen ungewiss ist, ob und wann sie eintreten werden. 356a

Nutzungen und Leistungen von unbestimmter Dauer sind – vorbehaltlich des § 14 BewG – mit dem 9,3-fachen des Jahreswerts zu bewerten (§ 13 Abs. 2 2. Halbsatz BewG). Von Nutzungen und Leistungen unbestimmter Dauer ist auszugehen, wenn das Ende der Nutzung oder Leistung in absehbarer Zeit sicher, der Zeitpunkt des Wegfalls jedoch un- 357 gewiss ist. In diese Kategorie fällt bspw. der Nutzungsvorteil aus einem unverzinslichen Darlehen ohne feste Darlehenslaufzeit.

358 Bei *lebenslänglichen Nutzungen und Leistungen,* das sind solche, die von der Lebenszeit einer Person oder mehrerer Personen abhängig sind, ist die Laufzeit nach § 14 Abs. 1 BewG zu ermitteln. Die Laufzeit knüpft dabei an die voraussichtliche Lebenserwartung, die aus der sog. *Sterbetafel* für die Bundesrepublik Deutschland ersichtlich ist. Der Kapitalwert von lebenslängliche Nutzungen und Leistungen ist mit dem Vielfachen des Jahreswerts nach Maßgabe des § 14 Abs. 1 Sätze 2 bis 4 BewG anzusetzen. Die Vervielfältiger sind nach der *Sterbetafel des Statistischen Bundesamtes* zu ermitteln und ab dem 1. Januar des auf die Veröffentlichung folgenden Kalenderjahres anzuwenden. Dabei ist der Kapitalwert unter Berücksichtigung von Zwischenzinsen und Zinseszinsen mit einem *Zinssatz von 5,5 %* als Mittelwert zwischen dem Kapitalwert für jährlich vorschüssige und jährlich nachschüssige Zahlungsweise zu berechnen. Das *Bundesfinanzministerium* stellt den Vervielfältiger für den Kapitalwert einer lebenslänglichen Nutzung oder Leistung im Jahresbetrag von einem Euro nach Lebensalter und Geschlecht der Berechtigten in einer *Tabelle* zusammen und veröffentlicht diese zusammen mit dem Datum der Veröffentlichung der Sterbetafel im *Bundessteuerblatt*.

359 Das Bundesfinanzministerium hat mit Schreiben vom 2. 12. 2015 (BStBl 2015 I S. 954) die entsprechenden Vervielfältiger zur Berechnung des Kapitalwerts lebenslänglicher Nutzungen und Leistungen für *Bewertungsstichtage ab dem 1. 1. 2016* bekannt gegeben. Die Tabelle stellt sich *auszugsweise* wie folgt dar:

Vollendetes Lebensalter	Männer		Frauen	
	Durchschnittliche Lebenserwartung	Kapitalwert	Durchschnittliche Lebenserwartung	Kapitalwert
40	38,93	16,358	43,50	16,862
41	37,98	16,237	42,53	16,765
42	37,03	16,109	41,57	16,664
43	36,08	15,975	40,60	16,557
44	35,15	15,837	39,64	16,445
45	34,22	15,691	38,69	16,328
46	33,29	15,539	37,74	16,205
47	32,37	15,380	36,79	16,076
48	31,47	15,217	35,85	15,941
49	30,56	15,044	34,91	15,800
50	29,67	14,867	33,98	15,653
51	28,79	14,683	33,06	15,500
52	27,92	14,492	32,13	15,337
53	27,06	14,294	31,22	15,170
54	26,21	14,090	30,31	14,995

Steuerpflichtiger Erwerb, Wertermittlung (§ 10 ErbStG) — SIEBENTER TEIL

Vollendetes Lebensalter	Männer		Frauen	
	Durchschnittliche Lebenserwartung	Kapitalwert	Durchschnittliche Lebenserwartung	Kapitalwert
55	25,37	13,879	29,41	14,813
56	24,54	13,661	28,51	14,622
57	23,72	13,435	27,62	14,424
58	22,90	13,200	26,73	14,216
59	22,10	12,960	25,84	13,998
60	21,31	12,713	24,96	13,772
61	20,53	12,458	24,10	13,541
62	19,76	12,196	23,23	13,296
63	18,99	11,923	22,38	13,045
64	18,23	11,643	21,53	12,783
65	17,48	11,354	20,68	12,508
66	16,74	11,058	19,84	12,224
67	16,01	10,754	19,01	11,930
68	15,30	10,447	18,18	11,624
69	14,58	10,123	17,35	11,303
70	13,89	9,801	16,53	10,972
71	13,20	9,467	15,72	10,630
72	12,52	9,125	14,92	10,278
73	11,86	8,782	14,13	9,915

BEISPIEL: M (weiblich) ist am Besteuerungsstichtag 65 Jahre alt und hat aus der Veräußerung ihres Einfamilienhauses einen Anspruch auf eine lebenslängliche Rente i. H. von 2 000 € pro Monat.

Der Kapitalwert der Rente beträgt: 24 000 € (Jahreswert) x 12,508 (Vervielfältiger) = 300 192 €.

Nach § 14 Abs. 2 BewG erfolgt eine nachträgliche Berichtigung der Bewertungen von lebenslangen Nutzungen und Leistungen, wenn in Abhängigkeit des Alters des Berechtigten eine bestimmte Mindestlaufzeit aufgrund des Todes des Berechtigten oder Verpflichteten nicht erreicht wird. Dabei erfolgt die Änderung beim Belasteten von Amts wegen durch das Erbschaftsteuerfinanzamt (§ 14 Abs. 2 Satz 3 ErbStG), weil durch die geringere Belastung sich grundsätzlich eine höhere Erbschaft- oder Schenkungsteuer ergibt. Die entsprechenden Fälle werden von den Erbschaftsteuerfinanzämtern überwacht. Die Änderung beim Begünstigten erfolgt gemäß § 14 Abs. 2 Satz 1 ErbStG nur auf Antrag. Der Antrag ist bis zum Ablauf des Jahres zu stellen, das auf den Tod des Berechtigten oder Verpflichteten folgt.

359a

In folgenden Fällen kommt es nach § 14 Abs. 2 BewG zu einer Berichtigung:

Nr.	Alter des Begünstigten	Laufzeit
1	bis zu 30 Jahren	nicht mehr als 10 Jahre
2	von mehr als 30 Jahren bis zu 50 Jahren	nicht mehr als 9 Jahre
3	von mehr als 50 Jahren bis zu 60 Jahren	nicht mehr als 8 Jahre
4	von mehr als 60 Jahren bis zu 65 Jahren	nicht mehr als 7 Jahre
5	von mehr als 65 Jahren bis zu 70 Jahren	nicht mehr als 6 Jahre
6	von mehr als 70 Jahren bis zu 75 Jahren	nicht mehr als 5 Jahre
7	von mehr als 75 Jahren bis zu 80 Jahren	nicht mehr als 4 Jahre
8	von mehr als 80 Jahren bis zu 85 Jahren	nicht mehr als 3 Jahre
9	von mehr als 85 Jahren bis zu 90 Jahren	nicht mehr als 2 Jahre
10	von mehr als 90 Jahren	nicht mehr als 1 Jahr

359b Hängt die Dauer einer Nutzung oder Leistung von der Lebenszeit mehrerer Personen ab und erlischt das Recht mit dem Tod des zuletzt Sterbenden, so ist das Lebensalter und das Geschlecht derjenigen Person maßgebend, für die sich der höchste Vervielfältiger ergibt. Erlischt das Recht hingegen mit dem Tod des zuerst Sterbenden, so ist das Lebensalter und Geschlecht derjenigen Person maßgebend, für die sich der niedrigste Vervielfältiger ergibt (§ 14 Abs. 3 BewG).

360 Nutzungen oder Leistungen, die nicht in Geld bestehen – z. B. die Gewährung von Sachleistungen, Nutzungsüberlassung –, sind in Geld umzurechnen. Zu diesem Zweck sind nach § 15 Abs. 2 BewG die *üblichen Mittelpreise des Verbrauchsorts* anzusetzen.

361 Ist der Jahreswert von Nutzungen oder Leistungen ungewiss oder schwankt dieser, ist nach § 15 Abs. 3 BewG als Jahreswert der Betrag anzusetzen, der im Durchschnitt der Jahre voraussichtlich erzielt wird. Dabei kann der Durchschnittsertrag grundsätzlich aus den Erträgen der dem Bewertungsstichtag vorhergehenden drei Jahre ermittelt werden. Ausnahmsweise können bei der Schätzung des Durchschnittswerts auch Ereignisse berücksichtigt werden, die in nicht allzu langer Zeit nach dem Besteuerungszeitpunkt eingetreten sind (R B 13 Satz 4 ErbStR).

362 Nach § 15 Abs. 1 BewG beträgt der Jahreswert der Nutzung einer Geldsumme, wenn kein anderer Wert feststeht, 5,5 % der überlassenen Geldsumme. Weist ein Steuerpflichtiger nach, dass der marktübliche Zinssatz für eine gleichartige Kapitalanlage im Hinblick auf Darlehenshöhe, Zinssatz, Laufzeit und Sicherheiten unter dem gesetzlich festgelegten Zinssatz von 5,5 % liegt, kann für die Bewertung des Nutzungsvorteils von dem nachgewiesenen Zinssatz ausgegangen werden (vgl. BFH vom 27. 11. 2013, BFH/NV 2014, S. 537).

(3) Begrenzung des Jahreswerts

363 Nach § 12 Abs. 1 ErbStG i.V. mit § 16 BewG ist der *Jahreswert* von Nutzungen auf den Wert *begrenzt*, der sich ergibt, wenn der bewertungsrechtliche Wertansatz des genutzten Wirtschaftsguts durch den *Faktor 18,6* dividiert wird. Da § 16 BewG als *Höchstwert-*

vorschrift nur für Nutzungen gilt, unterliegt der Jahreswert von Renten und anderen wiederkehrenden Leistungen keiner Begrenzung. Dies gilt auch in den Fällen, in denen die Leistungen durch eine dingliche Belastung des genutzten Wirtschaftsguts (z. B. mittels Höchstbetragshypothek) gesichert sind (BFH vom 26. 7. 1963, BStBl 1963 III S. 434).

Unter Nutzungen sind alle geldwerten wiederkehrenden Vorteile zu verstehen, die dem Berechtigten infolge eines – dinglich gesicherten oder obligatorischen – Rechts an fremden Wirtschaftsgütern zufließen (z. B. Nießbrauch, Wohnrecht). Weitere Voraussetzung für die Jahreswertbegrenzung ist, dass sich der Anspruch des Nutzungsberechtigten auf die Erträge des Wirtschaftsguts beschränkt. Besteht der Anspruch unabhängig davon, ob das Wirtschaftsgut einen erwarteten oder keinen Nutzen erbringt, greift die Jahreswertbegrenzung nicht (BFH vom 7. 9. 1994, BFH/NV 1995, S. 342).

> **BEISPIEL:** V hat das lebenslängliche, unentgeltliche Wohnrecht an einer Eigentumswohnung als Vermächtnis zugesprochen bekommen. Der Nutzungswert beträgt 700 € pro Monat. Der Grundbesitzwert der Eigentumswohnung beträgt 130 200 €.
>
> Der Jahreswert beträgt nach § 15 BewG grds. 8 400 € (700 € x 12 Monate), es greift jedoch die Begrenzung nach § 16 BewG. Demnach ist ein Jahreswert von 7 000 € (130 200 €/18,6) maßgebend. Anmerkung: Der Jahreswert ist anschließend mit dem Vervielfältiger lt. Sterbetafel zu kapitalisieren (vgl. dazu auch Tz. 358).

(4) Einlage des typisch stillen Gesellschafters

Die Einlage eines typisch stillen Gesellschafters ist nach R B 12.4 Satz 1 ErbStR eine Kapitalforderung, die grundsätzlich mit dem Nennwert anzusetzen ist (BFH vom 7. 5. 1971, BStBl 1971 II S. 642). Besondere Umstände, die einen vom Nennwert abweichenden höheren oder niedrigeren Wert rechtfertigen, sind bei der Bewertung zu berücksichtigen. Ist die Kündbarkeit der Einlage des stillen Gesellschafters am Besteuerungsstichtag für längere Zeit ausgeschlossen und liegt der Durchschnittsertrag über 9 %, so ist nach R B 12.4 Satz 2 ErbStR der Nennwert der Vermögenseinlage um den fünffachen Unterschiedsbetrag zwischen dem Durchschnittsertrag und der Verzinsung von 9 % zu erhöhen. Nach R B 12.4 Satz 6 ErbStR ist die Kündbarkeit der Einlage für längere Zeit ausgeschlossen, wenn das Gesellschaftsverhältnis im Besteuerungszeitpunkt noch mehr als fünf Jahre währen wird. Der Durchschnittsertrag ist möglichst aus den Gewinnanteilen der letzten drei vor dem Besteuerungszeitpunkt endenden Wirtschaftsjahre herzuleiten, wobei ein Abschlag wegen Unwägbarkeiten nicht in Betracht kommt.

364

> **BEISPIEL:** Der Nennwert der Vermögenseinlage eines typisch stillen Gesellschafters beträgt 180 000 €. Der Durchschnittsertrag aus den Gewinnanteilen der letzten drei Jahre vor dem Besteuerungszeitpunkt beläuft sich auf 45 000 €.
>
> Verzinsung der Einlage: $\dfrac{45\,000\,€ \times 100}{180\,000\,€} = 25\,\%$
>
> Wert der stillen Beteiligung:
>
> 100 % + 5 x (25 % - 9 %) = 180 %
>
> 180 000 € x 180 % = 324 000 €.

Beträgt der Durchschnittsertrag weniger als 3 %, ist der Nennwert der Vermögenseinlage um den fünffachen Unterschiedsbetrag zwischen 3 % und dem Durchschnittsertrag zu mindern.

(5) Sachleistungsansprüche

365 Sachleistungsansprüche sind als immaterielle Vermögensgegenstände beim übrigen Vermögen zu erfassen, soweit nicht vorrangig die Zuordnung beim Betriebsvermögen in Betracht kommt. *Sachleistungsansprüche* sind bei *gegenseitigen Verträgen* mit dem *gemeinen Wert (Verkehrswert)* des Gegenstands zu bewerten, auf dessen Leistung sie gerichtet sind.

Hat im Besteuerungszeitpunkt noch keine Partei mit der Erfüllung des Vertrags begonnen, sind nach R B 9.1 Abs. 1 Satz 3 ErbStR Sachleistungsanspruch wie auch die Verpflichtung zur Gegenleistung gesondert anzusetzen und zu bewerten. Sachleistungsanspruch und Sachleistungsverpflichtung sind bereits *ab dem Zeitpunkt des Vertragsabschlusses* anzusetzen.

366 In Fällen des *Sachvermächtnisses* erfolgt der Ansatz des Vermächtnisgegenstands mit dem Steuerwert. Dies gilt sinngemäß auch für andere Erwerbe (z. B. nach § 3 Abs. 1 Nr. 4 ErbStG), die auf einer einseitigen Sachleistungsverpflichtung beruhen (R B 9.1 Abs. 2 Satz 2 ErbStR).

(6) Kaufrechtsvermächtnisse

367 Räumt der Erblasser einem *Nichterben* das Recht ein, einen bestimmten Gegenstand des Nachlassvermögens zu einem von ihm festgelegten und meist ermäßigten Kaufpreis zu erwerben, handelt es sich um ein *Kaufrechtsvermächtnis*. Erbschaftsteuerlich ist *Zuwendungsgegenstand* die *aufschiebend bedingte Forderung* des Vermächtnisnehmers gemäß § 2174 BGB gegen den Beschwerten, *nicht* jedoch ein *Gestaltungsrecht* (BFH vom 13. 8. 2008, BStBl 2008 II S. 982). Die aus dem Kaufrechtsvermächtnis resultierende Forderung ist mit dem *gemeinen Wert* anzusetzen, der sich aus der *Differenz* zwischen dem Verkehrswert des zu erwerbenden Gegenstands und dem vom Erblasser fixierten Kaufpreis ergibt.

Ein Kaufrechtsvermächtnis, das *zugunsten eines Erben* eingeräumt wird, keine Änderung der Erbquoten bezweckt und auch keine ins Gewicht fallende Verschiebung der Erbteile zur Folge hat, ist als *Teilungsanordnung* (§ 2048 BGB) anzusehen und bleibt bei Ermittlung der Bereicherung *außer Betracht* (vgl. dazu auch Tz. 30 ff.).

Bei Kaufrechtsvermächtnissen korrespondiert wertmäßig mit dem beim Vermächtnisnehmer zu erfassenden Vermögensgegenstand eine *Nachlassverbindlichkeit* (§ 10 Abs. 5 Nr. 2 ErbStG) bei den Erben.

(7) Überbestand an umlaufenden Betriebsmitteln

368 Während bei einem Land- und Forstwirt der *Normalbestand* an umlaufenden Betriebsmitteln zum land- und forstwirtschaftlichen Vermögen gehört, rechnen die über den Normalbestand hinausgehenden Bestände an umlaufenden Betriebsmitteln – sog.

Überbestände – zum übrigen Vermögen (§ 158 Abs. 4 Nr. 4 BewG, vgl. dazu auch Tz. 203). *Umlaufende Betriebsmittel* sind solche Wirtschaftsgüter, die bei der Fortführung des Betriebs verbraucht werden (Düngemittel, Saatgut, Futtermittel) oder als Betriebserzeugnisse (Mastvieh, Getreide, Zierpflanzen, eingeschlagenes Holz) in den Verkauf gehen.

Der Überbestand wird in der Weise ermittelt, dass vom gesamten Wert aller umlaufenden Betriebsmittel der gesamte Wert des Normalbestands an umlaufenden Betriebsmitteln abgezogen wird, wobei nach Nutzungen vorzugehen ist. Als Normalbestand ist ein solcher Bestand anzusehen, der zur gesicherten Fortführung des Betriebs erforderlich ist. Über- und Unterbestand an umlaufenden Betriebsmitteln bei den einzelnen Nutzungen werden ausgeglichen. *Bewertungsmaßstab* für Überbestände an umlaufenden Betriebsmitteln ist der *gemeine Wert* (§ 12 Abs. 1 ErbStG, § 9 BewG).

(8) Luxusgegenstände

Unter den Begriff der Luxusgegenstände sind solche Wirtschaftsgüter zu fassen, deren Anschaffung einen Aufwand darstellt, der die als normal empfundene Lebenshaltung *auffallend oder unangemessen überschreitet*. Als Luxusgegenstände sind u. a. Motorflugzeuge, Motor- und Segeljachten sowie ausschließlich zu sportlichen Zwecken gehaltene Pferde (BFH vom 3. 11. 1993, BStBl 1994 II S. 201) anzusehen. Luxusgegenstände sind für Zwecke der Erbschaft- und Schenkungsteuer bei der Ermittlung des steuerpflichtigen Erwerbs mit dem *gemeinen Wert* anzusetzen, soweit die Freibeträge des § 13 Abs. 1 Nr. 1 ErbStG, deren Höhe in Abhängigkeit der Steuerklasse variiert (vgl. Tz. 372), überschritten werden.

K. Steuerbefreiungen (§ 13 ErbStG)

I. Vorbemerkung

§ 13 ErbStG enthält einen Katalog sachlicher Steuerbefreiungen. Nach § 13 Abs. 3 Satz 1 ErbStG ist jede Befreiungsvorschrift für sich anzuwenden; eine Befreiung schließt eine andere, eventuell weitergehende Befreiung nicht aus. Soweit nichts anderes bestimmt ist, müssen die Voraussetzungen für eine Steuerbefreiung im Zeitpunkt der Steuerentstehung erfüllt sein (R E 13.1 Abs. 1 Satz 1 ErbStR). Folglich kommt eine Steuerbefreiung nicht in Betracht, wenn die Voraussetzungen für ihre Gewährung erst nach diesem Zeitpunkt eingetreten sind.

Die Steuerbefreiungen des § 13 ErbStG sind *von Amts wegen* zu gewähren, mithin ist eine Antragstellung durch den Steuerpflichtigen nicht erforderlich. Die einzelnen sachlichen Steuerbefreiungen sind sowohl bei unbeschränkter als auch beschränkter Steuerpflicht zu gewähren. Sie werden neben den persönlichen Freibeträgen (§§ 16, 17 ErbStG) gewährt. Ist ein Steuerbefreiungstatbestand erfüllt, gehört die Bereicherung des Erwerbers (insoweit) nicht zum steuerpflichtigen Erwerb i. S. des § 10 Abs. 1 Satz 1 ErbStG. Nach § 10 Abs. 6 Satz 1 ErbStG sind Schulden und Lasten nicht abzugsfähig, soweit sie in wirtschaftlichem Zusammenhang mit Vermögensgegenständen stehen, die nicht der Besteuerung nach dem ErbStG unterliegen. Die pauschalen Freibeträge des § 13 Abs. 1 Nr. 1 ErbStG führen allerdings nicht zu einer Schuldenkappung gem. § 10 Abs. 6 Satz 1 ErbStG (R E 10.10 Abs. 3 Satz 2 ErbStR).

371 Nach § 13 Abs. 3 Satz 2 ErbStG kann der Erwerber in den Fällen des § 13 Abs. 1 Nr. 2 und 3 ErbStG (Befreiung für Gegenstände, deren Erhaltung im öffentlichen Interesse liegt; vgl. Tz 373) der Finanzbehörde *bis zur Unanfechtbarkeit der Steuerfestsetzung* erklären, dass er auf die Steuerbefreiung verzichtet, um so Besteuerungsnachteile zu vermeiden, die durch den beschränkten Schuldenabzug gem. § 10 Abs. 6 ErbStG bedingt sein können. Werden im Rahmen eines einheitlichen Erwerbs mehrere befreite Gegenstände erworben und besteht nur bei einem oder einigen ein Schuldenüberhang, kann der Verzicht auf die Steuerbefreiung auch gegenstandsbezogen erklärt werden (R E 13.11 ErbStR).

II. Wichtige Befreiungstatbestände
1. Hausrat und andere bewegliche körperliche Gegenstände

372 Hausrat einschließlich Wäsche und Kleidungsstücke sind beim Erwerb durch Personen der Steuerklasse I (z. B. des Ehegatten sowie der Kinder des Erblassers) steuerfrei, soweit der Wert insgesamt 41 000 € nicht übersteigt. Hausrat i. S. des § 13 Abs. 1 Nr. 1 ErbStG sind bewegliche Sachen, die ausschließlich für die Wohnung und die Hauswirtschaft bestimmt sind und die nur innerhalb der Wohnung verwendet werden. Hierzu gehören beispielsweise Möbel, Geschirr, Bestecke, Teppiche, Radio, Fernseher, Bücher, Herd, Waschmaschine, etc.

Für andere bewegliche körperliche Gegenstände, die auch außerhalb der Wohnung verwendet werden können (u. a. Schmuck, Uhren, Musikinstrumente, PKW, Motorräder, etc.) und die nicht nach § 13 Abs. 1 Nr. 2 ErbStG befreit sind, beläuft sich der Freibetrag beim Erwerb durch Personen der Steuerklasse I auf insgesamt 12 000 €.

Personen der Steuerklassen II und III erhalten für den Erwerb von Hausrat (einschließlich Wäsche und Kleidungsstücke) *und* anderer beweglicher körperlicher Gegenstände, die nicht nach § 13 Abs. 1 Nr. 2 ErbStG befreit sind, einen Freibetrag von insgesamt 12 000 €.

Es ist zu beachten, dass die Befreiungen nach § 13 Abs. 1 Nr. 1 ErbStG jedem einzelnen Erwerber in voller Höhe zustehen. Die Befreiung nach § 13 Abs. 1 Nr. 1 ErbStG beansprucht gleichermaßen Geltung für Schenkungen unter Lebenden als auch für Erwerbe von Todes wegen. Da der Freibetrag bzw. die Freibeträge dem jeweiligen Erwerber bezogen auf seinen persönlichen Erwerb (in Abhängigkeit der Steuerklasse) zustehen, bezieht sich die Steuerbefreiung im Erbfall nicht auf den Gesamtwert der Vermögensgegenstände, die zum Nachlassvermögen gehören.

372a Die Steuerbefreiung nach § 13 Abs. 1 Nr. 1 ErbStG gilt nicht für Gegenstände, die zum land- und forstwirtschaftlichen Vermögen, zum Grundvermögen oder zum Betriebsvermögen gehören sowie für Zahlungsmittel, Wertpapiere, Münzen, Edelmetalle, Edelsteine und Perlen.

> **BEISPIEL:** Vater V schenkt seinem Sohn S (Erwerber der Steuerklasse I) zum erfolgreichen Abschluss der Ausbildung Hausrat im Wert von 20 000 € und einen gebrauchten PKW für 15 000 €
>
> Der Hausrat ist nach § 13 Abs. 1 Nr. 1 ErbStG in voller Höhe steuerfrei, da der Freibetrag in Höhe von 41 000 € nicht überschritten wird. Der PKW ist gem. § 13 Abs. 1 Nr. 1 ErbStG i. H. v. 12 000 € steuerbefreit und i. H. v. 3 000 € steuerpflichtig vorbehaltlich persönlicher Freibetrag.

2. Gegenstände, deren Erhaltung im öffentlichen Interesse liegt

Nach § 13 Abs. 1 Nr. 2 ErbStG können Grundbesitz oder Teile von Grundbesitz, Kunstgegenstände, Kunstsammlungen, wissenschaftliche Sammlungen, Bibliotheken und Archive i. H. von 60 % ihres Werts, Grundbesitz und Teile von Grundbesitz mit 85 % ihres Werts von der Erbschaftsteuer freigestellt werden. Dies gilt unter den Voraussetzungen, dass

▶ die Erhaltung dieser Gegenstände wegen ihrer Bedeutung für Kunst, Geschichte oder Wissenschaft im öffentlichen Interesse liegt,

▶ die jährliche Kosten i. d. R. die erzielten Einnahmen übersteigen und

▶ die Gegenstände in einem dem Verhältnis entsprechenden Umfang den Zwecken der Forschung oder der Volksbildung nutzbar gemacht sind oder werden (§ 13 Abs. 1 Nr. 2 Buchst. a ErbStG).

Die Erbschaftsteuerbefreiung greift vollumfänglich (100 %) nach § 13 Abs. 1 Nr. 2 Buchst. b ErbStG, wenn der Steuerpflichtige (zusätzlich) bereit ist,

▶ die Gegenstände den geltenden Bestimmungen der Denkmalspflege zu unterstellen und

▶ die Gegenstände sich seit mindestens zwanzig Jahren im Besitz der Familie befinden (BFH vom 14. 11. 1980, BStBl 1981 II S. 251) oder

▶ in dem Verzeichnis national wertvollen Kulturguts oder national wertvoller Archive eingetragen sind (§ 13 Abs. 1 Nr. 2 Buchst. b ErbStG). Werden einzelne Kunstgegenstände, die sich noch nicht mindestens zwanzig Jahre im Familienbesitz befunden haben, zugewendet, ist der Erwerb auch dann nicht gem. § 13 Abs. 1 Nr. 2 Buchst. b Doppelbuchst. b ErbStG schenkungsteuerfrei, wenn sie beim Veräußerer Teil einer mindestens zwanzig Jahre im Familienbesitz befindlichen Kunstsammlung waren. Zwar gehören auch Kunstsammlungen zum Katalog der begünstigten Gegenstände; dies gilt aber nur dann, wenn sie selbst Erwerbsgegenstand sind (BFH vom 6. 6. 2001, BFH/NV 2002, S. 28).

Die (Teil-)Steuerbefreiung fällt mit *Wirkung für die Vergangenheit* weg, wenn die (teil-)begünstigten Gegenstände innerhalb von zehn Jahren nach dem Erwerb veräußert werden oder die Voraussetzungen für die Steuerbefreiung innerhalb dieses Zeitraums entfallen (§ 13 Abs. 1 Nr. 2 Satz 2 ErbStG). In diesen Fällen ist die Steuerfestsetzung nach Maßgabe des § 175 Abs. 1 Satz 1 Nr. 2 AO zu ändern. Für die geänderte Steuerfestsetzung bleiben aber die Wertverhältnisse im Zeitpunkt des ursprünglichen Erwerbsvorgangs maßgebend.

3. Erwerb des Dreißigsten

375 Nach § 1969 Abs. 1 Satz 1 BGB ist der Erbe verpflichtet, Familienangehörigen des Erblassers, die zurzeit des Todes des Erblassers zu dessen Hausstand gehörten und von ihm Unterhalt bezogen haben, *in den ersten dreißig Tagen nach dem Eintritt des Erbfalls* in demselben Umfang, wie es der Erblasser getan hat, Unterhalt zu gewähren und die Benutzung der Wohnung und der Haushaltsgegenstände zu gestatten.

Der nach § 3 Abs. 1 Nr. 3 ErbStG steuerbare Erwerb des Dreißigsten, der auf einem *gesetzlichen Vermächtnis* beruht, bleibt nach § 13 Abs. 1 Nr. 4 ErbStG beim jeweils Anspruchsberechtigten steuerfrei. Der Erbe selbst kann nicht Anspruchsberechtigter nach § 1969 BGB sein.

4. Steuerfreiheit für Familienheime

a) Lebzeitige Zuwendung zwischen Ehegatten / Lebenspartnern

Nach § 13 Abs. 1 Nr. 4a ErbStG bleiben *Zuwendungen unter Lebenden steuerfrei*, mit denen ein Ehegatte dem anderen Ehegatten Eigentum oder Miteigentum an einem in Inland belegenen bebauten Grundstück i. S. des § 181 Abs. 1 Nr. 1 bis 5 BewG verschafft, *soweit* darin eine Wohnung zu eigenen Wohnzwecken genutzt wird (*Familienheim*), oder den anderen Ehegatten von eingegangenen Verpflichtungen im Zusammenhang mit der Anschaffung oder Herstellung des Familienheims freistellt. Die Befreiung kommt auch für Zuwendungen zwischen Lebenspartnern einer eingetragenen Lebenspartnerschaft in Betracht (§ 13 Abs. 1 Nr. 4a Satz 3 ErbStG).

377 Die Vorschrift gilt auch für ein in einem Mitgliedstaat der Europäischen Union oder einem Staat des Europäischen Wirtschaftsraums belegenes bebautes Grundstück. Dies hat allerdings keine besondere praktische Bedeutung, da sich im Familienheim der Mittelpunkt des familiären Lebens (und zwar beider Ehepartner/Lebenspartner) befinden muss. Eine unbeschränkte Erbschaftsteuerpflicht wird in Fällen mit Auslandsbezug nur dann gegeben sein, wenn die Eheleute/Lebenspartner im Inland noch einen Zweitwohnsitz innehaben oder ein Fall der erweiterten unbeschränkten Steuerpflicht (§ 2 Abs. 1 Nr. 1b ErbStG) vorliegt. Demnach muss es sich mithin um deutsche Staatsangehörige handeln, die sich nicht länger als fünf Jahre dauernd im Ausland aufgehalten haben, ohne im Inland über einen Wohnsitz zu verfügen. Liegen diese Voraussetzungen nicht vor, besteht lediglich beschränkte Steuerpflicht. Für beschränkt Steuerpflichtige mit Wohnsitz im EU-/EWR-Ausland kann die Befreiungsvorschrift im Rahmen einer Antragstellung gem. § 2 Abs. 3 ErbStG (Option zur unbeschränkten Steuerpflicht) Bedeutung erlangen.

377a Die Befreiung nach § 13 Abs. 1 Nr. 4a ErbStG ist flächenmäßig auf die selbst genutzte Wohnung begrenzt. Die Nutzung zu anderen als Wohnzwecken ist unschädlich, wenn sie von untergeordneter Bedeutung ist (z. B. Arbeitszimmers; vgl. BFH vom 9. 11. 1988, BStBl 1988 II S. 135). Eine gewerbliche oder freiberufliche Nutzung (z. B. durch eine Steuerberaterpraxis) außerhalb der eigenen Wohnung oder eine Fremdvermietung ist hingegen nicht begünstigt. Die Aufteilung des Grundbesitzwerts für ein Grundstück, das neben der eigenen Wohnnutzung weitere Nutzungen aufweist, erfolgt nach der Wohn-/Nutzfläche des Gebäudes.

> **BEISPIEL:** In einem gemischt genutzten Grundstück mit einem Grundbesitzwert von 600 000 € und einer gesamten Wohn-/Nutzfläche von 360 qm bewohnt die Eigentümerin E mit ihrem Ehemann eine Wohnung mit einer Wohnfläche von 120 qm. Der Rest des Gebäudes ist als Arztpraxis vermietet. Das Gebäude schenkt E am 28.11.2016 ihrem Ehemann.
>
> Die Steuerbefreiung des § 13 Abs.1 Nr. 4a ErbStG erfasst die Übertragung des gemischt genutzten Grundstücks nur insoweit, als dieses durch die darin befindliche Wohnung zu eigenen Wohnzwecken genutzt wird. Im vorliegenden Fall sind dies 120 qm von 360 qm ($1/3$). Vom gesamten Grundbesitzwert in Höhe von 600 000 € sind somit 200.000 € nach § 13 Abs. 1 Nr. 4a ErbStG steuerbefreit.

b) Familienheimerwerb durch überlebenden Ehegatten/Lebenspartner

Neben der Steuerfreiheit für die Zuwendung eines Familienheims unter Lebenden besteht eine *korrespondierende Regelung* für Erwerbe durch den *überlebenden Ehegatten oder Lebenspartner*, d.h. eine sachliche Befreiung *für Erwerbe von Todes wegen*. Nach § 13 Abs. 1 Nr. 4b ErbStG bleibt der Erwerb von Todes wegen des Eigentums oder Miteigentums an einem im Inland, in einem Mitgliedstaat der EU oder einem Staat des EWR belegenen bebauten Grundstücks (§ 181 Abs. 1 Nr. 1 bis 5 BewG) durch den überlebenden Ehegatten/Lebenspartner steuerfrei, *soweit* der *Erblasser* darin *bis zum Erbfall eine Wohnung zu eigenen Wohnzwecken genutzt* hat oder bei der er *aus zwingenden Gründen* an einer *Selbstnutzung* zu eigenen Wohnzwecken *gehindert* war und die beim *Erwerber unverzüglich zur Selbstnutzung zu eigenen Wohnzwecken* bestimmt ist (*Familienheim*).

Die Befreiungsnorm des § 13 Abs. 1 Nr. 4b ErbStG knüpft an *Erwerbe von Todes wegen* an. Wird der überlebende Ehegatte/Lebenspartner mithin als *Vermächtnisnehmer* (ggf. auch als Vorausvermächtnisnehmer) hinsichtlich des Familienheims eingesetzt, ist der Erwerb des Familienheims bei ihm steuerbefreit. Wird das Familienheim als *Abfindung für den Verzicht auf einen Pflichtteils- oder Vermächtnisanspruch* an den Ehegatten/Lebenspartner übertragen, gilt dieser Erwerb als ein solcher von Todes wegen (§ 3 Abs. 2 Nr. 4 ErbStG) und ist unter den weiteren Voraussetzungen des § 13 Abs. 1 Nr. 4b ErbStG steuerfrei.

Nach § 13 Abs. 1 Nr. 4b Satz 2 ErbStG *fällt* die *Steuerbefreiung mit Wirkung für die Vergangenheit weg*, wenn der Erwerber das Familienheim innerhalb *von zehn Jahren* nach dem Erwerb *nicht mehr selbst nutzt, es sei denn*, er ist aus zwingenden Gründen an einer Selbstnutzung zu eigenen Wohnzwecken gehindert (*Nachversteuerungsvorbehalt*; Änderung nach § 175 Abs. 1 Satz 1 Nr. 2 AO). Mithin tritt der Wegfall der Steuerbefreiung nicht ein, *wenn objektive Gründe* vorliegen, die das selbständige Führen eines Haushalts in dem erworbenen Familienheim unmöglich machen. Objektiv zwingende Gründe sind der Tod des Erwerbers sowie dessen Pflegebedürftigkeit (R E 13.4 Abs. 6 Satz 9 ErbStR). Der rückwirkende Wegfall der Steuerbefreiung wird z. B. durch den *Verkauf*, eine *Vermietung* oder den *längeren Leerstand* des Familienheims oder von Teilen davon ausgelöst. Auch eine Weiterübertragung des Familienheims unter Nutzungsvorbehalt führt zu einer Nachversteuerung (R E 13.4 Abs. 6 Satz 2 ErbStR). Hingegen wird eine Nutzung zu eigenen Wohnzwecken auch dann noch angenommen, wenn der überlebende Ehegatte/Lebenspartner (z. B. als Berufspendler) mehrere Wohnsitze hat, das Familienheim aber seinen *Lebensmittelpunkt* bildet.

380 Der *Erwerber* kann nach § 13 Abs. 1 Nr. 4b Satz 2 ErbStG die *Steuerbefreiung nicht in Anspruch nehmen*, soweit er das begünstigte Vermögen auf Grund einer letztwilligen Verfügung des Erblassers oder einer rechtsgeschäftlichen Verfügung des Erblassers *auf einen Dritten übertragen muss*. Gleiches gilt, wenn ein Erbe im Rahmen der *Teilung des Nachlasses* begünstigtes Vermögen auf einen Miterben überträgt. Ist der überlebende Ehegatte nur Miterbe eines Familienheims und übernimmt er im Rahmen einer Erbauseinandersetzung die Miteigentumsanteile der übrigen Erben, sind diese bei ihm auch steuerfrei. Voraussetzung dafür ist, dass der Ehegatte im Gegenzug vom Erblasser erworbenes nicht begünstigtes Vermögen auf die Miterben überträgt (§ 13 Abs. 1 Nr. 4b Satz 4 ErbStG).

381 Die wertmäßig nicht begrenzte Steuerfreistellung des Familienheims für Ehegatten und Lebenspartner dient nach den Ausführungen des Gesetzgebers neben dem Schutz des gemeinsamen familiären Lebensraums auch dem Ziel der Lenkung in Grundvermögen schon zu Lebzeiten des Erblassers.

> **BEISPIEL:** Der Erblasser hinterlässt ein selbst genutztes Einfamilienhaus. Alleinerbin ist die Ehefrau des Erblassers, die bereits in dem Haus wohnt. Nach neun Jahren muss die Ehefrau in einem Pflegeheim untergebracht werden.
>
> Der Erwerb des Einfamilienhauses bleibt nach § 13 Abs. 1 Nr. 4b ErbStG steuerfrei, da die Selbstnutzung aus zwingenden Gründen aufgegeben werden musste.

c) Familienheimerwerb durch überlebende Kinder

382 In § 13 Abs. 1 Nr. 4c ErbStG regelt der Gesetzgeber eine dem § 13 Abs. 1 Nr. 4b ErbStG dem Grunde nach vergleichbare Steuerfreistellung des *Familienheimerwerbs durch überlebende Kinder* im Sinne der Steuerklasse I Nr. 2 und der *Kinder verstorbener Kinder* im Sinne der Steuerklasse I Nr. 3. Die erblasserbezogenen Voraussetzungen für die Freistellung sind identisch mit denen in § 13 Abs. 1 Nr. 4b ErbStG (vgl. Tz. 378). Was den *Befreiungsumfang* anlangt, darf die *Wohnfläche der Wohnung* des Familienheims *200 Quadratmeter nicht übersteigen*. Mit der solcherart begrenzten Freistellung für Kinder trägt der Gesetzgeber der grundsätzlich eingeschränkteren Bindung erwachsener Kinder an ihre Eltern Rechnung. Der Normgeber will zudem sicherstellen, dass Wohneigentum bis zu einer bestimmten Grenze an die in Haushaltsgemeinschaft lebenden Kinder dann steuerfrei vererbt werden kann, wenn der Erbe ansonsten wegen seiner Erbschaftsteuerverpflichtungen zur Veräußerung gezwungen wäre. Die vom Gesetzgeber gezogene Grenze (200 qm) ist Ausdruck einer diesem zustehenden *Typisierungskompetenz*. Ausweislich der Gesetzesbegründung dient der Quadratmeterbezug der Freistellungsregelung dazu, eine Lösung zu finden, die den *regional bestehenden Unterschieden der Grundstückswerte* Rechnung trägt. Nach Auffassung des Gesetzgebers wird mit der Begrenzung auf 200 qm *typisierend* eine *noch angemessene Größenordnung* für ein Familienheim zugrunde gelegt. Mit der Verwendung des Begriffs „soweit" hinsichtlich der *Begrenzung der Wohnfläche* dokumentiert der Gesetzgeber, dass er die Regelung als Art „Freibetrag" verstanden haben möchte, so dass folglich der 200 qm übersteigende Teil der Wohnfläche nicht an der Steuerbefreiung partizipiert.

Steuerbefreiungen (§ 13 ErbStG) **SIEBENTER TEIL**

> **BEISPIEL:** Der Erblasser hinterlässt ein selbst genutztes Einfamilienhaus (Wohnfläche 300 qm, gemeiner Wert 1 200 000 €). Alleinerbe ist das Kind des Erblassers, das bereits in dem Haus wohnt.
>
> Das vom Kind selbst genutzte Einfamilienhaus bleibt nach § 13 Abs. 1 Nr. 4c ErbStG zu (200/300 qm =) $^2/_3$ von 1 200 000 €, d. h. 800 000 € steuerfrei.

Neben rein tatsächlichen Kriterien schreibt § 13 Abs. 1 Nr. 4c ErbStG für die Gewährung der objektbezogenen Steuerbefreiung die *Erfüllung weiterer Voraussetzungen* vor. So darf der *Erwerber nicht verpflichtet* sein, das erworbene Vermögen *aufgrund letztwilliger Verfügung* oder *rechtsgeschäftlicher Verfügung des Erblassers* auf einen *Dritten* zu *übertragen*. Als Gründe für eine derartige Übertragungspflicht kommen z. B. Vermächtnisse (auch Vorausvermächtnisse, § 2150 BGB), Schenkungen auf den Todesfall und Auflagen in Betracht. Die aus der *Weitergabeverpflichtung* herrührende Last kann der Erwerber seinerseits gem. § 10 Abs. 5 Nr. 2 ErbStG als Nachlassverbindlichkeit *bereicherungsmindernd* berücksichtigen. Die Weiterübertragung des Familienheims aufgrund einer vom Erblasser verfügten *Teilungsanordnung* (§ 2048 BGB) oder im Rahmen einer *Erbauseinandersetzung* führt ebenfalls zum Wegfall der Steuerbefreiung.

383

Übernimmt ein Kind im Rahmen einer Erbauseinandersetzung den Anteil der Miterben am Familienheim, so kann es für diesen die Steuerbefreiung auch in Anspruch nehmen, soweit es im Gegenzug vom Erblasser erworbenes nicht begünstigtes Vermögen auf die Miterben überträgt (§ 13 Abs. 1 Nr. 4c Satz 4 ErbStG). Als hingegebenes Vermögen gilt nicht die Übernahme von Schulden, die in wirtschaftlichem Zusammenhang mit dem Familienheim stehen (R E 13.4 Abs. 5 Satz 7 ErbStR).

384

> **BEISPIEL:** Tochter T und Sohn S erben zu je $^1/_2$ von ihrem Vater V ein von diesem bisher genutztes Hausgrundstück (Wohnfläche 300 qm) sowie ein Aktiendepot. Die gemeinen Werte von Grundstück und Aktiendepot sind gleich hoch. Im Rahmen der Erbauseinandersetzung übernimmt T das Grundstück und S das Aktiendepot. T bezieht die Wohnung unmittelbar nach dem Tod des V.
>
> S kann die Befreiung wegen der Weiterübertragung der hälftigen Wohnung nicht in Anspruch nehmen (§ 13 Abs. 1 Nr. 4c Satz 2 ErbStG). Bei T ist das Familienheim grundsätzlich in vollem Umfang begünstigt, da sie den Anteil vom Miterben S am Familienheim übernimmt und im Gegenzug von V erworbenes – wertgleiches – nicht begünstigtes Vermögen auf S überträgt (§ 13 Abs. 1 Nr. 4c Satz 4 ErbStG). Wegen der Flächenbegrenzung ist der Grundbesitzwert zu 2/3 befreit.

Unter Hinweis auf den *Schutz des gemeinsamen familiären Lebensraums* macht der Gesetzgeber die Steuerbefreiung nach Maßgabe des § 13 Abs. 1 Nr. 4c ErbStG davon abhängig, dass das Kind das Familienheim auch tatsächlich selbst zu eigenen Wohnzwecken nutzt. Die *Aufgabe dieser Selbstnutzung innerhalb von zehn Jahren nach dem* Erwerb führt zum *rückwirkenden Wegfall der Steuerbefreiung* (Nachversteuerung; Änderung gemäß § 175 Abs. 1 Satz 1 Nr. 2 AO). Hingegen wird eine Nutzung zu eigenen Wohnzwecken auch dann noch angenommen, wenn das Kind (z. B. als Berufspendler) mehrere Wohnsitze hat, das Familienheim aber seinen Lebensmittelpunkt bildet. Desgleichen tritt der Wegfall der Steuerbefreiung nicht ein, wenn zwingende, objektive Gründe vorliegen, die das selbständige Führen eines Haushalts in dem erworbenen Familienheim unmöglich machen (z. B. eine entsprechende Pflegebedürftigkeit sowie der Tod des Kindes oder solange das Kind wegen Minderjährigkeit rechtlich gehindert ist, einen Haushalt selbstständig zu führen; R E 13.4 Abs. 7 Satz 5 ErbStR).

385

5. Befreiung von einer Schuld gegenüber dem Erblasser

386 Die Befreiung von einer Schuld gegenüber dem Erblasser ist nach § 13 Abs. 1 Nr. 5 ErbStG steuerfrei, und zwar dann, wenn die Schuld durch Gewährung von Mitteln zum Zweck des angemessenen Lebensunterhalts oder zur Ausbildung des Bedachten begründet ist, oder aber, wenn der Erblasser die Befreiung mit Rücksicht auf die Notlage des Schuldners angeordnet hat und diese trotzdem weiterhin besteht. Die *Steuerbefreiung entfällt* jedoch, soweit die Steuer aus der Hälfte einer neben der erlassenen Schuld dem Bedachten anfallenden Zuwendung gedeckt werden kann (§ 13 Abs. 1 Nr. 5 Satz 2 ErbStG).

6. Erwerb durch gebrechliche Eltern

387 Steuerbefreit ist nach § 13 Abs. 1 Nr. 6 ErbStG ein Erwerb der Eltern, Adoptiveltern, Stiefeltern oder Großeltern des Erblassers, sofern der Erwerb zusammen mit dem übrigen Vermögen des Erwerbers 41 000 € nicht übersteigt und der Erwerber infolge körperlicher oder geistiger Gebrechen und unter Berücksichtigung seiner bisherigen Lebensstellung als erwerbsunfähig anzusehen ist oder durch die Führung eines gemeinsamen Haushalts mit erwerbsunfähigen oder in der Ausbildung befindlichen Kindern an der Ausübung einer Erwerbstätigkeit gehindert ist. Übersteigt der Wert des Erwerbs zusammen mit dem übrigen Vermögen des Erwerbers den Betrag von 41 000 €, so wird die Steuer nur insoweit erhoben, als sie aus der Hälfte des die Wertgrenze übersteigenden Betrags gedeckt werden kann (§ 13 Abs. 1 Nr. 6 Satz 2 ErbStG).

7. Erwerb als Entgelt für Pflege- und Unterhaltsleistungen

388 Steuerfrei bleibt nach § 13 Abs. 1 Nr. 9 ErbStG ein (ansonsten) steuerpflichtiger Erwerb bis zu 20 000 €, der Personen anfällt, die dem Erblasser *unentgeltlich oder gegen unzureichendes Entgelt Pflege oder Unterhalt gewährt* haben, soweit das Zugewendete als angemessenes Entgelt anzusehen ist. Die Gewährung des Freibetrags setzt somit voraus, dass die Pflege- oder Unterhaltsleistungen unentgeltlich oder gegen zu geringes Entgelt im persönlichen oder privaten Bereich erbracht wurden oder werden.

Der Freibetrag (zur Einstufung als Freibetrag s. a. BFH vom 28. 6. 1995, BStBl 1995 II S. 784) nach § 13 Abs. 1 Nr. 9 ErbStG, der sowohl für Erwerbe von Todes wegen als auch für Erwerbe unter Lebenden gilt, kommt nach Verwaltungsauffassung grds. nicht bei Erwerbern in Betracht, die gesetzlich zur Pflege (z. B. Ehegatten nach § 1353 BGB) oder zum Unterhalt (z. B. Ehegatten nach § 1360 BGB) verpflichtet sind (R E 13.5 Abs. 1 Satz 2 ErbStR). Diese Auffassung ist in den Fällen strittig, in denen die Pflege vermögender Eltern durch ihre nicht unterhaltsverpflichteten Kinder erfolgt (vgl. anhängiges BFH-Verfahren II R 37/15).

388a Unter Pflege ist neben der Krankenpflege auch jede anderweitige notwendige Fürsorge für das körperliche oder seelische Wohlbefinden zu verstehen. Zu den Pflegeleistungen i. S. des § 13 Abs. 1 Nr. 9 ErbStG zählen die Unterstützung und Hilfe bei den gewöhnlichen und regelmäßig wiederkehrenden Verrichtungen im Bereich der Körperpflege, der

Ernährung, der Mobilität und der hauswirtschaftlichen Versorgung. Dazu gehören aber auch weitere Hilfeleistungen wie die Erledigung von Botengängen und schriftlichen Angelegenheiten, Besprechungen mit Ärzten, Vorsprachen bei Behörden sowie die seelische Betreuung des Erblassers bzw. Schenkers. Vgl. dazu auch die gleich lautenden Erlasse der Länder vom 4. 6. 2014, BStBl 2014 I S. 891.

Der Freibetrag nach § 13 Abs. 1 Nr. 9 ErbStG ist gegenüber § 10 Abs. 5 ErbStG nachrangig (BFH vom 13. 7. 1983, BStBl 1984 II S. 37). Somit kann bei einem Erwerb von Todes wegen der Freibetrag für Pflege- oder Unterhaltsleistungen nicht gewährt werden, wenn insoweit ein Abzug als Nachlassverbindlichkeit gem. § 10 Abs. 5 Nr. 1 ErbStG vorzunehmen ist (R E 13.5 Abs. 2 Sätze 1 und 2 ErbStR). 388b

8. Rückfall geschenkter Vermögensgegenstände an die Eltern

Vermögensgegenstände, die Eltern oder Voreltern ihren Abkömmlingen durch Schenkung oder Übergabevertrag zugewandt hatten und die an diese Personen von Todes wegen zurückfallen, sind nach § 13 Abs. 1 Nr. 10 ErbStG steuerfrei. Aufgrund des eindeutigen Gesetzeswortlauts findet § 13 Abs. 1 Nr. 10 ErbStG nur beim Rückerwerb von Todes wegen, nicht dagegen bei Rückschenkungen Anwendung (R E 13.6 Abs. 1 Satz 2 ErbStR; BFH vom 16. 4. 1986, BStBl 1986 II S. 622). 389

Die Befreiung nach § 13 Abs. 1 Nr. 10 ErbStG setzt die Identität des zugewendeten mit dem zurückfallenden Vermögensgegenstand voraus; der Gegenstand muss somit in Natur zurückfallen *(sog. Nämlichkeit)*. Diesem Erfordernis wird grundsätzlich nicht entsprochen, wenn ein Erwerb von Vermögensgegenständen erfolgt, die im Austausch der zugewendeten Gegenstände in das Vermögen des (ursprünglich) Beschenkten gelangt waren (Surrogat; R E 13.6 Abs. 2 Satz 2 ErbStR). Hat die Mutter beispielsweise ihrem Sohn ein Grundstück geschenkt, hat dieser das Grundstück kurz vor seinem Tod verkauft und die Mutter anschließend die Geldsumme aus dem Verkauf geerbt, ist dies nach § 13 Abs. 1 Nr. 10 ErbStG nicht steuerbefreit, da nicht der gleiche (konkrete) Gegenstand der Mutter zurückfällt. Das gilt ebenso bei geschenktem Bargeld, das in Form von Aktien zurückfällt; auch hier ist die Nämlichkeit nicht mehr gewahrt (BFH vom 22. 6. 1994, BStBl 1994 II S. 656). Etwas anderes gilt nur, wenn zwischen dem zugewendeten und dem zurückfallenden Vermögensgegenstand bei objektiver Betrachtung Art- und Funktionsgleichheit besteht (R E 13.6 Abs. 2 Satz 3 ErbStR).

Nicht zum begünstigten Rückfall gehören die aus dem zugewendeten Vermögensgegenstand gezogenen *Früchte und Erträge* sowie die aus diesen Früchten erworbenen Gegenstände (R E 13.6 Abs. 2 Satz 6 ErbStR; BFH vom 22. 6. 1994, BStBl 1994 II S. 759). Wurde der Wert des geschenkten Vermögensgegenstandes durch Einsatz von Kapital oder Arbeit erhöht, ist der hierdurch geschaffene Mehrwert ebenfalls steuerpflichtig.

> **BEISPIEL:** Mutter M hatte ihrem Sohn S ein unbebautes Grundstück geschenkt (Grundbesitzwert = 90 000 €). S hat das Grundstück mit einem Einfamilienhaus bebaut (Grundbesitzwert des bebauten Grundstücks 280 000 €). Als S stirbt fällt das Grundstück an die Mutter zurück. Der Rückerwerb ist nach § 13 Abs. 1 Nr. 10 ErbStG in Höhe von 90 000 € steuerfrei und in Höhe von 190 000 € steuerpflichtig (vorbehaltlich des persönlichen Freibetrags).

9. Verzicht auf den Pflichtteilsanspruch

390 Verzichtet ein Pflichtteilsberechtigter auf die Geltendmachung des Pflichtteilsanspruchs, so ist dieser Verzicht nach § 13 Abs. 1 Nr. 11 ErbStG steuerbefreit. Die Steuerpflicht für einen Pflichtteilsanspruch entsteht grundsätzlich erst dann, wenn der Pflichtteilsanspruch geltend gemacht wird. Wird ein Pflichtteilsanspruch hingegen nicht realisiert, so unterliegt er nicht der Steuer. In der Nichtrealisierung kann auch keine Schenkung gesehen werden. § 13 Abs. 1 Nr. 11 ErbStG hat lediglich klarstellende Funktion. Denn er stellt klar, dass der ausdrückliche Verzicht auf die Geltendmachung des Pflichtteilsanspruchs der stillschweigenden Geltendmachung gleichgestellt ist.

§ 13 Abs. 1 Nr. 11 ErbStG gilt nicht, wenn ein Pflichtteilsanspruch bereits geltend gemacht, jedoch noch nicht ausgezahlt worden ist und nunmehr auf diesen verzichtet wird. In diesem Fall liegt eine unentgeltliche Zuwendung i. S. des § 7 Abs. 1 Nr. 1 ErbStG vor. Wird für den Verzicht auf das Pflichtteilsrecht eine *Abfindung* gewährt, liegt ebenfalls eine *steuerpflichtige Zuwendung* vor (§ 3 Abs. 2 Nr. 4 ErbStG, vgl. Tz. 49).

10. Zuwendungen unter Lebenden zum Zwecke des angemessenen Unterhalts oder zur Ausbildung

391 Zuwendungen unter Lebenden zum Zweck des angemessenen Unterhalts oder der Ausbildung des Bedachten sind nach § 13 Abs. 1 Nr. 12 ErbStG steuerbefreit. Anlass der Zuwendungen muss die Bedürftigkeit des Erwerbers sein. Er muss die Zuwendungen benötigen und darf deshalb weder eigenes Einkommen noch Vermögen haben, das für den Unterhalt oder die Ausbildung verwendet werden könnte.

> **BEISPIEL:** A sagt seinem mittellosen Neffen N während seines Studiums eine monatliche Zahlung von 500 € zu. Diese Zuwendung ist nach § 13 Abs. 1 Nr. 12 ErbStG steuerfrei.

Die Befreiungsvorschrift gilt nur für Zuwendungen unter Lebenden für Zwecke des angemessenen Unterhalts oder zur Ausbildung des Bedachten. Sie findet jedoch *keine Anwendung auf Erwerbe von Todes wegen* (BFH vom 13. 2. 1985, BStBl 1985 II S. 333).

391a Die Unterhaltsleistungen müssen angemessen sein. Eine Zuwendung ist nach § 13 Abs. 2 ErbStG ist angemessen, wenn sie den Vermögensverhältnissen und der Lebensstellung des Bedachten entspricht. Die Angemessenheit richtet sich letztendlich danach, was in den Kreisen des Bedachten üblich ist. Eine Obergrenze hat der Gesetzgeber indes nicht festgelegt. Eine die Angemessenheit übersteigende Zuwendung ist in vollem Umfang steuerpflichtig (§ 13 Abs. 2 Satz 2 ErbStG).

391b Nicht unter diese Vorschrift fallen Zuwendungen aufgrund gesetzlicher Unterhaltsverpflichtungen. In diesen Fällen handelt es sich schon begrifflich nicht um eine freigebige Zuwendung. Wird jedoch der aufgrund gesetzlicher Unterhaltspflicht zu leistende Betrag überschritten, so ist der übersteigende Betrag zu versteuern. Voraussetzung dafür ist jedoch, dass es sich bei dem übersteigenden Betrag um eine Schenkung handelt.

11. Übliche Gelegenheitsgeschenke

Die Befreiungsvorschrift des § 13 Abs. 1 Nr. 14 ErbStG für übliche Gelegenheitsgeschenke dürfte diejenige Norm sein, der innerhalb des Katalogs des § 13 ErbStG das größte Konfliktpotential in der Besteuerungspraxis zukommt. Unter üblichen Gelegenheitsgeschenken sind Zuwendungen zu verstehen, die sowohl vom Anlass her als auch von ihrer Art und ihrem Wert her nach der allgemeinen Verkehrsauffassung als solche anerkannt und verbreitet sind. Zu den Gelegenheitsgeschenken gehören beispielsweise Hochzeits-, Verlobungs-, Geburtstags-, Weihnachts-, Tauf-, Kommunions-, Konfirmations- und ähnliche Geschenke. Auch Jubiläumsgaben mit lediglich ideellem Wert rechnen hierzu.

392

Der Gesetzgeber hat keine wertmäßige Obergrenze für die Gelegenheitsgeschenke festgelegt. Für die Frage der Üblichkeit sind letztendlich die allgemeine Verkehrsauffassung und die Vermögensverhältnisse, die soziale Schicht und das Verwandtschaftsverhältnis der Beteiligten sowie der Anlass der Zuwendung maßgebend. Ist ein Geschenk nicht mehr als übliches Gelegenheitsgeschenk anzusehen, ist es in vollem Umfang steuerpflichtig.

12. Anfälle bei Gebietskörperschaften

Anfälle an den Bund, ein Land oder eine inländische Gemeinde (Gemeindeverband) sowie solche Anfälle, die ausschließlich Zwecken des Bundes, eines Landes oder einer inländischen Gemeinde (Gemeindeverband) dienen, sind nach § 13 Abs. 1 Nr. 15 ErbStG steuerfrei. Die Befreiungsvorschrift, die gleichermaßen für *Zuwendungen unter Lebenden wie für Erwerbe von Todes wegen* gilt, ist auch in Fällen der Fiskalerbschaft nach Maßgabe des § 1936 BGB einschlägig, so dass der Anfall beim jeweiligen Bundesland steuerfrei ist.

393

§ 13 Abs. 1 Nr. 15 ErbStG befreit auch Zuwendungen an andere Empfänger (natürliche wie juristische Personen), die ausschließlich Zwecken einer inländischen Gebietskörperschaft dienen. Folglich muss die Zuwendung mit einer entsprechenden Zweckwidmung versehen sein. Die Zweckzuwendung (§ 8 ErbStG) ist dann nach § 13 Abs. 1 Nr. 15 ErbStG befreit.

BEISPIEL: Zuwendung an den Bürgermeister einer Kommune, der den zugewendeten Geldbetrag für das städtische Kinderheim verwenden soll.

13. Zuwendungen an Religionsgesellschaften und kirchliche, gemeinnützige und mildtätige Einrichtungen

Zuwendungen an *inländische* Religionsgesellschaften des öffentlichen Rechts oder an inländische jüdische Kultusgemeinden sind nach § 13 Abs. 1 Nr. 16 Buchst. a ErbStG steuerfrei. Erfasst von der persönlichen Befreiung der Religionsgesellschaften sind alle Organe und Einrichtungen, die notwendiger Bestandteil und zugleich selbständiger Träger des den Zwecken der Religionsgesellschaften dienenden Vermögens sind.

394

Nach § 13 Abs. 1 Nr. 16 Buchst. b ErbStG sind Zuwendungen an inländische Körperschaften, Personenvereinigungen und Vermögensmassen, die nach der Satzung, dem Stiftungsgeschäft oder der sonstigen Verfassung und nach ihrer tatsächlichen Geschäftsführung ausschließlich und unmittelbar kirchlichen, gemeinnützigen oder mildtätigen Zwecken dienen, steuerbefreit.

Zuwendungen an eine inländische Körperschaft, Personenvereinigung oder Vermögensmasse i. S. des § 13 Abs. 1 Nr. 16 Buchst. b ErbStG sind nur dann von der Erbschaft- und Schenkungsteuer befreit, wenn diese im Besteuerungszeitpunkt steuerbegünstigten Zwecken dient (R E 13.8 Abs. 1 Satz 1 ErbStR). Die Voraussetzungen der Steuerbefreiung sind nach den §§ 51 ff. AO zu beurteilen. Die Entscheidung über die Befreiung der Körperschaft von der Körperschaftsteuer kann dabei grundsätzlich übernommen werden.

395 § 13 Abs. 1 Nr. 16 Buchst. c ErbStG wurde vor dem Hintergrund eines möglichen Verstoßes gegen Unionsrecht durch das StÄndG 2015 mit Wirkung vom 6. 11. 2015 neu gefasst. Demnach sind Zuwendungen an ausländische Religionsgesellschaften, Körperschaften, Personenvereinigungen und Vermögensmassen der in Buchstaben a und b genannten Art steuerfrei, wenn nachfolgende Voraussetzungen erfüllt sind.

- ▶ Der Zuwendungsempfänger muss seinen Sitz in einem Staat der EU oder dem EWR haben,
- ▶ der Belegenheitsstaat muss Amtshilfe beim Auskunftsaustausch und Unterstützung bei der Beitreibung leisten und
- ▶ die Verwirklichung der steuerbegünstigten Zwecke muss auch im Inland oder durch Förderung natürlicher inländischer Personen erfolgen oder aber der Stärkung des Ansehens der BRD dienen.

Das bisherige Erfordernis der Gegenseitigkeit ist entfallen.

14. Zuwendungen zu kirchlichen, gemeinnützigen oder mildtätigen Zwecken

396 § 13 Abs. 1 Nr. 17 ErbStG befreit Zuwendungen, die ausschließlich kirchlichen, gemeinnützigen oder mildtätigen Zwecken (§§ 51 ff. AO) gewidmet sind, sofern die Verwendung zu den bestimmten Zwecken gesichert ist. Im Gegensatz zu dem Befreiungstatbestand des § 13 Abs. 1 Nr. 16 ErbStG wird hier *kein bestimmter Empfängerkreis*, vielmehr die *Erfüllung bestimmter Zwecke* begünstigt. Zum einen muss der Erblasser oder Schenker die Verwendung zu dem begünstigten Zweck verfügt haben, zum anderen muss die Verwendung gesichert sein (R E 13.10 Abs. 1 Sätze 2 und 3 ErbStR). Die begünstigten Zwecke können nach R E 13.10 Abs. 1 Satz 4 ErbStR auch im Ausland verfolgt werden.

15. Zuwendungen an politische Parteien und kommunale Wählervereinigungen

397 Unmittelbare Zuwendungen an *politische Parteien i. S. des § 2 des Parteiengesetzes* bleiben nach § 13 Abs. 1 Nr. 18 ErbStG steuerfrei, wenn sie der freien, satzungsgemäßen

Verwendung durch die Partei dienen. Wahlkampfspenden, die unmittelbar einer Partei im genannten Sinne einschließlich ihrer Gebietsverbände zur freien Verwendung zufließen, fallen ebenfalls in den Anwendungsbereich des § 13 Abs. 1 Nr. 18 ErbStG. Eine steuerfreie Zuwendung an die Partei ist auch dann noch gegeben, wenn die Zuwendung von der Partei entsprechend dem Wunsch des Spenders an einen bestimmten Abgeordneten zur Verwendung für dessen politische Arbeit (insbesondere für den Wahlkampf) weitergeleitet und im Rechenschaftsbericht der Partei ausgewiesen wird. Ist eine Zuwendung an einen Abgeordneten (Kandidaten) mit der Auflage erfolgt, den zugewendeten Betrag an die Partei weiterzuleiten, so wirkt sich die Ausführung dieser Auflage beim Erwerber bereicherungsmindernd aus, sofern die Zuwendung nachweislich an die Partei weitergeleitet wird.

Freigebige Zuwendungen an *unabhängige Wählervereinigungen* sind *ebenfalls* nach § 13 Abs. 1 Nr. 18 ErbStG *befreit*.

L. Wertermittlung bei mehreren Erben

Sind mehrere Personen Erben, so steht bürgerlich-rechtlich den Erben der Nachlass zur gesamten Hand zu (§ 2032 BGB). Der Nachlass ist *gemeinschaftliches Vermögen* der Erben. Nach § 39 Abs. 2 Nr. 2 AO werden Wirtschaftsgüter, die mehreren zur gesamten Hand zustehen, den Beteiligten anteilig zugerechnet, soweit eine getrennte Zurechnung für die Besteuerung erforderlich ist.

398

Der Wert der Bereicherung wird nicht für alle Erben gemeinsam ermittelt, sondern für jeden Erben einzeln. Das ergibt sich einmal daraus, dass in § 180 AO eine gesonderte Feststellung zwecks Erbschaftsbesteuerung nicht vorgesehen ist, zum anderen, weil den Erben, wenn sie verschiedenen Steuerklassen angehören, unterschiedliche sachliche Steuerbefreiungen gewährt werden. Es ist somit der Wert der einzelnen Nachlassgegenstände nach Maßgabe des § 12 ErbStG zu ermitteln. Die so ermittelten Werte werden anschließend anteilsmäßig auf die einzelnen Erben entsprechend ihrer *Erbquote* aufgeteilt. Hierbei sind bei den einzelnen Erben Sonderzuwendungen in Form von Vorausvermächtnissen, Auflagen, etc. zu berücksichtigen und dem Wert der Bereicherung hinzuzurechnen. Von diesem für jeden einzelnen Erben festgestellten Wert sind die anteiligen Nachlassverbindlichkeiten und die einem einzelnen Erben auferlegten Beschwernisse, soweit sie als Nachlassverbindlichkeiten abzugsfähig sind, abzusetzen.

Ist einer der Erben der überlebende Ehegatte, so ist von diesem Wert zunächst einmal der Betrag abzuziehen, den er als Zugewinnausgleich hätte geltend machen können (§ 5 ErbStG). Weiter sind zu berücksichtigen: die persönlichen Freibeträge nach § 16 ErbStG sowie unter den Voraussetzungen des § 17 ErbStG auch noch der besondere Versorgungsfreibetrag.

399

M. Steuervergünstigungen für Betriebsvermögen

400 **HINWEIS:**

Die Steuerbegünstigungen und -verschonungen werden im Rahmen der ErbSt-Reform 2016 in Teilen neu geregelt und erweitert. Nachfolgend sind sowohl die bisherigen Regelungen (für Besteuerungsstichtage bis zum 30.6.2016) als auch die neuen für Besteuerungsstichtage ab dem 1.7.2016 geltenden Regelungen dargestellt.

I. Steuerbegünstigung für Betriebsvermögen und anderes Schonvermögen (§ 13a, § 13b ErbStG a. F. bis zum 30.6.2016)

400a Das ErbStG sieht für Besteuerungsstichtage ab dem 1.1.2009 vermögensartenübergreifend den Ansatz des gemeinen Werts (Verkehrswerts) vor. Für begünstigungsfähiges Vermögen (§ 13b Abs. 1 ErbStG) wird durch Bezugnahme in § 13a Abs. 1 ErbStG a. F. auf § 13b Abs. 4 ErbStG a. F. ein sog. *Verschonungsabschlag* gewährt, der von der Befolgung bestimmter *Wohlverhaltensregeln* abhängig ist und bei voller Wirksamkeit dazu führt, dass *85 %* dieses Vermögens *steuerfrei* gestellt wird (Regelverschonung). Für Klein- und Kleinstbetriebe wird daneben ein *Abzugsbetrag* von 150 000 Euro gewährt, der sich mit 50 % des 150 000 € übersteigenden Werts des begünstigten Vermögens abbaut (abschmelzender Abzugsbetrag nach § 13a Abs. 2 ErbStG a. F.). In der Folge entfällt der Abzugsbetrag vollumfänglich bei einem Wert des Betriebsvermögens von 3 000 000 € bzw. nach Abzug des 85 %-igen Verschonungsabschlag von 450 000 Euro (vgl. dazu Tz 404 ff.). Gesetzestechnisch folgt die Prüfung des gleitenden Abzugsbetrags der Anwendung des Verschonungsabschlags nach, mithin ist in einem ersten Schritt der Verschonungsabschlag auf das begünstigte Vermögen vorzunehmen und in einem zweiten Schritt der gleitende Abzugsbetrag zu gewähren.

II. Verschonungsabschlag

401 Nach § 13a Abs. 1 Satz 1 ErbStG a. F. bleibt der Wert von Betriebsvermögen, land- und forstwirtschaftlichem Vermögen und Anteilen an Kapitalgesellschaften im Sinne des § 13b Abs. 4 ErbStG a. F. insgesamt außer Ansatz – *Verschonungsabschlag*. Gemäß § 13b Abs. 4 ErbStG a. F. sind *85 %* des in § 13b Abs. 1 ErbStG a. F. genannten Vermögens *begünstigt*. Mithin hat sich der Gesetzgeber ein *„Teil-Freistellungsmodell"* favorisiert und sich dabei von folgenden Überlegungen leiten lassen: Bedingt durch die weit reichenden – durch das Einkommensteuerrecht geschaffenen – Möglichkeiten, Vermögensgegenstände, die nicht ihrer Natur nach der privaten Lebensführung dienen, zu „gewillkürtem" Betriebsvermögen zu erklären, hat sich der Gesetzgeber dafür entschieden, eine *typisierende pauschalierte Festlegung des begünstigten Vermögens* zu normieren, ohne zu einer kaum administrierbaren gegenständlichen Abgrenzung greifen zu müs-

sen. Nach Darlegung des Gesetzgebers sind fast in jedem Betrieb solche Vermögensgegenstände vorhanden, weil sie für *operative Zwecke* benötigt werden.

Im Ergebnis zeigt die Gesamtbetrachtung, dass nicht das gesamte begünstigte Vermögen im Sinne des § 13b Abs. 1 ErbStG a. F. außer Ansatz bleibt, sondern lediglich 100 % des nach § 13b Abs. 4 ErbStG a. F. normativ festgelegten Anteils von 85 %. In der Folge kommt es grundsätzlich zu einer „*Sockelbesteuerung*" von 15 % des eigentlich begünstigten (Betriebs-)Vermögens. Mit dem Anteil von 15 % soll pauschal das Vermögen, welches nicht produktiven Zwecken des Unternehmens dient, als steuerpflichtiger Erwerb erfasst werden. Die *Vermutung*, dass betriebsbezogen 15 % des Vermögens nicht produktiven Zwecken dienen und damit als begünstigungsschädliches Vermögen (= nicht betriebsnotwendiges Vermögen) qualifiziert werden, ist *unwiderlegbar*.

402

BEISPIEL: Unternehmer U hat in seinem Unternehmen ausschließlich Maschinen, die zur Produktion eingesetzt werden, mithin seinem operativen Geschäft dienen. Infolge des § 13b Abs. 4 ErbStG a. F. sind gleichwohl 15 % des Unternehmensvermögens (vorbehaltlich des gleitenden Abzugsbetrags nach § 13a Abs. 2 ErbStG a. F.) steuerpflichtig.

(Einstweilen frei)

403

III. Gleitender Abzugsbetrag

Im Rahmen der *zweistufigen Verschonungstechnik* tritt neben den Verschonungsabschlag nach §§ 13a Abs. 1, § 13b Abs. 4 ErbStG a. F. der sog. *gleitende Abzugsbetrag*. Der nicht unter § 13b Abs. 4 ErbStG a. F. fallende Teil des grundsätzlich begünstigten Vermögens im Sinne des § 13b Abs. 1 ErbStG a. F. bleibt nach Maßgabe des § 13a Abs. 2 ErbStG a. F. außer Ansatz, soweit der Wert dieses Vermögens insgesamt *150 000 Euro* nicht übersteigt – *geleitender Abzugsbetrag*. Der Abzugsbetrag ist nach der normativen Aufteilung des grundsätzlich begünstigten Vermögens nach der 85 % / 15 %-Regel auf den *verbleibenden Sockelbetrag* anzuwenden, nicht auf den Gesamtbetrag der Bewertungseinheit. Der Abzugsbetrag i. H. von 150 000 € soll nach der Gesetzesbegründung eine Wertermittlung und aufwändige Überwachung von Klein- und Kleinstfällen (z. B. Kleinhandel, kleinere Handwerker oder auch Betriebe der Land- und Forstwirtschaft) unterhalb des Grenzwerts entbehrlich machen.

404

BEISPIEL:

Unternehmensvermögen (Verkehrswert / gemeiner Wert)	1 000 000 €
Begünstigtes Vermögen davon 85 % (§ 13a Abs. 1, § 13b Abs. 4 ErbStG a. F.)	850 000 €
Nicht begünstigtes Vermögen 15 %	150 000 €
Gleitender Abzugsbetrag (§ 13a Abs. 2 ErbStG a. F.)	./. 150 000 €
Ansatz	0 €

Der Abzugsbetrag ist mit einer *Abschmelzregelung* verbunden. Die hierzu vorgesehene *Gleitklausel* ist in § 13a Abs. 2 Satz 2 ErbStG a. F. verankert. Demnach verringert sich der Abzugsbetrag von 150 000 €, wenn der Wert des einschlägigen Vermögens insgesamt die Wertgrenze von 150 000 Euro übersteigt, um 50 % des diese Wertgrenze übersteigenden Betrags. Beträgt folglich der 15 %-Anteil des begünstigten Vermögens

405

450 000 Euro oder ist dieser Anteil höher, entfällt der Abzugsbetrag vollumfänglich. Bis zu einem begünstigten Vermögen im Wert von 1 000 000 € gelangt der volle Abzugsbetrag in Höhe von 150 000 € zur Anwendung, bei einem begünstigten Vermögen von 1 000 001 bis 2 999 999 € schmilzt der Abzugsbetrag immer weiter ab und entfällt schließlich vollständig bei einem begünstigten Vermögen von 3 000 000 Euro und mehr.

BEISPIEL:

Unternehmensvermögen (Verkehrswert/gemeiner Wert)		2 200 000 €
Begünstigtes Vermögen davon 85 % (§ 13a Abs. 1, § 13b Abs. 4 ErbStG a. F.)		1 870 000 €
Gleitender Abzugsbetrag (§ 13a Abs. 2 ErbStG a. F.), max.	150 000 €	
Nicht begünstigtes Vermögen 15 %	330 000 €	
./. Abzugsbetrag	./. 150 000 €	
Unterschiedsbetrag	180 000 €	
50 % des Unterschiedsbetrags →	./. 90 000 €	
Verbleibender gleitender Abzugsbetrag (§ 13a Abs. 2 ErbStG a. F.)	→	./. 60 000 €
Ansatz		270 000 €

406 Für *mehrere Erwerbe innerhalb von zehn Jahren von derselben Person* kann der Erwerber den Abzugsbetrag *nur einmal* beanspruchen (§ 13a Abs. 2 Satz 3 ErbStG a. F.). Mit dieser Maßnahme will der Gesetzgeber verhindern, dass durch ein Aufspalten einer größeren Zuwendung in mehrere Zuwendungen unterhalb des Abzugsbetrags ein nicht gerechtfertigter Steuervorteil erwachsen kann. Die *Inanspruchnahme des gleitenden Abzugsbetrags* – gleiches gilt für den *Verschonungsabschlag* – ist *zwingend*, mithin ist ein Antrag des Steuerpflichtigen nicht erforderlich.

IV. Lohnsummenregelung bis 30. 6. 2016

407 Der Verschonungsabschlag wird an eine Behaltensvoraussetzung in Gestalt der Lohnsumme gekoppelt. Voraussetzung für den Fortbestand der vollumfänglichen Vergünstigung bei der Regelverschonung ist nach Maßgabe des § 13a Abs. 1 Satz 2 ErbStG a. F., dass die *Summe der maßgeblichen jährlichen Lohnsummen des Betriebs, bei Beteiligungen an einer Personengesellschaft oder an Anteilen an einer Kapitalgesellschaft des Betriebs der jeweiligen Gesellschaft, innerhalb von fünf Jahren nach dem Erwerb (= Lohnsummenfrist) insgesamt 400 % der Ausgangslohnsumme nicht unterschreitet – Mindestlohnsumme.* Wird die Mindestlohnsumme nicht erreicht, werden die gewährten Steuerbefreiungen gemäß § 13a Abs. 1 Satz 5 ErbStG a. F. mit Wirkung für die Vergangenheit anteilig gekürzt. Ein Verstoß gegen die Lohnsummenregelung wirkt sich allerdings nicht auf den gleitenden Abzugsbetrag nach § 13a Abs. 2 ErbStG a. F. aus (vgl. § 13a Abs. 1 Satz 5 ErbStG a. F. sowie R E 13a.4 Abs. 1 Satz 7 ErbStR). Die Lohnsummenregelung greift nur bei Betrieben mit mehr als 20 Beschäftigten (vgl. Tz. 410).

1. Begriff „Lohnsumme"

Die *Lohnsumme* und ihre Bestandteile sind in § 13a Abs. 4 ErbStG a. F. geregelt. Die Lohnsumme umfasst demnach *alle Vergütungen (Löhne, Gehälter sowie andere Bezüge und Vorteile)*, die im maßgebenden Wirtschaftsjahr an die auf den Lohn- und Gehaltslisten erfassten Beschäftigten gezahlt werden. *Ausgenommen* bleiben Vergütungen an solche Arbeitnehmer, die nicht ausschließlich oder überwiegend in dem Betrieb tätig sind (z. B Saisonarbeiter). Zu den Vergütungen zählen *alle Geld- oder Sachleistungen* für die von den Beschäftigten erbrachte Arbeit, unabhängig davon, wie diese Leistungen bezeichnet werden und ob es sich um regelmäßige oder unregelmäßige Zahlungen handelt. In den Katalog von Löhnen und Gehältern einzubeziehen sind *auch* alle von den Beschäftigten zu entrichtenden Sozialbeiträge, *Einkommensteuern* und *Zuschlagsteuern*, und zwar auch dann, wenn sie vom Arbeitgeber einbehalten und von ihm im Namen des Beschäftigten direkt an den Sozialversicherungsträger und die Steuerbehörde abgeführt werden. Alle vom Beschäftigten empfangenen *Sondervergütungen, Prämien, Gratifikationen, Abfindungen, Zuschüsse zu Lebenshaltungskosten, Familienzulagen, Provisionen, Teilnehmergebühren und vergleichbare Vergütungen* zählen ebenfalls zu den Löhnen und Gehältern. Nicht zur Lohnsumme zählen Zuführungen zu Pensionsrückstellungen, der Arbeitgeberanteil zu den gesetzlichen Sozialabgaben sowie tariflich vereinbarte, vertraglich festgelegte oder freiwillige Sozialbeiträge durch den Arbeitgeber. Regelmäßig kann bei der Ermittlung der Lohnsumme inländischer Gewerbebetriebe von dem in der Gewinn- und Verlustrechnung ausgewiesenen Aufwand für Löhne und Gehälter i. S. v. § 275 Abs. 2 Nr. 6 HGB ausgegangen werden (R E 13a.4 Abs. 4 Satz 2 ErbStR).

408

Umfasst das auf einen Erwerber übertragene begünstigte Vermögen mehrere selbstständig zu bewertende wirtschaftliche Einheiten einer Vermögensart (z. B. mehrere Gewerbebetriebe) oder mehrere Arten begünstigten Vermögens (z. B. Betrieb der Land- und Forstwirtschaft, Betriebsvermögen und/oder Anteile an Kapitalgesellschaften), werden die Beschäftigten für jede wirtschaftliche Einheit getrennt ermittelt. Beträgt die Anzahl der Beschäftigten in einer wirtschaftlichen Einheit nicht mehr als 20 Beschäftigte, bleiben deren Ausgangs- und Mindestlohnsummen außer Betracht (R E 13a.4 Abs. 3 ErbStR).

408a

Gehören zum Betriebsvermögen des Betriebs, bei Beteiligungen an einer Personengesellschaft und Anteilen an einer Kapitalgesellschaft des Betriebs der jeweiligen Gesellschaft, unmittelbar oder mittelbar *Beteiligungen an Personengesellschaften*, die ihren Sitz oder ihre Geschäftsleitung im Inland, einem Mitgliedstaat der Europäischen Union oder in einem Staat des Europäischen Wirtschaftsraums haben oder *Anteile an Kapitalgesellschaften*, die ihren Sitz oder ihre Geschäftsleitung im Inland, einem Mitgliedstaat der Europäischen Union oder in einem Staat des Europäischen Wirtschaftsraums haben, wenn die unmittelbare oder mittelbare Beteiligung mehr als 25 % beträgt, so sind nach § 13a Abs. 4 Satz 5 ErbStG a. F. die *Lohnsummen dieser Gesellschaften einzubeziehen* zu dem Anteil, zu dem die unmittelbare oder mittelbare Beteiligung besteht. D. h. bei der Lohnsummenermittlung werden die Löhne o. g. nachgelagerter Gesellschaften nach Maßgabe der jeweiligen Beteiligungsquote berücksichtigt (vgl. dazu auch gleich lautende Erlasse der Länder vom 5. 12. 2012, BStBl 2012 I S. 1250).

409

2. Ausgangslohnsumme

410 Ausgangslohnsumme ist nach § 13a Abs. 1 Satz 3 ErbStG a. F. die durchschnittliche Lohnsumme der letzten fünf vor dem Zeitpunkt der Entstehung der Steuer endenden Wirtschaftsjahre. Einzelunternehmen, die ausschließlich vom Unternehmer selbst, ohne Beschäftigte betrieben werden und Betriebe *mit höchstens 20 Beschäftigten* (einschließlich nachgelagerter Gesellschaften), unterliegen nach § 13a Abs. 1 Satz 4 ErbStG a. F. nicht dem Verschonungsparameter „Lohnsumme", sondern sind lediglich den allgemeinen Behaltensregelungen unterworfen. Zu den Beschäftigten zählen neben Voll- und Teilzeitkräften auch geringfügig Beschäftigte i. S. des § 8 SGB IV, Beschäftigte in Mutterschutz und Elternzeit, Langzeitkranke und Auszubildende (H 13a.4 Abs. 2 ErbStH). Nicht zu den Beschäftigten zählen Saison- und Leiharbeiter, da sie nicht ausschließlich oder überwiegend im Betrieb tätig sind.

3. Lohnsumme im Referenzzeitraum

411 Am Ende des bei der Regelverschonung geltenden fünfjährigen Überwachungszeitraums (Lohnsummenfrist) wird die Mindestlohnsumme geprüft, d. h. die Ausgangslohnsumme wird der Summe der maßgebenden jährlichen Lohnsummen gegenübergestellt. Die Summe der maßgebenden jährlichen Lohnsummen ergibt sich aus den jährlichen Lohnsummen während des Überwachungszeitraums. Der Überwachungszeitraum beginnt am Tag nach dem Besteuerungsstichtag. Die Mindestlohnsumme beträgt 400 % der Ausgangslohnsumme für den fünfjährigen Zeitraum der Lohnsummenfrist. Da sich der Gesetzgeber für eine *kumulierte Betrachtungsweise* entschieden hat, können Reduzierungen der Lohnsumme bis zum Ende der Lohnsummenfrist aufgeholt werden. Bei einem Unterschreiten der Mindestlohnsumme entfällt der Verschonungsabschlag in *demselben prozentualen Umfang*, zu dem die Mindestlohnsumme tatsächlich unterschritten wird; auf den gleitenden Abzugsbetrag hat das Unterschreiten der Mindestlohnsumme keine Auswirkungen. Steuerbescheide sind in Fällen der Nachversteuerung nach § 175 Abs. 1 Satz 1 Nr. 2 AO zu ändern.

> **BEISPIEL:** Die Summe der maßgebenden jährlichen Lohnsummen in den fünf Jahren nach dem Besteuerungsstichtag erreicht 360 % der Ausgangslohnsumme und liegt damit 10 % unter der Mindestlohnsumme von 400 %. Der Verschonungsabschlag verringert sich entsprechend um 10 % von 85 %, d. h. er ist in diesem Fall noch in Höhe von 76,5 % zu gewähren.
>
> Beträgt der gemeine Wert eines Betriebs im Besteuerungszeitpunkt 10 Mio. €, bleiben bei der Regelverschonung zunächst 8,5 Mio. € steuerfrei (10 Mio. € x 85 %) und 1,5 Mio. € sind zu versteuern. Wegen des Verstoßes gegen die Lohnsummenregelung bleiben nach Ablauf der Lohnsummenfrist nur noch 7,65 Mio. € steuerfrei und 2,35 Mio. € sind zu versteuern. Bei der nachträglichen Änderung der Steuerfestsetzung wird die zunächst gezahlte Steuer angerechnet.

4. Lohnsummenregelung bei der Optionsverschonung

Beantragt der Steuerpflichtige die Optionsverschonung nach § 13a Abs. 8 ErbStG a. F. (Steuerbefreiung = 100 %), gilt die zuvor beschriebenen Lohnsummenregelung mit der Maßgabe, dass

▶ anstelle der Lohnsummenfrist von fünf Jahren eine Lohnsummenfrist von sieben Jahren und

▶ anstelle der Mindestlohnsumme von 400 % eine Mindestlohnsumme von 700 % tritt. Vgl. dazu auch ergänzend Tz. 426.

411a

5. Feststellungsverfahren zur Lohnsumme

Die Ausgangslohnsumme, die Anzahl der Beschäftigten und die Summe der maßgebenden jährlichen Lohnsummen stellt das für die Bewertung der wirtschaftlichen Einheit örtlich zuständige *Betriebsfinanzamt* gemäß § 13a Abs. 1a ErbStG a. F. neben dem gemeinen Wert des Unternehmens gesondert fest, wenn diese Angaben für die Erbschaftsteuer oder eine andere Feststellung im Sinne dieser Vorschrift von Bedeutung sind. Die Entscheidung über die Bedeutung trifft das Finanzamt, das für die Festsetzung der Erbschaftsteuer oder die Feststellung nach § 151 Abs. 1 Satz 1 Nr. 1 bis 3 BewG zuständig ist (bei mehrstufigen Feststellungsverfahren).

411b

V. Weitergabeverpflichtung

Nach § 13a Abs. 3 ErbStG a. F. kann ein Erwerber den *Verschonungsabschlag* und den *gleitenden Abzugsbetrag nicht in Anspruch nehmen*, soweit er Vermögen im Sinne des § 13b Abs. 1 ErbStG a. F. aufgrund einer *letztwilligen Verfügung des Erblassers* oder einer *rechtsgeschäftlichen Verfügung des Erblassers oder Schenkers* auf einen Dritten übertragen muss. Wenn ein Erbe im Rahmen der *Teilung des Nachlasses* Vermögen im Sinne des § 13b Abs. 1 ErbStG a. F. auf einen Miterben überträgt, gilt Gleiches.

412

Voraussetzung für die Inanspruchnahme des Verschonungsinstrumentariums nach §§ 13a, 13b ErbStG a. F. ist, dass der *Erwerber* das erworbene Vermögen *nicht* aufgrund letztwilliger Verfügung des Erblassers oder rechtsgeschäftlicher Verfügung des Erblassers oder Schenkers auf einen Dritten *übertragen muss* oder im Rahmen einer Erbauseinandersetzung auf einen Miterben überträgt. Derartige Übertragungspflichten können insbesondere auf *Vermächtnisse* (auch Vorausvermächtnisse), *Schenkungen auf den Todesfall* oder *Auflagen* zurückzuführen sein. Zu den in § 13a Abs. 3 ErbStG a. F. involvierten Übertragungspflichten zählt auch der Fall, dass die Übertragung aufgrund einer *qualifizierten Nachfolgeklausel im Gesellschaftsvertrag* oder einer *landwirtschaftlichen Sondererbfolgeregelung* (z. B. nach der Höfeordnung) erfolgen muss oder wenn sich die Erben aufgrund einer vom Erblasser verfügten Teilungsanordnung in entsprechender Weise auseinandersetzen.

413

Die Vorschrift des § 13a Abs. 3 ErbStG a. F. trägt dem Umstand Rechnung, dass derjenige, der die *Unternehmensfortführung tatsächlich gewährleistet* und nicht derjenige, der aufgrund zivilrechtlicher Universalsukzession zunächst (Mit-)Eigentümer geworden

414

war, entlastet werden soll. Im Falle einer Weiterübertragungsverpflichtung aufgrund eines Vermächtnisses, einer Schenkung auf den Todesfall oder einer Auflage entsteht dem Erben durch die Regelung des § 13a Abs. 3 ErbStG a. F. *kein Nachteil*, da er die hieraus resultierende Last *bereicherungsmindernd* berücksichtigen kann (§ 10 Abs. 5 Nr. 2 ErbStG, vgl. Tz 165 ff.). Der nachfolgende Erwerber kann seinerseits das Verschonungsinstrumentarium in Anspruch nehmen. Bei der Weiterübertragung begünstigten Vermögens aufgrund einer Teilungsanordnung oder im Rahmen einer freien Erbauseinandersetzung erhält der nachfolgende Erwerber für das übertragene Vermögen die Steuerbefreiung, soweit er im Gegenzug vom Erblasser erworbenes, nicht begünstigtes Vermögen hingibt (§ 13b Abs. 3 ErbStG a. F.).

VI. Behaltensregelungen und Nachsteuertatbestände

415 Neben dem Lohnsummenerfordernis knüpft der Gesetzgeber die Gewährung der Verschonung des erworbenen begünstigten Vermögens ergänzend an eine *Behaltensfrist*. Entzieht demnach der Erwerber das begünstigte Vermögen oder Teile davon der Zweckbindung in seiner Hand durch dessen Veräußerung oder Aufgabe *innerhalb von fünf Jahren* (Regelverschonung) nach dem Erwerb, so sanktioniert der Gesetzgeber diesen Umstand damit, dass der Erwerber für dieses Vermögen die Verschonung verliert und die darauf entfallende Erbschaftsteuer (nachträglich) entrichten muss, zumal bei diesen Vorgängen regelmäßig auch die Mittel zur Begleichung der Steuer frei werden.

416 Der Verstoß gegen die Behaltensregelungen führt nicht zur vollumfänglichen, rückwirkenden Versagung der Begünstigungen. Vielmehr besagt § 13a Abs. 5 Satz 2 ErbStG a. F., dass sich der Wegfall des Verschonungsabschlags – *mit Ausnahme von Verstößen gegen die Überentnahmeregelung* – auf den Teil beschränkt, der dem Verhältnis der im Zeitpunkt der schädlichen Verfügung verbleibenden Behaltensfrist einschließlich des Jahres, in dem die Verfügung erfolgt, zur gesamten Behaltensfrist ergibt – sog. *pro-rata-temporis-Regelung*. Findet z. B. im dritten Jahr des Behaltenszeitraums eine schädliche Verfügung statt, wird der Verschonungsabschlag bei der Regelverschonung nur in Höhe von 2/5 (zwei von fünf vollen Jahren) von 85 %, mithin in Höhe von 34 % gewährt. Der gleitende Abzugsbetrag i. S. des § 13a Abs. 2 ErbStG a. F. (150 000 €) entfällt in diesen Fällen jedoch insgesamt. Steuerbescheide sind in Fällen der Nachversteuerung nach § 175 Abs. 1 Satz 1 Nr. 2 AO zu ändern.

1. Veräußerungstatbestände beim Betriebsvermögen

417 Nach § 13a Abs. 5 Satz 1 Nr. 1 ErbStG a. F. fällt der Verschonungsabschlag und der Abzugsbetrag mit Wirkung für die Vergangenheit weg, soweit der Erwerber innerhalb von fünf Jahren (Regelverschonung) einen *Gewerbebetrieb* oder einen *Teilbetrieb*, einen *Anteil an einer Gesellschaft* im Sinne des § 15 Abs. 1 Satz 1 Nr. 2 und Abs. 3 oder § 18 Abs. 4 EStG, einen *Anteil eines persönlich haftenden Gesellschafters einer Kommanditgesellschaft auf Aktien* oder einen Anteil daran *veräußert*. Als Veräußerung gilt *auch die Aufgabe eines Gewerbebetriebs*. Von der *Veräußerung des Gewerbebetriebs* ist auszugehen, wenn der Betrieb mit seinen wesentlichen Grundlagen gegen Entgelt in der Weise auf

einen Erwerber übertragen wird, dass er als geschäftlicher Organismus fortgeführt werden kann. Unter einem *Teilbetrieb* ist ein mit einer gewissen Selbständigkeit ausgestatteter, organisch geschlossener Teil des Gesamtbetriebs zu verstehen, der für sich betrachtet alle Merkmale eines Betriebs im Sinne des Einkommensteuergesetzes aufweist und für sich lebensfähig ist. Die *Aufgabe eines Betriebs im Ganzen* ist anzunehmen, wenn aufgrund einer Willensentscheidung oder Handlung des Betriebsinhabers alle wesentlichen Betriebsgrundlagen innerhalb kurzer Zeit und folglich in einem einheitlichen Vorgang entweder veräußert oder in das Privatvermögen überführt oder teilweise veräußert und teilweise in das Privatvermögen überführt oder anderen betriebsfremden Zwecken zugeführt werden und damit der Betrieb als selbständiger Organismus des Wirtschaftslebens zu existieren aufhört.

Gleiches gilt (= Nachsteuertatbestand ist erfüllt), wenn *wesentliche Betriebsgrundlagen* eines Gewerbebetriebs *veräußert* oder *in das Privatvermögen überführt* oder *anderen betriebsfremden Zwecken zugeführt* werden. Der Begriff der wesentlichen Betriebsgrundlage wird nach den Grundsätzen des Ertragsteuerrechts (funktionale Betriebsnotwendigkeit) beurteilt, vgl. R E 13a.6 Abs. 2 Satz 3 ErbStR. Eine Nachversteuerung kommt auch in Betracht, wenn Anteile an einer Kapitalgesellschaft veräußert werden, die der Veräußerer *durch eine Sacheinlage* (§ 20 Abs. 1 UmwStG) aus dem Betriebsvermögen im Sinne des § 13b ErbStG a. F. erworben hat oder ein Anteil an einer Gesellschaft im Sinne des § 15 Abs. 1 Satz 1 Nr. 2 und Abs. 3 oder § 18 Abs. 4 EStG oder ein Anteil daran veräußert wird, den der Veräußerer *durch eine Einbringung* des Betriebsvermögens im Sinne des § 13b ErbStG a. F. in eine Personengesellschaft (§ 24 Abs. 1 UmwStG) erworben hat. D. h. die Einbringung eines Betriebs, Teilbetriebs oder Mitunternehmeranteils in eine Kapital- oder eine Personengesellschaft gegen Gewährung von Gesellschaftsanteilen ist selbst kein Verstoß gegen die Behaltensregelungen. Dies gilt auch für die formwechselnde Umwandlung und Verschmelzung. Erst eine nachfolgende Veräußerung der dabei erworbenen Anteile an der Kapitalgesellschaft oder Personengesellschaft innerhalb der Behaltensfrist stellt einen Verstoß gegen die Behaltensregelung i. S. des § 13a Abs. 5 Nr. 1 ErbStG a. F. dar (R E 13a.6 Abs. 3 Satz 3 ErbStR).

418

BEISPIEL: ▶ Alleinerbe des Erblassers ist seine Ehefrau EF. Das Nachlassvermögen besteht allein aus Betriebsvermögen mit einem Ertragswert (Unternehmenswert) von 10 Mio. €. Übriges Vermögen ist nicht vorhanden. Berechnung ohne besonderen Versorgungsfreibetrag i. S. des § 17 ErbStG und Nachlasskosten-Pauschbetrag i. S. des § 10 Abs. 5 Nr. 3 ErbStG.

Betriebsvermögen § 13b Abs. 1 ErbStG		10 000 000
befreites Betriebsvermögen gem. § 13a Abs. 1, § 13b Abs. 4 ErbStG a. F. (Regelverschonung, 85 %)		./. 8 500 000
verbleiben		1 500 000
gleitender Abzugsbetrag gem. § 13a Abs. 2 ErbStG a. F. max.	150 000	
Abschmelzen		
BV § 13b Abs. 1 ErbStG a. F. (nach § 13b Abs. 4 ErbStG a. F.)	1 500 000	
gleitender Abzugsbetrag	./. 150 000	
Übersteigender Betrag	1 350 000	

davon 50 %	675 000	./. 675 000	0
verbleibender gleitender Abzugsbetrag		0	
steuerpflichtiges Betriebsvermögen			1 500 000
Vermögensanfall = Bereicherung			1 500 000
persönlicher Freibetrag			./. 500 000
steuerpflichtiger Erwerb			1 000 000
Steuersatz nach StKl. I = 19 %			
Steuer			190 000

Drei Jahre und zwei Monate nach dem Erbfall verkauft EF den Betrieb, so dass die Steuerbefreiung nur für 3 von 5 Jahren der Behaltensfrist gewährt werden kann. Die dann fällig werdende Nachsteuer errechnet sich wie folgt:

Betriebsvermögen § 13b Abs. 1 ErbStG a. F.	10 000 000
erreichter Verschonungsabschlag	./. 5 100 000
(85 % = 8 500 000; davon „verdient" 3/5 (60 %))	
Verbleiben	4 900 000
Abzugsbetrag § 13a Abs. 2 ErbStG a. F.	0
persönlicher Freibetrag	./. 500 000
steuerpflichtiger Erwerb	4 400 000
Erbschaftsteuer (Steuersatz nach StKl. I = 19 %)	836 000
bereits gezahlt (s. o.)	./. 190 000
noch zu zahlen mithin	646 000

2. Veräußerungstatbestände beim land- und forstwirtschaftlichen Vermögen

418a   Nach § 13a Abs. 5 Satz 1 Nr. 2 ErbStG a. F. fällt der Verschonungsabschlag und der Abzugsbetrag mit Wirkung für die Vergangenheit weg, soweit der Erwerber innerhalb von fünf Jahren (Optionsverschonung) das *land- und forstwirtschaftliche Vermögen im Sinne des § 168 Abs. 1 Nr. 1 BewG* (Wirtschaftsteil) und *selbst bewirtschaftete Grundstücke* im Sinne des § 159 BewG *veräußert*. Gleiches gilt, wenn das land- und forstwirtschaftliche Vermögen dem Betrieb der Land- und Forstwirtschaft *nicht mehr dauernd zu dienen bestimmt ist* oder wenn der bisherige Betrieb innerhalb der Behaltensfrist *als Stückländerei zu qualifizieren* wäre oder Grundstücke im Sinne des § 159 BewG *nicht mehr selbst bewirtschaftet* werden. Auch das Ausscheiden im Besteuerungszeitpunkt wesentlicher Wirtschaftsgüter eines Betriebs der Land- und Forstwirtschaft im Sinne des § 162 Abs. 4 BewG stellt eine schädliche Verwendung dar (R E 13a.7 Abs. 2 Satz 1 ErbStR; vgl. dazu auch Tz. 242 ff.).

3. Überentnahmeregelung

Nach § 13a Abs. 5 Satz 1 Nr. 3 ErbStG a. F. fällt der Verschonungsabschlag und der Abzugsbetrag mit Wirkung für die Vergangenheit weg, soweit der Erwerber innerhalb von fünf Jahren (Regelverschonung) als *Inhaber eines Gewerbebetriebs*, Gesellschafter einer Gesellschaft im Sinne des § 15 Abs. 1 Satz 1 Nr. 2 und Abs. 3 oder § 18 Abs. 4 EStG oder persönlich haftender Gesellschafter einer Kommanditgesellschaft auf Aktien bis zum Ende des letzten in die Fünfjahresfrist fallenden Wirtschaftsjahres *Entnahmen tätigt*, die die *Summe seiner Einlagen* und der ihm zuzurechnenden *Gewinne oder Gewinnanteile* seit dem Erwerb *um mehr als 150 000 Euro übersteigen; Verluste* bleiben dabei *unberücksichtigt*. Gleiches gilt für Inhaber eines begünstigten *Betriebs der Land- und Forstwirtschaft* oder eines Teilbetriebs oder eines Anteils an einem Betrieb der Land- und Forstwirtschaft. Sinngemäß ist bei *Ausschüttungen an Gesellschafter einer Kapitalgesellschaft* zu verfahren.

419

Beim *Verstoß gegen die Überentnahmeregelung* gilt weiterhin die *Fallbeilregelung*, d. h. es kommt zum rückwirkenden Wegfall des Verschonungsabschlags *in Höhe der Überentnahmen!* Deshalb sollten spätestens zu Beginn des fünften Jahres nach dem Besteuerungsstichtag die Entnahmen und Einlagen mit den Gewinnen und Verlusten des maßgeblichen Zeitraums verglichen werden, um festzustellen, ob mittels *Einlage* in das Betriebsvermögen kurz vor Ablauf der Frist die Folgen eines Verstoßes gegen die Überentnahmeregelung vermieden werden können. Dies stellt grundsätzlich keinen Gestaltungsmissbrauch i. S. des § 42 AO dar (R E 13.8 Abs. 4 Satz 1 ErbStR).

420

BEISPIEL: Unternehmer U überträgt begünstigtes Betriebsvermögen mit einem gemeinen Wert von 6 000 000 € an seinen Sohn S. Innerhalb der Behaltensfrist tätigt S Überentnahmen von 300 000 €.

Für S ergibt sich zunächst folgende Steuer:

Betriebsvermögen (begünstigt)		6 000 000 €
Verschonungsabschlag (Regelverschonung, 85 %)		./. 5 100 000 €
Verbleiben		900 000 €
gleitender Abzugsbetrag max.		150 000 €
Verbleibender Wert (15 %, s. o.)	900 000 €	
gleitender Abzugsbetrag	./. 150 000 €	
Unterschiedsbetrag	750 000 €	
davon 50 %		./. 375 000 €
Verbleibender Abzugsbetrag		0 €
Steuerpflichtiges Betriebsvermögen		900 000 €
Persönlicher Freibetrag		./. 400 000 €
Steuerpflichtiger Erwerb		500 000 €
Steuer nach StKl. I (15 %)		75 000 €

Für S ergibt die Nachversteuerung folgende Steuer:

Betriebsvermögen	6 000 000 €	
Überentnahmen	./. 300 000 €	300 000 €
Betriebsvermögen (begünstigt)	5 700 000 €	
Verschonungsabschlag (Regelverschonung, 85 %)	./. 4 845 000 €	
Verbleiben	855 000 €	
gleitender Abzugsbetrag max.	150 000 €	
Verbleibender Wert (15 %, s. o.)	855 000 €	
gleitender Abzugsbetrag	./. 150 000 €	
Unterschiedsbetrag	705 000 €	
davon 50 %	./. 352 500 €	
Verbleibender Abzugsbetrag	0 €	
Steuerpflichtiges Betriebsvermögen		+ 855 000 €
Persönlicher Freibetrag		./. 400 000 €
Steuerpflichtiger Erwerb		755 000 €
Steuer nach StKl. I (19 %)		143 450 €
Bisher festgesetzt (s. o.)		./. 75 000 €
Nachsteuer		68 450 €

4. Veräußerungstatbestände bei Anteilen an Kapitalgesellschaften

421 Nach § 13a Abs. 5 Satz 1 Nr. 4 ErbStG a. F. fällt der Verschonungsabschlag und der Abzugsbetrag mit Wirkung für die Vergangenheit weg, soweit der Erwerber innerhalb von fünf Jahren (Regelverschonung) *Anteile an Kapitalgesellschaften* i. S. des § 13b ErbStG a. F. ganz oder teilweise *veräußert*. Eine *verdeckte Einlage* der Anteile in eine (andere) Kapitalgesellschaft *steht der Veräußerung* der Anteile *gleich*. Eine verdeckte Einlage in diesem Sinn liegt vor, wenn ein Gesellschafter Anteile auf eine andere Kapitalgesellschaft überträgt, an der er (oder eine nahe stehende Person) bereits beteiligt ist, ohne dass er neue Gesellschaftsanteile oder eine wertmäßig entsprechende Bar- oder Sachvergütung erhält. Gleiches gilt, wenn die Kapitalgesellschaft innerhalb der Behaltensfrist *aufgelöst*, ihr *Nennkapital herabgesetzt* wird oder wenn die Kapitalgesellschaft *wesentliche Betriebsgrundlagen veräußert* und das *Vermögen* an die Gesellschafter *verteilt* wird. Die Vorschrift des § 13a Abs. 5 Satz 1 Nr. 1 Satz 2 ErbStG a. F. gilt entsprechend (vgl. Tz 418).

421a Die *Auflösung* (vgl. hierzu § 262 AktG, § 60 GmbHG) bezeichnet nicht das steuerrechtliche oder zivilrechtliche Ende der Kapitalgesellschaft, sondern den *Übergang in das Abwicklungsstadium*. Die *Herabsetzung des Nennkapitals* ist nur verschonungsschädlich, wenn es sich um eine *effektive Kapitalherabsetzung* handelt, bei der ein Teil des zuvor in der Kapitalgesellschaft gebundenen Vermögens an die Gesellschafter zurückfließt. Im Umkehrschluss ist die nominelle Kapitalherabsetzung zum Zweck der Sanierung der Gesellschaft entlastungsunschädlich, da hier regelmäßig kein Vermögen ausgekehrt wird und sich lediglich die Relation des unveränderten Unternehmenswerts zum Stamm- oder Grundkapital verschiebt (R E 13a.9 Abs. 2 ErbStR).

Wird das Vermögen der Kapitalgesellschaft auf eine Personengesellschaft, eine natürliche Person oder eine andere Körperschaft (§§ 3 bis 16 UmwStG) übertragen, ist dies grds. unschädlich. Erst eine nachfolgende Veräußerung der in diesem Zuge erworbenen Beteiligung, des erworbenen Betriebs oder der erworbenen Anteile an der anderen Kapitalgesellschaft innerhalb der Behaltenszeit stellt gem. R E 13a.9 Abs. 3 ErbStR ein Verstoß gegen die Behaltensregelung dar. 421b

5. Missbrauchsregelung in Bezug auf Pooling

Nach § 13a Abs. 5 Satz 1 Nr. 5 ErbStG a. F. fällt der Verschonungsabschlag und der Abzugsbetrag mit Wirkung für die Vergangenheit weg, soweit innerhalb von fünf Jahren (Regelverschonung) die *Verfügungsbeschränkung* oder die *Stimmrechtsbündelung aufgehoben* wird. Vgl. zur Poolvereinbarung auch Tz 431. 422

(Einstweilen frei) 423

6. Reinvestitionsklausel

Nach § 13a Abs. 5 Satz 3 ErbStG a. F. ist in den – an sich steuerschädlichen – Fällen des § 13a Abs. 5 Satz 1 Nr. 1, 2 und 4 ErbStG a. F. (vgl. obige Tz) von einer *Nachversteuerung abzusehen*, wenn der Veräußerungserlös *innerhalb der jeweiligen begünstigten Vermögensart* (§ 13b Abs. 1 ErbStG a. F.) verbleibt. Davon ist nach dem Gesetzeswortlaut auszugehen, wenn der Veräußerungserlös *innerhalb von sechs Monaten* in entsprechendes Vermögen investiert wird, das nicht zum Verwaltungsvermögen i. S. des § 13b Abs. 2 ErbStG a. F. gehört (*Reinvestitionsklausel*). Unter die Reinvestitionsklausel fällt neben der Anschaffung von neuen Betrieben, Betriebsteilen oder Anlagegütern, die das veräußerte Vermögen im Hinblick auf den ursprünglichen oder einen neuen Betriebszweck ersetzen, *auch* die *Tilgung von betrieblichen Schulden* (R E 13a.11 ErbStR). 424

VII. Anzeigepflichten

Auf die ursprünglich vorgesehene Verpflichtung des Erwerbers, bei einem Unterschreiten der Lohnsummengrenze den fälligen Steuerbetrag – unter Beachtung der Grundsätze einer Steueranmeldung – selbst zu berechnen, hat der Gesetzgeber angesichts der Komplexität der Regelung verzichtet. An die Stelle der Selbstberechnungspflicht tritt eine *Anzeigepflicht* nach § 13a Abs. 6 Satz 1 ErbStG a. F. Demnach ist der Erwerber verpflichtet, dem für die Erbschaftsteuer zuständigen Finanzamt innerhalb einer Frist von sechs Monaten nach Ablauf der Lohnsummenfrist das Unterschreiten der Lohnsummengrenze anzuzeigen. Auch in den Fällen des Verstoßes gegen die Behaltensregelungen (vgl. Tz 415 ff.) hat der Erwerber die Pflicht, dem für die Erbschaftsteuer zuständigen Finanzamt den entsprechenden Sachverhalt innerhalb einer Frist von einem Monat, nach dem der jeweilige Tatbestand verwirklicht wurde, anzuzeigen. 425

Die Festsetzungsfrist des Finanzamtes für die Änderung der Steuerfestsetzung endet nicht vor dem Ablauf des vierten Jahres, nachdem das Finanzamt von dem Unterschreiten der Lohnsummengrenze oder dem Verstoß gegen die Behaltensregelungen Kenntnis erlangt. Die Anzeige muss auch dann erfolgen, wenn der Vorgang zu keiner Besteuerung führt.

VIII. Optionsverschonung (Steuerbefreiung zu 100 %)

426 Die Grundvariante zur Betriebsvermögensverschonung (Regelverschonung) – d. h. Verschonungsabschlag von 85 % – ist zugunsten des Steuerpflichtigen im § 13a Abs. 8 ErbStG a. F. um ein *Optionsmodell* (sog. Optionsverschonung) ergänzt worden. Nach dieser Konzeption ist sowohl für die allgemeine *Behaltensfrist* als auch für die *Lohnsummenkontrolle* ein *einheitlicher Zeitraum von sieben Jahren* vorgesehen, der dafür aber zu einem Verschonungsabschlag von 100 %, d. h. einer vollständigen Befreiung für das begünstigte Vermögen führt. Die *Lohnsumme* in diesem Modell darf am Ende des siebenjährigen Betrachtungszeitraums *nicht unter 700 % der Ausgangslohnsumme* gesunken sein. Eine *Tariflohnindexierung* der Ausgangslohnsumme *unterbleibt* auch hier. Bei begünstigungsschädlichem Verhalten des Steuerpflichtigen im Hinblick auf die Behaltensfrist von sieben Jahren kommt es demgemäß zu einem anteiligen *Verschonungswegfall* von *jährlich einem Siebtel*. Die *Verwaltungsvermögensgrenze*, d. h. der Prozentsatz, bis zu dem begünstigungsunschädliches Vermögen angenommen wird, beträgt bei der Optionsverschonung *10 %*. D. h., dass die vollständige Steuerbefreiung mit sehr restriktiven Auflagen hinsichtlich Lohnsumme und Verwaltungsvermögensgrenze einhergeht. Die *Ausübung der Option* zugunsten einer vollständigen Befreiung ist im Übrigen *unwiderruflich* (§ 13a Abs. 8 ErbStG a. F.). Der Antrag auf Optionsverschonung kann bis zum Ende der materiellen Bestandskraft gestellt werden (R E 13a.13 Abs. 2 Satz 2 ErbStR).

IX. Begünstigtes Vermögen

427 Die Beschreibung des begünstigten Vermögens erfolgt in § 13b Abs. 1 ErbStG a. F. Demnach gehören neben dem land- und forstwirtschaftlichen Vermögen (vgl. Tz 428) sowie dem Betriebsvermögen (vgl. Tz. 429) auch Anteile an Kapitalgesellschaften zum begünstigten Vermögen, wenn eine bestimmte Mindestbeteiligungsquote gegeben ist (vgl. Tz. 430 ff.).

1. Land- und forstwirtschaftliches Vermögen

428 Nach § 13b Abs. 1 Nr. 1 ErbStG a. F. gehört zum begünstigten Vermögen der *inländische Wirtschaftsteil des land- und forstwirtschaftlichen Vermögens* (§ 168 Abs. 1 Nr. 1 BewG) – mit *Ausnahme der (echten) Stückländereien* (§ 168 Abs. 2 BewG) – und selbst bewirtschaftete Grundstücke im Sinne des § 159 BewG sowie entsprechendes land- und forstwirtschaftliches Vermögen, das einer Betriebsstätte in einem Mitgliedstaat der *Euro-*

päischen Union oder einem Staat des *Europäischen Wirtschaftsraums* dient. Nicht begünstigt sind der Wohnteil einschließlich der Altenteilerwohnungen sowie die Betriebswohnungen eines Betriebs der Land- und Forstwirtschaft.

2. Betriebsvermögen von Einzelunternehmen und Personengesellschaften

Nach § 13b Abs. 1 Nr. 2 ErbStG a. F. gehört zum begünstigten Vermögen inländisches Betriebsvermögen (§§ 95 bis 97 BewG) beim *Erwerb eines ganzen Gewerbebetriebs*, eines *Teilbetriebs*, eines *Anteils an einer Gesellschaft* im Sinne des § 15 Abs. 1 Satz 1 Nr. 2 und Abs. 3 oder § 18 Abs. 4 EStG, eines Anteils eines persönlich haftenden Gesellschafters einer Kommanditgesellschaft auf Aktien oder eines Anteils daran und entsprechendes Betriebsvermögen, das einer *Betriebsstätte in einem Mitgliedstaat der Europäischen Union* oder in einem *Staat des Europäischen Wirtschaftsraums* dient. Nicht begünstigt ist der Erwerb ausländischen Betriebsvermögens in Drittstaaten. Hierzu gehört auch das Betriebsvermögen von Gewerbebetrieben, deren wirtschaftliche Einheit sich ausschließlich auf Drittstaaten erstreckt sowie das Vermögen einer in einem Drittstaat belegenen Betriebstätte eines inländischen Gewerbebetriebs, eines Betriebs in einem Mitgliedstaat der Europäischen Union oder in einem Staat des Europäischen Wirtschaftsraums (R E 13b.5 Abs. 4 Satz 3 ErbStR).

429

Wenden Eltern Teile ihrer Beteiligungen an einer gewerblich geprägten Personengesellschaft unentgeltlich ihren Kindern zu und behalten sie sich dabei den lebenslänglichen Nießbrauch vor, *fehlt es den Kindern an der für die Anwendung des § 13a ErbStG a. F. erforderlichen Mitunternehmerinitiative*, wenn vereinbart ist, dass die *Nießbraucher die Gesellschafterrechte der Kinder wahrnehmen* und die Kinder den Eltern „vorsorglich" *Stimmrechtsvollmacht* erteilen (BFH-Urteil vom 10. 12. 2008, BStBl 2009 I S. 312).

429a

Wird neben dem Anteil an einer Personengesellschaft auch Sonderbetriebsvermögen des Gesellschafters übertragen, ist die Begünstigung nicht davon abhängig, dass die Gesellschaftsanteile und das Sonderbetriebsvermögen im gleichen quotalen Umfang auf den Erwerber übergehen. Vielmehr liegt auch dann begünstigtes Vermögen vor, wenn der Schenker sein Sonderbetriebsvermögen in geringerem Umfang überträgt oder es insgesamt zurückbehält und das zurückbehaltene Sonderbetriebsvermögen weiterhin zum Betriebsvermögen derselben Personengesellschaft gehört, d. h. der Schenker auch noch einen Anteil an der Gesellschaft zurückbehält. Ebenfalls begünstigt ist es, wenn der Schenker sein Sonderbetriebsvermögen in größerem Umfang als den Anteil an der Gesellschaft überträgt (R E 13b.5 Abs. 3 ErbStR). Nicht begünstigt ist hingegen die alleinige Übertragung von Sonderbetriebsvermögen (vgl. R E 13b.5 Abs. 3 Satz 9 ErbStR).

429b

3. Anteile an Kapitalgesellschaften

Nach § 13b Abs. 1 Nr. 3 ErbStG a. F. gehören zum begünstigten Vermögen Anteile an Kapitalgesellschaften, wenn die Kapitalgesellschaft zur Zeit der Entstehung der Steuer *Sitz* oder *Geschäftsleitung* im Inland oder in einem Mitgliedstaat der Europäischen Uni-

430

on oder in einem Staat des Europäischen Wirtschaftsraums hat und der Erblasser oder Schenker am Nennkapital dieser Gesellschaft zu mehr als 25 % *unmittelbar* beteiligt war – *Mindestbeteiligung*. Im Unterschied zur Regelung in § 13b Abs. 1 Nr. 2 ErbStG a. F. (vgl. Tz. 429) kommt es bei der hiesigen Vorschrift darauf an, dass sich der Sitz oder die Geschäftsleitung der Gesellschaft im Inland oder im EU- oder EWR-Raum befindet. *Unerheblich* ist indessen, *wo* sich das *Vermögen* der Gesellschaft *befindet* und *welcher Betriebsstätte* es *dient*.

431 Ob der Erblasser oder Schenker die Erfordernisse der Mindestbeteiligungsquote erfüllt, ist nach der Summe der dem Erblasser oder Schenker unmittelbar zuzurechnenden Anteile und der Anteile weiterer Gesellschafter zu bestimmen, wenn der Erblasser oder Schenker und die weiteren Gesellschafter untereinander verpflichtet sind, über die Anteile nur einheitlich zu verfügen oder ausschließlich auf andere derselben Verpflichtung unterliegenden Anteilseigner zu übertragen und das Stimmrecht gegenüber nichtgebundenen Gesellschaftern einheitlich auszuüben – *Poolvereinbarung*. Eine Poolvereinbarung kann noch kurz vor Übertragung von Kapitalgesellschaftsanteilen privatschriftlich vereinbart werden. Mit einer solchen Vereinbarung geht allerdings das Erfordernis einher, dass die Regelung innerhalb der Behaltensfrist durchgehalten wird, da ansonsten eine Nachversteuerung stattfindet (§ 13a Abs. 5 Nr. 5 ErbStG a. F., vgl. Tz. 422).

432 Nach Auffassung des Gesetzgebers ist die Beteiligungsgrenze von mehr als 25 % ein Indiz dafür, dass der Anteilseigner unternehmerisch in die Gesellschaft eingebunden ist und nicht nur als Kapitalgeber auftritt. Mit der Einbeziehung der Kriterien „einheitliche Verfügbarkeit über die Anteile" sowie „einheitliche Stimmrechtsausübung" trägt der Gesetzgeber dem Umstand Rechnung, dass in *sog. Familien-Kapitalgesellschaften,* deren Anteile über mehrere Gesellschafter häufig nicht mehr die Mindestbeteiligungsquote erreichen. Andererseits haben die Unternehmensgründer oder die Nachfolger nicht selten dafür gesorgt, dass die Anteile nicht beliebig veräußert werden können und der bestimmende Einfluss der Familie erhalten bleibt. Nach Überzeugung des Gesetzgebers bilden deren Unternehmensgrundsätze und unternehmerische Praxis ein deutliches Gegengewicht zu Publikumsgesellschaften und erzielen weit mehr Beschäftigungswirkung, mit der Folge, dass eine Einbeziehung solcher Anteile in die Verschonungsregelung angebracht erscheint.

433 Eine *einheitliche Stimmrechtsausübung* bedeutet, dass die Einflussnahme einzelner Anteilseigner zum Zwecke einer einheitlichen Willensbildung zurücktreten muss. Hierfür kommen unterschiedliche Regelungen in Betracht. Neben der Möglichkeit zur gemeinsamen Bestimmung eines Sprechers oder eines Aufsichts- oder Leitungsgremiums kann die einheitliche Stimmrechtsausübung auch dadurch bewerkstelligt werden, dass einzelne Anteilseigner auf ihr Stimmrecht verzichten (R E 13b.6 Abs. 5 Satz 3 ErbStR). Nicht erforderlich ist, dass die Einflussnahme auf die Geschicke der Gesellschaft ausschließlich durch Anteilseigner (Familienmitglieder) erfolgt. Stimmrechtslose Anteile können nicht in eine Poolvereinbarung einbezogen werden (R E 13b.6 Abs. 5 Satz 1 ErbStR).

X. Steuerschädliches Verwaltungsvermögen

Der Gesetzgeber bedient sich des Begriffs des *Verwaltungsvermögens*, um dieserart mittels einer *Überwiegensregelung* vermögensverwaltende Betriebe allgemein von den Verschonungsregelungen auszunehmen. Mit dieser Verfahrensweise trägt der Gesetzgeber dem Umstand Rechnung, dass durch die nach dem Einkommensteuerrecht geschaffene Möglichkeit, Vermögensgegenstände, die nicht ihrer Natur nach der privaten Lebensführung dienen, zu *gewillkürtem Betriebsvermögen* zu erklären, praktisch alle Gegenstände, die üblicherweise in Form der privaten Lebensführung gehalten werden, auch in Form eines Gewerbebetriebs unter Partizipation an den Vergünstigungen nach §§ 13a, 13b, 19a ErbStG a. F. gehalten werden können. Im Ergebnis bedient sich der Gesetzgeber der Begrifflichkeit „Verwaltungsvermögen" mit der Zielsetzung, die Möglichkeit der Umqualifizierung von Privatvermögen in einkommensteuerliches Betriebsvermögen zur Erlangung erbschaft- und schenkungsteuerlicher Vorteile auszuschließen.

434

Verwaltungsvermögen darf bei der *Regelverschonung* (= Verschonungsabschlag 85 % zzgl. gleitender Abzugsbetrag) einen *Anteil von 50 %* des Betriebsvermögens (bzw. des land- und forstwirtschaftlichen Vermögens oder der begünstigten Anteile an Kapitalgesellschaften) *nicht überschreiten*. Bei der *Optionsverschonung* (= Verschonungsabschlag 100 %) darf der Anteil des Verwaltungsvermögens *10 %* nicht überschreiten (§ 13a Abs. 8 ErbStG a. F.). Wird die jeweilige Grenze überschritten, gilt das gesamte Betriebsvermögen als nicht begünstigt – „Alles-oder-nichts-Prinzip"!

434a

Die Quote des Verwaltungsvermögens ist jeweils für jede wirtschaftliche Einheit gesondert zu prüfen. Für die Entscheidung, ob Verwaltungsvermögen vorliegt, sind die Verhältnisse am Besteuerungsstichtag maßgebend. Dabei wird ausschließlich auf die Verhältnisse beim Erblasser oder Schenker abgestellt. Veränderungen hinsichtlich der Verwaltungsvermögensquote, die nach dem Besteuerungsstichtag beim Erwerber eintreten, sind unbeachtlich (R E 13b.8 Abs. 2 ErbStR).

Der Umfang des *Verwaltungsvermögens (Verwaltungsvermögenskatalog)* wird in § 13b Abs. 2 Satz 2 ErbStG a. F. beschrieben. Der gemeine Wert des Verwaltungsvermögens ist vom Betriebsfinanzamt gesondert festzustellen, wenn dieser von steuerlicher Bedeutung ist (§ 13b Abs. 2a ErbStG a. F.).

434b

1. Grundstücke, Grundstücksteile, grundstücksgleiche Rechte und Bauten

435

Nach § 13b Abs. 2 Satz 2 Nr. 1 ErbStG a. F. gehören zum Verwaltungsvermögen *Dritten zur Nutzung überlassene Grundstücke, Grundstücksteile, grundstücksgleiche Rechte und Bauten*. Die Regelung beschränkt sich mithin auf Grundbesitz; sie *differenziert nicht danach*, ob die *Nutzungsüberlassung entgeltlich* oder *unentgeltlich* erfolgt. Der *Begriff des Verwaltungsvermögens* umfasst nicht sämtliche Dritten zur Nutzung überlassene Grundstücke. Anderenfalls könnte auch solches Betriebsvermögen von den Begünstigungen ausgenommen sein, das unmittelbar einem Betrieb und zugleich dem Erhalt von Arbeitsplätzen dient. Um dieser, von der Gesetzesintention nicht gewollten Entwicklung entgegenzuwirken, wurden in § 13b Abs. 2 Satz 2 Nr. 1 Satz 2 ErbStG a. F. bestimmte *Ausnahmen vom Verwaltungsvermögen geregelt – sog. Rückausnahmen*.

436 a) Betriebsaufspaltung und Sonderbetriebsvermögen

Der Verwaltungsvermögensbegriff greift nicht bei Grundstücksüberlassungen im Rahmen einer Betriebsaufspaltung sowie für Grundstücke im Sonderbetriebsvermögen von Personengesellschaften (§ 13b Abs. 2 Satz 2 Nr. 1 Buchst. a ErbStG a. F.).

437

Die Grundstücksüberlassung im Rahmen einer *Betriebsaufspaltung* erfordert, dass der Erblasser oder Schenker sowohl im überlassenden Betrieb als auch im nutzenden Betrieb allein oder zusammen mit anderen Gesellschaftern einen einheitlichen geschäftlichen Betätigungswillen durchsetzen kann (persönliche Verflechtung). Daneben ist eine sachliche Verflechtung beider Betriebe durch Überlassung von zumindest einer funktional wesentlichen Betriebsgrundlage erforderlich. Die Prüfung dieser Voraussetzungen erfolgt nach ertragsteuerlichen Grundsätzen. Die Rückausnahme gilt nur, soweit die Betriebsgesellschaft das Grundstück unmittelbar nutzt. Eine Weiterüberlassung des Grundstücks durch die Betriebsgesellschaft an einen Dritten führt hingegen (wieder) zu Verwaltungsvermögen.

437a

Überlasst der Gesellschafter der Personengesellschaft ein ihm gehörendes Grundstück zur Nutzung, handelt es sich dabei grundsätzlich um *Sonderbetriebsvermögen*. Folglich stellt das Grundstück kein Verwaltungsvermögen dar. Dies gilt jedoch nur, soweit das Grundstücken nicht an Dritte überlassen wird. Der Ausschluss der Zuordnung zum Verwaltungsvermögen setzt sowohl im Falle der Betriebsaufspaltung als auch beim Sonderbetriebsvermögen voraus, dass die jeweilige Rechtsstellung auf den Erwerber übergeht (R E 13b.10 Abs. 3 ErbStR).

438 b) Betriebsverpachtung im Ganzen

Zu dem Katalog der *Rückausnahmen* vom Verwaltungsvermögensbegriff zählen auch Grundstücke, welche im Rahmen einer *Betriebsverpachtung im Ganzen* überlassen werden. Die erbschaftsteuerliche Behandlung der Betriebsverpachtung im Ganzen in § 13b Abs. 2 Satz 2 Nr. 1 Buchst. b ErbStG a. F. orientiert sich an der ertragsteuerlichen Regelung. Unter der Voraussetzung, dass bei der Betriebsverpachtung *ertragsteuerlich Gewinneinkünfte* nach § 2 Abs. 1 Nr. 2 und 3 i.V. mit Abs. 2 Nr. 1 EStG vorliegen, handelt es sich auch *erbschaftsteuerrechtlich dem Grunde nach um begünstigungsfähiges Betriebsvermögen* oder land- und forstwirtschaftliches Vermögen (§ 13b Abs. 1 Nr. 1 und 2 ErbStG a. F.). Folglich wird auch bei der Prüfung der Verwaltungsvermögensgrenze der ertragsteuerlichen Behandlung der Betriebsverpachtung gefolgt.

439

Der Gesetzgeber lässt allerdings *nicht allein die ertragsteuerlichen Voraussetzungen* einer Betriebsverpachtung im Ganzen gelten. Vielmehr formuliert er – dem Gesetzesziel einer erbschaftsteuerlichen Verschonung der eigentlichen Unternehmensnachfolge Rechnung tragend – *zusätzliche Kriterien* für eine Begünstigung. Demnach soll die Betriebsverpachtung im Ganzen bei der Prüfung der Verwaltungsvermögensgrenze nur dann als steuerunschädlich behandelt werden, wenn

▶ der Verpächter des Betriebs im Zusammenhang mit einer unbefristeten Verpachtung den Pächter durch eine *letztwillige Verfügung oder eine rechtsgeschäftliche Verfügung als Erben eingesetzt* hat (§ 13b Abs. 2 Satz 2 Nr. 1 Buchst. b Doppelbuchst. aa ErbStG a. F.) oder

▶ die *Verpachtung an einen Dritten* erfolgt, weil der *Beschenkte* im Zeitpunkt der Steuerentstehung den *Betrieb noch nicht führen kann* (weil ihm z. B. die dazu erforderliche Qualifikation zunächst noch fehlt), und die *Verpachtung auf höchstens zehn Jahre befristet* ist. Hat der Beschenkte das 18. Lebensjahr noch nicht vollendet, beginnt die Frist mit der Vollendung des 18. Lebensjahres (§ 13b Abs. 2 Satz 2 Nr. 1 Buchst. b Doppelbuchst. bb ErbStG a. F.). Mithin darf die Verpachtung nicht über den Zeitpunkt hinausgehen, in dem der *Beschenkte das 28. Lebensjahr vollendet*, wenn die Schenkung an ein *minderjähriges Kind* erfolgt.

In beiden Fällen ist *stets Voraussetzung*, dass der *Verpächter Gewinneinkünfte* nach § 2 Abs. 1 Nr. 2 und 3 i. V. mit Abs. 2 Nr. 1 EStG *erzielt*.

Hat der verpachtete Betrieb *bereits in der Zeit vor der Verpachtung nicht* die *Voraussetzungen* für die erbschaftsteuerrechtliche Begünstigung *erfüllt*, wird hingegen die Nutzungsüberlassung von Grundstücken im Rahmen der Verpachtung eines Betriebs im Ganzen dem *schädlichen Verwaltungsvermögen* zugerechnet. Mit dieser Regelung will der Gesetzgeber *vermeiden*, dass ein in der aktiven Zeit nicht begünstigtes Unternehmen – z. B. Grundstücksvermietung – mittels Betriebsverpachtung in begünstigtes Vermögen *umqualifiziert* wird. Desgleichen besteht *keine Rückausnahme* vom Verwaltungsvermögensbegriff für *verpachtete Betriebe*, deren *Hauptzweck* in der *Überlassung von Grundstücken, Grundstücksteilen, grundstücksgleichen Rechten und Bauten an Dritte zur Nutzung* besteht, soweit kein Fall >des § 13b Abs. 2 Satz 2 Nr. 1 Buchst. d ErbStG a. F. vorliegt (vgl. dazu Tz. 443). Für die Betriebsverpachtung im Ganzen bei einem Betrieb der Land- und Forstwirtschaft greift die Rückausnahme nach § 13b Abs. 2 Satz 2 Nr. 1 Buchst. e ErbStG a. F. (vgl. Tz. 444). 440

c) Konzernklausel 441

In § 13b Abs. 2 Satz 2 Nr. 1 Buchst. c ErbStG a. F. ist eine weitere *Rückausnahme* vom Verwaltungsvermögensbegriff in Gestalt einer sog. *Konzernklausel* normiert worden. Demnach ist eine *steuerschädliche Nutzungsüberlassung* an Dritte *nicht anzunehmen*, wenn sowohl der überlassende Betrieb als auch der nutzende Betrieb zu einem *Konzern im Sinne des § 4h EStG (sog. Zinsschrankenregelung)* gehören und soweit keine Nutzungsüberlassung an einen weiteren Dritten erfolgt.

Mit dieser Rückausnahme will der Gesetzgeber vermeiden, dass die Widmung von Grundstücken, Grundstücksteilen usw. für betriebliche „produktive" Zwecke des Unternehmens als steuerschädliches Verwaltungsvermögen qualifiziert wird. Diese Rechtsfolge hätte wegen der Prüfung der 50 %-Grenze für Verwaltungsvermögen auf jeder einzelnen Beteiligungsebene im Konzern durch eine ungünstige Verteilung – z. B. *Bündelung der konzerneigenen Grundstücke* in einer Gesellschaft, die diese an andere Konzerngesellschaften zur Nutzung überlässt – eintreten können, obwohl es sich dem Grunde nach um begünstigungswürdiges Vermögen handelt. Mit der Rückausnahme trägt der Normgeber dem Umstand Rechnung, dass die Überlassung von Wirtschaftsgütern im Konzern als solche nicht geeignet ist, diese Wirtschaftsgüter generell als steuerschädliches, d. h. unproduktives Verwaltungsvermögen zu qualifizieren. Vielmehr dienen diese Grundstücke *operativen* (produktiven), d. h. *begünstigungswerten Zwecken*. 442

443 **d) Wohnungsunternehmen**

Zugunsten von größeren *Wohnungsunternehmen* wurde in § 13b Abs. 2 Satz 2 Nr. 1 Buchst. d ErbStG a. F. eine weitere *Rückausnahme* vom Begriff des Verwaltungsvermögens verankert. Danach ist eine – im Ergebnis steuerschädliche – Nutzungsüberlassung an Dritte nicht anzunehmen, wenn die überlassenen Grundstücke usw. zum *Betriebsvermögen*, zum *gesamthänderisch gebundenen Betriebsvermögen einer Personengesellschaft* oder zum *Vermögen einer Kapitalgesellschaft* gehören und der *Hauptzweck* des Betriebs in der *Vermietung von Wohnungen* im Sinne des § 181 Abs. 9 BewG besteht, dessen Erfüllung einen *wirtschaftlichen Geschäftsbetrieb* (§ 14 AO) erfordert. Vom Vorliegen eines wirtschaftlichen Geschäftsbetriebs ist regelmäßig auszugehen, wenn das Unternehmen mehr als 300 eigene Wohnungen hält (R E 13b.13 Abs. 3 Satz 2 ErbStR).

444 **e) Land- und forstwirtschaftliche Grundstücke bei Verpachtung**

Werden aus dem begünstigten land- und forstwirtschaftlichen Vermögen heraus Grundstücke an einen Dritten überlassen und nutzt dieser die Grundstücke zu land- und forstwirtschaftlichen Zwecken, führt die Nutzungsüberlassung nicht zu Verwaltungsvermögen (§ 13b Abs. 2 Satz 2 Nr. 1 Buchst. e ErbStG a. F.). Dies gilt auf Grund der bewertungsrechtlichen Abgrenzung auch dann, wenn sämtliche Grundstücke des begünstigten Vermögens im Rahmen einer Betriebsverpachtung im Ganzen zur Nutzung überlassen werden.

445 ## 2. Anteile an Kapitalgesellschaften bei Beteiligung von nicht mehr als 25 %

Nach § 13b Abs. 2 Satz 2 Nr. 2 ErbStG a. F. gehören zum Verwaltungsvermögen Anteile an Kapitalgesellschaften, wenn die unmittelbare Beteiligung am Nennkapital dieser Gesellschaften 25 % oder weniger beträgt und sie nicht dem Hauptzweck des Gewerbebetriebes eines Kreditinstitutes oder eines Finanzdienstleistungsinstitutes im Sinne des § 1 Abs. 1 und 1a des Kreditwesengesetzes in der Fassung der Bekanntmachung vom 9. September 1998 (BGBl I S. 2776), zuletzt geändert durch Artikel 24 des Gesetzes vom 23. Oktober 2008 (BGBl I S. 2026), oder eines Versicherungsunternehmens, das der Aufsicht nach § 1 Abs. 1 Nr. 1 des Versicherungsaufsichtsgesetzes in der Fassung der Bekanntmachung vom 17. Dezember 1992 (BGBl 1993 I S. 2), zuletzt geändert durch Artikel 4 und Artikel 6 Abs. 2 des Gesetzes vom 17. Oktober 2008 (BGBl I S. 1982) unterliegt, zuzurechnen sind. Ob diese Grenze unterschritten wird, ist nach der Summe der dem Betrieb unmittelbar zuzurechnenden Anteile und der Anteile weiterer Gesellschafter zu bestimmen, wenn die Gesellschafter untereinander verpflichtet sind, über die Anteile nur einheitlich zu verfügen oder sie ausschließlich auf andere derselben Verpflichtung unterliegende Anteilseigner zu übertragen und sie das Stimmrecht gegenüber nicht gebundenen Gesellschaftern nur einheitlich ausüben dürfen (Poolvereinbarung, vgl. Tz. 431).

445a Gehören Anteile teilweise zum Gesamthandsvermögen und teilweise zum Sonderbetriebsvermögen einer Personengesellschaft, sind die obigen Beteiligungsgrenzen sowohl für das Gesamthandsvermögen als auch für jedes Sonderbetriebsvermögen *getrennt zu prüfen* (R E 13b.15 Abs. 2 Satz 2 ErbStR; vgl. nachfolgendes Beispiel). Bei mehrstufigen Beteiligungen ist die Mindestbeteiligungsquote von mehr als 25 % auf jeder Beteiligungsebene zu prüfen.

> **BEISPIEL:** Die X-GmbH & Co. KG ist zu 22 % an der Y-GmbH beteiligt. Im Eigentum des X, der Gesellschafter der Personengesellschaft ist, befinden sich weitere 15 %. X hat seine Beteiligung im Sonderbetriebsvermögen der X-GmbH & Co. KG ausgewiesen. X überträgt seine Beteiligung an der X-GmbH & Co. KG sowie sein Sonderbetriebsvermögen am 4.6.2016 auf seine Tochter T.
>
> Die X-GmbH & Co. KG ist an der Y-GmbH zu 22 % unmittelbar beteiligt, über die Beteiligung des X (Sonderbetriebsvermögen) zusätzlich in Höhe von 15 %. Für die Annahme von Verwaltungsvermögen ist nur auf das unmittelbare Beteiligungsverhältnis abzustellen. Folglich ist sowohl die Beteiligung an der X-GmbH & Co. KG als auch die Beteiligung des X an der Y-GmbH als nicht begünstigtes Vermögen einzustufen, da das jeweilige unmittelbare Beteiligungsverhältnis nicht mehr als 25 % beträgt.

3. Beteiligungen an Personengesellschaften und Anteile an Kapitalgesellschaften von mehr als 25 %

446

Nach § 13b Abs. 2 Satz 2 Nr. 3 ErbStG a. F. gehören zum Verwaltungsvermögen *Beteiligungen an Gesellschaften im Sinne des § 15 Abs. 1 Satz 1 Nr. 2 und Abs. 3 oder § 18 Abs. 4 EStG* und an entsprechenden Gesellschaften im Ausland sowie Anteile an Kapitalgesellschaften, die nicht unter obige Nummer 2 fallen (Tz. 445), wenn bei diesen Gesellschaften das Verwaltungsvermögen mehr als 50 % beträgt. Mithin soll *unabhängig von der Beteiligungshöhe* das der Beteiligungsgesellschaft gehörende Unternehmensvermögen dem steuerschädlichen Verwaltungsvermögen zuzuordnen sein, wenn dieses Vermögen in der Beteiligungsgesellschaft die Quote von 50 % übersteigt. Es ist zu beachten, dass auch in Fällen der Optionsverschonung nach § 13a Abs. 8 ErbStG a. F. an dieser Stelle die Grenze von 50 % maßgebend bleibt (R E 13b.16 Abs. 2 ErbStR). Diese gesetzliche Vorgabe führt bei *Holdingstrukturen* zu einer *komplexen Stufenprüfung*.

4. Wertpapiere und vergleichbare Forderungen

447

Nach § 13b Abs. 2 Satz 2 Nr. 4 ErbStG a. F. gehören zum Verwaltungsvermögen *Wertpapiere sowie vergleichbare Forderungen,* die *nicht* dem *Hauptzweck des Gewerbebetriebes* eines *Kreditinstitutes* oder eines *Finanzdienstleistungsinstitutes* im Sinne des § 1 Abs. 1 und 1a des Kreditwesengesetzes in der Fassung der Bekanntmachung vom 9. September 1998 (BGBl I S. 2776), zuletzt geändert durch Artikel 24 des Gesetzes vom 23. Oktober 2008 (BGBl I S. 2026), oder eines *Versicherungsunternehmens,* das der Aufsicht nach § 1 Abs. 1 Nr. 1 des Versicherungsaufsichtsgesetzes in der Fassung der Bekanntmachung vom 17. Dezember 1992 (BGBl 1993 I S. 2), zuletzt geändert durch Artikel 4 und Artikel 6 Abs. 2 des Gesetzes vom 17. Oktober 2008 (BGBl I S. 1982) unterliegt, zuzurechnen sind.

Wertpapiere sind ausschließlich auf dem Markt gehandelte Wertpapiere im Sinne von § 2 Wertpapierhandelsgesetz (WpHG). Der Begriff umfasst auch Aktien. Diese sind aber bereits in § 13b Abs. 2 Satz 2 Nr. 2 oder Nr. 3 ErbStG a. F. als Anteile an Kapitalgesell-

448

schaften erfasst. Mithin fallen Anteile an Kapitalgesellschaften nicht unter die Vorschrift des § 13b Abs. 2 Satz 2 Nr. 4 ErbStG a. F.

449 Vergleichbare Forderungen sind solche, über die keine Urkunden ausgegeben wurden, die nach § 2 Abs. 1 WpHG aber als Wertpapiere gelten (R E 13b.17 Abs. 1 Satz 3 ErbStR). Nach H E 13b.17 ErbStH rechnen zu den Wertpapieren oder den vergleichbaren Forderungen Pfandbriefe, Schuldbuchforderungen, Geldmarktfonds und Festgeldfonds, nicht jedoch z. B. Sichteinlagen, Sparanlagen, Festgeldkonten, Forderungen aus Lieferungen und Leistungen und Forderungen an verbundene Unternehmen (vgl. dazu auch Tz 449a).

449a **5. Finanzmittel**

Die Vorschrift des § 13b Abs. 2 Satz 2 ErbStG a. F. wurde durch das AmtshilfeRLUmsG vom 6. 6. 2013 um eine Nr. 4a erweitert. Danach gehören Zahlungsmittel, Geschäftsguthaben, Geldforderungen und andere Forderungen zum Verwaltungsvermögen, soweit der gemeine Wert ihres Bestands nach Abzug des gemeinen Werts der Schulden 20 % des anzusetzenden Werts des Betriebsvermögens des Betriebs oder der Gesellschaft übersteigt. Die Gesetzesänderung bezweckt die Einschränkung von Gestaltungsmöglichkeiten, die bis dato darin bestanden, privates Finanzvermögen in sog. Cash-Gesellschaften zu verlagern, um dadurch in den Genuss der Steuerbefreiung zu kommen.

449b Zu den Finanzmitteln i. S. dieser Vorschrift zählen beispielsweise:
- Geld,
- Sichteinlagen,
- Sparanlagen,
- Festgeldkonten,
- Forderungen aus Lieferungen und Leistungen,
- Forderungen an verbundene Unternehmen,
- Ansprüche aus Rückdeckungsversicherungen,
- Forderungen im Sonderbetriebsvermögen eines Gesellschafters einer Personengesellschaft, insbesondere Forderungen des Gesellschafters gegen die Personengesellschaft,
- Forderungen von Personen- oder Kapitalgesellschaften gegen ihre Gesellschafter sowie
- sonstige auf Geld gerichtete Forderungen aller Art, soweit sie nicht bereits § 13b Abs. 2 Satz 2 Nr. 4 ErbStG a. F. (Wertpapiere und vergleichbare Forderungen, vgl. Tz. 447 ff.) zuzuordnen sind. Zu den sonstigen auf Geld gerichteten Forderungen aller Art zählen insbesondere geleistete Anzahlungen, Steuerforderungen sowie Forderungen aus stillen Beteiligungen.

449c Der gemeine Wert des betrieblichen Bestands an Finanzmitteln wird um den gemeinen Wert der abzugsfähigen Schulden gemindert. Zu den abzugsfähigen Schulden zählen:
- alle Schulden, die bei der ertragsteuerlichen Gewinnermittlung zum Betriebsvermögen gehören,

- Rückstellungen, auch wenn für sie ein steuerliches Passivierungsverbot besteht (z. B. Drohverlustrückstellungen, Pensionsrückstellungen) sowie
- Darlehenskonten der Gesellschafter, soweit sie ertragsteuerrechtlich als Fremdkapital zu qualifizieren sind.

Nicht zu den abzugsfähigen Schulden zählen sonstige Abzüge (Rechnungsabgrenzungsposten) sowie Rücklagen (z. B. nach § 6b EStG; vgl. § 103 Abs. 3 BewG).

Ergibt sich nach Minderung der Finanzmittel um die abzugsfähigen Schulden ein positiver Saldo, bleibt davon ein Sockelbetrag in Höhe von 20 % des anzusetzenden gemeinen Werts des Betriebsvermögens des Betriebs oder der Gesellschaft von der Zurechnung zum Verwaltungsvermögen ausgenommen (Freibetrag). Der Wert des Betriebsvermögens entspricht dem Wert, der nach § 11 BewG festgestellt wird. Dieser kann z. B. durch das vereinfachte Ertragswertverfahren, durch Gutachtenwert oder durch Ansatz des Substanzwerts ermittelt werden (vgl. dazu auch Tz. 314 ff.). Der den Sockelbetrag übersteigende Wert zählt gemäß § 13b Abs. 2 Satz 2 Nr. 4a ErbStG zum Verwaltungsvermögen. 449d

BEISPIEL Der nach dem vereinfachten Ertragswertverfahren ermittelte maßgebende gemeine Wert eines Einzelunternehmens beträgt am Bewertungsstichtag 1 500 000 €. Das Unternehmen verfügt über Finanzmittel in Höhe von 550 000 € sowie über Schulden in Höhe von 150 000 €.

Es ergibt sich folgendes Verwaltungsvermögen aus Finanzmittel i. S. des § 13b Abs. 2 Satz 2 Nr. 4a ErbStG a. F.:

Finanzmittel:	550 000 €
Schulden:	./. 150 000 €
Summe	= 400 000 €
20 % Freibetrag (20 % v. 1 500 000 €)	./. 300 000 €
Verwaltungsvermögen aus Finanzmittel	100 000 €

6. Sammlungen und sonstige nicht begünstigte Vermögensgegenstände

Nach § 13b Abs. 2 Satz 2 Nr. 5 ErbStG a. F. gehören zum Verwaltungsvermögen *Kunstgegenstände, Kunstsammlungen, wissenschaftliche Sammlungen, Bibliotheken und Archive, Münzen, Edelmetalle und Edelsteine*, wenn der Handel mit diesen Gegenständen oder deren Verarbeitung *nicht* der *Hauptzweck des Gewerbebetriebs ist*. Wenn die vorgenannten Gegenstände im Rahmen eines Gewerbebetriebs gehandelt oder verarbeitet werden, liegt mithin kein steuerschädliches Verwaltungsvermögen vor. Zu denken ist hier an einen Kunsthändler, der Kunstgegenstände vertreibt sowie an Juweliere, die Edelmetalle zu Schmuckstücken verarbeiten, um diese dann zu verkaufen. Bei *Herstellern* solcher Gegenstände liegt ebenfalls *kein Verwaltungsvermögen* vor. 450

7. Junges Verwaltungsvermögen

451 Überschreitet das Verwaltungsvermögen im Sinne des § 13b Abs. 2 Satz 2 ErbStG a. F. die 50 %-Grenze (bzw. bei der Optionsverschonung die 10 %-Grenze) nicht, so ist es dennoch insoweit nicht begünstigt, als es am Besteuerungsstichtag nicht mindestens zwei Jahre dem Betrieb zuzurechnen war – sog. junges Verwaltungsvermögen. Hierzu gehört nicht nur innerhalb des Zweijahreszeitraums eingelegtes Verwaltungsvermögen, sondern auch Verwaltungsvermögen, das innerhalb dieses Zeitraums aus betrieblichen Mitteln angeschafft oder hergestellt worden ist. Bei Zahlungsmitteln, Geschäftsguthaben, Geldforderungen und anderen Forderungen i. S. des § 13b Abs. 2 Satz 2 Nr. 4a ErbStG a. F. (vgl. Tz. 449a ff.) ergibt sich die Zurechnung zum jungen Verwaltungsvermögen aus dem positiven Saldo der in den letzten zwei Jahren vor dem Besteuerungsstichtag eingelegten und der entnommenen Finanzmittel. Im Ergebnis unterliegen die Wirtschaftsgüter des jungen Verwaltungsvermögens stets der vollen Besteuerung.

451a Mit der Regelung des § 13b Abs. 2 Satz 3 ErbStG a. F. will der Gesetzgeber vermeiden, dass kurzfristig vor einer Schenkung das Betriebsvermögen bis zur 50 %-Grenze mit Verwaltungsvermögen „aufgefüllt" wird. Kommt es dennoch zu dieser „Auffüllung", entfällt die Vergünstigung nicht vollumfänglich, sondern nur hinsichtlich des innerhalb der letzten zwei Jahre vor dem Besteuerungsstichtag eingebrachten oder erworbenen *jungen Verwaltungsvermögens*. Der gemeine Wert des jungen Verwaltungsvermögens wird bei erbschaftsteuerlicher Relevanz vom Betriebsfinanzamt gesondert festgestellt (§ 13b Abs. 2a ErbStG a. F.).

452 Überschreitet das Verwaltungsvermögen einschließlich des jungen Verwaltungsvermögens insgesamt nicht den Anteil von 50 % (bei Regelverschonung bzw. 10 % bei der Optionsverschonung) am gemeinen Wert des Betriebs, liegt nur hinsichtlich des jungen Verwaltungsvermögens kein begünstigtes Vermögen vor. Überschreitet hingegen das Verwaltungsvermögen einschließlich des jungen Verwaltungsvermögens insgesamt den Anteil von 50 % (bzw. von 10 % bei der Optionsverschonung) am gemeinen Wert des Betriebs, liegt insgesamt kein begünstigtes Vermögen vor (R E 13b.19 Abs. 2 ErbStR).

> **BEISPIEL:** Der Unternehmenswert eines Einzelunternehmens beträgt nach dem vereinfachten Ertragswertverfahren (§§ 199 ff. BewG) 1 500 000 €. Im Betriebsvermögen befindet sich auch ein an Dritte vermietetes Grundstück. Das Grundstück wurde ein Jahr vor dem Besteuerungsstichtag erworben (Grundbesitzwert 200 000 €). Die Verwaltungsvermögensquote des Einzelunternehmens beträgt 45 %.
>
> Für das Einzelunternehmen kommt die Regelverschonung in Betracht, da die Verwaltungsvermögensquote nicht mehr als 50 % beträgt. Allerdings ist das Grundstück, das ein Jahr vor dem Besteuerungsstichtag erworben wurde, dem jungen Verwaltungsvermögen i. S. des § 13b Abs. 2 Satz 3 ErbStG zuzurechnen, so dass insoweit keine Begünstigung in Betracht kommt. Es ergibt sich folgende Begünstigung für das Einzelunternehmen:

Betriebsvermögen	1 500 000 €	
abzügl. junges Verwaltungsvermögen (Grundstück)	./. 200 000 €	200 000 €
begünstigtes Betriebsvermögen	1 300 000 €	
Verschonungsabschlag (Regelverschonung, 85 %)	./. 1 105 000 €	
Verbleiben	195 000 €	
gleitender Abzugsbetrag max.	150 000 €	
Verbleibender Wert (15 %, s. o.)	195 000 €	
gleitender Abzugsbetrag	./. 150 000 €	
Unterschiedsbetrag	45 000 €	
davon 50 %	→ ./. 22 500 €	
Verbleibender Abzugsbetrag	→ ./. 127 500 €	
verbleibendes steuerpfl. begünstigtes Betriebsvermögen	→	67 500 €
Steuerpflichtiges Betriebsvermögen gesamt		267 500 €

Das junge Verwaltungsvermögen einer *nachgelagerten Beteiligungsstufe* ist als "normales" Verwaltungsvermögen bei der die Beteiligung bzw. Anteile haltenden Gesellschaft anzusetzen. Dabei war nach früherer Rechtslage der Wert des jungen Verwaltungsvermögens stets auf den Wert der Beteiligung bzw. der Anteile begrenzt (R E 13b.19 Abs. 4 Satz 3 ErbStR). Aufgrund der Änderung des § 13b Abs. 2 Satz 7 ErbStG a. F. durch das AmtshilfeRLUmsG gilt für Besteuerungsstichtage nach dem 6. 6. 2013, dass soweit zum Vermögen einer Kapitalgesellschaft Wirtschaftsgüter gehören, die als junges Verwaltungsvermögen nicht in das begünstigte Vermögen einzubeziehen sind, der Teil des Anteilswerts nicht begünstigt ist, der dem Verhältnis der Summe der Werte dieser Wirtschaftsgüter zum gemeinen Wert des Betriebs der Kapitalgesellschaft entspricht. Dabei erfolgt bei der rechnerischen Ermittlung der Quote des Verwaltungsvermögens keine Beschränkung auf den Wert des Anteils, so dass die bisherige Begrenzung auf den Wert der Beteiligung der Untergesellschaft entfallen ist. Mit der Neuregelung sind insoweit die in R E 13b.19 Abs. 4 Satz 3 ErbStR getroffenen Regelungen überholt. Neben der (anteiligen) Berücksichtigung des jungen Verwaltungsvermögens der nachgeordneten Kapitalgesellschaft kann auch die Beteiligung selbst zusätzliches Verwaltungsvermögen i. S. des § 13b Abs. 2 Satz 2 Nr. 2 oder Nr. 3 ErbStG a. F. darstellen. Die Regelung ist aufgrund der gesetzlichen Formulierung allerdings nur auf Kapitalgesellschaften beschränkt.

452a

8. Bestimmung der Verwaltungsvermögensquote

Die Vorschrift des § 13b Abs. 1 ErbStG a. F. zählt das begünstigte Vermögen vorbehaltlich der Prüfung des Verwaltungsvermögens und der Verwaltungsvermögensquote auf. Nach § 13b Abs. 2 ErbStG a. F. bleiben *vom Verschonungsinstrumentarium ausgenommen* Betriebe der Land- und Forstwirtschaft und Gewerbebetriebe (Betriebsvermögen) sowie Anteile an Kapitalgesellschaften, wenn das Betriebsvermögen dieser Betriebe

453

oder das Betriebsvermögen dieser Gesellschaften bei der Regelverschonung jeweils zu *mehr als 50 % aus Verwaltungsvermögen* besteht. Mit Betriebsvermögen nach der Diktion des Gesetzes ist allerdings nicht das Betriebsvermögen im steuerbilanziellen Sinne gemeint, sondern der *Unternehmenswert* (z. B. ermittelt nach dem vereinfachten Ertragswertverfahren der §§ 199 ff. BewG). Ist mithin die Summe der gemeinen Werte des Verwaltungsvermögens höher als 50 % des gemeinen Werts des Betriebs, ist die 50 %-Grenze des § 13b Abs. 2 Satz 1 ErbStG a. F. überschritten, mit der Folge, dass die Verschonung vollständig, d. h. auch für den operativen Teil des Unternehmens, entfällt – *Infektionswirkung*. Beträgt die Verwaltungsvermögensquote bei der Regelverschonung hingegen 50 % oder weniger, profitiert das ganze Unternehmen von der steuerlichen Verschonung: Hier „infiziert" das „gute" operative Vermögen das „schlechte" Verwaltungsvermögen in Richtung einer Totalbegünstigung. Bei der Optionsverschonung i. S. des § 13a Abs. 8 ErbStG a. F. darf die Verwaltungsvermögensquote nicht mehr als 10 % betragen.

453a Die Verwaltungsvermögensquote bestimmt sich bei einem Einzelunternehmen, einer Beteiligung an einer Personengesellschaft und bei Anteilen an einer Kapitalgesellschaft (> 25 %) nach dem Verhältnis der insgesamt positiven Summe der gemeinen Werte der Einzelwirtschaftsgüter des Verwaltungsvermögens zum gemeinen Wert des Betriebs bzw. der Kapitalgesellschaft. Dabei werden Vermögensgegenstände des Verwaltungsvermögens, für die der gemeine Wert nach § 151 Abs. 1 Satz 1 Nr. 1 bis 4 BewG festzustellen ist, mit dem festgestellten Wert angesetzt (z. B. Grundstücke mit dem Grundbesitzwert). Die Quote des Verwaltungsvermögens ist für jede wirtschaftliche Einheit gesondert zu ermitteln. Das gilt auch für mehrstufige Beteiligungsverhältnisse.

BEISPIEL:

Bewertungsansatz Gewerbebetrieb (Ertragswert)		18,0 Mio. €
davon entfallen auf ein an Dritte vermietetes Betriebsgrundstück (Bewertungsansatz: festgestellter Grundbesitzwert)		6,0 Mio. €
Börsennotierte Streubesitzanteile (Bewertungsansatz: Kurswert)		1,2 Mio. €
Nicht notierter GmbH-Anteil im Streubesitz (Bewertungsansatz: festgestellter Ertragswert)		2,8 Mio. €
Kunstsammlung (Bewertungsansatz: gemeiner Wert)		2,0 Mio. €
Summe Verwaltungsvermögen		12,0 Mio. €
Anteil Verwaltungsvermögen am Betriebsvermögen ins.	12,0 €	/ 18,0 Mio. € = 66,7 %

Das Verwaltungsvermögen *überschreitet* die 50 %-Grenze, so dass das *gesamte Betriebsvermögen nicht begünstigt* ist.

454 Bei *Bestimmung der Verwaltungsvermögensquote* werden *Schulden* des Unternehmens, die in wirtschaftlichem Zusammenhang mit diesem Verwaltungsvermögen stehen, *nicht berücksichtigt*. Im Ergebnis wird damit der *Bruttowert des Verwaltungsvermögens* mit dem *Nettowert des Betriebs* (Ertragswert oder Substanzwert des Unternehmens) verglichen. Dies kann sich insbesondere bei ertragsschwachen Unternehmen und/oder solchen mit hoher Fremdfinanzierungsquote nachteilig auswirken und zu der *paradoxen Situation* führen, dass der Erwerber ein Interesse, daran hat, den *Unternehmenswert höher anzusetzen*.

XI. Verschonungsregelung bei Weitergabe des begünstigten Vermögens

Überträgt ein Erbe begünstigtes Vermögen aufgrund einer Teilungsanordnung oder aufgrund einer freien Erbauseinandersetzung auf einen Dritten (Miterbe), muss dieser Dritte den Fortbestand des Betriebs gewährleisten. Diesem Umstand Rechnung tragend soll der Dritte, der für den Erwerb des begünstigten Vermögens *anderes aus demselben Nachlass stammendes Vermögen* hingibt, nach dem Willen des Gesetzgebers so gestellt werden, als habe er *von Anfang an* begünstigtes Betriebsvermögen erhalten. Die Vorschrift des § 13b Abs. 3 ErbStG a. F. sorgt dafür, dass derjenige, der die Unternehmensfortführung tatsächlich gewährleistet, und nicht derjenige, der aufgrund zivilrechtlicher *Universalsukzession* zunächst Eigentümer oder Miteigentümer geworden ist, entlastet werden soll (vgl. dazu auch Tz 412 ff.).

455

XII. Steuerbefreiungen für Betriebsvermögen und anderes Schonvermögen ab 1. 7. 2016

1. Steuerbefreiungen für Erwerbe von begünstigtem Vermögen bis 26 Mio. €

Nach der ErbSt-Reform 2016 gelten die bisherigen Steuerbefreiungen für Erwerbe begünstigten Vermögens bis 26 Mio. € unverändert fort (vgl. dazu Tz 400 ff.). Somit kann zum einen die Regelverschonung und zum anderen – auf Antrag – die Optionsverschonung für das begünstigte Vermögen in Betracht kommen. Dabei ist jedoch zu beachten, dass das nach § 13b Abs. 1 ErbStG begünstigungsfähige Vermögen nur noch begünstigt ist, soweit der gemeiner Wert den Nettowert des Verwaltungsvermögens übersteigt (§ 13b Abs. 2 ErbStG; vgl. dazu Tz 486).

456

a) Regelverschonung

457

Bei der Regelverschonung bleiben wie im bisherigen Recht 85 % des nach § 13b Abs. 2 ErbStG begünstigten Vermögens steuerfrei, d. h. insoweit greift ein 85 %-iger Verschonungsabschlag gemäß § 13a Abs. 1 Satz 1 ErbStG. Daneben kommt der sog. gleitende Abzugsbetrag nach § 13a Abs. 2 ErbStG in Höhe von maximal 150 000 € in Betracht. Im Zuge der letztgenannten Regelung bleibt der nach Anwendung des 85 %-igen Verschonungsabschlags verbleibende Teil des begünstigten Vermögens (15 %) außer Ansatz, soweit der Wert dieses Vermögens insgesamt 150 000 € nicht übersteigt. Somit beträgt die Steuerbefreiung im Rahmen der Regelverschonung bei einem begünstigten Vermögen bis 1 Mio. € insgesamt 100 %. Der Abzugsbetrag von 150 000 € verringert sich gemäß § 13a Abs. 2 Satz 2 ErbStG, soweit der Wert dieses Vermögens insgesamt die Wertgrenze von 150 000 € übersteigt, um 50 % des diese Wertgrenze übersteigenden Betrags. Folglich verringert sich der Abzugsbetrag in dem Korridor zwischen 1 000 001 € bis 2 999 999 € immer mehr. Bei einem begünstigten Vermögen von 3 Mio. € und mehr entfällt der Abzugsbetrag vollständig. Vgl. dazu auch das Beispiel unter Tz 405. Innerhalb von 10 Jahren kann für von derselben Person anfallende Erwerbe begünstigten Vermögens der gleitende Abzugsbetrag gemäß § 13a Abs. 2 Satz 3 ErbStG nur einmal in Anspruch genommen werden.

Die Regelverschonung ist an die Voraussetzung geknüpft, dass die Lohnsummenregelung eingehalten wird (vgl. dazu Tz 477 ff.). Zudem muss der Betrieb bzw. die Gesellschaft mindestens fünf Jahre fortgeführt werden und die Summe der bis zum Ende des letzten in die Fünfjahresfrist fallenden Wirtschaftsjahres getätigten Entnahmen darf die Summe der Einlagen und Gewinne bzw. Gewinnanteile dieses Zeitraums nicht um mehr als 150 000 € übersteigen (Überentnahmen; vgl. dazu Tz 460).

458 **b) Optionsverschonung**

Die Optionsverschonung wird gemäß § 13a Abs. 10 ErbStG nur auf unwiderruflichen schriftlichen Antrag des Steuerpflichtigen gewährt. Dabei kann der Antrag bis zur materiellen Bestandskraft der Erbschaft- und Schenkungsteuerfestsetzung gestellt werden (R E 13a.13 Abs. 2 ErbStR). Wird die Optionsverschonung gewährt, bleibt das nach § 13b ErbStG begünstigten Vermögens aufgrund des 100 %-igen Verschonungsabschlags vollständig steuerfrei (§ 13a Abs. 10 Nr. 1 ErbStG).

Voraussetzung für die Optionsverschonung ist gemäß § 13a Abs. 10 Satz 2 ErbStG, dass das begünstigungsfähige Vermögen nach § 13b Abs. 1 ErbStG nicht zu mehr als 20 % aus Verwaltungsvermögen i. S. des § 13b Abs. 3 und 4 ErbStG besteht. Der Anteil des Verwaltungsvermögens am gemeinen Wert des Betriebs bestimmt sich nach dem Verhältnis der Summe der gemeinen Werte der Einzelwirtschaftsgüter des Verwaltungsvermögens nach § 13b Abs. 3 und 4 ErbStG zum gemeinen Wert des Betriebs. Voraussetzung ist ferner, dass die strengere Lohnsummenregelung eingehalten (vgl. dazu Tz 477 ff.) und der Betrieb bzw. die Gesellschaft gemäß § 13a Abs. 10 Nr. 6 ErbStG mindestens sieben Jahre fortgeführt wird. Zudem dürfen in diesem Zeitraum keine Überentnahmen getätigt werden (vgl. Tz 460).

459 **c) Weitergabe des begünstigten Vermögens**

Die Ausführungen unter Tz. 412 ff. gelten entsprechend. Darüber hinaus gilt gemäß § 13a Abs. 5 Satz 3 ErbStG: Überträgt ein Erbe erworbenes begünstigtes Vermögen i. S. des § 13b Abs. 2 ErbStG im Rahmen der Teilung des Nachlasses auf einen Dritten und gibt der Dritte dabei diesem Erwerber nicht begünstigtes Vermögen hin, das er vom Erblasser erworben hat, erhöht sich insoweit der Wert des begünstigten Vermögens des Dritten um den Wert des hingegebenen Vermögens, höchstens jedoch um den Wert des übertragenen Vermögens.

460 **d) Verstoß gegen die Behaltensregelungen / Reinvestitionsklausel**

Die nunmehr im § 13a Abs. 6 ErbStG verankerten Regelungen zum Verstoß gegen die Behaltensregelungen, zum Wegfall der Begünstigungen und zur Reinvestitionsklausel entsprechen den bisherigen Regelungen des § 13a Abs. 5 ErbStG a. F. Insoweit wird auf die Ausführungen unter Tz 415 – 424 verwiesen.

e) Anzeigepflichten 461

Der Erwerber ist gemäß § 13a Abs. 7 Satz 1 ErbStG verpflichtet, dem zuständigen Erbschaftsteuerfinanzamt innerhalb einer Frist von sechs Monaten nach Ablauf der Lohnsummenfrist das Unterschreiten der Mindestlohnsumme i. S. des § 13a Abs. 3 Satz 1 ErbStG anzuzeigen. Vgl. zum Unterschreiten der Mindestlohnsumme die Ausführungen unter Tz 481. Bei einem Verstoß gegen die Behaltensregelungen nach § 13a Abs. 6 ErbStG (vgl. Tz 460) ist der Erwerber gemäß § 13a Abs. 7 Satz 2 ErbStG verpflichtet, dem zuständigen Erbschaftsteuerfinanzamt den entsprechenden Sachverhalt innerhalb einer Frist von einem Monat, nachdem der jeweilige Tatbestand verwirklicht wurde, anzuzeigen. Die Festsetzungsfrist für die Steuer endet nicht vor dem Ablauf des vierten Jahres, nachdem das zuständige Erbschaftsteuerfinanzamt von dem Unterschreiten der Mindestlohnsumme oder dem Verstoß gegen die Behaltensregelungen Kenntnis erlangt hat (§ 13a Abs. 7 Satz 3 ErbStG). Die Anzeige ist eine Steuererklärung i. S. der AO; sie ist schriftlich abzugeben. Die Anzeige hat auch dann zu erfolgen, wenn der Vorgang zu keiner Besteuerung führt, § 13a Abs. 7 Satz 4 und 5 ErbStG.

(Einstweilen frei) 462

2. Steuerbefreiungen/Steuererlass für Erwerbe von begünstigtem Vermögen über 26 Mio. €

Die oben aufgeführten Steuerbefreiungen der Regelverschonung und der Optionsverschonung gelten nach der ErbSt-Reform 2016 nur noch für Erwerbe von begünstigtem Vermögen bis 26 Mio. € (Prüfschwelle). Die Prüfschwelle in Höhe von 26 Mio. € ist von der Steuertarifnorm abgeleitet worden und folgt der Grenze, für die nach § 19 Abs. 1 ErbStG der höchste Steuersatz angewendet wird. 463

Bei mehreren Erwerben begünstigten Vermögens i. S. des § 13b Abs. 2 ErbStG von derselben Person innerhalb von zehn Jahren werden die früheren Erwerbe nach ihrem früheren Wert dem letzten Erwerb hinzugerechnet. Wird dabei die Grenze von 26 Mio. € überschritten, entfällt für die früheren Erwerbe die nach der Regel- oder Optionsverschonung gewährte Steuerbefreiung mit Wirkung für die Vergangenheit (§ 13a Abs. 1 Satz 2 und 3 ErbStG). Die Festsetzungsfrist für die Steuer der früheren Erwerbe endet nicht vor dem Ablauf des vierten Jahres, nachdem das zuständige Erbschaftsteuerfinanzamt von dem letzten Erwerb Kenntnis erlangt hat. Die vorstehende Regelung findet gemäß § 37 Abs. 12 Satz 2 ErbStG allerdings erst auf frühere Erwerbe Anwendung, für die die Steuer ab Inkrafttreten der ErbSt-Reform 2016, also ab dem 1. 7. 2016 entsteht.

a) Abschmelzender Verschonungsabschlag (§ 13c ErbStG) 464

Überschreitet der Erwerb von begünstigtem Vermögen i. S. des § 13b Abs. 2 ErbStG die Grenze von 26 Mio. €, verringert sich gemäß § 13c Abs. 1 ErbStG auf *unwiderruflichen Antrag* des Erwerbers der Verschonungsabschlag der Regelverschonung i. S. des § 13a Abs. 1 ErbStG in Höhe von 85 % oder der Optionsverschonung i. S. des § 13a Abs. 10 Nr. 1 ErbStG in Höhe von 100 % um jeweils einen Prozentpunkt für jede volle 750 000 €, die der Wert des begünstigten Vermögens den Betrag von 26 Mio. € übersteigt. In der

Folge schmilzt der Verschonungsabschlag bei der Regelverschonung ab einem Erwerb des begünstigten Vermögens von 89,75 Mio. € auf 0 % ab. Damit korrespondierend entfällt bei der Optionsverschonung ab einem Erwerb von begünstigtem Vermögen in Höhe von 90 Mio. € der Verschonungsabschlag vollständig (§ 13c Abs. 1 Satz 2 ErbStG). Der Antrag auf Anwendung des abschmelzenden Verschonungsabschlag ist gemäß § 13c Abs. 2 Satz 6 ErbStG unwiderruflich und schließt einen Antrag auf Bedürfnisprüfung nach § 28a Abs. 1 ErbStG (vgl. dazu Tz 467 ff.) für denselben Erwerb aus.

BEISPIEL: Ermittlung des abschmelzenden Verschonungsabschlags der Regelverschonung bei einem Erwerb von begünstigtem Vermögen in Höhe von 45 Mio. €:

Verschonungsabschlag der Regelverschonung nach § 13a Abs. 1 ErbStG (ungekürzt)			85 %
abzüglich Minderung des Verschonungsabschlags nach § 13c Abs. 1 ErbStG	Erwerb:	45 Mio. €	
	davon unschädlich	− 26,0 Mio. €	
	verbleiben schädlich	19 Mio. €	
		: 750.000 €	
		25,33 → volle 25	
	Kürzung:	25 x 1 % =	− 25 %
abgeschmolzener Verschonungsabschlag für den Erwerb von 45 Mio. €			60 %

Folglich sind von dem begünstigten Vermögen in Höhe von 45 Mio. € insgesamt 27 Mio. € steuerfrei (45 Mio. € x 60 %) und der Restbetrag in Höhe von 18 Mio. € ist steuerpflichtig.

Voraussetzung für den abschmelzenden Verschonungsabschlag ist gemäß § 13c Abs. 2 Satz 1 ErbStG die Einhaltung der jeweiligen Lohnsummen- und Behaltensregelungen des § 13a Abs. 3 bis 8 und 10 ErbStG.

465 Bei mehreren Erwerben begünstigten Vermögens i. S. des § 13b Abs. 2 ErbStG von derselben Person innerhalb von zehn Jahren werden zur Ermittlung des abschmelzenden Verschonungsabschlags für den letzten Erwerb die früheren Erwerbe nach ihrem früheren Wert dem letzten Erwerb hinzugerechnet (§ 13c Abs. 2 Satz 2 ff. ErbStG). Der sich nach der Zusammenrechnung ergebende (niedrigere) Verschonungsabschlag für den letzten Erwerb findet auch auf die früheren Erwerbe Anwendung, wenn die für den jeweiligen früheren Erwerb nach der Regel- oder Optionsverschonung gewährte Steuerbefreiung gemäß § 13a Abs. 1 Satz 3 ErbStG nunmehr wegfällt oder dies bei dem jeweiligen Erwerb zu einem geringeren Verschonungsabschlag führt. Die bis dahin für frühere Erwerbe gewährten Steuerbefreiungen entfallen insoweit mit Wirkung für die Vergangenheit. Die Steuerbescheide für die früheren Erwerbe sind aufgrund des rückwirkenden Ereignisses in diesen Fällen nach § 175 Abs. 1 Satz 1 Nr. 2 AO zu ändern. Dabei endet die Festsetzungsfrist für die früheren Erwerbe nicht vor Ablauf des vierten Jahres, nachdem das zuständige Erbschaftsteuerfinanzamt von dem letzten Erwerb Kenntnis erlangt hat (§ 13c Abs. 2 Satz 5 i.V. mit § 13a Abs. 1 Satz 4 ErbStG). Die Zusammenrechnung mit früheren Erwerben gilt gemäß § 37 Abs. 12 Satz 3 ErbStG nur für die Vorerwerbe, für die die Steuer nach Inkrafttreten der ErbSt-Reform 2016, also ab dem 01.07.2016 entstanden ist.

466 *(Einstweilen frei)*

b) Verschonungsbedarfsprüfung (§ 28a ErbStG)

467

Überschreitet der Erwerb von begünstigtem Vermögen i. S. des § 13b Abs. 2 ErbStG die Grenze von 26 Mio. €, wird die auf das begünstigte Vermögen entfallende Steuer auf Antrag des Erwerbers gemäß § 28a Abs. 1 Satz 1 ErbStG erlassen, soweit der Erwerber nachweist, dass er persönlich nicht in der Lage ist, die Steuer aus seinem verfügbaren Vermögen zu begleichen (Verschonungsbedarfsprüfung). Der *Antrag* auf Verschonungsbedarfsprüfung ist *widerruflich* und kann alternativ zum Antrag auf abschmelzenden Verschonungsabschlag nach § 13c ErbStG gestellt werden (vgl. dazu Tz 464 f.). Sofern aber ein (unwiderruflicher) Antrag auf abschmelzenden Verschonungsabschlag nach § 13c ErbStG gestellt wird, scheidet ein Antrag auf Verschonungsbedarfsprüfung gemäß § 28a Abs. 8 ErbStG aus.

Bei der Verschonungsbedarfsprüfung wird die Steuer auch auf das begünstigte Vermögen zunächst in vollem Umfang festgesetzt. Die auf den Erwerb des begünstigten Vermögens entfallende Steuer wird anschließend auf Antrag des Erwerbers erlassen, soweit das verfügbare Vermögen nicht zur Begleichung der Steuer ausreicht. Zum *verfügbaren Vermögen* gehören nach § 28a Abs. 2 ErbStG 50 % der Summe der gemeinen Werte des

- mit der Erbschaft oder Schenkung zugleich übergegangenen Vermögens, das nicht zum begünstigten Vermögen i. S. des § 13b Abs. 2 ErbStG gehört (vgl. dazu Tz 484 f.), sowie
- dem Erwerber im Zeitpunkt der Entstehung der Steuer gehörenden Vermögens, das im Falle eines fiktiven Übergangs nicht zum begünstigten Vermögen i. S. des § 13b Abs. 2 ErbStG gehören würde.

Verfügbares Vermögen sind z. B. Wirtschaftsgüter des Verwaltungsvermögens, nicht zum Betriebsvermögen gehörende Grundstücke, Kapitalvermögen oder auch bereits vorhandenes Vermögen des Erwerbers, das im Falle eines (fiktiven) Übergangs von Todes wegen oder durch Schenkung nicht begünstigt wäre. Maßgebend ist der Nettowert des einzubeziehenden Vermögens, d. h. gemeiner Wert abzüglich Schulden und Lasten.

Die nach Anwendung der Verschonungsbedarfsprüfung verbleibende, also nicht erlassene Steuer kann gemäß § 28a Abs. 3 ErbStG ganz oder teilweise bis zu 6 Monate *gestundet* werden, wenn die Einziehung bei Fälligkeit eine erhebliche Härte für den Erwerber bedeuten würde und der Anspruch nicht gefährdet erscheint. Eine erhebliche Härte liegt insbesondere vor, wenn der Erwerber einen Kredit aufnehmen oder verfügbares Vermögen veräußern muss, um die Steuer entrichten zu können. Die Stundung erfolgt verzinslich nach §§ 234 und 238 AO. Neben der vorbezeichneten Stundung kann auch eine Stundung nach § 222 AO oder § 28 ErbStG (vgl. Tz 599 ff.) in Betracht kommen.

468

Sofern ein Verschonungsbedarf besteht, wird die Steuer gemäß § 28a Abs. 4 ErbStG *unter der auflösenden Bedingung* erlassen, dass der Erwerber die strengeren Lohnsummen- und Behaltensregelungen der Optionsverschonung einhält. Im Einzelnen steht der Erlass der Steuer unter den auflösenden Bedingungen, dass

469

- die Summe der maßgebenden jährlichen Lohnsummen des Betriebs, bei Beteiligungen an einer Personengesellschaft oder Anteilen an einer Kapitalgesellschaft des Betriebs der jeweiligen Gesellschaft, innerhalb von sieben Jahren nach dem Erwerb

(Lohnsummenfrist) insgesamt die für die Optionsverschonung maßgebende Mindestlohnsumme nach § 13a Abs. 10 Nr. 3 bis 5 ErbStG unterschreitet. Dabei gelten den Regelungen zur Ausgangslohnsumme (§ 13a Abs. 3 Satz 2 ErbStG) sowie zur Ermittlung der Lohnsumme (§ 13a Abs. 3 Satz 6 bis 13 ErbStG) entsprechend. Unterschreitet die Summe der maßgebenden jährlichen Lohnsummen die Mindestlohnsumme, vermindert sich der nach § 28a Abs. 1 Satz 1 ErbStG gewährte Erlass der Steuer mit Wirkung für die Vergangenheit in demselben prozentualen Umfang, wie die Mindestlohnsumme unterschritten wird;

- ▶ der Erwerber innerhalb von sieben Jahren (Behaltensfrist) gegen die Behaltensbedingungen entsprechend § 13a Abs. 6 Satz 1 ErbStG verstößt. Dabei gelten die Regelungen zum anteiligen Wegfall des Verschonungsabschlags (§ 13a Abs. 6 Satz 2 ErbStG) sowie zur Reinvestitionsklausel (§ 13a Abs. 6 Satz 3 und 4 ErbStG) entsprechend;
- ▶ der Erwerber innerhalb von zehn Jahren nach dem Zeitpunkt der Entstehung der Steuer weiteres verfügbares Vermögen durch Schenkung oder von Todes wegen erhält. In diesen Fällen kann der Erwerber nach dem Widerruf aber erneut einen Antrag auf Verschonungsbedarfsprüfung stellen. Dabei ist das verfügbare Vermögen dann um 50 % des gemeinen Werts des weiteren erworbenen Vermögens zu erhöhen.

Der Verwaltungsakt über den Erlass ist bei Eintritt einer der o. g. auflösenden Bedingung mit Wirkung für die Vergangenheit ganz oder teilweise zu widerrufen, § 28a Abs. 4 Satz 3 ErbStG. Vgl. zu den Anzeigepflichten die Ausführungen unter Tz 470.

470 Der Erwerber ist gemäß § 28a Abs. 5 ErbStG verpflichtet, dem zuständigen Erbschaftsteuerfinanzamt innerhalb einer Frist von sechs Monaten nach Ablauf der Lohnsummenfrist das Unterschreiten der Mindestlohnsumme *anzuzeigen*. Bei einem Verstoß gegen die Behaltensregelungen sowie des Erwerbs weiteren verfügbaren Vermögens ist der Erwerber verpflichtet, dem zuständigen Erbschaftsteuerfinanzamt den entsprechenden Sachverhalt innerhalb einer Frist von einem Monat, nachdem der jeweilige Tatbestand verwirklicht wurde, anzuzeigen. Die Anzeige ist eine Steuererklärung im Sinne der AO und schriftlich abzugeben. Die Anzeige hat auch dann zu erfolgen, wenn der Vorgang nur teilweise zum Widerruf des Verwaltungsaktes nach § 28a Abs. 4 ErbStG führt.

Die *Zahlungsverjährungsfrist* für die nach Anwendung der Verschonungsbedarfsprüfung verbleibende Steuer endet gemäß § 28a Abs. 6 ErbStG nicht vor dem Ablauf des fünften Jahres, nachdem das zuständige Erbschaftsteuerfinanzamt von dem Unterschreiten der Mindestlohnsumme, dem Verstoß gegen die Behaltensregelungen oder dem Erwerb weiteren verfügbaren Vermögens Kenntnis erlangt hat.

471 Ein Erwerber kann die Verschonungsbedarfsprüfung gemäß § 28a Abs. 1 Satz 2 und 3 ErbStG nicht in Anspruch nehmen, soweit er begünstigtes Vermögen i. S. des § 13b Abs. 2 ErbStG auf Grund einer letztwilligen Verfügung des Erblassers oder einer rechtsgeschäftlichen Verfügung des Erblassers oder Schenkers *auf einen Dritten übertragen* muss. Das gilt entsprechend, wenn ein Erbe im Rahmen der Teilung des Nachlasses begünstigtes Vermögen auf einen Miterben überträgt.

Überträgt ein Erbe erworbenes begünstigtes Vermögen i. S. des § 13b Abs. 2 ErbStG im Rahmen der Teilung des Nachlasses auf einen Dritten und gibt der Dritte dabei diesem Erwerber nicht begünstigtes Vermögen hin, das er vom Erblasser erworben hat, erhöht sich insoweit der Wert des begünstigten Vermögens des Dritten um den Wert des hingegebenen Vermögens, höchstens jedoch um den Wert des übertragenen Vermögens, § 28a Abs. 1 Satz 4 ErbStG.

(Einstweilen frei) 472

3. Steuerbefreiung für Familienunternehmen

Für Familienunternehmen wurde im Rahmen der ErbSt-Reform 2016 eine zusätzliche Steuerbefreiung in Form eines Abschlags für das begünstigte Vermögen i. S. des § 13b Abs. 2 ErbStG eingeführt, wenn bestimmte gesellschaftsvertragliche oder satzungsmäßige Entnahme-, Verfügungs- und Abfindungsbeschränkungen bestehen. Der Abschlag nach § 13a Abs. 9 ErbStG wird – vor Anwendung einer weiteren Steuerbefreiung – gewährt, wenn der Gesellschaftsvertrag oder die Satzung folgende Bestimmungen enthält (sog. *Satzungstest*), die 473

▶ die Entnahme oder Ausschüttung auf höchstens 37,5 % des um die auf den Gewinnanteil oder die Ausschüttungen aus der Gesellschaft entfallende Steuern vom Einkommen gekürzten Betrages des steuerrechtlichen Gewinns beschränken (*Entnahme- bzw. Ausschüttungsbeschränkung*). Dabei bleiben Entnahmen zur Begleichung der auf den Gewinnanteil oder die Ausschüttungen aus der Gesellschaft entfallenden Steuern vom Einkommen von der Entnahme- bzw. Ausschüttungsbeschränkung unberücksichtigt; und

▶ die Verfügung über die an der Personengesellschaft oder den an der Kapitalgesellschaft nur auf Mitgesellschafter, auf Angehörige i. S. des § 15 AO oder auf eine Familienstiftung i. S. des § 1 Abs. 1 Nr. 4 ErbStG beschränken (= *Verfügungsbeschränkung*), und

▶ für den Fall des Ausscheidens aus der Gesellschaft eine Abfindung vorsehen, die unter dem gemeinen Wert der Beteiligung an der Personengesellschaft oder des Anteils an der Kapitalgesellschaft liegt (= *Abfindungsbeschränkung*).

Die Bestimmungen müssen den tatsächlichen Verhältnissen entsprechen und kumulativ vorliegen.

Gelten die obigen Beschränkungen *nur für einen Teil* des begünstigten Vermögens i. S. des § 13b Abs. 2 ErbStG, ist der Abschlag gemäß § 13a Abs. 9 Satz 2 ErbStG nur für diesen Teil zu gewähren. Dies kann beispielsweise bei der Übertragung von einem Mitunternehmeranteil an einer Kommanditgesellschaft der Fall sein, bei der sich eine Verfügungsbeschränkung regelmäßig nur auf das Gesamthandsvermögen der Gesellschaft, nicht jedoch auf das Sonderbetriebsvermögen des Gesellschafters erstreckt.

Die *Höhe des Abschlags* entspricht gemäß § 13a Abs. 9 Satz 3 ErbStG der im Gesellschaftsvertrag oder der Satzung vorgesehenen prozentualen Minderung der Abfindung gegenüber dem gemeinen Wert (s. o.) und darf maximal 30 % betragen. Die objektive Feststellungslast hinsichtlich des Umfangs, in dem die gesellschaftsvertraglich oder satzungsmäßig festgelegte Abfindung den gemeinen Wert der Beteiligung oder des Anteils unterschreitet, trägt der Erwerber. 474

Die obige Steuerbefreiung für Familienunternehmen ist an keine Größenschwelle gebunden und kann auch unterhalb der Grenze von 26 Mio. € von jedem Familienunternehmen in Anspruch genommen werden, das die o. g. gesellschaftsvertraglichen Voraussetzungen (Satzungstest) erfüllt. Die Voraussetzungen des Satzungstests nach § 13a Abs. 9 Satz 1 ErbStG müssen *zwei Jahre vor und 20 Jahre nach dem Zeitpunkt der Entstehung der Steuer* vorliegen. Die Steuerbefreiung entfällt folglich mit Wirkung für die Vergangenheit, wenn die Voraussetzungen des Satzungstests nicht über einen Zeitraum von 20 Jahren nach dem Zeitpunkt der Entstehung der Steuer eingehalten werden. Die Gewährung einer weiteren Begünstigung bleibt hiervon aber unberührt. Durch die lange Frist sollen letztendlich missbräuchliche Gestaltungen vermieden werden.

BEISPIEL: Sohn S erbt am 29.10.2016 von seinem Vater V einen Anteil an der Z-KG. Die Z-KG ist ein Familienunternehmen i. S. des § 13a Abs. 9 ErbStG, die alle erforderlichen Voraussetzungen des Satzungstests seit Jahren erfüllt. Der gemeine Wert des Anteils beträgt 35 000 000 €, es handelt sich ausschließlich um begünstigtes Vermögen. Für den Fall des Ausscheidens aus der Gesellschaft steht den Gesellschaftern nur eine Abfindung in Höhe von 67 % des Verkehrswertes zu. S beantragt die Steuerbefreiung für Familienunternehmen nach § 13a Abs. 9 ErbStG sowie den abschmelzenden Verschonungsabschlag nach § 13c ErbStG auf Basis der Optionsverschonung.

Für die Z-KG als Familienunternehmen i. S. des § 13a Abs. 9 ErbStG kommt vor der Gewährung weiterer Steuerbefreiungen zunächst die Steuerbefreiung für Familienunternehmen in Betracht. Die Steuerbefreiung in Form eines Abschlags bemisst sich nach der im Gesellschaftsvertrag vorgesehenen prozentualen Minderung der Abfindung zum gemeinen Wert des Anteils, hier 33 % (100 % - 67 %). Sie ist jedoch gesetzlich auf max. 30 % begrenzt.

Er ergibt sich folgende Berechnung:

begünstigtes Vermögen (Anteil F-KG)	35 000 000 €
Steuerbefreiung für Familienunternehmen (§ 13a Abs. 9 ErbStG), max. 30 %	− 10 500 000 €
verbleibendes begünstigtes Vermögen	**24 500 000 €**

Für das verbleibende begünstigte Vermögen in Höhe von 24 500 000 € kommt als weitere Begünstigung der abschmelzende Verschonungsabschlag nach § 13c ErbStG in Betracht. Dabei richtet sich die Kürzung des abschmelzenden Verschonungsabschlags aufgrund der gesetzlichen Formulierung im § 13c Abs. 1 ErbStG nach dem Bruttowert des begünstigten Vermögens in Höhe von 35 000 000 €.

Es ergibt sich somit folgender abgeschmolzener Verschonungsabschlag:

Verschonungsabschlag der Optionsverschonung nach § 13a Abs. 10 Nr. 1 ErbStG (ungekürzt)			100 %
abzüglich Minderung des Verschonungsabschlags nach § 13c Abs. 1 ErbStG	Erwerb:	35 Mio. €	
	davon unschädlich	− 26 Mio. €	
	verbleiben schädlich	9 Mio. €	
		: 750 000 €	
		volle 12	
	Kürzung:	12 x 1 % =	− 12 %
abgeschmolzener Verschonungsabschlag			88 %

Es ergibt sich folgende zusätzliche Steuerbefreiung:

verbleibendes begünstigtes Vermögen (s. o.)	24 500 000 €
x abgeschmolzener Verschonungsabschlag	x 88 %
zusätzliche Steuerbefreiung nach § 13c ErbStG	**21 560 000 €**

Damit ergibt sich folgende Gesamtbefreiung:

Steuerbefreiung für Familienunternehmen nach § 13a Abs. 9 ErbStG (s. o.)	10 500 000 €
zzgl. Steuerbefreiung aufgrund des abschmelzenden Verschonungsabschlags nach § 13c ErbStG	+ 21 560 000 €
Steuerbefreiung insgesamt	**32 060 000 €**

Der restliche Betrag in Höhe von 2 940 000 € (35 000 000 € – 32 060 000 €) ist von S voll zu versteuern.

In den Fällen, in denen die Voraussetzungen für den obigen Satzungstest nach § 13a Abs. 9 Satz 1 ErbStG vorliegen, ist der Erwerber verpflichtet, dem zuständigen Erbschaftsteuerfinanzamt die Änderungen der genannten Bestimmungen oder der tatsächlichen Verhältnisse innerhalb einer Frist von einem Monat *anzuzeigen*. Außerdem endet in diesen Fällen die Festsetzungsfrist für die Steuer nicht vor dem Ablauf des vierten Jahres, nachdem das zuständige Erbschaftsteuerfinanzamt von der Änderung einer der genannten Bestimmungen oder der tatsächlichen Verhältnisse Kenntnis erlangt hat.

(Einstweilen frei)

XIII. Lohnsummenregelung ab 1. 7. 2016

1. Grundsätzliches

Voraussetzung für die Gewährung des 85 %-igen Verschonungsabschlags nach § 13a Abs. 1 ErbStG bei der Regelverschonung (vgl. Tz 457) oder des 100 %-igen Verschonungsabschlags nach § 13a Abs. 10 Nr. 1 ErbStG bei der Optionsverschonung (vgl. Tz 458) ist die Einhaltung der Lohnsummenregelung i. S. des § 13a Abs. 3 ErbStG. Das gilt ebenso für die Gewährung des abschmelzenden Verschonungsabschlags nach § 13c ErbStG (vgl. Tz 464 f.) oder für den Erlass der Steuer im Rahmen der Verschonungsbedarfsprüfung nach § 28a ErbStG (vgl. Tz 467 ff.)

2. Anwendung

Die Lohnsummenregelung kommt zur Anwendung, wenn der Betrieb (einschließlich Unterbeteiligungen) am Bewertungsstichtag über *mehr als fünf Beschäftigte* verfügt. Dabei gelten von sechs bis zehn und von elf bis 15 Beschäftigten zwei abgemilderte Stufen der Lohnsummenregelung (s. u.). Ab 16 Beschäftigten gilt die Lohnsummenregelung in der bislang erst ab 21 Beschäftigten geltenden Form (vgl. auch Tz 407 ff.).

Die Lohnsummenregelung ist gemäß § 13a Abs. 3 Satz 3 ErbStG *nicht anzuwenden*, wenn die Ausgangslohnsumme 0 € beträgt oder der Betrieb (einschließlich Unterbeteiligungen) nicht mehr als fünf Beschäftigte hat. Die Finanzverwaltung verzichtet zudem in Fällen von geringer Bedeutung gemäß R E 13.4 Abs. 1 Satz 6 ErbStR auf die Überwachung der Lohnsummenregelung (z. B. wenn der gemeine Wert des begünstigten Betriebsvermögens weniger als 150 000 € beträgt).

Die maßgebenden Mindestlohnsummen nach § 13a Abs. 3 ErbStG in Abhängigkeit von der Anzahl der Beschäftigten ergeben sich aus der nachfolgenden Tabelle:

Lohnsummenregelung		
Anzahl der Beschäftigten	Mindestlohnsumme bei der Regelverschonung (Lohnsummenfrist 5 Jahre)	Mindestlohnsumme bei der Optionsverschonung (Lohnsummenfrist 7 Jahre)
0 – 5	keine Anwendung	keine Anwendung
6 – 10	250 %	500 %
11 – 15	300 %	565 %
16 und mehr	400 %	700 %

3. Anzahl der Beschäftigten

479 Im Rahmen der ErbSt-Reform 2016 hat sich eine Neuerung bei der Ermittlung der Anzahl der Beschäftigten ergeben. Nunmehr werden gemäß § 13a Abs. 3 Satz 7 Nr. 1 bis 4 ErbStG Beschäftigte in Mutterschutz, Auszubildende, Langzeiterkrankte und Beschäftigte in Elternzeit nicht mehr mitgerechnet. Weiterhin nicht mitgerechnet werden zudem gemäß § 13a Abs. 3 Satz 7 Nr. 5 ErbStG Beschäftigte, die nicht ausschließlich oder überwiegend in dem Betrieb tätig sind (z. B. Saisonarbeiter). Maßgebend für die Ermittlung der Anzahl der Beschäftigten sind die Verhältnisse am Besteuerungsstichtag; die Ermittlung erfolgt nach Köpfen.

4. Ermittlung der Lohnsumme

480 Zur Ermittlung der Lohnsumme (einschließlich der Ermittlung bei bestehenden Unterbeteiligungen), der Ausgangslohnsumme und der Lohnsumme im Referenzzeitraum wird auf die Ausführungen unter Tz. 408 ff. verwiesen.

Ergänzend wurde im Zuge der ErbSt-Reform 2016 geregelt, dass nunmehr in Fällen der *Betriebsaufspaltung* gemäß § 13a Abs. 3 Satz 13 ErbStG die Lohnsummen und die Anzahl der Beschäftigten der Besitzgesellschaft und der Betriebsgesellschaft zusammenzuzählen sind.

5. Verletzung der Lohnsummenregelung

481 Unterschreitet bei Ablauf der Lohnsummenfrist die Summe der maßgebenden jährlichen Lohnsummen die Mindestlohnsumme, verringert sich gemäß § 13a Abs. 3 Satz 5 ErbStG der 85 %-ige Verschonungsabschlag bei der Regelverschonung nach § 13a Abs. 1 bzw. der 100 %-ige Verschonungsabschlag bei der Optionsverschonung nach § 13a Abs. 10 Nr. 1 ErbStG mit Wirkung für die Vergangenheit in demselben prozentualen

Umfang, wie die Mindestlohnsumme unterschritten wird. Das gilt in entsprechender Form auch für den abschmelzenden Verschonungsabschlag i. S. des § 13c ErbStG. Dagegen unterliegt der gleitende Abzugsbetrag der Regelverschonung i. S. des § 13a Abs. 2 ErbStG (max. 150 000 €) bei Unterschreitung der Mindestlohnsumme keiner Anpassung. Bei der Verschonungsbedarfsprüfung i. S. des § 28a ErbStG wird bei Nichterreichen der Mindestlohnsumme der Erlass der Steuer in demselben Umfang gemindert, wie die Mindestlohnsumme unterschritten wird (§ 28a Abs. 4 Satz 1 Nr. 1 ErbStG).

Steuerbescheide sind in Fällen der Nachversteuerung rückwirkend nach § 175 Abs. 1 Satz 1 Nr. 2 AO zu ändern. Vgl. dazu auch das Beispiel unter Tz 411.

5. Feststellungsverfahren zur Lohnsumme

Bezüglich der Feststellungen zur Lohnsumme nach § 13a Abs. 4 ErbStG wird auf die entsprechenden Ausführungen unter Tz 411b verwiesen.

482

(Einstweilen frei)

483

XIV. Begünstigungsfähiges Vermögen ab 1. 7. 2016

Im Rahmen der ErbSt-Reform 2016 haben sich bei der Bestimmung des begünstigungsfähigen Vermögens i. S. des § 13b Abs. 1 ErbStG letztendlich keine wesentlichen Änderungen gegenüber dem nach bisherigem Recht begünstigten Vermögen nach § 13b Abs. 1 ErbStG ergeben. Das gilt auch für die Begünstigungsfähigkeit gewerblich geprägter Personengesellschaften, obwohl insoweit zunächst eine Verschärfung von der Bundesregierung angedacht war. Bezüglich des begünstigungsfähigen Vermögens wird daher auf die Ausführungen zum bisherigen Recht unter Tz 427 ff. verwiesen.

484

Im neuen Recht ist zu beachten, dass das begünstigungs*fähige* Vermögen nicht automatisch auch begünstigtes Vermögen darstellt. Denn ob das begünstigungsfähige Vermögens tatsächlich auch begünstigtes Vermögen darstellt, hängt u. a. vom Nettowert des Verwaltungsvermögen ab (vgl. dazu Tz 486 f.).

(Einstweilen frei)

485

XV. Begünstigtes Vermögen ab 1. 7. 2016

1. Grundsatz

Das begünstigungsfähige Vermögen i. S. des § 13b Abs. 1 ErbStG ist gemäß § 13b Abs. 2 ErbStG tatsächlich begünstigt, soweit sein gemeiner Wert den gekürzten Nettowert des Verwaltungsvermögens i. S. des § 13b Abs. 6 ErbStG übersteigt (*begünstigtes Vermögen* (vgl. auch Tz 505 f.)). Der Gesetzgeber hat damit die bisherige Verwaltungsvermögensgrenze von 50 % aufgehoben.

486

Zur Bestimmung des Anteils des nicht begünstigten Vermögens wird nunmehr auf den um das unschädliche Verwaltungsvermögen (10 %-iger Unschädlichkeitsbetrag i. S. des

§ 13b Abs. 7 ErbStG) gekürzten Nettowert des Verwaltungsvermögens abstellt. D. h. es ist zunächst die Höhe des Verwaltungsvermögens zu bestimmen. Dabei werden die Schulden, die mit den zur Erfüllung von Altersversorgungsverpflichtungen dienenden Vermögensgegenständen im Zusammenhang stehen, mit diesen verrechnet (§ 13b Abs. 3 ErbStG (vgl. Tz 488) sowie die Schulden im Rahmen des Finanzmitteltests nach § 13b Abs. 4 Nr. 5 ErbStG (vgl. Tz 501) in vollem Umfang saldiert. Darüber hinaus gehende Schulden werden sodann quotal nach § 13b Abs. 6 ErbStG berücksichtigt. Von dem sich ergebenden Nettowert des Verwaltungsvermögens wird anschließend ein 10 %-iger Unschädlichkeitsbetrag nach § 13b Abs. 7 ErbStG abgezogen. Der sich abschließend ergebende gekürzte Nettowert des Verwaltungsvermögens stellt nicht begünstigtes Vermögen dar und ist voll zu versteuern.

Ermittlung des nicht begünstigten Nettowerts des Verwaltungsvermögens

	gemeiner Wert des Verwaltungsvermögens nach § 13b Abs. 4 ErbStG
−	nach Altersversorgungsverpflichtungen und Finanzmitteltest verbleibende quotal verteilte Schulden nach § 13b Abs. 6 ErbStG
=	Nettowert des Verwaltungsvermögens
−	10 %-iger Unschädlichkeitsbetrag nach § 13b Abs. 7 ErbStG
=	**gekürzter Nettowert des Verwaltungsvermögens**

Im Ergebnis ist der gemeine Wert des Unternehmens, der nach Abzug des gekürzten Nettowerts des Verwaltungsvermögens verbleibt, grundsätzlich gemäß § 13b Abs. 2 Satz 1 ErbStG begünstigt.

2. Ausnahme

487 Abweichend von § 13b Abs. 2 Satz 1 ErbStG (s. o.) ist der Wert des begünstigungsfähigen Vermögens gemäß § 13b Abs. 2 Satz 2 ErbStG *vollständig nicht begünstigt*, wenn das Verwaltungsvermögen nach § 13b Abs. 4 ErbStG mindestens 90 % des gemeinen Werts des begünstigungsfähigen Vermögens beträgt. Bei der Prüfung der 90 %-Grenze wird der Wert des Verwaltungsvermögens zugrunde gelegt, der sich vor der Anwendung des § 13b Abs. 3 Satz 1 ErbStG ergibt (Verwaltungsvermögen aus Altersversorgungsverpflichtungen, vgl. Tz 488), soweit das Verwaltungsvermögen nicht ausschließlich und dauerhaft der Erfüllung von Schulden aus Altersversorgungsverpflichtungen dient und dem Zugriff aller übrigen nicht aus den Altersversorgungsverpflichtungen unmittelbar berechtigten Gläubiger entzogen ist. Dabei sind nur solche Altersvorsorgeverpflichtungen ausgenommen, die durch Treuhandverhältnisse abgesichert sind. Des Weiteren wird das Verwaltungsvermögen vor

- ▶ der Verrechnung der Finanzmittel mit den Schulden und der Kürzung um den 15 %-igen Freibetrag nach § 13b Abs. 4 Nr. 5 ErbStG,
- ▶ dem quotalen Schuldenabzug mit dem Verwaltungsvermögen nach § 13b Abs. 6 ErbStG und
- ▶ dem Ansatz des 10 %-igen Unschädlichkeitsbetrag nach § 13b Abs. 7 ErbStG zugrunde gelegt.

Mit der Ausnahmeregelung des § 13b Abs. 2 Satz 2 ErbStG wird das begünstigungsfähige Vermögen von der Verschonung ausgenommen, das nahezu ausschließlich aus Verwaltungsvermögen besteht.

XVI. Vermögensgegenstände zur Erfüllung von Altersversorgungsverpflichtungen ab 1.7.2016

Vermögensgegenstände des begünstigungsfähigen Vermögens, die ausschließlich und dauerhaft der Erfüllung von Schulden aus Altersversorgungsverpflichtungen dienen und dem Zugriff aller übrigen nicht aus den Altersversorgungsverpflichtungen unmittelbar berechtigten Gläubiger entzogen sind, gehören gemäß § 13b Abs. 3 Satz 1 ErbStG *bis zur Höhe des gemeinen Werts der Schulden aus Altersversorgungsverpflichtungen* nicht zum Verwaltungsvermögen i.S. des § 13b Abs. 4 Nr. 1 bis 5 ErbStG (= sog. Deckungsvermögen). Bei diesen Vermögensgegenständen handelt es sich häufig um Finanzmittel; es kommen aber auch Gesellschaftsanteile, Grundstücke oder Wertpapiere in Betracht.

488

Die vorbezeichneten Vermögensgegenstände werden mit den entsprechenden Schulden aus Altersversorgungsverpflichtungen verrechnet. Soweit Finanzmittel und Schulden miteinander verrechnet werden, bleiben sie bei der Anwendung des Finanzmitteltest nach § 13b Abs. 4 Nr. 5 ErbStG (vgl. Tz 501) und bei dem quotalen Schuldenabzug nach § 13b Abs. 6 ErbStG (vgl. Tz 505 f.) außer Betracht. Finanzmittel, die den gemeinen Wert der Schulden aus Altersversorgungsverpflichtungen übersteigenden, sind allerdings beim Finanzmitteltest zu berücksichtigen. Das gilt entsprechend für die übrigen Vermögensgegenstände (z.B. Grundstücke, Wertpapiere), die insoweit ebenfalls Verwaltungsvermögen darstellen. Sollte sich nach der Verrechnung der Vermögensgegenstände zur Erfüllung der Altersversorgungsverpflichtungen mit den entsprechenden Schulden ein negativer Saldo ergeben (*Schuldenüberhang*), wird dieser bei der Anwendung des Finanzmitteltests nach § 13b Abs. 4 Nr. 5 ErbStG und des quotalen Schuldenabzugs nach § 13b Abs. 6 ErbStG berücksichtigt.

(Einstweilen frei) 489

XVII. Verwaltungsvermögenskatalog und Rückausnahmen ab 1.7.2016

Der Verwaltungsvermögenskatalog ist nunmehr im § 13b Abs. 4 ErbStG verankert worden. Im Rahmen der ErbSt-Reform 2016 wurde der Katalog gegenüber dem bisherigen Recht in eine neue Reihenfolge gebracht, in einigen Bereichen regelungstechnisch erweitert um die Verwaltungsvermögensart der Beteiligungen an Personengesellschaften und Anteilen an Kapitalgesellschaften von mehr als 25 %, die selbst über mehr als 50 % Verwaltungsvermögen verfügen reduziert (vgl. Tz 446; aufgrund der Neudefinition des begünstigten Vermögens i.S.d. § 13b Abs. 2 ErbStG nicht mehr erforderlich) und um eine weitere Rückausnahme bei der Überlassung von Grundstücken an Dritte ergänzt.

490

SIEBENTER TEIL — Erbschaftsteuer

Im Nachfolgenden werden die Änderungen und Neuerungen des Verwaltungsvermögenskatalogs dargestellt. Soweit die Regelungen unverändert geblieben sind, wird auf das bisherige Recht verwiesen, um Dopplungen zu vermeiden.

1. Dritten zur Nutzung überlassene Grundstücke, Grundstücksteile, grundstücksgleiche Rechte und Bauten

491 Soweit Grundstücke, Grundstücksteile, grundstücksgleiche Rechte und Bauten an Dritte zur Nutzung überlassen werden, stellen sie nach § 13b Abs. 4 Nr. 1 ErbStG weiterhin grundsätzlich Verwaltungsvermögen dar. Vgl. dazu auch Tz 435.

Eine Nutzungsüberlassung an Dritte ist jedoch in den nachfolgend aufgeführten Fällen nicht anzunehmen (sog. *Rückausnahmen*).

492 **a) Betriebsaufspaltung und Sonderbetriebsvermögen (§ 13b Abs. 4 Nr. 1 Buchst. a ErbStG)**

Vgl. insoweit die Ausführungen zu Tz 436 ff.

493 **b) Betriebsverpachtung im Ganzen (§ 13b Abs. 4 Nr. 1 Buchst. b ErbStG)**

Vgl. insoweit die Ausführungen zu Tz 438 ff.

494 **c) Konzernklausel (§ 13b Abs. 4 Nr. 1 Buchst. c ErbStG)**

Vgl. insoweit die Ausführungen zu Tz 441 ff.

495 **d) Wohnungsunternehmen (§ 13b Abs. 4 Nr. 1 Buchst. d ErbStG)**

Vgl. insoweit die Ausführungen zu Tz 443.

496 **e) Überlassung zum Absatz von eigenen Erzeugnissen (§ 13b Abs. 4 Nr. 1 Buchst. e ErbStG)**

Neu aufgenommen wurde die Rückausnahme für Grundstücke, Grundstücksteile, grundstücksgleiche Rechte und Bauten, die vorrangig überlassen werden, um *im Rahmen von Lieferungsverträgen* dem Absatz von eigenen Erzeugnissen zu dienen.

Die Rückausnahme umfasst z. B. Brauereigaststätten, die an Dritte bei gleichzeitigem Bestehen eines Bierlieferungsvertrags verpachtet werden und in denen vorrangig das von der Brauerei hergestellte Bier ausgeschenkt wird. Die Verpachtung ist in diesen Fällen Bestandteil der insgesamt originär gewerblichen Tätigkeit der Brauerei. Gleiches gilt beispielsweise für die Verpachtung von Tankstellen durch Mineralölunternehmen.

497 **f) Land- und forstwirtschaftliche Grundstücke bei Verpachtung (§ 13b Abs. 4 Nr. 1 Buchst. f ErbStG)**

Vgl. insoweit die Ausführungen zu Tz 444.

2. Anteile an Kapitalgesellschaften bei Beteiligung zu nicht mehr als 25 % (§ 13b Abs. 4 Nr. 2 ErbStG)

Vgl. insoweit die Ausführungen zu Tz 445 ff.

498

3. Sammlungen und sonstige nicht begünstigte Vermögensgegenstände (§ 13b Abs. 4 Nr. 3 ErbStG)

Die Regelung des § 13b Abs. 4 Nr. 3 ErbStG wurde im Vergleich zum bisherigen Recht erweitert und im Verwaltungsvermögenskatalog an einer früheren Position verankert (bisher Nr. 5; vgl. auch Tz. 450). Demnach zählen weiterhin Kunstgegenstände, Kunstsammlungen, wissenschaftliche Sammlungen, Bibliotheken und Archive, Münzen, Edelmetalle und Edelsteine zum Verwaltungsvermögen. Darüber hinaus umfasst die Regelung nunmehr aber auch Briefmarkensammlungen, Oldtimer, Yachten, Segelflugzeuge sowie sonstige typischerweise der privaten Lebensführung dienende Gegenstände, wenn der Handel mit diesen Gegenständen, deren Herstellung (neu) oder Verarbeitung oder die entgeltliche Nutzungsüberlassung an Dritte (neu) nicht der Hauptzweck des Betriebs ist.

499

Die erweiterte Regelung soll der Missbrauchsvermeidung dienen. Problembehaftet könnte in der Praxis die Auslegung des unbestimmten Rechtsbegriffs „sonstige typischerweise der privaten Lebensführung dienende Gegenstände" sein.

4. Wertpapiere und vergleichbare Forderungen (§ 13b Abs. 4 Nr. 4 ErbStG)

Vgl. insoweit die Ausführungen zu Tz 447 ff.

500

5. Finanzmittel (§ 13b Abs. 4 Nr. 5 ErbStG)

Die Regelung wurde gegenüber dem bisherigen Recht an mehreren Stellen verändert (vgl. auch Tz. 449a ff.). Nunmehr zählt der gemeine Wert des nach Abzug des gemeinen Werts der Schulden verbleibenden Bestands an Zahlungsmitteln, Geschäftsguthaben, Geldforderungen und anderen Forderungen (Finanzmittel) zum Verwaltungsvermögen, soweit er – neu – 15 % des anzusetzenden Werts des Betriebsvermögens des Betriebs oder der Gesellschaft übersteigt. Dieser *Sockelbetrag* betrug nach bisherigem Recht noch 20 %. Vgl. zum Umfang der Finanzmittel Tz 449b und der Schulden Tz. 449c.

501

Der gemeine Wert der Finanzmittel wird gemäß § 13b Abs. 4 Nr. 5 Satz 2 ErbStG um den positiven Saldo der eingelegten und der entnommenen Finanzmittel verringert, welche dem Betrieb im Zeitpunkt der Entstehung der Steuer weniger als zwei Jahre zuzurechnen waren (*junge Finanzmittel*). Die jungen Finanzmittel ergeben sich aus dem übersteigenden Betrag der in den letzten zwei Jahren vor dem Besteuerungsstichtag eingelegten Finanzmittel abzüglich der entnommenen Finanzmittel. Junge Finanzmittel stellen stets Verwaltungsvermögen dar.

Gänzlich neu ist die Anknüpfung des o. g. Sockelbetrags (15 %) an die Voraussetzung, dass das nach § 13b Abs. 1 ErbStG begünstigungsfähige Vermögen des Betriebs oder der nachgeordneten Gesellschaften nach seinem Hauptzweck einer Tätigkeit i. S. des § 13 Abs. 1, § 15 Abs. 1 Satz 1 Nr. 1 oder § 18 Abs. 1 Nr. 1 und 2 EStG dient. Somit wird der Freibetrag für Finanzmittel nur gewährt, wenn das begünstigungsfähige Vermögen überwiegend einer der vorbezeichneten *produktiven Tätigkeit dient*. Die Voraussetzungen sind auch erfüllt, wenn die Tätigkeit durch Gesellschaften i. S. des § 13 Abs. 7, § 15 Abs. 1 Satz 1 Nr. 2 oder § 18 Abs. 4 Satz 2 EStG ausgeübt wird (§ 13b Abs. 4 Nr. 5 Satz 4 und 5 ErbStG). Damit entfällt der 15 %-ige Freibetrag für gewerblich geprägte Personengesellschaften. In der Folge gibt es nun zwei Berechnungsvarianten zur Ermittlung der Finanzmittel – einmal mit und einmal ohne den 15 %-igen Sockelbetrag.

Finanzmittel sind nicht dem Verwaltungsvermögen zuzurechnen (*Rückausnahme*), wenn die genannten Wirtschaftsgüter dem Hauptzweck des Gewerbebetriebs eines Kreditinstitutes oder eines Finanzdienstleistungsinstitutes oder eines Versicherungsunternehmens zuzurechnen sind.

6. Junges Verwaltungsvermögen

502 Neben den jungen Finanzmitteln i. S. des § 13b Abs. 4 Nr. 5 ErbStG (s. Tz 501) kann weiteres junges Verwaltungsvermögen am Besteuerungsstichtag vorliegen. Junges Verwaltungsvermögen stellt gemäß § 13b Abs. 7 Satz 2 ErbStG solches Verwaltungsvermögen dar, das dem Betrieb am Bewertungsstichtag *weniger als zwei Jahre zuzurechnen* war. Die Regelung bleibt damit unverändert gegenüber dem bisherigen Recht (vgl. dazu auch Tz 451 und 451a). Junges Verwaltungsvermögen und junge Finanzmittel sind von sämtlichen Begünstigungen ausgenommen und werden im Ergebnis wie übriges Vermögen voll versteuert.

503 *(Einstweilen frei)*

7. Investitionsklausel

504 Im Rahmen der ErbSt-Reform 2016 ist *für Erwerbe von Todes wegen* eine Investitionsklausel für das nicht begünstigte Verwaltungsvermögen in den § 13b Abs. 5 ErbStG implementiert worden, um Härtefälle im Zusammenhang mit der Stichtagsbesteuerung abzumildern. Im Gegensatz dazu sind Schenkungen und deren Vollzug planbar, so dass bei Schenkungen unter Lebenden Härtefälle aufgrund des Stichtagsprinzips grds. ausgeschlossen werden können. Die Investitionsklausel findet daher bei Schenkungen unter Lebenden keine Anwendung.

Beim Erwerb von Todes wegen entfällt die Zurechnung von Vermögensgegenständen zum Verwaltungsvermögen i. S. des *§ 13b Abs. 4 Nr. 1 bis 5 ErbStG* rückwirkend zum Zeitpunkt der Entstehung der Steuer, wenn der Erwerber innerhalb von zwei Jahren ab dem Zeitpunkt der Entstehung der Steuer diese Vermögensgegenstände in Vermögensgegenstände innerhalb des vom Erblasser erworbenen, begünstigungsfähigen Vermögens i. S. des § 13b Abs. 1 ErbStG investiert hat, die unmittelbar einer Tätigkeit i. S. des § 13 Abs. 1, § 15 Abs. 1 Satz 1 Nr. 1 oder § 18 Abs. 1 Nr. 1 und 2 EStG dienen und kein Verwaltungsvermögen sind. Voraussetzung hierfür ist, dass die Investition aufgrund eines im Zeitpunkt der Entstehung der Steuer vorgefassten Plans des Erblassers erfolgt und keine anderweitige Ersatzbeschaffung von Verwaltungsvermögen vorgenommen wird oder wurde (§ 13b Abs. 5 Satz 1 und 2 ErbStG).

Beim Erwerb von Todes wegen entfällt zudem die Zurechnung von Finanzmitteln zum Verwaltungsvermögen i. S. des *§ 13b Abs. 4 Nr. 5 Satz 1 ErbStG* rückwirkend zum Zeitpunkt der Entstehung der Steuer, soweit der Erwerber diese Finanzmittel innerhalb von zwei Jahren ab dem Zeitpunkt der Entstehung der Steuer verwendet, um bei fehlenden Einnahmen aufgrund wiederkehrender saisonaler Schwankungen die laufenden Löhne i. S. des § 13a Abs. 3 Satz 6 bis 10 ErbStG zu zahlen. Voraussetzung ist auch in Fällen der Investition von Finanzmitteln, dass die Investition aufgrund eines im Zeitpunkt der Entstehung der Steuer vorgefassten Plans des Erblassers erfolgt und keine anderweitige Ersatzbeschaffung von Verwaltungsvermögen vorgenommen wird oder wurde (§ 13b Abs. 5 Satz 3 und 4 ErbStG).

Dem Erwerber obliegt gemäß § 13b Abs. 5 Satz 5 ErbStG die Pflicht, das Vorliegen der obigen Voraussetzungen jeweils nachzuweisen.

8. Nettowert des Verwaltungsvermögens

a) Grundsätzliches   505

Der Nettowert des Verwaltungsvermögens ergibt sich gemäß § 13b Abs. 6 ErbStG durch Kürzung des gemeinen Werts des Verwaltungsvermögens um den gemeinen Wert der verbleibenden anteiligen Schulden. Dazu ist zunächst der gemeine Wert der verbleibenden Schulden zu ermitteln. Dieser ergibt sich aus der Summe aller Schulden, die um die Schulden gemindert wird, die mit den zur Erfüllung von Altersversorgungsverpflichtungen dienenden Vermögensgegenständen verrechnet werden (§ 13b Abs. 3 ErbStG, vgl. Tz. 488) und die bei der Ermittlung der begünstigten Finanzmittel in Abzug gebracht werden (§ 13b Abs. 4 Nr. 5 ErbStG, vgl. Tz. 501).

Der gemeine Wert der verbleibenden anteiligen, d. h. *quotal verteilten Schulden* ergibt sich sodann nach dem Verhältnis des gemeinen Werts des Verwaltungsvermögens zum gemeinen Wert des Betriebsvermögens des Betriebs oder der Gesellschaft zuzüglich der nach Anwendung des § 13b Abs. 3 und Abs. 4 Nr. 5 ErbStG verbleibenden Schulden.

TAB. 5:	Übersicht zur Ermittlung des Nettowerts des Verwaltungsvermögens:
	gemeiner Wert des Verwaltungsvermögens nach § 13b Abs. 4 ErbStG
−	verbleibende quotal verteilte Schulden:
	Berechnung:
	Summe aller Schulden
	− verrechnete Schulden im Zusammenhang mit Altersversorgungsverpflichtungen (§ 13b Abs. 3 ErbStG)
	− bei den Finanzmitteln in Abzug gebrachte Schulden (§ 13b Abs. 4 Nr. 5 ErbStG)
	= verbleibende Schulden
	x Quote:
	gemeiner Wert des Verwaltungsvermögens (s. o.) / gemeiner Wert des Betriebs + verbleibende Schulden (s. o.)
	= verbleibende quotal verteilte Schulden
=	**Nettowert des Verwaltungsvermögens**

Ein zusammenfassendes Beispiel ist unter Tz. 508 abgedruckt.

506 **b) Beschränkungen beim Schuldenabzug**

Im § 13b Abs. 8 Satz 1 ErbStG wird zur Vermeidung von Gestaltungen geregelt, dass von der quotalen Schuldensaldierung *junges Verwaltungsvermögen sowie junge Finanzmittel* ausgenommen sind. D. h. eine Saldierung mit Schulden nach § 13b Abs. 6 ErbStG (s. Tz. 505) gilt nicht für junges Verwaltungsvermögen i. S. des § 13b Abs. 7 Satz 2 ErbStG und junge Finanzmittel i. S. des § 13b Abs. 4 Nr. 5 Satz 2 ErbStG. Die Einschränkung beim Schuldenabzug zielt auf die Vermeidung einer missbräuchlichen Einlage von Privatvermögen kurz vor dem Übertragungsvorgang ab, um so vorhandene betriebliche Schulden zur Verrechnung zu nutzen und im Ergebnis Privatvermögen erbschaft- und schenkungsteuerfrei zu übertragen.

Ferner ist gemäß § 13b Abs. 8 Satz 2 ErbStG eine Verrechnung von Schulden mit Verwaltungsvermögen bei *wirtschaftlich nicht belastenden Schulden* ausgeschlossen. Darüber hinaus ist eine Verrechnung von Schulden mit Verwaltungsvermögen ausgeschlossen, soweit die Summe der Schulden den *durchschnittlichen Schuldenstand der letzten 3 Jahre* vor dem Zeitpunkt der Entstehung der Steuer übersteigt. Letzteres gilt jedoch nicht, soweit die Erhöhung des Schuldenstands durch die Betriebstätigkeit veranlasst ist. Durch die Regelung des § 13b Abs. 8 Satz 2 ErbStG soll Gestaltungen entgegengewirkt werden, die darauf abzielen, vorhandenes Verwaltungsvermögen durch die kurzfristige Generierung nicht betrieblich veranlasster oder wirtschaftlich nicht belastender Schulden zu neutralisieren.

Aufgrund der Regelung des § 13b Abs. 8 ErbStG ist als Nettowert des Verwaltungsvermögens mindestens der gemeine Wert des jungen Verwaltungsvermögens und der jungen Finanzmittel anzusetzen (§ 13b Abs. 8 Satz 3 ErbStG).

TAB. 6:	Übersicht zur Ermittlung des Nettowerts des Verwaltungsvermögens einschließlich Schuldenabzugsbeschränkung:
	gemeiner Wert des Verwaltungsvermögens nach § 13b Abs. 4 ErbStG
−	junges Verwaltungsvermögen und junge Finanzmittel
=	geminderter gemeiner Wert des Verwaltungsvermögens
−	verbleibende quotal verteilte Schulden:
	Berechnung:
	Summe aller Schulden (**Beachte:** Deckelung nach § 13b Abs. 8 Satz 2 ErbStG = nur wirtschaftlich belastende Schulden; Schulden-Ø der letzten 3 Jahre, aber Ausnahmen möglich, wenn höherer Schuldenstand betrieblich veranlasst ist)
	− verrechnete Schulden im Zusammenhang mit Altersversorgungsverpflichtungen (§ 13b Abs. 3 ErbStG)
	− bei den Finanzmitteln in Abzug gebrachte Schulden (§ 13b Abs. 4 Nr. 5 ErbStG)
	= verbleibende Schulden
	× Quote:
	$\dfrac{\text{gemeiner Wert des Verwaltungsvermögens (s.\,o.)}}{\text{gemeiner Wert des Betriebs + verbleibende Schulden (s.\,o.)}}$
	= verbleibende quotal verteilte Schulden
+	junges Verwaltungsvermögen und junge Finanzmittel
=	**Nettowert des Verwaltungsvermögens**

9. 10 %-iger Unschädlichkeitsbetrag für Verwaltungsvermögen

Der Gesetzgeber hat sich im Rahmen der ErbSt-Reform 2016 dazu entschlossen, zur Kapitalstärkung der Unternehmen einen Teil des originär nicht begünstigten Verwaltungsvermögens wie begünstigtes Vermögen zu behandeln. Hintergrund ist, dass nahezu jeder Betrieb zur Gewährleistung seiner unternehmerischen Unabhängigkeit und seines wirtschaftlichen Geschäftsbetriebs einen gewissen Umfang an Vermögen benötigt, das nicht unmittelbar der originären Betriebstätigkeit dient. Dieses Vermögen wird zur Kapitalstärkung und Sicherung der operativen Zwecke benötigt, insbesondere um einen Finanzierungspuffer im Betrieb vorzuhalten und flexibel in das Unternehmen investieren zu können. Aus diesen Gründen wird der Nettowert des Verwaltungsvermögens gemäß § 13b Abs. 7 ErbStG wie begünstigtes Vermögen behandelt und entsprechend verschont, soweit er 10 % des um den Nettowert des Verwaltungsvermögens gekürzten gemeinen Werts des Betriebsvermögens nicht übersteigt (*unschädliches Verwaltungsvermögen*). Diese 10 %-Grenze für unschädliches Verwaltungsvermögen gilt gemäß § 13b Abs. 7 Satz 2 ErbStG jedoch nicht für junges Verwaltungsvermögen sowie für junge Finanzmittel, denn junges Verwaltungsvermögen und junge Finanzmittel stellen stets schädliches Verwaltungsvermögen dar.

507

Zur Ermittlung des 10%-igen Unschädlichkeitsbetrags für Verwaltungsvermögen wird vom gemeinen Wert des Betriebs bzw. des Unternehmens ausgegangen. Dieser wird um den Nettowert des Verwaltungsvermögens gekürzt. Von dem verbleibenden Wert ist dann eine Quote von 10% die Bemessungsgrundlage für das unschädliche Verwaltungsvermögen, das wie begünstigtes Vermögen behandelt wird (*umgewandeltes Verwaltungsvermögen*). Durch die Anknüpfung an den gemeinen Wert des Betriebs abzüglich des Nettowerts des Verwaltungsvermögens will der Gesetzgeber Gestaltungen durch Einlage von Verwaltungsvermögen vermeiden. Denn eine Anknüpfung an den gemeinen Wert des Betriebs ohne Abzug des Nettowerts des Verwaltungsvermögens würde es ermöglichen, durch Einlage von Verwaltungsvermögen den gemeinen Wert des Betriebs insgesamt zu erhöhen und damit einen höheren absoluten Anteil an Verwaltungsvermögen verschont zu erhalten.

508 **ZUSAMMENFASSENDES BEISPIEL:** Der nach dem vereinfachten Ertragswertverfahren ermittelte gemeine Wert der S-GmbH beträgt am Besteuerungsstichtag 7 000 000 €. Im Betriebsvermögen der S-GmbH befinden Vermögensgegenstände zur Erfüllung von Altersversorgungsverpflichtungen (Finanzmittel) i. S. des § 13b Abs. 3 ErbStG in Höhe von 700 000 €. Außerdem verfügt die S-GmbH über weitere Finanzmittel in Höhe von 600 000 € sowie über zwei an Dritte vermietete Grundstücke (Grundbesitzwert insgesamt = 1 500 000 €). Junges Verwaltungsvermögen liegt nicht vor. Die Schulden aus Altersversorgungsverpflichtungen betragen am Besteuerungsstichtag 850 000 €. Die übrigen Schulden der S-GmbH betragen 1 450 000 €.

Ermittlung des begünstigten Vermögens:

Gemeiner Wert S-GmbH		7 000 000 €
Ermittlung der verbleibenden Schulden:		
Finanzmittel i. S. des § 13b Abs. 4 Nr. 5	600 000 €	
abzüglich übrige Schulden	− 1 450 000 €	
verbleibende Finanzmittel	0 €	
verbleibende Schulden		850 000 €
Vermögensgegenstände zur Erfüllung der Altersversorgungsverpflichtungen	700 000 €	
abzüglich Schulden aus Altersversorgungsverpflichtungen	− 850 000 €	
verbleibende Schulden aus Altersversorgungsverpflichtungen (keine Verrechnung mit Finanzmitteln möglich)	→	+ 150 000 €
Summe verbleibende Schulden		1 000 000 €
Ermittlung des Verwaltungsvermögens:		
Finanzmittel (s. o.)	0 €	
an Dritte vermietete Grundstücke	+ 1 500 000 €	
Gemeiner Wert des Verwaltungsvermögens	→	1 500 000 €

Quotale Verteilung der Schulden:	
Quote:	
$\dfrac{\text{gemeiner Wert des Verwaltungsvermögens}}{\text{gemeiner Wert des Betriebs + verbleibende Schulden}}$	
$\dfrac{1\,500\,000\,€}{7\,000\,000\,€ + 1\,000\,000\,€} = 18{,}75\,\%$	
verbleibende quotal verteilte Schulden (1.000.000 € x 18,75 %)	− 187 500 €
Nettowert des Verwaltungsvermögens der S-GmbH	1 312 500 €
Ermittlung des 10 %-igen Unschädlichkeitsbetrags:	
10 % x (gemeiner Wert − Nettowert Verwaltungsvermögen)	
10 % x (7 000 000 € − 1 312 500 €) = 10 % x 5 687 500 €	− 568 750 €
gekürzter Nettowert des Verwaltungsvermögens	→ − 743 750 €
Begünstigtes Vermögen der S-GmbH i. S. des § 13b Abs. 2 ErbStG	6 256 250 €

Nur auf das begünstigte Vermögen i. H. von 6 256 250 € werden die Steuerbefreiungen i. S. des § 13a ErbStG gewährt (hier: Regelverschonung). Der gekürzte Nettowert des Verwaltungsvermögens i. H. von 743 750 € ist voll zu versteuern.

10. Feststellungsverfahren zum Verwaltungsvermögen

Das für die Bewertung der wirtschaftlichen Einheit örtlich zuständige Finanzamt i. S. des § 152 Nr. 1 bis 3 BewG (Lage- bzw. Betriebsfinanzamt) stellt – neben dem eigentlichen gemeinen Wert des Betriebs bzw. der Gesellschaft – gemäß § 13b Abs. 10 Satz 1 ErbStG auch folgende Werte gesondert fest, wenn und soweit diese Werte für die Erbschaftsteuer oder eine andere Feststellung i. S. des § 13b ErbStG von Bedeutung sind:

- die Summen der gemeinen Werte der Finanzmittel i. S. des § 13b Abs. 4 Nr. 5 Satz 1 ErbStG,
- die Summen der gemeinen Werte der jungen Finanzmittel i. S. des § 13b Abs. 4 Nr. 5 Satz 2 ErbStG,
- die Summen der gemeinen Werte der Vermögensgegenstände des Verwaltungsvermögens i. S. des § 13b Abs. 4 Nr. 1 bis 4 ErbStG,
- die Summen der gemeinen Werte der Schulden und
- die Summen der gemeinen Werte des jungen Verwaltungsvermögens i. S. des § 13b Abs. 7 Satz 2 ErbStG.

Dies gilt entsprechend, wenn nur ein Anteil am Betriebsvermögen i. S. des § 13b Abs. 1 Nr. 2 ErbStG (z. B. Anteil an einer Personengesellschaft) übertragen wird.

Die Entscheidung, ob die Werte von Bedeutung sind, trifft das für die Festsetzung der Erbschaftsteuer oder für die Feststellung nach § 151 Abs. 1 Satz 1 Nr. 1 bis 3 BewG zuständige Finanzamt. Bei Anteilen an Kapitalgesellschaften, die nach § 11 Abs. 1 BewG mit dem Kurswert zu bewerten sind, hat die obigen Feststellungen des § 13b Abs. 10

Satz 1 ErbStG das örtlich zuständige Betriebsfinanzamt entsprechend § 152 Nr. 3 BewG festzustellen. Die Regelung des § 151 Abs. 3 BewG zum Basiswert sowie die §§ 152 bis 156 BewG sind auf § 13b Abs. 10 Satz 1 bis 4 ErbStG entsprechend anzuwenden.

510 *(Einstweilen frei)*

XVIII. Verbundvermögensaufstellung bei mehrstufigen Gesellschaftsstrukturen ab 1. 7. 2016

1. Grundsatz

511 Bei mehrstufigen Gesellschaftsstrukturen wird das Verwaltungsvermögen und das begünstigte Vermögen gemäß § 13b Abs. 9 ErbStG nunmehr über eine *konsolidierte Verbundbetrachtung* ermittelt. Damit will der Gesetzgeber die vom BVerfG gerügten Gestaltungen durch den sog. Kaskadeneffekt zukünftig ausschließen.

Gehören zum begünstigungsfähigen Vermögen i. S. des § 13b Abs. 1 Nr. 2 und Nr. 3 ErbStG unmittelbar oder mittelbar gehaltene Beteiligungen an anderen Personengesellschaften oder Beteiligungen an entsprechenden Gesellschaften mit Sitz oder Geschäftsleitung im Ausland, sind gemäß § 13b Abs. 9 Satz 1 ErbStG bei der Anwendung des § 13b Abs. 2 bis 8 ErbStG anstelle der Beteiligungen oder Anteile die gemeinen Werte der diesen Gesellschaften zuzurechnenden Vermögensgegenstände des Verwaltungsvermögens nach Maßgabe des § 13b Abs. 9 Satz 2 bis 5 ErbStG mit dem Anteil einzubeziehen, zu dem die unmittelbare oder mittelbare Beteiligung besteht. Das gilt in gleicher Form bei unmittelbar oder mittelbar gehaltene Anteile an anderen Kapitalgesellschaften oder Anteile an entsprechenden Kapitalgesellschaften mit Sitz oder Geschäftsleitung im Ausland. Anders als nach bisherigem Recht werden somit anstelle der gemeinen Werte der Beteiligungen an Personengesellschaften und der Anteile an Kapitalgesellschaften in die Verbundvermögensaufstellung die gemeinen Werte der in den Beteiligungen oder Anteilen mittelbar gehaltenen Vermögensgegenstände des Verwaltungsvermögens ausgewiesen.

Die unmittelbar oder mittelbar gehaltenen Finanzmittel (§ 13b Abs. 4 Nr. 5 ErbStG), die Vermögensgegenstände des übrigen Verwaltungsvermögens i. S. des § 13b Abs. 4 Nr. 1 bis 4 ErbStG sowie die Schulden sind jeweils zusammenzufassen (§ 13b Abs. 9 Satz 2 ErbStG). Dabei sollen junge Finanzmittel und junges Verwaltungsvermögen gesondert aufgeführt werden. Dies soll u. a. dazu dienen, den Finanzmitteltest und die Höhe des Verwaltungsvermögens auf Ebene der Verbundvermögensaufstellung, d. h. auf Ebene des zu bewertenden Betriebs bzw. der zu bewertenden Gesellschaft durchführen zu können.

Soweit sich in der Verbundvermögensaufstellung Forderungen und Verbindlichkeiten zwischen den Gesellschaften untereinander oder im Verhältnis zu dem übertragenen Betrieb oder der übertragenen Gesellschaft gegenüberstehen, sind diese nach § 13b Abs. 9 Satz 3 ErbStG nicht anzusetzen. Somit werden Forderungen und Verbindlichkeiten verrechnet, soweit zwischen Gläubiger- und Schuldnerunternehmen Beteiligungsidentität besteht.

Gemäß § 13b Abs. 9 Satz 4 ErbStG werden die Regelungen des § 13b Abs. 4 Nr. 5 ErbStG (Finanzmittel) und § 13b Abs. 6 bis 8 ErbStG (Ermittlung Nettowert des Verwaltungsvermögens einschließlich Schuldenbegrenzung sowie 10 %-iger Unschädlichkeitsbetrag für Verwaltungsvermögen) auf die Werte in der Verbundvermögensaufstellung angewendet. D. h. der Finanzmitteltest, die Ermittlung des Nettowerts des Verwaltungsvermögens einschließlich der Schuldenbegrenzung sowie die Ermittlung des 10 %-igen Unschädlichkeitsbetrags für Verwaltungsvermögen werden auf Ebene der Verbundvermögensaufstellung durchgeführt.

2. Ausnahme

Die o. g. Regelungen zur Verbundvermögensaufstellung sind gemäß § 13b Abs. 9 Satz 5 ErbStG nicht auf Anteile i. S. des § 13b Abs. 4 Nr. 2 ErbStG (Anteile an Kapitalgesellschaft ≤ 25 %) sowie auf wirtschaftlich nicht belastende Schulden anzuwenden. *Anteile an Kapitalgesellschaften unterhalb der Mindestbeteiligung* sind grundsätzlich nicht begünstigtes Vermögen. Das Innehaben solcher Anteile geht in diesen Fällen grundsätzlich nicht über das bloße Halten der Anteile und damit an der Gewinnbeteiligung hinaus. Daher sind die vorbezeichneten Anteile als Verwaltungsvermögen anzusetzen. Der Wert dieser Anteile wird wie bisher gesondert festgestellt. Daneben werden Verbindlichkeiten nicht in die Konsolidierung einbezogen, soweit sie *keine wirtschaftliche Belastung* darstellen. Dies ist z. B. der Fall, wenn eine bilanziell überschuldete Gesellschaft nur deshalb nicht Insolvenz beantragen muss, weil der Gläubiger den Rangrücktritt erklärt hat. Da aus parallelen Fragestellungen der Ertragsteuer Gestaltungen bekannt geworden sind, bei denen die überschuldete Gesellschaft durch die Unternehmensgruppe und gleichzeitig die Forderung durch eine nahestehende Person erworben wird, will der Gesetzgeber solchen Gestaltungen auch bei der Erbschaft- und Schenkungsteuer entgegenwirken, indem er solche wirtschaftlich nicht belastenden Schulden von der Konsolidierung ausnimmt.

512

(Einstweilen frei)

513

N. Verschonungsregelung für vermietete Wohngrundstücke (§ 13d ErbStG)

I. Förderzweck

In § 13d ErbStG ist eine Steuerbefreiung für zu *Wohnzwecken vermietete Grundstücke* verankert. Die Regelung ist im Rahmen der ErbSt-Reform von dem § 13c ErbStG a. F. in den § 13d ErbStG verschoben worden. Hintergrund der Regelung ist, dass nach Ansicht des Gesetzgebers gerade das Angebot einer Vielzahl von Mietwohnungen durch Private wie auch durch Personenunternehmen als Gegenpol gegen die Marktmacht großer institutioneller Anbieter wichtig für funktionierende Märkte ist. Der Normgeber ist zudem davon überzeugt, dass das breitere Angebot und der stärkere Wettbewerb moderate Mieten sowie gleichzeitig eine *angemessene Wohnraumversorgung* der Bevölkerung garantieren. Letztlich trägt die Vererbung von privaten Bestandsimmobilien dazu

514

bei, dass ein *Marktungleichgewicht* (z. B. in Form einer Marktkonzentration bei institutionellen Anbietern) *verhindert* wird.

II. Begünstigungsfähige Objekte

515 Nach § 13d Abs. 3 ErbStG kann die Steuerbefreiung *für zu Wohnzwecken vermietete Grundstücke* unter den nachfolgend beschriebenen *Voraussetzungen* gewährt werden. Bei dem vermieteten Grundstück muss es ich um ein *bebautes Grundstück oder einen Teil davon* handeln. Folglich kommen für die Begünstigung ein Einfamilienhaus, Zweifamilienhaus, ein Mietwohngrundstück oder eine Eigentumswohnung in Frage. Dies schließt auch Garagen, Nebenräume und Nebengebäude ein, die sich auf dem Grundstück befinden und mit den vermieteten Wohnungen gemeinsam genutzt werden. Die Nutzung einer vermieteten Wohnung auch zu anderen als Wohnzwecken ist unschädlich, wenn sie von untergeordneter Bedeutung ist, z. B. durch Nutzung eines Arbeitszimmers. Begünstigt sind zudem Teile von Gebäuden, die *zu Wohnzwecken vermietet* werden. Dabei kann es sich bei dem Gebäude z. B. um ein gemischt genutztes Grundstück handeln. Da die Vermietung zu Wohnzwecken erfolgen muss, kommt es auf die *Nutzung im Besteuerungszeitpunkt* an. Darüber hinaus muss das Bewertungsobjekt im Inland oder im EU- bzw. EWR-Ausland belegen sein. Das Grundstück darf zudem nicht zum begünstigten Betriebsvermögen oder begünstigten Vermögen eines Betriebs der Land- und Forstwirtschaft im Sinne des § 13a ErbStG gehören. Da zum begünstigten land- und forstwirtschaftlichen Vermögen nach § 13b Abs. 1 Nr. 1 ErbStG nur der inländische Wirtschaftsteil dieses Vermögens (mit Ausnahme der Stückländereien) gehört, dürfte die Aussage in § 13d Abs. 3 Nr. 3 ErbStG insoweit überflüssig sein. Es ist zu beachten, dass beim Erwerb von nicht begünstigten Anteilen an Kapitalgesellschaften, zu deren Vermögen zu Wohnzwecken vermietete Grundstücke oder Grundstücksteile gehören, die Anwendung des § 13d ErbStG stets ausgeschlossen ist, weil Gegenstand des Erwerbs der Anteil an der Kapitalgesellschaft ist und nicht die von der Kapitalgesellschaft zu Wohnzwecken vermieteten Grundstücke oder Grundstücksteile (R E 13c Abs. 2 Satz 8 ErbStR a. F.).

516 Das *Lagefinanzamt* ermittelt die gesamte Wohn-/Nutzfläche des Grundstücks und die zu Wohnzwecken vermietete Fläche und teilt sie bei der Feststellung des Grundbesitzwerts im Hinblick auf die in Betracht kommende Steuerbefreiung nach § 13d ErbStG dem Erbschaftsteuerfinanzamt nachrichtlich mit (R E 13c Abs. 3 Satz 9 ErbStR a. F.).

III. Begünstigungsumfang

517 Nach § 13d Abs. 1 ErbStG sind 90 % des Grundbesitzwerts bei der Ermittlung des steuerpflichtigen Erwerbs anzusetzen, wenn die obigen Voraussetzungen des § 13d Abs. 3 ErbStG am Besteuerungsstichtag erfüllt sind. Die Steuerbefreiung beträgt mithin 10 %.

518 Eine Behaltenspflicht oder eine Verpflichtung zur weiteren Vermietung zu Wohnzwecken besteht nicht. Vermietet ist ein Grundstück, wenn für die Nutzungsüberlassung ein Entgelt, unabhängig von dessen Höhe, geschuldet wird. Die unentgeltliche Überlas-

sung ist hingegen nicht begünstigt. Ist ein *zur Vermietung zu Wohnzwecken bestimmtes Grundstück* oder ein dazu bestimmter Teil eines Grundstücks am Besteuerungsstichtag nicht vermietet, z. B. wegen Leerstands bei Mieterwechsel oder wegen Modernisierung, kann für das Grundstück oder den Grundstücksteil der Befreiungsabschlag in Anspruch genommen werden (R E 13c Abs. 3 Satz 4 ErbStR a. F.).

Bei Grundstücken, die neben der Vermietung zu Wohnzwecken auch anderen Zwecken dienen (z. B. betriebliche Nutzung), ist der Befreiungsabschlag nach den tatsächlichen Nutzungsverhältnissen am Besteuerungsstichtag nur für den Teil des Grundbesitzwerts zu gewähren, der auf den zu Wohnzwecken vermieteten Teil des Gebäudes entfällt. Dabei erfolgt die Aufteilung nach dem Verhältnis der zu Wohnzwecken vermieteten Wohnfläche des Gebäudes zur gesamten Wohn-/Nutzfläche. 519

IV. Weitergabeverpflichtung

Der Erwerber kann nicht in den Genuss des verminderten Wertansatzes (10 % Befreiungsabschlag) kommen, wenn er erworbene Grundstücke aufgrund einer letztwilligen Verfügung des Erblassers oder einer rechtsgeschäftlichen Verfügung des Erblassers oder Schenkers auf einen Dritten übertragen muss. Dem durch die *Weitergabeverpflichtung* belasteten Erwerber entsteht *kein Nachteil*, da er die daraus resultierende Last bereicherungsmindernd abziehen kann. 520

> **BEISPIEL:** Erbe E hat vermieteten Grundbesitz an den Vermächtnisnehmer V herauszugeben.
>
> Den verminderten Wertansatz für den Grundbesitzwert (90 %) kann nur V in Anspruch nehmen. Erbe E muss den Grundbesitzwert des Grundstücks gegen sich gelten lassen, kann aber in gleicher Höhe eine Nachlassverbindlichkeit gem. § 10 Abs. 5 Nr. 2 ErbStG geltend machen.

Die Begünstigung nach § 13d ErbStG kommt ebenfalls nicht in Betracht, wenn ein Erbe im Rahmen der Teilung des Nachlasses Vermögen im Sinne des § 13d Abs. 3 ErbStG auf einen Miterben überträgt (§ 13d Abs. 2 Satz 2 ErbStG). Überträgt ein Erbe erworbenes begünstigtes Vermögen im Rahmen der Teilung des Nachlasses auf einen Dritten und gibt der Dritte dabei diesem Erwerber nicht begünstigtes Vermögen hin, das er vom Erblasser erworben hat, erhöht sich insoweit der Wert des begünstigten Vermögens des Dritten um den Wert des hingegebenen Vermögens, *höchstens* jedoch um den Wert des *übertragenen Vermögens* (§ 13d Abs. 2 Satz 3 ErbStG). 521

> **BEISPIEL:** Miterbe A überträgt im Rahmen einer Erbauseinandersetzung vermieteten Grundbesitz auf den Miterben B. B leistet an A eine wertgleiche Ausgleichszahlung aus dem vom Erblasser erworbenen Vermögen. A und B sind je hälftig am gesamten Nachlass beteiligt.
>
> Es handelt sich um eine freie, d. h. ohne Einfluss des Erblassers vollzogene Erbauseinandersetzung. Da A seinen Anteil an dem i. S. des § 13d ErbStG begünstigten Vermögens auf B übertragen hat und B seinerseits nicht i. S. des § 13d ErbStG begünstigtes vom Erblasser erworbenes Vermögen hingegeben hat, erhöht sich insoweit der Wert des begünstigten Vermögens des B um den Wert des wertgleich hingegebenen Vermögens. Folglich ist (nur) B berechtigt, den wertmindernden Ansatz nach § 13d ErbStG für das gesamte Grundstück ($^1/_2$-Erteil + $^1/_2$ übertragender Anteil) zu beanspruchen (§ 13d Abs. 2 Satz 3 ErbStG).

522 *Familienstiftungen* und *Familienvereine* (§ 1 Abs. 1 Nr. 4 ErbStG), die in Abständen von 30 Jahren der *Ersatzerbschaftsteuer* unterliegen, können den Befreiungsabschlag für Grundstücke unter den Voraussetzungen des § 13d Abs. 3 ErbStG ebenfalls in Anspruch nehmen (§ 13d Abs. 4 ErbStG).

O. Mehrere Erwerbe innerhalb von 10 Jahren (§ 14 ErbStG)

I. Zusammenrechnung rechtlich selbständiger Erwerbe innerhalb von zehn Jahren

523 Mehrere innerhalb von zehn Jahren von derselben Person anfallende Vermögensvorteile werden in der Weise zusammengerechnet, dass dem letzten Erwerb die früheren Erwerbe nach ihrem früheren Wert zugerechnet werden (§ 14 Abs. 1 Satz 1 ErbStG). Dabei verlieren die einzelnen Erwerbe jedoch nicht ihre Selbständigkeit (R E 14.1 Abs. 1 Satz 2 ErbStR); vielmehr geht es lediglich darum, die Steuer für den letzten Erwerb zutreffend zu ermitteln (BFH vom 17. 4. 1991, BStBl 1991 II S. 522 sowie vom 7. 10. 1998, BStBl 1999 S. 25). Nach § 14 Abs. 1 Satz 2 ErbStG wird von der Steuer für den Gesamtbetrag die Steuer abgezogen, die für die früheren Erwerbe nach den persönlichen Verhältnissen des Erwerbers und *auf der Grundlage der geltenden Vorschriften zur Zeit des letzten Erwerbs* zu erheben gewesen wäre – *fiktive Steuer*. Anstelle der fiktiven Steuer nach § 14 Abs. 1 Satz 2 ErbStG ist die tatsächlich für die in die Zusammenrechnung einbezogenen früheren Erwerbe zu entrichtende Steuer abzuziehen, wenn diese höher ist – *Abzugssteuer* (§ 14 Abs. 1 Satz 3 ErbStG). Die tatsächlich zu entrichtete Steuer i. S. v. § 14 Abs. 1 Satz 3 ErbStG ist dabei die Steuer, die bei zutreffender Beurteilung der Sach- und Rechtslage festzusetzen gewesen wäre, und nicht die für den Vorerwerb ggf. unzutreffend festgesetzte Steuer (BFH vom 9. 7. 2009, BStBl 2009 II S. 969).

524 Zur *Verhinderung nicht gerechtfertigter Steuervorteile*, die sich im Zusammenhang mit der Berücksichtigung früherer Erwerbe bei der Steuerfestsetzung für einen späteren Erwerb ergeben, regelt § 14 Abs. 1 *Satz 4* ErbStG, dass die Steuer, die sich für den letzten Erwerb ohne Zusammenrechnung mit früheren Erwerben ergibt, durch den Abzug der Steuer nach § 14 Abs. 1 Satz 2 oder 3 ErbStG *nicht unterschritten* werden darf – *Mindeststeuer*. Die Begrenzung des Abzugs der Steuer auf den Vorerwerb begründet der Steuergesetzgeber wie folgt: Wenn die früher für einen Vorerwerb tatsächlich zu entrichtende Steuer höher ist als die fiktiv dafür zu ermittelnde Steuer zur Zeit des Letzterwerbs, kann es dazu kommen, dass die für den Letzterwerb festzusetzende Steuer *nur null Euro* beträgt, *obwohl* bei diesem Letzterwerb selbst *erhebliche Vermögenswerte übertragen* wurden. Mit der gesetzlichen Verankerung der beschriebenen *Untergrenze* wird der eigentliche Zweck der Vorschrift erreicht, dass durch die Zusammenrechnung der *persönliche Freibetrag nur einmal im Zehnjahreszeitraum* berücksichtigt und *Progressionsvorteile* durch Aufteilen einer Zuwendung in mehrere kleinere *vermieden* werden sollen.

Mehrere Erwerbe innerhalb von 10 Jahren (§ 14 ErbStG)

BEISPIEL: Steuerpflichtiger S hatte 2008 seiner damaligen Lebensgefährtin Barvermögen in Höhe von 100 000 € geschenkt. Nach der Heirat am 6.6.2016 schenkt er ihr weiteres Barvermögen in Höhe von 550 000 €.

Erwerb 2008:	
Barvermögen 2008	100 000 €
Persönlicher Freibetrag (§ 16 Abs. 1 Nr. 5 ErbStG a. F.)	./. 5 200 €
Steuerpflichtiger Erwerb	94 800 €
Steuersatz 23 % (§ 19 ErbStG, StKl. III)	
Steuer 2008	21 804 €
Erwerb 2016:	
Barvermögen 2016	550 000 €
Barvermögen 2008	+ 100 000 €
Gesamterwerb	650 000 €
Persönlicher Freibetrag (§ 16 Abs. 1 Nr. 1 ErbStG)	./. 500 000 €
Steuerpflichtiger Erwerb	150 000 €
Steuersatz 11 % (§ 19 ErbStG, StKl. I)	
Steuer auf Gesamterwerb	16 500 €
Fiktive Steuer auf Vorerwerb 2008:	
Barvermögen	100 000 €
Verbrauchter persönlicher Freibetrag (aktueller FB 500 000 €, max. tatsächlich verbrauchter FB)	./. 5 200 €
Steuerpflichtiger Erwerb	94 800 €
Steuersatz 11 % (§ 19 ErbStG, StKl. I)	
fiktive Steuer 2008	10 428 €
Abzuziehen ist die höhere tatsächliche Steuer 2008 (s. o.)	./. 21 804 €
Steuer danach	0 €
Mindestansatz der festzusetzenden Steuer:	
Barvermögen 2016	550 000 €
Persönlicher Freibetrag	./. 500 000 €
Steuerpflichtiger Erwerb	50 000 €
Steuersatz 7 % (§ 19 ErbStG, StKl. I)	
Festzusetzende Steuer 2016	3 500 €

Die durch jeden weiteren Erwerb veranlasste Steuer darf nach § 14 Abs. 3 ErbStG nicht mehr als 50 % dieses Erwerbs bezogen auf die Bereicherung betragen (*Maximalsteuer*). Die 50 %-Grenze entspricht dem maximalen Steuersatz in der Steuerklasse III (§ 19 Abs. 1 ErbStG). Die Praxiserfahrungen zeigen, dass die Reglung zur Maximalsteuer aufgrund der Härtefallregelung nach § 19 Abs. 3 ErbStG nur selten zur Anwendung kommt.

II. Festsetzungsfrist

526 § 14 Abs. 2 ErbStG hat die *Beendigung der Festsetzungsfrist* zum Gegenstand. In Fällen, in denen ein Wert, der in einen späteren Erwerb einzubeziehen ist, rückwirkend verändert wurde, ist der Festsetzungsbescheid aufgrund des vorangegangenen Erwerbs nach § 175 Abs. 1 Satz 1 Nr. 2 AO zu korrigieren – *rückwirkendes Ereignis*. Der geänderte Wert muss folglich auch beim späteren Erwerb berücksichtigt werden. In der Besteuerungspraxis kann es jedoch vorkommen, dass für den späteren Erwerb die Festsetzungsfrist bereits abgelaufen ist. Diese Sachverhaltskonstellation ist Anknüpfungspunkt für § 14 Abs. 2 ErbStG: Die Vorschrift regelt, dass die *Festsetzungsfrist für die Änderung des Festsetzungsbescheids für den späteren Erwerb* nach § 175 Abs. 1 Satz 1 Nr. 2 AO nicht vor dem Ende der Festsetzungsfrist des vorangegangenen Bescheids endet.

P. Berechnung der Steuer (§§ 15 ff. ErbStG)

I. Grundsätze

527 Die Höhe der Erbschaft- oder Schenkungsteuer hängt vom *Verwandtschaftsgrad* ab. Entsprechend werden die Erwerber nach Maßgabe des § 15 ErbStG in drei Steuerklassen eingeteilt. Hiernach richten sich der persönliche Freibetrag (§ 16 ErbStG) und der Tarif (§ 19 ErbStG), d. h. der Vomhundertsatz, der auf den um die Freibeträge geminderten steuerpflichtigen Erwerb angewandt wird.

Bereicherung des Erwerbers

+ (ggf.) hinzuzurechnende Vorerwerbe i. S. des § 14 ErbStG

./. persönliche Freibeträge (§ 16 ErbStG)

./. besonderer Versorgungsfreibetrag in Erbfällen (§ 17 ErbStG)

= steuerpflichtiger Erwerb (Bemessungsgrundlage für die Steuer)

II. Steuerklassen (§ 15 ErbStG)

1. Einteilung der Erwerber

528 Nach den persönlichen Verhältnissen des Erwerbers zum Erblasser oder Schenker werden *drei Steuerklassen* unterschieden (§ 15 Abs. 1 ErbStG). Nach der Steuerklasse bestimmt sich der persönliche Freibetrag, bis zu dem der Erwerb steuerfrei bleibt und der auf den steuerpflichtigen Erwerb anzuwendende Steuersatz.

Steuerklasse I:

Hierunter fallen

1. der Ehegatte und der Lebenspartner;
2. die Kinder und Stiefkinder;
3. die Abkömmlinge der Kinder und Stiefkinder, also die Enkel und Urenkel;
4. die Eltern und Voreltern (Großeltern) bei Erwerben von Todes wegen.

Da ein *Verlöbnis* als Vorstufe der Ehe nicht unter den besonderen Schutz des Art. 6 Abs. 1 GG fällt, ist die Anwendung der *ungünstigsten Steuerklasse* beim Erwerb vom Verlobten *keine unbillige sachliche Härte*. Die Voraussetzungen einer unbilligen sachlichen Härte (§§ 163, 227 AO) liegen aufgrund des eindeutigen Gesetzeswortlauts in diesen Fällen nicht vor (BFH vom 23. 3. 1998, BStBl 1998 II S. 396).

Steuerklasse II:

Hierunter fallen

1. die Eltern und Voreltern (Großeltern), soweit sie nicht zur Steuerklasse I gehören (beim Erwerb unter Lebenden),

2. die Geschwister,

3. die Abkömmlinge ersten Grades von Geschwistern (Neffen, Nichten),

4. die Stiefeltern,

5. die Schwiegerkinder,

6. die Schwiegereltern,

7. der geschiedene Ehegatte und der Lebenspartner einer aufgehobenen Lebenspartnerschaft.

Die Steuerklassen I und II Nr. 1 bis 3 gelten auch dann, wenn die Verwandtschaft durch Annahme als Kind bürgerlich-rechtlich erloschen ist (§ 15 Abs. 1a ErbStG). Als Abkömmlinge i. S. des § 15 ErbStG (Steuerklasse I Nr. 3 und Steuerklasse II Nr. 3) sind auch *Adoptivkinder* und *Stiefkinder* anzusehen.

Steuerklasse III:

Hierunter fallen alle übrigen Erwerber – auch der Verlobte und der nichteheliche (auch langjährige) Lebenspartner sowie die Zweckzuwendungen.

Der *Begriff „Kind"* wird im Erbschaftsteuer- und Schenkungsteuergesetz als *eigenständiger Begriff* verwendet (H E 15.1 ErbStH). Er setzt, wie die Einbeziehung der mit dem Stiefelternteil nur verschwägerten Stiefkinder in die Steuerklasse I Nr. 2 zeigt, das Bestehen verwandtschaftlicher Verhältnisse im zivilrechtlichen Sinne nicht zwingend voraus. Die Stiefkinder von Geschwistern sind als „Abkömmlinge" i. S. der Steuerklasse II Nr. 3 anzusehen. Zu den Schwiegerkindern i. S. des § 15 Abs. 1 Steuerklasse II Nr. 5 ErbStG sind deshalb auch die Ehegatten von Stiefkindern (Stiefschwiegerkinder) zu rechnen (BFH vom 6. 9. 1989, BStBl II S. 898) 529

Schließen künftige gesetzliche Erben einen *Erbschaftsvertrag*, wonach der eine auf seine künftigen Pflichtteils(ergänzungs)ansprüche gegen Zahlung eines Geldbetrages verzichtet, stellt die Zahlung eine freigebige Zuwendung i. S. des § 7 Abs. 1 Nr. 1 ErbStG dar. Die Steuerklasse richtet sich nach dem Verhältnis des Zuwendungsempfängers (Verzichtenden) zum zukünftigen Erblasser (BFH vom 25. 1. 2001, BStBl 2001 II S. 456). 530

2. Sonderregelung für Stiftung, Verein und Vermögensmasse ausländischen Rechts

531 Beim Übergang von Vermögen auf eine vom Erblasser angeordnete Stiftung (§ 3 Abs. 2 Nr. 1 ErbStG) und auch im Falle des Übergangs von Vermögen aufgrund eines Stiftungsgeschäfts unter Lebenden (§ 7 Abs. 1 Nr. 8 ErbStG) ist der Besteuerung das Verwandtschaftsverhältnis des nach der Stiftungsurkunde entferntest Berechtigten zu dem Erblasser oder Schenker zugrunde zu legen, sofern die Stiftung wesentlich im Interesse einer Familie oder bestimmter Familien errichtet worden ist (§ 15 Abs. 2 Satz 1 ErbStG). Bei der Bestimmung der Steuerklasse ist nach R E 15.2 Abs. 1 Satz 2 ErbStR daher auf die nach der Satzung möglichen entferntest Berechtigten abzustellen, auch wenn diese im Zeitpunkt der Errichtung der Familienstiftung noch nicht unmittelbar bezugsberechtigt sind, sondern es erst in der Generationenfolge werden. Bei der Errichtung einer Familienstiftung sind deshalb als entferntest Berechtigte diejenige anzusehen, die – ohne einen klagbaren Anspruch haben zu müssen – nach der Satzung Vermögensvorteile aus der Stiftung erlangen können.

In den Fällen des § 7 Abs. 1 Nr. 9 Satz 1 ErbStG – es geht hier um das, was bei Aufhebung einer Stiftung oder bei Auflösung eines Vereins, dessen Zweck auf die Bindung von Vermögen gerichtet ist, erworben wird – gilt als Schenker der Stifter oder derjenige, der das Vermögen auf den Verein übertragen hat (§ 15 Abs. 2 Satz 2 1. Halbsatz ErbStG). In den Fällen des § 7 Abs. 1 Nr. 9 Satz 2 ErbStG – es geht hier um den Erwerb bei Auflösung einer Vermögensmasse ausländischen Rechts, deren Zweck auf die Bindung von Vermögen gerichtet ist sowie um den Erwerb durch Zwischenberechtigte während des Bestehens der Vermögensmasse – gilt derjenige als Schenker, der die Vermögensmasse i. S. des § 3 Abs. 2 Nr. 1 Satz 2 oder § 7 Abs. 1 Nr. 8 Satz 2 ErbStG gebildet oder ausgestattet hat.

Überträgt der Stifter nach Errichtung einer Familienstiftung später weiteres Vermögen auf die Stiftung, wird diese Zustiftung nach Steuerklasse III besteuert (R E 15.2 Abs. 3 ErbStR).

532 In den Fällen der *Erbersatzsteuer* (§ 1 Abs. 1 Nr. 4 ErbStG) wird der doppelte Freibetrag nach § 16 Abs. 1 Nr. 2 ErbStG (2 x 400 000 € = 800 000 €) gewährt; dabei ist die Steuer nach dem Vomhundertsatz der Steuerklasse I zu berechnen, der für die Hälfte des steuerpflichtigen Vermögens gelten würde (§ 15 Abs. 2 Satz 3 ErbStG; vgl. dazu auch Tz 12 und das dortige Beispiel).

3. Berliner Testament

533 Bestimmen die Ehegatten beim gemeinschaftlichen Testament, dass der beiderseitige Nachlass mit dem Tod des Letztversterbenden an die gemeinschaftlichen Kinder fallen soll, liegt ein sog. *Berliner Testament* (§ 2269 BGB) vor. Hierbei ist im Zweifel von der Annahme auszugehen, dass die *Kinder* als sog. *Schlusserben* für den Gesamtnachlass eingesetzt sind. Die Schlusserben sind ausschließlich Erben des zuletzt versterbenden Ehegatten. Dies gilt auch für das Vermögen, welches vom erstverstorbenen Ehegatten herrührt. Folglich liegt nur ein *einheitlicher Erwerb* von Todes wegen *vom letztversterbenden Ehegatten* vor. § 15 Abs. 3 Satz 1 ErbStG bestimmt, dass im Falle des § 2269 BGB (und soweit der überlebende Ehegatte an die Verfügung gebunden ist) *auf Antrag der*

Versteuerung das Verhältnis des Schlusserben zum zuerst verstorbenen Ehegatten zugrunde zu legen ist, soweit sein Vermögen beim Tode des überlebenden Ehegatten noch vorhanden ist. Eine Antragstellung ist sinnvoll, wenn der Schlusserbe mit dem zuerst verstorbenen Ehegatten näher verwandt ist als mit dem überlebenden Ehegatten. Bei der Antragstellung ist die Vorschrift des § 14 ErbStG zu beachten, wenn der Schlusserbe von dem zuerst verstorbenen Ehegatten Vorschenkungen erhalten hat. Nach § 15 Abs. 3 Satz 2 ErbStG richtet sich die Besteuerung nach den für Fälle der Vor- und Nacherbschaft einschlägigen Regelungen (vgl. § 6 Abs. 2 ErbStG, Tz. 68). Die Regelungen des § 15 Abs. 3 ErbStG gelten für den *überlebenden Lebenspartner* entsprechend.

Das Vermögen der Ehegatten verschmilzt beim Berliner Testament – im Gegensatz zur Vor- und Nacherbschaft (§ 6 ErbStG) – zu einer Einheit *(sog. Einheitsprinzip)*. Aus erbschaftsteuerlicher Warte ist das Berliner Testament eine ungünstige Regelung, da die regelmäßig als Schlusserben bedachten Kinder das Vermögen der Eltern durch einen einzigen Erwerb von Todes wegen erhalten. Hieraus resultiert eine zweifache Erfassung des Nachlasses des Erstversterbenden, nämlich bei dessen Tod sowie beim Tod des Letztversterbenden – eine Erbschaftsteuerermäßigung ist allerdings denkbar, wenn beide Erwerbe in einem Zeitraum von weniger als zehn Jahren aufeinander erfolgen (§ 27 ErbStG, vgl. Tz 552 ff.). Zudem werden die persönlichen Freibeträge des § 16 ErbStG von den Kindern nur einmal, nämlich beim Tod des längstlebenden Ehegatten ausgenutzt. 534

4. Steuersatz bei Schenkung durch eine Kapitalgesellschaft

Bei einer Schenkung durch eine Kapitalgesellschaft oder Genossenschaft (vgl. Tz. 95 ff.) ist nach § 15 Abs. 4 ErbStG der Besteuerung das persönliche Verhältnis des Erwerbers zu derjenigen unmittelbar oder mittelbar beteiligten natürlichen Person oder Stiftung zugrunde zu legen, durch die die Schenkung veranlasst ist. In diesem Fall gilt die Schenkung bei der Zusammenrechnung früherer Erwerbe (§ 14 ErbStG) als Vermögensvorteil, der dem Bedachten von dieser Person anfällt. Die Regelung des § 15 Abs. 4 ErbStG gilt für Erwerbe nach dem 13. 12. 2011. 535

III. Persönliche Freibeträge (§ 16 ErbStG)

536 Die Freibeträge i. S. des § 16 ErbStG betragen in

Steuerklasse	Personenkreis	Freibetrag
I	Ehegatte, Lebenspartner	500 000 €
	Kinder, Stiefkinder, Kinder verstorbener Kinder und verstorbener Stiefkinder	400 000 €
	Enkelkinder	200 000 €
	Eltern und Großeltern bei Erwerbe von Todes wegen	100 000 €
II	Eltern und Großeltern bei Schenkungen; Geschwister, Neffen und Nichten; Stiefeltern, Schwiegereltern; geschiedene Ehegatten; Lebenspartner einer aufgehobenen Lebenspartnerschaft	20 000 €
III	alle übrigen Beschenkten und Erwerber (z. B. Tanten, Onkel); Zweckzuwendungen	20 000 €

Für *beschränkt Steuerpflichtige* beläuft sich der Freibetrag auf 2 000 € (§ 16 Abs. 2 ErbStG). Vgl. dazu auch Tz 16 ff. sowie Tz 27a.

IV. Besonderer Versorgungsfreibetrag (§ 17 ErbStG)

1. Freibetrag für den überlebenden Ehegatten/Lebenspartner

537 Dem *überlebenden – unbeschränkt steuerpflichtigen – Ehegatten* sowie dem *überlebenden Lebenspartner* wird neben dem persönlichen Freibetrag nach § 16 Abs. 1 Nr. 1 ErbStG ein *besonderer Versorgungsfreibetrag* in Höhe von maximal 256 000 € gewährt (§ 17 Abs. 1 Satz 1 ErbStG). Nach § 17 Abs. 1 Satz 2 ErbStG wird der Freibetrag bei Ehegatten, denen *aus Anlass des Todes des Erblassers* nicht der Erbschaftsteuer unterliegende Versorgungsbezüge zustehen, um den nach § 14 BewG zu ermittelnden Kapitalwert dieser Versorgungsbezüge *gekürzt*. Zu den nicht steuerbaren Versorgungsbezügen gehören z. B. Witwenrenten aus der gesetzlichen Sozialversicherung. Weitere Einzelheiten zu den nicht steuerbaren Versorgungsbezügen ergeben sich aus R E 17 Abs. 1 Satz 2 ErbStR. Bei lebenslänglichen Versorgungsbezügen ergibt sich der Kapitalisierungsfaktor aus der maßgeblichen Sterbetafel (vgl. Tz 358 f.).

Nach R E 17 Abs. 2 ErbStR sind bei der Kürzung des Versorgungsfreibetrags gem. § 17 Abs. 1 Satz 2 ErbStG alle von der Erbschaftsteuer nicht erfassten Versorgungsleistungen zu berücksichtigen, und zwar *unabhängig* davon, ob es sich bei den Versorgungsleistungen um lebenslängliche Leistungen, um Leistungen auf eine bestimmte Zeit oder um Leistungen in einem Einmalbetrag (BFH vom 2. 7. 1997, BStBl 1997 II S. 623) handelt. Bei der Berechnung des Kapitalwertes der Versorgungsbezüge ist von den jährlichen Bruttobezügen auszugehen. Spätere Änderungen in der Höhe der Bezüge sind nur zu berücksichtigen, wenn sie schon zur Zeit des Todes des Erblassers mit Sicherheit vorauszusehen waren (R E 17 Abs. 3 Satz 7 ErbStR). Ist der Kapitalwert der nicht steuerbaren Versorgungsbezüge höher als der Versorgungsfreibetrag, reduziert sich der Freibetrag auf 0 €. Eine Besteuerung des übersteigenden Werts erfolgt nicht.

BEISPIEL: Herr Bolte stirbt am 24.9.2016 und hinterlässt seine 73-jährige Witwe. Die Witwe erhält eine monatliche – nicht steuerbare – Witwenrente von 1 250 €.

Der Witwe steht als überlebende Ehegattin ein besonderer Versorgungsfreibetrag nach § 17 ErbStG zu. Der Freibetrag ist wie folgt um die kapitalisierten steuerfreien Versorgungsbezüge zu kürzen:

besonderer Versorgungsfreibetrag, max.		256 000 €
abzügl. steuerfreie Versorgungsbezüge: Jahreswert	(1 250 € x 12 Monate =) 15 000 €	
kapitalisierte Versorgungsbezüge Vervielfältiger lt. Sterbetafel für 2016 (BMF-Schreiben vom 2.12.2015, BStBl 2015 I S. 954)	(15 000 € x 9,947 =)	./. 149 205 €
verbleibender besonderer Versorgungsfreibetrag		106 795 €

2. Freibetrag für Kinder

Auch den Kindern des Erblassers steht unter bestimmten Voraussetzungen ein besonderer Versorgungsfreibetrag zu. Nach § 17 Abs. 2 Satz 1 ErbStG wird – neben dem Freibetrag gem. § 16 Abs. 1 Nr. 2 ErbStG – Kindern i. S. der Steuerklasse I Nr. 2 (§ 15 Abs. 1 ErbStG) *für Erwerbe von Todes wegen* ein besonderer Versorgungsfreibetrag gewährt, der wie folgt *gestaffelt* ist:

538

- ▶ bei einem Alter bis zu 5 Jahren i. H. von   52 000 €;
- ▶ bei einem Alter von mehr als 5 bis zu 10 Jahren i. H. von   41 000 €;
- ▶ bei einem Alter von mehr als 10 bis zu 15 Jahren i. H. von   30 700 €;
- ▶ bei einem Alter von mehr als 15 bis zu 20 Jahren i. H. von   20 500 €;
- ▶ bei einem Alter von mehr als 20 bis zur Vollendung des 27. Lebensjahres i. H. von   10 300 €.

Bei den Kindern kann es sich – da § 17 Abs. 2 Satz 1 ErbStG auf § 16 Abs. 1 Nr. 2 ErbStG Bezug nimmt – um eheliche oder nichteheliche Kinder, Stiefkinder oder Adoptivkinder handeln, die ihrerseits unbeschränkt steuerpflichtig sind. Der besondere Versorgungsfreibetrag kommt mithin nicht für Enkelkinder in Betracht, auch wenn diese anstelle eines verstorbenen Kindes erben. Der Versorgungsfreibetrag entfällt zudem gänzlich, wenn die Kinder älter als 27 Jahre sind.

Stehen dem Kind aus Anlass des Todes des Erblassers Versorgungsbezüge zu (z. B. Waisengeld), die nicht der Erbschaftsteuer unterliegen, so wird der Freibetrag um den nach § 13 Abs. 1 BewG zu ermittelnden Kapitalwert dieser Versorgungsbezüge *gekürzt* (§ 17 Abs. 2 Satz 2 ErbStG). Bei der Berechnung des Kapitalwerts ist von der nach den Verhältnissen am Stichtag *voraussichtlichen Dauer* der Bezüge auszugehen (Kapitalisierungsfaktor nach Anlage 9a zum BewG).

539 Obwohl § 17 ErbStG auf die persönlichen Freibeträge des § 16 ErbStG Bezug nimmt, ist der besondere *Versorgungsfreibetrag nur bei Erwerben von Todes wegen*, nicht hingegen bei Schenkungen unter Lebenden zu gewähren (R E 1.1 Satz 3 Nr. 6 ErbStR). Für Schenkungen, die erst nach dem Tod des schenkenden Ehegatten ausgeführt werden, ist § 17 ErbStG ebenfalls nicht einschlägig (BFH vom 14. 2. 1982, BStBl 1983 II S. 19).

V. Steuersätze (§ 19 ErbStG)

1. Erbschaftsteuertarif

540 Grundlage für die Höhe der Erbschaftsteuer ist der steuerpflichtige Erwerb, der sich nach Abzug der Freibeträge (§§ 16, 17 ErbStG) und dem hierauf anzuwendenden Tarif ergibt. Der Steuersatz i. S. des § 19 Abs. 1 ErbStG richtet sich nach der *Steuerklasse* und nach dem *Wert des steuerpflichtigen Erwerbs*. Die Eingangsstufe und die Progression sind für jede Steuerklasse unterschiedlich gestaltet. Jede Stufe gilt bis zur Überschreitung der nächsten Grenze. In bestimmten Fällen ist ein Härteausgleich nach § 19 Abs. 3 ErbStG zu berücksichtigen (vgl. Tz 542).

Die ErbSt wird gem. § 19 Abs. 1 ErbStG nach folgenden *Vomhundertsätzen* erhoben:

Steuersätze § 19 Abs. 1 ErbStG			
Wert des steuerpflichtigen Erwerbs bis einschließlich …	Prozentsatz in der Steuerklasse		
	I	II	III
75 000 EUR	7	15	30
300 000 EUR	11	20	30
600 000 EUR	15	25	30
6 000 000 EUR	19	30	30
13 000 000 EUR	23	35	50
26 000 000 EUR	27	40	50
über 26 000 000 EUR	30	43	50

2. Progressionsvorbehalt

541 Ist im Fall der *unbeschränkten Steuerpflicht* nach Maßgabe des § 2 Abs. 1 Nr. 1 ErbStG oder bei der Option eines beschränkt Steuerpflichtigen zur unbeschränkten Steuerpflicht gem. § 2 Abs. 3 ErbStG ein Teil des Vermögens der inländischen Besteuerung aufgrund eines Abkommens zur Vermeidung der Doppelbesteuerung (DBA) entzogen, ist die Steuer nach dem Steuersatz zu erheben, der für *den ganzen Erwerb gelten* würde (§ 19 Abs. 2 ErbStG). Diese Vorschrift trägt dem Umstand Rechnung, dass das DBA mit der *Schweiz* (Art. 10 Abs. 1 DBA-Schweiz) zur Vermeidung der Doppelbesteuerung eines Erwerbers die *Freistellungsmethode* vorsieht (vgl. dazu auch Tz. 22). Der Progressionsvorbehalt des § 19 Abs. 2 ErbStG bedeutet für einen in Deutschland unbeschränkt steu-

erpflichtigen Erwerber, dass auf seinen steuerpflichtigen Erwerb – unbeschadet des freigestellten Vermögens – der Steuersatz anzuwenden ist, der sich für den gesamten steuerpflichtigen Erwerb unter Einbeziehung des freigestellten Vermögens ergeben würde. Dieserart wird sichergestellt, dass der Erwerb – neben der Freistellung des DBA-begünstigten Vermögens – nicht auch noch von einer günstigeren Wertstufe des Steuertarifs profitiert.

Ein *Progressionsvorbehalt* i. S. des § 19 Abs. 2 ErbStG muss *im DBA selbst vorgesehen* sein (BFH vom 9.11.1966, BStBl 1967 III S. 88). Bei DBA, die das *Anrechnungsverfahren* vorsehen, ist der Progressionsvorbehalt *ohne Bedeutung* (H E 19 ErbStH).

3. Härteausgleich

Da das Überschreiten der jeweiligen Wertstufen dazu führen kann, dass bei Anwendung des höheren Steuersatzes auf den ganzen Erwerb die *Mehrsteuer höher* ist als der die Wertstufe übersteigende Betrag, sieht § 19 Abs. 3 ErbStG einen sog. Härteausgleich vor. Hiernach wird der Unterschied zwischen der Steuer, die sich bei Anwendung des § 19 Abs. 1 ErbStG ergibt, und der Steuer, die sich berechnen würde, wenn der Erwerb die letzte vorhergehende Wertgrenze nicht überstiegen hätte, nur insoweit erhoben, als er 542

a) bei einem Steuersatz von bis zu 30 % aus der Hälfte,

b) bei einem Steuersatz über 30 % bis zu 50 % aus drei Vierteln

des die Wertgrenze übersteigenden Betrages gedeckt werden kann.

Der *Härteausgleich* nach § 19 Abs. 3 ErbStG ist *fester Bestandteil der Tarifvorschrift*. Er ist in allen Fällen anzuwenden, in denen eine Steuerberechnung tatsächlich oder fiktiv erfolgt, d. h. auch in den Fällen des § 6 Abs. 2, § 10 Abs. 2, der §§ 14 und 15 Abs. 3 sowie §§ 19a und 23 ErbStG.

Die nachfolgend aufgeführte Tabelle zeigt, bis zu welchem Betrag der Härteausgleich bei Überschreitung der letztvorhergehenden Wertgrenze gilt. 543

TAB. 4:	Tabelle der maßgebenden Grenzwerte für die Anwendung des Härteausgleichs (H E 19 ErbStH)		
Wertgrenze gemäß § 19 Abs. 1 ErbStG	Härteausgleich gemäß § 19 Abs. 3 ErbStG bei Überschreiten der letztvorhergehenden Wertgrenze bis einschließlich ... EUR in Steuerklasse		
EUR	I	II	III
75 000	-	-	-
300 000	82 600	87 400	-
600 000	334 200	359 900	-
6 000 000	677 400	749 900	-
13 000 000	6 888 800	6 749 900	10 799 900
26 000 000	15 260 800	14 857 100	-
über 26 000 000	29 899 900	28 437 400	-

BEISPIEL:

Steuerpflichtiger Erwerb in der Steuerklasse I			320 000 €
Steuer hierauf 15 % (§ 19 Abs. 1 ErbStG)		48 000 €	
letztvorhergehende Wertgrenze	300 000 €		
Steuer hierauf 11 % (§ 19 Abs. 1 ErbStG)		33 000 €	
Mehrsteuer für Differenz		15 000 €	
letztvorhergehende Wertgrenze übersteigender Betrag (320 000 € ./. 300 000 €)	20 000 €		
Ansatz gemäß § 19 Abs. 3 Buchstabe a ErbStG mit 50%		10 000 €	
festzusetzende Steuer unter Anwendung der Regelung zum Härteausgleich			43 000 €

Der Unterschiedsbetrag (15 000 €) wird nur insoweit erhoben, als er aus der Hälfte des die Wertgrenze übersteigenden Betrages (1/2 x 20 000 € = 10 000 €) gedeckt werden kann.

VI. Tarifbegrenzung durch Entlastungsbetrag (§ 19a ErbStG)

544 Die Vorschrift des § 19a ErbStG stellt sicher, dass begünstigtes Betriebsvermögen, land- und forstwirtschaftliches Vermögen sowie begünstigte Anteile an Kapitalgesellschaften i. S. des § 13b Abs. 1 ErbStG a. F./§ 13b Abs. 2 ErbStG *bei allen Erwerbern nur nach dem Tarif der Steuerklasse I* besteuert werden. Erreicht wird dieses Ziel durch Berücksichtigung eines *sog. Entlastungsbetrags*. Sind demnach in dem steuerpflichtigen Erwerb einer natürlichen Person der Steuerklasse II oder III Betriebsvermögen, land- und forstwirtschaftliches Vermögen oder Anteile an Kapitalgesellschaften i. S. des § 19a Abs. 2 ErbStG enthalten, ist von der tariflichen ErbSt ein Entlastungsbetrag nach Maßgabe des § 19a Abs. 4 ErbStG abzuziehen (§ 19a Abs. 1 ErbStG).

545 Die *Tarifbegrenzung* kommt nur beim Erwerb durch eine natürliche Person der Steuerklasse II oder III in Betracht (§ 19a Abs. 1 ErbStG). Erwerbe durch juristische Personen und Vermögensmassen sind nicht begünstigt (R E 19a.1 Abs. 1 Satz 2 ErbStR). Der Entlastungsbetrag wird nur für den Teil des zu einem Erwerb gehörenden begünstigten Vermögens im Sinne des § 13b Abs. 1 ErbStG a. F./§ 13b Abs. 2 ErbStG gewährt, der nicht unter § 13b Abs. 4 ErbStG a. F./§ 13a Abs. 1 oder 13c ErbStG fällt *(tarifbegünstigtes Vermögen)*. Das sind bei der Regelverschonung nach § 13a Abs. 1 ErbStG 15 % und bei der Optionsverschonung nach § 13a Abs. 8 ErbStG a. F./§ 13a Abs. 10 ErbStG 0 % des begünstigen Vermögens im Sinne des § 13b Abs. 1 und 2 ErbStG. In den Fällen, in denen die Verwaltungsvermögensgrenze des § 13b Abs. 2 ErbStG a. F. überschritten wird, kann der Entlastungsbetrag nicht gewährt werden, da kein begünstigtes Vermögen vorliegt (vgl. Tz. 434 ff.). Bei dem abschmelzenden Verschonungsabschlag i. S. des § 13c ErbStG kann der Entlastungsbetrag für den steuerpflichtigen Anteil des begünstigten Vermögens gewählt werden.

546 Umfasst das auf einen Erwerber übertragene tarifbegünstigte Vermögen mehrere selbstständig zu bewertende wirtschaftliche Einheiten einer Vermögensart (z. B. mehrere Gewerbebetriebe) oder mehrere Arten begünstigten Vermögens (Betriebsvermögen, land- und forstwirtschaftliches Vermögen, Anteile an Kapitalgesellschaften),

sind deren Werte vor der Anwendung des § 19a Abs. 3 ErbStG zusammenzurechnen. Ist der Steuerwert des gesamten tarifbegünstigten Vermögens nicht insgesamt positiv, kommt die Tarifbegrenzung nicht in Betracht (R E 19a.1 Abs. 2 Satz 5 ErbStR).

Wenn ein Erwerber *tarifbegünstigtes Vermögen* auf Grund einer letztwilligen Verfügung des Erblassers oder einer rechtsgeschäftlichen Verfügung des Erblassers oder Schenkers *auf einen Dritten übertragen* muss, kommt insoweit für ihn der Entlastungsbetrag nicht in Betracht (§ 19a Abs. 2 Satz 2 ErbStG). Der *zur Weitergabe* des begünstigten Vermögens *verpflichtete Erwerber* ist so zu besteuern, als sei das herauszugebende Vermögen auf ihn als nicht tarifbegünstigtes Vermögen übergegangen. Muss der Erwerber nicht das gesamte auf ihn übergegangene tarifbegünstigte Vermögen, sondern nur einen Teil davon weiter übertragen, ist der Entlastungsbetrag zu gewähren, soweit das ihm verbleibende tarifbegünstigte Vermögen einen insgesamt positiven Wert hat (R E 19a.1 Abs. 3 Satz 3 ErbStR). Gleiches gilt für Vermögensübertragungen auf Miterben im Rahmen einer Erbauseinandersetzung (§ 19a Abs. 2 Satz 3 ErbStG). 547

Der auf das tarifbegünstigte Vermögen entfallende *Teil der tariflichen Steuer* ergibt sich gemäß § 19a Abs. 3 ErbStG aus dem Verhältnis des Werts des tarifbegünstigten Vermögens nach Anwendung des § 13a oder §13c ErbStG und nach Abzug der mit diesem Vermögen in wirtschaftlichem Zusammenhang stehenden abzugsfähigen Schulden und Lasten (§ 10 Abs. 5 und Abs. 6 ErbStG) zum Wert des gesamten Vermögensanfalls nach Abzug der mit diesem in wirtschaftlichem Zusammenhang stehenden abzugsfähigen Schulden und Lasten. Maßgebend ist der Vermögensanfall, soweit er der Besteuerung nach dem ErbStG unterliegt (§ 10 Abs. 1 Satz 2 ErbStG). Dazu ist der Steuerwert des gesamten übertragenen Vermögens um die Befreiungen nach §§ 13, 13a und 13c ErbStG und die Nachlassverbindlichkeiten oder die bei Schenkungen abzugsfähigen Schulden und Lasten einschließlich der Erwerbsnebenkosten zu kürzen, die im wirtschaftlichen Zusammenhang mit einzelnen Vermögensgegenständen stehen. Nachlassverbindlichkeiten oder die bei Schenkungen abzugsfähigen Schulden und Lasten einschließlich der Erwerbsnebenkosten, die nicht mit einzelnen Vermögensgegenständen des erworbenen Vermögens im wirtschaftlichen Zusammenhang stehen, sowie die persönlichen Freibeträge sind nicht abzuziehen (R E 19a.2 Abs. 1 ErbStR). 548

Der *Entlastungsbetrag* ergibt sich nach § 19a Abs. 4 ErbStG als Unterschiedsbetrag zwischen der auf das tarifbegünstigte Vermögen entfallenden tariflichen Steuer nach den Steuersätzen der tatsächlichen Steuerklasse des Erwerbers und nach den Steuersätzen der Steuerklasse I. In beiden Fällen ist die Härteausgleichsregelung nach § 19 Abs. 3 ErbStG zu beachten (vgl. Tz 542 f.). Für die *Höhe des persönlichen Freibetrags* bleibt im Rahmen der Ermittlung des steuerpflichtigen Erwerbs die *tatsächliche Steuerklasse des Erwerbers* maßgebend (R E 19a.2 Abs. 2 ErbStR). 549

> **BEISPIEL:** Unternehmer U hat seinen Neffen N (Steuerklasse II) zum Alleinerben eingesetzt; Erwerb von Todeswegen am 6.3.2016. Zum Nachlass gehört ein Gewerbebetrieb (Steuerwert 2 400 000 €) und Aktien (Steuerwert 600 000 €). Der Betrieb verfügt über Verwaltungsvermögen von 20 % des gemeinen Werts, so dass ein Antrag auf Optionsverschonung nach § 13a Abs. 8 ErbStG a. F. nicht gestellt werden konnte. Es kommt nur die Regelverschonung nach § 13a Abs. 1 und 2 i.V. mit § 13b Abs. 4 ErbStG a. F. in Betracht. Ein Darlehen des U (kein Zusammenhang mit dem Betrieb und den Aktien) valutiert noch in Höhe von 100 000 €.

Erbschaftsteuer

Für N ergibt sich folgende Steuerberechnung:

Betriebsvermögen (begünstigt)	2 400 000 €		
Verschonungsabschlag (Regelverschonung, 85 %)	./. 2 040 000 €		
Verbleiben	360 000 €	360 000 €	
gleitender Abzugsbetrag (s. u.)		./. 45 000 €	
Steuerpflichtiges Betriebsvermögen		315 000 €	315 000 €
Berechnung Abzugsbetrag (max.)		150 000 €	
Verbleibender Wert (15 %, s. o.)	360 000 €		
	./. 150 000 €		
Unterschiedsbetrag	210 000 €		
davon 50 %		./. 105 000 €	
Verbleibender Abzugsbetrag		45 000 €	
Übriges Vermögen (Aktien)			+ 600 000 €
Gesamter Vermögensanfall			915 000 €
Nachlassverbindlichkeiten (§ 10 Abs. 5 Nr. 1 ErbStG)			./. 100 000 €
Erbfallkostenpauschale (§ 10 Abs. 5 Nr. 3 ErbStG)			./. 10 300 €
Persönlicher Freibetrag (§ 16 Abs. 1 Nr. 5 ErbStG)			./. 20 000 €
Steuerpflichtiger Erwerb			784 700 €
Anteil des tarifbegünstigten Vermögens: 315 000 : 915 000 € = 34,43 %			
Steuer nach StKl. II (30 % gem. § 19 Abs. 1 ErbStG)			235 410 €
Auf begünstigtes Vermögen entfällt 235 410 € x 34,43 %.		81 051 €	
Steuer nach StKl. I (19 % gem. § 19 Abs. 1 ErbStG)	149 093 €		
Auf begünstigtes Vermögen entfällt 149 093 € x 34,43 %		./. 51 332 €	
Unterschiedsbetrag = Entlastungsbetrag		29 719 €	./. 29 719 €
Festzusetzende Steuer			205 691 €

550 Der Entlastungsbetrag fällt gemäß § 19a Abs. 5 ErbStG mit Wirkung für die Vergangenheit weg, soweit der Erwerber innerhalb von fünf Jahren nach dem Zeitpunkt der Steuerentstehung *(Behaltenszeit)* gegen eine der Behaltensregelungen des § 13a Abs. 5 ErbStG a. F./§ 13a Abs. 6 ErbStG verstößt (vgl. dazu Tz. 417 ff. sowie Tz. 460). Es ist zu beachten, dass die Lohnsummenregelung des § 13a Abs. 1 Satz 2 bis 5 ErbStG a. F./§ 13a Abs. 3 ErbStG für die gewährte Tarifbegrenzung keine Bedeutung hat. Der Steuerbescheid ist in den Fällen des Verstoßes gegen die o. g. Behaltensregelungen nach § 175 Abs. 1 Satz 1 Nr. 2 AO zu ändern *(Nachversteuerung)*. Der Steuerpflichtige wird im Steuerbescheid darauf hingewiesen, dass Verstöße gegen die Behaltensregelungen

nach § 153 Abs. 2 AO anzeigepflichtig sind. Die Finanzämter überwachen die Einhaltung der Behaltenszeit in geeigneter Form.

Der *Entlastungsbetrag* des Erwerbers *entfällt, soweit* innerhalb der Behaltenszeit in schädlicher Weise über das tarifbegünstigte Vermögen verfügt wird. Der Erwerber ist so zu besteuern, als sei dieser Teil des Vermögens mit dem erbschaftsteuerrechtlichen Wert im Besteuerungszeitpunkt von Anfang an auf ihn als nicht tarifbegünstigtes Vermögen übergegangen (R E 19a.3 Abs. 2 Satz 2 ErbStR). Dies gilt auch, wenn bei einer Veräußerung einer wesentlichen Betriebsgrundlage der hierfür erlangte Verkaufserlös entnommen wird. Ein entsprechendes Beispiel kann H E 19a.3 ErbStH entnommen werden. 551

VII. Steuerminderung bei mehrfachem Erwerb desselben Vermögens (§ 27 ErbStG)

1. Allgemeines

Bei mehrfachem Erwerb desselben Vermögens innerhalb kurzer Zeit durch Personen des engsten Familienkreises kann es zu einer ungerechtfertigten und unerwünscht hohen Erbschaftsteuerbelastung kommen. Diesem Umstand trägt der Grundgedanke des § 27 ErbStG Rechnung, indem bei einem mehrfachen Übergang desselben Vermögens innerhalb von zehn Jahren auf den begünstigten Erwerberkreis die auf dieses Vermögen entfallende Steuer bis höchstens 50 % ermäßigt werden soll, soweit das in Rede stehende Vermögen beim Vorerwerber der Besteuerung unterlag. Die Ermäßigung ist in Abhängigkeit der Zeit zwischen Vorerwerb und Letzterwerb gestaffelt. 552

2. Voraussetzungen

a) Begünstigter Personenkreis

Die Ermäßigung greift nach § 27 Abs. 1 ErbStG nur dann, wenn *Personen der Steuerklasse I von Todes wegen* Vermögen anfällt, das in den letzten zehn Jahren vor dem Erwerb bereits von Personen *dieser Steuerklasse* erworben worden ist und für das nach diesem Gesetz eine Steuer zu erheben war. Sowohl der Vorerwerb als auch der Letzterwerb muss mithin zwischen Personen der Steuerklasse I erfolgt sein. 553

> **BEISPIEL:** Das Vermögen der Mutter geht nach ihrem Tod erst auf die Tochter und nach deren Tod von dieser auf deren Ehegatten über. In beiden Fällen ist die Steuerklasse I einschlägig, während im Verhältnis Mutter / Schwiegersohn die Steuerklasse II zur Anwendung käme; dieser Umstand ist jedoch für die Ermäßigung der Steuer nach § 27 Abs. 1 ErbStG unbeachtlich.

Umgekehrt wäre § 27 ErbStG nicht anwendbar, wenn nur im Verhältnis zwischen dem ursprünglichen Vermögensinhaber und dem Letzterwerber Steuerklasse I einschlägig wäre, beim Zweiterwerb hingegen Steuerklasse II oder III zu beachten wäre.

Hat im Fall der Nacherbschaft der Nacherbe von der Möglichkeit des § 6 Abs. 2 Satz 2 ErbStG Gebrauch gemacht, ist der Besteuerung sein Verhältnis zum Erblasser zugrunde zu legen. Unterfällt infolgedessen der Erwerb des Nacherben der Steuerklasse I, sind die 554

Anwendungsvoraussetzungen des § 27 Abs. 1 ErbStG zu bejahen. Übernimmt der zweite Erwerber vom überlebenden Ehegatten im Rahmen eines Berliner Testaments (§ 2269 BGB) und liegen die Voraussetzungen des § 15 Abs. 3 ErbStG vor (vgl. dazu Tz 533 f.), so kann der letzte Erwerber auch im Rahmen des § 27 ErbStG als Erbe des erstversterbenden Ehegatten angesehen werden, wenn das für ihn steuerlich günstiger ist. Bei einer Abfindung für einen Erbverzicht, der in § 7 Abs. 1 Nr. 5 ErbStG als schenkungsteuerlich relevanter Tatbestand ausgewiesen ist, liegt ein Erwerb des Verzichtenden vom künftigen Erblasser vor, und zwar auch in den Fällen, in denen die Abfindung von einem Dritten erbracht wird. Das Verhältnis von Verzichtendem zum künftigen Erblasser ist mithin auch im Anwendungsbereich des § 27 ErbStG zu beachten.

Für die Bestimmung des für die Steuerklasse maßgeblichen Angehörigkeitsverhältnisses ist auf den Zeitpunkt des Erwerbs abzustellen, für den die Ermäßigung nach § 27 ErbStG in Anspruch genommen wird.

b) Letzterwerb von Todes wegen

555 Unter Hinweis auf den Wortlaut des § 27 Abs. 1 ErbStG ist diese Vorschrift *nur auf Erwerbe von Todes wegen* anwendbar. Die Ermäßigung nach § 27 Abs. 1 ErbStG soll – so der Wille des Gesetzgebers – nur bei Erwerben von Todes wegen greifen, um dieserart den Rückgriff auf diese Vorschrift zum Zwecke der Steuerersparnis zu vermeiden. Nach der höchstrichterlichen Rechtsprechung (BFH vom 16.7.1997, BStBl 1997 II S. 625) kann die Schenkungsteuer nicht durch Rückgriff auf § 27 ErbStG ermäßigt werden. R E 1.1 Satz 3 Nr. 8 ErbStR enthält in diesem Sinne den klarstellenden Hinweis auf die *Nichtanwendbarkeit des § 27 ErbStG bei Schenkungen* (vgl. dazu Tz 13).

c) Übergang desselben Vermögens

556 Da § 27 Abs. 1 ErbStG den Übergang von Vermögen voraussetzt, das seinerseits beim Ersterwerb der Besteuerung unterlegen hat, stellt sich die Frage, ob eine Identität der Vermögensgegenstände gegeben sein muss oder die Fortsetzung des ursprünglich übergegangenen Vermögens in Surrogaten ausreichend ist. Im Gegensatz zur Vorschrift des § 13 Abs. 1 Nr. 10 ErbStG, der auf „Vermögensgegenstände" Bezug nimmt, spricht § 27 Abs. 1 ErbStG lediglich von *„Vermögen"*, einem Begriff, der eine *Gesamtheit geldwerter Gegenstände* umschreibt (BFH vom 22.6.1994, BStBl 1994 II S. 656). Damit ist es für die Anwendung des § 27 Abs. 1 ErbStG ausreichend, dass sich das übergegangene Vermögen in *Surrogaten* fortsetzen kann, mithin eine nachweisbare Kontinuität des Wertsaldos besteht (BFH vom 25.3.1974, BStBl 1974 II S. 658). Im Ergebnis muss eine Art- und Funktionsgleichheit des Vermögensgegenstandes, worauf die Rechtsprechung (BFH vom 22.6.1994, a.a.O.) im Zusammenhang mit § 13 Abs. 1 Nr. 10 ErbStG abstellt (vgl. Tz 389), im Anwendungsbereich des § 27 Abs. 1 ErbStG insoweit nicht gegeben sein.

Nach § 27 Abs. 3 ErbStG ist eine Entlastung insoweit ausgeschlossen, als eine zwischenzeitlich eingetretene Wertsteigerung noch nicht zur Steuer herangezogen worden ist. Dies ist darauf zurück zu führen, dass dasselbe Vermögen im Umfang der Wertsteigerung nicht mehrfach besteuert wird (R E 27 Abs. 1 Satz 2 ErbStR). Ist dasselbe Vermögen i. S. des § 27 Abs. 1 ErbStG nur zum Teil auf den Letzterwerber übergegangen, kann die Ermittlung des Umfangs des begünstigten Vermögensübergangs oftmals nur im Wege der *Schätzung* nach § 162 AO erfolgen.

d) Zehnjahreszeitraum

§ 27 Abs. 1 ErbStG *begrenzt die Ermäßigung in zeitlicher Hinsicht* dadurch, dass zwischen den beiden Erwerben kein größerer Zeitabstand als zehn Jahre liegen darf, wobei jeweils der Zeitpunkt maßgeblich ist, in dem die Steuer entstanden ist (§ 9 ErbStG). Unter dieser Voraussetzung bestimmt sich der Vomhundertsatz der Steuerermäßigung nach der *Staffelung* in § 27 Abs. 1 ErbStG wie folgt:

557

um … %	wenn zwischen den beiden Zeitpunkten der Entstehung der Steuer … liegen
50	nicht mehr als 1 Jahr
45	mehr als 1 Jahr, aber nicht mehr als 2 Jahre
40	mehr als 2 Jahre, aber nicht mehr als 3 Jahre
35	mehr als 3 Jahre, aber nicht mehr als 4 Jahre
30	mehr als 4 Jahre, aber nicht mehr als 5 Jahre
25	mehr als 5 Jahre, aber nicht mehr als 6 Jahre
20	mehr als 6 Jahre, aber nicht mehr als 8 Jahre
10	mehr als 8 Jahre, aber nicht mehr als 10 Jahre

Bei der Zusammenfassung mehrerer Vorerwerbe nach Maßgabe des § 14 ErbStG kann auch eine Steuerermäßigung nach § 27 ErbStG in Betracht kommen, wenn ein Erwerb von Todes wegen als Letzterwerb folgt. Hierbei ist für die anzuwendende Kürzungsquote auf den Zeitpunkt der einzelnen Vorschenkung abzustellen (BFH vom 20. 2. 1980, BStBl 1980 II S. 414). Der auf die Mehrfacherwerbe entfallende Steuerbetrag, d. h. die nach § 14 ErbStG festgesetzte Gesamtsteuer, ist im Verhältnis der einzelnen Vorschenkungen aufzuteilen.

558

e) Steuerfestsetzung/Steuerentrichtung für den Vorerwerb

Voraussetzung für die Steuerermäßigung ist, dass für den Vorerwerb eine Steuer nach „diesem Gesetz zu erheben war" (§ 27 Abs. 1 ErbStG), um damit auch nur Mehrfacherwerbe steuerlich zu begünstigen. Für den Vorerwerb muss mithin tatsächlich eine Steuer festgesetzt worden sein. War für den Erwerb infolge der Freibeträge keine Steuer festzusetzen, bleibt kein Raum für die Anwendung des § 27 ErbStG. Des Weiteren fordert § 27 Abs. 3 ErbStG, dass die *Steuer für den Vorerwerb* auch *entrichtet* worden sein muss.

559

3. Ermittlung des Ermäßigungsbetrags

Zur Ermittlung des Steuerbetrags, der auf das begünstigte Vermögen entfällt, ist die Steuer auf den Gesamterwerb in dem Verhältnis aufzuteilen, in dem der Wert des be-

560

günstigten Vermögens zu dem Wert des steuerpflichtigen Gesamterwerbs ohne Abzug des dem Erwerber zustehenden Freibetrags steht (§ 27 Abs. 2 ErbStG). Besteht der Nacherwerb nur aus begünstigtem Vermögen, ist der Ermäßigungsbetrag nach dem aus § 27 Abs. 1 ErbStG herzuleitenden Vomhundertsatz des auf das begünstigte Vermögen beim Zweiterwerb entfallenden Steuerbetrags zu berechnen. Ist hingegen beim Zweiterwerb neben dem begünstigten Vermögen noch weiteres, nicht begünstigtes Vermögen übergegangen, kommt es zwecks Berechnung der Steuerermäßigung zu einer Aufteilung des Erwerbs nach Maßgabe des § 27 Abs. 2 ErbStG.

4. Ermäßigungshöchstbetrag

561 Die Ermäßigung der Steuer nach § 27 Abs. 1 ErbStG darf den Betrag nicht überschreiten, der sich bei Anwendung der dort genannten Vomhundertsätze auf die Steuer ergibt, die der Vorerwerber für den Erwerb desselben, d. h. jetzt begünstigten Vermögens tatsächlich entrichtet hat (§ 27 Abs. 3 ErbStG). Aufgrund dieser Vorgabe kommt insoweit als Ausgangsbetrag für die Ermäßigung nach § 27 Abs. 1 ErbStG höchstens die Steuer des Vorerwerbers in Betracht.

Zu der Frage, wie diese Begrenzung zu berücksichtigen ist, wenn das begünstigte Vermögen beim nachfolgenden Erwerb mehreren Erwerbern anfällt, vertritt die Finanzverwaltung die Auffassung, dass die Summe der Ermäßigungsbeträge der einzelnen Erwerber nach Absatz 1 nicht höher sein darf als der sich nach Absatz 3 ergebende Höchstbetrag. Ist dies der Fall, ist der Höchstbetrag der Ermäßigung auf die einzelnen Erwerber entsprechend ihrem jeweiligen Anteil am mehrfach erworbenen Vermögen zu verteilen (H E 27 ErbStH). Berechnungsbeispiele zur Ermittlung des Ermäßigungsbeitrag nach § 27 ErbStG können H E 27 ErbStH entnommen werden.

5. Vereinbarkeit des § 27 ErbStG mit dem EU-Recht

562 Vgl. zur Vereinbarkeit des § 27 ErbStG mit dem EU-Recht die Ausführungen unter Tz. 27c.

Q. Mitgliederbeiträge (§ 18 ErbStG)

563 Nach § 18 Satz 1 ErbStG sind Beiträge an Personenvereinigungen, die nicht lediglich die Förderung ihrer Mitglieder zum Zweck haben, steuerfrei, soweit die von einem Mitglied im Kalenderjahr der Vereinigung geleisteten Beiträge *300 €* nicht übersteigen. Der Betrag von 300 € stellt einen *Freibetrag* dar, bei dessen *Überschreiten* der Verein die übersteigenden Beiträge nach *Steuerklasse III* zu versteuern hat. Die Befreiungsvorschriften des § 13 Abs. 1 Nr. 16 und 18 ErbStG bleiben *unberührt* (§ 18 Satz 2 ErbStG; vgl. Tz 394 f. und 397).

R. Steuerfestsetzung und Erhebung (§§ 20 – 21 und §§ 30 ff. ErbStG)

I. Steuerschuldner (§ 20 ErbStG)

1. Erwerbe von Todes wegen

Nach § 20 Abs. 1 Satz 1 ErbStG ist Steuerschuldner bei Erwerben von Todes wegen der *Erwerber*; dabei kann es sich um Alleinerben, Miterben, Vermächtnisnehmer oder den durch eine Auflage Begünstigten (§ 3 Abs. 2 Nr. 2 ErbStG) sowie den Vorerben bei einem Vorerbfall handeln. Als Steuerschuldner – weil Erwerber – i. S. des § 20 Abs. 1 Satz 1 ErbStG kann *auch der Pflichtteilsberechtigte* in Betracht kommen, der seinen Pflichtteil geltend gemacht hat.

564

Infolge der Ausgestaltung der ErbSt als Erbanfallsteuer kann die *Erbengemeinschaft* (§ 2032 BGB) selbst *nicht als Steuerschuldnerin* fungieren, da sie erst durch den Übergang des Vermögens kraft Gesetzes begründet wird. *Gütergemeinschaften* kommen ebenfalls *nicht* als Steuerschuldner in Betracht. Personengesellschaften – wie z. B. OHG, KG, GbR – sind hinsichtlich des ihnen durch Erbanfall zufallenden Vermögens nicht Steuerschuldner (BFH vom 14. 9. 1994, BStBl 1995 II S. 81). Vielmehr sind die einzelnen Gesamthänder, die Träger der gesamthänderischen Rechte und Pflichten sind, als Erwerber und damit als Steuerschuldner anzusehen. Hieraus folgt für den umgekehrten Fall, dass bei einem schenkweisen Erwerb von einer Gesamthandsgemeinschaft auch nur die Gesamthänder entreichert werden. In diesen Fällen kommt die Gesamthandsgemeinschaft nicht als Schenker in Betracht, so dass auch kein Raum für die Steuerschuldnerschaft i. S. des § 20 Abs. 1 Satz 1 ErbStG verbleibt (BFH vom 15. 7. 1998, BStBl 1998 II S. 630).

2. Schenkungen

Für Schenkungen unter Lebenden wartet § 20 Abs. 1 Satz 1 ErbStG insoweit mit einer Besonderheit auf, als *neben dem Erwerber auch der Schenker Steuerschuldner* ist. Beide sind Gesamtschuldner mit der Folge, dass jeder von ihnen die gesamte Leistung schuldet (§ 44 Abs. 1 Satz 2 AO), bis die Leistung beglichen ist.

565

In Fällen der Bildung oder Ausstattung einer Vermögensmasse ausländischen Rechts unter Lebenden, deren Zweck auf die Bindung von Vermögen gerichtet ist (§ 7 Abs. 1 Nr. 8 Satz 2 ErbStG), ist die *Vermögensmasse Erwerber* und damit *Steuerschuldner*. Ferner tritt als Steuerschuldner derjenige hinzu, der die Vermögensmasse gebildet oder ausgestattet hat (§ 20 Abs. 1 Satz 2 ErbStG).

3. Zweckzuwendungen

Für Zweckzuwendungen (§ 8 ErbStG) bestimmt § 20 Abs. 1 Satz 1 ErbStG den mit *der Ausführung Beschwerten als Steuerschuldner*. Diese Regelung trägt dem Umstand Rechnung, dass der Beschwerte die Zuwendung um den auf die Steuer entfallenden Betrag kürzen darf.

566

4. Ersatzerbschaftsteuer

567 In Fällen der Ersatzerbschaftsteuer nach § 1 Abs. 1 Nr. 4 ErbStG ist Steuerschuldner die *Stiftung* oder der *Verein* (§ 20 Abs. 1 Satz 1 ErbStG). Für eine Haftung können die Vorstände oder Geschäftsführer nach Maßgabe der §§ 34, 69 AO in Betracht kommen. Destinatäre der Stiftung oder die Vereinsmitglieder können hinsichtlich des von ihnen erworbenen Vermögens Steuerschuldner nach § 20 Abs. 5 ErbStG sein, soweit die Steuer nach § 24 ErbStG verrentet wird und die Stiftung oder der Verein vor Ablauf von 30 Jahren aufgehoben oder aufgelöst wird.

5. Fortgesetzte Gütergemeinschaft

568 Nach § 20 Abs. 2 ErbStG sind die *Abkömmlinge* im Verhältnis der auf sie entfallenden Anteile, der *überlebende Ehegatte* oder der *überlebende Lebenspartner* für den gesamten Steuerbetrag Steuerschuldner. Da der überlebende Ehegatte das Gesamtgut allein verwaltet (§ 1487 BGB), dürfte das Finanzamt regelmäßig diesen aus Zweckmäßigkeitsgründen in Anspruch nehmen. Der überlebende Ehegatte bzw. der überlebende Lebenspartner ist auch beim Tod eines anteilsberechtigten Abkömmlings (§ 4 Abs. 2 ErbStG) Steuerschuldner.

6. Vorerbschaft

569 Da der *Vorerbe* nach § 6 ErbStG als Erbe besteuert wird, ist er Steuerschuldner i. S. des § 20 Abs. 1 ErbStG. Ergänzend ist in diesem Zusammenhang § 20 Abs. 4 ErbStG heranzuziehen, wonach der Vorerbe die durch die Vorerbschaft veranlasste Steuer aus den *Mitteln der Vorerbschaft* zu entrichten hat.

II. Haftung für Erbschaftsteuer

1. Haftung des Nachlasses

570 Der *Nachlass* haftet bis zur Auseinandersetzung (§ 2042 BGB) für die Steuer der am Erbfall Beteiligten (§ 20 Abs. 3 ErbStG). Da jeder Miterbe nach der Auseinandersetzung frei über das ihm angefallene Vermögen disponieren kann, ist die *Nachlasshaftung* des § 20 Abs. 3 ErbStG *auf den ungeteilten Nachlass beschränkt*.

2. Haftung bei unentgeltlicher Weiterübertragung des Erwerbs

571 Hat der Steuerschuldner den Erwerb oder Teile desselben vor Entrichtung der ErbSt einem anderen unentgeltlich zugewendet, so haftet nach § 20 Abs. 5 ErbStG *der andere* in Höhe des Werts der Zuwendung persönlich für die Steuer. Gegenstand des § 20 Abs. 5 ErbStG ist ausschließlich die Haftung des Dritten für die Steuer des Erstempfängers.

3. Haftung der Versicherungsunternehmen

Nach § 20 Abs. 6 Satz 1 ErbStG haften Versicherungsunternehmen, die vor Entrichtung oder Sicherstellung der Steuer die von ihnen zu zahlende Versicherungssumme oder Leibrente in ein Gebiet *außerhalb* des Geltungsbereichs des ErbStG zahlen oder *außerhalb* des Geltungsbereichs des ErbStG wohnhaften Berechtigten zur Verfügung stellen, in Höhe des ausgezahlten Betrages für die Steuer.

572

4. Haftung des Vermögensverwahrers

Die in § 20 Abs. 6 Satz 1 ErbStG verankerte Haftungsregelung für Versicherungsunternehmen wird über § 20 Abs. 6 Satz 2 ErbStG auch auf *Vermögensverwahrer, d. h. Gewahrsamsinhaber*, erstreckt. Neben Geldinstituten kommen hier auch *Testamentsvollstrecker, Notare* und *Erben* als Haftungsschuldner in Betracht. Abweichend von § 20 Abs. 6 Satz 1 ErbStG verlangt § 20 Abs. 6 Satz 2 ErbStG expressis verbis ein *Verschulden (Vorsatz oder Fahrlässigkeit)*. Darüber hinaus ist die Haftung nach Maßgabe des § 20 Abs. 6 Satz 2 ErbStG nur in *Erbschaftsteuerfällen* einschlägig.

573

In der Praxis behalten Versicherungsunternehmen und Geldinstitute die Versicherungssummen bzw. Guthaben bei im Ausland lebenden Erwerbern zunächst ein und fordern vom zuständigen Erbschaftsteuerfinanzamt eine Unbedenklichkeitsbescheinigung zur Auszahlung der Versicherungssummen und Guthaben an. Erst wenn diese erteilt ist, werden die Versicherungssummen und Guthaben den Erwerbern in Höhe der erteilten Unbedenklichkeitsbescheinigung ausgezahlt.

Gehen *nach Eintritt des Erbfalls* auf einem Bankkonto des Erblassers für diesen bestimmte *Rentenzahlungen* ein, die einer *Rückforderung* nach § 118 Abs. 3 SGB VI unterliegen, und hat das Finanzamt der Bank mitgeteilt, sie könne das Kontoguthaben einem außerhalb des Geltungsbereichs des Erbschaftsteuergesetzes wohnhaften Berechtigten bis auf einen bestimmten Betrag zur Verfügung stellen, muss sie die *Rentenzahlungen zusätzlich* zu diesem Betrag *zurückbehalten*, um eine Haftung für die Steuer nach § 20 Abs. 6 Satz 2 ErbStG zu vermeiden (BFH vom 18. 7. 2007, BStBl 2007 II S. 788).

5. Haftungsmindestgrenze

Nach § 20 Abs. 7 ErbStG ist die *Haftung* nach Maßgabe des § 20 Abs. 6 ErbStG *nicht geltend zu machen*, wenn der in einem Steuerfall in ein Gebiet außerhalb des Geltungsbereichs des ErbStG gezahlte oder außerhalb des Geltungsbereichs des ErbStG wohnhaften Berechtigten zur Verfügung gestellte Betrag *600 € nicht übersteigt*.

574

III. Anrechnung ausländischer Erbschaftsteuer (§ 21 ErbStG)

1. Grundsätze

Bei *unbeschränkter Erbschaftsteuerpflicht* (§ 2 Abs. 1 ErbStG) erstreckt sich die deutsche ErbSt auf den gesamten Vermögensanfall einschließlich des ausländischen Nachlassvermögens (Weltvermögen). Im Zweifel wird, soweit der Nachlass im Ausland belegen

575

ist, auch der ausländische Staat ErbSt erheben. Mit einigen, bisher noch wenigen Staaten, sind Erbschaftsteuerabkommen zur Vermeidung der Doppelbesteuerung abgeschlossen worden (vgl. dazu Tz 21 ff.).

Die Vorschrift des § 21 ErbStG, die sich der Anrechnung ausländischer Erbschaftsteuer widmet, will eine *doppelte Belastung* auch hinsichtlich der Vermögen, die in einem Staat liegen, mit dem kein DBA besteht, *vermeiden*. Das geschieht durch Anrechnung der ausländischen ErbSt auf die deutsche ErbSt. Diese *Anrechnung* ist jedoch auf die Höhe *begrenzt*, die der deutschen ErbSt entspricht.

576 *Voraussetzung* für die Anwendung des § 21 ErbStG sind:
- Antrag des Steuerpflichtigen auf Anrechnung der ausländischen Erbschaftsteuer,
- kein Doppelbesteuerungsabkommen,
- unbeschränkte Steuerpflicht (damit auch in Optionsfällen nach § 2 Abs. 3 ErbStG möglich),
- Auslandsvermögen,
- Belastung mit ausländischer Steuer (die Steuer muss festgesetzt und gezahlt sein; sie darf keinem Ermäßigungsanspruch mehr unterliegen),
- Auslandsvermögen muss auch der deutschen ErbSt unterliegen,
- Entstehung der deutschen Steuer innerhalb von fünf Jahren nach Entstehung der ausländischen Steuer.

2. Durchführung der Anrechnung

577 Die auf die deutsche Steuer anzurechnende gezahlte ausländische Steuer ist – ebenso wie der Wert des steuerpflichtigen Erwerbs – nach dem auf den Zeitpunkt der Entstehung der deutschen Steuer festgestellten amtlichen Devisenkurs (maßgeblich ist jeweils der Briefkurs) umzurechnen (BFH vom 19.3.1991, BStBl 1991 II S. 521 sowie R E 21 Abs. 2 ErbStR).

578 **a) Der gesamte Nachlass setzt sich aus Auslandsvermögen zusammen**

Besteht der Erwerb *nur* aus *Auslandsvermögen*, das uneingeschränkt sowohl der ausländischen als auch der deutschen Besteuerung unterliegt, ist die ausländische Steuer in vollem Umfang auf die deutsche Steuer anzurechnen. Falls jedoch die ausländische Steuer höher ist als die deutsche Steuer, kommt eine Erstattung nicht in Betracht.

BEISPIEL (VEREINFACHT): Inländer E ist verstorben. Er hinterlässt A nur Auslandsvermögen. Der Nachlasswert beträgt nach deutschem Steuerrecht 1 000 000 €. Der steuerpflichtige Erwerb beläuft sich nach Berücksichtigung von Freibeträgen auf 600 000 €.

Deutsche Steuer = 15 % = 90 000 €

Ausländische Steuer:
a) 50 000 €;
b) 120 000 €.

Im Fall a) wird die ausländische Steuer in voller Höhe angerechnet, so dass nur noch 40 000 € ErbSt (90 000 € - 50 000 €) zu zahlen sind.

Im Fall b) werden nur max. 90 000 € ausländische Steuer angerechnet, so dass es i. H. von 30 000 € nicht zu einer Erstattung kommt.

Auch in den Fällen, in denen ein Erwerb aus einem ausländischen Nachlass im Inland wegen Abzugs von Nachlassverbindlichkeiten mit einem niedrigeren Wert als im Ausland zur ErbSt herangezogen wird, ist die anrechenbare ErbSt nicht im Verhältnis zu kürzen, in dem das Auslandsvermögen durch die bei der ausländischen Erbschaftsbesteuerung unberücksichtigt gebliebenen Nachlassverbindlichkeiten gemindert worden ist, sondern in voller Höhe auf die ErbSt nach deutschem Recht anzurechnen (BFH vom 26.6.1963, BStBl 1963 III S. 402). Das Gleiche gilt auch bei der Anwendung eines höheren Freibetrags. Wird für dasselbe Auslandsvermögen von mehreren Staaten eine der deutschen ErbSt entsprechende Steuer erhoben, so kann jede der Steuern angerechnet werden. Eine *Anrechnung scheidet* jedoch auch hier *aus*, wenn das Auslandsvermögen unter die Befreiung des § 13 ErbStG fällt. 579

b) Der Nachlass besteht nur zum Teil aus Auslandsvermögen 580

Besteht der Erwerb nur zum Teil aus Auslandsvermögen, zum Teil hingegen aus Inlandsvermögen, so ist der auf das Auslandsvermögen entfallende *Teilbetrag* der deutschen ErbSt in der Weise zu ermitteln, dass die für das steuerpflichtige Gesamtvermögen einschließlich des steuerpflichtigen Auslandsvermögens sich ergebende ErbSt im Verhältnis des steuerpflichtigen Auslandsvermögens zum steuerpflichtigen Gesamtvermögen aufgeteilt wird (§ 21 Abs. 1 Satz 2 ErbStG). In diesem Fall ist der Höchstbetrag für die Anrechnung der ausländischen Steuer stets nur der Teil der deutschen ErbSt, der auf das Auslandsvermögen entfällt. Berechnungsbeispiele zur Anrechnung der ausländischen ErbSt in diesen Fällen können H E 21 ErbStH entnommen werden.

c) In mehreren Staaten belegenes Auslandsvermögen 581

Ist im Falle des gleichzeitigen Erwerbs von Auslands- und Inlandsvermögen das Auslandsvermögen *in verschiedenen ausländischen Staaten* belegen, so ist der auf dieses Auslandsvermögen entfallende Teil der deutschen ErbSt für jeden einzelnen ausländischen Staat gesondert zu berechnen (§ 21 Abs. 1 Satz 3 ErbStG; *sog. per-country limitation*). Die Auslandssteuer ist also nicht etwa in einem Gesamtbetrag abzugsfähig, sondern für jeden auf ein bestimmtes ausländisches Land entfallenden Erwerb jeweils nur bis zu dem für diesen Erwerb zu berechnenden Höchstbetrag. Dadurch wird die Übertragung von nicht mehr anrechenbarer Steuer eines Landes mit hohen Steuersätzen auf den noch nicht ausgenutzten Höchstbetrag eines anderen Staates verhindert.

IV. Anzeige des Erwerbs (§ 30 ErbStG)
1. Anzeigepflicht des Erwerbers/Beschwerten

Nach § 30 Abs. 1 ErbStG ist jeder der ErbSt unterliegende Erwerb i. S. des § 1 ErbStG vom Erwerber bzw. bei einer Zweckzuwendung (§ 8 ErbStG) vom Beschwerten *binnen einer Frist von drei Monaten nach erlangter Kenntnis von dem Anfall oder von dem Eintritt der Verpflichtung* dem für die Verwaltung der ErbSt zuständigen Finanzamt anzuzeigen. Da der Gesetzeswortlaut auf den Erwerber abstellt, fällt hierunter sowohl derjenige, der von Todes wegen erwirbt, als auch derjenige, der aufgrund freigebiger Zuwen- 582 dung unter Lebenden erwirbt. Als steuerliche Pflicht obliegt die Anzeigepflicht ggf. *auch gesetzlichen Vertretern* und *Verfügungsberechtigten* (§§ 34, 35 AO). Sind Bevollmächtigte (§ 80 AO) als Verfügungsberechtigte i. S. des § 35 AO einzustufen, trifft auch diesen Personenkreis – ebenso wie Vermögensverwalter nach § 34 Abs. 3 AO – die Anzeigepflicht nach § 30 Abs. 1 ErbStG.

583 Soweit der Anlauf der Festsetzungsfrist für die Schenkungsteuer an die Kenntnis der Finanzbehörde von der Schenkung anknüpft, ist auf die Kenntnis der organisatorisch zur Verwaltung der Erbschaft- und Schenkungsteuer berufenen Dienststelle des zuständigen Finanzamts abzustellen (BFH vom 5. 2. 2003, BStBl 2003 II S. 502). Die Kenntnis des zuständigen Finanzamts als solches von der Schenkung genügt lediglich dann, wenn ihm die Schenkung ausdrücklich zur Prüfung der Schenkungsteuerpflicht bekannt gegeben wird, die Information aber aufgrund organisatorischer Mängel oder Fehlverhaltens die berufene Dienststelle nicht unverzüglich erreicht. Die Anzeige einer Schenkung bei einem *unzuständigen Finanzamt* und die Abgabe der Schenkungsteuererklärung bei diesem und dessen Anforderung setzt die Verjährung *nicht in Lauf* (BFH vom 26. 8. 2004, BFH/NV 2004 S. 1626). Eine Erbschaftsteuererklärung setzt nur dann die Festsetzungsfrist in Lauf, wenn sie unterschrieben ist (BFH vom 10. 11. 2004, BStBl 2005 II S. 244).

2. Anzeigepflicht des Schenkers

584 Bei freigebigen Zuwendungen unter Lebenden ist der Erwerber, d. h. der *Beschenkte* bereits nach § 30 Abs. 1 ErbStG anzeigepflichtig. Über § 30 Abs. 2 ErbStG wird die Anzeigepflicht *auch* auf den *Schenker* erstreckt. Erfolgt demnach nämlich der steuerpflichtige Erwerb durch ein Rechtsgeschäft unter Lebenden, so ist zur Anzeige auch derjenige verpflichtet, aus dessen Vermögen der Erwerb stammt.

3. Wegfall/Einschränkung der Anzeigepflicht

585 In den Fällen, in denen der Erwerb auf einer von einem *deutschen Gericht*, einem *deutschen Notar* oder einem *deutschen Konsul eröffneten Verfügung von Todes wegen* beruht und sich aus der Verfügung das Verhältnis des Erwerbers zum Erblasser *unzweifelhaft* ergibt, bedarf es *keiner Anzeige* (§ 30 Abs. 3 Satz 1 ErbStG). Diese *Einschränkung der allgemeinen Anzeigepflicht* gilt allerdings *nicht*, wenn zum Erwerb Grundbesitz, Betriebsvermögen, Anteile an Kapitalgesellschaften, die nicht der Anzeigepflicht nach § 33 ErbStG unterliegen, oder Auslandsvermögen gehört (§ 30 Abs. 3 Satz 1 zweiter Halbsatz ErbStG), d. h. in diesen Fällen besteht die Anzeigepflicht des Erwerbers bzw. Schenkers fort. Einer Anzeige bedarf es hingegen auch nicht, wenn eine Schenkung unter Lebenden oder eine Zweckzuwendung gerichtlich oder notariell beurkundet ist (§ 30 Abs. 3 Satz 2 ErbStG).

586 Erwerbe von Todes wegen, die auf einer von einem ausländischen Gericht oder einem ausländischen Notar eröffneten Verfügung von Todes wegen beruhen und Schenkungen, die von einem ausländischen Notar beurkundet werden, sind hingegen stets durch

den Erwerber, im Schenkungsfall auch durch den Schenker anzuzeigen, weil die ausländischen Gerichte und Notare nicht der Anzeigepflicht nach § 34 ErbStG unterliegen (R E 30 Abs. 2 ErbStR).

4. Inhalt der Anzeige

Eine Anzeige im obigen Sinn soll nach § 30 Abs. 4 ErbStG folgende Angaben beinhalten:

- ▶ Vorname und Familienname, Beruf, Wohnung des Erblassers oder Schenkers und des Erwerbers,
- ▶ Todestag und Sterbeort des Erblassers oder Zeitpunkt der Ausführung der Schenkung,
- ▶ Gegenstand und Wert des Erwerbs,
- ▶ Rechtsgrund des Erwerbs wie gesetzliche Erbfolge, Vermächtnis, Ausstattung,
- ▶ persönliches Verhältnis des Erwerbers zum Erblasser oder zum Schenker wie Verwandtschaft, Schwägerschaft, Dienstverhältnis sowie
- ▶ frühere Zuwendungen des Erblassers oder Schenkers an den Erwerber nach Art, Wert und Zeitpunkt der einzelnen Zuwendung.

V. Anzeigepflicht der Vermögensverwahrer, Vermögensverwalter und Versicherungsunternehmen (§ 33 ErbStG)

Neben den Erwerbern bzw. den Schenkern bestehen weitere Anzeigepflichten, die in den §§ 33, 34 ErbStG normiert sind. Diese Anzeigepflichten werden durch die §§ 1 – 11 ErbStDV (BGBl 1998 I S. 2568) konkretisiert. Nach § 33 Abs. 1 Satz 1 ErbStG hat, wer sich geschäftsmäßig mit der Verwahrung oder Verwaltung fremden Vermögens befasst, diejenigen in seinem Gewahrsam befindlichen Vermögensgegenstände und diejenigen gegen ihn gerichteten Forderungen, die beim Tod eines Erblassers zu dessen Vermögen gehörten oder über die dem Erblasser zur Zeit seines Todes die Verfügungsmacht zustand, dem für die Verwaltung der ErbSt zuständigen Finanzamt anzuzeigen.

Wer auf den Namen lautende Aktien oder Schuldverschreibungen ausgegeben hat, hat dem zuständigen Erbschaftsteuerfinanzamt schriftlich von dem Antrag, solche Wertpapiere eines Verstorbenen auf den Namen anderer umzuschreiben, vor der Umschreibung Anzeige zu erstatten (§ 33 Abs. 2 ErbStG, § 2 ErbStDV). Auch Versicherungsunternehmen haben nach § 33 Abs. 3 ErbStG i.V. mit § 3 ErbStDV, bevor sie Versicherungssummen oder Leibrenten einem anderen als dem Versicherungsnehmer auszahlen oder zur Verfügung stellen, hiervon dem zuständigen Erbschaftsteuerfinanzamt schriftlich Anzeige zu erstatten. Die Anzeige darf bei Kapitalversicherungen unterbleiben, wenn der auszuzahlende Betrag 5 000 Euro nicht übersteigt. Zuwiderhandlungen gegen die vorbezeichneten Pflichten werden als Steuerordnungswidrigkeit mit Geldbuße geahndet (§ 33 Abs. 4 ErbStG).

VI. Anzeigepflicht der Gerichte, Standesämter und Notare (§ 34 ErbStG)

590 Nach § 34 Abs. 1 ErbStG haben die *Gerichte, Behörden, Beamten und Notare* dem für die Verwaltung der ErbSt zuständigen Finanzamt Anzeige zu erstatten über diejenigen *Beurkundungen, Zeugnisse und Anordnungen*, die für die Festsetzung der ErbSt von Bedeutung sein können. Demnach haben anzuzeigen:

- die Standesämter die Sterbefälle (§ 34 Abs. 2 Nr. 1 ErbStG; § 4 ErbStDV);
- die Gerichte und die Notare die Erteilung von Erbscheinen, Testamentsvollstreckerzeugnissen und Zeugnissen über die Fortsetzung der Gütergemeinschaft, die Beschlüsse über Todeserklärungen sowie die Anordnung von Nachlasspflegschaften und Nachlassverwaltungen (§ 34 Abs. 2 Nr. 2 ErbStG);
- die Gerichte, die Notare und die deutschen Konsuln die eröffneten Verfügungen von Todes wegen, die abgewickelten Erbauseinandersetzungen, die beurkundeten Vereinbarungen der Gütergemeinschaft und die beurkundeten Schenkungen und Zweckzuwendungen (§ 34 Abs. 2 Nr. 3 ErbStG).

VII. Steuererklärung (§ 31 ErbStG)

1. Aufforderung zur Erklärungsabgabe/Erklärungspflichtige

591 Nach § 31 Abs. 1 Satz 1 ErbStG kann das Finanzamt von jedem an einem Erbfall, an einer Schenkung oder an einer Zweckzuwendung Beteiligten *ohne Rücksicht darauf, ob er selbst steuerpflichtig ist*, die Abgabe einer Erklärung innerhalb einer von ihm zu bestimmenden Frist, die mindestens einen Monat betragen muss, verlangen. In § 31 Abs. 1 Satz 1 ErbStG werden die „Beteiligten" als erklärungspflichtig bezeichnet. Hierzu zählt in erster Linie der Personenkreis, der als Steuerschuldner i. S. des § 20 ErbStG in Betracht kommt. Zu den Beteiligten gehören insbesondere der Erbe, der Vermächtnisnehmer, der Pflichtteilsberechtigte, der Beschenkte und der Schenker sowie bei Zweckzuwendungen der Beschwerte und der Begünstigte (vgl. dazu auch Tz 564 ff.). Verlangt das Finanzamt die Abgabe einer Erbschaftsteuererklärung, richtet sich der Anlauf der Festsetzungsfrist auch dann nach § 170 Abs. 2 Satz 1 Nr. 1 AO, wenn das Nachlassgericht dem Finanzamt die Erteilung von Erbscheinen und die eröffneten Verfügungen von Todes wegen bereits angezeigt hat (BFH vom 10. 11. 2004, BStBl 2005 II S. 244). Die Erklärung muss nach § 31 Abs. 2 ErbStG ein Verzeichnis der zum Nachlass gehörenden Gegenstände und die sonstigen für die Feststellung des Gegenstandes und des Wertes des Erwerbs erforderlichen Angaben zu enthalten. In Erbfällen fordern die Erbschaftsteuerfinanzämter häufig erst nach einer Pietätsfrist (3 Monate) eine Steuererklärung an, sofern eine Steuerpflicht in Betracht kommt.

2. Erklärungspflicht bei fortgesetzter Gütergemeinschaft

592 Gemäß § 20 Abs. 2 ErbStG ist der überlebende Ehegatte bei fortgesetzter Gütergemeinschaft (§ 4 ErbStG) Steuerschuldner für den gesamten Steuerbetrag (vgl. Tz 568). Folgerichtig kann das Finanzamt in diesen Fällen die Steuererklärung allein von dem *über-

lebenden Ehegatten verlangen (§ 31 Abs. 3 ErbStG). Entsprechendes gilt für den *überlebenden Lebenspartner*.

3. Erklärungspflicht mehrerer Erben

Beim Vorhandensein mehrerer Erben räumt § 31 Abs. 4 Satz 1 ErbStG diesen die Möglichkeit ein, die Steuererklärung *gemeinsam abzugeben*. In diesem Fall ist die Steuererklärung aber von allen Beteiligten zu unterschreiben. In die gemeinsame Steuererklärung können nach § 31 Abs. 4 Satz 3 ErbStG auch andere am Erbfall Beteiligte – so z. B. Vermächtnisnehmer, Pflichtteilsberechtigte – einbezogen werden.

593

4. Erklärungspflicht des Testamentsvollstreckers/Nachlassverwalters

Der Erblasser kann durch Testament einen oder mehrere Testamentsvollstrecker ernennen (§ 2197 Abs. 1 BGB). Zur Aufgabenstellung des Testamentsvollstreckers gehört primär, die letztwilligen Verfügungen des Erblassers zur Ausführung zu bringen. Hierzu gehört insbesondere die Auseinandersetzung unter den Miterben. Ist ein Testamentsvollstrecker oder Nachlassverwalter vorhanden, so ist die Steuererklärung von diesem abzugeben (§ 31 Abs. 5 Satz 1 ErbStG).

594

5. Erklärungspflicht des Nachlasspflegers

Sinn und Zweck der *Nachlasspflegschaft* (§ 1960 BGB) besteht darin, den Nachlass bis zur Ermittlung der unbekannten Erben zu sichern. Die Einsetzung des Nachlasspflegers erfolgt durch das *Nachlassgericht*. Im Gegensatz zum Testamentsvollstrecker und Nachlassverwalter ist der *Nachlasspfleger gesetzlicher Vertreter des unbekannten Erben* (BFH vom 30. 3. 1982, BStBl 1982 II S. 687). Ist ein Nachlasspfleger bestellt, so ist dieser nach § 31 Abs. 6 ErbStG zur Abgabe der Steuererklärung verpflichtet. Soweit die Besteuerungsgrundlagen gegenüber den unbekannten Erben geschätzt werden müssen, ist dem Nachlasspfleger angemessene Zeit einzuräumen, seiner Pflicht zur Erbenermittlung sowie seinen Mitwirkungspflichten aus § 34 Abs. 1 i. V. mit § 90 AO nachzukommen (BFH vom 21. 12. 2004, BFH/NV 2005 S. 704).

595

VIII. Bekanntgabe des Steuerbescheids an Vertreter

Bei der Erklärungspflicht des Testamentsvollstreckers/Nachlassverwalters (Fälle des § 31 Abs. 5 ErbStG, vgl. Tz. 594) ist der Steuerbescheid – abweichend von § 122 Abs. 1 Satz 1 AO – dem *Testamentsvollstrecker oder Nachlassverwalter* bekannt zu geben (§ 32 Abs. 1 Satz 1 ErbStG). Testamentsvollstrecker und Nachlassverwalter fungieren insoweit als *Zugangsvertreter der Erben*. Die Bekanntgabe des Steuerbescheids an den Testamentsvollstrecker oder Nachlassverwalter entfaltet Wirkung gegenüber dem Steuerschuldner (BFH vom 14. 11. 1990, BStBl 1991 II S. 49 sowie vom 14. 11. 1990, BStBl 1991

596

II S. 52). Testamentsvollstrecker und Nachlassverwalter haben für die Bezahlung der ErbSt zu sorgen (§ 32 Abs. 1 Satz 2 ErbStG), ohne dass diese Regelung etwas an der Steuerschuldnerschaft (§ 20 Abs. 1 ErbStG) des Erwerbers ändert.

Auch bei Bekanntgabe des Steuerbescheids an den Testamentsvollstrecker bleiben *Inhaltsadressaten des Erbschaftsteuerbescheids die Erben*. Der Testamentsvollstrecker ist daher auch nicht befugt, den Erbschaftsteuerbescheid anzufechten, es sei denn, er soll persönlich in Anspruch genommen werden (BFH vom 4.11.1981, BStBl 1982 II S. 262). Eine *Einspruchsentscheidung* zu einem Erbschaftsteuerbescheid in Fällen der Testamentsvollstreckung ist nicht dem Testamentsvollstrecker, sondern den Erben bekannt zu geben, es sei denn, der Testamentsvollstrecker hat den Einspruch als Bevollmächtigter der Erben eingelegt (H E 32 ErbStH).

597 Nach § 31 Abs. 6 ErbStG ist in Fällen, in denen ein *Nachlasspfleger* bestellt ist, dieser zur Abgabe der Steuererklärung verpflichtet (vgl. Tz 595). § 32 Abs. 2 Satz 1 ErbStG greift diesen Gedanken auf und bestimmt folgerichtig, dass der Steuerbescheid dem Nachlasspfleger bekannt zu geben ist. Als gesetzlicher Vertreter der unbekannten Erben ist der Nachlasspfleger lediglich Bekanntgabeadressat eines Erbschaftsteuerbescheids nach § 32 Abs. 2 ErbStG und nicht im eigenen Namen rechtsmittelbefugt. In diesen Fällen sind die unbekannten Erben Inhaltsadressat des Erbschaftsteuerbescheids sowie Einspruchsführer und Beteiligte im Finanzrechtsstreit (BFH vom 21.12.2004, BFH/NV 2005 S. 704).

IX. Kleinbetragsgrenze (§ 22 ErbStG)

598 Von der *Festsetzung der ErbSt* ist *abzusehen*, wenn die Steuer, die für den einzelnen Steuerfall festzusetzen ist, den *Betrag von 50 € nicht übersteigt* (§ 22 ErbStG). Als Steuerfall i.S. des § 22 ErbStG ist nicht der „Erbfall" und damit bei mehreren Beteiligten nicht die Gesamtzahl der Erwerbe anzusehen, sondern – wie bei Zuwendungen unter Lebenden – der *einzelne Vermögensanfall* (H E 22 ErbStH). Die Kleinbetragsregelung ist sowohl bei Erwerben von Todes wegen als auch bei Schenkungen unter Lebenden zu beachten.

X. Steuerstundung (§ 28 ErbStG)

599 **HINWEIS:**

Die Regelung zur Stundung nach § 28 ErbStG wurde im Rahmen der ErbSt-Reform 2016 hinsichtlich des Abs. 1 neu gefasst. Zudem wurde der bisherige § 28 Abs. 3 ErbStG redaktionell angepasst. Nachfolgend wird die Regelung nach bisherigem und nach neuem Recht dargestellt.

Steuerfestsetzung und Erhebung (§§ 20 – 21 und §§ 30 ff. ErbStG) **SIEBENTER TEIL**

1. Stundung nach § 28 Abs. 1 ErbStG a. F. (bis 30. 6. 2016)

Gehört zum Erwerb *Betriebsvermögen* oder *land- und forstwirtschaftliches Vermögen*, so ist dem Erwerber nach bisherigem Recht (*Besteuerungsstichtage bis zum 30.06.2016*) die darauf entfallende Steuer auf Antrag bis zu zehn Jahren zu stunden, soweit dies zur *Erhaltung des Betriebs notwendig* ist (§ 28 Abs. 1 Satz 1 ErbStG a. F.). Der Erwerber hat einen *Rechtsanspruch auf Stundung* der Steuer, soweit dies zur Erhaltung des Betriebs notwendig ist. Ein Anspruch auf Stundung nach § 28 ErbStG a. F. besteht nicht, wenn der Erwerber die Steuer für den Erwerb von Betriebsvermögen und land- und forstwirtschaftlichem Vermögen aus erworbenem weiteren Vermögen oder aus eigenem Vermögen aufbringen kann (R E 28 Abs. 4 Satz 1 ErbStR a. F.; BFH vom 11.5.1988, BStBl 1988 II S. 730). Betriebsvermögen i. S. des § 28 Abs. 1 Satz 1 ErbStG a. F. sind auch Anteile an einer Personengesellschaft i. S. des § 15 Abs. 1 Nr. 2 und Abs. 3 oder § 18 Abs. 4 EStG, *nicht* jedoch *Anteile an einer Kapitalgesellschaft*. Das gilt auch dann, wenn es sich bei dem Erwerb um eine Einmann-GmbH handelt (R E 28 Abs. 1 Satz 3 ErbStR a. F.).

600

Während bei *Erwerben von Todes wegen die Stundung zinslos* erfolgt, werden bei einem *Erwerb durch Schenkung Stundungszinsen erhoben*, wie aus dem Verweis von § 28 Abs. 1 Satz 2 1. Halbsatz ErbStG a. F. auf die §§ 234, 238 AO herzuleiten ist. Allerdings können die Stundungszinsen bei Vorliegen der entsprechenden Voraussetzungen nach § 234 Abs. 2 AO erlassen werden. Nach § 28 Abs. 1 Satz 3 ErbStG a. F. bleibt § 222 AO unberührt. Liegen die spezifischen Stundungsvoraussetzungen des § 28 Abs. 1 Satz 1 ErbStG a. F. nicht vor, kann eine Stundung nach den allgemeinen hierfür geltenden Grundsätzen des § 222 AO in Betracht kommen.

601

2. Stundung nach § 28 Abs. 1 ErbStG (ab 1. 7. 2016)

Gehört zum *Erwerb von Todes wegen* begünstigtes Vermögen i. S. des § 13b Abs. 2 ErbStG, ist dem Erwerber die darauf entfallende Erbschaftsteuer auf Antrag bis zu sieben Jahre zu stunden (§ 28 Abs. 1 Satz 1 ErbStG; für *Besteuerungsstichtage ab dem 1.7.2016*). Die Stundung wird unabhängig davon gewährt, nach welcher Maßgabe – Regelverschonung, abschmelzender Verschonungsabschlag oder Verschonungsbedarfsprüfung – die Steuer auf das begünstigte Vermögen entfällt. Mit der Stundungsregelung nach § 28 Abs. 1 ErbStG soll die Belastung durch die im Erbfall ungeplant entstandene Erbschaftsteuer abgemildert werden. Voraussetzung für die Stundung ist, dass die Lohnsummenregelung (§ 13a Abs. 3 ErbStG; vgl. Tz 477 ff.) und die Behaltensregelungen (§ 13a Abs. 6 ErbStG; vgl. Tz 460) eingehalten werden.

602

Wird die Stundung gewährt, ist der 1. Jahresbetrag (1/7 des Stundungsbetrags bei siebenjähriger Stundung) gemäß § 28 Abs. 1 Satz 2 ErbStG ein Jahr nach der Festsetzung der Steuer fällig. Er wird bis dahin zinslos gestundet. Für die weiteren zu entrichtenden Jahresbeträge sind die §§ 234 und 238 AO ab dem 2. Jahr nach der Festsetzung der Steuer anzuwenden. D. h. bei einer siebenjährigen Stundung werden ab dem 2. Jahr die weiteren Jahresbeträge von jeweils 1/7 des Stundungsbetrags (*ratierliche Tilgungsbeträge*) ausschließlich verzinslich gestundet. Bisher war die Stundung bei Erwerben von Todes wegen für den gesamten Zeitraum zinslos (s. o.). Die Stundungsmöglichkeit

603

nach § 222 AO bleibt von der Stundungsmöglichkeit nach § 28 ErbStG unberührt, so dass eine Stundung auch nach den allgemeinen Regeln möglich ist, wenn eine Stundung nach § 28 Abs. 1 ErbStG nicht in Betracht kommt (§ 28 Abs. 1 Satz 4 ErbStG).

604 Die Stundung *endet* gemäß § 28 Abs. 1 Satz 5 ErbStG, sobald der Erwerber – ausgehend vom Zeitpunkt der Entstehung der Steuer – die Lohnsummenregelung nach § 13a Abs. 3 ErbStG nicht einhält oder einen der Tatbestände nach § 13a Abs. 6 ErbStG erfüllt (z. B. Nichteinhaltung der Behaltensregelungen). Wurde ein Antrag auf Optionsverschonung nach § 13a Abs. 10 ErbStG oder auf Verschonungsbedarfsprüfung nach § 28a Abs. 1 ErbStG gestellt, sind für das Ende der Stundung gemäß § 28 Abs. 1 Satz 6 ErbStG die verschärften Regelungen der Optionsverschonung maßgebend. Im Falle eines der vorbezeichneten Verstöße und dem damit verbundenen Ende der Stundung wird die Steuer *sofort fällig*. Die Stundung nach § 28 Abs. 1 Satz 1 ErbStG kommt nicht für die Erbschaftsteuer in Betracht, die der Erwerber zu entrichten hat, weil er die Lohnsummenregelung i. S. des § 13a Abs. 3 ErbStG nicht einhält oder die Behaltensregelungen i. S. des § 13a Abs. 6 ErbStG nicht erfüllt (§ 28 Abs. 1 Satz 7 ErbStG). Somit kann eine Stundung auf die zu entrichtende Nachsteuer nicht in Anspruch genommen werden. Die gewährte Stundung endet nach § 28 Abs. 1 Satz 8 ErbStG zudem, sobald der Erwerber den Betrieb oder den Anteil daran überträgt oder aufgibt.

3. Weitere Stundungsregelungen

605 Die obigen Ausführungen finden auch in Fällen der Ersatzerbschaftsteuer i. S. des § 1 Abs. 1 Nr. 4 ErbStG entsprechende Anwendung (§ 28 Abs. 2 ErbStG).

606 Beim Erwerb von *bebauten Grundstücken oder Grundstücksteilen*, die zu *Wohnzwecken vermietet* werden (§ 13c ErbStG a. F., nach der ErbSt-Reform 2016 § 13d ErbStG), im Inland, einem Mitgliedstaat der Europäischen Union oder in einem Staat des Europäischen Wirtschaftsraums belegen sind und nicht zum begünstigten Betriebsvermögen oder begünstigten Vermögen eines Betriebs der Land- und Forstwirtschaft im Sinne des § 13a ErbStG gehören, hat der Erwerber auf Antrag einen Rechtsanspruch auf Stundung der auf dieses Vermögen entfallenden Steuer, soweit er sie nur durch Veräußerung dieses Vermögens aufbringen kann (§ 28 Abs. 3 Satz 1 ErbStG). Dies gilt sowohl für Erwerbe von Todes wegen, als auch für Schenkungen unter Lebenden. Auf das Verwandtschaftsverhältnis des Erwerbers zum Erblasser oder Schenker kommt es nicht an.

607 Unter den vorgenannten Voraussetzungen besteht ein *Rechtsanspruch auf Stundung* auch dann, wenn zum Erwerb ein *Ein- oder Zweifamilienhaus* oder *Wohneigentum* gehört, das der Erwerber nach dem Erwerb zu eigenen Wohnzwecken nutzt, längstens für die Dauer der Selbstnutzung. Diese Stundungsmöglichkeit erstreckt sich ausdrücklich nur auf ein Grundstück, das zu den genannten Grundstücksarten gehört. Eine Wohnung in einem Mietwohn-, Geschäfts- oder gemischt genutzten Grundstück oder in einem sonstigen bebauten Grundstück ist nicht begünstigt (R E 28 Abs. 3 Satz 3 ErbStR). Voraussetzung ist nicht, dass der Erblasser oder Schenker dieses Grundstück vor der Übertragung als Familienheim selbst genutzt hat. Nach Aufgabe der Selbstnutzung

durch den Erwerber und anschließender Vermietung zu Wohnzwecken ist die Stundung bis zum Ende des ursprünglichen Zehnjahreszeitraums weiter zu gewähren (§ 28 Abs. 3 Satz 3 ErbStG).

Dem Erwerber ist die auf das genannte Vermögen entfallende Steuer *bis zu zehn Jahren* zu stunden, *soweit er die Steuer nur durch Veräußerung dieses Vermögens aufbringen kann*. Eine Stundung kommt nicht in Betracht, wenn der Erwerber die auf das begünstigte Vermögen entfallende Erbschaftsteuer entweder aus weiterem erworbenem Vermögen oder aus eigenem Vermögen aufbringen kann. Dazu muss der Erwerber auch die Möglichkeit der Kreditaufnahme ausschöpfen. Die *Beweislast* dafür, dass kein eigenes Vermögen vorhanden und keine Kreditaufnahme möglich ist, *obliegt dem Steuerpflichtigen*. Kann der Schenker zur Zahlung der Schenkungsteuer herangezogen werden, sei es weil er die Steuer übernommen hat (§ 10 Abs. 2 ErbStG) oder sei es, weil er als Gesamtschuldner in Anspruch genommen werden kann, bleibt eine Stundung ebenfalls ausgeschlossen. Dem Erwerber ist zuzumuten, aus den Vermietungs- und aus seinen sonstigen Einnahmen die gestundete Steuer kontinuierlich zu tilgen. Die Stundung endet stets, soweit das erworbene Vermögen weiter verschenkt oder veräußert wird (§ 28 Abs. 3 Satz 4 ErbStG). 608

Die obigen Ausführungen zur Verzinsung – vgl. Tz. 601 für Besteuerungsstichtage bis zum 30. 6. 2016 bzw. Tz. 603 für Besteuerungsstichtage ab dem 1. 7. 2016 – gelten bei einer Stundung nach § 28 Abs. 3 ErbStG (Tz. 606 ff.) entsprechend, § 28 Abs. 3 Satz 5 ErbStG. Damit kommt in Fällen mit einem Besteuerungsstichtag ab dem 1. 7. 2016 nur noch eine Stundung mit ratierlichen Tilgungsbeiträgen in Betracht, von denen nur noch der 1. Jahresbetrag zinslos und alle übrigen Jahresbeiträge ab dem 2. Jahr verzinslich gestundet werden. 609

XI. Erlöschen der Steuer in besonderen Fällen (§ 29 ErbStG)

1. Herausgabe eines Geschenks wegen eines Rückforderungsrechts

Nach § 29 Abs. 1 Nr. 1 ErbStG *erlischt die Steuer mit Wirkung für die Vergangenheit*, soweit ein Geschenk wegen eines Rückforderungsrechts herausgegeben werden musste. Geschenk im Sinne dieser Vorschrift ist jeder Vermögensgegenstand, der aufgrund einer Schenkung unter Lebenden erworben wurde. Da die bloße Verpflichtung zur Herausgabe des Geschenks oder der bloße Widerruf der Schenkung den gesetzlichen Anforderungen des § 29 Abs. 1 Nr. 1 ErbStG nicht genügt (BFH vom 23. 10. 1985, BFH/NV 1986, S. 768), ist die *tatsächliche Herausgabe des Geschenks erforderlich*. 610

Rückforderungsrechte können auf *gesetzlicher* oder auch *vertraglicher Grundlage* basieren. Ein *gesetzliches Rückforderungsrecht* besteht in den Fällen der Nichtigkeit der Schenkung, die z. B. bei Anfechtung wegen Irrtums (§ 119 BGB) oder arglistiger Täuschung (§ 123 BGB) gegeben sein kann. Hier ergibt sich die Herausgabepflicht für den Beschenkten nach den Vorschriften über die ungerechtfertigte Bereicherung (§§ 812 ff. BGB). *Schenkungsrechtliche Rückforderungsrechte* sind u. a. in § 527 BGB (Schenkung mit Auflage, bei der die Vollziehung der Auflage ganz oder teilweise unterblieben ist), § 528 611

BGB (Notbedarf des Schenkers) sowie in den Fällen der §§ 530, 531 BGB (grober Undank des Beschenkten) verankert.

Ein Rückforderungsrecht *kraft vertraglicher Vereinbarung* liegt in Fällen der *Schenkung unter Widerrufsvorbehalt*, die schenkungsteuerrechtlich vollumfänglich als Schenkung unter Lebenden anerkannt wird (BFH vom 13. 9. 1989, BStBl 1989 II S. 1034).

Der Tatbestand des § 29 Abs. 1 Nr. 1 ErbStG ist auch dann erfüllt, wenn ein Nacherbe aufgrund eines *gesetzlichen Herausgabeanspruchs nach § 2113 BGB* von einem vom Vorerben Beschenkten das durch die Schenkung Erlangte erhält (BFH vom 24. 5. 2000, BFH/NV 2001, S. 39).

2. Abwendung der Herausgabe eines Geschenks/Abwendung des Herausgabeanspruchs eines Pflichtteilsberechtigten

612   Soweit der Schenker nach der Vollziehung der Schenkung außerstande ist, seinen angemessenen Unterhalt zu bestreiten und die ihm seinen Verwandten, seinem Ehegatten oder seinem früheren Ehegatten gegenüber obliegende Unterhaltspflicht zu erfüllen, kann er von dem Beschenkten die Herausgabe des Geschenks nach den Vorschriften über die Herausgabe einer ungerechtfertigten Bereicherung fordern (§ 528 Abs. 1 Satz 1 BGB). Die Steuer erlischt mit Wirkung für die Vergangenheit, soweit die Herausgabe eines Geschenks gem. § 528 Abs. 1 Satz 2 BGB durch Zahlung des für den Unterhalt erforderlichen Betrags abgewendet worden ist (§ 29 Abs. 1 Nr. 2 ErbStG).

613   Zahlungen des Beschenkten gem. § 2329 Abs. 2 BGB zur Abwendung des Herausgabeanspruchs eines Pflichtteilsberechtigten nach § 2329 Abs. 1 BGB führen nicht gem. § 29 Abs. 1 Nr. 2 ErbStG zum Erlöschen der Erbschaftsteuer; sie sind jedoch nach § 10 Abs. 5 Nr. 2 i.V. mit § 1 Abs. 2 ErbStG bei der Besteuerung der Schenkung erwerbsmindernd zu berücksichtigen (BFH vom 8. 10. 2003, BStBl 2004 II S. 234).

3. Anrechnung unentgeltlicher Zuwendungen zwischen Ehegatten auf den Zugewinnausgleichsanspruch

614   Nach § 1380 Abs. 1 BGB wird auf die *Ausgleichsforderung eines Ehegatten* angerechnet, was ihm von dem anderen Ehegatten durch Rechtsgeschäft unter Lebenden mit der Bestimmung zugewendet ist, dass es auf die Ausgleichsforderung angerechnet werden soll. Da zum Zeitpunkt der Ausführung dieser Zuwendungen ungewiss ist, ob dem beschenkten Ehegatten bei Beendigung des Güterstands ein Ausgleichsanspruch zustehen wird, ist in diesen Fällen Schenkungsteuer festzusetzen. Die Steuer erlischt mit Wirkung für die Vergangenheit, soweit im Anwendungsbereich des *§ 5 Abs. 2 ErbStG* unentgeltliche Zuwendungen auf die steuerfreie Ausgleichsforderung angerechnet worden sind (§ 29 Abs. 1 Nr. 3 ErbStG). Entsprechendes gilt, wenn unentgeltliche Zuwendungen bei der Berechnung des nach *§ 5 Abs. 1 ErbStG* steuerfreien Betrags berücksichtigt werden.

4. Zuwendungen an Gebietskörperschaften und Stiftungen

Gem. § 29 Abs. 1 Nr. 4 ErbStG erlischt die Steuer mit Wirkung für die Vergangenheit, soweit Vermögensgegenstände, die von Todes wegen oder durch Schenkung erworben worden sind, innerhalb von 24 Monaten nach dem Zeitpunkt der Entstehung der Steuer einer inländischen Gebietskörperschaft (Bund, Land, Gemeinde oder Gemeindeverband) oder einer inländischen Stiftung zugewendet werden, die nach der Satzung, dem Stiftungsgeschäft oder der sonstigen Verfassung und nach ihrer tatsächlichen Geschäftsführung ausschließlich und unmittelbar als gemeinnützig anzuerkennenden steuerbegünstigten Zwecken i. S. der §§ 52 – 54 AO mit Ausnahme der Zwecke, die nach § 52 Abs. 2 Nr. 23 AO gemeinnützig sind, dient. Dies *gilt nicht*, wenn die Stiftung Leistungen im Sinne des § 58 Nr. 5 AO an den Erwerber oder seine nächsten Angehörigen zu erbringen hat oder soweit für die Zuwendung die Vergünstigung nach § 10b EStG, § 9 Abs. 1 Nr. 2 KStG oder § 9 Nr. 5 GewStG in Anspruch genommen wird.

615

5. Nutzung des zugewendeten Vermögens

Der Erwerber ist für den Zeitraum, für den ihm die Nutzungen des zugewendeten Vermögens zugestanden haben, nach § 29 Abs. 2 ErbStG *wie ein Nießbraucher* zu behandeln.

616

S. Renten- und Nießbrauchsvermächtnisse (§ 23 ErbStG)

I. Rentenvermächtnis

Hat der Erblasser testamentarisch ein Rentenvermächtnis angeordnet, so liegt beim *Rentenberechtigten* ein Erwerb von Todes wegen vor. Bürgerlich-rechtlich entsteht die Rentenverpflichtung nicht bereits mit der testamentarischen Anordnung, sondern erst mit der Zusage der Rente durch die mit dieser Verpflichtung belasteten Erben. Erbschaftsteuerlich gilt jedoch als Zeitpunkt des Erwerbs bereits der Todeszeitpunkt des Erblassers (§ 9 Abs. 1 Nr. 1 ErbStG). Als steuerpflichtiger Erwerb gilt der *Zeitwert der Rentenverpflichtung*; dieser ist nach der Tabelle zu § 14 Abs. 1 Satz 4 BewG zu ermitteln (§ 12 Abs. 1 ErbStG; vgl. dazu auch Tz 358 f.).

617

Der Rentenberechtigte hat die *Wahl*, die Steuer von dem *Kapitalwert der Rente* einmalig oder stattdessen *jährlich im Voraus vom Jahreswert* zu entrichten (§ 23 Abs. 1 Satz 1 ErbStG). Sind mehrere Rentenberechtigte vorhanden, hat jeder Rentenberechtigte unabhängig vom anderen das Wahlrecht. Soll die Jahresversteuerung an die Stelle der Sofortversteuerung treten, ist hierzu ein *Antrag* des Steuerpflichtigen erforderlich. Der Antrag kann bis zur Bestandskraft des auf Grundlage des Kapitalwerts erlassenen Steuerbescheids gestellt werden (BFH vom 30. 1. 1968, BStBl 1968 II S. 210).

618

Nach § 23 Abs. 2 Satz 1 ErbStG hat der Erwerber das Recht, die *Jahressteuer* zum jeweils nächsten Fälligkeitstermin *mit ihrem Kapitalwert abzulösen*, wobei für die Ermittlung des Kapitalwerts im Ablösungszeitpunkt die Vorschriften der §§ 13, 14 BewG anzuwenden sind. Der Antrag auf Ablösung der Jahressteuer ist gem. § 23 Abs. 2 Satz 3 ErbStG

619

spätestens bis zum Beginn des Monats zu stellen, der dem Monat vorausgeht, in dem die nächste Jahressteuer fällig wird. Der Ablösungsbetrag wird mittels gesondertem Steuerbescheid festgesetzt. Bei einer stark verkürzten Lebenszeit des Rentenberechtigten kann eine Berichtigung des Erbschaftsteuerbescheids nach § 14 Abs. 2 BewG in Betracht kommen (vgl. dazu Tz 359a).

II. Nießbrauchsvermächtnis

620 Ebenso wie bei der Rente bedeutet die Anordnung eines *Nießbrauchsvermächtnisses*, dass der Erbe dem Vermächtnisnehmer gegenüber verpflichtet ist, diesem den Nießbrauch einzuräumen. Der Erwerb des Vermächtnisses in Form des Nießbrauchs tritt jedoch bereits mit dem Tod des Erblassers bzw. Anordnenden ein. Der Wert des Nießbrauchs ist nach § 12 Abs. 1 ErbStG i.V. mit §§ 14 bis 16 BewG zu ermitteln (vgl. Tz. 358 ff.).

Bei der Zuwendung eines Vermächtnisses handelt es sich um einen erbschaftsteuerlichen Erwerb (§ 3 Abs. 1 Nr. 1 ErbStG). Im Falle des Vermächtnisses ist die Steuer vom Kapitalwert des Nießbrauchs zu berechnen (§§ 14, 16 BewG). Im Gegensatz zur Rente ist der Jahreswert der Nutzungen begrenzt. Nach § 16 BewG kann bei der Ermittlung des Kapitalwerts der Nutzungen eines Wirtschaftsguts der Jahreswert dieser Nutzungen nicht mehr als der 18,6te Teil des Werts betragen, der sich nach den Vorschriften des Bewertungsgesetzes für das genutzte Wirtschaftsgut ergibt (gemeiner Wert; vgl. Tz. 363).

621 Der Erwerber hat das Recht, die *Jahressteuer* zum jeweils nächsten Fälligkeitszeitpunkt mit dem *Kapitalwert abzulösen*. Der Kapitalwert des Nießbrauchs ist zum Zeitpunkt der Ablösung nach den §§ 13, 14 BewG zu ermitteln. Der Antrag auf Ablösung der Jahressteuer ist spätestens zu Beginn des Monats zu stellen, der dem Monat vorausgeht, in dem die Jahressteuer fällig wird (§ 23 Abs. 2 ErbStG).

III. Besteuerungsverfahren bei der Aufzehrungsmethode

622 Die Rente bzw. Nutzung wird sowohl bei der Sofortversteuerung vom Kapitalwert als auch bei der Jahreswertversteuerung nach dem Steuersatz erhoben, der sich nach § 19 ErbStG für den gesamten Erwerb einschließlich des Kapitalwerts der Rente oder anderer wiederkehrender Nutzungen oder Leistungen ergibt (§ 23 Abs. 1 Satz 2 ErbStG). Hiermit erreicht der Gesetzgeber, dass die Gesamtbereicherung des Erwerbers erfasst wird. Liegen Vorerwerbe i. S. des § 14 ErbStG vor, sind auch diese einzubeziehen (BFH vom 8. 6. 1977, BStBl 1979 II S. 562). Der maßgebende Steuersatz für den nach Abzug von Freibeträgen verbleibenden Betrag ist – unter Berücksichtigung der Tarifvorschrift des § 19 Abs. 3 ErbStG (BFH vom 23. 9. 1955, BStBl 1955 III S. 321) – nach § 19 ErbStG zu ermitteln.

623 Aus Vereinfachungsgründen ist der Abzug der Freibeträge nach §§ 16, 17 ErbStG vorrangig bei dem Vermögen vorzunehmen, das der Sofortversteuerung unterliegt. Ist Vermögen, das der Sofortversteuerung unterliegt, nicht vorhanden, sind diese Freibeträge

bei der Jahresversteuerung nach der sog. Aufzehrungsmethode in der Weise zu berücksichtigen, dass von der Erhebung der Jahressteuer solange abgesehen wird, bis die Freibeträge durch Verrechnung mit den Jahreswerten aufgezehrt sind (H E 23 ErbStH).

BEISPIEL: Nach dem Tod des Ehemannes in 2016 erhält seine Witwe (75 Jahre) eine steuerpflichtige Leibrente mit einem Jahreswert von 32 000 € und Barvermögen mit einem Wert von 700 000 €. Es bestand Gütertrennung. Hinsichtlich der Rente beantragt sie die Jahresversteuerung gemäß § 23 Abs. 1 Satz 1 ErbStG.

Kapitalwert der Rente nach § 14 BewG		
32 000 € x 9,202 =		294 464 €
(BMF-Schreiben vom 02.12.2015, BStBl 2015 I S. 954)		
Barvermögen		+ 700 000 €
Wert des Erwerbs		994 464 €
abzügl. persönlicher Freibetrag § 16 Abs. 1 Nr. 1 ErbStG		- 500 000 €
abzügl. besonderer Versorgungsfreibetrag § 17 Abs. 1 ErbStG		- 256 000 €
Steuerpflichtiger Erwerb		238 464 €
Abgerundet (§ 10 Abs. 1 Satz 6 ErbStG)		238 400 €
Steuersatz (§ 19 Abs. 1 ErbStG, StKl. I)		x 11 %
Sofortsteuer:		
Barvermögen	700 000 €	
Freibeträge §§ 16, 17 ErbStG (s. o.)	- 756 000 €	
verbleibender Freibetrag	(-) 56 000 €	
Sofort fällige Steuer		0 €
Jahressteuer (11 % von 32 000 € =)		3 520 €

Für das erste Jahr (1 x 32 000 €) ist die Jahressteuer mit Rücksicht auf den „Restfreibetrag" von 56 000 € nicht zu erheben. Im zweiten Jahr ergibt sich ein zu versteuernder Betrag von 8 000 € (32 000 € ./. Rest-FB 24 000 €) und eine Steuer von 880 € (8 000 € x 11 %). In den Folgejahren sind jeweils 3 520 € an Steuern im Voraus zu entrichten.

IV. Steuerliche Folgen beim belasteten Steuerpflichtigen

Wird der Erwerb von Vermögen mit einer Nutzungs-, Rentenlast oder mit der Verpflichtung zu sonstigen wiederkehrenden Leistungen belastet, ist der *Kapitalwert* der Belastung unabhängig davon, zu wessen Gunsten die Last zu erbringen ist, bei Berechnung des steuerpflichtigen Erwerbs *abzuziehen*. Beim belasteten Erben erfolgt ein Abzug gem. § 10 Abs. 5 Nr. 2 ErbStG als Nachlassverbindlichkeit. Bei einer Schenkung unter Lebenden mindert der Kapitalwert der Belastung die Bereicherung des Beschenkten nach den Grundsätzen der R E 7.4 ErbStR. Bei Erwerben vor dem 1.1.2009 ist weiterhin die durch das ErbStRG aufgehobene Vorschrift des § 25 ErbStG zu beachten, wenn die Belastung zugunsten des Erblassers bzw. Schenkers oder zugunsten dessen Ehegatten besteht (§ 37 Abs. 2 Satz 2 ErbStG).

624

Bei *Grundstücksschenkungen* unter Lebenden führt der Abzug der Nutzungslast, auch wenn der Schenker sich oder seinem Ehegatten das Nutzungsrecht vorbehält, hinsichtlich des Werts der Auflage *nicht zur Anwendbarkeit der grunderwerbsteuerlichen Befreiung nach § 3 Nr. 2 GrEStG* (vgl. dazu § 3 Nr. 2 Satz 2 GrEStG).

625 Der *vorzeitige unentgeltliche Verzicht* auf ein vorbehaltenes Nießbrauchs- oder anderes Nutzungsrecht erfüllt als *Rechtsverzicht* den Tatbestand des § 7 Abs. 1 Nr. 1 ErbStG. Der Wert des Nießbrauchs- oder des anderen Nutzungsrechts ist im Zeitpunkt des Verzichts ungeschmälert als eigenständige Schenkung anzusetzen.

Lebenslängliche Nutzungen und Leistungen sind gemäß § 14 Abs. 1 BewG zu bewerten. Fällt die Belastung innerhalb der Fristen des § 14 Abs. 2 BewG weg, so ist die Steuerfestsetzung von Amts wegen zu berichtigen. Dabei ist der entsprechend niedrigere Kapitalwert der Belastung bereicherungsmindernd zu berücksichtigen, was beim Belasteten zu einer Nachsteuer führt (vgl. Tz 359a).

626 *(Einstweilen frei)*

T. Örtliche Zuständigkeit (§ 35 ErbStG)

627 Fragen der örtlichen Zuständigkeit sind Regelungsgegenstand des § 35 ErbStG. Die Vorschrift trägt dem Umstand Rechnung, dass die Bestimmungen der AO zur örtlichen Zuständigkeit bei der Veranlagung der ErbSt nicht genügen, da hier immer mehrere Beteiligte (Erblasser, Erben, sonstige Erwerber wie Pflichtteilsberechtigte oder Vermächtnisnehmer, Schenker und Beschenkte) vorhanden sind. Von *erheblicher fiskalischer Bedeutung* ist die Zuweisung der örtlichen Zuständigkeit im Hinblick auf die *Ertragshoheit der ErbSt*, die nach Art. 106 Abs. 2 Nr. 2 GG den *Bundesländern als Steuergläubiger* zugewiesen ist (Landessteuer).

Die grundsätzliche Regelung der örtlichen Zuständigkeit ist in § 35 Abs. 1 ErbStG verankert. Danach bestimmt sich die örtliche Zuständigkeit für die Steuerfestsetzung nach dem *Wohnsitz* (§ 8 AO) oder *gewöhnlichen Aufenthalt* (§ 9 AO) bzw. dem *Ort der Geschäftsleitung* (§§ 19 und 20 AO) *des Erblassers oder Schenkers*, wenn dieser im Besteuerungszeitpunkt Inländer war. In den Fällen des § 2 Abs. 1 Nr. 1 Buchst. b ErbStG, in denen der Erblasser oder Schenker trotz Wegzugs ins Ausland unbeschränkt steuerpflichtig geblieben ist, richtet sich die Zuständigkeit nach dem letzten inländischen Wohnsitz oder gewöhnlichen Aufenthalt des Erblassers oder Schenkers (§ 35 Abs. 1 Satz 2 ErbStG).

628 *Abweichend* von § 35 Abs. 1 ErbStG bestimmt sich die örtliche Zuständigkeit nach den *Verhältnissen des Erwerbers*, wenn bei einer Schenkung unter Lebenden der Erwerber eine Körperschaft, Personenvereinigung oder Vermögensmasse ist (§ 35 Abs. 2 Nr. 1 ErbStG). Desgleichen sind bei einer Zweckzuwendung (§ 8 ErbStG) die Verhältnisse des Beschwerten maßgebend, wenn es sich bei diesem um eine Körperschaft, Personenvereinigung oder Vermögensmasse handelt. Nach § 35 Abs. 2 Nr. 2 ErbStG bestimmt sich die örtliche Zuständigkeit ebenfalls nach den Verhältnissen des Erwerbers, wenn der Erblasser zur Zeit seines Todes oder der Schenker zur Zeit der Ausführung der Schenkung kein Inländer war.

Von *Zweckmäßigkeitserwägungen* geprägt ist der Regelungsinhalt des § 35 Abs. 3 ErbStG. Danach ist bei Schenkungen und Zweckzuwendungen unter Lebenden von einer Erbengemeinschaft das Finanzamt zuständig, das für die Bearbeitung des Erbfalls zuständig ist. Die gilt auch, wenn eine *Erbengemeinschaft aus zwei Erben* besteht und der eine Miterbe bei der Auseinandersetzung eine *Schenkung an den anderen Miterben ausführt*.

Für Fälle der *beschränkten Steuerpflicht* (§ 2 Abs. 1 Nr. 3 ErbStG) weist § 35 Abs. 4 ErbStG dem Finanzamt die örtliche Zuständigkeit zu, in dessen Bezirk sich das der Steuerpflicht unterliegende Vermögen (Inlandsvermögen i. S. des § 121 BewG) bzw. der wertvollste Teil dieses Vermögen befindet (§ 19 Abs. 2 AO).

STICHWORTVERZEICHNIS

(Die angegebenen Zahlen verweisen auf die nach Kapiteln getrennten Textziffern.)

Fünfter Teil: Abgabenordnung

A

Abgabenordnung, Systematik   1
Abgekürzte Außenprüfung   189
Absonderung   228
Akzessorietät, Haftung   85
Allgemeine Steuergesetze   3
− Verfahrensgrundsätze, Rechtsbehelfsverfahren   254
− Verfahrensvorschriften   100 ff.
Allgemeines Steuerrecht   1 ff.
Amnestie   346
Amtssprache   106
Amtsträger, Ablehnung   104
Änderung, Steuerverwaltungsakt   134
Anfechtungsklage   283
Angehörige, Begriff   30
Anschlussrevision   323
Anwendungsbereich, AO   21 ff.
Anwendungserlass, AO   5
Anzeigepflichten   159
Arrest   223
Aufbewahrung, Unterlagen   162
Aufhebung, Vollstreckungsmaßnahmen   206
Aufhebung der Vollziehung   268
Aufrechnung   63
Aufzeichnungen   160
Ausfuhrabgabe   24
Auskünfte in und außerhalb einer Außenprüfung   193
Auskunftspflicht   108
Auskunftsverweigerungsrecht   115
Außenprüfung   176 ff.
Außergerichtliches Rechtsbehelfsverfahren   240 ff.
Ausschlussfrist   259
Aussetzung der Vollziehung   60, 261 ff.
Aussetzungsfähiger Verwaltungsakt   263
Aussonderung   228

B

Bannbruch   347
Begründetheit, Revision   323
Begründungszwang, Verwaltungsakt   132
Beiladung, Klageverfahren   297
Beistände   103
Bekanntgabe, Verwaltungsakt   128
Bekanntgabeerlass, AO   5
Beratungspflicht   108
Beschwer, Begriff   245
Beschwerde, Finanzgerichtsentscheidung   327
Besitzsteuern   24
− Steuerbescheid   146
Beteiligte   101
Betriebsfinanzamt   32
Betriebsprüfung   176 ff.
Betriebsstätte   28
Betriebsübernehmer, Haftung   84
Bevollmächtigte   103
Bewegliche Sachen, Vollstreckung   210
Beweislast   114
Beweismittel   113
− Besteuerungsgrundsätze   105
Billigkeitserlass   72
Buchführung   160, 161
Bußgeldbescheid   357
Bußgeldverfahren   356

C

Checkliste, Einspruch   243
− Klagezulässigkeit   287

VERZEICHNIS Stichwörter

D

Datenübermittlung, Dritte   155
Dinglicher Arrest   223
Divergenz, Revision   312
Duldungsbescheide, Haftung   90
Durchführung der Besteuerung   160 ff.

E

Eigenverwaltung   234
Einfuhrabgabe   24
Einführungsgesetz, AO   3
Einheitliche Feststellungen, Rechtsbehelfsbefugnis   247
Einspruch   241 ff.
Einspruchsentscheidung   260
Einstweilige Anordnung   329
Einteilung, Steuern   24
Elektronische Kommunikation   106, 291
Entstehung, Steueranspruch   43
Erfassungsverfahren   159 ff.
Erklärungsverfahren   159 ff.
Erlass   71
Erlöschen, Ansprüche   61 ff.
Ermessen   26
– Vollstreckungsverfahren   201
Ermessensentscheidung   26
– Erlass   74
Ermittlungsbefugnisse, Vollstreckungsbehörde   203
Ersatzvornahme   218
Erstattungsanspruch   23
Evokation   351

F

Fälligkeit, Begriff   53 ff.
Fälligkeitsbestimmung   55
Fälligkeitszeitpunkt   54
Fehlerhafter Verwaltungsakt   133
Festsetzungsverfahren   160 ff.
Festsetzungsverjährung   76
Feststellungsbescheide   169
Feststellungsklage   286

Finanzbehörde, Strafverfolgungsbehörde   353
– Zuständigkeit   31
Finanzgerichtsordnung   3, 280 ff.
Finanzrechtsweg   244
Finanzverwaltungsgesetz   3
Forderungen, Vollstreckung   211
Form, Klageerhebung   292
Formelles Recht   1 ff.
Frist, Klageerhebung   294
Fristbeginn   118
Fristen   117 ff.

G

Gefährdungstatbestände   355
Gegenseitigkeit, Steuerschuldverhältnis   64
Geldforderungen, Vollstreckung   208
Gemeinnützige Zwecke   78a
Gerichtliches Rechtsbehelfsverfahren   280 ff.
Gerichtsbescheid   301
Gesamtschuldner, Begriff   42
Gesamtvollstreckung   225 ff.
Geschäftsleitung   28
Geschichtliches, AO   2
Gesetzmäßigkeit, Grundsatz   105
Gewöhnlicher Aufenthalt   27
Gleichmäßigkeit, Grundsatz   105
Grundlagenbescheide   169
– Rechtsbehelfsbefugnis   246
Grundsatz, rechtliches Gehör   116

H

Haftung, Überblick   84 ff.
Haftungsbescheid   91
Haftungstatbestände   86
Handlungsfähigkeit   102
– Begriff   40
Hehlerei, Steueranspruch   46
Hinausschieben, Fälligkeit   56
Hinzuziehung Dritter   255

I

Insolvenz 225 ff.
Insolvenzforderungen 227
Insolvenzgericht 236
Insolvenzplan 236
Insolvenzverfahren 225 ff.

K

Kirchliche Zwecke 78c
Klagebefugnis 296
Klageerhebung 288
Klageschrift, Muster 308
Klagesystem 281
Klageverfahren 287
Kleinbetragsverordnung 147
Kommunalabgabengesetze 3
Kommunikation, elektronische 106, 291
Konfusion 61
Konkurs siehe Insolvenz
Kontrollmitteilungen 112, 179
Korrektur, Steuerverwaltungsakt 135
Kosten, Rechtsbehelfsverfahren 328
– Vollstreckung 220
Kostensachen, Beschwerde 327

L

Lagefinanzamt 32
Leasingverträge 45
Leichtfertige Steuerverkürzung 354
Leistungsklage 284

M

Masseansprüche 229
Materiellrechtliche Vorschriften 1 ff.
Messbescheide 170
Mildtätige Zwecke 78b
Missbrauch 52
Mitwirkungspflichten 110
Mündliche Erörterung 258
– Verhandlung 301

N

Nachprüfungsvorbehalt 171
Nebenbestimmungen, Verwaltungsakt 131
Nebenleistungen, steuerliche 25
Neue Tatsachen 148
Nichtigkeit, Verwaltungsakt 133
Nichtzulassungsbeschwerde 314

O

Offenbare Unrichtigkeiten 136
Ordnungsgemäße Buchführung 162
Organschaft, Haftung 83, 86
Örtliche Zuständigkeit, Finanzbehörden 32

P

Persönlicher Arrest 224
Prüfungsanordnung, Bekanntgabe 181
Prüfungsgrundsätze 184

R

Rechenfehler 152
Rechtliches Gehör 257
– Grundsatz 116
– Klageverfahren 297
Rechtsbehelfe 240 ff.
– Vollstreckungsmaßnahmen 221
Rechtsbehelfsbefugnis 245
Rechtsbehelfsfrist 250
Rechtsbehelfsverfahren, Aufrechnung 67
Rechtsquellen, AO 4
Rechtsverordnungen 4
Reformgründe, AO 2
Restschuldbefreiung 233
Revision 309
Revisionsbegründung 317
Revisionsschrift, Muster 326

S

Sachaufklärung 109
Sachliche Zuständigkeit, Finanzbehörden 31
Säumniszuschläge 174
Schätzung, Besteuerungsgrundlagen 166

Scheingeschäfte 49 ff.
Schlussbesprechung 187
Schmiergelder 167
Schmuggel 348
Schreibfehler 152
Schriftform, Verwaltungsakt 130
Selbstlosigkeit 82
Sicherheitsleistung 267
Sicherungshypothek 213
Sitz, Definition 28
Steuer, Definition 22
Steueranspruch 78
– Entstehung 43
– gesetzwidriges Handeln 46
Steuerbegünstigte Zwecke 78
Steuerbescheide 168
– Aufhebung 144
Steuererklärung 165
Steuererstattungen 23
Steuerfahndung 194
Steuergefährdung 355
Steuergeheimnis 33 ff.
Steuerhehlerei 349
Steuerhinterzieher, Haftung 85
Steuerhinterziehung 344
Steueridentifikationsnummer 160
Steuerliche Nebenleistungen 25
Steuern, Überblick 21
Steuerordnungswidrigkeiten 354
Steuerordnungswidrigkeitenrecht 340 ff.
Steuerpflichtiger, Begriff 38
Steuerrechtsfähigkeit, Begriff 39
Steuerschuldner, Begriff 41
Steuerschuldrecht 37 ff.
Steuerschuldverhältnis, Ansprüche 61 ff.
Steuerstrafrecht 340 ff.
Steuerumgehung 52 ff.
Steuervergütungen 23
Steuerverwaltungsakt 127
Strafbefreiende Selbstanzeige 345
Strafbefreiungserklärungsgesetz 345
Strafrecht, allgemeiner Teil 341
Straftat 341

Strafverfahrensrecht 350
Stundung 57

T

Täterschaft 342
Tatsächliche Verständigung 105
Teilnahme 342
Termine 117 ff.
Testamentsvollstrecker, Haftung 87
Treu und Glauben 52 ff.
– Außenprüfung 193
– Treuhand 167

U

Unbillige Härte 265
Unmittelbarer Zwang 219
Untersuchungsgrundsatz 107, 299
Unwirksame Rechtsgeschäfte 47 ff.

V

Verbindliche Zusagen 193
Verbraucherinsolvenz 235
Verbrauchsteuern 24
– Steuerbescheid 145
Verfahrensgrundsätze 101 ff.
Verfahrensmangel, Revision 312
Verfahrensrechtliche Vorschriften 1 ff.
Vergleich siehe Insolvenzplan 236
Vergütungsanspruch 23
Verjährung 75
Verkehrssteuern 24
– Steuerbescheid 146
Vermögen, Vollstreckung 209
Verrechnungsvertrag 66, 70
Versäumniszuschläge 174
Verspätungszuschläge 172
Versuch, Straftat 343
Vertragliche Haftung 94
Vertrauensschutz, Steuerbescheide 156
Vertreter, Haftung 85
Verwaltungsakt 128
Verwaltungsakte, Einzelfälle 129
– Rücknahme und Widerruf 137 ff.

Verwaltungsanweisungen 5
Verwertungsverbote 192
Verzögerungsgeld 25, 173
Vollendung, Straftat 343
Vollstreckung 200 ff.
– Überblick 205
Vollstreckungsanweisung, AO 5
Vollstreckungsgläubiger 204
Vorbereitung, Straftat 343
Vorlageverweigerungsrecht 115
Vorläufiger Rechtsschutz 329, 261 ff.
Vorläufige Steuerfestsetzung 171

W

Widerrufsvorbehalt, Verwaltungsakt 140
Widerstreitende Steuerfestsetzung 153
Wiedereinsetzung 117 ff.
– in den vorigen Stand 121
Wiedereinsetzungsverfahren 124
Wirtschaftliche Betrachtungsweise 45 ff.
Wirtschaftlicher Geschäftsbetrieb 29
Wirtschaftliches Eigentum 45 ff.
Wohnsitz 27

Z

Zahlung 62
Zahlungsaufforderung 92
Zahlungsverjährung 77
Zinsen 175
Zölle, Steuerbescheid 145
Zollfahndung 194
Zwangsgeld 217
Zwangsvergleich 236
Zwangsversteigerung 214
Zwangsverwaltung 215

Sechster Teil: Umsatzsteuer

A

Abnehmer 292
Abnehmerkreis 135
Agenturleistung 43
Änderung der Bemessungsgrundlage 450, 493

Aktive Verwendung 145
Anlagegold 733
Anzahlung 461, 481, 652
Anzahlungsrechnung 521
Arzt 387
ATLAS-Verfahren 575
Aufbewahrungsort 551
Aufbewahrungspflicht 512, 550
Aufmerksamkeit 32
Aufteilungsmethode 602
Aufzeichnungspflicht beim Dreiecksgeschäft 690
Ausfuhr durch Abnehmer 269
Ausfuhr im persönlichen Reisegepäck 276
Ausfuhr in Freihäfen 271
Ausfuhrlieferung 265
Ausfuhrnachweis 277, 279
Ausgaben 434
Auslagerung 320
Ausländischer Abnehmer 270
Auslieferungslager 23
Ausnahmen vom Abzugsverbot 587
Ausnahmen vom Steuerschuldnerwechsel 651
Ausrüstungsgegenstand 273
Ausschluss vom Vorsteuerabzug 581
Ausschlussfrist 637
Ausschlussumsatz 581
Ausstellungsdatum 506
Austauschverfahren 420

B

B2B-Geschäft 147
Bauleistung 646
Bearbeitung des Ausfuhrgegenstands 272
Befördern 116
Beförderungseinzelbesteuerung 490, 638
Beginn der Unternehmereigenschaft 77
Bemessungsgrundlage 414
Berechnungsschema 632
Berichtigung der Rechnung 513, 534, 539
Berichtigung der Zusammenfassenden Meldung 666
Berichtigung des Vorsteuerabzugs 610

VERZEICHNIS Stichwörter

Berichtigungserklärung 534
Berichtigungsobjekt 615
Berichtigungsverfahren 626
Besorgungsleistung 43
Bestandteil 28
Bestätigungsverfahren 668
Besteuerungszeitraum 633
Bestimmungslandprinzip 252
Bewegte Lieferung 116, 673
Bewirtungskosten 593
Bildung 390
Binnenmarktgesetz 1
Bonus 427

D

Datenabrufverfahren 418
Dauerfristverlängerung 637, 664
Differenzbesteuerung 536, 724 ff.
Dokument 497
Doppelte Erwerbsbesteuerung 253
Dreiecksgeschäft 254, 546, 681
Drittlandunternehmer 146
Duldungsleistung 38
Durchlaufender Posten 418
Durchschnittssätze 713

E

Echter Zuschuss 426
Eigenleistung 721
Eigentumsvorbehalt 17
Einfuhr 206
Einfuhr von Gas und Elektrizität 410
Einfuhrlieferung 122
Einfuhrumsatzsteuer als Vorsteuer 572
Einfuhrumsatzsteuer-Befreiungsverordnung 411
Einheitlichkeit der Leistung 45
Einkaufskommission 20
Einkaufspreis 431
Einnahmeerzielung 72
Einordnung in das Steuersystem 6
Einreise-Freimengenverordnung 412
Einschränkung der Option 395

Elektronische Übermittlung 634
Ende der Organschaft 85
Ende der Unternehmereigenschaft 79
Endrechnung 482, 523
Entgelt 198, 415, 510
Entgeltsminderung 427
Entnahme 25
Erbe 69
Erbgang 81
Erleichterungen bei der Aufteilung 605
Ermäßigter Steuersatz 465
Erstattungsorganisation 276
Erwerb 209, 212
Erwerb durch juristische Person 293
Erwerb neuer Fahrzeuge 236, 238, 294
Erwerber 215
Erwerbsbesteuerung 295
Erwerbsfiktion 219
Erwerbsort 251
Erwerbsschwelle 230, 232
Erwerbsteuer als Vorsteuer 576
Exot 230

F

Factoring 338
Fahrausweis 519
Fahrten zwischen Wohnung und Betrieb 439
Fahrzeugbegriff 241
Fahrzeugeinzelbesteuerung 639
Fahrzeuglieferer 103, 606
Fehlender Leistungsaustausch 202
Finanzielle Eingliederung 88
Firmenmantel 636
Firmenwagenüberlassung 55
Fiskalvertreter 691
Freihafen 113
Fristverlängerung 637

G

Gas und Elektrizität 647
Gästehaus 594
Gefährdungslage 539

Stichwörter — VERZEICHNIS

Gefälligkeitsdarlehen 62
Gelangen 213
Geld- und Kapitalverkehr 335
Gemeinschaftssteuer 6
Gesamtumsatz 709
Geschäftsführung 75, 204
Geschäftsveräußerung 258, 619
Geschenk 592
Geschichtliche Entwicklung 1
Gesellschaftsanteil 349
Gesellschaftsbeziehungen 204
Gesellschaftsgründung 78
Gesetzlich geschuldete Steuer 558
Gesondert geführter Betrieb 259
Gesonderter Steuerausweis 511
Gewerbliche Tätigkeit 70
Gleichgestellte Lieferung 24
Gleichgestellte sonstige Leistung 47
Grenzüberschreitende Güterbeförderung 309
Grenzüberschreitende Organschaft 91
Grunderwerbsteuer 422
Grundgeschäft 112
Grundstücksleistung 161
Grundstücksumsätze 355
Gutschrift 514

H

Handelsübliche Bezeichnung 508
Heilberufliche Tätigkeit 387
Helgoland 266
Hilfsgeschäft 112
Höhe der Erwerbsschwelle 233

I

Indirekte Steuer 6
Inland 113
Innengesellschaft 68
Innenumsatz 111, 203
Innergemeinschaftliche Lieferung 287, 541
Innergemeinschaftlicher Erwerb 209, 212
Innergemeinschaftliches Dreiecksgeschäft 681
Innergemeinschaftliches Verbringen 219

Insolvenz 451
Investitionszuschuss 426

J

Jahresbonus 455
Jahresgesamtumsatz 710
Juristische Person des öffentlichen Rechts 95

K

KEA 491
Kleinbetragsrechnung 518
Kleine Einzige Anlaufstelle 491
Kleinsendung 413
Kleinunternehmer 217, 707
Kombinationsartikel 466
Kommissionsgeschäft 20
Kreditgewährung 336
Kunst 390
Kurzfristige Verwendung 149

L

Land- und Forstwirt 715
Leasing 21
Leistung 561
Leistungsaustausch 199
Leistungsempfänger 648
Leistungswille 19
Leistungszeitpunkt 509
Lieferer 216
Liefergegenstand 14
Lieferortsbestimmungen 114
Lieferschein 509
Lieferschwelle 136
Lieferung 13
Lieferung im Flugzeug 128
Lieferung im Schiff 128
Lieferung in Eisenbahn 128

M

Marge 723
Materialbeistellung 58
Materialgestellung 60

697

Mautgebühr 418

Mehrwertsteuer-Informationsaustausch-System 660

Messedienstleistungen 151

Mietkauf 22

Mindestbemessungsgrundlage 446, 447

Mini-One-Stop-Shop 491

Mitgliederbeitrag 203

Mitgliedstaaten der EU 3

Montagelieferung 117

Moss-Verfahren 491

Motorjacht 594

N

Nachhaltigkeit 71

Nachträgliche Anschaffungs- oder Herstellungskosten 624

Nachweis der Ausfuhr 277

Nachweis der innergemeinschaftlichen Lieferung 299

Nachweis der Vorsteuer 580

Nebenleistung 45, 366

Nennwert 341

Netto-Allphasen-USt 7

Neues Fahrzeug 243

Nicht abzugsfähige Betriebsausgaben 591

Nutzfläche 604

O

Option 393

Option zur Erwerbsbesteuerung 235

Ordnungswidrigkeit 552

Organgesellschaft 84

Organisatorische Eingliederung 90

Organschaft 82

Organträger 84

Originalrechnung 557

Ort bei B2C-Umsatz 156

Ort der Lieferung in besonderen Fällen 133

Ort der sonstigen Leistung 141, 163

Ort der unentgeltlichen Lieferung 127

Örtliche Zuständigkeit 9

P

Papierrechnung 500

Periodische Steuer 6

Personal 32

Personalcomputer 51

Pflegeheim 389

Pkw-Überlassung an Arbeitnehmer 448

Postdienstleistungen 357

Preisausschreiben 36

Preisnachlass 427

Private Pkw-Nutzung 437

Prüfungsschema 10

Prüfungsschema messebezogene Dienstleistungen 153

R

Rahmen des Unternehmens 110

Rechnung 496, 556

Rechnung mit verschiedenen Steuersätzen 517

Rechnungsangaben 503

Rechnungsbegriff 497

Rechnungslegungspflicht 502

Rechnungsnummer 507

Rechtsgrundlagen 5

Regelsteuersatz 457

Reihengeschäft 673

Reihengeschäft innerhalb der EU 678

Reihengeschäft innerhalb Deutschlands 675

Reihengeschäft mit dem Drittland 676

Reisekosten 598

Reiseleistung 720

Restaurationsleistungen 154

Restaurationsumsatz 41

Restrechnung 482, 526

Reverse-charge-Verfahren 150

Rücklieferung 202

S

Sachgesamtheit 14

Sachspende 36

Sachzuwendung 32

Schadensersatz 203

Scheinfirma 562
Segeljacht 594
Selbständigkeit 74
Selbständiger Berichtigungszeitraum 623
Selbstkosten 432
Sicherungsübereigneter Gegenstand 644
Sicherungsübereignung 18
Sitz 270
Skonto 427
Sollversteuerung 479
Sondervorauszahlung 637
Sonstige Leistung 38
Sonstige Steuerbefreiungen 392
Steueranmeldung 633
Steuerbefreiung 261
Steuerbefreiung der Einfuhr 405
Steuerbefreiung des Erwerbs 400
Steuerberechnung 632
Steuerentstehung 479
Steuergegenstand 11
Steuernummer 505
Steuersatz 456
Steuervergütung 702
Strohmann 67

T

Tätigkeitsort 152
Tarifentfernung 519
Tausch 62, 419
Tausch mit Baraufgabe 63
Tauschähnlicher Umsatz 64, 419
Taxi 477
Teilbetrieb 259
Teilleistung 458, 480
Telefonnutzung 51
Transitware 407
Trinkgeld 417

U

Umfang des Unternehmens 111
Umsatz im Freihafen 256
Umsatzsteuer-Identifikationsnummer 253

Umsatzsteuerlager 320, 408
Umsatzsteuerlagerregelung 320
Unberechtigter Steuerausweis 535
Unbewegte Lieferung 120, 673
Uneinbringlichkeit 451
Unrichtiger Steuerausweis 528
Untergang der Ware 213
Unternehmensgegenstand 221
Unternehmer 65
Unternehmereigenschaft 76
Unternehmerfähigkeit 65
Unternehmersitzprinzip 127

V

Verarbeitung 297
Verbilligte Leistung 520
Verbringen 23, 298, 445
Verdeckter Preisnachlass 420
Vereinbartes Entgelt 479
Vereinnahmtes Entgelt 460, 484
Vereinnahmung 485
Verfügung des Unternehmers 222
Verfügungsmacht 16
Vergütungsverfahren 555, 655
Verkaufskommission 20
Verkehrsteuer 6
Vermietungsumsatz 361
Vermittlung 326
Vermittlung steuerfreier Umsätze 327
Versandhandelslieferung 544
Versandhandelsregelung 133
Versenden 116
Versicherungen 356
Vertrauensschutzregelung 305
Verwendung 582
Verwendungsdauer 618
Verwendungseigenverbrauch 48
Verzehr an Ort und Stelle 41
Verzicht auf Kleinunternehmerregelung 712
Verzicht auf Lieferschwelle 137
Verzicht auf Steuerbefreiung 393
Vollständige Anschrift 504

VERZEICHNIS Stichwörter

Voranmeldungszeitraum 635
Voraussichtlicher Leistungszeitpunkt 522
Voraussichtlicher Umsatz 708
Vorauszahlung 634
Vorbereitungshandlung 77, 568
Vorgesellschaft 78
Vorgründungsgesellschaft 78
Vorratsgesellschaften 636
Vorsteuer 553
Vorsteuerabzug 611
Vorsteuerabzug aus Rechnung 554
Vorsteuerabzug des Auslagerers 578
Vorsteueraufteilung 602
Vorsteuerbeschränkung bei Grundstücken 600
Vorsteuereinschränkung 107
Vorsteuer-Vergütungsverfahren 655
Vorübergehende Verwendung 23, 224

W

Warenbewegung 220, 291
Warengutschein 429
Werkleistung 42, 60
Werklieferung 57, 289
Wertpapier 346
Wertzeichen 354
Wesentliche Grundlage 258
Widerspruch 515
Wirtschaftliche Eingliederung 89
Wirtschaftliche Zuordnung 603
Wissenschaftliche Tätigkeit 151
Wohn- und Schlafraum 371
Wohnort 270

Z

Zahlung von dritter Seite 415
Zahlungsmittel 341
Zeitpunkt der Leistung 509
Zeitpunkt der Lieferung 119
Zeitpunkt des Vorsteuerabzugs 554
Zollamtlicher Beleg 573
Zolltarifauskunft 466
Zollwert 443

Zuordnung der Warenbewegung 674
Zuordnung zum Unternehmen 25, 579
Zuordnungsentscheidung 570
Zusammenfassende Meldung 660
Zusätzliche Rechnungsangaben 540
Zusätzliches Entgelt 425
Zuschuss 203, 423
Zuständigkeit 8
Zuständigkeitsverordnung 9
Zuwendung 32
Zuwendung an Personal 442
Zuwendung aus öffentlicher Kasse 426
Zweigniederlassung 270

Siebenter Teil: Erbschaftsteuer

A

Abbauland 227
Abfindung 56, 66, 71, 107, 121
Abkömmlinge, eheliche Gütergemeinschaft 57, 59 ff.
Ableitung aus Verkäufen 318 f.
Abrundung, steuerpflichtiger Erwerb 157
Absetzungen 336
Abzinsung 348
Abzinsungsfaktor 308
Abzugsbetrag 400, 404 ff.
Abzugssteuer 524
Abzugsverbot 163, 182
Agrarbericht 259
Agrarberichterstattung 207, 261
Alles-oder-nichts-Prinzip 434a
Altenteilsvertrag 232
Alterswertminderung 298
Anbaugebiete 250
Anfangsvermögen 64
Anrechnung 575
– ausländische Erbschaftsteuer
Anrechnungsmethoden 21 ff.
Anspinnräume 223
Anteile an Kapitalgesellschaften 409, 421, 430 ff.
Anteilsberechtigter Abkömmling 57
Anwachsräume 223

Stichwörter VERZEICHNIS

Anwachsungserwerb   42

Anwartschaften, Übertragung   51

Anzeigepflicht   425, 582

Archive   373, 450

Auflage   7, 11, 32, 47

Auflagenerwerb   47

Auflösungsbeträge, gewinnerhöhende   336

Aufschiebende Bedingung   286, 367

Aufwendungen, außerordentliche   336

Ausgangsbetrag   341, 561

Ausgangslohnsumme   407, 410 ff.

Auslandsvermögen   23, 507

Auslegung, ErbStG   2

Ausschlagung   49, 128, 138

Außenanlagen   289, 296

Außenbereich   205

Außerordentliche Aufwendungen   336

Außerordentliche Erträge   336

Ausstattung, Stiftung   46

B

Basiszinssatz   254, 339a f.

Baujahr   298

Bauland   202

Baumarten   247

Bedingtes Vermächtnis   139

Beetflächen   223

Behaltensregelung   415 ff.

Berechnung der Steuer   527

Bereicherung
– Erwerber   527

Berliner Testament   52, 164d, 533 f.

Besatzkapital   258, 261 ff.

Beschränkte Steuerpflicht   16 ff.

Besitzunternehmen   437

Besonderer Versorgungsfreibetrag   53, 146, 537 ff.

Betagung   132, 348

Betriebsaufgabe   417

Betriebsaufspaltung   334, 436

Betriebsergebnisse   245, 332, 335 ff.

Betriebsform   207

Betriebsgrundstücke   193

Betriebsmittel   206
– umlaufende   211

Betriebsunternehmen   437

Betriebsvermögen
– Aufteilung   342
– Bewertung   314 ff.

Betriebsverpachtung   438 ff.

Betriebsvorrichtung   194

Betriebswohnung   205, 231, 273

Bewertungsmethoden   279, 284, 321, 342

Bewertungsstichtag   184 ff.

Bewirtschaftungskosten   290

Bewirtschaftungskosten, pauschalierte   292

Bibliotheken   373, 450

Bienenhaltung   220

Bienenkästen   220

Bienenkörbe   220

Bienenstände   220

Bienenvölker   220

Bodenwert   259, 273, 281

Bruttogrundfläche   299

Buchwertklausel   71, 119

C

Capital gains tax   181

D

Darlehensforderungen   351, 449

DBA   21 ff.

Direktvermarktung   226

Discounted Cash Flow Methode   315, 321

Doppelbesteuerung   541, 575

Doppelbesteuerungsabkommen (DBA)   21 ff.

Durchschnittsertrag   332 ff.

E

Edelmetalle   450

Edelsteine   372, 450

Ehegatte   528, 533

Ehegatten, unbenannte Zuwendungen   92 f.

Eheliche Gütergemeinschaft
– Güterstände   57 ff.

701

VERZEICHNIS Stichwörter

Eigentumswohnung 376, 515
Einfamilienhaus 282, 457
Einkommensteuer, Verhältnis 3 ff.
Einzelbewertungsverfahren 322
Einzelertragswertverfahren 251
Einzelunternehmen 86, 314
Endvermögen 63, 65
Entnahmebegrenzung 419 f.
Erbanfall 2
Erbanfallsteuer 1, 564
Erbauseinandersetzung 29 f.
Erbbaurecht 73, 193, 300 ff.
Erbbaurechtsgrundstück 307 ff.
Erbbauzinsen 307 ff.
Erbengemeinschaft 37, 198, 564, 628
Erbersatzanspruch 39, 390
Erbfallschulden 163, 165 ff.
Erbfolge 28 ff.
Erblasserschulden 164
Erbrecht 1, 14
Erbrechtlicher Zugewinnausgleich 63 ff.
Erbschaftsteuer
– Überblick 1
– Verfassungsmäßigkeit 9
Erbschaftsteuergesetz 1
Erbschaftsteuertarif 540 f.
Erbschaftsverwaltungskosten 170
Erbvertrag 28, 46, 49
Erbverzichte, Abfindung 49
Ereignis, rückwirkendes 270, 526
Ergebnis, ordentliches 244
Erhebung 251, 257
Ersatzerbschaftsteuer 12, 522, 567
Erträge, außerordentliche 336
Ertragsanlagen 216
Ertragsaussichten 120, 187, 320 ff.
Ertragshoheit 1, 627
Ertragsklassen 247
Ertragsrebflächen 211
Ertragsteueraufwand 336 f.
Ertragsteuerbelastung 340
Ertragswertmethode 323

Ertragswertverfahren
– Grundvermögen 289 ff.
– Land- und Forstwirtschaft 240
– vereinfachtes 325 ff.
Erweiterte beschränkte Steuerpflicht 13, 20
Erwerbe von Todes wegen 28 ff.
Erwerbsanzeige 582 ff.
EU-Klassifizierung 246
Europäische Größeneinheit 246
Existenzgrundlage des Betriebsinhabers 202

F

Familienstiftungen 10, 12, 112, 522
Familienvereine 10, 12, 112, 522
Familienunternehmen 25, 183
Familienwohnheim 376 ff.
Familienzulagen 408
Fassweinerzeuger 248
Festgeld 449
Feststellungsbescheid 198
Feststellungserklärung 197
Feststellungsverfahren 195
Fiktive Zugewinnausgleichsforderung 4, 63 ff.
Finanzdienstleistungsinstitut 445, 447
Finanzmathematische Methode 303, 308
Firmenwert 336
Firmenwertähnliche Wirtschaftsgüter 336
Fischereiberechtigung 218
Forderungen, vergleichbare 447 f.
Formnichtige Testamente 34
Formunwirksames Vermächtnis 38
Fortführungswert 240
Fortgesetzte Gütergemeinschaft 57 f.
Freibetrag 372, 536
Freibetrag für Kinder 536
Freistellungsmethode 21 f., 541
Frühere Erwerbe 523 ff.

G

Gebäude
– auf fremdem Grund und Boden 310
– im Zustand der Bebauung 311
Gebäudeentschädigung 309

Gebäudeertragswert 289
Gebäuderegelherstellungswert 298 f.
Gebäudereinertrag 289
Gebäudesachwert 296 ff.
Gebäudewertanteil, Erbbaurecht 306, 309
Gegenwartswert 343
Geldschenkung, Auflage 82
Geldvermächtnis 38, 166
Gemeiner Wert, Ermittlung 240, 279
Gemischt genutztes Grundstück 283, 515
Gemischte Schenkung 7, 96 ff.
Gemüsebau 213
Gerichtlicher Vergleich 35
Geringstland 228, 252
Gesamtbewertungsverfahren 322
Gesamtgut 54 ff.
Gesamtnutzungsdauer 298
Gesamtrechtsnachfolge 8, 28
Gesamtstandarddeckungsbeiträge 246
Geschäftsgrundstück 283
Gesellschaftsanteile 76, 421
Gewerbesteuer 336
Gleitklausel 405
GmbH-Anteil 318
Gratifikationen 408
Grundbesitz, Bewertung 193
Grunderwerbsteuer, Verhältnis 7
Grundstück 194, 280 ff.
– bebaut 282
– unbebaut 280
Grundstücksarten 282 f.
Grundvermögen 279
Gutachtennachweis 313
Gutachterausschuss 281
Gütergemeinschaft 57 ff.
Güterrechtlicher Zugewinnausgleich 66

H

Hackrain 227
Haftung, Erbschaftsteuer 567, 570 ff.
Härteausgleich 540
Hausrat 372

Hecken 210
Herrenhäuser 233
Herstellungskosten 84, 296 ff.
Hofstelle 202
Holdingstrukturen 446
Holzbodenfläche 210
Holzerzeugung 209
Hopfen 214

I

Imkerei 220
Inlandsvermögen, Steuerpflicht 16
Insolvenz 322
Investitionszulage 336

J

Jahresertrag 328, 332 ff.

K

Kapitalforderungen 349 f.
Kapitalgesellschaften 430
– Verschonungsabschlag 401
Kapitalisierungsfaktor 260, 263
Kapitalisierungszinssatz 260, 263
Kaufkraftschwund 64
Kaufpreis 180
Kaufrechtsvermächtnis 367
Kettenschenkungen 88
Kiesgruben 226
Klassifizierungssystem, gemeinschaftliches 207
Kleinbetragsgrenze 598
Kleinbetrieb 234, 246
Kleingartenland 203
Körperschafsteuer 336
Konservierungsanlagen 223
Konzernklausel 441
Kreditinstitut 445, 447
Kundenforderungen 449
Kunstgegenstände 450
Kunstsammlungen 450

L

Lagefinanzamt, Feststellungsverfahren 196
Lagewert, durchschnittlicher 281
Land- und forstwirtschaftliches Vermögen 200 ff.
Lasten 343
Lebenspartner 53 ff.
Lebensversicherung 45, 65
Leistungsauflage, gemischte Schenkung 40, 99 f.
Liquidationswert 268, 270 ff.
Lohnansatz
– angemessener 244
Lohnsumme 407 ff.
Luxusgegenstände 369

M

Marktwert 279, 317, 321
Mehrere Erben, Wertermittlung 29, 398
Mehrfacher Erwerb desselben Vermögens 552 ff.
Miete 289 ff.
Mietwohngrundstück 283
Mindestbeteiligung 427, 430 ff.
Mindestwert 258 ff.
Mischverfahren 322
Mitarbeiterbeteiligungen 408
Mitgliederbeiträge, Steuerfreiheit 563
Mittelbare Beteiligung 409
Mittelbare Grundstücksschenkung 83 ff.
Mitunternehmeranteil 271
Multiplikatorenmethode 321
Multiplikatorenverfahren 321

N

Nachabfindungsvorbehalt 270
Nachbewertungsvorbehalt 270
Nacherbschaft 67 ff.
Nachfolgeklausel, qualifizierte 413
Nachlassregelungskosten 171
Nachlasssteuer 1
Nachlassverbindlichkeiten 146, 163 ff.
Nachvermächtnis 70
Nachversteuerung 415 ff.
Nebenbetriebe 226

Nebenerwerbsstelle 235
Nettowert, Grundbesitzwert LuF 276
Neukultivierung 228
Nichtholzbodenfläche 210
Nießbrauch 355, 429a
Nießbrauchsvermächtnisse 617
Nießbrauchsvorbehalt 87
Normalbestand, umlaufende Betriebsmittel 203, 368
Nutzungssatz, jährlicher 209
Nutzungsart 246
Nutzungsüberlassung an Dritte 435 ff.

O

Obstbau 213
Öffnungsklausel 268, 275, 310c, 313
Örtliche Zuständigkeit 627 f.

P

Pachtpreise 265
Pasteurisierungsräume 223
Pensionsverpflichtungen 203
Personengesellschaft
– vermögensverwaltende 154
Personensteuer 1
Persönliche Freibeträge 536
Pflanzenbau-Verbund 207
Pflegeleistung 388
Pflichtteilsanspruch 7, 39 ff., 168, 349
Pilzanbau 223
Pooling 422, 431
Progressionsvorbehalt 541
Provisionen 408

Q

Qualifizierte Nachfolgeklausel 413

R

Rechte und Verbindlichkeiten, Vereinigung 160 f.
Regelbewertungsverfahren 256
Regelherstellungskosten 297b
Regionalisierung 246

Reinertrag 256
Reinertrag des Grundstücks 289
Reinertragswertverfahren, typisiertes 256
Reingewinn 244 ff.
Reinvestitionsklausel 270
Rekultivierung 227
Restnutzungsdauer 294
Restwertregelung 298
Risikomaß, relatives 339
Risikozuschlag 254, 260, 339b
Rohertrag des Grundstücks 290

S

Saatzucht 222
Sachleistungsansprüche 365
Sachvermächtnis 366
Sachwert 297
Sachwertverfahren 284
Saisonarbeitsverhältnisse 408
Sammlungen, wissenschaftliche 373
Sandgruben 227
Scheinbestandteil 310
Schenker 1
Schenkung 1
Schenkung unter Auflage 88, 96
Schenkung unter Lebenden 10, 99
Schenkung
– steuerliche Anerkennung 87
– Todesfall 40
– Zurechnung 2
Schlösser 233
Schlusserbe 52
Schuldenabzug 19
Schulden 18, 78
Sicherungsstreifen 210
Sockelbesteuerung 402
Sockelbetrag 404
Sonderabschreibung 336
Sonderbetriebsvermögen 436
Sondererbfolgeregelung, landwirtschaftliche 413
Sonderkulturen 214
Sonstige bebaute Grundstücke 283
Spargel 214

Speisepilze 223
Staatliche Genehmigung 46
Standarddeckungsbeitrag 207
Steinbrüche, stillgelegte 229
Steuerbefreiungen 370 ff.
– sachliche 19
Steuerbelastung, persönliche 340
Steuerberechnung 127, 542
Steuererklärung 591 ff.
Steuererstattungsanspruch 153
Steuerklassen 528
Steuerpflicht 14 ff.
Steuerpflichtiger Erwerb 146 ff.
Steuersätze 540
Steuerschuldner 564 ff.
Steuerstundung 599 ff.
Stichtagsprinzip 127, 184
Stiefkindadoption 54, 58
Stiftungen 12, 109
Stiftungen unter Lebenden 110
Stückländereien 230
Stundung 599 ff.
Substanzbetriebe 226
Substanzwert 324
Substanzwertverfahren 321 f.

T

Tabak 214
Tarif 464
Tarifbegrenzung, Entlastungsbetrag 544 ff.
Teichwirtschaft, 218
Teilbetriebsveräußerung 417
Teileigentum 193
Teilungsanordnungen 30
Teilungsanteile, Erbanteile 33
Teilwertabschreibung 336
Testament 28 f.
Tierbestände, Umrechnung 267
Tierhaltung, gewerbliche 203
Tod, anteilsberechtigter Abkömmling 568
Todesfall, Schenkung 40
Typisch stiller Gesellschafter, Einlage 364

VERZEICHNIS — Stichwörter

U

Überbestand   203
Übernahme der Steuer   529
Umlagen   290
Umstrukturierung   334
Umwandlung   334
Unbebaute Grundstücke   280 f.
Unechte Teilungsanordnung   32
Unland   229, 253
Unterschiedsbetrag   305
Unternehmensbewertung   315 ff.
Unternehmensfortführung   414, 455
Unternehmenswert   322, 421a
Unternehmerlohn
– angemessener   336
Unternehmerrisiko   339

V

Veräußerungsgewinne, einmalige   336
Veräußerungsverluste, einmalige   336
Verbindung, räumliche   205
Verdeckte Einlage, 94
Verdeckte Gewinnausschüttung   95b
Verein   112
Verfassungsmäßigkeit
– Erbschaftsteuer 9
Verfügungsbeschränkungen   183
Vergleichsfaktoren   285
Vergleichsfaktorverfahren   287
Vergleichspreisverfahren   285
Verkehrsteuer   1
Verkehrswert   4
Verkehrswertermittlung   284, 290
Verkehrswertnachweis   268a, 310c
Vermächtnis   37 ff., 166
Vermögen
– betriebsnotwendiges   330
– nichtbetriebsnotwendiges   329
Vermögenserhöhungen   336
Vermögensmasse   109
Vermögensminderungen   336

Vermögensverwaltende Personengesellschaft, Anteile   154
Verschonungsabschlag   400 ff.
Verschonungstechnik, zweistufige   404
Versorgungsfreibetrag   537 f.
Verträge zugunsten Dritter   45
Vertragserbe, Herausgabeanspruch   52
Vervielfältiger   289
Verwaltung   1
Verwaltungskosten   175
Verwaltungsvermögen   434 ff.
Viehverbund   207
Volatilitätsmaß   339b
Vor- und Nacherbschaft   67 ff.
Vorausvermächtnisse   30
Vorerbe   67 ff.
Vorerbschaft   67 ff.

W

Waldeinteilungsstreifen   210
Waldwege   210
Wanderschäferei   221
Weihnachtsbaumkulturen   225
Weitergabeverpflichtung   383, 412 ff.
Weltvermögensprinzip   14
Wertermittlung   146, 398
Wertermittlungsverordnung   180
Wertpapiere   17, 447
Wertuntergrenze   324
Wertzahl   252, 297
Wesentliche Betriebsgrundlage   417 f., 421
Widerrufsvorbehalt, Schenkung   91
Wiederkehrende Nutzungen und Leistungen   355 ff.
Wirkung der Erbfolge   29
Wirtschaftsteil   205
Wirtschaftswert   206, 244 ff.
Wohnteil   205, 232
Wohnrechte   355
Wohnungsbegriff   283
Wohnungseigentum   283

Z

Zeitwert 617
Zierpflanzenbau 213
Zinsstrukturdaten 339
Zivilrecht 2
Zivilschutzbauten 312
Zivilschutzgesetz 312
Zuchtsaatgut 222
Zugewinnausgleich 61 ff.
Zugewinnausgleichsforderung 66
Zugewinngemeinschaft 55, 61 ff.
Zukunftserfolgswert 321 f.
Zuschlagsteuern 336
Zweifamilienhaus 282b
Zuwendung, Gegenstand
– Schenkung 71 ff.
Zuwendungsbeteiligte 75
Zweckzuwendung 1, 11, 122 ff.

NWB Steuer und Studium

Sicherheit für Beruf und Karriere.

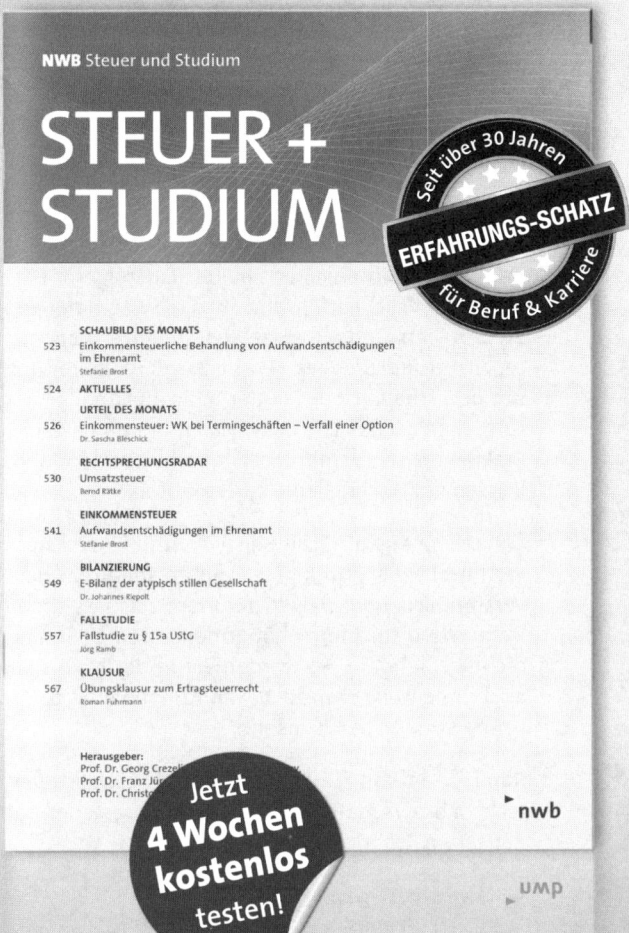

Beste Voraussetzungen für Ihre Karriere im Steuerrecht.

Prüfungstraining plus aktuelle Infos und verständliche Grundlagenbeiträge – die perfekte Mischung für Ihren Erfolg in Prüfung und Praxis. Das bietet Steuer und Studium angehenden und gestandenen Steuerprofis.

- Abwechslungsreiche Inhalte und interaktive Lernformen
- erfahrene Autoren, die als Dozenten und Prüfer tätig sind
- umfangreiches Heftarchiv mit Beiträgen, Fallstudien, Übungen, Klausuren etc.

➕ Direkt gratis mittesten!
Jeden Monat eine neue Klausur zum Üben! Testen Sie auch den Steuer-Repetitor – Ihr Online-Klausuren-Extra von NWB Steuer und Studium.

Jetzt 4 Wochen kostenlos testen!

Die perfekte Einheit:
Die NWB Steuer und Studium, gedruckt und fürs Tablet. Inklusive NWB Datenbank auch für PC und Smartphone.

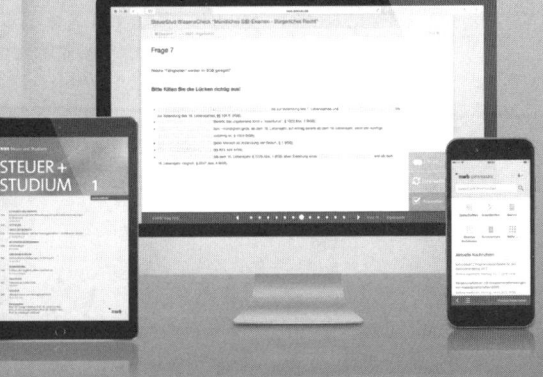

Hier anfordern: www.nwb.de/go/steuerundstudium

▶ **nwb** GUTE ANTWORT

NWB Ausbildung

Ihr systematischer Einstieg ins Steuerrecht.

Das bewährte Lehrbuch für angehende Bilanzbuchhalter

Das Steuerkompendium bietet Einsteigern eine anspruchsvolle Einführung in die Systematik des Steuerrechts und die einzelnen Steuerrechtsgebiete. Als grundlegendes Lehrbuch zur Vorbereitung auf den steuerlichen Teil der Bilanzbuchhalterprüfung hat sich das Werk seit vielen Jahren bewährt. Praktiker frischen mit dem Steuerkompendium ihr Wissen auf – schnell und systematisch.

Zahlreiche ausführliche Beispiele und Übersichten vermitteln die prüfungsrelevanten Inhalte. Leicht verständlich und klar strukturiert zeigt es Ihnen System und Zusammenhänge der einzelnen Steuerrechtsgebiete auf. So werden Sie in der Lage sein, auch Ihnen bisher nicht bekannte Probleme zu erkennen und sicher zu lösen.

Band 1 enthält Einkommensteuer, Bilanzsteuerrecht, Körperschaftsteuer und Gewerbesteuer auf neuestem Rechtsstand.

Seit vielen Jahren bewährt!

Steuerkompendium Band 1
Endriss · Küpper · Schönwald · Schneider
14. Auflage. 2016. XXXII, 462 Seiten. € 54,90
ISBN 978-3-482-**54944**-1
◐ Online-Version inklusive

Bestellen Sie jetzt unter **www.nwb.de/go/shop**

Bestellungen über unseren Online-Shop:
Lieferung auf Rechnung, Bücher versandkostenfrei.

NWB versendet Bücher, Zeitschriften und Briefe CO₂-neutral. Mehr über unseren Beitrag zum Umweltschutz unter www.nwb.de/go/nachhaltigkeit

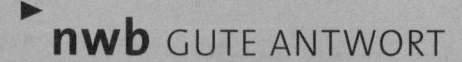

▶ **nwb** GUTE ANTWORT